자격증 한 번에 따기

국내여행 안내사

한 권으로 준비하기

국내여행안내사
한 권으로 준비하기

개정 2판 발행	2023년 7월 17일	
개정 3판 발행	2024년 7월 10일	

편 저 자 | 자격시험연구소
발 행 처 | ㈜서원각
등록번호 | 1999-1A-107호
주   소 | 경기도 고양시 일산서구 덕산로 88-45(가좌동)
교재주문 | 031-923-2051
팩   스 | 031-923-3815
교재문의 | 카카오톡 플러스 친구[서원각]
홈페이지 | goseowon.com

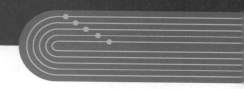

Preface

우리나라에 관광개념이 도입된 지가 벌써 반세기가 넘었다. 과거 우리나라는 6 · 25 전쟁 등으로 관광이라는 달콤한 삶이 뿌리내리기에 너무나 척박한 환경이었다. 그러나 1988년 서울올림픽과 1989년 전국민의 해외여행 자유화 및 2002년 한일월드컵 이후, 2018년 평창동계올림픽까지 성공적으로 개최하면서 우리나라 관광산업은 새로운 역사를 써나가고 있다.

한국관광공사에 따르면 코로나 영향을 받기 시작한 2020년 이후 완전히 감소했던 해외관광객은 꾸준히 증가하여 2023년 우리나라를 방문한 해외관광객은 약 1,103만 명으로 전년보다 244% 늘어났다. 또한 국내에서도 주5일 근무제의 정착과 소득향상, 그리고 여가에 대한 관심 증대는 앞으로 관광산업의 지속적인 발전에 긍정적인 요인으로 작용할 것으로 판단된다. 이처럼 관광에 대한 국민들의 관심은 갈수록 증대되고 있는 만큼 전문적인 가이드에 대한 요구 또한 높아지고 있다.

이에 우리나라 정부도 관광산업을 장래 유망산업으로 인식하고 우수한 관광산업 종사자 배출 및 관광산업 분야에 종사하고자 하는 수험생들을 양성하고자 국내여행안내사 자격시험을 실시하고 있다. 국내여행안내사는 국내를 여행하는 관광객을 대상으로 여행일정 계획, 여행비용 산출, 숙박시설예약, 명승지나 고적지 안내 등 여행에 필요한 각종 서비스를 제공하는 전문가를 말한다. 자격증 취득 후 여행사, 관광관련업체, 호텔에 취업하거나 프리랜서로 활동할 수 있어 그 전망 또한 밝다.

본서는 국내여행안내사 자격증 취득에 최적화된 수험서로서 시험에 반드시 출제되는 핵심 이론과 최신 기출문제와 예상문제를 함께 수록하여 단 한권으로 시험을 준비할 수 있도록 하였다. 아무쪼록 관광산업에 큰 관심을 갖고 있는 수험생 여러분들의 계획한 목표에 반드시 도달할 수 있기를 바란다.

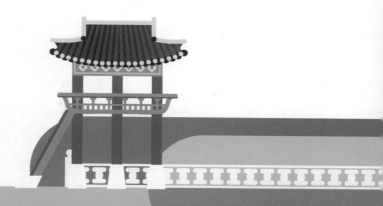

Structure

핵심이론정리

방대한 양의 이론을 중요개념을 중심으로 체계적으로 구성해 핵심파악이 쉽고 중요내용을 한눈에 파악할 수 있도록 구성하여 학습의 집중도를 높일 수 있습니다.

이론 Point

핵심이론의 이해를 돕는 POINT를 함께 수록하였습니다. 이론에서 놓치기 쉬운 부분까지 꼼꼼하게 학습하여 더욱 완벽하게 기본기를 다질 수 있도록 구성하였습니다.

기출키워드 표기

핵심이론에 기출문제에서 출제되었던 키워드 이론에 표기를 하였습니다. 국내여행안내사 기출문제 키워드 표기와 함께 관광통역안내사 출제키워드도 함께 정리하여 수록하였습니다.

기출 키워드 표지 아이콘 설명

2022년출제 연도별 **국내여행안내사** 시험에 출제된 키워드
2022년출제 연도별 **관광통역안내사** 시험에 출제된 키워드

---

❶1 선사시대의 전개

❶ 선사시대의 세계

(1) 인류의 기원

① 오스트랄로피테쿠스(남방원숭이) ··· 약 300만~350만 년 전에 출현한 최초의 인류로 직립보행을 하였다. 두 손으로 간단하고 조잡한 도구를 사용할 수 있었고, 아프리카 동남부지역에서 발견되었다.

② 호모 하빌리스(능력 있는 사람) ··· 약 200만 년 전에 출현하였고, 도구를 만들어 쓴 최초의 인간이다. 아프리카의 남·동부에서 발견되었다(구석기시대).

③ 호모 에렉투스(곧선사람) ··· 약 70만 년 전에 출현하였고, 직립인간으로 자바원인, 북경원인, 하이델베르크인이 대표적이다. 불을 사용하였고, 사냥과 채집활동을 하였다.

④ 호모 사피엔스(슬기 사람) ··· 약 20만 년 전에 출현하였고, 네안데르탈인으로 여러 종류의 석기 제작 및 시체매장풍습이 있었다.

⑤ 호모 사피엔스 사피엔스(슬기 슬기 사람) ··· 약 4만 년 전에 출현하였고, 체질상의 특징이 오늘날의 인류와 거의 같으며 현생 인류(크로마뇽인)의 직계조상으로 추정되고 있다.

> **POINT** 인류의 진화요인
> ㉠ 직립보행 : 도구 사용 가능, 두뇌용량의 커짐 → 지능 발달
> ㉡ 언어의 사용 : 의사소통 → 경험의 공유, 문화의 발전

(2) 신석기 문화와 청동기 문명의 발생

① 신석기 문화
  ㉠ 농경　　　　　　　　　　기를 처음으로 사용하였다.
  ㉡ 유적지와 토기 **2015년출제** **2019년출제**　　　　되었다.
    ㉮ 신석기 전기 : 이른 민무늬토기(원시무문토기), 　, 목축)로 전환되면서 인류의 생활양식이 크게 변하였다. 등이 발견되고 있다. 강원 양양 오산리, 제주 한　에서 발견되었다. **2015년출제** **2016년출제** **2017년출제**
    ㉯ 신석기 중기 : 빗살무늬토기(즐문토기), 기하문토기　 모양의 뾰족한 밑 또는 둥근밑 모양을 하고 있으　 양 남경, 김해 수가리 등으로 대부분 바닷가나 강

② 신석기시대의 생활 **2022년출제** **2021년출제**
  　　생활의 시작
  　　의 경작 : 황해도 봉산 지탑리으

2 관광기본법상 정부가 관광기본법의 목적을 달성하기

① 정부는 2년에 한 번씩 관광진흥에 대한 시책과 동
지 국회에 제출해야 한다.
② 지방자치단체는 관광에 대한 국가시책에 필요한 시책
③ 정부는 관광에 종사하는 자의 자질을 향상시키기 위한
해야 한다.
④ 정부는 관광에 적합한 지역을 관광지로 지정하여 필요

TIP ① 정부는 매년 관광진흥에 관한 시책과 동향에 대한 보고서를 정
법 제3조).

Answer 1.④ 2.①

02. 관광진흥개발기금법

≡ 최근 기출문제 **분석** ≡

2023. 11. 4. 국내여행안내사
1 관광진흥개발기금법상 (   )에 들어갈 수 있는 내용으로 옳지 않은 것은?

> 국내 공항을 통하여 출국하는 공항통과 여객으로서 (   )에 해당되어 보세구역을 벗어난 후 출국하는 여객은 1만원의 범위에서 대통령령으로 정하는 금액을 관광진흥개발기금에 납부하지 않아도 된다.

① 항공기 탑승이 불가능하여 어쩔 수 없이 당일이나 그 다음 날 출국하는 경우
② 공항이 폐쇄되거나 기상이 악화되어 항공기의 출발이 지연되는 경우
③ 항공기의 고장·납치, 긴급환자 발생 등 부득이한 사유로 항공기가 불시착한 경우
④ 관광을 목적으로 보세구역을 벗어난 후 24시간이 지나 다시 보세구역으로 들어오는 경우

TIP 국내 공항과 항만을 통하여 출국하는 자로서 다음 각 목의 어느 하나에 해당하는 자는 1만원의 범위에서 대통령령으로
정하는 금액을 기금에 납부하여야 한다.
㉠ 항공기 탑승이 불가능하여 어쩔 수 없이 당일이나 그 다음 날 출국하는 경우
㉡ 공항이 폐쇄되거나 기상이 악화되어 항공기의 출발이 지연되는 경우
㉢ 항공기의 고장·납치, 긴급환자 발생 등 부득이한 사유로 항공기가 불시착한 경우
㉣ 관광을 목적으로 보세구역을 벗어난 후 24시간 이내에 다시 보세구역으로 들어오는 경우

2022. 11. 5. 국내여행안내사
2 관광진흥개발기금법령상 기금납부면제대상자가 아닌 부모와 8세의 자녀로 구성된 가족 3명이 국내 항만을 통해 선박으로 출국하는 경우 납부해야 할 납부금의 총 액수는?

① 2천 원
② 3천 원
③ 2만 원
④ 3만 원

TIP 국내 공항과 항만을 통하여 출국하는 자는 7천 원을 기금에 납부하여야 한다. 다만, 선박을 이용하는 경우에는 1천 원
으로 한다(선박의 경우 12세 미만의 어린이는 납부대상이 아니다)(관광진흥개발기금법 시행령 제1조의2 제2항).

Answer 1.④ 2.①

영역별 기출문제 수록

영역별로 국내여행안내사 기출문제와 관광통역안내사 기출문제를 분류하여 일부 수록하였습니다. 수록된 기출문제로 해당 영역에서 출제되는 출제키워드를 쉽게 파악할 수 있습니다.

출제예상문제

각 단원마다 다양한 난도와 유형을 엄선한 출제예상문제 풀이를 통해 문제해결능력을 높이고 자신의 학습 성취도를 다시 한 번 점검할 수 있습니다.

최신 기출문제

2023년에 시행된 기출문제를 풀어봄으로써 실전에 보다 철저하게 대비하고 최종적으로 마무리할 수 있습니다.

Information

국내여행안내사 개요

관광진흥법에 의하여 문화체육관광부장관이 실시하는 국내여행안내사 자격시험에 합격한 후 문화체육관광부장관에게 등록한 자를 말한다.

기본정보

① **자격분류** : 국가전문자격증
② **시행기관** : 한국산업인력공단
③ **홈페이지** : www.Q-net.or.kr

자격정보

① **국내여행안내사**
　㉠ 국내여행안내사란 산업인력공단에서 시행하는 국내여행안내사 시험에 합격하여 그 자격을 취득한 자를 말한다.
　㉡ 국내여행안내사가 되려면 관광진흥법에 의하여 문화체육관광부장관이 실시하는 국내여행안내사 자격시험에 합격한 후 문화체육관광부장관에게 등록하여야 한다.

② **자격특징**
　㉠ 국내여행안내사는 관광통역안내사, 호텔경영사, 호텔관리사, 호텔서비스사와 함께 관광업무에 종사하는 관광종사원으로 규정되어 있다.
　㉡ 국내여행안내사의 자격시험에 관한 업무는 한국산업인력공단에서, 등록 및 자격증의 발급에 관한 권한은 한국관광협회에서 담당하고 있다.
　㉢ 국내여행안내사는 국내를 여행하는 관광객을 대상으로 여행 일정 계획, 여행비용 산출, 숙박시설예약, 명승지나 고적지 안내 등 여행에 필요한 각종 서비스 제공하는 업무를 수행한다.

수행직무

국내여행안내사는 국내를 여행하는 관광객을 대상으로 여행 일정 계획, 여행비용 산출, 숙박시설예약, 명승지나 고적지 안내 등 여행에 필요한 각종 서비스를 제공한다.

진로 및 전망

① 국내여행안내사는 여행사, 호텔, 관광관련업체 등에 취업할 수 있으며, 프리랜서 여행안내사로 활동할 수 있다.
② 관광진흥법은 내국인을 대상으로 하는 여행업자에게 국내여행안내사 자격을 가진 사람이 국내여행안내에 종사하게 하도록 권고할 수 있다고 규정하고 있다.

응시자격

제한없음

※ 다만 「관광진흥법」 제38조 제5항(동법 제7조 준용)에 해당하는 결격사유가 없는 자
1. 피성년후견인 · 피한정후견인
2. 파산선고를 받고 복권되지 아니한 자
3. 관광진흥법을 위반하여 징역 이상의 실형을 선고받고 그 집행이 끝나거나 집행을 받지 아니하기로 확정된 후 2년이 지나지 아니한 자 또는 형의 집행유예 기간 중에 있는 자

시험과목 및 방법

구분	시험과목	배점비율	문항수	시험시간	시험방법
제1차 시험	1. 국사(근현대사 포함) 2. 관광자원해설 3. 관광법규 4. 관광학개론	30% 20% 20% 30%	15 10 10 15	100분	객관식 4지 선택형
제2차 시험	국가관, 사명감 등 정신자세, 전문지식과 응용능력, 예의 · 품행 및 성실성, 의사 발표의 정확성과 논리성 등				면접형

합격기준

구분	합격결정기준
1차 시험	매 과목 4할 이상이고 전 과목 점수가 배점 비율로 환산하여 6할 이상
2차 시험	총점의 6할 이상을 득점한 자

면제 대상자

① 경력에 의한 제1차 시험 면제자
 ㉠ 「고등교육법」에 따른 전문대학 이상의 학교에서 관광분야를 전공(전공과목이 관광법규 및 관광학개론 또는 이에 준하는 과목으로 구성되는 전공과목을 30학점 이상 이수한 경우를 말한다)하고 졸업한 자(졸업예정자 및 관광분야 과목을 이수하여 다른 법령에서 이와 동등한 학력을 취득한 자를 포함한다)에 대하여 필기시험을 면제
 ㉡ 여행안내와 관련된 업무에 2년 이상 종사한 경력이 있는 자에 대하여 필기시험을 면제
 ㉢ 「초 · 중등교육법」에 다른 고등학교나 고등기술학교를 졸업한 자 또는 다른 법령에서 이와 동등한 학력이 있다고 인정되는 교육기관에서 관광분야의 학과를 이수하고 졸업한 자(졸업예정자를 포함한다)에 대하여 필기시험을 면제
② 전년도 제1차 시험 합격에 의한 면제 … 1차 시험에 합격하고 2차 시험에 불합격한 자에 대하여는 다음 회의 시험에만 1차 시험을 면제함

Contents

PART

01

국사

01

선사시대의 문화와
국가의 형성

---

01 선사시대의 전개

1 선사시대의 세계

(1) 인류의 기원

① **오스트랄로피테쿠스**(남방원숭이) … 약 300만~350만 년 전에 출현한 최초의 인류로 직립보행을 하였다. 두 손으로 간단하고 조잡한 도구를 사용할 수 있었고, 아프리카 동남부지역에서 발견되었다.

② **호모 하빌리스**(능력 있는 사람) … 약 200만 년 전에 출현하였고, 도구를 만들어 쓴 최초의 인간이다. 아프리카의 남·동부에서 발견되었다(구석기시대).

③ **호모 에렉투스**(곧선사람) … 약 70만 년 전에 출현하였고, 직립인간으로 자바원인, 북경원인, 하이델베르크인이 대표적이다. 불을 사용하였고, 사냥과 채집활동을 하였다.

④ **호모 사피엔스**(슬기 사람) … 약 20만 년 전에 출현하였고, 네안데르탈인으로 여러 종류의 석기 제작 및 시체매장풍습이 있었다.

⑤ **호모 사피엔스 사피엔스**(슬기 슬기 사람) … 약 4만 년 전에 출현하였고, 체질상의 특징이 오늘날의 인류와 거의 같으며 현생 인류(크로마뇽인)의 직계조상으로 추정되고 있다.

> **POINT** 인류의 진화요인
> ⊙ **직립보행** : 도구 사용 가능, 두뇌용량의 커짐→지능 발달
> ⊙ **언어의 사용** : 의사소통→경험의 공유, 문화의 발전

(2) 신석기 문화와 청동기 문명의 발생

① 신석기 문화 2016년출제
  ⊙ 농경과 목축이 시작되었으며, 간석기와 토기를 처음으로 사용하였다.
  ⊙ 정착생활을 하였으며, 촌락 공동체가 형성되었다.
  ⊙ 채집경제(수렵, 어로, 채집)에서 생산경제(농경, 목축)로 전환되면서 인류의 생활양식이 크게 변하였다.

   ② 신석기혁명
    • 지역 : 중동의 비옥한 초승달 지대, 중국, 동남아시아 등지에서 시작되었다.
    • 의의 : 수렵 · 채집에만 의존하던 인류가 농경과 목축이라는 전혀 새로운 차원의 경제활동을 전개하여 여러
     가지 사회문화적 발전을 이루었다.

 ② 청동기 문명의 발생
   ③ 기원전 3,000년경을 전후하여 4대 문명이 형성되었다(메소포타미아의 티그리스강과 유프라테스강, 이집
    트의 나일강, 인도의 인더스강, 중국의 황허강 유역).
   ② 청동기시대에는 관개농업이 발달하고, 청동기가 사용되었으며, 도시가 출현하고, 문자를 사용하고, 국가
    가 형성되었다.

POINT **선사시대와 역사시대**

 ③ 선사시대 : 문자를 사용하지 못한 구석기, 신석기시대를 말한다.
 ② 역사시대 : 문자를 사용한 청동기시대 이후로, 우리나라는 철기시대부터 문자를 사용한 것으로 추정된다.

---

② 우리나라의 선사시대

(1) 우리 민족의 기원

① **우리 민족의 형성** … 우리 조상들은 만주와 한반도를 중심으로 동북아시아에 넓게 분포하였다. 신석기시대
부터 청동기시대를 거쳐 민족의 기틀이 형성되었다.

② **동방문화권의 형성** … 인근 문화권과 교류하면서 독자적인 문화를 형성하였다.

③ **우리 민족의 특징**
 ③ 인종상으로 황인종에 속하고, 언어학상으로 알타이어족과 가까운 관계에 있다.
 ② 우리 민족은 오래전부터 하나의 민족 단위를 형성하고 농경생활을 바탕으로 독자적인 문화를 이룩하였다.

(2) 구석기시대의 유물과 유적

① **시작** … 우리나라와 그 주변지역에 구석기시대 사람들이 살기 시작한 것으로 약 70만 년 전부터이다.

② **시대구분**(석기를 다듬는 방식에 따라 세 시기로 구분) 2015년출제 2016년출제 2017년출제
 ③ 전기 구석기 : 한 개의 큰 석기를 여러 용도에 사용하였고 찍개, 주먹도끼 등이 대표적이다(평남 상원 검
  은모루 동굴, 경기도 연천 전곡리, 충남 공주 석장리).

ⓛ **중기 구석기** : 큰 몸돌에서 떼어낸 돌 조각인 격지를 이용해 작은 석기를 제작하였고 밀개, 긁개, 찌르개 등이 대표적이다(웅기 굴포리).

ⓒ **후기 구석기** : 쐐기 같은 것을 대고 같은 형태의 돌날격지 여러 개를 제작하였다(충남 공주 석장리, 단양 수양개).

(3) 구석기시대의 생활

① **경제** 2019년출제

ⓐ 뗀석기와 동물의 **뼈**나 **뿔**로 만든 **뼈도구**를 사용하여 채집과 사냥을 하면서 생활하였다.

ⓑ 처음에는 찍개 같은 도구를 제작하여 사용하다가 점차 뗀석기의 제작기술이 발달함에 따라 용도가 뚜렷한 작은 석기를 만들게 되었다.

ⓒ 사냥도구로 주먹도끼, 찍개, 팔매돌 등을 조리도구로 긁개, 밀개 등을 제작하여 사용하였다.

② **주거**

ⓐ 동굴이나 바위 그늘에서 살거나 강가에 막집을 짓고 살았다(상원의 검은모루동굴, 제천 창내, 공주 석장리).

ⓑ 후기의 막집에는 기둥자리, 담자리, 불땐 자리가 남아 있고 집터의 규모는 작은 것은 3~4명, 큰 것은 10명이 살 수 있을 정도의 크기였다.

③ **사회**

ⓐ **무리생활** : 무리를 이루어 큰 사냥감을 찾아다니며 이동생활을 하였다.

ⓑ **평등한 공동체적 생활** : 생산력이 낮아 모든 사람이 공동체적 생활을 하였고, 무리 가운데 경험이 많고 지혜로운 사람이 무리를 이끌었으나 권력을 갖지는 못했다.

④ **종교, 예술** … 석회암이나 동물의 **뼈** 또는 **뿔** 등에 고래와 물고기를 새긴 조각품(단양 수양개)을 만들어 풍성한 사냥감을 비는 주술적 의미를 담았다.

⑤ **중석기시대**

ⓐ **환경** : 빙하기가 지나고 기후가 따뜻해져 큰 짐승 대신에 작고 빠른 짐승을 잡기 위해 활과 잔석기를 사용하였다.

ⓑ **도구** : 한 개 내지 여러 개의 석기를 나무나 **뼈**에 꽂아 쓰는 이음도구(톱, 활, 창, 작살)를 만들었다.

ⓒ **생활** : 기후가 따뜻해지면서 동식물이 번성하게 되어 식물의 채취와 고기잡이를 많이 하였다.

(4) 신석기시대의 유물과 유적

① **시작** … 우리나라의 신석기시대는 기원전 8,000년경부터 시작되었다.

② **간석기의 사용** … 돌을 갈아서 여러 가지 형태와 용도를 가진 간석기를 사용하였다.

③ **토기의 사용** … 음식을 조리하고 저장하게 되었다.

④ 유적지와 토기 `2015년출제` `2019년출제`

　　㉠ 신석기 전기 : 이른 민무늬토기(원시무문토기), 덧무늬토기(융기문토기), 눌러찍기무늬토기(압인문토기) 등이 발견되고 있다. 강원 양양 오산리, 제주 한경 고산리, 강원 고성 문암리, 부산 동삼동 조개더미 등에서 발견되었다. `2015년출제` `2016년출제` `2017년출제`

　　㉡ 신석기 중기 : 빗살무늬토기(즐문토기, 기하문토기)가 전국 각지에 널리 분포되어 있으며, 도토리나 달걀 모양의 뾰족한 밑 또는 둥근밑 모양을 하고 있으며 크기가 다양하다. 대표적인 유적은 서울 암사동, 평양 남경, 김해 수가리 등으로 대부분 바닷가나 강가에 자리 잡고 있다.

(5) 신석기시대의 생활 `2022년출제` `2021년출제` `2023년출제`

① 농경생활의 시작

　　㉠ 잡곡류의 경작 : 황해도 봉산 지탑리와 평양 남경의 유적에서 탄화된 좁쌀이 발견되어 잡곡류를 경작하였다는 것을 알 수 있다. `2015년출제`

　　㉡ 농기의 사용 : 돌괭이, 돌삽, 돌보습, 돌낫 등이 주요 농기구였다.

　　㉢ 소규모 경작 : 집 근처의 텃밭이나 강가의 퇴적지를 소규모로 경작하였던 것으로 보인다.

② 경제

　　㉠ 사냥과 고기잡이 : 사냥은 주로 활이나 창으로 사슴류와 멧돼지 등을 잡았고, 고기잡이에는 여러 가지 크기의 그물과 작살, 돌이나 뼈로 만든 낚시 등을 이용하였다.

　　㉡ 원시적 수공업인 가락바퀴나 뼈바늘이 출토되는 것으로 의복이나 그물을 제작하였다.

③ 주거 … 원형이나 둥근 네모꼴의 바닥과 중앙에 화덕, 남쪽 출입문, 화덕이나 출입문 옆에 위치한 저장구덩이를 가진 움집에서 4~5명 정도의 가족이 거주하였다.

④ 사회 … 혈연을 바탕으로 한 씨족이 족외혼을 통하여 부족을 형성하였고, 지배와 피지배의 관계가 발생하지 않은 평등한 사회였다.

⑤ 원시신앙의 출현 `2018년출제` `2022년출제` `2015년출제`

　　㉠ 애니미즘 : 자연현상, 자연물에 영혼이 있다고 믿어 재난을 피하거나 풍요를 기원하는 것을 의미한다. 태양과 물에 대한 숭배가 대표적이다.

　　㉡ 영혼, 조상숭배 : 사람이 죽어도 영혼은 없어지지 않는다는 믿음을 말한다.

　　㉢ 샤머니즘 : 인간과 영혼 또는 하늘을 연결시켜 주는 존재인 무당과 그 주술을 믿는 것이다.

　　㉣ 토테미즘 : 자기 부족의 기원을 특정 동식물과 연결시켜 그것을 숭배하는 믿음이다.

⑥ 예술 … 흙으로 빚어 구운 얼굴 모습이나 동물의 모양을 새긴 조각품, 조개껍데기 가면, 조가비나 동물뼈 또는 이빨로 만든 장식물과 치렛감 등이 있다.

≡ 최근 기출문제 분석 ≡

2023. 11. 4. 국내여행안내사

1 빗살무늬토기가 전국적으로 널리 분포하던 시대에 관한 설명으로 옳지 않은 것은?

① 가락바퀴나 뼈바늘이 출토되는 것으로 보아 옷이나 그물이 만들어졌다.

② 연장자나 경험이 많은 자가 자기 부족을 이끌어 나가는 평등사회였다.

③ 사람이 죽어도 영혼은 없어지지 않는다고 생각하는 영혼 숭배와 조상 숭배가 나타났고, 무당과 그 주술을 믿는 샤머니즘도 있었다.

④ 청동 제품을 제작하던 거푸집이 전국의 여러 유적에서 발견되고 있다.

> **TIP** 빗살무늬토기는 신석기 시대의 유물이다. 신석기 시대에는 정착생활이 이루어지면서 농경과 목축이 시작되었다. 대개 연장자가 부족을 통솔하였으며 간석기를 비롯하여 빗살무늬토기, 가락바퀴, 뼈바늘 등의 유물이 출토되어 농경 및 의복 생활을 했음을 알 수 있다. 또한 원시신앙으로 토테미즘, 애니미즘, 샤머니즘, 영혼 및 조상 숭배 사상이 출현하였다.
> ④ 철기시대

2022. 11. 5. 국내여행안내사

2 단군신화에 나타나는 사상이나 관념이 아닌 것은?

① 토테미즘

② 샤머니즘

③ 성즉리(性卽理) 사상

④ 천지인(天地人) 사상

> **TIP** ① 부족의 안녕과 기원을 동식물에 연결시켜 신앙시 하는 사상
> ② 하늘과 인간, 영혼을 연결시키는 무당이나 주술, 신을 믿는 사상
> ④ 하늘과 땅과 사람이 하나라고 생각하는 사상

Answer 1.④ 2.③

3 다음과 같이 생활한 시대에 널리 사용한 도구는?

사람들은 동굴이나 바위 그늘에서 살며 무리를 이루어 사냥감을 찾아다녔다.

---

① 반달 돌칼
② 비파형 동검
③ 주먹도끼
④ 돌괭이

> **TIP** 동굴이나 바위 그늘에서 살며 무리를 이루어 사냥감을 찾아다닌 것은 구석기 시대의 생활상이다.
> ①② 청동기 ④ 신석기 ~ 청동기

4 다음 중 신석기 시대에 사용한 토기를 모두 고른 것은?

| ㉠ 빗살무늬 토기 | ㉡ 미송리식 토기 |
| ㉢ 붉은 간토기 | ㉣ 덧무늬 토기 |

---

① ㉠, ㉡
② ㉠, ㉣
③ ㉡, ㉢
④ ㉢, ㉣

> **TIP** 신석기 시대의 대표적인 토기로 빗살무늬 토기와 덧무늬 토기가 있다.
> ㉡ 미송리식 토기와 ㉢ 붉은 간토기는 청동기 시대에 주로 사용되었다.

Answer 3.③ 4.②

5 밑줄 친 '이 시대'에 관한 설명으로 옳은 것은?

> <u>이 시대</u> 사람들은 강가나 바닷가에 살면서 물고기를 잡거나 사냥을 하였다. 초기에 식물의 열매나 뿌리를 채취하여 먹는 생활을 하다가, 뒤에는 농사를 짓고 가축도 기르게 되었다.

① 계절에 따라 이동 생활을 하며 동굴에서 살았다.

② 검은 간토기와 덧띠 토기를 사용하였다.

③ 고인돌에 비파형 동검 등을 부장하였다.

④ 특정 동물을 자기 부족의 기원과 연결시켜 숭배하였다.

> **TIP** '농사를 짓고 가축도 기르게 되었다' 부분을 통해 신석기 시대임을 알 수 있다.
> ④ 특정 동물을 자기 부족의 기원과 연결시켜 숭배하는 토테미즘 같은 원시신앙이 등장한 것은 신석기 시대이다.
> ① 구석기 ② 철기 ③ 청동기

6 밑줄 친 시대의 유물로 옳은 것은?

> _____ 사람들은 열매 채집, 사냥, 물고기 잡이로 식량을 구했고, 이동 생활을 하면서 동굴이나 바위 그늘에서 살았다.

① 덩이쇠

② 주먹도끼

③ 비파형 동검

④ 빗살무늬 토기

> **TIP** 제시된 내용은 구석기 시대의 모습이다. 보기 중 구석기 시대의 유물은 주먹도끼뿐이다.
> ① 철기 ③ 청동기 ④ 신석기

Answer 5.④ 6.②

7 다음 중 신석기 시대의 유적을 모두 고른 것은?

㉠ 연천 전곡리	㉡ 상원 검은모루 동굴
㉢ 서울 암사동	㉣ 양양 오산리

① ㉠, ㉡

② ㉡, ㉢

③ ㉢, ㉣

④ ㉡, ㉢, ㉣

TIP ㉠㉡은 구석기 시대의 유적이다.

출제 예상 문제

1 다음 중 구석기시대의 특징으로 옳지 않은 것은?

① 동굴에서 살거나 강가의 막집에서 생활하였다.
② 토기를 사용하여 음식물을 조리하거나 저장하였다.
③ 뗀석기를 가지고 사냥과 채집을 하면서 생활하였다.
④ 무리생활과 평등한 공동체적 생활을 하였다.

TIP ② 토기를 사용하여 음식물을 조리하거나 저장한 시기는 신석기시대이다.

2 구석기시대 사람들의 생활 모습을 가장 잘 나타낸 것은?

① 사냥과 채집활동을 위해 이동생활을 하였다.
② 여가시간을 이용하여 많은 장식용 조각품을 제작하였다.
③ 농경생활의 시작으로 정착생활을 하게 되었다.
④ 정치와 종교의식을 주관하는 정치적 지배자가 출현하였다.

TIP 구석기인들은 사냥과 채집생활을 하면서 사냥의 대상이 되는 동물의 번성을 비는 주술적 의미의 조각품을 제작하였다.

3 다음 중 구석기 시대의 유물이 아닌 것은?

① 주먹도끼
② 가락바퀴
③ 찌르개
④ 긁개, 밀개

TIP ② 가락바퀴는 신석기 시대의 유물이다.

Answer 1.② 2.① 3.②

4 다음 중 신석기시대의 사회에 대한 설명으로 옳은 것은?

① 우경을 이용하는 벼농사가 이루어지고 있었다.

② 계급사회가 형성되면서 군장이 등장하고 있었다.

③ 움집에 취사와 난방을 위한 화덕이 있는 걸로 보아 정착생활을 하고 있었다.

④ 부족간의 정복활동이 활발해졌으며 우세한 부족은 선민사상을 가지기 시작하였다.

TIP ① 청동기 시대에 벼농사가 본격화되고 철제 농구와 우경에 의한 농경이 발전하였다.

② 신석기시대는 씨족을 단위로 한 부족사회이며 권력자가 출현하지 않는 평등한 공동체사회였다.

④ 선민사상은 청동기시대에 나타나는 특징이다.

5 다음과 같은 유물을 사용했던 시기의 사회상으로 옳지 않은 것은?

• 주먹도끼	• 찍개	• 팔매돌

① 강가나 해안가에서 막집을 짓고 살았다.

② 뗀석기 도구를 사용해 사냥을 하였다.

③ 무리생활을 시작하였으며 권력을 가진 지도자가 등장하였다.

④ 동물의 뼈, 뿔 등에 풍성한 사냥감을 비는 주술적 의미의 조각품을 남겼다.

TIP ③ 권력을 가진 지도자가 등장하기 시작한 것은 청동기 시대이다.

6 다음 중 우리나라 신석기 문화의 특징으로 옳은 것은?

① 우리나라의 신석기시대는 기원전 8,000년경부터 시작되었다.

② 동굴이나 바위그늘에서 살았으며 유적은 상원의 검은모루동굴, 제천 창내 등이 있다.

③ 주먹도끼, 찍개 등의 사냥도구를 이용하여 채집과 수렵을 시작하였다.

④ 일부 저습지에서는 벼농사가 시작되었다.

TIP ②③ 구석기시대의 내용이다.

④ 청동기 · 철기시대의 생활이다.

Answer 4.③ 5.③ 6.①

7 다음과 같은 유물을 사용했던 시기의 사회상을 바르게 말한 것은?

> 빗살무늬토기, 가락바퀴

① 제천의식을 담당하는 족장
② 뼈바늘을 이용하여 그물을 손질하는 사람들
③ 고인돌을 옮기는 사람들
④ 가축을 이용하여 밭을 가는 사람들

TIP 빗살무늬토기와 가락바퀴는 신석기시대의 대표적인 유물로, 빗살무늬토기는 음식물을 조리하거나 저장하는데 사용되었고 가락바퀴는 실을 뽑는 데 사용된 도구로 옷이나 그물을 만들었음을 알 수 있다.

8 다음을 시대 순으로 바르게 나열한 것은?

> ㉠ 빗살무늬가 있는 토기에 곡물을 담아 사용하였다.
> ㉡ 동굴이나 바위 그늘에서 살거나 강가에 막집을 짓고 살았다.
> ㉢ 일부 저습지에서 벼농사가 시작되었다.

① ㉠→㉡→㉢
② ㉠→㉢→㉡
③ ㉡→㉠→㉢
④ ㉡→㉢→㉠

TIP ㉡ 구석기 → ㉠ 신석기 → ㉢ 청동기

Answer   7.② 8.③

9 다음 중 내용이 옳지 않은 것은?

	구분	구석기 시대	신석기 시대
①	도구 · 경제	뗀석기, 사냥 및 채집	간석기, 농경 목축
②	사회	평등사회, 이동생활, 무리생활	평등사회, 이동생활, 씨족사회
③	주거	동굴이나 강가의 막집	움집
④	유적	함북웅기 굴포리, 충남공주 석장리	서울 암사동, 김해 수가리

TIP ② 신석기 시대에는 농경의 시작으로 정착과 촌락공동체의 형성이 이루어진 시기이다.

10 다음 글에 대한 설명으로 옳은 것은?

> 농경과 정착생활을 시작하면서 인간은 자연의 섭리를 생각하게 되었다. 그리하여 농사에 큰 영향을 끼치는 자연현상이나 자연물에도 정령이 있다는 믿음이 생겨났다.

① 태양이나 물의 숭배가 대표적이다.
② 구석기시대에 나타난 종교생활이다.
③ 곰과 호랑이를 부족의 수호신으로 섬겼다.
④ 우세한 부족이 스스로 하늘의 후손이라고 주장하였다.

TIP 제시된 글은 애니미즘에 대한 설명으로, 자연계의 모든 사물에 생명이 있고, 따라서 영혼이 깃들어 있다고 생각하여 생겨났다. 특히 '농사에 큰 영향을 끼치는 자연현상이나 자연물'이라는 점을 주목하면 태양과 물이 농사에 필수적인 요소였다는 것을 생각할 수 있다.

Answer 9.② 10.①

02 국가의 형성

1 고조선과 청동기문화

(1) 청동기의 보급 2022년출제

① **청동기시대의 시작** … 한반도에서는 기원전 10세기경에, 만주지역에서는 이보다 앞서는 기원전 13~15세기경에 청동기시대가 전개되었다.

② **사회변화** … 생산경제가 이전보다 발달하고 청동기 제작과 관련된 전문 장인이 출현하였으며 사유재산제도와 계급이 발생하게 되었다.

③ **유적** … 중국의 요령성과 길림성을 포함하는 만주지역과 한반도에 걸쳐 분포되어 있다.
   ㉠ **북한지역** : 함북 회령 오동리, 나진 초도, 평북 강계 공귀리, 의주 미송리, 평양 금탄리와 남경
   ㉡ **남한지역** : 경기 여주 흔암리, 파주 덕은리, 충남 부여 송국리, 충북 제천 황석리, 전남 순천 대곡리

④ **유물** 2014년출제 2019년출제 2015년출제 2018년출제
   ㉠ **석기** : 반달돌칼, 바퀴날 도끼, 홈자귀
   ㉡ **청동기** : 비파형 동검과 화살촉 등의 무기류, 거친무늬거울
   ㉢ **토기** : 미송리식 토기, 민무늬토기, 붉은간토기
   ㉣ **무덤** : 고인돌, 돌널무덤, 돌무지무덤

⑤ **비파형 동검과 미송리식 토기** 2015년출제 2018년출제
   ㉠ **비파형 동검** : 만주로부터 한반도 전역에 이르는 넓은 지역에서 출토되어 미송리식 토기 등과 함께 이 지역이 청동기시대에 같은 문화권에 속하였음을 보여 준다.
   ㉡ **미송리식 토기** : 밑이 납작한 항아리 양쪽 옆으로 손잡이가 달리고 목이 넓게 올라가서 다시 안으로 오므라들며, 표면에 접선무늬가 있는 것이 특징이다.

〈비파형동검〉

(2) 철기의 사용

① **철기시대의 시작** … 우리나라에서는 중국 전국시대 혼란기에 유이민들이 전래하면서 기원전 4세기경부터 철기를 쓰기 시작하였다.

② **철기문화의 보급**

　㉠ 철제 농기구의 사용에 의한 농업의 발달로 경제기반이 확대되었다.

　㉡ 철제무기의 사용으로 청동기는 의기화가 되고, 정복전쟁이 철제무기를 바탕으로 더욱 활발해지면서 영역국가들이 등장하기 시작하였다.

③ **유물**

　㉠ **화폐출토** : 명도전, 오수전, 반량전 등으로 중국과의 활발한 교류를 알 수 있다. **2015년출제**

　㉡ **붓의 출토** : 경남 창원 다호리 유적에서 나온 붓은 한자를 사용했음을 알 수 있다.

④ **청동기의 독자적 발전**

　㉠ 비파형 동검은 세형동검으로, 거친무늬거울은 잔무늬거울로 형태가 변하였다.

　㉡ **거푸집의 사용** : 전국의 여러 유적에서 청동기를 제작하던 거푸집이 발견되어 청동기문화의 토착화와 독자적인 문화의 성립을 알 수 있다.

⑤ **다양한 토기의 사용** … 민무늬토기 이외에 입술 단면에 원형 · 타원형 · 삼각형의 덧띠를 붙인 덧띠토기, 검은간토기 등이 사용되었다.

(3) 청동기 · 철기시대의 생활

① **경제생활의 발전**

　㉠ **간석기의 다양화** : 생산경제가 발달하게 되었다.

　㉡ **농경의 발달** : 개간도구(돌도끼, 홈자귀, 괭이)로 곡식을 심고, 추수도구(반달돌칼)로 농경을 더욱 발전시켰다(청동기는 농기구로 사용하지 않았다).

　㉢ **농업** : 조, 보리, 콩, 수수 등 밭농사 중심이었지만 일부 저습지에서 벼농사가 시작되었다.

　㉣ **수렵 · 어로 · 가축사육** : 농경의 발달로 수렵 및 어로의 비중이 줄어들었고 가축의 사육은 증가되었다.

② **주거생활의 변화**

　㉠ **집터 유적** : 한반도 전역에서 발견되는데 대체로 앞쪽에는 시냇물이 흐르고 뒤쪽에는 북서풍을 막아 주는 나지막한 야산이 있는 곳에 우물을 중심으로 자리 잡고 있다. 이것은 우리나라의 전통적인 취락여건으로 오늘날 농촌의 자연취락과 비슷한 모습이다(배산임수 취락).

　　• 집터의 형태와 구조

　　－ 대체로 직사각형이며 움집은 점차 지상가옥으로 바뀌어 갔다.

　　－ 움집 중앙의 화덕은 한쪽 벽으로 옮겨지고, 저장구덩이도 따로 설치하거나 한쪽 벽면을 밖으로 돌출시켜 만들었다.

- 창고와 같은 독립된 저장시설을 집 밖에 따로 만들기도 하였고, 움집을 세우는 데에 주춧돌을 이용하기도 하였다.
  - **다양한 용도의 집터** : 그 넓이가 다양한 것으로 보아 주거용 외에 창고, 공동작업장, 집회소, 공공의식장소 등도 만들었음을 알 수 있다. 이를 통하여 사회조직이 점차 발달하였고 복잡해졌다는 것을 추정할 수 있다.
  - **집터의 규모** : 보통의 집터는 부부를 중심으로 하는 4~8명 정도의 가족이 살 수 있는 크기이며, 이는 한 가족용으로 만들어진 것이다.
  - ㉡ **정착생활의 규모의 확대** : 집터는 넓은 지역에 많은 수가 밀집되어 취락형태를 이루고 있다. 이것은 농경의 발달과 인구의 증가로 정착생활의 규모가 점차 확대되었음을 보여 주는 것이다.

③ **사회생활의 변화**

  - ㉠ **성역할의 분리** : 여성은 가사노동을, 남성은 농경·전쟁에 종사하였다.
  - ㉡ **빈부격차와 계급의 발생** : 생산력의 증가에 따라 잉여생산물이 생기게 되자, 힘이 강한 자가 이를 개인적으로 소유하여 빈부의 격차와 계급의 분화를 촉진하였고 무덤의 크기와 껴묻거리의 내용에 반영되었다.

④ **고인돌의 출현** `2014년출제` `2016년출제`

  - ㉠ **계급사회의 반영** : 청동기시대에는 고인돌과 돌널무덤 등이 만들어졌고, 철기시대에는 널무덤과 독무덤 등이 만들어졌다. 그 중에서 계급사회의 발생을 보여 주는 대표적인 무덤이 고인돌이다. `2015년출제`
  - ㉡ **고인돌의 전형적인 형태** : 보통 북방식과 같이 4개의 판석 형태의 굄돌을 세워 돌방을 만들고 그 위에 거대하고 편평한 덮개돌을 얹은 것이다.
  - ㉢ **전역에 분포** : 고인돌은 우리나라 전역에 걸쳐 분포되어 있다.
  - ㉣ **의의** : 무게가 수십 톤 이상인 덮개돌을 채석하여 운반하고 무덤에 설치하는 데에는 많은 인력이 필요하였다. 따라서 고인돌은 당시 지배층이 가진 정치권력과 경제력을 잘 반영해 주고 있다.

⑤ **군장의 출현**

  - ㉠ **선민사상의 대두** : 경제, 정치력이 우세한 부족이 스스로 하늘의 자손이라 믿는 선민사상을 가지고 주변의 약한 부족을 통합하거나 정복하고 공납을 요구하였다.
  - ㉡ **정복활동의 활발** : 청동·철로 된 무기로 정복활동이 활발하였다.
  - ㉢ **계급사회와 군장의 출현** : 평등사회는 계급사회로 바뀌게 되고 권력과 경제력을 가진 지배자인 군장이 출현하게 되었다.

(4) 청동기·철기시대의 예술

① **주술적 성격**

  - ㉠ 청동으로 만든 도구의 모양이나 장식에는 미의식과 생활모습이 표현되었고, 지배층의 무덤에서 출토된 청동으로 만든 의식용 도구에는 호랑이, 사슴, 사람의 손 모양 등을 사실적으로 조각하거나 기하학적 무늬를 정교하게 새겨 놓아 의식을 행하는 데 사용되었다.

ⓒ 흙으로 빚은 사람이나 짐승모양의 토우는 본래의 용도 외에도 풍요를 기원하는 주술적 의미를 가지고 있다.

② 풍성한 수확의 염원

　㉠ 울주반구대 바위그림 : 거북, 사슴, 호랑이, 새 등의 동물과 작살이 꽂힌 고래를 비롯한 여러 종류의 고래, 그물에 걸린 동물, 우리 안의 동물 등이 새겨져 있어 사냥과 고기잡이의 성공과 풍성한 수확을 기원하였다.

　㉡ 고령 양전동 알터 바위그림 : 기하학 무늬가 새겨져 있어 태양숭배와 풍요를 기원하는 의미를 가진다.

(5) 단군과 고조선

① 고조선의 건국

　㉠ 족장사회의 출현 : 청동기문화의 발전으로 금속무기를 사용하는 족장이 지배하는 사회가 출현하고, 강한 족장들이 주변을 정복하여 점차 권력을 강화해 갔다.

　㉡ 고조선의 건국 : 단군왕검이 우리나라 최초의 국가인 고조선을 건국(B.C. 2,333년)하였으며, 단군왕검은 지배자의 칭호였다.

　㉢ 고조선의 세력범위 : 요령지방을 중심으로 성장하여 인접한 족장사회들을 통합하면서 한반도 대동강유역까지 발전하였는데, 비파형동검과 북방식 고인돌의 출토지역과 일치한다.

② 단군신화에 나타난 사회의 모습

　㉠ 내용 : 환웅 부족이 태백산 신시를 중심으로 세력을 형성하였고, 환웅부족과 곰부족이 연합하여 고조선을 형성함으로써 단군왕검이 탄생하고 홍익인간이념을 내세운 제정일치의 사회가 되었다.

　㉡ 해석 : 농경생활과 선민사상을 통해 자기 부족의 우월성을 과시하였으며, 사유재산의 성립과 계급분화를 통하여 지배층이 등장했음을 보여준다. 토템사상과 제정일치사회(단군은 제사장, 왕검은 정치적 지배자)임을 보여준다.

③ 고조선의 발전 … 초기에는 요령지방, 후기에는 대동강 유역을 중심으로 발전하였다. 2016년출제

　㉠ 왕위세습 : 부왕, 준왕 같은 강력한 왕이 등장하여 왕위를 세습하였다(B.C. 3세기경).

　㉡ 관리 설치 : 상(相), 대부(大夫), 장군 등의 관직을 두었다.

　㉢ 중국과 대립 : 요서지방을 경계로 하여 연(燕)과 대립하였다.

(6) 위만의 집권

① 위만 조선의 성립 2020년출제

　㉠ 위만의 세력 확대 : 중국 유이민 집단인 위만이 준왕의 신임을 받아 서쪽 변경을 수비하는 임무를 맡게 되고 이주민 세력을 통솔하면서 자신의 세력을 점차 확대하여 나갔다.

　㉡ 위만의 건국 : 준왕을 축출하고 위만이 왕이 되었다(B.C. 194).

② 위만 조선의 발전
　　㉠ **경제적 발전** : 철기문화의 수용으로 인해 농업과 무기생산을 중심으로 한 수공업이 발달하였다.
　　㉡ **정복사업의 전개** : 사회 · 경제적 발전을 통해 중앙정치조직을 갖춘 강력한 국가로 성장하고, 활발한 정복사업을 전개하여 광대한 영토를 차지하였다.
　　㉢ **중계무역** : 지리적인 이점을 이용하여 예나 진이 중국 한나라와 직접 교역하는 것을 막고, 중계무역으로 이득을 독점하려 하자 한과 대립하게 되었다.

③ **고조선의 멸망**
　　㉠ **한과의 대항** : 위만 조선에 위협을 느낀 한의 무제는 대규모 침략을 강행하였으나 고조선은 한의 군대에 맞서 완강하게 대항하였다.
　　㉡ **위만 조선의 멸망** : 장기간의 전쟁으로 지배층의 내분이 일어나 왕검성이 함락되어 멸망하였다(B.C. 108).

(7) 고조선의 사회 **2017년출제** **2016년출제**

① **8조법과 고조선의 사회상** … 권력과 경제력의 차이가 발생하고, 재산의 사유가 이루어지면서 형벌과 노비가 생겨나게 되었다.
　　㉠ **기록 문헌** … 후한 때 반고의 「한서지리지」에 일부 조목의 내용만이 전해진다.
　　㉡ **주요 내용**
　　　• 사람을 죽인 자는 즉시 사형에 처한다.
　　　• 사람을 상해한 자는 곡물로써 배상한다.
　　　• 남의 물건을 훔친 자는 노비로 삼되, 자속하려는 자는 돈 50만전을 내야 한다.

② **한 군현 설치 후의 사회상** … 고조선이 멸망하자 한은 고조선 일부에 군현을 설치하였다. 이에 토착민들은 억압과 수탈을 피하여 이주하거나 단결하여 한 군현에 대항하였다.

2 여러 나라의 성장

(1) 부여

① **건국** … 만주 송화강 유역의 평야지대를 중심으로 성장하였다.

② **경제생활**
　　㉠ 농경과 목축을 주로 하였고, 하호(下戸)의 생산활동에 의존하였다.
　　㉡ 특산물로는 말·주옥·모피 등이 유명하였다.

③ **정치**
　　㉠ **발전과 쇠퇴** : 1세기 초에 이미 왕호를 사용하였고, 3세기 무렵 한나라와 주변 지역 사이에서 중계 무역을 하며 번성하였으나, 3세기 말에 선비족의 침입으로 크게 쇠퇴한 후, 국력을 회복하지 못하고 결국 494년 부여 왕실이 고구려에 항복(문자명왕 3년, 494)함으로써 완전히 멸망하였다.
　　㉡ **정치조직**
　　　• 왕은 중앙을 직접 통치하였으며 왕 아래에 가, 대사자, 사자 등의 관리를 두었다.
　　　• 가축의 이름을 딴 마가, 우가, 저가, 구가는 저마다 따로 행정구역으로 사출도를 직접 통치하였으며, 중앙과 더불어 5부를 이루었다.
　　　• 왕권은 미약하였으나 왕이 나온 대표 부족의 세력은 매우 강하여 궁궐, 성책, 감옥, 창고 등의 시설을 갖추었다.
　　㉢ **가의 역할** : 왕을 추대하기도, 수해나 한해로 오곡이 잘 익지 않으면 왕에게 책임을 물어 교체하기도 하였고, 제가회의에 참여하여 국가의 대사를 결정하였다.

④ **법률**(부여의 4조목) 2016년출제
　　㉠ 살인자는 사형에 처하고, 그 가족은 데려다 노비로 삼는다(연좌제 적용).
　　㉡ 절도죄를 지은 자는 12배의 배상을 물린다(1책 12법).
　　㉢ 간음한 자는 사형에 처한다.
　　㉣ 부인이 투기가 심하면 사형에 처하되, 그 시체는 산 위에 버린다. 단, 그 여자의 집에서 시체를 가져가려면 소·말을 바쳐야 한다.

⑤ 풍습 2015년출제 2022년출제 **2023년출제**

　㉠ **순장** : 왕이 죽으면 많은 사람들을 껴묻거리와 함께 묻는 순장의 풍습이 있었다.

　㉡ **형사취수** : 노동력 확보를 위해 형이 죽으면 동생이 형수를 아내로 맞았다.

　㉢ 흰옷을 좋아하고 은력(殷曆)을 사용하였다.

　㉣ **제천행사** : 수렵사회의 전통을 보여주는 것으로 12월에 하늘에 제사를 지내고 노래와 춤을 즐기는 영고를 열었으며, 죄수를 풀어주었다.

　㉤ **우제점복** : 소를 죽여 그 굽으로 길흉을 점치기도 하였다.

⑥ **역사적 의의** … 연맹왕국의 단계에서 멸망하였지만 고구려나 백제의 건국세력이 부여의 한 계통임을 자처하였고, 건국신화도 같은 원형을 바탕으로 하고 있다.

(2) 고구려

① **건국** … 부여 계통의 주몽이 부여의 지배계급 내의 분열, 대립과정에서 박해를 피해 남하하여 독자적으로 압록강 중류 졸본(환인)지방에서 건국하였다(B.C. 37).

② **경제** … 대부분 산악지대로 농토가 부족하고 토지가 척박했기 때문에 약탈 경제에 의존하였다. 식량을 보관하는 부경이라는 창고가 있었으며, 특산물로는 화살인 맥궁이 유명하였다.

③ **정치**

　㉠ 건국 초기부터 주변의 소국을 정복하고 평야지대로 진출하였으며, 한의 군현을 공략하고 요동으로 진출하여 옥저를 정복하여 공물을 받았다.

　㉡ 5부족 연맹체로 소노부, 계루부, 절노부, 순노부, 관노부 등 5부족이 중심이 되었다.

　㉢ 왕 아래 상가, 고추가 등의 대가들이 있었으며, 대가들은 독립적인 세력을 유지하고 각기 사자, 조의, 선인 등의 관리를 거느렸다.

　㉣ 고구려 귀족의 대표회의인 제가회의에서 왕을 선출하거나, 중대한 범죄자가 있으면 사형에 처하고 그 가족을 노비로 삼는 등의 결정을 하였다.

④ **풍속** 2016년출제 2017년출제

　㉠ **서옥제(데릴사위제)** : 혼인을 정한 뒤 신부집의 뒤켠에 조그만 집을 짓고 거기서 자식을 낳고 장성하면 아내를 데리고 신랑집으로 돌아가는 제도이다.

　㉡ **제천행사** : 10월에는 추수감사제인 동맹을 성대하게 열었다.

(3) 옥저와 동예

① 옥저 `2020년출제` `2020년출제` `2021년출제`

   ㉠ **경제** : 비옥한 토지로 인해 농사가 잘되고 어물과 소금 등 해산물이 풍부하였으나, 고구려에 공납으로 바치거나 수탈을 당하였다.

   ㉡ **풍속** : 고구려와 같이 부여족의 한 갈래였으나 풍속이 달랐다.

     • 민며느리제 : 장래에 결혼할 것을 약속하면, 여자가 어렸을 때에 남자 집에 가서 성장을 하면 남자가 여자 집에 예물을 치르고 결혼하는 풍속으로 일종의 매매혼이다.

     • 골장제(가족공동무덤) : 가족이 죽으면 시체를 가매장하였다가 나중에 그 뼈를 추려서 목곽에 안치하고 목곽 입구에는 죽은 자의 양식으로 쌀을 담은 항아리를 매달아 놓았다.

② 동예 `2022년출제`

   ㉠ **경제**

     • 토지가 비옥하고 해산물이 풍부하여 농경, 어로 등 경제생활이 윤택하였다.

     • 명주와 삼베를 짜는 등 방직기술이 발달하였다.

     • 단궁(활)과 과하마(조랑말), 반어피(바다표범의 가죽) 등이 유명하였다.

   ㉡ **풍속**

     • 제천행사 : 무천이라는 제천행사를 10월에 열었다.

     • 족외혼을 엄격하게 지켰다(씨족사회의 유습).

     • 책화 : 각 부족의 영역을 함부로 침범하지 못하게 하고 만약 침범하면 노비와 소, 말로 변상하게 하였다(씨족사회의 유습).

③ 옥저와 동예의 한계

   ㉠ **위치** : 함경도 및 강원도 북부의 동해안의 변방에 위치하여 선진문화의 수용이 늦어졌으며, 고구려의 압력으로 크게 성장하지 못하였다.

   ㉡ **정치** : 대군장 혹은 대군왕이 존재하지 않았으며, 각 읍락에 읍군, 삼로라는 군장이 자기 부족을 지배하는 군장국가단계에 머물렀다. 후에 고구려에 복속되어 갔다.

(4) 삼한 2019년출제

① 진(辰)의 성장과 발전
 ㉠ 성장 : 고조선 남쪽지역에는 일찍부터 진이 성장하고 있었다. 진은 기원전 2세기경 고조선의 방해로 중국과의 교통이 저지되기도 하였다.
 ㉡ 발전 : 고조선 사회의 변동에 따라 대거 남하해 오는 유이민에 의하여 새로운 문화가 보급되어 토착문화와 융합되면서 사회가 더욱 발전하였다.
 ㉢ 연맹체의 출현 : 진이 발전하면서 마한, 변한, 진한의 연맹체들이 나타나게 되었다.

② 삼한의 형성
 ㉠ 마한
  • 위치 : 천안 · 익산 · 나주지역을 중심으로 하여 경기 · 충청 · 전라도지방에서 발전하였다.
  • 구성 : 54개의 소국으로 이루어졌고 모두 10만여 호였는데, 그 중에서 큰 나라는 1만여 호, 작은 나라는 수천 호였다.
 ㉡ 변한과 진한
  • 위치 : 변한은 김해 · 마산지역을 중심으로, 진한은 대구 · 경주지역을 중심으로 발전하였다.
  • 구성 : 변한과 진한은 각기 12개국으로 이루어졌고 모두 4만~5만 호였는데, 그 중에서 큰 나라는 4,000~5,000호, 작은 나라는 600~700호였다.

③ 삼한의 주도 세력
 ㉠ 마한 목지국 : 삼한의 맹주국으로 목지국 지배자가 마한왕 또는 진왕으로 추대되어 삼한 전체를 주도하였다.
 ㉡ 삼한의 정치적 지배자 : 삼한의 지배자 중 세력이 큰 것은 신지, 견지 등으로, 작은 것은 부례, 읍차 등으로 불렸다.

④ 삼한의 제정분리
 ㉠ 군장 : 정치적 지배자였다.
 ㉡ 천군 : 제사장으로 농경과 종교에 대한 의례를 신성지역인 소도(蘇塗)에서 행하였으며, 이곳은 군장의 세력이 미치지 못하는 지역으로 죄인이 도망을 하여 숨더라도 잡아가지 못하였다.

⑤ 삼한의 경제 · 사회상
 ㉠ 철기를 바탕으로 수전 농업이 발달하고 벼농사의 일반적 보급으로 김제 벽골제 · 밀양 수산제 · 제천 의림제 등 저수지가 만들어졌다.
 ㉡ 초가지붕의 반움집이나 귀틀집에서 살았으며 널무덤과 독무덤이 유행하였다.
 ㉢ 원시공동체적 전통인 두레를 통해 여러 공동 작업을 하였다.

② 제천행사 : 해마다 씨를 뿌리고 난 뒤인 5월 수릿날과 가을 곡식을 거두어들이는 10월에 계절제를 열어 하늘에 제사를 지냈다.

⑩ 변한의 철 생산 : 철이 많이 생산되어 낙랑, 왜 등에 수출하고, 교역에서 화폐처럼 사용하기도 하였다. 이미 기원전부터 제철이 성장하였다는 것은 마산 성산동·진해 등지의 야철지를 통해 알 수 있다.

⑪ 토우로 대지의 풍요를 기원하고, 암각화로 사냥과 고기잡이의 성공과 풍성한 수확을 기원하였다.

⑥ 삼한의 변동

㉠ 철기시대 후기의 문화발전은 삼한사회의 변동을 가져왔다.

㉡ 지금의 한강유역에서는 백제국이 성장하면서 마한지역을 통합해 갔다.

㉢ 낙동강 유역에서는 가야국이, 그 동쪽에서는 사로국이 성장하여 중앙집권국가의 기반을 마련하면서 각각 가야 연맹체와 신라의 기틀을 다져 나갔다.

≡ 최근 기출문제 분석 ≡

2023. 11. 4. 국내여행안내사

1 다음의 나라에 관한 설명으로 옳은 것은?

> 12월에 영고라는 제천행사가 열렸다. 이 때에는 하늘에 제사를 지내고 노래와 춤을 즐겼으며, 죄수를 풀어주기도 하였다.

① 왕과 신하들이 국동대혈에 모여 함께 제사를 지냈다.

② 남의 물건을 훔쳤을 때에는 물건값의 12배를 배상하는 법 조항이 전해진다.

③ 각 부족의 영역을 함부로 침범하지 못하게 하였으며, 다른 부족의 생활권을 침범하면 책화라하여 노비와 소, 말로 변상하게 하였다.

④ 가족이 죽으면 시체를 가매장하였다가 나중에 그 뼈를 추려서 가족 공동 무덤인 커다란 목곽에 안치하였다.

> **TIP** 제시문의 국가는 부여이다. 연맹왕국인 부여는 왕과 함께 마가, 우가, 구가, 저가라는 세력이 사출도를 통치하며 막강한 권한을 행사하였다. 또한 부여에는 1책 12법이라 하여 남의 물건을 훔친 경우 물건값의 12배를 배상하게 하는 법 조항이 있었다. 그 외에 순장이나 우제점복의 풍습이 있었다.
> ① 고구려　③ 동예　④ 옥저

Answer 1.②

2 다음과 같은 법을 시행하였던 나라에 관한 설명으로 옳은 것은?

> 도둑질을 한 자는 노비로 삼는다. 용서받고자 하는 자는 한 사람마다 50만 전을 내야한다.

① 동맹이라는 제천 행사가 열렸다.

② 왕 아래 상, 대부, 장군을 두었다.

③ 소를 죽여 그 굽으로 길흉을 점쳤다.

④ 특산물로 과하마, 반어피가 유명하였다.

TIP 고조선 8조법의 내용이다.

② 고조선은 요령 지방과 대동강 유역을 중심으로 독자적인 문화를 이룩하면서 발전하였다. 기원전 3세기경에는 부왕, 준왕 같은 강력한 왕이 등장하여 왕위를 세습하였으며, 그 밑에 상, 대부, 장군 등의 관직도 두었다. 또, 요서 지방을 경계로 하여 연나라와 대립할 만큼 강성하였다.

※ 8조법(八條法)

㉠ 다른 사람을 죽이면 죽음으로 배상한다.

㉡ 다른 사람에게 상처를 입히면 곡물로 배상한다.

㉢ 남의 물건을 훔친 사람은 노비로 삼는데, 노비가 되지 않으려면 1인당 50만을 내야 한다.

3 옥저에 관한 설명으로 옳은 것은?

① 서옥제가 있었다.

② 민며느리제가 있었다.

③ 책화라는 풍습이 있었다.

④ 영고라는 제천행사가 있었다.

TIP ② 민며느리제는 옥저의 결혼 풍습으로, 여자의 나이가 10세가량이 되면 약혼을 하고 남자의 집에 가서 살다가 성인이 된 후 여자의 집에 돈을 치르고 정식 혼례를 올렸다. 여성 노동력 확보를 위한 일종의 매매혼으로 볼 수 있다.

① 고구려 ③ 동예 ④ 부여

Answer 2.② 3.②

출제 예상 문제

1 (개)~(대)의 유물에 대한 설명으로 옳은 것은?

(개)   (나)   (대)

① (개) : 한반도 안에서 독자적인 발전을 이룬 청동기 형태이다.

② (나) : 애니미즘과 토테미즘이 등장하던 시기에 처음 제작되었다.

③ (대) : 주춧돌을 사용한 집터에서 주로 발견된다.

④ (개), (나) : 우리 민족이 최초로 세운 국가의 특징적인 유물이다.

TIP (개) 비파형동검-청동기, (나) 미송리식 토기-청동기, (대) 빗살무늬 토기-신석기
④ 우리 민족이 최초로 세운 국가는 고조선으로, 고조선은 청동기 문화를 바탕으로 형성되었다.

2 다음 중 청동기시대의 특징으로 옳지 않은 것은?

① 빈부의 격차가 발생하여 계급이 형성되었다.

② 중국의 영향을 받아 비파형동검이 세형동검의 형태로 변하였다.

③ 여성은 주로 집안일을 남성은 농경이나 전쟁에 종사하는 성 역할의 분리가 이루어졌다.

④ 농경의 발달로 정착생활의 규모가 점점 확대되었다.

TIP ② 비파형동검에서 세형동검으로의 변화는 중국의 영향이 아닌 독자적인 발전이었다.

Answer 1.④ 2.②

3 우리나라 청동기 문화에 대한 특징으로 옳지 않은 것은?

① 한반도에서는 기원전 10세기경에 청동기시대가 전개되었다.

② 청동기 문화의 대표적인 유물로는 비파형동검과 민무늬토기가 있다.

③ 생산경제가 발달하였으며 청동기 제작과 관련된 전문장인이 출현하였다.

④ 집터는 대개 원형이나 모서리가 둥근 네모꼴이다.

TIP ④ 신석기시대 집터에 대한 설명이다.

4 단군신화가 기록된 서적이 아닌 것은?

① 삼국사기   ② 삼국유사

③ 제왕운기   ④ 세종실록지리지

TIP 단군신화가 기록된 서적으로는 「삼국유사」, 「제왕운기」, 「세종실록지리지」, 「응제시주」, 「동국여지승람」 등이 있다.

5 다음 중 청동기시대의 경제활동에 대한 설명으로 옳지 않은 것은?

① 한반도에서는 처음으로 저습지에서 벼농사가 이루어졌다.

② 다양한 간석기의 사용으로 생산경제가 발달하게 되었다.

③ 농업은 조, 콩, 수수 등을 경작하는 밭농사가 중심을 이루었다.

④ 명도전, 반량전과 같은 교환수단이 사용되었다.

TIP ④ 명도전, 반량전, 오수전을 사용한 것은 철기시대부터였으며, 이는 중국과의 교역을 말해주는 유물이다.

Answer   3.④ 4.① 5.④

6 다음 시기와 관련이 깊은 사실을 모두 고르면?

> 지배자와 피지배자의 분화가 촉진되어 평등사회는 계급사회로 바뀌어 갔고, 족장(군장)이라 불리는 지배자가 나타났다.

> ㉠ 빗살무늬토기의 사용   ㉡ 농사의 시작
> ㉢ 고인돌의 제작   ㉣ 선민사상의 대두

① ㉠㉡   ② ㉡㉢
③ ㉡㉣   ④ ㉢㉣

> **TIP** 제시된 내용은 생산경제가 발달하여 사유재산이 발생함에 따라 빈부의 격차가 생기고 계급이 형성되었으며 지배자가 등장한 청동기시대에 대한 설명이다. 고인돌은 강력한 지배계급의 발생을 보여 주는 것이며, 선민사상은 정치권력이나 경제력이 우세한 부족이 스스로 하늘의 후손이라고 주장한 것으로 군장세력이 성장하는 과정에서 나타났다.
> ㉠㉡ 신석기시대에 해당하는 사실이다.

7 다음에서 설명하는 시대의 특징이 아닌 것은?

> • 사유재산제도와 계급이 나타나게 되었다.
> • 일부 저습지에서는 벼농사가 이루어졌다.
> • 금속제 무기를 사용하여 활발한 정복활동을 하였다.
> • 미송리식 토기와 민무늬토기가 고인돌에서 발견되었다.

① 비파형 동검을 사용하던 시대이다.
② 반달돌칼, 바퀴날도끼 등의 농기구가 사용되었다.
③ 군장세력이 출현하여 국가전체를 지배하였다.
④ 촌락이 배산임수의 지형에 위치하고 있었다.

> **TIP** ③ 군장세력은 청동기문화의 발전과 함께 등장하였으나 국가 전체를 지배하게 된 것은 고대국가단계에서이다.

Answer 6.④ 7.③

8 다음과 같은 사회현상을 바탕으로 일어난 역사적 사실은 무엇인가?

> 이 시기에는 크고 작은 고인돌들이 많이 만들어졌다. 무게가 수십 톤 이상인 덮개돌을 채석하여 운반하고 무덤을 설치하기까지는 많은 인력이 필요하였다. 따라서 이같은 무덤을 만들 수 있는 강력한 세력이 나타났음을 알 수 있다.

① 제정분리의 심화
② 선민사상의 대두
③ 보편종교의 탄생
④ 사유재산제도의 형성

TIP 청동기시대에는 거대한 고인돌 무덤을 만들 수 있을 정도로 상당한 정치권력과 경제력을 갖춘 지배자가 나타났다. 이는 사유재산제도와 계급이 발생하면서 나타났으며, 부족 내에서 족장세력이 성장하여 세력이 약한 다른 부족을 통합하면서 국가가 성립되기 시작하였다. 정치·경제적 영향력이 강한 부족에서는 이를 미루어 스스로 하늘의 자손이라 칭하는 선민사상이 나타나게 되었다.

9 다음 중 철기의 보급으로 나타난 변화로 옳은 것은?

① 철제 농기구의 사용으로 농업생산이 활발하였다.
② 가축은 사육하지 않았으며, 육류는 주로 사냥을 통해 획득하게 되었다.
③ 철제 도구의 사용으로 석기는 사라지게 되었다.
④ 청동기는 주로 무기와 농기구로 사용되었다.

TIP ① 철기시대에는 보습, 쟁기, 낫 등의 철제 농기구를 사용함으로써 농업생산력이 증대하게 되었다.
② 사냥이나 고기잡이도 여전히 하고 있었지만, 농경의 발달로 점차 그 비중이 줄어들고 돼지, 소, 말 등 가축의 사육은 이전보다 늘어났다.
③ 간석기가 매우 다양해지고 기능도 개선되어 농경을 더욱 발전시켰다.
④ 청동기는 의식용 도구로 변하였다.

Answer 8.② 9.①

10 우리 민족의 역사적 철기문화의 발달과정을 바르게 설명한 것을 모두 고르면?

> ㉠ 부여, 고구려는 철기문화를 바탕으로 성립하였다.
> ㉡ 외부의 영향 없이 한반도에서 독자적으로 발달하였다.
> ㉢ 위만 조선의 성립 이후 철기문화가 한반도 전역으로 확산되었다.
> ㉣ 고조선은 철기문화를 배경으로 성립하였음을 고고학 발굴을 통해 알 수 있다.

① ㉠㉡　　　　　　　　　　　　　　　② ㉠㉢
③ ㉡㉣　　　　　　　　　　　　　　　④ ㉢㉣

TIP 철기는 중국에서 전래되었고, 고조선은 청동기문화를 배경으로 성립하였다.

11 다음 중 부여에 대한 설명으로 볼 수 없는 것은?

① 소를 죽여 점을 보는 풍속이 있었다.
② 남의 물건을 훔친 자는 물건 값의 12배를 배상한다.
③ 5부족연맹체로 이루어져 있다.
④ 고구려와 친선관계를 유지하였다.

TIP ④ 부여는 북방의 유목민족이나 고구려에 대항하기 위해 중국과 친선관계를 유지하였다.

12 고조선에 관한 설명으로 옳지 않은 것은?

① 고조선의 세력 범위는 비파형 동검이 출토되는 지역과 연관성이 있다.
② 고조선은 요령 지방을 중심으로 성장하여 한반도까지 세력을 확장해 갔다.
③ 단군왕검이라는 명칭을 통해 왕이 제정일치의 지배자로 군림하였음을 알 수 있다.
④ 활발한 정복 전쟁으로 낙랑군을 몰아냈다.

TIP ④ 낙랑군을 축출한 것은 고구려 미천왕 때이다.

Answer　10.②　11.④　12.④

13 다음 중 초기의 고구려에 대한 설명으로 옳지 않은 것은?

① 동맹이라는 제천행사를 거행하였다.

② 한 군현을 공략하여 요동지방으로 진출을 꾀하였다.

③ 초기부터 왕위세습이 이루어졌다.

④ 국가의 중요한 일은 제가회의를 통해 결정하였다.

TIP ③ 초기의 고구려는 5부족연맹체로 처음에는 연노부에서 왕이 선출되었지만, 나중에는 계루부 고씨가 왕에 선출되고 계속 세습되기 시작했다.

14 다음을 통해 알 수 있는 부여와 고구려 사회에 대한 설명으로 옳은 것은?

• 사출도	• 제가회의	• 대사자, 사자

① 제사와 정치가 분리되어 있었다.

② 일찍부터 연맹왕국으로 발전하였다.

③ 농경과 목축을 기반으로 한 사회였다.

④ 두 나라의 종족 구성이 대체로 비슷하였다.

TIP 부여에는 왕 아래 마가, 구가, 저가와 대사자, 사자 등의 관리가 있었다. 가(加)들은 왕의 신하이면서도 자신의 출신 지역인 사출도를 독자적으로 다스렸다. 제가회의는 고구려의 귀족회의로 나라의 중요정책을 결정하고, 국가에 중대한 범죄자가 있으면 회의를 열어 형을 결정하기도 하였다. 이는 부여와 고구려가 여러 개의 소국이 합쳐진 연맹왕국으로 발전하였음을 보여 주는 것이다.

Answer 13.③ 14.②

02

통치구조와
정치활동

01 고대의 정치

① 고대국가의 성립

(1) 고대국가의 성격

① **연맹왕국의 형성** … 철기문화의 보급과 이에 따른 생산력의 증대를 토대로 성장한 여러 소국들은 그 중 우세한 집단의 족장을 왕으로 하는 연맹왕국을 이루었다. 연맹왕국은 종래의 군장세력이 자기 부족에 대한 지배권을 행사했으므로 집권국가로서는 한계가 있었다.

② **고대국가의 형성**
- ㉠ **대외정복활동** : 왕은 자기 집단 내부의 지배력을 강화하는 동시에 다른 집단에 대한 지배력을 키워 나갔고 이 과정에서 주변지역을 활발하게 정복하여 영역을 확대하고 정복과정에서 경제력과 군사력을 바탕으로 왕권이 강화되었다.
- ㉡ **율령 반포** : 통치체제가 정비되었다.
- ㉢ **불교 수용** : 집단의 통합을 강화하기 위하여 불교를 받아들였다.

③ **고대국가로의 발전과정**
- ㉠ 선진문화의 수용과 지리적 위치에 따라 차이를 보인다.
- ㉡ 고구려, 백제, 신라의 순서로 고대국가체제가 정비되고, 가야연맹은 삼국의 각축 속에서 중앙집권화를 이루지 못하고 해체되었다.

(2) 삼국의 성립

① **초기의 고구려**
- ㉠ **성장** : 졸본성에서 주변 소국을 통합하며 성장하였으며, 국내성으로 도읍을 옮겼다.
- ㉡ **지배체제의 정비**
  - 태조왕(1세기 후반) : 계루부 고씨의 형제상속에 의한 왕위계승을 확립하고, 옥저와 동예가 복속하여 중국과의 전쟁에 있어 후방기지를 확보하였다.

• 고국천왕(2세기 후반) : 부자상속에 의한 왕위계승을 확립하고, 부족적인 전통을 지녀온 5부가 행정적 성격의 5부로 개편하여 족장들을 중앙귀족으로 편입시켰으며 진대법을 시행하여 자영소농민들을 보호하였다.

② 초기의 백제
ㄱ 건국(B.C. 18) : 한강 유역의 토착민과 고구려 계통의 북방 유이민의 결합으로 성립되었는데, 우수한 철기문화를 보유한 유이민 집단이 지배층을 형성하였다.
ㄴ 고이왕(3세기 중엽) : 형제상속에 의한 왕위계승을 확립하고, 관등제 정비(6좌평, 16관등제)와 백관의 공복을 제정하는 한편 율령을 반포하여 중앙집권체제를 정비하였다.

③ 초기의 신라
ㄱ 건국(B.C. 57) : 경주의 토착집단과 유이민 집단의 결합으로 박혁거세에 의해 건국되었다.
ㄴ 성립 : 초기에는 석탈해 집단의 합류로 박·석·김의 세 부족이 연맹하여 이사금(왕)으로 추대하는 6부족 연맹체로 발전하였다.
ㄷ 신라의 왕호 변천 : 거서간(居西干) - 차차웅(次次雄) - 이사금(尼師今) - 마립간(麻立干) - 왕 [2015년출제]
ㄹ 지배체제의 정비(내물왕, 4세기) : 활발한 정복활동을 통해 낙동강 유역의 진한지역을 차지하였다. 김씨에 의한 왕위세습권을 확립하고 이사금 대신 마립간이라는 칭호를 사용, 중앙집권체제를 정비하였다.
ㅁ 고구려의 간섭 : 백제와 왜의 침략(399)에 내물왕은 고구려 광개토대왕의 원조를 받아 이를 물리쳤으나 고구려의 영향력 하에 놓였다. 고구려를 통해 중국과 외교관계를 맺고 중국문물을 받아들였다.

④ 초기의 가야
ㄱ 위치 : 낙동강 하류의 변한지역에서는 철기문화를 토대로 농업생산력이 증대되어 정치집단들이 등장하였다.
ㄴ 전기 가야연맹(금관가야 중심)
• 금관가야는 김수로에 의해 건국되었으며, 세력 범위는 낙동강유역 일대에 걸쳐 있었다.
• 농경문화가 발달하고 토기제작(일본 스에키토기에 영향) 및 수공업이 발달하여 경제적인 발전을 이루었다.
• 철의 생산과 낙랑·대방 및 일본 규슈지방과의 중계무역으로 많은 이득을 얻었다.
• 백제와 신라의 팽창으로 세력이 약화되고 신라를 지원하는 고구려 광개토대왕의 공격으로 금관가야에서 대가야로 연맹이 재편되었다.

2 삼국의 발전과 통치체제

(1) 삼국의 정치적 발전 [2015년출제] [2017년출제]

① 고구려
- ㉠ 영토확장
  - 4세기 미천왕 때에 서안평을 점령하고 낙랑군을 축출하여 압록강 중류를 벗어나 남쪽으로 진출할 수 있는 발판을 마련하였다.
  - 고국원왕 때는 전연과 백제의 침략으로 국가적 위기를 맞기도 하였다.
- ㉡ 국가체제의 정비와 국력의 확장(소수림왕, 4세기 후반) [2022년출제]
  - 불교수용, 태학설립, 율령반포로 중앙집권국가로의 체제를 강화하였다.
  - 지방에 산재한 부족세력을 통제하면서 새로운 발전의 토대를 마련하였다.

② 백제 [2021년출제]
- ㉠ 대외팽창(근초고왕, 4세기 후반) : 마한의 대부분을 정복하였으며, 황해도 지역을 두고 고구려와 대결(고국원왕 패사)하기도 하였다. 또한 낙동강 유역의 가야에 지배권을 행사하였고, 중국의 요서지방과 산둥지방, 일본의 규슈지방까지 진출하였다.
- ㉡ 중앙집권체제의 정비(근초고왕) : 왕권은 점차 전제화되고 왕위의 부자상속이 시작되었다.
- ㉢ 중앙집권체제 확립(침류왕) : 불교를 공인하였다(384).

③ 신라 [2022년출제]
- ㉠ 국력의 신장
  - 눌지왕 : 부자상속제를 확립하고 고구려의 간섭을 배제하기 위해 나·제동맹(434)을 결성하였다.
  - 소지왕 : 백제 동성왕과 결혼동맹을 체결하여 고구려에 대항하였다.
- ㉡ 지배체제정비
  - 지증왕(6세기 초) : 국호를 사로국에서 신라로, 왕호를 마립간에서 왕으로 고치고 적극적인 한화정책(漢化定策)을 추구하였다. 우경을 권장하고 동시전을 설치하고 이사부로 하여금 우산국(울릉도)을 복속시켰다.
  - 법흥왕(6세기 중엽) : 병부의 설치, 상대등제도의 마련, 율령의 반포, 공복의 제정 등을 통해 제도를 정비하였다. 금관가야를 정복하여 낙동강까지 영토를 확장하고 이차돈의 순교로 불교를 공인되고 독자적 연호인 건원을 사용하여 중앙집권체제를 완비하였다.

> **POINT** 중앙집권국가의 특징
>
> 영토를 확장하기 위한 정복사업을 한다. 또한 왕위를 부자 세습한다. 권력의 중앙집권화, 관료제와 엄격한 신분제도가 있으며 율령을 반포하고 불교를 수용하는 특징이 있다.

(2) 삼국간의 항쟁

① 고구려의 대제국 건설

　㉠ **광개토대왕(5세기)** : 대제국 건설의 기초마련의 시기이다. <kbd>2015년출제</kbd>

　　• 만주지방은 숙신(여진)을 정벌하여, 요동지방은 후연(선비족)을 정벌하여 확보하였다.

　　• 백제를 압박하여 한강유역 이북을 차지하였다.

　　• 신라 내물왕을 도와 신라에 침입한 왜를 격퇴하고 한반도 남부에까지 영향력을 확대하였다.

　　• 우리나라 최초의 연호인 영락을 사용하였다.

　㉡ **장수왕(5세기)** : 동북아시아의 대제국 건설의 시기이다. <kbd>2020년출제</kbd> <kbd>2018년출제</kbd>

　　• 수도를 국내성에서 평양으로 천도(427)하고 백제의 수도인 한성을 함락(개로왕 패사)하여 한강유역을 완전히 점령하였다. <kbd>2020년출제</kbd>

　　• 중국 남북조와 각각 교류하면서 중국을 견제하였다.

　　• 우리나라 최초의 사학인 경당을 설치하였다.

　　• 광개토대왕의 업적을 기리기 위해 광개토대왕릉비(414)을 건립하였고, 그릇 호우(壺杅)를 제작하였다.

　　• 고구려의 남하정책을 기념하여 중원고구려비(481)를 건립하였다. <kbd>2016년출제</kbd> <kbd>2015년출제</kbd>

　　• 만주와 한반도에 걸친 광대한 영토를 차지하여 중국과 대등한 지위의 대제국을 건설하였다.

　㉢ **문자왕(5세기 후반)** : 동부여를 복속하고 고구려 최대의 영토를 확보하였다.

POINT　광개토대왕릉비

장수왕 2년(414)에 건립된 것으로 만주 집안현 국내성에 위치하고 있다. 비문에는 고구려 건국, 광개토대왕의 업적, 연호 등이 기록되어 있는데 비려 정복, 숙신 정벌, 신라·가야의 왜구 정벌, 동부여 정벌 등 영토 확장 과정이 잘 드러나 있다.

POINT　호우명그릇 <kbd>2022년출제</kbd>

고구려 시대의 유물로 보물로 지정된 것이다. 경주 호우총에서 출토된 청동 그릇이다. 장수왕(415)이 광개토대왕의 공적을 기리기 위해서 제작한 호우(壺杅)이다. 청동으로 되었으며 뚜껑이 있는 합 그릇에 해당한다. 신라시대 고분에서도 출토되어 신라와 고구려 사이에 우호관계를 나타내는 자료이기도 하다. 바닥에는 '국강(國岡) 위에 있는 광개토대왕릉용호우'라는 의미의 '乙卯年國岡上廣開土地好太王壺杅十(을묘년국강상광개토지호태왕호우십)'이 4행 16자로 돋을새김으로 새겨져있다.

---

② 백제의 중흥 2015년출제 2016년출제 2017년출제 2023년출제

　ㄱ 웅진(공주) 천도(문주왕, 5세기 후반) : 고구려의 남하정책으로 대외팽창이 위축되어 무역활동이 침체되는 가운데 정치적 혼란으로 왕권이 약화되고 귀족세력이 국정을 장악하게 되었다.

　ㄴ 체제 정비(5세기 후반)
　　• 동성왕 : 신라와 결혼동맹을 맺고 고구려에 대항하였고, 탐라를 복속시켰다.
　　• 무령왕 : 지방의 22담로라는 특별행정구역을 설치하고 왕족을 파견하여 지방통제를 강화하고 중국 남조의 양나라와 교류를 통해 대내외적 안정을 찾아갔다.

　ㄷ 성왕(6세기 중반)
　　• 체제 정비 : 사비(부여)로 천도(538)하고, 남부여로 국호를 개칭하였다.
　　• 제도 정비 : 중앙은 22부, 수도는 5부, 지방은 5방으로 정비하였다.
　　• 승려 등용 : 불교를 진흥시키고, 일본에 불교를 전파하였다.
　　• 중국의 남조와 교류하였다.

POINT　신라와 백제의 동맹 2015년출제 2016년출제

ㄱ 나·제동맹(433) : 신라 눌지왕과 백제 비유왕
ㄴ 결혼동맹(498) : 신라 소지왕과 백제 동성왕
ㄷ 군사동맹 : 신라 진흥왕과 백제 성왕
ㄹ 영향 : 한강 유역을 신라에 빼앗긴 성왕은 관산성(옥천) 전투에서 전사하고 나·제동맹은 결렬되었다.

---

③ 신라의 발전

　ㄱ 진흥왕(6세기 중반)
　　• 체제 정비 : 화랑도를 국가적 조직으로 개편하고, 불교 교단을 정비하였다.
　　• 영토 확장 : 한강 유역을 장악하여 경제적 기반을 강화함으로써 전략적 거점을 확보할 수 있었고 중국 교섭의 발판이 되었다. 대가야를 정복하고, 고구려를 공격하여 북으로 함경도까지 영토를 넓혔다.

　ㄴ 선덕여왕(6세기 말)
　　• 천문대 첨성대를 건립하였다.
　　• 불교 진흥 : 분황사, 영묘사를 완성하고 황룡사 구층 목탑 설립

　ㄷ 신라의 영토 확장 기념비 2015년출제
　　• 단양적성비(진흥왕, 6세기 중엽) : 단양 일대의 고구려 영토를 차지하고 이곳 백성들을 선무한 표적으로 세운 비로 관직명과 율령정비를 알 수 있다. 2017년출제
　　• 진흥왕 순수비(국토 확장 및 국위 선양 기념)
　　－ 북한산비(555) : 한강 유역 점령 기념
　　－ 창녕비(561) : 대가야 정복 기념
　　－ 황초령비(568) · 마운령비(568) : 원산만 진출 기념

④ 가야연맹의 해체
   ㉠ 후기 가야연맹 : 5세기 후반 고령지방의 대가야를 중심으로 새롭게 형성되었다. 신라와의 결혼동맹으로 국제적 고립에서 벗어나려 하였다.
   ㉡ 가야의 해체 : 중앙집권국가로 발전하지 못하고 금관가야는 신라 법흥왕, 대가야는 신라 진흥왕에 의해 각각 멸망되었다.

(3) 삼국의 통치체제 2021년출제

① 통치조직의 정비
   ㉠ 삼국 초기에는 부족 단위 각 부의 귀족들이 독자적으로 관리를 거느리는 방식으로 귀족회의에서 국가의 중요한 일을 결정하였다.
   ㉡ 중앙집권체제의 형성
   • 왕을 중심으로 한 통치체제로 왕의 권한이 강화되었다.
   • 관등제와 행정구역이 정비되어 각 부의 귀족들은 왕권 아래 복속되고, 부족적 성격이 행정적 성격으로 개편되었다.

② 관등조직 및 중앙관제 2018년출제 2022년출제 2016년출제
   ㉠ 정치조직

구분	관등	수상	중앙관서	귀족합의제
고구려	10여 관등	대대로(막리지)		제가회의
백제	16관등	상좌평	6좌평, 22부	정사암회의
신라	17관등	상대등	병부, 집사부	화백회의

   ㉡ 신라의 골품제도 : 관등제도와 함께 결합하여 운영하였는데 신분제에 의해 제약을 받았다. 2022년출제

③ 지방제도
   ㉠ 지방조직

구분	수도	지방(장관)	특수행정구역
고구려	5부	5부(욕살)	3경(평양성, 국내성, 한성)
백제	5부	5방(방령)	22담로(지방 요지)
신라	6부	5주(군주)	2소경[중원경(충주), 동원경(강릉)]

ⓒ **지방제도의 정비** : 최상급 지방행정단위로 부와 방 또는 주를 두고 지방장관을 파견하였고, 그 아래의 성이나 군에도 지방관을 파견하여 지방민을 직접 지배하였으나 말단 행정단위인 촌은 지방관을 파견하지 않고 토착세력을 촌주로 삼았다. 그러나 대부분의 지역은 중앙정부의 지배가 강력히 미치지 못하여 지방세력가들이 지배하게 되었다.

④ **군사조직** … 지방행정조직이 그대로 군사조직이기도 하여 각 지방의 지방관은 곧 군대의 지휘관(백제의 방령, 신라의 군주)이었다.

③ 대외항쟁과 신라의 삼국통일

(1) **고구려와 수 · 당의 전쟁** 2015년출제 2016년출제

① **동아시아의 정세**(6세기 말)
　㉠ **중국** : 수(隋)가 남북조를 통일하여 고구려를 침공하였다.
　㉡ **한반도** : 신라의 팽창으로 고구려와 백제가 여 · 제동맹을 맺어 대응하였다.
　㉢ **국제** : 남북연합(돌궐 · 고구려 · 백제 · 왜) ↔ 동서연합(수 · 신라)

> **POINT** ▶ **동아시아 국제정세의 변화**
> ┈┈
> ㉠ 4세기 후반 : 동진, 백제, 왜 ↔ 전진, 고구려, 신라
> ㉡ 5 ~ 6세기 : 고구려 ↔ 신라, 백제
> ㉢ 6세기 중엽 ~ 7세기 : 돌궐, 고구려 ↔ 신라, 수, 당, 백제, 왜

② **수와의 전쟁** … 수의 성장에 고구려가 영양왕 때 요서지방을 선제공격하자, 수의 문제와 양제는 고구려를 침입해왔는데 을지문덕이 살수에서 큰 승리를 거두었다(612).

③ **당과의 전쟁** 2023년출제
　㉠ 초기에는 고구려에 유화정책을 취했으나 곧이어 동북아시아로 세력을 뻗쳐왔다.
　㉡ 고구려는 당의 침략에 대비하여 천리장성을 축조하고 연개소문은 대당 강경정책을 추진하였다.
　㉢ 당 태종은 요동의 여러 성을 공격하고 전략상 가장 중요한 안시성을 공격하였으나 고구려에 의해 패하였다(645). 이후 고구려는 당의 빈번한 침략을 물리쳐 당의 동북아시아 지배야욕을 좌절시켰다.

(2) 백제와 고구려의 멸망

① **한반도 정세의 변화** ··· 여·제동맹 이후 나·당연합이 결성되었다.

② **백제의 멸망** 2018년출제

    ㉠ **원인** : 정치질서의 문란과 지배층의 향락으로 국방이 소홀해지면서 몰락하게 되었다.

    ㉡ **과정** : 신라는 황산벌에서 백제를 격파하여 사비성으로 진출하였고, 당군은 금강 하구로 침입하였다. 결국 사비성은 함락되었다(660).

    ㉢ **부흥운동** : 복신과 흑치상지, 도침 등은 주류성과 임존성을 거점으로 하여 사비성과 웅진성을 공격하였으나 나·당연합군에 의하여 진압되었다. 이 때 왜군이 백제 지원을 나섰으나 백강 전투에서 패배하고 말았다.

③ **고구려의 멸망** 2020년출제

    ㉠ **원인** : 지배층의 분열과 국력의 약화로 정치가 불안정하였다.

    ㉡ **과정** : 나·당연합군의 침입으로 평양성이 함락되었다(668).

    ㉢ **부흥운동** : 보장왕의 서자 안승을 받든 검모잠과 고연무 등은 한성과 오골성을 근거지로 한 때 평양성을 탈환하였으나 결국 실패하였다. 그러나 7세기 후반 고구려 유민들의 발해 건국을 통해 고구려의 전통을 지속할 수 있었다.

(3) 신라의 삼국통일

① **과정** ··· 신라·고구려·백제 유민의 연합으로 당과 정면으로 대결하였다.

    ㉠ **당의 한반도 지배 의지** : 한반도에 웅진도독부, 안동도호부, 계림도독부를 설치하였다.

    ㉡ **나·당전쟁** : 신라의 당 주둔군에 대한 공격으로 매소성과 기벌포싸움에서 승리를 거두게 되고 당군을 축출하여 삼국통일을 이룩하였다(676).

② **삼국통일의 의의와 한계**

    ㉠ **의의** : 당의 축출로 자주적 성격을 인정할 수 있으며 고구려와 백제 문화의 전통을 수용하고, 경제력을 확충함으로써 민족문화 발전의 토대를 마련하였다는 점에서 큰 의의가 있다.

    ㉡ **한계** : 외세(당)의 협조를 받았다는 점과 대동강에서 원산만 이남에 국한된 불완전한 통일이라는 점에서 한계성을 가진다.

④ 남북국시대의 정치변화

(1) 통일신라의 발전

① 왕권의 전제화
- ㉠ **무열왕** : 최초의 진골출신 왕으로 통일과정에서 왕권을 강화하였으며 이후 무열왕 직계자손이 왕위를 계승하게 되었다.
- ㉡ **유교정치이념의 수용** : 통일을 전후하여 유교정치이념이 도입되었고, 중앙집권적 관료정치의 발달로 왕권이 강화되어 갔다.
- ㉢ **집사부 시중의 기능 강화** : 상대등의 세력을 억제하였고 왕권의 전제화가 이루어졌다.
- ㉣ **신문왕** `2015년출제`
  - 김흠돌 모역 사건을 통해 귀족세력을 숙청하고 정치세력을 재편성하였다.
  - 지방행정조직을 9주 5소경으로 완비하고 군사조직을 중앙군인 9서당, 지방군인 10정을 조직하였다.
  - 문무관리에게 관료전을 지급하고 녹읍을 폐지하여 귀족의 경제기반을 약화시켰다.
  - 국학을 설립하여 유학사상을 강조하고 유교정치이념을 확립시켰다.

② 정치세력의 변동
- ㉠ 왕권이 전제화되면서 진골귀족의 세력은 약화되었고 진골귀족에 정치적으로 성장할 수 없었던 6두품 세력은 왕권과 결탁하여 상대적으로 부각되었다.
- ㉡ **6두품의 진출** : 학문적 식견을 바탕으로 왕의 정치적 조언자로 활동하거나 행정실무를 총괄하였다. 이들은 전제왕권을 뒷받침하고, 학문·종교분야에서 활약하였다.

③ 전제왕권의 동요(8세기 후반, 경덕왕)
- ㉠ 진골귀족 세력의 반발로 흔들리기 시작하였다.
- ㉡ 녹읍제가 부활하고, 사원의 면세전이 증가되어 국가재정의 압박을 가져왔다.
- ㉢ 귀족들이 특권적 지위를 고수하려 하고, 향락과 사치가 계속되자 농민의 부담은 가중되었다.

(2) 발해의 건국과 발전 `2020년출제` `2021년출제`

① 건국
- ㉠ 고구려 유민은 요동지방을 중심으로 대당 저항을 하였고, 이에 당은 보장왕을 이용한 회유책(민족분열정책)을 사용하였으나 고구려 유민의 동족의식만 강화시켰다.
- ㉡ 고구려 출신의 대조영이 길림성에 건국하여 신라와 발해가 공존하는 남북국이 형성되었다(698).

② 국가성격
    ㉠ **이원적 민족구성**: 지배층은 고구려인이고 피지배층은 말갈인으로 구성되었다.
    ㉡ **고구려 계승의식 표방**: 일본에 보낸 국서에 고려 또는 고려국왕이라는 칭호를 사용하였고, 고구려 문화와 유사성이 있다.
    ㉢ 천통(대조영), 인안(무왕), 대흥(문왕), 건흥(선왕) 등 독자적 연호 사용으로 중국과 대등한 지위에 있음을 과시하기도 하였다.

③ **발해의 발전** `2019년출제`
    ㉠ **영토 확장(무왕)** `2018년출제`
      • 만주의 대부분과 연해주의 영토를 장악하였다.
      • 장문휴의 수군을 통해 당의 산둥반도를 공격하고, 돌궐·일본과 연결하여 당과 신라에 대항하였다.
    ㉡ **체제 정비(문왕)**
      • 당과 친선관계를 맺어 중국문물을 수용하였고, 신라와는 동해안을 따라 이르던 교통로인 신라도를 통해 교류하였다.
      • 지배체제 정비와 함께 수도를 중경에서 상경으로 천도하였다.
    ㉢ **중흥기(선왕)**
      • 요동지방으로 진출하였으며 남쪽으로는 신라와 국경을 접할 정도로 넓은 영토를 차지하였다.
      • 광대한 영토를 효과적으로 통치하기 위하여 5경 15부 62주의 지방행정제도를 완비하였다.
      • 당으로부터 '해동성국(海東盛國)'이라는 칭호를 받았다.
    ㉣ **멸망**: 거란의 세력 확대와 귀족들의 권력투쟁으로 인해 국력이 쇠퇴하면서 거란에 멸망되었다(926).

(3) 남북국의 통치체제

① **통일신라** `2016년출제` `2023년출제`
    ㉠ **중앙정치체제**: 전제왕권의 강화
      • 집사부 중심의 관료기구가 강화되었다.
      • 집사부 시중의 지위가 강화되고(국정총괄) 집사부 아래에 위화부와 13부를 두고 행정업무를 분담하였다.
      • 관리들의 비리와 부정방지를 위한 감찰기관인 사정부를 설치하였다.
    ㉡ **유교정치이념의 수용**: 국학을 설립하였다.
    ㉢ **지방행정조직의 정비(신문왕)**: 9주 5소경으로 정비하여 중앙집권체제를 강화하였다.
      • 9주(도독): 주의 장관은 총관(후에 도독)으로 군사적 기능은 약화되고, 행정적 기능이 강화되었다. 일부 군·현에는 태수와 현령이 중앙에서 파견되었다.
      • 5소경: 수도의 지역적 치우침을 보완하기 위하여 군사적·행정적 요지에 설치하였다.
      • 지방관의 감찰을 위하여 외사정을 파견하였고, 상수리제도를 실시하였으며, 향·부곡이라 불리는 특수행정구역도 설치하였다.

  ② 군사조직의 정비 2018년출제
   • 9서당 : 옷소매의 색깔로 표시하였는데 부속민에 대한 회유와 견제의 양면적 성격이 있다.
   • 10정 : 9주에 각 1정의 부대를 배치하였으나 한산주에는 2정(남현정, 골내근정)을 두었다.
  ⑩ 통치체제 변화의 한계와 의의 : 중국식 정치제도의 도입으로 강력한 중앙집권적 전제국가로 발전하였다.
   그러나 진골귀족이 권력을 독점하는 한계를 가지고 있었다.

② 발해 2021년출제 2015년출제
  ㉠ 중앙정치체계 : 당의 제도를 수용하였으나 명칭과 운영은 독자성을 유지하였다.
   • 3성 : 정당성(대내상이 국정총괄), 좌사정, 우사정(지·예·신부)
   • 6부 : 충부, 인부, 의부, 지부, 예부, 신부
   • 중정대(감찰), 문적원(서적관리), 주자감(중앙의 최고교육기관)
  ㉡ 지방제도 : 5경 15부 62주로 조직되었고, 지방행정의 말단인 촌락은 주로 말갈인 촌장이 지배하였다.
  ㉢ 군사조직 : 중앙군(10위), 지방군

(4) 신라말기의 정치변동과 호족세력의 성장 2016년출제 2018년출제 2019년출제 2020년출제

① 전제왕권의 몰락
  ㉠ 국가기강의 해이 : 진골귀족들의 반란과 왕위쟁탈전이 심화되었다.
  ㉡ 귀족연합정치 : 집사부 시중보다 상대등의 권력이 더 커졌다.
  ㉢ 지방민란의 발생 : 김헌창의 난(822)과 같은 지방민란이 발생하여 중앙의 지방통제력이 더욱 약화되는 계
   기가 되었다.

② 농민의 동요
  ㉠ 귀족들의 대토지 소유가 확대되고 가혹한 조세수취, 자연재해 등으로 농민의 부담이 증가되면서 토지를
   잃고 노비가 되거나 초적이 되었다.
  ㉡ 진성여왕 때부터 농민들의 국가에 대한 전면적인 항쟁이 시작되었고, 대규모의 조직적 항쟁도 전개되었다.

③ 호족세력의 등장 … 지방의 행정·군사권과 경제적 지배력을 가진 호족세력은 성주나 장군을 자처하며 반독
 립적인 세력으로 성장하였다.

④ 개혁정치 … 6두품 출신의 유학생과 선종의 승려가 중심이 되어 골품제사회를 비판하고 새로운 정치이념을
 제시하였다. 지방의 호족세력과 연계되어 사회개혁을 추구하였다.

(5) 후삼국의 성립

① **후백제** … 농민 출신의 견훤이 군진 · 호족세력을 토대로 완산주(전주)에 건국하였다(900).

    ㉠ 중국과는 외교관계를 맺었으나 신라에는 적대적이었다.

    ㉡ 한계 : 농민에 대한 지나친 조세 부과로 반감을 샀으며, 호족세력의 포섭에 실패하였다.

② **후고구려**

    ㉠ 건국 : 신라 왕실의 후손 궁예가 초적 · 호족세력을 토대로 송악(개성)에 건국하였다(901).

    ㉡ 국호는 후고구려 → 마진 → 태봉으로 바뀌었고 도읍지도 송악에서 철원으로 옮겨졌다.

    ㉢ 관제 : 국정최고기구인 광평성과 여러 관서를 설치하고 9관등제를 실시하였다.

    ㉣ 한계 : 농민에 대한 지나친 조세를 부과하였고 미륵신앙을 이용한 전제정치를 펼쳐 신하들에 의해 축출되었다.

최근 기출문제 분석

2023. 11. 4. 국내여행안내사

1 **다음 설명에 해당하는 것은?**

> 고구려가 당의 침략에 대비하여 16년간의 공사 끝에 647년 완성하였다. 부여성에서 비사성에 이른다. 연개소문은 이것의 축조를 감독하면서 요동 지방의 군사력을 장악하여 정권을 잡을 수 있었다.

① 4군 6진   ② 강동6주

③ 동북9성   ④ 천리장성

> **TIP** 고구려 말기 영류왕(631) 대에 연개소문의 주도로 당나라의 침입을 막기 위하여 축조된 성은 천리장성이다.
> ① 4군 6진 : 조선 세종 대 북방 개척
> ② 강동 6주 : 고려 성종 대 거란의 침입과정에서 서희의 외교담판(993)으로 확보
> ③ 동북 9성 : 고려 예종(1107)대 윤관이 여진족을 정벌하고 축조

2023. 11. 4. 국내여행안내사

2 **백제 성왕 대에 일어난 사건에 관한 설명으로 옳지 않은 것은?**

① 대외 진출이 쉬운 사비(부여)로 도읍을 옮기고 국호를 남부여라고 부르기도 했다.

② 중국 남조와 활발하게 교류함과 아울러 일본에 불교를 전하기도 하였다.

③ 일시적으로 한강을 수복하였지만, 곧 신라에 빼앗기고, 왕도 관산성에서 전사하였다.

④ 불교를 처음으로 공인하여 중앙 집권 체제를 사상적으로 뒷받침하였다.

> **TIP** 성왕은 백제를 중흥시키기 위하여 기존의 도읍이었던 웅진에서 사비(부여)로 천도(538)하고, 국호를 남부여로 하였다. 또한 중앙은 22부, 수도는 5부, 지방은 5방으로 제도를 정비하였으며, 불교를 진흥하여 일본에 불교를 전파하였다. 대외적으로는 중국의 남조와 교류하였고, 신라에게 빼앗긴 한강유역을 일시적으로 수복하였지만 관산성 전투에서 신라에게 패하여 전사하였다.
> ④ 백제에서 불교를 공인한 것은 침류왕(384)이다.

Answer 1.④ 2.④

3 통일 신라의 지방 행정 조직에 관한 설명으로 옳은 것은?

① 전국을 5도와 양계로 크게 나누고 3경, 4도호부, 8목 등을 설치하였다.

② 지방관을 감찰하기 위하여 내사정을 파견하였다.

③ 지방 세력을 견제하기 위하여 상수리제도를 실시하였다.

④ 전략적 요충지에 5경을 두었고, 지방 행정의 중심에 15부를 두었다.

> **TIP** 신라는 삼국통일 이후 신문왕 대에 9주 5소경 제도를 통해 지방 행정 제도를 정비하였다. 또한 지방관을 감찰하기 위해 외사정을 파견하였고, 다른 한편으로 지방세력 견제를 위하여 상수리제도를 시행하였다. 상수리제도는 지방 세력의 자제를 왕경인 서라벌로 보내게 하는 제도로 지방세력의 반란을 막기 위한 일종의 인질 제도였다.
> ① 고려의 지방행정제도이다.
> ② 내사정이 아니라 외사정이다.
> ④ 발해의 지방행정제도이다.

4 다음은 발해의 역사적 사건이다. 시기 순으로 올바르게 나열한 것은?

> ㉠ 길림성 돈화시 동모산 기슭에서 건국
> ㉡ 중국인들에 의해 해동성국이라 불림
> ㉢ 장문휴의 수군으로 당의 산동 지방을 공격
> ㉣ 중국과 대등한 지위에 있음을 과시하기 위해 대흥이라는 독자적인 연호 사용

① ㉠ → ㉡ → ㉢ → ㉣

② ㉠ → ㉢ → ㉡ → ㉣

③ ㉠ → ㉢ → ㉣ → ㉡

④ ㉡ → ㉠ → ㉣ → ㉢

> **TIP** ㉠ 대조영 : 발해 건국(698)
> ㉢ 발해 무왕 : 장문휴의 수군으로 당의 산동 지방을 공격(732)
> ㉣ 발해 문왕 : 독자적 연호인 '대흥'을 사용(737)
> ㉡ 발해 선왕 : 해동성국이라 불림(818~830)

Answer 3.③ 4.③

5 신라의 왕권강화와 관련된 정책이 아닌 것은?

① 국학 설치

② 식읍 지급

③ 갈문왕 폐지

④ 집사부 설치

> **TIP** ② 신라는 전제 왕권을 강화하기 위하여 신문왕 9년(689년) 봄 정월에 중앙과 지방 관리들의 녹읍을 폐지하고 해마다 조를 차등 있게 주고 이를 일정한 법으로 삼았다.

6 밑줄 친 '북국'에 관한 설명으로 옳은 것은?

> "원성왕 6년 3월 북국(北國)에 사신을 보내 교빙 하였다. …(중략)… 이 나라는 요동땅에서 일어나 옛 고구려의 북쪽 땅을 병합하고 신라와 서로 경계를 맞대었지만, 교빙 했다는 사실이 역사에 전해지지 않았다. 그런데 이때 와서 일길찬 백어(伯漁)를 보내 교빙하였다." …「동사강목」…

① 신라와 시종 친밀한 관계를 유지하였다.

② 불교 관련 문화재가 전혀 남아 있지 않다.

③ 일본과 서로 적대의식을 갖고 교류하지 않았다.

④ 전성기 때 중국인들이 해동성국이라 불렀다.

> **TIP** ④ '북국'은 발해로, 전성기 때 중국인들이 해동성국이라 불렀다.
> ① 신라와 발해의 관계는 대체로 대립적이었다.
> ② 발해의 불교는 고구려의 영향을 받아 크게 발전했다. 여러 곳의 절터뿐만 아니라, 불상, 탑, 석등도 발견되었다.
> ③ 발해는 당 문화를 일본에 전하는 역할을 했다.

Answer 5.② 6.④

7 경주 호우총에서 출토된 '호우명 그릇' 밑면의 명문에 나오는 인물에 관한 설명으로 옳은 것은?

① 왕의 칭호를 마립간으로 고쳤다.

② 금관가야와 대가야를 정복하였다.

③ 율령을 반포하고 불교를 공인하였다.

④ 신라의 구원요청으로 왜군을 격퇴하였다.

> **TIP** 호우명 그릇은 경주 호우총에서 출토된 유물로, 그릇의 밑면에 4행 4자씩 총 16자(乙卯年國罡(岡)上廣開土地好太王壺
> 杆十, 을묘년국강상광개토지호태왕호우십)의 명문이 새겨져 있다.
> ① 내물 마립간
> ② 금관가야는 법흥왕이, 대가야는 진흥왕이 정복했다.
> ③ 법흥왕

8 신라 지증왕의 업적으로 옳은 것은?

① 금관가야를 병합하였다.

② 우산국을 정복하였다.

③ 황룡사에 구층 목탑을 세웠다.

④ 관산성에서 백제 성왕을 살해하였다.

> **TIP** ② 이사부가 우산국을 정복한 것은 512년(지증왕 13)의 일이다.
> ① 금관가야 병합 : 532년(법흥왕 19)
> ③ 황룡사 9층 목탑 : 643~645년(선덕여왕 12~15)
> ④ 관산성 전투 : 554년(진흥왕 15)

Answer 7.④ 8.②

출제 예상 문제

1 다음 중 고대사회의 성격에 대한 설명으로 옳지 않은 것은?

① 율령반포를 통해 체제정비가 추진되었다.

② 불교를 통해 왕권강화를 사상적으로 뒷받침하였다.

③ 정복활동을 통해 영토를 확장시켰다.

④ 족장들이 독립된 세력으로 지위를 강화시켰다.

TIP ④ 고대국가 단계에서는 부족장들이 왕권 아래 복속되어 가기 시작했다.

2 다음 중 고대의 군사제도에 대한 설명으로 옳지 않은 것은?

① 신라는 통일 후 9서당을 신라, 고구려, 백제, 말갈인으로 조직하였다.

② 신라의 지방군은 10정으로 각 주에 1정씩 배치하고 북쪽 국경지대에는 2정을 두었다.

③ 삼국은 지방관이 군대를 지배하였다.

④ 발해는 10위를 전국에 배치하였다.

TIP ④ 발해는 중앙군사조직으로 10위를 두었다.

Answer 1.④ 2.④

3 다음에 밑줄 친 '이 비석'은?

> 고구려는 장수왕 때 남진정책으로 한강 유역을 차지하고 <u>이</u> 비석을 세웠다.

① 단양적성비

② 사택지적비

③ 마운령비

④ 중원고구려비

TIP 중원고구려비

고구려가 남한강 유역까지 영역을 확장한 5세기 장수왕 때 세워진 것으로 추정되는 비석으로, 비문의 '고려대왕(高麗大王)', '신라 토내당주(新羅土內幢主)' 등의 표현에서 고구려군이 신라의 영토에 주둔하며 영향력을 행사했다는 사실을 알 수 있다.

4 가야에 대한 설명으로 옳은 것을 모두 고른 것은?

> ㉠ 가야왕 하지는 중국 남제에 사신을 보냈다.
> ㉡ 한 군현, 왜와의 중계무역을 통해 많은 이득을 얻었다.
> ㉢ 진한이 6가야 연맹으로 발전하였다.
> ㉣ 철기문화와 벼농사가 발달한 부족연맹국가였다.

① ㉠㉡㉢

② ㉠㉡㉣

③ ㉠㉢㉣

④ ㉡㉢㉣

TIP ㉢ 변한 12국이 금관가야를 중심으로 6가야연맹으로 발전하였다.

5 삼국의 성립에 대한 설명으로 옳은 것은?

① 초기의 고구려는 졸본성에서 주변 소국을 통합하고, 국내성으로 도읍을 옮기며 성장하였다.

② 초기의 백제는 지배층인 한강 유역의 토착민과 피지배층인 고구려 계통의 북방 유이민의 결합으로 성립되었다.

③ 초기의 신라는 박·석·김의 세 집단의 합의를 통해 왕을 추대하고, 주요 집단들의 독자적 세력을 억압하면서 발전하였다.

④ 초기의 가야는 낙동강 하류 변한지역에서 청동기문화를 토대로 농업생산력이 증대되어 등장한 정치집단들에 의해 성립되었다.

TIP ② 백제는 우수한 철기문화를 보유한 고구려 계통의 북방 유이민이 지배층을 형성하였다.
③ 신라는 박·석·김의 세 집단이 번갈아 왕위를 차지하였다. 주요 집단들의 독자적인 세력 기반을 유지하면서 유력 집단의 우두머리가 왕(이사금)으로 추대되었다.
④ 가야는 낙동강 하류 변한지역에서 철기문화를 토대로 농업생산력이 증대되어 등장한 정치집단들에 의해 성립되었다.

6 중앙집권국가의 특징에 해당하는 것을 모두 고르면?

⊙ 영토확장을 위한 정복사업	ⓒ 왕위의 부자세습
ⓒ 권력의 집권화	ⓔ 관료제와 유연한 신분제도
ⓜ 율령반포와 불교수용	

① ⊙ⓒⓒ
③ ⊙ⓒⓔⓜ

② ⊙ⓒⓒⓜ
④ ⊙ⓒⓒⓔⓜ

TIP 중앙집권국가의 특징
⊙ 영토확장을 위한 정복사업
ⓒ 왕위의 부자세습
ⓒ 권력의 중앙집권화
ⓔ 관료제와 엄격한 신분제도
ⓜ 율령반포
ⓗ 불교수용

Answer 5.① 6.②

7 삼국의 형세가 다음 지도와 같을 때의 상황으로 옳지 않은 것은?

① 고구려에서는 불교가 공인되었다.

② 신라와 백제 사이에 나·제동맹이 체결되었다.

③ 백제는 웅진에서 사비로 수도를 옮겼다.

④ 고구려는 신라에 침입한 왜를 격퇴시켰다.

TIP 지도는 5세기 광개토대왕 및 장수왕 때의 고구려의 최대전성기를 나타낸 것이다. 광개토대왕은 요동을 포함한 만주 일대, 한강 이북을 차지했으며 장수왕은 서해안까지 진출했다. 이때 장수왕의 남하정책으로 신라의 눌지왕과 백제의 비유왕 사이에 나·제 동맹이 체결되었다.
① 고구려의 불교공인은 4세기 소수림왕 시기의 일이다.

8 다음에 주어진 사건을 시기 순으로 바르게 나열한 것은?

㉠ 평양천도 427년	㉡ 웅진천도 475년
㉢ 나제동맹 433년	㉣ 신라율령반포 520년

① ㉠→㉡→㉢→㉣

② ㉠→㉡→㉣→㉢

③ ㉠→㉢→㉡→㉣

④ ㉠→㉢→㉣→㉡

TIP ㉠ 평양천도 427년 → ㉢ 나제동맹 433년 → ㉡ 웅진천도 475년 → ㉣ 신라율령반포 520년

Answer 7.① 8.③

9 삼국의 발전과정에서 나타난 사실이다. 공통적인 성격은 무엇인가?

- 2세기 태조왕 – 계루부 고씨의 왕위세습
- 3세기 고이왕 – 6좌평 행정분담
- 4세기 눌지왕 – 김씨 왕위세습, 마립간 칭호 사용

---

① 고조선의 통치질서를 계승하였다.
② 국왕을 중심으로 한 중앙집권체제가 강화되었다.
③ 연맹왕국의 확립을 위한 제도를 정비하였다.
④ 유교정치이념을 구현하였다.

TIP 중앙집권체제의 정비는 왕위세습, 율령반포, 관등이나 관직 등의 제도를 정비함으로써 더욱 강화되었다.

10 4세기 경 삼국의 정세에 대한 설명으로 옳지 않은 것은?

① 신라는 진흥왕 때 한강 유역을 차지하고 통일의 기틀을 마련했다.
② 고구려 미천왕은 서안평을 점령하여 고조선의 옛 영토를 대부분 수복하였다.
③ 백제의 근초고왕은 요서지방, 산둥지방 그리고 일본의 규슈지역까지 진출하였다.
④ 신라 내물왕은 낙동강 동쪽의 진한을 점령하고 중앙집권국가로 발전하기 시작하였다.

TIP ① 신라가 한강 유역을 차지하고 통일의 기틀을 마련한 것은 6세기 중엽 이후의 일이다.

Answer 9.② 10.①

11 다음은 고구려와 백제의 발전과정을 서술한 것이다. 이러한 고구려와 백제의 팽창이 가능하였던 시대적 배경으로 가장 적절한 것은?

> • 고구려가 한 군현 세력을 축출하고, 이어서 요동지역을 확보하였다.
> • 백제가 요서지방으로 진출하고, 이어서 산둥지방과 일본에까지 진출하였다.

① 고구려와 백제는 동맹을 맺어 중국의 압력에 공동으로 대항하였다.
② 위, 촉, 오 삼국이 형성으로 중국 사회가 혼란해졌다.
③ 고구려와 백제는 율령 반포를 통해 집권체제를 강화하였다.
④ 북방민족의 침입으로 인해 중국의 혼란 상태가 장기간 지속되었다.

TIP 제시문은 4세기의 상황으로 당시 중국이 5호 16국으로 분립되어 국세가 약화되었던 시기에 한반도 세력이 그 영역을 확대해가는 과정이다.

12 고구려가 삼국항쟁의 주도권을 장악하고 있던 시기의 사실로 옳은 것은?

① 나·제동맹이 강화되었다.
② 수나라가 고구려를 침공하였다.
③ 화랑도가 국가조직으로 확대되었다.
④ 집사부가 설치되었다.

TIP ① 고구려 장수왕의 남하정책을 막기 위해 신라(눌지왕)와 백제(비유왕)는 433년에 처음으로 나·제동맹을 맺었고, 동부여를 복속시켜 고구려의 최대의 영토를 확보한 문자왕 2년에 서로 결혼동맹(신라 소지왕, 백제 동성왕)을 맺음으로써 동맹을 강화하였다.

Answer 11.④ 12.①

13 다음 비문의 내용에 해당하는 고구려왕의 업적으로 옳은 것은?

> 영락 10년(400) 경자에 보병과 기병 5만을 보내 신라를 구원하게 하였다. 후퇴하는 왜적을 추격하여 종발성을 함락하고 병사를 두어 지키게 하였다.

① 후연을 격파하여 요동으로 진출하였다.
② 율령을 반포하여 국가체제를 정비하였다.
③ 지방세력 통제를 위해 불교를 공인하였다.
④ 지두우를 분할 점령하여 흥안령 일대의 초원지대를 장악하였다.

TIP 제시문은 광개토대왕릉비의 내용이다.
②③ 소수림왕의 업적이다.
④ 장수왕의 업적이다.

14 신라 진흥왕의 영토확장 연구에 적절하지 않은 것은?

① 울진 봉평 신라비 – 동해안 지방으로의 영토 확장
② 북한산비 – 한강유역의 진출과정
③ 마운령비 – 신라 영토가 원산항까지 북상
④ 창녕비 – 낙동강 진출

TIP ① 울진 봉평 신라비는 법흥왕(524) 때에 세워진 신라의 비석으로 율령의 반포를 알려준다.
② 북한산비는 6세기 진흥왕(555)이 한강 하류까지의 진출을 알 수 있는 비이다.
③ 마운령비(568)는 신라가 동북방면의 국경인 함경남도 이원군에까지 이르렀음을 보여준다.
④ 창녕비는 신라 진흥왕(561) 때에 세워진 것으로 대가야를 정벌하고 낙동강유역을 평정한 뒤 세워졌다.

Answer 13.① 14.①

15 다음 중 5세기 후반의 한반도 정세에 대한 설명으로 옳은 것은?

① 백제와 신라가 서로 동맹하여 고구려의 팽창을 견제하였다.

② 백제와 신라가 불교를 공인하여 중앙집권화의 사상적 뒷받침을 하였다.

③ 고구려는 남해안 일부 지역에 침투한 왜군을 격퇴하였다.

④ 낙동강 유역에는 가야연맹이 성장하여 신라와 백제를 압박하였다.

TIP ② 백제와 신라가 불교를 공인한 시기는 각각 4세기 말(침류왕), 6세기 전반(법흥왕)이다.
③ 5세기 초 광개토대왕 때의 일이다.
④ 가야는 백제와 신라의 공격을 받아 세력이 크게 약화되었다.

16 다음 중 백제의 사비 천도 이후의 정세로 옳은 것은?

① 한강 유역을 차지하여 국가 중흥시대를 맞이하였다.

② 지방에 22담로를 설치하였다.

③ 왕권이 약화되어 지배층이 교체되고 정치적으로 불안한 정세가 계속되었다.

④ 중국의 남조와 활발한 교류관계가 지속되었다.

TIP 백제의 사비 천도는 6세기 성왕 때 이루어졌다. 성왕은 중국 남조와 활발한 교류관계를 유지하였다.
① 3세기 고이왕 ② 6세기 무령왕 ③ 5세기 문주왕

17 다음 중 백제 성왕의 업적이 아닌 것은?

① 사비 천도   ② 남부여로 국호 개칭
③ 22담로의 설치   ④ 일본에 불교 전파

TIP ③ 무령왕은 지방에 22담로라는 특별행정구역을 설치하고 왕족을 파견하여 지방통제를 강화하고 중국 남조의 양나라와 교류를 통해 대내외적 안정을 확보했다.

Answer 15.① 16.④ 17.③

O2 중세의 정치

1 중세사회의 성립과 전개

(1) 고려의 성립과 민족의 재통일

① 고려의 건국 2020년출제
  - ㉠ 왕건의 등장 : 송악의 호족으로서 예성강 유역의 해상세력과 연합하였다. 처음에는 궁예 휘하로 들어가서 한강 유역과 나주지방을 점령하여 후백제를 견제하였다. 이후에는 궁예의 실정을 계기로 정권을 장악하게 된다.
  - ㉡ 고려의 건국 : 고구려의 후계자임을 강조하여, 국호를 고려라 하고 송악에 도읍을 세웠다. 조세경감, 노비해방으로 민심을 수습하고 호족세력을 융합하였다.

② 민족의 재통일 … 중국의 혼란기를 틈타 외세의 간섭없이 통일이 성취되었다.
  - ㉠ 고려의 정책 : 지방세력을 흡수·통합하였고, 중국 5대와 교류하였다.
  - ㉡ 후삼국통일 : 신라에 우호정책을 펼쳐 신라를 병합하고(935) 후백제를 정벌하였으며(936), 후삼국뿐만 아니라 발해의 유민을 수용하여 민족의 재통일을 이루었다.

(2) 태조의 정책 2015년출제 2016년출제

① 취민유도(取民有度)정책 … 흩어진 백성을 모으고 조세를 징수함에 법도가 있게 한다는 민생안정정책으로 유교적 민본이념을 나타낸다(세율을 1/10로 경감).
  - ㉠ 조세경감 : 호족의 지나친 수취를 금지하였다.
  - ㉡ 민심수습 : 전란 중 억울하게 노비가 된 자를 해방하였다.
  - ㉢ 흑창설치 : 고구려의 진대법을 계승하여 춘궁기에 곡식을 나눠주고 추수 후에 갚게 하는 빈민구제기구이다. 성종 때 의창으로 바뀌었다.

② 통치기반 강화
  - ㉠ 관제정비 : 태봉의 관제를 중심으로 신라와 중국의 제도를 참고하여 정치제도를 만들고, 개국공신과 호족을 관리로 등용하였다.

    ⓒ **호족회유** : 호족을 회유하기 위해 정략결혼, 왕씨 성을 하사하는 사성정책, 개국공신과 호족을 중앙관리로 임명하거나 역분전을 제공하였다.

    ⓒ **호족견제** : 사심관제도(우대)와 기인제도(감시)를 실시하였다.

    ⓔ **통치규범** : 정계, 계백료서를 지어 관리들이 지켜야 할 규범을 제시하였고, 후손들이 지켜야 할 교훈이 담긴 훈요 10조를 남겼다.

③ **북진정책** … 고구려를 계승하였음을 강조하여 국호를 고려라 하고 국가의 자주성을 강조하기 위해 천수(天授)라는 연호를 사용하였다.

(3) 광종의 개혁정치 〔2018년출제〕 〔2021년출제〕

① **고려 초의 혼란기**(혜종, 정종)

    ㉠ **왕위계승분쟁** : 호족과 공신세력의 연합정권이 형성되어 왕자들과 외척들 사이에 왕위계승다툼이 일어났다.

    ⓒ **왕규의 난** : 정략결혼과 호족, 외척세력의 개입으로 나타난 부작용이었다.

② **광종의 개혁정치** … 왕권의 안정과 중앙집권체제를 확립하기 위한 것이었다. 〔2015년출제〕

    ㉠ **전제왕권의 확립** : 공신과 호족세력을 숙청하고, '칭제건원', '광덕', '준풍' 등의 독자적인 연호를 사용하였으며, 개경을 황도라 불렀다.

    ⓒ **노비안검법** : 후삼국 혼란기에 불법적으로 노비가 된 자를 해방하여 호족의 경제적·군사적 기반을 약화시키고, 노비들을 양인으로 회복시켜 조세와 부역을 담당하게 하여 국가재정을 강화시켰다.

    ⓒ **과거제도** : 쌍기의 건의를 받아들여 실시하였으며, 문신 유학자를 등용하여 신·구세력의 교체를 도모하였다.

    ⓔ **공복제도** : 관료의 위계질서 확립을 위해 관등에 따라 자, 단, 비, 녹으로 복색을 구분하였다.

    ⓜ **불교장려** : 귀법사와 흥왕사를 짓고 혜거를 국사로, 탄문을 왕사로 임명하였다.

    ⓗ **제위보 설치** : 빈민구제기금을 만들어 빈민을 구제하였다.

    ⓢ **주현공부법 실시** : 국가수입 증대를 위해 실시하였다.

    ⓞ **외교관계** : 송과 문화적·경제적 목적에서 외교관계를 수립하였으나, 군사적으로는 중립적 자세를 취하였다.

③ **경종의 전시과제도 실시** … 중앙관료의 경제적 기반을 보장하기 위한 것이었다.

(4) 유교적 정치질서의 강화

① **최승로의 시무 28조** 〔2015년출제〕 〔2015년출제〕

    ㉠ **유교정치이념의 강조** : 유교를 진흥하고 불교행사를 축소시켰다.

    ⓒ **지방관의 파견** : 중앙집권화와 호족세력에 대한 통제를 위한 것이었다.

    ⓒ **통치체제의 정비** : 문벌귀족 중심의 정치를 이룩하였다.

    ⓔ 28조 중 현재 알 수 있는 내용은 22조뿐이며, 나머지 6조의 내용은 전하지 않는다.

② **성종의 중앙집권화** `2022년출제` `2023년출제`

　　㉠ 유교적 정치이념을 실현하기 위해 6두품 출신의 유학자를 등용하였다.

　　㉡ 당의 3성 6부제를 기반으로 2성 6부를 마련하고 고려의 독자적 기구인 도병마사와 식목도감을 설치하였다.

　　㉢ 지방에 12목을 설치하고 지방관을 파견하여 지방에 대한 직접 통치가 가능하게 되었다. `2019년출제`

　　㉣ 향리제도를 실시하여 지방의 호족을 향리로 편제하였다.

　　㉤ 중앙에는 국자감을 설치하고 지방에는 향교를 개설하고 경학박사와 의학박사를 파견하였다.

　　㉥ 우리나라 최초의 화폐인 건원중보를 발행하였다.

2 통치체제의 정비

(1) 중앙의 통치조직 `2016년출제` `2017년출제`

① **정치조직(2성 6부)**

　　㉠ **2성**
- 중서문하성 : 중서성과 문하성의 통합기구로 문하시중이 국정을 총괄하였다.
  - 재신 : 2품 이상의 고관으로 백관을 통솔하고 국가의 중요정책을 심의·결정하였다.
  - 낭사 : 3품 이하의 관리로 정책을 건의하거나, 정책집행의 잘못을 비판하는 일을 담당하였다.
- 상서성 : 실제 정무를 나누어 담당하는 6부를 두고 정책의 집행을 담당하였다.

　　㉡ **중추원** : 군사기밀을 담당하는 2품 이상의 추밀과 왕명출납을 담당하는 3품의 승선으로 구성되었다.

　　㉢ **삼사** : 화폐와 곡식의 출납에 대한 회계업무만을 담당하였다.

　　㉣ **어사대** : 풍속을 교정하고 관리들의 비리를 감찰하는 감찰기구이다.

　　㉤ **6부**(이·병·호·형·예·공부) : 상서성에 소속되어 실제 정무를 분담하던 관청으로 각 부의 장관은 상서, 차관은 시랑이었다.

② **귀족 중심의 정치** `2020년출제`

　　㉠ **귀족합좌 회의기구**(중서문하성의 재신, 중추원의 추밀)
- 도병마사 : 재신과 추밀이 함께 모여 회의로 국가의 중요한 일을 결정하는 곳이다. 국방문제를 담당하는 임시기구였으나 도평의사사(도당)로 개편되면서 구성원이 확대되고 국정 전반에 걸친 중요사항을 담당하는 최고정무기구로 발전하였다.
- 식목도감 : 임시기구로서 재신과 추밀이 함께 모여 국내 정치에 관한 법의 제정 및 각종 시행규정을 다루던 회의기구였다.

ⓒ 대간(대성)제도 : 어사대의 관원과 중서문하성의 낭관으로 구성되었다. 비록 직위는 낮았지만 왕이나 고위관리들의 활동을 지원하거나 제약하여 정치 운영의 견제와 균형을 이루었다.
- 서경권 : 관리의 임명과 법령의 개정이나 폐지 등에 동의하는 권리
- 간쟁 : 왕의 잘못을 말로 직언하는 것
- 봉박 : 잘못된 왕명을 시행하지 않고 글로 써서 되돌려 보내는 것

(2) 지방행정조직의 정비

① 정비과정
ⓐ 초기 : 호족세력의 자치로 이루어졌다.
ⓑ 성종 : 12목을 설치하여 지방관을 파견하였다.
ⓒ 현종 : 4도호부 8목으로 개편되어 지방행정의 중심이 되었고, 그 후 전국을 5도와 양계, 경기로 나눈 다음 그 안에 3경·4도호부·8목을 비롯하여 군·현·진을 설치하였다.

② 지방조직
ⓐ 5도(일반행정구역) : 상설 행정기관이 없는 일반 행정 단위로서 안찰사를 파견하여 도 내의 지방을 순찰하게 하였다. 도에는 주와 군(지사)·현(현령)이 설치되고, 주현에는 지방관을 파견하였지만 속현에는 지방관을 파견하지 않았다.
ⓑ 양계(군사행정구역) : 북방의 국경지대에는 동계와 북계의 양계를 설치하여 병마사를 파견하고, 국방상의 요충지에 군사특수지역인 진을 설치하였다.
ⓒ 8목 4도호부 : 행정과 군사적 방비의 중심적인 역할을 맡은 곳이다.
ⓓ 특수행정구역
- 3경 : 풍수설과 관련하여 개경(개성), 서경(평양), 동경(경주, 숙종 이후 남경)에 설치하였다.
- 향·소·부곡 : 향·부곡은 국공유지를 경작하고, 소는 특정 공납품을 생산하는 등 특정한 역에 대한 부가적 부담으로 인해 일반적인 양민과 달리 그 신분이 노비·천민에 유사하였다.
ⓔ 지방행정 : 실제적인 행정사무는 향리가 처리하여 지방관보다 영향력이 컸다(속현, 향, 소, 부곡 등).

(3) 군역제도와 군사조직

① 중앙군
ⓐ 2군 6위 : 국왕의 친위부대인 2군과 수도경비와 국경방어를 담당하는 6위로 구성되었다.
ⓑ 직업군인 : 군적에 올라 군인전을 지급받고, 군역을 세습하였으며, 군공을 세워 신분을 상승시킬 수 있는 중류층이었다. 이들은 상장군, 대장군 등의 무관이 지휘하였다.

② 지방군
ⓐ 주진군(양계) : 양계에 배치되었으며 국방의 주역을 담당한 상비군(좌군, 우군, 초군)으로 국경 수비를 하였다.
ⓑ 주현군(5도) : 5도에 배치되었으며 주로 자기 토지를 경작하는 농민으로 구성되어 지방관의 지휘를 받아 치안과 지방방위·노역에 동원되었다.

(4) 관리임용제도

① 과거제도(법적으로 양인 이상이면 응시가 가능)

    ㉠ 제술과 : 문학적 재능과 정책을 시험하였다.

    ㉡ 명경과 : 유교경전에 대한 이해능력을 시험하였다.

    ㉢ 잡과 : 지리, 회계, 법률 등 실용기술학을 시험하였다.

    ㉣ 한계와 의의 : 능력 중심의 인재등용과 유교적 관료정치의 토대 마련의 계기가 되었으나 과거출신자보다 음서출신자가 더 높이 출세할 수밖에 없었고, 무과는 실시하지 않았다.

② 음서제도 … 왕족의 후예·공신의 후손·5품 이상의 고관의 자손은 과거를 거치지 않고 관직에 진출할 수 있는 제도로 과거보다 더 중요시 되었으며, 공음전과 함께 고려 문벌귀족사회의 특징적 모습을 상징한다.

2022년출제

③ 문벌귀족사회의 성립과 동요

(1) 문벌귀족사회의 성립

① 출신유형 … 지방호족 출신이 중앙관료화된 것으로, 신라 6두품 계통의 유학자들이 과거를 통해 관직에 진출하여 성립되었다.

② 문벌귀족의 형성 … 대대로 고위관리가 되어 중앙정치에 참여하게 되고, 과거와 음서를 통해 관직을 독점하였다.

③ 문벌귀족사회의 모순

    ㉠ 문벌귀족의 특권

        • 정치적 특권 : 과거와 음서제를 통해 고위 관직을 독점하였다.

        • 경제적 특권 : 과전, 공음전, 사전 등의 토지겸병이 이루어졌다.

        • 사회적 특권 : 왕실 및 귀족들간의 중첩된 혼인관계를 이루었다.

    ㉡ 측근세력의 대두 : 과거를 통해 진출한 지방 출신의 관리들이 국왕을 보좌하면서 문벌귀족과 대립하였다.

    ㉢ 이자겸의 난, 묘청의 서경천도운동 : 문벌귀족과 측근세력의 대립으로 발생한 사건들이다.

(2) 이자겸의 난과 서경천도운동

① 이자겸의 난(인종, 1126)

    ㉠ 배경 : 금의 사대요구에 타협적인 이자겸 세력과 이자겸의 권력 독점에 반발하는 왕의 측근세력 간의 대립이 심화되었다. 경원 이씨의 권력독점은 문종~인종까지 80여 년간 이어져 왔고, 이자겸은 예종과 인종 때 거듭 외척이 되어 왕권을 능가하였다.

ⓛ 과정 : 이자겸은 인종 때 왕위 찬탈을 시도하였으나, 인종이 척준경을 회유하여 이자겸을 제거하고 탄핵을 받은 척준경을 몰아내면서 이자겸의 난은 종결되었다.

ⓒ 결과 : 경원 이씨 세력이 몰락으로 귀족사회의 동요가 일어나고 묘청의 서경천도운동의 계기가 되었다.

② 묘청의 서경천도운동(1135) `2017년출제` `2018년출제` `2019년출제` `2015년출제` `2016년출제`

ⓞ 배경 : 이자겸의 난 이후 왕권이 약화되고, 궁궐이 소실되었으며, 서경 길지론이 대두되어 민심이 동요하였다.

ⓛ 내용

- 서경(평양)천도, 칭제건원, 금국정벌을 주장하였으나 문벌귀족의 반대에 부딪혔다.
- 묘청의 거사는 대위국 건국과, 연호를 천개라 하고 서북지방을 장악하였다.

ⓒ 결과 : 개경파 문벌귀족의 반대로 김부식이 이끄는 관군에 진압되고 말았다.

ⓔ 영향 : 분사제도와 삼경제가 폐지되고 숭문천무풍조가 생겨나 무신정변의 계기가 되었다.

(3) 무신정권의 성립 `2016년출제` `2017년출제`

① 무신정변(1170)

ⓞ 원인 : 숭문천무정책으로 인한 무신을 천시하는 풍조와 의종의 실정이 원인이 되었다.

ⓛ 과정 : 정중부, 이의방 등이 의종을 폐하고 명종을 옹립하였다.

ⓒ 무신정권의 전개 : 정중부(중방정치)에서 경대승(도방정치), 이의민(중방정치), 최충헌으로 정권이 넘어갔다.

ⓔ 결과

- 정치면 : 문신 중심의 귀족사회에서 관료체제로 전환되는 계기가 되었다.
- 경제면 : 전시과체제가 붕괴되고 무신에 의해 토지의 독점이 이루어져 사전과 농장이 확대되었다.

② 사회의 동요

ⓞ 무신정권에 대한 반발로 김보당의 난과 조위총의 난이 일어났다.

ⓛ 하극상인 농민의 난(김사미·효심)·천민의 난(망이·망소이)이 일어났으며 신분해방을 추구하였다.

③ 최씨 정권

ⓞ **최충헌의 독재정치** : 민란을 진압하고 반대파를 제거하며 시작되었다.

ⓛ **최씨 정권의 기반** `2020년출제`

- 정치적 : 교정도감(최충헌)과 정방(최우), 서방(최우)을 중심으로 전개되었다.
- 경제적 : 전라도와 경상도 일대에 대규모 농장을 형성하였다.
- 군사적 : 사병을 보유하고 도방을 설치하여 신변을 경호하였다.

ⓒ 한계 : 정치적으로 안정되었지만 국가통치질서는 오히려 약화되었다. 최씨 정권은 권력의 유지와 이를 위한 체제의 정비에 집착했을 뿐, 국가의 발전이나 백성들의 안정을 위한 노력에는 소홀하였다.

4 대외관계의 변화

(1) 거란의 침입과 격퇴

① 고려의 대외정책 ··· 친송배요정책으로 송과는 친선관계를 유지했으나 거란은 배척하였다. 2022년출제

② 거란(요)의 침입과 격퇴 2015년출제
  ㉠ 1차 침입(성종, 993) : 서희의 담판으로 강동 6주를 확보하였으며, 거란과 교류관계를 맺었다.
  ㉡ 2차 침입(현종, 1010) : 고려의 계속되는 친송정책, 강조의 정변을 계기로 40만 대군이 침입하여 개경이 함락되었으나, 현종의 입조(入朝)조건으로 거란이 퇴군할 때 양규가 귀주에서 격퇴하였다.
  ㉢ 3차 침입(현종, 1018) : 현종의 입조(入朝)조건과 강동 6주 반환요구를 거절하자, 소배압의 10만 대군이 침입하였으나 강감찬 등이 귀주에서 격퇴하고 양국은 강화를 맺었다.
  ㉣ 결과 : 고려, 송, 거란 사이의 세력균형을 유지하게 되었다.
  ㉤ 영향 : 나성과 천리장성(압록강~도련포)을 축조하여 수비를 강화하였다.

(2) 여진 정벌과 9성 개척

① 윤관의 여진 정벌 2023년출제
  ㉠ 고려의 여진정책 : 회유와 동화정책을 펴서 여진을 포섭해 나갔다.
  ㉡ 동북 9성 : 기병을 보강한 윤관의 별무반이 여진을 토벌하여 동북 9성을 축조하였다.
  ㉢ 9성의 반환 : 여진의 계속된 침입으로 고려는 고려를 침략하지 않고 조공을 바치겠다는 여진의 조건을 수락하면서 9성을 돌려주었다.

② 여진의 금(金) 건국(1115) ··· 여진은 더욱 강해져 거란을 멸한 뒤 고려에 대해 군신관계를 요구하자 현실적인 어려움으로 당시의 집권자 이자겸은 금의 요구를 받아들였다.

(3) 몽고와의 전쟁

① 몽고와의 전쟁 2017년출제
  ㉠ 원인 : 몽고는 과중한 공물을 요구하였으며, 몽고의 사신 저고여가 피살되는 사건이 일어났다.
  ㉡ 몽고의 침입
    • 제1차 침입(1231) : 몽고 사신 저고야의 피살을 구실로 몽고군이 침입하였고 귀주성에서 박서가 항전하였으나, 강화가 체결되고 몽고는 서경 주변에 다루가치를 설치 후 철수하였다.
    • 제2차 침입(1232) : 몽고의 요구에 반발하여 최우가 강화도로 천도하자 몽고는 침입을 하였고, 처인성에서 김윤후가 몽고장수 살리타를 사살하자 철수하였다.

- 제3차 침입(1235) : 몽고는 남송 정복을 앞두고 고려의 배후를 제거할 목적으로 침입을 하였고 1~2차 정복 실패를 만회하기 위한 장기적인 무력공세로 고려에 가장 피해를 준 침입이었다(황룡사 9층탑, 대구 부인사 대장경판 소실).
  - 제4차~제8차 침입 : 농민, 노비, 천민들의 활약으로 몽고를 끈질기게 막아냈다.
  - ㉢ 결과 : 전 국토가 황폐화되고 민생이 도탄에 빠졌다.
  - ㉣ 최씨 정권의 몰락 : 온건파의 활약으로 최씨 정권은 무너지고 왕실이 몽고와 강화조약을 맺어 개경환도가 이루어졌다(1270).
- ② 삼별초의 항쟁(1270 ~ 1273)
  - ㉠ 배경 : 배중손은 무신정권의 붕괴와 몽고와의 굴욕적인 강화를 맺는 데 반발하였다.
  - ㉡ 경과 : 개경으로 환도하자 대몽 항쟁에 앞장섰던 삼별초는 배중손의 지휘 아래 장기 항전을 계획하고 진도로 옮겨 저항하였고, 여·몽연합군의 공격으로 진도가 함락되자 다시 제주도로 가서 김통정의 지휘 아래에 계속 항쟁하였으나 여·몽연합군에 의해 진압되었다.
  - ㉢ 결과 : 원은 제주에 탐라총관부를 설치하고 목마장에 두었다.
  - ㉣ 의의 : 삼별초의 항쟁은 고려인의 배몽사상과 자주정신을 보여주었다.

5 고려후기의 정치변동

(1) 원(몽고)의 내정간섭 2021년출제

① 정치적 간섭
  - ㉠ 일본 원정 : 두 차례의 원정에 인적·물적 자원이 수탈되었으나, 실패하였다.
  - ㉡ 영토의 상실과 수복
    - 쌍성총관부 : 원은 화주(영흥)에 설치하여 철령 이북 땅을 직속령으로 편입하였는데, 공민왕(1356) 때 유인우가 무력으로 탈환하였다.
    - 동녕부 : 자비령 이북 땅에 차지하여 서경에 두었는데, 충렬왕(1290) 때 고려의 간청으로 반환되었다.
    - 탐라총관부 : 삼별초의 항쟁을 평정한 후 일본 정벌 준비를 위해 제주도에 설치하고(1273) 목마장을 두었다. 충렬왕 27년(1301)에 고려에 반환하였다.
  - ㉢ 관제의 개편 : 관제를 격하시키고(3성→첨의부, 6부→4사) 고려를 부마국 지위의 왕실호칭을 사용하게 하였다.
  - ㉣ 원의 내정간섭
    - 다루가치 : 1차 침입 때 설치했던 몽고의 군정지방관으로 공물의 징수·감독 등 내정간섭을 하였다.
    - 정동행성 : 일본 원정 준비기구로 설치된 정동행중서성이 내정간섭기구로 남았다. 고려·원의 연락기구였다.
    - 이문소 : 정동행성에 설립된 사법기구로 고려인을 취조·탄압하였다.
    - 응방 : 원에 매를 생포하여 조달하는 기구였으나 여러 특권을 행사해 폐해가 심하였다.

② **사회·경제적 수탈**…금, 은, 베, 인삼, 약재, 매 등의 막대한 공물의 부담을 가졌으며 몽고어, 몽고식 의복과 머리가 유행하고, 몽고식 성명을 사용하는 등 풍속이 변질되었다.

(2) 공민왕의 개혁정치 ◀2016년출제▶

① **원 간섭기의 고려 정치**
  ㉠ **권문세족의 횡포**: 권문세족은 고위관직을 독점하고 농장을 확대하였으며 막대한 노비를 소유하였다.
  ㉡ 충선왕과 충목왕이 개혁의지를 불태웠으나 원의 간섭으로 실패하였다.

② **공민왕의 개혁정치**…원·명 교체기로 원의 간섭이 약해지자 대외적으로 반원자주정책, 대내적으로는 왕권 강화를 위한 개혁정책을 추진하였다.
  ㉠ **반원자주정책**
    • 개혁을 위해 기철 등의 친원세력을 숙청하였다.
    • 원의 연호, 체두변발을 금지하고 몽고의 풍습을 일체 금지하였다.
    • 고려의 내정을 간섭하던 정동행성 이문소를 폐지하고 관제를 다시 2성 6부로 복구하였다.
  ㉡ **영토의 수복**
    • 유인우로 하여금 무력으로 쌍성총관부를 공격하여 철령 이북의 땅을 수복하였다.
    • 요동을 공략하여 압록강 건너 동녕부를 점령하였다(후에 명이 지배).
  ㉢ **왕권강화정책**: 반원자주정책이 친원파의 반발로 중단될 위기에 놓이자, 이에 대외적인 개혁의 완수를 위해 대내적으로 왕권을 강화하고 권문세족을 눌렀다. ◀2019년출제▶
    • 정방의 폐지: 왕권을 제약하고 신진사대부의 등장을 억제하고 있던 정방을 폐지하였다.
    • 과거제도를 강화하여 신진사대부의 진출을 촉진하고 성균관을 통해 유학교육을 강화하였다.
    • 전민변정도감의 설치: 승려 신돈을 등용하여 권문세족들이 부당하게 빼앗은 토지와 노비를 본래의 소유주에게 돌려주거나 양민으로 해방시켰다. 이를 통하여 권문세족들의 경제기반을 약화시키고 국가재정수입의 기반을 확대하였다.
  ㉣ **개혁의 실패원인**: 권문세족들의 강력한 반발로 신돈이 제거되고, 개혁추진의 핵심인 공민왕까지 시해되면서 중단되고 말았다. 결국 이 시기의 개혁은 개혁추진세력인 신진사대부 세력이 아직 결집되지 못한 상태에서 권문세족의 강력한 반발을 효과적으로 제어하지 못하였고, 원나라의 간섭 등으로 인해 실패하고 말았다.

(3) **신진사대부의 성장** `2015년출제`

① **출신배경** … 학문적 실력을 바탕으로 과거를 통하여 중앙에 진출한 지방의 중소지주층과 지방향리 출신이 많았다.

② **정치활동**

    ㉠ 정치이념으로는 성리학을 수용하였으며, 불교의 폐단을 비판하였다.

    ㉡ 개혁정치를 추구하여 권문세족의 비리와 불법을 견제하였다.

    ㉢ 홍건적과 왜구의 침입을 격퇴하면서 성장한 신흥무인세력과 손을 잡으면서 사회의 불안과 국가적인 시련을 해결하고자 하였다.

③ **한계** … 권문세족의 인사권 독점으로 관직의 진출이 제한되었고 과전과 녹봉도 제대로 지급받지 못하는 등 경제적 기반이 약하여 고려 후기 개혁정치에 적극적으로 참여했으나, 권문세족에 맞서기에는 역부족이었다.

(4) **고려의 멸망**

① **신흥무인세력의 등장** … 홍건적과 왜구의 침입을 격퇴하는 과정에서 성장한 세력이다.

② **위화도 회군**(1388)

    ㉠ **요동정벌** : 우왕 말에 명은 쌍성총관부가 있던 땅에 철령위를 설치하여 명의 땅으로 편입하겠다고 통보하였다. 이에 최영은 요동정벌론을 이성계는 4불가론을 주장하여 대립하였다.

    ㉡ **경과** : 최영의 주장에 따라 요동정벌군이 파견되었으나 위화도 회군으로 이성계가 장악하였다.

    ㉢ **결과** : 급진개혁파(혁명파)는 정치적 실권을 장악하고 새 왕조를 개창할 수 있는 기반을 마련하였으며, 명(明)과의 관계를 호전시켜 나갔다.

최근 기출문제 분석

2023. 11. 4. 국내여행안내사

1 고려 성종에 관한 설명으로 옳은 것은?

① 서경에 대화궁을 신축하였다.

② 정계와 계백료서를 간행하였다.

③ 속오법에 따라 속오군 체제로 정비하였다.

④ 12목을 설치하고 처음으로 목사를 파견하였다.

> **TIP** 고려 성종은 최승로가 건의한 '시무 28조'에 따라 유교정치이념을 강화하고 지방세력에 대한 통제를 강화하기 위하여 12목을 설치해 지방관을 파견하였다.
> ① 서경 대화궁(1124) : 고려 인종 대 묘청의 건의로 신축
> ② 정계와 계백료서 : 고려 태조 대에 간행
> ③ 속오군 체제 : 조선시대 임진왜란 이후 정비한 지방군 체제

2023. 11. 4. 국내여행안내사

2 다음 설명에 해당하는 것은?

> 기병인 신기군, 보병인 신보군, 승병인 항마군으로 편성된 특수 부대이다.

① 별기군   ② 별무반

③ 삼별초   ④ 훈련도감

> **TIP** 별무반(1104)은 고려 숙종 대 여진정벌을 위해 조직된 군대로 신기군, 신보군, 항마군으로 구성되었다. 윤관은 별무반을 이끌고 여진 정벌을 단행하였다.
> ① 별기군(1881) : 강화도조약(1876) 체결 이후 조직된 신식 군대
> ③ 삼별초 : 고려 최씨 무신정권기에 조직된 사병조직으로 이후 대몽항쟁을 이어갔다.
> ④ 훈련도감(1593) : 임진왜란 중 설치한 임시기구였지만 이후 상설기구가 된 군사조직으로 삼수병(포수, 사수, 살수)을 중심으로 편제되었다.

Answer 1.④ 2.②

2022. 11. 5. 국내여행안내사

3 고려시대 사회에 관한 설명으로 옳은 것은?

① 고려시대에는 여성이 호주가 될 수 없었다.

② 여성들은 재혼할 수 있었으나, 근친혼은 엄격하게 금지되었다.

③ 음서제도에 있어서 친아들과 친손자만 혜택을 누릴 수 있었다.

④ 노비와 토지 등의 재산을 남녀의 차별 없이 동등하게 상속할 수 있었다.

> **TIP** ① 여성도 호주가 될 수 있었다.
> ② 고려시대까지는 왕실과 귀족계층에서 근친혼이 성행했다.
> ③ 음서를 지급하는 대상은 친아들이 가장 우선권이 있었으며, 아들이 없을 경우 조카, 사위, 친손자와 외손자, 양자 등의 순으로 지급받을 수 있었다.

2021. 11. 6. 국내여행안내사

4 원 간섭기의 고려에 관한 설명으로 옳지 않은 것은?

① 전제개혁을 단행하여 과전법을 시행하였다.

② 원은 공녀라 하여 고려의 처녀들을 뽑아 갔다.

③ 중서문하성과 상서성을 합쳐 첨의부라 하였다.

④ 원은 다루가치를 파견하여 내정을 간섭하였다.

> **TIP** ① 공양왕의 전제 개혁은 1391년에 실시되었다.
> ※ 원간섭기는 일반적으로 고려가 몽골과 강화를 맺고 정식으로 입조한 1259년부터 공민왕의 반원정변이었던 병신정변이 일어난 1356년까지 약 97년 간의 기간을 가리킨다.

Answer 3.④ 4.①

2020. 11. 7. 국내여행안내사

5 왕건과 관련된 사건 중 시간 순서상 가장 마지막에 일어난 것은?

① 송악으로 수도를 옮겼다.

② 신라 경순왕이 고려에 항복하였다.

③ 금성(나주)을 정벌하였다.

④ 신검이 이끄는 후백제군이 패하면서 후백제가 멸망하였다.

> **TIP** 시간상 빠른 순서로 나열하면 다음과 같다.
> ③ 금성(나주) 정벌 : 903년(궁예 3년)
> ① 송악 천도 : 919년(태조 2)
> ② 경순왕 항복 : 935년(태조 18)
> ④ 후백제 멸망 : 936년(신검 2년)

2020. 11. 7. 국내여행안내사

6 고려 사회에 관한 설명으로 옳은 것을 모두 고른 것은?

> ㉠ 부모 가운데 한쪽이 노비이면 그 자식도 노비가 되었다.
> ㉡ 모내기법의 보급으로 벼와 보리의 이모작이 널리 행해졌다.
> ㉢ 중대한 범죄자가 있으면 제가 회의를 열어 사형에 처하였다.
> ㉣ 5품 이상 관료의 아들이나 손자는 음서의 혜택을 받아 관리로 진출하였다.

① ㉠, ㉡   ② ㉠, ㉣

③ ㉡, ㉢   ④ ㉢, ㉣

> **TIP** ㉡ 모내기와 이앙법이 널리 퍼진 시기는 조선 후기(광해군) 이후이다.
> ㉢ 제가 회의는 고구려 초기 국정의 주요 사항을 심의, 의결한 정치회의이다.

Answer   5.④   6.②

7 고려후기 문화 교류에 관한 설명으로 옳은 것은?

① 유학자들에 의해 성리학이 수용되었다.

② 원나라의 영향으로 상감청자를 만들기 시작하였다.

③ 새롭게 들어온 다포양식으로 부석사에 무량수전을 지었다.

④ 의학과 약학 지식을 정리하여 「의방유취」를 간행하였다.

> **TIP** ① 성리학은 고려 후기 유학자들에 의해 수용되어 조선에 와서 본격적으로 발달하였다.
> ② 상감기법은 고려의 도공들이 처음으로 창안해 낸 고려청자만의 독특한 기법이다.
> ③ 다포양식은 고려 후기에 원으로부터 전래되어 조선에서 성행했다. 부석사 무량수전은 주심포양식으로 지어졌다.
> ④ 「의방유취」는 조선 세종의 명으로 1445년(세종 27)에 완성한 동양 최대의 의학사전이다.

8 다음 중 가장 이른 시기에 발생한 사건은?

① 묘청의 난   ② 강동 6주 획득

③ 강조의 정변   ④ 귀주대첩

> **TIP** ① 묘청의 난 – 1135년(인종 13)
> ② 강동 6주 획득 – 933년(태조 16)
> ③ 강조의 정변 – 1009년(목종 12)
> ④ 귀주대첩 – 1018년(현종 9)

9 고려 말의 왜구에 관한 설명으로 옳지 않은 것은?

① 최무선은 화포를 이용하여 진포에서 왜구를 크게 무찔렀다.

② 왜구는 주로 쓰시마 섬 및 규슈 서북부 지역에 근거를 두었다.

③ 왜구의 침입은 해안을 중심으로 이루어져서 고려에 큰 피해를 주지 않았다.

④ 이성계는 남원 운봉지역에서 왜구를 격퇴하여 백성들의 신망을 얻었다.

> **TIP** ③ 고려 말 왜구는 고려 전 지역을 침입의 대상으로 삼아 단기간 집중 약탈하여 고려에 큰 피해를 주었다.

Answer   7.① 8.② 9.①

출제 예상 문제

1 다음은 고려시대에 일어난 역사적 사건을 시대순으로 나열한 것이다. ㈎시기에 발생한 역사적 사실에 대한 설명으로 옳은 것을 모두 고르면?

이자겸의 난→㈎→무신정변→몽고의 침입→위화도회군

ㄱ 풍수지리설을 배경으로 서경천도운동이 일어났다.
ㄴ 최고 집정부인 교정도감이 설치되었다.
ㄷ 금국정벌론과 칭제건원이 제기되었다.
ㄹ 고구려 계승이념에 대한 이견과 갈등이 일어났다.
ㅁ 과거제도와 노비안검법이 시행되었다.

① ㄱㄴㅁ
② ㄱㄷㄹ
③ ㄴㄷㅁ
④ ㄷㄹㅁ

TIP 이자겸의 난과 무신정변 사이에 일어난 역사적 사건은 묘청의 서경천도운동이다.
ㄱ 묘청의 서경천도운동은 서경길지설을 바탕으로 일어났다.
ㄴ 교정도감은 최충헌이 무신정변을 통해 권력을 잡은 후 인사행정 및 기타 권력유지를 위해 설치한 기관이다.
ㄷ 묘청의 서경천도운동으로 당시 금(여진)의 침입에 대해 금국정벌론과 칭제건원을 주장하였다.
ㄹ 묘청의 서경천도운동 당시 서경파는 고구려 계승이념에 따라 북진정책을, 개경파의 김부식은 신라 계승의식을 표방하였다.
ㅁ 고려전기 광종 때 실시된 정책들이다.

Answer 1.②

2 다음 중 태조 왕건의 정책으로 옳은 것을 모두 고르면?

> ㉠ 기인제도
> ㉡ 사심관제도
> ㉢ 정략결혼정책
> ㉣ 공복제도
> ㉤ 과거제도

① ㉠㉡㉢
② ㉠㉢㉤
③ ㉡㉢㉣
④ ㉢㉣㉤

TIP ㉣과 ㉤은 광종의 개혁정치와 관련된 내용이다.

3 다음의 연결이 바르지 않은 것은?

① 여진 – 윤관
② 몽골 – 최우
③ 거란 – 김윤후
④ 홍건적 – 이성계

TIP ③ 김윤후는 원래는 승려였으나 몽고군이 침입하자 승려 및 민중들을 이끌고 항쟁하였다.
 ① 윤관은 별무반을 창설하여 군대를 양성, 9성을 쌓아 침범하는 여진을 평정했다.
 ② 최우는 아버지 최충헌의 뒤를 이어 집권했으며, 몽골이 침입하자 강화천도(江華遷都)를 단행하고 성을 쌓아 대비했다.
 ④ 고려 말 이성계는 아버지의 뒤를 이어 동북면 병마사를 지냈는데 그 때 쳐들어온 홍건적, 왜구 등을 물리치는 공을 세웠다.

Answer 2.① 3.③

4 다음 중 고려초기의 기인제도에 대한 설명으로 옳지 않은 것은?

① 신라말의 상수리제도에 그 기원을 둔 것이라 할 수 있다.

② 기인은 조선시대에 와서도 그 용어 자체가 남아 고려시대와 같은 임무를 맡았다.

③ 고려초 지방향리세력의 통제를 위하여 실시한 것이다.

④ 향리의 자제를 인질로 삼아 수도에 머물게 하고 그 지방에 대한 고문으로 세운 자를 기인이라 한다.

TIP 기인제도는 지방호족을 견제하기 위해서 그들의 자제를 수도에 오게 하여 왕실 시위를 맡게 한 제도였는데, 초기에는 볼모적인 성격이 강하였지만 이 기회를 이용해 교육을 받고 과거를 거쳐 중앙관리로 편입되기도 했다.

5 태조 왕건이 실시한 정책들이다. 이러한 정책 추진의 목적은?

> • 전국의 20여 호족과 혼인관계를 맺었다.
> • 유력 호족에게 왕씨 성을 하사하였다.
> • 「정계」, 「계백료서」를 지어 신하의 규범을 밝혔다.
> • 사심관제도를 두어 향리를 규찰하게 하였다.

① 군현제도를 실시하여 중앙집권체제를 확립한다.

② 신흥사대부를 등용하여 왕권을 강화한다.

③ 무인세력을 등용하여 북진정책의 세력으로 삼는다.

④ 호족세력을 통합하여 집권체제를 안정시킨다.

TIP 태조 왕건에게는 후삼국 사회의 분열을 극복하고 통치체제를 재정비하는 것이 시급한 문제였다. 그는 중앙집권체제를 정비하는 데 있어 지방의 독자적인 세력인 호족들을 집권체제 안으로 통합하는 일이 가장 중요한 과제였다.

Answer 4.② 5.④

6 다음의 사실들의 공통점은?

> • 기인제도   • 과거제도
> • 시무 28조   • 12목 설치

① 중앙집권 강화
② 문벌귀족사회 형성
③ 양반제 확립
④ 정치세력 교체

> **TIP** 시무 28조에서는 유교사상에 입각한 중앙집권적 관료정치를 주장하였고, 과거제도와 12목을 설치하여 지방의 제도를 정비하고 기인제도로 지방의 호족을 견제하는 것은 중앙집권체제를 더욱 강화시키는 것이다.

7 다음 훈요 10조의 내용을 통해 짐작할 수 있는 왕건의 정책은?

> • 짐은 삼한 삼천의 음덕에 힘입어 대업을 달성하였다.
> • 서경은 수덕이 순조로워 대업만대의 땅이니 중시하라

① 수취제도를 개선하여 민생안정을 도모하였다.
② 중앙집권체제 수립을 위해 지방관을 파견하였다.
③ 고구려의 옛 영토회복을 위해 서경을 북진정책의 기지로 삼았다.
④ 사회동란을 일으키는 세력을 척결하여 사회질서를 바로잡았다.

> **TIP** 북진정책 … 고려는 고구려 계승이념을 토대로 서경을 설치하고 발해유민을 적극 포섭하여 우대하는 등 고구려의 옛 땅을 찾기 위해 북방의 영토확장에 노력하였다. 이러한 북진정책의 일환으로 태조 말년에 반도북부에 살고 있던 여진족을 축출하고, 청천강에서 영흥만까지 영토를 확장하였다.

Answer   6.①   7.③

8 다음 정책들의 근본적인 목적으로 옳은 것은?

> * 노비안검법 실시
> * 과거제도 실시
> * 주현공부법 실시
> * 관리의 공복제도 실시

① 왕권강화

② 민생안정

③ 호족통합

④ 관제정비

TIP **광종의 개혁**… 왕권을 강화시키고 호족들의 세력을 약화시키기 위한 것이다.

㉠ **노비안검법** : 불법적으로 노비가 된 자를 조사하여 양인으로 해방시켜 주는 제도로서 호족의 경제적·군사적 기반이 약화되어 왕권이 강화되었으며 국가의 재정기반이 확대되었다.

㉡ **주현공부법** : 국가수입의 증대를 위하여 각 주현 단위로 조세와 공물의 액수를 정하여 징수하는 제도이다.

㉢ **과거제도** : 정치적 식견과 능력을 갖춘 관료층을 형성하기 위한 제도로서 학문의 성적에 따라 신진관리를 등용하여 신·구세력의 세대교체를 이룩하였다.

㉣ **관리의 공복제도** : 관료제도 질서를 통한 왕권확립을 위해 관리의 복색을 4색으로 구분하였다.

9 다음 중 고려시대 교육 기관에 대한 설명으로 옳지 않은 것은?

① 교육 기관 설립을 통한 유학 교육은 관리양성이 목적이다.

② 고려중기에는 최충의 문헌공도를 비롯한 사학 12도가 융성하였다.

③ 예종은 관학을 진흥시키기 위해 7재, 양현고 등을 설치하였다.

④ 관학은 국자감과 향교를 구분할 수 있으며, 두 곳 다 유학부와 기술학부로 나뉘어 있었다.

TIP ④ 향교의 학식이 이원화되어 있었는지는 알 수 없다.

※ **향교**

㉠ 인종 5년(1127)에 내린 조서에 의하여 각 주현(州縣)에 세운 관학으로 지방 중등교육기관이며 유학의 전파, 지방민의 교화가 목적이었다.

㉡ 교육내용은 유교중심적이었고, 봄·가을에 걸쳐 선성(先聖)·선현(先賢)을 추모하는 제사를 지내어 향교는 교육기관이자 제사기관이었다.

㉢ 입학자격은 국자감의 율(律)·서(書)·산(算)의 3학과 같아서 문무관 8품 이상의 자와 서인에게도 입학을 허가하였고, 성적이 우수하면 국자감에 입학할 수 있는 기회가 주어지기도 했다.

Answer 8.① 9.④

10 고려전기에 통치체제가 정비되는 과정에서 시행된 정책들이다. 순서대로 나열된 것은?

> ⊙ 학문성적에 따라 관리를 채용하였다.
> ⓛ 12목을 설치하고 지방관을 파견하였다.
> ⓒ 인품에 따라 전지와 시지를 지급하였다.
> ⓔ 관료의 본분을 밝힌 「계백료서」를 발표하였다.

① ⊙ⓛⓒⓔ   ② ⊙ⓒⓛⓔ
③ ⓛ⊙ⓒⓔ   ④ ⓔ⊙ⓒⓛ

TIP ⊙ 신·구 세력의 교체를 목적으로 과거제도를 실시하였다(광종).
ⓛ 최승로의 시무 28조를 채택하여 전국에 12목을 설치하고 지방관을 파견하였다(성종).
ⓒ 전국적 규모로 모든 관리에게 등급에 따라 토지를 지급하는 전시과를 실시하였다(경종).
ⓔ 지방호족들을 견제하고 지방통치를 보완하기 위하여 사심관과 기인제도를 실시하였고 「정계」와 「계백료서」를 지었다(태조).

11 다음 중 고려시대의 신분제도에 대한 설명으로 옳지 않은 것은?

① 향·부곡의 주민들은 과거응시에 있어서 제한을 받았다.
② 대체로 무신보다 문신이 우대되었다.
③ 중인계층에 향리도 포함된다.
④ 남반은 문신 및 무신처럼 귀족층에 해당된다.

TIP ④ 남반은 궁중에서 실무를 담당하는 세력으로 중인층에 해당된다.
① 향·부곡민들은 비록 신분은 양인이지만 그 역은 일반 양인보다 고되었으며, 많은 부분에서 차별대우를 받았다(身良役賤).
② 문신은 무신보다 동일 품계에서도 경제적·군사적으로 더 우대되었다.
③ 고려의 대표적인 중인계층으로는 향리, 서리, 남반 등이 있었다.

12 고려시대 정치제도에 관한 내용이다. 가장 적절한 내용은?

> • 태조 때에 사심관제도와 기인제도를 시행하였다.
> • 군현제 실시 초기에는 주현이 130개, 속현이 374개였다.
> • 5도의 안찰사는 중앙관으로서 관할구역의 순시만 맡았다.

① 국가의 정령이 말단향촌까지 전달되고 집행되었다.
② 강력한 중앙집권체제가 실시되었다.
③ 숭문천무의 풍조가 강해 무신정변의 원인이 되었다.
④ 호족세력의 강성으로 집권체제의 정비에 어려움이 많았다.

TIP 고려시대에는 호족세력이 강하여 중앙집권체제의 확립에 어려움이 많았다. 태조는 호족세력을 집권체제 안으로 통합하기 위하여 지방을 호족세력의 자치에 맡기고 또한 호족을 견제하기 위하여 기인제도와 사심관제도를 실시하였다. 성종에 이르러서는 12목을 설치하여 지방관을 파견하였다.

13 다음 중 고려시대의 군사제도에 대한 설명으로 옳지 않은 것은?

① 중앙군은 무과합격자들이 지휘하였다.
② 중앙군은 2군 6위 부대로 편성되었다.
③ 상장군, 대장군들이 회의기구로 중방을 두었다.
④ 양계에는 초군, 좌군, 우군으로 구성된 주진군을 배치하였다.

TIP ① 고려시대에는 무과가 시행되지 않았다.

Answer 12.④ 13.①

14 다음 중 고려시대의 대외관계에 대한 설명으로 옳지 않은 것은?

① 송나라와는 우호적인 관계를 유지했다.

② 여진족을 토벌하고 동북 9성을 축조했다.

③ 거란의 침입으로 도읍을 강화로 옮겼다.

④ 공민왕은 반원정책의 일환으로 쌍성 총관부를 수복하였다.

──────────────────────────────────────

TIP ③ 몽고의 1차 침입 후 몽고가 무리한 조공을 요구하였고 이에 최씨정권은 수도를 옮기고 몽고와의 전쟁에 대비하였다.

15 다음의 내용을 통해 알 수 있는 고려의 대외관계로 옳은 것은?

> • 왕건은 고구려의 후계자라는 뜻에서 국호를 고려라 하고 도읍을 송악으로 정했다.
> • 발해의 유민들이 망명해오자 이들을 크게 우대하였다.
> • 고려는 친송정책을 추진하였다.

① 중국과의 교류가 빈번해져 몽고풍이 유행하고 풍속이 변질되기에 이르렀다.

② 여진에 대한 방어를 위해서 송과 연맹관계를 맺었다.

③ 고려는 북방영토 확장에 힘을 기울이게 되었고 그 결과 거란과 대립하였다.

④ 강동 6주의 획득으로 북쪽 국경선이 압록강과 두만강으로 확대되었다.

──────────────────────────────────────

TIP 고려는 고구려 계승을 강조하여 북진정책의 전진기지로 서경(평양)을 중시하고, 발해를 멸망시킨 거란과는 북진정책·친송정책으로 대립하였다.

Answer 14.③ 15.③

03 근세의 정치

① 근세사회의 성립과 전개

(1) 조선의 건국

① 고려 말의 정세
- ㉠ 권문세족의 횡포 : 고위 관직을 독점하고 대농장을 소유하였다.
- ㉡ 신진사대부의 개혁 요구 : 사원경제의 폐단과 토지제도의 개혁을 주장하였다.
- ㉢ 신진사대부의 분열
  - 온건개혁파 : 이색, 정몽주 등이 고려 왕조 체제 내의 점진적 개혁을 주장하였다.
  - 급진개혁파 : 정도전 등이 고려 왕조를 부정하고 역성혁명을 주장하였다.

② 조선의 개창(1392) … 위화도 회군으로 정권을 장악하고 전제개혁을 단행(과전법 실시로 권문세족의 경제기반 붕괴)하게 되었다. 이성계와 급진개혁파는 온건개혁파를 제거하고 조선을 건국하였다.

(2) 국왕 중심의 통치체제정비와 유교정치의 실현

① 태조
- ㉠ 국호 개정 : 국호를 '조선'이라 하여 고조선의 후계자임을 자처하였다.
- ㉡ 한양천도(풍수지리설의 영향) : 한양은 풍부한 농업생산력을 보유하였고 교통과 군사의 중심지 역할을 하였다.
- ㉢ 3대 정책 : 숭유억불정책, 중농억상정책, 사대교린정책이다.
- ㉣ 정도전의 활약 : 민본적 통치규범을 마련하고(조선경국전), 재상 중심의 정치를 주장하였으며, 불교를 비판하며(불씨잡변) 성리학을 통치이념으로 확립하였다. 2015년출제

② 태종(국왕 중심의 통치체제) **2018년출제** 2015년출제 2019년출제 2022년출제
　㉠ 왕권 확립 : 두 차례의 왕자의 난을 통해 개국공신세력을 견제하고 숙청하게 되었다.
　㉡ 관제개혁 : 도평의사사를 폐지하고(의정부 설치) 6조직계제를 실시하였으며 사간원을 독립시켜 대신들을 견제하고, 신문고를 설치하였다.
　㉢ 경제기반 안정과 군사력 강화 : 양전사업을 실시하고, 호패법도 시행하였다. 사원전을 몰수하였으며, 노비도 해방시키고 사병도 폐지하였다.

③ 세종(유교정치의 실현) 2015년출제 2021년출제
　㉠ 집현전을 설치하여 유학자를 우대하고, 한글을 창제하였다.
　㉡ 6조직계제를 폐지하고 의정부서사제(재상합의제)로 정책을 심의하였다. 이는 왕권과 신권의 조화를 말해준다.
　㉢ 유교적 의례의 실천 : 국가행사를 오례에 따라 거행하였다. 사대부의 주자가례도 이를 말해준다.

(3) 문물제도의 정비

① 세조(왕권의 재확립과 집권체제의 강화) **2018년출제**
　㉠ 계유정난을 일으켜 왕위를 차지하고 조정권신과 지방세력을 억제하고 왕권을 강화하기 위한 정책을 펴게 되었다.
　㉡ 6조직계제를 재실시하여 왕권을 강화하고 집현전과 경연을 폐지하여 공신이나 언관들의 활동을 억제하였다.
　㉢ 「경국대전」의 편찬을 시작하여 조선의 통치규범을 확립하고자 하였다.

② 성종(유교적 집권체제의 완성)
　㉠ 홍문관(집현전 계승)을 설치하여 학문 연구 및 국왕의 자문기구 역할을 담당하고, 경연을 활성화하여 홍문관 관원 및 정승 등 고위관리가 참석하여 주요정책을 토론하였다.
　㉡ 「경국대전」을 완성, 반포하여 조선왕조의 통치규범을 집대성하였다(유교적 법치국가 확립).
　㉢ 도첩제를 폐지, 관수관급제 실시, 오가작통법 제정 등을 실시하였다.

2 통치체제의 정비

(1) 중앙정치체제 2016년출제 2018년출제 2022년출제

① **양반관료체제의 확립**
　　㉠ 「경국대전」으로 법제화하고 문·무반이 정치와 행정을 담당하게 하였다.
　　㉡ 18품계로 나뉘며 당상관(관서의 책임자)과 당하관(실무 담당)으로 구분하였다. 관직은 경관직(중앙관)과 외관직(지방관)으로 편제하였다.

② **의정부와 6조** … 고관들이 중요정책회의에 참여하거나 경연에 참여함으로써 행정의 통일성과 전문성 및 효율성의 조화를 꾀하였다.
　　㉠ 의정부 : 최고 관부로 재상의 합의로 국정을 총괄하였다.
　　㉡ 6조 : 직능에 따라 행정을 분담하였다.
　　　• 이조 : 문관의 인사(전랑이 담당), 공훈, 상벌을 담당하였다.
　　　• 호조 : 호구, 조세, 회계, 어염, 광산, 조운을 담당하였다.
　　　• 예조 : 외교, 교육, 문과과거, 제사, 의식 등을 담당하였다.
　　　• 병조 : 국방, 통신(봉수), 무과과거, 무관의 인사 등을 담당하였다.
　　　• 형조 : 형률, 노비에 대한 사항을 담당하였다.
　　　• 공조 : 토목, 건축, 수공업, 도량형, 파발에 대한 사항을 담당하였다.

③ **언론학술기구** … 삼사로 정사를 비판하고 관리들의 부정을 방지하였다. 2015년출제 2020년출제
　　㉠ **사간원(간쟁)·사헌부(감찰)** : 서경권을 행사(관리임명에 동의권 행사)하였다.
　　㉡ **홍문관** : 학문적으로 정책결정을 자문하는 기구이다.

④ **의금부** … 왕명에 의한 직속 사법기관으로 왕족의 범죄, 반역죄 같은 중죄를 다스림(왕권강화)

⑤ **승정원** … 왕명의 출납을 맡은 왕의 비서기관(왕권강화)

⑥ **춘추관** … 역사서의 편찬과 보관을 담당하였다.

⑦ **성균관** … 최고의 국립교육기관이었다.

⑧ **한성부** … 수도의 행정과 치안을 담당하고 일반 범죄를 취급하였다.

⑨ **포도청** … 상민의 범죄를 담당하였다.

(2) **지방행정조직** `2015년출제` `2017년출제`

① **중앙집권체제의 강화**

　㉠ 모든 군현에 수령을 파견하였고 수시로 암행어사를 보냈다.

　㉡ 향·소·부곡을 일반 군현으로 승격시킨 것은 백성에 대한 국가의 공적 지배력이 강화되었음을 의미한다.

② **지방조직** … 전국을 8도로 나누고, 하부에 부·목·군·현을 설치하였다. 지방관의 임명에는 상피제가 적용되었다.

　㉠ 관찰사(감사) : 8도의 지방장관으로서 행정, 군사, 감찰, 사법권을 행사하였다. 수령에 대한 행정을 감찰하는 역할을 담당하였다.

　㉡ 수령 : 부, 목, 군, 현에 임명되어 관내 주민을 다스리고 행정, 사법, 군사권을 행사하였다.

　㉢ 향리 : 6방에 배속되어 향역을 세습하면서 수령을 보좌하였다(아전).

③ **향촌사회**

　㉠ 면·리·통 : 수령의 명령을 받아 인구 파악 및 부역을 담당하는 역할을 하였다.

　㉡ 특수지방제도

　　• 유향소(향청) : 지방 양반 사족들이 구성한 향촌 자치적인 성격의 기구로, 좌수와 별감을 선출하였다.

　　• 경재소 : 유향소와 정부 간 연락을 통해 유향소를 통제하고 중앙집권의 강화를 위해 해당 지방출신의 중앙 고관을 책임자로 임명하였으나 사림들의 세력이 강화되면서 폐지되었다.

(3) **군역제도와 군사조직**

① **군역제도**

　㉠ 양인개병제 : 양인의 신분이면 누구나 병역의 의무를 지는 제도이다.

　㉡ 운영 : 현직관료와 학생을 제외한 16세 이상 60세 이하의 양인 남자의 의무이다.

　㉢ 보법 : 정군(현역군인)과 보인(정군의 비용부담)으로 나눈다.

　㉣ 노비 : 권리가 없으므로 군역이 면제되고, 특수군(잡색군)으로 편제되었다.

② **군사조직**

　㉠ 중앙군(5위) : 궁궐과 서울을 수비하며 정군을 중심으로 갑사(시험을 거친 직업군인)나 특수병으로 지휘 책임을 문관관료가 맡았다.

　㉡ 지방군 : 병영(병마절도사)과 수영(수군절도사)으로 조직하였다.

　　• 초기 : 영진군으로 국방상 요지인 영이나 진에 소속되어 복무하였다.

　　• 세조 이후 : 진관체제를 실시하였다.

　㉢ 잡색군 : 서리, 잡학인, 신량역천인(신분은 양인이나 천한 일에 종사), 노비 등으로 조직된 일종의 예비군으로 유사시에 향토방위를 담당한다(농민은 제외).

③ 교통 · 통신체계의 정비

　ⓐ **봉수제(통신)** : 군사적 목적이 중시된 통신제도로, 밤에는 불과 낮에는 연기를 이용하여 연락을 취해 급한 소식을 전하였다.

　ⓑ **역참** : 물자수송과 통신을 위해 전국의 주요 교통요지에 설치되어 국방과 중앙집권적 행정운영을 용이하게 해주었다.

(4) 관리등용제도 2020년출제

① **과거** 2015년출제 2017년출제

　ⓐ **종류**

　　• 문과 : 문관을 선발하는 시험이며 예조에서 담당하였다.

　　• 무과 : 무관선발시험은 병조에서 담당하고 28명을 선발하였다.

　　• 잡과 : 해당 관청에서 역과, 율과, 의과, 음양과의 기술관을 선발하였다.

　ⓑ **응시자격** : 양인 이상이면 응시할 수 있으나 실제로는 양반이 주로 응시하였다. 문과의 경우 탐관오리의 아들, 재가한 여자의 아들과 손자, 서얼에게는 응시를 제한하고 무과와 잡과에는 제한이 없었다.

　ⓒ **시험의 실시시기** : 정기시험인 식년시(3년 단위), 부정기시험인 별시(증광시, 알성시) 등이 수시로 행하였다.

② **취재** … 재주가 부족하거나 나이가 많아 과거 응시가 어려운 사람을 대상으로 하급 실무직에 선발하였다.

③ **천거** … 기존 관리를 대상으로 하였다(조광조의 현량과).

④ **이과** … 훈민정음으로 서리, 향리, 아전을 선발하였다.

⑤ **음서** … 2품 이상의 관리의 자제는 과거를 거치지 않고 관직에 등용되는 것으로, 고려보다 대상이 대폭 축소되고 고관으로 승진이 제한되었다.

⑥ **인사관리제도의 정비** 2015년출제

　ⓐ **상피제** : 권력의 집중과 부정을 방지하였다.

　ⓑ **서경제** : 사헌부와 사간원에서 관리 임명시에 심사하여 동의하는 절차로서 5품 이하 관리 임명시에 적용하는 것이다.

　ⓒ **근무성적평가** : 하급관리의 근무성적평가는 승진 및 좌천의 자료가 되었다.

③ 사림의 대두와 붕당정치

(1) 훈구와 사림

① 훈구세력

    ㉠ **출신배경** : 조선 초기 건국을 주도했던 혁명파 사대부가 훈구세력으로 이어지게 된다. 계유정란을 통해 세조의 집권을 도운 공신세력이다.

    ㉡ **경제기반** : 막대한 토지를 가진 대지주 출신들이 많았다.

    ㉢ **정치적 역할** : 조선 초기 문물제도의 정비에 기여하였다.

② 사림세력

    ㉠ **출신배경** : 여말 온건파 사대부의 후예로서 길재와 김종직에 의해 영남과 기호지방에서 성장한 세력을 말한다.

    ㉡ **경제기반** : 대부분이 향촌의 중소지주이다.

(2) 사림의 정치적 성장

① 사림의 정계변동

    ㉠ 성종 때 김종직과 그 문인들이 중앙정계에 진출하여 이조전랑(인사권 담당)과 3사의 언관직을 담당하여 훈구세력의 부정부패를 비판하였다.

    ㉡ 성종은 사림을 등용하고 훈구세력을 견제하였다.

② 사화의 발생 `2018년출제`

    ㉠ **원인** : 사림과 훈구세력간의 정치적 · 학문적 대립으로 발생하였다.

    ㉡ **무오사화**(1498) · **갑자사화**(1504) : 연산군의 폭정으로 발생하였으며 영남 사림은 몰락하게 되었다.

    ㉢ **조광조의 개혁정치**(왕도정치의 추구)

        • 현량과 실시 : 국왕이 덕행있는 사람을 추천에 의거 직접 등용하는 제도로, 사림을 등용하여 급진적인 개혁을 추진하였다. `2022년출제` `2023년출제`

        • 위훈삭제 시행 : 훈구파를 견제하기 위해 공신들의 위훈을 삭제하였다.

        • 소격서 폐지 : 도교 또는 불교와 관련된 종교행사를 폐지하였다.

        • 성리학적 사회질서 강화를 위해 소학교육을 강조하고, 향촌자치를 위해 향약의 전국적 시행을 추진하였다.

        • 결과 : 훈구세력의 반발을 샀으며 결국 기묘사화로 조광조와 사림세력이 실각되고 말았다.

    ㉣ **을사사화**(명종, 1545) : 중종이 다시 사림을 등용하였으나 명종 때 외척다툼으로 을사사화가 일어나고 사림은 축출되었다.

③ 결과 … 사림은 정치적으로 위축되었으나 서원과 향약을 통해 향촌에서 세력을 회복하게 되었다.

(3) 붕당의 출현(사림의 정계주도) 2019년출제

① 동인과 서인 … 척신정치(권력을 독점한 권세가들이 마음대로 하는 정치)의 잔재를 청산하기 위한 방법을 둘러싸고 대립행태가 나타났다.

　ㄱ 동인
　　• 신진사림 출신으로서 정치개혁에 적극적이다.
　　• 수기(修己)를 강조하고 지배자의 도덕적 자기절제를 강조하였다.
　　• 이황, 조식, 서경덕의 학문을 계승하였다.

　ㄴ 서인
　　• 기성사림 출신으로서 정치개혁에 소극적이다.
　　• 치인(治人)에 중점을 두고 제도개혁을 통한 부국안민에 힘을 썼다.
　　• 이이, 성혼의 문인들을 중심으로 구성되었다.

② 붕당의 성격과 전개
　ㄱ 성격 : 학문과 이념에 따라 성립되었으며, 정파적 성격과 학파적 성격을 지녔다.
　ㄴ 전개 : 초기에는 강력한 왕권으로 형성이 불가능하였으나, 중기에 이르러 왕권이 약화되고 사림정치가 전개되면서 붕당이 형성되었다.

(4) 붕당정치의 전개

① 붕당의 분화
　ㄱ 동인의 분당은 정여립의 모반사건을 계기로 세자책봉문제(건저의문제)를 둘러싸고 시작되었다.
　　• 남인은 온건파로 초기에 정국을 주도하였다.
　　• 북인은 급진파로 임진왜란이 끝난 뒤부터 광해군 때까지 정권을 장악하였다.

　ㄴ 광해군의 개혁정치
　　• 명과 후금 사이에 중립외교를 실시하는 등 실리적인 정책들을 시행하였다.
　　• 북인은 집권하면서 정권을 독점하려 하였고, 영창대군 살해, 인목대비 유폐와 더불어 과도한 전후복구사업으로 민심을 이탈하였다.
　　• 서인이 주도한 인조반정으로 광해군과 북인세력은 몰락하게 되며, 서인의 주도하에 남인이 참여하는 정치구조가 만들어졌다.

② 붕당정치의 전개

    ㉠ 서인과 남인의 공존관계 유지 : 서인이 집권하여 남인 일부와 연합하고, 상호비판 공존체제가 수립되었다.

    ㉡ 정치여론수렴 : 서원을 중심으로 여론을 수렴하여 중앙정치에 반영되었다.

    ㉢ 예송논쟁(현종) : 효종의 왕위계승 정통성에 대하여 서인과 남인의 정치적 대립이 격화되었다.

       • 기해예송 : 서인의 주장을 채택하여 서인정권이 지속되었다.

       • 갑인예송 : 남인의 주장을 채택하여 서인의 세력이 약화되고 남인정권이 운영되었다.

    ㉣ 공존의 붕괴 : 서인과 남인의 정치공존은 경신환국(서인이 남인을 역모죄로 몰아 숙청하고 정권을 독점)으로 붕괴되었다.

(5) 붕당정치의 성격

① 원칙 : 여러 붕당이 협력 및 상호 견제를 통해 정치를 운영하는 것이다.

② 성격

    ㉠ 3사 언관과 이조 전랑의 정치적 비중이 강화되었다.

    ㉡ 재야에서 공론을 주도하는 지도자인 산림이 출현하고, 서원과 향교를 통한 수렴이 이루어졌다.

    ㉢ 합좌기구인 비변사를 통해 여론을 수렴하고 공론을 중시하였다.

③ 한계

    ㉠ 사림 자체가 분열되면서 치열한 정권다툼이 생겼다.

    ㉡ 백성들의 의견이 반영되지 않고 국민의 복리보다는 당파의 이익을 우선시하였다.

    ㉢ 현실 문제를 경시하고 의리와 명분에 치중하였다(학벌·문벌·지연과 연결).

4 조선 초기의 대외관계

(1) 명과의 관계

① 외교정책의 원칙

    ㉠ 사대외교 : 명과의 관계를 말하며 왕권의 안정과 국가의 안전보장을 목적으로 한다.

    ㉡ 교린정책 : 중국 이외의 주변 민족에 대한 회유와 교류정책이다.

② 대명외교

    ㉠ 조선 초기 : 태조는 정도전을 중심으로 한 요동정벌로 명과의 긴장관계가 유지되었으나, 태종은 요동정벌을 포기하고 친선관계를 유지하여 매년 사절을 교환하고 문화교류가 활발하게 진행되었다.

    ㉡ 대명외교의 성격 : 겉으로는 사대정책을 유지했으나 실제로는 자주적 실리외교로써 선진문물을 수용하여 공무역의 형태로 무역하였다.

(2) 여진과의 관계

① 대여진정책(강온양면정책)

　　㉠ 회유책 : 귀순을 장려하였고, 북평관을 세워 국경무역과 조공무역을 허락하였다.

　　㉡ 강경책 : 본거지를 토벌하고 국경지방에 자치적 방어체제를 구축하여 진·보를 설치하였다.

② 북방개척

　　㉠ 4군 6진 : 세종 때 최윤덕, 김종서 등은 압록강에서 두만강에 이르는 4군 6진을 설치하였다. `2019년출제`

　　㉡ 사민정책 : 삼남지방의 주민을 강제로 이주시켜 북방개척과 국토의 균형있는 발전을 꾀하였다.

　　㉢ 토관제도 : 토착인을 하급관리로 등용하는 것이다.

(3) 일본과의 관계

① 강경책 … 고려 말~조선 초에 왜구의 침략이 빈번하게 발생하자 수군을 강화하고 화약무기를 개발하는 등 왜구 격퇴에 노력하였다. 세종 때는 이종무를 시켜 쓰시마 섬을 토벌하기도 하였다. 강경대응에 왜구들은 평화적 무역관계를 요구하였고 조선은 일부 항구를 통한 제한된 무역을 허용하였다.

② 회유책 … 3포(부산포, 제포, 염포)를 통해 계해약조(1443)를 맺고 조공무역을 허용하였다.

5 양 난의 극복과 대청관계

(1) 왜군의 침략

① 조선의 정세

　　㉠ 왜구약탈 : 3포왜란(임신약조) → 사량진왜변(정미약조) → 을묘왜변(교역중단)

　　㉡ 국방대책 : 3포왜란 이후 군사문제를 전담하는 비변사가 설치되었다.

　　㉢ 16세기 말 : 사회적 혼란이 가중되면서 국방력이 약화되어 방군수포현상이 나타났다(군적수포제 실시).

　　㉣ 국론의 분열 : 붕당에 따라 일본 정세에 대한 인식의 차이가 노출되어 적극적인 대책이 강구되지 못하였다.

② 임진왜란(1592) … 왜군 20만이 기습하고 정발과 송상현이 분전한 부산진과 동래성의 함락과 신립의 패배로 국왕은 의주로 피난하였다. 왜군은 평양, 함경도까지 침입하였고 명에 파병을 요청하였다.

(2) 수군과 의병의 승리

① 수군의 승리

    ㉠ 이순신(전라좌수사)의 활약 : 판옥선과 거북선을 축조하고, 수군을 훈련시켰다.

    ㉡ 남해의 재해권 장악 : 옥포(거제도)에서 첫 승리를 거두고, 사천(삼천포, 거북선을 이용한 최초의 해전), 당포(충무), 당항포(고성), 한산도(학익진 전법) 등지에서 승리를 거두어 남해의 제해권을 장악하였고 전라도지방을 보존하였다.

    ㉢ 왜군의 수륙병진작전이 좌절되자 전세전환의 계기가 마련되었다.

② 의병의 항쟁

    ㉠ 의병의 봉기 : 농민이 주축이 되어 전직관리, 사림, 승려가 주도한 자발적인 부대였다.

    ㉡ 전술 : 향토지리와 조건에 맞는 전술을 사용하였다. 매복, 기습작전으로 아군의 적은 희생으로 적에게 큰 타격을 주었다.

    ㉢ 의병장 : 곽재우(의령), 조헌(금산), 고경명(담양), 정문부(길주), 서산대사 휴정(평양, 개성, 한성 등), 사명당 유정(전후 일본에서 포로 송환) 등이 활약하였다.

    ㉣ 전세 : 관군이 편입되어 대일항전이 조직화되고 전력도 강화되었다.

(3) 전란의 극복과 영향

① 전란의 극복

    ㉠ 조 · 명연합군의 활약 : 평양성을 탈환하고 행주산성(권율) 등지에서 큰 승리를 거두었다.

    ㉡ 조선의 군사력 강화 : 훈련도감과 속오군을 조직하였고 화포 개량과 조총을 제작하였다.

    ㉢ 휴전회담 : 왜군은 명에게 휴전을 제의하였으나, 왜군의 무리한 조건으로 3년만에 결렬되었다.

    ㉣ 정유재란 : 왜군은 조선을 재침하였으나 이순신에게 명량 · 노량해전에서 패배하였다.

② 왜란의 영향

    ㉠ 국내적 영향

      • 인구와 농토가 격감되고 농촌이 황폐화되어 민란이 발생하였다.

      • 국가재정 타개책으로 공명첩을 대량으로 발급하여 신분제가 동요되었고, 납속이 실시되었다.

      • 토지대장과 호적이 소실되어 조세, 요역의 징발이 곤란하였다.

      • 경복궁, 불국사, 서적, 실록 등의 문화재가 소실 · 약탈당하였다.

      • 일본을 통하여 조총, 담배, 고추, 호박 등이 전래되었다.

    ㉡ 국제적 영향

      • 일본은 문화재를 약탈하고, 성리학자와 도공을 납치하였다. 이는 일본 문화가 발전하는 계기가 되었다.

      • 여진족은 급성장하였으나(후금 건국, 1616), 명은 쇠퇴하였다.

(4) 광해군의 중립외교

① 전후 복구
　　㉠ 호족 및 양안(토지대장)을 재작성하여 국가재정기반을 확보하고, 산업을 진흥하였다.
　　㉡ 군사력 강화를 위해 성곽과 무기를 수리하였다.
　　㉢ 소실된 사고를 5대 사고로 재정비하였고, 허준의 「동의보감」이 편찬되었다.

② 중립외교정책
　　㉠ 배경 : 임진왜란 이후 여진족이 후금을 건국 후 명에 전쟁을 선포하자 명은 조선에게 원군을 요청하였다.
　　㉡ 과정 : 조선은 명의 후금공격 요구를 거절할 수 없었고 후금과 적대 관계를 맺을 수도 없었다. 이에 명을 지원하러 갔던 조선군 강홍립 장군은 광해군의 밀명으로 후금에 항복하여 마찰을 피하기도 하였다. 명의 원군 요청을 적절히 거절하면서 후금과 친선정책을 추구하였다.
　　㉢ 결과 : 대의명분을 강조한 서인과 남인의 반발을 야기하였고 이후 인조반정의 원인이 되기도 한다. 그러나 국내에 전쟁의 화가 미치지 않아 왜란 후 복구사업에 크게 기여하였다.

(5) 호란의 발발과 전개

① 정묘호란(1627)
　　㉠ 원인 : 명의 모문룡 군대의 가도 주둔과 이괄의 난 이후 이괄의 잔당이 후금에 건너가 조선 정벌을 요구한 것으로 발생하였다.
　　㉡ 과정 : 후금이 황해도 황주까지 공격하였으며, 이립·정봉수 등은 의병을 조직하여 용골산성과 의주지방에서 활약하였다.
　　㉢ 결과 : 강홍립의 중재로 정묘조약(형제관계, 명·후금 사이에 중립유지)이 이루어져 후금의 군대는 철수하였다.

② 병자호란(1636) **2017년출제**
　　㉠ 원인 : 후금이 중국을 장악한 후 국호를 청으로 고치고 군신관계를 요구하자 조선은 거부하였다(척화주전론).
　　㉡ 과정 : 청의 요구에 국내에서 주전론과 주화론으로 나뉘어 논쟁이 벌어지고, 주전론을 따르게 되면서 청은 재침입하게 된다. 청 태종이 한양을 점령하였고 인조는 남한산성에 피난하여 항전을 하였으나 삼전도에서 항복을 하게 된다.
　　㉢ 결과 : 청과 군신관계를 맺게 되고, 소현세자·봉림대군(효종)과 강경한 척화론자들이 인질로 잡혀가게 된다. **2020년출제**

⑹ 북벌운동의 전개

① **추진세력** ··· 서인세력(송시열, 송준길, 이완 등)은 군대를 양성하는 등의 계획을 세웠으나 실천하지 못하였다.

② **추진동기** ··· 서인의 정권유지를 위한 것이었다.

③ **효종의 북벌계획** ··· 이완을 훈련대장으로 임명하고 군비를 확충하였지만 효종의 죽음으로 북벌계획은 중단되었다.

최근 기출문제 분석

2023. 11. 4. 국내여행안내사

1 조선 중종 대에 관한 설명으로 옳은 것은?

① 현량과를 실시하였다.　　　　　　② 대전통편을 편찬하였다.

③ 식목도감을 설치하였다.　　　　　④ 전민변정도감을 설치하였다.

> **TIP** 연산군 대에 2차례에 걸친 사화를 거치며 혼란한 상황에서 집권한 중종은 훈구세력을 견제하고자 사림세력인 조광조를 기용하여 개혁정치를 실시하였다. 조광조는 현량과를 실시하여 사림세력을 중앙 정계에 진출시키고자 하였고, 불교와 도교행사를 폐지하여 유교정치이념을 확립하고자 하였다. 하지만 위훈삭제사건으로 인하여 훈구세력을 반발을 산 조광조는 기묘사화(1519)로 인하여 개혁과제를 완수하지 못하였다.
> ② 대전통편(1785) : 조선 정조 대 편찬
> ③ 식목도감 : 고려 성종 대 설치한 귀족 합의 기구로 대내적 격식 관장
> ④ 전민변정도감 : 고려 공민왕의 개혁정치를 주도한 기구

2022. 11. 5. 국내여행안내사

2 밑줄 친 "이 제도"에 해당하는 것은?

> 경연에서 조광조가 중종에게 아뢰기를 "국가에서 사람을 등용할 때 과거 시험에 합격한 사람을 중요하게 여깁니다. 그러나 매우 현명한 사람이 있다면 어찌 꼭 과거시험에만 국한하여 등용할 수 있겠습니까? 중국 한을 본받아 이 제도를 실시하여 덕행이 있는 사람을 천거하여 인재를 찾으십시오"라고 하였다.
> 　　　　　　　　　　　　　　　　　　　　　　　　　　　　　　　　－『중종실록』－

① 현량과　　　　　　　　　　　　② 빈공과

③ 음서제　　　　　　　　　　　　④ 독서삼품과

> **TIP** ① 조선 중종 때, 조광조 등의 제안으로 경학에 밝고 덕행이 높은 사람을 천거하여 대책으로 시험을 보아 뽑던 과거 제도이다.
> ② 중국 당나라 때, 외국인에게 보게 하던 과거 제도이다.
> ③ 고려와 조선 시대에 중신 및 양반의 신분을 우대하여 친족 및 처족을 과거와 같은 선발 기준이 아닌 출신을 고려하여 관리로 사용하는 제도이다.
> ④ 국학 졸업생의 학력을 평가하여서 관리로 선발하는 방식이다.

Answer 1.①　2.①

2021. 11. 6. 국내여행안내사
3 정조(正祖)에 관한 설명으로 옳지 않은 것은?

① 속대전을 편찬하였다.　　　　　　② 수원에 화성을 축조하였다.

③ 초계문신 제도를 실시하였다.　　　④ 친위 부대인 장용영을 설치하였다.

> **TIP** ① 속대전을 편찬한 것은 영조이다. 영조는 학문의 숭상과 문물제도의 정비를 통해 문예 부흥의 기반을 닦았다. 법과 의례를 조선후기 실정에 맞게 재정비하기 위해 「속대전」, 「국조속오례의」를 편찬하였으며, 백과사전류인 「동국문헌비고」를 만들었다. 이 외에도 균역법의 전형인 「양역실총」을 각 도에 인쇄하여 반포함으로써 민생의 안정을 도모하였다.

2021. 11. 6. 국내여행안내사
4 다음 사건 가운데 시간 순서상 가장 마지막에 일어난 것은?

① 기묘사화　　　　　　　　　　　② 임진왜란

③ 인조반정　　　　　　　　　　　④ 4군 6진 설치

> **TIP** ③ 1623년
> ① 1519년
> ② 1592년~1598년
> ④ 1434년~1443년

2020. 11. 7. 국내여행안내사
5 ㈎ 시기에 관한 설명으로 옳지 않은 것은?

임진왜란 발발 → ㈎ → 병자호란 발발

① 후금이 침입하자 인조는 강화도로 피난하였다.

② 이순신이 명량에서 왜군을 크게 물리쳤다.

③ 조선과 명의 연합군이 평양성을 왜군으로부터 탈환하였다.

④ 조선의 관리들이 백두산 일대를 답사하고 백두산정계비를 세웠다.

> **TIP** 란 : 1592~1598년(선조 25~31)
> 병자호란 : 1636~1637년(인조 14~15)
> ④ 백두산정계비는 1712년(숙종 38)에 조선과 청나라 사이의 경계를 표시하고자 백두산에 세운 비석이다.

Answer 3.① 4.③ 5.④

출제 예상 문제

1 다음 중 조선왕조가 일반 민중사회에까지 유교이념을 확산하기 위해 보급한 것은?

㉠ 소학	㉡ 가묘
㉢ 서당	㉣ 주자가례

① ㉠㉡

② ㉠㉣

③ ㉡㉢

④ ㉢㉣

TIP 조선시대는 숭유정책을 기본으로 하였다. 주자가례를 채용하고 소학교육을 장려하였으며, 유교가 상류사회로부터 민중의 일상생활에까지 뿌리를 내렸다.

2 다음 조선시대에 시행한 시책들의 공통된 목적으로 옳은 것은?

• 특권층의 범위를 축소하였다.
• 16세 이상의 장정들에게 호패를 착용하게 하였다.
• 양안을 작성하고 호적을 정리하였다.
• 노비변정사업을 실시하였다.

① 유교적 사회질서의 확립
② 향촌자치체제의 강화
③ 국가재정기반의 확대
④ 양천이원제의 신분제도 확립

TIP 제시된 시책들은 세금을 원활히 징수하여 국가의 재정기반을 확고히 하기 위한 것들이다.

Answer 1.② 2.③

3 조광조가 실시한 개혁안을 모두 고르면?

> ㉠ 현량과 실시
> ㉡ 위훈삭제
> ㉢ 소격서 폐지
> ㉣ 소학의 보급
> ㉤ 불교 행사 강조

① ㉠㉡㉢　　　　　　　　　　　　② ㉡㉢㉣
③ ㉠㉡㉢㉣　　　　　　　　　　　④ ㉠㉡㉢㉣㉤

TIP ㉤ 조광조는 소격서를 폐지하고 불교, 도교 관련 종교행사를 폐지하였다.

4 조선을 다른 시대와 구분하여 근세라고 부르는 근본적인 이유는?

① 양인의 수가 더욱 증가하고 권익이 더욱 신장되었다.
② 강한 민족의식이 성장하였다.
③ 모든 지역에 지방관을 파견하여 중앙집권적 통치를 하였다.
④ 민족의 독창적 문화를 형성하였다.

TIP ① 봉건적 중세사회와 비교해 볼 때 조선을 근세사회로 구분 지을 수 있는 가장 근본적인 이유는 양인의 수적 증가와 권익신장 이다.
　※ 근세사회의 특징
　　㉠ 정치면
　　　• 왕권중심으로 권력구조를 바꾸고, 중앙집권적으로 제도를 개편하여 관료체제의 기틀을 마련하였다.
　　　• 중앙집권체제의 원만한 운영을 위해 왕권과 신권의 조화에 노력하여 모범적인 유교정치를 추구하였다.
　　㉡ 사회면
　　　• 양인의 수가 증가하고 양인의 권익이 더욱 신장되었을 뿐 아니라, 자영농의 수가 전보다 더 늘어났고, 경작권이 보장되었다.
　　　• 과거제도가 정비되면서 능력이 보다 존중되었다.
　　㉢ 문화면 : 교육의 기회가 확대되었고, 민족적 자각을 바탕으로 민족문화의 확고한 기반을 마련하였다.

Answer 3.③ 4.①

5 다음 중 조선 태종의 치적이 아닌 것은?

① 신문고를 설치하였다.

② 호패법을 실시하였다.

③ 직전법을 실시하였다.

④ 주자소를 설치하여 계미자를 만들었다.

TIP 태종의 개혁 … 사병제도 폐지, 의정부 권한 축소, 승정원과 의금부 설치, 6조직계제 실시, 신문고의 설치, 양전사업의 실시, 호패법 시행, 사원경제 개혁, 주자소 설치(계미자 주조), 5부학당의 설치 등
③ 직전법은 세조 12년(1466)에 실시된 것으로 현직자에 한하여 과전을 지급하던 토지제도이다.

6 다음 조선 건국 후의 지방행정에 관한 내용에서 추론할 수 있는 사실로 옳은 것은?

> • 모든 군현에 수령을 파견하여 속현이 소멸되고 향리의 지위가 격하되었다.
> • 향·소·부곡이 소멸되고 면·리제를 편성하여 향민 중에서 책임자를 선임, 수령의 명령을 집행하게 하였다.

① 백성들은 지방세력가의 임의적인 지배에서 벗어나게 되었다.

② 성문화된 법전이 정비되어 법치주의 이념이 구현되었다.

③ 사림세력이 크게 성장하고 향약이 널리 보급되었다.

④ 향촌자치를 광범위하게 허용하였다.

TIP ① 지방에 관리를 파견하고 제도를 정비함으로써 중앙집권체제가 완성되었다.

Answer 5.③ 6.①

7 다음 중 조선시대에 대한 설명으로 옳지 않은 것은?

① 평화추구의 친선정책을 외교정책의 기본으로 삼았다.

② 양반중심의 지배질서와 가족제도에 종법사상이 적용되었다.

③ 정치면에서는 전제군주제의 강화를 추구하였다.

④ 지배층의 농민지배를 허용하는 사회경제질서를 관철시키려 하였다.

TIP ③ 조선시대에는 중앙집권적 제도를 개편하여 양반관료체제를 마련하였다.

8 다음에서 조선왕조의 중앙집권화정책에 가장 관련이 깊은 것은?

㉠ 수령의 권한 강화	㉡ 서원의 보급
㉢ 유향소의 기능강화	㉣ 호패법의 실시

① ㉠㉡

② ㉠㉣

③ ㉡㉢

④ ㉢㉣

TIP ㉠ 수령은 직접 관내의 주민을 다스리는 지방관으로 조세와 공물의 징수를 담당하였다. 면·리·통에 책임자를 선임하여 수령의
정령을 집행하게 함으로써 국가의 통치권이 향촌의 말단까지 미칠 수 있었다.
㉡㉢ 사림세력이 향촌에서의 지배력을 강화하는 수단이었다.
㉣ 호패법은 농민들의 토지이탈을 방지하여 중앙집권의 강화, 인적자원의 확보, 국민동태의 파악을 위해 시행되었다.

9 다음 중 조선시대의 지방통치에 관한 내용으로 옳은 것은?

> • 향리 가운데 한 사람을 경저리로 임명하여 서울에 상주시켜서 출신 고을의 공부(貢賦)를 수납하게 하였다.
> • 지방 양반들로 구성되는 향청은 좌수를 책임자로 하여 수령을 보좌하고 풍속을 바로잡으며, 향리를 규찰하였다.
> • 한양에는 각 지방 출신의 중앙관리로 구성된 경재소가 있어서, 해당 지방의 여러가지 일을 주선하고 서울과 지방과의 연락을 담당하였다.

① 지방세력을 견제하여 중앙집권정치를 강화하였다.
② 고려시대보다 향리의 지위를 승격시켰다.
③ 중앙과 지방간의 관리교류를 활성화시켰다.
④ 향청의 책임자로 하여금 경재소를 운영하게 하였다.

TIP 조선의 지방통치는 모든 군현에 지방관이 파견되어 국가의 통치권이 향촌 말단에까지 미쳤다. 유향소를 통해 향촌자치를 인정하면서도 경재소, 경저리를 통해서 중앙집권을 강화하였다.

10 조선시대 지방행정조직에 대한 설명으로 옳지 않은 것은?

① 고려시대까지 특수행정구역이었던 향, 부곡, 소도 일반 군현으로 승격시켰다.
② 향리의 권한이 강화되어 지방관이 파견되지 않은 속현이 더 많았다.
③ 전국 8도에 관찰사를 파견하고, 수시로 암행어사를 지방에 보내기도 하였다.
④ 군현 아래에는 면·리(里)·통을 두었다.

TIP ② 고려시대의 지방행정에 대한 내용으로 지방관이 파견되는 주현을 통하여 간접적으로 중앙정부의 통제를 받았다. 조선시대에는 속현을 폐지하고 전국의 주민을 국가가 직접 지배하기 위하여 모든 군현에 수령을 파견하였다.

Answer 9.① 10.②

11 조선시대 사림파에 대한 설명으로 옳은 것은?

① 세조의 즉위를 도운 공신세력이다.

② 조선초기의 문물제도의 정비에 기여하였다.

③ 성종대에 이르러 중앙정계에 본격적으로 진출하기 시작하였다.

④ 과학기술을 중시하였으며 민생안정을 추구하였다.

TIP ③ 성종은 사림을 등용하고 훈구세력을 견제하였다.
①②④ 훈구파에 대한 설명이다.

※ 훈구파와 사림파의 비교

구분	활약시기	연원	성격
훈구파(관학파)	15세기	혁명파 사대부	• 붕민생의 안정 및 부국강병, 중앙집권 주장 • 물질문명가 과학기술 중시 • 사장 위주, 편찬사업, 자주적 • 불교 및 도교의 포용
사림파(사학파)	16세기	온건파 사대부	• 왕도정치를 추구하고 도덕과 의리 강조 • 물질문명과 과학기술 천대시 • 경학위주, 존화주의 • 향약·서원과 관련이 깊고 지방 향촌의 자치 강조 • 성리학만 중시

12 다음 중 각 시기의 정치적 합의기관으로서 그 성격이 다른 것은?

① 신라는 씨족사회의 전통을 계승한 화백(和白)제도를 두었다.

② 발해는 선조성과 중대성의 두 기관을 관장하는 정당성을 두었다.

③ 고려는 재신(宰臣)인 재추와 간관(諫官)인 낭사로 구성된 중서문하성을 두었다.

④ 조선은 국정을 총괄하는 최고관부로서 3정승으로 구성된 의정부를 두었다.

TIP ③ 고려의 최고합의기구는 도병마사(도평의사사)로서, 중서문하성의 고관과 중추원의 고관으로 구성되어 국가의 중요 정책을 협의하였다.

Answer 11.③ 12.③

13 다음 조선의 정치기구의 기능에 대한 설명을 통해 당시의 정치를 바르게 설명하고 있는 것은?

> 사헌부는 백관에 대한 감찰, 탄핵과 정치에 대한 언론 및 풍속교정을, 사간원은 국왕에 대한 간쟁과 정치 일반에 대한 언론을 담당하며, 홍문관은 궁중의 서적과 문헌의 관장 및 왕의 학문적·정치적 고문에 응하는 학술적인 기능을 담당하였다.

① 언론기능이 강화되어 당파간의 조화를 이룰 수 있었다.
② 이런 언론이 제대로 기능할 때는 왕권이나 신권의 전제를 막을 수 있었다.
③ 이 기관들은 유기적인 관계를 형성하지 않고 독자적으로만 기능하였다.
④ 신권이 강화되어 왕권의 약화를 초래하였다.

TIP 조선시대 삼사인 사간원, 사헌부, 홍문관은 언론과 학술의 기능을 담당한 기구였다. 이러한 언론이 제대로 기능할 때는 왕권이나 신권의 전제를 막을 수 있었으나, 일정한 세력에 의하여 삼사의 언론이 이용될 때는 혼란을 면치 못했다.

14 조선시대의 지방행정조직에 대한 설명이다. 고려시대와의 차이점을 설명한 것 중 옳지 않은 것은?

> • 경재소는 유향소와 정부 사이의 연락기능을 담당하였다.
> • 향리는 6방을 조직하고 향역을 세습하였다.
> • 속현과 향·소·부곡이 소멸되고, 면·리제가 정착되었다.

① 중앙집권체제가 강화되었다.
② 천민의 행정구역이 소멸되었다.
③ 향촌자치는 허용되지 않았다.
④ 중인계층의 신분이 세습되었다.

TIP ③ 유향소는 지방자치기관으로 수령을 보좌하는 고문기관이었다. 이를 통해 향촌자치가 허용되었다.

15 임진왜란 이전에 수립된 조선왕조의 국방체제로서 지역의 군대를 한 곳에 집결시켜, 집결된 군대를 중앙에서 파견된 장수가 지휘하는 국방체제의 명칭은 무엇인가?

① 영진체제

② 속오군체제

③ 제승방략체제

④ 진관체제

TIP 제승방략체제 … 각 요충지에 진관을 설치하여 독자적으로 적을 막는 진관체제가 적의 수가 많을 때에는 효과가 없었으므로 16세기 후반에 각 지역의 군사를 방어처에 집결시켜 중앙에서 파견되는 장수의 지휘하에 두게 하는 것이다.

16 다음의 조직에 관한 설명으로 옳지 않은 것은?

> • 선조 27년 임진왜란 중에 삼수병을 양성하기 위하여 훈련도감이 설치되었다.
> • 인조 2년 왕실을 호위하는 어영청이 설치되었으며, 효종 때는 북벌계획에 따라 군비의 확충이 이루어졌다.
> • 인조 2년 경기 일대 방어를 위해 속오군 중에 정병을 선발하여 총융청을 설치하였다.
> • 인조 4년 남한산성 방어를 위해 수어청이, 숙종 8년 왕실호위를 강화하기 위해 금위영이 설치되었다.

① 지방군은 속오군을 중심으로 진관이 복구되었다.

② 서인 등 집권세력의 군사적 기반구실을 하였다.

③ 필요에 따라 임기응변으로 설치되었다.

④ 농병일치제에서 용병제로 변화하였다.

TIP ① 15세기에 중앙군사조직으로 정비되었던 5위제가 제대로 운영되지 못하고 왜란 중에 붕괴되었으므로 임진왜란 중에 설치된 훈련도감을 시작으로 5군영이 설치되었다. 5군영은 임기응변적으로 설치되었고, 용병제와 상비군의 성격을 지녔다. 또한 붕당정치기에 서인세력의 군사적 기반이 되기도 하였다.

Answer 15.③ 16.①

04 정치상황의 변동

1 통치체제의 변화

(1) 정치구조의 변화

① 비변사의 기능 강화

   ㉠ 중종 초(1510)에 여진족과 왜구에 대비하기 위해 설치한 임시기구였으나 임진왜란을 계기로 문무고관의 합의기구로 확대되었다.

   ㉡ 군사뿐만 아니라 외교, 재정, 사회, 인사 등 거의 모든 정무를 총괄하였다.

   ㉢ 전란이 끝난 뒤에도 붕당간의 이해관계 조정기구로 그 성격이 바뀌었다.

   ㉣ 영향 : 왕권이 약화되고, 의정부와 6조의 기능이 약화되었다.

② 정치운영의 변질

   ㉠ 3사의 언론기능 : 공론을 반영하기보다 각 붕당의 이해관계를 대변하였다.

   ㉡ 이조 · 병조의 전랑 : 상대 붕당을 견제하는 기능으로 변질되어 붕당간의 대립을 격화시켰다.

(2) 군사제도의 변화

① 중앙군(5군영)

   ㉠ 설치배경 : 대외관계와 국내정세 변화에 따라 설치되었으며 서인정권의 군사적 기반이 되었다.

   ㉡ 5군영 `2015년출제`

     • 훈련도감(수도) : 임진왜란 중 설치되었으며 삼수병(포수 · 살수 · 사수)으로 편성되었다. 급료를 받는 직업적 상비군이었다(용병제). `2020년출제`

     • 어영청(수도) : 이괄의 난을 계기로 편성되었고 효종 때는 북벌운동의 중추기관이었다. 지방에서 교대로 번상하고 기 · 보병으로 구성되었다.

     • 총융청(경기 및 북한산성) : 이괄의 난을 계기로 편성되고 북한산성 등 경기 일대의 방어를 위해 속오군으로 편성되었다.

     • 수어청(광주 부근) : 정묘호란 후 남한산성을 개축하고 이를 중심으로 남방을 방어하기 위해 설치되었다.

     • 금위영(수도 · 왕실 수비) : 수도방위를 위해 설치되고 기 · 보병 중심의 선발 군사들로 지방에서 교대로 번상케 하였다.

② 지방군(속오군)

　㉠ 지방군제의 변천

　　• 조선 초기 : 각 지역의 중요한 지역을 방어하는 진관체제였다.

　　• 16세기 후반 : 유사시에 필요한 방어처에 각 지역의 병력을 동원하여 중앙에서 파견되는 장수가 지휘하게 하는 제승방략체였다.

　　• 17세기 이후 : 진관체제가 복구되고 속오법에 따라 군대를 정비하였다.

　㉡ 속오군 : 양천혼성군(양반, 농민, 노비)으로서, 농한기에 훈련하고 유사시에 동원되었다. 양반의 군역 기피로 사실상 상민과 노비로만 편성되었다.

(3) 수취제도의 개편 2019년출제

① 배경 … 경제구조의 변동과 신분제의 동요 등으로 다수의 농민은 생존조차 어려웠다. 이에 따른 농민들의 불만해소와 사회안정을 도모하기 위해서 수취제도를 개편하였다.

② 전세제도의 개편

　㉠ 영정법 : 전세를 풍흉에 관계없이 1결당 미곡 4두로 고정시켰다.

　㉡ 결과 : 전세율이 다소 낮아졌으나 농민의 대다수인 전호들에게는 도움이 되지 못하였고 전세 외에 여러 가지 세가 추가로 징수되어 조세의 부담은 증가하였다.

③ 공납제도의 개편

　㉠ 방납의 폐단 : 방납이 이루어지는 과정에서 농민들의 부담이 컸다.

　㉡ 대동법 : 종전의 민호에 토산물을 부과·징수하던 공납을 토지의 결수에 따라 미, 포, 전을 납입하게 하는 제도이다. 2017년출제

　㉢ 결과

　　• 토지가 없거나 적은 농민의 부담이 일시적으로 감소하였다.

　　• 후에 지주들의 부담이 농민에게 전가되면서 농민의 부담이 지속된다.

　　• 공인(어용상인)의 등장은 상품수요와 공급의 증가와 함께 상품화폐경제가 발달하게 하였다.

　　• 후에 상납미의 증가로 발생한 지방 재정의 악화로 지방 수령과 아전들은 백성들을 수탈하게 된다.

　　• 별공과 진상은 그대로 존속되고, 대동세가 농민에게 전가되는 경우도 있었다.

　　• 조세의 금납화가 촉진되고, 상업도시의 발전을 가져오기도 하였다.

④ 군역제도의 개편
  ㉠ 군포징수의 폐단 : 징수기관이 통일적으로 이루어지지 않아 농민들이 이중, 삼중의 부담을 가졌다.
  ㉡ 균역법 : 12개월마다 내던 군포 2필을 1필로 반감하였다.
  ㉢ 결과 : 일시적으로 농민부담이 경감되었으나 폐단이 다시 발생하여 농민으로부터 반감을 사게 되고 전국 적인 저항을 불러왔다.

⑤ 향촌지배방식의 변화
  ㉠ 조선 전기 : 사족의 향촌자치를 인정하였으나 후기에는 수령과 향리 중심의 지배체제로 바뀌어 농민수탈 이 심해졌다.
  ㉡ 농민들의 향촌사회 이탈을 막고자 호패법과 오가작통제를 강화하였다.

② 정쟁의 격화와 탕평정치

(1) 붕당정치의 변질

① 원인 ⋯ 17세기 후반 사회 · 경제적 변화가 원인이 되었다.
  ㉠ 농업생산력의 향상과 상품화폐경제의 발달로 정치집단이 상업적 이익에 대한 관심이 높아져 독점하는 경향이 커졌다.
  ㉡ 정치적 쟁점이 예론(예송논쟁)에서 군영의 장악(군사력, 경제력 확보)으로 변질되었다.
  ㉢ 지주제와 신분제가 동요하자 양반의 향촌지배력이 약화되고, 붕당정치의 기반이 붕괴되었다.

② 변질 양상
  ㉠ 숙종 : 붕당 사이의 견제와 균형을 유지하던 붕당정치형태가 무너지고 정국을 주도하는 붕당과 견제하는 붕당이 서로 교체됨으로써 특정 붕당이 정권을 독점하는 일당전제화 추세가 대두되었다.
  ㉡ 경신환국 이후의 서인 : 노장세력과 신진세력 간에 갈등이 생기면서 노론(대의명분 존중, 민생 안정)과 소론(실리 중시, 적극적 북방개척 주장)으로 나뉘게 되었다.

③ 정치운영의 변질
  ㉠ 국왕이 환국을 주도하여 왕실의 외척 및 종실 등 왕과 직결된 집단의 정치적 비중이 증대되었다.
  ㉡ 환국이 거듭되는 동안 자기 당의 이익을 직접 대변하는 역할을 하는 3사와 이조전랑의 정치적 비중이 감소되었다.
  ㉢ 고위 관원의 정치권력이 집중되면서 비변사의 기능이 강화되었다.

④ 결과

　㉠ 왕위계승문제 : 상대방에 대한 보복으로 사사(賜死)가 빈번하였고, 외척의 정치적 비중이 높아져 갔으며, 정쟁의 초점이 왕위계승문제에 두어지는 등 붕당정치가 정상적으로 운영되지 못하였다.

　㉡ 벌열가문의 정권 독점 : 정권은 몇몇 벌열가문에 의해 독점되었고, 지배층 사이에서는 종래 공론에 의한 붕당보다도 개인이나 가문의 이익을 우선하는 경향이 현저해졌다.

　㉢ 양반층의 분화 : 양반층이 분화되면서 권력을 장악한 부류도 있었으나, 다수의 양반은 몰락하여 갔다. 중앙의 정쟁에서 패한 사람들은 정계에서 배제되어 지방 세력화하였으니, 그들은 연고지로 낙향하여 서원을 설립하여 세력의 근거지로 삼았다.

　㉣ 서원의 남설(濫設) : 특정 가문의 선조를 받드는 사우(祠宇)와 뒤섞여 도처에 세워졌다.

(2) 탕평론의 대두

① 붕당정치변질의 문제점

　㉠ 정쟁과 사회분열 : 공론(公論)과 공리(公理)보다 집권욕에만 집착하여 균형관계가 깨져서 정쟁이 끊이지 않고 사회가 분열되었다.

　㉡ 왕권의 약화 : 정치집단간의 세력균형이 무너지고 왕권 자체도 불안하게 되었다. 이에 강력한 왕권을 토대로 국왕이 정치의 중심에 서서 세력의 균형을 유지하려는 탕평론(蕩平論)이 제기되었다.

② 숙종의 탕평론

　㉠ 탕평론의 제시 : 공평한 인사관리를 통해 정치집단간의 세력균형을 추구하였다.

　㉡ 한계 : 명목상의 탕평책에 불과하여 편당적인 인사관리로 빈번한 환국이 발생(경신환국, 기사환국, 갑술환국)하였다.

(3) 영조의 탕평정치 2016년출제

① 탕평책의 추진

　㉠ 한계 : 탕평의 교서를 발표하여 탕평책을 추진하였으나 편당적 조처로 정국이 불안정하였다.

　㉡ 이인좌의 난 : 소론과 남인의 일부 강경파는 노론정권에 반대하고 영조의 정통을 부정하였다.

② 정국의 수습과 개혁정치 … 탕평파를 육성하고, 붕당의 근거지인 서원을 정리하였고, 이조전랑의 권한을 약화시키기 위해 이조전랑의 후임자 천거제도를 폐지하였다. 그 결과 정치권력은 국왕과 탕평파 대신에게 집중되었다.

③ **영조의 치적** 2020년출제

    ㉠ 탕평교서를 발표하고 탕평비를 건립하였다.

    ㉡ 서원을 대폭 정리하고 산림의 존재를 부정하였다.

    ㉢ 이조전랑의 후임자 천거관권 삼사 선발권을 폐지하여 당쟁을 미연에 방지하였다.

    ㉣ 군역 부담을 줄이기 위해 균역법을 시행하고 세 군영(훈련도감, 금위영, 어영청)이 도성을 방어하였다.

    ㉤ 신문고제도가 부활하고 사형수에 대한 엄격한 삼심제와 악형을 폐지하였다.

    ㉥ 「속대전」을 편찬하여 제도와 권력구조를 개편하였다.

④ **한계** … 강력한 왕권으로 붕당 사이의 다툼을 일시적으로 억제하기는 하였으나 소론 강경파의 변란(이인좌의 난, 나주괘서사건)획책으로 노론이 권력을 독점하게 되었다.

(4) 정조의 탕평정치 2016년출제

① **정치세력의 재편** … 사도세자의 죽음을 둘러싼 갈등을 겪은 정조는 강력한 탕평책을 추진하여 벽파를 물리치고 시파를 고루 기용하여 왕권의 강화를 꾀하였다. 또한 영조 때의 척신과 환관 등을 제거하고, 노론과 소론 일부, 남인을 중용하였다.

② **왕권 강화**

    ㉠ **규장각의 육성**: 붕당의 비대화를 막고 국왕의 권력과 정책을 뒷받침하는 기구이다.

    ㉡ **초계문신제의 시행**: 신진 인물과 중·하급 관리를 재교육한 후 등용하는 제도이다.

    ㉢ **장용영의 설치**: 국왕의 친위부대를 설치하고 병권을 장악하여, 왕권을 뒷받침하는 군사적 기반이 되었다.

    ㉣ **수원 육성**: 화성을 세워 정치적·군사적 기능을 부여함과 동시에 상공인을 유치하여 자신의 정치적 이상을 실현하는 상징적 도시로 육성하고자 하였다.

    ㉤ **수령의 권한 강화**: 수령이 군현 단위의 향약을 직접 주관하게 하여 지방 사림의 영향력을 줄이고 국가의 백성에 대한 통치력을 강화하였다.

    ㉥ 서얼과 노비의 차별을 완화하였으며, 통공정책으로 금난전권을 폐지하였다.

❸ 정치질서의 변화

(1) 세도정치의 전개(19세기)

① 배경 ··· 정조의 탕평정치로 왕에게 권력이 집중되었던 것이 정조가 죽은 후 왕이 행하던 역할을 하지 못하게 되자 정치세력간의 균형이 다시 깨지고 몇몇 유력가문 출신의 인물들에게 집중되었다.

② 세도정치의 전개
   ㉠ 순조 : 정순왕후가 수렴청정을 하면서 노론 벽파가 정권을 주도하며 신유박해를 이용하여 정조가 양성한 인재를 대거 몰아냈다. 정순왕후가 죽자 순조의 장인인 김조순을 중심으로 안동 김씨의 세도정치가 시작되었다.
   ㉡ 헌종 : 외척인 풍양 조씨의 세도정치가 이어졌으며 안동 김씨와 어느 정도 세력균형이 유지되었다.
   ㉢ 철종 : 안동 김씨가 다시 권력을 장악하고, 흥선대원군이 정국을 주도하기 전까지 지속된다.

(2) 세도정치기의 권력구조

① 정치집단의 폐쇄 ··· 소수의 집단이 권력을 장악하고 정치권력의 사회적 기반이 약화되자 왕실의 외척, 산림 또는 관료가문인 이들은 서로 연합하거나 대립하여 권력과 이권을 독점하였다.

② 권력구조의 변화
   ㉠ 정2품 이상만 정치권력을 발휘하고 중하급 관리는 행정실무만 담당하게 되었다.
   ㉡ 의정부와 6조의 기능은 약화되고 유력한 가문 출신의 인물들이 차지한 비변사의 권한은 강화되었다.

(3) 세도정치의 폐단

① 폐단
   ㉠ 과거제의 문란으로 시험장에서의 온갖 비리와 부정이 성행하였다.
   ㉡ 매관매직의 성행으로 관료들은 지위를 지키기 위해 고위관직을 독점하고 관직을 매매하는 세도가의 비위를 맞추기에 급급하였다.
   ㉢ 수령직의 매관매직으로 탐관오리의 수탈이 극심해지고 삼정(전정, 군정, 환곡)이 문란해졌다. 그 결과 농촌경제는 피폐해지고, 상품화폐경제는 둔화되었다.

② 한계

 ⊙ 사회변화에 소극적으로 대응하여 상업발달과 서울의 도시적 번영에 만족하였다.

 ⓛ 남인, 소론, 지방 사족, 상인, 부농 등의 다양한 정치세력의 참여를 배제하였다.

 ⓒ 고증학(경전의 사실 확인을 위해 실증을 앞세우는 학문)에 치우쳐 개혁의지를 상실하였고, 지방의 사정을 이해하지 못했다.

 ⓔ 정치기강의 혼란으로 농촌경제가 파탄되자 피지배계층 저항은 전국 각지의 민란으로 나타났다.

④ 대외관계의 변화

(1) 청과의 관계

① **이중적 대청관계** … 병자호란 이후 명분상으로는 소중화론을 토대로 하여 청을 배척하였으나, 실제로는 사대관계를 인정하여 사신을 파견하기도 했다.

② **북벌정책** … 17세기 중엽, 효종 때 추진하였다. 청의 국력 신장으로 실현가능성이 부족하여 정권유지의 수단이 되기도 하였으며 양난 이후의 민심수습과 국방력 강화에 기여하였다.

③ **북학론의 대두**

 ⊙ 청의 국력 신장과 문물 융성에 자극을 받았다.

 ⓛ 사신들은 천리경, 자명종, 화포, 만국지도, 천주실의 등의 신문물과 서적을 소개하였다.

 ⓒ 18세기 말 북학파 실학자들은 청의 문물 도입을 주장하였다.

④ **백두산 정계비 건립** `2020년출제` `2016년출제`

 ⊙ 청나라는 자신들의 고향인 간도지방을 중요하게 생각하였다. 그러나 조선인도 그곳에 정착하여 사는 사람이 많았기 때문에 청과 국경분쟁이 일어났다.

 ⓛ 숙종 때(1712) 백두산 정계비를 세워 국경이 압록강에서 토문강으로 확정되었다.

 ⓒ **간도분쟁**: 19세기에 토문강의 위치에 대한 해석 차이로 간도귀속문제가 발생하였다. 결국 조선의 외교권이 상실된 을사조약 후 청과 일본 사이의 간도협약(1909)으로 청의 영토로 귀속되었다.

(2) 일본과의 관계

① 대일 외교관계

    ㉠ **기유약조(1609)** : 임진왜란으로 조선과 일본의 외교 단절 이후 도쿠가와 막부의 요청으로 부산포에 왜관을 설치하고, 대일무역이 행해졌다.

    ㉡ **조선통신사 파견** … 17세기 초 이후부터 200여 년간 12회에 걸쳐 파견하였다. `2023년출제`

② **울릉도와 독도** … 안용복이 일본으로 건너가(숙종) 일본 막부에게 울릉도와 독도가 조선 영토임을 확인받고 돌아왔다.

≣ 최근 기출문제 분석 ≣

2023. 11. 4. 국내여행안내사

1 조선 통신사에 관한 설명으로 옳지 않은 것은?

① 조선 초기부터 정기적으로 중국에 파견되었다.

② 외교 사절로 일본에서는 국빈으로 예우 받았다.

③ 조선의 선진 학문과 기술을 전파하는 역할을 하였다.

④ 도쿠가와 막부의 장군이 바뀔 때 권위를 국제적으로 인정받기 위해 파견을 요청받았다.

> **TIP** 조선통신사는 일본에 파견된 외교 사절단으로 조선의 선진 학문과 기술을 전파하였다. 임진왜란 이후에는 도쿠가와 막부에서 적극적으로 요청하여 일본에 파견되었고, 순조(1811) 대까지 일본에 왕래하였다.

2020. 11. 7. 관광통역안내사

2 밑줄 친 '이 기구'에 관한 설명으로 옳은 것은?

> 선조 26년(1593) 국왕의 행차가 서울로 돌아왔으나 성 안은 타다 남은 건물 잔해와 시체로 가득했다. 선조는 이 기구를 설치하여 군사를 훈련시키라고 명하였다. 이에 유성룡이 주도하여 명나라의 기효신서를 참고하여 훈련법을 습득하고 조직을 갖추었다.

① 군병은 스스로 비용을 부담하였다.

② 정토군이 편성되어 여진의 침입에 대비하였다.

③ 부대 편성은 삼수군인 포수, 사수, 살수로 하였다.

④ 서울에 내영, 수원에 외영을 두어 국왕의 친위를 담당하였다.

> **TIP** 밑줄 친 '이 기구'는 훈련도감이다. 훈련도감은 임진왜란 전후에 개편한 군제인 5군영의 하나로 군사훈련(삼수병 훈련)과 수도 경비를 맡았다.
> ① 훈련도감의 군병은 초기의 군대와는 달리 삼수량(三手糧)에 의하여 고용된 급료병(給料兵)이었다.
> ② 별무반에 대한 설명이다.
> ④ 장용영에 대한 설명이다.

Answer 1.① 2.③

2019. 11. 2. 국내여행안내사
3 조선 후기의 세제 개편에 관한 설명으로 옳은 것은?

① 전세는 연분9등법에 의해 운영되었다.

② 공물은 대동법 시행에 따라 호적에 기재된 인정의 다소에 따라 부과하였다.

③ 군역 부담을 줄이기 위해 군포를 2필에서 1필로 감하였다.

④ 요역은 8결 당 1명의 인원을 기준으로 부과하였다.

> **TIP** ① 연분 9등법은 조선 세종 때 실시한 조세 제도로, 토지세에 토지 1결당 풍흉에 따라서 최저 4두에서 최고 20두를 납부하는 조세 제도이다.
> ② 대동법은 공물을 거두는 기준을 가호(호당징수)에서 토지(결당징수)로 바꾸었다.
> ④ 8결당 1명의 인원을 기준으로 요역을 부과한 것은 성종대이다.

2017. 11. 4. 국내여행안내사
4 다음과 같은 폐단을 시정하기 위해 시행된 제도는?

> 사주인은 자기가 갖고 있는 물품으로 관청에 대신 내고, 그 고을 농민들에게 낸 물건 값을 턱없이 높게 쳐서 열 배의 이득을 취하니 이것은 백성의 피땀을 짜내는 것입니다.

① 공법   ② 대동법

③ 균역법   ④ 영정법

> **TIP** 제시된 내용은 공납의 폐단인 방납에 대한 것이다. 이러한 폐단을 바로잡기 위해 공물을 쌀로 통일하여 바치게 한 것이 대동법이다.

Answer 3.③ 4.②

출제 예상 문제

1 다음 ( ) 안에 해당하는 시기의 정치상황에 대한 설명으로 옳은 것은?

> 붕당정치 → ( ) → 탕평정치 → 세도정치

① 국왕의 정치적 영향력이 매우 커졌다.

② 붕당 사이의 견제와 균형이 이루어졌다.

③ 몇몇 유력가문이 서로 얽혀 권력을 독점하였다.

④ 대립이 격화되고 일당전제화의 추세가 나타났다.

TIP 환국정치는 정국을 주도하는 붕당과 이를 견제하는 붕당이 자주 교체됨으로써 정국이 급격하게 전환되는 상황을 가리킨다. 이 과정에서 붕당간의 대립이 격화되고, 특정한 붕당이 정권을 독차지함으로써 견제와 균형의 원리가 무너졌다.

2 다음 중 17 ~ 18세기 조선의 대외관계 변화와 관련된 내용이 아닌 것은?

① 조선은 병자호란 이후 명분상으로는 소중화론을 토대로 청을 배척하였으나, 실제로는 사대관계를 인정하여 사신을 파견하기도 하는 등 이중적인 대청관계를 보이고 있다.

② 청의 국력 신장과 문물 융성에 자극을 받아 18세기 말 청의 문물 도입을 주장하는 북학론이 대두되었다.

③ 백두산 정계비에 새겨진 '토문강'의 위치에 대한 해석 차이로 간도귀속문제가 발생하였고, 결국 간도협약을 통해 청의 영토로 귀속되었다.

④ 임진왜란으로 조선과 일본의 외교 단절 이후 도쿠가와 막부의 요청으로 부산포에 왜관을 설치하고 대일무역이 행해졌다.

TIP ③ 토문강의 위치에 대한 해석차이로 간도분쟁이 발생한 것은 19세기로, 결국 조선의 외교권이 상실된 을사조약 후 청과 일본 사이의 간도협약(1909)으로 청의 영토로 귀속되었다.

Answer 1.④ 2.③

3 다음 중 임진왜란 직후 그 영향으로 나타난 현상이 아닌 것은?

① 일본문화의 발전

② 당백전의 발행

③ 신분제도의 동요

④ 북방 여진족의 급속한 성장

TIP ② 당백전은 대원군이 실추된 왕실의 존엄성을 회복하기 위해 임진왜란 때 불타버린 경복궁을 중건하면서 부족한 재원을 메꾸기 위해 발행되었다.

※ **임진왜란의 영향**

㉠ **국내적 영향**

• 재정 궁핍 : 인구의 격감, 토지황폐, 토지대장의 소실로 재정수입이 감소되었다. 이에 대한 타개책으로 납속이나 공명첩이 발급되었다.

• 신분의 동요 : 호적대장과 노비문서의 소실, 공명첩과 속오군의 등장으로 신분의 구분이 모호해졌다.

• 민란의 발생 : 사회가 혼란해지면서 이몽학의 난과 같은 민란이 도처에서 일어났다.

• 문화재의 소실 : 경복궁과 불국사가 병화를 당했으며, 사고가 소실되었다

㉡ **국제적 영향**

• 중국 : 조선과 명이 전쟁에 지친 틈을 계기로 북방의 여진족이 급속히 성장하여 청을 건국하였다.

• 일본 : 활자, 서적, 그림 등 문화재를 약탈하고 학자와 도공 등 기술자를 납치해 갔다. 그리하여 왜란 후에 성리학이 전해지고, 도자기술·회화·인쇄술이 발달하였다.

4 다음은 당파들이 설치한 군영이다. 이를 통한 군영의 성격은?

• 훈련도감 – 현종대 남인
• 금위영 – 숙종대 노론
• 어영청, 총융청, 수어청 – 인조대 서인

① 당파의 군사적 기반 확대와 관련　　② 북벌운동 추진과 관련

③ 성리학적인 국방론과 관련　　④ 왕권과 양반관료의 정권 장악과 관련

TIP 각 당파들은 정권을 유지하기 위한 군사적 기반으로 새로운 군영을 설치하고 이를 장악하였다.

Answer 3.② 4.①

5 다음 중 조선후기의 군사제도에 대한 설명으로 옳은 것은?

① 수어청은 숙종때 수도방위를 위해 설치되었다.

② 병력의 부족으로 속오군과 잡색군을 조직하였다.

③ 속오군은 양·천 혼성군으로 편제되었다.

④ 지방군제는 진관체제, 속오군체제, 제승방략체제의 순서로 변천하였다.

TIP ③ 속오군은 양천혼성군으로서, 농한기에 훈련하며 유사시 동원되었다.
① 수어청은 정묘호란 후 인조 때 설치되어 남한산성을 개축하고 이를 중심으로 남방을 방어하기 위해 설치되었다.
② 잡색군은 조선전기에 있었던 향토방위군으로 전직 관료, 서리, 향리, 교생, 노비 등 각 계층의 장정들이 참여, 본업에 종사하면서 유사시 향토방위를 하였다.
④ 지방군제는 진관체제 → 제승방략체제 → 속오군체제로 변천되었다.

6 다음 중 조선후기 북벌 추진과 관련이 깊은 것은?

① 수도방위를 위하여 설치된 금위영　　② 이괄의 난을 계기로 설치된 어영청

③ 임진왜란 중 설치된 훈련도감　　④ 남한산성에 설치된 수어청

TIP ② 어영청은 인조반정 후 이괄의 난 때 왕권 호위를 위하여 설치되었다. 그 후 효종(1652) 때 북벌 추진으로 더욱 기능이 강화되었다.

7 정조의 업적이 아닌 것은?

① 장용영 설치　　② 수원화성 증축

③ 초계문신제　　④ 사림강화

TIP ① **장용영**: 조선 후기 국왕의 호위를 맡아보던 숙위소를 폐지하고 새로운 금위체제에 따라 조직한 국왕 호위군대
③ **초계문신**: 조선 정조 이후 규장각에 소속되어 재교육 과정을 밟던 연소문신

Answer 5.③ 6.② 7.④

8 다음과 같은 특징을 지닌 정치형태가 발달할 수 있었던 토대나 여건으로 볼 수 없는 것은?

> • 정치세력간의 상호비판과 견제의 기능을 가졌다
> • 16세기 후반 사림들이 중앙의 정치에서 주도권을 장악하게 되면서 나타났다.
> • 정치의 활성화와 정치참여의 폭을 넓히는 데 기여하였다.

① 훈구세력의 등장   ② 족당의 형성
③ 농장의 발달   ④ 서원의 설립

TIP 16세기 후반에 이르러서는 사림들이 중앙정치의 주도권을 장악하게 되면서 붕당이 출현하였다. 붕당정치는 다수의 붕당이 공존함으로써 상호견제와 비판을 통하여 정치가 운영되었다. 공론을 중시하였고 정치참여의 확대와 정치의 활성화에 기여하였으나, 현실문제를 경시하고 의리와 명분에 치우쳤고 지배층의 의견만을 정치에 반영하였으며 당파의 이익을 앞세워 국가발전에 지장을 주기도 하였다.

9 다음의 사실들이 공통적으로 초래한 문제를 해결하기 위한 조선 왕조의 정책으로 적절한 것은?

> • 비변사 기능의 확대와 강화
> • 어영청, 총융청, 수어청 등의 설치
> • 서인정권의 남인세력 탄압

① 서원의 설립을 장려하여 지방교육을 활성화시켰다.
② 사림세력을 정계에 진출시켜 훈구세력을 견제하였다.
③ 붕당간의 세력균형을 재정립하여 왕권의 안정을 도모하였다.
④ 농병일치제에 입각한 5위제를 용병제에 토대를 둔 5군영 체제로 개편하였다.

TIP 제시된 내용은 붕당정치가 변질되어 일당전제화가 나타난 현상으로 붕당간의 세력균형으로 안정될 수 있었던 왕권이 불안하게 되었다. 이를 해결하기 위해 탕평책을 실시하였다.

Answer 8.① 9.③

국사

03

경제구조와
경제생활

01 고대의 경제

① 삼국의 경제생활

(1) 삼국의 경제정책

① **정복활동과 경제정책**
  ㉠ 정복지역의 지배자를 내세워 공물을 징수하였다.
  ㉡ 전쟁포로들은 귀족이나 병사에게 노비로 지급하였다.
  ㉢ 군공을 세운 사람에게 일정 지역의 토지와 농민을 지급하였다(식읍). **2022년출제**

② **정복지역에 대한 정책 변화** … 피정복민에 대한 차별이 감소되어 갔으나 신분적 차별은 여전하였고 더 많은 경제적 부담을 졌다.

③ **수취체제의 정비**
  ㉠ 초기: 농민으로부터 전쟁 물자를 징수하고, 군사를 동원하였다. 그 결과 농민의 경제발전이 억제되고 농민의 토지이탈이 발생하여 사회체제가 동요되었다.
  ㉡ 수취체제의 정비: 노동력의 크기로 호를 나누어 곡물·포·특산물 등을 징수하고 15세 이상 남자의 노동력을 징발하였다.

④ **농민경제의 안정책**
  ㉠ 철제 농기구를 보급하고, 우경이나·황무지의 개간을 권장하였으며, 저수지를 축조하였다.
  ㉡ 농민구휼정책으로 진대법(고구려 고국천왕)을 실시하였다.

⑤ **수공업** … 노비들이 무기나 장신구를 생산하였으며, 수공업 생산을 담당하는 관청을 설치하였다.

⑥ **상업** … 삼국은 정부와 지배층의 필요와 농업 생산력이 미약하였기 때문에 도시에만 시장이 형성되었다. 신라는 5세기 말 경주에 시장이 설치되고 6세기 초 지증왕은 시장 감독기관인 동시전을 설치하였다.

⑦ **국제무역** … 왕실과 귀족의 수요품을 중심으로 공무역의 형태로 이루어졌다(4세기 이후 발달).
  ㉠ 고구려: 남북조와 북방민족을 대상으로 하였다.
  ㉡ 백제: 남중국, 왜와 무역하였다.

ⓒ 신라 : 한강 확보 이전에는 고구려, 백제와 교류하였으나 한강 확보 이후에는 당항성을 통하여 중국과 직접 교역하였다.

(2) 경제생활

① 귀족의 경제생활

ⓐ 경제기반 : 자신이 소유한 토지와 노비, 국가에서 지급받은 녹읍과 식읍을 바탕으로 하였다.

ⓑ 농민지배 : 귀족은 그들의 지배하에 있는 농민을 동원하여 농장을 경영하고, 고리대금업으로 농민의 땅을 빼앗거나 노비로 만들어 재산을 늘렸다.

ⓒ 주거생활 : 기와집, 창고, 마구간, 우물, 주방을 설치하여 생활하였다.

② 농민의 경제생활

ⓐ 토지경작 : 자영농은 자기 소유지를 경작하였지만 토지가 척박한 경우가 대부분이었다. 소작농은 부유한 자의 토지를 빌려 경작하였으며 수확량의 절반을 지대로 납부하였다.

ⓑ 농기구의 변화 : 초기의 농기구는 돌이나 나무로 만든 것과 일부분을 철로 보완한 농기구를 사용하였고 4~5세기경에 철제 농기구가 보급되었고 6세기에는 철제 농기구가 보편화되고 우경이 확대되었다.

ⓒ 생활개선 : 농사기술을 개발하고 경작지를 개선하였다.

ⓓ 농민의 생활 : 생활이 어려울 정도로 곡물·삼베·과실의 수취가 행해졌고, 본격적인 삼국 항쟁기에 군사 동원과 전쟁 물자의 조달 부담이 증가하면서 농민들이 몰락하는 경우가 많았다.

② 남북국시대의 경제적 변화

(1) 통일신라의 경제정책

① **목적** … 피정복민과의 갈등 해소와 사회 안정을 위한 것이었다.

② **수취체제의 변화**

ⓐ 조세 : 생산량의 10분의 1 정도를 수취하였다.

ⓑ 공물 : 촌락 단위로 그 지역의 특산물을 징수하였다.

ⓒ 역 : 군역과 요역으로 이루어져 있었으며, 16에서 60세의 남자를 대상으로 하였다.

③ **촌락문서** : 농민의 생활을 확인할 수 있도록 촌락에 대해 상세하게 내용이 정리가 된 문서에 해당한다. 신라촌락문서, 신라장적, 민정문서로도 부른다. 촌락의 경제 상황과 국가 행정을 파악할 수 있다. 2022년출제 2021년출제

ⓐ 내용 : 촌의 이름, 촌의 면적, 호구수, 인구수, 토지결수, 소나 말의 증감, 수목인 뽕나무·잣나무·호두나무 등의 수효 등이 상세하게 기록되어 있다.

ⓑ 목적 : 조세·공물·부역을 징수하기 위한 것이다.

ⓒ **특징** : 기록은 3년마다 이루어졌으며 추가로 기록할 때에는 호구의 감소를 기재하였다.

ⓔ **구분** : 호구는 9등호제로 편성되었고 인구는 성별에 따라 6등급으로 연령은 5등급으로 구분하였다.

④ **토지제도** … 귀족에 대한 국왕의 권한을 강화하기 위한 것이었으며, 농민경제의 안정을 추구하였다.

　ⓐ 식읍을 제한하고, 녹읍을 폐지하였으며 관료전을 지급하였다.

　ⓑ 왕토사상에 의거하여 백성에게 정전(丁田)을 지급하고, 구휼정책을 강화하였다.

　ⓒ 경덕왕 때 녹읍제가 부활되고 관료전이 폐지되었다.

(2) 통일신라의 경제활동

① **경제력의 성장**

　ⓐ **중앙** : 통일 이후 인구와 상품생산이 증가되어, 동시(지증왕) 외에 서시와 남시(효소왕)가 설치되었다.

　ⓑ **지방** : 지방의 중심지나 교통의 요지에서 물물교환이 이루어졌다.

② **무역의 발달**

　ⓐ **대당 무역** : 나·당전쟁 이후 8세기 초(성덕왕)에 양국관계가 재개되면서 공무역과 사무역이 발달하였고, 산둥반도와 양쯔강 하류에 신라방(거주지), 신라소(자치기관), 신라관(여관), 신라원(절)이 설치되었다.

　ⓑ **대일 무역** : 초기에는 무역을 제한하였으나, 8세기 이후에는 무역이 활발하였다.

　ⓒ **국제무역** : 이슬람 상인이 울산을 내왕하였다.

　ⓔ **청해진 설치** : 장보고가 해적을 소탕하였고 남해와 황해의 해상무역권을 장악하여 당, 일본과의 무역을 독점하였다.

(3) 귀족의 경제생활

① **왕실의 경제**

　ⓐ 왕실은 새로 획득한 땅을 소유하여, 국가수입 중 일부를 획득하였다.

　ⓑ 국가는 왕실과 귀족이 사용할 물품을 생산하기 위한 관청을 정비하여 왕실과 귀족에게 공급하였다.

② **귀족의 경제**

　ⓐ 통일 전에는 녹읍과 식읍을 통해 농민을 지배하여 조세와 공물을 징수하고, 노동력을 동원하였다.

　ⓑ 통일 후에는 녹읍이 폐지되고 관료전이 지급되기도 하였지만, 국가에서 지급받은 토지와 곡물 외에도 세습 토지, 노비, 목장, 섬을 소유하고 있었다.

(4) 농민의 경제생활

① **농민경제의 한계** … 척박한 토양과 적은 생산량으로 남의 땅을 빌려서 농사짓고, 생산량의 반 이상을 토지 소유자에게 지불하였다.

② **수취의 부담** … 전세는 생산량의 10분의 1 정도를 징수하였으나, 삼베·명주실·과실류를 바쳤고, 부역이 많아 농사에 지장을 초래하였다.

③ 농토의 상실

　　㉠ 8세기 후반 귀족이나 호족이 토지 소유를 늘리며 토지를 빼앗겼다.

　　㉡ 남의 토지를 빌려 경작하거나 노비로 자신을 팔거나, 유랑민이나 도적이 되기도 하였다.

④ 향ㆍ부곡민 … 농민보다 많은 부담을 가졌다.

⑤ 노비 … 왕실, 관청, 귀족, 절 등에 소속되어 물품을 제작하거나, 일용 잡무 및 경작에 동원되었다.

(5) 발해의 경제발달

① 수취제도

　　㉠ 조세 : 조ㆍ콩ㆍ보리 등의 곡물을 징수하였다.

　　㉡ 공물 : 베ㆍ명주ㆍ가죽 등 특산물을 징수하였다.

　　㉢ 부역 : 궁궐ㆍ관청 등의 건축에 농민이 동원되었다.

② 귀족경제의 발달 … 대토지를 소유하였으며, 당으로부터 비단과 서적을 수입하였다.

③ 농업

　　㉠ 밭농사 : 기후조건의 한계로 콩, 조, 보리, 기장 등의 밭농사가 중심이 되었다.

　　㉡ 논농사 : 철제 농기구를 사용하고, 수리시설을 확충하여 일부 지역에서 이용하였다.

④ 수공업 … 금속가공업(철, 구리, 금, 은), 직물업(삼베, 명주, 비단), 도자기업 등 다양하게 발달하였다. 철의 생산이 풍부했으며, 구리 제련술이 발달하였다.

⑤ 상업 … 도시와 교통요충지에 상업이 발달하고, 현물, 화폐를 주로 사용하였으나 외국화폐가 유통되기도 하였다.

⑥ 무역 … 당, 신라, 거란, 일본 등과 무역하였다.

　　㉠ 대당 무역 : 산둥반도의 덩저우에 발해관을 설치하였다. 수출품은 주로 토산품과 수공업품(모피, 인삼, 불상, 자기)이었고, 수입품은 귀족들의 수요품인 비단, 책 등이었다.

　　㉡ 대일 무역 : 일본과의 외교관계를 중시하여 활발한 무역활동을 전개하였다.

　　㉢ 신라와의 관계 : 필요에 따라 사신이 교환되고 소극적인 경제, 문화교류를 하였다.

≡ 최근 기출문제 분석 ≡

2022. 11. 5. 국내여행안내사

1 신라 촌락문서(장적문서)를 통해서 알 수 있는 내용이 아닌 것은?

① 뽕 · 잣 · 호두나무 수까지 기재하였다.

② 남녀 인구를 연령에 따라 등급을 나누었다.

③ 각 마을에 있는 소와 말의 수를 파악하였다.

④ 신라 지방 사회는 소경, 촌, 향, 부곡으로 편제되어 있었다.

> **TIP** 신라 촌락문서에는 서원경 부근 4개 촌의 크기와 함께, 호구(戶口)의 수, 전답(田畓)의 넓이, 과실나무의 수, 소와 말의 수가 기록되어 있다. 또 3년 사이의 변화상도 적혀 있다. 특히 호구에 대한 정보가 자세한데, 사람의 수는 나이에 따라 등급을 나누어 기록하였다. 가호는 부유한 정도에 따라 9등급으로 나누고, 각 등급별로 합산하여 숫자를 기록하였다.

2017. 11. 4. 관광통역안내사

2 통일신라의 경제제도에 관한 설명으로 옳은 것은?

① 금성(경주)에 동시, 서시, 남시의 시장이 있었다.

② 신문왕 때 실시된 녹읍 제도는 멸망할 때까지 지속되었다.

③ 성덕왕 때 관료전 제도를 폐지하고 정전 제도를 실시하였다.

④ 주전관을 두고 해동통보, 동국통보를 발행하였다.

> **TIP** ② 신문왕 9년(689)에 폐지되었던 녹읍이 귀족의 반발로 인하여 경덕왕 16년(757)에 부활하였다.
> ③ 관료전이 폐지된 것은 경덕왕 때 녹읍이 부활하면서이다.
> ④ 주전관은 고려의 화폐 주조 기관이다.

2018. 11. 3. 국내여행안내사

3 ( )에 관한 설명으로 옳은 것은?

> ( )는/은 성덕왕 3년(704)에 한산주 도독이 되었으며, 전기 몇 권을 지었다. 그가 쓴 「고승전」, 「화랑세기」, 「악본」, 「한산기」 등이 아직도 남아 있다.
>
> － 「삼국사기」 －

Answer 1.④ 2.① 3.③

① 외교 문서를 잘 지은 문장가로 유명하였다.

② 이두를 정리하여 한문 교육의 보급에 공헌하였다.

③ 진골 신분으로 신라의 문화를 주체적으로 인식하려 하였다.

④ 당의 빈공과에 급제하고 귀국하여 시무 개혁안을 건의하였다.

> **TIP** 괄호 안에 들어갈 인물은 통일신라 시대의 역사가인 김대문이다.
> ① 최치원, 설총과 함께 신라 3대 문장가 중 하나인 강수에 대한 설명이다.
> ② 설총에 대한 설명이다.
> ④ 최치원에 대한 설명이다.

2017. 11. 4. 국내여행안내사

4　고려시대 유학에 관한 설명으로 옳지 않은 것은?

① 지방에 향교를 설립하여 유학을 가르쳤다.

② 최충은 9재 학당을 세워 유학교육에 힘썼다.

③ 유교 예법에 따라 의례를 정리한 국조오례의가 편찬되었다.

④ 성리학을 수용하여 권문세족의 횡포와 불교의 폐단을 비판하였다.

> **TIP** ③ 「국조오례의」는 조선시대 오례의 예법과 절차에 관하여 기록한 책으로 세종 때 시작되어 성종 때 완성되었다.

2017. 11. 4. 국내여행안내사

5　고려의 경제 정책에 관한 설명으로 옳은 것은?

① 토지 대장인 양안과 호구 장부인 호적을 작성하였다.

② 시장을 감독하는 관청인 동시전을 설치하였다.

③ 농사직설 등 농서를 간행, 보급하였다.

④ 상평통보가 발행되어 널리 유통되었다.

> **TIP** ② 동시전은 신라 때의 관청이다.
> ③④ 조선 때의 일이다.

Answer 4.③ 5.①

출제 예상 문제

1 다음은 통일신라의 촌락문서에 관한 설명이다. 옳지 않은 것은?

> 서원경 부근의 4개 촌락의 남녀별·연령별의 정확한 인구 수와 노비의 수, 논과 밭의 면적, 소, 말, 뽕나무, 호두나무, 잣나무 등의 수를 3년마다 한 번씩 촌주가 통계를 낸 사실이 기록되어 있다.

① 국가는 생산자원을 철저하게 편제하고 관리하였다.

② 3년마다 한 번씩 촌주가 작성하였으나 수취는 매년 이루어졌다.

③ 중앙에서 촌주를 파견하여 국가의 부역과 조세의 기준을 마련하고자 하였다.

④ 남녀별, 연령별 인구의 수를 기록한 것을 통해 여성의 노동력도 자원으로 인식하였음을 알 수 있다.

TIP 촌락문서는 조세 수취 및 노동력 확보를 위해 작성된 것으로 지방 촌주에 의해 3년마다 1회씩 작성되어 새로운 조세기준을 마련하였다. 조사대상은 남녀별, 연령별로 인구를 각각 9등급, 6등급으로 구분하고 전답(田畓)뿐만 아니라 유실수, 가축의 수까지도 조사하여 모두 조세의 기준으로 확정하였다. 현재 남아 있는 촌락문서는 일본 동대사 정창원에서 발견된 것으로 755년(경덕왕 14)에 서원경 일대를 조사한 자료이다.
③ 촌주는 중앙에서 파견한 중앙관리가 아니라 지방의 재지 토호세력이다.

Answer 1.③

2 다음의 '이것'에 해당하는 것에 대한 설명으로 옳은 것은?

> 통일 후 신라의 귀족들은 '이것'을 소유하고, 그 곳에 사는 백성들에게서 조세와 공물을 징수하며 노동력까지 징발하였다.

> ㉠ 서원경 부근에 관한 민정문서는 '이것'의 실상을 알려주는 좋은 자료이다.
> ㉡ 신라 하대에는 진골귀족들의 경제적·군사적 기반이 되었다.
> ㉢ 신문왕은 한 때 귀족세력을 억누르기 위하여 '이것'을 폐지하기도 하였다.
> ㉣ 왕이 귀족에게 하사한 것이나, 왕토사상에 의해 왕이 마음대로 처분할 수 있었다.

① ㉠㉡
② ㉠㉢
③ ㉡㉢
④ ㉢㉣

TIP 녹읍에 대한 설명으로 신라의 귀족들은 본래 소유하였던 토지 외에도 녹읍을 통해 사적으로 지배하는 토지를 증가시켰다. 또한 그 토지에 딸린 노동력과 공물을 수취할 수 있었고, 이것들은 귀족들의 경제적 혹은 군사적 기반이 되었다.
  ㉠ 민정문서는 당시 촌락의 경제상황과 국가의 세무행정을 보여주는 자료지만, 녹읍의 실상을 알려주는 자료는 아니다.
  ㉣ 모든 영토는 왕의 소유라는 왕토사상이 있었으나, 실제로는 개인의 사유지가 존재하였고, 개인의 사유지를 왕이라고 하여 마음대로 처분할 수는 없었다.

3 신라 촌락문서에 대한 설명으로 옳은 것은?

① 천민집단 및 노비의 노동력은 기록하지 않았다.

② 인구를 연령별로 6등급으로 조사·기록하였다.

③ 소백산맥 동쪽에 있는 중원경의 촌락기록이다.

④ 5년마다 촌락의 노동력과 생산력을 지방관이 조사·기록하였다.

TIP ① 평민 이외에 향·부곡민 및 노비의 노동력까지 철저히 기록하였다.
  ③ 서원경과 부근 3개촌의 민정문서이다.
  ④ 촌락문서는 3년마다 조사하여 기록하였다.

Answer 2.③ 3.②

4 다음 중 통일 이후 신라 농민에 대한 설명으로 옳은 것은?

> ㉠ 촌에 거주하면서 중앙에서 파견된 촌주의 행정적 지배를 받았다.
> ㉡ 귀족들이 고리로 빌려 준 곡물을 갚지 못하면 노비로 전락하였다.
> ㉢ 국가로부터 정전을 지급받아 경작하면서 국가에 조를 바쳤다.
> ㉣ 향, 부곡 등에 거주하는 농민들은 노동력 징발에서 제외되었다.

① ㉠㉡　　　　　　　　　　② ㉠㉣
③ ㉡㉢　　　　　　　　　　④ ㉢㉣

TIP ㉠ 신라 농민은 촌에 거주하면서 토착세력인 촌주가 군이나 현의 지방관의 통제를 받으면서 다스렸다. 또한 성덕왕 때 16 ～ 60세의 정남은 정전을 지급받아 경작하여 국가에 조를 바쳤다.
㉣ 향, 부곡의 주인은 일반 농민보다 더 많은 공물을 부담하고, 노동력 징발의 대상이 되었다.

5 다음 중 통일신라의 토지제도 변천과정에 대한 설명으로 옳지 않은 것은?

① 신문왕은 왕권강화를 위해 관료전을 지급하고 녹읍제를 폐지하였다.
② 성덕왕은 농민의 토지가 점탈되는 것을 막고 국가의 수취기반을 확보하기 위해 백성들에게 정전을 지급하고 국가에 조를 바치게 하였다.
③ 경덕왕 시기에는 귀족들의 반발로 관료전의 녹봉을 차등적으로 지급하게 되었다.
④ 녹읍이 부활과 사원 면세전의 계속적인 증가로 귀족중심의 체제가 심화되자 국가재정이 위태롭게 되었다.

TIP ③ 경덕왕 때에는 귀족의 반발로 관료전이 폐지되고 다시 녹읍제가 부활되었다.

Answer　4.③　5.③

6 다음에서 발해의 경제생활에 대한 설명으로 옳은 것은?

> ⊙ 밭농사보다 벼농사를 주로 하였다.
> ⓒ 제철업이 발달하여 금속가공업이 성행하였다.
> ⓒ 어업이 발달하여 먼 바다에 나가 고래를 잡기도 하였다.
> ⓔ 가축의 사육과 함께 모피, 녹용, 사향 등이 생산되었다.

① ⊙ⓒ　　　　　　　　　　　　② ⊙ⓒⓒ
③ ⊙ⓒⓔ　　　　　　　　　　　　④ ⓒⓒⓔ

TIP 발해는 일부 논농사도 하였으나 기후조건의 한계로 주로 밭농사를 하였고 목축과 수렵, 어업, 금속가공업, 직물업, 도자기업 등 다양한 분야가 발달하였다.

7 다음 중 삼국의 국제무역에 대한 설명으로 옳지 않은 것은?

① 삼국의 국제무역은 낙랑군이 소멸된 4세기 이후 발달하였다.
② 백제는 남중국, 일본과 교류하였다.
③ 고구려는 남·북중국, 북방민족과 교류하였다.
④ 신라는 삼국을 통일한 이후부터 중국과 자유로운 무역을 할 수 있었다.

TIP ④ 신라는 한강 하류 진출 이전에는 고구려, 백제와 교류하였으나 한강 하류 진출 이후부터 중국과 직접교역을 하여 자유로운 무역이 가능해졌다.

Answer　6.④　7.④

8 다음 중 발해의 대외무역활동으로 옳지 않은 것은?

① 대당 무역은 조공무역이 위주였으나 민간무역도 존재하였다.

② 당과의 무역이 주를 이루었다.

③ 수입품은 불상, 유리잔, 자기, 직물, 책 등 공예품이었다.

④ 수출품은 주로 모피, 삼, 금, 말, 은 등의 토산품이었다.

TIP ③ 발해의 대당 무역에서 수출품은 불상, 자기, 유리잔과 같은 수공업품과 모피, 삼, 말, 금, 은과 같은 토산품이었으며 수입품은 비단, 책 등이었다.

9 다음 중 통일신라의 대외무역에 대한 설명으로 옳지 않은 것은?

① 대당 무역이 성행하였다.

② 대당 수출품으로는 인삼, 금·은 세공품이, 수입품에는 비단이나 책 등의 귀족 사치품이 주를 이루었다.

③ 신라인의 당 진출을 알 수 있는 신라방, 신라소, 신라관등이 산둥반도와 양쯔강 하류에 세워졌다.

④ 삼국통일 이후 정치적 안정을 바탕으로 일본과도 활발한 교역을 이루었다.

TIP ④ 삼국통일 후 일본은 신라를 경계하여 초기에는 무역이 제한되었으나 8세기 이후에는 다시 교역이 활발해졌다.

Answer 8.③ 9.④

10 다음 중 삼국의 경제제도에 대한 설명으로 옳지 않은 것은?

① 신라는 당제를 모방하여 조·용·조의 세제를 채택하였다.

② 백제의 조세제도는 고구려와 비슷하면서 토지측량은 결부법에 의하여 시행되었다.

③ 고구려에서는 매호마다 곡식으로 걷는 조와 개인에게서 베나 곡식을 걷는 인두세가 있었다.

④ 진대법은 빈농의 재생산 조건을 보장하기 위하여 마련된 것이다.

TIP ② 백제의 토지측량 단위는 파종량을 기준으로 한 두락제(마지기)를 썼으며 신라는 수확량을 기준으로 결부법을, 고구려는 밭이랑을 기준으로 경무법을 사용하였다.

11 다음 중 고대사회의 농업생산력의 향상을 위한 정책으로 옳지 못한 것은?

① 소를 이용한 우경을 장려하였다.

② 철제 농기구를 일반 농민에게 보급하였다.

③ 정복한 지역에 녹읍과 식읍을 설치하였다.

④ 저수지를 만들고 수리시설을 확충하였다.

TIP ③ 녹읍과 식읍의 설치는 농민들을 귀족들에게 예속시켜 오히려 농민경제를 어렵게 만드는 요소이다.

12 삼국의 경제정책에 대한 설명으로 옳지 않은 것은?

① 중앙정부는 재산의 정도에 따라 호를 나누어 곡물과 포를 징수하였다.

② 상업이 발달하여 도시를 비롯한 지방 곳곳에 시장이 형성되었다.

③ 수공업은 노비를 이용한 생산으로서 관청에 수공업자를 배정하여 노비에게 국가가 필요로 하는 무기, 장신구 등을 만들게 하였다.

④ 국제무역은 왕실과 귀족의 필요에 의해서 공무역을 중심으로 발달하였다.

TIP ② 수도 같은 도시에서만 시장이 형성되었으며 후에 시장을 감독하는 관청도 설치되었다.

Answer 10.② 11.③ 12.②

02 중세의 경제

① 경제정책

(1) 농업 중심의 산업발전

① **중농정책** … 개간한 땅은 일정 기간 면제하여 줌으로써 개간을 장려하고, 농번기에 잡역의 동원을 금지하여 농사에 지장을 주지 않게 하였다.

  ㉠ **광종** : 황무지 개간 규정을 만들어 토지개간을 장려하였다.
  ㉡ **성종** : 무기를 거둬들여 이를 농기구로 만들어 보급하였다.

② **농민안정책** … 재해 시에 세금을 감면해주고, 고리대의 이자를 제한하였으며, 의창제를 실시하였다.

③ **상업**
  ㉠ 개경에 시전을 설치하였고 국영점포를 운영하였다.
  ㉡ 쇠·구리·은 등을 금속화폐로 주조하여 유통하기도 하였다.

④ **수공업**
  ㉠ **관청수공업** : 관청에 기술자를 소속시켜 왕실과 국가 수요품을 생산하였으며, 무기와 비단을 제작하였다.
  ㉡ **소(所)** : 먹, 종이, 금, 은 등 수공업 제품을 생산하여 공물로 바쳤다.
  ㉢ 자급자족적인 농업경제로 상업과 수공업의 발달은 부진하였다.

(2) 국가재정의 운영

① **국가재정의 정비**
  ㉠ 문란한 수취체제를 정비하고 재정담당관청을 설치하였다.
  ㉡ 양안과 호적을 작성하여 국가재정을 안정적으로 운영하였다.
  ㉢ 왕실, 중앙 및 지방관리, 향리, 군인 등에게 수조권을 지급하였다.

② **국가재정의 관리**
  ㉠ **호부** : 호적과 양안의 작성 및 관리(인구와 토지관리)를 담당하였다.
  ㉡ **삼사** : 재정의 수입과 관련된 사무를 담당하였다.

③ 재정은 대부분 관리의 녹봉, 일반 비용, 왕실의 공적 경비, 각종 제사 및 연등회나 팔관회의 비용, 건물의 건축이나 수리비, 왕의 하사품, 군선이나 무기의 제조비에 지출하였다.

(3) 수취제도

① 조세 ··· 토지에서 거두는 세금을 말한다.
  ㉠ 대상 : 논과 밭으로 나누고 비옥도에 따라 3등급으로 구분하였다.
  ㉡ 조세율
   • 민전 : 생산량의 10분의 1
   • 공전 : 수확량의 4분의 1
   • 사전 : 수확량의 2분의 1
  ㉢ 거둔 조세는 조창에서 조운을 통해 개경으로 운반하였다.

② 공물 ··· 토산물의 징수를 말하며, 조세보다 큰 부담을 주었다.
  ㉠ 중앙관청에서 필요한 공물의 종류와 액수를 나누어 주현에 부과하면 주현은 속현과 향 · 소 · 부곡에 이를 할당하여 운영하였다.
  ㉡ 매년 징수하는 상공(常貢)과 필요에 따라 수시로 징수하는 별공(別貢)이 있었다.

③ 역
  ㉠ 대상 : 국가에서 백성의 노동력을 무상으로 동원하는 것으로 정남(16 ~ 60세 남자)에게 의무가 있었다.
  ㉡ 종류 : 요역과 군역이 있는데 요역은 성곽, 관아, 도로보수 등과 광물채취, 그 밖에 노동력을 동원하는 것이다.

④ 기타 ··· 어염세(어민)와 상세(상인) 등이 있다.

(4) 전시과제도와 토지의 소유

① 토지제도의 원칙
  ㉠ 고려는 국가에 봉사하는 대가로 관료에게 전지와 시지를 차등 있게 나누어 주는 전시과와 개인 소유의 토지인 민전을 근간으로 운영되었다.
  ㉡ 토지소유권은 국유를 원칙으로 하나 사유지가 인정되었다. 수조권에 따라 공 · 사전을 구분하여 수조권이 국가에 있으면 공전, 개인 · 사원에 속해 있으면 사전이라 하였으며 경작권은 농민과 외거노비에게 있었다.

② 전시과제도의 특징 `2019년출제`
  ㉠ 원칙 : 개간된 토지의 넓이를 헤아려 기름지고 메마른 것을 나누고, 문무 관리 · 군인 · 한인에게 관등의 높고 낮음에 따라 18등급으로 나누어 모두 땅을 주었다. 또 등급에 따라 시지를 주었다.
  ㉡ 수조권 지급 : 전시과는 관직복무와 직역에 대한 반대급부로 지급된 것이며, 토지 그 자체를 준 것이 아니라 토지의 수조권만 지급한 것에 불과했다.

ⓒ 세습 불가 : 관직 복무와 직역에 대하고 지급되었기 때문에 이 토지를 받은 자가 죽거나 관직에서 물러날 때에는 토지를 국가에 반납하도록 하였다.

③ 토지제도의 정비과정 **2019년출제**

ⓐ **역분전(태조)** : 후삼국 통일과정에서 공을 세운 사람들에게 충성도와 인품에 따라 경기지방에 한하여 지급하였다.

ⓑ **시정전시과(경종)** : 공복제도와 역분전제도를 토대로 전시과제도를 만들었다. 관직이 높고 낮음과 함께 인품을 반영하여 역분전의 성격을 벗어나지 못하였고 전국적 규모로 정비되었다.

ⓒ **개정전시과(목종)** : 관직만을 고려하여 지급하는 기준안을 마련하고, 지급량도 재조정하였으며, 문관이 우대되었고 군인전도 전시과에 규정하였다.

ⓓ **경정전시과(문종)** : 현직 관리에게만 지급하고, 무신에 대한 차별대우가 시정되었다.

ⓔ **녹과전(원종)** : 무신정변으로 전시과체제가 완전히 붕괴되면서 관리에게 생계보장을 위해 지급하였다.

ⓕ **과전법(공양왕)** : 권문세족의 토지를 몰수하여 공전에 편입하고 경기도에 한해 과전을 지급하였다. 이로써 신진사대부의 경제적 토대가 마련되었다.

④ 수조권에 의한 토지의 종류 **2015년출제** **2020년출제**

ⓐ **사전**
- 과전 : 관직 복무 대가로 지급한 수조권으로 사망·퇴직시 반납하였다.
- 공음전 : 5품 이상의 고위관리에게 지급하였고 세습이 가능하였다.
- 한인전 : 관직에 오르지 못한 6품 이하 하급 관료의 자제에게 지급하였다.
- 구분전 : 하급 관료, 군인의 유가족에게 지급하였다.
- 군인전 : 군역의 대가로 지급하는 것으로 군역이 세습됨에 따라 자손에게 세습이 가능하였다.
- 사원전 : 사원의 운영을 위해 지급하였다.
- 별사전 : 승려 개인에게 지급한 토지였다.
- 외역전 : 향리에게 분급되는 토지로, 향리직이 계승되면 세습되었다.
- 공신전 : 전시과 규정에 따라 문무관리에게 차등 있게 분급되는 토지로 세습되었다.

ⓑ **공전**
- 공해전 : 중앙과 지방의 관청 운영을 위해 지급하였다.
- 내장전 : 왕실의 경비 충당을 위해 지급하였다.
- 학전 : 관학의 유지로 배당되는 토지였다.
- 둔전 : 변경지대나 군사상 요지에 둔 토지였다.

ⓒ **민전** : 조상으로부터 세습된 땅으로 매매, 상속, 기증, 임대가 가능한 농민의 사유지이다.
- 소유권 보장 : 함부로 빼앗을 수 없는 토지였으며, 민전의 소유자는 국가에 일정한 세금을 내야 했다.
- 소유자 : 대부분의 경작지는 개인 소유자인 민전이었지만, 왕실이나 관청의 소유지도 있었다.

② 경제활동

(1) 귀족의 경제생활

① 경제기반 … 대대로 상속받은 토지와 노비, 관료가 되어 받은 과전과 녹봉 등이 기반이 되었다.

　㉠ 조세의 징수(전시과)

　　• 과전 : 조세로 수확량의 10분의 1을 징수하였다.

　　• 소유지 : 공음전이나 공신전은 수확량의 2분의 1을 징수하였다.

　㉡ 녹봉 : 현직에 근무하는 관리들은 쌀이나 보리 등의 곡식이나 베, 비단 등을 지급받았다.

② 수입 … 노비에게 경작시키거나 소작을 주어 생산량의 2분의 1을 징수하고, 외거노비에게 신공으로 매년 베나 곡식을 징수하였다.

③ 농장경영 … 권력이나 고리대를 이용하여 농민의 토지를 빼앗거나 헐값에 사들여 지대를 징수하였다.

④ 생활방식 … 과전과 소유지에서 나온 수입으로 화려하고 사치스러운 생활을 하였다.

(2) 농민의 경제생활 〈2020년출제〉

① 생계유지 … 민전을 경작하거나, 국유지나 공유지 또는 다른 사람의 토지를 경작하여, 품팔이를 하거나 가내수공업에 종사하였다.

② 개간활동 … 황무지를 개간하면 일정 기간 소작료나 조세를 감면해 주었으며, 주인이 있을 경우 소작료를 감면해 주었고 주인이 없을 경우에는 토지소유를 인정하였다.

③ 새로운 농업기술의 도입

　㉠ 농기구 : 호미, 보습 등의 농기구가 개량되었다.

　㉡ 변화된 농법

　　• 소를 이용한 깊이갈이(심경법)가 일반화되었다.

　　• 가축의 배설물을 거름으로 사용하는 시비법이 발달하였다.

　　• 2년 3작의 윤작이 보급되었다.

　　• 직파법 대신 모내기(이앙법)가 남부지방에서 유행하였다.

④ 농민의 몰락 … 농업생산력이 증가하였으나 권문세족의 토지약탈과 과도한 수취체제로 농민이 몰락하였다.

(3) 수공업자의 활동

① 관청수공업 … 공장안에 등록된 수공업자와 농민 부역으로 운영되었다. 주로 무기, 가구, 세공품, 견직물, 마구류 등을 제조하였다.

② **소(所)수공업** ··· 금, 은, 철, 구리, 실, 각종 옷감, 종이, 먹, 차, 생강 등을 생산하여 공물로 납부하였다.

③ **사원수공업** ··· 베, 모시, 기와, 술, 소금 등을 생산하였다.

④ **민간수공업** ··· 농촌의 가내수공업이 중심이 되었으며(삼베, 모시, 명주 생산), 고려후기에는 관청수공업에서 제조하던 물품(놋그릇, 도자기 등)을 생산하였다.

(4) 상업활동

① **도시의 상업활동**
 ㉠ **관영상점의 설치** : 개경, 서경(평양), 동경(경주) 등 대도시에 서적점, 약점, 주점, 다점 등의 관영상점을 설치하였다.
 ㉡ **비정기 시장** : 도시민의 일용품이 매매되었다.
 ㉢ **경시서 설치** : 매점매석과 같은 상행위를 감독하고 물가를 조절하는 기능을 하였다.

② **지방의 상업활동**
 ㉠ **지방시장** : 관아 근처에서 쌀이나 베를 교환할 수 있는 시장을 열었다.
 ㉡ **행상활동** : 행상들은 지방시장을 하였다.

③ **사원의 상업활동** ··· 소유하고 있는 토지에서 생산한 곡물과 승려나 노비들이 만든 수공업품을 민간에 판매하였다.

④ **고려후기의 상업활동** ··· 도시와 지방의 상업이 전기보다 활발해졌다.
 ㉠ **도시** : 민간의 상품수요가 증가하였고, 시전의 규모가 확대되었다. 업종별로 전문화되었으며, 벽란도가 교통로와 산업의 중심지로 발달하였다.
 ㉡ **지방** : 조운로를 따라 교역활동이 활발하였으며, 여관인 원이 발달하여 상업활동의 중심지가 되었다.
 ㉢ **국가의 상업 개입** : 국가가 재정수입을 늘리기 위하여 소금의 전매제가 실시되었고, 관청, 관리 등은 농민에게 물품을 강매하거나, 조세를 대납하게 하였다. 이 과정에서 상인과 수공업자가 성장하여 부를 축적하거나, 일부는 관리로 성장하였다.

(5) 화폐주조와 고리대의 유행

① **화폐주조**
 ㉠ **배경** : 귀족의 경제발달과 대외무역의 활발 등으로 상업 활동이 활발해지면서 화폐 발행의 필요성이 제기되었다.
 ㉡ **사용** : 자급자족인 경제활동을 하는 농민들과 국가가 화폐발행을 독점하는 것에 불만을 느낀 귀족들로 인해 화폐는 널리 유통되지 못하였다. 동전은 도시에서도 주로 다점이나 주점 등에서만 사용되었다.

ⓒ 화폐의 발행 2015년출제 2016년출제
- 성종 때 최초의 화폐인 건원중보(철전)를 만들었으나 유통엔 실패하였다.
- 숙종은 의천의 건의로 주전도감을 설치하고 삼한통보 · 해동통보 · 해동중보(동전), 활구(은병)를 만들었다.
- 공양왕 때는 저화(최초의 지폐)가 만들어졌다.
② 한계 : 자급자족적 경제구조로 유통이 부진하였고 곡식이나 삼베가 유통의 매개가 되었다.

② 고리대의 성행
ⓐ 왕실, 귀족, 사원의 재산 증식의 수단이 되었다.
ⓑ 농민은 토지를 상실하거나 노비가 되기도 했다.
ⓒ 장생고라는 서민금융기관을 통해 사원과 귀족들은 폭리를 취하여 부를 확대하였다.

③ 보(寶) … 일정한 기금을 조성하여 그 이자를 공적인 사업의 경비로 충당하는 것을 말한다. 학보, 경보, 팔관보, 제위보 등이 있었으나 이자취득에만 급급하여 농민생활에 폐해를 가져왔다.
ⓐ 학보(태조) : 학교 재단
ⓑ 광학보(정종) : 승려를 위한 장학재단
ⓒ 경보(정종) : 불경 간행
ⓓ 팔관보(문종) : 팔관회 경비
ⓔ 제위보(광종) : 빈민구제
ⓕ 금종보 : 현화사 범종주조 기금

(6) 무역활동

① **무역발달** … 공무역을 중심으로 발전하였으며, 벽란도가 국제무역항으로 번성하게 되었다.

② 송
ⓐ 광종 때 수교를 한 후 문물의 교류가 활발하였다(962).
ⓑ 고려는 문화적 · 경제적 목적으로 송은 정치적 · 군사적 목적으로 친선관계를 유지하였다.
ⓒ 왕실과 귀족의 수요품인 서적, 비단, 자기, 약재, 문방구, 악기 등이 수입되었고, 종이나 나전칠기, 붓, 먹 등의 수공업품과 인삼 등 토산물은 수출하였다. 2015년출제

③ **거란과 여진** … 은과 농기구, 식량을 교역하였다.

④ **일본** … 11세기 후반부터 김해에서 내왕하면서 수은 · 유황 등을 가지고 와서 식량 · 인삼 · 서적 등과 바꾸어 갔다.

⑤ **아라비아(대식국)** … 송을 거쳐 고려에 들어와 수은 · 향료 · 산호 등을 판매하였다. 이 시기에 고려의 이름이 서방에 알려졌다.

⑥ **원 간섭기의 무역** … 공무역이 행해지는 한편 사무역이 다시 활발해졌다. 상인들이 독자적으로 원과 교역하면서 금, 은, 소, 말 등이 지나치게 유출되어 사회적으로 물의가 일어날 정도였다.

≡ 최근 기출문제 분석 ≡

2020. 11. 7. 관광통역안내사

1 고려시대 토지제도에 관한 설명으로 옳지 않은 것은?

① 불교 사찰에는 사원전을 지급하였다.

② 공음전은 자손에게 세습할 수 있었다.

③ 문종 때에는 토지 지급 대상을 현직 관료로 제한하였다.

④ 하급관리의 자제 중 관직에 오르지 못한 사람에게 외역전을 지급하였다.

> **TIP** ④ 고려시대 하급관리의 자제 중 관직에 오르지 못한 사람에게 지급하던 토지는 한인전이다. 외역전은 향리의 직역 부담에 대한 대가로 지급한 토지이다.

2019. 11. 2. 국내여행안내사

2 고려시대 토지제도에 관한 설명으로 옳지 않은 것은?

① 수조권에 따라 공전과 사전으로 구분되었다.

② 전시과 제도는 문종대 시작하여 성종대 완성되었다.

③ 공민왕은 신돈을 등용하였고, 전민변정도감을 설치하여 전제개혁을 시도하였다.

④ 공양왕대 과전법이 실시되어, 이성계 일파 중심으로 수조권이 재분배되었다.

> **TIP** ② 전시과 제도는 경종(시정 전시과) 때 시작하여, 목종(개정 전시과) 때 정비를 거쳐 문종(경정 전시과) 때 완성되었다.
> ※ 고려의 토지제도

구분	역분전	시정 전시과	개정 전시과	경정 전시과
지급 시기	태조(940)	경종(976)	목종(998)	문종(1076)
지급 기준	공로	관품 + 인품	관품	관품
지급 대상	공신	전·현직 관료	전·현직 관료	현직 관료

Answer 1.④ 2.②

2016. 11. 5. 관광통역안내사

3 고려의 경제 제도에 관한 설명으로 옳지 않은 것은?

① 한인전은 6품 이하 관리의 자제에게 지급하였다.

② 국가 재정 확충을 위하여 소금전매제를 시행하였다.

③ 민전은 매매, 상속, 기증, 임대 등이 가능한 토지였다.

④ 양계의 조세는 13개 조창에 의해 개경으로 운송되었다.

TIP ④ 양계의 조세는 개경으로 보내지 않고 양계에서 사용되었다.

2016. 11. 5. 국내여행안내사

4 고려의 대외무역활동에 관한 설명으로 옳지 않은 것은?

① 대외무역의 발달과 함께 벽란도는 국제 무역항으로 발전하였다.

② 서적, 도자기와 같은 귀족들의 수요품을 일본에서 수입하였다.

③ 대식국인이라 불리던 아라비아 상인들이 와서 물품을 교역하였다.

④ 종이, 인삼 등의 특산품을 송나라에 수출하였다.

TIP ② 고려는 인삼, 서적, 도자기, 곡식 등을 일본에 수출하였다.

Answer 3.④ 4.②

출제 예상 문제

1 다음 중 고려시대 국가재정의 운영에 관한 설명으로 옳지 않은 것은?

① 정확한 수취를 위하여 양안과 호적을 작성하였다.
② 왕실 및 관리들에게 조세를 수취할 수 있는 권한을 부여하였다.
③ 재정은 녹봉과 일반 비용, 국방비, 왕실 경비 등으로 지출되었다.
④ 국가재정에 필요한 수입은 오로지 중앙정부에서만 거둘 수 있었다.

> **TIP** ④ 고려는 재정을 운영하는 관청으로 호부와 삼사를 두어 인구와 토지를 관리하고 재정과 관련된 사무를 처리하였다. 각 관청은 관청운영경비로 사용할 수 있는 토지를 지급받았으나 경비가 부족할 경우에는 필요한 경비를 각 관청에서 스스로 마련하기도 하였다.

2 다음 중 고려시대의 대외무역 상황에 대한 내용으로 옳지 않은 것은?

① 북방민족은 고려로부터 생필품을 수입하였다.
② 고려는 여진과 거란에 대한 회유책으로 무역을 허용하였다.
③ 은의 다량 유입으로 활구(은병)가 화폐로서 널리 유통되었다.
④ 고려는 송으로부터 주로 선진문물을 수입하는 데 주력하였다.

> **TIP** 고려의 대외무역에서 가장 큰 비중을 차지한 것은 대송 무역이었다. 고려는 송으로부터 비단, 약재, 책, 악기 등을 수입하였으며 금, 은, 인삼, 종이, 붓, 먹, 나전칠기, 화문석 등을 수출하였다. 그 밖에 거란, 여진과도 무역이 이루어졌으며 활발하지는 못하였으나 일본과도 무역을 하였다.
> ③ 은이 대송 무역과 북방민족과의 무역에서 교류되었던 것은 사실이나 활구는 일부 귀족들 사이에서 유통되었을 뿐이다.

Answer 1.④ 2.③

3 **고려시대 무역의 발달에 대한 설명으로 옳지 않은 것은?**

① 송나라와 가장 활발하게 교역하였으며 주로 왕실과 귀족의 수요품을 수입하고, 종이나 인삼 등의 수공업품과 토산물을 수출하였다.

② 거란이나 여진은 은과 농기구, 식량 등을 교환하였다.

③ 일본은 14세기 후반부터 본격적으로 교역하였으며 교역량은 송, 거란보다 많았다.

④ 아라비아 상인은 고려에 수은·향료·산호 등을 팔고 이들을 통해 고려의 이름이 서방에 알려지게 되었다.

TIP ③ 일본과는 11세기 후반부터 김해에서 교역하였으며 수은·유황을 식량·인삼·서적과 교환하였다.

4 **다음 중 고려시대 수공업자의 활동에 대한 설명으로 옳지 않은 것은?**

① 고려 전기에는 관청수공업과 소 수공업이 중심이 되어 발달하였다.

② 고려 후기에는 유통경제의 성장으로 수공업품의 수요가 증가되고, 소 수공업이 쇠퇴하여 민간 수공업을 중심으로 수공업이 크게 발달하였다.

③ 관청 수공업은 공장안에 등록된 수공업자와 농민부역으로 운영되며 칼·창·활 등 무기류와 금·은 세공품을 생산함을 말한다.

④ 사원 수공업은 사원경제의 발달로 기술이 좋은 승려와 노비가 삼베, 모시, 기와, 술 등을 생산함을 말한다.

TIP ② 고려 후기에는 사원 수공업과 민간 수공업이 발달하였으나 여전히 수공업의 중심은 관청 수공업이었으며 고려전기에 비하여 수공업이 발달하지는 못하였다.

Answer 3.③ 4.②

5 다음 중 고려시대의 화폐에 대한 설명으로 옳지 않은 것은?

① 은을 무게로 달아서 쇄은이라 하여 사용하기도 하였다.

② 전기에는 곡물과 베가 주로 사용되었으나, 중기 이후에는 화폐가 전국적으로 크게 유통되었다.

③ 성종 때에는 철전, 숙종 때에는 동전과 은병 등을 주조하였다.

④ 지식인 중에서 화폐유통의 필요성을 인식하여 주전론을 주장하기도 하였다.

TIP ② 성종 때 건원중보(최초의 화폐), 숙종 때 해동통보, 해동중보, 삼한통보, 활구(은병)를 만들었으나 대부분의 농민들은 자급자족을 하였고 곡식이나 베가 유통의 매개가 되어 유통이 부진하였다.

6 고려시대 상업과 금융에 대한 설명으로 옳지 않은 것은?

① 수도에는 시전상업이 행해졌다.

② 경시서에서 상행위를 감독하였다.

③ 화폐가 교환의 주된 수단이 되었다.

④ 고리대의 성행에 대응하여 각종 보(寶)가 설립되었다.

TIP ③ 고려는 농업 중심의 경제구조였기 때문에 상업은 부진하였으며, 현물이 교환의 매개 수단으로 널리 활용되었다.

7 다음의 제도가 있었던 시대의 고려의 사회상으로 옳은 것은?

• 학보	• 경보
• 제위보	• 팔관보

① 고리대업의 성행   ② 빈민구제제도의 발달

③ 화폐유통의 활발   ④ 대외무역의 발달

TIP 고려시대에는 기금을 조성하여 그 이자로 공적인 사업의 경비로 충당하는 보가 발달하였으나 원래의 취지와 달리 이들은 이자 취득에만 급급해 고리대업을 성행시켜 농민생활에 큰 폐해를 가져왔다.

Answer 5.② 6.③ 7.①

8 다음 중 고려시대의 권농정책과 농민생활의 안정책으로 옳은 것은?

> ㉠ 공전을 개간하면 3년간 조세를 면제하였다.
> ㉡ 상평창을 설치하여 곡가를 조절·안정시켰다.
> ㉢ 고리대를 통한 이식사업을 장려하였다.
> ㉣ 농번기에는 부역동원을 못하게 하였다.
> ㉤ 벽란도를 국제무역항으로 발전시켰다.

① ㉠㉡㉣
② ㉠㉢㉤
③ ㉡㉣㉤
④ ㉢㉣㉤

TIP 이식사업의 장려는 농민생활의 어려움을 초래하였고, 벽란도가 국제무역항으로 발전한 것은 귀족들의 사치생활과 관계가 있다.

9 다음 중 고려시대의 토지제도에 대한 설명으로 옳지 않은 것은?

① 경종 때 마련된 전시과의 지급기준은 관직의 고하와 인품의 우열에 따라 지급되었다.
② 전시과제도는 토지 그 자체를 준 것이 아니라 수조권을 지급한 것이다.
③ 한인전은 하급 관리의 자제로서 관직에 오르지 못한 사람에게 지급한 토지였다.
④ 농민들에게 민전을 지급하고 마음대로 매매할 수 없게 하여 농민들의 경제를 안정적으로 유지하도록 하였다.

TIP ④ 일부 농민들이 가지고 있는 민전은 조상으로부터 세습받은 사유지로 매매, 상속, 기증, 임대 등이 가능하였다.

Answer 8.① 9.④

10 다음 중 고려의 전시과제도를 설명한 것으로 옳지 않은 것은?

① 관직이나 직역을 담당한 자에게 지급하였다.
② 관리는 수조권을 받았으며, 이는 세습할 수 없었다.
③ 공음전은 고관에게 지급되었으며, 세습이 허용되었다.
④ 농민은 민전을 지급받고, 국가에 2분의 1의 조(租)를 바쳤다.

TIP ④ 민전은 조상으로부터 세습받은 농민 사유지를 말하는 것으로 생산량의 10분의 1을 조세로 국가에 바쳤다.

11 다음은 어떤 목적을 가지고 추진된 정책인가?

진대법, 상평창, 제위보, 균역법

① 정치기강의 확립
② 지방풍속의 교정
③ 농민생활의 안정
④ 재정규모의 증대

TIP 농민의 부담을 경감시키는 역할을 한 정책
㉠ **진대법**(고구려) : 가난한 농민을 구제하기 위한 시책으로 흉년시에 곡식을 빌려주었다가 가을에 갚도록 하는 제도
㉡ **제위보**(고려) : 기금을 조성하여 빈민을 구제하는 재단
㉢ **상평창**(고려) : 물가안정기구
㉣ **균역법**(조선) : 1년에 군포 1필 부담

12 다음 중 고려시대의 사원경제에 대한 설명으로 옳지 않은 것은?

① 사원은 세속적인 세계에도 큰 세력을 가지고 있었다.
② 토지 겸병과 개간에 의하여 사원전을 확대시켜 농장화하였다.
③ 사원과 승려는 세금을 면제받았고, 군역·부역 등의 면제도 있었다.
④ 국가재정의 기반이 되었다.

TIP ④ 사원은 국가에서 지급하는 사원전 외에도 장생고와 같은 영리행위로 막대한 토지를 소유하였고, 또한 귀족들이 기증해 오는 토지를 겸병하여 거대한 농장세력으로 확대되어 갔다.

Answer 10.④ 11.③ 12.④

13 다음 중 고려의 수취제도에 대한 설명으로 옳은 것은?

① 어민과 상인은 수취에서 제외되었다.

② 조세는 비옥도에 관계없이 면적에 따라 징수하였다.

③ 지방에서 거둔 조세는 조운을 통해 개경으로 옮겨졌다.

④ 국가가 백성의 노동력을 동원할 때에는 반드시 대가를 지불하였다.

TIP ③ 고려는 수취를 통해 거둔 조세를 각 군현의 농민을 동원하여 조창까지 옮긴 다음, 조운을 통해서 개경의 좌우창으로 운반하여 보관하였다.
　① 어민에게 어염세를 걷거나 상인에게 상세를 거두어 재정에 사용하였다.
　② 조세는 논과 밭으로 나누고 비옥한 정도에 따라 3등급으로 나누어 부과하였다.
　④ 역은 국가에서 백성의 노동력을 무상으로 동원하였다.

14 다음 중 고려시대 전시과 수조지의 종류와 설명이 옳은 것은?

① 공음전 – 5품 이상의 고위 관리에게 지급하였으며 세습이 가능하였다.

② 한인전 – 관인 신분의 세습이 목적이며 6품 이하의 하급관료에게 지급하였다.

③ 군인전 – 군역의 댓가로 중앙의 군인들에게 지급하였으며 세습은 불가능하였다.

④ 구분전 – 하급관리와 군인에게 가족의 생계를 위해 지급하는 토지였다.

TIP ② 관인 신분의 세습 목적, 6품 이하 하급관료의 자제에게 지급한 토지를 말한다.
　③ 군역의 댓가로 중앙의 군인들에게 지급, 세습이 가능했다.
　④ 하급관리와 군인의 유가족의 생활 대책을 위해 지급하는 토지를 말한다.

Answer 13.③ 14.①

03 근세의 경제

① 경제정책

(1) 농본주의 경제정책

① **경제정책의 방향** … 조선은 고려 말의 파탄된 국가재정을 확충시키고, 왕도정치사상에 입각한 민생안정을 도모하기 위해 농본주의 경제정책을 세웠다.

② **중농정책** … 신진사대부는 농경지의 확대 및 농업생산력 증대로 농민생활을 안정시키려 하였다.
   ㉠ 토지개간을 장려하고 양전사업을 실시하였으며, 새로운 농업기술과 농기구를 개발하여 보급하였다.
   ㉡ 농민생활의 안정을 위해 농민의 조세부담을 경감시켰다.

③ **상공업정책** … 상공업자는 허가를 받고 영업해야 했다.
   ㉠ **국가통제** : 물화의 종류와 수량을 국가가 규제하였다.
   ㉡ **유교적 경제관** : 검약한 생활을 강조하고, 소비생활을 억제하였다.
   ㉢ 사 · 농 · 공 · 상간의 차별로 상공업자들은 대우받지 못하였고, 자급자족적 경제로 상공업활동은 부진하였다.

④ **국가의 통제력 약화** … 16세기 이후 상공업의 발전으로, 국내 상공업과 자유로운 무역활동이 전개되었다.

(2) 과전법의 시행과 변화

① **과전법의 시행** 2019년출제
   ㉠ **배경** : 국가의 재정기반과 신진사대부세력의 경제기반을 확보하기 위해 시행되었다.
   ㉡ **과전** : 경기지방의 토지에 한정되었고 과전을 받은 사람이 죽거나 반역을 한 경우에는 국가에 반환하였고 토지의 일부는 수신전, 휼양전, 공신전 형태로 세습이 가능하였다.

② **과전법의 변화** … 토지가 세습되자 신진관리에게 나누어 줄 토지가 부족하게 되었다.
   ㉠ **직전법**(세조) : 현직 관리에게만 수조권을 지급하였고 수신전과 휼양전을 폐지하였다.
   ㉡ **관수관급제**(성종) : 현직 관리에게만 수조권을 준 결과 실제 조세보다 더 많이 걷는 폐단이 생겼다. 이런 폐단을 시정하기 위하여 관청에서 수조권을 행사하고, 관리에게 지급하여 국가의 지배권이 강화되었다.

© 직전법의 폐지(16세기 중엽) : 수조권 지급제도가 없어지고 녹봉제가 실시되었다.

③ 지주제의 확산
  ⊙ 배경 : 직전법이 소멸되면서 고위층 양반들이나 지방 토호들은 토지소유를 늘리기 시작하였다.
  ⊙ 지주전호제 : 토지가 늘어나면서 대토지를 갖는 지주와 그 땅을 경작하는 전호가 생겨나게 되었다.
  © 병작반수제 : 지주전호제가 일반화되면서 농민은 생산량의 2분의 1을 지주에게 바쳤다.

(3) 수취체제의 확립

① 조세 … 토지 소유자가 부담하게 되어 있는데 지주들은 소작농에게 대신 납부하도록 강요하는 경우가 많았다.
  ⊙ 과전법 : 수확량의 10분의 1을 징수하고, 매년 풍흉에 따라 납부액을 조정하였다.
  ⊙ 전분6등법 · 연분9등법(세종) : 1결당 최고 20두에서 최하 4두를 징수하였다.
    • 전분6등법
    − 토지의 비옥한 정도에 따라 6등급(상상, 상하, 중상, 중하, 하상, 하하)으로 나누고 그에 따라 1결의 면적을 달리하였다.
    − 모든 토지는 20년마다 측량하여 대장을 만들어 호조, 각도, 각 고을에 보관하였다.
    • 연분9등법
    − 한 해의 풍흉에 따라 9등급(상상, 상중, 상하, 중상, 중중, 중하, 하상, 하중, 하하)으로 구분하였다.
    − 작황의 풍흉에 따라 1결당 최고 20두에서 최하 4두까지 차등을 두었다.
  © 조운제도
    • 운송 방법 : 군현에서 거둔 조세는 조창(수운창 · 해운창)을 거쳐 경창(용산 · 서강)으로 운송하였다. 전라도 · 충청도 · 황해도는 바닷길로, 강원도는 한강, 경상도는 낙동강과 남한강을 통해 경창으로 운송하였다.
    • 잉류지 : 제주도는 지리적 특성 때문에 조세를 자체 사용하였고, 국경과 접한 평안도와 함경도는 군사비와 사신 접대비로 자체 사용할 수 있도록 하였다.

② 공납
  ⊙ 징수 : 중앙관청에서 각 지역의 토산물을 조사하여 군현에 물품과 액수를 할당하여 징수한다.
  ⊙ 종류 : 지방토산물, 수공업제품, 광물, 수산물, 모피, 약재 등으로 다양하다.
  © 문제점 : 납부기준에 맞는 품질과 수량을 맞추기 어려우면 다른 곳에서 구입하여 납부해야 하므로 부담이 컸다.

③ 역 … 16세 이상의 정남에게 의무가 있다.
  ⊙ 군역 : 정군은 일정 기간 군사복무를 위하여 교대로 근무했으며, 보인은 정군이 복무하는 데에 드는 비용을 보조하였다. 양반, 서리, 향리는 군역이 면제되었다.
  ⊙ 요역 : 가호를 기준으로 정남의 수를 고려하여 뽑았으며, 각종 공사에 동원되었다. 토지 8결당 1인이 동원되었고, 1년에 6일 이내로 동원할 수 있는 날을 제한하였으나 임의로 징발하는 경우도 많았다.

④ 국가재정
　　㉠ 세입 : 조세, 공물, 역 이외에 염전, 광산, 산림, 어장, 상인, 수공업자의 세금으로 마련하였다.
　　㉡ 세출 : 군량미나 구휼미로 비축하고 왕실경비, 공공행사비, 관리의 녹봉, 군량미, 빈민구제비, 의료비 등으로 지출하였다.

② 양반과 평민의 경제활동

(1) 양반 지주의 생활

① 경제기반 ⋯ 과전, 녹봉, 자기 소유의 토지와 노비 등이다.

② 경작 ⋯ 농장은 노비의 경작과 주변 농민들의 병작반수의 소작으로 행해졌다.

③ 경영 ⋯ 양반이 직접하기도 하였지만 대개 친족이 거주하며 관리하였고 때로는 노비만 파견하여 농장을 관리하기도 하였다.

④ 노비 ⋯ 재산의 한 형태로 구매, 소유 노비의 출산 및 혼인으로 확보되었으며, 외거노비는 주인의 땅을 경작 및 관리하고 신공을 징수하였다.

(2) 농민생활의 변화

① 농업생활
　　㉠ 농업보호책 : 조선 정부는 세력가의 농민에 대한 토지약탈을 규제하고, 농업을 권장하였다.
　　㉡ 농업의 향상 : 정부는 개간을 장려하고, 수리시설을 확충하였다. 「농사직설」·「금양잡록」 등의 농서를 간행 · 보급하였다. **2022년출제** **2015년출제**

② 농업의 발달
　　㉠ 농업기술의 발달
　　　　• 밭농사 : 조 · 보리 · 콩의 2년 3작이 널리 행해졌다.
　　　　• 논농사 : 남부지방에 모내기 보급과 벼와 보리의 이모작으로 생산량이 증가되었다.
　　　　• 시비법 : 밑거름과 덧거름을 주어 휴경제도가 거의 사라졌다.
　　　　• 농기구 : 쟁기, 낫, 호미 등의 농기구도 개량되었다.
　　　　• 수리시설이 확충
　　㉡ 상품재배 : 목화재배가 확대되어 의생활이 개선되었고, 약초와 과수재배가 확대되었다.

③ 농민의 생활안정대책
　　㉠ 농민의 생활 : 지주제의 확대와 자연재해, 고리대, 세금부담 등으로 소작농이 증가하였으며, 수확의 반 이상을 지주에게 납부해야 했다.

  ⓒ 정부의 대책
   • 잡곡, 도토리, 나무껍질 등을 가공하여 먹을 수 있는 구황방법을 제시하였다.
   • 호패법과 오가작통법으로 농민통제를 강화하였다.
   • 지방 양반들도 향약을 시행하여 농촌사회를 안정시키려 하였다.

(3) 수공업 생산활동

① 관영수공업

  ㉠ 체제 : 전문직 기술자를 공장안에 등록하고 관청에서 필요로 하는 물품을 만들어 공급하게 하였다.
  ㉡ 운영 : 관청에 속한 장인인 관장은 부역으로 동원되어 의류, 활자, 화약, 무기, 문방구, 그릇 등을 제작
   하여 공급하였다. 관장은 국역기간이 끝나면 자유로이 필수품을 제작하여 판매할 수 있었다. 초과 생산
   품은 세금을 내고 판매하였다.
  ㉢ 쇠퇴 : 16세기 이후 부역제가 해이해지고 상업이 발전하면서 관영수공업은 쇠퇴하고 민영수공업이 발전
   하게 되었다.

② 민영수공업 … 농기구 등 물품을 제작하거나, 양반의 사치품을 생산하는 일을 맡았다.

③ 가내수공업 … 자급자족 형태로 생활필수품을 생산하였다.

(4) 상업활동

① 시전 상인 … 정부에서 종로거리에 상점가를 설치하였고, 시전으로부터 점포세와 상세를 징수하였다.

  ㉠ 왕실이나 관청에 공급하는 특정 상품의 독점판매권(금난전권)을 획득하였으며, 육의전(시전 중 명주, 종
   이, 어물, 모시, 삼베, 무명을 파는 점포)이 번성하였다.
  ㉡ 경시서를 설치하여 불법적인 상행위를 통제하였고 도량형을 검사하고 물가를 조절하였다.
  ㉢ 난전 : 시전 상인의 경계로 발달하지 못하였다.

② 장시 … 서울 근교와 지방에서 농업생산력 발달에 힘입어 정기 시장으로 정착되었다. 보부상이 판매와 유통
  을 주도하였다.

③ 화폐 … 저화(태종, 조선 최초의 지폐)와 조선통보(세종)를 발행하였으나 유통이 부진하였다. 농민에겐 쌀과
  무명이 화폐역할을 하였다. `2022년출제` `2018년출제`

④ 대외무역 … 주변 국가와의 무역을 통제하였다. `2016년출제`

  ㉠ 대명 무역 : 공무역과 사무역을 허용하였다.
  ㉡ 대여진 무역 : 국경지역에서 무역소를 통해 교역하였다.
  ㉢ 대일본 무역 : 동래에 설치한 왜관을 통해 무역하였다.

(5) 수취제도의 문란

① 공납의 폐단 발생

　　㉠ 방납 : 중앙관청의 서리들이 공물을 대신 납부하고 수수료를 징수하는 방납이라는 폐단이 생겨났다. 방납이 증가할수록 농민의 부담은 증가되었고 농민이 도망가면 이웃이나 친척에게 부과하였다. 이에 유망농민이 급증하였다.

　　㉡ 개선안 : 현물 대신 쌀로 걷는 수령이 등장하기도 하였다. 이이 · 유성룡은 공물을 쌀로 걷는 수미법을 주장하였다.

② 군역의 변질

　　㉠ 군역의 요역화 : 농민생활이 어려워지고 요역 동원으로 농사에 지장을 초래하게 되자 농민들이 요역동원을 기피하게 되었다. 이에 농민 대신에 군인을 각종 토목공사에 동원시키고 군역을 기피하게 하였다.

　　㉡ 대립제 : 15세기 말 이후 보법의 실시로 군인의 이중부담이 문제가 되어, 보인들에게서 받은 조역가로 사람을 사서 군역을 대신시키는 현상이다.

　　㉢ 군적수포제(대역수포제)

　　　• 대립제의 악화로 대립제를 양성화시켜 장정에게 군포를 받아 그 수입으로 군대를 양성하는 직업군인제이다.

　　　• 군대의 질이 떨어졌고 모병제화되었으며 농민의 부담이 가중되는 결과를 낳았다.

　　㉣ 폐단 : 군포 부담의 과중과 군역기피현상으로 도망하는 자가 늘어나면서 군적도 부실해지고 각 군현에서는 정해진 액수를 맞추기 위해서 남아 있는 사람에게 그 부족한 군포를 부담시키자 남아있는 농민의 생활이 더욱 어려워졌다.

③ 환곡 … 농민생활의 안정을 위해 농민에게 곡물을 빌려 주고 10분의 1 정도의 이자를 거두는 제도로서 지방 수령과 향리들이 정한 이자보다 많이 징수하는 폐단을 낳았다.

④ 농촌의 파탄 … 유민과 도적이 증가하였으며 임꺽정과 같은 의적이 등장하기도 하였다.

≡ 최근 기출문제 분석 ≡

2022. 11. 5. 국내여행안내사

1 조선 전기의 경제 활동에 관한 설명으로 옳지 않은 것은?

① 장인을 공장안에 등록해 각 관청에 소속시켰다.

② 광작의 유행으로 일부 농민은 부농층으로 성장했다.

③ 저화와 조선통보와 같은 화폐를 만들어 유통시켰다.

④ 우리 풍토에 맞는 농사법을 정리한 농사직설을 간행하였다.

> **TIP** ② 광작은 조선 후기 경작 토지의 규모를 확대하여 농업 생산을 도모하던 일로, 지주, 자작농뿐 아니라 소작농도 광작에 참여할 수 있었다.

2020. 11. 7. 국내여행안내사

2 조선후기 경제에 관한 설명으로 옳지 않은 것은?

① 관영수공업이 발달하고 민영수공업이 쇠퇴하였다.

② 농촌에서 이탈한 농민들은 도시로 가서 상공업에 종사하기도 하였다.

③ 시전상인들은 왕실이나 관청에 물품을 공급하는 대신 특정 상품에 대한 독점권을 가지고 있었다.

④ 청이나 일본과의 무역을 통해 거상으로 성장하는 상인들도 있었다.

> **TIP** ① 조선 후기 상품경제의 발달과 함께 장인세를 납부하고 부역을 면제받는 납포장이 증가하면서 관영수공업이 쇠퇴하고 민영수공업이 발달하였다.

Answer 1.② 2.①

출제 예상 문제

1 조선의 상업 활동에 대한 설명으로 옳은 것은?

① 난전은 정부에서 종로거리에 설치한 상점으로 난전 상인은 국가에 점포세와 상세를 내야했다.

② 금난전권으로 인해 육의전이 발달하지 못하였다.

③ 저화와 조선통보는 쌀과 무명을 대신하여 상거래에 활발히 사용되었다.

④ 장시는 농업생산력 발달에 힘입어 서울 근교와 지방에서 정기 시장으로 정착되었다.

TIP ① 시전에 대한 설명이다.

② 시전 상인은 왕실이나 관청에 공급하는 특정 상품의 독점판매권(금난전권)을 획득하였으며, 이로 인해 육의전(명주, 종이, 어물, 모시, 삼베, 무명을 파는 점포)이 번성하였다.

③ 농민에게는 여전히 쌀과 무명이 화폐역할을 하여, 조선 최초의 지폐인 저화와 조선통보는 유통이 부진하였다.

2 다음 중 조선 전기의 상업에 대한 설명으로 옳지 않은 것은?

① 조선시대에는 고려시대 보다 상업 활동에 대한 통제가 더욱 강해졌다.

② 조선 전기에는 화폐의 유통이 활발해져 전국적으로 화폐의 사용이 보편화되었다.

③ 시전상인은 관수품의 공급 및 독점 판매권의 특권을 가진 어용상인이었다.

④ 장시는 15세기 후반 등장하였으며 16세기 전국적으로 확대되었다.

TIP ② 조선 전기에는 화폐 유통의 부진으로 쌀·무명 등이 교환수단으로 사용되었다.

Answer 1.④ 2.②

3 다음 조선초기의 상업에 대한 내용을 토대로 당시 조선의 상업정책을 바르게 파악한 것은?

> • 경시서에서 도량형 검사와 물가조절 담당
> • 시전 상인들이 특정 상품에 대해 독점판매권 행사
> • 관허 상인인 보부상에 의해 장시의 물품 유통

① 농업생산력의 증대와 맞추어 상공업을 장려하였다.
② 저화, 조선통보 등의 화폐가 교역의 주된 매개체였다.
③ 지방의 장시에서는 자유로운 상업행위가 권장되었다.
④ 상업은 전반적으로 국가의 통제하에 운영되었다.

TIP 조선시대 경제의 중심은 토지에 있었다. 지배층의 유교적 농본사상은 농업을 본업으로, 상공업을 말업으로 취급하여 농업을 장려하고 상공업을 억제하였고 상공업을 국가가 통제하지 않으면 사치와 낭비가 조장되며 농업이 피폐하여 빈부의 격차가 커진다고 생각하였다. 상업은 국가 통제하에 있는 시전을 중심으로 이루어졌는데, 경시서는 이러한 시전을 감독하기 위해 설치된 기구이다. 장시에서는 정부의 허가를 받은 보부상이 활동하였다.

4 다음 중 조선중기 농촌의 모습을 바르게 서술한 것은?

① 족징, 인징 등의 폐단을 해결하기 위하여 방군수포(放軍收布)가 행해졌다.
② 방납의 폐단으로 농민의 부담이 가중되자 공납을 쌀로 내게 하자는 수미법이 주장되었다.
③ 지주전호제가 일반화되면서 농민의 경제적 부담은 점차 가벼워졌다.
④ 구휼제도인 환곡제가 사창에서 실시되면서 고리대로 변질되어 농민을 괴롭히는 결과를 초래하였다.

TIP ① 족징, 인징은 도망한 농민을 대신해서 그 친족이나 이웃에게 공납을 부과하는 것이며 방군수포는 군포를 받고 군역을 면제해 주는 것이다.
③ 지주전호제는 농민의 부담을 더욱 가중시키는 것이다.
④ 환곡은 상평창에서 실시되었으며, 사창은 향촌을 단위로 양반들에 의해 자율적으로 시행되는 구휼제도였다.

Answer 3.④ 4.②

5 다음 중 고려시대와 조선시대 토지제도의 공통점으로 옳은 것은?

① 공 · 사전을 막론하고 수확량의 2분의 1을 전세로 바쳤다.

② 국유를 원칙으로 하고 공전과 사전으로 구분하였다.

③ 5품 이상의 고관에게는 별도의 토지를 지급하였다.

④ 조선시대에만 향리에게 외역전을 지급했다.

TIP 고려시대와 조선시대 토지제도는 토지국유제의 원칙, 현직 관리에게 수조권 지급, 관등에 따른 차등지급, 세습불가 등의 유사점이 많다.

① 고려시대의 공전은 수확량의 4분의 1, 사전은 수확량의 2분의 1, 조선시대에는 공 · 사전을 막론하고 매 결당 10분의 1조를 국가에 납부하였다.

③ 고려시대와 조선시대 모두 고위관리에게 지급하는 공음전이라는 토지가 있었으나, 고려는 5품 이상의 관리에게 조선은 2품 이상의 관리에게 지급하였다.

④ 고려시대와 조선초기에 외역전이라는 토지를 지급하였다.

6 다음 중 16세기 경제에 대한 설명으로 옳지 않은 것은?

① 환곡의 고리대화로 인해 농촌경제가 더욱 궁핍해졌다.

② 대립제의 양성화로 신역이 조세화되었다.

③ 수미법의 실시로 차츰 공납의 폐해가 완화되었다.

④ 공납의 부족을 채우기 위한 족징 · 인징 등의 방법으로 농민 부담이 가중되었다.

TIP ③ 공납의 폐해를 개선하는 방법으로 이이와 유성룡 등은 공물을 쌀로 걷는 수미법을 주장하였으나 정부 관료들에 의해 거부되었다.

※ 족징과 인징

　㉠ 족징: 농민이 도망을 하면 친척이 대신 공물을 내는 것

　㉡ 인징: 농민이 도망을 하면 이웃이 대신 공물을 내는 것

Answer　5.②　6.③

7 조선시대의 정책 중 국가의 재정수입의 확대와 관련이 깊은 것은?

> ㉠ 호적대장을 작성하였다.　　　　　　㉡ 양전사업을 실시하였다.
> ㉢ 장인의 등록제를 폐지하였다.　　　　㉣ 금난전권을 철폐하였다.

① ㉠㉡　　　　　　　　　　　　　　② ㉠㉣
③ ㉡㉢　　　　　　　　　　　　　　④ ㉢㉣

TIP 조선시대의 사회정책은 민생안정을 도모하기 위하여 중농정책을 실시하였다. 토지의 개간과 양전사업을 실시하고 새로운 농업기술과 농기구를 개발하였다. 또한 농민의 효과적 통제를 위해 오가작통법과 호패법을 실시하여 농토로부터의 이탈을 막았다. 농민은 조세와 요역을 통하여 국가재정을 부담하였기 때문에 이들의 안정은 곧 사회의 안정과 직결되어 있었다.

8 조선전기에 양반 관료들의 토지 소유와 관련되어 실시된 다음과 같은 제도를 통하여 알 수 있는 역사적 현상은?

> • 공신에게 주는 공신전과 별사전은 자손에게 세습되었다.
> • 과전은 받은 사람이 죽으면 국가에 반환하는 것이 원칙이었으나, 그 중 일부가 수신전, 휼양전이라는 이름으로 세습되었다.
> • 15세기 후반에는 현직 관리에게만 토지를 지급하는 직전법이 실시되었다.
> • 16세기 중엽에는 직전법이 폐지되고 관리들은 오직 녹봉만을 받게 되었다.

① 양반 관료들의 농장이 확대되어 소작농이 증가하였다.
② 양반 관료들의 소유권이 약화되고, 농민의 경작권이 강화되었다.
③ 양반 관료들의 지주권이 약화되고, 농민의 소작권이 강화되었다.
④ 양반 관료들에 의한 임의적인 농민 지배가 불가능하게 되었다.

TIP 조선의 토지제도는 세습이 허용된 공신전, 별사전 외에 과전도 수신전이나 휼양전의 명목으로 사실상 세습이 허용되었다. 그 결과 신진관료에게 줄 토지가 점차 부족해져, 마침내 세조는 세습 허용을 금한 직전법을 실시하였고, 16세기 중엽에 이르러서는 직전의 분배도 어렵게 되었다. 한편 이 무렵 토지의 생산성이 향상되고, 토지의 사유개념이 확산됨에 따라 토지 소유는 양반 지주 중심으로 보다 편중되어 갔다. 사적 소유권과 병작반수제에 입각한 지주제는 직전제의 소멸과 함께 더욱 확산되어 갔는데, 이러한 토지의 사유화는 양반 관료와 지방 토호들의 매매, 겸병, 개간을 통해 전개되었다. 이러한 토지를 농장이라 하고, 이들 농장은 소작농인 전호에 의해 경작되었다.

Answer　7.① 8.①

04 경제상황의 변동

1 수취체제의 개편

(1) 농촌사회의 동요

① 농촌생활의 어려움

    ㉠ 전쟁의 피해 : 임진왜란과 병자호란으로 농촌사회가 파괴되고, 경작지가 황폐화되었다.

    ㉡ 기근과 질병이 만연하였고, 농민들의 조세부담이 심각하였다.

② 지배층의 태도 … 정치적 다툼에 몰두하여 민생문제를 등한시하였다.

③ 정부의 대응 … 수취체제의 개편으로 농촌사회의 안정과 재정기반의 확대를 추구하였다.

(2) 전세의 정액화

① 조세정책의 변화

    ㉠ 배경 : 양 난 이후 농경지가 황폐화되고, 토지제도가 문란해졌다.

    ㉡ 대책

      • 농지개간을 권장하고 개간자에게 개간지의 소유권과 3년간의 면세의 혜택을 주었다.

      • 전세를 확보하기 위해 토지조사사업을 실시하였다.

② 영정법의 실시(1635)

    ㉠ 배경

      • 농민의 전호화 현상 : 지주전호제가 강화되면서 다수의 농민들이 토지를 잃고 전호로 전락하였다.

      • 농민의 불만 : 과중한 부세 등의 고통을 줄여주는 정책을 원하였다.

      • 조세의 비효율성 : 세종 때 시행된 전분6등급과 연분9등급은 매우 번잡하여 제대로 운영되지 않았고, 등법을 속이는 경우가 비일비재하였다.

    ㉡ 내용 : 풍흉에 관계없이 전세로 토지 1결당 미곡 4두를 징수하였다.

ⓒ 결과 : 전세율은 이전보다 감소하였으나 여러 명목의 비용을 함께 징수하여 전세를 납부할 때 수수료, 운송비, 자연소모에 따른 보조비용 등이 함께 부과되기 때문에 농민의 부담은 증가하였고 또한 지주전호 제하의 전호들에겐 적용되지 않았다.

(3) 공납의 전세화

① 배경 ··· 방납의 폐단을 시정하고 농민의 토지이탈을 방지하기 위해서 실시되었다.

② 대동법의 실시 [2016년출제] [2020년출제]

　　㉠ 목적 : 농민의 부담을 경감시키고, 국가재정을 보완하기 위함이다.

　　㉡ 과정 : 경기지방에서 실시된 후 전국으로 확대되었다.

　　ⓒ 내용 : 토지의 결수에 따라 쌀·삼베·무명·동전 등으로 납부하는 제도로 대체로 1결당 미곡 12두만을 납부하면 되었다.

　　㉣ 결과 : 과세기준이 종전의 가호에서 토지 결수로 바뀌어 농민의 부담이 감소하였다.

④ 영향

　　㉠ 공인의 등장 : 관청에서 공가를 미리 받아 물품을 사서 납부하는 어용상인인 공인이 등장하였다.

　　㉡ 농민부담의 경감 : 농민들은 대체로 토지 1결당 미곡 12두만을 납부하면 되었기 때문에 토지가 없거나 적은 농민에게 과중하게 부과되었던 공물부담은 없어지거나 어느 정도 경감되었다.

　　ⓒ 장시와 상공업의 발달 : 공인의 활동이 활발해지면서 각 지방에 장시가 발달하였고, 생산 활동이 활발해지면서 경제 질서가 자급자족의 경제에서 유통경제로 바뀌었고 도고상업이 발달하였다.

　　㉣ 상업도시의 성장 : 쌀의 집산지인 삼랑진, 강경, 원산 등이 성장하였다.

　　㉤ 상품·화폐경제의 성장 : 공인들이 시장에서 많은 물품을 구매하였으므로 상품수요가 증가하였고, 농민들도 대동세를 내기 위하여 토산물을 시장에 내다 팔아 쌀, 베, 돈을 마련하였다.

　　㉥ 봉건적 양반사회의 붕괴 : 대동법의 실시로 인한 상품화폐경제의 성장은 궁극적으로 농민층의 분해를 촉진시켰고 나아가 종래의 신분질서와 경제를 와해시키는 등 양반사회를 무너뜨리는 작용을 하였다.

　　㉦ 현물징수의 존속 : 농민들은 진상이나 별공을 여전히 부담하였고, 지방 관아에서는 필요에 따라 수시로 토산물을 징수하였다.

⑤ 의의

　　㉠ 조세의 금납화 : 종래의 현물징수가 미곡, 포목, 전화 등으로 대체되어 조세의 금납화가 이루어졌다.

　　㉡ 공납의 전세화 : 토지 소유의 정도에 따라 차등을 두어 과세하여 보다 합리적인 세제라 할 수 있다.

(4) 균역법의 시행 [2017년출제] [2022년출제]

① 군역의 폐단

　　㉠ 수포군의 증가 : 모병제의 제도화로 1년에 2필의 군포를 내는 것으로 군역을 대신하는 수포군이 증가하여 군영의 경비가 충당되었다.

   ⓛ **농민부담의 가중** : 군영, 지방 감영, 병영에서 독자적으로 군포를 징수하였다.

   ⓒ **군역의 재원 감소** : 납속이나 공명첩으로 양반 수가 증가되고, 농민의 도망으로 군포의 부과량이 증가하였다.

  ② **균역법의 실시**

   ㉠ **내용** : 농민 1인당 1년에 군포 1필을 부담하게 하였다.

   ⓛ **재정의 보충** : 지주에게 결작이라고 하여 1결당 미곡 2두를 징수하고, 일부 선무군관이란 칭호로 상류층에게 군포 1필을 징수하였으며 어장세, 선박세 등 잡세 수입으로 보충하였다.

  ③ **결과** … 농민의 부담은 일시적으로 경감하였지만 농민에게 결작의 부담이 강요되었고 군적의 문란으로 농민의 부담이 다시 가중되었다.

② 서민경제의 발전

(1) 양반 지주의 경영 변화

① **양반의 토지 경영**

  ㉠ **농토의 확대** : 토지 개간에 주력하고, 농민의 토지를 매입하였다.

  ⓛ **지주전호제 경영** : 소작 농민에게 토지를 빌려 주고 소작료를 받는 형식이다.

② **지주전호제의 변화** … 상품화폐경제가 발달되면서 변화해 갔다.

  ㉠ 소작인의 소작권을 인정하고, 소작료 인하 및 소작료를 일정액으로 정하는 추세가 등장하게 되었다.

  ⓛ 지주와 전호간의 관계가 신분적 관계에서 경제적 관계로 변화하였다.

③ **양반의 경제활동**

  ㉠ 소작료와 미곡판매로 이득을 남겨 토지매입에 주력하였다.

  ⓛ 물주로서 상인에게 자금을 대거나 고리대로 부를 축적하기도 하였다.

  ⓒ 경제변동에 적응하지 못하고 몰락하는 양반이 등장하게 되었다.

(2) 농민경제의 변화

① **농촌의 실정** … 수취체제의 조정으로 18세기(영 · 정조시대)에는 농촌사회의 동요가 진정되는 듯하였으나, 궁극적으로는 양반 중심의 지배체제를 유지하는 데 목적이 있었기 때문에 농촌사회 안정에 한계가 있었다.

② **농민들의 대응책** … 황폐한 농토를 개간하고, 수리시설을 복구하였다. 농기구와 시비법을 개량하고, 새로운 영농방법을 시도하였다.

③ **모내기법(이앙법)의 확대** `2022년출제` `2015년출제`

   ㉠ 벼와 보리의 이모작 가능 : 보리는 수취의 대상에서 제외되어 소작농에게 선호되었다.

   ㉡ 경영의 변화 : 잡초를 제거하는 일손의 감소로 경작지의 규모가 확대되었다.

   ㉢ 결과 : 광작(廣作) 농업으로 농가의 소득이 증대되자, 농민의 일부는 부농으로 성장하여 농민의 계층을 분화시켰다.

④ **상품작물의 재배** … 장시가 증가하여 상품의 유통이 활발해졌다. `2015년출제`

   ㉠ 내용 : 쌀, 면화, 채소, 담배, 약초 등을 재배하였다.

   ㉡ 결과 : 쌀의 상품화로 밭을 논으로 바꾸는 현상이 일어났다.

⑤ **소작권의 변화**

   ㉠ 소작쟁의 : 유리한 경작조건을 확보하고 소작권을 인정받았다.

   ㉡ 지대의 변화 : 타조법에서 도조법으로 변화하였고 곡물이나 화폐로 지불하는 금납화현상이 나타나면서 소작농의 권리가 향상되었다.

   ㉢ 결과

     • 농민들은 소득이 향상되어 토지개간이나 매입을 통해 지주로 성장하였다.

     • 농민의 일부만 부농층이 되었고 대부분은 토지를 잃고 몰락하여 임노동자가 되었다.

⑥ **몰락 농민의 증가**

   ㉠ 원인 : 부세의 부담, 고리채의 이용, 관혼상제의 비용부담 등으로 토지를 판매하기도 하였다.

   ㉡ 지주의 소작지 회수 : 품팔이를 통해 광작으로 인하여 소작지를 확보하는 것이 어려워졌다. 소작지를 잃은 농민은 농촌을 떠나거나 농촌에 머물러 생계를 유지하였다.

   ㉢ 농민의 농촌이탈 : 도시에서 상공업에 종사하거나, 광산이나 포구의 임노동자로 전환되었다.

(3) 민영수공업의 발달

① **발달배경**

   ㉠ 상품화폐경제의 발달 : 시장판매를 위한 수공업제품의 생산이 활발하였다.

   ㉡ 도시인구의 증가 : 제품의 수요가 증가되었으며, 대동법의 실시로 관수품의 수요가 증가하였다.

② **민영수공업** … 관영수공업이 쇠퇴하고 민영수공업이 증가하였다.

   ㉠ 장인세의 납부로 자유로운 생산활동이 이루어졌다.

   ㉡ 민영수공업자의 작업장은 점(店)이라고 불렸으며 철점과 사기점이 도시를 중심으로 발달하였다.

③ **농촌수공업** … 전문적으로 수공업제품을 생산하는 농가가 등장하여, 옷감과 그릇을 생산하였다.

④ **수공업 형태의 변화**

   ㉠ 선대제수공업 : 상인이나 공인에게 자금·원료를 미리 받고 제품을 생산하는 것이다(종이, 화폐, 철물 등).

   ㉡ 독립수공업 : 독자적으로 제품을 생산하고 판매하였다(18세기 후반).

(4) 민영 광산의 증가

① 광산개발의 변화

    ㉠ 조선 전기 : 정부가 독점하여 광물을 채굴하였다.

    ㉡ 17세기 : 허가받은 민간인에게 정부의 감독 아래 광물채굴을 허용하고 설점수세를 징수하였다.

    ㉢ 18세기 후반 : 국가의 감독을 받지 않고 민간인이 광물을 자유롭게 채굴하였다.

② 광산개발의 증가

    ㉠ 배경 : 민영수공업의 발달로 광물의 수요가 급증하고, 금 · 은 · 동 등의 채굴이 활발히 이루어지게 되었다.

    ㉡ 광산 개발

       • 금광 개발 : 18세기 말 상업자본의 유입으로 활발하게 진행되었다.

       • 은광 개발 : 청과의 무역으로 수요가 증가하여 개발이 활발하게 진행되었다.

       • 잠채 성행 : 막대한 이익 창출이 가능해지자 불법 채굴이 유행하였다.

③ 조선후기의 광업

    ㉠ 경영방식 : 덕대가 상인 물주로부터 자본을 조달받아 채굴업자, 채굴노동자, 제련노동자 등을 고용하여 분업 형태로 작업을 하였다.

    ㉡ 덕대 : 광산의 주인과 계약을 맺고 광물을 채굴하여 전문적으로 광산을 경영하였는데 이는 우리나라 특유의 광산경영방식이기도 하였다.

    ㉢ 특징 : 굴진 · 운반 · 분쇄 · 제련의 분업화를 기본으로 한 협업으로 진행하였으며, 자본주의의 맹아적 요소를 보여주는 것이다.

③ 상품화폐경제의 발달

(1) 사상의 대두

① 상품화폐경제의 발달

    ㉠ 배경 : 농업생산력 증대 및 수공업 생산 활성화

    ㉡ 상업인구의 증가 : 농민의 계층분화로 도시유입인구가 증가되었고 상업활동은 더욱 활발해졌다.

    ㉢ 주도 : 상업활동은 공인과 사상이 주도하였다.

    ㉣ 공인의 활동

       • 공인의 등장 : 대동법의 실시로 등장한 어용상인이다.

       • 공인의 역할 : 관청의 공가를 받아 수공업자에게 위탁생산한 물품을 납품하여 수공업 성장을 뒷받침했다.

       • 도고의 성장 : 서울의 시전과 지방장시를 중심으로 활동하였고, 특정 상품을 집중적 · 대량으로 취급하여 독점적 도매상인인 도고로 성장하였다.

       • 조선후기의 상업활동 주도 : 사상들이 성장하기 이전에는 공인들의 활동이 활발하였다.

② **사상의 성장**

　　㉠ **초기의 사상**(17세기 초) : 농촌에서 도시로 유입된 인구의 일부가 상업으로 생계를 유지하여 시전에서 물건을 떼어다 파는 중도아(中都兒)가 되었다.

　　㉡ **사상의 성장**(17세기 후반) : 시전상인과 공인이 상업 활동에서 활기를 띠자 난전이라 불리는 사상들도 성장하였고 시전과 대립하였다.

　　㉢ **시전의 특권 철폐**(18세기 말) : 시전상인들은 금난전권을 얻어내어 사상들을 억압하려 하였으나 사상의 성장을 막을 수 없었던 정부는 육의전을 제외한 나머지 시전의 금난전권을 폐지하였다.

③ **사상의 활동**(18세기 이후)

　　㉠ **사상** : 칠패, 송파 등 도성 주변과 개성, 평양, 의주, 동래 등 지방도시에서 활동하였다. 각 지방의 장시와 연결되어 각지에 지점을 설치하여 상권을 확대하였고 청·일본과의 대외무역에도 참여하였다.

　　㉡ **대표적 사상**

　　　• **개성의 송상** : 송방이라는 지점을 전국에 설치하고 주로 인삼을 재배·판매하고 청과의 무역과 일본과의 무역을 중계하면서 부를 축적하였다.

　　　• **경강상인** : 한강을 거점으로 미곡, 소금, 어물 등의 운송과 판매를 장악하고 운송업에 종사하면서 부를 축적하였다.

　　　• **의주의 만상** : 대중국 무역을 통해 부를 축적하였다.

　　　• **동래의 내상** : 대일 무역을 통해 구리, 후추, 황 등을 수입하여 부를 축적하였다.

(2) **장시의 발달**

① **장시의 증가** … 15세기 말 개설되기 시작한 장시는 18세기 중엽 전국에 1000여개 소가 개설되었다.

② **발달 배경** … 농민들은 행상에게 물건을 파는 것보다 장시를 이용하면 좀 더 싸게 물건을 구입하고 비싸게 팔 수 있어 이를 이용하는 경향이 점차 증가하였다.

③ **장시의 기능**

　　㉠ **지방민들의 교역 장소** : 인근의 농민·수공업자·상인들이 일정한 날짜에 일정한 장소에 모여 물건을 교환하였는데, 보통 5일마다 열렸다.

　　㉡ **지역적 시장권 형성** : 일부 장시는 상설 시장이 되기도 하였지만, 인근 장시와 연계하여 하나의 지역적 시장권을 형성하는 것이 보통이었다.

　　㉢ **전국적 유통망 형성** : 18세기 말 광주의 송파장, 은진의 강경장, 덕원의 원산장, 창원의 마산포장 등은 전국적 유통망을 연결하는 상업의 중심지로 발돋움하였다.

④ 보부상의 활동 **2015년출제**

　　㉠ 농촌의 장시를 하나의 유통망으로 연결시켰고 생산자와 소비자를 이어주는 데 큰 역할을 하였다.

　　㉡ 자신들의 이익을 지키고 단결을 굳게 하기 위하여 보부상단 조합을 결성하였다.

(3) 포구에서의 상업 활동

① 포구의 성장

　　㉠ 수로 운송 : 도로와 수레가 발달하지 못하여 육로보다 수로를 이용하였다.

　　㉡ 포구의 역할 변화 : 세곡과 소작료 운송기지에서 상업의 중심지로 성장하였다.

　　㉢ 포구상권의 형성 : 연해안이나 큰 강 유역에 형성되어 있는 포구와 장시가 연결되었다.

　　㉣ 선상, 객주, 여각 : 포구를 거점으로 상행위를 하는 상인이 등장했다.

② 유통권의 형성 … 활발한 선상활동으로 하나의 유통권을 형성하여 갔고 포구가 칠성포, 강경포, 원산포에서 는 장시가 열리기도 했다.

③ 상업활동

　　㉠ 선상 : 선박을 이용하여 포구에서 물품을 유통하였다.

　　㉡ 경강상인 : 대표적인 선상으로 운송업에 종사하였으며, 한강을 근거지로 소금, 어물과 같은 물품의 운송 과 판매를 장악하여 부를 축적하였고 선박의 건조 등 생산분야에까지 진출하였다.

　　㉢ 객주, 여각 : 선상의 상품매매를 중개하거나, 운송·보관·숙박·금융 등의 영업을 하였다.

(4) 중계무역의 발달

① 대청 무역 … 17세기 중엽부터 활기를 띠었다.

　　㉠ 형태 : 개시(공적 무역), 후시(사적 무역)가 이루어졌다.

　　　• 공무역 : 중강개시, 회령개시, 경원개시

　　　• 사무역 : 중강후시, 책문후시, 회동관후시, 단련사후시

　　㉡ 교역품 : 비단, 약재 등을 수입하고 은, 종이, 인삼 등을 수출하였다.

② 대일 무역 … 17세기 이후 국교가 정상화되었다.

　　㉠ 형태 : 왜관개시를 통한 공무역이 활발하게 이루어졌고 조공무역이 이루어졌다.

　　㉡ 교역품 : 조선은 인삼, 쌀, 무명 등을 팔고 청에서 수입한 물품들을 넘겨주는 중계무역을 하고 일본으로 부터 은, 구리, 황, 후추 등을 수입하였다.

③ 상인들의 무역활동 … 활발한 활동을 보인 상인은 의주의 만상, 동래의 내상, 개성의 송상은 청과 일본을 중 계하여 큰 이득을 남겼다.

④ 영향 … 수입품 중에는 사치품이 많았고 수출품 중에는 은과 인삼의 비중이 커서 국가재정과 민생에 여러 가지 문제를 남겼다.

(5) 화폐유통

① 화폐의 보급

　⊙ 배경 : 상공업의 발달에 따라 동전(금속화폐)이 전국적으로 유통되었다.

　ⓒ 과정 : 인조 때 동전이 주조되어, 개성을 중심으로 유통되다가 효종 때 널리 유통되었다. 18세기 후반에는 세금과 소작료도 동전 대납이 가능해졌다.

② 동전 발행의 증가

　⊙ 동광의 개발로 구리의 공급이 증가되고, 동전의 발행이 권장되었다.

　ⓒ 불법으로 사적인 주조도 이루어졌다.

③ 동전 부족(전황) … 지주, 대상인이 화폐를 고리대나 재산 축적에 이용하였다.

　⊙ 원인 : 상인이나 지주 중에는 화폐를 재산으로 여겨, 늘어난 재산을 화폐로 바꾸어 간직하고 유통시키지 않았다. 이와 같이 화폐가 많이 주조되어도 유통되는 화폐는 계속 부족해지는 현상을 전황이라고 한다.

　ⓒ 실학자 이익은 전황의 폐단을 지적하며 폐전론을 주장하기도 하였다.

④ **신용화폐의 등장** … 상품화폐경제의 진전과 상업자본의 성장으로 대규모 상거래에 환·어음 등의 신용화폐를 이용하였다.

최근 기출문제 분석

2020. 11. 7. 관광통역안내사

1 대동법에 관한 설명으로 옳지 않은 것은?

① 가호를 단위로 공물을 부과하였다.

② 방납의 폐단을 개선하기 위해 실시하였다.

③ 현물 대신 쌀, 면포, 동전 등으로 납부하였다.

④ 경기도에서 시험적으로 시행하고 점차 확대되었다.

> **TIP** ① 대동법은 호 단위로 각 지방의 특산물인 공물(貢物)을 부과하던 것을, 쌀 등으로 통일하여 바치게 한 납세제도이다.
> ② 방납은 그 지방에서 생산되지 않는 특산물을 공물로 납부해야 할 경우, 농민 대신 아전과 상인이 이를 납부해 주던 제도로, 이 과정에서 아전과 상인이 과도한 이익을 챙기는 등 폐단이 발생하였다. 대동법은 이를 개선하기 위해 실시한 제도이다.
> ③ 지역에 따라 쌀 대신 면포, 동전 등으로도 납부가 가능하였다.
> ④ 경기도를 시작으로 강원도, 충청도, 전라도 등으로 확대되었다.

2019. 11. 2. 관광통역안내사

2 다음 중 조선 후기 개혁 정책에 관한 설명으로 옳은 것을 모두 고른 것은?

> ㉠ 모든 양반에게 선무군관포를 거두었다.
> ㉡ 토산물 공납을 토지에 부과하는 대동법을 실시하였다.
> ㉢ 시전 상인의 금난전권을 일부 품목만 남겨두고 철폐하였다.
> ㉣ 토지의 비옥도와 풍흉의 정도에 따라 전세를 차등 있게 거두었다.

① ㉠, ㉡　　　　　　　　　　　　　② ㉠, ㉣

③ ㉡, ㉢　　　　　　　　　　　　　④ ㉢, ㉣

> **TIP** ㉠ 선무군관포는 조선 영조 때 균역법의 실시에 따라 선무군관(選武軍官)에 임명된 사람에게 해마다 한 필씩 부과하던 군포로, 모든 양반에게 부과되던 것은 아니다.
> ㉣ 조선 초기 세종 때 실시된 연분 9등법과 전분 6등법에 대한 설명이다.

Answer 1.① 2.③

3 조선 후기의 경제에 관한 설명으로 옳은 것은?

① 관영 수공업이 확대되었다.

② 자작농이 증가하고 지주가 감소하였다.

③ 의주를 중심으로 평안도 지역에서 인삼을 재배하여 청에 수출하였다.

④ 국가에서 개인의 광산개발을 허용하고 세금을 거두었다.

> **TIP** ① 조선 후기에는 관영 수공업이 쇠퇴하고 민영 수공업이 확대되었다.
> ② 지주전호제로 인해 자작농이 감소하고 소작농이 증가하였다.
> ③ 인삼의 주산지는 개성이다.

Answer 3.④

출제 예상 문제

1 다음과 같은 조선시대의 제도와 관련이 없는 것은?

> 이 제도의 전국적 실시에는 100년이라는 기간이 소요되었다. 이 제도로 과세기준이 종전의 가호에서 토지의 결 수로 바뀌어 농민들은 1결당 쌀 12두만을 납부하면 되었다.

① 조세의 금납화   ② 호포론
③ 상업자본의 발달   ④ 선혜청

TIP ② 제시된 내용은 대동법에 대한 설명이다. 서울에 선혜청을 설치하고 대동법을 시행한 결과 농민의 부담이 경감되었고, 조세의 금납화가 이루어져 물품의 수요와 공급증가로 상업, 수공업, 화폐경제가 발달하였다.

2 다음은 조선시대 민영수공업에 대한 설명이다. 옳지 않은 것은?

① 조선후기 상품화폐경제가 발전하며 민영수공업이 번성하였다.
② 도시의 인구증가와 대동법의 실시로 제품의 수요가 크게 늘어 판매를 위한 수공업 제품의 생산이 활발해졌다.
③ 18세기 이후에는 수공업자들이 상업자본에 의해 지배되거나 의존하는 선대제 수공업이 성행하였다.
④ 옷감이나 그릇 등을 주로 하여 상품생산의 성격을 지닌 농촌의 수공업자가 발달하였다.

TIP ③ 선대제 수공업은 17·18세기의 보편적인 현상이었다.

Answer 1.② 2.③

3 조선후기에는 상품·화폐경제가 발달하면서 사회적으로 큰 변동이 일어났는데, 그 변동을 설명한 것으로 옳지 않은 것은?

① 양반호가 증가하고 상민호가 줄어들어 삼정이 문란해졌다.

② 광범위한 신분상승운동으로 양반의 수가 증가하였고, 구향과 신향 사이에 향전이 일어나기도 하였다.

③ 당쟁과 평민·천민층의 성장으로 양반층의 분화가 일어났으며, 재지 사족들은 신분적 특권을 지키기 위해 동족부락을 형성하였다.

④ 상업적 농업으로 부를 축적하는 부농경영이 발전하면서 농업에서 쫓겨난 몰락 농민이 증가함으로 인해 노비호가 증가하였다.

TIP ④ 이앙법의 발달과 광작의 보급은 경영형 부농의 증가와 동시에 농민층의 계층분화를 확대시켰다. 농촌에서 떠난 농민들은 도시로 나가 상공업에 종사하거나 임노동자가 되었고 노비가 되는 경우도 있었지만 이로 인해 노비호가 증가한 것은 아니고 노비는 지속적으로 감소되었다.

4 다음 설명에 해당하는 조세제도는?

> 방납의 폐단을 시정하고 농민의 토지이탈을 방지하기 위해 실시한 것으로 토지 결수에 따라 쌀, 삼베, 무명, 동전 등으로 납부하는 제도로 대체로 1결당 미곡 12두만 납부하면 되었다.

① 영정법   ② 대동법
③ 균역법   ④ 과전법

TIP 대동법
ⓐ 배경: 방납의 폐단을 시정하고 농민의 토지이탈을 방지하기 위해서 실시
ⓑ 목적: 농민의 부담 경감, 국가재정 보완
ⓒ 과정: 경기지방을 시작으로 전국으로 확대
ⓓ 내용: 토지 결수에 따라 쌀, 삼베, 무명, 동전 등으로 납부하는 제도로 대체로 1결당 미곡 12두만 납부
ⓔ 결과: 과세기준이 종전의 과호에서 토지 결 수로 바뀌어 농민 부담이 감소하였다.

Answer 3.④ 4.②

5 다음 중 조선시대의 세제에 대한 설명으로 옳지 않은 것은?

① 대동법 및 균역법이 실시됨으로써 전지에 부과되는 세액은 모두 20.2두가 되었다.

② 효종 때에 이르러 공법을 폐지하고 영정법으로 개정함으로써 1결당 세액은 4두가 되었다.

③ 16세기에 이르러 병작제 및 지주전호제의 일반화에 따라 조와 세의 구별은 없어지게 되었다.

④ 세종 때에 제정된 공법에서는 비척에 따라 전지를 6등으로 구분하고 1결당 세액을 최고 20두에서 최하 4두로 정하였다.

─────────────────────────────────────

TIP ② 세종 때 만들어진 공법(전분6등법, 연분9등법)이 제대로 운용되지 못하자 인조 때에 조세를 1결당 4두로 감하하여 영정법을 실시하였다.

6 다음의 사실들을 통하여 알 수 있는 사항으로 옳은 것은?

┌───┐
│ • 장인들은 납포장으로 자유롭게 제품생산에 전념하게 되었다.   │
│ • 정부는 18세기 말에 장인들의 등록명부인 공장안을 폐지하였다.   │
│ • 부역제의 변동과 상품화폐경제의 진전으로 관영수공업이 쇠퇴하기 시작하였다. │
│ • 전문적 수공업자인 장인들은 가급적 관청에 등록하기를 기피하였다. │
└───┘

① 독립적인 민영수공업이 발달하게 되었다.

② 수공업자는 관장으로 변신하게 되었다.

③ 수공업자는 정부를 지배하게 되었다.

④ 관영수공업장은 완전히 폐쇄되었다.

─────────────────────────────────────

TIP 조선후기 상품화폐경제의 발달로 시장판매를 위한 수공업제품의 생산이 활발하였고, 민간수공업자들은 장인세만 납부하면 자유로운 생산활동을 할 수 있었으며 그들의 제품은 품질과 가격면에서 경쟁력도 있었다.

Answer 5.② 6.①

7 다음의 조선후기 사실들에 대한 설명으로 옳은 것은?

> • 농업 − 광작이 발생하였다.
> • 상업 − 도고상인이 성장하였다.
> • 광업 − 사채, 잠채가 성행하였다.
> • 수공업 − 선대제도가 유행하였다.

① 서민경제수준이 향상되었다.
② 자본축적활동이 활발하였다.
③ 통제경제정책이 강화되었다.
④ 계층분화현상이 약화되었다.

TIP 계층분화현상이 촉진되고, 통제경제정책은 완화되었다. 또한 다수의 서민경제수준은 악화되었다.

8 다음 중 조선후기의 경제생활에 대한 설명으로 옳지 않은 것은?

① 도고상인을 위해 통공정책이 실시되었다.
② 17세기 후반에 상평통보가 발행되었다.
③ 군역의 합리적인 시행을 위해 호포법을 실시하였다.
④ 이앙법이 널리 보급되었다.

TIP ③ 조선후기 군역제도의 개편방법으로 영조와 일부 관료들이 호포론을 제기하였다. 군포를 양반층을 포함하여 전국의 모든 가호에게 부과하자는 주장으로 대다수의 양반들은 양반이 군역을 지면 반상의 신분적 구분이 없어진다고 반대하여 시행되지 못하였다.

Answer 7.② 8.③

9 다음과 같은 상황과 직접적으로 연계되어 활동한 상인은?

> 조선시대에는 도로와 수레가 발달하지 못하여 물화의 대부분이 육로보다 수로를 통하여 운송되었다.

㉠ 선상	㉡ 보부상
㉢ 여각	㉣ 시전상인
㉤ 객주	

① ㉠㉡㉢

② ㉠㉢㉤

③ ㉡㉢㉤

④ ㉢㉣㉤

TIP 조선시대에는 대부분의 물화가 수로를 통해 운송되었다. 18세기에 이르러 상거래가 활발해지자 포구가 상업의 중심지로 성장하였다. 인근의 포구 및 장시와 연결하여 상거래가 이루어졌는데 선상의 활동이 활발해지면서 포구가 하나의 유통권을 형성하였고, 장시가 열리기도 하였다. 이 포구를 중심으로 상행위를 한 상인은 선상, 객주, 여각 등이었다.

10 다음 중 조선후기의 대외무역을 시장별로 설명한 것으로 옳지 않은 것은?

① 회령개시 - 춘추 2회 열리며, 공무역과 사무역이 자유무역으로 변했다.

② 회동관후시 - 조공사가 북경에서 하는 밀무역으로 병기, 사서, 비단 등이 거래되었다.

③ 책문후시 - 밀무역이기에 과중한 세금을 부과하고 단련사가 단속했다.

④ 중강후시 - 중강개시인 공무역이 밀무역으로 변질된 것이다.

TIP ② 회동관후시는 조선에서 중국으로 사신을 보낼 때 북경에 있는 회동관(조공사신의 숙소)에서 이루어지는 사무역이다.

Answer 9.② 10.②

11 조선 후기 사상과 그에 대한 설명이 바르지 않은 것은?

① 개성의 송상 – 인삼의 재배 및 판매를 독점하였다.
② 동래의 내상 – 일본과의 무역을 주도하였다.
③ 의주의 만상 – 중국과의 무역을 주도하였다.
④ 경강상인 – 청·일 간의 중계무역에 종사하였다.

TIP ④ 청·일 간의 중계무역에 종사한 것은 개성의 송상이다.

※ **경강상인** … 대표적인 선상으로서 경강과 서남 연안의 포구를 중심으로 운송업에 종사하였다. 한강을 중심으로 활동하였으며 운수와 조선뿐만이 아니라 소금·어물 등의 물품을 판매하여 막대한 이득을 취하기도 하였다.

12 다음 중 조선후기 자본주의적 생산관계의 발생에 대한 설명으로 옳지 않은 것은?

① 시전 상인들의 금난전권은 영조 때에 가서 신해통공으로 붕괴되었다.
② 국가의 제반 수취가 전세화되는 경향을 보였다.
③ 상업이 발달하여 상업자본을 축적한 사상들이 나타났다.
④ 수공업분야에서 민영수공업이 발달하였으며, 부분에 따라서는 공장제수공업의 형태로까지 발전하였다.

TIP ① 조선후기에 들어와 사상층의 도전을 받은 시전상인들은 금난전권을 행사하여 사상들의 자유로운 상업 활동을 막지 못하고, 정조 1791년 신해통공 조치로 육의전을 제외한 나머지 시전상인의 금난전권을 인정하지 않게 되었다.

Answer 11.④ 12.①

국사

04

사회구조와
사회생활

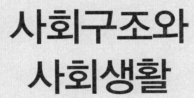

01 고대의 사회

1 신분제 사회의 성립

(1) 사회계층과 신분제도

① **신분제도의 출현** … 정복전쟁으로 여러 부족들이 통합되는 과정에서 지배층 사이에 위계서열이 마련되면서 등장하였다.

② **읍락사회의 신분**

    ㉠ 호민 : 경제적으로 부유한 계층

    ㉡ 하호 : 농업에 종사하는 평민

    ㉢ 노비 : 주인에게 예속되어 생활하고 있는 천민

③ **귀족의 등장**

    ㉠ 부여와 초기 고구려에는 가 · 대가로 불린 권력자들이 있었다.

    ㉡ 호민을 통해 읍락을 지배하는 한편, 자신의 관리와 군사력을 가지고 정치에 참가였다.

    ㉢ 중앙집권국가가 성립하는 과정에서 귀족으로 편제되었다.

④ **신분제 운영** … 출신 가문의 등급에 따라 관등 승진에 특권을 누리거나 제한을 받았고, 경제적 혜택에 차등이 생기게 되었다.

(2) 귀족 · 평민 · 천민

① **삼국시대의 계층구조**

    ㉠ 구성 : 왕족을 비롯한 귀족, 평민, 천민으로 크게 구분되지만, 기능상으로는 더욱 세분화된 계층으로 나누어진다.

    ㉡ 특징

        • 강한 법적 구속력을 가진다.

        • 지배층은 특권을 유지하기 위하여 율령을 제정하였다.

        • 신분은 능력보다는 그가 속한 친족의 사회적 위치에 따라 결정되었다.

② 귀족 · 평민 · 천민의 구분

  ㉠ 귀족

    • 왕족을 비롯한 옛 부족장 세력이 중앙의 귀족으로 재편성되어 정치권력과 사회 · 경제적 특권을 향유하였다.

    • 골품제와 같은 지배층만을 대상으로 한 별도의 신분제를 운영하기도 하였다.

  ㉡ 평민

    • 대부분 농민으로서 신분적으로 자유민이었으나 귀족층에 비하여 정치 · 사회적으로 많은 제약을 받았다.

    • 조세를 납부하고 노동력을 징발당하였기 때문에 생활이 어려웠다.

  ㉢ 천민

    • 노비들은 왕실과 귀족 및 관청에 예속되어 신분이 자유롭지 못하였다.

    • 전쟁포로나 형벌 · 채무로 노비가 되는 경우가 많았다.

② 삼국사회의 모습

(1) 고구려의 사회기풍

① **특징** … 산간지역에 위치한 고구려는 식량생산이 충분하지 않았기 때문에 대외정복활동이 활발하였고 사회기풍도 씩씩하였다.

② **형법** … 반역을 꾀하거나 반란을 일으킨 자는 화형에 처한 뒤에 다시 목을 베었고, 그 가족들은 노비로 삼았다. 적에게 항복한 자나 전쟁 패배자는 사형에 처했으며 도둑질한 자는 12배를 배상하도록 하였다.

③ **사회계층**

  ㉠ 귀족 : 왕족인 고씨와 5부 출신의 귀족들은 지위를 세습하면서 높은 관직을 맡아 국정 운영에 참여하였다.

  ㉡ 백성 : 대부분 자영농으로 조세 납부 · 병역 · 토목공사에 동원되는 의무를 가졌다. 흉년이 들거나 빚을 갚지 못하면 노비로 전락하기도 하였다.

  ㉢ 천민 · 노비

    • 피정복민이나 몰락한 평민이 대부분이었다.

    • 남의 소나 말을 죽인 자는 노비로 삼았고, 빚을 갚지 못한 자는 그 자식들을 노비로 만들어 변상하게 하였다.

④ **풍습** … 형사취수제, 서옥제가 있었고 자유로운 교제를 통해 결혼하였다.

(2) 백제인의 생활상

① **백제의 생활모습**

　　㉠ 백제의 언어, 풍습, 의복은 고구려와 유사하며, 중국과 교류하여 선진문화를 수용하기도 하였다.

　　㉡ 백제인들은 상무적인 기풍을 간직하고 말타기와 활쏘기를 좋아하였다.

② **형법** … 반역이나 전쟁의 패배자는 사형에 처하고, 도둑질한 자는 귀양을 보내고 2배를 배상하게 하였으며, 뇌물을 받거나 횡령을 한 관리는 3배를 배상하고 종신토록 금고형에 처하였다.

③ **귀족사회**

　　㉠ 왕족인 부여씨와 8성의 귀족으로 구성되었다.

　　㉡ 중국 고전과 역사서를 탐독하고 한문을 능숙하게 구사하였으며 관청의 실무에도 밝았고 투호나 바둑 및 장기를 즐겼다.

(3) 신라의 골품제도와 화랑도

① **신라 사회의 특징** … 중앙집권화의 시기가 늦어 여러 부족의 대표들이 정치를 운영하는 초기의 전통을 오랫동안 유지하였다.

② **화백회의**

　　㉠ 기원 : 여러 부족의 대표들이 함께 모여 정치를 운영하였다.

　　㉡ 기능

　　　• 국왕추대 및 폐위에 영향력을 발휘하면서 왕권을 견제하기도 하였다.

　　　• 귀족들의 단결을 굳게 하고 국왕과 귀족간의 권력을 조절하는 기능을 담당하였다.

③ **골품제도** `2022년출제`

　　㉠ 성립 : 고대국가로 발전하는 과정에서 각 지방 족장의 세력정도에 따라 통합, 편제하면서 마련한 신분제도이다.

　　㉡ 특징 : 관등 승진의 상한선이 골품제에 따라 정해져 있어 개인의 사회활동과 정치활동의 범위를 제한하는 역할을 하였고, 가옥의 규모, 장식물, 수레 등의 일상생활에까지 제한을 하였다.

　　㉢ 중위제 : 골품제의 불만을 무마하기 위해 아찬 · 대나마 · 나마에 중위제를 두었다. 그러나 신분의 허구적 이동방법에 불과하였기 때문에 골품제의 모순은 심화되어 갔다.

④ **화랑도**

　　㉠ 기원 : 원시사회의 청소년 집단에서 유래하였다.

　　㉡ 구성

　　　• 귀족의 자제 중에서 선발된 화랑을 지도자로 삼고, 귀족은 물론 평민까지 망라한 많은 낭도들이 그를 따랐다.

　　　• 여러 계층이 같은 조직에서 일체감을 갖고 활동함으로써 계층 간의 대립과 갈등을 조절하고 완화시켰다.

ⓒ 활동 : 전통적 사회규범을 배웠으며, 사냥과 전쟁에 관한 교육을 통해 협동과 단결정신을 기르고 심신을 연마하였다.

ⓔ 국가조직으로 발전 : 진흥왕 때 국가적 차원에서 그 활동을 장려하여 조직이 확대되었고, 원광은 세속 5 계를 가르쳤으며, 화랑도 활동을 통해 국가가 필요로 하는 인재가 양성되었다.

③ 남북국시대의 변화

(1) 통일신라와 발해의 사회

① 통일 후 신라 사회의 변화

ⓐ 삼국통일의 사회적 기반 : 혈연적 동질성과 언어, 풍습 등 문화적 공통성을 바탕으로 통일사회를 이룩하였다.

ⓑ 신라의 민족통합책 : 백제와 고구려 옛 지배층에게 신라 관등을 부여하였고, 백제와 고구려 유민들을 9서당에 편성시켰다.

ⓒ 통일신라의 사회모습

• 전제왕권의 강화 : 영토와 인구가 증가되고 경제력이 향상되었다. 특히 삼국통일 이후 왕권이 강화되었다.

• 진골귀족사회 : 중앙관청의 장관직을 독점하고, 합의를 통해 국가 중대사를 결정하였다.

• 6두품의 진출 : 학문적 식견과 실무 능력을 바탕으로 국왕을 보좌하였으나 신분의 제약으로 높은 관직 진출에 한계가 있었다.

• 골품제의 변화 : 3두품에서 1두품 사이의 구분은 실질적인 의미를 잃고, 평민과 동등하게 간주되었다.

② 발해의 사회구조

ⓐ 지배층 : 왕족 대씨와 귀족 고씨 등 고구려계가 대부분을 구성하였다.

ⓑ 피지배층 : 대부분 말갈인으로 구성되어 이들 중 일부는 지배층이 되거나 자신이 거주하는 촌락의 우두머리가 되어 국가행정을 보조하였다.

③ 통일신라의 생활

ⓐ 도시의 발달

• 통일신라의 서울인 금성(경주)은 정치와 문화의 중심지로서 귀족들이 모여 사는 대도시로 번성하였다.

• 5소경 : 과거 백제, 고구려, 가야의 지배층과 신라 귀족이 거주하는 문화의 중심지 역할을 하였다.

ⓑ 귀족생활 : 저택에서 노비와 사병을 거느렸고 지방의 전장(대토지)과 목장에서 수입이 있었으며, 고리대업을 하기도 하였다. 불교를 후원하였고 수입된 사치품을 선호하였다.

ⓒ 평민생활 : 자영농이었지만, 귀족의 토지를 빌려 경작하며 생계를 잇거나 귀족에게 빌린 빚을 갚지 못하여 결국 노비가 되는 경우도 적지 않았다.

⑵ 통일신라 말의 사회모순

① 통일신라 말의 사회상황

    ㉠ **백성의 생활 곤궁** : 귀족들의 정권 다툼과 대토지 소유 확대로 백성의 생활이 어려워졌다.

    ㉡ **지방세력의 성장** : 지방의 토착세력과 사원들은 대토지를 소유하면서 유력한 신흥세력으로 성장하였다.

    ㉢ **자영농의 몰락** : 귀족들의 농장이 확대됨에 따라 자영농이 몰락하였다.

    ㉣ **농민의 부담 가중** : 중앙정부의 통치력 약화로 대토지 소유자들은 세금을 부담하지 않는 대신 농민들이 더 많은 조세를 감당하게 되었다.

② 사회모순의 표출

    ㉠ **호족의 등장** : 지방의 유력자들을 중심으로 무장조직이 결성되었고, 이들을 아우른 큰 세력가들이 호족으로 등장하였다.

    ㉡ **정부의 대책** : 수리시설을 정비하고 자연재해가 심한 지역에 조세를 면제해 주었다. 또 굶주리는 농민을 구휼하였으나 큰 효과는 거두지 못하였다.

    ㉢ **빈농의 몰락** : 토지를 상실한 농민들은 소작농이나 유랑민, 화전민이 되었으며, 그들 중의 일부는 노비가 되기도 하였다.

    ㉣ **농민봉기** : 중앙정부의 기강이 극도로 문란해졌으며, 지방의 조세거부로 국가재정이 고갈되자 국가는 강압적으로 조세징수를 할 수밖에 없었고, 마침내 전국 각지에서 농민봉기가 일어나게 되었다.

≡ 최근 기출문제 분석 ≡

2019. 11. 2. 국내여행안내사

1 백제인에 관한 설명으로 옳지 않은 것은?

① 투호와 바둑 및 장기를 즐겼다.

② 키가 크고 의복이 깔끔하였다.

③ 씨름하는 장면이 그려진 벽화를 남겼다.

④ 상무적 기풍이 강하였다.

> **TIP** ③ 씨름하는 장면이 그려진 벽화는 고구려 고분인 각저총에서 발견된 씨름도이다.

2016. 11. 5. 관광통역안내사

2 삼국의 관등제도에 관한 설명으로 옳지 않은 것은?

① 고구려의 관등조직은 '형'계열과 '사자'계열로 분화 편제되었다.

② 백제는 16관품을 세 단계로 구분하고 공복 색깔로 구별하였다.

③ 신라는 골품에 따른 관등의 제한을 두었는데 이를 득난이라 한다.

④ 삼국의 관등 정비는 중앙집권적인 국가를 형성하기 위한 조치였다.

> **TIP** ③ 득난은 6두품 신분을 일컫는 다른 말이다. 출신 성분에 따라 골과 품으로 등급을 나누는 신라의 신분 제도는 골품 제도이다.

Answer 1.③ 2.③

≡≡≡ 출제 예상 문제

1 다음은 고대 사회 귀족들의 합의제도에 대한 내용이다. 각 사회의 모습으로 옳지 않은 것은?

> ㉠ 감옥이 없고 범죄자가 있으면 제가들이 모여서 의논하여 사형에 처하고, 처자는 몰수하여 노비로 삼는다.
> ㉡ 호암사에 정사암이라는 바위가 있다. 국가에서 재상을 뽑을 때 후보자 3~4명의 이름을 써서 상자에 넣어 바위 위에 두었다. 얼마 뒤에 열어 보아 이름 위에 도장이 찍혀 있는 자를 재상으로 삼았다.
> ㉢ 큰일이 있을 때에는 반드시 중의를 따른다. 이를 화백이라 부른다.

① ㉠은 고구려, ㉡은 백제, ㉢은 신라에 대한 설명이다.
② ㉠ 국가는 적에게 항복한 자나 전쟁 패배자를 사형에 처했으며 도둑질한 자에게는 12배를 배상하도록 하였다.
③ ㉡ 국가의 귀족들은 중국 고전과 역사서를 탐독하고 한문을 능숙하게 구사하였으며 관청의 실무에도 밝았다. 또한 투호나 바둑, 장기 등을 즐겼다.
④ ㉢의 기원은 여러 부족의 대표들이 함께 모여 정치를 운영하던 것으로 과반수가 찬성하면 의견이 통과되었다.

TIP ④ 화백 회의는 만장일치에 의해 의결하는 것이 원칙이었다.
※ **고대 사회 귀족들의 합의제도**
　㉠ **제가회의**: 고구려 때 국가의 정책을 심의하고 의결하던 귀족회의로 부족국가 시대이던 고구려 초기부터 행해졌다.
　㉡ **정사암**: 백제 때 정치를 논하고 재상을 뽑던 곳으로 국가에서 재상을 선정할 때 당선 자격자 3~4인의 이름을 봉함하여 바위 위에 두었다가 얼마 후에 펴보아 이름 위에 인적(印蹟)이 있는 자를 재상으로 선출하였다 한다.
　㉢ **화백**: 진골(眞骨) 귀족 출신의 대등(大等)으로 구성된 신라의 합의체 회의기구로 국가의 중대한 일들을 결정하고 귀족세력과 왕권 사이에서 권력을 조절하는 기능을 했다.

Answer　1.④

2 통일신라 말의 사회상황에 대한 설명으로 옳지 않은 것은?

① 귀족들의 농장이 확대됨에 따라 자영농이 몰락하였다.

② 지방의 유력자들을 중심으로 무장조직이 결성되었고, 이들을 아우른 세력가들이 호족으로 등장하였다.

③ 정부는 자연재해가 심한 지역에 조세를 면해주고 굶주리는 농민을 구휼하여 큰 효과를 거두었다.

④ 토지를 상실한 농민들은 소작농이나 유랑민, 화전민이 되었으며, 일부는 노비가 되기도 하였다.

TIP ③ 정부는 수리시설을 정비하고 자연재해가 심한 지역에 조세를 면해주었으며, 굶주리는 농민을 구휼하였으나 큰 효과를 거두지는 못하였다.

3 다음 중 삼국시대 사회의 성격으로 옳지 않은 것은?

① 계층상의 차이가 분명했다.

② 율령이 만들어졌다.

③ 엄격한 신분제도가 있었다.

④ 신분은 개인의 능력에 따라 결정되었다.

TIP ④ 삼국시대의 사회는 친족의 유대관계가 강했으므로, 개인의 신분은 그의 능력에 의해서 결정되는 것이 아니라 그가 속한 친족의 사회적 지위에 따라 결정되었다.

Answer 2.③ 3.④

4 다음 도표는 신라의 골품과 관등에 관한 것이다. 제시된 도표와 관련된 설명으로 옳지 않은 것은?

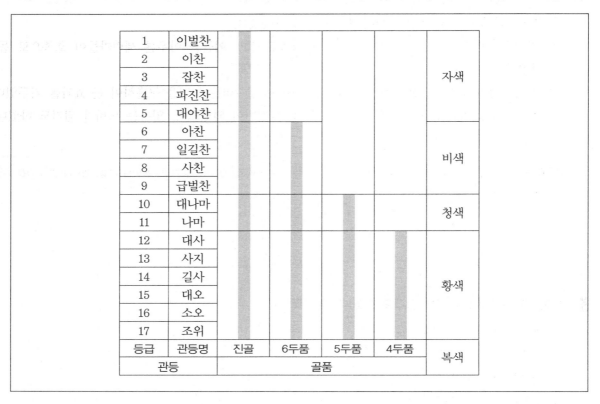

등급	관등명	진골	6두품	5두품	4두품	복색
1	이벌찬					자색
2	이찬					
3	잡찬					
4	파진찬					
5	대아찬					
6	아찬					비색
7	일길찬					
8	사찬					
9	급벌찬					
10	대나마					청색
11	나마					
12	대사					황색
13	사지					
14	길사					
15	대오					
16	소오					
17	조위					

① 공복의 색깔은 관등에 의해 결정되었다.

② 진골이 처음 받는 관등은 대아찬이었다.

③ 5두품은 황색과 청색 공복을 입을 수 있었다.

④ 골품에 따라 진출할 수 있는 관등에 한계가 있었다.

TIP ② 진골이 처음 받는 관등이 정해진 것은 아니다.

5 다음은 삼국시대 사회상에 대한 설명이다. 다음 중 옳은 추론은?

> • 모든 국토는 왕토라는 사상이 발전하게 되었다.
> • 농민의 몰락을 막기 위하여 진대법이 실시되었다.
> • 귀족들은 국가로부터 식읍이나 녹읍을 지급받았다.
> • 자영농민들이 노비로 몰락하게 되는 사례가 많았다.
> • 농민들은 조·세·역의 무거운 부담을 졌다.

① 국가의 경제생활은 지배계급을 중심으로 이루어졌다.

② 귀족들에게 지급된 식읍과 녹읍은 세습할 수 없었다.

③ 토지국유제의 원칙이 적용되어 사유지는 존재하지 않았다.

④ 농민들은 모두 자영농민으로 구성되어 있었다.

TIP ② 식읍과 녹읍은 세습이 가능하였다.
　　③ 사유지가 존재하였다.
　　④ 소작농민이 존재하였다.

6 다음 중 삼국시대의 신분에 대한 내용으로 옳지 않은 것은?

① 고구려인 A는 빚을 갚지 못해 노비로 전락하게 되었다.

② 고구려인 B는 3월에 빌린 곡식을 추수기인 10월에 갚을 생각이다.

③ 백제인 C는 도둑질을 하여 귀양을 가게 되었다.

④ 신라인 D은 6두품 아찬으로 자색 공복을 입는다.

TIP 신라는 골품에 따라 가옥의 규모, 장식물, 복색, 수레 등에 제한을 두었다.
　　④ 관등명 아찬은 6두품으로 비색 복색을 입었다.

Answer　5.①　6.④

7 다음과 같은 기록이 남겨져 있는 사회의 모습에 대한 설명으로 옳은 것은?

> 이 고을의 사해점촌을 조사해 보았는데, 지형은 산과 평지로 이루어져 있으며 마을의 크기는 5,725보, 공연의 수는 합하여 11호가 된다. 3년간에 다른 마을에서 이사온 사람은 둘인데 추자가 1명, 소자가 1명이 있다.

① 골품제도로 능력보다 신분이 중시되었다.
② 호구조사는 20년마다 이루어졌다.
③ 장례는 유교전통에 따라 치루어졌다.
④ 자연재해시 왕이 교체되기도 하였다.

TIP 제시된 내용은 통일신라시대의 민정문서로 촌주가 3년마다 작성했고, 장례는 불교전통에 따랐으며, 골품제도로 능력보다 신분이 중시되었다.

8 다음에서 신라말기의 사회모습을 바르게 설명한 것으로 골라 묶으면?

> ㉠ 지방행정력이 약해지자 많은 농민들이 조세를 부담하지 않았다.
> ㉡ 귀족들의 정권 다툼과 대토지 소유 확대로 백성들의 생활이 곤궁해졌다.
> ㉢ 지방의 토착세력과 사원들은 대토지를 소유하면서 유력한 세력으로 성장해 갔다.
> ㉣ 지방의 자영농들은 중앙정부의 통제력이 약해진 틈을 타서 토지 소유를 확대하였다.

① ㉠㉡
② ㉡㉢
③ ㉡㉣
④ ㉢㉣

TIP ㉠ 중앙정부의 통치력 약화로 대토지 소유자들은 세금을 부담하지 않는 대신 농민들이 더 많은 조세를 감당하게 되었다.
㉣ 지방의 자영농들은 귀족들의 농장이 확대되면서 몰락해갔다.

Answer 7.① 8.②

9 다음에서 발해 사회의 모습을 바르게 설명한 것으로만 골라 묶으면?

> ○ 말갈인은 지배층에 편입되지 않았다.
> ○ 지배층은 주로 고구려계 사람들로 구성되어 있었다.
> ○ 주민 구성의 대다수를 차지한 것은 말갈인이었다.
> ○ 하층사회에서는 고구려 사회의 전통적인 생활모습이 보존되지 못했다.

① ㉠㉡

② ㉠㉢

③ ㉡㉢

④ ㉢㉣

TIP ㉠ 말갈인은 고구려 전성기 때부터 고구려에 편입된 종족으로 발해 건국 후 일부는 지배층이 되거나 자신이 거주하는 촌락의 우두머리가 되어 국가 행정을 보조하였다.
㉣ 하층사회에서는 고구려나 말갈 사회의 전통적인 생활모습을 오랫동안 유지하고 있었다.

10 다음에서 설명하는 신라의 제도는?

> • 씨족사회의 전통을 발전시켰다.
> • 사회적 대립과 갈등을 조절하였다.
> • 민간문화의 수준을 한층 높였다.
> • 계급간의 대립과 갈등을 완화하였다.

① 화랑도

② 골품제

③ 화백제

④ 집사부

TIP 화랑도 … 원시사회의 청소년 집단에서 유래하였다. 귀족의 자제 중에서 선발된 화랑을 지도자로 삼고 귀족은 물론 평민까지 많은 낭도들이 따랐다. 여러 계층이 같은 조직에서 일체감을 갖고 활동함으로써 계층 간의 대립과 갈등을 조절하고 완화시켰다.

Answer 9.③ 10.①

02 중세의 사회

1 고려의 신분제도 [2020년출제]

(1) 귀족

① **귀족의 특징**

- ㉠ **범위** : 왕족을 비롯하여 5품 이상의 고위 관료들이 주류를 형성하였다.
- ㉡ **사회적 지위** : 음서나 공음전의 혜택을 받으며 고위 관직을 차지하여 문벌귀족을 형성하였다.
- ㉢ **문벌귀족** : 가문을 통해 특권을 유지하고, 왕실 등과 혼인관계를 맺었다.
- ㉣ **신진관료** : 지방향리 자제 중 과거를 통해 벼슬에 나아가 신진관료가 됨으로써 어렵게 귀족의 대열에 들 수가 있었다.

② **귀족층의 변화**

- ㉠ 무신정변을 계기로 종래의 문벌귀족들이 도태되면서 무신들이 권력을 장악하게 되었다.
- ㉡ **권문세족** : 고려후기에 무신정권이 붕괴되면서 등장한 최고 권력층으로서 정계 요직을 장악하고 농장을 소유하였고 음서로 신분을 세습시켰다.

③ **신진사대부**

- ㉠ 경제력을 토대로 과거를 통해 관계에 진출한 향리출신자들이다.
- ㉡ 사전의 폐단을 지적하고, 권문세족과 대립하였으며 구질서와 여러 가지 모순을 비판하고 전반적인 사회 개혁과 문화혁신을 추구하였다.

(2) 중류

① **중류층의 특징**

- ㉠ **성립** : 고려의 지배체제가 정비되는 과정에서 하부구조를 맡아 중간 역할을 담당하였다.
- ㉡ **유형** : 중앙관청의 서리, 궁중 실무관리인 남반, 지방행정의 실무를 담당하는 향리, 하급 장교 등이 해당 된다.

② **향리** … 호족 출신의 향리는 호장, 부호장을 배출한 실질적 지방의 지배층으로 중앙의 하위품관과 통혼하거나 과거응시자격에서 하위의 향리와 구별되었다. 하층향리는 상층향리와 같이 세습제였지만, 개인의 능력이나 노력에 따라서 신분내 상위품계로의 이동이 가능하였다.

③ **말단 행정직** … 남반(궁중의 잡무), 군반(직업군인), 잡류(말단 서리), 하층 향리, 역리 등으로 직역을 세습하고 그에 상응하는 토지를 국가에서 분급 받았다.

(3) 양민

① **양민** … 일반 농민인 백정, 상인, 수공업자를 말한다.

② **백정** … 과거 응시에 제약이 없고 전지를 받는 군인으로의 선발이 가능했으며, 조세 · 공납 · 역의 의무를 가졌다.

③ **특수집단민** … 양민에 비해 더 많은 세금 부담을 지고 있었고, 다른 지역으로의 거주이전이 금지되었다.
　　㉠ **향 · 부곡** : 농업에 종사하였다.
　　㉡ **소** : 수공업과 광업에 종사하였다.
　　㉢ **역과 진의 주민** : 육로교통과 수로교통에 종사하였다.

(4) 천민

① **공노비** … 공공기관에 속하는 노비이다.
　　㉠ **입역노비** : 궁중 · 중앙관청 · 지방관아의 잡역에 종사하며 급료를 받는다.
　　㉡ **외거노비** : 지방에 거주하면서 농업에 종사하였으며, 수입 중 규정된 액수를 관청에 납부하였다.

② **사노비** … 개인이나 사원에 예속된 노비이다.
　　㉠ **솔거노비** : 귀족이나 사원에서 직접 부리는 노비로, 잡일을 담당하였다.
　　㉡ **외거노비** : 주인과 따로 살면서 농업에 종사하였고, 일정량을 신공으로 납부하였다. 소작 및 토지소유가 가능하였으며, 양민 백정과 비슷한 경제생활을 하였다.

③ **노비의 처지** … 매매 · 증여 · 상속의 대상이 되었으며, 부모 중 한 쪽이 노비이면 자식도 노비가 될 수밖에 없었다.

② 백성들의 생활모습

(1) 농민의 공동조직

① **공동조직** … 일상의례와 공동노동 등을 통해 공동체의식을 함양하였다.

② **향도** `2015년출제`
  - ㉠ **향도의 기원** : 불교의 신앙조직으로, 매향활동을 하는 무리에서 시작되었다.
  - ㉡ **매향** : 불교 신앙 중 하나로, 향나무를 땅에 묻는 활동을 하였는데 이는 미륵을 만나 구원받고자 하는 염원에서 시작되었다.
  - ㉢ **향도의 기능** : 불교행사에 참여하여 대규모 인력이 동원되는 불상, 석탑, 사원 건립 때 주도적인 역할을 하였고, 후기에는 노역·혼례·상장례·민속신앙·마을제사 등 공동체생활을 주도하는 농민조직으로 발전하였다.

(2) 사회시책과 사회제도

① **사회시책** … 농민생활의 안정을 통해 체제 유지를 도모하기 위함이다.
  - ㉠ **농민보호** : 농번기에 잡역을 면제하여 농업에 전념할 수 있도록 배려하였고, 재해 시에 조세와 부역을 감면해 주었다.
  - ㉡ **권농정책** : 황무지나 진전을 개간할 경우 일정 기간 면세해 주었다.

② **사회제도**
  - ㉠ **의창** : 평시에 곡물을 비치하였다가 흉년에 빈민을 구제하는 고구려 진대법을 계승한 춘대추납제도였으나 고리대를 하기도 하였다.
  - ㉡ **상평창** : 물가조절기관으로 개경과 서경 및 각 12목에 설치하였다.
  - ㉢ **의료기관** : 동·서대비원(진료 및 빈민구휼), 혜민국(의약)을 설치하였다.

(3) 법률과 풍속 및 가정생활

① **법률과 풍속**
  - ㉠ **법률** : 중국의 당률을 참작한 71개조의 법률이 시행되었으나 대부분은 관습법을 따랐다. 중요사건 이외에는 지방관이 사법권을 행사할 수 있었다.
    - 형벌 : 반역죄와 불효죄는 중죄로 처벌되었다.
    - 면제규정 : 귀양형의 경우에는 부모상을 당하면 유형지에 도착하기 전에 7일간의 휴가를 주기도 하고, 노부모를 봉양할 가족이 없는 경우 형벌집행을 보류하기도 하였다.

ⓛ 장례와 제사 : 정부는 유교적 의례를 권장하였으나, 민간에서는 토착신앙과 융합된 불교의 전통의식과 도교의 풍습을 따랐다.

ⓒ 명절 : 정월 초하루, 삼짇날, 단오, 유두, 추석 등이 있었다.

② 혼인과 여성의 지위

ⓐ 혼인풍습 : 일부일처제가 일반적인 원칙이었으며, 왕실에서는 친족 간의 혼인이 성행(고려 초)하였고 원 간섭기 이후 조혼이 유행하게 되었다.

ⓛ 상속 : 유산은 자녀에게 골고루 분배되었고, 토지의 노비와 상속은 상속자와 피상속자가 참여하였다.

③ 고려후기의 사회변화

(1) 무신집권기 하층민의 봉기 〔2022년출제〕

① 무신정변의 영향

ⓐ 지배층의 변화 : 신분제도의 동요로 하층민에서 권력층이 형성된 자가 많았다.

ⓛ 사회의 동요 : 무신들 간의 대립과 지배체제의 붕괴로 백성들에 대한 통제력이 약화되고 무신들의 농장이 확대되어 수탈이 강화되었다.

② 백성의 저항

ⓐ 형태 : 수탈에 대한 소극적 저항에서 대규모 봉기로 발전하였다.

ⓛ 성격 : 왕조 질서를 부정하고 지방관 탐학을 국가에 호소하는 내용이었다.

ⓒ 천민의 신분해방운동 : 최씨 정권기에 만적의 난 등이 일어났다.

ⓔ 대표적인 농민항쟁 : 공주 명학소의 망이 · 망소이의 봉기, 운문 · 초전의 김사미와 효심의 봉기 등이 대표적이다.

(2) 몽고의 침입과 백성의 생활

① 몽고의 침입에 대항

ⓐ 최씨무신정권 : 강도(강화도)로 서울을 옮기고 장기항전 태세를 갖추었다.

ⓛ 지방의 주현민 : 산성이나 섬으로 들어가 전쟁에 대비하였다.

② 몽고군의 격퇴 … 충주 다인철소, 처인 부곡의 승리가 대표적이다.

③ 백성의 피해 … 몽고군들의 살육으로 백성들은 막대한 희생을 당하였고, 식량부족으로 굶어 죽었으며, 원과 강화 후 일본 원정에 동원되었다.

(3) 원 간섭기의 사회변화

① **신흥귀족층의 등장** … 원 간섭기 이후 중류층(역관, 향리, 평민, 부곡민, 노비, 환관) 이하에서 전공을 세우거나 몽고귀족과의 혼인을 통해서 출세한 친원세력이 권문세족으로 성장하였다.

② **몽고풍의 유행** … 원과의 교류 이후 지배층과 궁중을 중심으로 변발, 몽고식 복장, 몽고어 등이 널리 퍼지게 되었다.

③ **고려인의 몽고 이주민 증가** … 전쟁포로 내지는 유이민으로 들어갔거나 몽고의 강요에 의해 어쩔 수 없이 끌려간 사람이 대부분이었으며, 이들에 의해 고려의 의복, 그릇, 음식 등의 풍습이 몽고에 전래되었다.

④ **원의 공녀 요구** … 결혼도감을 통해 공녀로 공출되었고 이는 고려와 원 사이의 심각한 사회 문제로 대두되었다.

⑤ **왜구의 출몰**(14세기 중반)
  ㉠ 원의 간섭 하에서 국방력을 제대로 갖추기 어려웠던 고려는 초기에 효과적으로 왜구의 침입을 격퇴하지 못하였다.
  ㉡ 쓰시마섬을 근거로 한 왜구가 자주 경상도 해안에서 전라도 지역, 심지어 개경 부근까지 침입하여 식량과 사람을 약탈해갔다.
  ㉢ 왜구의 침입에 따른 사회불안은 국가적 문제로 인식되었고 이들을 소탕하는 과정에서 신흥무인세력이 성장하였다.

최근 기출문제 분석

2022. 11. 5. 국내여행안내사

1 무신집권기에 관한 설명으로 옳은 것은?

① 정치적인 혼란에도 불구하고 민생은 안정되었다.

② 최씨 정권은 능력 있는 문신들을 기용하여 통치에 활용하였다.

③ 개경의 교종 승려 및 사원 세력을 적극적으로 지원하였다.

④ 최항은 무신의 합의기관인 도방을 만들어 권력을 장악하였다.

> **TIP** ① 민생은 도탄에 빠졌다.
> ③ 문신과 연결되었던 개경 중심의 이론 불교인 교종이 쇠퇴하고, 선종이 무신들의 비호를 받으며 두각을 나타내었다.
> ④ 최충헌이 도방을 부활시켰다.

2020. 11. 7. 국내여행안내사

2 고려시대 신분제에 관한 설명으로 옳은 것을 모두 고른 것은?

> ㉠ 문벌귀족은 음서와 공음전의 특권을 누렸다.
> ㉡ 향리는 세습직이어서 과거 응시가 금지되었다.
> ㉢ 백정은 조세, 공납, 역을 부담하였다.
> ㉣ 군현민이 반란을 일으키면 군현을 향·소·부곡으로 강등하기도 하였다.

① ㉠, ㉡

② ㉠, ㉢, ㉣

③ ㉡, ㉢, ㉣

④ ㉠, ㉡, ㉢, ㉣

> **TIP** ㉡ 향리는 지방 관청의 행정실무를 처리하는 하급관리로, 토착적이고 세습적인 성격이 있다. 그러나 고려의 향리는 법적으로 과거 응시에 제한이 없어 중앙관료로 진출하기도 하였다.

Answer 1.② 2.②

2019. 11. 2. 국내여행안내사

3 고려시대 불교에 관한 설명으로 옳지 않은 것은?

① 왕자 출신의 의천은 교종을 중심으로 불교계를 통합하려 하였다.

② 선종 승려인 지눌은 정혜쌍수를 주장하였고, 수선사 결사운동을 이끌었다.

③ 광종대 대장경을 만들고, 승과를 실시하였다.

④ 선종 승려인 보우와 혜근은 원나라로부터 임제종을 수입하였다.

> **TIP** 광종 때 승과를 비롯한 과거제가 실시되었으나, 고려 대장경은 그 이후 현종 때 시작되어 고종 때 완성되었다.

2018. 11. 3. 국내여행안내사

4 다음 사건을 발생한 순서대로 바르게 나열한 것은?

> ㉠ 무신정변
> ㉡ 묘청의 난
> ㉢ 위화도 회군
> ㉣ 강화도 천도

① ㉠ – ㉡ – ㉢ – ㉣

② ㉠ – ㉣ – ㉡ – ㉢

③ ㉡ – ㉠ – ㉣ – ㉢

④ ㉡ – ㉢ – ㉠ – ㉣

> **TIP** ㉡ 묘청의 난 : 1135년(인종 13) 묘청 등이 서경(평양)에서 일으킨 반란
> ㉠ 무신정변 : 1170년(의종24) 정중부 등의 무신들이 정변을 일으켜 정권을 장악
> ㉣ 강화도 천도 : 1232년(고종 19) 몽골에 대항하기 위해 강화로 천도
> ㉢ 위화도 회군 : 1388년(우왕 14)에 이성계가 위화도에서 군사를 돌려 권력을 장악

Answer 3.③ 4.③

2015. 11. 6. 국내여행안내사

5 다음 보기에서 설명하는 조직은?

> 불교와 민간 신앙 등의 신앙적 기반과 동계 조직 같은 공동체 조직의 성격을 모두 띠었다. 주로 상을 당하였을 때에나 어려운 생겼을 때에 서로 돕는 역할을 하였다.

① 향약
② 향청
③ 향도
④ 유향소

TIP 향도(香徒)는 고려시대 향촌의 대표적인 신앙 조직이자 동시에 농민 공동체 조직을 의미한다. 이러한 향도는 고려시대 매항(埋香) 활동을 하는 불교의 무리들로부터 그 기원을 두고 있다. 향도는 불상, 석탑, 사찰을 지을 때 마을에 많은 노동력이 들기 때문에 이를 지원하는 신앙 조직의 역할을 담당하였다. 그러나 고려 후기에 이르러서 향도가 지니고 있는 불교적인 신앙 색채가 약화되었다. 그때부터는 마을의 노역, 혼례 및 상장례, 마을의 수호신 제사 등을 주관하는 공동체 조직으로 변모해 상호 부조적인 역할을 수행하였다.

Answer 5.③

출제 예상 문제

1 다음 중 고려후기에 신분상승을 할 수 있는 경우에 해당하는 것을 모두 고른 것은?

> ㉠ 공명첩을 발급 받는다.
> ㉡ 전쟁에 나아가 공을 세운다.
> ㉢ 몽골 귀족과 혼인한다.
> ㉣ 지방관을 매수하거나 족보를 변조 또는 양반가의 족보를 매입한다.

① ㉠㉡   ② ㉠㉢
③ ㉡㉢   ④ ㉡㉣

TIP ㉠㉣ 조선후기의 신분상승에 대한 설명이다.
　※ 신분 계층간의 이동
　　㉠ 원 왕실과 혼인한 자는 원으로부터 만호의 직책
　　㉡ 서리·향리는 문과시험을 통과하여 문반귀족으로 상승
　　㉢ 양민·천민·노비는 군공을 세워 무반귀족으로 상승
　　㉣ 향·소·부곡민은 군현으로 승격되면서 양인으로 상승

2 다음 중 묘청의 서경천도운동에 대한 설명으로 옳은 것은?

① 신라 계승이념을 강조하고 있었다.
② 유교정치사상의 영향을 받았다.
③ 문벌귀족은 북진정책에 적극적이었다.
④ 칭제건원과 금국정벌을 주장하였다.

TIP 이자겸의 난 이후 왕권이 약화되고 궁궐이 소실되자 서경길지론이 대두되었다. 이에 묘청, 정지상으로 대표되는 서경파들이 서경천도운동을 일으켰다. 서경천도운동은 풍수 지리설과 불교의 영향을 받아 칭제건원과 금국정벌을 주장하였다.

Answer 1.③ 2.④

3 다음 중 고려시대의 신분에 대한 내용으로 옳은 것은?

① A는 정 3품의 아버지에게서 공음전을 세습받았다.

② B는 백정으로 소를 잡는 직업에 종사하였다.

③ C는 솔거노비로 지방에 거주하며 농업에 종사하였다.

④ D는 부곡민으로 양민에 비해 세금혜택을 받는 대신 다른 지역으로 자유로운 이주가 가능했다.

TIP ② 고려시대의 백정은 일반 주·부·군현에 거주하며 농업에 종사하는 일반 농민을 가리켰다.
③ 솔거노비는 사노비로서 주인집에 거주하며 독립적인 재산을 소유하는 것이 불가능했다.
④ 향·부곡·소 민은 일반 양민에 비해 더 많은 세금을 부담하였으며 다른 지역으로의 이주가 금지되어있었다.

4 다음 글의 (   ) 안에 들어갈 내용이 바르게 짝지어진 것은?

> (   )은(는) 과거와 (   )를(을) 통하여 관직을 독점하고, 정치권력을 장악하였다. 또한 관직에 따라 과전을 받고, (   ) 및 사전의 혜택을 받은데다가, 권력을 이용하여 불법적으로 개인이나 국가의 토지를 겸병하였다.

① 문벌귀족 – 음서 – 공음전

② 무신 – 음서 – 과거

③ 권문세족 – 공음전 – 음서

④ 신진사대부 – 공음 – 음서

TIP ① 문벌 귀족은 과거와 음서를 통하여 관직을 독점하고 정치권력을 장악하였다.

Answer 3.① 4.①

5 다음 연표의 A시기에 집권하였던 세력에 대하여 설명한 것으로 적절하지 못한 것은?

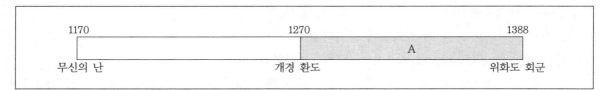

① 음서를 통하여 관인 신분을 획득하였다.
② 성리학을 수용하고 불교를 배척하였다.
③ 도평의사사를 독점하여 정권을 장악하였다.
④ 방대한 농장과 많은 노비를 소유하였다.

TIP ② 고려후기의 지배세력은 권문세족이었다. 무신정변(1170)에 의하여 문벌귀족이 몰락하고 무신이 집권세력이 되었으나, 무신정권이 붕괴(1270)된 후에는 새로운 권문세족이 새로운 지배세력으로 대두하였다. 권문세족은 자신의 지위를 세습하기 위하여 과거보다는 음서제를 활용하였기 때문에 일반적으로 문학적 또는 유학적 소양과는 거리가 멀었다. 뿐만 아니라 권문세족들 가운데는 친원적 성향을 띠면서 원의 앞잡이가 되어 고려에 폐해를 끼친 자들이 많았다. 그리고 이들은 수단·방법을 가리지 않고 불법적으로 토지를 겸병하여 대토지를 소유함으로써 국가재정을 약화시켰다.

6 다음 내용에 해당하는 고려시대의 사회기구로 옳은 것은?

> 풍년에 곡가가 하락하면 관에서 시가보다 높게 미곡을 매입하여 저축하였다가 흉년에 곡가가 등귀하면 시가보다 저렴하게 미곡을 방출하여 풍·흉간에 곡가를 조절함으로써 백성들의 생활을 돌본다.

① 의창   ② 제위보
③ 경시서   ④ 상평창

TIP 상평창은 가을에 양곡을 매수하여 봄에 저렴한 가격으로 판매하는 물가조절기관이다. 즉, 곡식의 수급을 조절해 빈민을 구제한 기구이다.

7 다음 중 고려말 농장에 대한 설명으로 옳지 않은 것은?

① 농장의 경작인은 모두 노비였다.

② 농장은 면세, 탈세, 면역과 관련이 깊었다.

③ 농장은 무인정권과 몽고지배하에서 더욱 확대되었다.

④ 농장은 부역동원과 국가재정에 많은 지장을 초래하였다.

TIP ① 농장의 경작은 노비뿐만 아니라 토지를 잃은 농민이나 군역을 피하려는 사람들이 농장에 들어감으로써 농장의 소작인이 되었다. 그들은 귀족의 비호 아래 군역, 요역 등이 면제되었으므로 국가재정을 파탄시켰다.

8 다음 중 고려시대의 법속으로 옳지 않은 것은?

① 상장제례는 유교적 규범에 따라 시행했다.

② 반역죄와 불효죄는 중죄며 유교원리를 중시했다.

③ 지방관은 중요한 사건 외에는 관습법으로 다스렸다.

④ 근친혼과 동성혼이 유행하여, 후기에 금지령을 내렸다.

TIP ① 상장제례는 유교적 규범을 시행하려는 정부의 의도와는 달리 대개 토착신앙과 융합된 불교의식과 도교신앙의 풍속을 따랐다.

9 다음 중 고려시대에 대한 설명으로 옳지 않은 것은?

① A는 농민임에도 밤낮을 가리지 않고 성실히 공부한 덕분에 과거에 합격하였다.

② B는 음양지리, 의학, 천문학 등을 공부하여 잡과에 합격하였다.

③ C는 무신이 되기 위한 준비를 하고 있지만 무과가 거의 실시되고 있지 않아 상심하였다.

④ D는 문신 등용을 위한 제술과에 합격하기 위해 시험과목인 유교경전을 공부하고 있다.

TIP 과거제도

ⓐ 응시요건 및 시기: 법적으로 양인 이상이면 응시가 가능하고, 3년마다 보는 식년시와 2년마다 보는 격년시가 있다. 무과는 없다.

ⓑ 종류

• 제술과: 문학적 재능과 정책을 시험하기 위하여 한문학, 시무책으로 시험한다.

• 명경과: 유교경전에 대한 이해능력을 시험한다.

• 잡과: 기술관을 선발하는 것으로 의학, 천문학, 음양지리 등으로 시험한다.

Answer 7.① 8.① 9.④

☰03 근세의 사회

① 양반관료 중심의 사회

(1) 양천제도와 반상제도

① **양천제도** … 양인과 천민으로 구분되는 법제적 신분제도이다.

　㉠ **양인** : 과거에 응시하고 벼슬길에 오를 수 있는 자유민으로서 조세와 국역의 의무를 지녔다.

　㉡ **천민** : 비자유민으로 개인이나 국가에 소속되어 천역을 담당하였다.

② **반상제도의 정착** … 양반과 중인이 신분층으로 정착되고, 양반과 상민간의 차별을 두었다.

③ **신분간의 이동**

　㉠ 양인이면 누구나 과거를 통해 관직에 진출할 수 있었고, 양반도 죄를 지으면 노비·중인·상민으로 전락할 수 있었다.

　㉡ 조선은 고려에 비해 개방된 사회였지만 여전히 신분사회의 틀을 벗어나지는 못했다.

(2) 신분구조 　2019년출제

① **양반**

　㉠ **의미** : 문반과 무반을 아우르는 명칭으로, 문·무반의 관료와 그 가족 및 가문을 말한다.

　㉡ **양반 사대부의 신분화**

　　• 문무양반만 사족으로 인정하였다.

　　• 중인층 배제 : 향리층, 중앙관청의 서리, 기술관, 군교, 역리 등은 하급 지배신분인 중인으로 격하시켰다.

　　• 서얼 배제 : 양반의 첩에서 난 소생은 관직 진출에 제한을 받았다.

　㉢ **양반의 지위**

　　• 정치적으로 관료층으로서 국가정책을 결정하며 과거, 음서, 천거 등을 통해 고위관직을 독점하였다.

　　• 경제적으로 지주층으로서 토지와 노비를 많이 소유하였다.

　　• 현직 또는 예비 관료로 활동하였으며, 유학자로서의 소양과 자질을 함양시키는 데 힘썼다.

　　• 각종 국역이 면제되었으며, 법률과 제도로써 신분적 특권이 보장되었다.

② 중인

　㉠ 의미 : 좁은 의미로는 기술관, 넓은 의미로는 양반과 상민의 중간계층을 의미한다. 조선후기에 하나의 독립된 신분층을 형성하였다.

　㉡ 구성

　　• 중인 : 중앙과 지방관청의 서리와 향리 및 기술관은 직역을 세습하고, 같은 신분 안에서 혼인하였으며 관청 주변에 거주하였다.

　　• 서얼(중서) : 중인과 같은 신분적 처우를 받았고, 이들은 문과에 응시하는 것이 금지되었으며 무반직에 등용되었다.

　㉢ 역할 : 전문기술이나 행정실무를 담당하였다.

　　• 역관은 사신을 수행하며 무역에 관여하였다.

　　• 향리는 토착세력으로서 수령을 보좌하는 일을 하였다.

③ 상민

　㉠ 의미 : 평민, 양인으로도 불리는 상민은 백성의 대부분을 차지하는 농민, 수공업자, 상인을 말한다.

　㉡ 성격 : 과거응시자격은 있으나 과거 준비에는 많은 시간과 비용이 들었으므로 상민이 과거에 응시하는 것은 사실상 어려웠다. 군공을 세워야 신분 상승이 가능했다.

　㉢ 구분

　　• 농민 : 과중한 조세 · 공납 · 부역의 의무를 가졌다.

　　• 수공업자(공장) : 관영이나 민영수공업에 종사하였으며, 공장세를 납부하였다.

　　• 상인 : 시전상인과 보부상들로 국가의 통제 아래에서 상거래에 종사하였고, 상인세를 납부하였다.

　　• 신량역천 : 양인 중에서 천역을 담당하는 계층을 말한다.

④ 천민

　㉠ 노비의 처지

　　• 천민의 대부분을 차지하였고, 비자유민으로 교육을 받거나 벼슬에 나아가는 것이 금지되었다.

　　• 노비는 재산으로 취급되어 매매 · 상속 · 증여의 대상이 되었다.

　　• 부모 중 한 쪽이 노비면 그 자녀도 노비가 되었다.

　㉡ 노비의 구분

　　• 공노비 : 국가에 신공을 바치거나 관청에 노동력을 제공하였다.

　　• 사노비 : 주인과 함께 사는 솔거노비와 독립된 가옥에서 거주하며 주인에게 신공을 바치는 외거노비가 있다.

　㉢ 기타 : 백정, 무당, 창기, 광대 등도 천민으로 천대받았다.

② 사회정책과 사회시설

(1) 사회정책

① **목적** … 성리학적 명분론에 입각한 사회신분질서의 유지와 농민의 생활을 안정시켜 농본정책을 실시하는 데 그 목적이 있다.

② **배경** … 가혹한 수취체제와 관리 및 양반의 수탈로 농민이 몰락하면서 국가의 안정과 재정의 근간에 위험이 닥치게 되었다.

(2) 사회제도

① **사회시책 시행배경** … 농민의 몰락은 국가의 안정과 재정 근간을 위협하는 요소였으므로 농민의 생활을 안정시키기 위해 노력하였다.

② **사회시책**
　　㉠ 지주의 토지겸병을 억제하고, 농번기에 잡역의 동원을 금지시켰으며, 재해시에는 조세를 감경해 주기도 했다.
　　㉡ 환곡제를 실시하여 춘궁기에 양식과 종자를 빌려 준 뒤에 추수기에 회수하였다.
　　㉢ 의창, 상평창 등을 실시하였다.

③ **사창제** … 양반 지주들이 향촌의 농민생활을 안정시켜 향촌질서를 유지한 것으로 향촌사회에서 자치적으로 실시되던 빈민구제책이다.

④ **의료시설** … 혜민국(약재 판매), 동·서대비원(수도권 안에 거주하는 서민환자 구제), 제생원(지방민의 구호 및 진료), 동·서활인서(유랑자의 수용·구휼) 등이 있었다.

(3) 법률제도

① **형법** … 대명률에 의거하여 당률의 5형 형벌에 글자로 문신을 새기는 자자와 능지처사와 같은 극형을 추가하였다.
　　㉠ **중죄** : 반역죄와 강상죄를 말하며, 연좌제가 적용되었다. 심한 경우에는 범죄가 발생한 고을은 호칭이 강등되고 수령은 파면되기도 하였다.
　　㉡ **형벌** : 태·장·도·유·사의 5종이 기본으로 시행되었다.

② **민법** … 지방관이 관습법에 따라 처리하였다.

③ **상속** … 종법에 따라 처리하였으며, 제사와 노비의 상속을 중요시하였다. 물건 및 토지소유권의 관념이 고려시대에 비하여 발달하였다.

④ 사법기관
　　㉠ 중앙
　　　• 사헌부 · 의금부 · 형조 : 관리의 잘못이나 중대사건을 재판하였다.
　　　• 한성부 : 수도의 치안을 담당하였다.
　　　• 장례원 : 노비에 관련된 문제를 처리하였다.
　　㉡ 지방 : 관찰사와 수령이 사법권을 행사하였다.
⑤ 재심 청구 … 상부 관청에 소송을 제기하거나, 신문고 · 징으로 임금에게 직접 호소할 수도 있었으나 일반적으로 시행되지는 않았다.

③ 향촌사회의 조직과 운영

(1) 향촌사회의 모습

① 향촌의 의미 … 중앙과 대칭되는 개념
　　㉠ 향 : 행정구역상 군현의 단위로서, 중앙에서 지방관을 파견하였다.
　　㉡ 촌 : 촌락이나 마을을 의미하며 면 · 리가 설치되었으나, 지방관은 파견되지 않았다.

② 유향소와 경재소 **2016년출제**
　　㉠ 유향소 : 지방자치를 위한 것으로 수령을 보좌하고 향리를 감찰하며, 향촌사회의 풍속을 교정하기 위한 기구이다. 지방에서 양반세력의 거점의 역할을 하며 지방행정에 많은 영향을 끼쳤다.
　　㉡ 경재소 : 중앙정부가 현직 관료로 하여금 연고지의 유향소를 통제하게 하는 제도로서, 중앙과 지방의 연락업무를 맡거나 수령을 경제하는 역할을 하였다.
　　㉢ 유향소의 변화 : 경재소가 혁파되면서(1603) 유향소는 향소 또는 향청으로 명칭이 변경되고, 향소의 구성원은 향안을 작성하고 향규를 제정하였다.

③ 향약
　　㉠ 목적 : 중종 때 조광조에 의해 실시된 이후 전국적으로 확산되었고 지방사족 중심의 향촌사회 운영질서 확립을 위해 설치되었다.
　　㉡ 성격 : 권선징악과 상부상조를 목적으로 한 향촌교화의 규약이다.

(2) 촌락의 구성과 운영

① 촌락 … 농민생활 및 향촌구성의 기본 단위로서 동과 리(里)로 편제되었다.
　　㉠ 면리제 : 자연촌 단위의 몇 개 리(里)를 면으로 묶었다.
　　㉡ 오가작통제 : 다섯 집을 하나의 통으로 묶고 통수가 관장하였다.

② 촌락의 신분 분화

    ㉠ **반촌** : 주로 양반들이 거주하였으며, 친족·처족·외족의 동족으로 구성되어 다양한 성씨가 거주하다가 18세기 이후에 동성 촌락으로 발전하였다.

    ㉡ **민촌** : 평민과 천민으로 구성되었고 지주의 소작농으로 생활하였다. 18세기 이후 구성원의 다수가 신분 상승을 이루었다.

③ 촌락공동체

    ㉠ **사족** : 동계·동약을 조직하여 촌락민을 신분적, 사회·경제적으로 지배하였다.

    ㉡ **일반 백성** : 두레·향도 등 농민조직을 형성하였다.

       • 두레 : 공동노동의 작업공동체였다.

       • 향도 : 불교와 민간신앙 등의 신앙적 기반과 동계조직과 같은 공동체조직의 성격을 모두 띠는 것이었다. 주로 상을 당하였을 때나 어려운 일이 생겼을 때 서로 돕는 활동을 하였다.

④ 촌락의 풍습

    ㉠ **석전(돌팔매놀이)** : 상무정신을 함양하는 것으로, 사상자가 속출하여 국법으로는 금지하였으나 민간에서 계속 전승되었다.

    ㉡ **향도계·동린계** : 양반들이 음사라 하여 금지하였다. 이 행사는 남녀노소를 불문하고 며칠 동안 술과 노래를 즐기는 일종의 마을 축제였는데, 점차 장례를 도와주는 기능으로 전환되었다.

④ 성리학적 사회 질서의 강화

(1) 예학과 족보의 보급

① **예학** ··· 성리학적 도덕윤리를 강조하고, 신분질서의 안정을 추구하였다.

    ㉠ **배경** : 성리학의 발달과 함께 왕실 위주의 국가질서론과 주자가례에 대한 학문적 연구로 인하여 예학이 발달하였다.

    ㉡ **내용** : 도덕윤리를 기준으로 하는 형식논리와 명분 중심의 가치를 강조하였다.

    ㉢ **기능** : 삼강오륜을 기본 덕목으로 강조하고, 가부장적 종법질서로 구현하여 성리학 중심의 사회질서 유지에 기여하였다.

    ㉣ **역할** : 사림은 예학을 통해 향촌사회에 대한 지배력을 강화하고, 정쟁의 구실로 이용하였다. 또한 양반 사대부의 신분적 우월성을 강조하였으며, 가족과 친족공동체의 유대를 통해서 문벌을 형성하였다.

    ㉤ **영향** : 상장제례의 의식과 유교주의적 가족제도 확립에 기여하였으나 지나친 형식주의와 사림간의 정쟁의 구실을 제공하는 등의 폐단을 낳았다.

② **보학** ··· 가족의 내력을 기록하고 암기하는 것을 말한다.

    ㉠ **기능** : 종족의 종적인 내력과 횡적인 종족관계를 확인시켜 준다.

ⓛ **역할** : 족보를 통해 종족 내부의 결속을 다짐하고 다른 종족이나 하급신분에 대한 우월의식을 고취시킬 수 있었다. 족보는 결혼 상대를 구하거나 붕당을 구별하는 데 있어 중요한 자료가 되며 양반문벌제도의 강화에 기여하였다.

(2) 서원과 향약

① 서원 `2020년출제` `2021년출제` `2022년출제`

　ⓣ 기원
　　• 단순한 교육뿐만 아닌 사묘를 겸한 서원은 중종 때 주세붕이 세운 백운동 서원이 기원이다.
　　• 이황의 건의로 소수서원으로 사액이 되어 국가의 지원을 받았다.
　ⓛ 목적 : 성리학을 연구하고 선현의 제사를 지내며, 교육을 하는 데 그 목적이 있다.
　ⓓ 기능
　　• 유교를 보급하고 향촌 사림을 결집시켰다.
　　• 지방유학자들의 위상을 높이고 선현을 봉사하는 사묘의 기능이 있었다.
　ⓔ 영향
　　• 서원의 확산은 성리학의 발전과 교육과 학문의 지방 확대를 가져왔다.
　　• 향교가 침체되었다.
　　• 붕당의 근거지로 변질되어 학벌 · 지연 · 당파간의 분열이 일어났다.
　ⓜ 서원 철폐 : 영조 때 300여개, 흥선대원군 때 47개를 제외한 600여개를 철폐하였다.

② 향약

　ⓣ 배경 : 훈구파에 대항하여 향촌의 새로운 운동으로 중종 때 향약운동이 전개되었다.
　ⓛ 보급
　　• 중종 때 조광조가 송의 여씨향약을 도입하려 하였으나 기묘사화로 좌절되었다.
　　• 사림이 중앙정권을 잡은 16세기 후반부터 전국적으로 보급되었다.
　ⓓ 내용 : 전통적 공동조직과 미풍약속을 계승하고, 삼강오륜을 중심으로 한 유교윤리를 가미하여 향촌교화 및 질서유지에 더욱 알맞게 구성하였다.
　ⓔ 특징
　　• 각자 한 지방을 중심으로 그 실정에 맞는 규약이 있었다.
　　• 조선적 향약은 상하간의 신분적 지배의 강화와 지주제의 유지를 목적으로 하였다.
　　• 선조 때 이황(예안향약), 이이(해주향약)의 노력으로 전국적으로 보급되었다.
　　• 신분에 관계없이 향민 전원을 대상으로 강제적으로 편성하였다.
　ⓜ 역할
　　• 조선 사회의 풍속을 교화시키고, 향촌사회의 질서유지와 치안 등을 담당하여 향촌의 자치적 기능을 가능하게 하였다.
　　• 상부상조의 정신과 향촌의 예의를 함양하고 농민에 대한 유교적 교화 및 주자가례의 대중화를 이끌어 냈다.
　　• 지방 사림들의 농민지배가 강화되고 사림의 지위도 강해졌다.
　ⓑ 문제점 : 향약은 토호와 향반 등 지방 유력자들의 주민 수탈로 위협의 수단이 되었고, 향약 간부들의 갈등을 가져와 풍속과 질서를 해치기도 하였다.

≣ 최근 기출문제 분석 ≣

2019. 11. 2. 관광통역안내사

1 조선의 신분제에 관한 설명으로 옳지 않은 것은?

① 법제적인 신분 제도는 양인과 천인으로 구분하는 양 · 천제였다.

② 백정은 법제상 양인이지만 관습적으로는 천인으로 취급되었다.

③ 서얼은 무과와 잡과에 응시할 수 있었다.

④ 노비는 가족을 구성할 수 있었으나 재산은 주인의 소유가 되었다.

> **TIP** ② 조선시대의 백정은 도축업자로 법적으로 천인이었다.
> ④ 외거노비는 개인의 재산을 소유할 수 있었다.

2018. 11. 3. 국내여행안내사.

2 다음은 모두 어느 왕대의 일인가?

> • 계미자 주조
> • 호패법 실시
> • 6조 직계제 시행

① 태조   ② 태종

③ 세종   ④ 성종

> **TIP** 제시된 내용은 모두 조선 태종 때의 일이다.
> • 계미자 주조 : 1403년(태종 3) 주자소 설치, 계미자 주조
> • 호패법 실시 : 1402년(태종 2) 조세와 군역 파악, 왕권강화
> • 6조 직계제 시행 : 1414년(태종 14) 왕권강화

Answer 1.②④ 2.②

출제 예상 문제

1 다음 중 조선시대의 사회상에 대한 내용을 종합한 결론으로 옳은 것은?

> ㉠ 특수행정구역인 향·부곡·소가 점차 소멸, 일반 군현에 편입되었다.
> ㉡ 주인이 사적으로 솔거노비를 처벌하는 것을 금지하였다.
> ㉢ 억울한 일이 있어 고소하고자 하는 자는 소장을 해당 관원과 관찰사에게 제출하고, 그러고도 억울한 것은 사헌부에 고소하고, 또 억울한 것이 있으면 신문고를 친다.
> ㉣ 전주가 전객의 소경전을 빼앗으면 1부에서 5부는 20대, 다시 5부씩 증가할 때마다 한 등급씩 가산한 형벌을 받았다.

① 천민계급이 소멸되었다.
② 지주전호제가 약화되었다.
③ 하층민의 지위가 개선되었다.
④ 사적인 토지소유가 금지되었다.

TIP 양인의 수가 증가하고, 노비제도가 개선되고, 재판의 복수심 제도를 운영한 것은 조선시대의 사회·신분제도가 개선되었음을 보여주는 것이다.

2 다음 중 조선시대의 신분에 대한 내용으로 옳지 않은 것은?

① 솔거노비 A는 주인으로부터 독립적인 생활을 영위하지만 일정한 신공을 바쳐야 했다.
② B는 아버지가 양반이지만 서얼이었기 때문에 관직진출에 많은 제한을 받았다.
③ 농민 C와 수공업자 D는 같은 상민이지만 C가 더 낮은 대우를 받았었다.
④ 부모가 모두 상민인 E는 과거응시 경험이 있다.

TIP ③ 조선은 성리학의 이념이 사회전반에 널리 퍼져 있었다. 성리학에서는 사·농·공·상이라고 하여 공(工)과 상(商)을 농(農)보다 천시하였다. 때문에 조선시대에는 같은 상민이어도 수공업자와 상인은 농민보다 낮은 대우를 받았다.

Answer 1.③ 2.③

3 다음 중 조선시대의 사회에 대한 설명으로 옳지 않은 것은?

① 유교의 가부장적 원리가 점차 보편화되었다.

② 양반 중심의 지배질서와 가족제도에 종법사상이 응용되었다.

③ 유교의 강조로 불교, 도교, 토속신앙 등이 점차 자취를 감추었다.

④ 유교의 덕치주의와 민본사상을 바탕으로 왕도정치를 구현하려 하였다.

TIP 조선시대에는 성리학의 영향으로 예학과 보학이 발달하였고 그에 따라 가부장적 원리 등이 확립되었다. 조선시대에는 숭유억불 정책으로 유교의 정치이념을 강조하였다.
③ 조선시대는 유교를 강조하였으나 불교, 도교, 토속신앙 등이 자취를 감춘 것은 아니었다.

4 다음을 통해 알 수 있는 당시 사회의 특징으로 옳지 않은 것은?

> • 서얼의 자손은 무과, 생원과, 진사과에 응시할 수 없었다.
> • 향리는 아들이 3명일 경우 그 중 1명만 신역을 면제하여 과거에 응시할 수 있게 하였으며, 만약 향리 의 자제가 해당 관청의 허가를 받지 않고 과거에 응시하였을 경우에는 처벌을 받았다.

① 조선시대 신분층은 구분이 엄격하여 신분 상호간의 교류가 억제되었다.

② 향리들의 직역은 세습되었으므로 지방에서 실질적인 지배권을 행사하였다.

③ 중인층이 양반 지배층으로 성장하는 것을 막기 위한 제한이 엄격하였다.

④ 서얼 차별은 적서의 구분을 엄격히 한 가부장적 가족윤리에 따른 것이었다.

TIP ② 향리의 직역을 세습화한 것은 신분의 상승을 억제하기 위한 수단으로 이용하기 위해서였다. 따라서 그들의 세력은 약화되고, 수령을 보좌하는 하급행정실무자의 역할만을 하게 되었다.

Answer 3.③ 4.②

5 다음 글을 읽고 나눈 대화로서 견해가 타당하지 않은 사람은?

• 재인과 화척은 이리저리 떠돌아다니면서 농업에 종사하지 않는다. 배고픔과 추위를 면하지 못하여 수시로 모여서 도적질을 하고 소와 말을 도살한다. 이들이 있는 주, 군에서는 이들을 호적에 올려 농토에 정착시켜 농사를 짓도록 하고 이를 어기는 사람들은 죄를 줄 것이다.

－ 태조실록 －

• 무릇 노비 매매는 관청에 신고해야 한다. 사사로이 몰래 매매하였을 경우에는 관청에서는 그 노비 및 대가로 받은 물건을 모두 몰수한다. 나이 16세 이상 50세 이하는 가격이 저화 4천장이고, 15세 이하 51세 이상은 3천장이다.

－ 경국대전 －

---

① 지현 – 노비 매매라니 조신시대에는 노비가 일종의 재산으로 취급되었다는 걸 알 수 있겠어.

② 민영 – 맞아. 조선시대 노비들은 향·소·부곡에 집단으로 거주하며 천역에 종사하거나 노비생활을 하였지.

③ 유식 – 조선시대나 고려시대나 노비의 삶의 질은 별다를 바가 없었겠군.

④ 지인 – 그래도 조선초기에는 천역종사자를 양인으로 흡수하려는 국가의 노력이 있었어.

TIP ② 조선시대에는 천민 거주 집단인 향·소·부곡은 소멸되었지만 여전히 천민으로서 노비와 천역에 종사하는 사람들이 존재하였다. 또한 노비는 재산으로 취급되어 매매, 상속, 증여의 대상이었으며 천역에 종사하는 사람에는 백정, 무당, 창기, 광대 등이 있었다.

6 다음 중 조선시대의 호패법에 관한 설명으로 옳지 않은 것은?

① 양반과 노비도 착용하게 하였다.

② 인력의 징발을 목적으로 하였다.

③ 신분에 따라 호패의 재료를 달리하였다.

④ 16세 이상의 남자와 여자에게 발급되었다.

TIP 호패법 … 고려말 1391년에 처음 실시되었다. 조선시대에 들어와서는 1413년에 시작되어 제도상으로는 고종 때까지도 계속되었다. 효과적인 조세수취와 유민의 방지를 통한 중앙집권을 강화하기 위하여 위로는 왕족부터 아래로는 노비에 이르기까지 16세 이상의 모든 남자에게 호패를 지급하였다.

Answer 5.② 6.④

7 다음 중 조선시대의 중인에 관한 설명으로 옳은 것은?

> ㉠ 과거, 음서, 천거를 통해 관직에 진출하였다.
> ㉡ 주로 전문기술이나 행정실무를 담당하였다.
> ㉢ 지방에 파견되어 향촌사회를 지배하기도 하였다.
> ㉣ 양반과 상민의 중간신분계층이라는 의미를 갖고 있다.

① ㉠㉡   ② ㉡㉢
③ ㉡㉣   ④ ㉢㉣

TIP ㉠㉢ 양반에 대한 설명이다.

8 다음 중 조선초기의 농민에 관한 설명으로 옳은 것은?

① 과전법에 의거하여 민전을 지급받고 국가에 조를 납부하였다.
② 향교의 입학과 과거응시가 허용되었으나, 실제로는 관직 진출이 어려웠다.
③ 생활이 어려운 농민은 본가나 처가로 자유롭게 이주하여 생계를 꾸려 나갔다.
④ 유향소에 참여하여 향촌의 일을 자치적으로 처리할 수 있는 기회가 주어졌다.

TIP 농민은 교육과 과거를 통해 정치적으로 출세할 수 있는 자격이 있었으나, 교육과 과거 준비에는 많은 시간과 비용이 들었으므로 실제 그렇게 되기는 어려웠다.

Answer 7.③ 8.②

9 조선시대에 농민생활의 안정을 위해서 실시한 다양한 사회제도의 근본배경으로 옳은 것은?

① 농민은 천민보다 사회적인 지위가 높았다.
② 농민은 양반으로 상승할 자격이 있었다.
③ 상공업자들은 농업에 종사할 수 없었다.
④ 농민이 조세, 공납, 역을 부담하였다.

TIP ④ 농민이 국가재정의 대부분을 부담하였기 때문에 이들의 생활안정이 무엇보다 중요시되었다.

10 향약에 대한 설명으로 옳지 않은 것은?

① 주요 간부진은 대개 농민들이 차지하였다.
② 풍속 교화와 향촌질서 유지에 맞게 구성되었다.
③ 지방 사림의 지위를 강화시켜 주는 역할을 하였다.
④ 전통적인 마을공동조직에 유교윤리가 가미되었다.

TIP ① 제시된 내용은 해주향약 입약 범례문이다. 향약은 향촌의 유력한 사람이 약정(향약의 간부)에 임명되는 등 사림이 향약을 주도하였다.

Answer 9.④ 10.①

04 사회의 변동

1 사회구조의 변동

(1) 신분제의 동요

① **조선의 신분제** … 법제적으로 양천제를 채택하였지만, 실제로는 양반, 중인, 상민, 노비의 네 계층으로 분화되어 있었다. 성리학은 이러한 신분제를 정당화하는 이론을 제공하였다.

② **양반층의 분화**

   ㉠ 붕당정치가 변질되면서 양반 상호간의 정치적 갈등은 양반층의 분화를 가져왔다.

   ㉡ 일당 전제화가 전개되면서 권력을 장악한 일부의 양반을 제외한 다수의 양반이 몰락하는 계기가 되었다.

   ㉢ 몰락 양반은 향촌사회에서나 겨우 위세를 유지하는 향반이 되거나 잔반이 되기도 하였다.

③ **신분별 구성비의 변화** … 양반의 수는 증가하였고, 상민과 노비의 수는 감소되었다. 이는 부를 축적한 농민들이 양반신분을 사거나 족보를 위조하여 양반으로 행세하는 경우가 많았기 때문이다.

(2) 중간계층의 신분상승운동

① **서얼**

   ㉠ 성리학적 명분론에 의해 사회활동이 제한되어 불만이 고조되었다.

   ㉡ 임진왜란 이후 차별이 완화되어 납속책이나 공명첩을 통해 관직에 진출하였다.

   ㉢ 신분상승운동이 활발하여 집단상소를 통해 동반이나 홍문관 같은 청요직에의 진출을 허용해 줄 것을 요구하였고, 정조 때 규장각 검서관으로 진출하기도 하였다.

② **중인**

   ㉠ 기술직 등 행정실무를 담당했으며 고급 관료로 진출하는 것이 제한되었다.

   ㉡ 축적한 재산과 실무경력을 바탕으로 신분상승을 추구하는 소청운동을 전개하였다. 비록 실패했지만 전문직으로서의 중요한 역할을 부각시켰다.

   ㉢ 중인 중에서도 역관들은 청과의 외교업무에 종사하면서 서학 등 외래 문물의 수용을 주도하고 성리학적 가치 체계에 도전하는 새로운 사회의 수립을 추구하였다.

(3) 노비의 해방

① 노비 신분의 변화
　　㉠ 군공과 납속 등을 통해 자신의 신분을 상승시키려는 움직임이 활발하였다.
　　㉡ 국가에서는 공노비 유지에 비용이 많이 들어 효율성이 떨어지자 공노비를 입역노비에서 신공을 바치는 납공노비로 전환시켰다.
　　㉢ 아버지가 노비, 어머니가 양민이면 자식은 양민으로 삼았다(종모법).

② 도망 노비의 증가
　　㉠ 신분의 속박으로부터 탈피하여 임노동자, 머슴, 행상 등으로 생계를 유지하였다.
　　㉡ 도망 노비의 신공은 남아 있는 노비에게 부과되어 노비의 부담은 오히려 증가하였다.
　　㉢ 노비의 도망이 빈번해지자 정부는 신공의 부담을 경감하기도 하고, 도망 노비를 색출하려 하였지만 성과를 거두지 못하였다.

③ 공노비 해방 … 노비의 도망과 합법적인 신분상승으로 공노비의 노비안이 유명무실한 것이 되자, 순조 때 중앙관서의 노비를 해방시켰다.

④ 노비제의 혁파 … 사노비에 대한 가혹한 수탈과 사회적 냉대로 도망이 일상적으로 일어났으며, 결국 갑오개혁(1894) 때 노비제는 폐지되었다.

(4) 가족제도의 변화와 혼인

① 가족제도의 변화
　　㉠ 조선중기
　　　• 혼인 후에 남자가 여자 집에서 생활하는 경우가 있었다.
　　　• 아들과 딸이 부모의 재산을 똑같이 상속받는 경우가 많았다.
　　　• 제사는 형제가 돌아가면서 지내거나 책임을 분담하였다.
　　㉡ 17세기 이후 [2015년출제]
　　　• 성리학적 의식과 예절이 발달하여 부계 중심의 가족제도가 확립되면서 혼인 후 곧바로 남자 집에서 생활하는 제도가 정착되었다.
　　　• 제사는 반드시 장자가 지내야 한다는 의식이 확산되었고, 재산 상속에서도 큰 아들이 우대를 받았다.
　　㉢ 조선후기
　　　• 부계 중심의 가족제도가 더욱 강화되었다. 양자입양이 일반화되었다.
　　　• 부계 위주로 족보가 편찬되었고, 동성 마을이 형성되기도 하였다. 따라서 이 때에는 종중의식이 확산되었다.

② 가족윤리 … 효와 정절을 강조하였고, 과부의 재가는 금지되었으며, 효자와 열녀를 표창하였다.

③ 혼인풍습 … 일부일처를 기본으로 하였으나 남자의 축첩은 허용되었다. 서얼의 차별이 있었으며 혼사는 가장이 결정하였는데, 법적 혼인연령은 남자 15세, 여자 14세였다.

(5) 인구의 변동

① 목적 … 국가 운영에 필요한 인적 자원을 파악하기 위하여 제도를 정비하고 수시로 호구조사를 실시하였다.

② 호적대장 … 각 군현의 남성 인구 수를 근거로 해당 지역의 공물과 군역을 부과하기 위해 호적대장을 작성하였다.

❷ 향촌질서의 변화

(1) 양반의 향촌지배 약화

① 향촌사회의 변화

　㉠ 농촌사회가 분화되고 신분제가 붕괴되면서 양반계층의 구성이 복잡하게 바뀌었고, 사족 중심의 향촌질서도 변화되었다.

　㉡ 평민과 천민 중에는 일부가 부농층으로 성장하거나, 양반 중에는 토지를 잃고 전호나 임노동자로 전락하면서 양반의 권위는 흔들리게 되었다.

　㉢ 부농층은 관권과 결탁하여 성장의 기반을 굳건히 하면서 향안에 참여하고 향회를 장악하고자 하였다.

　㉣ 부농층과 권관의 결탁은 중앙의 관권이 강화되면서, 향리세력의 역할도 증대되었다. 이에 양반의 이익을 대변하던 향회는 수령의 조세징수자문기구로 전락하였다.

(2) 향촌세력의 변화

① 양반층의 동향

　㉠ 양반의 권위와 지위를 지키기 위한 노력

　　• 군현 단위의 농민지배 대신 거주지 중심으로 촌락 단위의 동약을 실시하거나 족적 결합을 강화하였다.

　　• 전국에 많은 동족마을 만들고 서원 · 사우가 문중을 중심으로 세워졌다.

　　• 족보를 제작하고 양반의 명다인 청금록과 향안을 작성하여 향약 및 향촌자치기구의 주도권을 장악하였다.

② 부농층의 대두

　㉠ 경제적 능력으로 납속이나 향직의 매매를 통해 신분상승을 이루고 향약을 담당하여 양반의 역할을 대체하였다.

　㉡ 정부의 부세운영제도에 참여하였으며 수령 및 향촌세력과의 결탁을 통해 지위를 확보해 나갔다.

③ 향전 … 기존의 양반층(구향)과 신향이 향촌사회의 지배권을 두고 벌인 다툼이다. 신향은 소외되었던 양반, 서얼, 부농층 등이 포함되었으며, 이들은 세력을 형성하여 수령과 타협적인 관계를 유지하였다.

3 농민층의 변화

(1) 농민층의 분화

① 분화 배경 … 기존 사회체제의 동요가 일어나면서 새로운 사회질서를 모색하기 위한 움직임이 일어났다.

② 조선후기의 농민구성

    ㉠ 상층(중소지주층)은 자기가 소유한 토지를 다른 사람에게 빌려 주어 소작제를 경영하여 몰락한 양반이나 중인층보다 윤택한 생활을 하는 계층이다.

    ㉡ 대다수의 농민은 작은 규모의 자영농이거나 다른 사람의 땅을 빌려 경작하고 소작료를 내던 소작농이었다.

③ 농민의 사회적 현실

    ㉠ 여러 가지 의무를 부과하였고, 호패법으로 이동을 억제시켰다. 토지에 묶인 농민들은 대대로 한 곳에 정착하여 자급자족적인 생활을 하였다.

    ㉡ 양 난 이후 국가의 재정파탄과 기강 해이로 인한 수취의 증가는 농민의 생활을 어렵게 하였고, 사회혼란을 타개하기 위한 대동법과 균역법이 효과를 거두지 못하자 농민의 불만은 커져 갔다.

④ 농민층의 분화 … 농업경영을 통하여 부농으로 성장하거나, 상공업으로 생활을 영위하기도 하고, 도시나 광산의 임노동자가 되기도 했다.

(2) 지주와 임노동자

① 지주(대부분이 양반으로 구성)

    ㉠ 대지주의 등장 : 상품화폐경제가 발달하고, 이윤추구의 경제적 욕구가 상승하자 광작을 하는 대지주가 등장하게 되었다.

    ㉡ 서민지주의 등장

        • 일부 서민들은 영농방법의 개선과 농지 확대 등을 통해 부를 축적하였다.

        • 신분상승을 위해 재력을 바탕으로 합법적으로 공명첩을 사거나 잔반의 족보를 매입·위조하였다.

        • 군역을 면제받고 자손들까지도 그 혜택을 누리기 위해 신분상승을 시도하였다. 이외에도 양반 지주층의 수탈을 피하고 각종 경제활동에서 편의를 제공받기 위해 신분상승을 꾀하였다.

        • 결과적으로 양반신분의 사회적 권위가 하락하고 양반중심의 신분체제가 흔들리게 되었다.

② 임노동자(토지에서 밀려난 다수의 농민)

    ㉠ 부역제의 해이 : 16세기 중엽 이래로 부역제가 해이해져서 국가에서 필요로 하는 노동력마저 동원이 어려워지면서 임노동자를 고용했다.

    ㉡ 품팔이 노동력 : 부농층이 1년 단위로 임노동자를 고용하였다.

③ 부농층의 대두와 임노동자의 출현은 조선후기 농민의 분화를 뜻하는 것이었다.

4 사회변혁의 움직임

(1) 사회불안의 심화

① 사회의 동요
　　㉠ 신분제가 동요되어 양반 중심의 지배체제에 위기가 닥쳤다.
　　㉡ 지배층과 농민층의 갈등이 심화되고 지배층의 수탈이 심해지면서 농민경제의 파탄을 가져왔다.
　　㉢ 농민의식이 향상되어 곳곳에서 적극적인 항거운동이 발생하였다.

② 농민생활의 궁핍
　　㉠ 탐관오리의 탐학과 횡포가 심화되어 정치기강이 문란해졌다.
　　㉡ 수해와 콜레라 등 재난과 질병이 거듭되어 떠도는 백성이 속출하였다.

③ 민심의 불안
　　㉠ 비기와 도참설이 유행하고, 서양의 이양선이 출몰하자 민심은 극도로 흉흉해져 갔다.
　　㉡ 화적들은 지방의 토호나 부상들을 공격하고, 수적들은 배를 타고 강이나 바다를 무대로 조운선과 상선을 약탈하는 등 도적이 창궐하였다.

(2) 예언사상의 대두

① 비기 · 도참을 이용하여 말세의 도래, 왕조의 교체 및 변란을 예고 등 근거없이 낭설이 횡행하였다.

② **무격신앙과 미륵신앙의 확장** … 현세의 어려움을 미륵신앙에서 해결하려는 움직임이 있었으며, 미륵불을 자처하며 서민을 현혹하는 무리가 등장하였다.

(3) 천주교의 전파

① **배경** … 17세기에 중국을 방문한 사신들에 의해 서학으로 소개되었다.

② **초기 활동** … 18세기 후반 남인계열의 실학자들이 천주교 서적을 읽고 신앙생활을 하게 되었으며, 이승훈이 베이징에서 영세를 받고 돌아온 이후 신앙 활동이 더욱 활발해졌다.

③ **천주교 신앙의 전개와 박해**
　　㉠ 초기 : 기존의 신분질서를 부정하는 평등사상과 조상에 대한 제사 거부가 유교적 인륜을 부정하고 국왕에 대한 권위도전을 이유로 사교로 규정하였다.

ⓒ **신해박해**(1791) : 정조 때 윤지충, 권상연 등이 위폐를 소각한 사건으로 죽음을 당하여 우리나라 교회사의 최초의 순교가 나타났지만, 집권세력인 시파는 천주교에 관대하여 큰 탄압은 없었다.

ⓒ **신유박해**(1801) : 순조 때 노론 벽파는 천주교 신자가 많은 남인을 제거하기 위해 천주교 탄압을 강행하였다.

ⓒ **기해박해**(1839) : 헌종 때 풍양 조씨가 신도와 프랑스 신부를 찾아 처형을 하였고, 천주교 탄압이 극에 달하였다.

ⓜ **병인박해**(1866) : 프랑스로 하여금 러시아의 남하저지를 꾀한 것이 실패하자 대원군은 프랑스 신부를 학살하였다. 이는 후에 병인양요의 원인이 된다.

④ **교세 확장의 배경** … 세도정치로 인한 사회불안과 어려운 현실에 대한 불만, 신 앞에 모든 인간은 평등하다는 논리, 내세신앙 등의 교리에 일부 백성들이 공감을 가졌던 것이다.

(4) 동학의 발생 2016년출제

① **배경** … 삼정의 문란에 의한 경제파탄과 정치적 부패에 농민들은 새로운 사상을 갈망하였다.

② **창시** … 1860년 경주의 몰락양반 최제우가 창시하였다.

③ **성격**

ⓐ 유·불·선을 바탕으로 주문과 부적 등 민간신앙의 요소들이 결합된 종합적인 성격을 가졌다.

ⓑ 농민들이 직면한 과제를 해결하려 했으며, 기존의 성리학과 부패한 불교를 부정하고 천주교도 배격하였다.

④ **사상**

ⓐ 시천주(侍天主)와 인내천 사상을 통해 노비제도와 신분차별을 없애고, 여성과 어린이의 인격존중을 주장하였다.

ⓑ 보국안민을 통해 일본이나 서양세력을 경계하였다.

⑤ **정부의 탄압** … 혹세무민(세상을 어지럽히고 백성을 현혹한다)을 이유로 최제우를 처형하였다. 후에 2대 교주인 최시형은 교단을 재정비하고 동경대전과 용담유사를 편찬하였다.

(5) 농민의 항거

① **배경** … 사회불안이 고조되자 유교적 왕도정치가 점점 퇴색되었고 탐관오리의 부정, 삼정의 문란, 극도에 달한 수령의 부정은 중앙권력과 연결되어 갈수록 심해져갔다.

② **홍경래의 난**(1811) … 내용 : 몰락한 양반 홍경래의 지휘 아래 영세농민과 중소상인, 광산노동자들이 합세하여 일으킨 봉기였으나 5개월 만에 평정되었다.

③ **임술농민봉기**(1862) … 경과 : 진주에서 시작되어 탐관오리와 토호의 탐학에 저항하였으며 한 때 진주성을 점령하기도 하였다.

≡ 최근 기출문제 분석 ≡

2019. 11. 2. 국내여행안내사

1 다음 사건의 배경이 된 지역은?

> 1811년 지역 차별에 불만을 품은 상인, 향임층, 무사, 유랑농민 등이 주축이 되어 발생한 민란으로 9개 읍을 점령하는 등 위세를 떨쳤다.

① 전라도   ② 경상도

③ 평안도   ④ 함경도

> **TIP** 제시된 내용은 19세기 초 지방 차별과 조정의 부패에 항거하여 홍경래·우군칙 등의 주도로 평안도에서 일어난 농민항쟁인 홍경래의 난에 대한 설명이다.

2015. 11. 6. 관광통역안내사

2 조선 후기 사회모습에 관한 설명으로 옳은 것을 모두 고른 것은?

> ㉠ 경제적으로 몰락한 양반들은 잔반이 되었다.
> ㉡ 혼인 후 남자가 여자 집에서 생활하는 경우가 많았다.
> ㉢ 부농층이 공명첩을 구매하여 신분 상승을 꾀하였다.
> ㉣ 서얼 출신들이 규장각 검서관으로 등용되기도 하였다.

① ㉠   ② ㉡, ㉢

③ ㉡, ㉣   ④ ㉠, ㉢, ㉣

> **TIP** ㉡ 조선 전기에는 고려시대의 영향으로 혼인 후 남자가 여자 집에서 생활하는 남귀여가혼의 풍습이 그대로 전해졌지만, 조선 후기에는 부계 중심의 가족제도가 확립되면서 신랑이 처갓집으로 신부를 맞으러 가서 데려오는 제도인 친영제도가 정착되었다.

Answer 1.③ 2.④

출제 예상 문제

1 조선후기 농민층의 변화와 관련된 내용으로 옳은 것은?

① 부농층은 관권과 결탁하여 성장의 기반을 굳건히 하면서 향안에 참여하고 향회를 장악하고자 하였다.

② 납속책을 도입하여 곡물을 헌납 받고 그 대가로 군역을 면제해 주거나 천민의 경우 신분을 해방시켜 주기도 하였다.

③ 중소지주층은 원래 대지주였던 사람이 몰락하여 된 집단이다.

④ 토지에서 밀려난 다수의 농민은 품팔이 노동력인 임노동자가 되어 6개월을 단위로 부농층에게 고용되었다.

TIP ② 납속책은 조선초기부터 군량미가 부족하거나 기근 등으로 진휼할 곡식을 확보하기 위하여 행하여지던 재정확보책의 하나로, 조선 후기에 새로 도입된 것은 아니다.

③ 중소지주층은 자기가 소유한 토지를 다른 사람에게 빌려주어 소작제를 경영하여 몰락한 양반이나 중인층보다 윤택한 생활을 하는 계층이다.

④ 임노동자는 부농층에 1년 단위로 고용되었다.

2 조선의 가족제도 변화와 혼인에 대한 설명으로 옳지 않은 것은?

① 조선 중기에는 혼인 후 남자가 여자 집에서 생활하는 경우가 있었다.

② 17세기 이후 제사는 반드시 장자가 지내야 한다는 의식이 확대되었다.

③ 효자와 열녀를 표창하는 등 효와 정절을 강조하였지만, 과부의 재가는 허용하였다.

④ 일부일처를 기본으로 하였으나 남자의 축첩은 허용되었다.

TIP ③ 1477년 7월 성종은 입법회의에서, 여자는 한 번 시집가면 종신 불개(不改)해야 하며, 개가녀의 자식은 벼슬을 시키지 않는다는 결정을 내리고 「경국대전」에 성문화하여 과부의 재가를 금지하였다.

Answer 1.① 2.③

3 조선후기의 다음과 같은 현상으로 인한 사회상으로 옳은 것은?

> • 붕당정치가 변질되면서 일당전제화의 추세가 나타났다.
> • 이앙법과 견종법의 실시로 노동력이 절감되어 광작이 성행하였다.
> • 납포장이 등장하고, 특정 물품을 대량으로 취급하는 도고가 성장하였다.

① 경제적인 부에 따라 신분이 결정되었다.
② 신분 이동의 가능성이 점차 줄어들었다.
③ 계층분화현상으로 신분 내부의 동질성이 약화되었다.
④ 개인적 이동의 가능성이 줄고 구조적 이동의 가능성이 높아졌다.

TIP 일당전제화로 소수의 가문만이 권력을 독점하게 되어 양반층의 분화가 일어났고, 광작과 도고로 일부 농민·상인이 부를 축적하여 납속 등을 통해 신분상승을 하였다. 이러한 계층의 분화는 계층별 위화감을 일으키게 하였다.

4 다음 중 조선후기 노비에 대한 설명으로 옳은 것은?

① 군공을 세우거나 납속을 통해 상민이 되는 경우가 많아졌다.
② 농민층의 몰락으로 노비의 수가 급증하여 국가재정에 타격을 주었다.
③ 사노비는 상전에게 강하게 예속되었으며 상민과의 구별이 더욱 엄격해졌다.
④ 정부는 국가재정상, 국방상의 이유로 노비수를 늘리기 위한 노력을 기울였다.

TIP 부를 축적한 농민은 지위를 높이고 역 부담을 모면하기 위해 신분을 사거나 족보를 위조하여 양반이 되었고 노비 또한 도망, 상민과의 결혼, 군공이나 납속을 통해 상민이 되었다. 이러한 상민의 감소와 양반 수의 증가는 국가재정상·국방상 많은 지장을 초래하였다. 국가에서는 국가재정의 기반이 되는 상민의 수를 늘리기 위해 공노비를 단계적으로 해방시켰다.

Answer 3.③ 4.①

5 다음의 내용을 통해서 조선후기 시대상황을 옳게 추론한 것은?

> • 설점수세정책이 실시되었다.
> • 공장안 등록제도가 폐지되었다.
> • 양인장정들이 납포군으로 바뀌었다.

① 인력의 동원력이 약화되었다.
② 민간 주도의 경제체제가 확립되었다.
③ 봉건적인 신분질서가 붕괴되었다.
④ 국가재정의 부족사태가 발생하였다.

TIP 조선후기에는 상인과 농민층의 불만과 반발로 인하여 인력의 강제동원력이 약화되었다.

6 다음 사회 현상에서 공통적으로 발견할 수 있는 성격은?

> • 소청운동   • 벽서사건
> • 항조운동   • 민란

① 잔반들이 정권을 장악하고자 한 것이다.
② 서얼들이 지위를 향상시키고자 한 것이다.
③ 노비들이 신분을 해방시키고자 한 것이다.
④ 농민들이 비참한 현실을 타개하고자 한 것이다.

TIP ④ 조선후기 세도정치로 인한 삼정의 문란, 정치혼란 등으로 농촌사회가 극도로 피폐해졌다. 이에 농민들은 비참한 현실을 타파하고자 소청운동, 벽서사건, 항조운동, 민란 등을 일으켰다.

Answer   5.①   6.④

7 다음 중에서 19세기 전반에 일어난 홍경래의 난의 원인으로 옳은 것은?

> ㉠ 지역 차별 ㉡ 외세의 침탈
> ㉢ 지주제의 모순 ㉣ 붕당간의 차별
> ㉤ 세도정권의 부패

① ㉠㉡㉢ ② ㉠㉢㉤

③ ㉡㉢㉣ ④ ㉢㉣㉤

TIP 홍경래의 난(1811)은 봉건체제의 모순의 격화, 서북인에 대한 정치적 차별, 수령권에 대한 봉기, 세도정치로 인한 민심의 이반 등을 원인으로 일어났다.

8 다음과 같은 상황이 가져온 결과로 옳은 것은?

> 경제력을 확보한 부농층은 사족들의 향촌 지배에 도전하면서 기존의 향촌질서를 무너뜨리고자 하였다. 이들은 관권과 결탁하여 성장의 기반을 굳건히 하였다.

① 향리세력의 권한이 강화되었다.
② 서원과 향약의 비중이 점점 커져 갔다.
③ 사족들의 향촌사회에서의 영향력이 확대되었다.
④ 부농층이 주도하는 두레와 계 등이 성장하게 되었다.

TIP 신흥부농층이 관권과 결탁함으로써 관권의 성장을 초래하였고, 이는 실질적으로 관권을 장악하고 있던 향리세력의 권한을 상대적으로 강화시켜 주었다.

Answer 7.② 8.①

9 다음 중 조선후기 농민들의 생활로 옳지 않은 것은?

① 광산, 포구, 도시 등으로 이주하여 임노동자가 되었다.

② 소청이나 벽서운동을 통해서 적극적으로 지배층의 착취에 맞서기도 하였다.

③ 서양세력의 침투에 맞서서 유교적 향약을 보급하여 사회적 결속을 강화하였다.

④ 계와 두레를 조직하여 공동으로 경제적 어려움을 해결해 나갔다.

TIP ③ 향약은 향촌의 양반들이 농민을 지배하기 위한 수단으로 활용되었고, 농민들은 향약에 대해 부정적인 태도를 보였다.

10 조선 후기 향촌 사회의 변화에 관한 설명으로 옳은 것은?

① 경제력을 갖춘 부농층이 향촌 사회에서 영향력을 행사하였다.

② 향촌 사회의 최고 지배층은 중인 계층이 주류를 이뤘다.

③ 신앙 조직의 성격을 지닌 향도가 매향 활동을 주도하였다.

④ 많은 속현에 감무를 파견하여 지방에 대한 통제력을 강화하였다.

TIP ② 향촌 사회의 최고 지배층은 지방 사족(양반)이었다.
③ 고려시대 향도에 대한 설명이다.
④ 감무는 고려시대에 지방의 군현에 파견한 관직이다.

Answer 9.③ 10.①

국사

05

민족문화의 발달

01 고대의 문화

1 학문과 사상·종교

(1) 한자의 보급과 교육

① 한자의 전래

　㉠ 한자는 철기시대부터 지배층을 중심으로 사용되었다.

　㉡ 한자의 뜻과 소리를 빌려 우리말을 기록하는 이두·향찰이 사용되었고, 이로써 한문이 토착화되고 한문학이 널리 보급되어 갔다.

② 교육기관의 설립과 한자의 보급

　㉠ 고구려

　　• 태학(수도) : 유교경전과 역사서를 가르쳤다.

　　• 경당(지방) : 청소년에게 한학과 무술을 가르쳤다.

　㉡ 백제

　　• 5경 박사·의박사·역박사 : 유교경전과 기술학 등을 가르쳤다.

　　• 한문 문장 : 북위에 보낸 국서는 매우 세련된 한문 문장으로 쓰여졌으며, 사택지적 비문에는 불당을 세운 내력을 기록하고 있다.

　㉢ 신라 : 임신서기석을 통해 청소년들이 유교경전을 공부하였던 사실을 알 수 있다. `2016년출제`

(2) 역사편찬과 유학의 보급 `2019년출제`

① 삼국시대

　㉠ 역사편찬의 목적 : 학문이 점차 발달되고 중앙집권적 체제가 정비됨에 따라 자기 나라의 전통을 이해하고 왕실의 권위를 높이며 나라에 대한 백성들의 충성심을 모으기 위해 편찬하였다.

　㉡ 역사편찬의 내용

　　• 고구려 : 「유기」, 이문진의 「신집 5권」

　　• 백제 : 고흥의 「서기」 `2015년출제`

　　• 신라 : 거칠부의 「국사」

② 통일신라

ㄱ 김대문 : 「화랑세기」, 「고승전」, 「한산기」를 저술하여 주체적인 문화의식을 드높였다. `2018년출제`

ㄴ 6두품 유학자 : 강수(외교문서를 잘 지은 문장가)나 설총(「화왕계」 저술)이 활약하여 도덕적 합리주의를 제시하였다.

ㄷ 도당 유학생 : 김운경, 최치원이 다양한 개혁안을 제시하였다. 특히 최치원은 당에서 빈공과에 급제하고 「계원필경」 등 뛰어난 저술을 남겼으며, 유학자이면서도 불교와 도교에 조예가 깊었다. `2015년출제`

③ 발해 … 당에 유학생을 파견하였고 당의 빈공과에 급제한 사람도 여러 명 나왔다.

(3) 불교의 수용

① 불교의 전래와 공인 … 중앙집권적 국가체제를 정비할 무렵인 4세기에 전래되었다.

ㄱ 고구려 : 소수림왕 때 중국의 전진에서 전래되었다(372).

ㄴ 백제 : 침류왕 때 동진에서 전래되었다(384).

ㄷ 신라 : 고구려에서 전래되었고(457), 법흥왕 때 공인하였다(527).

② 불교의 영향

ㄱ 새로운 국가정신의 확립과 왕권 강화의 결과를 가져왔다. 신라의 경우는 불교식 왕명이나 세속 5계를 통해 발전하게 되었다.

ㄴ 삼국은 사상·음악·미술·건축·공예·의학 등의 선진문화를 수용할 수 있었고 새로운 문화를 창조하게 되었다.

③ 도교의 전래 … 산천숭배나 신선사상과 결합하여 귀족사회에 전래되었다. 고구려의 사신도, 백제의 산수무늬 벽돌, 금동대향로를 통해 알 수 있다.

(4) 불교사상의 발달 `2017년출제` `2019년출제`

① 통일신라 … 다양하고 폭넓은 불교사상에 대한 본격적인 이해기반을 확립하기 시작하였다.

ㄱ 원효 : 불교의 사상적 이해기준을 확립시켰고(「금강삼매경론」, 「대승기신론소」), 종파간의 사상적인 대립을 극복하고 조화시키려 애썼으며, 불교의 대중화에 이바지하였다(아미타신앙). `2020년출제` `2019년출제`

ㄴ 의상 : 「화엄일승법계도」를 통해 화엄사상을 정립하였고, 현세에서 고난을 구제한다는 관음사상을 외치기도 하였다. `2020년출제`

ㄷ 혜초 : 인도에 가서 불교를 공부하였으며, 「왕오천축국전」을 저술하기도 하였다.

ㄹ 원측 : 당나라에서 섭론종을 익혔으며 현장에게서 신유식을 배워 유식학을 독자적으로 발전시켰다.

② 발해 … 왕실과 귀족을 중심으로 성행하였고, 문왕은 스스로를 불교적 성왕으로 일컬었다.

(5) 선종과 풍수지리설

① 선종 … 통일 전후에 전래되어 신라말기에 유행하였다.

    ㉠ 성격 : 경전의 이해를 통하여 깨달음을 추구하는 교종과는 달리 선종은 문자를 뛰어 넘어(不立文字) 구체적인 실천수행을 통하여 각자의 마음속에 내재된 깨달음을 얻는다(見性成佛)는 실천적 경향이 강하였다.

    ㉡ 선종 9산 : 지방의 호족세력과 결합하여 각 지방에 근거지를 두었다.

    ㉢ 지방문화의 역량을 증대시키고 고려 사회 건설의 사상적 바탕이 되기도 하였다.

② 풍수지리설 … 신라말기의 도선과 같은 선종 승려들이 중국에서 풍수지리설을 들여왔다.

    ㉠ 성격 : 도읍, 주택, 묘지 등을 선정하는 인문 지리적 학설을 말하며, 도참사상과 결합하기도 하였다.

    ㉡ 경주 중심에서 벗어나 다른 지방의 중요성을 자각하는 계기가 되었고, 국토를 지방 중심으로 재편성하는 주장을 펴기도 하였다. 이는 신라 정부의 권위를 약화시키는 역할을 하기도 하였다.

② 과학기술의 발달

(1) 천문학과 수학

① 천문학의 발달 … 천체관측을 중심으로 발달하였다.

    ㉠ 배경 : 농경과 밀접한 관련을 가졌으며, 왕의 권위를 하늘과 연결시켰다.

    ㉡ 발달

        • 고구려 : 별자리를 그린 천문도가 만들어졌다.

        • 신라 : 세계에서 가장 오래된 천문대인 첨성대를 세워 천체를 관측하였다. **2022년출제**

    ㉢ 일월식, 혜성의 출현, 기상 이변들이 삼국사기에 기록되어 있는데 매우 정확한 기록으로 밝혀지고 있다.

② 수학의 발달 … 수학적 지식을 활용한 조형물을 통해 수학이 높은 수준으로 발달했음을 알 수 있다.

    ㉠ 고구려 : 고분의 석실과 천장의 구조

    ㉡ 백제 : 정림사지 5층 석탑

    ㉢ 신라 : 황룡사지 9층 목탑, 석굴암의 석굴구조, 불국사 3층 석탑, 다보탑

(2) 목판인쇄술과 제지술의 발달

① 배경 … 불교문화의 발달에 따라 불경을 대량으로 인쇄하기 위한 목판인쇄술과 질 좋은 종이를 만들 수 있는 제지술이 발달하였다.

② 무구정광대다라니경 … 세계에서 가장 오래된 목판인쇄물이며, 닥나무 종이를 사용하였다.

(3) 금속기술의 발달

① 고구려 … 철의 생산이 중요한 국가적 산업이었으며, 우수한 철제 무기와 도구가 출토되었다. 고분벽화에는 철을 단련하고 수레바퀴를 제작하는 기술자의 모습이 묘사되어 있다.

② 신라 … 금세공기술과 금속주조기술도 발달하였다(금관, 성덕대왕신종).

③ 백제 … 금속공예기술이 발달하였다(칠지도, 백제 금동대향로).

(4) 농업기술의 혁신

① 철제 농기구의 보급을 통해 농업생산력이 증가하였으며, 이는 중앙집권적 귀족국가로 발전하는 경제적 기반이 되었다.

② 삼국의 농업기술 … 쟁기, 호미, 괭이 등의 농기구가 보급되어 농업생산이 증가되었다.

    ㉠ 고구려 : 쟁기갈이, 보습의 사용으로 농업이 발달하였다(4세기).

    ㉡ 백제 : 수리시설의 축조, 철제농기구의 개량을 통해 논농사가 발전하였다(4 ~ 5세기).

    ㉢ 신라 : 우경의 보급 및 확대로 생산량이 증가하였다(5 ~ 6세기).

③ 고대인의 자취와 멋

(1) 고분과 고분벽화

① 고구려 <2023년출제>

    ㉠ 돌무지무덤(초기) : 돌을 정밀하게 쌓아 올린 무덤으로 벽화가 없는 것이 특징이며 7층까지 쌓아 올린 장군총이 대표적인 무덤이다.

    ㉡ 굴식돌방무덤(후기) : 돌로 널방을 짜고 그 위에 흙으로 덮어 봉분을 만든 것으로 내부의 벽과 천장에 벽화를 그리기도 하였다. 주로 만주 집안, 황해도 안악 등에 분포하고 있으며 무용총(사냥그림), 강서대묘(사신도), 쌍영총, 각저총(씨름도)등이 대표적이다.

② 백제

    ㉠ 계단식 돌무지무덤(한성시대) : 고구려 초기의 고분과 비슷하며, 서울 석촌동 고분이 대표적이다.

    ㉡ 굴식돌방무덤, 벽돌무덤(웅진시대) : 굴식돌방무덤과 중국 남조의 영향을 받은 벽돌무덤 양식의 무령왕릉이 있다.

    ㉢ 굴식돌방무덤(사비시대) : 규모는 작지만 세련된 굴식돌방무덤을 만들었다.

③ 신라 … 거대한 돌무지 덧널무덤(천마총의 천마도)을 만들었으며, 삼국통일 직전에는 굴식 돌방무덤도 만들었다.

④ **통일신라** … 불교의 영향으로 화장이 유행하였으며, 거대한 돌무지 덧널무덤에서 점차 규모가 작은 굴식 돌방무덤으로 바뀌었다. 그리고 무덤의 봉토 주위를 둘레돌로 두르고, 그 둘레돌에는 12지신상을 조각하였다.

⑤ **발해**

　㉠ **정혜공주묘** : 굴식 돌방무덤으로 모줄임 천장구조가 고구려 고분과 닮았고, 이곳에서 나온 돌사자상은 매우 힘차고 생동감이 있다.

　㉡ **정효공주묘** : 묘지와 벽화가 발굴되었는데, 이 무덤에서 나온 유물들은 발해의 문화수준을 보여준다.

(2) 건축과 탑

① **삼국시대**

　㉠ **궁궐** : 평양의 안학궁은 고구려 남진정책의 기상을 보여준다.

　㉡ **사원** : 신라의 황룡사는 진흥왕의 팽창의지를 보여주고, 백제의 미륵사는 무왕이 추진한 백제의 중흥을 반영하는 것이다.

　㉢ **가옥** : 고구려의 고분벽화에는 가옥구조가 잘 나타나 있다.

　㉣ **성곽** : 산성이 대부분이었으며 방어를 위해 축조하였다.

　㉤ **탑** : 불교의 전파와 함께 부처의 사리를 봉안하여 예배의 주대상으로 삼았다. **2016년출제** **2020년출제**

　　• 고구려 : 주로 목탑을 건립했는데 이제는 남아 있는 것이 없다.

　　• 백제 : 목탑형식의 석탑인 익산 미륵사지 석탑, 부여 정림사지 5층 석탑이 대표적인 석탑이다.

　　• 신라 : 몽고의 침입 때 소실된 황룡사 9층 목탑과 벽돌모양의 석탑인 분황사탑이 유명하다.

② **통일신라**

　㉠ **건축** : 궁궐과 가옥은 남아있는 것이 거의 없다.

　㉡ **사원** : 불국토의 이상을 조화와 균형 감각으로 표현한 불국사, 아름다운 비례와 균형의 조형미가 뛰어난 석굴암이 대표적이다. 인공 연못인 안압지를 통해 뛰어난 신라 조경술과 화려한 귀족생활의 모습을 짐작할 수 있다.

　㉢ **탑**

　　• 신라중대에는 목탑양식과 전탑양식을 계승, 발전시켜 2중 기단 위에 3층으로 석탑이 있는 형식이 유행하였고 석가탑, 다보탑 등이 대표적이다.

　　• 신라하대에는 선종이 유행하면서 승려들의 사리를 봉안하는 승탑과 승비가 유행하였다. 승탑과 승비는 세련되고 균형감이 뛰어나 이시기 조형미술을 대표하여, 신라말기 지방호족들의 정치적 역량이 성장하였음을 보여준다.

③ **발해** … 수도 상경에 외성을 쌓고, 당의 장안성을 모방한 주작대로를 내고, 그 안에 궁궐과 사원을 세웠다. 사찰은 높은 단 위에 금당을 짓고 그 좌우에 건물을 배치하였다.

(3) 불상 조각과 공예

① **삼국시대** … 불상으로는 미륵보살반가상을 많이 제작하였다. 그 중에서도 금동미륵보살반가상은 날씬한 몸매와 자애로운 미소로 유명하다.

    ㉠ **고구려** : 연가 7년명 금동여래입상(중국 북조의 영향을 받았으나 강인한 인상과 은은한 미소에는 고구려의 독창성이 보임)

    ㉡ **백제** : 서산 마애삼존불상(부드러운 자태와 온화한 미소)

    ㉢ **신라** : 경주 배리석불입상(푸근한 자태와 부드럽고 은은한 미소)

② **통일신라**

    ㉠ **석굴암의 본존불과 보살상** : 사실적 조각으로 불교의 이상세계를 구현하는 것이다.

    ㉡ **조각** : 태종 무열왕릉비의 받침돌, 불국사 석등, 법주사 쌍사자 석등이 유명하다.

    ㉢ **공예** : 상원사 종, 성덕대왕 신종, 특히 성덕대왕 신종은 맑고 장중한 소리, 경쾌하고 아름다운 비천상으로 유명하다.

③ **발해**

    ㉠ **불상** : 흙을 구워 만든 불상과 부처 둘이 앉아 있는 불상이 유명한데, 고구려 양식을 계승하고 있다.

    ㉡ **조각** : 벽돌과 기와무늬(고구려 영향), 석등(팔각기단)이 유명하다.

    ㉢ **공예** : 자기공예가 독특하게 발전하였고 당에 수출하기도 했다.

(4) 글씨 · 그림과 음악

① **서예**

    ㉠ **광개토대왕릉 비문** : 웅건한 서체로 써졌다.

    ㉡ **김생** : 질박하면서도 굳센 신라의 독자적인 서체를 열었다.

② **그림**

    ㉠ **천마도** : 신라의 힘찬 화풍을 보여준다.

    ㉡ **솔거** : 황룡사 벽에 그린 소나무 벽화가 실물에 가까워 새들이 날아왔다는 일화로 유명하다.

    ㉢ **화엄경 변상도** : 섬세하고 유려한 모습은 신라의 그림 수준을 보여 준다.

③ **음악과 무용**(종교 및 노동과 밀접한 관련)

    ㉠ **고구려** : 왕산악은 거문고를 만들고 악곡을 지었다.

    ㉡ **신라** : 백결 선생은 방아타령을 지어 가난한 사람들을 달랬다.

    ㉢ **가야** : 우륵은 가야금을 만들고 12악곡을 지었다. **2018년출제**

(5) 한문학과 향가

① 삼국시대
- ㉠ 한시 : 황조가(고구려, 유리왕의 이별의 슬픔을 노래함), 오언시(을지문덕이 수의 장수에게 보냄)가 전해지고 있다.
- ㉡ 노래 : 구지가(무속신앙과 관련), 회소곡(노동과 관련), 정읍사(백제), 혜성가(신라의 향가) 등이 유행하였다.

② 통일신라
- ㉠ 향가 : 화랑에 대한 사모의 심정, 형제간의 우애, 공덕이나 불교에 대한 신앙심을 담고 있으며 삼대목을 편찬하였다.
- ㉡ 설화문학 : 에밀레종 설화, 설씨녀 이야기, 효녀 지은 이야기 등을 통해 종교와 백성들의 어려운 삶을 찾아볼 수 있다.

③ 발해 … 4·6변려체로 써진 정혜·정효공주의 묘지를 통해 높은 수준을 알 수 있고, 시인으로 양태사(다듬이 소리)가 유명하다.

4 일본의 문화 교류

(1) 삼국문화의 일본 전파 [2015년출제]

① 백제
- ㉠ 아직기와 왕인 : 4세기에 아직기는 일본의 태자에게 한자를 가르쳤고, 뒤이어 왕인은 천자문과 논어를 가르쳤다.
- ㉡ 노리사치계 : 6세기에 불경과 불상을 전하였다.
- ㉢ 관륵 : 천문학과 역법을 전달하였다.

② 고구려
- ㉠ 담징 : 종이와 먹의 제조방법을 전달하였고, 호류사의 벽화를 그렸다.
- ㉡ 혜자·혜관 : 혜자는 소토쿠 태자의 스승이 되었고, 혜관은 불교 전파에 큰 공을 세웠다.

③ 신라 … 축제술(한인의 연못)과 조선술을 전해주었다.

④ 삼국의 문화는 야마토 정권과 아스카 문화의 형성에 큰 영향을 주었다.

(2) 일본으로 건너간 통일신라의 문화

① 통일신라 문화의 전파는 일본에서 파견해 온 사신을 통해 이루어졌다.

② 원효, 강수, 설총이 발전시킨 유교와 불교문화는 일본 하쿠호 문화의 성립에 기여하였다.

③ 심상에 의하여 전해진 화엄사상은 일본 화엄종의 토대가 되었다.

≡ 최근 기출문제 분석 ≡

2023. 11. 4. 국내여행안내사

1 고구려 초기에 수도인 국내성(집안)에서 만들어진 지배자의 무덤은 무엇인가?

① 돌무지무덤

② 돌무지덧널무덤

③ 벽돌무덤

④ 나무곽무덤

> **TIP** 고구려 국내성 유적지에 있는 무덤은 장군총으로 해당 무덤은 고구려 초기 무덤 양식인 돌무지무덤(적석총)이다. 고구려 후기 무덤 양식은 굴식돌방무덤(강서대묘)이다.
> ② 돌무지덧널무덤 : 신라 초기 무덤 양식
> ③ 벽돌무덤 : 백제 무령왕릉
> ④ 나무곽무덤(덧널무덤) : 초기 철기시대 무덤 양식

2021. 11. 6. 국내여행안내사

2 다음 역사서의 저자를 바르게 연결한 것은?

> ㉠ 서기
> ㉡ 신집

① ㉠ : 거칠부, ㉡ : 김대문

② ㉠ : 이문진, ㉡ : 거칠부

③ ㉠ : 고흥, ㉡ : 이문진

④ ㉠ : 김대문, ㉡ : 고흥

> **TIP** ㉠ 백제 근초고왕 때 박사 고흥이 편찬한 역사책이다.
> ㉡ 4세기 후반 소수림왕 때 편찬된 것으로 추정되는 〈유기〉 100권을 집약하여 600년(영양왕11년) 태학박사 이문진이 5권으로 편찬하였다.

Answer 1.① 2.③

3 **통일신라의 불교에 관한 설명으로 옳은 것은?**

① 의상이 화엄 사상을 정립하였다.

② 이차돈의 순교로 불교를 공인하였다.

③ 담징이 법륭사 금당에 벽화를 남겼다.

④ 노리사치계가 일본에 불경과 불상을 전하였다.

> **TIP** ② 이차돈의 순교로 불교가 공인된 것은 527년(법흥왕 14)의 일이다.
> ③ 담징은 고구려 출신의 승려로 일본에 건너가 호류사에 금당벽화를 그렸다.
> ④ 노리사치계는 백제 성왕의 사신으로 일본으로 건너가 일본에 처음으로 불교를 전해 주었다.

4 **다음에 해당하는 인물은?**

> 설총을 낳은 후로는 스스로 소성거사라 일컬었다. 그는 「십문화쟁론」을 저술하고, 화쟁사상을 주장하였다.

① 혜자   ② 의상

③ 원효   ④ 원광

> **TIP** 제시된 내용은 신라의 승려이자 설총의 아버지인 원효에 대한 설명이다. 원효는 일심사상과 화쟁사상을 중심으로 불교의 대중화에 힘썼다. 주요 저서로 「십문화쟁론」 외에 「금강삼매경론」, 「기신론별기」, 「대승기신론소」, 「법화경종요」 등이 있다.

5 **동서 문화 교류가 활발했다는 사실을 증명하는 유물이 아닌 것은?**

① 발해 석등   ② 경주 계림로 보검

③ 원성왕릉의 무인 석상   ④ 동경 용원부의 삼존불상

> **TIP** ② 경주 계림로 보검은 미추왕릉지구에서 발굴된 신라 때의 보검이다. 이 보검 장식은 삼국시대의 고분에서 출토되는 환두태도 등 여러 종류의 칼과는 그 형태가 다르고, 표면에 나타난 장식 등에서 서구 문화의 영향을 엿볼 수 있다.
> ③ 원성왕릉의 무인 석상은 눈이 깊고 코가 우뚝한 소그드인의 모습으로 동서 문화 교류를 보여준다.
> ④ 발해 수도였던 동경 용원부에서 발견된 삼존불상 가운데 우협시(향좌) 보살상은 십자가 목걸이를 하고 있다. 이는 발해에 크리스트교를 믿는 외국인들이 많이 머물고 있었다는 것을 추론할 수 있게 한다.

Answer 3.① 4.③ 5.①

2017. 11. 4. 국내여행안내사

6 신라 불교에 관한 설명으로 옳지 않은 것은?

① 원효는 일심사상의 이론적 체계를 마련하였다.

② 의상은 화엄사상을 바탕으로 교단을 형성하였다.

③ 혜심은 유불일치설을 주장하고 심성 도야를 강조하였다.

④ 혜초는 인도에서 불교를 공부하고 왕오천축국전을 서술하였다.

> **TIP** ③ 혜심은 고려 때의 승려이다.

2019. 11. 2. 관광통역안내사

7 밑줄 친 '그'에 해당하는 인물은?

> 그는 불교 서적을 폭넓게 섭렵하고, 모든 것이 한마음에서 나온다는 일심 사상을 바탕으로 다른 종파들과 사상적 대립을 조화시키고 분파 의식을 극복하려고 하였다.

① 자장

② 원효

③ 의상

④ 원광

> **TIP** 밑줄 친 그는 신라의 승려 원효로, 일심(一心)과 화쟁(和諍) 사상을 중심으로 불교의 대중화에 힘썼으며 수많은 저술 등을 통해 불교 사상의 발전에 기여하였다.

Answer 6.③ 7.②

출제 예상 문제

1 다음 중 삼국의 문화에 대한 설명으로 옳지 않은 것은?

① 불교와 한자를 바탕으로 하였다.

② 민족문화의 첫 출발이란 점에서 역사적 의의를 갖는다.

③ 강력한 왕권과 귀족층을 중심으로 한 귀족적 문화이다.

④ 삼국은 지리적·역사적 환경을 달리하나 그 문화의 표현은 모두 동일한 성격을 지닌다.

TIP ④ 민족문화의 첫 출발인 삼국의 예술은 그 지리적·역사적 환경에 따라 약간의 상이한 성격을 가졌다. 고구려의 웅장미와 문화 중개성, 백제의 온화미와 일본 문화 전파성, 신라의 후진성 등이 그것이라 할 수 있다.

2 다음 중 고구려 문화의 영향을 받은 나라를 모두 고르면?

㉠ 백제	㉡ 신라
㉢ 발해	㉣ 일본

① ㉠

② ㉠㉡

③ ㉠㉡㉢

④ ㉠㉡㉢㉣

TIP 고구려 문화의 영향을 받은 나라
㉠ 백제의 고분벽화는 고구려의 영향을 받았다.
㉡ 신라의 미술은 초기에 고구려의 영향을 많이 받았다.
㉢ 발해의 미술은 고구려 미술이 계승되어 어느 정도 부드러워지면서도 웅장하고 건실한 기풍을 나타낸다.
㉣ 일본 쇼토쿠 태자의 스승은 고구려의 승려 혜자였다. 혜관은 삼론종을 전파했으며, 도현은「일본세기」를 저술하였다. 또 담징은 유교의 5경과 그림을 가르쳤고 종이와 먹의 제조방법까지 전해주었으며, 호류사의 금당벽화를 그렸다.

Answer 1.④ 2.④

3 삼국시대의 불교에 대한 설명 중 중앙집권화와 관련이 깊은 내용은?

> 삼국에 수용된 불교에 따라 형성된 하나의 불법에 귀의하는 같은 신도라는 신념은, 국왕을 받드는 길은 신민이라는 생각을 가지게 해 중앙집권화에 큰 역할을 하였다.

> ㉠ 부족과 부족을 통합할 수 있는 이념을 제시하였다.
> ㉡ 세속 5계를 정하여 이를 청년들에게 가르쳤다.
> ㉢ 도교에 대항하기 위하여 열반종을 개창하였다.
> ㉣ 교종의 전통과 권위를 부정하는 선종이 유행하였다.

① ㉠㉡   ② ㉠㉢

③ ㉠㉣   ④ ㉡㉢

TIP 중앙집권체제의 확립과 지방세력의 통제에 힘쓰던 4세기에 불교는 새로운 국가정신의 확립에 기여하고 강화된 왕권을 뒷받침해 주는 역할을 하였다. 왕권이 강화되면서 부족장 세력이 통합되었고, 세속 5계는 원광법사가 화랑에게 가르친 계율로서 불교와 유교의 내용이 가미된 당시 신라의 시대정신이었다고 볼 수 있다.

4 고대 삼국의 교육기관에 대한 설명으로 옳지 않은 것은?

① 고구려는 수도에는 태학, 지방에는 경당을 설립하였다.
② 백제에는 5경박사, 역박사, 의박사 등이 존재했던 걸로 보아 교육기관도 존재했음을 추측할 수 있다.
③ 신라에서는 청년들이 유교경전을 공부하였다.
④ 통일신라는 주자감이라는 교육기관을 통해 유학을 보급하였다.

TIP ④ 주자감은 왕족과 귀족을 대상으로 하는 발해의 교육기관이다.

Answer 3.① 4.④

5 다음은 의상대사가 지은 「화랑일승법계도」의 일부이다. 이를 통해 의상의 화엄사상이 신라 사회에 미친 영향은 무엇인가?

> 하나 안에 일체가 있고, 다양한 현상 안에 하나가 있으며, 하나는 곧 일체요, 다양한 현상이 곧 하나이다. 한 작은 티끌 속에 우주만물을 머금고, 일체의 티끌 속에 또한 이와 같다.

① 불교의 대중화
② 전제왕권의 강화
③ 호족세력의 성장
④ 선종의 유행

TIP 하나 속에 우주의 만물을 아우르려는 화엄사상은 전제왕권을 옹호하는 체계를 지닌다.

6 다음 중 통일신라의 문화에 대한 내용으로 옳은 것은?

① 원효는 불교 이해의 기준을 확립하였다.
② 최치원은 「화랑세기」 등을 통해 독자적 작품경향을 나타내었다.
③ 풍수지리사상의 유행으로 신라 정부의 권위는 강화되었다.
④ 도교와 노장사상의 유행으로 귀족들은 더욱 향락적인 생활을 하였다.

TIP ① 원효는 「금강삼매경록」, 「대승기신론소」, 「십문화쟁론」 등의 저서를 통해 불교의 사상적 이해 기준을 확립하였다.
② 「화랑세기」의 저자는 김대문이고, 최치원의 작품으로는 「계원필경」, 「낭혜화상비」가 대표적이다.
③ 풍수지리사상의 유행으로 신라 정부의 권위는 약화되었다.
④ 도교와 노장사상은 신라말기에 불교의 퇴폐적인 풍조에 반항하는 은둔적 사상이었다.

Answer 5.② 6.①

7 삼국시대의 불교에 대한 설명으로 가장 관계가 먼 것은?

① 고구려 불교는 주로 율종이 크게 발전하였다.
② 재래의 전통문화보다 넓은 문화의 세계가 있음을 알게 하였다.
③ 서역과 중국의 문화를 우리나라에 전달하는 구실도 하였다.
④ 백제는 일본에 불교를 전해 주었으며 일본 불교의 기초를 닦아 주었다.

TIP ① 고구려는 주로 삼론종이 발전하였고, 백제에서 율종 중심으로 발전하였다.

8 다음의 문화재들을 학습탐구대상으로 할 때 공통적인 주제가 될 수 있는 것은?

• 고구려 강서고분의 벽화
• 백제 무령왕릉의 지석
• 발해 정효공주의 묘지

① 유교의 전래과정
② 불교가 고대문화에 끼친 영향
③ 샤머니즘이 고분문화에 끼친 영향
④ 도교가 고대 지배계층에 끼친 영향

TIP 강서고분의 사신도, 무령왕릉 지석의 매지권에 관한 기록, 정효공주의 묘지 기록들에는 도교사상 또는 노장사상이 반영되어 있다.

Answer 7.① 8.④

9 다음의 내용에 해당하는 사상으로 알맞은 것은?

> • 조선 왕조의 한양천도를 합리화시켜 주었다.
> • 묘청의 서경천도운동의 사상적 배경이 되었다.
> • 신라말에 수입되어 신라 정부의 권위를 약화시켰다.

① 도교   ② 풍수지리설

③ 선종   ④ 노장사상

TIP ② 풍수지리설은 신라말 승려 도선이 중국으로부터 들여온 것으로서 예언적인 도참신앙과 결부되어 신라 정부의 권위를 약화시키는 구실을 하였다.

10 다음 중 신라하대의 사상과 종교에 대한 설명으로 옳지 않은 것은?

① 선종의 영향으로 부도가 제작되었다.

② 은둔적인 경향이 생겨 도교와 노장사상이 널리 퍼졌다.

③ 신라말기에 유행한 풍수지리설은 신라 정부의 권위를 약화시켰다.

④ 화쟁사상을 바탕으로 교종과 선종의 통합운동이 활발히 일어났다.

TIP ④ 신라하대에 유행한 선종은 교종의 기성 사상체계에 의존하지 않고, 스스로 사색을 통한 진리를 터득하는 것을 중요시하였으며, 교리보다는 좌선에 치중하는 등 교종의 권위와 형식을 반대했다. 교종과 선종의 통합운동이 이루어지는 것은 고려에서의 일이다.

11 다음의 제도들이 지닌 공통점을 옳게 말한 것은?

- 향거리선제도
- 독서삼품과
- 9품중정제도
- 과거제도

---

① 신분차별을 완화하는 제도
② 문치주의를 강화하려는 제도
③ 관료정치를 확립하려는 제도
④ 유능한 인재를 등용하려는 제도

TIP 향거리선제도, 9품중정제도, 독서삼품과, 과거제도는 유능한 관리등용을 위해 마련한 제도이다.

12 다음 내용과 관련이 있는 유적은 무엇인가?

- 도굴당하지 않고 완전한 형태로 발굴되었다.
- 무덤의 주인공을 알려 주는 지석이 발견되었다.
- 중국 남조의 영향을 받아 연꽃 등 우아하고 화려한 무늬를 새긴 벽돌로 무덤 내부를 쌓았다.

---

① 무령왕릉
② 강서대묘
③ 천마총
④ 장군총

TIP 무령왕릉은 중국 남조의 영향을 받은 웅진시대의 벽돌무덤이다. 도굴당하지 않은 상태로 발굴되어 여러가지 부장품이 출토되었으며, 백제 미술의 귀족적인 특성을 알 수 있는 대표적인 무덤이다.

Answer 11.④ 12.①

02 중세의 문화

① 유학의 발달과 역사서의 편찬

(1) 유학의 발달

유교는 정치와 관련한 치국의 도로서, 불교는 신앙생활과 관련한 수신의 도로서 서로 보완하는 기능을 수행하면서 함께 발전하였다.

① **고려초기의 유학** … 유교주의적 정치와 교육의 기틀이 마련되었다.
  - ㉠ **태조 때** : 신라 6두품 계열의 유학자들이 활약하였다.
  - ㉡ **광종 때** : 유학에 능숙한 관료를 등용하는 과거제도를 실시하였다.
  - ㉢ **성종 때** : 최승로의 시무 28조를 통해 유교적 정치사상이 확립되고 유학교육기관이 정비되었다.

② **고려중기** … 문벌귀족사회의 발달과 함께 유교사상이 점차 보수적 성격을 띠게 된다.
  - ㉠ **최충** : 9재학당(사학)을 세워 유학교육에 힘썼고, 고려의 훈고학적 유학에 철학적 경향을 가미하기도 하였다.
  - ㉡ **김부식** : 보수적이고 현실적인 성격의 유학을 대표하였다.
  - ㉢ **특징** : 시문을 중시하는 귀족 취향의 경향이 강하였고, 유교경전에 대한 전문적 이해가 깊어져 유교문화는 한층 성숙되었다.
  - ㉣ **위축** : 무신정변이 일어나 문벌귀족세력이 몰락함에 따라 고려의 유학은 한동안 크게 위축되었다.

(2) 교육기관

① **초기**(성종)
  - ㉠ **지방** : 지방관리와 서민의 자제를 교육시키는 향교를 설치하였다.
  - ㉡ **중앙** : 국립대학인 국자감(국학)이 설치되었다. 국자감은 국자학, 태학, 사문학을 연구하는 유학부와 율학, 서학, 산학을 연구하는 기술학부로 나뉘었다.

② **중기**
  - ㉠ **사학 12도** : 최충의 9재학당 등의 사학 12도가 융성하여 관학이 위축되었다.

ⓛ 관학진흥책
- 도서출판을 담당하는 서적포를 설치하였다.(숙종)
- 전문강좌인 7재를 개설하였다.(예종)
- 장학재단인 양현고와 도서관 겸 학문연구소의 역할을 담당하는 청연각을 설치하였다.(예종)
- 개경에 경사 6학과 향교를 중심으로 지방교육을 강화시켰다.(인종)

③ 후기 … 교육재단인 섬학전을 설치하고, 국자감을 성균관으로 개칭하였으며, 공민왕 때에는 성균관을 순수 유교교육기관으로 개편하였다.

(3) 역사서의 편찬

① 유학이 발달하고 유교적인 역사서술체계가 확립되어 많은 역사서가 편찬되었다.

② 초기 … 「고려왕조실록」이 편찬되었으나 거란의 침입으로 불타버렸고, 「7대 실록」이 편찬되었으나 오늘날 전하지 않는다.

③ 중기 … 김부식의 「삼국사기」는 현존하는 우리나라 최고의 역사서로서, 고려초에 쓰여진 「구삼국사」를 기본 으로 유교적 합리주의 사관에 기초하여 기전체로 서술되었다.

④ 후기
ⓙ 무신정변 이후 : 민족적 자주의식을 바탕으로 전통문화를 올바르게 이해하려는 경향이 대두하였다. 이는 무신정변 이후의 사회적 혼란과 몽고침략의 위기를 겪은 후에 나타난 변화이다.
ⓛ 성리학적 유교사관의 대두
- 배경 : 신진사대부의 성장 및 성리학의 수용과 더불어 정통의식과 대의명분을 강조하는 성리학적 유교사관 이 대두되기 시작하였다.
- 사략(이제현) : 개혁을 단행하여 왕권을 중심으로 국가질서를 회복하려는 의식이 반영되었다.

(4) 성리학의 전래 2020년출제

① 성리학 … 남송의 주희가 집대성한 성리학은 종래 자구의 해석에 힘쓰던 훈고학이나 사장 중심의 유학과는 달리 인간의 심성과 우주의 원리문제를 철학적으로 탐구하는 신유학이었다.

② 성리학의 전래과정 … 충렬왕 때 안향이 소개하고, 그 후 백이정이 원에서 성리학을 배워와 이제현 · 박충좌 에게 전수하였으며, 이색으로 이어졌고, 그는 정몽주 · 권근 · 정도전에게 전래하였다.

③ 영향
ⓙ 현실 사회의 모순을 시정하기 위한 개혁사상으로 신진사대부들은 성리학을 수용하게 된다.
ⓛ 유교적인 생활관습을 시행하는 소학과 주자가례를 중시하여 일상생활에 관계되는 실천적 기능을 강조하 게 되었다.
ⓒ 권문세족과 불교의 폐단을 비판하였다(정도전의 「불씨잡변」).
ⓔ 국가사회의 지도이념이 불교에서 성리학으로 바뀌게 되었다.

2 불교사상과 신앙

(1) 불교정책

① 태조

    ㉠ 사원 건립 : 불교를 적극 지원하면서 개경에 여러 사원을 세웠다.

    ㉡ 불교에 대한 국가의 지침 제시 : 훈요 10조에서 불교를 숭상하고, 연등회와 팔관회 등 불교행사를 개최할 것을 당부하였다. 2015년출제

② 광종

    ㉠ 승과제도의 실시 : 합격한 자에게는 품계를 주고 승려의 지위를 보장하였다.

    ㉡ 국사·왕사제도의 실시 : 왕실의 고문역할을 맡도록 하였다.

③ 사원 … 국가가 토지를 지급했으며, 승려에게 면역의 혜택을 부여하였다.

(2) 불교통합운동과 천태종

① 초기

    ㉠ 화엄종의 성행 : 화엄사상을 정비하고 보살의 실천행을 폈던 균여의 화엄종이 성행하였고 선종에 대한 관심도 높았다. 또한 귀법사를 창건하여 분열된 종파를 수습하려 하였다.

    ㉡ 의통과 제관 : 의통은 중국 천태종의 13대 교조가 되었고, 제관은 천태종의 기본교리를 정리한 「천태사교의」라는 명저를 저술하였다.

② 중기

    ㉠ 불교의 번창 : 개경에서는 흥왕사나 현화사와 같은 왕실과 귀족들의 지원을 받는 큰 사원이 세워져 불교가 번창하였다. 그리고 이들의 지원을 받아 화엄종과 법상종이 나란히 융성하였다.

    ㉡ 화엄종과 법상종의 융성 : 보수적이고 귀족적이다.

        • 법상종의 발달 : 불교의식에 치중하는 법상종은 귀족들의 애호를 받아 발전하였다.

        • 화엄종의 융성 : 의천은 귀족들의 호화로운 불교의식의 폐단을 시정하기 위하여 불교혁신운동을 전개하였고, 흥왕사의 주지가 되어 이곳을 중심으로 화엄종의 교세를 크게 진작시켰다.

③ 의천의 교단통합운동 2015년출제 2023년출제

    ㉠ 배경 : 11세기에 이미 종파적 분열상을 보인 고려 불교계에 문종의 왕자로서 승려가 된 의천은 교단통합운동을 펼쳤다.

ⓛ **교단통합운동**
- **토대** : 원효의 화쟁사상을 토대로 하여 불교사상을 통합하려 하였다.
- **천태종 창시** : 흥왕사를 근거지로 삼아 화엄종을 중심으로 교종을 통합하려 하였으며, 선종을 통합하기 위하여 국청사를 창건하여 천태종을 창시하였다.
- ⓒ **사상적 바탕** : 이론의 연마와 실천을 아울러 강조하는 교관겸수(敎觀兼修)를 제창하였다.
- ⓔ **성과** : 천태종에 많은 승려가 모이는 등 새로운 교단 분위기를 형성하는 일정한 성과를 거두었다.
- ⓜ **한계** : 사회 · 경제적으로 문제가 되고 있던 불교의 폐단을 적극적으로 시정하는 대책이 뒤따르지 않아 의천이 죽은 뒤 교단은 다시 분열되고 귀족 중심의 불교가 지속되었다.

(3) 결사운동과 조계종

① **결사운동** … 무신집권 이후의 사회변동기를 지나 불교계에서도 본연의 자세 확립을 주창하는 결사운동이 전개되었다.

② **지눌** 2017년출제
- ㉠ **수선사결사운동의 제창** : 승려 본연의 자세로 돌아가 경과 선 수행, 노동에 고루 힘쓰자는 개혁운동이다.
- ㉡ **조계종의 성립**(조계종 중심의 선 · 교 통합운동)
  - 돈오점수(頓悟漸修) · 정혜쌍수(定慧雙修)를 제창하여 참선(선종)과 지혜(교종)를 함께 수행하였다.
  - 독경, 선수행, 노동을 강조하여 불교개혁운동을 펼쳤다.
  - 선종을 중심으로 교종을 포용하여 선 · 교 일치사상을 완성시켰다.

③ **혜심** … 수선사 2대 교주인 혜심은 유 · 불일치설과 심성의 도야를 강조하여 성리학 수용의 사상적 토대를 마련하였다.

④ **불교의 세속화** … 원간섭기에 들어서자 혁신운동이 단절되고, 사원은 막대한 토지와 노비를 소유하며 상업에 관여하기에 이르렀다. 보우가 교단을 정비하려 노력했으나 실패로 돌아가고 새로운 세력인 신진사대부는 불교계의 사회 · 경제적인 폐단을 크게 비판하였다.

(4) 대장경 간행 2014년출제 2021년출제 2016년출제

① **초조대장경** … 현종 때 거란의 퇴치를 염원하며 간행하였으나 몽고의 침입으로 소실되었다.

② **속장경(의천)** … 교장도감을 설치하고 불서목록인 신편제종교장총록을 작성하여 속장경을 간행하였지만 몽고의 침입으로 소실되고 말았다.

③ **팔만대장경(재조대장경)** … 최우가 대장도감을 설치하여 부처의 힘으로 몽고의 침입을 극복하고자 간행하였다. 합천 해인사에 보관되어 있다.

(5) 도교와 풍수지리설

① 도교의 발달

  ㉠ **특징** : 불로장생과 현세구복을 추구하였다. 초제가 성행하고 도교사원을 건립하여 국가의 안녕과 왕실의 번영을 기원하였다.

  ㉡ **한계** : 불교적 요소와 도참사상이 수용되었지만 일관성이 결여되고 교단이 성립되지 못하여 민간신앙으로 전개되었다. 국가적으로 이름난 명산대천에 제사를 지내는 팔관회는 도교, 민간신앙, 불교가 어우러진 행사였다.

② 풍수지리설

  ㉠ 도참사상이 가미되어 크게 유행하였다. 개경과 서경이 명당이라는 설이 유포되어 서경천도와 북진정책 추진의 이론적 근거가 되었다.

  ㉡ 개경세력과 서경세력의 정치적 투쟁에 이용되어 묘청의 서경천도운동을 뒷받침하기도 하였다.

  ㉢ 북진정책의 퇴조와 함께 한양명당설이 대두하여 이곳을 남경으로 승격하고 궁궐을 지어 왕이 머물기도 하였다.

③ 과학기술의 발달

(1) 천문학과 의학

① **과학** … 국자감에서 잡학(율학, 서학, 산학 등)을 교육하였으며, 과거에서도 잡과를 실시하였다. 이는 천문학, 의학, 인쇄술, 상감기술, 화약무기 제조술 등의 과학기술의 발전을 가져왔다.

② **천문학** … 천문관측과 역법계산을 중심으로 발달하였다. 사천대(서운관)를 설치하여 첨성대에서 관측업무를 수행하였고, 당의 선명력이나 원의 수시력 등 역법을 수용하였다.

③ **의학** … 태의감에서 의학을 교육하였고, 의과를 시행하였으며, 「향약구급방」과 같은 자주적 의서를 편찬하였다.

(2) 인쇄술의 발달 `2020년출제` `2015년출제`

① **목판인쇄술** … 고려대장경의 판목은 고려의 목판인쇄술이 최고의 수준에 이르렀음을 입증해 주고 있다.

② **금속활자인쇄술** … 「상정고금예문(1234)」은 서양보다 200여 년이나 앞서 이루어진 것이나 오늘날 전해지지 않고 있으며, 직지심체요절(1377)은 현존하는 세계 최고(最古)의 금속 활자본이다.

③ **제지술의 발달** … 닥나무의 재배를 장려하고 종이 제조의 전담관서를 설치하여 우수한 종이를 제조하고 중국에 수출하기도 하였다.

(3) 농업기술의 발달

① **권농정책** … 농민생활의 안정과 국가재정의 확보를 위해 실시하였다. 광종은 토지개간을 장려하였고, 성종은 무기를 농기구로 만들어 보급하기도 하였다.

② **농업기술의 발달**
- ㉠ **고려 초기** : 농경지 확대를 위해 토지의 개간 및 간척이 장려되고 성종 때 농기구를 보급하였다.
- ㉡ **고려 중기** : 묵은 땅, 황무지, 산지 등의 개간이 주로 이루어졌으며 수리시설을 개선하여 저수지 수리 및 개축, 방조제를 축조하고, 시비법의 발달로 농사를 지을 수 있는 땅이 늘어났다.
- ㉢ **고려 후기** : 해안지방의 저습지를 간척(강화도)하고, 김제의 벽골제와 밀양의 수산제를 개축하고, 제언(저수지)를 확충시켰으며 해안의 방조제 등이 만들어져 수리시설과 농업기술이 점차 발전하였다.

③ **농업생산력 향상**
- ㉠ 밭농사는 윤작법의 보급으로 2년 3작이, 우경에 의한 깊이갈이 발달로 휴경기간이 단축되고 생산력이 증대되었다.
- ㉡ 논농사의 경우 직파법이 실시하였으나 말기에 남부 일부지방에 이앙법이 보급되어 실시되기도 하였다.
- ㉢ 가축이나 사람의 배설물을 거름으로 이용하는 시비법과 콩과 작물을 심은 뒤에 갈아 엎어 비료로 사용하는 녹비법의 발달은 생산력 증대를 가져왔다.
- ㉣ 이암은 원의 「농상집요」를 소개하고 문익점은 원에서 몰래 목화를 들여와 의생활의 혁신을 가져왔다.

④ 귀족문화의 발달

(1) 문학의 성장

① **전기**
- ㉠ **한문학** : 광종 때부터 실시한 과거제로 한문학이 크게 발달하였고, 성종 이후 문치주의가 성행함에 따라 한문학은 관리들의 필수교양이 되었다. 이 시기의 한문학은 중국의 형식을 모방하는 것에서 벗어나 독자적 성격을 가지기 시작하였다.
- ㉡ **향가** : 균여의 보현십원가가 대표적이며, 향가는 점차 한시에 밀려 사라지게 되었다.

② **중기** … 귀족화되면서 당의 시나 송의 산문을 숭상하는 풍조가 퍼져 당시 귀족문화의 사대성과 보수성을 강화하는 결과를 가져왔다.

③ **무신집권기**
- ㉠ **수필형식의 저술** : 낭만적이고 현실도피적인 경향을 보였다.
- ㉡ **새로운 문학 경향의 대두** : 이규보와 최자 등의 문신들에 의하여 형식보다는 내용에 치중하여 현실을 표현하였다.

④ **후기** … 신진사대부와 민중이 주축이 되었다.

　㉠ **한시 · 한문학** : 수필문학, 패관문학, 한시가 발달하였다.

　㉡ **사대부문학** : 향가 형식을 계승한 경기체가를 창작하여 유교정신과 자연의 아름다움을 담았다(한림별곡, 관동별곡, 죽계별곡). 또한 민간에 구전되는 이야기를 고쳐 한문으로 기록한 패관문학이 유행하였다(이규보의 「백운소설」, 이제현의 「역옹패설」).

　㉢ **민중문학** : 자유분방한 서민의 감정을 표현한 장가(속요)가 유행하였다(청산별곡, 가시리, 쌍화점).

(2) 건축과 조각

① **건축** … 궁궐과 사원이 중심이 되었으며, 축대를 높이 쌓고 계단식 배치를 한 웅장하고 장엄한 형식이다.

　㉠ **봉정사 극락전** : 주심포 양식으로 현존하는 최고의 목조건물이다.

　㉡ **부석사 무량수전, 수덕사 대웅전** : 주심포 양식으로 주변 자연과 어우러진 외관과 잘 다듬은 부재의 배치가 만들어 내는 경건한 내부공간으로 유명하다.

　㉢ **성불사 응진전** : 후기 건물로 조선시대 건축에 영향을 끼쳤으며 다포식 건물이다.

② **석탑** … 신라 양식을 일부 계승하였으나 독자적인 조형감각을 가미하여 다양한 형태로 제작되었다. 다각 다층 탑이 많았고 안정감은 부족하나 자연스러운 모습을 띠었다(불일사 5층 석탑, 월정사 팔각 9층 석탑, 경천사 10층 석탑). **2014년출제**

(3) 청자와 공예

대부분 귀족들의 생활도구와 불교의식에 사용되는 불구 등을 중심으로 발전하였고, 특히 자기공예가 뛰어났다.

① **자기공예**

　㉠ 신라와 발해의 전통과 기술을 토대로 송의 자기기술을 받아들여 독특한 미를 완성시켰다.

　㉡ **청자의 발달** : 초기에는 순수 청자였으나 12세기 중엽에는 상감청자가 발달하였다. 원 간섭기 이후에는 퇴조되어 점차 소박한 분청사기가 등장하게 되었다(고려의 청자는 자기를 만들 수 있는 흙이 생산되고 연료가 풍부한 지역에서 구워졌는데, 전라도 강진과 부안이 유명하였다).

② **금속공예** … 은입사 기술이 발달하였다(청동 은입사 포류수금문 정병, 청동향로).

③ **나전칠기** … 경함, 화장품갑, 문방구 등이 현재까지 전해진다.

(4) 글씨 · 그림과 음악

① **서예**

　㉠ **전기** : 구양순체가 유행했는데 탄연의 글씨가 특히 뛰어났다.

　㉡ **후기** : 송설체(조맹부)가 유행했는데, 이암이 뛰어났다.

② **회화** … 도화원에 소속된 전문 화원의 그림과 문인이나 승려의 문인화로 나뉘었다.

　　㉠ **전기** : 뛰어난 화가로는 예성강도를 그린 이령과 그의 아들 이광필이 있었다.

　　㉡ **후기** : 사군자 중심의 문인화가 유행하였고, 공민왕은 천산대렵도를 그렸는데, 이것은 당시의 그림에 원대 북화가 영향을 끼쳤음을 알려 준다.

③ **음악**

　　㉠ **아악** : 송에서 수입된 대성악이 궁중음악으로 발전된 것으로, 오늘날까지도 격조높은 전통음악을 이루고 있다.

　　㉡ **향악**(속악) : 우리의 고유 음악이 당악의 영향을 받아 발달한 것으로 당시 유행한 민중의 속요와 어울려 수많은 곡을 낳았다. 동동 · 대동강 · 한림별곡이 유명하다.

≣ 최근 기출문제 분석 ≣

2023. 11. 4. 국내여행안내사

1 다음 설명에 해당하는 인물은?

> • 국청사를 창건하여 천태종을 창시하였다.
> • 교단 통합 운동을 펼쳤으며 교관겸수를 제창하였다.

① 요세
② 의천
③ 지눌
④ 혜심

> **TIP** 제시문의 인물은 대각국사 의천이다. 의천은 천태종을 창시하고 분열된 불교 통합을 위하여 교종을 중심으로 선종 통합을 시도하였다. 또한 불교의 수행 방법으로 교리와 깨달음을 같이 수행할 것을 강조하는 교관겸수를 주장하였다.
> ① 요세 : 백련결사운동을 주도
> ③ 지눌 : 수선결사운동을 주도하고, 조계종을 창시하여 교선통합운동 전개. 수행방법으로 돈오점수, 정혜쌍수를 주장
> ④ 혜심 : 유불일치설 주장

2022. 11. 5. 국내여행안내사

2 제작 시기가 가장 빠른 것은?

① 경주 첨성대
② 경주 불국사 삼층석탑(석가탑)
③ 경주 감은사지 동·서 삼층석탑
④ 성덕대왕신종(에밀레종)

> **TIP** ① 신라 선덕여왕(재위 632~647년)
> ② 통일신라 경덕왕 10년(751년)
> ③ 신문왕 2년(682년)
> ④ 신라 혜공왕 7년(771년)

Answer 1.② 2.①

2022. 11. 5. 국내여행안내사

3 삼국유사에 관한 설명으로 옳은 것은?

① 불교적인 설화를 많이 채록하였다.

② 고려의 전신인 고구려를 정통(正統)으로 서술하였다.

③ 기전체를 채택하여 본기와 열전으로 구성되어 있다.

④ 삼국의 역사를 중국과 같은 제왕(帝王)의 역사로 인식하였다.

> **TIP** ② 고구려, 백제, 신라 삼국뿐 아니라 고조선에서부터 고려까지, 우리 민족의 흥망성쇠의 역사를 폭넓게 다루고 있는 작품이다.
> ③ 개인의 저술인 삼국유사는 내용별로 편목을 나누어 옛 이야기를 기술하고 있다.
> ④ 일연은 정치적으로 불안하고 전쟁으로 고통받던 고려 후기에 중국 문화와 대등하면서도 독자적인 우리 문화에 자부심과 주체성을 가질 수 있도록 『삼국유사』를 집필했다.

2021. 11. 6. 국내여행안내사

4 고려 후기에 재조대장경(팔만대장경)을 만들게 된 계기는?

① 거란의 침입   ② 여진의 침입

③ 몽골의 침입   ④ 홍건적의 침입

> **TIP** ③ 고려 시대에는 왕실은 물론 백성들까지 불교를 믿었는데, 대장경을 새로 만들어 불교의 힘으로 몽골의 침입을 막고자 했다.

2020. 11. 7. 국내여행안내사

5 고려시대 문화와 사상에 관한 설명으로 옳지 않은 것은?

① 무신집권기에는 불교의 결사운동이 활발하게 전개되었다.

② 부처의 힘을 빌려 외적의 침략을 막고자 「불조직지심체요절」을 간행하였다.

③ 일연의 「삼국유사」와 이승휴의 「제왕운기」에서 단군에 대해 서술하였다.

④ 풍수지리설은 묘청의 서경 천도 운동의 이론적 근거가 되었다.

> **TIP** ② 「불조직지심체요절」은 고려 말의 승려 경한이 선을 깨닫는 데 필요한 내용을 뽑아 엮은 책이다. 부처의 힘으로 몽골군을 물리치기 위해 간행한 것은 팔만대장경이다.

Answer   3.①   4.③   5.②

6 고려의 문화와 사상에 관한 설명으로 옳지 않은 것은?

① 토착신앙과 불교, 유교 등 다양한 신앙과 사상이 공존하였다.

② 북방 민족의 문화에 비해 한족의 문화를 높이 평가하였다.

③ 국사와 왕사 제도를 두어 불교에 국교의 권위를 부여하였다.

④ 고려 말 성리학자들은 이(理)와 기(氣)의 관계에 관한 연구를 심화하였다.

> **TIP** ④ 성리학은 고려 말 안향에 의해 보급되기 시작했다. 이기론의 연구가 심화된 것은 조선 중기 이후이다.

7 고려시대에 건립된 건축물로 옳지 않은 것은?

① 구례 화엄사 각황전

② 예산 수덕사 대웅전

③ 안동 봉정사 극락전

④ 영주 부석사 무량수전

> **TIP** ① 국보 제67호인 구례 화엄사 각황전은 조선시대의 건물이다.

8 「삼국사기」에 관한 설명으로 옳지 않은 것은?

① 유교적 합리주의 사관에 기초하였다.

② 기전체로 서술하였다.

③ 현존하는 우리나라 최고(最古)의 역사서이다.

④ 단군신화가 수록되어 있다.

> **TIP** ④ 단군신화가 수록된 것은 「삼국유사」이다.

Answer   6.④   7.①   8.④

9 **고려시대의 대장경에 관한 설명으로 옳지 않은 것은?**

① 대장경은 주로 경·율·논으로 구성되어 있다.

② 의천은 두 차례의 대장경 제작을 주관하였다.

③ 초조대장경은 부인사에, 재조대장경은 해인사에 보관하였다.

④ 부처의 힘을 빌려 거란과 몽골의 침략을 물리치기 위하여 간행하였다.

> **TIP** ② 의천은 초조대장경의 내용을 보완하기 위해 교정도감을 설치하여 속장경이라 일컬어지는 불교 경전 주석서인 교장의 편찬을 주관했다.

10 **고려시대의 석조물이 아닌 것은?**

① 고달사지 승탑(부도)

② 월정사 8각 9층 석탑

③ 경천사 10층 석탑

④ 쌍봉사 철감선사 승탑(부도)

> **TIP** ④ 화순 쌍봉사 철감선사 승탑은 국보 제57호로 통일 신라 시대의 석조물이다.

Answer 9.② 10.④

출제 예상 문제

1 다음을 바탕으로 고려시대의 사상적 특성을 바르게 지적한 것은?

> • 불교행사인 팔관회가 국가의 후원 아래 행하여졌다.
> • 국자감을 설치하여 유교적 교양을 지닌 관리를 양성하였다.
> • 성종은 최승로의 건의를 받아들여 유교정치사상을 채택하였다.
> • 상장제례는 유교적 규범에 따를 것을 권장하였으나, 대개 토착신앙과 융합된 불교식 전통의식을 따랐다.

① 정부의 유교주의적 정책으로 불교가 위축되었으나 여전히 신봉되었다.
② 외래사상인 불교와 유교에 반발하는 전통적인 민간신앙이 유행하였다.
③ 유교주의적 정치사상과 신앙으로서의 불교와의 사상적 대립이 심하였다.
④ 정치사상은 유교가, 신앙과 풍속은 불교가 담당하면서 유교와 불교가 공존하였다.

TIP 제시된 내용은 고려시대에 정치사상으로서의 유교와 종교로서의 불교가 공존하였음을 보여준다.

2 다음 중 고려 문화의 성격으로 옳지 않은 것은?

① 법전 편찬이 활발하였다.
② 지방문화의 생명은 소박성에 있었다.
③ 불교·유교문화가 융합되었다.
④ 유학과 한문학이 발달하였다.

TIP ① 법전의 편찬이 활발했던 것은 조선시대이다. 고려 문화는 기록에 의한 문학활동이 크게 확대되었으며, 불교미술 및 공예가 발달하였다.

Answer 1.④ 2.①

3 고려시대의 교육과 과거제도에 관한 다음의 내용을 종합하여 추론한 결론으로 옳은 것은?

- 잡과는 천시되었고, 무과는 실시되지 않았다. ㄴ
- 5품 이상 고관의 자제들은 관직 등용에 있어서 특혜를 누렸다.
- 과거시험의 감독관 또는 출제위원 중심의 학벌이 형성되었다.

---

① 국학 7재의 설치로 관학이 부흥하였다.
② 문벌 중심의 귀족사회가 형성되었다.
③ 문헌공도를 비롯한 사학 12도가 번성하였다.
④ 북방 민족과의 항쟁에서 관학이 부흥하였다.

TIP 고려시대에는 공음전과 음서제도, 사학의 발달 등으로 문벌귀족사회의 발달이 촉진되었고, 이는 문벌귀족 중심으로 과거제도가 운영된 것과 관계가 깊다.

4 다음 중 고려초기 유교정치사상을 옳게 설명한 것은?

① 성리학의 새로운 이해를 통해 불교를 공격하기 시작하였다.
② 중국의 한학을 모방하던 최치원의 학풍을 그대로 계승하였다.
③ 유교사상이 보수세력과 연결되면서 사대적인 성격을 갖게 되었다.
④ 새로운 사회와 문화를 건설하는 과정에서 자주적인 유교정치사상이 성립되었다.

TIP ④ 초기에 유교는 독자적이고 진취적이며 강한 주체성을 나타내었다.

Answer 3.② 4.④

5 고려시대에 활동한 다음 인물들의 공통점을 바르게 설명한 것은?

> 최언위, 최승로, 김심언, 최량

① 자주적이고 주체적인 유학을 발전시켰다.
② 집권세력의 안전을 도모하는 보수적 경향이 강하였다.
③ 종래의 훈고학적 유학을 철학적인 유학으로 발전시켰다.
④ 유교적인 역사의식에 입각하여 고대의 역사를 정리하였다.

TIP 최언위, 최승로, 김심언, 최량 등은 6두품 출신의 유학자로 자주적이고 주체적인 유학을 발전시켰다.

6 다음에 해당하는 유학이 고려에 수용된 후 나타난 문화현상으로 옳지 않은 것은?

> • 우주의 근원과 인간의 심성문제를 철학적으로 규명하려는 학문이다.
> • 불교의 선종사상을 유학에 접목한 것으로, 5경보다는 사서를 중시한 학문이다.

① 소학과 주자가례에 대한 인식이 새롭게 강조되었다.
② 훈고학적인 유학이 철학적인 유학으로 바뀌게 되었다.
③ 가묘의 건립과 유교의식을 보급하려는 노력이 행해졌다.
④ 선종을 중심으로 교종을 통합하려는 움직임이 나타나게 되었다.

TIP ④ 제시된 내용은 성리학에 관한 것이며, 성리학의 영향으로 불교는 인륜에 어긋나는 도라 하여 배척당하였다.

Answer 5.① 6.④

7 다음의 시책들을 추진하게 한 배경으로 옳은 것은?

> ㉠ 일종의 장학재단인 양현고를 설치하였다.
> ㉡ 국학에 7재를 두어 유학교육을 강화하였다.
> ㉢ 서적포를 설치하여 도서출판을 활발히 하였다.
> ㉣ 개경에 6학의 제도를 정하고, 향교교육을 강화하였다.

① 국가의 유학 장려
② 왕권강화정책
③ 9재학당 등 사학의 발달
④ 학문연구의 장려

TIP 제시된 내용은 관학진흥책으로서 이러한 시책을 추진하게 된 것은 이 시기 사학의 과도한 발달때문이었다.

8 고려시대의 교육제도와 관련된 다음과 같은 사실들이 초래한 문제점을 해결하기 위한 방법으로 옳지 않은 것은?

> • 과거시험을 관리하던 자들이 여러 사립학교를 설립하였다.
> • 문하시중을 지낸 최충은 후학 지도에 탁월한 능력을 발휘하였다.

① 장학재단인 양현고를 설치 · 운영하였다.
② 개경에 경사 6학의 제도를 실시하였다.
③ 12목에 경학박사를 보내어 가르치게 하였다.
④ 국학에 7재를 두어 유학교육을 강화하였다.

TIP 최충을 비롯한 사학 12도의 설립자들은 과거시험 출제위원인 지공거 출신이 많았던 관계로 그들이 세운 사학들은 과거에서 좋은 성적을 거두었다. 이는 문벌귀족세력의 형성을 촉진시킨 반면에 관학을 쇠퇴시키는 요인이 되었다.
①②④ 관학진흥책이다.

Answer 7.③ 8.③

9 다음 중 고려시대 과학의 발달에 대해 설명한 것으로 옳지 않은 것은?

① 고려시기에는 제지술이 발달하여 종이 전담 관서를 설치하였다.

② 향약구급방으로 자주적인 의학이 발달했음을 알 수 있다.

③ 인쇄술이 발달하여 주자소를 설치하였고 갑인자를 주조하였다.

④ 문익점이 목화씨를 들여옴으로 의생활에 큰 변화가 나타났다.

TIP ③ 주자소 설치와 갑인자 주조는 조선시대의 일이다.

10 다음 중 「삼국사기」와 「삼국유사」에 대한 비교로서 옳지 않은 것은?

① 전자는 관찬사서이고, 후자는 사찬사서이다.

② 전자에 비하여 후자는 민족의식이 강하게 나타났다.

③ 두 사서는 삼국시대의 역사를 다룬 점에서 일치한다.

④ 전자는 정치사 중심이고, 후자는 문화사적인 내용을 많이 다루었다.

TIP ㉠ **「삼국사기」** : 인종 때 김부식이 중국 「사기」의 체제를 모방하여 유교사관의 입장에서 삼국시대의 역사를 정리한 것이다. 정사 체인 기전체 사서로 본기·열전·지·표로 구분 저술하였는데, 삼국 가운데 신라를 정통으로 삼았다(전 50권으로 사대주의적 기술).

㉡ **「삼국유사」** : 충렬왕 때(1285) 일연이 불교사의 입장에서 저술한 것으로 단군의 이야기를 최초로 수록하여 민족의 자주성을 강 조하였다. 향가 14수가 수록되었으며 「삼국사기」에서 찾아볼 수 없는 고대문화에 관계되는 중요한 사실을 수록하고 있다.

11 고려시대 역사서의 편찬에 대한 내용이 옳지 않은 것은?

① 각훈은 삼국시대 승려 30여명의 전기를 수록한 「해동고승전」을 편찬하였다.

② 이규보는 동명왕의 업적을 칭송한 영웅서사시 「동명왕편」으로 고구려 계승의식을 반영하고 고구려의 전통을 노래하였다.

③ 일연은 「삼국유사」에 단군의 건국 이야기를 수록하여 우리 고유문화와 전통을 중요시하였다.

④ 이승휴는 우리나라의 역사를 고구려부터 서술하면서 우리 역사를 중국사와 대등한 위치로 파악하는 자주성을 나타내었다.

TIP ④ 이승휴는 우리나라의 역사를 단군으로부터 서술하였다.

12 고려후기 문화에 대한 설명이다. 바르게 묶은 것은?

㉠ 성리학의 수용	㉡ 목화씨의 전래
㉢ 기술학의 존중	㉣ 이모작의 보급

① ㉠㉡
③ ㉡㉢

② ㉠㉢
④ ㉡㉣

TIP 고려시대에 기술학은 천시되었고, 이모작이 널리 보급된 것은 조선후기이다.

13 고려의 문학에 대한 설명으로 옳지 않은 것은?

① 고려전기에는 자유분방한 서민의 감정을 표현한 장가가 유행하였다.

② 고려중기에는 당의 시나 송의 산문을 숭상하는 풍조가 퍼졌다.

③ 무신 집권기에는 낭만적이고 현실 도피적인 수필이 유행하였다.

④ 고려후기에는 신진사대부와 민중이 주축이 되어 수필문학, 패관문학, 한시가 발달하였다.

TIP ① 고려 전기에는 광종때부터 실시한 과거제로 한문학이 크게 발달하였고 성종 이후 문치주의가 성행함에 따라 한문학은 관리들의 필수교양이 되었다.

Answer 11.④ 12.① 13.①

14 다음은 고려시대 어느 승려의 사상을 요약해 놓은 것이다. 이 승려에 관한 설명으로 옳은 것은?

> • 선(禪)은 부처의 마음이요, 교(敎)는 부처의 말씀이다.
> • 깨닫는 것(悟)과 수련하는 것(修)은 분리될 수 없으며, 정(定)과 혜(慧) 또한 같이 닦아야 한다.

① 교종의 입장에서 선·교의 일치를 도모하였다.

② 선·교의 일치를 강조하는 중국 불교의 전통을 따랐다.

③ 당시 정권에 비협조적인 태도로 일관하여 집권세력과 심각한 갈등을 빚었다.

④ 신앙결사운동을 전개하였고, 그의 문하에서 유·불사상의 일치설이 나왔다.

TIP 제시된 내용은 정혜쌍수와 돈오점수에 대한 설명으로 지눌에 의한 주장이다. 지눌은 이를 통해 선종의 사상에 중점을 두면서 교종과 선종의 조화를 이루어 선·교 일치의 완성된 철학체계를 이룩하였다.

15 고려시대 사상 발전의 내용을 설명한 것 중 옳지 않은 것은?

① 풍수지리사상은 서경길지설의 사상적 근거이다.

② 성종 때 유교정치이념의 채택은 중앙집권을 이룩하려는 이유에서였다.

③ 토속신앙과 밀착됨으로써 불교행사는 성행했지만 교리상의 발전은 없었다.

④ 노장사상이나 도교사상은 사치스런 귀족문화가 번성하는 가운데 유행하였다.

TIP ③ 문종 때 의천의 천태종이 개창되었고, 신종 때 지눌에 의해 조계종이 개창되어 교리상으로도 많은 발전을 보았다.

Answer 14.④ 15.③

16 다음 변화를 초래한 배경으로 거리가 먼 것은?

서경길지설 → 남경길지설

---

① 도교의 발달

② 북진정책의 퇴색

③ 유학 학풍의 보수화

④ 금과의 사대관계의 형성

TIP ① 고려중기에 북진정책의 퇴조와 함께 새로이 한양명당설이 대두하여 이 곳을 남경으로 승격하고 궁궐을 지어 왕이 머무르기도 하였다. 김부식이 중심이 된 개경귀족세력은 유교이념에 충실함으로써 사회질서를 확립하고자 주장하였고 아울러 민생안정을 내세워 금과 사대관계를 맺었다. 이러한 남경길지설이 대두하여 고려말에 정치적 영향을 끼쳤다.

17 다음은 신라말기와 고려후기의 불교에 대한 설명이다. 공통적으로 나타나는 내용은?

- 신라말기 – 지방의 호족들은 진골귀족과 결탁한 교종불교에 회의를 느껴, 참선을 중시하는 선종을 후원하게 됨으로써 새 바람을 일으켰다.
- 고려후기 – 문신귀족들의 보호를 받아왔던 교종은 쇠퇴하고, 침체해 있던 선종이 조계종으로 통합되어 무신정권시대에 교세를 크게 떨쳤다.

---

① 집권층은 교종불교를 믿었다.

② 선종은 반체제운동에 기여하였다.

③ 선종은 불교정화운동에 기여하였다.

④ 호족들은 불교에 대해서 호의적이었다.

TIP 선종은 기존의 교종불교의 세속화를 비판하는 입장에서 성립되었다. 무신정권은 선종을 후원하였고 따라서 선종은 반체제운동을 하지 않았다.

Answer 16.① 17.③

03 근세의 문화

1 민족문화의 융성

(1) 발달배경

① 과학기술과 실용적 학문을 중시하여 민생안정과 부국강병을 추구하였다.

② 한글을 창제하여 민족문화의 기반을 넓힘과 동시에 발전할 수 있는 터전을 닦았다.

③ 성리학을 지도이념으로 내세웠으나 성리학 이외의 학문과 사상이라도 중앙집권체제의 강화나 민생안정과 부국강병에 도움이 되는 것은 어느 정도 받아들였다.

(2) 한글의 창제

① **배경** … 조선 한자음의 혼란을 방지하고 피지배층을 도덕적으로 교화시켜 양반 중심의 사회를 운영하는 데 목적이 있었다.

② **창제와 반포**(1446) … 집현전 학자들과 더불어 정음청을 설치하고 한글을 창제한 후 세종대왕은 훈민정음을 반포하였다.

③ **보급** … 용비어천가(왕실 조상의 덕을 찬양) · 월인천강지곡(부처님의 덕을 기림) 등을 지어 한글로 간행하였으며, 불경 · 농서 · 윤리서 · 병서 등을 한글로 번역하거나 편찬하였다. `2022년출제`

④ **의의** … 백성들도 문자생활이 가능하게 되었으며, 문화민족으로서의 긍지와 자부심을 갖게 되었고 민족문화의 기반을 확대하는 데 큰 의의가 있었다.

(3) 역사서의 편찬 `2016년출제` `2017년출제`

① **건국 초기** … 왕조의 정통성에 대한 명분을 밝히고 성리학적 통치규범을 정착시키기 위하여 국가적 차원에서 역사서의 편찬에 힘썼다. 정도전의 「고려국사」와 권근의 「동국사략」이 대표적이다.

② **15세기 중엽** … 사회의 안정과 국력 성장의 바탕 위에서 성리학적 대의명분보다는 민족적 자각을 일깨우고, 왕실과 국가위신을 높이며, 문화를 향상시키는 방향에서 시도되어 「고려사」, 「고려사절요」, 「동국통감」이 간행되었다.

③ **16세기** … 사림의 존화주의적, 왕도주의적 정치·문화의식을 반영하는 「동국사략」, 「기자실기」 등이 편찬되었다.

④ **조선왕조실록의 편찬** … 국왕 사후에 춘추관에 실록청을 설치하여 사초나 시정기를 참고자료로 삼아 편년체로 기록하였다(태조 ~ 철종).

(4) 지리서의 편찬 `2014년출제` `2015년출제` `2017년출제`

① **목적** … 중앙집권과 국방강화를 위하여 지리지와 지도의 편찬에 힘썼다.

② **지도** … 혼일강리역대국도지도(세계지도), 팔도도(전국지도), 동국지도(양성지 등이 완성, 과학기구 이용, 압록강 이북 포함, 북방에 대한 관심 표현), 조선방역지도(16세기 대표적 지도) 등이 있다.

③ **지리지** … 「신찬팔도지리지(세종)」, 「동국여지승람(성종, 군현의 연혁·지세·인물·풍속·산물·교통 등 수록)」, 「신증동국여지승람(중종)」, 「해동제국기(일본 견문기)」 등이 있다.

(5) 윤리·의례서와 법전의 편찬 `2015년출제` `2020년출제`

① **윤리·의례서**

　㉠ **목적** : 유교적인 사회질서 확립을 위해 편찬하였다.

　㉡ **윤리서** : 「삼강행실도」, 「이륜행실도」, 「동몽수지」 등이 있다.

　㉢ **의례서** : 국가의 행사의례를 정비한 「국조오례의」가 있다.

② **법전의 편찬**

　㉠ **목적** : 유교적 통치규범을 성문화하기 위해 편찬하였다.

　㉡ **법전의 편찬** `2015년출제`

　　• 초기 법전 : 정도전의 「조선경국전」, 「경제문감」, 조준의 「경제육전」이 편찬되었다.

　　• 경국대전

　　– 6전체제로 구성 : 이·호·예·병·형·공전으로 구성된 기본법전이다.

　　– 유교적 통치질서와 문물제도가 완성되었음을 의미한다.

　　• 속대전 : 1746년(영조 22)에 「경국대전」 시행 후 공포된 법령 중 시행할 법령을 추려 편찬한 통일 법전이다.

　　• 대전통편 : 1785년(정조 9)에 「경국대전」과 「속대전」 등 법령집을 통합하여 편찬한 법전이다.

② 성리학의 발달

(1) 성리학의 정착

① **15세기의 시대적 과제** … 대내외적인 모순을 극복하고 새로운 문물제도를 정비하며 부국강병을 추진하는 것이었다.

② **관학파**(훈구파) … 정도전, 권근 등의 관학파는 성리학에만 국한하지 않고, 한·당 유학, 불교, 도교, 풍수지리사상, 민간신앙 등을 포용하여 시대적 과제를 해결하려고 하였으며, 특히 주례를 국가의 통치이념으로 중요하게 여겼다.

③ **사학파**(사림파) … 길재와 그의 제자들은 형벌보다는 교화에 의한 통치를 강조하였으며, 공신과 외척의 비리와 횡포를 성리학적 명분론에 입각하여 비판하고, 당시의 사회모순을 성리학적 이념과 제도의 실천으로 극복해 보려고 하였다.

(2) 성리학의 융성

① **이기론의 발달**

　㉠ **주리론** : 기(氣)보다는 이(理)를 중심으로 이론을 전개하였다.
　　• 학자 : 이언적이 선구자이며 이황이 주리철학을 집대성하였다.
　　• 영향 : 도덕적 원리에 대한 인식과 그 실천을 중요시하여 신분질서를 유지하는 도덕규범 확립에 크게 기여하였다. 임진왜란 이후 일본 성리학의 발전과 위정척사사상 등에 영향을 주었다.

> **POINT** **이황의 「성학십도」** 2015년출제
> 왕이 성군이 되기를 바라는 뜻에서 10개의 도표(圖表)와 그에 대한 체계적인 해설이 있는 글을 저술하였다. 여기에서 제1 태극도는 우주의 생성 원리를, 제8 심화도는 마음 수련법을 제시하고 있다.

　㉡ **주기론** : 이(理)보다는 기(氣)를 중심으로 세계를 이해하였다.
　　• 학자 : 서경덕이 선구자이며, 이이가 주기철학을 집대성하였다.
　　• 영향 : 현실적이고 개혁적인 성격이 강하였으며, 통치제제의 정비와 수취제도의 개혁을 제시하였다. 후에 중상적 실학사상과 개화사상에 영향을 주게 된다.

(3) 학파의 형성과 대립

① **배경** … 16세기 중반부터 성리학에 대한 이해가 심화되면서 학설과 지역에 따라 서원을 중심으로 학파가 형성되기 시작하였다.

② **정파의 형성** ··· 서경덕, 이황, 조식, 이이, 성혼학파가 형성되었고, 사림이 중앙 정계의 주도 세력으로 등장하는 선조 때 정파가 형성되었다.

　　㉠ **동인과 서인의 형성**

　　　　• 동인 : 서경덕, 이황, 조식학파가 동인을 형성하였으며, 정여립 모반사건으로 남인(이황학파)과 북인(서경덕학파, 조식학파)으로 분파되었다.

　　　　• 서인 : 이이, 성혼학파가 서인을 형성하였다.

　　㉡ **북인** : 광해군 때 집권한 북인은 임진왜란으로 인한 피해를 극복하기 위하여 대동법의 시행과 은광개발 등 사회경제정책을 추진하였으며, 중립외교를 추진하는 등 성리학적 의리명분론에 크게 구애받지 않았으며, 이는 서인과 남인의 반발을 가져왔다.

　　㉢ **서인과 남인**

　　　　• 인조반정으로 서인이 정국을 주도하자 서경덕 · 조식의 사상, 양명학, 노장사상은 배척을 당하고 주자 중심의 성리학만이 조선 사상계에서 확고한 우위를 차지하게 되는 계기를 마련하였다.

　　　　• 서인과 남인은 명에 대한 의리명분론을 강화하고, 반청정책을 추진하여 병자호란을 초래하기도 하였다.

　　　　• 서인 : 송시열 이후 척화론과 의리명분론이 대세를 이루었다.

③ 불교와 민간신앙

(1) 불교의 정비

① **정비과정**

　　㉠ **태조** : 도첩제를 실시하여 승려로의 출가를 제한하였다.

　　㉡ **태종** : 사원을 정리하고 사원의 토지와 노비를 몰수하여 전국에 242개의 사원만을 인정하였다.

　　㉢ **세종** : 교단을 정리하면서 선종과 교종 모두 36개의 절만 인정하였다.

　　㉣ **성종** : 도첩제를 폐지하고 출가를 금지하였다. 사림들의 적극적인 불교 비판으로 불교는 점차 왕실에서 멀어져 산 속으로 들어가게 되었다.

　　㉤ **중종** : 승과를 폐지하였다.

② **명맥유지** ··· 불교를 보호하기 위하여 왕실의 안녕과 왕족의 명복을 비는 행사를 시행하게 되었다. 세조 때에는 한글로 불경을 간행하고 보급하기 위한 간경도감을 설치하고, 명종 때에는 불교회복정책으로 승과를 부활시켰다.

③ **한계** ··· 전반적으로 사원의 경제적 기반 축소와 우수한 인재들의 출가 기피는 불교의 사회적 위상을 크게 약화시키는 결과를 가져왔다.

(2) 도교와 민간신앙

① 도교
    ㉠ 소격서를 설치하고 참성단에서 일월성신에 대해 제사를 지내는 초제가 시행되었다.
    ㉡ 사림의 진출 이후에는 도교행사가 사라지게 되었다.

② 풍수지리설과 도참사상 … 한양천도에 반영되었고, 산송문제를 야기시키기도 하였다.

③ 기타 민간신앙
    ㉠ 무격신앙, 산신신앙, 삼신숭배, 촌락제가 성행하게 되었다.
    ㉡ 세시풍속 : 유교이념과 융합되어 조상숭배의식과 촌락의 안정을 기원하였다.

④ 과학기술의 발달

(1) 천문 · 역법과 의학

① 발달배경 … 부국강병과 민생안정을 위하여 국가적으로 과학기술을 지원하고, 우리나라의 전통적 문화를 계승하면서 서역 및 중국의 과학기술을 수용하였다.

② 각종 기구의 발명 제작 2020년출제
    ㉠ 천체관측기구 : 혼의, 간의
    ㉡ 시간측정기구 : 해시계(앙부일구), 물시계(자격루)
    ㉢ 강우량 측정기구 : 측우기(세계 최초)
    ㉣ 토지측량기구 : 인지의, 규형(토지 측량과 지도 제작에 활용)

③ 천문도의 제작
    ㉠ 천상열차분야지도 : 고구려의 천문도를 바탕으로 돌에 새겼다.
    ㉡ 세종 때 새로운 천문도를 제작하였다.

④ 역법 2017년출제 2019년출제 2015년출제 2016년출제 2020년출제
    ㉠ 칠정산 : 조선 세종 때 이순지와 김담이 중국의 수시력과 아라비아의 회회력을 참고로 만든 역법서이다.
    ㉡ 서울을 기준으로 천체운동을 정확히 계산한 것이다.

⑤ 의학분야 … 「향약집성방(국산약재와 치료방법을 개발 · 정리)」과 「의방유취(의학백과사전)」가 편찬되어 민족의학이 발전하게 되었다.

(2) 활자인쇄술과 제지술

① **발달배경** … 각종 서적을 국가적으로 편찬하는 사업을 추진하게 되었다.

② **활자인쇄술의 발전**
- ㉠ **태종** : 주자소를 설치하고 구리로 계미자를 주조하였다.
- ㉡ **세종** : 구리로 갑인자를 주조하고 식자판을 조립하는 방법을 창안하여 인쇄 능률을 향상시켰다.

③ **제지술의 발달** … 조지서를 설치하여 다양한 종이를 대량으로 생산할 수 있게 되었고, 출판문화의 수준이 향상되었다.

(3) 농서의 편찬과 농업기술의 발달

① **농서의 편찬**
- ㉠ **농사직설(세종)** : 우리나라에서 편찬된 최초의 농서로서 씨앗의 저장법, 토질의 개량법, 모내기법 등 우리 실정에 맞는 독자적 농법을 정리하였다. **2015년출제** **2018년출제**
- ㉡ **금양잡록(성종)** : 금양(시흥)지방을 중심으로 한 경기지방의 농사법을 정리하였다.

② **농업기술의 발달**
- ㉠ 밭농사의 경우 조·보리·콩의 2년 3작이 보편화되었고, 논농사로는 남부지방 일부에서 모내기와 이모작이 실시되었다.
- ㉡ 봄철에 비가 적은 기후조건 때문에 마른 땅에 종자를 뿌려 일정한 정도 자란 다음에 물을 대주는 건사리(건경법)와 무논에 종자를 직접 뿌리는 물사리(수경법)가 시행되었다.
- ㉢ 밑거름과 뒷거름을 주는 시비법이 발달하여 농경지가 상경화되었으며 휴경제도는 소멸되었다.
- ㉣ 농작물 수확 후에 빈 농지를 갈아 엎어 다음해 농사를 준비하는 가을갈이 농사법이 보급되었다.

③ 목화 재배가 확대되어 백성들은 주로 무명옷을 입게 되었고, 무명은 화폐처럼 사용되었다.

④ 삼, 모시의 재배도 성행하였으며 누에고치도 전국적으로 확산되고 양잠에 관한 농서도 편찬되었다.

(4) 병서편찬과 무기제조

① **병서의 편찬**
- ㉠ **총통등록** : 화약무기의 제작과 그 사용법을 정리하였다.
- ㉡ **병장도설** : 군사훈련 지침서로 사용되었다.
- ㉢ **동국병감** : 고조선에서 고려말까지의 전쟁사를 정리한 것이다.

② **무기제조** … 최해산은 화약무기의 제조를 담당하였고, 신기전이라는 바퀴가 달린 화차는 화살 100개를 잇따라 발사할 수 있었다.

③ **병선제조** … 태종 때에는 거북선과 비거도선을 제조하여 수군의 전투력을 향상시켰다.

④ 16세기 이후 기술 경시의 풍조로 과학기술은 침체되기 시작하였다.

⑤ 문학과 예술

(1) 다양한 문학

① 특징

    ㉠ 15세기 : 격식을 존중하고 질서와 조화를 내세우는 경향의 문학이 유행하였다.

    ㉡ 16세기 : 개인적인 감정과 심성을 표현하는 한시와 가사, 시조 등이 발달하였다.

② **악장과 한문학** … 조선 왕조 건설에 참여했던 관료 문인들은 조선의 탄생과 자신들의 업적을 찬양하고, 용비어천가 · 월인천강지곡 · 동문선 등을 통해 우리 민족의 자주의식을 표출하였다.

③ **시조문학** … 15세기에는 김종서 · 남이 · 길재 · 원천석의 작품이, 16세기에는 황진이 · 윤선도의 작품이 손꼽힌다.

④ **설화문학** … 관리들의 기이한 행적이나 서민들의 풍속, 감정, 역사의식을 담았다. 대표적인 작품으로는 필원잡기(서거정), 용재총화(성현), 금오신화(김시습), 패관잡기(어숙권)가 있으며, 이러한 설화문학은 불의를 폭로하고 풍자하는 내용이 많아서 당시 서민사회를 이해하려는 관리들의 자세와 노력을 엿볼 수 있다.

⑤ **가사문학** … 송순, 정철, 박인로에 의해 발달하였다. 정철은 관동별곡, 사미인곡, 속미인곡 같은 작품에서 관동지방의 아름다운 경치와 왕에 대한 충성심을 읊은 것으로 유명하다.

⑥ **여류문인의 활동** … 신사임당, 허난설헌, 황진이가 대표적이다.

(2) 분청사기, 백자와 공예 `2014년출제`

① **특징** … 실용과 소박함을 중요하게 여겨 사치품보다는 생활필수품이나 문방구 등에서 특색이 나타났다.

② 도자기

    ㉠ 분청사기 : 15세기에 유행하였으며, 청자에 백토의 분을 칠한 것으로 백색의 분과 안료로써 무늬를 만들어 장식하였다.

    ㉡ 백자 : 16세기에 유행하였으며, 깨끗하고 담백하며 순백의 고상함을 풍겨서 선비들의 취향과 어울렸기 때문에 널리 사용되었다.

    ㉢ 목공예 : 재료의 자연미를 그대로 살려 실용성과 예술성이 조화를 이루었다.

    ㉣ 기타 : 쇠뿔을 쪼개어 무늬를 새긴 화각공예, 자개공예(나전칠기), 자수와 매듭공예 등이 유명하였다.

(3) 그림과 글씨

① 그림

　㉠ 15세기 `2021년출제` `2015년출제` `2016년출제`

　　• 특징 : 그림은 도화서에 소속된 화원들의 그림과 문인이었던 선비들의 그림으로 나눌 수 있다. 이들은 중국 화풍을 선택적으로 수용하여 독자적 화풍을 형성하였고, 이는 일본 무로마치시대의 미술에 큰 영향을 주었다.

　　• 화가 : 안견(몽유도원도), 강희안(고사관수도), 이상좌(송하보월도), 강희맹 등이 있다.

　㉡ 16세기

　　• 특징 : 산수화와 사군자가 유행하였다.

　　• 화가 : 이암, 이정, 황집중, 어몽룡, 신사임당이 유명하였다.

② 글씨 … 안평대군(송설체), 양사언(초서), 한호(석봉체)가 유명하였다.

(4) 음악과 무용

① 음악

　㉠ 15세기

　　• 세종 때 박연은 악기 개량을 통해 아악을 정리하였다.

　　• 세종 스스로 여민락을 짓고, 정간보를 창안하여 소리의 장단과 높낮이를 표현할 수 있게 되었다. `2015년출제`

　　• 성종 때 성현은 악학궤범을 편찬하여 전통음악을 유지하고 발전시켰다.

　㉡ 16세기 : 민간에서 당악과 향악을 속악으로 발전시켜 가사, 시조, 가곡 등 우리말로 된 노래들을 연주하는 음악이나 민요에 활용되었다.

② 무용

　㉠ 궁중과 관청 : 행사에 따라 매우 다양하였는데, 처용무는 전통춤을 우아하게 변용시켰다.

　㉡ 민간 : 농악무·무당춤·승무 등 전통춤을 계승하고 발전시켜 나갔으며, 산대놀이와 꼭두각시놀이도 유행하였다.

최근 기출문제 분석

2021. 11. 6. 국내여행안내사

1 세종 때 편찬된 것을 모두 고른 것은?

> ㉠ 용비어천가 ㉡ 경국대전
>
> ㉢ 세종실록지리지 ㉣ 농사직설

① ㉠, ㉡ ② ㉠, ㉣

③ ㉡, ㉢ ④ ㉢, ㉣

TIP ㉡ 세조 ㉢ 단종

2021. 11. 6. 국내여행안내사

2 조선 후기 농업과 상공업에 나타난 특징으로 옳은 것은?

① 청, 일본과의 무역이 완전히 단절되었다.

② 민간 상인들의 활동이 종전 보다 위축되었다.

③ 지대를 정액으로 납부하는 도조법이 나타났다.

④ 민간인에게 광산 채굴을 일절 허용하지 않았다.

TIP ① 국내의 상업 발달과 병행하여 대외 무역도 활기를 띠었다. 17세기 중엽부터 청나라와의 무역이 활발해지면서 의주의 중강과 중국 봉황의 책문 등 국경을 중심으로 관무역과 사무역이 동시에 이루어졌다. 17세기 이후로 일본과의 관계가 점차 정상화되면서 대일 무역도 활발하게 전개되었다. 조선에서는 인삼·쌀·무명 등이 나가고, 청나라에서 수입한 물품을 중개하였다.
② 민간상인들이 등장하기 시작했다.
④ 17세기 이후 정부가 민간인에게 광산 채굴을 허용했다.

Answer 1.② 2.③

2020. 11. 7. 국내여행안내사

3 조선 성종대에 편찬한 조선왕조의 기본 법전은?

① 경국대전 ② 대전통편

③ 조선경국전 ④ 국조오례의

> **TIP** 경국대전 … 조선시대에 나라를 다스리는 기준이 된 최고 법전으로, 세조 때 집필을 시작하여 1485년 (성종 16)에 최종 완성하여 시행하였다.
> ② 대전통편 : 1785년(정조 9)에 「경국대전」과 「속대전」 등 법령집을 통합하여 편찬한 법전
> ③ 조선경국전 : 1394년(태조 3) 정도전이 왕에게 지어 바친 사찬 법전
> ④ 국조오례의 : 세조의 명을 받들어 오례의 예법과 절차에 대해 그림을 곁들여 편찬한 책으로 1474년(성종 5) 신숙주 · 정척 등이 완성

2019. 11. 2. 국내여행안내사

4 다음 중 세종대에 만들어진 것은?

① 국조오례의 ② 여지도서

③ 혼일강리역대국도지도 ④ 칠정산

> **TIP** ④ 우리 실정에 맞는 역법인 칠정산은 조선 세종대에 만들어진 것이다.
> ① 국조오례의 : 세종 때 시작하여 성종 때 완성하였다.
> ② 여지도서 : 영조
> ③ 혼일강리역대국도지도 : 태종

2017. 11. 4. 국내여행안내사

5 조선 전기 문화에 관한 설명으로 옳은 것은?

① 판소리와 한글소설이 유행하는 등 서민문화가 확대되었다.

② 아라비아 역법을 참고하여 칠정산이라는 역법서를 편찬하였다.

③ 동국지리지, 아방강역고 등과 같은 역사 지리서를 편찬하였다.

④ 우리나라의 산천을 사실적으로 표현한 진경산수화가 유행하였다.

> **TIP** ② 「칠정산」은 조선 세종 때 편찬되었다.
> ①③④ 조선 후기 문화에 관한 설명이다.

Answer 3.① 4.④ 5.③

6 조선시대 서적에 관한 설명으로 옳지 않은 것은?

① 칠정산 – 일곱 개 천체의위치를 계산하는 방법을 서술한 역법서
② 지봉유설 – 진법 위주의 군사훈련 지침을 서술한 병법서
③ 향약집성방 – 우리 풍토에 적합한 약재와 치료방법을 정리한 의학서
④ 총통등록 – 화약무기의제작과 그사용법을 정리한 병서

> **TIP** ② 지봉유설은 1614년(광해군 6) 이수광이 편찬한 일종의 백과사전이다.

7 조선 후기에 제작된 그림이 아닌 것은?

① 정선의 인왕제색도
② 신윤복의 단오풍정
③ 김홍도의 씨름도
④ 안견의 몽유도원도

> **TIP** ④ 몽유도원도는 안견이 1447년(세종 29)에 비단 바탕에 수묵담채로 그린 산수화이다.

8 조선시대 관리 등용 제도가 아닌 것은?

① 천거
② 독서삼품과
③ 음서
④ 과거

> **TIP** ② 독서삼품과는 신라시대의 관리등용 방법이다.

Answer 6.② 7.④ 8.②

9 **고려 시대의 유물이 아닌 것은?**

① 부석사 무량수전

② 월정사 팔각 9층 석탑

③ 혼일강리역대국도지도

④ 청자 상감 운학무늬 매병

> **TIP** 혼일강리역대국도지도는 1402년(태종 2)에 좌정승 김사형(金士衡), 우정승 이무(李茂)와 이회(李薈)가 만든 세계지도를 말하는데, 이 지도는 조선시대의 학자들에 의해 제작되어진 유일한 세계지도로서 조선전기 세계지리학의 지식을 결집한 것이다.

10 **다음에서 설명한 책은?**

> 세종대 편찬한 책으로 우리나라 풍토에 맞는 씨앗의 저장법, 토질의 개량법, 모내기법 등 농민의 실제 경험을 종합하여 편찬하였다.

① 산림경제

② 농사직설

③ 농가집성

④ 임원경제지

> **TIP** 「농사직설」은 조선 세종 때의 문신인 정초(鄭招), 변효문(卞孝文) 등이 왕명에 의하여 편찬한 농서를 의미한다. 또한, 우리나라의 풍토에 맞는 농법으로 편찬된 책으로는 효시가 되고 있다. 「농사직설」은 지역에 따라 적절한 농법을 수록해서 공식적이며 우리의 실정과 거리가 있는 중국 농사법으로부터 탈피하는 좋은 계기를 만들었다.

11 **책 이름과 주요 여행국이 바르게 연결된 것은?**

① 왕오천축국전 – 중국

② 서유견문 – 인도

③ 열하일기 – 베트남

④ 해동제국기 – 일본

> **TIP** ① 왕오천축국전 : 신라의 승려 혜초가 고대 인도의 5천축국을 답사한 뒤 쓴 책
> ② 서유견문 : 한말 정치가이자 사상가 유길준이 유럽과 미국을 둘러보고 쓴 우리나라 최초의 서양견문록
> ③ 열하일기 : 조선후기 실학자 박지원이 1780년(정조 4)에 청나라를 다녀온 후 작성한 견문록

Answer 9.③ 10.② 11.④

출제 예상 문제

1 조선왕조실록에 대한 설명 중 옳지 않은 것은?

① 조선 태조에서 철종까지 472년간의 역사적 사실을 기록하였다.

② 기(紀), 전(傳), 지(志), 표(表) 등으로 구성하여 서술하였다.

③ 실록의 편찬은 춘추관 내 실록청에서 담당하였다.

④ 현재 서울대학교 규장각, 국가기록원 등에 보관 중이다.

TIP ② 기전체에 대한 설명이다. 조선왕조실록은 연월(年月)에 따라 기술하는 편년체로 기록되었다.

2 다음의 내용이 지적하고 있는 정치세력에 대한 설명 중 가장 옳은 것은?

> • 성종의 인재등용정책에 편승하여 정계에 진출하였다.
> • 고려 왕실에 절의를 지켜 조선 왕조의 개창에 불참하였다.

① 경학보다는 사장을 중시하였다.

② 성리학보다는 훈고학을 중시하였다.

③ 왕도정치보다는 패도정치를 중시하였다.

④ 물질문화보다는 정신문화를 중시하였다.

TIP 제시된 내용은 사림파와 관련된 사실이다.
　　①③ 조선시대 훈구파와 관련된 사실이다.
　　② 고려시대의 문벌귀족, 권문세족과 관련된 사실이다.

Answer 1.② 2.④

3 다음과 관계 깊은 역사의식이 끼친 영향으로 옳은 것은?

> • 「동국통감」을 비판하고 통사를 새로 개찬하여 「동사찬요」, 「표제음주」, 「동국사략」 등을 저술하였다.
> • 단군보다는 기자를 더 높이 숭상하여 기자조선에 대한 연구를 심화하였는데, 「기자 실기」는 그 대표적인 저술이다.

① 국사를 민족사로 인식하는 주체적 사관을 성립시켰다.
② 왕실과 국가의 위신을 높였으며, 문화 향상에 기여하였다.
③ 국제정세의 변동에 융통성 있게 대처하는 능력을 키웠다.
④ 중국을 제외한 주변 민족의 침략에 적극적으로 저항하는 애국심을 높여 주었다.

TIP 제시된 내용은 사림파의 존화주의적, 왕도주의적 역사·문화의식이 반영된 저서들로 사림파 집권기에는 우리 민족이 문화민족이라는 자부심을 가지고 문화의식을 반영하는 사서가 편찬되어 중국을 제외한 주변 민족의 침략에 저항하는 애국심을 고취시켰다. 그러나 국제정세의 변동에 대처하는 면에서는 뒤떨어지기도 하였다.

4 조선시대 성리학의 수용과 정착과정에 대한 설명 중 옳지 않은 것은?

① 조선초기의 집권층은 부국강병보다 성리학의 융성에 힘썼다.
② 성리학은 조선의 건국의 사상적 기반이 되었다.
③ 15세기 관학파는 성리학 이외의 학문과 사상에 포용적이었다.
④ 사림학파는 당시의 시대모순을 성리학적 이념을 통해 극복하고자 하였다.

TIP ① 조선초기의 집권층은 성리학보다 부국강병에 관심이 많았다.

Answer 3.④ 4.①

5 역사 서술의 형식과 대표적인 사서가 바르게 짝지어진 것은?

① 강목체 – 고려사
② 편년체 – 삼국사기
③ 기전체 – 동국통감
④ 기사본말체 – 연려실기술

TIP ① 고려사 – 기전체 ② 삼국사기 – 기전체 ③ 동국통감 – 편년체

6 조선초기의 국가시책과 관련하여 편찬한 다음 서적들의 편찬의도는?

• 효행록	• 삼강행실도
• 경국대전	• 국조오례의

① 부국강병의 추구
② 유교적 질서의 확립
③ 농촌사회의 안정
④ 향촌자치제의 강화

TIP 각종 윤리서와 법전은 유교적인 질서를 확립하기 위해 편찬되었다.

7 세종 7년 2월 2일, 왕이 예조를 통해 각 도에 공문을 보내 다음의 내용을 조사하여 춘추관으로 보내도록 지시하였다. 이러한 지시사항들을 토대로 편찬되었으리라고 추정되는 것은?

- 여러 섬의 수륙교통의 원근과 인물 및 농토의 유무
- 영(營), 진(鎭)을 설치한 곳과 군정(軍丁), 전함(戰艦)의 수
- 온천, 얼음굴, 동굴, 염전(소금밭), 철광, 목장, 양마의 유무
- 각 도·읍의 역대 명칭과 연혁, 주·부·군·현·향·소·부곡의 설치와 이합에 관한 사실

---

① 택리지   ② 동국여지승람

③ 조선방역지도   ④ 동국지리지

TIP ② 「동국여지승람」은 세종 때 편찬된 최초의 인문지리서인 「팔도지리지」에 인문에 관한 내용을 자세히 추가한 현존하는 최초의 인문지리서이다.

8 다음의 내용들이 공통적으로 갖고 있는 의미는?

- 서리채용시험에 훈민정음 부과
- 용비어천가, 월인천강지곡 등 많은 시가 출간
- 불경, 농서, 병서, 유교경전 및 서적들의 언해작업

---

① 유교교육의 강화 및 한글 보급에 기여하였다.

② 과학적 한글에 대한 노력이 부단히 계속되었다.

③ 일반적으로 한글이 사용되고 있었음을 의미한다.

④ 민족의식의 고취를 위한 부단한 노력이 계속되었다.

TIP 세종은 훈민정음의 완성과 함께 그 보급에 힘써 용비어천가·월인천강지곡 등의 많은 시가와 서적을 번역·출간하였고, 「불경언해」를 비롯하여 농민에게 읽히기 위한 농서나 대외적인 비밀유지가 필요한 병서 등도 한글로 편찬하였다. 또 유교의 경전 및 각종 서적의 계속적인 언해작업으로 훈민정음은 유교주의 교육과 지식 보급에 크게 기여하였다.

Answer   7.②   8.①

9 조선시대 의궤(儀軌)에 관한 설명으로 옳지 않은 것은?

① 현재 남아있는 의궤는 모두 18세기 이후에 만들어진 것이다.

② 국가나 왕실에서 거행한 주요 행사를 기록과 그림으로 남긴 책이다.

③ 강화도 외규장각에 보관되어 있던 의궤들은 병인양요 때에 프랑스군에 의해 약탈당하였다.

④ 「화성성역의궤」는 화성의 성곽을 축조한 공사에 관한 내용을 기록한 것이다.

TIP 현재 전해지고 있는 의궤 중 가장 오래된 것은 1601년에 편찬된 의인왕후산릉도감의궤와 의인왕후빈전혼전도감의궤이다.

10 다음의 내용을 종합하여 보았을 때 조선시대의 특징이라고 할 수 있는 것은?

- 상장제례에 관한 예학이 발달하였다.
- 지나친 도덕주의로 현실적인 부국강병책에 소홀하였다.
- 불교, 도교, 민간신앙 등을 이단·음사로 몰아 배척하였다.

① 성리학적 명분과 의리를 중시하였다.

② 향촌자치의 왕도정치를 추구하였다.

③ 민본정치의 이념을 구현하고자 하였다.

④ 민족적 자각과 전통문화에 대한 관심이 고조되었다.

TIP 조선 사회는 성리학적 명분론에 입각하여 엄격한 신분질서를 강조하였고, 신분질서의 안정에 필요한 의례를 중시함으로써 상장제례에 관한 예학이 발달하게 되었다. 그러나 명분론에서 파생된 정통론은 성리학 이외의 사상을 이단으로 배척하였으며, 명분에 따른 지나친 도덕주의는 현실의 부국강병에 소홀하게 되는 형식주의에 빠지게 되는 결과를 초래하였다.

Answer 9.① 10.①

11 조선초기에는 부국강병과 민생안정을 위해 과학기술학을 장려하였고, 철학사조도 격물치지의 경험적 학풍이 지배적이었다. 이에 해당되는 것은?

① 규형의 제작
② 「기자실기」의 편찬
③ 「농가집성」의 편찬
④ 「동의수세보원」의 편찬

───────────────────────────────

TIP ② 「기자실기」는 16세기에 편찬되었다.
③ 「농가집성」은 고려말 원의 농서이다.
④ 「동의수세보원」은 조선후기의 의서이다.

12 '칠정산'에 대한 설명으로 옳지 않은 것은?

① 조선 건국 직후 새 왕조에 대한 권위 표상으로 만들어졌다.
② 고구려의 천문도를 바탕으로 제작되었다.
③ 한양을 기준으로 천체운동을 정확히 계산하였다.
④ 천상열차분야지도각석은 현재 국립 고궁 박물관에 소장되어 있다.

───────────────────────────────

TIP 「칠정산」은 중국의 수시력과 아라비아의 회회력을 참고하여 만든 역법서이다.

Answer   11.①   12.③

04 문화의 새 기운

1 성리학의 변화

(1) 성리학의 교조화 경향

① 성리학의 절대화

    ㉠ 서인 : 인조반정 이후 정국의 주도권을 잡은 서인은 의리명분론을 강화하여 주자 중심의 성리학을 절대 화함으로써 자신들의 학문적 기반을 공고히 하려 하였다.

    ㉡ 송시열 : 주자의 본뜻에 충실함으로써 당시 조선 사회의 모순을 해결하려 하였다.

② 성리학의 상대화

    ㉠ 경향 : 주자 중심의 성리학을 상대화하고 6경과 제자백가 등에서 모순해결의 사상적 기반을 찾으려는 경향이 본격화되었다(17세기 후반).

    ㉡ 학자

      • 윤휴는 유교경전에 대해 독자적인 해석을 펼쳤다.

      • 박세당은 양명학과 노장사상의 영향을 받아 「사변록」을 통해 주자의 학설을 비판하였다.

    ㉢ 결과 : 주자의 학문체계와는 다른 모습을 보였기 때문에 당시 권력을 장악하고 있던 서인(노론)의 공격을 받아 사문난적(斯文亂賊)으로 몰려 죽었다.

    ㉣ 기타 : 정약용은 주자의 해석에 구애되지 않고 고주(古註)를 참작하여 공자·맹자의 본뜻을 찾으려고 노력하여 성리학과 다른 독자적인 철학체계를 수립하였다.

③ 성리학의 발달

    ㉠ 이기론 중심 : 이황학파의 영남 남인과 이이학파인 노론 사이에 성리학의 이기론을 둘러싼 논쟁이 치열하게 전개되었다.

    ㉡ 심성론 중심 : 인간과 사물의 본성이 같은가 다른가 등의 문제를 둘러싸고 충청도 지역의 호론과 서울 지역의 낙론이 대립하였다.

    ㉢ 주자 중심의 성리학을 절대시한 노론과는 달리, 소론은 성혼의 사상을 계승하고 양명학과 노장사상을 수용하는 등 성리학의 이해에 탄력성을 가지게 되었다.

(2) 양명학의 수용

① **성향** ··· 성리학의 교조화와 형식화를 비판하였고, 치양지설과 지행합일을 주장하였다.

② **수용 과정**
  ㉠ 16세기에 주로 서경덕 학파와 종친들 사이에 확산이 되었으나, 이황이 전습록논변에서 양명학을 사문난적으로 비판한 것을 계기로 몇몇 학자들만 관심을 기울였다.
  ㉡ 왜란을 전후하여 최명길, 이요, 이수광 등에 의해 다시 주목을 받기도 하였다.
  ㉢ 17세기 후반 소론 계열의 학자(최명길, 장유)등이 성리학의 교조화와 형식화에 반대하면서 본격적으로 수용하였다.

③ **강화학파의 형성**
  ㉠ **형성** : 18세기 초 강화도에 정제두가 옮겨 살면서 양명학 연구와 제자 양성을 통해 강화학파를 이루었다.
  ㉡ **성향** : 양반 신분제의 폐지를 주장하고 일반민을 도덕 실체의 주체로 상정하였다.
  ㉢ **한계** : 제자들이 정권에서 소외된 소론이었기 때문에 그의 학문은 집안 후손들과 인척을 중심으로 가학의 형태로 계승되고 계승되었으며, 성리학의 테두리에서 크게 벗어나지 못하였다.
  ㉣ **영향** : 역사학·국어학·서학·문학 등에서 새로운 경지를 개척하게 되어 실학자들과 서로 영향을 주고 받았다. 또한 박은식, 정인보 등 한말 일제시기의 민족운동에 영향을 주었다.

❷ 실학의 발달

(1) 실학의 등장

① **실학의 개념** ··· 17 ~ 18세기의 사회·경제적 변동에 따른 사회 모순에 직면하여 그 해결책을 구상하는 과정에서 대두한 학문과 사회개혁론이다.

② **등장배경**
  ㉠ **통치질서의 와해** : 조선 사회는 양 난을 겪으면서 크게 모순을 드러냈으나, 위정자들은 근본적 대책을 모색하지 못하였다. 이에 진보적 지식인들은 국가체제를 개편하고 민생을 안정시킬 수 있는 개혁방안을 제시하게 되었던 것이다.
  ㉡ **성리학의 사회적 기능 상실** : 조선후기에는 양반사회의 모순이 심각해졌음에도 불구하고 당시의 지배 이념이었던 성리학은 현실문제를 해결할 수 있는 기능을 수행하지 못하였다.
  ㉢ **현실문제를 탐구하려는 움직임** : 성리학의 한계성을 자각하고 이를 비판하면서 현실생활과 직결되는 문제를 탐구하려는 움직임이 나타나게 되었다.
  ㉣ **경제적 변화와 발전** : 전쟁피해의 복구과정에서 피지배층은 끊임없는 노력으로 경제적 발전을 추구하였는데, 이를 촉진하고 대변하는 사상으로 나타났다.

ⓜ **신분 변동** : 조선후기 사회는 신분질서가 급속히 붕괴되어 정권에서 소외된 양반층의 생계 대책과 서민층의 생존문제에 주목하게 되었다.

ⓗ **서학의 영향** : 17세기 이래 중국에서 간행된 각종 서학서적들이 조선에 전래되어 당시 지식인들에게 과학적이고 합리적인 사상을 전하였다.

ⓢ **청의 고증학의 영향** : 고증학에는 실사구시(實事求是)를 내세워 학문 연구에서 실증적 방법을 강조하였다.

③ **실학의 태동** … 17세기에 성리학의 사회적 기능이 상실되자 현실문제와 직결된 문제를 탐구하면서 등장하게 되었다. 이수광의 「지봉유설」, 한백겸의 「동국지리지」 등에 의하여 제기되었다.

④ **실학의 연구** … 실학은 농업 중심의 개혁론, 상공업 중심의 개혁론, 국학 연구 등을 중심으로 확산되었으며, 청에서 전해진 고증학과 서양과학의 영향을 받기도 하였다.

(2) 농업 중심의 개혁론(경세치용학파)

① **특징** … 농촌사회의 안정을 위하여 농민의 입장에서 토지제도의 개혁을 강조하여 자영농 육성을 주장하였다.

② **주요 학자와 사상**

  ㉠ **유형원**(농업 중심 개혁론의 선구자)

    • **균전론 주장** : 「반계수록」에서 관리, 선비, 농민 등에 따라 차등있게 토지를 재분배하고 조세와 병역도 조정하자고 주장하였다.

    • **군사 · 교육제도 개편** : 자영농을 바탕으로 농병일치의 군사조직과 사농일치의 교육제도를 확립해야 한다고 하였다.

    • **신분제 비판** : 양반문벌제도, 과거제도, 노비제도의 모순을 비판하였다.

    • **유학적 한계성** : 사 · 농 · 공 · 상의 직업적 우열과 농민의 차별을 전제로 하면서 개인의 능력을 존중하는 사회를 지향하여 유교적 생각에서 크게 벗어나지 못했다.

  ㉡ **이익**(실학의 학파 형성) **2015년출제**

    • **이익학파의 형성** : 「성호사설」, 「곽우록」 등을 저술하고 유형원의 실학사상을 계승 · 발전시켰으며, 안정복, 이중환, 이가환, 정약용 등의 제자를 길러 학파를 형성하였다.

    • **한전론 주장** : 한 가정의 생활을 유지하는 데 필요한 일정한 토지를 영업전으로 정하고, 영업전은 법으로 매매를 금지하고 나머지 토지만 매매를 허용해야 한다고 주장하였다.

    • **6종의 폐단 지적** : 양반문벌제도, 노비제도, 과거제도, 사치와 미신, 승려, 게으름을 지적하였다.

    • **폐전론과 사창제도 주장** : 당시 농민을 괴롭히고 있던 고리대와 화폐의 폐단에 대하여 비판적인 입장을 취하고 환곡제도 대신 사창제도의 실시를 주장하였다.

  ㉢ **정약용**(실학의 집대성)

    • **여전론 주장** : 한 마을을 단위로 하여 토지를 공동 소유 · 경작하고 그 수확량을 노동량을 기준으로 분배하는 일종의 공동농장제도를 주장하였다.

- 정전론 주장 : 국가가 장기적으로 토지를 사들여 가난한 농민에게 나누어 줌으로써 자영농민을 육성하고 아직 국가가 사들이지 못한 지주의 토지는 병작농민에게 골고루 소작하게 하는 방안을 주장하였다.
- 민본적 왕도정치 주장 : 백성의 이익과 의사를 반영해야 한다는 주장이다.
- 군사제도 : 농민의 생활 안정을 토대로 향촌단위방어체제를 강화하고자 하였다.
- 저술 : 18세기 말 정조 때 벼슬하였으나 신유박해 때에 연루되어 전라도 강진에 유배되어 18년 동안 귀양살이를 하였는데, 「여유당전서」에 500여권의 저술을 남겼다.
  - 목민심서 : 목민관의 치민(治民)에 관한 도리를 논한 책이다.
  - 경세유표 : 중앙정치제도의 폐해를 지적하고, 그 개혁의 의견을 기술한 책이다.
  - 흠흠신서 : 형옥(刑獄)에 관한 법률 지침서로, 특히 형옥의 임무를 맡은 관리들이 유의할 사항을 예를 들어 설명하였다.
  - 탕론 : 은의 탕왕이 하의 걸왕을 무찌른 고사를 들어 민(民)이 정치의 근본임을 밝힌 논설로서 역성혁명(易姓革命)을 내포하고 있으며, 존 로크(J. Locke)의 사회계약론에서 보여 주는 시민혁명사상이 깃들어 있다.
  - 원목 : 통치자는 백성을 위해 존재한다는 이론으로서 통치자의 이상적인 상(像)을 제시하였다.
  - 전론 : 독특한 부락 단위의 여전제를 주장, 농업협동방법과 집단방위체제를 제시하였다.
  - 기예론 : 인간이 금수와 다른 것은 기술을 창안하고, 이를 실생활에 이용할 줄 아는 데 있다고 보고 기술의 혁신, 기술교육 등을 촉구하였다.

(3) 상공업 중심의 개혁론(이용후생학파, 북학파)

① 특징 … 청나라 문물을 적극적으로 수용하여 부국강병과 이용후생에 힘쓰자고 주장하였다.

② 주요 학자와 사상

  ㉠ 유수원(상공업 중심 개혁론의 선구자)
- 부국책 : 「우서」에서 중국과 우리나라의 문물을 비교하면서 여러 개혁안을 제시하였다.
- 상공업 진흥과 기술혁신을 강조하고, 사농공상의 직업적 평등과 전문화를 주장하였다.
- 농업론 : 토지제도의 개혁보다 농업의 상업적 경영과 기술혁신을 통해 생산성을 높이고자 하였다.
- 상공업진흥책 : 상인간의 합자를 통한 경영 규모의 확대와 상인이 생산자를 고용하여 생산과 판매를 주관할 것을 제안하였다.

  ㉡ 홍대용(성리학적 세계관 부정)
- 「임하경륜」, 「의산문답」 등을 저술하였다.
- 균전제를 주장하였다.
- 기술의 혁신과 문벌제도의 철폐를 주장하였다.
- 성리학 극복을 주장하고, 중국 중심의 세계관을 비판하였다(지전설 제기).

  ㉢ 박지원(북학사상의 발전)
- 농업생산력 증대 : 「과농소초」, 「한민명전의」 등을 통해 영농방법의 혁신, 상업적 농업의 장려, 수리시설의 확충 등을 통하여 농업생산력을 높이는 데 관심을 기울였다.

- 상공업의 진흥 : 청에 다녀와 「열하일기」를 저술하고 상공업의 진흥을 강조하면서 수레와 선박의 이용, 화폐유통의 필요성을 강조하였다.
- 양반문벌제도의 비생산성을 비판하였다.
  ② 박제가(박지원의 사상을 보다 확충)
- 「북학의」를 저술하여 청나라 문물의 적극적 수용을 주장하였다.
- 청과의 통상 강화, 수레와 선박의 이용, 상공업의 발달을 주장하였다.
- 절검보다 소비를 권장하여 생산의 자극을 유도하였다.

③ **실학의 특징** … 18세기를 전후하여 실증적 · 민족적 · 근대지향적 특성을 지닌 학문이었다. 이는 19세기 후반 개화사상으로 이어지게 되었다.
  ㉠ **학문영역** : 18세기를 전후하여 크게 융성하였던 실학의 연구는 성리학적 질서를 극복하려는 움직임이었기 때문에 실학자들의 학문영역은 매우 넓어져서 정치, 경제, 철학, 지리, 역사 등 미치지 않는 분야가 없었다.
  ㉡ **역사적 의의** : 실학은 성리학의 폐단과 조선후기 사회의 각종 부조리를 개혁하려는 현실개혁의 사상이었다.
- 민족주의 성격 : 성리학은 중국 중심의 세계관으로서 우리 문화가 중국 문화의 일부로밖에 인식되지 않았으나, 실학자들은 우리 문화에 대한 독자적 인식을 강조하였다.
- 근대지향적 성격 : 실학자들은 사회체제의 개혁, 생산력의 증대를 통해 근대사회를 지향하고 있었다.
- 실증적 성격 : 문헌학적 고증의 정확성을 존중하고 과학적이고 객관적인 학문 태도를 중시하였다.
- 피지배층 처지 옹호(민중적) : 성리학이 봉건적 지배층의 지도원리였다면 실학은 피지배층의 편에서 제기된 개혁론이었다. 실학자들은 농민을 비롯한 피지배층의 생활에 관심이 많았고 그들의 권익 신장을 위해 노력하였다.
  ㉢ **한계** : 실학은 대체로 정치적 실권과 거리가 먼 몰락 지식층의 개혁론이었고, 이를 지지해 줄 광범한 사회적 토대가 미약하였다.
- 실학자들의 학문과 사상은 당시의 정책에 반영되지 못하여 역사의 흐름을 바꾸어 놓지 못했다.
- 유교적 한계를 벗어나지 못하였고 성리학의 가치관을 극복하지 못하여 근대적 학문으로 발전되지 못하였다.

(4) 국학 연구의 확대 2015년출제 2016년출제

① **연구배경** … 실학의 발달과 함께 민족의 전통과 현실에 대한 관심이 깊어지면서 우리의 역사, 지리, 국어 등을 연구하는 국학이 발달하게 되었다.

② **역사학 연구**
  ㉠ **이익** : 실증적이며 비판적인 역사서술을 제시하고 중국 중심의 역사관에서 벗어나 우리 역사를 체계화하여 민족사의 주체적인 자각을 높이는 데 이바지했다.
  ㉡ **안정복** : 「동사강목」을 저술하였고 이익의 역사의식을 계승하여 우리 역사의 독자적 정통론을 세워 체계화하였으며, 고증사학의 토대를 닦았다.

ⓒ 한치윤 : 외국 자료를 인용하여 「해동역사」를 편찬하였는데, 이는 민족사 인식의 폭을 넓히는 데 이바지 하였다.

ⓔ 이긍익 : 조선시대의 정치와 문화를 정리하여 「연려실기술」을 저술하였다.

ⓜ 이종휘와 유득공 : 이종휘의 「동사」와 유득공의 「발해고」는 각각 고구려사와 발해사 연구를 중심으로 고대사의 연구 시야를 만주지방까지 확대하여 한반도 중심의 협소한 사관을 극복하고자 했다. `2014년출제`

ⓗ 김정희 : 「금석과안록」을 지어 북한산비가 진흥왕 순수비임을 고증하였다.

ⓢ 기타 : 이진택은 「규사」, 이진흥은 「연조귀감」, 최성환은 「고문비략」 등을 편찬하였다.

③ 국토에 대한 연구

ⓐ 전기 지리지·지도 : 팔도지리지, 동국여지승람, 혼일강리도, 동국지도(정척·양성지) 등

ⓑ 후기 지리지·지도 : 택리지, 아방강역고, 대동여지도(김정호), 동국지도(정상기)

④ 언어에 대한 연구 ··· 신경준의 「훈민정음운해」, 유희의 「언문지」, 우리의 방언과 해외 언어를 정리한 이의봉의 「고금석립」이 편찬되었다.

⑤ 백과사전의 편찬 ··· 이수광의 「지봉유설」, 이익의 「성호사설」 등이 대표적이다.

3 과학기술의 발달

(1) 서양문물의 수용

① **중국을 왕래하던 사신들을 통한 전래** ··· 17세기경부터 중국을 왕래한 사신들이 전래하기 시작했다. 이광정은 세계지도, 정두원은 화포·천리경·자명종을 전하였다.

② **실학자들의 관심** ··· 천주교까지 수용한 사람들도 있었으나, 대부분의 학자들은 서양의 과학기술을 받아들이면서도 천주교는 배척하였다.

③ **서양인의 표류**

ⓐ 벨테브레 : 훈련도감에 소속되어 서양식 대포의 제조법·조종법을 가르쳐 주었다.

ⓑ 하멜은 「하멜표류기」를 지어 조선의 사정을 서양에 전하였다.

(2) 천문학과 지도제작기술의 발달

① **천문학**

ⓐ 지전설

• 이익·정약용 : 서양 천문학에 큰 관심을 가지고 연구하였다.

• 김석문 : 지전설을 우리나라에서 처음으로 주장하여 우주관을 크게 전환시켰다.

• 홍대용 : 과학연구에 힘썼으며, 지전설과 지구가 우주의 중심이 아니라는 무한우주론을 주장하였다.

ⓛ 의의 : 서양 과학의 영향을 받아 크게 발전하였고 전통적 우주관에서 벗어나 근대적 우주관으로 접근해 갔으며, 이들의 지전설은 성리학적 세계관을 비판하는 근거가 되기도 하였다.

② **역법**

ⓖ **시헌력 제작** : 서양 선교사인 아담 샬이 중심이 되어 만든 것으로서, 청나라에서 사용되고 있었는데, 종전의 역법보다 한 걸음 더 발전할 것이었다.

ⓛ **시헌력의 채용** : 김육 등의 노력으로 조선에서는 약 60여 년간의 노력 끝에 시헌력을 채용하였다.

③ **수학**

ⓖ 「**기하원본**」 **도입** : 마테오리치가 유클리드 기하학을 한문으로 번역한 것이다.

ⓛ **최석정 · 황윤석** : 전통 수학을 집대성하였다.

ⓒ **홍대용** : 「주해수용」을 저술하여 우리나라, 중국, 서양 수학의 연구 성과를 정리하였다. 2018년출제

④ **지도** … 서양 선교사들이 만든 곤여만국전도와 같은 세계 지도가 중국을 통하여 전해짐으로써 지리학에서도 보다 과학적으로 정밀한 지식을 가지게 되었고, 지도 제작에서도 더 정확한 지도가 만들어졌다. 이를 통하여 조선 사람들의 세계관이 확대될 수 있었다. 2015년출제

(3) 의학의 발달과 기술의 개발 2021년출제

① **의학의 발달** … 종래 한의학의 관념적인 단점을 극복하고, 실증적인 태도에서 의학 이론과 임상의 일치에 주력하였다.

ⓖ **17세기** : 허준은 「동의보감」을 저술하여 의학 발전에 큰 공헌을 하였다. 이 책은 우리의 전통 한의학을 체계적으로 정리한 것으로서 우리나라뿐만 아니라 중국과 일본에서도 간행되어 뛰어난 의학서로 인정되었다. 같은 시기의 허임은 「침구경험방」을 저술하여 침구술을 집대성하였다.

ⓛ **18세기** : 정약용은 마진(홍역)에 대한 연구를 진전시키고 이 분야의 의서를 종합하여 「마과회통」을 편찬하였으며, 박제가와 함께 종두법을 연구하여 실험하기도 하였다.

ⓒ **19세기** : 이제마는 「동의수세보원」을 저술하여 사상의학을 확립하였다. 이는 사람의 체질을 구분하여 치료하는 체질의학이론으로 오늘날까지 한의학계에서 통용되고 있다.

② **정약용의 기술 개발** 2023년출제

ⓖ **기술관** : 과학과 기술의 중요성을 확신하고 기술의 개발에 앞장섰던 사람은 정약용이었다. 그는 인간이 다른 동물보다 뛰어난 것은 기술 때문이라고 보고, 기술의 발달이 인간 생활을 풍요롭게 한다고 믿었다.

ⓛ **기계의 제작 · 설계**
- 거중기 제작 : 서양 선교사가 중국에서 펴낸 기기도설을 참고하여 거중기를 만들었는데, 이 거중기는 수원 화성을 만들 때 사용되어 공사기간을 단축하고 공사비를 줄이는 데 크게 공헌하였다.
- 배다리(舟橋) 설계 ; 정약용은 정조가 수원에서 행차할 때 한강을 안전하게 건너도록 배다리를 설계하였다.

(4) 농서의 편찬과 농업기술의 발달

① 농서의 편찬
    ㉠ 신속의 「농가집성」 : 벼농사 중심의 농법이 소개되고, 이앙법 보급에 기여하였다.
    ㉡ 박세당의 「색경」 : 곡물재배법, 채소, 과수, 원예, 축산, 양잠 등의 농업기술을 소개하였다.
    ㉢ 홍만선은 「산림경제」, 서유구는 「해동농서」와 농촌생활 백과사전인 「임원경제지」를 편찬하였다.

② 농업기술의 발달
    ㉠ 이앙법, 견종법의 보급으로 노동력이 절감되고 생산량이 증대되었다.
    ㉡ 쟁기를 개선하여 소를 이용한 쟁기를 사용하기 시작하였다.
    ㉢ 시비법이 발전되어 여러 종류의 거름이 사용됨으로써 토지의 생산력이 증대되었다.
    ㉣ 수리시설의 개선으로 저수지를 축조하였다(당진의 합덕지, 연안의 남대지 등).
    ㉤ 황무지 개간(내륙 산간지방)과 간척사업(해안지방)으로 경지면적을 확대시켰다.

④ 문학과 예술의 새 경향

(1) 서민문화의 발달

① 서민문화의 대두와 배경 … 상공업의 발달과 농업생산력의 증대를 배경으로 서당교육이 보급되고, 서민의 경제적·신분적 지위가 향상됨에 따라 서민문화가 대두하였다.

② 참여층의 변화 … 중인층(역관·서리), 상공업 계층, 부농층의 문예활동이 활발해졌고, 상민이나 광대들의 활동도 활기를 띠었다.

③ 서민문화의 발달
    ㉠ 한글소설의 보급 : 영웅이 아닌 평범한 인물이 주인공인 경우가 많았고 대부분 현실적인 세계가 배경이 되는데 영향력이 매우 컸다.
    ㉡ 판소리와 탈춤 : 서민문화를 확대하는 데 크게 기여하였다.
    ㉢ 풍속화와 민화 : 저변이 확대되어 유행하였다.
    ㉣ 음악과 무용 : 감정을 대담하게 표현하는 경향이 짙었다.

(2) 판소리와 탈놀이

① 판소리
    ㉠ 특징
        • 구체적인 이야기를 창과 사설로 엮어 가기 때문에 감정 표현이 직접적이고 솔직하였다.
        • 분위기에 따라 광대가 즉흥적으로 이야기를 빼거나 더할 수 있었고, 관중들이 추임새로써 함께 어울릴 수 있었다.

ⓛ 판소리 작품 : 열두 마당이 있었으나, 지금은 춘향가, 심청가, 흥부가, 적벽가, 수궁가 등 다섯 마당만 전
    하고 있다.
ⓒ 판소리 정리 : 신재효는 19세기 후반에 판소리 사설을 창작하고 정리하였다.
ⓔ 의의 : 서민을 포함한 넓은 계층으로부터 호응을 받을 수 있었다. 이런 이유로 판소리는 서민문화의 중심
    이 되었다.

② 가면극
    ⓐ 탈놀이 : 향촌에서 마을 굿의 일부로서 공연되어 인기를 얻었다.
    ⓛ 산대놀이 : 산대(山臺)라는 무대에서 공연되던 가면극이 민중오락으로 정착되어 도시의 상인이나 중간층
        의 지원으로 성행하게 되었다.
    ⓒ 내용 : 지배층과 그들에게 의지하여 살아가는 승려들의 부패와 위선을 풍자하기도 하고 양반의 허구를
        폭로하고 욕보이기까지 하였었다.

③ 의의 … 상품유통경제의 활성화와 함께 성장하여 당시 사회적 모순을 예리하게 드러내면서 서민 자신들의
    존재를 자각하는 데 기여하였다.

(3) 한글소설과 사설시조

① 한글소설 … 홍길동전, 춘향전, 별주부전, 심청전, 장화홍련전 등이 유명하였다.
    ⓐ 홍길동전 : 서얼에 대한 차별의 철폐와 탐관오리의 응징을 통한 이상사회의 건설을 묘사하는 등 당시의
        현실을 날카롭게 비판하였다.
    ⓛ 춘향전 : 신분차별의 비합리성을 통해 인간평등의식을 강조하였다.

② 사설시조 … 서민들의 감정이나 남녀간의 애정표현을 솔직하게 나타내었고, 현실에 대한 비판을 거리낌없이
    표현하였다.

③ 한문학 … 실학의 유행과 함께 사회의 부조리한 현실을 예리하게 비판하였다. 정약용, 박지원 등이 대표적
    이다.

④ 시사(詩社)의 조직 … 중인, 서민층의 문학창작활동이 활발해지면서 동인들이 모여 조직하였다.

(4) 진경산수화와 풍속화

① 진경산수화
    ⓐ 특징 : 중국 남종과 북종화법을 고루 수용하여 우리의 고유한 자연과 풍속에 맞춘 새로운 화법으로 창안
        한 것이다. 우리의 자연을 사실적으로 그려 회화의 토착화를 이룩하였다.
    ⓛ 유행배경 : 17세기부터 우리 문화에 대한 자부심이 높아졌고 이런 의식은 우리의 고유정서와 자연을 표
        현하려는 예술운동으로 나타났다.

② 풍속화 … 사람들의 생활정경과 일상적인 모습을 생동감 있게 표현하였다.

㉠ 김홍도 : 밭갈이, 추수, 씨름, 서당 등 서민의 생활모습을 소탈하고 익살스러운 필치로 묘사하였으며, 18세기 후반의 생활상과 활기찬 사회의 모습을 반영하였다.

　　㉡ 신윤복 : 양반 및 부녀자들의 생활과 유흥, 남녀의 애정을 감각적이고 해학적으로 표현하였다.

③ **민화의 유행** … 민중의 기복적 염원과 미의식을 표현하고 생활공간을 장식하기 위하여 민화가 유행하였다. 민화에는 한국적 정서가 짙게 반영되어 있다.

④ **서예** … 이광사(동국진체), 김정희(추사체)가 대표적이었다.

⑤ **기타** … 강세황(서양화 기법), 장승업(강렬한 필법과 채색법 발휘)은 뛰어난 기량을 발휘하였다.

(5) 건축의 변화

① 양반, 부농, 상공업 계층의 지원을 받아 많은 사원이 건립되었고, 정치적 필요에 의해 대규모 건축물들이 건립되기도 하였다.

② **사원 건축** `2014년출제`

　　㉠ 17세기 : 규모가 큰 다층 건물로 내부는 하나로 통하는 구조를 가지고 있는데, 불교의 사회적 지위 향상과 양반지주층의 경제적 성장을 반영하였다. 금산사 미륵전, 화엄사 각황전, 법주사 팔상전 등을 대표로 꼽을 수 있다.

　　㉡ 18세기 : 부농과 상인의 지원을 받아 그들의 근거지에 장식성이 강한 사원이 세워졌다. 논산의 쌍계사, 부안의 개암사, 안성의 석남사 등이 있다.

③ **수원 화성** `2016년출제`

　　㉠ 서양식 축성법 가미 : 거중기를 사용하여 정조 때 새롭게 만든 화성은 이전의 성곽과는 달리 방어뿐만 아니라 공격을 겸한 성곽으로서 우리나라의 전통적인 성곽 양식의 장점을 살린 바탕 위에 서양식 건축기술을 도입하여 축조된 특색 있는 건축물이다.

　　㉡ 종합적인 계획도시 : 주위의 경치와 조화를 이루며 평상시의 생활과 경제적 터전까지 조화시켜 건설되었다.

④ **19세기의 건축** … 국왕의 권위를 과시할 목적으로 재건한 경복궁 근정전, 경회루가 화려하고 장중한 건물로 유명하다.

(6) 백자 · 생활공예와 음악

① **자기공예** … 백자가 민간에까지 널리 사용되었고, 다양한 문양의 도자기가 제작되었다(청화, 철화, 진사백자 등). 제기와 문방구 등 생활용품이 많았고, 서민들은 옹기를 많이 사용하였다.

② **목공예** … 장롱, 책상, 문갑, 소반, 의자, 필통 등 나무의 재질을 살리면서 기능을 갖춘 작품들이 만들어졌다.

③ **음악** … 전반적으로 감정을 솔직하게 표현하였다.

　　㉠ 양반층은 가곡 · 시조를 애창하였고 서민들은 민요를 즐겨 불렀다.

　　㉡ 광대나 기생들은 판소리 · 산조 · 잡가를 창작하여 발전시켰다.

≡ 최근 기출문제 분석 ≡

2023. 11. 4. 국내여행안내사

1 조선 후기 과학 기술의 발달에 관한 설명으로 옳은 것은?

① 흥덕사에서 직지심체요절을 간행하였다.

② 금속활자로 상정고금예문을 인쇄하였다.

③ 기기도설을 참고하여 거중기를 만들었다.

④ 고구려 천문도를 바탕으로 천상열차분야지도를 돌에 새겼다.

> **TIP** 조선 후기 정조 대 정약용은 거중기를 제작하여 수원 화성을 축조하는데 활용하였다.
> ① 직지심체요절 : 고려 공민왕(1372) 대에 간행
> ② 상정고금예문 : 고려 인종(1122~1146) 대 간행
> ④ 천상열차분야지도 각석 : 조선 태조

2022. 11. 5. 국내여행안내사

2 다음 설명에 해당하는 것은?

조선 후기 향촌 사회의 지배권을 차지하기 위해 구향과 신향 사이에 벌어진 다툼

① 향전   ② 향회

③ 향약   ④ 향안

> **TIP** ② 향안에 등록되어 있는 향원들의 모임이다.
> ③ 향촌 규약의 준말로, 지방의 향인들이 서로 도우며 살아가자는 약속이다.
> ④ 향촌 사회의 지배층인 사족의 명단을 기록한 문서이다.

Answer 1.③ 2.①

3 조선 후기 문화에 관한 설명으로 옳은 것을 모두 고른 것은?

> ㉠ 우리나라의 전체 역사를 편찬하려는 노력의 결과 동국통감이 간행되었다.
> ㉡ 고관산수도는 간결하고 과감한 필치로 인물의 내면세계를 느낄 수 있게 표현하였다.
> ㉢ 양반전, 허생전과 같은 한문 소설은 양반 사회의 허구성을 지적하고 실용적 태도를 강조한 것이다.
> ㉣ 종전의 실경산수화에 중국 남종 화법을 가미해 우리 고유의 자연을 표현한 새로운 화법이 창안되었다.

① ㉠, ㉡   ② ㉠, ㉣

③ ㉡, ㉢   ④ ㉢, ㉣

> **TIP** ㉠ 조선전기 문신·학자 서거정 등이 왕명으로 고대부터 고려 말까지의 역사를 기록하여 1485년에 편찬한 역사서이다.
> ㉡ 고관산수도를 그린 조선 문인화가 조영석은 조선전기 시대 인물이다.

4 다음 내용과 모두 관련된 인물은?

> • '국혼' 강조
> • 「한국통사」 저술
> • 유교구신론 주장

① 박은식   ② 신채호

③ 안재홍   ④ 정인보

> **TIP** 제시된 내용은 박은식과 관련된 설명이다. 박은식은 그의 저서인 「한국통사」나 논문 등을 통해 '국혼'을 강조하였으며, 유교의 문제점을 지적하고 유교를 개혁 발전시켜야 한다는 '유교구신론'을 주장하였다.

Answer 3.④   4.①

출제 예상 문제

1 지전설에 대한 설명으로 옳지 않은 것은?

① 조선 영조 때 홍대용이 주장한 지구의 회전설로 지동설이라고도 한다.
② 「의산문답」에서 지구는 둥글며, 1일에 1주(周)한다고 설명하고 있다.
③ 지구의 자전과 공전을 함께 설명하고 있다.
④ 중국이 중심이라는 생각을 비판하였다.

TIP ③ 19세기 중반인 1859년(철종 10) 최한기의 「지구전요」에서 지구의 자전과 공전이 함께 우리나라에 소개되었다.

2 다음 중 학자에 대한 설명과 대표저서의 연결이 옳은 것은?

① 유수원의 「우서」 – 절약보다 소비를 권장하였다.
② 홍대용의 「의산문답」 – 기술의 혁신과 문벌제도의 철폐 및 지전설을 주장하였다.
③ 박지원의 「열하일기」 – 상공업의 진흥과 기술혁신, 사농공상의 직업평등화를 주장하였다.
④ 박제가의 「북학의」 – 양반 문벌 제도의 비생산성을 비판하였다.

TIP ① 유수원은 상공업의 진흥과 기술혁신, 사농공상의 직업평등화를 주장하였다.
③ 박지원은 상공업의 진흥과 수레 · 선박 · 화폐 이용의 주장 및 양반 문벌제도의 비생산성을 비판하였다.
④ 박제가는 청과의 통상을 주장하며 절약보다 적절한 소비를 권장하였다.

Answer 1.③ 2.②

3 다음과 같은 학문을 신봉하였던 학자들이 조선시대에 수행한 역할은?

> • 지행합일(知行合一)의 실천성을 중시하여 알았다고 하여도 행하지 아니하였다고 하면 그 앎은 진정한
>   앎이 아니니, 앎이 있다면 곧 행함이 있어야 한다고 주장하였다.
> • 경기도 중심의 재야 소론계열 학자와 불우한 종친 출신의 학자들이 주로 연구하였다. 16세기 말부터
>   관심을 가진 사람이 있었는데, 17세기에는 보다 많은 사람들이 관심을 가졌다.

① 서원과 향약을 통해 향촌사회를 이끌었다.
② 청의 발달된 문물을 도입하는 데 힘썼다.
③ 성리학의 폐단을 비판, 극복하려 하였다.
④ 상공업의 진흥과 기술문화의 혁신에 앞장섰다.

───

TIP 제시된 내용은 성리학에 반대하여 발생한 양명학에 대한 설명이다.

4 다음 중 실학의 성립배경이 되는 것은?

① 보국안민을 내세워 서양과 일본 세력을 배척하기 위하여
② 성리학을 배척하고 양명학을 수용할 필요가 없었기 때문에
③ 유교적 입장을 견지하면서 물질문화의 긍정적인 면은 수용할 필요가 있었기 때문에
④ 천주교를 배척하고 성리학을 옹호할 필요가 있었기 때문에

───

TIP 왜란과 호란 이후 일부 유학자들은 사림문화의 한계성을 인식하고 사회현실에 대한 반성과 극복의 길을 모색하였다. 또한 서양
문물의 전래와 고증학의 영향으로 종래의 학문에 대해 비판이 일어났다.

Answer 3.③ 4.③

5 조선후기 실학자 중 상공업 중심의 개혁사상가들에 대한 설명으로 옳은 것은?

① 상공업의 발달을 위하여 자유방임정책을 주장하였다.
② 신분질서를 그대로 유지하려는 보수적 측면이 있었다.
③ 문호를 개방하여 외국과 통상할 것을 주장한 사람도 있었다.
④ 그들의 궁극 목표는 유교적 이상국가를 건설하는 데 있었다.

TIP ③ 상공업 중심의 개혁사상가에는 유수원·홍대용·박지원·박제가 등이 있으며, 문호개방과 통상을 주장한 사람은 박제가로서 소비를 권장하였다.

6 다음의 사서들이 갖는 공통점으로 옳은 것은?

• 동사강목	• 해동역사	• 연려실기술

① 실증적인 연구를 바탕으로 서술하였다.
② 고조선부터 조선시대까지 저술하였다.
③ 존화주의적 역사인식을 토대로 서술하였다.
④ 조선 왕조 개창에 대한 정당성을 부여하는 입장에서 편찬되었다.

TIP 조선후기의 사서들로 이 시기의 역사학의 특징은 실증적·객관적 서술, 국사에 대한 독자성·전통성 강조, 고대사·문화사에 관심을 기울인 점 등을 들 수 있다.

Answer 5.③ 6.①

7 실학자들의 주장 중에서 중농학파와 중상학파의 공통점으로 옳은 것은?

① 지주제를 수긍하고 신분제의 철폐를 주장하였다.
② 기술·문화의 개발과 능력 위주의 관료정치를 추구하였다.
③ 병농일치의 군사제도, 사농일치의 교육제도를 추구하였다.
④ 민족주의 의식을 가지고 민생안정과 부국강병을 추구하였다.

TIP ④ 실학자들은 성리학을 기저로 하는 문화의 한계성을 깨닫고 정신문화와 물질문화를 균형있게 발전시켜 부국강병과 민생안정을 이룩함으로써 안으로는 분열된 사회를 통합하고, 밖으로는 급변하는 국제정세에 대처할 수 있도록 국가역량을 강화하려는 운동을 전개하였다.

8 조선후기에 만들어진 다음 저서의 공통된 성격은?

• 이중환의 「택리지」	• 유희의 「언문지」
• 정상기의 「동국지도」	• 안정복의 「동사강목」

① 화이관적 세계관의 반영
② 실증적인 과학적 탐구방법
③ 부국강병을 위한 실용적 성격
④ 민족의 전통과 현실에 대한 관심

TIP 조선후기에는 우리 민족의 전통과 현실에 대한 관심이 커져서 우리의 역사, 강토, 언어에 대한 연구가 활발해졌다.

9 다음은 조선 시대 미술에 학생들의 보고서이다. 학생과 첨부할 그림이 바르게 연결된 것은?

> • 용팔 – 조선 후기 사회의 서민들의 일상생활을 소박하고 익살스럽게 묘사하였다. 사실적이며 때로는 풍자적인 양식의 그림은 양반뿐만 아니라 중인, 서얼, 서리 등 출신에 관계없이 애호가의 많은 사랑을 받았다.
> • 인규 – 주로 도회지 양반의 풍류 생활과 부녀자의 풍습, 남녀간의 애정을 묘사하였다. 또한 섬세하고 세련된 기법을 구사하였다.
> • 치호 – 우리의 자연을 사실적으로 그려냈다. 또한 자신이 그리고자 하는 산수를 몇 차례 걸쳐 답사하면서 우리나라 자연을 그려내는데 알맞은 구도와 화법을 창안해냈다.

① 용팔 – 밭갈이   ② 용팔 – 단오

③ 인규 – 몽유도원도   ④ 치호 – 월야밀회

TIP ㉠ **용팔**: 김홍도에 대한 설명으로 대표적인 작품은 밭갈이, 씨름, 서당 등이 있다.
ㄴ **인규**: 신윤복에 대한 설명으로 대표적인 작품은 월야밀회, 단오풍정, 상춘야흥 등이 있다.
ㄷ **치호**: 정선에 대한 설명으로 대표적인 작품은 인왕제색도, 금강전도 등이 있다.

10 17 ~ 18세기의 문학에 대한 설명 중 옳지 않은 것은?

① 17세기 이후에는 많은 한글소설이 쏟아져 나왔다.
② 소설은 내용으로 보아 전쟁소설, 사회소설, 윤리소설 등이 나왔다.
③ 후기에 와서는 시조의 형식을 중시하는 사설시조가 발달하여 서민 속에 파고들었다.
④ 새로운 경향의 한문학 작품은 주로 중간 계층의 하층양반, 서얼계급, 선비사회에서 창작되고 읽혀졌다.

TIP ③ 사설시조는 형식이 일부 파괴된 시조로 주제도 평민들의 자유분방하고 소박한 생활감정을 사실적으로 묘사한 작품이 많았다.

Answer   9.①   10.③

11 19세기는 서민문학의 전성기라고 할 수 있다. 이에 관한 설명 중 옳지 않은 것은?

① 종합예술적 성격을 띤 가면극이 유행했다.

② 판소리는 사대부층을 중심으로 크게 환영받았다.

③ 판소리 사설의 창작과 정리에 공이 큰 사람은 신재효였다.

④ 한 편의 이야기를 창과 이야기로 엮어 나가면서 불렀던 판소리가 중심이었다.

TIP ② 판소리는 사대부층보다는 일반 서민층으로부터 크게 환영받았다.

12 '양명학'의 사상과 관련된 것으로 옳지 않은 것은?

① 정제두는 연구와 제자 양성에 힘써 강화 학파라는 하나의 학파를 이루었다.

② 성리학의 교조화와 형식화를 비판하였으며 실천을 강조하였다.

③ 일반민을 도덕 실천의 주체로 보고 양반 신분제 폐지를 주장하기도 하였다.

④ 기술의 혁신과 문벌 제도 철폐 및 성리학의 극복을 주장하였다.

TIP 양명학은 중종 때에 전래되어 명과의 교류가 활발해지면서 주로 서경덕 학파와 종친들 사이에서 확산되었다.
④ 북학파 홍대용의 주장이다.

Answer 11.② 12.④

PART.01

국사

06

근현대사의 흐름

01 근현대의 정치변동

1 개화와 자주운동

(1) 조선말기의 국내 정세 2017년출제

① 19세기 중엽의 정세

　㉠ 대내적 상황 : 세도정치의 폐단이 극에 달하여 무능한 양반지배체제에 저항하는 민중세력이 성장하고 있었다.

　㉡ 대외적 상황 : 일본과 서양 열강의 침략적 접근이 일어나고 있었다.

② 흥선대원군의 집권 … 실추된 왕권을 회복하고 국가적 위기를 극복하기 위하여 노력하였다. 2022년출제

　㉠ 내정개혁

　　• 세도정치의 타파 : 세도가문의 인물들을 몰아내고 인재를 고르게 등용하였다.

　　• 비변사의 폐지 : 비변사를 폐지하여 의정부와 삼군부의 기능을 회복시켰다.

　　• 서원의 정리 : 붕당의 온상인 서원을 철폐·정리하여 국가재정을 확충하고 양반과 유생들의 횡포를 막았다.

　　• 경복궁의 중건 : 왕권강화를 위해 경복궁을 중건하였다.

　　• 삼정의 개혁 : 양전사업을 실시하여 전정을 바로잡고, 군역제도를 개혁하여 호포법을 실시하였으며, 환곡제를 사창제로 개혁하였다.

　　• 법전정비 : 「대전회통」과 「육전조례」 등의 법전을 정비·간행하였다.

　　• 국방력의 강화 : 훈련도감에 포수를 선발하여 군사력을 증강하고 수군통제사의 지위를 격상시키고 수군을 강화하였다.

　　• 한계 : 국가기강을 바로잡고 민생을 안정시키는 데 어느 정도 기여하였으나 전통체제 내에서의 개혁이다.

　㉡ 대외정책

　　• 통상수교거부정책 : 국방력을 강화하고, 통상수교요구를 거부하는 한편, 천주교를 탄압하였다. 병인양요와 신미양요를 겪었지만 강화도에서 격퇴하였으며, 전국 각지에 국권수호의 의지를 다지기 위해 척화비를 건립하였다.

　　• 한계 : 외세의 침략을 일시적으로 저지하는 데는 성공하였으나, 조선의 문호개방이 지연되었다.

(2) 개항과 개화정책

① 개항

　㉠ 배경 : 흥선대원군이 물러나고 통상개화론자들이 대두하면서 문호개방의 여건이 마련되어 갔다.

　㉡ 강화도조약과 개항(1876) : 운요호사건을 계기로 조약을 맺어 처음으로 문호를 개방하였다. 우리나라 최초의 근대적 조약으로 부산, 원산, 인천 등 세 항구의 개항이 이루어졌으나, 치외법권, 해안측량권, 통상장정의 체결을 내용으로 한 일본 침략의 발판을 마련한 불평등 조약이었다.

　㉢ 강화도조약의 내용 및 의도

　　• 청의 종주권 부인 : 조선은 자주국으로 일본과 평등한 권리를 가진다고 규정했지만, 그것은 조선에 대한 청의 종주권을 부인함으로써 일본의 조선 침략을 용이하게 하려는 것이었다.

　　• 침략의도 표출 : 부산 외에 두 항구의 개항, 일본인의 국내 통상활동 허가와 조선 연해의 자유로운 측량 등을 규정하였다. 그것은 단순한 통상교역의 경제적 목적을 넘어 정치적 · 군사적 거점을 마련하려는 일본의 침략의도를 드러낸다.

　　• 주권 침해 : 개항장에서의 일본인 범죄를 일본 영사가 재판하는 영사재판권, 즉 치외법권조항을 설정함으로써 조선 내 거주 일본인의 불법행위에 대한 조선의 사법권을 배제시켰다. 특히 치외법권, 해안측량권 등은 조선의 주권에 대한 침해였다.

　㉣ 각국과의 조약 체결 : 미국과 조 · 미수호통상조약을 맺은 것을 시작으로 영국 · 독일 · 러시아 · 프랑스와 외교관계를 수립하였지만, 대부분 치외법권을 인정하고 최혜국 대우를 약속한 불평등 조약이었다.

② 개화정책의 추진

　㉠ 개화운동의 두 흐름 `2019년출제`

구분	온건개화파	급진개화파
주요인물	김홍집, 김윤식	박영효, 홍영식, 김옥균 등
개혁방안	청의 양무운동을 바탕으로 한 동도서기론을 통해 점진적 개혁 추구	일본의 메이지유신을 바탕으로 한 문명개화론을 통해 급진적 개혁 추구
활동	친청세력을 민씨 정권과 결탁하여 청과의 관계 중요시	정부의 청에 대한 사대 정책을 비판하고 후에 갑신정변 주도 세력

　㉡ 수신사의 파견 : 1차로 김기수, 2차로 김홍집이 일본을 다녀왔다. 일본의 발전상과 세계정세의 변화를 알고, 개화의 필요성을 더욱 느끼게 되었다. 이에 정부는 대외관계와 근대문물의 수입 등 여러 가지의 과제를 해결하기 위하여 개화파 인물들을 정계에 기용하였고, 이들을 중심으로 개화정책을 추진해 나갔다.

　㉢ 제도의 개편

　　• 관제의 개편 : 개화정책을 전담하기 위한 기구로 통리기무아문을 설치하고 그 아래에 12사를 두어 외교, 군사, 산업 등의 업무를 분담하게 하였다(청의 관제 모방).

　　• 군제의 개혁 : 종래의 5군영을 무위영, 장어영의 2영으로 통합 · 개편했으며, 신식군대의 양성을 위하여 별도로 별기군을 창설하였고, 일본인 교관을 채용하여 근대적 군사훈련을 시키고, 사관생도를 양성하였다.

② 근대문물 수용사절의 파견

- 신사유람단(조사시찰단) 파견(1881) : 일본의 정부기관, 각종 산업시설을 시찰하였다.
- 영선사 파견(1881) : 김윤식과 유학생들을 청국의 톈진에 유학시켜 무기제조법, 근대적 군사훈련법을 배우게 하였다.

③ 위정척사운동 `2019년출제`

㉠ 성격 : 성리학의 화이론에 기반을 둔 강력한 반침략, 반외세 운동이다.

㉡ 1860년대(통상반대운동)

- 서양의 통상요구와 병인양요요가 일어나면서 외세배척의 분위기가 팽배했으나 통상개화론자들은 통상을 주장하였다. 이에 이항로, 기정진 등은 척화주전론(斥和主戰論)을 내세우고 흥선대원군의 통상수교거부정책을 뒷받침하였다.

㉡ 1870년대(개항반대운동)

- 서양과 일본의 문호개방에 대한 요구가 강해지고 운요호 사건으로 강화도조약을 맺게 되자 최익현, 유인석 등은 개항불가론을 주장하고 왜양일체론(倭洋一體論)을 내세워 개항반대운동을 전개하였다.

㉢ 1880년대(개화반대운동)

- 강화도조약 이후 급격한 개화정책이 추진되고, 김홍집이 가져온 「조선책략」의 유포에 반발하여 이만손, 홍재학 등은 영남만인소를 올렸다.

㉣ 1890년대(의병투쟁)

- 을미사변과 단발령이 내려지자 유인석, 이소응 등은 무장봉기를 하였고 이는 개항 이후 최초의 의병으로 항일의병운동으로 계승되게 된다.

㉤ 의의

- 긍정적 의미 : 일본의 침략에 저항하는 항일의병운동으로 계승되었다.
- 부정적 의미 : 조선 왕조의 전제주의적 정치체제, 지주 중심의 봉건적 경제체제, 양반 중심의 차별적 사회체제, 성리학적 유일사상체제를 유지시키려는 데 목적을 두고 있었다.

④ 임오군란의 발발(1882) `2016년출제`

㉠ 원인 : 개화파와 보수파의 대립, 구식군대의 차별대우에 대한 불만으로 일어났다.

㉡ 영향

- 일본은 조선 정부의 사죄와 배상금지불, 일본 공사관의 경비병 주둔 허용의 내용을 담고 있는 제물포조약을 체결하였다. `2019년출제`
- 청나라는 조선에 청군을 주둔시키고 재정·외교고문을 파견하여 조선의 내정을 간섭하고 청나라 상인의 통상특권을 허용하는 상민수륙무역장정을 체결하였다.
- 민씨 일파가 재집권하게 되고 정권 유지를 위해 친청정책이 강화되어 개화정책은 후퇴하였다.

⑤ 갑신정변(1884) `2017년출제` `2015년출제`

㉠ 배경 : 친청세력의 개화당 탄압, 조선 주둔 청군의 철수, 일본 공사의 지원 약속, 청의 내정간섭과 개화정책의 후퇴 등에 대한 반발로 급진개화파들은 갑신정변을 일으켰다.

ⓛ **개혁요강의 내용** : 청에 대한 사대관계 폐지, 인민평등권의 확립, 지조법의 개혁, 모든 재정의 호조 관할 (재정의 일원화), 경찰제도의 실시, 내각중심정치의 실시 등이다.

ⓒ **경과** : 삼일천하로 끝난 이 정변은 개혁주체의 세력기반이 미약하였고, 외세에 의존해서 권력을 잡으려 했으며, 청의 무력간섭의 심화로 인해 실패하였으며, 개화세력이 도태되고 말았다.

ⓔ **결과** : 한성조약(보상금 지불과 공사금 신축비 부담)과 톈진조약(청·일 양국군의 철수와 조선 파병시 상 대국에 미리 알릴 것)이 체결되었다.

ⓜ **역사적 의의**
- 정치면 : 중국에 대한 전통적인 외교관계를 청산하려 하였고, 전제군주제를 입헌군주제로 바꾸려는 정치개 혁을 최초로 시도하였다.
- 사회면 : 문벌을 폐지하고 인민평등권을 확립하여 봉건적 신분제도를 타파하려 하였다.
- 근대화운동의 선구 : 근대국가 수립을 목표로 하는 최초의 정치개혁운동이었고, 역사발전에 합치되는 민족 운동의 방향을 제시하였다.

(3) 동학농민운동의 전개 2018년출제

① **배경**

㉠ **정부의 대책 미미** : 정부의 개화정책 추진이나 개화운동, 유생층의 위정척사운동은 점점 격화되어 열강 의 침략 경쟁에 효과적으로 대응하지 못하였다.

㉡ **농촌경제의 파탄** : 근대문물의 수용과 배상금 지불 등으로 국가재정이 궁핍해져 농민에 대한 수탈이 심해 졌고, 일본의 경제적 침투로 농촌경제가 파탄에 이르게 되었다.

㉢ **농민층의 불안과 불만의 팽배** : 정치·사회의식이 급성장한 농촌지식인과 농민들 사이에 사회변혁의 욕구 가 높아졌다.

㉣ **동학의 교세 확산** : 동학의 인간평등사상과 사회개혁사상은 새로운 사회로의 변화를 갈망하는 농민의 요 구에 부합되었고, 농민들은 동학의 조직을 통하여 대규모의 세력을 모을 수 있었다.

② **경과**

㉠ 고부 군수 조병갑의 횡포에 전봉준이 사발통문을 돌려 고부 관아를 습격하고 관리들을 징벌하는 고부봉 기(1894)를 일으켰다.

㉡ 안핵사가 봉기 관련자를 역적으로 탄압하자 전봉준 등은 재봉기를 하여 전주성을 점령(1894)하자 청군 이 들어오자 톈진조약을 근거로 일본군도 들어온다.

㉢ 동학농민군은 외국 군대 철수와 폐정개혁안을 조건으로 정부와 전주화약을 체결을 체결한다.

㉣ 동학농민군은 전라도 각 고을에 동학농민군의 자치기구인 집강소를 설치한다.

㉤ 일본이 경복궁을 점령 및 내정간섭을 강요하자 다시 봉기를 하나 공주 우금치에서 패퇴하고 전봉준 등 동학지도자는 체포된다.

③ 의의 … 개혁정치를 요구하고 외세의 침략을 물리치려 한 아래로부터의 반봉건적·반침략적 민족운동이라는 성격을 가진다. 동학농민의 요구는 갑오개혁에 일부 반영되었으며, 농민군의 잔여세력은 항일의병항쟁에 가담하였다.

POINT 폐정개혁 12개조 `2015년출제`

1. 동학도는 정부와의 원한을 씻고 서정에 협력한다.
2. 탐관오리는 그 죄상을 조사하여 엄징한다.
3. 횡포한 부호를 엄징한다.
4. 불량한 유림과 양반의 무리를 징벌한다.
5. 노비문서를 소각한다.
6. 7종의 천인 차별을 개선하고, 백정이 쓰는 평량갓은 없앤다.
7. 청상과부의 개가를 허용한다.
8. 무명의 잡세는 일체 폐지한다.
9. 관리채용에는 지벌을 타파하고 인재를 등용한다.
10. 왜와 통하는 자는 엄징한다.
11. 공사채를 물론하고 기왕의 것을 무효로 한다.
12. 토지는 평균하여 분작한다.

---

(4) 근대적 개혁의 추진

① 내정개혁의 필요성이 대두되어 정부는 교정청을 설치하여 자주적인 개혁에 착수하였다.

② 갑오개혁(1894)

　㉠ 배경 : 일본은 내정개혁을 강요하였고, 군대를 동원하여 경복궁을 점령하였으며, 친일 내각과 군국기무처를 설치하였고 갑오개혁을 추진하였다.

　㉡ 내용
　　• 정치면 : 내각의 권한이 강화되고 왕권을 제한하였다.
　　• 사회면 : 신분제를 철폐하고 전통적인 폐습을 타파하였다.

　㉢ 한계 : 군사면의 개혁과 농민들이 요구한 토지제도의 개혁은 거의 이루어지지 않았다.

POINT 홍범 14조 `2015년출제`

제1조 청국에 의존하려는 마음을 버리고 확실히 자주 독립하는 기초를 확고히 세울 것
제4조 왕실 사무와 국정 사무를 모름지기 나누어 서로 혼합하지 아니할 것
제6조 인민에 대한 조세 징수는 법령으로 정해서 명목을 덧붙여 함부로 거두지 말 것
제7조 조세의 부과와 징수, 경비 지출은 모두 탁지아문이 관할할 것
제9조 왕실 비용 및 각 관부 비용은 일 년 예산을 세워 재정의 기초를 세울 것
제10조 지방 관제를 속히 개정하여 지방 관리의 직권을 제한할 것
제11조 나라 안의 총명한 자제를 널리 파견하여 외국의 학술과 기예를 보고 익히게 할 것
제13조 민법과 형법을 엄격하고 명확하게 제정하고, 함부로 사람을 가두거나 징벌하지 말게 하여 인민의 생명과 재산을 보전할 것
제14조 문벌과 지연에 구애받지 않고 사람을 쓰고, 세상에 퍼져 있는 선비를 두루 구해 인재의 등용을 넓힐 것

---

③ 을미개혁 … 을미사변 이후에 을미개혁과 단발령을 시행하였다. 이에 유생층과 농민들은 의병을 일으켰으며, 아관파천으로 중단되었다(1896). <2014년출제>

④ 의의 … 갑오개혁과 을미개혁은 일본에 의한 강요도 있었으나, 개화파 인사들과 동학농민층의 개혁의지가 반영된 근대적 개혁이었다.

(5) 항일의병투쟁의 시작

① 을미의병 … 을미사변과 단발령으로 유생층의 불만이 최고조에 이르렀고 농민과 동학농민군까지 가세하여 전국적으로 확대되었다.

② 아관파천 이후 단발령이 철회되고, 고종의 해산 권고로 을미의병은 자진 해산을 하게 되었다.

② 주권수호운동의 전개

(1) 독립협회와 대한제국

① 독립협회 <2015년출제>
　㉠ 배경 : 아관파천 이후 열강의 이권침탈이 가속화되었다.
　㉡ 창립
　　• 갑신정변의 주동자인 서재필이 자주독립국가를 수립하고자 독립협회를 창립하였다.
　　• 서재필, 윤치호, 이상재 등의 진보적 지식인들과 도시서민층이 주요 구성원이었으며 광범위한 사회계층의 지지를 받았다.
　㉢ 활동
　　• 독립협회는 자주국권사상, 자유민권사상, 자강개혁사상을 바탕으로 활동하였다.
　　• 독립신문을 발간하고 민족의 자주의식을 나타내기 위해 독립문을 건립하였다.
　　• 외세의 내정 간섭과 이권요구를 맞아 구국운동상소문을 작성하였다.
　　• 민중에 기반을 둔 사회단체로 발전하여 강연회와 토론회를 개최하였다.
　　• 최초의 근대적 민중대회인 만민공동회를 개최(1898.3)하고 후에 관민공동회를 개최(1898.10)하여 헌의 6조를 결의함으로써 중추원을 개편한 의회를 만들려고 하였다.
　㉣ 해산 : 서구식 입헌군주제의 실현을 추구하여 보수 세력의 반발을 샀으며 보수 세력은 황국협회를 이용하여 독립협회를 탄압하였고, 독립협회는 3년 만에 해산되었다.
　㉤ 의의 및 한계
　　• 근대적 민족주의 사상과 자유민권의 민주주의 이념을 알렸으며 애국계몽운동에 영향을 주었다.
　　• 외세 배척이 러시아에만 치중되어 있었고 미·영·일에 대해서는 비교적 우호적이었으며, 의병활동이나 동학농민운동에 대해서는 부정적인 태도를 가지고 있었다.

② 대한제국(1897)

    ㉠ 배경 : 아관파천으로 국가의 권위가 떨어지고, 환궁운동이 전개되면서 고종은 환궁하게 되었다.

    ㉡ 광무개혁 `2017년출제` `2022년출제`

      • 국호를 대한제국, 연호를 광무라 부르며 왕의 명칭을 황제로 바꾸면서 대한제국의 성립을 선포하였다.

      • 개혁의 원칙은 구제도를 바탕으로 새로운 제도를 참작하는 구본신참이었다.

      • 전제군주체제를 강화하고 교정소라는 특별입법기구를 설치하였다.

      • 양전사업 실시를 위해 양지아문을 설치하고, 근대적 토지소유권 제도라 할 수 있는 지계를 발급하였다.

      • 상공업진흥책으로 섬유·철도·광업 등의 분야에 공장과 회사를 설립하고 근대 산업기술 습득을 위해 외국에 유학생을 파견하였다.

      • 간도와 연해주에 있는 교민 보호를 위해 북간도에 간도관리사(이범윤)을 파견하였다.

    ㉢ 의의 및 한계

      • 자주적 입장에서 근대적 개혁을 추진하였다.

      • 집권층의 보수성과 열강의 간섭으로 실패로 돌아갔다.

(2) 항일의병전쟁의 전개

① 을사조약(1905) 반대 운동

    ㉠ 장지연의 '시일야방성대곡'이 황성신문에 게재되고 고종은 '을사조약 부인친서'를 대한매일신보에 발표하였다.

    ㉡ 조병세는 조약의 폐기를 요구하는 상소운동을 민영환은 자결로써 항거하였다.

    ㉢ 5적 암살단(나철, 오기호)이 조직되어 5적의 집을 불사르고 일진회 사무실을 습격하였다.

    ㉣ 고종은 헐버트를 통해 미국에 친서를 보내고, 헤이그 만국평화회의에 이상설, 이준, 이위종 등 3인을 특사로 보내 조약의 무효와 일본의 만행을 외국 언론에 알리려고 하였다.

② 을사의병(1905)

    ㉠ 배경 : 을사조약이 체결되자 의병운동이 일어났다.

    ㉡ 전개 : 민종식, 최익현, 홍범도, 신돌석 같은 평민의병장의 활약이 두드러졌으며, 이들은 조약의 폐기와 친일내각의 타도를 주장하였다.

③ 정미의병(1907)

    ㉠ 배경 : 고종의 강제 퇴위와 군대해산으로 의병운동이 일어났다.

    ㉡ 전개 : 서울의 시위대 소속 한국군과 각 진위대가 의병대열에 합류하여 전투조직력이 활발해지고 활동영역은 간도·연해주 등 국외로까지 확산되었다.

④ 서울진공작전(1908) ··· 전국 의병부대가 연합하여 경기도 양주로 집결하여 서울진공작전을 펼쳤으나 일본의 우세한 화력과 평민의병장의 제외로 실패하였다.

⑤ **일본의 남한대토벌작전(1909)** … 의병부대 진압을 위해 대대적인 의병토벌에 펼쳤으며, 의병들은 간도·연해 주로 이동하여 항일독립군을 형성하였다.

⑥ **의의** … 의병전쟁은 국권회복을 위한 무장투쟁으로서 항일독립투쟁의 정신적 기반이 마련되는 계기가 되었다.

⑦ **한계** … 양반 유생층이 전통적 지배질서의 유지를 고집하여 대다수 농민의병들과 갈등을 빚기도 해 소기의 성과를 거두지는 못하였다.

(3) 애국계몽운동의 전개

① **초기** … 개화·자강계열 단체들이 설립되어 구국민족운동을 전개하였다.

  ㉠ 보안회 : 일제의 황무지개간권 요구를 좌절시켰다.

  ㉡ 헌정연구회 : 입헌정체의 수립을 목적으로 설립되었다.

② **1905년 이후** … 국권회복을 위한 애국계몽운동을 전개하였다.

  ㉠ 대한자강회 : 교육과 산업을 진흥시켜 독립의 기초를 만들 것을 목적으로 국권회복을 위한 실력양성운동을 전개하였으나 고종의 강제퇴위반대운동으로 해산되었다.

  ㉡ 대한협회 : 교육의 보급, 산업개발 및 민권신장 등을 강령으로 내걸고 실력양성운동을 전개하였다.

  ㉢ 신민회 : 비밀결사조직으로 국권회복과 공화정체의 국민국가 건설을 목표로 하였다. 국내적으로 문화적·경제적 실력양성운동을 펼쳤으며, 국외로 독립군기지 건설에 의한 군사적인 실력양성운동에 힘쓰다가 105인 사건으로 해체되었다. 〔2018년출제〕 〔2016년출제〕

③ **의의** … 민족독립운동의 이념과 전략을 제시하였으며, 장기적인 민족독립운동의 기반이 마련되었다.

④ **한계** … 일제에 의하여 정치적으로 예속된 상태에서 전개되어 항일투쟁의 성과면에서 한계가 있었다.

③ 민족의 수난과 항일독립운동

(1) 국권의 피탈과 민족의 수난 〔2016년출제〕

① **국권의 피탈**

  ㉠ 정미7조약(한·일신협약) : 이토 히로부미가 고종을 강제 퇴위시키고 순종을 즉위시킨 후 체결한 것으로 차관제를 도입하여 그 차관에 일본인 관리를 두는 차관정치가 시작된다.

  ㉡ 군대해산 : 정미7조약의 부수각서에 의해 대한제국 정부군을 해산시켰다.

  ㉢ 기유각서 : 사법권과 경찰사무를 일본에게 뺏기고 언론, 집회, 결사의 자유마저 강탈당하였다.

  ㉣ 국권강탈(경술조약) : 이완용 내각과 합병조약을 체결하고 국권이 강탈당하였다.

② **조선총독부** … 입법·행정·사법·군대통수권을 장악하고, 한국인 회유책으로 중추원을 설치하였다.

③ 무단통치(1910~1919)

　　㉠ 성격 : 헌병경찰을 통해 무력적인 탄압을 실시하였다.

　　㉡ 내용

　　　• 헌병경찰은 태형과 즉결처분권을 가졌으며, 독립운동가를 색출하여 처단하였다.

　　　• 관리와 교사들까지도 제복에 칼을 휴대하였다.

　　　• 총독부의 자문기구인 중추원을 설치하여 친일파를 회유하였다.

④ 문화통치(1919~1931)

　　㉠ 성격 : 3·1운동과 국제 여론의 악화로 가혹한 식민통치를 은폐한 것으로, 실제로는 민족·이간 분열책으로 친일파를 양성을 위해 노력하였다. 즉 소수의 친일분자를 키워 우리 민족을 이간하여 분열시켰다.

　　㉡ 내용

　　　• 문관총독의 임명을 약속하였으나 실제로는 임명되지 않았다.

　　　• 헌병경찰제를 보통경찰제로 바꾸었지만 경찰수나 장비는 증가하였다.

　　　• 교육은 초급의 한문과 기술교육만 허용하였다.

　　　• 회사령을 폐지하여 신고제로 전환시키고, 치안유지법을 제정하여 독립운동을 억압하였다.

　　　• 지방제도를 개정하고 일부지역에 선거제를 도입하였으나 일부 상층 자산가에게만 선거권을 주었다.

⑤ 민족말살통치(1931~1945) 2019년출제

　　㉠ 병참기지화 정책

　　　• 한반도를 대륙 침략의 병참기지로 삼고 태평양 전쟁을 도발하면서 식민지 수탈을 강화하였다.

　　　• 국가총동원령을 제정하여 전쟁 수행에 필요한 인적·물적자원을 총동원하였다. 학도병, 징병, 징용 등을 통해 강제로 전쟁에 참여하고 여성은 정신대로 동원되어 일부는 위안부로 삼았다.

　　㉡ 민족말살정책

　　　• 내선일체, 일선동조론을 주장하여 황국신민화를 표방하였다.

　　　• 황국신민서사 암송, 궁성요배, 신사참배, 일본식 성명 사용 등을 강요하였다.

　　　• 우리말 사용을 금지하고 조선·동아일보를 폐간시켰다.

(2) 3·1운동 2019년출제

① 국권 회복 노력 … 국내적으로 독립의군부·대한광복회·조선국권회복단 등 수많은 항일결사를 조직하여 일제에 대항하였고, 국외적으로는 독립운동기지를 건설하여 무장투쟁의 전통을 계승하고 독립전쟁의 기반을 다져나갔다. 2015년출제

② 독립선언

　　㉠ 1단계 : 민족지도자들은 민족자결주의와 2·8도쿄독립선언에 고무되어 민족대표 33인이 독립선언서를 발표하였다.

     ⓒ 2단계 : 서울과 지방의 학생과 시민을 중심으로 만세시위가 전개되었고, 상인과 노동자들은 운영자금 제공, 파업 등을 통해 적극적으로 지지하였다.

     ⓒ 3단계 : 지방도시에서 농촌으로 확산되고 무력적 저항운동으로 변모하게 되었다. 또한 국외로 확산되어 만주와 연해주, 미국, 일본 등지에서도 시위가 전개되었다.

③ 의의

     ㉠ 대한민국 임시정부 수립의 계기와 국외에서 무장독립투쟁이 활성화되는데 기여하였다.

     ㉡ 일제 식민통치 방식이 무단통치에서 문화통치로 전환되고, 중국의 5·4운동, 베트남, 필리핀 등의 민족운동에 영향을 주게 된다.

④ **한계** … 일제의 무자비한 탄압과 민족지도자들의 지도력 부족으로 조직적인 운동의 전개와 확산이 어려웠으며 국제적인 정세 또한 불리하였다.

(3) 대한민국임시정부 `2015년출제`

① **정부통합** … 한성정부와 대한국민의회가 통합되어 상하이에 대한민국임시정부가 수립되었다. 이는 3권분립과 민주공화제 정부의 성격을 가졌으며 주석·부주석 체제를 갖추었다.

② 임시정부의 활동

     ㉠ 비밀행정조직망인 연통제와 교통국이 설치되어 군자금 모금과 정보수집에 기여하였다.

     ㉡ 파리강화회의에 대표를 파견하거나 구미위원부를 설치하는 등 외교활동도 활발하였다.

     ㉢ 독립신문과 한일관계 사료집을 간행하는 사료편찬소도 설치하였다.

(4) 국내의 항일운동 `2022년출제`

① **6·10만세운동**(1926) … 일제의 수탈정책과 식민지교육에 대한 반발로 일어났으며, 순종의 장례식이 전국적 만세시위로 확대된 것이다.

② **광주학생항일운동**(1929) … 광주에서 발생한 한·일 학생간의 충돌을 경찰이 편파적으로 처리하자 일제히 궐기하였으며 전국 규모의 항일투쟁으로 확대되었다.

③ **무장항일투쟁** … 보합단(평북 동암산), 천마산대(평북 천마산), 구월산대(황해도 구월산) 등이 대표적인 무장단체였으며, 이들의 목표는 일제의 식민통치기관을 파괴하고 친일파를 처단하는 것이었다.

(5) 항일독립전쟁의 전개 `2017년출제` `2018년출제` `2017년출제`

① **독립운동기지의 건설** … 만주의 삼원보, 밀산부의 한흥동, 블라디보스토크의 신한촌이 대표적인 독립운동기지였다.

② **항일독립전쟁** … 봉오동·청산리전투(1920)가 가장 유명하다. 독립군은 군자금 모금, 밀정 처단, 친일파 숙청 등의 활동을 벌이기도 하였다.

③ 독립군의 시련 … 간도참변(1920), 자유시참변(1921)으로 독립군은 큰 타격을 받게 되었다.

④ 3부의 성립 … 독립군 통합운동을 추진하여 참의부 · 정의부 · 신민부를 결성하였다.

⑤ 한 · 중 연합작전 … 한국독립군과 조선혁명군이 중국군과 연합하였다.

⑥ 한국광복군의 창설(1940) … 조선의용대를 흡수하여, 대일 선전포고를 하기도 했다(1941). 인도와 미얀마전선에 참전하였고, 국내진공작전을 준비하였다. `2018년출제` `2016년출제`

④ 대한민국의 발전

(1) 광복 직후의 국내정세

① 광복 직전의 건국준비활동
  ㉠ 대한민국임시정부 : 대한민국건국강령을 제정 · 공포하였다.
  ㉡ 중국 화북지방의 사회주의 계열 독립운동가 : 민주공화국의 수립을 강령으로 내세우고 건국준비에 나섰다.
  ㉢ 국내 : 조선건국동맹이 조직되어 일제 타도와 민주주의 국가 건설을 추구하였다.

② 국토의 분단 … 미군과 소련군의 군정이 시작되었고, 신탁통치가 모스크바 3상회의에서 결의되었다. 이에 좌익과 우익은 격렬하게 대립하였으며, 남한과 북한에서 각각 단독정부를 수립하려는 움직임이 활발하였다.

③ 통일정부 수립 추진 … 분단을 우려한 인사들이 좌우합작운동과 남북협상(김구)을 벌였으나 실패로 돌아갔다.

(2) 대한민국정부의 수립(1948. 8. 15)

① 과정 `2015년출제` `2018년출제`
  ㉠ 5 · 10총선거의 실시 : 남한만의 단독선거가 실시되었다.
  ㉡ 제헌국회의 구성 : 민주공화국 체제의 헌법이 제정되었다.
  ㉢ 대한민국 정부 수립 : 제헌국회에서 대통령으로 선출된 이승만이 정부를 구성하고 대한민국 수립을 선포하였다.

② 건국 초기 국내정세
  ㉠ 제주도 4 · 3사건과 여수 · 순천 10 · 19사건 : 정부 수립을 전후 한 시기에 좌우익의 대립이 격화되어 일어났다.
  ㉡ 이승만의 반공정책 강화 : 이승만 정부는 좌우갈등을 극복하고 사회질서를 확립한다는 명분으로 반공정책을 강화하였다.
  ㉢ 반민족행위처벌법의 제정
    • 목적 : 제헌국회에서 친일파를 처벌하여 민족정기를 바로잡기 위해서 제정하였다.

- **내용**: 반민족행위특별조사위원회를 설치하여 일제 강점기에 친일행위를 한 사람들을 처벌하고 공민권을 제한하는 것 등이었다.
- **결과**: 반공정책을 우선시하였던 이승만 정부의 소극적인 태도와 친일세력의 방해공작, 일본 경찰 간부의 반미특위습격사건으로 성과를 거두지 못하였다.

(3) 민주주의의 시련과 발전 〈2021년출제〉

① **4 · 19혁명**(1960) … 자유당 정권의 부정선거로 인해 학생과 시민 중심의 전국적인 시위가 발생하였으며 그 결과 이승만 정권은 붕괴되었다.

② **장면 정부** … 내각책임제와 양원제 국회의 권력구조였으며, 사회 무질서와 혼란은 지속되었다.

③ **5 · 16군사정변**(1961) … 박정희 정부는 대통령 중심제와 단원제 국회의 권력구조로 헌법을 개정하였다.

④ **10월유신**(1972) … 박정희는 종신집권을 위해 유신체제를 구축하였고 민중의 끊임없는 저항을 받았다. 그리고 마침내 10 · 26사태가 일어나 유신체제는 막을 내렸다.

⑤ **전두환 정부** … 5 · 18민주화운동을 진압하면서 전두환 정부가 탄생하였으나, 민주화운동을 탄압하고 각종 부정과 비리가 발생했으며, 결국 6월민주항쟁(1987)으로 국민의 요구가 수용되어 6 · 29민주화선언이 발표되었고 대통령 직선제로 개헌하였다.

⑥ **노태우 정부** … 북방정책을 추진하였고, 남북한이 유엔에 동시 가입하는 등 적극적인 외교를 펼쳤다.

⑦ **김영삼 정부** … 금융실명제와 지방자치제를 실시하였다.

⑧ **김대중 정부** … 외환위기를 극복하고, 민주주의와 시장경제의 병행 발전을 도모하였다.

⑨ **노무현 정부** … 정경유착의 단절, 권위주의 청산, 시민사회의 성장 등을 추구하였다.

⑩ **이명박 정부** … 작고 유능한 실용정부를 지향하였으며 국민을 섬기는 정부, 활기찬 시장경제, 능동적 복지, 인재대국, 성숙한 세계국가를 5대 국정지표로 삼았다.

(4) 북한의 변화

① **1960년대** … 중공업 · 경공업의 병진정책을 추진하였고, 천리마운동을 전개하였으며 4대 군사노선과 주체노선을 강조하였다.

② **1970년대** … 강경노선이 완화되고 실무형 관료와 혁명 2세대가 등장하였다.

③ **1980년대** … 김정일의 후계체제를 확립하였고, 경제 위기를 맞았다.

④ **1990년대** … 김정일이 권력을 승계하였고, 외국 기업과의 합작과 자본 도입을 추진하였지만 실효를 거두지 못하였다.

(5) 통일을 위한 노력

① 4 · 19혁명 이후 ··· 중립화 통일론이나 남북협상론이 제기되었지만 5 · 16군사정변으로 통일 논의는 진전되지
   못하였다.

② 1970년대 ··· 7 · 4남북공동성명을 발표하여 자주 · 평화 · 민족 대단결의 통일원칙을 내세웠다.

③ 1980년대 ··· 남한의 민족화합민주통일방안과 북한의 고려민주주의 연방공화국방안이 제시되었으며, 남북의
   이산가족이 서울과 평양을 방문하였다.

④ 1990년대 ··· 남 · 북한 사이에 화해와 불가침 및 교류 · 협력에 관한 합의서가 채택되고 한반도 비핵화 공동
   선언이 채택되기도 하였다.

⑤ 2000년 ··· 6 · 15남 · 북공동선언이 발표되고 남북간의 긴장 완화와 화해협력이 진전되었다.

≡ 최근 기출문제 분석 ≡

2023. 11. 4. 국내여행안내사

1 다음 사건을 발생한 순서대로 올바르게 나열한 것은?

㉠ 3·1 운동	㉡ 105인 사건
㉢ 6·10 만세 운동	㉣ 만보산 사건

① ㉠ → ㉡ → ㉣ → ㉢

② ㉠ → ㉢ → ㉡ → ㉣

③ ㉡ → ㉠ → ㉢ → ㉣

④ ㉡ → ㉣ → ㉠ → ㉢

TIP ㉡ 105인 사건(1911) : 일제가 데라우치 총독 암살모의 사건을 조작하여 이후 신민회 해산의 계기가 된 사건
㉠ 3·1 운동(1919) : 전 민족적 독립운동
㉢ 6·10 만세 운동(1926) : 순종 인산일을 기점으로 일제의 식민통치에 저항한 민족 운동
㉣ 만보산 사건(1931) : 만주로 이주한 조선인과 중국인 농민 사이의 충돌로 만주사변의 계기가 된 사건

2022. 11. 5. 국내여행안내사

2 광무개혁에 관한 설명으로 옳은 것은?

① 단발령과 종두법을 시행하였다.

② 토지를 조사하는 양전사업을 실시하였다.

③ 국가 재정을 탁지아문으로 일원화하였다.

④ 개혁의 기본 강령인 홍범 14조를 반포하였다.

TIP ①③④ 갑오개혁

Answer 1.③ 2.②

3 다음의 사건을 발생한 순서대로 올바르게 나열한 것은?

㉠ 조선어 학회 사건

㉡ 6 · 10 만세 운동

㉢ 광주 학생 항일 운동

㉣ 3 · 1 운동

---

① ㉠ → ㉡ → ㉢ → ㉣

② ㉡ → ㉣ → ㉠ → ㉢

③ ㉢ → ㉡ → ㉠ → ㉣

④ ㉣ → ㉡ → ㉢ → ㉠

> **TIP** ㉣ 1919년 3월 1일
> ㉡ 1926년 6월 10일
> ㉢ 1929년
> ㉠ 1942년 10월

4 노태우 정부의 대북정책에 관한 설명으로 옳은 것은?

① 「남북 관계 발전과 평화 번영을 위한 선언」을 채택하였다.

② 북한과 평화 통일 원칙에 합의한 「7 · 4 남북 공동 성명」을 발표하였다.

③ 남북 유엔 동시 가입과 「남북 기본 합의서」를 채택하는 성과를 이루었다.

④ 최초로 남북 정상 회담이 개최되고 「6 · 15 남북 공동 선언」을 채택하였다.

> **TIP** 노태우 정부(1988년~1993년)
> ① 2007년 ② 1972년 ④ 2000년

Answer 3.④ 4.③

5 다음 설명에 해당하는 단체는?

- 비타협적 민족주의와 사회주의 세력 연합 조직
- 회장 이상재, 부회장 홍명희 등 선출
- 1931년 사회주의자들의 주장으로 해소

---

① 신간회
② 신민회
③ 대한 광복회
④ 대한 자강회

> **TIP** ① 1927년 2월 결성된 신간회는 민족주의세력과 사회주의세력이 연합하여 결성한 일제하 최대의 민족운동 단체이다.
> ② 1907년에 국내에서 결성된 항일 비밀결사이다.
> ③ 1910년대 독립전쟁을 실현하기 위해 국내에서 조직된 단체이다.
> ④ 1905년 5월 이준, 양한묵 등이 조직한 헌정연구회를 확대, 개편한 것이다.

6 발생한 사건을 시기 순으로 올바르게 나열한 것은?

㉠ 안중근의 이토 히로부미 저격
㉡ 봉오동 전투 · 청산리 대첩
㉢ 이봉창 · 윤봉길 의거
㉣ 김원봉의 조선의용대 조직

---

① ㉠ → ㉡ → ㉢ → ㉣
② ㉠ → ㉢ → ㉡ → ㉣
③ ㉡ → ㉢ → ㉣ → ㉠
④ ㉡ → ㉣ → ㉢ → ㉠

> **TIP** ㉠ 안중근의 이토 히로부미 저격 : 1909년 10월
> ㉡ 봉오동 전투 · 청산리 대첩 : 1920년 6월, 1920년 10월
> ㉢ 이봉창 · 윤봉길 의거 : 1932년 1월, 1932년 4월
> ㉣ 김원봉의 조선의용대 조직 : 1938년

Answer 5.① 6.①

출제 예상 문제

1 흥선대원군이 다음과 같은 개혁정책을 추구하였던 궁극적인 목적은?

> ㉠ 양반에게도 군포를 부과, 징수하는 호포법을 실시하였다.
> ㉡ 「대전회통」, 「육전조례」 등을 편찬하여 법치질서를 재정비하였다.
> ㉢ 비변사 기능을 축소하고 의정부 기능을 강화하였으며 삼군부를 부활시켰다.
> ㉣ 붕당의 근거지로 백성을 수탈해 온 600여개소의 서원을 철폐하였다.

① 부족한 국가의 재정기반을 확대함이 목적이었다.
② 지배층의 수탈을 억제하여 민생을 보호함이 목적이었다.
③ 문란한 기강을 바로 잡아 왕권을 재확립함에 있었다.
④ 열강의 침략을 대비하기 위해 국방을 강화함에 있었다.

TIP 흥선대원군은 집권 후 안으로는 문란해진 기강을 바로 잡아 전제왕권의 강화를 꾀하였고, 밖으로는 외세의 통상요구와 침략에
대비하는 정책을 강행하였다.

2 다음은 강화도조약 이후 조선과 일본과의 관계를 설명한 것이다. 가장 늦게 일어난 것은?

① 전국의 황무지개간권을 요구하였다.
② 일본 화폐의 유통과 양곡의 무제한 유출을 허용하였다.
③ 공사관 보호를 위한 일본 군대를 주둔할 수 있게 하였다.
④ 지조법 개정, 경찰제 실시를 주장하는 개혁안을 발표하게 하였다.

TIP ① 러 · 일전쟁 이후(1904 ~ 1905)
② 강화도조약(1876)
③ 제물포조약(1882)
④ 갑신정변(1884)

Answer 1.③ 2.①

3 다음 중 광무개혁이 추진된 시기에 일어난 사건과 관련된 것을 고르면?

① 상공업의 육성과 양전사업

② 물산장려운동과 민립대학설립운동

③ 모스크바 3국외상회의

④ 가쓰라 · 태프트밀약

TIP 광무개혁은 1896년 아관파천 직후부터 1904년 러일전쟁 발발까지 주로 보수파에 의해 추진된 제도 개혁이다.
　② 물산장려운동은 1920년 평양에서 시작되어 1923년 전국으로 확산되었다.
　③ 미 · 영 · 소의 3국 외상들은 1945년 12월 모스크바에 모여 한반도의 전후 문제를 상의하였다.
　④ 1905년 7월 29일 일본 총리 가쓰라와 미국 육군장관 W.H. 태프트 사이에 맺어진 비밀협약이다.
　※ **광무개혁** … 대한제국이 근대화 시책으로 구본신참과 민국건설의 국가통치이념으로 교전소, 사례소 등을 설치하여 개혁작업을
　　실행하였으며 군주로의 권력집중을 통한 정책추진을 기본으로 국방력, 재정력, 상공업 육성 및 양전사업, 금본위화폐금융제
　　도의 개혁 등을 시도하였다.
　　㉠ **정치**: 전제왕권의 강화, 군제개혁 및 군대확충
　　㉡ **경제**: 지계발행의 양전사업, 산업진흥을 위한 식산흥업정책 추진
　　㉢ **사회**: 상공업학교, 공장, 재판소, 전보사, 국립병원 등 설치
　　㉣ **교육**: 실용교육과 관리양성교육에 중점을 둔 상공학교, 광무학교, 전무학교, 우무학교, 모범양장소 등 설치

4 근세 조선이 외국과 근대적 조약을 체결한 올바른 순서는?

① 일본 – 청 – 영국 – 미국 – 프랑스 – 독일

② 일본 – 미국 – 영국 – 독일 – 러시아 – 프랑스

③ 청 – 일본 – 화란 – 프랑스 – 미국 – 영국

④ 영국 – 일본 – 미국 – 독일 – 러시아 – 프랑스

TIP 우리나라의 근대적 조약은 일본과 1876년 2월 처음으로 맺음을 계기로 1882년 3월 미국, 1882년 4월 영국, 1882년 5월 독일,
1884년 5월 이탈리아, 1884년 6월 러시아, 1886년 5월 프랑스와 각각 수교를 맺었다.

Answer　3.①　4.②

5 다음의 조·일통상규정(1876)의 내용을 통해 추론한 것 중 옳은 것은?

> • 화물의 출입에는 특별히 수년간의 면세를 허용한다.
> • 일본 정부에 소속된 모든 선박은 항구세를 납부하지 않는다.
> • 일본인은 모든 항구에서 쌀과 잡곡을 수출할 수 있다. 단, 재해시 1개월 전에 통고하고 방곡령이 가능하다.

① 조선에 대한 일본의 경제원조가 시작이 되었다.
② 조선과 일본은 자유무역을 통하여 상호이익을 얻었다.
③ 조선 정부는 방곡령을 통해 미곡의 유출을 방지할 수 있었다.
④ 일본으로 양곡이 무제한 유출되어 조선의 농촌경제는 피폐해졌다.

TIP 조·일통상장정은 일본이 조선에 대한 경제적 침략을 용이하게 하기 위해 맺은 것으로서, 이 조약 이후 일본 상인의 곡물 유출이 심각하여 조선은 식량난을 겪게 되었다. 이에 대한 저항책으로 방곡령을 선포하였으나 배상금을 물어 주는 등 실패로 돌아갔다.

6 문호 개방 이후 전개된 새로운 움직임으로 볼 수 없는 것은?

① 근대적 정치사상을 수용하여 입헌군주제를 확립하려는 노력이 대두되었다.
② 민족적이고 민중적인 새로운 종교가 창시되어 근대사회 건설과 반제국주의 운동을 주도하였다.
③ 농업 중심의 봉건적 토지경제에서 벗어나 상공업 중심의 근대 자본주의 경제를 추구하려는 움직임이 나타났다.
④ 양반 중심의 특권체제를 부정하고, 민권보장과 참정권 운동을 통해 평등사회를 구현하려는 노력이 대두되었다.

TIP ② 민족적·민중적·반제국적 성격의 동학은 개항 전에 창시되었다(1860).

7 다음 중 외세의 직접적인 개입으로 실패한 운동에 대한 설명으로 옳은 것을 고르면?

① 반봉건적, 반침략적 근대민족운동의 성격을 띠었다.

② 자주권, 행정·재정·관리 임용, 민권 보장의 내용을 규정한 국정 개혁의 강령을 발표하였다.

③ 민중적 구국운동을 전개하며 외세의 이권 침탈을 배격하였다.

④ 일제의 황무지개간권 요구에 반대운동을 벌였다.

TIP 외세의 직접적인 개입으로 실패한 것은 동학농민운동이다.

　① **동학농민운동**(1894) : 반봉건적, 반침략적 성격의 동학농민운동은 폐정개혁안 12조를 주장하였으나 관군과 일본군과의 우금치 전투에서 패하면서 실패하였다.

　② **갑오개혁**(1894) : 온건개화파들이 국왕의 명을 받아 교정청을 설치하여 자주적 개혁을 추진하였다. 이는 비록 일본의 강압에 의한 타율적 성격도 있으나 조선인의 개혁의지가 일부 반영된 근대적 개혁이었다.

　③ **독립협회**(1896) : 과거의 개혁이 민중의 지지를 얻지 못해 실패한 것을 깨닫고 민중계몽에 힘썼으나 입헌군주제를 반대하던 보수세력이 황국협회를 이용하여 탄압하였으며 결국 해산되었다.

　④ **보안회**(1904) : 일제가 황무지개간권을 요구하자 보안회는 이를 저지하기 위해 가두집회를 열고 반대운동을 하여 결국 일본의 요구를 철회시켰다.

8 다음 글을 읽고 임오군란의 성격으로 추론할 수 없는 것은?

> 임오군란은 민씨 정권이 일본인 교관을 채용하여 훈련시킨 신식군대인 별기군을 우대하고, 구식군대를 차별대우한 데에 대한 불만에서 시작되었다. 구식군인들은 대원군에게 도움을 청하고, 정부교관의 집을 습격하여 파괴하는 한편 일본인 교관을 죽이고 일본공사관을 습격하였다. 임오군란은 대원군의 재집권으로 일단 진정되었으나 이로 인해 조선을 둘러싼 청·일 양국의 새로운 움직임을 초래했다.

① 친청운동　　　　　　　　　　② 반일운동

③ 대원군 지지운동　　　　　　　④ 개화반대운동

TIP ① 임오군란은 반정부, 반일, 반개화 운동의 성격을 가진다.

Answer 7.① 8.①

9 갑신정변을 추진한 정치세력에 대한 설명으로 옳은 것을 고르면?

> ㉠ 입헌군주제와 토지의 재분배를 추구하였다.
> ㉡ 청의 내정간섭과 민씨정권의 보수화에 반발하였다.
> ㉢ 청의 양무운동을 본받아 점진적인 개혁을 추구하였다.
> ㉣ 일본의 메이지유신을 본받아 급진적인 개혁을 추구하였다.
> ㉤ 민중을 개화운동과 결합하여 일본의 정치적·경제적 침략을 저지하려 하였다.

① ㉠㉡   ② ㉠㉢㉣
③ ㉡㉣   ④ ㉡㉢㉤

TIP 갑신정변은 급진개화파로 이루어진 개화당이 일으켰다. 이들은 국내 민중의 지지기반 없이 일본에 의존하여 개혁을 추진했기 때문에 실패했으며, 또한 지주 출신이 대부분이었기 때문에 토지의 재분배를 추진하지 않았다.

10 다음의 내용을 통해 알 수 있는 것을 고르면?

> • 탐관오리는 그 죄상을 조사하여 엄징한다.
> • 노비문서를 소각한다.
> • 왜와 통하는 자는 엄징한다.
> • 토지는 평균하여 분작한다.

① 시민사회로 전환하는 계기가 되었다.
② 봉건제도의 성립 원인이 되었다.
③ 우리말과 우리글의 사용이 금지되었다.
④ 반외세, 반침략적 성격을 띤 운동이다

TIP ④ 제시된 내용은 동학농민운동 때의 폐정개혁 12조 중의 일부이다. 동학농민운동은 안으로 봉건적 체제에 반대하여 노비문서의 소각, 토지의 평균분작 등 개혁정치를 요구하였고, 밖으로는 외세의 침략을 물리치려고 한 반봉건·반침략적이며 밑으로부터의 근대민족운동의 성격을 띤 것이다.

Answer 9.③ 10.④

11 다음 중 그 연결이 바르지 못한 것은?

① 외세의존 – 개화당

② 외세배격 – 동학

③ 봉건체제 지속 – 동학

④ 봉건체제 약화 – 개화당

TIP ③ 봉건체제 지속 – 위정척사사상

12 다음 내용에 관한 역사적 사건 후의 영향으로 바른 것은?

> • 지조법을 개혁하여 관리의 부정을 막고 백성을 보호하며, 국가 재정을 넉넉히 한다.
> • 4영을 합하여 1영으로 하되, 영 중에 장정을 선발하여 근위대를 급히 설치한다.
> • 의정부, 6조 이외의 모든 불필요한 기관을 없앤다.

① 청나라 군대가 우리나라에 주둔하게 되었다.

② 개화운동의 흐름이 약화되었다.

③ 상민수륙무역장정이 체결되고 군국기무처가 설치되었다.

④ 비변사가 강화되어 왕권이 유명무실화되었다.

TIP 제시된 내용은 갑신정변 때의 14개조 정강의 일부이다. 갑신정변의 결과 조선은 일본의 강요로 배상금 지불과 공사관 신축비 부담 등을 내용으로 하는 한성조약을, 청·일 양국은 양국군의 철수와 조선에 파병할 경우에 상대방에 미리 알릴 것 등을 내용으로 하는 텐진조약을 체결하였다. 또한 청의 내정간섭이 더욱 강화되고 보수세력의 장기집권이 가능하게 되었으며, 개화세력이 도태되어 상당기간 동안 개화운동의 흐름이 단절되었다. 이런 점에서 갑신정변은 조선의 자주와 개화에 오히려 부정적인 영향을 끼치기도 하였다.

Answer 11.③ 12.②

13 다음 중 조약과 그에 대한 설명이 옳은 것은?

① 가쓰라·태프트밀약 – 영국과 일본간에 영국은 일본, 일본은 대한제국의 침략을 묵인하였다.

② 포츠머스조약 – 러시아가 한반도 문제에 개입하는 것을 일본이 허락하였다.

③ 한·일의정서 – 이후 스티븐스와 메가다가 고문정치를 하게 되었다.

④ 을사조약 – 외교권 박탈을 위해 일제가 강제로 조약을 체결하였다.

TIP ① 미국과 일본 간의 밀약으로 미국의 필리핀, 일본의 대한제국에 대한 우위권을 인정하였다.
② 러시아와 일본의 조약으로 일본의 대한제국에 대한 독점권을 인정하였다.
③ 한·일협정서 체결 이후 고문정치를 하였다.

14 1879년부터 대한제국이 설립되어 구본신참을 표방한 광무개혁이 추진되었다. 이 시기에 일어난 사실과 관계가 없는 것은?

① 식산흥업정책을 추진하여 교통·운수·화폐·금융 등의 분야를 장려하였다.

② 도시의 근대화를 위해 전차 등을 부설하였다.

③ 철도학교, 상공학교, 공업전습소 등 각종 기술교육기관을 설립하였다.

④ 황제권을 확립하는 한편 인권의 신장을 위하여 근대적인 의회를 설립하였다.

TIP **광무개혁** … 대한제국이 근대화 시책으로 구본신참과 민국건설의 국가통치이념으로 교전소, 사례소 등을 설치하여 개혁작업을 실행하였으며 군주로의 권력집중을 통한 정책추진을 기본으로 국방력, 재정력, 상공업 육성 및 양전사업, 금본위화폐금융제도의 개혁 등을 시도하였다.
㉠ **정치**: 전제왕권의 강화, 군제개혁 및 군대확충
㉡ **경제**: 지계발행의 양전사업, 산업진흥을 위한 식산흥업정책 추진
㉢ **사회**: 상공업학교, 공장, 재판소, 전보사, 국립병원 등 설치
㉣ **교육**: 실용교육과 관리양성교육에 중점을 둔 상공학교, 광무학교, 전무학교, 우무학교, 모범양장소 등 설치

Answer 13.④ 14.④

15 다음의 단체와 관련된 설명으로 옳지 않은 것은?

> 국내에서 8 · 15해방 직후 전국에 145개의 지부를 조직하고 본격적인 건국 작업에 들어갔다.

① '조선민주주의인민공화국'을 선포하였다.
② 좌파와 우파 인사들로 조직되었으나, 좌파의 득세로 우파 민족주의자들이 탈퇴하였다.
③ 국내 치안을 담당하기 위해 치안대를 조직하였다.
④ 여운형이 중심이 되어 조직된 조선건국동맹이 모태가 되었다.

TIP 조선건국준비위원회 … 여운형이 조선건국동맹을 모체로 발족시킨 단체로 여운형, 안재홍 등 우익세력과 중간노선의 인물들 그리고 박헌영 등의 좌익세력, 장안파 공산당 등도 참가하여 조선건국동맹에 이은 또 하나의 좌우합작단체로의 성격을 지니고 있으나 송진우 등 일부 우익세력은 불참한 상태로 출범하였다. 이들은 건국치안대를 조직하여 치안을 담당하였고, 식량대책위원회를 설치하여 식량확보에도 주력하는 등의 활동을 벌였다. 8 · 15 직후 전국적으로 145개의 지부를 결성하였고 완전한 독립국가의 건설, 민주주의 정권의 수립, 대중생활의 확보 등의 건국강령과 선언을 발표하면서 본격적으로 건국 작업에 돌입하였다.

16 다음에 사건과 그에 대한 설명으로 옳지 않은 것은?

① 4 · 19혁명 – 자유당 정권의 부정선거로 인해 학생 중심의 전국적 시위가 발생하였으며 그로 인해 이승만 정권이 붕괴되었다.
② 장면 정부 – 내각중심제와 단원제 국회의 권력구조였으며, 사회 무질서와 혼란이 지속되었다.
③ 5 · 16군사정변 – 박정희 정부는 대통령 중심제와 단원제 국회의 권력구조로 헌법을 개정하였다.
④ 10월유신 – 박정희는 종신집권을 위해 유신체제를 구축하여 민중의 끊임없는 저항을 받았다.

TIP ② 장면 정부는 내각중심제와 양원제 국회의 권력구조였으며, 사회 무질서와 혼란이 지속되었다.

Answer 15.① 16.②

17 독립협회가 주장한 내용과 거리가 먼 것은?

① 개인의 생명과 재산의 자유권을 주장했다.

② 국민주권론을 토대로 국민참정권을 주장했다.

③ 중추원을 개편하여 의회를 설립할 것을 주장했다.

④ 군주제를 폐지하고 공화제를 실시할 것을 주장했다.

TIP ④ 독립협회는 전제군주제를 입헌군주제로 개혁하고, 행정·재정제도를 근대적으로 개혁하며, 신교육과 산업개발의 필요성을 역설하였다.

18 1920년대 만주에서의 독립운동에 대한 설명으로 옳지 않은 것은?

① 대한독립군은 봉오동전투에서 일본군을 대파하였다.

② 자유시참변을 겪으면서 독립군은 큰 타격을 받았다.

③ 천마산대가 결성되어 일본 군경과의 치열한 교전이 전개되었다.

④ 만주의 여러 독립군은 참의부, 정의부, 신민부로 통합되었다.

TIP ③ 평북의 동암산을 근거로 무장활동을 하던 보합단, 평북 천마산을 근거지로 한 천마산대, 황해도 구월산의 구월산대는 3·1운동 이후 국내의 대표적인 무장단체이다.

19 대한민국 임시정부의 활동으로 옳지 못한 것은?

① 연통제와 교통국 조직

② 봉오동, 청산리전투

③ 한국광복군의 창설

④ 사료편찬소 설치

TIP ② 봉오동전투에서는 홍범도가 이끈 대한독립군이 승리하였고, 청산리대첩은 김좌진이 이끈 북로 군정서군이 승리하였다.

Answer 17.④ 18.③ 19.②

20 독립협회에서 주최했던 관민공동회에서 결의한 헌의 6조의 내용에 나타난 주장이라고 볼 수 없는 것은?

⊙ 외국인에게 아부하지 말 것
ⓒ 외국과의 이권에 관한 계약과 조약은 각 대신과 중추원 의장이 합동 날인하여 시행할 것
ⓒ 국가재정은 탁지부에서 전관하고, 예산과 결산을 국민에게 공포할 것
ⓔ 중대 범죄를 공판하되, 피고의 인권을 존중할 것
ⓜ 칙임관을 임명할 때는 정부에 그 뜻을 물어서 중의를 따를 것
ⓗ 정해진 규정을 실천할 것

---

① 공화정치의 실현
③ 국민의 기본권 확보

② 권력의 독점방지
④ 자강개혁운동의 실천

TIP ① 독립협회가 추구한 정치형태는 입헌군주제였고, 공화정치의 실현을 추구한 최초의 단체는 신민회였다.

21 다음 연설문이 들어갈 시기로 적절한 곳은?

나는 통일된 조국을 건설하려다가 38선을 베고 쓰러질지언정 일신의 구차한 안일을 취하여 단독정부를 세우는 데는 협력하지 아니하겠다 …….

– 김구의 삼천만 동포에게 울면서 간절히 고함(1948. 2) –

(가)	모스크바 3상회의	(나)	미·소 공동위원회	(다)	5·10 총선거	(라)	대한민국 정부수립

---

① (가)
③ (다)

② (나)
④ (라)

TIP 모스크바 3상회의(1945. 12) → 미·소공동위원회(1946. 3) → 5·10총선거(1948. 5) → 대한민국정부 수립(1948. 8. 15)

Answer 20.① 21.③

02 근현대의 경제변화

1 열강의 경제침탈과 경제적 구국운동

(1) 개항과 농촌경제

① 개항초기에는 일본의 몰락한 상인이나 무사층이 불평등 조약을 바탕으로 약탈무역을 자행하여 농촌경제의 약화를 가져왔다.

② 청·일전쟁 이후에는 일본인 대자본가들이 침투하여 대농장을 경영하였다.

③ 러·일전쟁 이후에는 철도부지와 군용지를 확보하는 구실로 토지약탈이 본격화되었다.

(2) 열강의 경제적 침탈

① 일본 상인의 무역독점

　㉠ 개항초기 : 외국상인의 활동범위를 개항장 10리 이내로 제한하는 거류지무역이 행해졌다.

　㉡ 1880년대 : 외국상인의 활동무대가 개항장 100리까지 확대되어 일본 상인들이 내륙으로 진출하게 되었다.

　㉢ 임오군란 이후 : 일본 상인과 청나라 상인의 경쟁이 치열해지면서 국내 상업은 더욱 위축되었다.

　㉣ 청일전쟁 이후 : 일본 상인들은 국내 상권을 독점적으로 지배하였다.

② 제국주의 열강의 경제침탈

　㉠ 일본 은행이 진출하여 은행업무, 세관업무, 화폐정리업무까지 담당하여 금융지배가 시작되었다.

　㉡ 열강의 이권탈취는 아관파천 이후 극심해지며 철도부설권, 광산채굴권, 삼림채벌권이 일본·러시아·미국·영국 등에게 넘어갔으며 정부는 이에 효과적으로 대처하지 못하였다.

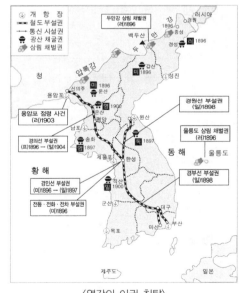

〈열강의 이권 침탈〉

(3) 경제적 침탈에 대한 저항

① **방곡령 시행** … 일제의 미곡 유출에 대항하여 황해도·함경도 지역에서 방곡령이 실시되었다.

② **상권수호운동** … 서울 상인들은 황국중앙총상회를 조직했으며, 경강상인들은 증기선을 도입하여 일본 상인에게 빼앗긴 운송권 회복을 시도하였다.

③ **이권침탈저지운동** … 독립협회가 이권침탈에 대항하여 이권수호운동을 벌였다.

④ **회사 설립**
   ⊙ 일부 상인들은 열강의 경제적 침탈에 대항하여 자본주의 생산방식이나 새로운 경영방식을 도입하고 많은 회사들을 설립하였다.
   ⊙ 1880년대에는 대동상회·장통상회 등이 설립되었으며 1890년대에는 40여개에 달하였다.
   ⊙ 대한제국의 상공업진흥정책이 실시된 이후에는 해운회사, 철도회사, 광업회사 등과 같은 근대적 형태의 주식회사도 나타났다.

⑤ **국채보상운동** … 일제의 차관제공에 의한 경제예속화정책으로, 국민들은 국채보상기성회를 조직하여 모금운동을 벌였으나 일제 통감부의 탄압을 받아 좌절되었다.

② 일제하 민족경제의 변화

(1) 식민지 수탈경제

① **토지조사사업(1912 ~ 1918)** `2015년출제`
   ⊙ **배경** : 근대적 토지소유제도를 확립한다는 명분아래 토지의 약탈, 토지세의 안정적인 확보를 위해 실시하였다.
   ⊙ **실시** : 우리 농민이 토지소유에 필요한 서류를 갖추어 지정된 기간 안에 신고해야만 소유권을 인정받게 하였으나, 신고기간이 짧고 절차가 복잡하여 신고의 기회를 놓친 사람이 많았다.
   ⊙ **영향** : 3%의 지주가 경작지의 50% 이상을 소유하여 지주제가 강화되고 소작농이 증가되었으며, 고율의 소작료를 부담하게 되자 농민들은 몰락하기 시작했다. 이는 이후에 소작쟁의 발생의 배경이 되었고, 농민들이 만주, 연해주 등으로 이주하기도 하였다.

② **산미증식계획(1920 ~ 1933)** `2021년출제`
   ⊙ **배경** : 일본의 공업화가 진전되면서 쌀 수요가 증가하게 되어 쌀값이 폭등하게 되었다.
   ⊙ **실시** : 증산량보다 많은 양을 수탈하였다.
   ⊙ **영향** : 조선의 식량 사정을 악화시켜 만주에서 잡곡을 수입하였고, 수리조합사업비와 토지개량사업비를 농민에게 전가하여 농민의 몰락이 가속화되었다. 쌀 중심의 단작형 농업구조가 심화되었으며 목포, 군산은 대표적 쌀 수출항으로 성장하게 되었다.

③ 산업의 침탈

　㉠ 화폐정리사업으로 통감부시기에 민족자본의 축적이 와해되었다.

　㉡ 회사령을 공포하여 한국인의 회사설립과 경영을 통제하였다. 이에 민족 자본의 성장은 억제되었고, 일본인이 한국 공업을 주도하게 되었다.

　㉢ 광업령, 임야조사사업, 어업령을 통해 우리 자원을 약탈하였다.

　㉣ 일본의 군수공업화정책으로 전기, 제철, 중화학 공장을 설립하여 병참 기지화되었다.

　㉤ 식량배급제도와 각종 물자의 공출제도를 강행하였다.

> **POINT**　**화폐정리사업(1905)**
>
> 일본이 한국 금융을 지배하고자 하는 목적으로 '한국의 화폐가 문란하고 재정이 고갈되었으니 화폐를 급속히 정리하고 국가재정의 원천인 세금제도를 개혁해야 한다'는 명목 아래 금본위 화폐제도를 실시하였다. 그리고 한국의 백동화와 엽전을 일본 제일은행권과 교환하였던 것이다. 결국 한국 화폐의 가치는 하락하게 되었고 한국의 금융산업은 일본에 예속되고 말았다.

(2) 경제적 민족운동

① **소작쟁의** … 소작농들은 일본인 지주와 조선인 지주에 대항하여 소작료 인하와 소작권 박탈반대 등을 요구하였고, 이것은 점차 일제의 수탈에 반대하는 항일민족운동으로 발전하게 되었다.

② **민족기업의 성장** … 중소상인자본으로 직포공장, 메리야스공장, 고무신 공장 등 경공업 관련 공장들이 세워졌고, 대자본가는 경성방직주식회사를 세웠다.

③ **물산장려운동** … 민족기업을 지원하고 민족경제의 자립을 달성하는 것을 목적으로 하였다. 그러나 총독부가 물자를 통제하는 등 일제의 탄압이 가해졌으며, 기업정비령을 내려 강제로 청산하거나 일본인 공장에 합병하는 등 민족기업을 억압하였다. ◀2021년출제▶

④ **노동쟁의** … 노동자들은 생존권을 지키기 위하여 임금인상이나 노동조건 개선 등을 주장하는 노동운동을 벌였다. 이는 항일민족운동으로 발전하였다.

❸ 현대의 경제발전

(1) 광복 직후의 경제혼란

① 미군정하의 우리 경제는 극심한 인플레이션, 원자재와 소비재의 부족, 식량부족, 국토분단 등으로 인한 경제적 혼란이 가속화되었다.

② 대한민국정부의 경제

    ㉠ **기본방향** : 농업과 공업의 균형있는 발전, 소작제의 철폐, 기업활동의 자유보장, 사회보장제도의 실시, 인플레이션의 극복 등이 경제정책의 기본방향이었다.

    ㉡ **경제안정시책** : 농지개혁법을 제정하고 시행하여 농촌경제의 안정을 꾀하였고, 귀속재산의 불하로 산업자본이 형성되었다.

    ㉢ **6 · 25전쟁의 피해** : 생산시설의 42%가 파괴되어 전비 지출로 인플레이션이 가속화된 데다가 물가폭등과 물자부족으로 국민생활의 어려움이 극심해졌다.

(2) 경제발전

① 전후 경제복구사업으로 제분 · 제당공업, 섬유공업이 성장하였고, 시멘트와 비료 등의 생산도 늘어났다. 그러나 소비재산업이 급속하게 성장한 데 비하여 기계공업 등의 생산 산업은 발전하지 못하였는데, 이로 인하여 한국 경제는 생산재와 원료를 수입에 의존하지 않으면 안 되는 취약성을 안게 되었다. 또한 농업분야의 복구가 지체되었고, 원조가 줄어들면서 우리 경제는 상당한 어려움을 겪게 되었다.

② **경제개발 5개년 계획**

    ㉠ **경과**

      • 제1 · 2차 경제개발 5개년 계획 : 기간산업을 육성하고, 경공업의 신장에 주력하였다.

      • 제3 · 4차 경제개발 5개년 계획 : 중화학공업의 육성에 주력하여 광공업 비중이 증가되었고, 공업구조가 경공업 중심에서 중화학공업으로 변화하게 되었다.

      • 경부고속국도를 비롯한 도로와 항만, 공항 등의 사회간접시설이 확충되었으며, 간척사업과 작물의 품종개량으로 식량생산이 증대되었다.

    ㉡ **결과** : 수출이 비약적으로 증대하는 등 고도의 경제성장을 이루었으며, 국내 자본이 축적되어 외국자본에 의존하던 자본구조가 어느 정도 개선되었다.

    ㉢ **문제점** : 소수 재벌에 의해 자본의 집중이 심화되었고, 국내산업의 수출의존도가 심해졌다.

③ **노동운동** … 1970년대 이후 노동자의 수가 크게 늘어나고 6월 민주화운동의 진전과 함께 사회의식이 높아지면서 노동운동이 활성화되었다. 정부는 노동정책으로 노동관계법을 개정하였으며, 기업가와 노동자의 인간적 관계와 직업윤리를 정착시키기 위하여 많은 노력을 기울인 결과 새로운 노사문화가 정착되고 노동환경이 개선되었다.

④ 오늘날의 한국 경제는 해외 진출이 확대되어 동아시아 경제의 한 축을 만들어가고 있으며, 아시아 · 태평양 경제협력체(APEC)와 경제협력개발기구(OECD)에 참여하여 우리의 경제활동을 강화하여 나가고 있다.

≣ 최근 기출문제 분석 ≣

2021. 11. 6. 국내여행안내사

1 일제의 식민지 조선에 대한 경제 침탈 정책이 아닌 것은?

① 토지조사사업
② 임야조사사업
③ 산미증산계획
④ 물산장려운동

> **TIP** ④ 1920년대에 일제의 경제적 수탈정책에 항거하여 벌였던 범국민적 민족경제 자립실천운동이다.

2019. 11. 2. 국내여행안내사

2 일제의 민족 말살 정책과 관련이 깊은 것은?

① 문화 통치
② 황국신민화 정책
③ 병참 기지화 정책
④ 헌병 경찰제도

> **TIP** 민족 말살 정책은 일제가 우리 민족을 말살하고 이른바 황국신민화하기 위해 취한 1930년대의 식민정책이다. 일제는 '내선일체(内鮮一體)'를 내세우며 '조선인은 대일본제국의 신민이다. 합심하여 천황폐하께 충성을 다하자'는 내용의 「황국신민서사(皇國臣民誓詞)」를 만들어 제창하게 하였다. 1938년에는 학교에서 조선어 교육을 모두 폐지하고 일본어를 상용케 하며 창씨개명을 강요하는 등의 민족 말살 정책을 자행했다.
> ① 문화 통치: 3·1 운동 이후 무력과 강압으로 우리 민족을 지배하기 어렵다는 것을 깨달은 일제가 1920년대에 취한 식민정책으로, 한민족의 문화와 관습을 존중하며 한국인의 이익을 위한다는 명목 아래 친일파를 대거 양성하는 문화 통치를 내세웠다.
> ③ 병참 기지화 정책: 일제가 1931년 만주사변을 전후한 시기부터 1945년 광복될 때까지 한반도를 일본의 대륙 침략 및 태평양전쟁을 위한 전쟁 및 군수물자의 공급기지로 이용한 식민정책이다.
> ④ 헌병 경찰제도: 헌병으로 하여금 군사·경찰뿐 아니라 일반 치안 유지를 위한 경찰 업무도 담당하게 한 제도로, 1910년대 일제의 식민정책인 무단 통치를 뒷받침하였다.

Answer 1.④ 2.②

출제 예상 문제

1 다음 중 방곡령 선포에 관련된 내용으로 옳지 않은 것은?

① 일본 상인들이 농촌시장으로 침투하여 지나친 곡물을 반출해가자 곡물가격이 폭등하게 되었다.
② 방곡령은 흉년이 들면 중앙정부에서 직접 실시하였다.
③ 방곡령을 실시하기 1개월 전에 통고해야하는 조·일통상장정의 의무를 어겨 외교문제가 되었다.
④ 결국 방곡령을 철회하고 배상금을 지불하였다.

TIP ② 방곡령은 흉년이 들면 지방관의 직권으로 실시할 수 있었다.

2 다음 중 (나)시기에 해당하는 것은?

```
                (가)            (나)
        1910 ——→ 1919 ——→ 1931
```

① 회사령을 발표하여 민족기업을 억압하였다.
② 산미증식계획의 추진으로 이농민이 증가하였다.
③ 토지조사사업을 실시하여 토지를 약탈하였다.
④ 공업원료 증산을 목적으로 남면북양정책을 추진하였다.

TIP ② 일제의 식민지 경제약탈은 (나)의 시기에는 부족한 식량을 우리나라에서 착취하려는 산미증식계획(1920~1935)이 대표적이다.
① 회사령(1910)
③ 토지조사사업(1912~1918)
④ 남면북양정책은 산미증식계획 실패 이후의 일이다.

Answer 1.② 2.②

3 일제의 통치정책 중의 일부이다. 이와 같은 내용을 모두 포괄하는 일제의 식민통치방법은?

> • 일본식 성명의 강요
> • 신사참배의 강요
> • 징병 · 징용제도의 실시
> • 부녀자의 정신대 징발

① 문화통치   ② 헌병경찰통치

③ 민족말살통치   ④ 병참기지화정책

TIP 일제는 태평양전쟁 도발 후, 한국의 인적 · 물적 자원의 수탈뿐 아니라 민족문화와 전통을 완전히 말살시키려 하였다. 우민화정책과 병참기지화정책도 민족말살통치의 하나이다.

4 다음은 국채보상 국민대회의 취지문에서 발췌한 내용이다. 이를 통해 알 수 있는 일제의 침략정책은?

> 지금은 우리가 정신을 새로이 하고 충의를 떨칠 때이니, 국채 1,300만 원은 바로 한(韓) 제국의 존망에 직결된 것이다. 이것을 갚으면 나라가 존재하고, 갚지 못하면 나라가 망할 것은 필연적인 사실이나, 지금 국고는 도저히 상환할 능력이 없으며, 만일 나라에서 갚는다면 그 때는 이미 3,000리 강토는 내 나라, 내 민족의 소유가 못 될 것이다. 국토란 한 번 잃어버리면 다시는 찾을 길이 없는 것이다.

① 재정적으로 일본에 예속시키기 위한 정책을 시행하였다.

② 공산품을 수출하고 그 대가로 조선의 곡물을 주로 가져갔다.

③ 조선의 민족정신을 말살하려는 우민화교육을 실시하였다.

④ 식민지화를 위한 기초작업으로 토지약탈에 주력하였다.

TIP ① 청일전쟁 후 내정간섭을 강화한 일제는 러 · 일전쟁 이후에는 화폐정리를 명목으로 차관을 강요하였다. 이는 대한제국을 재정적으로 일제에 예속시키기 위한 조치였다.

Answer 3.③ 4.①

5 광복 후의 우리나라 농지개혁에 대한 설명으로 옳은 것은?

① 농지개혁으로 모든 농민들이 영세농에서 벗어나게 되었다.
② 지주의 농지를 유상으로 매수하여 소작인에게 무상으로 분배하였다.
③ 미 군정기에 실시되었다.
④ 국가가 매수한 토지는 영세농민에게 유상으로 분배하였다.

TIP 농지개혁법은 1949년에 제정되어 1950년에 실시되었고, 유상매수·유상분배의 원칙을 적용하였다. 하지만 지주 중심의 개혁과 한국전쟁으로 인하여 철저한 개혁이 이루어지지 못하였다.

6 1880 ~ 1890년대에 일어난 경제 자주권 수호운동이 아닌 것은?

① 상회사의 설립운동
② 함경도와 황해도의 방곡령
③ 과세자주권 확보의 노력
④ 일제의 황무지개간권 요구에 대한 반대 투쟁

TIP ④ 일제의 황무지개간권 요구는 러·일전쟁 중인 1904년에 일어난 것으로서, 국민들의 반발을 불러 일으켜 결국 보안회의 주도로 요구는 철회되었다.

7 다음 중 민족기업에 관한 설명으로 옳지 않은 것은?

① 민족기업은 순수한 한국인만으로 운영되었다.
② 지주 출신 기업인이 지주와 거상의 자본을 모아 대규모 공장을 세웠다.
③ 대규모 공장은 평양의 메리야스 공장 및 양말 공장, 고무신 공장들이었다.
④ 3·1운동 이후 민족 산업을 육성하여 경제적 자립을 도모하려는 움직임이 고조되어 갔다.

TIP ③ 메리야스 공장, 양말 공장 등은 서민 출신의 상인들이 1 ~ 2대에서 3 ~ 4대의 기계로 제품을 생산하는 정도에 불과하였다.

Answer 5.④ 6.④ 7.③

8 다음 중 일본의 경제적 침탈에 대항하기 위한 목적이 아닌 것은?

① 조선은행, 한일은행, 천일은행 등 금융기관 설립

② 일본에 신사유람단을 파견

③ 경강상인이 일본에서 증기선을 도입

④ 대한직조공장, 종로직조공장, 연초공장, 사기공장 등의 공장 설립

TIP ①④ 공장 설립, 금융기관 설립은 각각 산업자본과 금융자본을 육성시키기 위함이다.
② 신사유람단의 파견은 일본의 정부기관 및 산업시설 시찰이 목적이었다.
③ 경강상인은 일본 상인에게 대항하기 위해 증기선을 도입하였다.

9 다음 중 소작쟁의에 관한 설명으로 옳지 않은 것은?

① 전국적인 농민조직은 1927년에 결성된 조선농민총동맹이다.

② 당시 소작인들은 소작료로 수확량의 50% 이상을 일본인 지주에게 바쳤다.

③ 소작쟁의는 농민들의 생존권 투쟁이었으며, 일제의 수탈에 항거하는 성격이 강하였다.

④ 소작쟁의는 1912년 토지조사사업 때 처음 발생하였으나 3·1운동과 더불어 진압되었다.

TIP ④ 소작쟁의는 1919년에 처음으로 발생하였고, 1920 ~ 1930년대에 더욱 적극적으로 전개되었다. 초기의 쟁의는 소작권 이전이나 고율 소작료에 대한 반대 투쟁임에 비해 1930년대 이후의 쟁의는 항일민족운동의 성격을 띠었다.

10 다음 중 노동운동과 관련된 설명으로 옳지 않은 것은?

① 1950년대 이후 빈부의 격차가 커지자, 상대적 빈곤감을 느끼는 계층들의 불만을 자아내게 되었다.

② 1960년대는 공업화 초기로 실업자가 일자리를 얻게 되고, 절대빈곤인구가 감소되어 갔다.

③ 1970년대 이후부터는 빈부의 격차가 커지고, 상대적 빈곤감을 느끼게 되었다.

④ 1980년대 이후에는 정부의 탄압으로 노동운동이 활성화되지 못하였다.

TIP ④ 1987년 이후 정치적 민주화가 추진되면서 노동운동도 임금의 인상, 노동 조건의 개선, 기업가의 경영 합리화 등을 목표로 활성화 되었다.

Answer 8.② 9.④ 10.④

11 다음 중 광복 후 농지개혁에 대한 설명으로 옳은 것은?

① 모든 토지를 국유화하여 무상으로 분배하였다.

② 철저하게 농민의 입장에서 추진된 개혁이었다.

③ 실시 결과 소작농이 줄고 어느 정도 자작농이 늘어났다.

④ 미군정 하에서 입법이 추진되어 정부 수립 이전에 끝마쳤다.

TIP ① 부재지주(不在地主)의 농지를 국가에서 유상매입하고 영세농민에게 3정보를 한도로 유상분배하여 5년간 수확량의 30%씩 상환하도록 하였다.
② 지주 중심의 개혁이었다.
④ 농지개혁은 1949년에 입법되어 1950년에 실시되었다.

12 1915 ~ 1918년 사이에 일본의 경제는 수출이 7억 8천만엔에서 19억엔으로 비약적으로 증가하여 호황을 누렸다. 그러나 1920년부터는 심각한 경제공황을 겪어 많은 기업이 도산하였으며, 쌀값이 폭등하였다. 이 때 일본이 취한 대책을 다음에서 고른다면?

ㄱ 조선에서 회사령을 실시하여 기업의 설립을 억제하였다.
ㄴ 중국 대륙으로 진출을 서둘러 1931년에 만주를 점령하였다.
ㄷ 토지조사사업을 실시하여 일본의 빈민을 조선에 이주시켰다.
ㄹ 조선에서 산미증식계획을 실시하여 식량난을 해결하고자 하였다.
ㅁ 일본 국내의 산업구조를 경공업에서 석유화학공업으로 변경시켰다.

---

① ㄱㄷ
② ㄱㄹ
③ ㄴㄹ
④ ㄴㅁ

TIP 1920년대 이후 일본의 식민지 경제정책은 병참기지화정책, 산미증식계획 등으로 추진되었다.

Answer 11.③ 12.③

03 근현대의 사회변동

1 평등사회의 추구

(1) 평등의식의 확산

① **천주교** … 평등의식이 확산되자 중인과 평민층의 입교가 증가하였고, 특히 부녀자 신도가 많았다.

② **동학** … 인내천사상으로 평민층 이하의 지지를 받았다.

③ **개신교** … 교육과 의료사업을 전개하였고, 남녀평등사상을 보급하였으며, 애국계몽운동에 이바지하였다.

④ **갑신정변** … 양반신분제도와 문벌이 폐지되었고 인재를 등용하여 인민의 평등을 실현하려 하였다.

(2) 동학농민군의 사회개혁운동

① **폐정개혁안 제시** … 탐관오리 · 횡포한 부호 · 양반 유생의 정벌, 노비문서 소각, 천인들에 대한 처우개선, 과부의 재가허용, 모든 무명잡세의 폐지, 문벌과 지벌을 타파한 인재의 등용, 토지의 평균분작을 주장하였다.

② **집강소 설치** … 농민들의 집강소에서는 폐정을 개혁하면서 한편으로는 노비문서와 토지문서를 소각하고 창고를 열어 식량과 금전을 농민에게 나누어 주었다.

(3) 갑오개혁과 신분제의 폐지

① **사회면의 개혁**
　㉠ 반상과 귀천을 초월한 평등주의적 사회질서를 수립하였으며, 노비 및 기타 천민층의 점진적 해방이 이루어졌다.
　㉡ 기술직 중인의 관직등용을 확대하였다.
　㉢ 여성의 대우가 향상되고, 혼인풍습도 개선되었다.

② **의의** … 조선사회가 근대화되고, 양반들의 권력독점체제가 해체되는 계기가 되었다.

③ **한계** … 전통적 신분제도(양반제, 노비제)는 점진적이고 개량적인 개혁의 추진에 그치고 말았다.

(4) 민권운동의 전개(독립협회활동)

① 민권운동
  ㉠ 인권확대운동 : 천부인권사상을 근거로 국민의 생명과 재산권을 보호할 목적으로 전제군주제 및 양반관료
     제의 횡포로부터 백성을 보호하려는 것이었다.
  ㉡ 참정권 실현운동 : 의회설립운동으로 중추원을 의회로 개편하고, 관민공동회를 개최하였다(헌의 6조 - 입
     헌군주제 지향).

② 민권사상의 확산 … 평등사회가 출현하여 관민공동회에서 천민이 연사로 나서거나, 만민공동회에서 시전상
   인이 회장으로 선출되는 일이 나타났다.

✸ 독립협회의 3대 사상

자주국권사상	자유민권사상	자강개혁사상
• 자주주권의 옹호 • 자주적 중립외교의 추진 • 민족문화의 창조적 계승	• 자주독립, 민권의 신장 • 국민참정권의 주장(언론 · 출판 · 집회 · 결사의 자유)	• 입헌군주제 실시 • 산업의 개발 • 신 교육의 실시
민족주의 사상	민주주의 사상	근대화 사상

② 민족독립운동기의 사회변화

(1) 한인의 국외 이주와 독립운동

① 만주 … 19세기 중엽에는 기아와 열악한 경제상황을 타개하기 위해서 이주를 하였다면, 20세기 초반에는 일
   제의 탄압을 피하고 항일운동을 위해 이주하였다.

② 연해주 … 한민회를 설치하고 대한광복군 정부를 수립하여 무장투쟁의 기반을 마련하였다.

③ 미국 … 신민회, 한인협성회, 공립협회(국민회)와 흥사단을 조직하여 활동하였다.

④ 일본 … 조선청년독립단을 구성하여 2 · 8독립선언을 발표하여 3 · 1운동의 도화선을 제공하였다.

(2) 사회주의 운동의 대두와 신간회 운동

① 사회주의 사상의 수용
  ㉠ 1920년대 러시아와 중국에서 활동하고 있던 독립운동가들이 사회주의 사상을 받아들였다.
  ㉡ 초기에는 청년, 학생, 소수의 지식인이었으나 본격적으로 사회주의 운동이 시작되면서 노동운동, 농민운
     동, 청년운동, 학생운동, 형편운동 등이 전개되었다.

② **사회주의 사상의 영향**

　㉠ 사회경제적 민족운동이 활성화되었지만 이념과 노선이 다른 민족주의 운동과의 갈등이 커졌다.

　㉡ 민족주의와 사회주의 운동을 통합하는 민족유일당운동이 일어났다.

③ **신간회 운동** `2016년출제` `2021년출제` `2018년출제` `2020년출제` `2022년출제`

　㉠ 민족주의 진영과 사회주의 진영은 민족유일당, 민족협동전선이라는 표어 아래 이상재, 안재홍 등을 중심으로 신간회를 결성하였다.

　㉡ 신간회는 기회주의 배격을 내세워 자치운동을 배척하였던 일제 강점기에 가장 규모가 큰 단체였다.

　㉢ 민중의식 고취를 위해 민중대회 및 전국 순회강연을 열어 대중적 기반을 확대하였다.

　㉣ 광주학생운동을 지원하였으나 일제의 철저한 탄압으로 중단되었다.

　㉤ 일제의 철저한 탄압과 민족주의 계열 내에 타협적 노선이 등장하면서 사회주의계에서 신간회 해소를 주장하게 되었다.

(3) 농민운동

① **배경** : 토지조사사업으로 대다수 농민이 기한부 계약의 소작농이 되고, 산미증식계획으로 고율소작료와 생산비용을 농민이 부담하고, 사회주의 운동으로 인한 농민의 조직화는 소작쟁의를 일어나게 하였다.

② **농민운동 성격**

　㉠ 1920년대 초는 주로 소작권 이전과 고율 소작료 반대 투쟁 등의 생존권 투쟁이 중심을 이루었다.

　㉡ 1930년대에는 농민조합이 소작쟁의를 주도하여 일제의 식민지배를 부정하는 항일민족운동의 성격을 띠었다.

(4) 노동운동

① **배경** : 일제의 식민지 공업화정책 추진으로 일본기업과 노동자수가 늘어나고 사회주의 운동의 대두는 계급투쟁을 강조하여 노동자의 각성과 단결이 강화되었다.

② **노동운동의 성격**

　㉠ 1920년대는 임금 인상 및 노동시간 단축, 작업 환경과 비인간적인 대우 개선 등의 노동자의 생존권 투쟁으로 합법투쟁을 전개하였다.

　㉡ 1920년 후반기에는 일본의 탄압에 맞서 노동조합이 지하조직화 되었으며, 전국적으로 노동운동이 확산되어 영흥 노동자 총파업(1927), 원산 노동자 총파업(1929) 등 항일적 성격을 띤 운동으로 변모하게 되었다.

(5) 여성운동과 학생운동

① 근우회

    ㉠ 신간회의 창립을 계기로 기독교계열의 여성과 사회주의계열의 여성이 참여하는 민족유일당으로 조직되었다.

    ㉡ 전국순회공연과 강연회 등을 통하여 여성해방에 대한 인식의 확산과 노동·농민 운동 등 사회운동에 적극적으로 개입하였고 1931년 신간회가 해소되면서 해체되었다.

② 학생운동 ⋯ 동맹휴학 형태로 전개되어 식민지 노예교육의 철폐, 조선역사의 교육, 교내 조선어 사용 등을 요구하였다. 광주학생항일운동이 대표적인 예이다.

③ 현대사회의 변화

(1) 복지사회의 추구

① 배경 ⋯ 1960년대 이후 성장 위주의 경제정책으로 농촌의 피폐, 이농현상, 도시빈민의 형성, 환경오염, 근로기준법 위반 등의 문제가 발생하였다. 또한 노약자, 빈곤층, 실업자, 노숙자 등 소외계층이 생겨났다.

② 대책 ⋯ 정부는 서민을 위한 생활보조금 제공, 무주택자를 위한 주택건설, 고용보험 및 연금제도를 시행하는 등 사회보장제도를 마련하였다.

(2) 산업화와 도시화

① 환경문제 ⋯ 성장우선주의 정책을 편 결과 경제는 비약적으로 발전하였으나, 공해문제가 발생하였고 그 결과 정부는 환경부를 설치하였다.

② 농촌경제의 피폐 ⋯ 산업화에 따른 노동자들의 저임금정책을 뒷받침하기 위하여 저곡가정책을 실시하였기 때문에 농촌의 생활은 어려워졌으며 이를 보완하기 위해 새마을운동이 전국적으로 전개되었다.

③ 새마을운동

    ㉠ 전개 : 1970년대 제창되었고, 근면·자조·협동을 기본정신으로 삼아 침체된 농촌에 활기를 불어 넣었고 이는 도시로 확대되었다.

    ㉡ 결과 : 새마을운동은 생활태도의 혁신과 농어촌의 환경개선, 소득증대에 기여하였다.

④ 문제점 ⋯ 산업화와 도시화로 인해 가족제도의 붕괴, 노동자문제, 실업자문제 등 여러가지 문제들이 나타나기 시작했고, 이를 해결하려는 움직임이 전개되기도 하였다

⑤ 여성의 지위향상 ⋯ 여성의 취업인구가 크게 늘어났고, 농촌에서도 여성의 경제활동 참여가 증가되었다. 여성의 직업분야도 저임금 미숙련 노동자에서 전문직으로까지 확대되었으며 사회적 위상도 높아졌다.

최근 기출문제 분석

2020. 11. 7. 관광통역안내사

1 신간회에 관한 설명으로 옳지 않은 것은?

① 전국 140여 곳에 지회를 설립하였다.

② 비타협적 민족주의자들과 사회주의자들이 연합하였다.

③ 창립 초기 회장에 이상재, 부회장에 홍명희를 선출하였다.

④ 신채호가 작성한 조선 혁명 선언을 노선과 강령으로 삼았다.

> **TIP** 신간회는 1920년대 후반에 좌우익 세력이 합작하여 결성된 대표적인 항일단체이다.
> ④ 1919년 만주 지린성에서 조직된 항일무력독립운동단체인 의열단에 대한 설명이다. 의열단 단장이었던 김원봉은 신채호에게 의열단의 독립운동이념과 방략을 담은 선언문 작성을 요청하였고, 이에 신채호가 조선혁명선언을 작성하였다.

2018. 11. 3. 국내여행안내사

2 다음 설명에 해당하는 단체는?

> • 양기탁, 안창호 등이 조직 주도
> • 비밀결사 형태로 조직
> • 105인 사건을 계기로 와해

① 신민회   ② 신간회

③ 보안회   ④ 근우회

> **TIP** 제시된 설명에 해당하는 단체는 신민회이다. 신민회는 1907년에 국내에서 결성된 항일 비밀결사로, 일제가 보안법·신문지법 등을 만들어 반일적 색채를 띤 계몽운동을 탄압하자 이에 대항하여 국권회복운동을 펼치기 위해 사회계몽운동가들이 비밀리에 조직한 단체이다.

Answer 1.④ 2.①

2015. 11. 6. 국내여행안내사

3 1920년대 비타협적 민족주의 인사들과 사회주의자들이 민족협동전선으로 조직한 단체는?

① 신민회   ② 신간회

③ 보안회   ④ 한인 애국단

> **TIP** 1920년대~30년대의 민족해방운동은 민족주의 운동 및 사회주의 운동의 두 가지 흐름으로 파악되었다. 하지만 이러한 두 가지 흐름은 민족운동의 이념 및 방법, 주도세력 등에 의해 여러 갈래로 나뉘어져 있었다. 이런 상황을 극복하고 민족주의 좌파 및 사회주의자들의 민족협동전선으로 창립된 것이 신간회이다.

2014. 11. 10. 국내여행안내사

4 다음 사건을 발생 시기 순으로 올바르게 나열한 것은?

㉠ 7 · 4 남북 공동 성명   ㉡ 남 · 북한 유엔 동시 가입 ㉢ 북한 김일성 사망   ㉣ 6 · 15 남북 공동 선언

① ㉠ - ㉡ - ㉢ - ㉣   ② ㉠ - ㉢ - ㉡ - ㉣

③ ㉡ - ㉠ - ㉢ - ㉣   ④ ㉡ - ㉢ - ㉠ - ㉣

> **TIP** ㉠ 7 · 4 남북 공동 성명 : 1972년
> ㉡ 남 · 북한 유엔 동시 가입 : 1991년
> ㉢ 북한 김일성 사망 : 1994년
> ㉣ 6 · 15 남북 공동 선언 : 2000년

2014. 11. 10. 국내여행안내사

5 독도를 일본의 영토로 강제 병합한 시기에 발생한 사건은?

① 러 · 일 전쟁   ② 청 · 일 전쟁

③ 동학 농민 운동   ④ 한 · 일 병합 조약

> **TIP** 대륙 침략을 노리던 일제는 1905년 러 · 일 전쟁 중 독도를 강제로 자국 영토로 편입시켰다.

Answer   3.②   4.①   5.①

출제 예상 문제

1 다음의 내용에 대하여 옳게 설명한 것은?

> • 최초로 설립된 조선은행에 이어 한성은행, 천일은행 등의 민간은행이 설립되었다.
> • 1880년대 초기부터 대동상회, 장통상회 등의 상회사가 나타나 갑오개혁 이전의 회사수가 전국 각지에 40여개에 달했다.

① 토착상인은 외국상인의 침략으로 모두 몰락하였다.
② 민족자본은 외국자본의 유입으로 그 토대를 마련하였다.
③ 근대적 민족자본은 정부의 지원과 보조로만 형성될 수 있었다.
④ 외국자본에 대항하여 민족자본을 형성하려는 노력이 전개되었다.

TIP ④ 토착상인은 외국상인의 침략에 대해 다각적으로 대항하였으며, 근대적 민족자본 형성에는 국민의 자율적 노력이 크게 작용했다.

2 일제에 의한 수난기에 우리 민족이 행하였던 저항이 시기적으로 맞게 설명된 것은?

① 1910년대 – 무장독립전쟁, 신간회 활동
② 1920년대 – 조선교육회 설립, 해외독립운동기지 건설
③ 1930년대 – 비밀결사운동, 조선어학회 사건
④ 1940년대 – 광복군의 활동, 신사참배거부운동

TIP ① 1910년대 : 해외독립운동기지 건설, 비밀결사운동
② 1920년대 : 신간회 활동, 무장독립전쟁, 조선교육회 설립
③ 1930년대 : 조선어학회의 활발한 활동, 해체는 1942년
④ 1940년대 : 광복군의 활동, 신사참배거부운동

Answer 1.④ 2.④

3 다음을 바탕으로 정부가 추진한 시책을 바르게 추론한 것은?

- 국민교육헌장을 선포하여 새로운 정신지표를 제시하였다.
- 근면, 자조, 협동을 기본이념으로 새마을운동을 전개하였다.

---

① 복지사회의 건설
② 정의사회의 구현
③ 국민의식의 개혁
④ 소득격차의 완화

TIP 국민교육헌장의 선포와 새마을운동은 국민들의 의식개혁과 민족의식을 높이려는 목적에서 전개되었다.

4 다음의 사회교육활동을 시대순으로 바르게 나열한 것은?

㉠ 멸공필승의 신념과 집단안보의식의 고취
㉡ 국민교육헌장 선포
㉢ 홍익인간의 교육이념 수립
㉣ 재건국민운동의 추진

---

① ㉠㉢㉣㉡
② ㉠㉣㉢㉡
③ ㉢㉠㉣㉡
④ ㉢㉣㉡㉠

TIP ㉢ 홍익인간의 교육이념 수립(정부 수립 후) → ㉠ 멸공 필승의 신념과 집단안보의식의 고취(6·25 중) → ㉣ 재건국민운동의 추진(5·16 후) → ㉡ 국민교육헌장 선포(1968)

Answer 3.③ 4.③

제 6 편 근현대사의 흐름 ▪ **351**

5 갑오개혁, 을미개혁을 통해 이루어진 근대적 개혁내용 중 가장 소홀하였던 분야는?

① 과거제의 폐지와 새로운 관리임용제의 실시
② 훈련대 창설과 사관양성소를 통한 군사력 강화
③ 행정권과 사법권의 분리를 통한 행정업무의 개선
④ 신분제의 타파와 연좌법의 폐지 등 봉건적 폐습 타파

TIP ② 갑오 · 을미개혁은 봉건적 전통질서를 타파하려는 제도면에서의 근대적인 개혁이었으나 군사적인 개혁에는 소홀하였다. 한때, 훈련대의 창설 · 확충과 사관 양성소의 설치 등이 시도되었으나 큰 성과는 없었다.

6 다음의 내용과 관련된 조직을 바르게 나열한 것은?

> 동일한 목적, 동일한 성공을 위하여 운동하고 투쟁하는 혁명가들은 반드시 하나의 기치 아래 모이고, 하나의 호령 아래 모여야만 비로소 상당한 효과를 얻을 수 있음은 더 말할 나위가 없다.

① 물산장려회 조직   ② 조선어학회와 진단학회 조직
③ 신간회와 조선어학회 조직   ④ 신간회와 근우회의 조직

TIP 1920년대에 들어와 사회주의 사상이 유입되면서 민족의 독립운동에 이념적인 갈등이 초래되었다. 이러한 문제를 해결하기 위해 민족주의계와 사회주의계의 통합이 논의되었고, 그 결과 결성된 단체가 신간회와 근우회였다.

7 다음 중 신간회의 기본강령으로 옳은 것은?

① 민족산업의 육성운동 전개   ② 민립대학 설립운동 전개
③ 여성 노동자의 권익 옹호 새 생활개선 ④ 민족의 단결, 정치 · 경제적 각성 촉구

TIP 신간회 강령
    ㉠ 정치적 · 경제적 각성을 촉구함
    ㉡ 단결을 공고히 함
    ㉢ 기회주의를 일체부인함

Answer 5.② 6.④ 7.④

8 다음 중 1920년대 초에 유입된 사회주의 사상의 영향으로 활발하게 전개된 운동을 바르게 고른 것은?

> ㉠ 소작쟁의 ㉡ 노동쟁의
> ㉢ 청소년운동 ㉣ 물산장려운동
> ㉤ 6 · 10만세운동

① ㉠㉡㉢㉣ ② ㉠㉡㉢㉤
③ ㉠㉡㉣㉤ ④ ㉠㉢㉣㉤

TIP ㉣ 물산장려운동은 지주자본가 계층이 중심이 되어 민족자본의 형성을 목표로 일으킨 경제적 민족운동이다.

9 갑신정변과 동학농민운동의 공통점으로 옳지 않은 것은?

① 평등사회를 추구하였다.
② 외세의 개입이 결정적인 실패원인이었다.
③ 민중들의 광범위한 지지를 받았다.
④ 양반 중심의 지배질서가 동요되는 가운데 전개되었다.

TIP ③ 갑신정변 당시의 민중들은 개화당의 개혁의지를 이해하지 못하였고, 오히려 이들을 적대시하였다.

10 간도와 연해주에서의 독립운동에 대한 설명으로 옳은 것은?

① 2 · 8독립선언을 발표하여 3 · 1운동의 도화선을 제공하였다.
② 한국독립군은 중국군과 연합하여 항일전을 전개하였다.
③ 대부분의 독립운동단체들은 경제 및 교육단체를 표방하였다.
④ 대한광복군 정부가 수립되어 무장투쟁의 기반이 마련되었다.

TIP ① 1919년 일본에 유학하고 있던 유학생들이 도쿄에 모여 독립을 요구하는 2 · 8독립선언문을 선포하고 이를 일본정부에 통고한 뒤 시위를 전개하였다. 이는 3 · 1운동의 도화선이 되었다.

Answer 8.② 9.③ 10.①

근현대문화의 흐름

1 근대문화의 발달

(1) 근대문명의 수용

① **근대문물의 도입** … 19세기 후반부터 개화파는 우리의 정신문화는 지키면서 서양의 과학기술을 수용하자는 동도서기(東道西器)론을 개창하였고, 정부는 과학기술을 비롯한 서양의 근대문물을 도입하여 개화정책을 추진하였다.

> **POINT**　**유길준의 「서유견문」**　2015년출제　2023년출제
>
> 조선 후기의 정치가 유길준이 저술한 서양 기행문인 「서유견문」은 1881년 일본에 갔을 때부터 구상하여 준비해 오다가 1885년 미국에서 돌아와 집필한 것이다. 1895년 간행되었으며 서양의 여러 나라를 돌아보면서 듣고 본 역사, 지리, 산업, 정치, 풍속 등을 기록하였다.

② **근대시설의 수용**
- ㉠ **통신시설** : 전신·전화를 가설하였고, 우정국을 운영하여 근대적 우편제도를 실시하였다.
- ㉡ **교통시설** : 전차를 운행하였으며, 경인선과 경부선의 철도가 부설되었다.
- ㉢ 근대시설은 외세의 이권침탈이나 침략목적에 이용되기도 하였으나 한편으로는 국민생활의 편리와 생활개선에 이바지하였다.

③ **근대의료시설** … 광혜원을 비롯한 여러 병원들이 설립되어 질병퇴치와 국민보건 향상에 공헌하였으며, 경성의학교·세브란스 병원 등에서는 의료요원을 양성하였다.

④ **건축** … 근대문물의 수용과 함께 명동성당, 덕수궁 석조전 등 서양식 건물이 세워졌으며, 교회와 학교 건축을 중심으로 서양식 건축의 보급이 확산되었다.

(2) 근대 교육과 학문의 보급

① 근대 교육 ··· 1880년대부터 근대 교육이 시작되었다.

　㉠ 교육기관
　　• 원산학사 : 최초의 근대적 사립학교로서, 외국어·자연과학 등 근대 학문과 무술을 가르쳤다.
　　• 육영공원 : 관립학교로서 미국인 교사를 초빙하여 상류층 자제에게 영어·수학·지리학·정치학 등의 근대 학문을 교육하였다.
　　• 동문학 : 영어강습기관을 세워 통역관을 양성시켰다.
　㉡ 개신교 선교사 : 배재학당, 이화학당 등의 사립학교를 설립하여 근대 학문을 가르치고 민족의식 고취와 민주주의 사상의 보급에 이바지하였다.
　㉢ 갑오개혁기 : 근대적 교육제도를 마련하여 관립학교와 사립학교가 생겨났다.
　㉣ 애국계몽운동기 : 사립학교를 중심으로 구국교육운동을 전개하고 민족의식 고취를 위한 교육활동이 성행하고 근대 학문과 사상이 보급되어 갔다.

② 국학운동 ··· 민족의식과 애국심을 고취하려는 국학운동이 전개되었다.
　㉠ 국사연구 : 신채호·박은식 등은 구국위인들의 전기를 써서 보급시켰다.
　㉡ 국어연구 : 지석영과 주시경이 국어연구에 공헌하였다.

(3) 문예와 종교의 새 경향 〔2022년출제〕

① 문학의 새 경향
　㉠ 이인직의 「혈의 누」, 이해조의 「자유종」 등의 신소설이 등장하여 계몽문학의 구실을 하였고, 최남선은 신체시인 「해에게서 소년에게」를 써서 근대시의 형식을 개척하였다.
　㉡ 외국 문학 : 천로역정, 이솝 이야기, 로빈슨 표류기 등 외국문학의 소개는 신문학의 발달과 근대의식의 보급에 기여하였다.

② 예술계의 변화
　㉠ 음악 : 애국가, 권학가, 독립가와 같은 창가가 유행하였다.
　㉡ 연극 : 원각사라는 서양식 극장이 설립되고 은세계, 치악산 등의 작품이 공연되었으나 민중 사이에서는 전통적인 민속가면극이 성행하였다.
　㉢ 미술 : 서양식 유화가 도입되고 김정희 계통의 문인화가들이 한국 전통회화를 발전시켰다.

③ 종교운동의 변화
　㉠ 천주교 : 1880년대부터 자유롭게 선교활동을 벌여 교육·언론·사회사업 등에 공헌하였다.
　㉡ 개신교 : 교육과 의료사업 등에 많은 업적을 남겼다.
　㉢ 동학 : 제3대 교주인 손병희 때 천도교로 개칭하여 새로운 발전을 이룩하였다.
　㉣ 불교 : 한용운이 중심이 되어 불교의 혁신과 자주성 회복을 위한 움직임이 일어났다.
　㉤ 대종교 : 단군신앙을 기반으로 대종교가 창시되어 민족적 입장을 강조하고 항일운동에 적극 참여하였다.

2 민족문화수호운동

(1) 일제의 민족말살정책과 한국사 왜곡

① **우민화교육과 동화정책** … 일제는 우민화교육과 동화정책을 통하여 한국인의 황국신민화를 꾀하였고, 민족말살정책을 강행하면서 우리말과 우리 역사교육을 금지하였다.

② **한국사의 왜곡** … 한국사를 왜곡하여 한국인의 민족의식을 약화시키고 나아가 말살시키려 하였다. 이에 한국사의 타율성 · 정체성 등이 강조되었고, 자율성과 독창성 등은 무시되었다. 일제가 설치한 조선사편수회가 이에 앞장섰다.

(2) 민족문화수호운동의 전개

① **한글보급운동**
   ㉠ **조선어연구회** : 이윤배 · 최현배 등의 국어학자들은 조선어연구회를 조직하여 국어연구와 한글보급에 힘썼다. 그들은 「한글」을 간행하고, 가갸날(한글날)을 제정하였다.
   ㉡ **조선어학회**
   • 한글맞춤법통일안과 표준어를 제정하였으며, 「우리말큰사전」의 편찬에 착수하였으나 일제의 방해로 성공하지 못하였다.
   • 조선어학회 사건을 일으켜 수많은 회원들을 투옥하였다.

② **한국사의 연구**
   ㉠ **민족주의사학** `2014년출제` `2017년출제`
   • 박은식 : 19세기 이후 민족의 수난을 밝힌 「한국통사」와 우리의 항일투쟁을 다룬 「한국독립운동지혈사」를 저술하였고, 민족정신을 '혼'으로 파악하여 혼이 담겨 있는 민족사를 강조하였다. `2018년출제`
   • 신채호 : 「조선상고사」, 「조선사연구초」 등을 저술하여 민족주의 역사학의 기반을 확립하였고 낭가사상을 강조하였다. `2016년출제`
   • 정인보 : 고대사 연구에 치중하였고 '오천년간 조선의 얼'을 신문에 연재하고 일제 식민사관에 대항하였고 얼사상을 강조하였다.
   • 문일평 : 민족문화의 근본으로 세종을 대표자로 하는 조선심 또는 조선사상을 강조하였다.
   ㉡ **사회경제사학**
   • 백남운 : 유물사관에 바탕을 두고 한국사가 세계사의 보편법칙에 따라 발전하였음을 강조하여 식민사관의 정체성론을 비판하였다.
   ㉢ **실증사학** … 청구학회를 중심으로 한 일본 어용학자들의 왜곡된 한국학연구에 반발하여 이윤재, 이병도, 손진태, 조윤제 등이 진단학회를 조직하고 한국학 연구에 힘썼다.
   ㉣ **신민족주의사학** … 문헌고증을 토대로 사회경제사학의 세계사적 발전법칙을 수용하여 민족주의사학을 계승, 발전 시켰으며 손진태, 안재홍, 홍이섭 등이 중심인물이다.

(3) 민족교육진흥운동

① 조선교육회

ⓐ 한규설과 이상재 등의 민족지도자들이 한국인본위의 교육을 위해 조직하였다.

ⓑ 조선에 고등학교기관이 전무함을 이유로 총독부에 대학설립을 요구하였으나 무시당하자 민립대학설립운동을 전개하여 모금운동을 벌였으나 일제의 방해로 실패하였다. 대신 일제는 경성제국대학을 설립하여, 조선인의 불만을 무마하려고 하였다.

② 조선여자교육회

ⓐ 차미리사를 중심으로 창립되어 여자 야학교를 설립하여 조선어와 산술 등을 가르쳤다.

ⓑ 토론회와 강연회를 개최하여 여성계몽에 힘썼다.

③ 문맹퇴치와 농촌계몽운동

ⓐ 언론계와 청년 학생이 힘을 합쳐 문맹퇴치와 농촌계몽을 통하여 민족의 자강을 이룩하고자 노력하였다.

ⓑ 1920년대 전국 각지에서 야학이 설립되었고 조선일보는 '아는 것이 힘, 배워야 산다'라는 표어를 내걸고 문맹퇴치운동에 힘썼고, 동아일보는 브나로드운동을 전개하였다.

(4) 일제강점기의 종교활동

① 천도교

ⓐ 제2의 3·1운동을 계획하여 자주독립선언문을 발표하였다.

ⓑ 「개벽」, 「어린이」, 「학생」 등의 잡지를 간행하여 민중의 자각과 근대문물의 보급에 기여하였다.

② 개신교

ⓐ 민중계몽과 각종 문화사업을 활발히 전개하였다.

ⓑ 신사참배를 거부하여 탄압을 받기도 하였다.

③ 천주교 … 사회사업과 민중계몽에 이바지하였고, 만주에서 항일운동에 나서기도 하였다.

④ 대종교 … 무장항일단체 중광단을 조직하고, 3·1운동 직후에 북로군정서로 개편하여 청산리대첩에 참여하였다.

⑤ 불교

ⓐ 한용운을 비롯한 승려들이 한국 불교를 일본 불교에 예속시키려는 일제의 불교통합정책에 저항하였다.

ⓑ 교육기관을 설립하여 민족교육운동에 이바지하였다.

⑥ 원불교 … 개간사업과 저축운동을 통해 민족의 역량을 배양하였고 생활개선 및 새 생활운동에도 앞장섰다.

(5) 일제 강점기의 문예활동

① 문학활동

ⓐ 근대 문학

• 이광수, 최남선 : 근대 문학의 개척에 공헌하였다.

• 한용운, 김소월, 염상섭 : 민족정서와 민족의식을 담은 작품을 통해서 근대 문학 발전에 이바지하였다.

ⓛ 1920년대 : 신경향파 문학이 대두하여 문학의 사회적 기능이 강조되었다.

ⓒ 1930년대 : 순수문학 잡지가 간행되었고, 정지용·김영랑은 시문학 동인으로 활약하면서 순수문학과 서정시의 발전에 이바지하였다.

ⓔ 일제말기 : 이육사, 윤동주 등은 항일의식과 민족정서를 담은 작품을 창작하였다. 그러나 이광수, 최남선 등의 일부 문인들은 일제의 침략전쟁을 찬양하는 활동에 참여하기도 하였다.

② 예술

ㄱ 음악 : 안익태, 윤극영 등이 많은 활동을 하였다. 특히 안익태는 애국가, 한국환상곡을 작곡하여 유명하였다.

ⓛ 미술 : 안중식은 한국화, 이중섭은 서양화를 발전시켰다.

ⓒ 연극 : 토월회, 극예술연구회 등의 활동으로 근대 연극이 발전하였다.

ⓔ 영화 : 나운규가 아리랑을 발표하여 한국 영화 발전에 기여하였다.

③ 현대문화의 동향

(1) 현대의 교육

① 광복 이후 … 미국식 교육이 도입되었고, 6·3·3·4제의 학제를 근간으로 하는 교육제도가 마련되었으며, 홍익인간의 교육이념이 채택되었다.

② 이승만 정부 … 초·중등학교와 대학의 증설로 교육이 양적으로 확대되었으나 6·25전쟁으로 인하여 교육환경은 매우 열악해졌다. 이 기간 동안 교육은 멸공통일의 신념을 길러 안보의식을 고취시키는 데 중점을 두었다.

③ 4·19혁명 이후 … 교육의 정치적 중립을 확보하려는 움직임과 함께 학원 민주화운동이 일어났으나 5·16군사정변으로 좌절되었다.

④ 박정희 정부 … 반공교육이 강화되고, 기능양성교육에 치중하였다. 이런 상황에서 교육자치제는 명목상으로만 존재하였고, 교육의 중앙집권화와 관료적 통제가 강화되었다. 1968년에 발표한 국민교육헌장은 이 시기 교육의 방향을 제시한 것이었다.

⑤ 1980년대 … 국민정신교육을 강조하고 통일안보교육, 경제교육, 새마을교육을 실시하였으며, 특히 입시과외의 폐해를 줄이기 위한 조치를 취하였다.

⑥ 1990년대 … 급속한 정보화와 기술의 향상에 따라 변화·발전하는 경제와 사회구조에 능동적으로 대처하기 위하여 창의력 신장과 시민의식을 육성하기 위한 교육개혁을 추진하였다.

(2) 현대의 사상과 종교

① 사상

　㉠ 광복 이후 : 민족주의와 민주주의 및 반공 등 여러 이념이 혼재한 시기로, 민족주의가 정치 사회적으로 남용되어 민주주의는 시련을 겪기도 하였으며, 남북 분단상황에서 반공이념이 강조되었다.

　㉡ 1960 ~ 1970년대 : 민족주의와 민주주의가 정착되어 민주화에 진전을 보였다.

　㉢ 1980년대 : 5 · 18민주화운동과 6월민주항쟁으로 민족주의와 민주주의가 뿌리를 내리게 되었다.

　㉣ 1980년대 말 이후 : 냉전체제가 해체되고, 남북관계에도 진전을 가져오게 되었다.

② 종교

　㉠ 개신교 : 여러 교단으로 나뉘어졌던 교단의 통일과 사회참여를 모색하면서 교세를 크게 확장하였다.

　㉡ 천주교 : 세계적 연계성과 통일된 교구조직을 통하여 획기적인 발전을 이루었다.

　㉢ 불교 : 혁신운동을 통하여 승려의 자질 향상, 교육의 쇄신, 포교의 다양화 등을 추진하여 농촌지역뿐만 아니라 도시에서도 지속적인 발전을 이룩하였다.

　㉣ 천도교, 대종교, 원불교 : 민족종교도 그 나름의 기반 확립과 교세 확장에 노력하였다.

　㉤ 1970년대 이후 종교계는 민주화운동에 크게 기여하였다.

(3) 현대의 문화활동과 과학기술의 발전

① 문화활동

　㉠ 광복 직후 : 문화예술단체들은 좌익과 우익에 따라 성격이 나뉘어 분열하였다.

　㉡ 1950년대 : 6 · 25전쟁 이후에는 민족주의적 자유주의 문인 중심의 순수문학이 주류를 이루었다.

　㉢ 1960년대 : 중등교육이 확대되고 경제여건이 향상됨에 따라 문화의 대중화현상이 나타났다. 문화의 대중화는 텔레비전 등 대중전파매체가 널리 보급되면서 가속화되었고, 산업화와 도시화가 진전됨에 따라 더욱 확산되었다.

　㉣ 1970년대 : 민족문학론이 대두되어 현실의 비판과 민주화운동의 실천, 그리고 민족의 통일문제를 다루는 데까지 나아갔으며, 민중문학운동이 전개되기도 하였다.

　㉤ 1980년대 이후 : 경제발전에 힘입어 문화 향유층이 급격하게 확대되었고, 영화나 가요 등 다양한 성격의 대중문화가 발전하게 되었다.

　㉥ 최근 : 이전 문화의 틀에서 벗어나 더 분방한 경향을 추구하는 포스트모더니즘이 나타나기도 하였다.

② 과학기술 ··· 1960년대부터 과학기술이 발달하기 시작하였다. 과학 선진국에 유학을 갔던 인재들이 한국과학기술연구소(KIST)로 돌아오면서 현대과학기술이 발전할 수 있는 기반이 마련되었다.

③ 전통문화 ··· 점점 대중화와 서양화에 밀려 자리를 잃어가고 있으며, 감각적이고 상업적인 대중문화가 성행하게 되었다. 이는 민족문화를 발전시키고 세계적인 문화를 창출하는 과제를 낳았다.

≡ 최근 기출문제 분석 ≡

2023. 11. 4. 국내여행안내사

1 ( )에 해당하는 인물은?

> ( )는/은 서양의 여러 나라를 돌아보면서 듣고 본 역사, 지리, 산업, 정치, 풍속 등을 기록한 〈서유견문〉을 저술하였다. 국한문 혼용체를 사용하였으며 1895년에 간행되었다.

① 김옥균   ② 박영효
③ 유길준   ④ 윤치호

TIP 〈서유견문〉은 유길준이 저술(1895)한 것으로 서구의 근대 모습을 보고 조선의 근대화를 위한 방법이 무엇인지 알리기 위하여 간행되었으며 국한문 혼용체로 서술하였다.

2021. 11. 6. 국내여행안내사

2 다음 내용이 포함된 헌법에 의거하여 선출된 대통령은?

> • 대통령은 통일 주체 국민 회의에서 토론 없이 무기명 투표로 선거한다.
> • 통일 주체 국민 회의는 국회의원 정수의 3분의 1에 해당하는 수의 국회의원을 선거한다.
> • 대통령은 국회를 해산할 수 있다.

① 김영삼   ② 노태우
③ 박정희   ④ 이승만

TIP ③ 유신 헌법에 관한 내용이다. 유신 헌법은 1972년 10월 17일 대통령 박정희가 위헌적 계엄과 국회해산 및 헌법정지의 비상조치 아래 위헌적 절차에 의한 국민투표로 1972년 12월 27일에 통과시킨 헌법이다.

Answer 1.③ 2.③

3 다음 사건을 발생한 순서대로 올바르게 나열한 것은?

㉠ 4·19혁명
㉡ 5·16군사정변
㉢ 5·18광주민주화운동
㉣ 7·4남북공동성명

---

① ㉠ → ㉡ → ㉣ → ㉢
② ㉠ → ㉢ → ㉡ → ㉣
③ ㉡ → ㉠ → ㉢ → ㉣
④ ㉡ → ㉣ → ㉠ → ㉢

TIP ㉠ 1960년
㉡ 1961년
㉣ 1972년
㉢ 1980년

4 6·25전쟁 발발 이전에 있었던 사실이 아닌 것은?

① 제주 4·3사건
② 좌우합작 7원칙 발표
③ 3·15 부정 선거
④ 반민족행위 처벌법 제정·공포

TIP 6·25전쟁은 1950년에 발발하였다.
③ 3·15 부정 선거 : 1960년
① 제주 4·3사건 : 1948년
② 좌우합작 7원칙 발표 : 1946년
④ 반민족행위 처벌법 제정·공포 : 1948년

5 현재까지 남아있는 근대 문화유산으로 옳지 않은 것은?

① 독립문
② 명동성당
③ 통감부 청사
④ 덕수궁 중명전

TIP ③ 1910년 경술국치 때 통감부가 조선총독부로 확대·개편되었고 1995~1996년도에 조선총독부 건물이 철거되면서 현재는 그 터만 남아있다.

Answer 3.① 4.③ 5.③

출제 예상 문제

1 다음 글과 관련이 있는 것은?

> 우리 민족은 맨 손으로 일어섰고 붉은 피로 독립을 구하여 세계 혁명의 역사에 있어 서 하나의 새로운 세계를 열었다. 기미(1919)·경신(1920) 이후로는 이러한 움직임이 더욱 치열하고 그 진행이 계속되었다. 오히려 죽음의 세계에 도달하는 것은 반드시 이루어야 할 목적으로 삼았다. 그러므로 나의 역사 서술은 마땅히 '통사(通史)'에 이어 독립을 완성하는 날로 획린(獲麟)의 시기를 삼아야 할 것이며, 광복의 역사에 이르러서는 나의 능력 있는 벗에게 부탁함이 옳을 것이다.
>
> − 한국 독립 운동지혈사 −

① 사회경제 사학   ② 실용과학 사학

③ 민족주의 사학   ④ 실증주의 사학

TIP ③ 한말의 역사학은 민족의 정통성을 찾고 외국의 침략으로부터 국권을 수호하려는 강렬한 민족주의 사학이 발달하였다.

2 다음의 근대적 시설들을 통해 공통적으로 파악되는 사실은?

• 전신	• 철도
• 전화	• 전차

① 부국강병에 기여   ② 민족교육에 기여

③ 대외진출에 공헌   ④ 외세의 침탈도구로 이용

TIP 근대적 시설은 민중들의 사회·경제적 생활개선에 도움을 주었으나, 외세의 이권과 침략의 목적으로 이용되기도 하였다.

Answer 1.③ 2.④

3 다음 중 근대문물의 수용이 잘못 연결된 것은?

① 에비슨 – 세브란스병원을 설립
② 알렌 – 근대 의료시설인 광혜원 설치
③ 모스 – 서울 ~ 인천간 전신선 가설
④ 콜브란 – 한성전기회사의 전차 부설

TIP ③ 미국인 모스는 경인선을 착공한 후 일본 회사에 이권을 전매하였다.

4 개항 이후 우리나라의 건축양식에 있어 서양의 영향을 받은 건축물을 골라 묶은 것은?

⊙ 독립문	ⓒ 광화문
ⓒ 경복궁 근정전	ⓔ 독립관
ⓜ 명동성당	ⓗ 덕수궁 석조전

① ⊙ⓒⓜ   ② ⊙ⓜⓗ
③ ⓒⓒⓜ   ④ ⓒⓒⓗ

TIP 독립문은 프랑스의 개선문을 본떴으며, 덕수궁의 석조전은 르네상스식으로, 명동성당은 고딕양식으로 지어졌다.

5 다음에 나타난 공통적인 의의와 목표는?

> • 신채호는 「독사신론」을 지어 민족주의 사학의 방향을 제시하였다.
> • 역사상 외국의 침략에 대항하여 승리한 전쟁영웅들의 이야기나, 외국의 건국 또는 망국의 역사를 번역하여 소개하였다.
> • 최남선과 박은식은 조선광문회를 조직하였다.
> • 지석영과 주시경 등은 국문연구소를 설립하였다.

① 성리학적 정통성을 계승하고자 하였다.
② 민족의식을 고취하여 국권을 회복하고자 하였다.
③ 서양의 선진문물을 수용하여 근대화를 앞당기고자 하였다.
④ 서양의 민권의식을 바탕으로 민주운동을 전개하고자 하였다.

TIP 계몽사학, 민족주의 사학, 민족 고전의 정리 및 발간, 한글연구의 공통적 목표는 일본 침략에 대항한 국권회복이었다.

6 다음 학교들이 지니는 공통점을 지적한 것 중 사실과 다른 것은?

> ㉠ 서전서숙   ㉡ 보성학교
> ㉢ 대성학교   ㉣ 동덕여학교
> ㉤ 진명여학교   ㉥ 숙명학교

① 근대식 학문과 사상을 보급시킨 학교들이었다.
② 애국계몽운동시기에 설립된 학교들이었다.
③ 외국 선교사들의 지원을 받아 설립된 학교들이었다.
④ 항일민족운동을 일깨우는 데 공헌한 학교들이었다.

TIP ③ 외국인 선교사가 설립한 학교에는 배재학당, 이화학당, 경신학교, 정신여학교 등이 있다.

Answer 5.② 6.③

7 한말 국학연구에 대한 설명 중 옳지 않은 것은?

① 박은식은 「독사신론」에서 구국항쟁사를 다루었다.
② 최남선은 광문회를 조직하여 민족의 고전을 정리하였다.
③ 정인보는 「조선사연구」에서 민족의 주체성을 강조하였다.
④ 유길준의 「서유견문」은 새로운 국한문체를 발전시키는 데 공헌하였다.

TIP ① 박은식은 「한국통사」, 「한국독립운동지혈사」를 저술하였고, 「독사신론」은 「조선상고사」, 「조선사연구초」, 「을지문덕전」, 「이태리 건국 3걸전」, 「최도통」 등과 함께 신채호가 저술했다.

8 다음 인물들의 공통점을 무엇인가?

• 장지연	• 신채호	• 박은식

① 국 · 한문체의 보급에 크게 공헌하였다.
② 민족 고전을 정리 · 간행하는 데 힘썼다.
③ 유교문화를 중심으로 국사인식을 체계화하였다.
④ 민족사의 주체성, 우수성을 강조한 계몽사학자였다.

TIP ④ 한말의 역사학은 민족의 정통성을 찾고 외국의 침략으로부터 국권을 수호하려는 강렬한 민족주의 사학이 발달하였다.

Answer 7.① 8.④

9 다음을 통해 알 수 있는 우리나라 근대문화의 성격은?

> • 미술에서는 유화도 그려지기 시작하였다.
> • 문학에서는 신소설과 신체시가 나왔다.
> • 음악에서는 독립가, 권학가 등의 창가가 유행하였다.
> • 연극에서는 원각사가 세워져 은세계, 치악산 등의 작품이 공연되었다.

① 민족문화의 전통을 계승하려 하였다.
② 서양문화의 침투에 경계심을 보였다.
③ 전통문화와 외래문화와의 갈등과 대립이 심화되었다.
④ 서양의 근대문화가 도입되어 문학과 예술의 각 분야에 변화가 일어났다.

TIP 신문학은 언문일치의 문장과 계몽문학적 성격을 특징으로 하고, 창가는 서양식 악곡으로 지어졌으며, 원각사는 우리나라 최초의 서양식 극장이다.

10 다음 문인과 그와 관련된 작품 또는 설명이 옳지 않은 것은?

① 심훈 – 그날이 오면
② 최남선 – 조선의 일본화가 최대의 급선무
③ 김활란 – 일장기가 날리는 곳이 곧 우리의 일자리
④ 노천명 – 내가 만약 남자라면, 군대에 가야지

TIP ③ 설명은 이광수의 수필「성전 3주년」에 제시된 문장이다.

11 다음은 19세기 우리나라의 어떤 사상에 대한 내용이다. 이 사상에 대한 설명으로 옳은 것은?

> ㉠ 전통적인 민족신앙
> ㉡ 후천개벽의 운수사상
> ㉢ 사람이 곧 하늘이다
> ㉣ 여러 종교의 교리 통합

① 보국안민을 내세워 서양과 일본의 침투를 배격하였다.

② 우리나라에 자생적 자본주의의 이념적 기초를 제공하였다.

③ 당시의 지배계층이 중심이 된 현실개혁의 사회운동이었다.

④ '올바른 것을 지키고 사악한 것을 배척한다(위정척사)'는 명분을 내세웠다.

TIP **동학의 사회사상** … 사회사상으로서의 동학은 '사람이 곧 하늘'이라는 인내천사상을 바탕으로 평등주의와 인도주의를 지향하고 하늘의 운수사상을 바탕으로 하였다. 동학은 운수가 끝난 조선 왕조를 부정하는 혁명사상을 내포하였으며, 대외적으로는 보국안민을 내세워 서양과 일본의 침투를 배격하였다.

12 다음과 같은 성격을 지니고 있었던 한말의 종교는?

> 나철 · 오기호가 창시하였으며 보수적 성격을 지니고 있었으나, 민족적 입장을 강조하는 종교활동을 벌였고, 특히 간도 · 연해주 등지에서 항일운동과 밀접한 관련을 가지면서 성장하였다.

① 천주교　　　　　　　　　② 대종교

③ 동학　　　　　　　　　　④ 불교

TIP 단군신앙을 바탕으로 한 대종교는 독립운동을 펼치기도 하였는데, 중광단이나 청산리대첩에서 승리한 북로군정서는 이와 관련이 깊다.

Answer 11.① 12.②

13 다음 중 성격이 다른 한 단체를 고르면?

① 조선어연구회   ② 조선사편수회

③ 조선어학회   ④ 진단학회

TIP ② 다른 단체들은 모두 일제강점기에 민족문화의 수호를 위해 활동한 단체들이다.

※ **조선사편수회** … 일제가 조선 역사를 왜곡하고 일제 식민통치를 합리화하기 위해 1922년에 만든 조선사편찬위원회가 확대·개편된 기관이다.

14 일제하에 다음과 같은 민족운동을 전개하게 된 배경이 아닌 것은?

• 조선교육회의 민립대학설립운동
• 조선일보의 문자보급운동
• 동아일보의 브나로드운동
• 발명협회의 과학대중화운동

---

① 일제는 각급 학교에서의 국어교육과 국사교육을 폐지하였다.

② 일제는 사립학교, 서당, 야학 등 민족교육기관을 억압하였다.

③ 일제는 식민지 통치에 유용한 하급기술인력의 양성에 힘썼다.

④ 일제는 정규학교에서의 한국인을 위한 민족교육을 금지시켰다.

TIP 제시된 글은 문화통치시기(1919 ~ 1931)의 사건들인데, ①은 민족말살통치시기(1937 ~ 1945)에 일어난 일이므로 배경이 될 수 없다.

Answer   13.②   14.①

15 다음 내용을 뒷받침하기에 적절한 역사적 사실로 옳지 않은 것은?

> 일제는 식민지 지배체제의 영속화를 위해 우민화 교육을 통한 한국인의 황국신민화를 꾀하는 한편, 우리말과 우리 역사교육을 금지시키고 우리 민족사를 왜곡하기까지 했다. 이에 맞서 애국지사들은 민족문화수호운동과 민족교육운동을 전개하였다.

① 민립대학설립운동
② 조선어학회의 결성
③ 조선어연구회의 결성
④ 청구학회의 한국학 연구 활동

TIP ④ 청구학회는 일본 어용 학자들의 단체로서, 극동문화 연구를 위해 조직되었다.

16 국권피탈 이후 일제는 다른 사업에 우선하여 한국학 연구에 집중하였는데, 그 이유는 무엇인가?

① 문화정치를 표방하였기 때문이다.
② 한국의 문화재를 일본으로 반출하기 위해서이다.
③ 오랜 동안 주자학의 발달로 한국학에 외면당했기 때문이다.
④ 식민사관을 전개하여 식민정책을 보다 효과적으로 수행하기 위해서이다.

TIP ④ 일제는 조선사편수회, 고적조사회, 법전조사국 등을 두어 한국 문화를 연구하고 열등의식을 강조하여 의타심과 사대주의에 몰아넣어 식민정책에 이용하였다.

Answer 15.④ 16.④

17 다음은 어떤 단체의 활동에 대한 판결문이다. 어느 단체를 말하는 것인가?

> 이 단체는 1919년 만세소요사건(3 · 1운동)의 실패에 비추어 조선의 독립을 장래에 기하기 위하여 문화운동에 의한 민족정신의 환기와 실력양성을 급무로 삼아서 대두된 실력양성운동이 출발점이었고, 그 뒤 1931년 이후에는 피고인 이극로를 중심으로 하는 어문운동을 벌여 조선의 독립을 목적한 실력양성단체를 조직하였다.

① 신간회
② 조선청년총동맹
③ 조선어학회
④ 조선물산장려회

TIP 조선어학회는 조선어연구회를 개편하여 조직한 한글연구단체로서 한글을 보급하여 민족문화의 향상, 민족의식의 고취에 노력하였다.

18 다음의 글은 어느 사학자에 관한 설명인가?

> 대개 국교(國敎) · 국학 · 국어 · 국문 · 국사는 혼(魂)에 속하는 것이요, 전곡 · 군대 · 성지(城池) · 함선 · 기계 등은 백(魄)에 속하는 것이므로 혼의 됨됨은 백에 따라 죽고 사는 것이 아니다. 그러므로 국교와 국사가 망하지 않으면 그 나라도 망하지 않는 것이다.

① 신채호   ② 정인보
③ 박은식   ④ 백남운

TIP ③ 일제로부터의 자주독립을 강조하며 혼백(魂魄)의 정신을 주장한 것은 박은식이다.

19 다음 중 가장 먼저 발생한 사건은?

① 안재홍, 정인보 등이 조선학 운동을 전개하였다.
② 여운형이 중심이 되어 건국동맹의 지하조직을 결성하였다.
③ 안창호 등은 신민회를 조직하여 애국계몽운동을 전개하였다.
④ 한규설, 이상재 등이 민립대학 설립기성회를 조직하였다.

TIP ① 1934년 ② 1944년 ③ 1907년 ④ 1922년

20 다음에 설명하고 있는 인물은 누구인가?

> 신체시인 「해에게서 소년에게」를 써서 근대시의 형식을 개척하였다.

① 이인직   ② 이해조
③ 최남선   ④ 이광수

TIP ③ 신체시인 「해에게서 소년에게」를 써서 근대시의 형식을 개척한 사람은 최남선이다.
① ② 이인직과 이해조는 각각 신소설인 「혈의 누」와 「자유종」을 집필하였다. 이러한 신소설은 계몽문학의 구실을 하였다.
④ 이광수는 우리나라 최초의 근대소설이라고 평가받고 있는 「무정」을 집필하였다.

Answer 19.③ 20.③

관광
자원해설

PART.02

관광자원해설

01

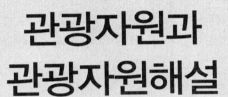

관광자원과
관광자원해설

01 관광자원의 이해

1 관광자원의 개념

(1) 정의

① **자원** `2021년출제`

⊙ 자원이란 인간이 살아가기 위하여 필요에 따라 이용할 수 있는 모든 것을 의미한다.

ⓛ 우주와 같이 거대한 것에서부터 미생물에 이르기까지 그 크기가 다양하며, 특정한 형태를 기지고 있는 것도 있고 형태가 없는 것도 있다.

ⓒ 어떠한 형태든 인간의 이용을 전제로 하며 인간의 욕구를 충족시킬 수 있는 것이어야 한다.

② **자원의 분류** `2019년출제`

⊙ 인간의 욕구충족을 위해 소비되는 자원

㉮ **천연자원** : 토지, 산림, 물 등

㉯ **인공자원** : 건물, 설비, 기계 등

㉰ **인정자원** : 노동력, 기능 의욕 등

ⓛ 비소비적 자원

㉮ 기후 및 지형

㉯ 생산기술

㉰ 사회제도 및 조직

㉱ 도덕, 관습, 종교 등 문화적 자원

③ **관광자원** `2020년출제` `2022년출제` `2016년출제`

⊙ 관광자원이란 관광자의 욕구를 해소하기 위한 관광행동의 대상이 될 수 있는 모든 유·무형의 자원을 말한다.

ⓛ 관광자의 욕구나 동기를 충족시키는 대상일 뿐만 아니라, 욕구를 자극하여 관광행동을 하도록 동기를 부여하는 역할을 수행한다.

ⓒ 관광자에 대하여 매력성과 유인성을 가진 것을 말한다.

② 관광자원이란 관광산업에 있어서는 경제적 가치를 가지며 관광자에게는 위락적·문화적 가치를 갖는 대상물을 의미한다.

④ 관광자원 정의의 기준
　　⑦ 범위의 한정성 : 관광자원은 관광객을 위한 자연적·인문적 대상의 총체로 범위 설정에 따라 다양하게 구분할 수 있다.
　　ⓛ 다른 자원과 구별되는 특성 : 관광자원은 다른 자원과는 구별되는 매력성과 유인성을 지닌 자원으로 개발 및 보호의 필요성이 있다.
　　ⓒ 관광객을 위한 가치 : 관광자원은 관광객의 흥미를 일으킬 수 있는 가치가 존재해야 한다.

(2) 관광자원의 가치요인과 특징

① **관광자원의 가치요인** ··· 관광현상에 있어서 관광자원은 관광의 꼭 필요한 요소로서 관광자원 없이는 관광이 성립될 수 없다. Burkart와 Medlik은 관광자원의 가치를 결정짓는 요인으로 접근성과 매력성, 이미지와 관광시설, 하부구조를 제시한다.
　　⑦ 접근성(accessiility) : 관광자가 거주지에서 목적지까지의 근접성에 근거한 개념으로 관광객의 행동에 크게 영향을 준다. 보통 관광자는 물리적인 거리보다는 시간거리와 비용에 의한 경제적 거리를 더 중시한다.
　　ⓛ 매력성 : 관광자원의 특성을 의미하며, 관광목적지의 유인력 또는 흡인력과 직접적인 연관을 가진다.
　　ⓒ 이미지 : 이미지는 한 사람 또는 집단이 관광대상에 대해 갖고 있는 일련의 신념으로서 관광자의 여행참여를 유도하는 역할을 한다. 관광자는 관광지에 의해 이미지를 확인하는 게 아니고 이미지에 근거하여 관광지를 확인하고자 여행하는 것이라고 할 수 있다.
　　② 관광시설 : 관광시설의 종류로는 편의시설·숙박시설·위락시설 등이 있는데, 이러한 시설들은 관광자들에게 즐거움을 줄 수 있는 요소들이다.
　　ⓜ 하부구조 : 관광자가 관광지나 관광자원에 접근하는 데 이용되는 교통수단과 시설, 그리고 관광지에서 관광편의를 제공하는 전기·통신시설·상하수도시설·의료시설 등이 해당한다. 주된 목적은 아니지만 관광자에게 가장 기초적인 편의를 제공한다.

② **관광자원의 특징** 2017년출제
　　⑦ 관광자의 욕구나 동기를 일으키는 매력성을 지닌다.
　　ⓛ 관광자의 행동을 끌어들이는 유인성을 지닌다.
　　ⓒ 개발을 통해서 관광대상이 된다.
　　② 자연과 인간의 상호작용의 결과이다.
　　ⓜ 범위는 자연자원과 인문자원, 유형자원과 무형자원 등 아주 다양하고 넓다.
　　ⓗ 사회구조나 시대에 따라 그 가치가 변한다.

2 관광자원의 분류

(1) 관광자원의 대표적 분류 방법

① 의의 … 관광자원의 분류방법은 학자들의 지론에 따라 독특한 형태를 가지고 있다. 한국과 일본은 유형과 무형으로, 자연과 인문으로 크게 분류하는 특성을 보인다. 구미의 경우는 관광개발을 전제로 관광자원의 범위를 시설, 교통, 상부구조와 하부구조 등이 결합된 포괄적인 영역까지 확대하고 있다.

ㄱ 자연적 관광자원 : 지형·지질, 천문, 기상, 기후, 동물, 식물 등이 있다.

ㄴ 문화적 관광자원 : 문화시설, 문화유산 등이 있다.

ㄷ 사회적 관광자원 : 도시, 사회시설, 생활형태 등이 있다.

ㄹ 산업적 관광자원 : 제1차 산업(농업·어업·임업 등). 제2차·제3차 산업(상공업, 위락적 관광자원 등) 등이 있다.

② 한국관광공사의 관광자원 분류 … 1983년 국민관광종합개발계획 수립시 한국관광공사에서 분류한 관광자원의 유형을 살펴보면, 우선 관광자원을 유형과 무형으로 대별한다. 또한 유형 관광자원을 자연적 관광자원과 문화적 관광자원, 사회적 관광자원, 산업적 관광자원, 관광 레크리에이션 자원으로, 무형 관광자원을 인적 관광자원과 비인적 관광자원으로 분류하였다. 2016년출제 2015년출제 2017년출제

유형		구성요소
유형 관광자원	자연적 관광자원	천연자원, 천문자원, 동·식물 등
	문화적 관광자원	고고학적 유적, 사적, 사찰공원 등
	사회적 관광자원	풍속, 행사, 생활, 예술, 교육, 스포츠 등
	산업적 관광자원	공업단지, 유통단지, 광업소, 농장, 목장, 백화점 등
	관광 레크리에이션 자원	캠프장, 수영장, 놀이시설, 어린이공원 등
무형 관광자원	인적 관광자원	국민성, 풍속, 관습, 예절 등
	비인적 관광자원	고유종교, 사상, 철학, 역사, 음악, 가곡 등

③ 국제관광기념행사협회의 관광자원 분류

유형		구성요소
자연적 관광자원	무형	기후, 풍토 등
	유형	지형, 지질, 기상, 생물 등
문화적 관광자원	무형	생활, 민속, 분위기, 행사, 예능, 공예기술 등
	유형	사적, 도식, 정원 문화재, 향토음식, 산업, 시설 등

④ 관광자원의 분류법

구분	자원분류
2분법	무형자원 / 유형자원 인적자원 / 비인적자원 자연자원 / 인문자원 주유형자원 / 체재형자원 자연자원 / 환대 · 문화자원 자원중심형 / 이용자중심형 자연자원 / 문화자원
3분법	인적자원 / 비인적자원 / 복합자원 자연자원 / 인문자원 / 복합자원 자연자원 / 문화자원 / 복합자원 자연적 / 사회 · 문화적 / 인공적
4분법	자연자원 / 문화자원 / 사회자원 / 산업자원
5분법	문화 / 전통 / 경관 / 오락 / 기타 자연적자원 / 사회적자원 / 문화적자원 / 산업적자원 / 위락적자원
6분법	자연적자원 / 사회적자원 / 문화적자원 / 산업적자원 / 상업적자원 / 위락적자원
혼합법	자연자원(유형, 무형) / 인문자원 / 복합자원 자연자원(유형, 무형) / 문화자원(유형, 무형) 유형자원(자연, 문화, 사회, 산업, 관광레크리에이션) / 무형자원(인적, 비인적) 동적 이용자원(자연, 시설) / 정적 이용자원(역사, 자연) 자연자원 / 인위자원(문화, 사회, 산업) 유형자원(자연, 인문) / 무형자원(인적, 비인적)

(2) 관광자원의 다양한 분류 방법 2019년출제 2021년출제

① 존재형태에 따른 분류

　　㉠ 유형관광자원

　　　　㉮ 자연관광자원 : 위치, 기후, 지형, 동 · 식물 등

　　　　㉯ 인문관광자원 : 문화관광자원, 산업관광자원 등

　　㉡ 무형관광자원

　　　　㉮ 인적 관광자원 : 국민성, 습관, 언어 등

　　　　㉯ 비인적 관광자원 : 역사, 철학, 종교, 제도 등

② 관광행동패턴에 따른 분류(C. A. Gunn의 분류)

　　㉠ 주유형 관광자원(tour attractions) : 숙박하지 않고 이동하면서 보고 즐기는 자원

　　　　예 자연경관, 축제, 토속음식, 쇼핑센터 등

　　㉡ 체재형 관광자원(destination attractions) : 숙박지역 내에서 즐길 수 있는 자원

　　　　예 휴양지, 캠핑장 등

③ 관광시장특성에 따른 분류(Clawson의 분류)
  ㉠ 이용자 중심형
    ㉮ 지역 주민의 일상생활권에 위치하여 쉽게 접근할 수 있는 소규모 공간 등으로 이용자의 활동이 중심이
      된다.
    ㉯ 도시공원, 놀이터, 실내 체육관 등이 해당한다.
  ㉡ 자원 중심형
    ㉮ 자원의 질을 우선적으로 고려하는 지역으로 일상생활권에서 비교적 멀리 떨어져 있으며 자원의 매력도
      가 높다.
    ㉯ 공원법으로 규정하여 보호하고 있는 산림, 유적지 등이 해당한다.
  ㉢ 중간형
    ㉮ 일상생활권에서 1~2시간 정도 떨어진 거리에 위치한다.
    ㉯ 이용자 활동과 자원의 매력도가 비슷한 조건을 갖는 지역으로 등산, 야유회 등이 가능한 자연이나 놀이
      공원 등이 해당한다.
④ 자원의 가시성에 따른 분류 … 유형관광자원과 무형관광자원으로 구분할 수 있으며 앞에서 언급한 한국관광
  공사의 관광자원 분류가 이에 해당한다고 볼 수 있다.
⑤ 관광지역특성에 따른 분류(ORRRC의 분류)
  ㉠ 고밀도 위락지역 : 대규모 이용을 위해 운영되는 집중적 개발지역
  ㉡ 일반 옥외 위락지역 : 주로 특정한 활동을 위해 다양하게 개발된 지역
  ㉢ 자연환경지역 : 자연환경 내에서 레크리에이션을 위해 개발된 지역
  ㉣ 독특한 자연지역 : 자연적 경관미가 뛰어난 자원지역
  ㉤ 원시지역 : 자연 그대로의 상태를 보존하고 있는 야생지역
  ㉥ 역사·문화적 지역 : 유적지 등 중요한 역사적 가치를 지는 지역
⑥ 자원의 생성기원에 따른 분류(김병문)
  ㉠ 자연적 관광자원 : 인간의 기술이 투입되지 않은 자연적 상태
    예 산악, 호수, 하천, 계곡, 해안, 온천 등
  ㉡ 인문적 관광자원 : 인간의 아이디어와 노력으로 만들어진 문화관광자원, 사회관광자원, 산업관광자원 등

③ 관광자원의 유형화

(1) 관광자원의 유형별 분류
① 관광자원을 자원특성에 따라 자연적 관광자원, 문화적 관광자원, 사회적 관광자원, 산업적 관광자원, 위락
  관광자원 등으로 유형화한 분류이다.

② 유형별 분류 2020년출제

구분	유형	주요 자원
김홍운 (1998)	자연적 관광자원	산악, 구름, 호수, 하천, 계곡, 폭포, 평원, 산림, 해안, 지질, 동식물, 온천, 기후, 자연현상 등
	문화적 관광자원	고고학적 유적, 사적, 사찰, 건축물, 유형문화재, 무형문화재, 기념물, 민속자료, 공원, 향토민 속예예술제, 박물관, 미술관 등
	사회적 관광자원	풍속, 축제, 생활, 예술, 교육, 종교, 사상, 철학, 음악, 무용, 스포츠, 국민성, 음식, 사회형태, 인정, 예절 등
	산업적 관광자원	공업단지, 유통단지, 관광목장, 백화점, 전시관, 전람회, 사회공공시설, 농림어업관계시설 등
	위락적 관광자원	야영장, 수영장, 어린이공원, 놀이시설, 여가시설, 수렵장, 낚시터, 쇼핑센터, 카지노, 보트장, 카누장, 승마장 등

(2) 관광자원의 유형별 특징 2015년출제

① 자연적 관광자원

㉠ 관광자원 가운데 가장 원천적인 것으로 사람의 손을 거치지 않은 상태의 것이다.

㉡ 산악, 하천, 평야, 해안, 계곡, 폭포, 지질, 온천, 사막, 산림 등 존재만으로도 관광자원으로서의 가치를 가진다.

㉢ 한정된 지역에서만 볼 수 있는 특수한 가치를 가진 자원이어야 한다.

㉣ 동물과 식물 또한 해당한다. 다양한 기후에 특징적으로 분포하는 동식물이다.

② 문화적 관광자원

㉠ 역사적으로 또는 예술적으로 가치를 가지는 유·무형을 포함하는 문화재자원 등이 해당한다.

㉡ 문화적 관광자원은 민족적 자긍심과 자신감 표현의 한 측면이다.

㉢ 우리나라의 문화재 지정은 문화재위원회의 심의를 거쳐 문화재청장이 지정한다.

㉣ 유·무형문화재, 기념물, 민속문화재 등이 있다.

㉤ 박물관, 미술관 등의 문화시설이 이에 해당한다.

③ 사회적 관광자원

㉠ 그 나라의 역사와 전통, 과거와 현재를 이해하는 데 있어 도움이 되는 자원이다.

㉡ 사회적 관광자원은 광범위한 분야가 포함되어 그 범위가 매우 넓다는 특징이 있다.

　㉮ 생활양식, 풍속, 관습, 의식주 등의 생활형태

　㉯ 민간신앙 등의 종교, 예술, 스포츠 등

　㉰ 민족성, 국민성 등

　㉱ 지역축제 등 행사

　㉲ 문화·교육·사회시설 등

㉢ 사회제도, 대중교통시설, 도로시설, 항만, 철도 등 또한 이에 해당한다.

④ 산업적 관광자원

　㉠ 산업시설을 활용한 관광자원으로 기술교류 등을 통해 국제관계 개선 및 경제적 이익을 발생시키는 자원이다.

　㉡ 산업적 관광자원의 개발은 부가가치가 높아 전 세계적 추세로 자리 잡았으며 이는 관광현상의 발전적 모습이라고 할 수 있다.

　㉢ 농업, 공업, 상업적 관광자원으로 구분해 볼 수 있다.

　　㉮ **농업 관광자원** : 스트레스 해소 및 교육적 효과로 인해 도시 사람들에게 각광받고 있는 관광자원이다. 농산물 축제, 관광농원, 주말농장 등 도시에서 체험하기 힘든 농촌의 생활을 경험해 볼 수 있는 관광자원이 인기가 높다.

　　㉯ **공업 관광자원** : 생산시설 및 공정 등 견학을 통해 따라올 수 있는 부가가치를 높일 수 있는 자원을 말한다. 공항시설, 항만시설 등을 견학하고 벤치마킹하기 위해 공업 관광자원을 방문하는 사례가 증가하고 있다.

　　㉰ **상업 관광자원** : 시장, 백화점, 아울렛 등 상업적 시설을 관광자원화 하는 것이다. 소득증대, 고용촉진, 조세수입증대 등 경제적 효과는 물론 국제친선 증진 및 문화 교류를 확대시키는 비경제적 효과도 따라온다.

⑤ **위락적 관광자원** … 경제발전으로 인한 오락시설에 대한 수요 증가로 등장한 관광자원으로 주제공원 등이 대표적이다. 수영장, 스키장, 카지노, 캠프장 등이 이에 해당한다. `2020년출제`

　㉠ **주제에 따른 구분**

　　㉮ 놀이주제공원

　　㉯ 민속주제공원

　　㉰ 예술주제공원

　　㉱ 생물주제공원

　　㉲ 과학주제공원

　㉡ **공간에 따른 구분**

　　㉮ 자연공간형

　　㉯ 도시공간형

④ 제4차 관광개발기본계획(2022~2031)

(1) 관광개발기본계획의 역할

① 목적

　㉠ 사람과 지역 중심의 미래 국가관광개발 비전 제시

　㉡ 국내 · 외 여건 변화에 대응하여 국가관광경쟁력 제고

　㉢ 중장기 관광개발 방향을 제시하여 지역관광 발전 견인

　㉣ 국가단위 법정관광계획으로 위상 재정립

② **계획의 성격** : 적법성(법정계획), 합리성(미래지향적 종합계획), 연계성(권역계획의 지침 계획)

(2) 관광권역

① **개념** : 관광자원을 효율적으로 관리 · 개발하여 관광객의 욕구와 지역균형발전, 권역별 특성화를 효율적으로 관리하기 위해서 관광수요와 관광공급을 통합하여 고려하는 계획권역을 의미한다.

② **관광권의 변천** `2015년출제`

연도	관광권	근거
1972	10대 관광권	제3차 경제사회발전 5개년계획
1979	8대 흡인권	한국관광진흥장기종합계획
1983	8대 이용권	국민관광장기종합개발계획
1990	5대 관광권	전국관광장기조합개발계획
1999	7대 문화관광권	7대 문화관광권개발사업계획
2022~2011	16개 시 · 도 관광권역	제2차 관광개발기본계획
2012~2021	16개 시 · 도 관광권역 + 7대 광역관광권	제3차 관광개발기본계획
2021~2031	5대 광역연합관광권역	제4차 관광개발기본계획

③ **관광권 설정 의의** : 용이한 관광정책 수립이 가능하다. 효율적인 관광활동과 지역균형발전을 도모, 행정효율성을 제고한다. 자원 개발 · 관리 · 집행의 효율화 목적성도 있으나 기본계획의 비전 · 목표 · 개발전략을 구체회하는 계획공간이다.

④ **설정 방향** : 제4차 관광개발기본계획의 관광권역은 5대 중추도시권 중심의 다핵구조를 중심으로 다양한 공간단위 레이어 분석을 통해 2개 이상의 광역시 · 도 간 연계 협력이 가능하도록 "5대(1 +4) 광역연합관광권"과 "17개 시 · 도 권역"으로 설정한다.

(3) 5대 광역연합관광권

① **구역** : 1권역은 수도권(서울, 인천, 경기), 강원, 제주를 하나의 권역으로 설정한 광역연합관광권이고, 충청권(대전, 세종, 충북, 충남), 전라권(광주, 전북, 전남), 대경권(대구, 경북), 부울경권(부산, 울산, 경남)은 이와 시장규모와 성격에서 대비되는 광역연합관광권으로 설정한다.

② **특징**

ㄱ **장점** : 인접권역 이외의 공간범위를 포함하여 비물리적 거버넌스 확장, 관광권역별 주요 배후시장(대도시)을 기반으로 지역 간 연계사업의 발굴이 가능하다. 관광객 이동수요 반영 및 통합적 관리 기능을 한다.

ㄴ **단점** : 시 · 도 통합형 보다 거버넌스 운영에 대한 상호간 이해와 광의의 관광권역 범위에 대한 국민 인식이 부족하다.

≡ 최근 기출문제 분석 ≡

2022. 11. 5. 국내여행안내사

1 관광자원의 설명으로 옳은 것은?

① 매력성은 관광자원의 중요한 요소가 아니다.

② 관광자원은 관광목적물이 아니다.

③ 관광자원은 유·무형의 대상물이 있다.

④ 관광자원과 관광시설은 연관성이 없다.

> **TIP** ① 관광자원의 매력성은 관광지의 개발 유형을 결정하는 핵심요소이다.
> ② 관광의 주체는 관광객이고, 객체(목적물)는 관광자원이다.
> ④ 관광시설은 관광자원을 이용하는데 편의를 제공하므로 연관성이 있다.

2020. 11. 7. 국내여행안내사

2 관광자원에 관한 설명으로 옳지 않은 것은?

① 관광객의 관광동기를 일으키는 매력성이 있다.

② 관광객의 관광행동을 끌어들이는 유인성이 있다.

③ 관광자원은 보존과 보호가 필요하다.

④ 관광자원의 가치는 시대나 사회구조의 변화와 관계없이 변하지 않는다.

> **TIP** ④ 관광자원의 가치는 시대와 사회구조의 변화에 따라 변화하는 가변성을 가진다.

Answer 1.③ 2.④

3 관광자원의 분류에 관한 설명으로 옳은 것은?

① 이용자중심형 관광자원은 당일 및 주말을 이용하여 방문할 수 있는 자원이다.

② 체재형 관광자원은 숙박하지 않고 이동하면서 보고 즐기는 자원이다.

③ 중간형 관광자원은 일과 후에 쉽게 접근할 수 있는 자원이다.

④ 무형 관광자원은 인적 자원과 비인적 자원으로 구분된다.

> **TIP** ① 이용자 중심형은 이용자에게 근접한 입지에 위치해 있어 일과 후에 이용할 수 있는 자원이다.
> ② 체재형 관광자원은 숙박을 포함한다.
> ③ 중간형 관광자원은 당일, 또는 주말을 이용하여 방문할 수 있는 자원이다.

4 자연적 관광자원이 아닌 것은?

① 사적   ② 온천
③ 동굴   ④ 산악

> **TIP** ① 사적은 문화적 관광자원이다.

5 관광자원의 유형과 구성요소의 연결이 옳지 않은 것은?

① 자연관광자원 – 산악, 동굴

② 사회관광자원 – 풍속, 생활관습

③ 문화관광자원 – 국보, 보물

④ 산업관광자원 – 공업단지, 사찰

> **TIP** ④ 산업관광자원은 공장 및 산업시설들이 해당한다. 사찰은 문화관광자원이다.

Answer 3.④ 4.① 5.④

출제 예상 문제

1 관광을 구성하는 3요소가 아닌 것은?

① 관광주체
② 관광객체
③ 관광사업
④ 관광매체

TIP 관광의 3요소
㉠ **관광주체**: 관광활동을 하는 관광객
㉡ **관광객체**: 관광욕구를 충족시키는 대상물
㉢ **관광매체**: 관광주체와 관광객체를 연결

2 관광자원에 대한 정의로 적합하지 않은 것은?

① 인간이 살아가기 위하여 필요에 따라 이용할 수 있는 모든 것이다.
② 관광객 스스로의 주관적 가치에 의해 대상 범위가 결정되므로 다양성을 지닌다.
③ 관광객의 관광동기, 욕구, 목적을 충족시키고 보존·보호해야하는 자원이다.
④ 관광객의 욕구를 유발하거나 충족시켜 줄 수 있는 요소를 지닌 유형·무형의 대상이다.

TIP ①은 자원에 대한 설명이다.
※ **자원의 속성**
㉠ 자연의 속성을 지닐 것
㉡ 기술의 발달, 시간의 흐름, 소득의 증가, 기호의 변화에 의해 변화할 소지가 있을 것
㉢ 경제성을 지니고 있을 것
㉣ 인간의 욕구를 충족시킬 수 있을 것

Answer 1.③ 2.①

3 관광자원의 일반적인 특성으로 적합하지 않은 것은?

① 다양성   ② 변화성

③ 절대성   ④ 조화성

TIP 관광자원의 일반적인 특성으로 범위의 다양성, 가치의 변화(변화성), 매력성, 유인성, 자연과 조화성, 보호의 필요성 등이 있다.

4 관광자원의 특성으로 적합하지 않은 것은?

① 관광객의 행동을 끌어들이는 유인성을 지닌다.

② 개발을 통해 관광대상이 될 수 있다.

③ 관광자원의 유형은 유형 · 무형, 자연 · 인문 등 다양하게 분류된다.

④ 자원의 가치는 시대가 변해도 유지된다.

TIP ④ 관광자원은 사회구조나 시대에 따라서 가치를 달리한다.

※ 관광자원의 특성

ⓐ **매력성**: 관광자원은 관광자의 욕구나 동기를 일으키는 매력을 지니고 있다.

ⓑ **유인성**: 관광자원은 관광자의 행동을 끌어들이는 유인성을 지니고 있다.

ⓒ **개발요구성**: 관광자원은 개발을 통해서 관광대상이 된다.

ⓓ **자연과 인간의 상호작용**: 관광자원은 자연과 인간의 상호작용의 결과이다.

ⓔ **범위의 다양성**: 관광자원의 범위는 자연, 인문, 유형, 무형자원 등 다양하고 넓다.

ⓕ **가치의 변화**: 관광자원은 사회구조나 시대에 따라서 가치를 달리한다.

ⓖ **보호, 보존의 필요성**: 관광자원은 보존 또는 보호를 필요로 한다.

Answer   3.③   4.④

5 관광자원의 개념적 성격으로 적합하지 않은 것은?

① 가치 변화에 따른 범위의 제한성

② 매력성과 유인성

③ 개발요구성

④ 보존과 보호의 필요성

TIP ① 관광자원은 사회구조나 시대에 따라 가치를 달리하므로 그 범위가 자연, 인문, 유형, 무형 등 다양하고 넓다.

6 관광자원의 가치결정요인으로 적합하지 않은 것은?

① 접근성

② 유인성

③ 관광시설

④ 하부구조

TIP 관광자원의 가치결정요인
ⓐ 접근성
ⓑ 매력성
ⓒ 이미지
ⓓ 관광시설
ⓔ 하부구조

Answer 5.① 6.②

7 유형 관광자원과 무형 관광자원으로 분류하는 기준이 되는 것은?

① 존재형태에 따른 분류
② 형성원인에 따른 분류
③ 이용형태에 따른 분류
④ 관광자원을 유형화한 분류

TIP 관광자원은 존재형태에 따라 유형의 관광자원과 무형의 관광자원으로 나눌 수 있다. 또한 유형의 관광자원은 자연 관광자원과 인문 관광자원으로, 그리고 무형의 관광자원은 인적 관광자원과 비인적 관광자원으로 구분된다.

8 다음은 관광의 가치결정요인 가운데 어떤 것을 의미하는가?

> 한 사람 또는 집단이 관광대상에 대해 갖고 있는 일련의 느낌으로서, 관광객의 여행참여를 유도하는 커다란 동인(動因)의 역할을 한다.

① 접근성
② 매력성
③ 이미지
④ 유인성

TIP ① 관광객의 거주지에서 목적지까지의 근접성이다.
② 관광객을 유인할 수 있는 흡인력을 말한다.
④ 관광자원의 개념적 특성으로 관광자원은 관광자의 행동을 끌어들이는 특성을 가진다.

9 관광자원을 자연 관광자원과 인문 관광자원으로 분류하는 기준은?

① 존재형태에 따른 분류

② 형성원인에 따른 분류

③ 이용형태에 따른 분류

④ 관광자원을 유형화한 분류

TIP 관광자원의 형성원인에 따른 분류
  ㉠ 자연 관광자원 : 자연 그대로의 모습이 관광의 객체. 자연 그 자체가 경치로서의 가치가 있는 것
  ㉡ 인문 관광자원 : 인간의 노력과 지혜가 종합되어 관광객의 관광욕구를 충족시켜 줄 수 있는 자원(문화, 산업, 사회 관광자원)

10 Clawson은 입지에 따라 관광자원을 이용자중심형, 중간형, 자원중심형으로 구분하였다. 다음 중 이용자중심형 자원으로 적합하지 않은 것은?

① 낚시

② 도시공원

③ 놀이터

④ 실내 수영장

TIP 이용자중심형 지역은 일과 후에 쉽게 접근할 수 있는 소규모 공간 또는 시설지역으로서 지역주민의 일상생활권에 위치하여 이용자활동이 중심이 되는 지역이다.
  ※ 클라우슨(Clawson)의 분류
    ㉠ 이용자중심형 : 일과 후에 쉽게 접근할 수 있고, 도시민의 일상적인 여가 시간에 이용 가능한 공간범위와 시설을 구비한다.
      예 도시공원, 실내 수영장, 놀이터
    ㉡ 중간형 : 수변 레크리에이션 지역이나 소규모 도립·군립 공원 등이 해당하며 대체로 주말이나 당일 이용이 이루어진다.
      예 피크닉, 수영, 낚시
    ㉢ 자원중심형 : 규모가 비교적 광대하며 원시지역에 위치하고 있어 이용 규모가 적은 편이다.
      예 국립공원, 산림, 원시 야생지

Answer 9.② 10.①

11 관광자원을 자연적, 문화적, 사회적, 산업적, 위락적 관광자원으로 나눈 기준은?

① 존재형태에 따른 분류
② 형성원인에 따른 분류
③ 이용형태에 따른 분류
④ 관광자원을 유형화한 분류

TIP 한국관광공사는 유형화에 따라 유형과 무형의 관광자원으로 구분한다. 유형의 관광자원은 자연적 · 문화적 · 사회적 · 산업적 · 관
광레크리에이션으로, 그리고 무형의 관광자원은 인적 및 비인적 관광자원으로 분류한다.

12 관광자원을 동적 자원과 정적 자원으로 분류하는 기준이 되는 것은?

① 존재형태에 따른 분류
② 형성원인에 따른 분류
③ 이용형태에 따른 분류
④ 관광자원을 유형화한 분류

TIP 이용형태에 따른 분류는 분광적 분류라고도 한다. 어떠한 관광활동을 통해 어느 정도 다양한 관광경험이 제공되고 있는가에 따
라 동적 자원과 정적 자원으로 분류한다.

13 한국관광공사가 분류한 유형 관광자원 중 문화적 관광자원에 속하지 않은 것은?

① 고고학적 유적
② 사적
③ 공원
④ 풍속

TIP 유형 관광자원은 구성요소로 자연적, 문화적, 사회적, 산업적, 관광레크리에이션 등을 포함한다.
④ 풍속, 관습, 예절 등은 인적 관광자원으로 무형 관광자원에 속한다.

Answer 11.④ 12.③ 13.④

14 관광자원의 분류 목적으로 적합하지 않은 것은?

① 자원의 특성을 유지하기 위해

② 자원 분류를 통한 관광자원의 체계적인 개발을 위해

③ 동질의 자원을 한 종류로 묶어 이용 및 보전에 효율성을 꾀하기 위해

④ 관광 동기 및 욕구 충족의 효율화를 위해

TIP 관광자원에 대한 유형분류의 목적과 필요성은 관광대상지를 구성하고 있는 사물, 즉 각종 자원들을 대상으로 하여 현재의 역할을 평가하고 이해하려는 것과 더불어 앞으로의 관광수요에 대처할 수 있는 잠재적 관광자원들의 용도 및 활용가치를 구체적으로 평가함으로써 관광자에 대한 유인력과 수용력을 측정하려는데 있다.

15 다음 중 스트레스 해소 및 교육적 효과로 인해 도시 사람들에게 각광받고 있는 농업 관광자원이 아닌 것은?

① 농산물 축제   ② 관광농원

③ 주말농장   ④ 시장

TIP ④ 시장은 상업 관광자원에 해당한다.

※ **농어촌관광휴양사업**(농어촌정비법 제2조 참고)

ⓐ **농어촌 관광휴양단지사업** : 농어촌의 쾌적한 자연환경과 농어촌 특산물 등을 활용하여 전시관, 학습관, 지역 특산물 판매시설, 체육시설, 청소년 수련시설, 휴양시설 등을 갖추고 이용하게 하거나 휴양 콘도미니엄 등 숙박시설과 음식 등을 제공하는 사업

ⓑ **관광농원사업** : 농어촌의 자연자원과 농림수산 생산기반을 이용하여 지역특산물 판매시설, 영농 체험시설, 체육시설, 휴양시설, 숙박시설, 음식 또는 용역을 제공하거나 그 밖에 이에 딸린 시설을 갖추어 이용하게 하는 사업

ⓒ **주말농원사업** : 주말영농과 체험영농을 하려는 이용객에게 농지를 임대하거나 용역을 제공하고 그 밖에 이에 딸린 시설을 갖추어 이용하게 하는 사업

ⓓ **농어촌민박사업** : 농어촌지역 또는 준농어촌지역의 주민이 소유 및 거주하고 있는 주택을 이용하여 농어촌 소득을 늘릴 목적으로 투숙객에게 숙박·취사시설·조식 등을 제공하는 사업

Answer 14.② 15.④

16 다음 중 Gunn이 분류한 주유형 관광자원에 속하지 않은 것은?

① 노변경관

② 축제

③ 쇼핑

④ 휴양지

TIP 주유형 관광자원은 숙박하지 않고 장소를 이동하면서 보고 즐기는 자원을 중심으로 한다.

※ 건(Gunn)의 분류
  ㉠ **주유형 관광자원**: 숙박하지 않는 장소를 이동하며 보고 즐기는 자원
     예 축제, 쇼핑센터, 도시
  ㉡ **체재형 관광자원**: 숙박하면서 그 주변에서 보고 즐길 수 있는 관광자원
     예 휴양지, 캠프장, 해안, 관광목장

17 다음은 미국의 옥외 레크리에이션 자원평가위원회가 구분한 관광자원 중 하나이다. 설명하고 있는 내용은?

> 대단위 투자가 필요하며, 행락활동의 범위가 다양하다.

① 고밀도 위락지역

② 일반옥외 위락지역

③ 독특한 자연지역

④ 역사·문화적 지역

TIP 미국 옥외 레크리에이션 자원평가위원회의 분류
  ㉠ **고밀도 위락지역**: 주로 대도시권에 근접하다.
  ㉡ **일반옥외 위락지역**: 주요 대도시권에서 어느 정도 떨어져 있다.
  ㉢ **자연 환경지대**: 레크리에이션을 위해 알맞게 개발한 지역이다.
  ㉣ **독특한 자연지대**: 뛰어난 경관미와 과학적 중요성을 지닌 자원지대이다.
  ㉤ **원시지대**: 자연 그대로의 상태를 지닌 지역으로 대규모이고 원거리에 위치한다.
  ㉥ **역사·문화 지대**: 역사적·문화적 중요성을 지닌 장소이다.

Answer   16.④ 17.①

18 다음 중 산업적 관광자원으로 적합하지 않은 것은?

① 유통단지   ② 관광농원
③ 캠프장   ④ 견본시

TIP 산업적 관광자원으로 공업단지, 유통단지, 관광농원, 백화점, 전시관, 전람회, 사회공공시설, 농림어업관계시설 등을 들 수 있다.
※ 산업적 관광자원
　　⊙ **농업관광자원** : 관광농원, 농장, 목장, 어장, 임업 등
　　ⓛ **공업관광자원** : 공장시설, 기술, 생산 공정, 생산품, 후생 시설 등
　　ⓒ **상업관광자원** : 시장, 박람회, 전시회, 백화점 등

19 산업적 관광자원의 유형에 적합하지 않은 것은?

① 농장   ② 목장
③ 백화점   ④ 공원

TIP 산업적 관광자원은 크게 농업관광자원(농장, 목장), 공업관광자원, 그리고 상업적 관광자원(백화점)으로 구분한다.
④ 공원은 사회적 관광자원의 유형에 속한다.

20 인간의 욕구충족을 위해 소비되는 자원이 아닌 것은?

① 인적자원   ② 천연자원
③ 문화적 자원   ④ 인공자원

TIP 도덕, 관습, 종교와 같은 문화적 자원은 기후 및 지형, 생산기술, 사회제도 및 조직 등과 함께 비소비적 자원에 속한다.

Answer 18.③ 19.④ 20.③

21 다음 중 관광자원에 대한 설명으로 옳지 않은 것을 고르면?

① 유·무형의 자원을 포괄한다.

② 다른 자원과는 구별되는 매력성과 유인성을 지닌다.

③ 관광자원은 개발되어서는 안 되고 보존에만 힘써야 한다.

④ 관광자원의 가치는 가변적이다.

TIP 관광자원은 개발과 보존이 함께 이루어져야 한다.

22 관광자원에 대한 설명으로 바르게 설명하지 않은 것을 고르면?

① 관광시설의 종류로는 편의시설, 숙박시설, 위락시설 등이 있다.

② 이미지는 관광자의 여행참여를 유도하는 역할을 한다.

③ 교통수단과 시설과 전기 및 통신시설은 하부구조에 해당한다.

④ 접근성은 관광지의 가치에 결정적인 요인은 아니다.

TIP Burkart와 Medlik는 관광자원의 가치를 결정짓는 요인으로 접근성과 매력성, 이미지와 관광시설, 하부구조를 제시하였다.

Answer 21.③ 22.④

23 관광자원의 가치요인 중 다음과 연관 있는 것은 무엇인가?

> 관광자에게 가장 기초적인 편의를 제공하는 것으로 교통수단과 시설 그리고 전기 통신시설 상하수도시설 의료 등이 이에 해당한다.

① 접근성
② 매력성
③ 하부구조
④ 이미지

TIP ① **접근성**: 관광자가 거주지에서 목적지까지의 근접성에 근거한다.
② **매력성**: 관광자원의 흡인력. 유인력과 관련된다.
④ **이미지**: 관광대상에 대한 일련의 신념으로 관광자의 여행참여를 유도한다.

24 다음 중 바른 설명이 아닌 것을 고르면?

① 관광자는 경제적 거리보다 물리적 거리를 더 중시한다.
② 관광자원은 사람을 이끄는 흡인력을 지닌다.
③ 관광자원은 자연과 인간의 상호작용의 결과이다.
④ 관광시설의 종류로는 편의시설, 숙박시설, 위락시설 등이 있다.

TIP 관광자는 물리적 거리보다 경제적 거리를 더 중요시한다.

Answer 23.③ 24.①

25 다음 중 문화적 관광자원에 해당하는 것은?

① 미술관
② 테마파크
③ 엑스포
④ 오로라

TIP 문화적 관광자원은 문화시설이 포함되어 미술관이 문화적 관광자원에 해당한다.

26 관광시장특성에 따른 분류에서 중간형에 대한 설명으로 옳은 것은?

① 지역 주민의 일상 생활권에 위치한다.
② 등산, 야유회 등이 가능한 자연이나 놀이공원 등이 해당된다.
③ 공원법으로 규정되어 관리된다.
④ 일상생활에서 비교적 멀리 떨어져 있다.

TIP Clawson의 관광시장특성에 따른 분류 중 중간형은 이용자 활동과 자원의 매력도가 비슷한 조건을 갖는 지역으로 등산, 야유회 등이 가능한 일상생활권에서 1∼2시간 정도 떨어진 거리에 위치한 자연이나 놀이공원을 말한다.
① 이용자 중심형에 대한 설명이다.
③④ 자원 중심형에 대한 설명이다.

Answer 25.① 26.②

27 Clawson이 분류한 관광자원 중 이용자 중심형을 설명하는 것은?

① 규모가 비교적 광대하다.

② 예로 국립공원이나 산림 등이 있다.

③ 일과 후에 쉽게 접근할 수 있다.

④ 이용 규모가 작다.

TIP ③ 이용자 중심형은 지역 주민의 일상생활권에 위치하고 있어 이용자가 쉽게 접근할 수 있는 소규모 공간으로 이용자의 활동이
중심이 된다. 도시공원, 놀이터, 실내 체육관 등이 이용자 중심형 관광자원에 해당한다.
①②④는 자원 중심형을 설명하는 말이다.

28 다음 중 자연적 관광자원에 대한 설명으로 옳지 않은 것은?

① 그 존재만으로도 관광자원으로서의 가치를 가진다.

② 한정된 지역에서만 볼 수 있는 특별한 가치를 지니고 있다.

③ 관광자원 중 가장 원천적인 것이다.

④ 그 국가의 전통과 역사를 이해하는 데 도움이 된다.

TIP ④는 사회적 관광자원에 대한 설명이다.

29 산업적 관광자원에 대한 설명으로 옳지 않은 것은?

① 상업적 시설을 관광자원화 하는 것을 뜻한다.
② 기술교류 등을 통해 국제관계를 개선시킬 수 있다.
③ 지역축제 등의 행사는 산업적 관광자원에 속한다.
④ 소득증대, 고용촉진 등의 경제적 효과가 있다.

TIP 지역축제 등의 행사는 사회적 관광자원에 속한다.

30 다음을 설명하는 관광자원을 고르면?

> • 유·무형을 포함하는 문화재자원 등이 해당한다.
> • 문화재 지정은 문화재위원회의 심의를 거친다.
> • 민족적 자긍심을 고취시킬 수 있다.

① 자연적 관광자원
② 문화적 관광자원
③ 사회적 관광자원
④ 산업적 관광자원

TIP 문화적 관광자원은 역사적으로 예술적으로 가치를 가지는 유·무형의 문화재 자원이며 민족적 자긍심과 자신감 표현의 한 측면이다. 우리나라의 문화재 지정은 문화재위원회의 심의를 거쳐 문화재청장이 지정한다.

Answer 29.③ 30.②

02 관광자원의 해설

1 관광자원의 해설의 정의

(1) 관광자원해설의 개념 2015년출제

① **일반적 정의** … 관광자원 해설은 관광객의 호기심을 자극하여 단순한 방문이 아닌 즐거운 경험이 될 수 있도록 하는 것이다. 방문지에 대한 정보만을 알려주는 것을 넘어 관광자원이 가지는 문화 · 역사적 가치를 인식하게 하여 의미 있는 관광경험을 만들어 준다.

② **에드워즈(Yorke Edwards)의 정의**
  ㉠ 관광자원해설이란 정보 서비스, 안내서비스, 여흥 서비스, 선전 서비스, 교육적 서비스, 영감적 서비스 등이 조합된 것이다.
  ㉡ 관광자원해설은 관광자로부터 새로운 이해, 새로운 통찰력, 새로운 열광, 새로운 흥미를 불러일으키는 일련의 과정이다.

(2) 관광자원해설의 목적 2018년출제

① 관광자원 해설의 목적은 방문자의 만족, 자원관리, 이미지 개선에 있다.

② **방문자 만족** … 방문자가 방문하는 곳에 대하여 보다 잘 알고, 느끼고, 더 이해할 수 있도록 하는 것을 말한다.

③ **자원관리** … 방문자로 하여금 방문하는 곳에서 적절하게 행동을 취할 수 있도록 교육하여 자원의 훼손을 막는 것이다.

④ **이미지 개선** … 관리자의 관리 노력에 대해 홍보하여 관리자의 이미지를 바람직한 방향으로 부각시키는 것을 말한다.

(3) 관광자원해설의 효과

① 관광객의 경험을 보다 풍부하고 의미 있게 한다.

② 자연자원 및 인문자원에 대한 이해를 넓힐 수 있다.

③ 관광자원의 훼손을 방지하여 관리비용을 절감할 수 있다.

④ 향토애를 북돋우고 우리나라 관광자원에 대한 긍지를 갖게 한다.

⑤ 보다 많은 관광객을 유치하여 지역 및 국가 경제에 이바지한다.

2 관광자원해설의 유형

(1) 관광자원 해설기법 2018년출제 2019년출제 2016년출제

① 인적 서비스(안내자 해설기법)

담화	자원해설을 함에 있어 담화 즉, 말하는 기능을 이용하는 것이다. 말을 하거나 말에 대신하는 몸짓 등을 통하여 관광객들을 이해시키고, 또 일정한 반응을 유도해 낸다.
재현	당시 모습의 재현은 단순 담화보다 효과적일 수 있다. 재현 설명은 담화만의 서비스보다 경험을 극대화 시켜준다는데 그 장점이 있다. 반면 재현이 잘못 이루어졌을 경우에는 관광객들이 잘못 이해하여 받아들이게 되어 자원을 왜곡시킨다. 또, 재현을 관람하는 동안 시간이 지체되어 관광객이 정체하게 된다.
동행	관광객들과 함께 움직이며 관광 자원에 대해 해설을 하는 기법으로 관광객들의 질의 및 질문을 받으며 보조를 맞추어 이동하고 장시간 설명을 하므로 신뢰가 생기는 장점이 있으나 잘못 되었을 경우 분위기가 산만해지고 외면 될 수 있다.

② 비인적 서비스

자기안내 해설기법	해설센터, 해설판, 전시판, 해설 안내 책자, 경고판, 재현기법 2019년출제
전기장치이용기법	전자전시판, 멀티미디어 시스템, 가상체험 시스템, 무인정보 안내소, 라디오 방송

③ 인적해설과 비인적해설

　㉠ 인적해설

　　㉮ 인적해설의 종류 `2023년출제`

　　　• 이동식 해설 : 관광매력물을 돌아다니면서 관광객에게 해설서비스를 제공하는 것. 또는 박물관과 전시관에서 해설을 하는 방식

　　　• 정지식 해설 : 관광객이 많이 몰리는 관광매력물에 해설가를 배치하여 해설서비스를 하는 방식

　　㉯ 해설가의 자질 : 열정, 유머감각과 균형감각, 명료성, 자신감, 따뜻함, 침착성, 신뢰감, 즐거운 표정과 태도

　　㉰ 관광자원 해설의 핵심요소 : 관여, 짜임새, 생명 불어넣기, 전달

　㉡ 비인적해설

　　㉮ 길잡이식 해설 : 관광객이 해설자의 도움이 없는 상태에서 독자적으로 관광매력물을 돌아보면서 제시된 안내문에 따라서 그 내용을 숙지하고 인식수준을 높이는 방식

　　　• 장점

　　　－운영 및 유지에 들어가는 비용이 저렴하다.

　　　－이용자의 독해속도의 신속성 보장

　　　－이정표 기능으로 이용자에게 길잡이 가능

　　　－방문의 증거, 사진촬영의 대상

　　　• 단점

　　　－이해를 위한 독자의 노력 필요

　　　－일방적 의사전달

　　　－훼손 가능성

　　㉯ 매체이용해설 : 재현에 효과적인 해설기법으로 여러 가지 수단들을 이용하여 해설을 하는 방식

　　　• 장점

　　　－전시물, 실물 모형 등으로 이용자의 관심 집중

　　　－터치스크린 및 비디오 등을 통해 시각적 문제 해소

　　　－최신 장비에 대한 이용자의 호기심 자극

　　　• 단점

　　　－설치 및 관리 · 보수의 어려움

　　　－동일한 내용의 반복으로 지루할 수 있음

　　㉰ 종류 : 인쇄물(리플릿, 팸플릿 등), 모형기법, 실물기법, 멀티미디어 재현시설기법, 시청각, 청각기법, 시뮬레이션 기법, 사진, 그림 등

(2) 자원해설가

① 자원해설가의 역할

  ㉠ **이야기꾼** : 관광객의 흥미를 이끌어 낼 수 있는 이야기꾼이어야 한다.

  ㉡ **안내원** : 관광객에게 관광자원에 대해 안내하는 전문 안내원이다.

  ㉢ **자원봉사자** : 자원해설가의 본분은 관광객을 위한 자원봉사라고 할 수 있다.

  ㉣ **관광종사원** : 지역경제 활성화에 앞서는 관광종사원이다.

② 자원해설가의 자질

  ㉠ **열정** : 일에 대한 열정은 즐거운 표정과 태도로 나타나며 긍정적인 결과를 끌어내는 바탕이 된다.

  ㉡ **유머** : 균형감각을 유지하는 유머는 상황을 부드럽게 진행시키는 역할을 한다.

  ㉢ **의사소통능력** : 관광자원에 대한 해설은 물론 관광객과의 의사소통능력은 자원해설가에 대한 신뢰성에 큰 영향을 미친다.

  ㉣ 자신감

  ㉤ 침착함

  ㉥ 신뢰성

≡ 최근 기출문제 분석 ≡

2023. 11. 4. 국내여행안내사

1 동굴이나 관광안내소에 인력이 고정배치되어 해설서비스를 제공하는 기법은?

① 이동식 해설

② 정지식 해설

③ 길잡이식 해설

④ 매체이용 해설

> **TIP** ① 넓은 지역을 돌아다니며 해설 서비스를 제공하거나 박물관에서 이동하며 전시물에 관한 해설을 제공하는 것
> ③ 해설자의 도움이 없는 상태에서 독자적으로 관람대상을 추적하면 서 제시된 안내문에 따라 그 내용을 이해하게 해 주는 것
> ④ 여러 매체들을 이용하여 해설해주는 것

2019. 11. 2. 국내여행안내사

2 국내여행안내사 A가 사용한 해설기법은?

> 국내여행안내사 A는 국립박물관 입구에서 관광객 그룹을 대상으로 먼저 박물관에 대해 대략적인 설명을 한 다음 그 그룹과 동행하면서 관람동선에 있는 주요 전시물을 흥미롭게 설명하였다.

① 담화해설기법

② 이동식해설기법

③ 자기안내해설기법

④ 매체이용해설기법

> **TIP** 관광객 그룹과 동행하면서 관람동선에 있는 주요 전시물을 설명하고 있으므로 이동식해설기법이다.

Answer 1.② 2.②

출제 예상 문제

1 **관광자원해설의 목적으로 적합하지 않은 것은?**

① 방문자의 만족   ② 자원관리

③ 이미지 개선   ④ 관광자원개발 홍보

TIP 관광자원해설은 자연생태계나 야생동물계에 관한 것은 물론이고, 자원이 지니고 있는 문화적 가치와 역사적 가치 등을 관광객에게 알려주는 활동이다.

2 **다음은 관광자원해설 방식 중 어느 것을 설명하는 것인가?**

> 말을 하거나 말에 대신하는 몸짓 등을 통하여 관광객들을 이해시키고, 또 일정한 반응을 유도한다.

① 재현   ② 담화

③ 동행   ④ 자기안내

TIP 인적 서비스 해설기법의 유형에는 크게 담화해설기법, 재현해설기법, 동행해설기법 등이 있다.
  ① 당시 시대상을 재현하여 관광객들의 경험을 극대화 한다.
  ③ 관광객들과 함께 움직이며 관광 자원에 대해 해설을 하는 기법이다.
  ④ 비인적 서비스 해설기법으로 해설 안내 책자, 경고판, 전시판 등이 있다.

Answer 1.④ 2.②

3 다음은 관광자원 해설 방식 중 어느 것의 특징을 나타내는가?

> 장시간 설명을 하므로 신뢰가 생기는 장점이 있으나 잘못 되었을 경우 분위기가 산만해지고 외면될 수 있다.

① 재현
② 담화
③ 동행
④ 자기안내

> **TIP** 동행해설기법은 관광객들과 함께 움직이며 관광자원에 대한 해설을 하는 기법으로 관광객들의 질문을 받으며 보조를 맞추어 이동하고, 장시간 설명을 하므로, 신뢰가 생기는 장점이 있으나 잘못되었을 경우 분위기가 산만해지고 외면될 수 있다.

4 관광자원 해설 기법 중 실물기법에 해당하지 않은 것은?

① 사실재현
② 자기안내
③ 인물재현
④ 기술재현

> **TIP** 실물기법은 사실을 그대로 재현해 놓은 사실재현, 유적을 재현해 놓은 유적재현, 유명한 성인·사상가·독립운동가 등을 재현한 인물재현, 그리고 인간이 만들어낸 특이하고 가치가 있는 기술을 재현해 놓은 기술재현이 있다.

5 다음 중 이동식 인적 해설이 적당하지 않은 곳은?

① 대규모 박물관
② 야외경관
③ 동굴
④ 민속촌

> **TIP** ③ 동굴은 정지식 해설이 적당하다.
> ※ 이동식 해설과 정지식 해설
> ㉠ 이동식 해설 : 넓은 지역을 돌아다니면서 그 지역에 대해 관광객에게 해설 서비스를 제공하는 것
> ㉡ 정지식 해설 : 동굴이나 관광객 안내소 등에 자원해설가가 배치되어 해설 서비스를 제공

Answer 3.③ 4.② 5.③

6 비인적 해설기법 중 인물이 등장해 과거의 경험을 재현해주는 기법은?

① 애니메이션
② 디오라마
③ 시뮬레이션
④ 실물기법

TIP ② **디오라마** : 인물이 등장하여 과거의 체험을 재현해주는 멀티미디어 기법이다.
① **애니메이션** : 멀티미디어 재현시설기법 중 하나로 인물이 아닌 만화로 과거의 체험이나 영웅담을 재현하는 방법이다.
③ **시뮬레이션** : 가상현실 속에서 직접적인 체험을 할 수 있도록 한다.
④ **실물기법** : 사실재현, 유적재현, 인물재현, 기술재현 등이 있다.

7 매체를 이용한 해설기법의 장점으로 볼 수 없는 것은?

① 전시물에 대한 관광객의 시선을 집중시킬 수 있다.
② 반복이용이 가능하며 재방문객에도 흥미를 일으킬 수 있다.
③ 호기심 자극을 통해 관광객의 관심을 장시간 유지시킬 수 있다.
④ 비디오 및 터치스크린 등은 필요한 해설을 바로 볼 수 있어 시간적 제한을 해소할 수 있다.

TIP ② 매체를 이용한 해설은 동일한 내용이 계속적으로 반복되어 재방문객에게는 흥미를 이끌어 낼 수 없다는 단점이 있다.

8 관광자원해설에 대한 설명으로 옳지 않은 것은?

① 관광객의 호기심을 자극하여 단순 방문이 되도록 한다.
② 관광자원이 담지한 문화역사적 가치를 인식하게 한다.
③ 방문지에 대한 정보를 알려준다.
④ 의미 있는 관광경험을 만들어 준다.

TIP 관광자원해설은 관광객이 단순한 방문이 아닌 의미 있는 관광경험을 할 수 있도록 한다.

Answer 6.② 7.② 8.①

9 다음을 설명하는 안내자 해설기법은 무엇인가?

> 다른 서비스에 비해 경험을 극대화시킬 수 있다. 그러나 관광객이 잘못 이해할 가능성이 있고 관람하는 동안 시간이 지체될 수 있다는 단점이 있다

① 담화 ② 재현
③ 동행 ④ 경고

TIP ② 재현은 단순 담화보다 경험을 극대화시킬 수 있다.
① 말 또는 몸짓 등을 통하여 관광객을 이해시키고 반응을 유도한다.
③ 관광객과 함께 이동하며 해설하는 기법이다.

10 다음을 설명하는 관광자원해설의 유형은?

> 관광객이 해설자의 도움 없이 독자적으로 관광지를 돌아보며 안내문에 따라 그 내용을 파악하고 인식하는 것

① 길잡이식 해설 ② 매체이용해설
③ 이동식 해설 ④ 정지식 해설

TIP ② 다양한 매체를 이용하여 해설을 하는 것으로 재현에 효과적인 해설기법이다.
③ 넓은 지역을 돌아다니면서 해설을 제공하는 것으로 대규모 박물관에서 효과적인 해설기법이다.
④ 자원해설가가 한 곳에 고정적으로 배치되어 해설 서비스를 제공하는 것으로 관광 안내소에 배치된 자원해설가 등이 이에 해당한다.

Answer 9.② 10.①

11 길잡이식해설에 대한 설명으로 옳지 않은 것은?

① 운영비용이 저렴하다.

② 상호소통이 가능하다.

③ 훼손의 가능성이 있다.

④ 이정표의 기능을 한다.

TIP 길잡이식해설은 일방적으로 이루어지며 상호소통이 불가능하다.

※ 길잡이식해설의 장·단점

　ⓐ 장점
　　•비용이 저렴하고 운영 및 유지에 비용이 적게 든다.
　　•이용자별 독해속도를 맞출 수 있다.
　　•이정표기능을 수행한다.
　　•사진촬영의 대상으로 기념성 부여 및 방문의 증거가 된다.

　ⓑ 단점
　　•독해자의 정신적 노력 필요
　　•일방적인 의사전달
　　•추가적인 의문 해소 불가능
　　•훼손 가능성

12 자기안내 해설기법이 아닌 것은?

① 전시판　　　　　　　　　　② 재현기법

③ 해설 안내 책자　　　　　　④ 라디오 방송

TIP ④ 라디오 방송은 전기장치 이용기법에 속한다.

※ 자기안내 해설기법

　ⓐ 전시물 기법: 표본전시, 모형제작 설치, 해설판, 키오스크 설치 등
　ⓑ 간행물 기법: 지역소개, 자연 및 역사문화 유적지 등에 대한 해설, 팸플릿, 리플릿, 브로슈어 등
　ⓒ 멀티미디어 기법: 녹음된 음성정보, 영상물 등

13 매체이용해설에 대한 설명으로 옳지 않은 것은?

① 설치 및 관리가 어렵다.

② 이용자들의 호기심을 자극한다.

③ 이용자의 독해속도에 대한 신속성을 보장한다.

④ 리플릿, 실물기법이 속한다.

TIP ③은 길잡이식 해설에 대한 설명이다.

14 관광객이 많이 몰리는 관광매력물에 해설가를 배치하여 서비스를 제공하는 해설 방식은 무엇인가?

① 이동식 해설

② 정지식 해설

③ 매체이용해설

④ 길잡이식 해설

TIP ①은 관광매력물을 돌아다니면서 관광객에게 해설하는 것을 뜻하며 ③④는 비인적해설에 속한다.

Answer 13.③ 14.②

15 다음 중 인적 서비스가 아닌 것은?

① 담화

② 재현

③ 동행

④ 자기안내 해설기법

TIP 자기안내 해설기법과 전기장치 이용기법은 비인적 서비스에 속한다.

관광자원해설

02

자연적
관광자원

01 자연관광자원

1 자연관광자원의 개념

(1) 자연관광자원의 정의

① 자연관광자원이란 인간의 노동력, 자본, 기술이 투여되지 않은 자연적 소산의 상태를 의미하는 자원으로 자연 그대로의 모습이 관광 객체인 자원적인 역할을 하는 것이다.

② 관광자원 가운데 가장 원천적인 것이 자연적 관광자원으로 사람의 손을 거치지 않은 자연현상이 관광효과에 기여할 수 있는 모든 것을 의미한다.

③ 관광객의 욕구를 충족시켜 줄 수 있는 자연적인 관광대상으로서 경관미 및 레크리에이션 기능을 갖춘 자원이다.

(2) 자연관광자원의 특징

① 속성

ㄱ 자연관광자원은 관광객의 욕구를 충족시켜 줄 수 있는 자연적인 대상이어야 한다.

ㄴ 자연관광자원은 경관미를 갖춰야 한다. 여기서 경관미는 산수, 풍치, 경치, 풍경 등이 눈에 비치는 모습으로서 함축된 미를 말한다.

ㄷ 자연관광자원은 레크리에이션기능을 갖추고 있어야 한다. 자연관광자원의 레크리에이션기능이란 자연관광자원의 원형이 그대로 보존된다는 전제 하에 자연관광자원의 매력요인을 부각시켜 관광객이 관광활동을 즐길 수 있게 여러 가지 기능을 제공하는 것을 말한다.

② 자연관광자원의 성격 2023년출제

ㄱ 비이동성 : 자연관광자원의 경우 이동이 불가능하다. 또한 억지로 이동시킬 경우 자연관광자원으로서의 매력을 훼손할 수 있다.

ㄴ 계절성 : 자연관광자원은 기후에 민감하기 때문에 필연적으로 계절에 영향을 받을 수밖에 없다.

ㄷ 다양성 : 자연관광자원은 그 유형이 다양하다.

ㄹ 변동성 : 자연관광자원은 내·외부적인 요인에 따라 변동될 가능성이 있다.

ㅁ 저장불능성 : 자연관광자원은 저장이 불가능하다.

(3) 자연관광자원의 유형

① 산악관광자원 … 자연적 관광자원의 시초는 산지라고 할 수 있다. 산악관광지는 기암·절벽과 아름다운 계곡, 울창한 산림과 호수, 사계절의 변화, 토양, 그 속에서 살아가는 동식물 생태 등 관광자원의 대표적 형태로 자연적 관광자원의 압권이라고 할 수 있다.

② 해안관광자원 … 해운과 생산, 주거, 저장고, 관광, 레저 등 해양에서 이루어지고 있는 인간 활동의 배경이 되고 있는 해안관광자원은 해상·해중·해저의 모든 공간을 의미한다.

③ 온천관광자원 … 온천수에는 각종 광물질이 함유되어 온욕효과가 크기 때문에 휴양지·요양지로 널리 이용되다가 최근에는 주변관광지와 연계한 겨울관광지로 각광을 받고 있다.

④ 동굴관광자원 … 우리나라에는 약 1,000여 개의 자연동굴이 분포하고 있으며, 그 중 규모가 큰 것은 300여 개에 달한다.

2 자연공원 2016년출제

(1) 자연공원의 의의와 발달

① 자연공원의 의의
  ㉠ 자연공원이란 국립공원·도립공원·군립공원 및 지질공원을 말한다.
  ㉡ 자연공원법 : 자연공원법은 자연공원의 지정·보전 및 관리에 관한 사항을 규정함으로써 자연생태계와 자연 및 문화경관 등을 보전하고 지속 가능한 이용을 도모함을 목적으로 한다(자연공원법 제1조).

② 자연공원의 발달
  ㉠ 자연공원의 발달은 18세기 중엽 유럽 등지에서 뛰어난 자연풍경지를 인위적 개조로부터 지키기 위한 노력에서 기인한다.
  ㉡ 뛰어난 자연풍경지를 공원으로 지정하여 관광 레크리에이션 장소로 확보하고자 하는 사상은 미국을 중심으로 발달하였다.

(2) 자연공원의 지정기준(자연공원법 시행령 제3조 관련)

구분	기준
자연생태계	자연생태계의 보전상태가 양호하거나 멸종위기 야생동식물·천연기념물·보호야생 동식물 등이 서식할 것
자연경관	자연경관의 보전상태가 양호하여 훼손 또는 오염이 적으며 경관이 수려할 것
문화경관	문화재 또는 역사적 유물이 있으며, 자연경관과 조화되어 보전의 가치가 있을 것
지형보존	각종 산업개발로 경관이 파괴될 우려가 없을 것
위치 및 이용편의	국토의 보전·이용·관리 측면에서 균형적인 자연공원의 배치가 될 수 있을 것

3 국립공원(2023. 06 기준)

(1) 국립공원

① 정의 : 우리나라를 대표할 만한 자연생태계와 자연 및 문화 경관의 보전을 전제로 지속가능한 이용을 도모하고자 환경부장관이 지정하고 국가가 직접 관리하는 보호지역이다.

② 유형 : 산악형 국립공원(지리산, 계룡산, 설악산, 속리산, 한라산, 내장산, 가야산, 덕유산, 오대산, 주왕산, 북한산, 치악산, 월악산, 소백산, 월출산, 무등산, 태백산, 변산반도), 해상·해안형 국립공원(한려해상, 태안해안, 다도해해상), 사적형 국립공원(경주)

(2) 우리나라 국립공원 `2014년출제` `2016년출제` `2017년출제` `2018년출제` `2020년출제` `2022년출제` `2016년출제` `2019년출제` `2020년출제`

① 지리산 국립공원
　㉠ 1967년 12월 29일에 지정된 우리나라 최초의 국립공원이다.
　㉡ 면적 : 483.022㎢
　㉢ 산악 : 천왕봉, 반야봉, 토끼봉, 노고단 등
　㉣ 기암 : 용수바위, 망바위, 문장대 등
　㉤ 계곡 : 피아골계곡, 뱀사골계곡, 한신계곡, 대성계곡, 심원계곡, 칠선계곡, 화엄사계곡 등
　㉥ 폭포 : 불일폭포, 구룡폭포, 칠선폭포, 용주폭포 등
　㉦ 사찰 : 화엄사(신라 진흥왕), 천은사(신라 흥덕왕), 쌍계사 등
　㉧ 문화재 : 화엄사 각황전(국보 제67호), 화엄사 4사자 3층석탑(국보 제35호), 쌍계사 석등 등

지리산 10경

ㄱ 천왕일출(天王日出) : 천왕봉에서 보는 일출
ㄴ 직전단풍(稷田丹楓) : 피아골의 단풍
ㄷ 노고운해(老姑雲海) : 노고단에서 바라보는 구름
ㄹ 반야낙조(般若落照) : 반야봉에서 보는 일몰
ㅁ 벽소명월(碧沼明月) : 벽소령에서 보는 밝은 달
ㅂ 세석(細石)철쭉 : 지리산에 피는 분홍색 철쭉
ㅅ 불일현폭(佛日懸瀑) : 불일폭포에서 쏟아지는 물보라
ㅇ 연하선경(煙霞仙境) : 연하봉의 기암과 고사목이 이루는 경치
ㅈ 칠선계곡(七仙溪谷) : 천왕봉 북쪽으로 흘러내려 급류를 이루는 계곡
ㅊ 섬진청류(蟾津淸流) : 섬진강의 푸른 물결

② 경주 국립공원

ㄱ 1968년 12월 31일에 국립공원으로 지정되었다.
ㄴ 면적이 136.55㎢로, 유일한 도시형 국립공원으로 신라시대의 유적이 다량 분포하는 세계적인 역사문화 지구이다.
ㄷ 1979년 유네스코에서 세계 10대 문화유적지로 지정되었다.
ㄹ 산악 : 토함산, 단석산, 구미산, 선도산 등
ㅁ 문화재 : 불국사 다보탑(국보 제20호), 불국사 3층 석탑(국보 제21호), 석굴암 석굴(국보 제24호), 신라 태종무열왕릉비(국보 제25호), 감은사지 3층 석탑(국보 제112호) 등
ㅂ 왕릉 : 신라 무열왕릉, 신라 문무대왕 수릉 등

③ 계룡산 국립공원

ㄱ 1968년 12월 31일에 지리산에 이어 두 번째 국립공원으로 지정되었다.
ㄴ 대전광역시, 충남 공주시, 논산시에 걸쳐 총면적 65.335㎢에 이른다.
ㄷ 백제 문화권에 속한 지대로 고찰, 문화유적, 명승 등이 그 지역의 고유한 특성을 잘 보여준다.
ㄹ 산악 : 천황봉, 연천봉, 삼불봉, 관음봉 등
ㅁ 계곡 : 동학사계곡, 갑사계곡, 백암동계곡 등
ㅂ 폭포 : 은선폭포, 용문폭포, 숫용추폭포 등
ㅅ 사찰 : 갑사, 동학사, 신흥사, 동계사, 용학사 등
ㅇ 문화재 : 갑사 동종(보물 제478호)

④ 한려 해상 국립공원 **2018년출제**

  ㉠ 1968년 12월 31일 우리나라 최초의 해상국립공원으로 지정되었다.

  ㉡ 거제 지심도~여수 오동도에 이르며 6개 지구(거제, 통영, 사천, 하동, 남해, 여수오동도)로 나누어지며 전체 면적 535.676㎢ 중 해상면적이 76%를 차지한다.

  ㉢ 거제는 2/3가량이 한려해상 국립공원에 속하며, 명승2호로 지정된 해금강을 비롯하여 대·소병대도는 한려수도의 절경 중에서도 백미라 할 수 있다.

⑤ 설악산 국립공원

  ㉠ 1970년 3월 24일 국립공원으로 지정되었다.

  ㉡ 398.237㎢에 이르는 면적에 수많은 동식물들이 서식하는 자연생태계의 보고이며, 수려한 경관자원을 가지고 있는 공원이다.

  ㉢ 설악산은 해발 1,700m 이상으로 해면에서 정상까지 고도에 따라 다양한 동식물이 분포한다. 이러한 점을 인정받아 1982년 유네스코에서 생물권보전지역으로 선정하였다.

  ㉣ 산악 : 설악산맥(대청봉, 마등령, 미시령), 서북주능(대승령), 화채능선(화채봉, 칠성봉)

  ㉤ 기암 : 호박바위, 기둥바위, 넓적바위, 울산바위, 금강굴, 망경대 등

  ㉥ 계곡 : 천불동계곡, 가야동계곡, 수렴동계곡, 구곡담계곡, 백담사계곡 등

  ㉦ 폭포 : 비룡폭포, 토왕성폭포, 옥녀탕, 독주폭포, 대승폭포 등

  ㉧ 사찰 : 백담사, 신흥사, 계조암, 봉정암 등

⑥ 속리산 국립공원

  ㉠ 1970년 3월 국립공원으로 지정되었다.

  ㉡ 충북 보은군과 경북 상주시에 이르는 274.767㎢의 자연경관지이다.

  ㉢ 속리산의 사내천, 삼가천, 장각폭포는 남한강, 금강, 낙동강의 시원으로 삼대강의 원류라고 할 수 있다.

  ㉣ 산악 : 천왕봉, 비로봉, 묘봉 등

  ㉤ 기암과 폭포 : 입석대, 문장대, 관음대, 오송폭포, 장각폭포 등

  ㉥ 사찰 : 법주사 등

  ㉦ 문화재 : 법주사 쌍사자석등(국보 제5호), 법주사 석연지(국보 제64호), 법주사 팔상전(국보 제55호), 법주사 정이품송(천연기념물 제103호) 등

⑦ 한라산 국립공원

  ㉠ 1970년 3월 24일 국립공원으로 지정되었으며, 제주도의 한라산을 중심으로 총면적이 153.332㎢에 이른다.

  ㉡ 한라산은 남한의 최고봉(1,950m)으로 정상에는 화산 분화구인 백록담이 자리해 있다.

  ㉢ 고도에 따라 구상나무와 눈향나무 등 한대성 식물이 나타나기도 하며, 아래에는 굴거리나무, 꽝꽝나무 등 온대성 식물이 서식하는 등 다양한 식물자원의 보고이다. 이러한 점을 인정받아 2002년 12월에는 유네스코에서 생물권보전지역으로 지정되었다.

  ㉣ 산악 : 한라산, 사제비동산, 만세동산, 어승생오름, 윗세오름, 성널오름, 삼각봉 등

ⓜ 계곡 : 돈내코 계곡, 탐라계곡, 어승생계곡, 영실계곡, 개미계곡 등

ⓑ 사찰 : 관음사, 천왕사 등

ⓢ 문화재 : 제주도 한란(천연기념물 제119호) 등

⑧ **내장산 국립공원** `2015년출제`

ㄱ 1971년 11월 17일 제8호 국립공원으로 지정되었다.

ㄴ 전라남도와 전라북도의 경계에 위치하며 총면적은 80.708㎢이다.

ㄷ 산악 : 신선봉, 서래봉, 불출봉, 연자봉, 장군봉 등

ㄹ 기암과 계곡 : 용굴암, 금선대, 금선계곡, 백암계곡, 남창계곡 등

ㅁ 사찰 : 백양사 등

⑨ **가야산 국립공원**

ㄱ 1972년 10월 13일 국립공원 제9호로 지정되었다.

ㄴ 전체 면적은 76.256㎢로 경상남도와 경상북도가 서로 잇대어 있는 곳에 위치하고 있다.

ㄷ 예부터 이 지역은 해동의 10승지 또는 조선팔경의 하나로 이름나 있는 곳이다.

ㄹ 산악 : 상왕봉, 두리봉, 남산, 단지봉, 매화산 등

ㅁ 사찰 : 해인사 등

ㅂ 문화재 : 해인사 대장경판(국보 제32호), 해인사 장경판전(국보 제52호), 합천 치인리 마애불입상(보물 제 222호) 등

⑩ **덕유산 국립공원**

ㄱ 1975년 2월 1일 오대산과 더불어 국내 10번째 국립공원으로 지정되었다.

ㄴ 전라북도 무주와 장수, 경상남도 거창과 함양군 등에 걸쳐 그 면적이 229.430㎢에 달한다.

ㄷ 무주구천동을 비롯해 은구암, 와룡담, 인월담, 수심대, 구천폭포 등 구천동 33경이 산수미를 자랑한다.

ㄹ 사찰 : 백련사, 안국사 등

ㅁ 문화재 : 안국사 영산회괘불탱(보물 제1267호), 안국사 극락전, 적상산성, 매월당부도 등

⑪ **오대산 국립공원**

ㄱ 1975년 2월 1일 국립공원으로 지정되었다.

ㄴ 강원도 강릉시, 평창군, 홍천군 등에 걸쳐 총면적 326.348㎢로, 산세를 자랑하는 산악경관지역이다.

ㄷ 산악 : 비로봉, 동대산, 두로봉, 상왕봉, 호령봉 등

ㄹ 기암과 계곡 : 삼선암, 청심대, 식당암, 청학천 계곡 등

ㅁ 폭포 : 구룡폭포, 군자폭포 등

ㅂ 사찰 : 월정사, 상원사 등

ㅅ 문화재 : 상원사동종(국보 제36호, 국내 현존하는 최고의 범종), 월정사 8각 9층 석탑(국보 제48호)

`2021년출제` `2015년출제`

⑫ 주왕산 국립공원

   ㉠ 1976년 3월 30일 국립공원으로 지정되었다.

   ㉡ 태백산맥의 지맥에 위치하며 경상북도 청송군과 영덕군 등에 걸쳐 총면적 105.595㎢에 달한다.

   ㉢ **산악** : 태행산, 대둔산, 가메봉, 평정봉 등

   ㉣ **기암과 계곡** : 신선대, 학소대, 급수대, 망월대, 왕거암, 주왕굴, 내원계곡 등

   ㉤ **폭포** : 선녀탕, 제1~3폭포, 월외폭포 등

   ㉥ **사찰** : 대전사, 백련암, 주왕암, 대곡사, 광암사, 연화사, 청운사 등

⑬ 태안해안 국립공원

   ㉠ 1978년 10월 20일 우리나라 13번째 국립공원으로 지정된 해안(海岸)국립공원이다.

   ㉡ 서울면적의 약 1/2정도인 377.019㎢로 학암포에서 남쪽으로 영목에 이르기까지 약 230㎞의 리아스식 해안선을 따라 다양한 동·식물들이 어우러진 독특한 해양생태계를 구성한다.

   ㉢ **해수욕장** : 천리포, 만리포, 몽산포, 연포, 학암포 등

⑭ 다도해해상 국립공원

   ㉠ 1981년 12월 23일 14번째 국립공원으로 지정되었다.

   ㉡ 전라남도 신안군 홍도에서 여수시 돌산면에 이르는 바닷길로, 2,266.221㎢의 면적을 자랑한다.

   ㉢ 약 400여개의 섬이 있으며, 구역에 따라 8개 지구(흑산·홍도 지구, 비금·도초 지구, 조도 지구, 소안·청산 지구, 거문·백도 지구, 나로도 지구, 금오도 지구, 팔영산 지구)로 나뉜다.

⑮ 북한산 국립공원

   ㉠ 1983년 4월 2일 지정되었으며, 유일하게 수도권 내에 있는 국립공원이다.

   ㉡ 세계적으로도 드문 도심 속의 자연 공원으로, 서울특별시와 경기도에 걸쳐 면적이 약 76.922㎢이다.

   ㉢ 도심지 속 '허파'로서의 역할을 하며, 수도권 주민들의 자연휴식처로 애용되고 있다. 이러한 접근의 용이성으로 인해 단위 면적당 가장 많은 탐방객이 찾는 국립공원으로 기네스북에 기록되기도 하였다.

   ㉣ **산악** : 백운대, 인수봉, 만경대 등

   ㉤ **계곡** : 우이계곡, 송추계곡, 도봉계곡, 문수암계곡 등

   ㉥ **사찰** : 상운사, 도선사, 망월사, 화룡사, 태고사, 진관사 등

   ㉦ **문화재** : 신라 진흥왕순수비(국보 제3호), 북한산 구기리 마애석가여래좌상(보물 제215호), 북한산성 등

⑯ 치악산 국립공원

   ㉠ 1984년 12월 31일 국립공원으로 지정되었다.

   ㉡ 강원권의 교통요지인 원주시와 영월군의 경계에 있는 치악산 일대로 175.668㎢에 이른다.

   ㉢ **산악** : 비로봉, 응봉, 매화봉, 천지봉, 향로봉, 남대봉 등

   ㉣ **기암과 계곡** : 거북바위, 범바위, 용바위, 구룡계곡, 부곡계곡, 금대계곡 등

   ㉤ **사찰** : 구룡사, 상원사, 석경사, 국향사 등

   ㉥ **문화재** : 원성 성남리 성황림(천연기념물 제93호) 등

⑰ 월악산 국립공원

    ㉠ 1984년 12월 31일에 우리나라 국립공원 중 17번째 국립공원으로 지정되었다.

    ㉡ 제천시, 충주시, 단양군, 문경시 등 4개 시·군에 걸쳐 있으며 총면적 287.777㎢에 달한다.

    ㉢ 산악 : 영봉, 만수봉, 도락산, 제비봉 등

    ㉣ 계곡 : 송계계곡, 죽계계곡, 덕주계곡 등

    ㉤ 사찰 : 신륵사, 덕주사 등

    ㉥ 문화재 : 덕주사 마애불(보물 제406호), 미륵리 5층석탑(보물 제95호), 미륵리 석불입상(보물 제96호), 사자빈신사지석탑(보물 제94호), 신륵사 3층석탑 등

⑱ 소백산 국립공원

    ㉠ 1987년 12월 14일 우리나라 국립공원 제18호로 지정되었다.

    ㉡ 행정구역상으로 충청북도 단양군, 경상북도 영주시, 봉화군 등에 걸쳐있으며 총면적이 322.011㎢에 이르는 산악자연경관지역이다.

    ㉢ 조선 명종 때 퇴계 이황이 극찬한 단양 8경인 도담삼봉, 석문, 구담봉, 옥순봉, 상선암, 중선암, 하선암, 사인암 등이 절경을 이룬다.

    ㉣ 산악 : 비로봉, 국망봉, 제1연화봉, 제2연화봉, 도솔봉, 신선봉, 형제봉, 묘적봉 등

    ㉤ 문화재 : 부석사 무량수전 앞 석등(국보 제17호), 부석사 무량수전(국보 제18호), 부석사 조사당(국보 제19호), 부석사 석조여래좌상(보물 제220호) 등

⑲ 변산반도 국립공원

    ㉠ 1988년 6월 11일 지정된 반도공원이다.

    ㉡ 전라북도 변산반도 일대의 153.934㎢에 해당하는 지역으로 희귀 동식물의 서식지 및 자연생태계가 잘 보존되어 있다.

    ㉢ 해안선을 따라 볼 수 있는 외변산과 내륙의 내변산은 변산반도 국립공원의 진면목을 보여준다.

    ㉣ 경관 : 격포 채석강, 천년고찰 내소사, 직소폭포, 격포·고사포 해변, 월명암 등

    ㉤ 사찰 : 내소사, 개암사, 월명사 등

    ㉥ 문화재 : 부안내소사 대웅보전(보물 제291호), 부안개암사 대웅전(보물 제292호), 내소사 고려동종(보물 제277호) 등

⑳ 월출산 국립공원

    ㉠ 1988년 6월 11일 국립공원으로 지정되었다.

    ㉡ 월출산은 '달 뜨는 산'이라는 이름에 걸맞게 아름다운 자연경관을 자랑하는 한반도 최남단의 산악형 국립공원이다.

    ㉢ 전라남도 영암군과 강진군에 걸쳐 있는 56.220㎢에 해당하는 면적으로 암석노출지와 급경사의 계곡이 많아 생태적인 독특성으로 보전의 중요성이 매우 크다.

    ㉣ 문화재 : 무위극락전(국보 제13호), 월출산 마매여래좌상(국보 제144호), 월남사지석비(보물 제313호) 등

㉑ 무등산 국립공원

    ㉠ 무등산은 1972년 5월 22일 도립공원으로 지정되었으며, 2013년 3월 4일 국립공원 제21호로 지정되었다.

    ㉡ 면적은 75.425㎢로 광주광역시와 전라남도에 걸쳐 위치하고 있다.

    ㉢ 해발1,187m의 무등산 최고봉인 천왕봉 일대는 서석대, 입석대, 규봉 등 수직 절리상의 암석이 장관을 이룬다.

㉒ 태백산 국립공원

    ㉠ 2016년 5월 12일 국립공원으로 지정되었다.

    ㉡ 태백산 국립공원 구역은 강원 태백시 51.2㎢, 강원 영월군 0.1㎢, 강원 정선군 0.9㎢, 경북 봉화군 17.9㎢ 등 총 70.1㎢이며, 기존 도립공원 면적(17.4㎢)의 4배에 이른다.

    ㉢ 여우, 담비, 개병풍 등 멸종위기종 22종과 천연기념물 10종(열목어, 붉은배새매 등) 등을 포함하여 총 2,637종의 야생생물이 서식하고 있다.

    ㉣ 문화재 : 태백산 천제단(중요민속문화재 제228호), 단종비각 등

④ 도립공원 및 군립공원(2023. 06 기준) 2018년출제

(1) 도립공원

① 정의 : 시·도 및 특별자치도(이하 "도"라 한다)의 자연생태계나 경관을 대표할 만한 지역으로서 도지사 또는 특별자치도지사가 지정·관리한다.

② 도립공원 현황

위치	공원명	위치	공원명
경기도	남한산성, 연인산, 수리산	강원도	경포
충청도	덕산, 칠갑산, 고복	경상도	금오산, 가지산, 팔공산, 문경새재, 청량산, 연화산
전라도	모악산, 대둔산, 마이산, 조계산, 두륜산, 선운산, 천관산, 신안갯벌, 무안갯벌, 벌교갯벌, 불갑산	제주도	마라해양, 성산일출해양, 서귀포해양, 추자, 우도해양, 제주곶자왈

(2) 군립공원

② 정의 : 군의 자연생태계나 경관을 대표할 만한 지역으로서 군수가 지정·관리한다.

② 군립공원 현황

위치	공원명	위치	공원명
경기도	천마산, 명지산	강원도	아미산, 대이리, 병방산
전라도	강천산, 장안산	경상도	보경사, 불영계곡, 덕구온천, 상족암, 호구산, 고소성, 거열산성, 기백산, 황매산, 웅석봉, 신불산, 운문산, 화왕산, 구천계곡, 입곡, 비슬산, 빙계계곡, 월성계곡, 봉명산, 방어산

최근 기출문제 분석

2023. 11. 4. 국내여행안내사

1 **자연관광자원의 특성이 아닌 것은?**

① 비이동성

② 변동성

③ 계절성

④ 저장가능성

> **TIP** 자연관광자원의 특성
> ㉠ 비이동성
> ㉡ 계절성
> ㉢ 다양성
> ㉣ 변동성
> ㉤ 소비자의 참여로 생산이 이루어짐
> ㉥ 저장이 불가능함
> ㉦ 비소모성
> ㉧ 공공재적 성격이 강함
> ㉨ 생산 및 소비량으로 환산하기 어려움

2022. 11. 5. 국내여행안내사

2 **우리나라 국립공원에 관한 설명으로 옳지 않은 것은?**

① 지리산은 최초로 지정된 국립공원이다.

② 공원구역 면적이 가장 넓은 국립공원은 태안해안이다.

③ 2022년 현재 총 22개의 국립공원이 지정되어 있다.

④ 오대산 국립공원은 강원도에 위치하고 있다.

> **TIP** ② 우리나라에서 면적이 가장 넓은 국립공원은 '다도해해상 국립공원'이다.

Answer 1.④ 2.②

3 자연관광자원의 자연환경요인으로 옳은 것을 모두 고른 것은?

㉠ 기후	㉡ 지질
㉢ 지형	㉣ 토양
㉤ 사적	㉥ 식생
㉦ 야생동물	㉧ 문화유산

---

① ㉠, ㉢, ㉤

② ㉠, ㉥, ㉦, ㉧

③ ㉢, ㉣, ㉤, ㉥, ㉧

④ ㉠, ㉡, ㉢, ㉣, ㉥, ㉦

TIP ㉤ 사적은 역사적으로 중요한 사건이나 시설의 자취로 문화관광자원에 해당한다.

4 자연관광자원의 개념에 관한 설명으로 옳지 않은 것은?

① 레크레이션 기능을 갖추고 있어야 한다.

② 자연미, 신비감, 특이함을 갖춘 경관미가 있어야 한다.

③ 관광객의 욕구를 충족시켜 줄 수 있는 자연적인 대상이다.

④ 인위적으로 제작된 문화유산으로 보존할만한 가치가 있고 매력을 느낄 수 있는 자원이다.

TIP ④ 문화관광자원에 관한 설명이다.
※ 관광자원의 유형과 특징
㉠ 자연관광자원 : 관광욕구와 결합된 자연적인 관광대상으로 경관 미와 위락적인 기능과 특성을 지닌 자원
㉡ 문화관광자원 : 민족문화유산으로서 국민이 보존할 만한 가치가 있고 관광매력을 지닐 수 있는 자원
㉢ 사회관광자원 : 국민성과 민족성을 이해하는 규범문화적인 자원
㉣ 산업관광자원 : 산업시설과 기술수준을 보고 또한 보이기 위한 산업적 대상의 지원
㉤ 위락관광자원 : 여가와 위락중심의 자원

Answer 3.④ 4.④

2020. 11. 7. 국내여행안내사
5 우리나라에서 최초로 지정된 국립공원은?

① 한라산   ② 북한산

③ 지리산   ④ 설악산

> **TIP** 우리나라 최초의 국립공원은 1967년 12월 29일에 지정된 지리산국립공원이다.
> ① 한라산국립공원 : 1970년 3월 24일
> ② 북한산국립공원 : 1983년 4월 2일
> ④ 설악산국립공원 : 1970년 3월 24일

2019. 11. 2. 국내여행안내사
6 우리나라 국립공원 중 해상 면적이 큰 순서대로 올바르게 나열한 것은?

① 한려해상 〉 다도해해상 〉 변산반도 〉 태안해안

② 한려해상 〉 다도해해상 〉 태안해안 〉 변산반도

③ 다도해해상 〉 한려해상 〉 변산반도 〉 태안해안

④ 다도해해상 〉 한려해상 〉 태안해안 〉 변산반도

> **TIP** • 다도해해상 : 전제 면적 2,266.221㎢ 중 육지 291.023㎢, 해상 1,975.198㎢
> • 한려해상 : 전체 면적 535.676㎢ 중 76%(약 407.114㎢)가 해상 면적이다.
> • 태안해안 : 태안반도와 안면도를 남북으로 아우른 230km의 해안선에 27개의 해변이 펼쳐지며, 전체 면적은 377.019 ㎢이다.
> • 변산반도 : 전체 면적 153.934㎢ 중 육상 면적이 89%, 해상 면적이 11%를 차지한다.

2018. 11. 3. 국내여행안내사
7 국내 유일의 사적(도시)형 국립공원은?

① 경주 국립공원   ② 덕유산 국립공원

③ 북한산 국립공원   ④ 태안해안 국립공원

> **TIP** 국내 유일의 사적(도시)형 국립공원은 경주 국립공원이다.

Answer   5.③   6.④   7.①

2017. 11. 4. 국내여행안내사

8 우리나라 국립공원 중 면적이 가장 넓은 국립공원과 가장 좁은 국립공원을 순서대로 나열한 것은?

① 한려해상 국립공원, 월출산 국립공원

② 다도해해상 국립공원, 월출산 국립공원

③ 한려해상 국립공원, 북한산 국립공원

④ 다도해해상 국립공원, 북한산 국립공원

> **TIP** 우리나라 국립공원 중 면적이 가장 넓은 곳은 다도해 해상국립공원으로 2,266.221km^2(육지 291.023km^2, 해상 1,975.198km^2)에 달하며, 가장 좁은 곳은 월출산 국립공원으로 면적은 56.22km^{2}이다.

2016. 11. 5. 국내여행안내사

9 다음 산악자원 중 국립공원이 아닌 것은?

① 주왕산   ② 무등산

③ 대둔산   ④ 가야산

> **TIP** ③ 대둔산은 도립공원이다.

2014. 11. 10. 국내여행안내사

10 2016년도에 도립공원에서 국립공원으로 승격된 것은?

① 태백산   ② 무등산

③ 마이산   ④ 대둔산

> **TIP** ② 무등산은 1972년 도립공원으로 지정되었으며 2016년에 국립공원으로 승격되었다.

Answer 8.② 9.③ 10.②

출제 예상 문제

1 다음 중 자연관광자원의 속성으로 적합하지 않은 것은?

① 자연관광자원은 관광객의 욕구를 충족시켜 줄 수 있는 자연적인 대상이어야 한다.

② 자연관광자원이 갖춘 경관미는 산수, 풍치, 경치, 풍경 등이 눈에 비치는 모습으로서 함축된 미를 말한다.

③ 자연관광자원은 레크리에이션 기능을 갖추고 있어야 한다.

④ 자연관광자원의 매력요인을 부가시켜 관광객의 활동을 즐길 수 있는 여러 가지 기능을 제공하는 것을 관광매력 기능이라고 한다.

TIP ④의 경우는 자연관광자원의 레크리에이션 기능에 해당한다.

2 자연관광자원이 지닌 성격으로 적합하지 않은 것은?

① 비이동성 ② 비계절성
③ 변동성 ④ 저장불능성

TIP 자연관광자원은 비이동성, 계절성, 다양성, 변동성, 저장불능성 등의 성격을 지닌다.
① 자연관광자원의 경우 이동이 불가능하다. 또한 억지로 이동시킬 경우 자연관광자원으로서의 매력을 훼손할 수 있다.
③ 자연관광자원은 내·외부적인 요인에 따라 변동될 가능성이 있다.
④ 자연관광자원은 저장이 불가능하다.

Answer 1.④ 2.②

3 다음 중 산악형 관광자원의 기능으로 적합하지 않은 것은?

① 휴양지 기능   ② 종교연구

③ 학술연구 및 수련기능   ④ 건강증진

> **TIP** 산악형 관광자원은 자연감상(휴양지 기능), 건강증진(스포츠 기능), 학술연구 및 수련기능이 있다.

4 다음 중 우리나라 최초의 국립공원은?

① 설악산국립공원   ② 지리산국립공원

③ 속리산국립공원   ④ 한라산국립공원

> **TIP** 우리나라는 1967년 지리산을 최초로 국립공원으로 지정하였다.
> ①③ 1970년 3월 24일에 국립공원으로 지정
> ④ 1970년에 국립공원으로 지정

5 산지에서 이루어지는 관광활동의 유형으로 적합하지 않은 것은?

① 스포츠형   ② 종교 신앙형

③ 레크리에이션 교육환경형   ④ 문화체험형

> **TIP** ④ 문화체험형은 산지에서 이루어지는 관광활동 유형으로 보기 어렵다.
> ※ 산지 관광활동의 유형
> ㉠ **등산형**: 산지 관광활동의 가장 기본적인 유형이다.
> ㉡ **동계 스포츠형**: 스키, 스노보드, 눈썰매 등
> ㉢ **종교 신앙형**: 산은 예부터 숭배와 경의의 대상이 되어 왔다. 태백산, 마니산 등에서는 산신제와 민간신앙 활동이 많이 이루어진다.
> ㉣ **레크리에이션 교육환경형**: 피서지, 캠핑장, 잼버리 등의 이벤트 장소로 이용된다.
> ㉤ **종합관광형**: 산에는 호수, 온천, 고원, 동·식물 등의 관광자원이 풍부하게 분포한다.

Answer   3.②   4.②   5.④

6 세계 최초로 지정된 국립공원은?

① 미국의 옐로스톤　　　　　　　② 미국의 나이아가라폭로

③ 일본의 후지산　　　　　　　　④ 멕시코의 마추픽추

TIP ① 미국에서 1872년에 국립공원으로 지정되었다.

7 다음 중 자연공원법에서 정의하는 용어로서 적합하지 않은 것은?

① "자연공원"이라 함은 국립공원·도립공원·군립공원 및 지질공원을 말한다.

② "국립공원"이라 함은 우리나라의 자연생태계나 자연 및 문화경관을 대표할 만한 지역으로서 지정된 공원을 말한다.

③ "도립공원"이라 함은 특별자치도의 자연생태계나 경관을 대표할 만한 지역으로서 지정된 공원을 말한다.

④ "군립공원"이라 함은 군의 자연생태계나 경관을 대표할 만한 지역으로서 지정된 공원을 말한다.

TIP "도립공원"이라 함은 도 및 특별자치도의 자연생태계나 경관을 대표할 만한 지역으로서 도지사 또는 특별자치도지사가 지정·관리한다.

8 자연경관 지정기준의 구분적 요소로서 적합하지 않은 것은?

① 자연생태계　　　　　　　　　② 자연경관

③ 관광자원 개발이익　　　　　　④ 문화경관

TIP 자연경관과 지정기준으로 자연생태계, 자연경관, 문화경관, 지형보전과 위치 및 이용편의 등이 지정기준의 구분적 요소로 작용한다.

Answer 6.① 7.③ 8.③

9 다음 중 최대 면적의 국립공원은?

① 다도해해상   ② 설악산

③ 한라산   ④ 변산반도

TIP 다도해해상 국립공원은 면적이 $2,266,211km^2$에 달한다.

10 우리나라 국립공원을 지정할 수 있는 권한은?

① 대통령   ② 국무총리

③ 문화체육관광부장관   ④ 환경부장관

TIP 우리나라 국립공원은 환경부장관이 지정·관리한다.
    ※ **국립공원의 지정 절차**: 환경부장관은 국립공원을 지정하려는 경우에는 조사 결과 등을 토대로 국립공원 지정에 필요한 서류를
      작성하여 다음의 절차를 차례대로 거쳐야 한다. 국립공원의 지정을 해제하거나 구역 변경 등 대통령령으로 정하는 중요 사항
      을 변경하는 경우에도 또한 같다.
      ㉠ 주민설명회 및 공청회의 개최
      ㉡ 관할 특별시장·광역시장·특별자치시장·도지사 또는 특별자치도지사 및 시장·군수 또는 자치구의 구청장의 의견 청취
      ㉢ 관계 중앙행정기관의 장과의 협의
      ㉣ 국립공원위원회의 심의

11 우리나라 최초의 해상·해안 국립공원은?

① 한려해상   ② 태안해안

③ 다도해해상   ④ 동해해상

TIP 해상, 해안형 국립공원은 모두 3개소로 한려해상, 태안해안, 다도해상, 국립공원이다.
    ① 1968년 12월에 우리나라 최초의 해상국립공원으로 지정되었다.
    ② 1978년
    ③ 1981년

Answer   9.①   10.④   11.①

12 우리나라 최초의 도립공원은?

① 금오산   ② 남한산성

③ 모악산   ④ 무등산

TIP 금오산은 1970년 도립공원으로 지정되었다.

13 강원도에 위치하고 있으며 2016년도에 국립공원으로 지정된 곳은?

① 변산반도   ② 태백산

③ 월출산   ④ 무등산

TIP ② 태백산 국립공원은 2016년도에 지정되었다.
ㅤ①③은 1988년에 지정되었다.
ㅤ④는 2013년도에 지정되었다.

14 신앙을 상징하는 반야봉, 종석대, 영신대, 노고단이 있는 국립공원은?

① 지리산   ② 덕유산

③ 설악산   ④ 한라산

TIP 지리산국립공원은 천왕봉, 반야봉, 노고단의 3대 주봉을 비롯하여 해발고도 1500m를 넘는 고봉들(제석·연하·삼신·촛대·영신·덕평·명선·토끼봉 등)이 많다.

15 1967년에 지정되어 483.022km² 면적을 자랑하는 국립공원은?

① 지리산
② 계룡산
③ 설악산
④ 속리산

> **TIP** 지리산 국립공원
> ㉠ 1967년 12월 29일에 지정된 우리나라 최초의 국립공원
> ㉡ 면적 : 483.022km²
> ㉢ 산악 : 천왕봉, 반야봉, 토끼봉, 노고단 등
> ㉣ 기암 : 용수바위, 망바위, 문장대 등
> ㉤ 계곡 : 피아골계곡, 뱀사골계곡, 한신계곡, 대성계곡, 심원계곡, 칠선계곡, 화엄사계곡 등
> ㉥ 폭포 : 불일폭포, 구룡폭포, 칠선폭포, 용주폭포 등
> ㉦ 사찰 : 화엄사(신라 진흥왕), 천은사(신라 흥덕왕), 쌍계사 등
> ㉧ 문화재 : 화엄사 각황전(국보 제67호), 화엄사 4사자 3층석탑(국보 제35호), 쌍계사 석등 등

16 동학사와 갑사, 신원사 등의 고찰이 자리하고 있는 국립공원은?

① 계룡산
② 덕유산
③ 설악산
④ 한라산

> **TIP** 계룡산국립공원은 삼국시대부터 큰 사찰이 창건되어 동쪽으로는 신라 경덕왕 때 회의(懷義)가 창건한 동학사(東鶴寺), 북서쪽으로는 공주군 계룡면 중장리에 위치한 갑사(甲寺), 또한 남서쪽에는 계룡면 양화리에 신원사(新元寺)가 삼림 속에 자리하고 있다.

17 우리나라 최초로 유네스코에 의해 생물권 보존지역으로 설정된 것과 관련이 있는 국립공원은?

① 지리산
② 덕유산
③ 설악산
④ 한라산

> **TIP** 설악산 일대는 1965년 11월 천연기념물 제171호로 지정되었고, 1973년 12월 다시 공원보호구역으로 고시되었으며, 1982년 8월 국제연합교육과학문화기구(UNESCO)에 의하여 '생물권 보존지역'으로 설정되었다.

Answer 15.① 16.① 17.③

18 행정구역상 충북 보은군과 괴산군, 경북 상주시의 경계에 위치한 국립공원은?

① 속리산   ② 덕유산

③ 설악산   ④ 한라산

TIP 속리산 국립공원은 1970년 3월 24일 국립공원 6호로 지정되었다.
    ② 전북 무주군, 경남 거창군 · 함양군, 전북 장수군에 위치해 있다.
    ③ 강원 속초시, 양양군, 고성군, 인제군에 위치해 있다.
    ④ 제주특별자치도에 한라산 중심으로 위치해 있다.

19 원래 영은사의 이름을 따서 영은산이라고 불리었던 국립공원은?

① 내장산   ② 덕유산

③ 설악산   ④ 한라산

TIP 내장산은 산 안에 숨겨진 것이 무궁무진하다는 의미를 지니며 내장산은 본시 영은산이라 불렸다. 또 내장사는 636년(백제 무왕 37)에 창건한 고찰로 창건 당시 영은사라고 하였다.

20 우리나라 화엄종의 근본 도량으로 팔만대장경을 봉안한 법보종찰인 해인사가 있는 곳은?

① 지리산   ② 가야산

③ 설악산   ④ 한라산

TIP 가야산국립공원은 호국불교의 상징인 팔만대장경과 경판전을 보유하고 있으며, 가야산은 해인사를 비롯한 사찰 · 고적들이 많아 조선 8경의 하나로 꼽혀 오다가 1972년 국립공원으로 지정되었다.

Answer 18.① 19.① 20.②

21 선인들의 이름을 붙인 33경과 관련된 구천동 계곡이 있는 국립공원은?

① 지리산   ② 가야산

③ 덕유산   ④ 한라산

TIP 덕유산은 전라북도 무주와 장수, 경상남도 거창과 함양군 등 2개도 4개군에 걸쳐 있으며, 덕유산 정상부 가까이에서 발원하는 금강 상류의 한 지류인 원당천이 덕유산 북사면을 침식한 계곡으로 약 25Km에 걸친 구간에 33경으로 꼽히는 절경이 줄지어 있다.

22 월정사와 상원사 등의 사찰과 문화재가 많이 분포한 국립공원은?

① 지리산   ② 가야산

③ 설악산   ④ 오대산

TIP 오대산은 문수신앙의 본산으로 오만보살이 상주하는 불교의 오대성지로 유명하다.

23 신라 문무왕 12년에 창건한 대전사와 백련암 등이 소재하고 있는 국립공원은?

① 지리산   ② 가야산

③ 설악산   ④ 주왕산

TIP 주왕산은 경북 청송군과 영덕군 지역에 걸쳐 있다. 대전사, 광암사, 연화사 등의 절과 주왕암, 백련암, 연화암 등의 암자와 기암 등이 주요 관광자원을 이룬다.

Answer   21.③   22.④   23.④

24 구역 내에 400여개의 섬을 보유하고 있으며, 흑산·홍도 지구 등을 보유하고 있는 국립공원은?

① 한려해상   ② 태안해안

③ 다도해해상   ④ 동해해상

TIP 다도해해상국립공원은 흑산·홍도 지구, 신안해안 지구, 만재도 지구, 진도 해상지구, 완도 해상지구, 고흥 해안지구, 거문·백도 지구, 돌산·여천 지구 등 8개 지구로 이루어져 있다.

25 구룡계곡과 상원사, 보문사와 국형사 등이 소재한 국립공원은?

① 북한산   ② 가야산

③ 설악산   ④ 치악산

TIP 치악산에는 상원사와 만경대, 영원산성, 천연기념물 제93호인 원성 성남리 성황림 등의 문화자원이 있다. 또한 구룡사대웅전이 있으며 주위에는 구룡폭포와 거북바위, 용바위 등의 명소가 있다.

26 주봉인 영봉을 중심으로 만수봉과 '깨달음을 얻는 데는 나름대로 길이 있어야 하고 거기에는 반드시 즐거움이 있어야 한다'는 뜻의 도락산이 소재한 국립공원은?

① 북한산   ② 가야산

③ 설악산   ④ 월악산

TIP 도락산은 소백산과 월악산 중간에 있는 바위산으로 일부가 월악산국립공원 안에 들어 있다. 우암 송시열이 '깨달음을 얻는 데는 나름대로 길이 있어야 하고 즐거움이 뒤따라야 한다.'라는 뜻에서 산이름을 지었다고 전해진다.

Answer   24.③   25.④   26.④

27 비로봉과 국망봉, 연화봉과 도솔봉 등이 소재한 국립공원은?

① 북한산 　　　　　　　　　② 가야산
③ 소백산 　　　　　　　　　④ 월악산

　TIP　소백산국립공원의 중심이 되는 소백산 비로봉은 북쪽으로 국망봉, 남쪽으로 민배기재와 연봉을 이룬다.

28 천년고찰 내소사와 직소폭포, 격포와 고사포 해수욕장이 소재한 국립공원은?

① 북한산 　　　　　　　　　② 태안해안
③ 한려해상 　　　　　　　　④ 변산반도

　TIP　내소사는 백제 때 창건한 고찰이며 높이 약 20m의 직소폭포는 내변산 제일의 경승지로 변산반도에 위치해 있다.

29 도갑사와 무위사, 국보인 마애여래좌상이 소재한 국립공원은?

① 북한산 　　　　　　　　　② 가야산
③ 월출산 　　　　　　　　　④ 월악산

　TIP　월출산국립공원은 도갑사·무위사 등의 사찰과 마애여래좌상(국보 144)등을 비롯해 용추폭포, 구절폭포 등이 있다.

30 다음 중 우리나라 제1호 군립공원은?

① 강천산 　　　　　　　　　② 방어산
③ 초구산 　　　　　　　　　④ 활매산

　TIP　강천산은 전라북도 순창군 팔덕면과 전라남도 담양군의 경계에 있는 산으로 1981년 한국 최초의 군립공원으로 지정되었다.

Answer　27.③　28.④　29.③　30.①

02 자연관광자원의 현황

1 산악형 관광자원

(1) 산악형 관광자원의 정의

① **개념** … 관광의 대상인 관광자원 가운데 가장 원천적인 것이 자연적 관광자원이며, 자연적 관광자원의 기초는 산지라고 할 수 있다. 산악관광지는 기암·절벽과 아름다운 계곡, 울창한 산림과 호수, 사계절의 변화, 토양, 그 속에서 살아가는 동·식물의 생태 등 관광자원의 대표적 형태로 자연적 관광자원의 압권이라 할 수 있다.

② **산악형 관광자원의 기능**
  ㉠ **자연감상 및 휴양지 기능** : 경관 감상, 피서, 피한, 보건, 휴양 등
  ㉡ **건강증진 및 스포츠 기능** : 체력단련과 등산활동, 암벽등반, 산악자전거, 캠프, 스키 등
  ㉢ **학술연구 및 수련기능** : 생태계관찰, 청소년수련장, 수련회, 세미나 등

(2) 산악형 관광자원의 유형

① **등산형**
  ㉠ 관광활동이 주로 등산을 중심으로 이루어지는 산악관광의 유형이다.
  ㉡ 다른 관광의 목적으로는 개발의 한계가 있는 지극히 원시적인 경관을 지닌 매력적인 산악관광의 유형이라고 할 수 있다.

② **스포츠형**
  ㉠ 아름다운 자연경관을 바탕으로 각종 스포츠를 즐길 수 있는 관광시설을 개발한 산악관광지에서 나타나는 관광활동의 유형이다.
  ㉡ 겨울에는 등산, 스키, 눈썰매 등의 활동형 스포츠를 위한 장소로 이용되며 여름철에도 피서지로 적격이다.

③ **종교 신앙형**
  ㉠ 고대로부터 산은 인간에게 영감을 일으키고 영혼을 구제해주는 예로부터 숭배와 경의의 대상이 되어 왔다.
  ㉡ 종교 신앙형 활동의 대상이 대는 곳으로 계룡산, 마니산. 태백산, 용문산, 모악산 등이 있다.

④ 레크리에이션 교육환경형

　　㉠ 산악의 고원이나 분지와 같이 자연적 특성이 교육적이거나 레크리에이션 시설의 설치가 양호한 산악관광지에서 나타나는 관광활동의 형태이다.

　　㉡ 캠핑장, 잼버리 행사장 등으로 이용된다.

⑤ 종합관광형

　　㉠ 산악관광지에 온천, 고원, 폭포, 동식물 등과 문화적 자원이 많이 분포되어 있는 지역에 나타나는 관광활동의 유형이다.

　　㉡ 대표적인 예로 설악동 관광단지 개발을 들 수 있다.

(3) 산악형 관광자원의 가치결정조건

산지는 관광의 일차적인 자원으로 산지가 관광지가 되는 데에는 여러 가지 조건들이 필요하다. 즉, 지형조건, 조망조건, 지표조건, 문화경관조건 등이 잘 갖춰져야 한다.

① **지형 · 지표조건** ··· 봉우리, 계곡, 능선, 기암, 절벽, 폭포 등 지형경관이 풍부해야 하며 삼림, 초원 등과 적절히 조화를 이루어야 한다.

② **전망조건** ··· 산을 올랐을 때 보이는 것들에 대한 미적 가치로 바다, 구름, 일출, 석양, 도시전경 등이 포함된다.

③ **문화환경조건** ··· 산지 내 문화재, 천연기념물의 보유 정도와 관련된다.

④ **접근성** ··· 이용자들의 접근 용이성이 확보되어야 한다.

⑤ **시설** ··· 관광자원의 가치를 결정하는데 중요한 요소로 이용을 위한 편의시설, 안전시설, 위생시설 등이 있다.

⑥ **원시성** ··· 자연 그대로의 모습이 얼마나 특징적이고 가치 있는지와 관련된 조건이다.

(4) 우리나라의 산악형 관광자원

① 산지의 분포

　　㉠ 우리나라의 산지는 장기간의 침식작용으로 저산성 산지가 대부분을 이룬다.

　　㉡ 한반도에 고루 분포하며 배산임수의 문화로 병풍산이 많다.

　　㉢ 북부지방의 경우 백두산을 비롯하여 높은 산지가 많고, 중남부로 올수록 저산지가 많다.

② 화산지형과 암석

　　㉠ 우리나라에서 화산활동으로 생성된 지형으로는 백두산, 울릉도, 제주도 등을 꼽을 수 있다.

　　㉡ 분화구 : 백두산 천지, 한라산 백록담 등 마그마가 분출한 분화구는 좋은 관광자원이 된다.

　　㉢ **용암동굴** : 용암이 흐르면서 굳어져 생성된 동굴

　　㉣ **주상절리** : 암석이나 지층에 기둥모양의 절리가 수직적으로 형성되는 형태

　　㉤ **기생화산** : 큰 화산의 산사면에 발달한 작은 화산으로 제주도의 오름이 대표적이다.

③ 자연휴양림

　　㉠ 자연의 보전과 국민의 이용을 동시에 달성하기 위한 일환으로 1988년부터 지정되기 시작하였다.

　　㉡ 자연휴양림에는 진입로, 주차장, 산책로, 야영장, 운동시설, 급수대, 오물처리장 등을 설치할 수 있으며 낚시터, 수렵장, 조수사육장 등의 특수시설 설치도 가능하다.

2 해안형 관광자원

(1) 해안형 관광자원 의의

① 개념 … 해안관광자원은 바다를 중심으로 한 자연적, 사회문화적 그리고 산업적 측면의 공간이나 시설 그리고 무형적 자원 등으로서 관광욕구나 관광동기를 일으킬 정도의 매력적 가치를 지닌 해안 관광대상을 개념적 정의로 내릴 수 있다.

② 성격

　　㉠ 대부분 자원 중심적 성향이 강한 자원이다.

　　㉡ 대체로 숙박형과 체재형 관광유형으로 구분된다.

　　㉢ 연휴나 휴가기간에 주로 이용한다.

　　㉣ 크고 넓은 지역에 걸쳐 분포되어 있다.

(2) 해안형 관광자원의 분류

① 해안 관광자원은 대부분 자원중심적 성격이 강한 자원으로 대체로 숙박형 또는 체재형 관광유형으로 구분할 수 있다. 해안 관광자원은 활동유형에 따라 스포츠형과 레저형, 관광형의 3가지로 구분하기도 한다.

❋ **활동유형에 따른 해안형 관광자원의 분류**

스포츠형	세일링, 보우팅, 다이빙
레저형	해수욕, 파도타기, 해변동식물 채취
관광형	관광어업, 해상유람, 해중유람

② 해안형 국·도립공원의 현황

공원명	구분	위치
한려해상	국립공원	전남, 경남
태안해안	국립공원	충남
다도해상	국립공원	전남
경포	도립공원	강원

③ 해수욕장

  ㉠ 의의 : 여름철 휴양 및 스포츠 활동을 할 수 있는 해안형 관광자원으로 최근에는 계절에 구애받지 않고 관광 및 휴양지로서의 역할을 하고 있다.

  ㉡ 조건

    ㉮ 모래사장 : 500m 이상

    ㉯ 모래사장의 사질과 바닷물의 수질 염분이 적고 깨끗해야 한다.

    ㉰ 수온 : 해수욕시즌(7월 초부터 8월 말)을 기준으로 하여 수온은 25도 이상이어야 한다.

    ㉱ 수심 : 깊이 1m 이내의 해저지역이 50m 이상이어야 한다.

    ㉲ 날씨 : 여름철 쾌청일수가 2주 이상이어야 한다.

    ㉳ 안전성 보장 및 편의성 제공

  ㉢ 현황 2016년출제 2015년출제 2016년출제 2017년출제 2018년출제

도명	해수욕장
강원도	망상, 낙산, 송정, 속초, 삼포, 하조대, 주문진, 경포 등
경상북도	월포, 송도, 장사, 남양몽돌, 고래불, 칠포, 대진, 구룡포 등
울산	진하, 일산 등
부산	해운대, 광안리, 다대포, 일광, 임랑, 송정 등
경상남도	상주, 비진도, 학동몽돌해변, 와현, 구영, 명사, 구조라 등
제주도	함덕, 협재, 곽지, 이호, 중문, 신양, 화순 등
전라남도	우전, 율포, 가계, 관매, 대전, 나로도, 돌머리 등
전라북도	상록, 격포, 변산, 모항, 고사포, 선유도, 구시포 등
충청남도	대천, 꽃지, 연포, 신두리, 몽산포, 무창포, 만리포 등
인천	동막, 왕산, 을왕리, 하나개, 십리포, 서포리, 장경리 등

④ 기타 해안형 관광자원

  ㉠ 낚시터 : 바다에서 낚시를 통해 조어활동을 할 수 있는 시설을 말한다.

  ㉡ 해중공원 : 해중의 자연미가 뛰어나고 서식하는 해양식물과 어족이 풍부한 지역을 말한다.

  ㉢ 마리나(Marina) : 유람선, 보트, 요트 등의 정박지 역할을 하는 항만시설이다. 금호통영마리나리조트는 우리나라 최초의 육·해상 종합리조트에 해당한다.

(3) 우리나라의 해안형 관광자원

① 동해안

  ㉠ 산맥의 영향으로 해안선이 비교적 단조롭다.

  ㉡ 나진만, 청진만, 성진만, 영흥만, 영일만 등 만입이 잘 발달되어 있다.

  ㉢ 깊은 수심, 깨끗한 수질, 풍족한 어족, 질 좋은 해수욕장 등이 갖추어져 다양한 관광활동이 가능하다.

② 서해안
   ㉠ 해안선의 굴곡이 심하다.
   ㉡ 수심이 얕고 조수간만의 차가 심하다.
   ㉢ 간척지가 넓게 분포한다.

③ 남해안
   ㉠ 섬이 많고 해안선의 굴곡이 심하다.
   ㉡ 중화학공업단지, 충무공 전적지 등 산업관광자원과 문화관광자원이 함께 공존한다.
   ㉢ 난대성 식물 분포지 및 철새 도래지가 많다.

3 온천형 관광자원

(1) 온천형 관광자원의 정의

① **개념** … 우리나라 온천법에 의하면 '온천이라 함은 지하로부터 용출되는 섭씨 25도 이상의 온수로 그 성분이 음용 또는 목욕용으로 사용되어도 인체에 해롭지 아니한 것을 말한다.'라고 정의하고 있다. 따라서 우리나라에서는 체온을 기준으로 하여 온도가 높을 때는 온천이라고 부르고, 그 이하일 때는 냉천이라고 한다.

② **온천법 시행령 제2조 온천의 성분 기준** … 온천법에서 온천은 다음의 성분기준을 모두 갖춘 경우로서 음용 또는 목욕용으로 사용되어도 인체에 해롭지 아니한 것을 말한다. `2017년출제`
   ㉠ 질산성질소(NO_3-N)는 10mg/L 이하일 것
   ㉡ 테트라클로로에틸렌(C_2Cl_4)은 0.01mg/L 이하일 것
   ㉢ 트리클로로에틸렌(C_2HCl_3)은 0.03mg/L 이하일 것

③ **온천형성의 원인**
   ㉠ **화산** : 화산활동으로 지하에서 가열된 물이 지표로 솟아나오는 경우
   ㉡ **지열** : 지하 깊은 곳 지열에 의해 가열된 물이 지표로 솟아나오는 경우
   ㉢ **단층열** : 단층이나 습곡 등 지각운동으로 발생한 열에 의해 가열된 물이 지표로 솟아나오는 경우

(2) 우리나라 온천의 유형

① 지질구조상에서 본 온천의 분포 `2016년출제`

구분	내용
경기지구	이천, 온양, 도고, 덕산
옥천구조대	수안보, 유성, 운흥리
제3기 화산대	덕구, 포항, 옥명, 자양, 경산, 청도, 영산, 부곡, 동래, 해운대, 마금산, 마산

② 온천의 분류

    ㉠ 수온에 의한 분류

        ㉮ 냉천 : 25℃ 미만

        ㉯ 미온천 : 25~35℃

        ㉰ 온천 : 35~42℃

        ㉱ 고온천 : 42℃ 이상

    ㉡ 용출형태에 의한 분류

        ㉮ 용천 : 온천수의 분출이 계속적으로 일어나는 온천

        ㉯ 간헐천 : 온천수가 일정한 시간간격을 두고 주기적으로 용출하는 형태의 온천으로 아이슬랜드, 뉴질랜드, 미국 등지에서 볼 수 있다.

    ㉢ 성분에 의한 분류 : 온천수에 포함된 화학적 성분에 따라 유황천, 탄산천, 라듐천, 염류천, 광천 등으로 구분한다.

    ㉣ 개발상태에 따른 분류 : 자연형 온천지, 휴양(보양)형 온천지, 관광지형 온천지 등으로 구분 가능하다.

③ 우리나라 온천의 특징

    ㉠ 우리나라에 분포하는 온천은 비화산성 열원의 온천이 주를 이룬다. 저농도 약알칼리성의 단순천이 많으며 용출열수의 양이 많지 않다.

    ㉡ 온천밀집지역 : 우리나라의 온천은 주로 충청남북도와 경상남북도에 위치하며 대부분 화강암지대에 분포한다.

④ 주요 온천의 분포 및 특징 `2014년출제` `2016년출제` `2018년출제` `2015년출제` `2017년출제` `2018년출제` `2019년출제`

온천지	소재지	성분
동래온천	부산시 동래구	알칼리성
해운대온천	부산시 동래구	황산. 라듐
부곡온천	경남 부곡면	유황
마금산온천	경남 창원시	유황
온양온천	충남 온양읍	알칼리성
유성온천	충남 유성구	라듐
덕산온천	충남 덕산면	라듐
도고온천	충남 도고면	유황
백암온천	경북 울진군	나트륨, 철, 칼슘
덕구온천	경북 울진군	알칼리성
수안보온천	충북 충주시	유황
척산온천	강원도 속초시	유황
오색온천	강원도 양양군	산성, 회산성
이천온천	경기도 이천시	유황

ⓐ 동래온천

  ⑦ 신라시대부터 왕들이 목욕을 하였다는 기록이 전해져 온다.

  ⑭ 식염 단순천으로 최고 수온이 63℃인 고온천에 속한다.

  ⑭ 신경통, 피부병, 자궁내막염, 소화불량, 치질, 류머티즘 등에 효과적이며 음용이 가능하다.

ⓑ 해운대온천

  ⑦ 우리나라 유일의 임해온천으로 해수욕장과 이웃하고 있다.

  ⑭ 알칼리성 식염천으로 최고 수온이 61℃인 고온천에 속한다.

  ⑭ 혈액순환을 도와 체내 불순물을 배출시키는 효과가 있으며, 류머티즘, 신경통, 고혈압, 동맥경화증, 피부병 등에 효과적이다.

ⓒ 부곡온천

  ⑦ 경남 부곡에 있는 온천으로 최고 수온은 78℃를 자랑한다.

  ⑭ 라듐 유황권으로 유황성분이 풍부하여 온천욕을 할 경우 피부가 윤이 나고 매끄러워 여성 관광객에게 인기가 많다.

  ⑭ 피부병, 관절염, 부인병, 신경통, 동맥경화 등에 효과적이다.

ⓓ 마금산온천

  ⑦ 마금산과 천마산이 둘러싸고 있다.

  ⑭ 알칼리성 유황천으로 최고수온이 50℃에 이른다.

  ⑭ 류머티즘, 신경통, 당뇨병, 고혈압, 부인병 및 비뇨기계 질환에 효과적이다.

ⓔ 온양온천

  ⑦ 국내에서 가장 오래된 온천으로 수량이 풍부하여 최대 규모의 온천 휴양지로 자리매김하였다.

  ⑭ 수질은 알칼리성으로 피부병, 위장병, 신경통 등에 효과가 있다.

  ⑭ 수도권에서 가까이 위치하여 접근성이 뛰어나며 현충사, 민속박물관 등 관광명소가 있어 많은 관광객을 유치하고 있다.

ⓕ 유성온천

  ⑦ 라듐 성분이 풍부한 알칼리성 온천수로 무색, 무취, 무미가 특징적이다.

  ⑭ 42℃에서 65℃에 이르는 고온천으로 피부미용, 소화기질환, 부인병, 당뇨병, 신경통, 관절염 등에 효과적이다.

ⓖ 덕산온천

  ⑦ 온양 – 도고로 이어지는 충청남도 온천지대의 서쪽 끝에 위치한다.

  ⑭ 수온 47℃의 약알칼리성 중탄산나트륨천이다.

  ⑭ 율곡 이이가 자신의 저서인 「충보」에 효능이 탁월한 약수라고 소개하였다.

◎ 도고온천

　㉮ 도고 종합레저타운의 개발과 함께 크게 각광받고 있다.

　㉯ 유황 단순천으로 수온이 25℃ 정도로 낮아 겨울철에는 가열하여 사용해야 한다.

　㉰ 피부병, 신경통은 물론 안질, 무좀, 비듬, 풍치, 당뇨병 등에 효과가 있다.

㉩ 백암온천

　㉮ 수질이 뛰어나고 수량이 풍부하다.

　㉯ 최고 수온이 50℃로 높은 편이며 방사능 유황천으로 만성질환, 당뇨병, 신경통, 요결석, 중풍 등에 효과가 있다.

　㉰ 근처에 백암산, 월송정, 망양정, 백암폭포 등이 있어 관광객이 많이 찾는다.

㉪ 덕구온천

　㉮ 암벽에서 쏟아지는 노천 온천이다.

　㉯ 중탄산나트륨 단순천으로 철분 함유량이 높아 빈혈에 효과적이며 피부병, 신경통, 당뇨병 등에도 효과적이다.

㉭ 수안보온천

　㉮ 온천은 물론 주변경관이 아름다워 많은 관광객이 찾는 우리나라 대표 온천 관광자원이다.

　㉯ 유황, 라듐천으로 최고 수온이 53℃에 달한다.

　㉰ 피부병, 부인병, 신경통 등에 효과가 있으며 불소가 함유되어 충치예방도 가능하다.

㉣ 척산온천

　㉮ 온천욕을 즐기면서 설악산과 동해바다를 즐길 수 있다.

　㉯ 알칼리성 단순천으로 약간 푸른빛을 띠고 있다.

　㉰ 다량의 불소가 함유되어 있어 충치에 좋으며 눈병, 류머티즘, 신경통 등에 효과적이다.

㉫ 오색온천

　㉮ 선녀들이 온천욕을 하고 승천하였다는 전설이 있다.

　㉯ 수질은 알칼리성 유황 단순천으로 수온이 30℃로 낮은 편이다.

　㉰ 약수로 유명하며, 신경통, 피부병, 빈혈, 무좀, 버짐, 습진 등에 효과적이다.

　㉱ 설악산 국립공원과 근접하여 주변 경관이 뛰어나다.

㉬ 이천온천

　㉮ 서울에서 가까운 온천으로 접근성이 뛰어나다.

　㉯ 유황성분이 풍부한 온천수는 만성습진, 신경통, 부인병, 피부병 등에 효과가 좋다.

④ 동굴형 관광자원

(1) 동굴형 관광자원의 정의

① 개념 … 동굴은 온천과 함께 화산성 지질작용과 관계가 깊은 자원으로서 천연적으로 이루어진 바위굴로 관광적 가치 외에도 지질학적 측면에서 매우 중요한 지하경관자원이다. 학술적으로 동굴은 자연현상에 의해 형성된 지하의 공동, 즉 자연동굴을 말하는 것으로 일반적으로 동굴은 지하의 공동 중에서 인간이 출입할 수 있는 크기를 가진 곳을 말한다.

② 동굴형 관광자원의 이용가치

가치	내용
관광자원성	지하경관·관광동굴 주변 관광지와의 연계로 지역주민의 소득증대에 기여
역사성	자연으로부터 피난처, 심신을 수양하는 수련장, 원시인들의 선사주거지, 종교의식의 장소
유용성	탐험스포츠 장소, 핵폐기물 처리장, 전쟁시의 피난처, 특수자원의 저장고
학술성	지질탐사 등의 학술조사의 대상

(2) 동굴형 관광자원의 분류 `2014년출제`

① 형성원인상의 분류

 ㉠ 자연동굴 `2016년출제` `2017년출제` `2015년출제` `2016년출제` `2017년출제` `2018년출제`

  ㉮ 석회동굴(종유굴) : 고수굴, 고씨굴, 초당굴, 환선굴, 도담굴, 관음굴, 장암굴, 성류굴 등

  ㉯ 화산동굴(용암동굴) : 만장굴, 협재굴, 황금굴, 소천굴, 수산굴, 김녕사굴, 협재굴, 쌍용굴 등

  ㉰ 해식동굴(파식굴, 절리굴) : 금산굴, 용굴, 오동도굴, 정방굴, 가사굴, 산방굴, 박쥐굴, 오수자굴 등

 ㉡ 인공동굴 : 인간의 목적에 따라 굴착된 동굴로 제주 송악산 해안 일제 동굴진지가 있다.

② 형태와 모양에 따른 분류

 ㉠ 수직동굴 : 태백월둔동굴과 같이 수직으로 내려가는 동굴

 ㉡ 수평동굴 : 천곡동굴과 같이 직선을 이루는 동굴

 ㉢ 경사동굴 : 급한 경사면을 이루는 동굴

 ㉣ 다층동굴 : 몇 단계의 층으로 된 동굴

(3) 우리나라의 주요 동굴

① 웅진 성류굴

 ㉠ 천연 석회암 동굴로 천연기념물 제155호이다.

 ㉡ 총길이 472m의 동굴로 종유석와 석순이 많으며 12개의 광장과 5개의 연못이 있다.

ⓒ 수평적 직선의 형태를 이루고 있다.

> **POINT** **성류굴의 이름에 얽힌 유래**
>
> 성류굴의 원래 이름은 신선이 노닌다는 의미의 '선유(仙遊)'굴이었는데 임진왜란 당시 불상을 대피시킨 장소로 이용되면서 성불이 머무른 굴이라는 의미의 '성유(聖留)'굴로 부르게 되었다.

② 영월 고씨동굴
  ㉠ 강원도 영월군에 위치한 석회동굴로 천연기념물 제219호이다.
  ㉡ 임진왜란 때 고씨 일가가 이 동굴에 피신하여 기거한 것이 이유가 되어 고씨동굴이라는 이름이 붙었다.
  ㉢ 총 연장 3,000m로 10개의 광장, 4개의 호수, 3개의 폭포가 있으며 종유석, 석순, 석주가 잘 보존되어 있다.

③ 단양 고수동굴
  ㉠ 충북 단양군 단양읍에 위치한 석회동굴로 천연기념물 제256호이다.
  ㉡ 총 길이 1,300m로 약 5억 년 전에 생성된 것으로 추측된다.
  ㉢ 종유석과 석순, 석주의 발달이 뛰어나며 바닥에 지하수의 사행 유로가 발달되어 있다.
  ㉣ 단양팔경과 가까운 위치에 자리하여 관광객이 많이 찾는 동굴 관광자원이다.

④ 정선 화암굴
  ㉠ 1922년부터 1945년까지 금을 채굴했던 금광으로 강원도 시도기념물 제33호이다.
  ㉡ 금광갱도를 이용하여 천연동굴과 금광의 만남이라는 주제로 개발된 테마형 동굴이다.
  ㉢ 지금도 종유석이 자라는 모습을 관찰할 수 있는 동굴로 높이 30m, 폭 20m로 동양 최대 규모를 자랑하는 황종유벽이 있다.

⑤ 제주 만장굴
  ㉠ 1947년 발견된 용암동굴로 천연기념물 제98호이다.
  ㉡ 총 연장 13,422m로 부분적으로 2층 구조를 갖는다.
  ㉢ 규모가 웅장하고 용암석구, 석주 등이 잘 발달되어 있어 학문적 가치가 뛰어나다.

⑥ 제주 용암동굴지대
  ㉠ 제주시 한림읍에 위치한 용암동굴지대로 천연기념물 제236호이다.
  ㉡ 협재굴, 소천굴, 황금굴, 소천굴, 쌍룡굴로 이어진 용암동굴지대는 화산동굴로서 연구가치가 매우 높다.

⑦ 해식동굴
  ㉠ 해식단애의 하단에 침식작용으로 형성된 동굴을 말한다.
  ㉡ 제주도, 남해안, 동해안에 주로 분포하며 여수의 오동도 해식동굴, 남해도의 쌍홍문굴, 제주도의 산방굴 등이 대표적이다.

5 하천 및 호수형 관광자원

(1) 관광과 하천

① 현대문명의 발달로 하천의 이용가치는 더욱 높아져 공업용수, 발전, 양어, 관광 등 다방면으로 이용하게 되었다.

② 우리나라의 경우 총 369개의 하천 중 국·도립공원이나 관광지에 포함되어 있는 하천은 총 174개에 이르고, 다목적댐 및 호수관광, 낚시 및 보트놀이 등은 하천에서 이루어지는 관광형태이다.

③ 하천의 구분
   ㉠ 수원지
      ㉮ 수원지는 물이 솟아나는 근원지로 샘, 온천수, 약수터 등이 수원지에 해당한다.
      ㉯ 수원지는 주로 산 속에 위치하며 주변 자연경관이 뛰어나다.
   ㉡ 상류지
      ㉮ 상류지는 양쪽 기슭이 급경사를 이루고 물의 흐름이 빠르다.
      ㉯ 큰 암석들이 많아 폭포, 급류 등이 많이 존재한다.
   ㉢ 중류지
      ㉮ 중류지는 유속이 느려 사람들이 살기 좋은 지역으로 촌락이 형성되고 주위에 농지가 발달한다.
      ㉯ 수심이 적당하여 낚시, 수상스키 등 하천에서 할 수 있는 각종 관광활동이 가능하다.
   ㉣ 하류지
      ㉮ 강의 끝부분으로 강폭이 넓으며 하구에 삼각주가 발달한다. 우리나라의 대표적인 삼각주로는 낙동강 삼각주를 꼽을 수 있다.
      ㉯ 우리나라의 하류지는 삼각강의 형태를 이루고 있어 내륙과 해양을 연결하는 관광 상품에 적절하다.

(2) 우리나라 주요 강유역별 다목적댐 `2014년출제` `2015년출제` `2019년출제`
   ① 한강유역: 팔당댐
   ② 북한강유역 청평댐, 의암댐, 춘천댐, 화천댐, 소양강댐, 평화의댐
   ③ 남한강유역 충주댐, 괴산댐, 횡성댐, 도암댐
   ④ 영산강유역 : 담양댐, 장성댐, 광주댐, 나주댐
   ⑤ 섬진강유역 : 섬진강댐, 동복댐, 주암댐, 하동댐, 보성강댐, 상사댐
   ⑥ 낙동강유역 : 영주댐, 안동댐, 임하댐, 성덕댐, 군위댐, 보현산댐, 김천부항댐, 합천댐, 밀양댐, 남강댐
   ⑦ 금강유역 : 대청댐, 보령댐, 용담댐, 부안댐

(3) 관광과 호수

① 호수는 자연호와 인공호로 나눈다. 우리나라는 대부분의 하천이 노년기 구릉성 산지대를 흐르고 있으므로 자연호는 많지 않은 편이고, 그 중의 대부분은 석호이다.

- ⊙ 석호 : 잔잔한 호수와 울창한 송림 그리고 깨끗한 백사장인 사구와 사빈이 한데 어우러져 낚시터 및 해수욕장을 수반하는 경우가 많아 예로부터 관광자원으로 중요시 되었다.
- ⓒ 인공호 : 하천의 중류나 상류를 막은 댐형과 하천이 바다와 만나는 하류 입구를 가로막아 생긴 하구언형으로 크게 나눌 수 있다. 인공호는 상수원, 관광, 홍수조절, 교통용, 관개용, 공업용수 등을 위한 다목적으로 건설되고 있다.

② 기타 호수의 종류

- ⊙ 함몰호 : 지면의 함몰로 생겨난 호수로 바이칼호가 함몰호에 해당한다.
- ⓒ 빙하호 : 핀란드, 캐나다 북부 등의 빙하지대에서 볼 수 있는 호수이다.
- ⓒ 언지호 : 산사태 등으로 하천의 수로가 막혀 생긴 호수이다.
- ⓔ 우각호 : 하천의 곡류현상으로 발생한 호수이다.
- ⓜ 화구호 : 화산작용으로 생긴 분화구에 물이 고여 생긴 호수이다.

6 약수

(1) 약수의 개념과 효과

① 일반적으로 화학성분이 함유되어 있는 냉천(수온이 낮은 광천)을 약수라고 한다.

② 탄산나트륨 함량이 1% 이상이다.

③ 약수는 소화의 촉진을 돕고 건강을 유지시킨다고 알려져 많은 사람에게 관심의 대상이 된다.

(2) 우리나라의 주요 약수

① 초정약수 … 충북 청원군 북일면 초정리에 있는 약수로 라듐 성분이 다량 함유된 천연 탄산수이다.

② 오색약수 … 강원도 양양군 서면 오색리에 있는 약수로 철분이 많은 탄산수이다.

③ 달기약수 … 경북 청송읍 부곡리에 있는 약수로 약수가 있는 곳이 '달이 뜨는 곳'이라 하여 달기골이라고 불렸다.

④ 화암약수 … 강원도 정선군 화암면 화암리에 위치한 약수터로 산화철 탄산수이다.

최근 기출문제 분석

2023. 11. 4. 국내여행안내사
1 **소재지와 동굴의 연결이 옳은 것은?**

① 경북 안동 – 성류굴
② 강원 삼척 – 고씨굴
③ 전북 익산 – 천호동굴
④ 충북 단양 – 초당굴

TIP ① 경북 울진 – 성류굴
② 강원 영월 – 고씨굴
④ 강원 삼척 – 초당굴국의 전통민속놀이로 정월 대보름 전날에 논둑이나 밭둑에 불을 지르고 돌아다니며 노는 놀이다.

2019. 11. 2. 국내여행안내사
2 **댐과 강유역명의 연결이 옳지 않은 것은?**

① 팔당댐 – 한강유역
② 충주댐 – 금강유역
③ 안동댐 – 낙동강유역
④ 장성댐 – 영산강유역

TIP ② 충주댐은 남한강유역이다.

2018. 11. 3. 국내여행안내사
3 **다음 설명에 해당하는 온천은?**

> • 관광특구로 지정된 라듐성 유황온천이다.
> • 국내에서 최고수온이 가장 높다.
> • 「동국통감」의 고려기에 '영산온정'이라 기록되어 있다.

① 수안보 온천
② 부곡 온천
③ 유성 온천
④ 백암 온천

TIP 제시된 설명에 해당하는 온천은 경남 창녕군에 있는 부곡온천이다. 부곡온천은 온천수의 온도가 약 78℃에 이르는 우리나라에서 가장 뜨거운 온천이다.

Answer 1.③ 2.② 3.②

4 온천법상 (   )에 들어갈 용어로 옳은 것은?

> 시·도지사는 온도·성분 등이 우수하고 주변환경이 양호하여 건강증진 및 심신요양에 적합하다고 인정하는 온천이 있는 온천원보호지구, 온천공보호구역 또는 온천이용시설을 행정안전부장관의 승인을 받아 (   )으로 지정할 수 있다.

① 보양온천   ② 관광온천

③ 휴양온천   ④ 요양온천

> **TIP** 시·도지사는 온도·성분 등이 우수하고 주변환경이 양호하여 건강증진 및 심신요양에 적합하다고 인정하는 온천이 있는 온천원보호지구, 온천공보호구역 또는 온천이용시설을 행정안전부장관의 승인을 받아 <u>보양온천</u>으로 지정할 수 있다(「온천법」 제9조(보양온천의 지정) 제1항).

5 석회동굴을 모두 고른 것은?

> ㉠ 제주 만장굴   ㉡ 제주 협재굴
>
> ㉢ 영월 고씨굴   ㉣ 울진 성류굴

① ㉠, ㉡   ② ㉠, ㉣

③ ㉡, ㉢   ④ ㉢, ㉣

> **TIP** ㉠, ㉡은 용암동굴이다.

6 동굴의 생성원인이 다른 것은?

① 만장굴   ② 쌍룡굴

③ 협재굴   ④ 성류굴

> **TIP** 성류굴은 석회동굴이고, 만장굴·쌍룡굴·협재굴은 화산동굴이다.

Answer 4.① 5.④ 6.④

출제 예상 문제

1 해안 관광자원의 성격으로 적합하지 않은 것은?

① 대부분 자원 중심적 성향이 강한 자원
② 대체로 숙박형과 체재형 관광유형으로 구분
③ 이용시기는 사시사철에 해당
④ 크고 넓은 지역에 걸쳐 분포

TIP 해안 관광자원은 연휴나 휴가기간에 주로 이용한다.

2 다음 중 호수의 형성과 관련해 성격이 다른 하나는?

① 석호
② 칼데라호
③ 하구호
④ 방조제

TIP 방조제는 인공호이며, ①②③은 자연호에 해당한다.

3 우리나라는 수온이 몇 ℃ 이상의 온수를 온천이라고 하는가?

① 25℃ 이상
② 30℃ 이상
③ 35℃ 이상
④ 40℃ 이상

TIP 온천은 지하로부터 용출되는 25℃ 이상 온수로 그 성분이 인체에 해롭지 아니한 것을 말한다.

Answer 1.③ 2.④ 3.①

4 다음 온천 중 국내에서 가장 오래된 온천으로 조선왕조 때 군왕들이 많이 이용했던 온천은?

① 경주온천   ② 온양온천

③ 오색온천   ④ 동래온천

TIP 온양온천은 백제 때는 온정, 고려 때는 온수, 조선시대 이후에 온양이라고 불렸을 만큼 역사가 길다. 특히 조선시대에는 태조 · 세종 · 세조 등 여러 왕이 이곳에 순행하였고 세조는 '신천'이라는 이름을 내렸다.

5 온천의 3대 요소에 해당하지 않는 것은?

① 수량   ② 성분

③ 온도   ④ 농도

TIP 수량, 성분, 온도에 따라 온천의 절대적인 가치가 평가된다.

6 지질구조상 경기지구에 속한 온천에 해당되지 않는 것은?

① 이천   ② 온양

③ 도고   ④ 수안보

TIP 수안보는 옥천구조대에 속한다.
※ 지질구조상에서 본 온천의 분포
    ㉠ 경기지구 : 이천, 온양, 도고, 덕산
    ㉡ 옥천구조대 : 수안보, 유성, 운흥리
    ㉢ 제3기 화산대 : 덕구, 포항, 옥명, 자양, 경산, 청도, 부곡, 동래, 해운대, 마금산, 마산

Answer   4.②   5.④   6.④

7 온천지의 개발상태에 따른 분류에 해당되지 않는 것은?

① 자연형   ② 휴양형

③ 관광지형   ④ 위락지형

TIP ① **자연형 온천지** : 자연 그대로 용출되는 온천지이다.
② **휴양형 온천지** : 숙박시설이 발달한 상태로 이용 형태가 탕을 벗어나지 못한 온천이다.
③ **관광지형 온천지** : 레크리에이션 목적의 관광객을 위해 개발한 온천지를 말한다.

8 주변 관광지로 계룡산국립공원과 공주 무령왕릉이 있는 온천지는?

① 온양   ② 도고

③ 유성   ④ 수안보

TIP 조선시대 태조가 새 왕도 후보지를 답사하기 위해 계룡산에 행차했을 때 이곳에 머물렀다고 한다.

9 신라시대부터 알려진 온천으로 고려사와 세종실록지리지와 신증동국여지승람 등의 문헌에 나오는 평해 온천에 해당하는 곳은?

① 온양   ② 백암

③ 유성   ④ 수안보

TIP 백암온천은 신라 때부터 알려진 유서깊은 온천으로 1610년 「광해군일기」에도 백암온천에 관한 기록이 나오고 있다.

Answer   7.④   8.③   9.②

10 인근에 석회암동굴인 성류굴과 봉평 및 후정 등의 해수욕장이 있는 온천지는?

① 덕구   ② 백암

③ 유성   ④ 수안보

TIP ① 1983년 10월 온천지구 군립공원으로 지정된 곳이다.

11 조선시대 세조가 목욕하여 피부병인 옴을 치료하였다고 하여 옴천이라고 불려지는 곳은?

① 덕구   ② 백암

③ 부곡   ④ 수안보

TIP 부곡온천은 경상남도 창녕군 부곡면에 있는 온천으로 81.7% 황(黃)을 함유하여 관절염, 피부병, 신경통을 비롯한 여러 질환에 효과가 있다고 한다.

12 다음 중 해수욕장의 조건으로 옳지 않은 것은?

① 모래사장은 500m 이상이어야 한다.

② 수온은 해수욕시즌을 기준으로 하여 30℃ 이상이어야 한다.

③ 수심 1m 이내의 해저지역이 50m 이상이어야 한다.

④ 여름철 쾌청일수가 2주 이상이어야 한다.

TIP ② 해수욕시즌(7월 초부터 8월 말)을 기준으로 하여 수온은 25℃ 이상이어야 한다.
   ※ **해수욕장의 조건**
     ⊙ **모래사장** : 500m 이상
     ⓒ 모래사장의 사질과 바닷물의 수질 염분이 적고 깨끗해야 한다.
     ⓒ **수온** : 해수욕시즌(7월 초부터 8월 말)을 기준으로 하여 수온은 25℃ 이상이어야 한다.
     ⓔ **수심** : 깊이 1m 이내의 해저지역이 50m 이상이어야 한다.
     ⓜ **날씨** : 여름철 쾌청일수가 2주 이상이어야 한다.
     ⓗ 안전성 보장 및 편의성 제공

Answer   10.①   11.③   12.②

13 우리나라의 산악형 관광자원의 특징이 아닌 것은?

① 우리나라의 산지는 고산성 산지가 대부분을 이룬다.

② 북쪽일수록 높은 산지가 많고 중남부로 올수록 저산지가 많다.

③ 백두산, 한라산 등은 화산활동으로 발생한 산지이다.

④ 자연휴양림은 자연의 보전과 국민의 이용을 동시에 목적으로 한다.

TIP ① 우리나라 산지는 오랜 침식작용으로 형성된 저산성 산지가 대부분을 이룬다.

14 온천법 시행령 제2조에 따른 온천의 성분 기준으로 옳지 않은 것은?

① 음용 또는 목욕용으로 사용되어도 인체에 해롭지 않아야 한다.

② 질산성질소(NO3-N)는 50mg/L 이하여야 한다.

③ 테트라클로로에틸렌(C2Cl4)은 0.01mg/L 이하여야 한다.

④ 트리클로로에틸렌(C2HCl3)은 0.03mg/L 이하여야 한다.

TIP **온천법 시행령 제2조**(온천의 성분 기준) … 온천법에서 온천은 다음의 성분기준을 모두 갖춘 경우로서 음용 또는 목욕용으로 사용되어도 인체에 해롭지 아니한 것을 말한다.
㉠ 질산성질소(NO3-N)는 10mg/L 이하일 것
㉡ 테트라클로로에틸렌(C2Cl4)은 0.01mg/L 이하일 것
㉢ 트리클로로에틸렌(C2HCl3)은 0.03mg/L 이하일 것

15 다음 중 온천형성의 원인으로 볼 수 없는 것은?

① 화산활동

② 지열

③ 따뜻한 기후

④ 단층이나 습곡 등의 지각운동

TIP 온천형성의 원인
 ㉠ **화산** : 화산활동으로 지하에서 가열된 물이 지표로 솟아나오는 경우
 ㉡ **지열** : 지하 깊은 곳 지열에 의해 가열된 물이 지표로 솟아나오는 경우
 ㉢ **단층열** : 단층이나 습곡 등 지각운동으로 발생한 열에 의해 가열된 물이 지표로 솟아나오는 경우

16 우리나라 온천의 특징에 대한 설명으로 틀린 것은?

① 비화산성 열원 온천이다.

② 저농도 약알칼리성의 단순천이 많다.

③ 용출열수의 양이 많다.

④ 대부분 화강암지대에 분포한다.

TIP 우리나라 온천의 특징
 ㉠ 우리나라에 분포하는 온천은 비화산성 열원의 온천이 주를 이룬다. 저농도 약알칼리성의 단순천이 많으며 용출열수의 양이 많지 않다.
 ㉡ **온천밀집지역** : 우리나라의 온천은 주로 충청남북도와 경상남북도에 위치하며 대부분 화강암지대에 분포한다.

Answer 15.③ 16.③

17 다음에 설명하고 있는 동굴은?

> 1947년 발견된 용암동굴로 천연기념물 제98호이다. 총 연장 13,422m로서 세계 최장의 용암동굴이다. 규모가 웅장하고 용암석구, 석주 등이 잘 발달되어 있어 학문적 가치가 뛰어나다.

① 성류굴   ② 고씨동굴
③ 만장굴   ④ 고수동굴

TIP ③ 제시된 내용은 제주도에 위치한 만장굴에 대한 설명이다.
①②④ 성류굴, 고씨동굴, 고수동굴은 석회암 동굴이다.

18 다음에 설명하는 호수의 종류는?

> 화산활동, 산사태 등으로 하천의 수로가 막혀 생긴 호수이다.

① 함몰호   ② 빙하호
③ 언지호   ④ 우각호

TIP ① **함몰호** : 지면의 함몰로 생겨난 호수로 바이칼호가 함몰호에 해당한다.
② **빙하호** : 핀란드, 캐나다 북부 등의 빙하지대에서 볼 수 있는 호수이다.
④ **우각호** : 하천의 곡류현상으로 발생한 호수이다.

Answer 17.③ 18.③

19 산악형 관광자원에 대한 설명으로 바르지 않은 것은?

① 자연감상과 휴양지 기능을 한다.

② 산악관광지는 자연관광자원의 압권이라 할 수 있다.

③ 계룡산, 마니산, 태백산 등은 종교 신앙형 활동의 대상이 되는 곳이다.

④ 숙박형과 체제형 관광유형으로 구분한다.

TIP 숙박형과 체제형 관광유형으로 구분하는 것은 해안형 관광자원이다.

20 큰 화산의 산사면에 발달한 작은 화산을 무엇이라 하는가?

① 주상절리　　　　　　　　　　② 용암대지

③ 기생화산　　　　　　　　　　④ 돌리네

TIP 큰 화산의 산사면에 발달한 것은 기생화산이며 제주도의 오름이 대표적인 예이다.
　① **주상절리** : 단면의 형태가 육각형이나 삼각형으로 긴 기둥 모양을 이루고 있는 절리를 말한다. 화산암 암맥이나 용암, 용결응
　　　회암 등에서 주로 생긴다.
　④ **돌리네** : 석회암 지대에서 주성분인 탄산칼슘이 물에 녹으면서 땅이 깔때기 모양으로 움푹 패인 것을 말한다.

21 암석이나 지층에 기둥모양의 절리가 수직적으로 형성되는 형태를 무엇이라 하는가?

① 주상절리　　　　　　　　　　② 판상절리

③ 풍화　　　　　　　　　　　　④ 용암동굴

TIP ② **판상절리** : 지표에 평행하게 동심원으로 발달하는 절리
　③ **풍화작용** : 지표를 구성하는 암석이 햇빛, 공기, 물, 생물 따위의 작용으로 점차 파괴 되 거나 분해되는 일
　④ **용암동굴** : 유동하던 용암이 빠져나간 후 지하의 빈 공간

Answer　19.④　20.③　21.①

22 자연휴양림을 설명한 것으로 옳지 않은 것은?

① 자연의 보전과 국민의 이용을 동시에 달성하기 위해 지정하기 시작하였다.

② 자연휴양림에는 낚시터, 수렵장과 같은 특수시설 설치는 불가능하다.

③ 1988년 최초로 조성되기 시작하였다.

④ 이용객들의 편의를 위해 진입로, 주차장, 산책로, 야영장 등이 설치되었다.

TIP 자연휴양림에는 진입로, 주차장, 산책로, 야영장은 물론이고 낚시터나 수렵장, 조수사육장 등의 특수시설의 설치도 가능하다.

23 남해안에 대한 설명으로 옳은 것은 무엇인가?

① 수심이 얕고 조수간만의 차가 심하다.

② 수질이 깨끗하고 어족이 풍부하다.

③ 간척지가 넓게 분포한다.

④ 철새 도래지가 많다.

TIP ①③은 서해안에 대한 설명이고 ②은 동해안에 대한 설명이다.

24 온천에 대한 설명으로 틀린 것은?

① 용천이란 온천수가 일정한 시간간격을 두고 주기적으로 용출하는 형태의 온천이다.

② 온천수의 화학적 성분에 따라 유황천, 탄산천, 라듐천, 염류천 등으로 구분한다.

③ 온천은 개발상태에 따라 자연형 온천지, 휴양형 온천지 등으로 구분 가능하다.

④ 수온에 따라 냉천, 미온천, 온천, 고온천 등으로 구분이 가능하다.

TIP 용천은 온천수의 분출이 지속적으로 일어나는 온천을 말하며 간헐천은 온천수가 일정한 시간간격을 두고 주기적으로 용출하는 형태의 온천이다.

Answer 22.② 23.④ 24.①

25 다음에서 설명하는 온천은 무엇인가?

> • 신라시대부터 왕들이 목욕을 하였다는 기록이 전해온다.
> • 식염 단순천으로 최고 수온이 63도에 이른다.
> • 음용이 가능하며 신경통, 피부병, 치질 등에 효과적이다.

① 동래온천　　　　　　　　　　　② 해운대온천

③ 부곡온천　　　　　　　　　　　④ 유성온천

TIP 부산시 동래구에 위치한 동래온천은 신라시대부터 왕들이 목욕을 했다는 기록이 전해오며 수온이 63℃에 이른다.

---

26 총길이 472m의 동굴로 종유석과 석순이 많으며 천연 석회암 동굴로 천연기념물 제 155호로 지정된 동굴은 무엇인가?

① 영월 고씨동굴　　　　　　　　　② 웅진 성류굴

③ 정선 화암굴　　　　　　　　　　④ 제주 만장굴

TIP 웅진 성류굴은 천연 석회암 동굴로 천연기념물 제155호이며 총길이 472m의 동굴로 종유석과 석순이 많으며 12개의 광장과 5개의 연못이 있다.

---

27 해식단애의 하단에 침식작용으로 형성된 동굴이 아닌 것은?

① 남해도 쌍흥문굴　　　　　　　　② 제주도 만장굴

③ 제주도 산방굴　　　　　　　　　④ 여수 오동도 해식동굴

TIP 제주 만장굴은 총 연장 13,422m로서 규모가 웅장하고 용암 석구, 석주 등이 발달되어 있다.

Answer 25.① 26.② 27.②

☰ 03 자연보호

① 자연관광자원의 보호

(1) 자연보호의 개념

① 소극적 의미 … 자연을 원래 상태로 보호 · 보전하는 것으로, 자연 가운데에서 인간의 생활을 향유하려는 행위 및 사상을 말한다.

② 적극적 의미 … 자연을 보전하는 것에 그치지 않고 관리하여 인간의 삶과 조화를 이루며 보존하려는 노력을 포함한다.

(2) 자연자원의 보호와 개발

① 관광자원의 개발과 훼손 … 관광자원이 인위적으로 개발되면 자연이 파괴될 가능성이 발생한다. 따라서 자연이 훼손되지 않는 수준 안에서 개발을 진행하는 것이 과제라고 할 수 있다.

② 관광자원 개발의 유의점
　　㉠ 보호를 전제로 한 적정 수준 내에서 개발할 것
　　㉡ 지역의 특성을 이해하고 적절한 유형으로 개발할 것
　　㉢ 자연의 잠재적 가치를 발견하고 분산하여 개발할 것

(3) 우리나라의 자연보호

① 자연보호운동의 역사
　　㉠ 조선총독부 보물 · 고적 · 천연기념물보존령 : 1933년 제정되었으며 각 분야 전문가로 구성된 보존회를 조직하여 우리나라의 명승, 고적, 천연기념물 등에 대해 연구하였다.
　　㉡ 1960년대 : 1960년의 국무원령 문화재보존사업위원회규정의 공포 · 발효를 시작으로 관광사업법, 산림법, 조수보호 및 수렵에 관한 법, 문화재보호법, 공해방지법 등 자연 및 문화재보호 관련 법이 대거 제정되었다.

② 자연보호관련 협회 … 한국산악회(1965), 한국야생동물보호협회(1969), 한국환경보호협회(1975) 등

③ **자연보호헌장** … 1978년 10월 5일 선포. 훼손·파괴되어 가는 자연환경에 대한 보호 측면에서 국민에게 자연환경윤리관을 심어줄 목적으로 정부가 선포한 자연보호에 관한 헌장

④ **자연학습원 조성 기본계획(1980년대)** … 중앙시범자연학습원을 비롯한 각 시·도별 자연학습원 조성

2 천연기념물과 천연보호구역

(1) 천연기념물

① **정의** … 학술 및 관상적 가치가 높아 법률로 지정하여 보호·보존하는 동물의 종과 서식지, 식물의 개체·종 및 자생지, 지질 및 광물 등을 말한다.

② **시초** … 1933년 조선보물·고적명승 및 천연기념물 보존령의 공포 이후 천연기념물을 지정하기 위한 조사를 시작, 보존회의에서 19개 항목으로 된 천연기념물보존요목을 결정하고 11점의 식물을 천연기념물로 지정하였다.

③ 1962년 제정된 문화재보호법에 따라 구성된 문화재위원회는 1963년 98점을 천연기념물로 지정하였다.

④ **대표적인 천연기념물** `2017년출제` `2023년출제`

  ㉠ 식물
    ㉮ 노거수 : 서울 재동 백송(제8호), 양평 용문사 은행나무(제30호), 삼척 도계리 긴잎느티나무(제95호), 강진 사당리 푸조나무(제35호) 등
    ㉯ 자생지 및 자생북한지 : 제주 삼도 파초일엽 자생지(제18호), 울릉 통구미 향나무 자생지(제48호), 옹진 대청도 동백나무 자생북한지(제66호) 등
    ㉰ 수림지 : 완도 주도 상록수림(제28호), 남해 미조리 상록수림(제29호) 등

  ㉡ 동물
    ㉮ 서식지 : 광릉 크낙새 서식지(제11호), 제주 무태장어 서식지(제27호), 정선 정암사 열목어 서식지(제73호) 등
    ㉯ 번식지 : 진천 노원리 왜가리 번식지(제13호), 여주 신접리 백로와 왜가리 번식지(제209호) 등
    ㉰ 도래지 : 진도 고니류 도래지(제101호), 낙동강 하류 철새 도래지(제179호) 등
    ㉱ 회유해면 : 울산 귀신고래 회유해면(제126호)
    ㉲ 특정종 : 진도의 진도개(제53호), 한강의 황쏘가리(제190호), 제주의 한란(제191호), 장수하늘소(제218호), 흑두루미(제228호) 등

  ㉢ 기타 : 울진 성류굴(제155호), 익산 천호동굴(제177호), 무등산 주상절리대(제465호), 고성 계승사 백악기 퇴적구조(제475호), 포천 아우라지 베개(제542호) 등

POINT 천연기념물 제1호 대구 도동 측백나무숲 [2015년출제]

중국에서만 자라는 나무로 알려져 있었던 측백나무가 우리나라에서도 자라고 있어 식물 분포학상 학술적 가치가 높아 천연기념물로 지정되었다. 측백나무는 절벽 바위에 뿌리를 내리고 숲을 이루는 경우가 많으며 주변환경을 아름답게 하기 위해 주택과 마을 주변에 많이 심는 종으로, 단양, 대구, 안동, 영양 등지에서 자라고 있다. 대구 도동 측백나무 숲은 나무의 높이가 5~7m 정도 되는 700여 그루의 나무가 절벽에 자라고 있으며, 측백나무 외에도 소나무, 느티나무, 말채나무 등이 함께 어우러져 있다.

(2) 천연보호구역 [2015년출제] [2019년출제]

① 정의 … 보호할 만한 천연기념물이 풍부한 지역으로 홍도, 한라산, 설악산, 대암산 · 대우산, 향로봉 · 건봉산, 문섬 · 범섬, 마라도, 독도, 성산일출봉 등이 있다.

② 홍도(천연기념물 제170호)

ㄱ 개요 : 전라남도 신안군 흑산면 홍도리에 있는 면적 5,867,640㎡의 천연보호구역

ㄴ 특징

㉮ 해식작용으로 생긴 해식애 및 문바위섬, 구멍바위 등

㉯ 당산림 등 원시림에 가까운 상태의 숲

㉱ 남색남방공작나비 등 희귀종 곤충

③ 한라산(천연기념물 제182호)

ㄱ 제주도 한라산 일원의 면적 91,874,318㎡의 천연보호구역

ㄴ 지형과 지질, 식물과 동물의 특이성과 보존 가치성을 인정받아 천연보호구역으로 지정

ㄷ 특징

㉮ 한라산을 중심으로 하는 해발 800~1,300m 이상의 구역을 비롯, 일부 계곡 및 특수 식물상을 보유하고 있는 몇 개의 지역 포함

㉯ 고도에 따라 난대, 온대, 한대식물을 보유

㉱ 모주둥이노린재, 제주양코스커딱정벌레, 제주풍뎅이, 제주은주둥이벌, 참뒤영벌 등의 특산종

④ 설악산(천연기념물 제171호)

ㄱ 강원도 속초시, 인제군, 양양군 등에 걸쳐 있는 면적 173,744,122㎡의 천연보호구역

ㄴ 특징

㉮ 멸종위기에 처하여 있는 크낙새, 사향노루, 산양, 까막딱따구리 등 서식

㉯ 바람꽃, 꽃쥐손이, 대서호 등으로 구성된 고산식물군집

㉱ 금강초롱, 금낭화, 설악조팝나무, 찰피나무, 큰꽃긴잎여로, 세잎종덩굴, 큰바리 등 특산식물

최근 기출문제 분석

2019. 11. 2. 관광통역안내사

1 천연보호구역으로 지정된 곳이 아닌 것은?

① 홍도　　　　　　　　　　　　② 해금강

③ 설악산　　　　　　　　　　　④ 성산일출봉

> **TIP** 천연보호구역으로 지정된 곳은 성산일출봉, 설악산, 대암산·대우산, 문섬·범섬, 독도, 마라도, 향로봉·건봉산, 한라
> 산, 차귀도, 홍도, 창녕 우포늪 등이 있다.
> ② 해금강은 천연보호구역에 해당하지 않는다.

2017. 11. 4. 관광통역안내사

2 천연기념물이 아닌 것은?

① 전남 오동도굴

② 서울 재동 백송

③ 광릉 크낙새 서식지

④ 제주 무태장어 서식지

> **TIP** ② 서울 재동 백송 – 천연기념물 제8호
> ③ 광릉 크낙새 서식지 – 천연기념물 제11호
> ④ 제주 무태장어 서식지 – 천연기념물 제27호

Answer 1.② 2.①

출제 예상 문제

1 자연보호의 적극적 의미를 가장 잘 표현한 것은?

① 자연을 원래 상태로 보전하는 것
② 자연 가운데에서 인간의 생활을 향유하려는 것
③ 자연을 관리하여 인간의 삶과 조화를 이루려는 것
④ 자연을 개발하여 경제적 이득을 취하려는 것

TIP 자연보호의 개념
  ⊙ **소극적 의미**: 자연을 원래 상태로 보호·보전하는 것으로, 자연 가운데에서 인간의 생활을 향유하려는 행위 및 사상을 말한다.
  ⓛ **적극적 의미**: 자연을 보전하는 것에 그치지 않고 관리하여 인간의 삶과 조화를 이루며 보존하려는 노력을 포함한다.

2 다음 중 우리나라의 자연보호운동의 일환 중 그 시기가 가장 빠른 것은?

① 조선총독부 보물·고적·천연기념물보존령
② 문화재보존사업위원회규정
③ 문화재보호법
④ 자연보호헌장

TIP ① 1933년
   ②③ 1960년대
   ④ 1978년

Answer 1.③ 2.①

3 관광자원 개발의 유의점으로 거리가 먼 것은?

① 보호를 전제로 한 적정 수준 내에서 개발할 것

② 지역의 특성을 이해하고 적절한 유형으로 개발할 것

③ 이용자의 욕구를 파악하고 최대한 개발할 것

④ 자연의 잠재적 가치를 발견하고 분산하여 개발할 것

TIP 관광자원이 인위적으로 개발되면 자연이 파괴될 가능성이 발생한다. 따라서 자연이 훼손되지 않는 수준 안에서 개발을 진행하는 것이 과제라고 할 수 있다. 따라서 ③의 최대한의 개발은 유의점으로 적절하지 않다.

4 다음 중 그 성격이 가장 다른 하나는?

① 서울 재동 백송

② 양평 용문사 은행나무

③ 강진 사당리 푸조나무

④ 완도 주도 상록수림

TIP ④ 수림지
①②③ 노거수

5 천연기념물이 아닌 것은?

① 동백나무와 백일홍

② 두루미와 크낙새

③ 영월고씨굴, 초당굴

④ 경회루

TIP 천연기념물 지정 내용으로는 식물, 동물, 광물, 천연보호구역이 포함된다.
④ 경복궁 경회루는 국보 제224호이다.

Answer 3.③ 4.④ 5.④

6 다음 설명에 해당하는 것은?

> 1978년 훼손되어 가는 자연환경에 대한 보호의 측면에서 국민에게 자연환경윤리관을 심어줄 목적으로 정부가 선포하였다.

① 천연기념물보존령

② 자연보호헌장

③ 문화재보존사업위원회규정

④ 자연학습원 조성 기본계획

TIP ② 정부는 자연보호헌장의 선포로 국민들의 자연보호 의식을 고취시키고자 하였다.

7 천연기념물에 대한 설명 중 옳지 않은 것은?

① 학술 및 관상적 가치가 높아 법률로 지정하여 보호 · 보존한다.

② 천연기념물은 동물의 종과 서식지, 식물의 개체 · 종 및 자생지 등으로 구분할 수 있다.

③ 지질 및 광물 등 무생물은 천연기념물에 포함되지 않는다.

④ 1933년 조선보물 · 고적명승 및 천연기념물 보존령이 천연기념물 지정의 시초라 할 수 있다.

TIP ③ 천연기념물이란 학술 및 관상적 가치가 높아 법률로 지정하여 보호 · 보존하는 동물의 종과 서식지, 식물의 개체 · 종 및 자생지, 지질 및 광물 등을 말한다.

8 천연기념물 제1호는?

① 울산 귀신고래 회유해면

② 대구 도동 측백나무숲

③ 삼척 도계리 긴잎느티나무

④ 옹진 대청도 동백나무 자생북한지

TIP ② 대구 도동 측백나무숲은 중국에서만 자라는 나무로 알려져 있었던 측백나무가 우리나라에서도 자라고 있어 식물 분포학상 학술적 가치가 높아 천연기념물로 지정되었다.
① 제126호 ③ 제95호 ④ 제66호

Answer   6.② 7.③ 8.②

9 천연기념물 제182호로 지정되어 있으며 고도에 따라 난대, 온대, 한대식물을 보유하며 모주둥이노린재, 참뒤영벌 등의 특산종을 볼 수 있는 천연보호구역은?

① 홍도   ② 설악산
③ 한라산   ④ 무등산

TIP ① 홍도 천연보호구역은 천연기념물 제170호로 대흑산도에서 서쪽으로 19km 떨어진 곳에 있으며, 홍도와 탑섬, 고예리도, 띠섬, 높은섬 등 20여 개의 섬으로 이루어져 있다.
② 설악산 천연보호구역은 천연기념물 제171호로 강원도의 인제군, 양양군, 속초시에 걸쳐 넓게 펼쳐져 있다.
④ 무등산은 천연보호구역은 아니며, 무등산 주상절리대가 천연기념물 제465호로 지정되어 있다.

10 다음 중 그 성격이 다른 것은?

① 광릉 크낙새 서식지   ② 진도의 진돗개
③ 한강의 황쏘가리   ④ 제주의 한란

TIP ①은 서식지별 구분이고 ②③④는 특정 종에 따른 구분이다.

11 소극적 의미에서의 자연보호는 무엇인가?

① 자연을 원래 상태로 보호하고 보존하는 것
② 자연을 보전하는 것에서 나아가 인간의 삶과 조화를 이루는 것
③ 사람들의 욕구를 충분히 반영하는 것
④ 자연을 개발하여 경제적 욕구를 충족시키는 것

TIP 자연보호의 소극적 의미는 자연을 원래 상태로 보호, 보존하는 것으로 자연 가운데에서 인간의 생활을 향유하려는 행위 및 사상을 뜻한다.

Answer   9.③ 10.① 11.①

관광자원해설

03

문화적
관광자원

01 문화관광자원

1 문화관광자원의 정의

(1) 문화관광의 개념

① **문화관광** … 관광객이 여가 시간 중에 일상의 생활권을 떠나 다시 돌아올 예정으로 타국이나 타 지역에서 유형·무형의 문화적 관광자원을 대상으로 하여 문화적 관광욕구 충족을 목적으로 하는 관광활동으로 정의할 수 있다.

② **문화관광의 범위**
  ㉠ 관광대상 측면 : 문화유적과 연극, 미술 음악, 문화 등과 자연자원, 광범위한 생활양식까지 모두 포함한다.
  ㉡ 관광객 측면 : 학습, 성찰, 체험이라는 문화적 동기를 지닌 관광객으로 정의된다.
  ㉢ 관광개발 측면 : 대규모적인 개발이 아닌 문화적 개발이 강조된다.

③ **문화관광의 의의**
  ㉠ 문화관광은 지역경제 활성화의 수단이 될 수 있다.
  ㉡ 도시는 문화관광자원을 개발함으로써 도시의 이미지를 고양시킬 수 있으며 지역주민들로 하여금 지역에 대한 애정과 자부심을 갖도록 해준다.
  ㉢ 문화관광은 문화예술을 진흥시킨다.
  ㉣ 문화관광은 관광의 영역을 확대시키는 데 기여한다.

(2) 문화관광자원의 개념

① **문화관광자원** … 민족의 문화유산으로 보존할만한 가치가 있으면서 관광객으로 하여금 관광매력을 느끼도록 하는 자원이다.

② **문화관광자원의 범위**
  ㉠ 문화재 자원 : 유형문화재, 무형문화재, 기념물, 민속문화재
  ㉡ 박물관 : 고고학적 자료, 역사적 유물, 예술품 등의 자료를 수집·보존·진열·전시하여 학술 연구와 사회 교육에 기여할 목적으로 만든 시설이다.

② 문화관광자원의 유형별 특징 및 사례

유형	특징	사례
문화유적관광	유·무형의 문화적 유적을 관광하면서 한민족의 우수성과 민족적 자긍심 회복	왕릉, 궁궐, 매장문화재, 민속자료
민족예술관광	타민족과 다른 민족예술적 성격을 특화	하회별신굿탈놀이, 무당춤, 종묘제례악, 전통축제
역사교육관광	특정분야에 대한 배움의 욕구 충족	유교·불교문화연구, 풍수지리연구
전통생활체험관광	타민족과 다른 전통적인 삶을 재현	하회마을, 낙안읍성 등 전통민속마을 관광
종교·성지순례	종교발생지, 순교지 및 종교적 의의가 깊은 곳 순례	마니산, 동학발생지, 기독교 박해현장
현대문화시설관광	과거문화와 현대적인 문화시설을 관광함으로써 문화의 발전과정 이해	박물관, 극장, 각종 전시관, 공연장, 문화의 거리, 조각공원 등

③ 문화재의 정의

(1) 문화재의 개념

① 문화재의 개념
 ㉠ 일반적 개념의 문화재란 문화적 가치가 있는 사물로서 보존할 만한 가치가 있는 문화의 유산으로 수많은 우리 조상의 창조물 중 역사적 값어치가 인정되어 현재까지 보존해 오고 있는 유·무형의 유산을 말한다.
 ㉡ 문화재보호법상 문화재란 인위적이거나 자연적으로 형성된 국가적, 민족적 또는 세계적 유산으로서 역사적, 예술적, 학술적, 경관적 가치가 큰 것으로 정의내리고 있다.

(2) 문화재의 분류
문화재는 크게 문화재보호법 또는 시·도 문화재 보호조례에 의해서 보호되는 지정문화재와 법령에 의해 지정되지는 않았지만 문화재 중에서 지속적인 보호와 보존이 필요한 비지정문화재로 구분된다.

① 「문화재보호법」에 의한 분류
 ㉠ 유형문화재 : 건조물, 전적(典籍), 서적(書跡), 고문서, 회화, 조각, 공예품 등 유형의 문화적 소산으로서 역사적·예술적 또는 학술적 가치가 큰 것과 이에 준하는 고고자료(考古資料)이다.

ⓒ 무형문화재 : 여러 세대에 걸쳐 전승되어 온 무형의 문화적 유산 중에서 전통적 공연·예술, 공예 및 미술 등에 관한 전통기술, 한의약 또는 농경· 로 등에 관한 전통지식, 구전 전통 및 표현, 의식주 등 전통적 생활관습, 민간신앙 등 사회적 의식(儀式), 전통적 놀이·축제 및 기예·무예에 해당하는 것이다.

ⓒ 기념물

㉮ 절터, 옛무덤, 조개무덤, 성터, 궁터, 가마터, 유물포함층 등의 사적지(史蹟地)와 특별히 기념이 될 만한 시설물로서 역사적·학술적 가치가 큰 것

㉯ 경치 좋은 곳으로서 예술적 가치가 크고 경관이 뛰어난 것

㉰ 동물(서식지, 번식지, 도래지를 포함), 식물(자생지를 포함), 지형, 지질, 광물, 동굴, 생물학적 생성물 또는 특별한 자연현상으로서 역사적·경관적 또는 학술적 가치가 큰 것

ⓔ 민속문화재 : 의식주, 생업, 신앙, 연중행사 등에 관한 풍속이나 관습과 이에 사용되는 의복, 기구, 가옥 등으로서 국민생활의 변화를 이해하는 데 반드시 필요한 것

② 지정권자의 지정여부에 따른 분류

ⓐ 지정문화재

㉮ 국가지정문화재 : 국보, 보물, 사적, 명승, 천연기념물, 국가무형문화재, 국가민속문화재로 문화재청장이 지정한 문화재 `2016년출제` `2021년출제`

㉯ 시·도지정문화재 : 특별시장·광역시장·특별자치시장·도지사 또는 특별자치도지사가 국가지정문화재로 지정되지 아니한 문화재 중 보존가치가 있다고 인정되는 것을 지정한 문화재(다만, 무형문화재의 경우 문화재청장과 사전협의를 거쳐 지정할 수 있다)

㉰ 문화재자료 : 국가지정문화재, 시·도지정문화재로 지정되지 아니한 문화재 중 향토문화 보존 상 필요하다고 인정하여 문화재자료로 지정

ⓑ 등록문화재 : 지정문화재가 아닌 문화재 중에서 다음의 것을 말한다.

㉮ 국가등록문화재 : 문화재청장은 문화재위원회의 심의를 거쳐 지정문화재가 아닌 유형문화재, 기념물(문화재보호법 제2조 제1항 제3호 나목 및 다목은 제외한다) 및 민속문화재 중에서 보존과 활용을 위한 조치가 특별히 필요한 것을 국가등록문화재로 등록할 수 있다.

㉯ 시·도등록문화재 : 시·도지사는 그 관할구역에 있는 문화재로서 지정문화재로 지정되지 아니하거나 국가등록문화재로 등록되지 아니한 유형문화재, 기념물(문화재보호법 제2조 제1항 제3호 나목 및 다목은 제외한다) 및 민속문화재 중에서 보존과 활용을 위한 조치가 필요한 것을 시·도 등록문화재로 등록할 수 있다.

ⓒ 비지정문화재

㉮ 일반동산문화재 : 동산에 속하는 문화재

㉯ 매장문화재

• 토지 또는 수중에 매장되거나 분포되어 있는 유형의 문화재

• 건조물 등에 포장(包藏)되어 있는 유형의 문화재

• 지표·지중·수중(바다·호수·하천 포함) 등에 생성·퇴적되어 있는 천연동굴·화석 등 지질학적인 가치가 큰 것

4 국가지정문화재의 지정기준〈문화재보호법 시행령 별표1의2〉

① 보물

ㄱ 건축문화재

㉮ 목조군 : 궁궐(宮闕), 사찰(寺刹), 관아(官衙), 객사(客舍), 성곽(城郭), 향교(鄕校), 서원(書院), 사당(祠堂), 누각(樓閣), 정자(亭子), 주거(住居), 정자각(丁字閣), 재실(齋室) 등

㉯ 석조군 : 석탑(石塔), 승탑(僧塔 : 고승의 사리를 모신 탑), 전탑(塼塔 : 벽돌로 쌓은 탑), 비석(碑石), 당간지주[幢竿支柱 : 괘불(掛佛)이나 불교적 내용을 그린 깃발을 건 장대를 지탱하기 위해 좌우로 세운 기둥], 석등(石燈), 석교(石橋 : 돌다리), 계단(階段), 석단(石壇), 석빙고(石氷庫 : 돌로 만든 얼음 창고), 첨성대(瞻星臺), 석굴(石窟), 석표(石標 : 마을 등 영역의 경계를 표시하는 돌로 만든 팻말), 석정(石井) 등

㉰ 분묘군 : 분묘 등의 유구(遺構 : 옛 구조물의 흔적) 또는 건조물 및 부속물

㉱ 조적조군·콘크리트조군 : 성당(聖堂), 교회(敎會), 학교(學校), 관공서(官公署), 병원(病院), 역사(驛舍) 등

ㄴ 기록문화재

㉮ 전적류(典籍類) : 필사본, 목판 및 목판본, 활자 및 활자본 등

㉯ 문서류(文書類) : 공문서, 사문서, 종교 문서 등

ㄷ 미술문화재

㉮ 회화 : 일반회화[산수화, 인물화, 풍속화, 기록화, 영모(翎毛 : 새나 짐승을 그린 그림)·화조화(花鳥畵 : 꽃과 새를 그린 그림) 등], 불교회화(괘불, 벽화 등)

㉯ 서예 : 이름난 인물의 필적(筆跡), 사경(寫經 : 불교의 교리를 손으로 베껴 쓴 경전), 어필(御筆 : 임금의 필적), 금석(金石 : 금속이나 돌 등에 새겨진 글자), 인장(印章), 현판(懸板), 주련(柱聯 : 기둥 장식 글귀) 등

㉰ 조각 : 암벽조각(암각화 등), 능묘조각, 불교조각(마애불 등)

㉱ 공예 : 도·토공예, 금속공예, 목공예, 칠공예, 골각공예, 복식공예, 옥석공예, 피혁공예, 죽공예, 짚풀공예 등

㉲ 과학문화재 : 과학문화재, 무기·병기(총통, 화기) 등

② 국보 `2020년출제` `2020년출제`

ㄱ 보물에 해당하는 문화재 중 특히 역사적, 학술적, 예술적 가치가 큰 것

ㄴ 보물에 해당하는 문화재 중 제작연대가 오래되었으며, 그 시대의 대표적인 것으로서 특히 보존가치가 큰 것

ㄷ 보물에 해당하는 문화재 중 조형미나 제작기술이 특히 우수하여 그 유례가 적은 것

ㄹ 보물에 해당하는 문화재 중 형태, 품질·제재, 용도가 현저히 특이한 것

ㅁ 보물에 해당하는 문화재 중 특히 저명한 인물과 관련이 깊거나 그가 제작한 것

③ 사적

　㉠ 역사적 가치

　　㉮ 정치 · 경제 · 사회 · 문화 · 종교 · 생활 등 각 분야에서 세계적, 국가적 또는 지역적으로 그 시대를 대표하거나 희소성과 상징성이 뛰어날 것

　　㉯ 국가에 역사적 · 문화적으로 큰 영향을 미친 저명한 인물의 삶과 깊은 연관성이 있을 것

　　㉰ 국가의 중대한 역사적 사건과 깊은 연관성을 가지고 있을 것

　　㉱ 특정 기간 동안의 기술 발전이나 높은 수준의 창의성 등 역사적 발전상을 보여줄 것

　㉡ 학술적 가치

　　㉮ 선사시대 또는 역사시대의 정치 · 경제 · 사회 · 문화 · 종교 · 생활 등을 이해하는 데 중요한 정보를 제공할 것

　　㉯ 선사시대 또는 역사시대의 정치 · 경제 · 사회 · 문화 · 종교 · 생활 등을 알려주는 유구(遺構: 인간의 활동에 의해 만들어진 것으로서 파괴되지 않고서는 움직일 수 없는 잔존물)의 보존상태가 양호할 것

　㉢ 해당 문화재의 유형별 분류기준

　　㉮ 조개무덤, 주거지, 취락지 등의 선사시대 유적

　　㉯ 궁터, 관아, 성터, 성터시설물, 병영, 전적지(戰蹟地) 등의 정치 · 국방에 관한 유적

　　㉰ 역사(驛舍) · 교량 · 제방 · 가마터 · 원지(園池) · 우물 · 수중유적 등의 산업 · 교통 · 주거생활에 관한 유적

　　㉱ 서원, 향교, 학교, 병원, 절터, 교회, 성당 등의 교육 · 의료 · 종교에 관한 유적

　　㉲ 제단, 고인돌, 옛무덤(군), 사당 등의 제사 · 장례에 관한 유적

　　㉳ 인물유적, 사건유적 등 역사적 사건이나 인물의 기념과 관련된 유적

> **POINT** **광릉(光陵)** **2015년출제**
>
> 사적 제197호이며, 조선 세조와 그 비인 정희왕후의 능으로 경기도 남양주시에 위치하고 있다. 이 능은 정자각을 중심으로 좌우 언덕에 세조의 능과 정희왕후의 능이 각각 단릉의 형식을 갖고 있으며, 봉분에 병풍석을 두르지 않았고 석실과 석곽도 사용하지 않았다.

④ 명승 문화재의 유형별 분류기준

　㉠ **자연명승** : 자연 그 자체로서의 심미적 가치가 인정되는 자연물

　　㉮ 산지, 하천, 습지, 해안지형

　　㉯ 저명한 서식지 및 군락지

　　㉰ 일출, 낙조 등 자연현상 및 경관 조망지점

　㉡ **역사문화명승** : 자연과 조화를 이루며 만들어진 인문적 가치가 있는 인공물

　　㉮ 정원, 원림(園林) 등 인공경관

　　㉯ 저수지, 경작지, 제방, 포구, 마을, 옛길 등 생활 · 생업과 관련된 인공경관

　　㉰ 사찰, 경관, 서원, 정자 등 종교 · 교육 · 위락과 관련된 인공경관

    ⓒ 복합명승 : 자연의 뛰어난 경치에 인문적 가치가 부여된 자연물

       ㉮ 명산, 바위, 동굴, 암벽, 계곡, 폭포, 용천(湧泉), 동천(洞天), 구곡(九曲) 등

       ㉯ 구비문학, 구전(口傳) 등과 같은 저명한 민간전승의 배경이 되는 자연경관

⑤ 천연기념물

    ㉠ 동물 문화재의 유형별 분류기준

       ㉮ 동물과 그 서식지 · 번식지 · 도래지 등

       ㉯ 동물자원 · 표본 등

       ㉰ 동물군(척추동물의 무리를 말한다)

    ㉡ 식물 문화재의 유형별 분류기준

       ㉮ 노거수(老巨樹) : 거목(巨木), 명목(名木), 신목(神木), 당산목(堂山木), 정자목(亭子木) 등

       ㉯ 군락지 : 수림지(樹林地), 자생지(自生地), 분포한계지 등

       ㉰ 그 밖의 유형 : 특산식물(特産植物), 진귀한 식물상(植物相), 유용식물(有用植物), 초화류(草花類) 및 그 자생지 · 군락지 등

    ㉢ 지질 · 지형 문화재의 유형별 분류기준

       ㉮ 암석, 광물과 지질경계선 : 어란암(魚卵岩), 구상(球狀) 구조나 구과상(球顆狀 : 중심으로부터 방사상으로 성장하여 만들어진 결정의 형태) 구조를 갖는 암석, 지각 깊은 곳에서 유래한 감람암(橄欖巖) 등

       ㉯ 화석과 화석 산지

       ㉰ 지질구조 및 퇴적구조

         • 지질구조 : 습곡, 단층, 관입(貫入), 부정합, 주상절리 등

         • 퇴적구조 : 연흔(漣痕 : 물결 자국), 건열(乾裂), 사층리(斜層理), 우흔(雨痕 : 빗방울 자국) 등

       ㉱ 자연지형과 지표 · 지질현상 : 고위평탄면(高位平坦面), 해안 · 하안단구, 폭포, 화산체(火山體), 분화구, 칼데라(caldera : 화산 폭발로 분화구 주변에 생긴 대규모의 우묵한 곳), 사구, 해빈(海濱 : 해안선을 따라 모래, 자갈, 조개껍질 등이 퇴적되어 만들어진 지형), 갯벌, 육계도(陸繫島 : 뭍과 잘록하게 이어진 모래섬), 사행천(蛇行川), 석호(潟湖 : 퇴적물이 만의 입구를 막아 바다와 분리되어 생긴 호수), 카르스트 지형(화학적 용해 작용으로 생성된 침식 지형), 석회 · 용암동굴, 돌개구멍(pot hole), 침식분지, 협곡, 해식애(海蝕崖 : 파도의 침식에 의해 형성된 해안 절벽), 선상지(扇狀地 : 산 아래의 평원에 하천이 운반한 모래, 자갈 등이 퇴적되어 만들어진 부채꼴 모양의 지형), 삼각주, 사주(砂洲 : 바닷가에 생기는 모래사장), 사퇴(砂堆 : 모래 퇴적물), 토르(tor : 풍화작용에 따라 기반암과 분리되어 그 위에 남겨진 독립적인 암괴), 타포니(tafoni : 풍화작용으로 암석 표면에 움푹 파인 구멍들이 벌집처럼 모여 있는 구조), 암괴류, 얼음골, 풍혈(風穴 : 서늘한 바람이 늘 불어 나오는 구멍이나 바위틈), 온천, 냉천, 광천(鑛泉 : 광물질을 함유하고 있는 샘) 등

ⓔ 천연보호구역

㉮ 동물·식물이나 지질·지형 등 자연적 요소들이 풍부하여 보호할 필요성이 있는 구역

㉯ 보호할 만한 천연기념물이 풍부하거나 다양한 생물적·지구과학적·경관적 특성을 가진 대표적이고, 협약 제2조에 따른 자연유산에 해당하는 것

⑥ 국가 민속문화재

㉠ 한국민족의 기본적 생활문화의 특색을 나타내는 것으로서 전형적이고 다음에 해당하는 것

㉮ 의·식·주에 관한 것 : 궁중·귀족·서민·농어민·천인 등의 의복·장신구·음식용구·광열용구·가구·사육용구·관혼상제용구·주거, 그 밖의 물건 또는 그 재료 등

㉯ 생산·생업에 관한 것 : 농기구, 어로·수렵도구, 공장용구, 방직용구, 작업장 등

㉰ 교통·운수·통신에 관한 것 : 운반용 배·수레, 역사 등

㉱ 교역에 관한 것 : 계산용구·계량구·간판·점포·감찰·화폐 등

㉲ 사회생활에 관한 것 : 증답용구(贈答用具 : 편지 등을 주고 받는 데 쓰는 용구), 경방용구(警防用具 : 경계·방어하는 데 쓰는 용구), 형벌용구 등

㉳ 신앙에 관한 것 : 제사구, 법회구, 봉납구(捧納具), 우상구(偶像具), 사우(祠宇) 등

㉴ 민속지식에 관한 것 : 역류(曆類)·점복(占卜)용구·의료구·교육시설 등

㉵ 민속예능·오락·유희에 관한 것 : 의상·악기·가면·인형·완구·도구·무대 등

㉡ ㉠에 열거한 민속문화재를 수집·정리한 것 중 그 목적·내용 등이 다음 각 호의 어느 하나에 해당하는 것으로서 특히 중요한 것

㉮ 역사적 변천을 나타내는 것

㉯ 시대적 또는 지역적 특색을 나타내는 것

㉰ 생활계층의 특색을 나타내는 것

㉢ 민속문화재가 일정한 구역에 집단적으로 소재한 경우에는 민속문화재의 개별적인 지정을 갈음하여 그 구역을 다음의 기준에 따라 집단 민속문화재 구역으로 지정할 수 있다.

㉮ 한국의 전통적 생활양식이 보존된 곳

㉯ 고유 민속행사가 거행되던 곳으로 민속적 풍경이 보존된 곳

㉰ 한국건축사 연구에 중요한 자료를 제공하는 민가군(民家群)이 있는 곳

㉱ 한국의 전통적인 전원생활의 면모를 간직하고 있는 곳

㉲ 역사적 사실 또는 전설·설화와 관련이 있는 곳

㉳ 옛 성터의 모습이 보존되어 고풍이 현저한 곳

최근 기출문제 분석

2022. 11. 5. 국내여행안내사

1 무형문화재에 해당하는 것은?

① 농악

② 건조물

③ 종교 서적

④ 석탑

> **TIP** ① 무형문화재는 연극·음악·무용·놀이와 의식·무예·공예기술·음식 등 무형의 문화적 소산으로서 역사적·예술적 또는 학술적 가치가 큰 것을 가리킨다.

2022. 11. 5. 국내여행안내사

2 우리나라 유네스코 세계기록유산의 기록 내용을 시대 순서대로 올바르게 나열한 것은?

> ㉠ 훈민정음(해례본)
> ㉡ 난중일기(亂中日記)
> ㉢ 새마을운동 기록물
> ㉣ 5·18 광주 민주화 운동 기록물

① ㉠ → ㉡ → ㉢ → ㉣

② ㉠ → ㉡ → ㉣ → ㉢

③ ㉡ → ㉠ → ㉢ → ㉣

④ ㉡ → ㉠ → ㉣ → ㉢

> **TIP** ㉠ 1446년(세종 28년)
> ㉡ 1592년~1598년(임란 7년)
> ㉢ 1970년~1979년
> ㉣ 1980년 5월 18일~5월 27일

Answer 1.① 2.①

3 국가지정문화재가 아닌 것은?

① 천연기념물   ② 국가민속문화재

③ 문화재자료   ④ 보물 및 국보

> **TIP** ③ 국가지정문화재는 보물, 국보, 사적, 명승, 천연기념물, 국가민속문화재, 국가무형문화재로 분류된다.

4 국가지정문화재 중 국보가 아닌 것은?

① 서울 북한산 신라 진흥왕 순수비

② 서울 원각사지 십층석탑

③ 서울 흥인지문

④ 서울 숭례문

> **TIP** ③ 서울 흥인지문 – 보물 제1호
> ① 서울 북한산 신라 진흥왕 순수비 – 국보 제3호
> ② 서울 원각사지 십층석탑 – 국보 제2호
> ④ 서울 숭례문 – 국보 제1호

5 유네스코에 등재된 세계유산(문화유산)이 아닌 것은?

① 창덕궁   ② 옛 보신각 동종

③ 남한산성   ④ 조선왕릉

> **TIP** 유네스코가 지정한 우리나라 세계유산으로는 해인사 장경판전, 석굴암·불국사, 창덕궁, 화성, 고창·화순·강화 고인돌 유적, 경주역사유적지구, 제주 화산섬과 용암동굴, 조선왕릉, 종묘, 한국의 역사마을 ; 하회와 양동, 남한산성, 백제역사유적지구, 산사 ; 한국의 산지 승원, 한국의 서원이 있다.
> ② 옛 보신각 동종은 보물 제2호이다.

Answer   3.③   4.③   5.②

6 명승에 해당하는 것을 모두 고른 것은?

㉠ 고양 서오릉
㉡ 영주 소수서원
㉢ 완도 정도리 구계등
㉣ 명주 청학동 소금강

---

① ㉠, ㉡
② ㉠, ㉣
③ ㉡, ㉢
④ ㉢, ㉣

> **TIP** ㉢ 완도 정도리 구계등 : 명승 제3호
> ㉣ 명주 청학동 소금강 : 명승 제1호
> ㉠ 고양 서오릉 : 사적 제198호
> ㉡ 영주 소수서원 : 사적 제55호
> ※ 명승과 사적
> ㉠ 명승 : 유명한 건물이나 꽃·나무·새·짐승·물고기·벌레 등의 서식지, 유명한 경승지·산악·협곡·해협·
> 곶·심연·폭포·호수·급류 등 특색 있는 하천·고원·평원·구릉·온천지 등
> ㉡ 사적 : 선사유적, 성곽, 고분, 도요지, 지석묘, 사지, 패총 등과 역사적으로 특별히 기념될 만한 지역과 시설물

7 사적에 관한 설명으로 옳지 않은 것은?

① 경주 포석정지는 사적 제1호이다.
② 부여 가림성은 백제시대에 축조되었다.
③ 공주 공산성은 백제역사유적지구이다.
④ 서울 한양도성은 유네스코 세계유산이다.

> **TIP** ④ 서울시 종로구에 있는 조선시대의 석조 성곽인 한양도성은 사적 제10호이다. 유네스코 세계유산으로 지정되지는 않
> 았다.

Answer 6.④ 7.④

8 다음에 설명하는 문화재는?

> • 1983년 사적 제302호로 지정되었다.
>
> • 매년 정월 대보름에 장군 임경업 비각에서 제를 올리고 민속행사가 열린다.

① 경주 양동마을   ② 아산 외암마을

③ 순천 낙안읍성   ④ 고성 왕곡마을

TIP 사적 제302호는 순천 낙안읍성이다.

9 국가무형문화재가 아닌 것은?

① 고성농요   ② 북청사자놀음

③ 해녀   ④ 남도노동요

TIP ④ 남도노동요는 전라남도 무형문화재 제5호이다.
① 국가무형문화재 제84-1호
② 국가무형문화재 제15호
③ 국가무형문화재 제132호

10 국가지정문화재의 연결이 옳지 않은 것은?

① 사적 제1호 – 종묘

② 보물 제1호 – 서울 흥인지문

③ 명승 제1호 – 명주 청학동 소금강

④ 국보 제1호 – 서울 숭례문

TIP ① 사적 제1호는 경주 포석정지이다. 종묘는 사적 제125호이다.

Answer 8.③ 9.④ 10.①

2016. 11. 5. 국내여행안내사

11 한국의 유네스코 세계기록유산이 아닌 것은?

① 「승정원일기」

② 조선왕조 「의궤」

③ 「동국여지승람」

④ 새마을운동 기록물

> **TIP** 한국의 유네스코 세계기록유산은 총 16개로 「조선왕조실록」(1997), 「훈민정음(해례본)」(1997), 「승정원일기」(2001), 「불
> 조직지심체요절(하권)」(2001), 조선왕조「의궤」(2007), 고려대장경판 및 제경판(2007), 「동의보감」(2009), 「일성록」
> (2011), 5·18 광주민주화운동 기록물(2011), 새마을운동 기록물(2013), 「난중일기」(2013), 한국의 유교책판(2015), KBS
> 특별생방송 '이산가족을 찾습니다' 기록물(2015), 조선왕실 어보와 어책(2017), 조선통신사에 관한 기록(2017), 국채보상
> 기록물(2017)이 있다.

2014. 11. 10. 국내여행안내사

12 문화관광자원 중 중요민속문화재에 해당되는 것은?

① 제주칠머리당영등굿

② 덕온공주 당의

③ 북청사자놀음

④ 기지시줄다리기

> **TIP** ② 덕온공주 당의는 조선 순조의 셋째 공주인 덕온이 입었던 자적색 직금당의로 중요민속문화재 제1호이다.
> ① 제주칠머리당영등굿 : 유네스코 인류무형문화유산
> ③ 북청사자놀음 : 중요무형문화재 제15호
> ④ 기지시줄다리기 : 중요무형문화재 제75호

Answer 11.③ 12.②

출제 예상 문제

1 다음 중 관광대상 측면에서 본 문화관광의 정의와 범위로 적합하지 않은 것은?

① 문화유적과 연극
② 광범위한 생활양식
③ 자연자원
④ 체험

TIP ④ 체험은 관광객 측면에서 본 문화관광의 정의와 범위에 해당한다.

※ **문화관광의 범위**
ⓐ **관광대상 측면**: 문화유적과 연극, 미술 음악, 문화 등과 자연자원, 광범위한 생활양식까지 모두 포함한다.
ⓑ **관광객 측면**: 학습, 성찰, 체험이라는 문화적 동기를 지닌 관광객으로 정의된다.
ⓒ **관광개발 측면**: 대규모적인 개발이 아닌 문화적 개발이 강조된다.

2 문화재보호법이 정의하고 있는 문화재의 가치로서 적합하지 않은 것은?

① 역사적 가치
② 예술적 가치
③ 전통적 가치
④ 경관적 가치

TIP 「문화재보호법」 제2조 제1항 … "문화재"란 인위적이거나 자연적으로 형성된 국가적 · 민족적 또는 세계적 유산으로서 역사적 · 예술적 · 학술적 또는 경관적 가치가 큰 다음의 것을 말한다.
ⓐ **유형문화재**: 건조물, 전적(典籍), 서적(書跡), 고문서, 회화, 조각, 공예품 등 유형의 문화적 소산으로서 역사적 · 예술적 또는 학술적 가치가 큰 것과 이에 준하는 고고자료(考古資料)
ⓑ **무형문화재**: 여러 세대에 걸쳐 전승되어 온 무형의 문화적 유산 중에서 전통적 공연 · 예술, 공예 및 미술 등에 관한 전통기술, 한의약 또는 농경 · 어로 등에 관한 전통지식, 구전 전통 및 표현, 의식주 등 전통적 생활관습, 민간신앙 등 사회적 의식(儀式), 전통적 놀이 · 축제 및 기예 · 무예에 해당하는 것이다.
ⓒ **기념물**
  • 절터, 옛무덤, 조개무덤, 성터, 궁터, 가마터, 유물포함층 등의 사적지(史蹟地)와 특별히 기념이 될 만한 시설물로서 역사적 · 학술적 가치가 큰 것
  • 경치 좋은 곳으로서 예술적 가치가 크고 경관이 뛰어난 것
  • 동물(그 서식지, 번식지, 도래지를 포함한다), 식물(그 자생지를 포함한다), 지형, 지질, 광물, 동굴, 생물학적 생성물 또는 특별한 자연현상으로서 역사적 · 경관적 또는 학술적 가치가 큰 것
ⓓ **민속문화재**: 의식주, 생업, 신앙, 연중행사 등에 관한 풍속이나 관습과 이에 사용되는 의복, 기구, 가옥 등으로서 국민생활의 변화를 이해하는 데 반드시 필요한 것

Answer 1.④ 2.③

3 문화재보호법이 정하는 4대 문화재에 포함되지 않은 것은?

① 유형문화재

② 무형문화재

③ 기념물

④ 박물관

TIP 문화재보호법은 유형문화재, 무형문화재, 기념물, 민속문화재를 지정하고 있다.

4 다음 중 국가지정문화재에 포함되지 않은 것은?

① 국가무형문화재

② 천연기념물

③ 국가민속자료

④ 매장문화재

TIP ④ 매장문화재는 비지정문화재에 속한다.

※ 지정문화재

　㉠ **국가지정문화재**: 국보, 보물, 사적, 명승, 천연기념물, 국가무형문화재, 국가민속문화재로 문화재청장이 지정한 문화재

　㉡ **시·도지정문화재**: 특별시장·광역시장·특별자치시장·도지사 또는 특별자치도지사가 국가지정문화재로 지정되지 아니한 문화재 중 보존가치가 있다고 인정되는 것을 지정한 문화재(다만, 무형문화재의 경우 문화재청장과 사전협의를 거쳐 지정할 수 있다.)

　㉢ **문화재자료**: 국가지정문화재, 시·도지정문화재로 지정되지 아니한 문화재 중 향토문화 보존 상 필요하다고 인정하여 문화재자료로 지정

5 다음 중 문화재보호법에 의한 유형문화재에 속하지 않은 것은?

① 건조물

② 고문서

③ 공예품

④ 공예기술

TIP ④ 공예기술은 무형문화재에 포함된다.

※ **유형문화재** … 건조물, 전적(典籍), 서적(書跡), 고문서, 회화, 조각, 공예품 등 유형의 문화적 소산으로서 역사적·예술적 또는 학술적 가치가 큰 것과 이에 준하는 고고자료(考古資料)

Answer 3.④ 4.④ 5.④

6 국가지정문화재는 누가 지정하는가?

① 문화체육관광부장관　　　　　　② 문화재청장

③ 시 · 도지사　　　　　　　　　　④ 문화체육관광부차관

TIP 문화재보호법에 의해 문화재위원회의 심의를 거쳐 문화재청장이 지정한다.

7 다음 중 문화재보호법에 의한 기념물에 속하지 않는 것은?

① 절터　　　　　　　　　　　　② 옛무덤

③ 유물포함층　　　　　　　　　　④ 가옥

TIP ④ 가옥은 민속문화재에 속한다.

※ **기념물**

　㉠ 절터, 옛무덤, 조개무덤, 성터, 궁터, 가마터, 유물포함층 등의 사적지(史蹟地)와 특별히 기념이 될 만한 시설물로서 역사적 · 학술적 가치가 큰 것

　㉡ 경치 좋은 곳으로서 예술적 가치가 크고 경관이 뛰어난 것

　㉢ 동물(그 서식지, 번식지, 도래지를 포함한다), 식물(그 자생지를 포함한다), 지형, 지질, 광물, 동굴, 생물학적 생성물 또는 특별한 자연현상으로서 역사적 · 경관적 또는 학술적 가치가 큰 것

8 다음 중 문화재보호법에 의한 민속문화재에 속하지 않은 것은?

① 의식주　　　　　　　　　　　② 서적

③ 신앙　　　　　　　　　　　　④ 연중행사

TIP ② 서적은 유형문화재에 포함된다.

※ **민속문화재** … 의식주, 생업, 신앙, 연중행사 등에 관한 풍속이나 관습과 이에 사용되는 의복, 기구, 가옥 등으로서 국민생활의 변화를 이해하는 데 반드시 필요한 것

Answer　6.②　7.④　8.②

9 등록문화재에 속하는 것은?

① 서울숭례문

② 훈민정음

③ 수원화성

④ 화동 구 경기고교

TIP 등록문화재란 지정문화재가 아닌 문화재 중에서 보존과 활용을 위한 조치가 특별히 필요한 것을 등록문화재로 등록할 수 있다.

10 유형문화재 중 일부를 보물로 지정할 수 있는 권한이 있는 자는?

① 문화재청장

② 문화체육관광부장관

③ 문화체육관광부차관

④ 문화재심의위원회

TIP 문화재청장은 문화재위원회의 심의를 거쳐 유형문화재 중 중요한 것을 보물로 지정할 수 있다.

11 다음 중 보물 1호에 해당하는 것은?

① 흥인지문

② 보신각종

③ 대원각사비

④ 중초사지 당간지주

TIP ② 보물 2호 ③ 보물 3호 ④ 보물 4호

Answer 9.④ 10.① 11.①

12 다음 중 국보의 지정기준에 해당하지 않는 것은?

① 종교 · 교육 · 학예 · 산업 · 정치 · 군사 · 생활 등의 유적 출토품 또는 유물로서 역사적 의의가 크거나 학술적 자료로서 중요하거나 제작상 가치가 큰 것

② 보물에 해당하는 문화재 중 특히 역사적, 학술적, 예술적 가치가 큰 것

③ 보물에 해당하는 문화재 중 형태, 품질, 제재, 용도가 현저히 특이한 것

④ 보물에 해당하는 문화재 중 특히 저명한 인물과 관련이 깊거나 그가 제작한 것

TIP ①은 보물 가운데 고고 자료의 지정기준에 해당한다.

13 다음 중 국보에 해당하지 않는 것은?

① 숭례문

② 원각사지 십층석탑

③ 북한산 진흥왕순수비

④ 보신각종

TIP ④는 보물 2호에 해당한다.
① 국보 제1호 ② 국보 제2호 ③ 국보 제3호

14 다음 중 사적에 해당되지 않는 것은?

① 법주사 쌍사자 석등

② 경주 포석정지

③ 김해 봉황동 유적

④ 수원화성

TIP ①은 국보에 해당된다.

Answer 12.① 13.④ 14.①

15 다음 중 명승에 해당되지 않는 것은?

① 명주군 청학동 소금강   ② 거제 해금강

③ 완도 정도리의 구계등   ④ 경주 포석정지

TIP ④는 사적에 해당된다.

※ **명승과 사적**
   ㉠ 명승: 기념물 중 경승지(景勝地)로서 중요한 것
   ㉡ 사적: 기념물중 유적·제사·신앙·정치·국방·산업·교통·토목·교육·사회사업·분묘·비 등으로서 중요한 것

16 다음에서 설명하고 있는 문화재의 종류는?

> • 보물에 해당하는 문화재 중 특히 역사적, 학술적, 예술적 가치가 큰 것
> • 보물에 해당하는 문화재 중 제작 연대가 오래되었으며, 그 시대의 대표적인 것으로서, 특히 보존가치가 큰 것
> • 보물에 해당하는 문화재 중 제작의장(製作意匠)이나 제작기술이 특히 우수하여 그 유례가 적은 것

① 국보   ② 사적

③ 명승   ④ 보물

TIP 국보〈문화재보호법 시행령 별표1의2〉
   ㉠ 보물에 해당하는 문화재 중 특히 역사적, 학술적, 예술적 가치가 큰 것
   ㉡ 보물에 해당하는 문화재 중 제작 연대가 오래되었으며, 그 시대의 대표적인 것으로서, 특히 보존가치가 큰 것
   ㉢ 보물에 해당하는 문화재 중 조형미나 제작기술이 특히 우수하여 그 유례가 적은 것
   ㉣ 보물에 해당하는 문화재 중 형태·품질·제재(製材)·용도가 현저히 특이한 것
   ㉤ 보물에 해당하는 문화재 중 특히 저명한 인물과 관련이 깊거나 그가 제작한 것

Answer 15.④ 16.①

17 다음 중 사적의 조건에 관한 설명으로 옳지 않은 것은?

① 선사시대 유물로서 특히 학술적 가치가 큰 것
② 정치 · 경제 · 사회 · 문화 · 종교 · 생활 등 각 분야에서 그 시대를 대표하거나 희소성과 상징성이
   뛰어날 것
③ 국가의 중대한 역사적 사건과 깊은 연관성을 가지고 있을 것
④ 국가에 역사적 · 문화적으로 큰 영향을 미친 저명한 인물의 삶과 깊은 연관성이 있을 것

TIP ①은 고고자료에 관한 설명이다.
   ※ **사적**〈문화재보호법 시행령 별표1의2〉
   문화재가 역사적 · 학술적 가치가 크고 다음의 어느 하나 이상을 충족하는 것
   ㉠ 선사시대 또는 역사시대의 사회 · 문화생활을 이해하는 데 중요한 정보를 가질 것
   ㉡ 정치 · 경제 · 사회 · 문화 · 종교 · 생활 등 각 분야에서 그 시대를 대표하거나 희소성과 상징성이 뛰어날 것
   ㉢ 국가의 중대한 역사적 사건과 깊은 연관성을 가지고 있을 것
   ㉣ 국가에 역사적 · 문화적으로 큰 영향을 미친 저명한 인물의 삶과 깊은 연관성이 있을 것

18 다음 중 사적 1호는?

① 경주 포석정지   ② 김해 봉황동 유적
③ 수원화성   ④ 부여 성흥산성

TIP ②는 2호, ③은 3호, ④는 4호에 해당한다.

19 다음 중 명승 1호에 해당하는 것은?

① 거제 해금강   ② 완도 정도리의 구계등
③ 불영사계곡일원   ④ 명주군 청학동 소금강

TIP ①은 2호, ②는 3호, ③은 6호에 해당한다.

Answer   17.①   18.①   19.④

20 다음 중 천연기념물 1호에 해당하는 것은?

① 대구 도동 측백나무 숲
② 서울 재동백송
③ 서울 수성동 백송
④ 광릉 크낙새 서식지

TIP ②는 제8호, ③은 제9호, ④는 제11호에 해당한다.

21 다음 중 국가 민속문화재 1호에 해당하는 것은?

① 덕온공주 당의
② 심동신 금관조복
③ 광해군 내외 및 상궁 옷
④ 외재 이단하 내외분 옷

TIP ②는 2호, ③은 3호, ④는 4호에 해당한다.

22 다음 중 문화적 관광자원으로만 연결된 것은?

① 기념물, 유적, 고궁
② 사찰, 산악, 궁터
③ 국립공원, 명승고적, 서원
④ 해상공원, 마리나, 패총

TIP 산악, 국립공원, 해상공원 등은 문화적 관광자원이 아니라 자연적 관광자원이며 마리나는 레크리에이션 자원이다.

Answer 20.① 21.① 22.①

23 다음 중 국보가 아닌 것은?

① 숭례문 ② 흥인지문

③ 다보탑 ④ 첨성대

TIP ②는 보물 제1호에 해당한다.

24 다음 중 국보 제2호에 해당되는 것은?

① 원각사지 10층 석탑 ② 고달사지 부도

③ 미륵사지 석탑 ④ 무위사 극락전

TIP ①은 서울특별시 종로구 탑골공원 내에 있다.
② 국보 제4호 ③ 국보 제11호 ④ 국보 제13호

25 다음 중 보물 제2호에 해당하는 것은?

① 흥인지문 ② 서울 보신각종

③ 대원각사비 ④ 경주석빙고

TIP ①은 보물 제1호, ③은 제3호, ④는 제66호에 해당된다.

26 다음 중 연결이 잘못된 것은?

① 국보 제1호 : 서울 숭례문 ② 국보 제2호 : 원각사지 10층 석탑

③ 국보 제3호 : 법주사 쌍사자 석등 ④ 국보 제4호 : 고달사지 부도

TIP 법주사 쌍사자 석등은 국보 제5호에 해당된다.

Answer 23.② 24.① 25.② 26.③

27 다음 중 연결이 잘못된 것은?

① 보물 제2호 : 서울 흥인지문

② 보물 제3호 : 대원각사비

③ 보물 제4호 : 중초사지 당간지주

④ 보물 제7호 : 고달사 원종대사혜진탑

TIP 서울 흥인지문은 보물 제1호에 해당된다.

28 다음이 설명하는 내용은 무엇인가?

> 건조물, 전적, 서적, 고문서, 회화, 조각, 공예품 등 유형의 문화적 소산으로서 역사적·예술적 또는 학술적 가치가 큰 것과 이에 준하는 고고자료로서 지정된 문화재를 말한다.

① 국보   ② 보물

③ 유형문화재   ④ 고고자료

TIP 문화재보호법 제2조 1항 1호에 해당되는 내용이다.

29 문화관광에 대한 설명으로 옳지 않은 것은?

① 문화관광자원의 개발로 도시의 이미지를 고양시킬 수 있다.

② 문화예술을 진흥시킨다.

③ 관광의 영역을 확대한다.

④ 지역경제에는 별로 도움이 되지 않는다.

TIP 문화관광은 지역경제 활성화의 수단이 될 수 있다.

Answer   27.① 28.③ 29.④

02 문화관광자원의 현황

1 문화관광자원의 유형과 현황

(1) 역사문화관광자원 현황

① 유형적 역사문화관광자원

㉠ 유형문화재 : 유형문화재란 건조물, 전적, 서적, 고문서, 회화, 조각, 공예품 등 유형의 문화적 소산으로서 역사적·예술적 또는 학술적 가치가 큰 것과 이에 준고고자료로서 지정된 문화재를 말한다.

㉮ 목조건축 : 우리나라 목조건축의 특징은 인공적인 구조물이면서도 환경의 분위기와 조화되며, 본래의 건축기능에 충실하고 안정감 있는 조형미를 들 수 있다. 건축양식으로는 주심포양식과 다포양식 등으로 구분된다.

• 양식 `2017년출제` `2018년출제` `2019년출제` `2022년출제`

- 주심포양식 : 주두(柱頭, 기둥머리)에만 공포(지붕의 하중을 기둥에 고르게 전달하는 부재)를 배치하는 형식으로, 고려 중기부터 조선 건축에서 널리 보인다. 주심포양식의 건축물 중 현존하는 것으로 예산 수덕사 대웅전(1308), 안동 봉정사 극락전(1363), 영주 부석사 무량수전(1376) 등이 있다. `2015년출제`

- 다포양식 : 기둥머리에만 공포를 배치하는 주심포양식과는 달리 기둥과 기둥 사이에도 공포를 배치하는 형식이다. 조선시대 궁궐이나 정전, 사찰의 주불전 등에 주로 사용된 양식으로 후대로 갈수록 공포의 양식이 점점 화려해지는 경향을 보인다. 건축물로는 남대문, 동대문, 경복궁 근정전, 창덕궁 인정전, 창경궁 명정전, 화엄사 각황전, 봉정사 대웅전 등이 있다. `2019년출제`

- 익공양식 : 조선시대 초 우리나라에서 독자적으로 개발된 공포양식으로 그 의의가 크다. 다포양식에 밀려 주로 부차적 건물에 사용했다. 오죽헌, 경복궁 경회루, 종묘 정전, 서울 문묘 명륜당 등에서 그 모습을 확인할 수 있다.

- 절충양식 : 다포양식을 바탕으로 주심포양식을 절충한 양식이다.

• 구성부재

- 초석 : 기둥 밑에서 상부로부터 전달되는 무게를 받는 기초석재로 주춧돌이라고도 한다.

- 기둥 : 아래쪽부터 위로 올라가면서 서서히 두께가 좁아지는 민흘림기둥과 건축물 기둥의 중간이 굵게 되고 위·아래로 가면서 점차 가늘어지는 배흘림기둥이 있다. 또 단면형에 따라 원형, 사각형, 다각형, 위치에 따라 외진주, 내진주, 동자주, 활주, 우주, 퇴주 등으로 구분할 수 있다.

- 보 : 기둥 위에서 지붕의 무게를 전달해주는 구조부재로 크게 대들보, 종보, 퇴량, 충량, 우미량 등으로 나눌 수 있다.
- 도리 : 목조건축물의 골격을 이루는 부재 중 가장 위에 놓이는 것으로 서까래를 받는 기다란 나무이다.
- 대공 : 대량 위에서 중종보와 종보, 도리 등을 받치는 역할을 하는 부재이다.
- 처마 : 지붕이 도리나 벽체 밖으로 나온 부분으로 크게 홑처마와 겹처마로 구분한다.
- 지붕 : 눈·비·햇빛 등을 막기 위하여 집의 꼭대기 부분에 씌우는 덮개부분으로 고건축의 지붕은 처마의 네 끝이 치솟아 있어 고유의 형태미를 보인다. 2020년출제

> **POINT 한옥 지붕의 모양** 2015년출제
> ㉠ 모임지붕 : 한 꼭짓점에서 지붕골이 만나는 형태로 주로 정자에 사용되는 지붕이다.
> ㉡ 팔작지붕 : 지붕 위까지 박공이 달려 용마루 부분이 삼각형의 벽을 이룬다. 맞배지붕과 함께 한옥에 많이 쓰는 지붕의 형태이다.
> ㉢ 맞배지붕 : 지붕의 완각이 잘려진 가장 간단한 형식의 지붕으로, 지붕면이 양면으로 경사를 지어 八자형으로 되어 있다.
> ㉣ 우진각지붕 : 지붕면이 사방으로 경사를 짓고 있는 형식으로, 정면은 사다리꼴, 측면은 삼각형 모양으로 보이는 지붕이다.

- 기와 : 지붕을 덮는 데 쓰이는 건축부재로 암키와(평기와)와 수키와(둥근기와)가 기본이 된다.

> **POINT 전통 건축물의 기와** 2015년출제
> ㉠ 막새 : 지붕의 추녀 끝에 사용되는 기와로 수막새와 암막새가 있다.
> ㉡ 치미 : 용마루의 양 끝에 높게 부착하던 대형의 장식기와이다.
> ㉢ 곱새 : 원통형이나 약간 굽은 형태로 내림마루와 귀마루 끝단에 사용되는 기와이다.
> ㉣ 취두 : 지붕마루 중에서 격식이 있는 건물의 용마루 양쪽 끝단에 얹어놓는 장식기와이다.
> ㉤ 잡상 : 추녀마루 위에 올리는 사람 모양과 동물 형상의 장식기와이다.

- 벽체 : 칸막이 등 비구조벽을 포함하지 않는 벽의 실체를 가리킨다. 고건축물의 벽체는 대부분 기둥의 중심부에 흙과 널 등을 쳐서 기둥보다 벽면이 두드러져보이게 한 심벽이다.
- 창호 : 건물 내부를 외부와 차단시키기 위해 설치한 각종의 창이나 문을 말한다.
- 바닥 : 주택 내부공간을 수평으로 구획하는 구조체로 흙바닥, 온돌바닥, 마룻바닥 등이 있다.
- 천장 : 각 방이나 각 실의 위를 막아놓은 부분으로 고건축의 천장약식에는 연등천장, 우물천장, 보개천장 등이 있다.
- 단청 : 목조건물에 청(靑), 적(赤), 황(黃), 백(白), 흑(黑) 등의 빛깔로 무늬를 그려서 아름답고 장엄하게 장식한 것이다. 단청의 문양으로는 기하학적 무늬, 당초무늬(식물의 덩굴이나 줄기를 일정한 모양으로 도안화한 것), 천지자연물 무늬 등이 대표적이다. 2020년출제

– 대문 : 주로 한 집의 주가 되는 출입문으로 솟을대문, 평대문 등이 있다.

• 대표적 건축물

– 숭례문(국보 제1호) : 숭례문은 다포양식의 대표적인 건축물이다. 1398년(태조 7)에 창건되었고 1447년(세종 29)에 개축했다. 현존하는 서울의 목조건물 중 가장 오래된 건물로 조선시대 성문 중 양식과 구조면에서 단연 으뜸이라고 할 수 있다. 2008년 화재로 2층짜리 누각이 소실되어 긴 복구기간을 가졌으며 2013년 5월 4일 시민에게 다시 공개되었다.

– 부석사 무량수전(국보 제18호) : 부석사의 주불전으로 무량수불인 아미타여래를 본존으로 봉안하였다. 676년(신라 문무왕 16)에 의상대사가 왕명을 받들어 창건하였다. 무량수전은 주심포집의 기본양식을 가장 잘 남기고 있으며, 가구방식이나 세부수법이 후세의 건물에서 볼 수 있는 것과 같은 장식적인 요소가 적다는 점에서 특징적이다.

– 수덕사 대웅전(국보 제49호) : 현존하는 고려시대 건물 중 드물게 백제의 곡선을 보이는 목조건축이다. 건립연대를 정확히 알 수 있는 목조건물 중 가장 오래된 것(1308년)으로, 다른 건물의 건립연대를 추정하는 기준이 된다. 정면 3칸, 측면 4칸의 단층 맞배지붕으로 주심포양식의 건물이다.

– 해인사 장경판전(국보 제52호) : 고려시대에 만들어진 팔만대장경판을 보관하고 있는 건물로 장경판고라고도 한다. 해인사에 남아 있는 건물 중 가장 오래된 것으로 주불전 뒤 언덕 위에 세워진 단층 목조건물이다. 높은 계단을 따라 들어서면 크기와 양식이 비슷한 2채의 건물이 남북으로 배치되어 있는데, 남쪽 건물이 수다라장, 북쪽 건물이 법보전이다. 규모는 앞면 15칸, 옆면 2칸으로 우진각지붕집 양식이다. 2021년출제

– 법주사 팔상전(국보 제55호) : 현존하는 우리나라 유일의 목조 5층탑 형식의 건축물이다. 1층은 주심포양식이고 2~5층은 다포양식으로 매우 특수한 수법이다.

ⓑ **석조건축** : 우리나라의 석조물은 흰 화강암을 주재료로 하여 여러 가지 조형적 특성과 미감을 발휘하여 시대와 지역에 맞는 양식의 특징을 잘 살려내고 있으며, 사찰구성과 함께 상징적 내용과 기능은 물론 공간구성의 조화 및 기하학적인 작품을 발휘하여 높은 예술성을 보인다.

• 석조부도 : 부도는 승려의 사리나 유골을 안치한 묘탑으로 사찰의 경내나 외진 곳에 두어 그 격을 서로 구분한다. 팔각원당형, 종형, 복발형, 오륜형, 일반 석탑형 등 다양한 형태를 보인다.

• 석등 : 불을 밝히기 위해 만든 도구로 주로 법당이나 불탑 앞에 설치한다. 부처님의 광명을 상징한다고 하여 광명등이라고도 부른다. 석등은 하대석, 중대석, 상대석을 기본으로 등불을 집어넣는 화사석가 옥개석 등으로 이루어진다.

- 석비 : 광개토대왕비, 북한산 신라 진흥왕 순수비 등 사료로서의 의미는 크지만 예술품으로서의 가치는 떨어진다. `2021년출제`
- 당간지주 : 당(불화를 그린 기)을 걸었던 장대인 당간을 지탱하기 위하여 당간의 좌·우에 세우는 기둥이다. 돌로 만드는 것이 보통이나 철제·금동제·목제인 경우도 있다.
㉮ 불탑 : 탑은 석가모니의 진신사리를 봉안하기 위한 축조물로 인도의 수투파를 한문으로 표기한 '탑파(塔婆)'의 줄임말이다. 일반 탑과 구분하기 위해 사찰에 건립된 탑을 불탑이라고 표현한다.

- 재료에 따른 탑의 분류
－목탑 : 나무를 재료로 한 탑으로 불교전래 초기에 주로 건립된 탑이다. 화재에 약한 특징으로 인해 삼국시대의 목탑은 모두 소실되고 그 터만 남았는데, 경주 황룡사 9층 목탑지와 사천왕사 목탑지, 부여 군수리 목탑지, 평양 청암리사지 목탑지 등이 있다. 목탑양식을 볼 수 있는 현존하는 건축물로는 법주사 팔상전과 쌍봉사 대웅전이 있을 뿐이다.
－석탑 : 돌을 재료로 만든 탑으로 주로 화강암이 사용하는 것이 일반적이며, 안산암이나 점판암 등을 사용하기도 한다. 불교가 전래된 4세기 후반부터 6세기 말엽까지는 목탑이 건립되었고 이를 바탕으로 석탑이 발생한 것으로 추정한다.

✳ **석탑의 세부구조** `2015년출제`

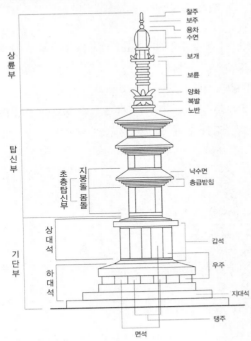

-전탑 : 흙으로 구운 작은 벽돌을 촘촘히 쌓아 올린 벽돌탑을 말한다. 현존하는 전탑으로는 안동 신세동 칠층 전탑, 안동 동부동 오층전탑, 여주 신륵사 다층전탑 등이 있다.

> **POINT** **모전석탑**
>
> 돌을 벽돌모양으로 다듬어 쌓은 탑으로 건조재료는 석재이지만 형태가 전탑의 양식을 보이고 있는 탑을 일컫는다.

• 형태에 따른 탑의 분류
-중층탑 : 탑신부가 중층으로 이루어진 탑으로 다층건물과 모양이 흡사하다. 가장 일반적인 것은 삼층탑이며, 오층탑, 칠층탑, 구층탑, 십층탑, 십삼층탑 등 다양하다.
-복발탑 : 인도의 초기 탑형식으로 바리를 뒤집어 놓은 모양처럼 생겼다.
-다보탑 : 「법화경」에 '부처가 영취산에서 이 경을 설파할 때 다보여래의 진신사리를 모셔둔 탑이 땅 밑에서 솟아나오고……'를 근원으로 세워진 탑이다. 이 탑의 구조는 대개 옥개 아래 상층을 붙인 조형을 이루고 있다. 불국사의 다보탑이 여기 속한다. `2015년출제` `2023년출제`
-보현인탑 : 탑 속에 보현인 다라니경을 봉안한 탑이다.
• 시대별 탑의 특징
-고구려 : 다각다층의 목탑이 주를 이루었다. 그 중에서도 팔각 칠층이나 구층이 많았다.
-백제 : 목탑을 모방한 양식의 석탑이 등장했다.
-신라 : 분황사 모전석탑 등 전탑을 모방하여 만든 석탑이 등장했다. 통일신라 대에는 감은사지 삼층 석탑 같은 쌍탑이 유행하기도 하였다.
-고려 : 석탑의 기본형이었던 사각을 벗어난 새로운 유형의 석탑이 많이 등장하였다.
-조선 : 유교가 융성하면서 탑의 축조도 줄어들었다. 고려의 양식을 계승하면서 조금씩 변화하는 양상을 띤다.
㉺ **불상** : 우리나라에는 372년 고구려(소수림왕 2년)에 불경과 함께 불상이 처음 들어왔다.
• 불상의 종류

기준	종류	특징
불격	불타상	• '진리를 깨달은 사람'이라는 의미로 '여래'라고도 한다. • 석가불, 비로자나불, 아미타불, 아섬불, 약사불 등
	보살상	• 진리 수행 및 중생 교화를 위해 노력하는 이상적 수행자이다. • 관음보살, 미륵보살, 지장보살, 보현보살 등
	천부상	• 토착신이 불교에 수용되어 호법신이 된 것이다. • 사천왕, 범천, 제석천, 인왕 등
	나한상	• 부처를 따르던 제자 및 고승이다. • 십대제자, 유마거사 등

재료	금불상	신라 황복사탑 순금불상, 고려 왕륭사 순금장도상 등
	은불상	신라 및 고려의 작은 금속상 중에서 드물게 보인다.
	금동불상	• 구리에 도금을 한 것으로 널리 애용되었다. • 불국사 아미타불상, 백률사 금동불입상 등
	철불상	장흥 보림사 철불, 남원 실상사 철불, 철원 도피안사 철불 등
	목불상	• 주로 소나무를 이용했다. • 해인사 목조희랑대사상, 봉림사 목조아미타불좌상 등
	석불상	• 주로 화강암을 이용했다. • 서산 마애삼존불상, 경주 굴불사지마애불, 석굴암 불상 등
	소조불상	부석사 소조여래좌상, 부여 무량소조 아미타삼존불상, 사천왕사지 소조상
	도자불상	고려시대에는 청자, 조선시대에는 백자로 만든 도자불상이 있었다.
크기	대불상	불상 중 특히 거대한 것으로 관촉사 미륵보살상, 부여대조사 미륵보살상, 등이 있다.
	장육상	몸길이가 1장 6척인 불상으로 황룡사 금동장육상, 법림사 장육상, 석굴암상 등이 있다.
	반장육상	몸길이가 장육상의 반인 8척 정도인 불상을 말한다.
	등신상	몸길이가 사람의 키 정도(5척, 약 150㎝)인 불상으로 감산사 아미타불상 등이 있다.
	걸수반불상	한 뼘 정도 길이의 불상을 의미한다.

- 불상의 형식
- 수인 : 부처의 공덕을 상징적으로 표현한 손모양이다.
- 나발 : 부처님의 머리카락이다. 2015년출제
- 광배 : 부처님 정수리에서 나오는 광명을 일컫는다.
- 편단우견 : 오른쪽 소매를 벗어서 어깨를 드러낸 모양을 말한다.
- 육계 : 부처님의 정수리에 솟은 상투 모양의 머리이다.
- 자세

구분	특징
입상	• 직립상 : 등족립(等足立)이라 하여 두 발을 가지런하고 선 자세이다. • 삼굴상 : 한 쪽 다리에 중량을 싣고 다른 쪽 다리는 앞으로 내놓으며 조금 굽힌 자세이다.
좌상	• 좌상에서 가장 선호하는 자세는 결가부좌이다. • 길상좌 : 오른발이 위로 올라간 것 • 항마좌 : 왼발이 위로 올라간 것
반가상	반가부좌 자세로 결가부좌에서 한 쪽 다리를 아래로 내린 자세이다.
의상	의자에 걸터앉아 두 다리를 가지런히 내린 자세이다.
유희좌상	반가상과 흡사하나 오른쪽 다리가 왼쪽 무릎에서 조금 떨어져 있는 자세로 결가부좌에서 휴식을 취하고 있는 상태라 하여 유휴좌상이라고도 한다.
교각상	의상에서 두 다리를 교차시키는 자세이다.
와상	옆으로 누운 자세로 열반에 든 상태를 표현한다.

• 시대별 불상의 특징

  –고구려 : 초기에는 중국 북조의 영향을 많이 받았으나 후기에 오면서 한국 고유의 특징이 나타난다.

  –백제 : 백제의 불상은 '백제의 미소'라고 불리는 엷은 미소를 띠고 있다.

  –신라 : 6세기 후반 대규모의 불상 조성이 이루어졌으며 통일신라에 들어 석굴암 등 우리나라 불교미술에 큰 획을 긋는 작품들이 등장하였다.

  –고려 : 삼국 시대와 달리 단순하고 육중한 느낌이 나며 인체의 비례나 세부적인 표현 기법에 있어 표현력이 부족하다.

  –조선 : 초기에는 고려불상의 영향이 있었으나 점차 민간신앙과 결합하면서 소규모화 되었다.

㉤ **금속공예** : 우리나라 금속공예는 청동기가 들어오면서 시작되었다. 청동기에서 철기로 바뀌면서 금속을 보다 자유롭게 다루었고, 금과 은제품을 만들면서 한국 금속공예는 크게 발전하였다. 금속공예술이 유난히 많이 요구되었던 것은 불교의식에 사용되는 불구와 불기의 제작에서였다.

> **POINT**   **불구(佛具)의 종류**
>
> ㉠ **범종** : 절에서 사람을 모이게 하거나 시각을 알리기 위하여 치는 종
> ㉡ **금고** : 불교 사찰에서 사용하는 금속으로 만든 북 모양의 타악기
> ㉢ **목어** : 나무로 물고기 모양을 만들어 걸어놓고 쳐서 소리를 내는 불구
> ㉣ **운판** : 구름 모양의 넓은 청동판으로 두들겨 소리를 내는 일종의 악기
> ㉤ **요령** : 작은 종 모양의 몸통에 손잡이가 있는 금속(주로 청동) 불구
> ㉥ **향로** : 향을 피우는 데 사용한 불구

㉥ **자기** : 우리나라에서 그릇을 만들어 사용한 것은 기원전 5천년경인 신석기시대였다. 그 때의 빗살무늬토기를 만들던 솜씨가 통일신라시대에는 토기에 유약을 발라 구워 자기에 가까운 토기를 만들었다. 최초의 청자가 만들어진 것은 통일신라 말기였다.

고려시대에는 삼강청자의 출현이 가장 큰 특징이라고 할 수 있다. 조선시대 도자기는 크게 분청사기와 백자로 구분된다. 조선 초기에는 두 종류의 자기가 만들어졌으나. 임진왜란으로 분청사기의 제작이 중단되어 그 이후에는 오직 백자만 만들어졌다.

㉦ **회화** : 우리나라의 회화는 전기에는 중국의 영향을 크게 받았으나 후기에 이르러서는 우리 고유의 색 정서와 체질을 발휘하여 독자적인 화풍을 발휘하게 되었다. 그러나 현재 남아 있는 작품들은 많지 않고 주로 조선시대 작품들만이 존재하고 있다. 조선시대 그림은 문인이나 사대부 등의 지식층인 문인화가와 도화서에 소속된 화원 및 화원출신의 화가들인 직업화가에 의해 제작되었다.

㉡ **박물관**

  ㉮ **박물관과 미술관의 개념 비교** : 박물관은 문화유산 관광자원으로 중요한 위치를 자리하고 있는 관광매력물이다. 박물관은 역사적 자료와 정신적·물질적 문화의 흔적인 예술품, 수집품, 자연물의 표본을 수집·보존하고 전시, 연구, 교육하는 기관이다. 미술관은 문화·예술의 발전과 일반 공중의 문화향유 증진에 이바지하기 위하여 박물관 중에서 특히 서화·조각·공예·건축·사진 등 미술에 관한 자료를 수집·관리·보존·조사·연구·전시·교육하는 시설에 대해 미술관으로 정의하고 있다.

ⓔ **박물관의 기능**
- 수집·보존기능 : 가치 있고 풍부한 자료를 수집하여 정리하고 보존한다.
- 연구·조사기능 : 학예관이나 전문가의 학술연구의 자료로 이용된다.
- 전시기능 : 수집되고 정리된 자료를 대중에게 전시하여 문화수준을 향상시킨다.
- 교육기능 : 박물관 자료가 내포하는 교육적 의미를 일반에게 효과적으로 전달하는 활동이 필요하다.

ⓓ **국립박물관의 성격**
- 연구조사기관으로서의 박물관
- 미래지향적인 전시관으로서의 박물관
- 문화공간으로서의 박물관
- 전시공간으로서의 박물관
- 평생교육기관으로서의 박물관
- 국제문화교류의 중심지로서의 박물관

ⓔ **박물관의 유형**
- 설립 운영주체에 다른 분류 : 국립박물관, 공립박물관, 대학박물관, 사립박물관
- 전시 내용에 따른 분류 : 종합박물관, 전문박물관(미술관, 역사박물관, 과학박물관)

ⓕ **우리나라 주요 박물관**
- 국립중앙박물관 : 우리나라의 문화유산을 보존·전시하고 연구·교육을 목적으로 건립된 문화체육관광부 산하의 국립박물관이다. 그 시초는 1909년 창경궁 제실박물관으로 1945년 조선총독부박물관을 인수하여 국립박물관으로 개관하였다. 1972년 국립중앙박물관으로 명칭을 변경하였으며 2005년 용산 미군 헬기장 철수로 현재의 자리로 신축 이전 개관하였다.
- 국립경주박물관 : 1945년 국립박물관 경주분관으로 출범하였다. 성덕대왕신종(국보 제29호)을 비롯한 신라시대의 유물을 전시하고 있다.
- 국립민속박물관 : 1946년 국립민족박물관 개관으로 출범하였다. 한국인의 생활문화를 직접 보고 체험할 수 있는 살아 있는 교육터전을 목표로 선조들의 삶의 모습을 조사·연구·수집하고 전시·보존한다.
- 제주특별자치도민속자연사박물관 : 1984년 제주도민속자연사박물관으로 개관한 이 박물관은 고고민속 자료 및 자연사 자료를 소장·전시하고 있다.

② **무형적 역사문화관광자원** `2017년출제` `2019년출제`

㉠ **무형문화재** : 무형문화재는 연극, 음악, 무용, 공예기술 등 무형의 문화적 소산으로서 역사적·예술적 또는 학술적 가치가 큰 것으로 중요한 기능, 예능을 보유하고 있는 사람의 두드러진 솜씨를 말한다.

㉮ **무형문화재의 분류** `2021년출제` `2015년출제`
- 국가무형문화재 : 음악, 무용, 연극, 공예기술 등 무형의 문화적 소산으로서 역사적·예술적 또는 학술적 가치가 큰 것을 문화재청장이 문화재위원회의 심의를 거쳐 지정한 국가지정 무형문화재이다.
- 시·도 무형문화재 : 국가지정문화재로 지정되지 아니한 문화재 중 보존가치가 있다고 인정되어 지정하는 시·도 지정 무형문화재를 말한다.

④ 국가무형문화재 현황 2022년출제

구분	중요무형문화재
음악	종묘제례악, 판소리 농악, 거문고산조, 선소리산타령, 대금정악, 가야금산조 및 병창, 서도소리 등
무용	진주검무, 승전무, 승무, 처용무, 학연화대합설무, 태평무, 살풀이춤 등
연극	양주별산대놀이, 통영오광대, 고성오광대, 북청사자놀음, 봉산탈춤, 강령탈춤, 송파산대놀이 등
놀이	남사당놀이, 강강술래, 영산줄다리기, 광주칠석고싸움놀이, 안동차전놀이, 밀양백중놀이, 윷놀이 등
무예	택견
기술	토기공예, 도자기 공예, 갓일, 나전장, 한산모시짜기, 매듭장, 유기장, 낙죽장, 장도장, 한복생활 등
음식	조선왕조 궁중음식, 향토 술 담그기, 떡만들기, 막걸리 빚기 등
의식	은산별신제, 영산재, 진도씻김굿, 종묘제례, 사직대제, 제주큰굿 등
상업	인삼재배와 약용문화, 갯벌어로, 해녀, 전통어로방식 어살 등

• 연극 : 한국연극의 종류를 가면극, 인형극, 판소리, 창극, 신파극, 신극으로 분류하는 것이 보통이나 중요무형
문화재로 지정된 연극들은 이 중에서 가면극과 인형극이 주종을 이루는 민속극이다. 2019년출제

- 인형극 : 문헌상에는 우리나라의 민속인형극으로 꼭두각시놀음, 발탈, 만석중놀이 등이 전하나, 현재까지 이
어지는 것은 꼭두각시놀음이 유일하다. 일명 박첨지놀음, 홍동지놀음 등으로 부리기도 하는데, 이는 모두 주
인공들의 이름에서 유래된 것이다. 남사당놀이(인형극박첨지놀음)은 중요무형문화재 제3호로 지정되었다.

- 가면극 : 한국 가면극의 기원은 신라로, 우리나라의 대표적 가면극으로 산대놀이가 있다.

계통	분포	종류
산대도감 계통	서울, 경기 지역	양주 별산대놀이, 송파 산대놀이
서낭굿 계통	경북 일대, 강원 지역	강릉 관노탈놀이, 하회별신굿탈놀이
오광대 계통	경남 지역	통영오광대, 고성오광대, 가산오광대
야류 계통	경남 해안 지역	동래야류, 수영야류
해서 계통	황해 지역	봉산탈춤, 강령탈춤

• 음악 : 우리나라 전통음악은 중국계의 아악과 당악, 그리고 우리의 궁중음악인 향악으로 구분할 수 있다. 궁
중음악 또는 지식층의 음악을 통괄하는 아악이 그 주류를 이루었고, 서민층에서 애창되었던 민속악이 대응을
이루었다고 할 수 있다.

- 종묘제례악 : 조선시대의 역대 왕과 왕비의 신위를 모신 사당에서 제사를 지낼 때 연주되던 음악으로 조선의
기악연주와 노래, 춤이 어우러진 궁중음악의 정수이다. 2020년출제

- 판소리 : 창자가 고수의 북장단에 맞추어 하나의 이야기를 소리(노래), 아니리(말), 발림(몸동작)으로 엮어 구
연하는 것으로 원래는 12마당이 있었으나 현재는 춘향가, 심청가, 흥부가, 수궁가, 적벽가의 5마당만 전한다.
2019년출제

- 민요 : 우리나라의 민요는 전파범위와 세련도에 따라 토속민요(국한된 지방에서 불리는 것)와 창민요(직업적인 소리꾼에 의하여 불려 널리 전파된 것)로 구분한다. **2019년출제**

구분		특징	종류
토속민요		소박하고 향토적	김매기, 모내기, 상여소리, 집터 다지는 소리 등
창민요	경기	경쾌하고 분명함	창부타령, 이별가, 청춘가, 도라지타령, 태평가, 방아타령, 경복궁타령, 한강수타령, 군밤타령, 늴리리야, 천안삼거리 등
	남도	• 판소리와 산조의 장단 사용 • 극적	새타령, 육자배기, 농부가, 자진농부가, 흥타령, 자진육자배기, 까투리타령, 진도아리랑 등
	서도	콧소리를 사용한 독특한 창법	자진난봉가, 사리원난봉가, 자진염불, 몽금포타령, 수심가, 배따라기, 안주애원성 등
	동부	빠른 한배의 장단이 많이 쓰임	밀양아리랑, 울산아가씨, 쾌지나칭칭나네, 보리타작소리, 강원도아리랑, 한오백년, 신고산타령 등
	제주	연구가 미비함	오돌또기, 이야홍타령, 봉지가, 서우제소리 등

- 농악 : 농촌에서 집단노동이나 명절 때 등에 흥을 돋우기 위해서 연주되는 음악으로 정착 영농이 이루어진 삼한시대 이전을 그 기원으로 본다.
• 무용 : 우리나라의 무용으로 가장 오랜 기록으로는 중국에 우리의 춤과 음악이 전하여 연주된 것인데, 그들의 악무보다 훨씬 발달된 것임을 전하고 있다.
- 궁중무용 : 민속무용에 상대되는 것으로, 왕궁에서 연회나 의식 때 추던 춤을 말한다. 아악이나 정악이 반주로 쓰였으며 동작이 우아하고 품위를 강조하는 것이 특징이다. 처용무, 태평무, 춘앵무 등이 있다.
- 민속무용 : 우리나라의 전통무용 중 궁중무용이 아닌 민간에서 즐겨하던 무용으로 승무, 살풀이, 태평무, 탈춤 등이 있다.
- 의식무용 : 종교 의식이나 전쟁, 농경 등에 따르는 의식에 포함된 무용을 말한다. 일반적으로 의식무용은 의식의 성격과 절차에 따라 춤이 진행되기 때문에 춤으로서 독립성이 희박하다.
• 공예기술 : 무형문화재는 유형문화재와는 달라서 직접 사람을 매개체로 하여 성립된 것이기 때문에 무형인 기예만을 추출하여 정착시킬 수는 없다. 그러나 공예기술은 연극, 음악, 무용과는 달리 그 발현의 결과가 작품으로 고정되므로 유형문화재로도 역사상 또는 예술상 가치가 평가된다.
- 토기공예 : 고운 점토에 물을 섞어 반죽한 흙을 손이나 물레로 성형하여 그릇을 만드는 기술이다. 토기는 신석기시대부터 통일신라대까지 주로 사용되었다.
- 도자기공예 : 고려시대의 청자와 조선시대의 백자는 우리 선조의 도자기공예기술의 수준을 잘 보여준다.

구분	종류	특징
고려시대	순청자	문양이나 장식이 없는 본래의 청자
	상감청자	그릇 표면에 무늬를 음각한 후, 그 안을 백토나 흑토로 채우고 초벌구이 후, 청자유(靑瓷釉)를 발라 다시 구운 자기
	회청자	순청자에 산화철 안료로 문양을 나타낸 청자
백제시대	분청사기	회색 또는 회흑색의 태토 위에 백토로 표면을 분장한 자기
	백자	백토로 만든 형태 위에 무색 투명의 유약을 입혀 구워낸 자기

－**갓일** : 가는 대나무 실과 말총으로 갓을 만드는 일이다.

－**나전장** : 광채가 나는 자개 조각을 여러 가지 모양으로 붙여서 장식하는 공예기술이다. |2015년출제|

－**한산모시짜기** : 모시풀의 껍질을 벗겨 삼베와 같은 과정으로 직물을 만드는 기술이다.

－**유기장** : 놋쇠로 각종 기물을 만드는 기술을 말한다.

－**낙죽장** : 불에 달군 인두를 사용하여 대나무에 그림이나 글씨를 새기는 기술이다.

• **놀이** : 놀이는 그 자체가 목적이기도 하지만 풍농을 기원하거나 개인이나 마을의 복을 기원하는 제의성을 띠기도 한다.

－**남사당놀이** : 일명 남사당패(牌) 놀이라고도 불리어지는 민속예능의 한 가지로, 남자들로 구성된 유랑 연예인 집단이 농어촌 등을 돌며 펼치던 놀이를 말한다. |2018년출제|

－**영산줄다리기** : 경남 창녕군 영산면에 전승되는 민속놀이로 정월 대보름에 마을을 동과 서 두 편으로 나누워 줄다리기를 한다. 주민들은 줄다리기를 해야 시절이 좋고 풍년이 든다고 믿는다.

－**광주칠석고싸움놀이** : 광주 남구 칠석동에서 정월 초순경부터 2월 초하루까지 하는 놀이로, 짚을 주재료로 하여 만든 '고'를 가지고 승부를 겨루는 놀이이다. |2020년출제|

－**안동차전놀이** : 경북 안동지방에 전승되는 민속놀이로, 정월대보름날 마을 청장년들이 패를 갈라 '동채'를 서로 부딪쳐 승부를 겨루는 집단놀이이다.

• **의식** : 무속 신앙 관련 의식 및 불교, 유교 의식 등 역시 중요무형문화재의 한 부분이다.

－**은산별신제** : 충남 부여군 은산면 은산리에 전승되는 향토신제이다. |2018년출제|

－**영산재** : 불교의 49재 가운데 하나로 사람이 죽은 지 49일 되는 날에 영혼을 천도하는 의식이다. 영산재는 석가가 영취산에서 설법하던 영산회상을 상징화한 의식으로, 영산회상을 열어 영혼을 발심시키고, 그에 귀의하게 함으로써 극락왕생하게 한다는 의미를 갖는다.

- 진도씻김굿 : 전남 진도에 전승되는 무속 의례로, 죽은 사람의 영혼이 극락에 가도록 인도한다는 의미를 갖는다. 타지방의 씻김굿이 무당이 작두 위를 걷고 자신이 직접 죽은 사람과 접한다면, 진도의 씻김굿은 춤과 노래로 신에게 빌고 죽은 자의 후손으로 하여금 죽은 자와 접하게 한다는 점이 특징이 있다.
- 종묘제례 : 조선시대 역대의 왕과 왕비 및 추존된 왕과 왕비의 신위를 모시는 종묘의 제향예절로 1월, 4월, 7월, 10월에 지내는 정시제와 나라의 길흉이 있을 때 지내는 임시제로 구분할 수 있다.
- 사직대제 : 사(社)는 땅의 신, 직(稷)은 곡식의 신으로 땅과 곡식의 신에게 드리는 국가적인 제사이다. **2015년출제**
  - 무예
- 택견 : 유연한 동작으로 상대방을 제압하고 자기를 방어하는 우리나라 전통무술로, 고구려 고분벽화를 통해 삼국시대에도 택견이 행해졌음을 알 수 있다.

ⓒ **전통문화행사** : 무형문화재보다 관광객들이 더 손쉽게 이용할 수 있는 관광 매력물로 전통문화행사가 있다. 전통문화행사는 전통적인 유적지나 거리 또는 사찰에서 개최된다는 점에서 일반 공연 프로그램보다 더 전통성을 확보하고 있다고 볼 수 있으나 행사기간이 하루 내지 이틀만 진행되는 단기 행사이어서 상품으로서 지속성을 갖고 있지 못하다.

(2) 현대문화관광자원 현황

① 유형적 현대문화관광자원

ⓐ **테마공원** : 일정한 주제로 전체 환경을 만들면서 쇼와 이벤트로 공간 전체를 연출하는 레저시설이라고 할 수 있다. 일본 통상산업성에서 테마파크는 입장료를 받아 특정한 비일상적인 테마하에 시설 전체의 환경을 만들어 공간 전체를 연출해 고객에게 오락을 제공하고 있는 사업체 중 상설 또한 유료의 탑승물과 관람물을 갖춘 사업체라고 정의하고 있다.

ⓑ **공연장** : 관람집회시설 중 하나로 공연장(공연법에 의한 극장·영화관·연회장·음악당·서커스장 기타 이와 유사한 것)과 집회장(회의장·공회장·예식장 기타 이와 유사한 것), 그리고 관람장(운동경기관람장·경마장·자동차경주장 기타 이와 유사한 것)으로 구분할 수 있다.

ⓒ **소비문화공간** : 홍대, 압구정동, 신촌, 명동, 대학로, 동대문 등의 상업공간들이 독특한 소비문화공간을 형성하면서 다양한 계층의 방문객들을 끌어들이는 중요한 관광자원의 요소가 되고 있다.

② 무형적 현대문화관광자원 … 현대문화행사는 명동축제, 신촌문화축제 등과 같이 주로 지역상인, 지역 예술가 등이 주체가 되어 고유의 거리문화를 표출하여 관광객 및 시민이 참여하는 행사이다. 지역문화행사가 관광객들에게 훌륭한 문화관광 상품으로 기능하기 위해서는 다른 곳에서는 접할 수 없는 개성 있고 독특한 관광 상품으로 제시되어야 한다.

2 문화재의 세계유산 지정

(1) 세계유산의 정의 및 등록기준 `2020년출제`

① 세계유산의 정의 … 세계유산은 1972년 유네스코 세계 문화 및 자연유산의 보호에 관한 협약에 의거하여 세계유산목록에 등재된 유산을 지칭한다.

② 세계유산의 등재기준 `2015년출제`

　㉠ 문화유산 기준항목

　　㉮ 독특한 예술적 혹은 미적인 업적, 즉 창조적인 걸작품을 대표해야 한다.

　　㉯ 일정한 시간에 걸쳐 혹은 세계의 한 문화권 내에서 건축, 기념물 조각, 정원 및 조경디자인, 관련예술 또는 인간정주 등의 결과로서 일어난 발전사항들에 상당한 영향력을 행사해야 한다.

　　㉰ 독특하거나 지극히 희귀하거나 혹은 아주 오래된 것이어야 한다.

　㉡ 자연유산 기준항목

　　㉮ 지구의 주요한 진화단계를 대표하는 현저한 사례이다.

　　㉯ 현재 진행되고 있는 중요한 지질학적 과정, 생물학적 진화 및 인간과 자연환경의 상호작용을 나타내는 현저한 사례이다.

　　㉰ 희귀하거나 멸종위기에 처한 동·식물의 종이 아직 생존하고 있는 서식지 범주에는 보편적인 관심과 중요성이 있는 동·식물이 집중되어 있는 생태계이다.

　㉢ 기준항목 : 해당 유산이 진정성이 있어야 하고 유산의 보존을 보장할 수 있는 적절한 법적보호와 관리체계를 갖추고 효과적 시행도 보장되어 있어야 한다.

(2) 유네스코 지정유산

① 세계유산 … 세계유산은 문화유산과 자연유산 그리고 복합유산으로 구분된다. 이 가운데 특별히 '위험에 처한 세계유산'은 별도로 지정된다. 문화유산은 유적·건축물·장소로 구성되는데, 대체로 세계문명의 발자취를 연구하는데 중요한 유적지·사찰·궁전·주거지 등과 종교 발생지 등이 포함된다. 자연유산은 무기적·생물학적 생성물로 이루어진 자연의 형태, 지질학적·지문학적 생성물, 멸종위기에 처한 동식물의 서식지, 세계적 가치를 지닌 지점이나 자연지역을 대상으로 한다. 복합유산은 문화유산과 자연유산의 특성을 동시에 충족하는 유산이다.

② 한국의 세계유산 `2014년출제` `2015년출제` `2016년출제` `2017년출제` `2018년출제` `2019년출제` `2020년출제` `2023년출제`

　㉠ 석굴암·불국사

　　㉮ 석굴암 석굴은 국보 제24호로 지정 관리되고 있으며 석굴암은 1995년 12월 불국사와 함께 유네스코 세계문화유산으로 공동 등록되었다.

  ④ 문화유산적 가치 : 석굴암은 신라시대 전성기의 최고 걸작으로 그 조영계획에 있어 건축, 수리, 기하학, 종교, 예술이 총체적으로 실현된 유산이다.

 ⓒ 해인사장경판전

  ㉮ 국보 제52호로 지정 관리되고 있으며, 소장 문화재로서는 대장경판과 고려각판(국보), 고려각판(보물)이 있다. 이 중 해인사 장경판전은 1995년 12월 유네스코세계유산으로 등록되었다.

  ④ 문화유산적 가치 : 해인사 팔만대장경은 오랜 역사와 내용의 완벽함, 그리고 고도로 정교한 인쇄술의 극치를 엿볼 수 있는 세계 불교경전 중 가장 중요하고 완벽한 경전이며, 장경판경은 대장경의 부식을 방지하고 온전한 보관을 위해 15세기경에 건축된 건축물로 자연환경을 최대한 이용한 보존과학 소산물로 높이 평가되고 있다.

 ⓒ 종묘

  ㉮ 종묘는 사적 제125호로 지정 보존되고 있으며 소장 문화재로 정전, 영녕전, 종묘제례악, 종묘제례가 있으며 1995년 12월 유네스코 세계유산으로 등록되었다.

  ④ 문화유산적 가치 : 종묘는 제왕을 기리는 유교사당의 표본으로서 16세기 이래로 원형이 보존되고 있으며, 세계적으로 독특한 건축양식을 지닌 의례공간이다. 종묘에서는 의례와 음악, 그리고 무용이 잘 조화된 전통의식과 행사가 이어지고 있다.

 ⓔ 창덕궁 2023년출제

  ㉮ 사적 제122호로 지정 관리되고 있으며 돈화문, 인정문, 인정전, 대조전, 구선원전, 선정전, 희정당, 향나무, 다래나무 등이 지정되었다. 창덕궁은 1997년 12월 유네스코 세계문화유산으로 등록되었다.

  ④ 문화유산적 가치 : 동아시아 궁전 건축사에 있어 비정형적 조형미를 간직한 대표적인 궁으로 주변 자연환경과의 완벽한 조화와 배치가 탁월하다.

 ⓜ 수원 화성

  ㉮ 화성은 사적 제3호로 지정 관리되고 있으며 소장 문화재로 팔달문, 화서문, 장안문, 공심돈 등이 있다. 화성은 1997년 12월 유네스코 세계문화유산으로 등록되었다.

  ④ 문화유산적 가치 : 18세기에 완공된 짧은 역사의 유산이지만 동서양의 군사시설이론을 잘 배합시킨 독특한 성으로서 방어적 기능이 뛰어난 특징을 가지고 있다. 약 6킬로미터에 달하는 성안에는 4개의 성문이 있으며 모든 건조물이 각기 모양과 디자인이 다른 다양성을 지니고 있다.

 ⓗ 경주 역사유적지구

  ㉮ 2000년 12월 세계유산으로 등록된 경주 역사유적지구는 신라의 역사와 문화를 한눈에 파악할 수 있을 만큼 다양한 유산이 산재해 있는 종합역사지구로서 유적의 성격에 따라 모두 5개 지구로 나누어져 있다. 불교미술의 보고인 남산지구, 천년왕조의 궁궐터인 월성지구, 신라 왕을 비롯한 고분군 분포지역인 대능원지구, 신라 불교의 정수인 활룡사지구, 왕경 방어시설의 핵심인 산성지구로 구분되어 있다.

  ④ 문화유산적 가치 : 경주 역사유적지구는 한반도를 천년 이상 지배한 신라왕조의 수도로 남산을 포함한 경주 주변에 한국의 건축물과 불교 발달에 있어 중요한 많은 유적과 기념물들을 보유하고 있다.

ⓢ 고창 · 화순 · 강화 고인돌 유적

㉮ 고인돌은 선사시대 문화상을 파악할 수 있고 나아가 사회구조, 정치체계는 물론 당시인들의 정신세계를 엿볼 수 있다는 점에서 선사시대 연구의 중요한 자료가 되는 보존가치가 높은 유적이다. 고인돌 유적은 2000년 12월 세계문화유산으로 등록되었다.

㉯ 문화유산적 가치 : 선사유적들은 거대한 석조로 만들어진 2,000~3,000년 전의 무덤과 장례의식 기념물로서 선사시대 문화가 가장 집중적으로 분포되어 있으며 당시의 기술과 사회현상을 가장 생생하게 보여주는 유적이다.

ⓞ 제주 화산섬과 용암동굴

㉮ 2007년 6월 세계유산위원회에서 제주화산섬과 용암동굴이라는 이름으로 세계자연유산으로 등재되었다.

㉯ 문화유산적 가치 : 제주도는 수많은 측화산과 세계적인 규모의 용암동굴, 다양한 희귀생물 및 멸종위기종의 서식지가 분포하고 있다. 지구의 화산 생성과정 연구와 생태계연구의 중요한 학술적 가치가 있다. 한라산 천연보호 구역의 아름다운 경관과 생물 · 지질 등은 세계적인 자연유산으로서 가치를 지니고 있다.

ⓩ 조선왕릉

㉮ 2009년 6월 30일 '조선왕릉' 40기 전체는 유네스코 세계유산(문화유산)으로 등재되었다.

㉯ 문화유산적 가치 : 조선왕릉이 풍수지리사상을 바탕으로 조영되었으며, 엄격한 질서에 따라 내부 공간을 구성하면서도 아름다운 주변 산세와 어우러져 주목할 만한 신성한 공간을 창출하였고, 봉분과 조각, 건축물들이 전체적으로 조화를 이룬 탁월한 사례로 동아시아 묘제의 중요한 발전단계를 보여준다고 평가했다. 또 조선시대부터 오늘날까지 600년 이상 제례의식을 거행하면서 살아있는 전통을 간직하고 있는 독특한 공간이라는 점도 높이 평가했다.

ⓩ 한국의 역사마을(하회와 양동) : 14~15세기 조성된 한국의 대표적인 전통 마을로서 자연과 조화를 이루는 조선시대 유교적 전통 사상을 잘 반영한 경관 속에 전통 건축 양식을 잘 보존하고 있다. 또한 조선시대 유교 교육의 중심지답게 유교적 삶의 양식과 전통문화를 현재까지 잘 계승하고 있다.

㉾ 남한산성 : 남한산성은 서울의 중심부에서 동남쪽으로 25km 떨어진 곳에 위치해 있으며, 지형적으로 험준한 산세를 이용하여 방어력을 극대화한 곳이다. 남한산성은 둘레 12km에 이르며 중심 도시가 입지할 수 있을 만큼 넓은 분지이기 때문에 백성과 함께 왕조가 대피할 수 있는 조선 왕실의 보장처였다. 2014년 6월 등재되었다. 2015년출제

㉿ 백제역사유적지구 : 백제역사유적지구는 공주시, 부여군, 익산시 3개 지역에 분포된 8개 고고학 유적지로 이루어져 있다. 공주 웅진성과 연관된 공산성과 송산리 고분군, 부여 사비성과 관련된 관북리 유적(관북리 왕궁지) 및 부소산성, 정림사지, 능산리 고분군, 부여 나성, 그리고 끝으로 사비시대 백제의 두 번째 수도였던 익산시 지역의 왕궁리 유적, 미륵사지 등으로, 475년~660년 사이의 백제 왕국의 역사를 보여주고 있다. 2015년 등재되었다. 2015년출제

ⓔ 산사, 한국의 산지 승원 : 산사는 한반도 남쪽 지방에 위치한 7개 불교 산지 승원—통도사, 부석사, 봉정사, 법주사, 마곡사, 선암사, 대흥사—으로 이루어져 있다. 7세기에서 9세기에 창건된 이들 7개 사찰은 신앙과 영적 수행, 승려 공동체 생활의 중심지로 한국 불교의 역사적인 전개를 보여주고 있다. 한국의 다양한 불교신앙이 산사의 경내에 수용되었으며, 이는 역사적인 구조물과 전각, 유물, 문서 등에 잘 남아있다. 사찰 운영에서 나타나는 자립성과 승려 교육, 한국 선불교의 특징인 영적 수행과 교리 학습의 공존 등의 지속적인 전통에서 한국 불교의 무형적, 역사적 측면을 확인할 수 있다. 이들 산사는 조선시대 억압과 전란으로 인한 손상에도 불구하고, 오늘날까지 신앙과 일상적인 종교적 실천의 살아있는 중심으로 남아있는 신성한 장소이다. 2018년 등재되었다. **2019년출제**

ⓕ 한국의 서원 : '한국의 서원'(16세기 중반부터 17세기 건립)은 조선시대 성리학 교육기관의 유형을 대표하는 9개 서원으로 이루어진 연속유산으로, 한국의 성리학과 연관된 문화적 전통에 대한 탁월한 증거이다. 소수서원, 남계서원, 옥산서원, 도산서원, 필암서원, 도동서원, 병산서원, 무성서원, 돈암서원 등 9개 서원으로 구성되어 있으며, 한국의 중부와 남부 여러 지역에 걸쳐 위치한다. 서원은 중국에서 도입되어 한국의 모든 측면에서 근간을 이루고 있는 성리학을 널리 보급한 성리학 교육기관으로서 탁월한 증거가 되는 유산이다. 2019년 등재되었다. **2014년출제** **2019년출제** **2020년출제**

ⓖ 한국의 갯벌 : 황해의 동쪽이자 대한민국 서남해안에 위치하고 있다. 서천갯벌, 고창갯벌, 신안갯벌, 보성–순천갯벌의 4개로 구성된다. 지구 생물다양성의 보전을 위해 전 지구적으로 가장 중요하고 의미 있는 서식지이다.

③ **세계무형유산** … 2001년부터 유네스코가 소멸위기에 처한 문화유산의 보존과 재생을 위하여 구전 및 무형유산을 확인·보호·증진할 목적으로 선정한 가치 있고, 독창적인 구전 및 무형유산을 말한다. 2년마다 유네스코 국제심사위원회에서 선정한다. **2022년출제** **2015년출제** **2016년출제** **2017년출제**

㉠ **종묘제례 및 종묘제례악(2001)** : 종묘제례와 종묘제례악은 중요무형문화재 제56호와 제1호로 지정되어 보존·전승되고 있으며, 2001년 5월 18일 유네스코 '세계무형유산걸작'으로 등재되었다.

㉡ **판소리(2003)** : 판소리는 그 독창성과 우수성을 세계적으로 인정받아 2003년 11월 7일 유네스코 제2차 '인류구전 및 무형유산 걸작'으로 등재되었다. **2014년출제**

㉢ **강릉단오제(2005)** : 중요무형문화재 제13호로 지정되어 보존되고 있는 강릉단오제는 그 문화적 독창성과 뛰어난 예술성을 인정받아 2005년 11월 25일 유네스코 '인류구전 및 무형유산걸작'으로 등재되었다.

㉣ **강강술래(2009)** : 우리나라의 대표적인 세기절기인 설, 대보름, 단오, 백중, 추석, 9월 중구 밤에 연행되었으며 특히 팔월 추석날 밤에 대대적인 강강술래 판이 벌여졌다.

㉤ **남사당놀이(2009)** : 남사당놀이는 꼭두쇠(우두머리)를 비롯해 최소 40명에 이르는 남자들로 구성된 유랑연예인인 남사당패가 마을 돌며 연행했던 놀이이다.

㉥ **영산재(2009)** : 살아있는 사람과 죽은 사람 모두 번뇌와 괴로움에서 벗어날 수 있는 경지에 이르게 하는 장엄한 불교의식으로서 가치가 있다. **2023년출제**

㉦ **제주칠머리당영등굿(2009)** : 제주도 특유의 해녀신앙과 민속신앙이 담겨져 있는 굿이며, 우리나라 유일의 해녀의 굿이라는 점에서 그 특이성과 학술적 가치가 있다.

◎ **처용무(2009)** : 처용 가면을 쓰고 추는 춤으로 궁중무용 중 유일하게 사람 형상의 가면을 쓰고 추는 춤이다.

㉣ **가곡(2010)** : 가곡은 시조시에 곡을 붙여서 관현악 반주에 맞추어 부르는 우리나라 전통음악으로 현재 남창 26곡, 여창 15곡 등 41곡이 전승되고 있다.

㉤ **대목장(2010)** : 궁궐이나 사찰 또는 가옥을 짓고 건축과 관계된 일을 대목(大木)이라 하며 이 일을 하는 장인을 대목장이라고 한다.

㉠ **매사냥(2010)** : 매사냥은 2010년 한국을 포함한 11개국이 참여하여 공동등재 되었고, 2012년 2개국이 추가된 13개국이 참여하여 확대 공동등재 되었다.

㉡ **줄타기(2011)** : 우리나라의 줄타기는 외국의 줄타기와 달리 노래와 재담을 곁들여 줄 타는 사람과 구경꾼이 함께 어우러진 놀이판을 이끄는 특징이 있다.

㉢ **택견(2011)** : 택견은 유연한 동작으로 손과 발을 순간적으로 우쭉거려 생기는 탄력으로 상대방을 제압하고 자기 몸을 방어하는 우리나라 전통무술이다.

㉣ **한산모시짜기(2011)** : 한산모시는 우리나라 여름 전통옷감의 대표적인 것으로 1967년에 중요무형문화재로 지정되었다.

ⓐ **아리랑(2012)** : 아리랑은 지역과 세대를 초월해 광범위하게 전승되고 재창조 되고 있다는 점을 인정받아 2012년 12월 5일, 유네스코 인류무형유산에 등재되었다.

ⓑ **김장문화(2013)** : 2013년 12월 5일, 아제르바이잔 바쿠에서 열린 제8차 유네스코 인류무형문화유산보호 정부간위원회에서 유네스코 인류무형문화유산 대표목록에 등재되었다.

ⓒ **농악(2014)** : 농악은 공동체 의식과 농촌 사회의 여흥 활동에서 유래한 대중적인 공연 예술로, 공동체 내에서 연대성과 협력을 강화하고, 공동체 구성원들이 동일한 정체성을 공유할 수 있도록 도와준다.

ⓓ **줄다리기(2015)** : 줄다리기는 두 패로 갈라 짚으로 만든 동아줄을 서로 당겨 자기편 쪽으로 끌어온 팀이 이기는 놀이로, 농경 제의와 관계가 있다.

ⓔ **제주해녀문화(2016)** : 제주해녀는 산소공급 장치 없이 10미터 정도 깊이의 바다 속으로 약 1분간 잠수하여 해산물을 채취한다.

ⓕ **씨름, 한국의 전통 레슬링(2018)** : 씨름은 두 명의 선수가 샅바를 찬 상태에서 서로의 샅바를 잡고 상대를 땅에 밀어붙이기 위해 다양한 기술을 쓰는 레슬링의 종류이다.

ⓖ **연등회(2020)** : 부처님 오신 날(음력 4월 초파일)이 가까워오면 대한민국 전역에 소망을 담아 만든 등을 밝히고 장대한 행렬을 이루어 거리를 행진하는 의식이자 축제이다.

ⓗ **한국의 탈춤(2022)** : 탈춤은 춤, 노래, 연극을 아우르는 종합예술이다. 탈을 쓴 연행자가 춤과 노래 그리고 행동과 말을 극적으로 조합해 사회 문제를 해학적으로 표현하고, 6~10명의 악사로 구성된다.

④ **세계기록유산** … 유네스코가 고문서 등 전 세계의 귀중한 기록물을 보존·활용하기 위해 1997년부터 2년마다 세계적 가치가 있는 기록유산을 선정하는 사업으로 국제자문위원회에서 심의·추천하여 유네스코 사무총장이 선정하는 세계적 가치가 있는 귀중한 기록유산을 말한다. **2014년출제** **2015년출제** **2018년출제** **2022년출제** 2017년출제 2018년출제

㉠ **훈민정음(1997)** : 훈민정음은 학술사적으로나 문화사적인 면에서도 중요한 가치와 의의를 인정받아 1997년 10월에 유네스코 세계기록유산으로 등재되었다.

ⓛ **조선왕조실록(1997)** : 조선왕조실록은 조선왕조의 시조인 태조로부터 철종까지 25대 472년간(1392~1863) 의 역사를 연월일 순서에 따라 편년체로 기록한 책으로 총 1,893권 888책으로 되어 있는 오래되고 방 대한 양의 역사서이다.

ⓒ **직지심체요절(2001)** : '백운화상초록불조직지심체요절'은 독일의 구텐베르그보다 70여년이나 앞선 것으로 세계 최고(最古)의 금속활자본으로 공인되었다. 인쇄술을 보다 편리하고 경제적이며 신속하게 해 주었고 이러한 가치를 인정받아 2001년 9월 유네스코세계기록유산으로 등재되었다.

ⓔ **승정원일기(2001)** : 조선왕조 최대의 기밀 기록인 동시에 원본 1부밖에 없는 귀중한 자료로 국보 제303호 (1999.4.9)로 지정되어 있다. 또한 세계 최대 및 1차 사료로서의 가치를 인정받아 2001년 9월 유네스코 세계기록유산으로 등재되었다. **2020년출제**

ⓜ **조선왕조 의궤(2007)** : 의궤는 조선왕조에서 유교적 원리에 입각한 국가 의례를 중심으로 국가의 중요 행 사를 행사 진행 시점에서 당시 사용된 문서를 정해진 격식에 의해 정리하여 작성한 기록물이다. 조선왕 조 의궤는 2007년 6월 제8차 유네스코 기록유산 국제자문위원회에서 세계기록유산으로 등재되었다. **2015년출제**

ⓗ **해인사 대장경판 및 제경판(2007)** : 고려대장경판은 81,258 목판에 새긴 대장경판으로 아시아 전역에서는 유일하게 완벽한 형태로 현존하는 판본자료다.

ⓢ **동의보감(2009)** : 선조의 어의 허준이 선조의 명을 받아 중국과 우리나라의 의학 서적을 하나로 모아 편 집에 착수하여 간행한 의학 서적이다. 2009년 7월 제9차 유네스코 기록유산 국제자문위원회에서 세계 기록유산으로 등재되었다.

ⓞ **5·18민주화운동 기록물(2011)** : 1980년 5월 18일부터 27일까지 광주를 중심으로 전개된 민주화를 요구하 는 시민들의 일련의 활동과 이후에 이 사건의 책임자처벌, 피해자 보상과 관련하여 기록되고 생산된 문 건, 사진, 영상 등의 자료를 총칭한다.

ⓩ **일성록(2011)** : 1760년에서 1910년까지 151년 동안의 국정 운영 내용을 매일매일 일기체로 정리한 국왕의 일기이다. **2023년출제**

ⓩ **난중일기(2013)** : 이순신 해군사령관이 임진왜란 기간 중 군중에서 직접 쓴 친필 일기이다.

ⓠ **새마을운동 기록물(2013)** : 우리나라 정부와 국민들이 1970년부터 1979년까지 추진한 새마을운동 과정에 서 생산된 대통령의 연설문과 결재문서, 행정부처의 새마을 사업 공문, 마을단위의 사업서류, 시민들의 편지, 새마을교재, 관련 사진과 영상 등의 자료를 총칭한다.

ⓣ **한국의 유교책판(2015)** : 유교책판은 조선시대(1392~1910)에 718종의 서책을 간행하기 위해 판각한 책판 으로, 시공을 초월하여 책을 통하여 선학(先學)의 사상을 탐구하고 소통하는 '텍스트 커뮤니케이션(text communication)'의 원형적 가치를 인정받아 2015년 세계기록유산으로 등재되었다.

ⓟ **KBS특별생방송 '이산가족을 찾습니다' 기록물(2015)** : KBS특별생방송 '이산가족을 찾습니다' 기록물은 KBS가 1983년 6월 30일 밤 10시 15분부터 11월 14일 새벽 4시까지 방송기간 138일, 방송시간 453시간 45분 동안 생방송한 비디오 녹화원본 테이프 463개와, 담당 프로듀서 업무수첩, 이산가족이 직접 작성한 신 청서, 일일 방송진행표, 큐시트, 기념음반, 사진 등 20,522건의 기록물을 총칭한다.

ⓗ **조선왕실 어보와 어책**(2017) : 왕과 왕비, 세자와 세자빈 등을 책봉하거나 존호, 시호, 휘호 등을 수여할 때 만든 의례용 인장과 책이다. 금이나 은, 옥에 아름다운 명칭을 새긴 어보, 옥이나 대나무, 금동판에 책봉을 하거나 지위를 하사하는 글을 새긴 옥책과 죽책, 금책 등 어책으로 이뤄져 있다.

ⓐ **조선통신사에 관한 기록**(2017) : 조선통신사 기록물은 전쟁을 치른 양국이 사절단을 통해 문화 교류를 이어갔고 평화적인 관계를 이뤄냈다는 점이 높게 평가받았다. 조선이 임진왜란이후 200여년간 일본에 파견한 외교사절의 외교 · 여정 · 문화 교류에 관한 기록을 아우른다.

ⓑ **국채보상운동 기록물**(2017) : 국채보상운동은 국권 회복을 위한 투쟁의 하나로서 그 기록물은 일제의 차관 공세에 맞서 국가적 위기에 힘을 모은 시민들의 책임을 보여주는 역사적 기록물로 평가받으며 세계기록유산에 추가됐다.

ⓒ **4 · 19혁명기록물**(2023) : 1960년 4월 19일 한국에서 학생이 중심이 되어 일어난 시민혁명 자료이다.

ⓓ **동학농민혁명기록물**(2023) : 1894년~1895년 조선에서 발발한 동학농민혁명과 관련된 기록물이다.

③ 기념물

기념물이라고 함은 패총, 고분, 성지, 요지, 유물포함, 기타 사적지와 경승지, 동물, 식물, 광물로서 우리나라 역사상, 예술상, 학술상 또는 관광상 가치가 큰 것을 말하며, 이 기념물은 역사적 기념물과 천연기념물로 구분한다.

(1) 역사적 기념물

① **사적** `2015년출제` `2018년출제` `2020년출제`

㉠ **경주 포석정지** : 경주시 남쪽 4킬로미터 지점에 위치한 포석정(사적 제1호)은 왕의 주연과 향락을 위한 별궁의 하나였다. 건물은 없어지고 전복 모양의 석구만이 남아있다. 왕과 귀족들의 중대한 회의 장소 또는 제사 장소였다는 학설이 제기되고 있다.

㉡ **경복궁** : 경복궁(사적 제117호)은 1395년 태조 이성계가 창건한 조선 왕조 제일의 법궁이다. 현재 서울에 있는 조선시대 5대 궁궐 중 정국에 해당하는 것으로 북쪽에 자리하고 있어 북궐로도 불린다.

> **POINT** **경복궁의 이모저모** `2015년출제`
>
> ㉠ **품계석** : 조선시대에는 벼슬의 높고 낮음에 따라 정1품에서 종9품까지 18등급으로 품계를 나누었다. 품계석은 그 품계를 돌에 새긴 것으로 경복궁 근정전 앞마당에 품계의 순서에 따라 나열하였다. 근정전을 정면으로 바라보며 동편인 오른쪽에는 문관(文官), 서편인 왼쪽에는 무관(武官)이 정렬하였다.
>
> ㉡ **교태전 아미산 굴뚝** : 경복궁 교태전의 후원에 있는 굴뚝으로, 보물 제811호로 지정되었다. 십장생, 사군자 등의 무늬 및 화마 악귀를 막는 짐승들이 표현되어 있다.
>
> ㉢ **경복궁 자경전 십장생 굴뚝** : 경복궁 자경전 뒷마당 화문담에 덧붙여 만든 굴뚝으로, 보물 제810호로 지정되었다. 십장생 무늬를 조형전으로 만들어 배치하였다.

ⓒ **문무대왕릉** : 경주에서 동쪽으로 33킬로미터 떨어진 동해안 월성 양북면 봉길리 앞바다에 바위섬이 있는데, 이곳에 있는 수중릉이 신라 문무대왕릉이다.

ⓔ **몽촌토성** : 서울 강동구 방이동에 위치한다. 몽촌토성은 자연지형을 그대로 이용하여 축조하였기 때문에 그 형태가 일정하지 않지만 대체로 남북이 약간 긴 마름모꼴을 하고 있다.

② **사적 및 명승** … 우리나라에서는 명승지에 사적이 곁들여진 곳을 사적 및 명승으로 지정하여 보호하고 있는데, 태고의 자연 그대로의 명승지일 뿐 아니라 인문현상이 가미된 것이 많다.

ⓐ **경주 불국사 경내** : 세계문화유산 석굴암을 포용하고 있는 불국사는 글자 그대로 불국(佛國)이다. 경주 토함산 중턱에 자리한 불국사는 대한불교 조계종 제11구 본사로 천년고찰이다.

ⓑ **가야산 해안서 일원** : 가야산은 지덕이 높다해서 해동영지로 칭송되는 소백산맥 중의 큰 명산으로 그 일부는 경북의 성주군과 고령군, 경남의 거창군에 걸쳐 있으나, 3분의 2가 합천군에 들어있다.

③ **명승** 2017년출제

ⓐ **승주 청학동 소금강** : 이곳의 지명은 청학동이지만 산수의 경치가 금강산을 축소한 듯 하다 하여 소금강(명승 제1호)으로 부르게 되었다.

ⓑ **거제 해금강** : 우리나라에서 제주도 다음으로 큰 섬인 거제도 동남의 바위섬 갈곳도의 다른 이름이 거제도 해금강(명승 제2호)이다.

ⓒ **완도 정도리 구계등** : 완도읍 중심에서 서남쪽으로 4킬로미터 떨어진 곳에 활모양으로 휘어진 해안 자갈밭이 곧 구계등이다. 이 자갈밭은 길이 약 800미터에 걸쳐 이어져 있다. 2019년출제

ⓓ **남해 대둔산 일원** : 소백산맥이 한반도의 서남 끝으로 뻗어가다가 바다에 면하여 맞는 지점이 대둔산(명승 제4호)이다. 일반적으로 두륜산까지를 포괄하고, 아울러 그 어귀에 위치한 대흥사까지도 포함되리만큼 대흥사와의 관계도 깊다.

ⓔ **승주 송광사 · 선암사 일원** : 송광사는 조계산의 서쪽 중허리에 위치하고, 선암사는 동쪽 기슭에 자리 잡고 있다. 송광사는 우리나라의 삼보사찰 중의 하나인 승보사찰로서 유명하며, 선암사는 아도화상의 창건설로서 그 전통을 자랑한다.

> POINT **불교의 삼보** 2015년출제
>
> 세상에서 가장 소중한 세 가지 보물이라는 뜻으로, 불교도가 궁극적으로 귀의해야 할 것인 불보(佛寶) · 법보(法寶) · 승보(僧寶)를 말한다.
> ⓐ **불보** : 진리를 깨친 모든 부처님
> ⓑ **법보** : 모범되고 바른 부처님의 교법
> ⓒ **승보** : 부처님의 가르침대로 수행하는 사람

ⓕ **불영사계곡 일원** : 태백산맥의 경승지 불영사는 깎아 세운 듯 한 기암절벽 사이로 장장 12킬로미터의 계곡이 흐르는 곳에 자리하고 있다. 이 절은 1300여 년 전 신라 진덕여왕때 의상대사가 창건하였다.

(2) 천연기념물

천연기념물은 한 나라 향토의 천연물로서 그 나라 향토의 자연계를 대표할 수 있는 고유한 동물, 식물, 광물, 지질과 숲, 원시림, 자연풍경 등으로서 주위환경이 변화하였음에도 불구하고 현재까지 인위적인 영향을 받지 않고 남아있는 것을 말한다.

① **식물** … 한국의 특유한 식물이거나, 건조지·습지·하천·폭포·온천 등 특수한 환경에서 자라는 학술상 가치가 있는 식물 또는 일정한 자생(自生)의 한계선에 살거나, 명목(名木)·거수(巨樹), 기형적인 나무, 사당이나 성황당 등의 신목(神木)이거나, 원시림(原始林) 또는 고산식물, 오래된 인공조림의 산림(山林) 등이 지정되어 있다.

② **동물** … 한국의 독특한 동물 또는 특수한 지역에 서식하거나 일정한 번식지역, 계절에 따라 나타나는 철새 등과 희귀한 동물 및 관상적으로 특이한 동물들이 천연기념물로 지정되어 있다.

③ **광물** … 한국의 지질을 연구하는 대표적인 광물이거나 암석의 생성년대를 연구하는 중요한 학술적 대상, 또는 거대하고 특이한 동굴, 동식물의 화석(化石) 등이 천연기념물로 지정되어 있다.

④ **천연보호구역** … 일정한 지역에 동물·식물·광물의 천연기념물이 집중되어 있는 경우에는 하나하나 낱개를 지적하지 않고 일정 구역을 포함하여 지역단위의 넓은 자연 면적을 지정하고 있다.

4 민속문화재

민속문화재란 의식주, 생업, 신앙, 연중행사 등에 관한 풍속이나 관습과 이에 사용되는 의복, 기구, 가옥 등으로서 국민생활의 변화를 이해하는 데 반드시 필요한 자료를 말한다. 문화재청장은 문화재위원회의 심의를 거쳐 민속문화재 중 중요한 것을 국가민속문화재로 지정할 수 있다. 국가민속문화재로는 의복, 당, 장승, 탈, 호패, 교서 등이 있다. `2014년출제`

(1) 의복

① **덕온공주 당의**(국가 민속문화재 제1호) … 조선 순조의 셋째 공주인 덕온공주가 입었던 당의이다.

② **심동신 금관조복**(국가 민속문화재 제2호) … 조선 후기의 문신 심동신이 입던 금관조복이다. 조복이란 문신과 무신들이 동지와 설날, 나라에 경사가 있을 때나 종묘와 사직에 제사지낼 때 입었던 옷으로 금관조복이라고도 한다.

③ **광해군 내외 및 상궁 옷**(국가 민속문화재 제3호) … 조선 광해군과 그의 비 유씨, 그리고 궁중의 정5품 상궁이 입었던 의복이다.

④ 외제 이단하 내외 분 옷(국가 민속문화재 제4호) ··· 조선 중기의 문신 이단하와 그의 부인이 입었던 옷과 머리 장식품들이다.

⑤ 사영 김병기 일가 옷(국가 민속문화재 제6호) ··· 조선 후기의 문신인 김병기와 그의 부인, 아들, 손자 등이 입었던 옷이다.

(2) 가옥

① 강릉선교장(국가 민속문화재 제5호) ··· 조선시대 사대부의 살림집이다. '선교장(船橋莊)'은 집터가 뱃머리를 연상케 한다고 하여 붙여졌다.

② 창녕술정리하씨초가(국가 민속문화재 제10호) ··· 창녕 지방에 있는 옛집으로 안채·사랑채·대문간채로 구성되어 있으며, 이 중 안채만 지정되었다.

(3) 제사유적

① 삼덕리마을제당(국가 민속문화재 제9호) ··· 제당은 마을의 신앙의식을 행하는 곳이다.

② 고창오거리당산(국가 민속문화재 제14호) ··· 고창읍 중앙동에 위치한 당산이다. 당산은 민간신앙에서 신이 있다고 믿고 섬기는 것으로, 당 또는 신당이라고도 한다.

(4) 장승

① 나주불회사석장승(국가 민속문화재 제11호) ··· 나주 불회사 입구에 서있는 2기의 돌장승이다.

② 나주운흥사석장승(국가 민속문화재 제12호) ··· 나주 운흥사 입구에 세워진 남녀 한 쌍의 돌장승이다.

(5) 기타 중요민속문화재

① 방상시탈(국가 민속문화재 제16호) ··· 궁중에서 나례나 장례 때 악귀를 쫓기 위해 사용했던 눈이 네 개 달린 탈이다.

② 국사당의무신도(국가 민속문화재 제17호) ··· 국사당은 서울지역에서 가장 오래되고 명성이 높은 조선시대부터 내려오는 굿당으로 국사당에 있는 무속신을 그린 그림이다.

최근 기출문제 분석

2023. 11. 4. 국내여행안내사

1 유네스코 세계유산으로 등재된 것이 아닌 것은?

① 한국의 갯벌

② 가야고분군

③ 창녕 우포늪

④ 하회마을과 양동마을

> **TIP** 한국의 유네스코 세계유산
> ㉠ 석굴암, 불국사
> ㉡ 해인사 장경판전
> ㉢ 종묘
> ㉣ 창덕궁
> ㉤ 화성
> ㉥ 경주역사유적지구
> ㉦ 고창, 화순, 강화 고인돌 유적
> ㉧ 제주화산섬과 용암동굴
> ㉨ 조선왕릉
> ㉩ 한국의 역사마을 : 하회와 양동
> ㉪ 남한산성
> ㉫ 백제역사유적지구
> ㉬ 산사, 한국의 산지승원
> ㉭ 한국의 서원
> ㉮ 한국의 갯벌
> ㉯ 가야고분군

2023. 11. 4. 국내여행안내사

2 경주 불국사 다보탑에 관한 설명으로 옳지 않은 것은?

① 국보로 지정되어 있다.

② 2단의 기단 위에 세운 3층탑이다.

③ 통일 신라 시대에 조성되었다.

④ 4각, 8각, 원 등으로 탑을 구성하였다.

> **TIP** ② 석가탑은 2단의 기단 위에 세운 3층탑이다. 다보탑은 그 층수를 헤아리기가 어렵다.

Answer 1.③ 2.②

3 다음 설명에 모두 해당하는 것은?

> • 국가무형문화재로 지정되어 있음
> • 유네스코 인류무형문화유산에 등재되어 있음
> • 49재의 한 형태로 불교 의식임

① 영산재   ② 처용무
③ 연등회   ④ 석전대제

> **TIP** ① 영산재는 49재(사람이 죽은지 49일째 되는 날에 지내는 제사)의 한 형태로, 영혼이 불교를 믿고 의지함으로써 극락왕생하게 하는 의식이다. 석가가 영취산에서 행한 설법회상인 영산회상을 오늘날에 재현한다는 상징적인 의미를 지니고 있다.
> ② 궁중 무용의 하나로서 오늘날에는 무대에서 공연하지만, 본디 궁중 연례에서 악귀를 몰아내고 평온을 기원하거나 음력 섣달그믐날 악귀를 쫓는 의식인 나례에서 복을 구하며 춘 춤이었다.
> ③ 팔관회와 함께 전국적 규모로 설행된 대표적 국행 불교 행사로, 정월 대보름에 불을 켜고 부터에게 복을 비는 불교 행사이다.
> ④ 문묘에서 공자를 비롯한 선성선현에게 제사지내는 의식이다. 1986년 11월 1일 대한민국의 국가무형문화재 제85호로 지정되었다.

4 다음 설명에 모두 해당하는 것은?

> • 유네스코 세계기록유산에 등재되어 있음
> • 왕의 입장에서 일기 형태로 기록되어 있음
> • 한 나라의 역사기록물을 넘어 세계사 관점으로도 가치를 인정받음

① 일성록   ② 조선왕조 의궤
③ 동국정운   ④ 조선왕실 어보와 어책

> **TIP** ① 1760년부터 1910년까지 국왕의 동정과 국정에 관한 제반 사항을 수록한 정무 일지이다. 필사본 총 2,329책으로 1973년 국보로 지정되었다. 정조 자신이 반성하는 자료로 활용하기 위해 작성하기 시작했다. 1783년(정조 7)부터 국왕의 개인 일기에서 공식적인 국정 일기로 전환되었다. 이 책에는 신하들의 소차, 임금의 윤음, 일반 정사 등의 내용이 들어 있다. 정부 편찬 서적, 죄수 심리, 진휼 등에 대한 내용도 있다. 이 책은 임금이 국정을 파악하는 데 중요한 구실을 하였으며 실록 편찬에도 이용되었다. 2010년 세계기록유산으로 등재되었다.

Answer   3.①   4.①

② 조선 왕실 행사의 준비 및 시행, 사후 처리 과정에 대한 기록이다. 조선 전기 의궤는 임진왜란 때 모두 일실되었고, 현전하는 「조선왕조의궤」는 1601년(선조 34)부터 1942년 사이에 제작되었다. 현재 약 4,000책의 의궤가 전하며, 이 가운데 보물로 지정된 의궤는 1,757건 2,751책이다.

③ 1448년 신숙주·최항·박팽년 등이 간행한 우리나라 최초의 표준음에 관한 운서이다. 우리나라에서 최초로 한자음을 우리의 음으로 표기하였다는 점에서 큰 의미가 있으며, 국어사 연구 및 한자음의 음운체계 연구에 매우 중요한 자료이다. 또한 인쇄사에서 초기 활자 인쇄의 면모를 확인할 수 있는 좋은 자료이다.

④ 당시의 정치, 문화 전반을 이해할 수 있게 해주는 종합적인 기록물로써 2017년 유네스코 세계기록유산으로 등재되었다.

5 다음 설명에 모두 해당하는 것은?

• 유네스코 세계유산에 등재되어 있음
• 조선의 궁궐 중 가장 오랜 기간 임금의 거처로 사용되었음
• 인정전, 선정전, 부용지 등이 있음

---

① 창경궁   ② 경복궁

③ 덕수궁   ④ 창덕궁

TIP ④ 창덕궁은 조선왕조 제3대 태종 5년(1405) 경복궁의 이궁으로 지어진 궁궐이며 창건시 창덕궁의 정전인 인정전, 편전인 선정전, 침전인 희정당, 대조전 등 중요 전각이 완성되었다. 그 뒤 태종 12년(1412)에는 돈화문이 건립 되었고 세조 9년(1463)에는 약 6만 2천평이던 후원을 넓혀 15만여 평의 규모로 궁의 경역을 크게 확장하였다. 1610년 광해군때 정궁으로 사용한 후부터 1868년 고종이 경복궁을 중건할 때까지 258년 동안 역대 제왕이 정사를 보살펴 온 법궁이었다.

① 조선 성종(1483년) 때에 건축하였다. 창경궁은 서쪽으로 창덕궁과 붙어 남쪽으로 종묘와 통하는 곳에 자리하고 있다.

② 조선전기에 창건되어 정궁으로 이용된 궁궐이다. 조선왕조의 건립에 따라 창건되어 초기에 정궁으로 사용되었으나 임진왜란 때 전소된 후 오랫동안 폐허로 남아 있다가 조선 말기 고종 때 중건되어 잠시 궁궐로 이용되었다.

③ 조선시대를 통틀어 크게 두 차례 궁궐로 사용되었다. 덕수궁이 처음 궁궐로 사용 된 것은 임진왜란 때 피난 갔다 돌아온 선조가 머물 궁궐이 마땅치 않아 월산대군의 집이었던 이곳을 임시 궁궐(정릉동 행궁)로 삼으면서부터이다. 이후 광해군이 창덕궁으로 옮겨가면서 정릉동 행궁에 새 이름을 붙여 경운궁이라고 불렀다. 경운궁이 다시 궁궐로 사용된 것은 조선 말기 러시아 공사관에 있던 고종이 이곳으로 옮겨 오면서부터이다.

6 무형문화재에 관한 설명으로 옳지 않은 것은?

① 무형문화재는 무형의 문화적 소산이다.

② 남사당놀이는 고구려시대 서민층을 공연 대상으로 하였다.

③ 은산별신제는 충청남도 부여군에서 전승되었다.

④ 통영오광대는 탈놀이로 무형문화재이다.

> **TIP** ② 꼭두쇠(우두머리)를 비롯해 최소 40명에 이르는 남자들로 구성된 유랑연예인인 남사당패가 농·어촌을 돌며, 주로 서민층을 대상으로 조선 후기부터 연행했던 놀이이다.

7 우리나라 전통 건축양식에 관한 설명으로 옳은 것을 모두 고른 것은?

> ㉠ 배흘림기둥은 원형기둥의 하부에서 1/3지점이 굵고 상부와 하부가 가늘다.
> ㉡ 주심포 양식은 공포(栱包)를 기둥 위뿐 아니라 기둥 사이에도 설치한다.
> ㉢ 다포 양식은 공포가 기둥 위에만 있다.
> ㉣ 경복궁 근정전은 다포 양식 목조 건물의 대표적인 건축물이다.

① ㉠, ㉡

② ㉠, ㉣

③ ㉡, ㉢

④ ㉢, ㉣

> **TIP** ㉡ 주심포 양식은 공포가 기둥 위에만 있다.
> ㉢ 다포 양식은 공포를 기둥 위뿐만 아니라 기둥 사이에도 설치한다.

Answer 6.② 7.②

8 일월오봉도에 관한 설명으로 옳지 않은 것은?

① 조선시대 궁궐 정전의 어좌 뒤편에 놓였던 병풍이다.

② 다섯 개의 산봉우리와 해, 달, 소나무 등을 소재로 삼았다.

③ 왕과 신하의 권위와 존엄을 상징한다.

④ 4첩, 8첩, 한 폭 짜리 협폭, 삽병 형식 등 다양한 형태로 남아 있다.

TIP ③ 해와 달, 그 아래 다섯 봉우리와 소나무 그리고 파도치는 물결이 좌우 대칭을 이루며 왕의 권위와 존엄을 상징하는 그림이다.

9 우리나라에 현존하는 종 가운데 가장 오래되었고, 고유한 특색을 갖춘 문화재는?

① 상원사 동종

② 성덕대왕 신종

③ 옛 보신각 동종

④ 용주사 동종

TIP ① 현존하는 신라시대 11개 범종 중 가장 오래된 것으로 것으로 유명하다. 국보 제36호로 지정되었다.
② 남북국시대 통일신라에서 제작된 동종으로, 혜공왕 7년(771년)에 완성된 대종이다.
③ 조선 세조 14년(1467년)에 만든 보신각의 초대 종으로, 대한민국 보물 제2호이다.
④ 고려 시대의 것으로 추정되며, 우리나라 국보이다.

10 세계 유일의 대장경판 보관용 건물로서 유네스코 세계문화유산으로 등재된 15세기 건축물은?

① 영주 부석사 무량수전

② 합천 해인사 장경판전

③ 순천 송광사 국사전

④ 안동 봉정사 극락전

TIP ② 유네스코세계기록유산으로 지정된 고려팔만대장경을 보관하기 위해 15세기에 건축된 조선 전기의 서고이다. 현재 대한민국 국보 제52호이자 유네스코세계문화유산이다.

Answer   8.③ 9.① 10.②

11 국보로 지정된 석비의 명칭이 옳지 않은 것은?

① 서울 북한산 신라 진흥왕 순수비

② 천안 봉선홍경사 갈기비

③ 경주 태종무열왕릉비

④ 창녕 백제 진흥왕 척경비

> **TIP** ④ 창녕 신라 진흥왕 척경비
> ① 국보 3호
> ② 국보 7호
> ③ 국보 25호

12 정선(1676~1759)이 그린 그림으로 옳은 것은?

① 인왕제색도　　　　　　　　　　② 자화상

③ 단원풍속화첩　　　　　　　　　④ 월야산수도

> **TIP** ① 정선은 조선 후기의 화가로, 「인왕제색도」, 「금강전도」, 「통천문암도」 등을 그렸다.
> ③ 김홍도는 조선 후기의 화가로, 「군선도병」, 「단원풍속화첩」, 「무이귀도도」 등을 그렸다.
> ④ 김두량이 1744년(영조 20)에 그린 산수화이다.

13 한 명의 소리꾼이 고수의 북장단에 맞추어 서사적인 노래와 말, 몸짓을 섞어 창극조로 부르는 민속예술의 한 갈래인 국가무형문화재는?

① 판소리　　　　　　　　　　　　② 대금정악

③ 가곡　　　　　　　　　　　　　④ 고성오광대

> **TIP** ② 정악을 대금으로 연주하는 것을 가리킨다.
> ③ 관현악 반주에 맞추어 시조사를 노래하는 한국의 전통 성악곡이다.
> ④ 경상남도 고성 지역에서 전승되는 가면극이다.

Answer　11.④　12.①　13.①

14 다음 설명에 해당하는 것은?

> • 국가무형문화재 제1호
> • 유네스코 인류무형유산으로 등재
> • 조선시대 역대 왕과 왕비의 신위를 모신 사당에서 제사를 지낼 때 기악연주와 노래 · 춤이 어우러진 음악

① 농악   ② 종묘제례악
③ 판소리   ④ 처용무

> **TIP** 제시된 내용은 국가무형문화재 제1호에 해당하는 종묘제례악에 대한 설명이다.
> ③ 판소리 : 국가무형문화재 제5호
> ④ 처용무 : 국가무형문화재 제39호

15 우리나라 전통 건축양식에 관한 설명으로 옳지 않은 것은?

① 배흘림기둥은 원형기둥의 중간부가 굵고 상부와 하부가 가늘게 된 건축양식이다.
② 주심포양식은 기둥 위에만 포가 놓인 공포형식이다.
③ 다포양식은 기둥 위와 기둥사이에 포가 놓인 공포형식이다.
④ 치미는 추녀마루 끝에 위치하는 이무기 꼬리 모양의 장식이다.

> **TIP** ④ 치미는 용마루 양끝에 장식하였던 날짐승 꼬리 모양의 장식기와이다.

16 한글에 관한 설명으로 옳은 것은?

① 조선정부는 용비어천가를 한글로 지어 조선 건국의 정당성과 역사성을 강조하였다.
② 1446년에 훈민정음이 창제되었다.
③ 한글의 창제 원리는 인의예지신 오상이다.
④ 훈민정음은 28자의 표의문자이다.

> **TIP** ② 훈민정음은 1443년(세종 25)에 창제되어 1446년(세종 28)에 반포되었다.
> ③ 한글의 창제 원리는 천지인(天地人) 3재(才)를 본땄다는 것이 정설이다.
> ④ 훈민정음은 말소리를 그대로 기호로 나타낸 표음문자이다.

Answer 14.② 15.④ 16.①

17 우리나라 전통연극에 관한 설명으로 옳은 것은?

① 고성 오광대놀이의 등장인물은 양반, 각시, 장자마리 등이다.

② 남사당놀이는 풍물, 버나, 살판, 어름, 덧뵈기, 덜미 등으로 구성된다.

③ 택견은 국가무형문화재로 유네스코 인류무형문화유산으로 등재될 예정이다.

④ 송파 산대놀이는 국가무형문화재로 꼭두쇠를 중심으로 한 유랑 남성들이 연희하는 마당놀이이다.

> **TIP** ① 양반, 각시, 장자마리, 시시딱딱이가 등장하는 전통놀이는 강릉 관노가면극이다. 고성 오광대놀이는 다섯 명의 광대
> 가 탈을 쓴 채 태평소 · 북 · 장구 · 꽹과리 · 징 등의 연주에 맞춰 춤을 추며 대사를 주고받는 가면극이다.
> ③ 택견은 2011년에 유네스코 인류무형문화유산으로 등재되었다.
> ④ 국가무형문화재로 꼭두쇠를 중심으로 한 유랑 남성들이 연희하는 마당놀이는 남사당놀이이다.

18 조선시대 서원에 관한 설명으로 옳지 않은 것은?

① 서원은 국립 교육기관으로 국가 지원을 받았다.

② 최초의 서원은 주세붕이 설립한 백운동서원이다.

③ 서원은 지방에 소재한 교육기관이었다.

④ '한국의 서원'으로 유네스코 세계유산에 등재되었다.

> **TIP** ① 서원은 학문연구와 선현제향을 위하여 사림에 의해 설립된 사설 교육기관이다.

19 남사당놀이에 관한 설명으로 옳지 않은 것은?

① 국가무형문화재이다.

② 꼭두쇠는 우두머리를 지칭한다.

③ '살판'은 줄타기를 이르는 말이다.

④ 놀이를 통해 양반의 부도덕성을 비판하였다.

> **TIP** ③ 살판은 광대가 몸을 날려 넘는 땅재주를 이르는 말이다.

Answer 17.② 18.① 19.③

출제 예상 문제

1 건물의 기둥 위에만 공포를 배치한 목조 고건축 양식은?

① 주심포양식　　　　　　　　　　　② 다포양식

③ 익공양식　　　　　　　　　　　　④ 절충양식

TIP 기둥 상부에만 공포를 배치하는 주심포양식과는 달리 다포양식은 주간에도 공포를 배치한다.
① 기둥머리에만 공포를 배치하는 형식으로 고려 중기부터 조선 건축에서 널리 보인다.
② 기둥과 기둥 사이에도 공포를 배치하는 형식으로 조선시대 궁궐이나 정전, 사찰의 주불전 등에 주로 사용된 양식이다.
③ 조선시대 초 우리나라에서 독자적으로 개발된 공포양식이다.
④ 다포양식을 중심으로 주심포양식을 절충한 것이다.

2 다음 중 목조 고건축물 중 다포계 양식에 해당되지 않는 것은?

① 숭례문　　　　　　　　　　　　　② 창경궁 명정전

③ 통도사 대웅전　　　　　　　　　　④ 수덕사 대웅전

TIP ④는 주심포양식에 해당된다.

3 회색 대토에 백토로 분장하고 회청색의 유약을 입혀 구워낸 사기는?

① 청화백자　　　　　　　　　　　　② 고려청자

③ 분청사기　　　　　　　　　　　　④ 중기백자

TIP 한국의 근대미술사학가인 고유선 선생이 분장회청사기라고 이름을 지었고, 그것을 간략하게 분청사기라고 부른다.

Answer 1.① 2.④ 3.③

4 경복궁의 이궁으로 돈화문과 인정문을 보유하고 있으며, 1997년 유네스코 세계문화유산으로 등록된 궁궐은?

① 창덕궁   ② 덕수궁

③ 경희궁   ④ 향원정

TIP ① 1405년 태종 4년에 경복궁의 이궁으로 창건된다.

5 다음 중 토성에 해당되지 않는 것은?

① 고구려의 평양성   ② 백제의 아차산성

③ 고려의 천리장성   ④ 행주산성

TIP 행주산성은 목책으로 만든 목책성에 해당된다.

6 역대 제왕의 위패를 모신 사당으로 세계문화유산으로 지정 등록된 것은?

① 종묘   ② 문묘

③ 향교   ④ 서원

TIP ① 종묘는 조선시대 역대의 왕과 왕비 및 추존된 왕과 왕비의 신주(神主)를 모신 왕가의 사당이다.
② 문묘는 유교의 성인(聖人)인 공자를 모시는 사당이다.
③ 향교는 고려와 조선시대의 지방에서 유학을 교육하기 위하여 설립된 관학교육기관이다.
④ 서원은 조선 중기 이후 명현을 제사하고 인재를 키우기 위해 전국 곳곳에 세운 사설기관이다.

Answer   4.① 5.④ 6.①

7 다음 중 재료에 따른 불탑 분류에 해당되지 않는 것은?

① 목탑   ② 전탑
③ 모전석탑   ④ 복발탑

TIP 복발탑은 인도의 초기 탑형식이다.

8 다음 중 고려시대 석탑에 해당되지 않은 것은?

① 월정사 8각 9층 석탑   ② 경천사 10층 석탑
③ 현화사 7층 석탑   ④ 원각사지 10층 석탑

TIP ④ 원각사지 10층 석탑은 조선 세조 때 건립한 대리석 석탑으로 우리나라 국보 2호이다. 고려 후기 원나라 탑 양식에 영향을 받은 경천사 10층 석탑의 영향을 받은 석탑이다.
④ 월정사 8각 9층 석탑은 고려 전기 송나라의 영향을 받은 석탑으로 우리나라 국보 48호이다. 고려 석탑의 특징인 다층, 다각을 잘 보여주는 석탑이다.
② 경천사 10층 석탑은 고려 후기 충목왕 때 건립된 석탑으로 우리나라 국보 86호이다. 신라 석탑과는 양식을 달리하는 특수형 석탑이다.
③ 현화사 7층 석탑은 고려 시대의 대표적인 석탑으로 단층 기단 위에 7층의 탑신을 올리고 있다.

9 다음의 전적류 가운데 국보에 해당하지 않은 것은?

① 훈민정음   ② 난중일기
③ 징비록   ④ 동의보감

TIP ④는 보물 제1085호에 해당된다.

Answer　7.④　8.④　9.④

10 공자 이하 역대 유명한 유학자를 제사 지내고 교육을 위하여 지방 군현에서 공립으로 운영하던 교육기관은?

① 성균관   ② 문묘

③ 향교   ④ 서원

TIP 향교는 조선시대 지방교육기관으로 문묘 · 명륜당 및 중국 · 조선의 선철 · 선현을 제사지냈다.

11 다음 중 박물관의 기능으로 적합하지 않은 것은?

① 수집, 보존기능   ② 연구 및 조사기능

③ 교육기능   ④ 문화관광 수익창출 기능

TIP 박물관은 유물의 수집 · 보존과 역사 연구 및 조사 · 교육, 전시기능을 갖고 있다.

12 다음 중 설립과 운영 주체에 따른 박물관 분류로써 적합하지 않은 것은?

① 국립박물관   ② 공립박물관

③ 대학박물관   ④ 시립박물관

TIP ④ 지방자체단체에서 운영하는 박물관은 공립박물관으로 분류된다.
①②③ 외에 사립박물관, 기업박물관, 군박물관 등이 있다.

Answer 10.③ 11.④ 12.④

13 다음 중 전문박물관의 분류 대상으로 적합하지 않은 것은?

① 미술관　　　　　　　　　　　② 역사박물관

③ 과학박물관　　　　　　　　　④ 국립민속박물관

TIP 국립민속박물관은 국립중앙박물관 소속으로 설립자에 의한 분류에 속한다.

14 다음은 무엇을 설명하는 내용인가?

> 그 나라 민족 또는 지방민의 문화유산, 즉 역사적 유물, 고고학자료, 미술품 가운데 역사적, 학술적, 예술적 가치가 있는 것을 체계적으로 전시해 놓은 문화적 시설

① 박물관　　　　　　　　　　　② 전시관

③ 미술관　　　　　　　　　　　④ 시대사연구관

TIP 박물관은 수집품 내용에 따라 민속, 미술, 과학, 역사 박물관으로 나뉘며, 위치와 직능에 따라 중앙, 지방으로 나눈다.

15 국가무형문화재의 지정은 누가하는가?

① 국무총리　　　　　　　　　　② 문화체육관광부장관

③ 시·도지사　　　　　　　　　④ 문화재청장

TIP 문화재위원회의 심의를 거쳐 문화재청장이 지정한다.

Answer　13.④　14.①　15.④

16 다음 중 국가무형문화재 중 무예에 해당하는 것은?

① 태권도

② 승전무

③ 승무

④ 택견

TIP 무예에 해당하는 국가무형문화재는 택견이 유일하다.

17 다음 중 국가무형문화재 가운데 무용에 해당하지 않은 것은?

① 진주검무

② 승전무

③ 처용무

④ 봉산탈춤

TIP 봉산탈춤은 연극에 해당한다.

18 다음 중 국가무형문화재에 해당하는 것은?

① 경주교동법주

② 전주비빔밥

③ 남도의례음식장

④ 삼해주

TIP ②③④는 시도무형문화재이다.

Answer 16.④ 17.④ 18.①

19 다음 중 인형극에 해당되지 않는 것은?

① 남사당놀이   ② 꼭두각시놀음

③ 박첨지놀음   ④ 칠석고싸움놀이

TIP ④는 민속놀이에 해당한다.

20 다음 중 전통문화 행사로 보기 어려운 것은?

① 운현궁 대보름맞이 행사

② 진도다시래기

③ 성북구 달맞이 행사

④ 양천구 퓨전콘서트 '품바' 공연

TIP 진도다시래기는 중요무형문화재 가운데 민속놀이에 해당된다.

21 다음 중 무형문화재 지원제도로 적합한 내용이 아닌 것은?

① 지정보호   ② 전승 지원

③ 전수교육관 건립 지원   ④ 월급여 지원

TIP ①②③ 이 외에 의료급여 및 학점인증제 지원 등이 있다.

Answer   19.④   20.②   21.④

22 다음이 설명하는 것은?

아정한 음악이란 뜻으로 정악이라고도 하는데, 관현 합주 대편성의 합주가 이루어지므로 규모가 크고, 장중·화려한 향취 높은 음악

① 향악   ② 아악
③ 민속악   ④ 종묘제례악

TIP 우리나라 전통음악은 중국계의 아악과 당악, 그리고 우리의 궁중음악인 향악으로 구분한다.

23 다음 인형극 가운데 국가무형문화재 제3호에 해당하는 것은?

① 남사당놀이   ② 통영오광대
③ 종묘제례악   ④ 양주 별산대놀이

TIP ① 남사당놀이는 조선시대 유랑연예인집단인 남사당의 연희 내용을 말한다.
② 중요무형분화재 제6호 ③ 중요무형문화재 제1호 ④ 중요무형문화재 제2호

24 다음 가면극 가운데 국가무형문화재 제6호에 해당하는 것은?

① 통영 오광대   ② 고성 오광대
③ 가산 오광대   ④ 동래 야류

TIP ②는 제7호, ③은 제83호에 해당한다.

Answer 22.①   23.①   24.①

25 궁중음악 또는 지식층의 음악을 총칭하는 것은?

① 아악   ② 당악

③ 향악   ④ 민속악

> **TIP** 아악은 좁은 뜻으로 문묘제례악을 가르키고 넓은 뜻으로는 궁중 밖의 민속악에 대비하여 궁중 안에서 쓰던 당악, 향악, 아악 등을 총칭하는 말로 쓰였다.

26 다음이 설명하는 것은 무엇인가?

> 나라의 제사나 의식 · 잔치 · 조회 등에 주로 사용된 음악

① 정악   ② 민속악

③ 종묘제례악   ④ 향악

> **TIP** 정악은 아악이라고도 한다.

27 다음 중 판소리 12마당에 해당하지 않는 것은?

① 적벽가   ② 가루지기타령

③ 배비장타령   ④ 육자배기

> **TIP** ④는 통속민요에 해당된다.

Answer   25.①   26.①   27.④

28 다음 중 유교의식에 해당하지 않는 것은?

① 영산재 ② 종묘제례

③ 선전대제 ④ 사직대제

TIP ①은 국가무형문화제 제50호에 해당하는 불교의식이다.

29 다음 중 은산별신제 특징이 아닌 것은?

① 국가무형문화제 제9호이다.

② 백제장군과 병졸의 원혼을 위로하기 위해 시작되었다.

③ 우리나라 최초 예술제로 경남 진주에서 열리는 문화예술제이다.

④ 장군제(將軍祭)의 성격을 띤다.

TIP ③ 개천예술제에 대한 특징이다.

※ 은산별신제
㉠ 지정종목 및 지정일 : 국가문형문화재이고 1966년 2월 15일에 지정되었다.
㉡ 소재지 : 충청남도 부여군
㉢ 특징 : 향토신에게 진해는 제사로 3년에 한 번씩 마을 당산의 산제당에서 거행한다.

30 다음 중 유네스코 인류무형문화유산에 등재되지 않은 것은?

① 수원 화성

② 종묘제례 및 종묘제례악

③ 판소리

④ 강릉단오제

TIP ① 수원 화성은 유네스코 세계유산으로 등재되어 있다. 유네스코 유산은 세계유산, 무형문화유산, 세계기록유산으로 구분한다.

Answer 28.① 29.③ 30.①

관광자원해설

04

사회적 관광자원

---

01 사회관광자원

1 사회적 관광자원의 개념 및 유형

(1) 사회적 관광자원 개념

① **사회적 관광자원** … 한 나라의 역사와 전통, 과거의 생활상과 현재를 이해하는데 도움이 되는 사회 규범적인 자원으로서 여기에는 도시의 문화환경, 생활문화, 지역의 역사와 민속 및 풍습, 사람들의 소박한 인정, 국민성과 이에 따른 생활자료, 그리고 각종 제도와 사회공공시설 등이 포함된다.

② **도시관광** … 도시관광은 관광객, 관광자원, 관광기업, 도시주민 등이 도시라는 공간내에서 상호 작용하는 가운데 이루어지는 총체적인 현상이라고 할 수 있다. 도시의 주된 기능 및 자원. 시설 등의 성격에 의해 상업도시, 문화도시, 행정도시 등으로 구분될 수 있다.

    ㉠ **도시구조형태와 관광자원** : 도시관광자원이란 도시의 구조형태와 기능, 현상 및 이미지 등의 측면에서 여러 형태로 나누어 볼 수 있다. 여기서 도시의 구조형태란 하드웨어로서 도시를 구성하는 자연자원, 각종시설, 건축물, 도로, 공원, 녹지 등을 의미한다.

    ㉡ **도시기능과 관광자원** : 도시기능과 관련된 관광자원으로는 주로 문화여가자원을 들 수 있다. 박물관, 미술관, 음악관, 역사유적지, 문화재, 주요 이벤트, 스포츠행사, 축제, 전통토산품, 전통예술공원, 민속, 풍속 등이 있다.

③ **문화행사** … 문화적 가치를 표현하거나 내재하고 있는 모든 행사의 총칭으로 민속놀이나 민속문화행사 등 역사적 의미가 있는 전통문화행사는 물론, 현재 우리가 공유하고 있는 생활양식 전부를 포함하는 모든 행사를 뜻한다.

(2) 사회적 관광자원 유형

① **향토특산물과 향토음식**

    ㉠ **향토특산물** : 일반적으로 관광선물용품하면 공예품류를 떠올리지만, 외국에서는 특산식품을 활용한 관광선물용품들도 다양하게 개발되어 폭넓게 판매되고 있다. 날로 발전하는 식품가공기술 및 포장기술을 발판으로 많은 종류의 특산식품이나 향토요리들이 보존 및 운반이 가능한 관광선물용품으로 등장하고 있다. 이제는 해산물과 같이 신선도를 요하는 것도 특수포장에 의해 관광선물용품으로 판매되고 있다.

ⓛ 향토음식의 관광상품화 : 오늘날 지역과 국가간의 상이한 생활습관이나 예절과 음식물 등은 관광객에게 흥미와 관심의 대상이 되며, 관광의욕을 갖게 하는 매력적인 자원이 되고 있다.

② 도시관광
　㉠ 도시관광의 구성요소

구분	내용
자연자원	공원, 녹지, 해변, 수변, 지리, 도시 청결도 등
교통체계	관광순환도로, 관광교통체계 등
문화여가자원	박물관, 미술관, 음악관, 역사유적지, 문화재, 주요 이벤트, 문화의 거리, 전통토산품, 민속, 풍습, 각종행사 등
이미지	정체성 및 통일성, 슈퍼그래픽, 네온사인, 랜드마크, 사인판, 조명시설 등
구조물	주제공원, 숙박시설, 쇼핑시설, 국제회의시설, 체육시설, 카지노, 공연장, 대형건축물 등

　㉡ 도시 이미지와 관광자원 : 도시가 가지고 있는 특성이나 개성, 도시공간 전체에 대한 통일성, 슈퍼그래픽, 네온사인, 랜드마크, 관련시설, 각종 안내사인판 조명시설 등은 도시의 이미지를 결정짓는 요소들로 이러한 요소들은 한 도시를 다른 도시와 분리시켜 낼 수 있는 특징으로 인식되어진다.

　㉢ 도시관광의 기능
　　㋑ 관광객들의 관광목적지로 가는 경유지로서의 교통 및 관광정보 제공지
　　㋒ 관광목적지의 배후지로서의 숙박지
　　㋓ 도시 내 여러 관광대상물에 의한 위락지
　　㋔ 도시민이 살고 있는 삶의 현장으로 생활풍습을 보여주는 곳
　　㋕ 각종 이벤트의 개최지

② 도시공원

(1) 도시공원의 개념

① 「국토의 계획 및 이용에 관한 법률」에 의해 도시지역 안에서 도시자연경관의 보호와 시민의 건강·휴양 및 정서생활의 향상에 기여하기 위하여 조성한 공원을 말한다.

② 도시공원의 유래는 기원 전 10세기 서아시아의 왕들이 언덕에 나무를 심고 짐승을 사육하던 'parc'에서 찾을 수 있다.

> POINT　**인천 자유공원**
>
> 인천의 응봉산 일대에 자리 잡은 우리나라 최초의 근대식 공원이다. 러시아 건축가인 사바찐에 의해 설계된 것으로, 서울 최초의 근대공원인 탑골공원(1897)보다 9년 앞서 세워졌다.

(2) 도시공원의 기능

① **휴식 및 위락기능** … 휴양은 물론 산책, 운동, 자연감상 등을 통해 위락의 기능을 수행한다.

② **사회적 기능** … 도시공원은 사람들이 모이는 공간으로 활용되어 정보 교환 등 교류의 장을 열어준다.

③ **자연보호 기능** … 개발로 인해 파괴되는 도시자연을 보호하고 기후조절 및 소음·악취 등을 완화시키는 등 자연보호 및 생활환경 개선의 역할을 한다.

④ **방재 기능** … 공공재해를 방지하는 기능과 함께 재해 시 피난지로 제공되기도 한다.

(3) 도시공원의 입지조건

① **접근성** … 일상생활에서 대중교통은 물론 도보를 통해 접근하기 쉬워야하며 주차시설 등이 적절히 갖춰져야 한다.

② **안전성** … 공원 주변 및 공원 내부에서 활동을 할 때 사고나 범죄 가능성이 낮아야 한다.

③ **편의성** … 공원과 주변 편의시설이 긴밀한 관계를 맺도록 배치하는 것이 좋다.

④ **시설적지성** … 공원시설과 공원에서 이루어질 활동을 수용할 수 있는 지역이여야 한다.

⑤ **쾌적성** … 공원을 이용하기에 부담 없는 자연환경 조건이어야 한다.

(4) 도시공원의 유형

① **생활권공원** … 도시생활권의 기반공원 성격으로 설치·관리되는 공원
   ㉠ **소공원** : 소규모 토지를 이용하여 도시민의 휴식 및 정서함양을 도모하기 위하여 설치하는 공원
   ㉡ **어린이공원** : 어린이의 보건 및 정서생활의 향상에 기여함을 목적으로 설치된 공원
   ㉢ **근린공원** : 근린거주자 또는 근린생활권으로 구성된 지역생활권 거주자의 보건·휴양 및 정서생활의 향상에 기여함을 목적으로 설치된 공원

② **주제공원** … 생활권공원 외에 다양한 목적으로 설치되는 공원 **2017년출제**
   ㉠ **역사공원** : 도시의 역사적 장소나 시설물, 유적·유물 등을 활용하여 도시민의 휴식·교육을 목적으로 설치하는 공원

   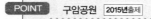 **구암공원** **2015년출제**
   구암공원은 서울특별시 강서구 가양동 1471번지에 있는 공원으로, 구암 허준을 기념하기 위한 공원이다.

   ㉡ **문화공원** : 도시의 각종 문화적 특징을 활용하여 도시민의 휴식·교육을 목적으로 설치하는 공원
   ㉢ **수변공원** : 도시의 하천변·호수변 등 수변공간을 활용하여 도시민의 여가·휴식을 목적으로 설치하는 공원

② 묘지공원 : 묘지이용자에게 휴식 등을 제공하기 위하여 일정한 구역 안에 「장사 등에 관한 법률」에 의한 묘지와 공원시설을 혼합하여 설치하는 공원

⑩ 체육공원 : 주로 운동경기나 야외활동 등 체육활동을 통하여 건전한 신체와 정신을 배양함을 목적으로 설치하는 공원

③ 교통체계

(1) 도로

① 도로교통은 교통체계 중 가장 기본이 되는 것으로 그 중에서도 고속도로의 발달은 관광산업에 큰 영향을 미친다.

② 우리나라의 주요 고속도로
  ㉠ 경인고속도로 : 서울특별시와 인천광역시를 잇는 고속도로로 1967년 3월 24일 착공하여 1968년 12월 21일에 완공된 우리나라 최초의 고속도로이다.
  ㉡ 경부고속도로 : 서울과 부산을 연결하는 고속도로로 고속국도 제1호선이다.
  ㉢ 88올림픽고속도로 : 대구광역시와 광주광역시를 잇는 2차선 고속도로로 원래 동서고속도로로 명명하였으나 1988년 올림픽대회를 유치한 것을 기념하기 위하여 개칭하였다.
  ㉣ 서해안고속도로 : 서울특별시와 전라남도 목포시를 잇는 길이 341㎞의 고속도로로 경부고속도로에 이어 우리나라에서 두 번째로 긴 고속도로이다.
  ㉤ 호남고속도로 : 전라남도 순천시와 충청남도 논산시를 연결하는 고속도로이다.
  ㉥ 중앙고속도로 : 부산광역시 사상구 삼락동에서 강원도 춘천시 신북읍을 연결하는 고속도로이다.

(2) 철도

① 우리나라 최초의 철도는 서울과 인천을 잇는 경인선이다. 1897년 인천 우각현(牛角峴)에서 공사를 시작하여 1899년 제물포~노량진 사이, 1900년 노량진~서울 사이가 완공되었다. 수도권 전철화계획으로 1974년 8월 15일에 전철화되어, 지하철과 직결 운행하였다.

② 철도교통의 장점
  ㉠ 정시성과 속도성 : 철도는 전용 선로를 이용하는 특성으로 교통체증이 없어 다른 교통수단에 비해 정시성이 보장되며, KTX의 경우 300km/h 이상의 빠른 속도를 자랑한다.
  ㉡ 경제적 교통수단 : 수송능력 및 1인 수송 시 소요면적이 다른 교통수단에 비해 효율적이다.
    ㉮ 철도는 1인 1km 수송 시 승용차의 1/8에 불과한 에너지를 소비
    ㉯ 1톤 1km 수송 시 화물자동차의 1/14에 불과한 에너지를 소비

ⓒ **친환경 교통수단** : 이산화탄소 배출량이 적으며, KTX와 전기철도는 온실가스를 배출하지 않는다.
　　　　㉮ 철도는 1인 1km 수송 시 승용차의 1/6에 불과한 이산화탄소 배출
　　　　㉯ 1톤 1km 수송 시 화물자동차의 1/13에 불과한 이산화탄소 배출
　　ⓔ **안전한 교통수단** : 교통사고 발생건수가 낮다.
　　　　㉮ 철도의 교통사고 발생건수는 도로의 0.1% 수준이다.
　　　　㉯ 교통사고 사망자 수 역시 도로의 3% 수준이다.

(3) 항공

① 항공교통이라고 하면 대체적으로 비행기에 의한 교통을 가리킨다. 항공교통은 출발점과 도착점 간의 최단 거리에 가까운 코스를 신속하게 이동할 수 있으나, 중량화물을 운반할 수 없고 운임이 비싸 주로 여객수송 또는 운임부담력이 높은 고가품 등의 장거리수송을 맡고 있다.

② 우리나라 주요 공항시설
　　㉠ **인천국제공항** : 2001년 3월 개항한 인천광역시 중구에 있는 국제공항로 수도권 항공운송의 수요를 분담하고 동북아시아의 허브(Hub)공항으로서의 역할을 한다.
　　㉡ **김포국제공항** : 1942년 준공되어 1957년까지는 군용비행장으로 사용되었으나, 1958년 1월 국제공항으로 지정되어 인천국제공항이 개항하기 전까지 우리나라 제1의 공항으로 역할을 하였다.
　　㉢ **제주국제공항** : 제주도 관광자원 개발을 위해 건설된 공항으로 동북아의 중심부에 자리 잡아 중국, 일본, 동남아시아를 연결한다.

(4) 해상

해상교통은 수상교통 중 해상에서 이루어지는 교통이다. 우리나라의 경우 섬이 많아 경치가 수려한 도서지방을 중심으로 관광자원이 풍부하다. 따라서 해상교통의 발달은 이러한 지역의 관광활동에 영향을 미친다.

최근 기출문제 분석

2017. 11. 4. 관광통역안내사

1 주제공원에 관한 설명으로 옳지 않은 것은?

① 인공적으로 연출한 산업이다.

② 특정 주제를 중심으로 한 문화가 있다.

③ 법령상 주제공원은 근린공원이다.

④ 각종 유희시설과 이벤트 등 복합성을 지니고 있다.

> **TIP** 도시공원 및 녹지 등에 관한 법률에 따르면 근린공원은 근린거주자 또는 근린생활권으로 구성된 지역생활권 거주자의 보건·휴양 및 정서생활의 향상에 이바지하기 위하여 설치하는 공원으로, 생활권공원에 속한다. 주제공원은 생활권공원 외에 다양한 목적으로 설치하는 역사공원, 문화공원, 수변공원, 묘지공원, 체육공원, 도시농업공원 등을 말한다.

2017. 11. 4. 관광통역안내사

2 주제공원의 공간적 분류별 예시의 연결이 옳은 것은?

① 자연공간+주제형 : 동·식물자연파크, 바다수족관, 바이오파크

② 자연공간+활동형 : 외국촌, 역사촌, 사이언스파크

③ 도시공간+주제형 : 도시리조트형파크, 어뮤즈먼트파크, 워터파크

④ 도시공간+활동형 : 자연리조트형파크, 바다, 온천형파크

> **TIP** ② 자연공간+활동형 : 자연리조트형파크, 바다, 온천형파크
> ③ 도시공간+주제형 : 외국촌, 역사촌, 사이언스파크
> ④ 도시공간+활동형 : 도시리조트형파크, 어뮤즈먼트파크, 워터파크

Answer 1.③ 2.①

출제 예상 문제

1 다음이 설명하는 것은 무엇인가?

> 그 지역의 특산물을 이용하거나, 그 지역에서 고유하게 계승되어 온 비법으로 조리하거나 또는 그 지역의 문화적 행사를 통해 발달된 음식

① 향토음식   ② 전통음식

③ 전통식품   ④ 향토식품

TIP 향토음식은 전통음식보다 협의의 개념이다.

2 도시의 관광적 기능에 대한 설명으로 적합하지 않은 것은?

① 관광객들의 관광목적지로 가는 경유지로서의 교통 및 관광정보 제공지

② 관광경유지의 배후지로서 숙박지

③ 도시 내 여러 관광대상물에 의한 위락지

④ 도시민이 살고 있는 삶의 현장으로 생활풍습을 보여주는 곳

TIP 도시는 관광목적지의 배후지로서 숙박지이다.

Answer 1.① 2.②

3 최근의 문화시설이 갖는 추세로 적합하지 않은 것은?

① 대형화   ② 비상업화

③ 전문화   ④ 밀집화

TIP 최근 문화의 전문화, 다양화, 마니아 시대로 많은 시설들이 대형화, 상업화되는 추세를 보이고 있다.

4 다음 개념이 설명하는 것은?

> 문화적 가치를 표현하거나 내재하고 있는 모든 행사의 총칭으로 민속놀이나 민속행사 등 역사적 의미
> 가 있는 전통행사는 물론 현재 생활양식 전부를 포함하는 모든 행사

① 문화행사   ② 향촌축제

③ 도시관광   ④ 자연관광

TIP 전통문화행사와 현재 생활양식을 포함하는 행사를 모두 문화행사라고 한다.

5 다음 중 사회적 관광자원이 아닌 것은?

① 도시의 문화환경   ② 지역의 풍습

③ 사회공공시설   ④ 박물관

TIP 박물관은 문화적 자원이다.

Answer   3.②   4.①   5.④

6 도시의 구조형태의 요소가 아닌 것은?

① 건축물
② 도로
③ 녹지
④ 축제

TIP 축제는 도시기능과 관련된 관광자원이다.

7 다음은 도시관광의 구성요소 중 무엇인가?

> 주제공원, 숙박시설, 공연장, 체육시설, 쇼핑시설

① 이미지
② 문화여가자원
③ 구조물
④ 교통체계

TIP 도시관광의 구성요소에는 자연자원, 교통체계, 문화여가자원, 이미지, 구조물이 있으며 주제공원, 숙박시설, 쇼핑시설, 국제회의
시설, 체육시설, 카지노, 공연장, 대형건축물 등은 도시관광의 구성요소 중 구조물에 속한다.

Answer 6.④ 7.③

8 도시의 특성이나 개성을 말하며 한 도시를 다른 도시와 분리시켜 낼 수 있는 특징으로 인식되는 것은 무엇인가?

① 이미지
② 문화여가자원
③ 구조물
④ 교통체계

TIP 이미지는 도시가 지니는 특성이나 개성을 뜻하며 도시 공간 전체에 대한 통일성, 슈퍼그래픽, 네온사인, 랜드 마크, 관련시설, 각종 안내사인판 조명시설 등은 도시의 이미지를 결정짓는 요소이다.

9 다음 중 우리나라 최초의 서구식 근대공원은?

① 탑골공원
② 자유공원
③ 보라매공원
④ 한림공원

TIP ② 인천의 응봉산 일대에 자리 잡은 우리나라 최초의 근대식 공원이다. 러시아 건축가인 사바찐에 의해 설계된 것으로, 서울 최초의 근대공원인 탑골공원(1897)보다 9년 앞서 세워졌다.

Answer 8.① 9.②

⎅⎒ 사회관광자원의 현황

① 사회적 관광자원의 현황

(1) 세시풍속 `2023년출제`

① **설날** : 음력 1월 1일이다. 풍속으로는 설 차례, 연날리기, 널뛰기, 성묘, 떡국 먹기 등이 있다.

② **대보름** : 음력 1월 15일이다. 풍속으로는 기세배, 지신밟기, 달집태우기, 달맞이, 부럼깨기, 석전, 쥐불놀이, 차전놀이, 놋다리밟기, 줄다리기 등이 있다.

③ **초파일** : 음력 4월 8일이다. 풍속으로는 만석중놀이, 탑돌이, 관불회 등이 있다.

④ **단오** : 음력 5월 5일이다. 풍속으로는 단오고사, 단오절사, 단오첩, 수박희, 양주별산대놀이, 송판산대놀이, 봉산탈춤, 단오장, 그네뛰기, 씨름 등이 있다.

⑤ **칠석** : 음력 7월 7일이다. 풍속으로는 용왕제, 칠석제, 칠석놀이, 걸교 등이 있다.

⑥ **추석** : 음력 8월 15일이다. 풍속으로는 고사리꺾기, 소싸움, 씨름, 줄다리기, 강강술래, 반보기, 추석성묘, 추석차례 등이 있다.

(2) 문화행사

① **보령머드축제** … 충남 보령의 명물 머드(진흙)를 이용하여 마사지 및 각종 놀이를 즐기는 축제이다. 1998년 7월 처음으로 축제를 개최한 이래 매년 7월 중순경에 개최된다.

② **무주반딧불축제** … 반딧불이 서식지인 전북 무주군에서 반딧불을 소재로 다양한 행사를 치르는 축제이다. 반딧불이는 천연기념물 제322호로 무주군은 1997년부터 반딧불이를 보호하고 자연에 대한 관심을 높이기 위해 반딧불축제를 개최하고 있다.

③ **금산인삼축제** … 금산 인삼은 1,500여 년의 전통 속에 신비의 영약으로 알려져 세계가 주목하는 약재로, 고려인삼의 종주지인 충청남도 금산군에서 인삼을 소재로 열리는 향토축제이다. 예로부터 전해오던 민속제인 인삼제가 국내외 관광객들의 관심을 받으며 1981년 축제로 자리 잡았다.

④ **진주남강유등축제** … 남강에 유등을 띄우는 풍습은 1592년 김시민 장군이 왜군을 맞아 싸울 때 성 밖의 지원군과 군사신호로 풍등(風燈)을 올리며 횃불과 함께 남강에 등불을 띄운 데서 비롯된 것으로 경남 진주시에서는 해마다 10월 중순 경에 남강에 등을 띄우거나 소망을 적은 등을 다는 축제를 연다.

⑤ **광주김치문화축제** … 광주광역시에서 매년 10월경 광주시립민속박물관 일대에서 열리는 축제로, 김치의 우수성을 세계에 널리 알려 국내외 관광객을 유치하고 김치산업을 육성하는 것을 목적으로 한다. 1994년 광주김치축제로 시작했으며 2009년에 광주김치문화축제로 명칭이 변경되었다.

⑥ **인제빙어축제** … 매년 1월 말에서 2월 초 강원도 인제군 남면 소양호 일대에서 열리는 축제로 얼음 벌판과 빙어를 소재로 겨울의 낭만을 즐기는 우리나라의 대표적인 겨울축제이다.

⑦ **남원춘향제** … 춘향의 얼을 계승하자는 취지에서 전북 남원에서 매년 음력으로 5월 초에 열리는 예술제로 등불행렬, 춘향이 뽑기, 궁술대회, 시조경창대회, 그네뛰기 등이 열린다.

⑧ **안동국제탈춤페스티벌** … 1997년 하회별신굿탈놀이를 현대적으로 계승하고, 탈과 관련된 문화를 선도하며, 전통 문화 유산을 창조적으로 계승하겠다는 취지로 시작된 축제로 경북 안동시 일원에서 매년 9월과 10월에 걸쳐 개최된다.

⑨ **진도영등제** … 진도영등제는 매년 5월 경 전남 진도군 고군면 회동마을과 의신면 모도마을 사이에 바닷물이 갈라지는 현상을 소재로 한 '신비의 바닷길 축제'에서 행해지는 마을 공동제사를 말한다.

⑩ **춘천마임축제** … 1989년 한국마임페스티벌로 출발하였으며 1995년 해외 마임단체에 문호를 개방하면서 춘천마임축제로 명칭을 바꿨다. 해마다 5월 마지막 주부터 8일간 마임의 대중화와 마임예술의 발전을 주제로 하여 열린다.

(3) 민속마을

우리나라의 민속적인 삶을 종합적으로 재현하고 있는 곳이 바로 민속마을이다.

① **한국민속촌** … 조선시대 후기의 생활상을 그대로 재현해 놓은 한국 고유의 민속 전시관으로 1974년에 개장했다.

② **제주민속촌** … 1890년대를 기준으로 삼아 제주도의 옛 문화와 역사를 원형 그대로 되살려 놓았다. 100채에 달하는 전통가옥은 실제로 제주도민들이 생활하던 집과 돌, 기둥 등을 그대로 옮겨와 완벽하게 복원한 것으로 제주의 촌락은 물론, 신앙촌, 관아 등을 재현해 놓았다.

제주도 전통취락구조 `2015년출제`

> ㉠ 정낭 : 대문의 기능을 하는 것으로, 긴 나무 3개를 양쪽 돌담 사이에 가로로 끼워 넣고 집주인의 외출여부 등을 알려준다.
> ㉡ 통시 : 측간(대소변을 배설하는 장소로 만든 집이나 시설) 아래쪽의 분뇨 저장 공간에 돼지우리를 둔 뒷간
> ㉢ 안거리/밖거리 : 안채/바깥채
> ㉣ 모거리 : 안채와 바깥채 모에 자리한 별채

③ **고성 왕곡민속마을** … 강원도 고성군 죽왕면 오봉리에 위치한 전통마을로 조선 후기의 한옥 건축을 잘 보여준다.

④ **안동 하회마을** … 국가 민속문화재 제122호로 민속적 전통과 건축물을 잘 보존한 풍산 류씨의 씨족마을이다.

⑤ **성읍 민속마을** … 한라산 중간 지대에 위치해 있는 성읍민속마을은 1400년대부터 구한말까지 약 500여 년의 세월 동안의 모습을 고스란히 담고 있다.

⑥ **낙안읍성민속마을** … 전남 순천시 낙안면 남대리 낙안읍성 일대에 있는 민속마을로 108세대가 실제로 생활하고 있어 남부지방 특유의 주거양식을 볼 수 있으며 부엌, 토방, 툇마루 등이 원형대로 보존되어 있다.
`2015년출제`

② 향토축제의 개념

(1) 향토축제의 개념

① **향토축제의 의의** … 각 지방자치단체들은 지역의 정체성을 확립하고 지역 문화를 특성화하여 관광객을 유치하고 지역경제를 활성화시키고자 축제의 관광상품화 노력을 활발하게 전개하고 있다. 향토와 축제라는 두 단어의 복합인 향토축제는 전통에 바탕을 둔 일정한 지역의 특색 있는 축제라고 할 수 있다.

② **향토축제의 분류** … 축제의 분류는 주민화합축제, 관광축제, 산업축제, 특수목적축제, 문화축제, 예술축제, 종합축제, 체육행사를 비롯한 오락 프로그램축제, 지역특산물을 소개하는 축제, 학술행사로 구성된 축제 등 관점에 따라 다양하게 구분이 가능하다. 또한 향토축제는 그것이 갖는 성격상 민속향토축제와 종합향토축제로 간략하게 분류될 수 있다.

③ **문화관광상품 개발** … 문화관광상품 개발은 문화관광축제 육성지원과 상설문화관광프로그램으로 나눌 수 있다. 문화관광축제는 문화체육관광부가 외래관광객 유치확대 및 지역관광활성화를 위해 전국 지역축제 중 관광상품성이 큰 축제를 대상으로 1995년부터 해마다 지속적으로 확대 지원·육성하고 있는 사업이다. 상설문화관광 프로그램은 각 지역의 독특한 전통자원예술을 상설 프로그램으로 개발하여 국내·외 관광객들에게 볼거리 및 즐길거리를 제공하고, 지역의 명승·유적지를 관람하는 정적 관광에서 벗어나 지역문화를 직접 체험할 수 있는 동적 관광프로그램을 개발하는 데 목적을 두고 있다.

(2) 향토축제의 유형 및 동향

① 향토축제의 유형
  ㉠ 향토축제 행사 위주
  ㉡ 역사기념비적 행사 위주
  ㉢ 관광행사 위주
  ㉣ 산업전시 위주

② 향토축제의 최근 동향
  ㉠ 지방자치단체별 지역축제의 분포
    ㉮ 도 단위 기초자치단체에서 지역축제가 활발하게 열리고 있다.
    ㉯ 전반적으로 축제의 숫자는 증가하는 추세에 있으나, 세시풍속행사와 문화예술제 축제는 감소하는 반면에 문화관광축제는 증가한다.
  ㉡ 개최시기별 축제의 분포
    ㉮ 수확과 결실의 계절인 9~10월에 열리는 것이 전체의 30%를 차지하며, 농사를 시작하는 4, 5월에도 많은 축제가 열린다.
    ㉯ 최근으로 올수록 여름이나 겨울의 계절적 특징을 살리는 축제가 증가하고 있다.
  ㉢ 예산규모에 따른 지역축제의 분포 : 향토축제에 소요되는 예산은 5천만 원에서 1억 원 사이에서 진행된다.

(3) 지역별 향토축제(2023년 기준) `2015년출제` `2016년출제` `2017년출제` `2018년출제` `2020년출제`

① 서울 : 서울뮤직페스티벌, 한강페스티벌, 서울드럼페스티벌, 커피페스티벌, 월간종로축제, 종로한복축제, 국안대축제, 벚꽃축제, 한강달빛 야시장, 서울비보이페스티벌, 한강노들섬 오페라·발라, 서울억새축제, 응봉산 개나리축제 등이 있다.

② 부산 : 부산낙동강유채꽃축제, 조선통신사축제, 부산항축제, 부산불꽃축제, 보수동책방골목문화축제, 영도다리축제, 해운대 빛축제, 부산어묵축제, 부산국제공연예술제, 사상강변축제, 정월대보름 달집태우기 축제 등이 있다.

③ 대구 : 대구포크페스티벌, 대구국제재즈축제, 대구국제오페라축제, 대구콘텐츠페어, 대구치맥페스티벌, 교동시장한마음축제, 대구 문화재야행, 팔공산 벚꽃축제/단풍축제, 금호강바다소리길축제, 댕댕이 페스티벌, 수성못페스티벌 등이 있다.

④ 인천 : 송도대표축제, 연안부두축제, 고려산진달래축제, 강화 새우젓축제, 연평 꽃게체험 걷기 축제, 옹진해변 가요제 등이 있다.

⑤ 광주 : 푸드페스타, 광주미디어아트페스티벌, 광주세계김치축제, 고싸움놀이축제 등이 있다.

⑥ 대전 : 캠핑요리축제, 유성온천문화축제, 유성크리스마스축제 등이 있다.

⑦ 울산 : 봉계한우불고기축제, 남구문화예술제, 눈꽃축제, 태화강마두희축제, 울주음식문화축제, 간절곶해맞이축제 등이 있다.

⑧ 세종 : 낙화놀이축제, 세종축제 등이 있다.

⑨ **경기** : 수원화성문화제, 고양호수예술축제, 포은문화제, 성호문화제, 파주개성인삼축제, 구름산예술제, 이천 쌀문화축제, 이천도자기축제, 군포철쭉축제, 광명농악대축제, 오리문화제, 파주 헤이리 예술축제, 정약용문화제, 안양예술제, 부천국제애니메이션페스티벌, 동두천락페스티벌 등이 있다.

⑩ **강원** : 춘천막국수닭갈비축제, 소양강문화제, 원주한지문화제, 남한강축제, 치악산복숭아축제, 치악산배축제, 강릉단오제, 강릉문화재야행, 강릉비치비어페스티벌, 주문진해변축제, 강릉오징어축제, 동해무릉제, 태백산눈축제, 설악문화제, 실향민문화축제, 속초음식문화제, 설악문화제, 삼척정월대보름제, 삼척맹방유채꽃축제, 홍천찰옥수수축제, 단종문화제, 대관령눈꽃축제, 평창효석문화제, 정선아리랑제, 평창송어축제 등이 있다.

⑪ **충북** : 의림지 농경문화 예술제, 수안보온천제, 청풍호 벚꽃축제, 제천국제음악영화제, 속리산 신화여행 축제, 난계국악축제, 증평인삼골축제, 음성품바축제, 생거진천 문화축제 등이 있다.

⑫ **충남** : 대백제전, 천안흥타령춤축제, 공주 석장리 구석기축제, 보령머드축제, 보령예술제, 계룡군문화축제, 서산해미읍성축제, 논산딸기축제, 강경젓갈축제, 기지시줄다리기민속축제, 심훈상록문화제, 금산세계인삼축제, 한산모시문화제, 부여서동연꽃축제, 광천김축제, 홍성남당항대하축제, 광천토굴새우젓축제, 윤봉길 평화축제 등이 있다.

⑬ **전북** : 전주국제영화제, 전주 단오, 진포예술제, 춘향제, 흥부제, 봉화산 철쭉제, 김제지평선축제, 남원 막걸리축제, W원터푸드축제, 진안홍삼축제, 무주반딧불축제, 임실N치즈축제, 순천장류축제, 필봉마을굿축제, 무주산골영화제 등이 있다.

⑭ **전남** : 유달산 봄축제, 목포항구축제, 여수거북선축제, 순천푸드앤아트페스티벌, 대한민국 마한문화제, 광양매화축제, 구례동편소리축제, 보성다향대축제, 화순 고인돌축제, 정남진장흥물축제, 땅끝해넘이해맞이축제, 영암왕인문화축제, 마한제, 함평나비축제, 영광법성포단오제 등이 있다.

⑮ **경북** : 포항국제불빛축제, 포항 구룡포 과메기 축제, 안동 썸머 페스티벌, 월영야행, 상주 소울푸드 페스티벌, 문경찻사발축제, 영천문화예술제, 청송사과축제, 의성슈퍼푸드마늘축제, 축산 스트릿 씨푸드파티, 성주 생명문화&참외축제, 고령 대가야축제, 영덕대게축제, 봉화은어축제, 울릉도오징어축제 등이 있다.

⑯ **경남** : 이주민 문화다양성 축제, 전통시장 맥주축제, 충무지구 근대군항 문화페스타, 진해군항제, 마산국화축제, 코리아드라마페스티벌, 통영한산대첩축제, 진주논개제, 사천와룡문화제, 김해분청도자기축제, 가야문화축제, 김해독서대전, 밀양아리랑대축제, 양산삽량문화축제, 의령 홍의장군축제, 함안문화재야행, 말이산고분군 미디어아트페스티벌, 화전문화제, 산청한방약초문화제,

⑰ **제주** : 계묘년 탐라국 입춘굿, 제주들불축제, 중문칠선녀축제, 서귀포칠십리축제, 서귀포유채꽃축제, 탐라문화제, 표선해변 하얀모래축제, 한라산 청정 고사리축제 등이 있다.

3 지역별 특산물

(1) 특산물

① **정의** : 지역의 지형, 기후, 지질 등 다양한 영향에 따라서 특별하게 생산되는 것을 의미한다.

② **지역별 특산물**

ㄱ **경기도** : 가평 배, 연천 벌꿀, 연천 고추, 연천 율무느타리버섯, 김포 느타리버섯, 문수산 도라지, 고로쇠, 연천인삼, 연천오이, 가평 두릅, 가평 사과 등이 있다.

ㄴ **세종** : 세종 딸기, 싱싱세종수박, 오선미(기능성 쌀) 등이 있다.

ㄷ **부산** : 기장채소, 기장 흑미, 기장 곰장어, 기장 생갈치, 기장 멸치 등이 있다.

ㄹ **대구 달성군** : 구지 오이, 옥포 수박, 옥포 참외, 유가 한정양파, 다사 매천메론, 다사 이천참외, 다사 박곡부추, 논공 찰토마토, 구지 예현 마늘 등이 있다.

ㅁ **인천** : 강화 고추, 강화 오이, 강화섬수박, 강화갯벌장어, 강화섬백도라지, 강화새우젓, 강화장준감, 용유고추단지, 영종고추단지, 강화속노랑고구마, 강화섬배, 강화인삼, 강화순무, 강화사자발약쑥 등이 있다.

ㅂ **대전** : 황토햇쌀, 친환경 미르쌀, 화훼 등이 있다.

ㅅ **울산** : 부추, 한우, 단감 등이 있다.

ㅇ **강원** : 횡성쌀 어사진미, 곰취, 고성 삼백초, 젓갈, 조미김, 감자떡, 왕곡한과, 고랭지 김장절임배추, 횡성한우, 홍총떡, 홍천 눈개승마, 고성 어성초, 고사리, 진부령표고버섯, 강원한우, 가리비(광성/태영), 산문어, 건오징어, 붉은대게(홍게) 등이 있다.

ㅈ **충북** : 영동배, 영동곶감, 영동산골오징어, 영동고로쇠, 증평 도라지, 증평 딸기, 가곡면 두산감자, 단양소백산죽령사과, 단양 고추, 단양 마늘, 단양 오미자, 영동 포도주, 영동 감식초, 영동 인삼, 영동 복숭아, 영동 수박, 영동 마늘, 영동 밤, 영동 감, 황기된장, 영동 포도, 제천 사과 등이 있다.

ㅊ **충남** : 계룡시 엿류, 예산전통옹기, 홍산누룽지, 목각공예, 홍산마늘, 보령 감말랭이, 보령 감미료, 보령한과 등이 있다.

ㅋ **전북** : 임실딸기, 임실토마토, 무주 딸기, 민물매운탕, 궁전꽃게장, 흑곶감, 고산대추, 경천대추, 봉동생강, 이서 신고배, 삼례수박, 비봉청정수박, 운주완청포도 등이 있다.

ㅌ **전남** : 영암도기, 영암어란, 월출전통메주, 금정토하젓, 무안갯벌 지주식 돌김, 용문석, 전통염색, 삼베, 옹기, 보성 참다래, 보성한우, 보성 꼬막, 곡성돌실나이, 깐토란, 순천 고들빼기, 섬섬여수 옥수수 등이 있다.

ㅍ **경북** : 울릉도 고사리/명이/부지갱이/미역취/땅두릅/두릅/서덜취/머위/음나무/섬초롱꽃, 포항 팥죽/물호박시루떡/화전, 노비송편, 포항 토란탕, 학가산 메주, 예천배, 꽃돌, 남근목공방, 청송한지, 청송옹기, 노란 콩잎무침 등이 있다.

ㅎ **경남** : 창녕체리, 창녕수박, 장목면 양파, 붕장어, 전어, 사천 멸치/쥐치, 황토소금, 함양 옻, 산청 동충하초, 산청 마늘, 함안 애플망고 등이 있다.

≡ 최근 기출문제 분석 ≡

2023. 11. 4. 국내여행안내사
1 단오의 세시풍속과 관련이 없는 것은?

① 창포물에 머리감기 　　　　　 ② 쥐불놀이

③ 대추나무 시집보내기 　　　　 ④ 그네뛰기와 씨름

> **TIP** ② 쥐불놀이는 한

2022. 11. 5. 국내여행안내사
2 향토축제와 지역의 연결이 옳지 않은 것은?

① 화천 산천어축제 – 강원도

② 김제 지평선축제 – 전라북도

③ 고려산 진달래축제 – 충청북도

④ 자라섬 재즈페스티벌 – 경기도

> **TIP** ③ 고려산 진달래축제 – 강화도

2021. 11. 6. 국내여행안내사
3 전통세시풍속에 속하지 않는 것은?

① 정월대보름 　　　　　　　　 ② 칠월칠석

③ 곶자왈 　　　　　　　　　　 ④ 설날

> **TIP** ③ 곶자왈은 제주의 천연 원시림으로, 용암이 남긴 신비한 지형 위에서 다양한 동식물들이 함께 살아가는 독특한 생태
> 계가 유지되는 보존 가치가 높은 지역이다.

Answer 1.② 2.③ 3.③

2021. 11. 6. 국내여행안내사
4 **축제의 기능이 아닌 것은?**

① 종교적 기능　　　　　　　　　② 정치적 기능

③ 자연적 기능　　　　　　　　　④ 예술적 기능

> **TIP** ③ 축제의 전통 사회 기능으로는 종교적, 윤리적, 사회적, 정치적, 예술적, 오락적, 생산적인 기능을 들 수 있고, 산업 사회의 기능으로는 지역 축제를 통한 만남과 지역적 소속 확인 또는 전통 문화 보존 기능, 관광기능 등이 강화되기도 한다.

2020. 11. 7. 국내여행안내사
5 **지역과 문화관광축제의 연결이 옳지 않은 것은?**

① 강릉 – 마임축제

② 화천 – 산천어축제

③ 무주 – 반딧불축제

④ 김제 – 지평선축제

> **TIP** ① 마임축제는 강원도 춘천시에서 매년 5월에 열리는 지역축제이다. 강원도의 지역축제로는 강릉 단오제와 커피축제, 정동진 해맞이축제, 주문진 오징어축제 등이 있다.

2019. 11. 2. 국내여행안내사
6 **지역과 특산물의 연결이 옳지 않은 것은?**

① 금산 – 인삼　　　　　　　　　② 통영 – 나전칠기

③ 안성 – 목기　　　　　　　　　④ 봉화 – 송이

> **TIP** ③ 안성의 특산물은 유기이다.

Answer 4.③ 5.① 6.③

2018. 11. 3. 국내여행안내사

7 지역과 특산물의 연결이 옳지 않은 것은?

① 강화 – 화문석

② 한산 – 세모시

③ 남원 – 목기공예품

④ 영양 – 누에가루

> **TIP** ④ 영양 지역의 특산물로는 고추가 있다. 누에가루는 서산, 공주 지역의 특산물이다.

2017. 11. 4. 국내여행안내사

8 강릉단오제에 관한 설명으로 옳지 않은 것은?

① 음력 5월 15일 전후로 1주일간 개최된다.

② 다른 지역 단오제와 상이한 신화체계를 가지고 있다.

③ 강릉관노가면극이 공연된다.

④ 2005년 유네스코 인류무형문화유산으로 등재되었다.

> **TIP** ① 강릉단오제는 음력 5월 5일을 전후로 1주일 간 개최된다.

2016. 11. 5. 국내여행안내사

9 문화관광축제와 지역의 연결이 옳은 것은?

① 남강유등축제 – 진주

② 세계무술축제 – 무주

③ 지평선축제 – 인제

④ 국제마임축제 – 제천

> **TIP** ② 세계무술축제 – 충주
> ③ 지평선축제 – 김제
> ④ 국제마임축제 – 춘천

Answer 7.④ 8.① 9.①

10 음악영화를 주제로 하는 영화제가 매년 8월에 개최되는 도시는?

① 부산

② 부천

③ 전주

④ 제천

TIP 제천국제음악영화제(堤川國祭音樂映畵祭, Jecheon International Music & Film Festival, JIMFF)는 매년 8월 대한민국 충청북도 제천시에서 열리는 음악 영화제이다. 이는 2005년부터 매년 8월 충청북도 제천시에서 개최되어져 왔다. 여기에서는 음악에 대한 영화, 음악이 좋은 영화를 기준으로 매년 80여 편의 초청작이 상영되어진다. 영화제는 크게 영화 프로그램, 음악 프로그램, 특별 프로그램 등으로 구성되어져 있고, 제천 시내 TTC 복합 상영관, 제천문화회관, 청풍호반무대, 제천 문화의 거리 등지에서 영화 상영 및 공연 등이 동시에 진행되어진다.

11 전북 남원에서 개최되는 지역 민속축제는?

① 춘향제

② 영등제

③ 백제문화제

④ 개천예술제

TIP ① 춘향제는 전라북도 남원시에서 춘향의 정절을 기리기 위하여 행해지는 지방문화행사이다.
② 영등제는 전라남도 진도에서 풍년과 풍어를 비는 제다.
③ 백제문화제는 충남 공주시, 부여군 등에서 개최된다.
④ 개천예술제는 경상남도 진주시에서 열리는 향토문화제이다.

Answer 10.④ 11.①

출제 예상 문제

1 다음 중 강원도 춘천에서 열리는 향토축제는?

① 단오제

② 소양강문화제

③ 유채꽃큰잔치

④ 논개제

TIP 춘천은 호반의 도시로 소양강문화제는 춘천에서 가장 오래 된 전통민속 축제행사이다. 행사는 봉의산제, 외바퀴수레 싸움시연, 전통굿시연, 휘호대회, 씨름, 투호 등이 열리고 있다.

2 다음 중 경기지역의 향토 축제로 적합하지 않은 것은?

① 세종문화제

② 강도문화제

③ 화룡문화제

④ 은산별신제

TIP ④는 충남지역 향토축제에 해당한다.

3 다음 중 강원도 지역의 향토축제로 적합하지 않은 것은?

① 설악제

② 율곡제

③ 난계국악축제

④ 춘천마임축제

TIP ③은 충북지역의 향토축제에 해당한다.

Answer 1.② 2.④ 3.③

4 다음 중 전라도 지역의 향토축제로 적합하지 않은 것은?

① 우륵문화제   ② 남도문화제

③ 춘향제   ④ 강진청자문화제

TIP ①은 충북지역 향토축제에 해당한다.

5 다음 중 경상도 지역의 향토축제에 해당되지 않는 것은?

① 개천예술제   ② 하동야생문화축제

③ 문경찻사발축제   ④ 유채꽃큰잔치

TIP ④는 제주지역의 향토축제에 해당한다.

6 다음 중 군항제가 열리는 곳은?

① 진해   ② 포항

③ 부산   ④ 대구

TIP 진해 군항제는 충무공의 얼을 추모하고 문화예술행사, 관람행사 등 아름다운 벚꽃과 함께 즐길 수 있는 봄축제로 발전하였다.

7 다음 중 경기도지방의 향토축제로 적합하지 않은 것은?

① 여주승모제   ② 행주대첩제

③ 화홍문화제   ④ 삼성혈제

TIP ④는 제주지역에 해당한다.

Answer   4.①   5.④   6.①   7.④

8 다음 중 울산에서 열리는 향토 축제는?

① 처용문화제   ② 단오제

③ 아랑제   ④ 춘향제

TIP ②는 강원도에서, ③은 경남 밀양에서 그리고 ④는 전라도에서 열린다.

9 다음 중 제주지역의 향토축제로 적합하지 않은 것은?

① 유채꽃큰잔치   ② 섬축제

③ 삼성혈제   ④ 개천예술제

TIP ④는 10월에 진주에서 열린다.

10 다음 중 경남지방의 향토축제로 적합하지 않은 것은?

① 밀양아랑제   ② 3 · 1민속문화제

③ 개천예술제   ④ 대가야문화제

TIP ④는 경북 고령에서 열린다.

11 다음 중 남도문화제가 열리는 곳은?

① 광주   ② 나주

③ 경주   ④ 목포

TIP 광주에서 9월에 열리는 향토축제에 해당한다.

Answer   8.①   9.④   10.④   11.①

12 다음 중 지역별 문화행사로 적합하지 않은 것은?

① 남원 : 춘향제

② 진도 : 국제탈춤페스티벌

③ 진주 : 남강유등축제

④ 금산 : 인삼축제

TIP ②의 진도는 영등제이다.

13 다음 중 문화행사와 개최 지역이 잘못 연결된 것은?

① 보령 – 머드축제

② 진주 – 남강유등축제

③ 남원 – 반딧불축제

④ 인제 – 빙어축제

TIP ③ 반딧불축제가 개최되는 곳은 무주이다. 남원의 문화행사로는 춘향제가 있다.

14 다음 지역별 향토축제 중 개최 지역이 다른 하나는?

① 지리산고뢰쇠약수제

② 함평나비축제

③ 유채꽃큰잔치

④ 고창수박축제

TIP ③ 유채꽃큰잔치는 제주지역에서 열리는 향토축제이다.
　　① ②④ 전라도 지방의 향토축제이다.

Answer 12.② 13.③ 14.③

관광자원해설

05

산업적
관광자원

---

01 산업관광자원

① 산업적 관광자원의 개념

(1) 산업적 관광자원의 개념

① **산업적 관광자원** ··· 농업 · 임업 · 수산업 · 공업 · 상업 등 일국의 각종 산업시설을 말하며, 이를 대상으로 하는 관광을 산업 관광이라고 한다.

② 산업관광은 1 · 2 · 3차 산업의 현장을 대상으로 관광을 하는 행위로 당해기업과 지역의 부가적인 경제 효과가 예상되는 관광형태로 우리나라는 70~80년대의 고도 성장시대를 통해 IT, 조선, 자동차, 가전 등의 제조업 분야에서 세계적 기업으로 성장하면서, 1970년대 후반 이후 현대중공업 등 특정 대기업을 중심으로 생산현장 방문 형태의 산업관광이 이루어져 왔다.

③ 산업적 관광자원은 재래적 농업자원과 상업자원이나 현대적인 각종 산업경제와 관련된 첨단시설들을 관광 대상으로 하여 국내외 관광객들에게 견학, 시찰, 체험하게 하는 일종의 관광형태로 이용하게 하는 제반 산업시설을 의미한다고 볼 수 있다.

(2) 산업적 관광의 특수성

① 일반관광은 위락 · 휴양 등을 주내용으로 하고 있으나 산업관광은 기술과 지식습득을 주내용으로 하고, 관광은 2차적인 것으로 하고 있다.

② 각 분야의 선진국들이 실시하는 특수관광으로 관광객의 지적 수준이 높으며, 일반관광보다도 체재기간이 길다.

③ 선진국이 후진국을 대상으로 하여 판매하는 유일한 여행상품이라고 볼 수 있다.

④ 탈계절 관광상품이다.

(3) 산업적 관광자원의 분류

① 관광형태에 따른 분류 `2022년출제` `2020년출제` `2014년출제` `2023년출제`

자원유형	내용
농업관광자원	• 농업관광자원 : 농장, 목장, 농원, 과수원, 주말농장 등 • 임업관광자원 : 자원휴양림, 수목원 등 • 수산업관광자원 : 관광어촌, 갯벌체험관광 등
공업관광자원	제조업의 기계설비, 제조공정, 공장부설연구소, 후생복지시설 등 : 공업단지, 옥포조선소, 포항종합제철 등
상업관광자원	• 재래시장 : 상설시장, 정기시장, 특수시장, 소매상가 등 `2015년출제` • 백화점, 쇼핑센터 • 면세점, 보세판매점 • 박람회, 전시회
산업기반시설	공항, 항만, 발전용댐, 운하, 고속도로 등

② 관광활동 성격에 따른 분류 `2017년출제` `2020년출제`

산업관광 유형	내용
산업시찰	상용여행자가 선진기술, 생산시스템, 근대적 공업시설 등을 시찰할 목적으로 외국 또는 다른 지역을 방문하는 여행
공장견학	업무출장여행이 아닌 관광목적이 가미된 공장견학으로서 Technical Visit가 제외된 여행
기업 자료관과 박물관 견학	기업에서 운영하는 박물관들을 관광의 목적으로 방문하는 것으로 공장견학 및 산업시찰 코스에 포함되기도 함
산업유산관광	예전 유력했던 산업의 공장과 설비 및 창고 등과 철도와 항만 및 운하 등을 관광하는 것
체험형 관광	농어촌 체험, 산나물 채취 체험, 도예 만들기 여행, 슬로우 푸드 여행 등 소규모 여행

≣ 최근 기출문제 분석 ≣

2023. 11. 4. 국내여행안내사

1 관광자원의 분류 중 상업관광자원에 해당하는 것을 모두 고른 것은?

㉠ 민속촌	㉡ 박물관
㉢ 오일장	㉣ 광장시장

① ㉠, ㉡

② ㉠, ㉢

③ ㉡, ㉢

④ ㉢, ㉣

> **TIP** ㉠, ㉡. 박물관, 민속촌은 공통된 생활양식 중 유형적 자원인 문화적 관광자원이다.

2022. 11. 5. 국내여행안내사

2 마이스(MICE)산업의 특징에 관한 설명으로 옳은 것은?

① 일반 관광 상품에 비해 수익성이 매우 낮다.

② 부가가치가 적은 복합 전시 산업을 의미하는 신조어이다.

③ 고용 등 경제적 파급효과가 낮아 별로 주목을 받지 못하고 있다.

④ 최근 지역 경제 활성화를 위한 새로운 성장 동력으로 자리 잡아가고 있다.

> **TIP** MICE 산업은 대규모 회의장이나 전시장 등 전문시설을 갖추고 국제회의, 전시회, 인센티브투어와 이벤트를 유치하여 경제적 이익을 실현하는 산업으로 숙박, 교통, 관광, 무역, 유통 등 관련 여러 산업과 유기적으로 결합한 고부가가치 산업이다.
> ① 일반 관광 상품에 비해 수익성이 높다.
> ② 고부가가치 산업이다.
> ③ 최근 들어 고용 창출 및 경제적 파급효과가 커 주목 받고 있다.

Answer 1.④ 2.④

2022. 11. 5. 국내여행안내사

3 산업관광자원이 아닌 것은?

① 제철소   ② 조선소
③ 자동차 공장   ④ 풍속

    TIP ④ 사회적 관광 자원이다.

2020. 11. 7. 국내여행안내사

4 농업관광의 기대효과로 옳지 않은 것은?

① 유휴자원의 소득자원화
② 농촌지역의 삶의 질 향상
③ 농촌의 도시화 촉진
④ 농촌과 도시와의 상호교류

    TIP 농업관광을 통해 농촌과 도시와의 상호교류를 꾀하고, 유휴자원의 소득자원화로 농촌지역의 삶의 질을 향상시킬 수 있다.

2020. 11. 7. 관광통역안내사

5 산업관광에 해당하지 않는 것은?

① 기업홍보관 견학   ② 산업시찰
③ 박람회 견학   ④ 템플스테이 체험

    TIP 산업관광은 내국인과 외국인들에게 자국의 산업시설과 생산공정을 견학·시찰하게 하여 내국인에게는 자국의 산업수준에 대한 자부심을 부여하고, 외국관광객에게는 기술교류를 통한 국제관계 개선 및 자국의 이익확보에 큰 역할을 한다.
    ④ 템플스테이 체험은 전통사찰에 머물면서 사찰의 생활을 체험해 보는 사찰체험 관광프로그램이다.

Answer 3.④ 4.③ 5.④

출제 예상 문제

1 다음 중 산업적 관광자원으로만 묶인 것은?

① 도로, 운하, 항만, 철도　　　　　　② 농장, 사적, 기념품, 산악

③ 산악, 계곡, 항만, 도로　　　　　　④ 통신, 유물, 기념품, 풍속

TIP 산업적 자원이란 한 나라의 산업시설과 기술수준을 보거나 보이기 위한 대상을 말한다.

2 산업적 관광자원의 특성으로 적합하지 않은 것은?

① 관광객이 산업시설을 관광함으로써 직접 산업현장을 상세히 볼 수 있고, 관광대상에 따라서는 직접 이용 및 구입도 가능하다.

② 관광객체가 되는 산업체의 입장에서는 내외국 관광객에게 선전효과를 쉽게 얻을 수 있는 효과가 있다.

③ 국가적인 차원에서는 한 나라의 산업수준을 국내관광객에게 소개시킴으로써 산업발달의 정도를 평가할 수 있는 척도가 된다.

④ 관광측면에서 보면, 한국고유의 전통적 산업시설을 개발하여 내국인은 물론, 외국관광객에게 관광효과가 있다.

TIP ③ 한 나라의 산업수준을 외국관광객에게 소개시킴으로써 산업발달의 정도를 평가한다.

3 다음 중 유형과 무형에 따라 분류했을 경우, 산업적 관광자원에 해당하지 않는 것은?

① 유통단지　　　　　　　　　　　② 공업단지

③ 놀이시설　　　　　　　　　　　④ 목장

TIP ③은 캠프장, 수영장, 어린이공원 등과 함께 관광 레크리에이션자원에 해당한다.

Answer 1.① 2.③ 3.③

4 다음은 어떠한 유형의 공업관광인가?

> 정부기관과 산업공단이 관리하고, 보세구역의 혜택이 있으며 화학, 금속, 전자, 섬유, 광학기계 제품의 업종들이다.

① 수출자유지역   ② 수출산업공업단지
③ 민간공업단지   ④ 지방공업단지

> **TIP** ① 수출자유지역은 단지조성에서 생산 활동에 이르기까지 정부기관이 담당하며, 외국투자 기업들이 대부분인 단일 보세구역이다.
> ④ 지방공업단지는 지방중소기업의 육성과 공업의 지방분산화를 위해 중소도시에 입지한다.

5 다음 중 산업적 관광의 특징이 아닌 것은?

① 선진국이 후진국을 대상으로 하여 판매한다.
② 탈계절 관광 상품이다.
③ 일반관광보다 체재기간이 비교적 짧다.
④ 관광객의 지적 수준이 높다.

> **TIP** 산업적 관광은 각 분야의 선진국들이 실시하는 특수 관광으로 일반관광보다 체재기간이 길다.

6 산업관광의 유형 중 업무출장여행이 아닌 관광 목적이 가미된 것으로 Technical Visit가 제외된 것은?

① 산업시찰   ② 체험형 관광
③ 공장견학   ④ 산업유산 관광

> **TIP** ① **산업시찰**: 상용 여행자가 선진 기술, 생산 시스템, 근대적 공업 시설 등을 시찰할 목적으로 외국 또는 다른 지역을 방문하는 것
> ② **체험형 관광**: 농어촌 체험, 산나물 채취 체험 등의 소규모 여행
> ④ **산업유산 관광**: 예전의 유력했던 산업의 공장과 설비 및 항만 및 운하 등을 관광

Answer 4.② 5.③ 6.③

02 산업관광자원의 현황

① 공업관광자원

(1) 공업관광의 개념

① 관광객에게 시설이나 경영이 훌륭한 공장을 견학 · 시찰시키는 것이다.

② 공장의 기계설비, 제조공정은 물론 종업원 교육이나 후생시설 등 다양한 분야의 관광이 가능하다.

③ 공업관광의 특성
  ㉠ 지식관광 · 교육관광의 관점에서 방문국의 산업수준을 이해시킬 수 있다.
  ㉡ 사업체 홍보효과는 물론 투자를 이끌어내는 계기가 된다.

(2) 공업관광의 대상

① **수출자유지역** … 외국인의 투자를 유치하고 외국에서 원료를 수입하여 제품을 만들어 전량을 해외에 수출하기 위해서 정부가 정한 지역이다. 세관의 수속 없이 상품을 특정지역 내에 반입할 수 있으며, 그 지역 내에서 자유롭게 처리 · 가공 할 수 있다.
  ㉠ **마산수출자유지역** : 1970년대 수출신장, 외자유치, 고용증대 및 기술향상 등을 위하여 조성된 것으로 남동 연안 공업지역의 일부인 임해공업지대이다.
  ㉡ **익산수출자유지역** : 전북 익산시 영등동과 어양동, 신흥동에 걸쳐 있는 수출자유지역으로 마산수출자유지역에 이어 두 번째로 설치되었다.

② **수출산업공업단지** … 수출산업의 육성과 국제수지의 향상을 목적으로 조성된 공업단지로, 수출공단이라고도 한다.
  ㉠ **한국수출산업공업단지** : 서울 및 인천 지역에 걸쳐 광범위하게 들어선 공업단지로 1~6단지가 있다. 우리나라에서 최초로 세워진 수출산업공업단지로 경인지구의 공업발전에 기여하였다. 서울 구로구에 3개 단지, 인천 계양구 · 부평구에 3개 단지가 있으며 원자재의 반입 및 수출화물의 선적, 근로자들의 출퇴근 등에 수도권 전철, 서울지하철, 경인고속도로, 김포공항, 인천항 등 여러 교통수단을 활용할 수 있는 최적지이다.

ⓒ **구미국가산업단지** : '공해 없는 공업단지'의 건설이라는 취지 아래 전자기기의 수출과 전자공업체의 전문화를 목적으로 조성된 내륙공업단지이다.

③ **지역공업단지** … 물품을 제조 · 가공하는 기업체를 집단적으로 설치 · 개발한 공업지역을 말한다.

ⓐ **인천공업단지** : 인천 제3단지라고도 불리는 것으로, 산업배치 가능지역을 제공함으로써 공업화를 촉진할 목적으로 조성된 임해공업단지이다.

ⓒ **춘천공업단지** : 소비도시인 춘천시에 공업화의 기반을 구축하기 위하여 건설한 것이다. 섬유 · 식품공업과 금속공업 등의 업체가 입주해 있다.

ⓒ **원주공업단지** : 1970년대 초반 지방공업육성정책의 일환으로 원주지역의 공업기반 확충 및 지역소득을 증대를 위해 조성되었다.

ⓔ **대전공업단지** : 수도권 등 대도시의 기업체와 대전지역에 산재되어 있는 용도지역 위반공장에 새로운 공업지대를 제공하기 위해 조성되었다.

ⓜ **청주공업단지** : 경부고속도로의 개통으로 교통조건의 호전에 힘입어 산업도시로 나아가기 위하여 조성한 공업단지로, 기계 · 금속 · 전기 · 식료 · 화학 · 섬유 등의 업종이 입주해 있다.

ⓗ **광주공업단지** : 아시아 자동차공장을 모체로 산업의 계열화를 추진할 목적으로 추진한 내륙공업단지이다. 다른 공업단지와는 달리 총면적의 75%를 아시아 자동차공장이 차지하고 있다.

ⓢ **전주공업단지** : 농업 위주의 산업기반에서 농공병진(農工倂進)을 지향하여 건설한 전원형 무공해 공업단지이다.

ⓞ **목포공업단지** : 소비 위주의 도시인 목포를 생산도시화 하여 서민생활의 안정과 고용 창출을 목적으로 조성한 공업단지이다.

ⓩ **대구공업단지** : 대구 금호강을 따라 늘어선 5개 공업단지를 말한다. 섬유 · 염색 공장을 집단배치하고, 시내에 흩어져 있는 용도지역 위반공장들을 수용하여 도시환경을 개선하고자 조성되었다.

④ **민간공업단지** … 민간이 주체가 되어 공업단지를 이룬 지역이다.

⑤ **중화학공업단지** … 상호 연관관계가 깊은 중화학계열 제품의 집중개발과 수출을 목표로 공장들이 한 곳에 자리하고 있는 공업지역이다.

ⓐ **창원종합기계공업단지** : 국제규모의 기계류 생산 공장을 한 곳으로 모아 생산성을 높이고 기술의 집약화 및 투자효과의 극대화를 위해 조성된 기계공업 전용 공단이다.

ⓒ **여천국가산업단지** : 여천반도의 광양만을 끼고 해안선을 따라 위치한다. 울산석유화학공업단지에 이어 두 번째로 조성되었다.

ⓒ **울산공업단지** : 제1차 경제개발 5개년계획의 핵심사업으로 1962년부터 조성에 착수, 1974년 중반까지 계속되었다. 최초로 들어선 대한석유공사의 정유공장을 주축으로 하는 석유화학계열의 공장들이 뒤이어 들어섰다.

ⓔ **포항철강공업단지** : 포항종합제철공장에서 생산하는 철강을 원자재로 사용하는 산업체들을 집단화한 것으로 철근 · 형강 · 주물 등의 가공업체와 건설 · 운수 · 하역 등의 지원기업체들이 입주해 있다.

2 상업관광자원

(1) 상업관광의 개념

① 상업관광은 상업을 관광 대상화시킨 것이다.

② 상업관광의 특징

　　㉠ 지방 특유의 시장풍물과 상품이 관광의 대상이 된다.

　　㉡ 열심히 살아가는 지역주민의 참모습을 보고 생활의 의미를 찾아 볼 수 있다.

　　㉢ 상품과 생활모습을 감상하고 즐기는 것을 넘어 구매로까지 이어지는 형태로, 지역 경제 발전에 이바지한다.

(2) 지역별 전통시장

지역	시장
서울	경동시장, 서울약령시장, 마장축산물시장, 동대문종합시장, 광장시장, 동문시장, 한일상가, 남대문시장, 남평화시장, 동평화시장, 대림상가, 동화상가, 방산종합시장, 서울중앙시장, 숭례문수입상가, 신중부시장, 신평화패션타운, 제일평화시장, 청평화시장, 통일상가, 평화시장 등
부산	국제시장, 자갈치시장, 부산자유시장, 부산진시장, 동성하이타운시장, 동래시장, 부산평화시장, 부전상가, 정이있는구포시장, 르네시떼시장, 부산산업용품상협동조합, 부산새벽시장, 부산깡통시장, 신동아수산물종합시장, 아리랑거리, 월드밸리 등
대구	서문시장, 월배시장, 산격종합시장, 전자상가, 동산상가 등
인천	인천산업유통사업협동조합, 인천종합어시장, 강화풍물시장, 장승백이전통시장 등
광주	남광주시장, 말바우시장, 광주양동시장 등
대전	신탄진시장, 중앙상가시장, 전통중앙도매상가, 도마큰시장, 문창전통시장 등
울산	울산시장, 신정상가시장, 중앙전통시장, 학성새벽시장, 우정전통시장 등
경기	가평잣고을전통시장, 광명전통시장, 구리전통시장, 역전시장, 영동시장, 안양중앙인정시장, 용인중앙시장, 조암시장 등
강원	주문진수산시장, 강릉 중앙시장, 속초관광수산시장(구 속초중앙전통시장), 미로예술원주중앙시장(원주중앙시장), 민속풍물시장, 원주 자유시장, 정선아리랑시장, 화천재래시장 등
충북	제천중앙시장, 청주 육거리종합시장, 충주자유시장, 온양온천시장(온양전통시장) 등
충남	금산국제인삼시장(금산인삼국제시장), 화지중앙시장, 강경젓갈시장 등
전북	김제전통시장, 모래내시장(전주), 전주남부시장 등
전남	목포 동부시장, 순천시아랫장(순천아랫장), 화순전통시장(화순읍전통시장) 등
경북	경주성동공설시장, 경주중심상가시장, 구미산업유통단지, 상주 풍물시장 등
경남	거제고현시장, 고성시장, 사천 삼천포용궁수산시장, 이현종합상가, 창원 부림시장, 마산어시장 등
제주	서귀포향토오일시장, 제주시민속오일시장, 제주동문수산시장 등
세종	세종전통시장 등

③ 농업관광자원

(1) 농업관광의 개념
농업관광이란 농업을 관광대상으로 한 여행형태이다.

① 협의의 농업관광 … 농장견학, 영농연수 등을 일컫는다.

② 광의의 농업관광 … 농업을 대상으로 한 레크리에이션이라고 할 수 있다.

(2) 농업관광의 기대효과 2019년출제

① 경제적 측면
- ㉠ 농촌 지역주민의 소득 증대
- ㉡ 농촌 지역경제의 활성화 및 지방 재정기반의 강화
- ㉢ 유휴자원의 소득 자원화

② 사회적 측면
- ㉠ 농촌과 도시와의 상호교류 촉진
- ㉡ 농어촌 지역의 삶의 질 향상

③ 환경적 측면
- ㉠ 버려진 불모지나 유휴공간을 관광 시설로 개발
- ㉡ 환경보전 수준이 양호한 자연경관 지구에 대한 무분별한 관광시설 개발 방지

(3) 농업관광의 구성요소와 유형 2018년출제

① 농업관광의 구성요소
- ㉠ 관광객
- ㉡ 관광개발주체 : 농민은 관광객을 맞이하는 주인인 동시에 관광개발의 주체이다. 개발규모에 따라 농민이 단독으로 참여할 수도 있고, 다수가 참여할 수도 있으며, 조직을 구성해야만 참여할 수 있는 것도 있다.
- ㉢ 농촌관광자원 : 농촌의 자연환경 전부가 농업관광자원이 될 수 있다.

② 농업관광의 유형
- ㉠ 입지별 유형
  - ㉮ 농촌관광휴양지
  - ㉯ 산촌관광휴양지
  - ㉰ 어촌관광휴양지

  ⓛ **활동별 유형**
   ㉮ 농수산물 생산 체험형
   ㉯ 농림수산물 채취형
   ㉰ 감상 및 레크리에이션 활동형
  ⓒ **주제별 유형**
   ㉮ 자연풍경
   ㉯ 야외 레크리에이션

③ **농어촌관광휴양사업**
  ㉠ **농어촌 관광휴양단지사업** : 농어촌의 쾌적한 자연환경과 농어촌 특산물 등을 활용하여 전시관, 학습관, 지역 특산물 판매시설, 체육시설, 청소년 수련시설, 휴양시설 등을 갖추고 이용하게 하거나 휴양 콘도미니엄 등 숙박시설과 음식 등을 제공하는 사업
  ⓛ **관광농원사업** : 농어촌의 자연자원과 농림수산 생산기반을 이용하여 지역특산물 판매시설, 영농 체험시설, 체육시설, 휴양시설, 숙박시설, 음식 또는 용역을 제공하거나 그 밖에 이에 딸린 시설을 갖추어 이용하게 하는 사업
  ⓒ **주말농원사업** : 주말영농과 체험영농을 하려는 이용객에게 농지를 임대하거나 용역을 제공하고 그 밖에 이에 딸린 시설을 갖추어 이용하게 하는 사업
  ⓛ **농어촌민박사업** : 농어촌지역과 준농어촌지역의 주민이 거주하고 있는 「건축법」에 따른 단독주택을 이용하여 농어촌 소득을 늘릴 목적으로 숙박 · 취사시설 등을 제공하는 사업

④ **관광토산품** 〔2017년출제〕 〔2018년출제〕

구분	지역	종류
전통공예품	경기도	구리 북, 강화 화문석, 이천 도자기 등
	강원도	원주 나전칠기, 춘천 옥 등
	충청도	서천 한산 모시, 보령 남포벼루 등
	전라도	담양 죽산물, 전주 합죽선과 태극선, 남원 목기, 광주 진다리붓, 장수 석기, 익산 보석 등
	경상도	안동 하회탈, 청송 꽃돌 등
식품	경기도	포천 이동막걸리 등
	강원도	강릉 초당두부, 진부령 황태 등
	충청도	서산 간월도 어리굴젓, 논산 강경젓갈, 광천 새우젓, 태안 까나리 액젓 등
	전라도	진도 홍주, 창평 쌀엿, 순창 고추장, 여수 돌산 갓김치, 구례 토종꿀, 부안 죽염, 영광 굴비 등
	경상도	남해 유자주, 합천 한과, 경주 황남빵 등
특산물	경기도	연천 율무, 가평 잣, 이천 쌀 등
	강원도	양양 송이버섯, 홍천 옥수수, 봉평 메밀 등
	충청도	금산 인삼, 단양 마늘, 청양 구기자, 논산 딸기 등
	전라도	무안 양파, 광양 매실, 광주 무등산수박, 나주 배, 해남 참다래, 완도 김 등
	경상도	영양 고추, 하동 녹차, 상주 곶감, 청도 반시, 대구 사과, 성주 참외, 영덕 대게 등

≡ 최근 기출문제 분석 ≡

2019. 11. 2. 관광통역안내사

1 농촌관광의 기대효과가 아닌 것은?

① 농촌 지역주민의 소득증대   ② 농촌 지역경제의 활성화

③ 농촌과 도시와의 상호교류 촉진   ④ 소득의 양극화

> **TIP** ④ 농촌과 도시 간 소득의 양극화 현상은 농촌관광을 통해 극복할 수 있을 것으로 기대된다.

2019. 11. 2. 관광통역안내사

2 다음 설명에 해당하는 산업관광의 유형은?

• 금산 인삼시장
• 강화도 화문석시장
• 서울 남대문시장

---

① 상업관광   ② 농촌관광

③ 어촌관광   ④ 공업관광

> **TIP** 시장이 관광대상이 되므로 상업관광에 해당한다.

2014. 11. 10. 국내여행안내사

3 산업관광자원이 아닌 것은?

① 금산인삼   ② 광양제철

③ 경산민속놀이   ④ 동대문시장

> **TIP** ③ 민속놀이는 무형문화자원으로 문화관광자원에 해당한다.

Answer   1.④   2.①   3.③

출제 예상 문제

1 다음은 어떠한 유형의 산업관광에 해당하는가?

> 상용여행자가 선진기술이나 생산시스템, 근대적 공업시설 등을 시찰할 목적으로 외국 또는 다른 지역을 방문하는 여행

① 산업시찰   ② 공장견학

③ 기업 자료관과 박물관 견학   ④ 산업유산관광

TIP ② 업무출장여행이 아닌 관광목적이 가미된 공장견학으로서 기술적인 방문이 제외된 여행
　　　 ③ 예정의 유력했던 산업의 공장과 설비 및 창고 등과 철도, 항만, 운하 등을 관광하는 것

2 산업적 관광자원의 유형이 아닌 것은?

① 공업관광   ② 문화관광

③ 농업관광   ④ 상업관광

TIP 산업적 관광자원의 유형으로는 공업관광, 상업관광, 농업관광이 있다.

3 우리나라 농업관광의 유형이 아닌 것은?

① 입지별 유형   ② 생산성별 유형

③ 주제별 유형   ④ 활동별 유형

TIP 우리나라 농업관광의 유형으로는 입지별 유형, 활동별 유형, 주제별 유형이 있다.

Answer 1.① 2.② 3.②

4 농업관광 개발로 인한 기대효과가 아닌 것은?

① 농촌 지역경제의 활성화
② 유휴자원의 소득자원화
③ 농어촌 지역의 삶의 질 향상
④ 자본의 수도권 집중화

TIP 자본의 수도권 집중화는 농업 개발로 인한 기대효과와 관련이 없다.

5 관광의 특성에 대한 설명 중 틀린 것은?

① 공업관광은 정책적으로 적극 채택되고 있다.
② 상업관광은 이방의 생활모습과 문물에 접하는 등 보다 고차원적인 것으로 변화되고 있다.
③ 상업관광은 고장의 문화를 구매하는 것으로까지 변화되었다.
④ 농업관광에서 협의는 농업을 대상으로 한 레크리에이션을 일컫는다.

TIP 농업관광의 협의의 개념은 농장견학, 영농연수 등을 말한다.

6 농업관광에 대한 설명으로 틀린 것은?

① 농민이 관광개발에 참여하기 위해서는 반드시 조직을 구성해야 한다.
② 농촌의 자연환경 전부가 농업관광자원이다.
③ 농촌과 도시와의 상호교류를 촉진시킬 수 있다.
④ 농업관광의 기본요소는 관광객, 관광개발 주체, 농촌관광자원이다.

TIP 농촌관광개발을 함에 있어서 농민은 개발 규모에 따라 단독으로 참여할 수도 있고 다수로 참여할 수도 있으며 조직을 구성해야만 참여할 수 있기도 하다.

Answer 4.④ 5.④ 6.①

7 다음 설명에 해당하는 공업단지는?

> 우리나라에서 최초로 세워진 수출산업공업단지로 1~6단지가 있다.

① 한국수출산업공업단지　　　　　② 마산수출자유지역
③ 구미국가산업단지　　　　　　　④ 포항철강공업단지

TIP ① 한국수출산업공업단지는 서울 및 인천 지역에 걸쳐 광범위하게 들어선 공업단지로, 경인지구의 공업발전에 기여하였다.

8 소비 또는 농업 위주의 도시에 공업화 기반을 구축하기 위해 조성한 지역공업단지가 아닌 것은?

① 춘천공업단지　　　　　　　　　② 대전공업단지
③ 전주공업단지　　　　　　　　　④ 목포공업단지

TIP ② 대전공업단지는 수도권 등 대도시의 기업체와 대전지역에 산재되어 있는 용도지역 위반 공장에 새로운 공업지대를 제공하기 위해 조성되었다.

9 다음 중 중화학공업단지가 아닌 곳은?

① 창원종합기계공업단지　　　　　② 여천국가산업단지
③ 울산공업단지　　　　　　　　　④ 대구공업단지

TIP ④ 대구공업단지는 섬유, 염색 공장 등이 주를 이룬다.
　　① 국제규모의 기계류 생산 공장을 한 곳으로 모아 생산성을 높이고 기술의 집약화 및 투자효과의 극대화를 위해 조성된 기계공업 전용 공단이다.
　　② 여천반도와 광양만을 끼고 해안선을 따라 위치한다.
　　③ 최초로 들어선 대한석유공사의 정유공장을 주축으로 하는 석유화학계열의 공장들이 뒤이어 들어섰다.

Answer 7.① 8.② 9.④

10 상업관광에 대한 설명으로 옳지 않은 것은?

① 상업을 관광 대상화시킨 것이다.

② 지방 특유의 시장풍물과 상품이 관광의 대상이 된다.

③ 열심히 살아가는 지역주민의 참모습을 보고 생활의 의미를 찾을 수 있다.

④ 지역 경제 발전에 이바지하는 효과가 약한 편이다.

TIP ④ 상업관광은 상품과 생활모습을 감상하고 즐기는 것을 넘어 구매로까지 연결되면서 지역 경제 발전에 이바지한다.

11 다음에 설명하는 상업관광지역은?

> 1988년 전통문화의 거리로 지정되었으며, 1997년 4월부터는 일요일마다 '차 없는 거리'로 지정되어 거리축제가 열린다.

① 남대문시장   ② 이태원관광특구

③ 인사동길   ④ 가로수길

TIP ③ 인사동길에는 고미술품, 골동품, 골동서화, 전통 생활도구, 장신구 등 전통공예품을 취급하는 상가가 집결되어 있어 외국인 등에게 인기 있는 명소로 꼽힌다.

12 다음 중 지역과 특산물의 연결이 적합하지 않은 것은?

① 강화 : 고려수삼   ② 이천 : 쌀

③ 강릉 : 갈골한과   ④ 춘천 : 둥글레차

TIP 둥글레차는 정선이 유명하다.

Answer 10.④ 11.③ 12.④

13 다음 농업관광의 기대효과 중 성격이 다른 하나는?

① 농촌 지역주민의 소득 증대

② 농촌과 도시의 상호교류 촉진

③ 농촌 재정 기반의 강화

④ 유휴 자원의 소득 자원화

TIP ②는 농업관광 기대효과에서 사회적 측면이고 ①③④는 경제적 측면이다.
  ※ 농업관광의 기대효과
    ⊙ 경제적 측면
      • 농촌 지역주민의 소득 증대
      • 농촌 지역경제의 활성화 및 지방 재정기반의 강화
      • 유휴 자원의 소득 자원화
    ⓒ 사회적 측면
      • 농촌과 도시의 상호교류 촉진
      • 농어촌 지역의 삶의 질 향상
    ⓒ 환경적 측면
      • 버려진 불모지나 유휴공간을 관광 시설로 개발
      • 환경보전 수준이 양호한 자연경관 지구에 대한 무분별한 관광시설 개발 방지

14 농업관광의 유형을 농수산물 생산 체험형, 농림수산물 채취형, 감상 및 레크리에이션 활동형으로 구분한 것은 어떤 기준에 따른 것인가?

① 입지별   ② 활동별

③ 주제별   ④ 주체별

TIP ② 농수산물 생산 체험형, 농림수산물 채취형, 감상 및 레크리에이션 활동형으로 구분한 것은 활동을 기준으로 분류한 것이다.
  ① 입지에 따라 분류하면 농촌관광휴양지, 산촌관광휴양지, 어촌관광휴양지로 구분할 수 있다.
  ③ 주제에 따라 분류하면 자연풍경과 야외 레크리에이션으로 구분할 수 있다.

Answer 13.② 14.②

15 다음 중 지역과 관광토산품이 바르게 연결된 것은?

① 원주 – 모시
② 남원 – 보석
③ 광천 – 토종꿀
④ 논산 – 딸기

TIP ① 원주는 나전칠기가 유명하며, 모시는 서천군 한산 지역의 토산품이다.
② 남원은 목기가 유명하며, 보석은 익산의 토산품이다.
③ 광천은 새우젓으로 유명하며, 토종꿀은 구례의 토산품이다.

16 다음 중 지역과 특산물의 연결이 적합하지 않은 것은?

① 금산 : 수삼 · 인삼
② 보령 : 머드 화장품
③ 한산 : 세모시
④ 단양 : 신립초

TIP 단양은 벼루가, 음성은 신립초가 유명하다.

17 다음 중 지역과 특산물의 연결이 적합하지 않은 것은?

① 밀양 : 대추
② 음성 : 신립초
③ 안동 : 하회탈
④ 담양 : 사과

TIP 담양은 죽세품으로 유명하다.

Answer 15.④ 16.④ 17.④

관광자원해설

06

위락적
관광자원

01 위락관광자원

1 위락적 관광자원 개념

(1) 위락의 개념

① 어원 … 레크리에이션은 '회복하다', '새롭게 하다'라는 의미의 라틴어 '레크레아사오'에서 유래되었다.

② 일로 피로해진 심신을 정상적인 상태로 회복하기 위하여 여가시간을 활용하여 즐기는 여러 활동이다.

③ 레크리에이션의 특징
 ㉠ 일과 여가시간의 관련이 중시된다.
 ㉡ 단순한 휴식이 아닌 활동이 중시된다.
 ㉢ 자유와 즐거움이 강조된다.
 ㉣ 개인차가 크다.
 ㉤ 상식 수준의 건전성이 요구된다.

2 유형

(1) 테마파크

일정한 테마로 전체 환경을 만들면서 쇼와 이벤트로 공간 전체를 연출하는 레저 시설이라고 할 수 있다.

① 입지조건이 크게 좌우한다.

② 소프트의 진부화가 예상외로 빠르다.

③ 인건비 비중이 높다.

④ 입장객의 체류시간과 소비단가는 비례한다.

⑤ 음식 · 상품판매는 이익의 원천이다.

⑥ 입장객수의 예측이 어렵다.

(2) 워터파크

물속에서 단지 수영과 물놀이만을 즐기는 것이 아니라 물을 매개체로 한 각종 놀이시설과 건강시설, 그리고 휴식 공간이 함께 갖추어진 물놀이 공간을 말한다.

(3) 카지노 2016년출제 2017년출제

관광진흥법에서 카지노업은 전용영업장을 갖추고 주사위, 트럼프, 슬롯머신 등 특정한 기구 등을 이용하여 우연의 결과에 따라 특정인에게 재산상의 이익을 주고 다른 참가자에게 손실을 주는 행위 등을 하는 업이라고 정의하고 있다.

① 카지노산업의 긍정적 특성
  ㉠ 기본적인 기능의 하나로 건전한 게임이나 오락을 제공하면서 외국인관광객을 통한 관광수입 확대에 기여할 수 있다.
  ㉡ 타 산업에 비해 고용창출 효과가 높다
  ㉢ 카지노 산업의 경제적 파급효과가 높다.
  ㉣ 카지노의 설치로 외국인 관광객의 1인당 소비액이 증가하면서 체재기간을 연장시키면서 관광을 통한 지역경제 활성화에 기여할 수 있다.
  ㉤ 카지노 고객은 호텔영업 매출액 향상에 대한 기여도가 높다.

② 카지노산업의 부정적 특성
  ㉠ 단기적으로는 카지노산업 내 고용을 증가시키지만. 지나치게 도박에 빠질 경우 결국 주변의 생산적 산업에서는 경제 내 생산성과 성장성을 약화시켜 전체적으로 고용이 감소하는 효과를 유발할 우려가 높다.
  ㉡ 사회에 사행 심리가 만연할 경우 경제 생산성 하락, 세수입 감소, 인적자본 투자 동기 저하 등의 부작용을 유발한다에 따라 성장잠재력을 약화시키는 결과를 초래한다.
  ㉢ 지하 경제 비중 증가 및 부정부패를 유발할 수 있다.

(4) 스포츠

스포츠 위락에 대한 관광객의 욕구는 날로 높아가고 있다. 스키나 골프, 서바이벌 게임 같은 위락을 즐기는 인구가 급증하여 관광지에서 정적으로 자연경관을 감상하던 형태에서 이제는 직접 참여하고 경험하는 형태로 관광객의 이용형태가 변화되고 있다.

(5) 리조트

① **리조트의 개념과 특징** ··· 리조트는 '일상의 공간을 떠나 다른 공간에서 거주·체재할 수 있는 생활 장소로서의 여가공간'으로, '일상 생활환경으로부터의 격리를 전제로 일시적인 체류와 일상생활과 이질적인 것에의 접촉을 주목적'으로 하는 관광과는 다른 것이다. 즉, 리조트단지는 일정 규모의 지역에 레크리에이션, 스포츠, 상업, 문화·교양, 숙박 등을 위한 시설들이 복합적으로 갖추어져, 심신의 휴양 및 에너지의 재충전을 목적으로 구성되어진 지역이라고 할 수 있다.

② **리조트의 개발 방향**
  ⊙ 건강리조트의 형성
  ⊙ 고도정보화 시대의 리조트
  ⊙ 복합형 리조트 및 체험형 리조트의 확대

(6) 크루즈

오늘날의 유람선 상품은 다양한 관광객층의 기호에 맞도록 과거보다 일정이 단축된 것과 항공권과 연계된 여행 상품 및 지상의 휴양지를 방불케 하는 각종 선상행사 등에 이르기까지 매우 다양화되고 있다. 최근의 크루즈 업계는 일반 대중을 대상으로 대중화되고 부유층을 대상으로 고급화되는 양상에 따라 크루즈선이 크게 대형화와 소형화의 경향을 나타내고 있다.

(7) 마리나

① **마리나 시설** ··· 마리나는 요트(어선이나 상선, 군항 등 특정한 목적으로 쓰이는 배가 아닌 순수한 놀이나 스포츠형의 배)를 위한 정박지 또는 중계항으로서 시설 및 관리체계를 갖춘 곳을 의미한다. 요트활동을 매체로 각종 서비스를 제공하는 동적인 레크리에이션 항구이다.

② **마리나의 분류**

유형	분류
입지유형	자연지형 이용형, 매립형, 굴착형
개발주체	공공마리나, 민간마리나
요트유형	소형 보트 중심(육상보관) 소형 요트 중심(육상보관) 중대형 보트 중심(수상, 육상보관, 크루저보트는 부상보관의 경향)중대형 요트 중심(수상, 육상보관)
활동유형	커뮤니티형(모터보트 이용, 일반적인 활동을 대상) 해양스포츠형(세일링 요트 등, 스포츠 중심)
기능유형	단일형(보관, 체류, 수리 등 기본적 기능) 복합형(기본시설 외에 레스토랑, 숙박시설 등 각종 레저시설 복합)

≣ 최근 기출문제 분석 ≣

2015. 11. 6. 국내여행안내사

1 2015년 개관한 '이우환 공간'이 있는 미술관은?

① 인천광역시립미술관   ② 대전시립미술관

③ 서울시립미술관   ④ 부산시립미술관

> **TIP** ④ 부산시립미술관의 앞뜰에는 직육면체로 생긴 건물이 있는데, 이는 2015년 4월 10일에 부산시립미술관의 별관으로 세워진 "이우환 공간"이다. 이 건물의 경우에는 이우환의 작품을 전시 중에 있으며, 일본 나오시마 "이우환 미술관(2010년 개관)"에 이어 세계에서 두 번째로 세워진 이우환 미술관이다.

2015. 11. 6. 국내여행안내사

2 프리츠머상을 수상했던 일본인 나도 타다오(Ando Tadao)의 국내 건축물 중 제주도에 소재하지 않는 것은?

① 글라스하우스   ② 본태박물관

③ 지니어스 로사이   ④ 뮤지엄 산

> **TIP** 뮤지엄 산(MUSEUM SAN)은 우리나라 강원도 원주시 오크밸리 리조트 내에 있는 미술관이다. 2013년 5월 16일 한솔 뮤지엄으로 개관하였고, 2014년 3월 현재의 명칭으로 변경하였다. 대지 면적 7만 1천1백72㎡, 전시 공간 5천4백45㎡, 관람 동선만 2km 이상이 되는 국내 최대의 미술관이다. 콘크리트를 활용하면서도 자연을 잘 활용해서 어울림의 미학을 추구하는 세계적인 건축가 안도 타다오가 8년 간 건축에 관여하였다.

2015. 11. 6. 국내여행안내사

3 강원도에 위치한 스키장이 아닌 것은?

① 용평리조트   ② 알펜시아리조트

③ 무주리조트   ④ 휘닉스파크

> **TIP** 무주리조트는 전라북도 무주군 설천면 심곡리에 있는 휴양단지로써, 1990년 덕유산 국립공원 무주 구천동 안에 개장한 종합휴양지로 스키장 등 동계스포츠 시설을 위주로 한 대단위 레저·오락 시설단지를 말한다.

Answer   1.④   2.④   3.③

4 **위락적 관광자원이 아닌 것은?**

① 면세점　　　　　　　　　　　② 카지노

③ 테마파크　　　　　　　　　　④ 스키장

> **TIP** 위락적 관광자원은 이용자의 자주적, 자기발전적 성향을 충족시킬 수 있는 동태적 관광자원이다.
> ① 면세점은 상업적 관광자원에 해당한다.

2019 정기시험

5 **경상남도에 위치하지 않은 마리나는?**

① 통영 마리나

② 소호요트 마리나

③ 진해 마리나

④ 삼천포 마리나

> **TIP** ② 소호요트 마리나는 전남 여수에 위치해 있다.

2017 정기시험

6 **카지노산업의 특성으로 옳은 것은?**

① 인적서비스 의존도가 낮다.

② 다른 산업에 비해 고용창출효과가 높다.

③ 관광객 체재기간을 단축하여 관광객 경비를 줄인다.

④ 호텔영업에 기여도 및 의존도가 낮다.

> **TIP** ① 인적서비스 의존도가 높다.
> ③ 관광객 체재시간을 연장케 하고 관광객의 지출을 증대시킨다.
> ④ 호텔영업에 기여도 및 의존도가 높다.

Answer　4.①　5.②　6.②

출제 예상 문제

1 테마파크에 대한 설명으로 틀린 것은?

① 입지조건이 크게 좌우한다.

② 소프트의 진부화가 빠르다.

③ 입장객 수의 예측이 가능하다.

④ 음식·상품판매도 수입원이다.

TIP 테마파크의 입장객 수는 예측이 어렵다.

2 각종 놀이시설과 건강시설 휴식공간이 함께 갖추어진 물놀이 공간은 무엇인가?

① 테마파크

② 워터파크

③ 카지노

④ 리조트

TIP 워터파크는 수영시설뿐만 아니라 놀이시설과 건강시설, 휴식공간도 갖추어져 있다.

Answer 1.③ 2.②

3 카지노에 대한 설명으로 옳은 것은 무엇인가?

① 타 산업에 비해 고용창출 효과가 낮다.

② 경제적 파급효과가 낮다.

③ 장기적인 관점에서 경제 내 생산성을 약화시킬 우려가 있다.

④ 지하 경제 비중이 감소한다.

TIP 카지노는 타 산업에 비해 고용창출 효과와 경제적 파급효과가 높지만 장기적으로 보았을 때 경제 내 생산성과 성장성을 약화시켜 전체적으로 고용이 감소하는 효과를 유발할 우려가 있다.

4 다음이 설명하는 것은 무엇인가?

> 일상의 공간을 떠나 다른 공간에서 거주 체재할 수 있는 생활의 장소로서의 여가공간으로 일생생활과 이질적인 것에의 접촉을 주목적으로 하는 관광과 차별화 된다.

① 크루즈   ② 리조트
③ 마리나   ④ 테마파크

TIP 리조트는 일상의 공간을 떠나 다른 공간에서 거주 및 체제할 수 있는 생활의 장소로서의 여가공간이며, 리조트 단지는 일정 규모의 지역에 레크리에이션, 스포츠, 상업, 문화·교양, 숙박 등을 위한 시설들이 복합적으로 갖추어져 있어, 심신의 휴양 및 에너지의 재충전을 목적으로 구성되어진 지역이다.

Answer 3.③ 4.②

5 마리나에 대한 설명으로 옳은 무엇인가?

① 정적인 형태에서 직접 참여하고 경험하는 형태로 관광객의 이용형태가 변화되고 있다.

② 주목적이 심신의 휴양 및 에너지의 재충전을 위해 구성되어진 지역이다.

③ 항공권과 연계된 여행 상품 및 지상의 휴양지를 방불케 하는 각종 선상행사 등에 이르기까지 매우 다양화되고 있다.

④ 레크리에이션용 요트 등의 선박을 위한 항구이다.

TIP ①은 스포츠 ②는 리조트 단지 ③은 크루즈에 대한 설명이다.

6 마리나에 대한 설명으로 옳지 않은 것은?

① 개발주체에 따라 공공 마리나와 민간 마리나로 나누어진다.

② 세일링 요트를 사용하며 스포츠가 중심이 되는 것은 커뮤니티형이다.

③ 단일형은 보관, 체류, 수리 등의 기본적 기능을 한다.

④ 소형보트는 육상보관이 대부분이다.

TIP 세일링 요트를 사용하며 스포츠 중심이 되는 것은 해양스포츠형이다.

Answer 5.④ 6.②

02 위락관광자원의 현황

① 국내 테마파크 현황

(1) 지역별 테마파크

지역	테마파크
서울	어린이대공원, 롯데월드, 웅진플레이도시 등
경기	서울대공원, 서울랜드, 원마운트, 웅진플레이도시 등
인천	월미테마파크, 마이랜드, 파라다이스시티 원더박스 등
강원	레고랜드, 육림랜드 등
충청	대전오월드, 삽교호놀이동산, 대천필랜드, 금강하구둑놀이공원 등
경상	경주월드, 부산어린이대공원, 안동 한국문화테마파크, 대구 이월드, 동촌파크광장 놀이공원, 울산대공원, 통도환타지아, 진주랜드, 부산롯데월드, 금오랜드 등
전라	광주패밀리랜드, 남원랜드, 전주드림랜드 등

(2) 주요 테마파크

① **롯데월드** … 서울시 송파구에 위치한 대형 테마파크로 1989년에 완공되었다. 주요 시설물로 호텔 롯데월드, 롯데백화점, 롯데마트, 스포츠센터, 아이스파크, 민속관, 문화센터, 연극공연장, 영화관, 젊음의 광장, 롯데월드 어드벤처, 매직아일랜드 등이 있다. 2022년에 부산에 롯데월드 테마파크가 추가로 개장되었다.

② **서울랜드** … 경기도 과천시에 있는 종합위락시설로 서울올림픽에 대비해 건설한 국내 최초의 테마파크이다.

③ **에버랜드** … 경기도 용인시에 있는 종합 행락지로 1976년 국내 최초의 가족공원인 용인자연농원으로 출발했다.

④ **경주월드** … 경북 경주시에 있는 테마파크로 다양한 어트랙션으로 관광객을 모으고 있다.

⑤ **레고랜드** … 강원 춘천시에 있는 테마파크로 덴마크, 영국, 캘리포니아, 독일, 플로리다, 말레이시아, 두바이, 일본, 뉴욕에 이어서 10번째로 개장하였다. 한국에서 첫 번째로 개장한 글로벌 테마파크이다.

2 골프장

(1) 골프장 입지조건

① **접근성** … 이용객의 편의적 측면으로 볼 때 차량으로 1시간에서 1시간 20분 이내의 거리가 적합하다.

② **용지면적** … 18홀 기준으로 평지의 경우 최하 20만 평, 산지의 경우 27만 평 정도가 요구된다.

③ **지형조건** … 직사각형 또는 부채꼴 모양이 좋다.

④ **용수조건** … 잔디의 종류에 따라 다르지만, 18홀 기준 800~2,000톤까지의 관리용수가 필요하다.

⑤ **경관조건** … 위락시설인 만큼 이용객의 욕구를 충족시킬만한 수준의 경관조성이 필요하다.

(2) 지역별 골프장 현황

① 한국골프장경영협회에 따르면 2020년 12월 기준 총 281개소의 골프장이 회원으로 가입되어 있다.

② 지역별 개수를 보면 경기도가 105개소로 가장 많으며, 강원 34개소, 충청 37개소, 호남 26개소, 영남 54개소, 제주 25개소 등이다.

3 스키장

(1) 스키장 입지조건

① **자연적 조건**

　⊙ **지표** : 500m가 바람직하다.

　ⓛ **경사도** : 산기슭이 평탄하거나 완경사를 이루고 중간부에서는 점차 경사가 지며, 산정부까지는 급사면이 이루어진 곳이 적당하다.

　ⓒ **지질** : 돌출한 바위와 자갈이 없는 고른 면이 좋다.

　ⓔ **적설량** : 보통 1미터 이상

　ⓜ **기온** : 월 평균 0~10도, 일 평균 5~-5도

　ⓗ **안개일수** : 적을수록 좋다.

② **인문적 조건**

　⊙ **이용객** : 스키장 건설 초기 단계에는 자원 중심 입지가 이루어졌다면 최근으로 올수록 시장 중심 입지가 이루어진다. 따라서 이용객이 많은 대도시 근교에서 인공제설장치를 이용한 스키장이 늘고 있다.

ⓛ **교통수단** : 도로상황이 좋고, 대중교통 접근성이 높은 곳이 적합하다.

ⓒ **주변시설** : 숙박시설, 기타 레저시설 등이 갖추어진 곳이 좋다.

(2) 스키장 현황

① 한국스키장경영협회에 따르면 총 16개소의 스키장이 운영되고 있으며 그 중 반을 넘는 9개소가 강원도에 위치하고 있으며, 경기도 5개소, 전북 1개소, 경남 1개소 등이다.

② 전국 스키장 현황(2023.06 기준) 2015년출제

스키장명	위치
용평리조트	강원, 평창, 대관령
양지파인리조트	경기, 용인, 처인
스타힐리조트	경기, 남양주, 화도
무주덕유산리조트	전북, 무주, 설천
비발디파크	강원, 홍천, 서면
휘닉스 스노우파크	강원, 평창, 봉평
웰리힐리파크	강원, 횡성, 둔내
지산포레스트리조트	경기, 이천, 마장
엘리시안 강촌	강원, 춘천, 남산
오크밸리	강원, 원주, 지정
하이원리조트	강원, 정선, 고한
곤지암리조트	경기, 광주, 도척
알펜시아	강원, 평창, 대관령
베어스타운리조트	경기, 포천, 내촌
에덴밸리리조트	경남, 양산, 원동
오투리조트	강원, 태백, 서학

④ 카지노

(1) 국내 카지노 현황

① 업체 수
- ㉠ 외국인 대상 : 16개 업체
- ㉡ 내·외국인 대상 : 1개 업체(강원랜드)

② 카지노산업의 경제적 효과
- ㉠ 다른 산업에 비해 고용창출효과가 높다.
- ㉡ 자연관광자원의 기후에 대한 한계성을 극복할 수 있는 대체관광 상품이다.
- ㉢ 외화가득률이 매우 높다.

(2) 전국 카지노 현황(2023. 04 기준)

지역	업체명
서울	• 파라다이스카지노 워커힐점 • 세븐럭카지노 강남코엑스점 • 세븐럭카지노 서울드래곤시티점
인천	• 파라다이스카지노
강원	• 강원랜드카지노 **2018년출제** • 알펜시아카지노
대구	• 호텔인터불고대구 카지노
부산	• 세븐럭카지노 부산롯데점 • 파라다이스카지노 부산지점
제주	• 공즈카지노 • 파라다이스카지노 제주지점 • 아람만카지노 • 제주오리엔탈카지노 • 드림타워카지노 • 제주썬카지노 • 랜딩카지노 • 메가럭카지노

최근 기출문제 분석

2018 정기시험

1 **강원랜드에 관한 설명으로 옳지 않은 것은?**

① 복합리조트시설로 운영되고 있다.

② 강원도 정선군 사북읍에 위치하고 있다.

③ 폐광지역의 경제 활성화를 위해 설립되었다.

④ 1994년 관광진흥법 개정을 통해 내국인 출입을 허가 받았다.

> **TIP** ④ 강원랜드는 1995년에 제정된 폐광지역 개발 지원에 관한 특별법에 의거 1998년 6월 설립된 산업통상자원부 산하의 공공기관으로, 우리나라에서 유일하게 내국인이 출입 가능한 카지노를 운영하고 있다.

Answer 1.④

출제 예상 문제

1 다음 중 위락적 관광자원만으로 묶인 것은?

① 카지노, 워터파크, 리조트
② 농장, 사적, 기념품, 산악
③ 산악, 계곡, 항만, 도로
④ 통신, 유물, 기념품, 풍속

TIP 위락적 자원이란 생활의 변화 추구라는 욕구를 충족하는 관광자원이다.

2 다음 중 서울에 위치하고 있는 테마파크는?

① 어린이대공원
② 서울랜드
③ 고석정랜드
④ 통도환타지아

TIP ① 서울시 광진구에 있다.
② 경기도 과천시에 있다.
③ 강원도 철원군에 있다.
④ 경남 양산시에 있다.

3 다음 중 제주에 위치하는 카지노 업체가 아닌 것은?

① 알펜시아카지노
② 아람만카지노
③ 드림타워카지노
④ 랜딩카지노

TIP ① 알펜시아카지노는 강원도에 위치하고 있다.

Answer 1.① 2.① 3.①

4 골프장 입지 조건에 대한 설명으로 옳지 않은 것은?

① 도심에서 차량으로 3~4시간 정도 떨어진 자연환경이 훌륭한 곳이 좋다.

② 평지의 경우 18홀 기준 최하 20만 평의 용지가 필요하다.

③ 지형은 정사각형보다는 직사각형이나 부채꼴 모양이 좋다.

④ 관리용수는 잔디의 종류에 따라 다르지만 18홀 기준 최하 800톤 이상 필요하다.

TIP ① 이용객의 편의적 측면으로 볼 때 차량으로 1시간에서 1시간 20분 이내의 거리가 적합하다.

5 다음 중 스키장 입지조건 중 그 성격이 다른 하나는?

① 경사도   ② 적설량

③ 안개일수   ④ 교통수단

TIP ④는 인문적 조건, 나머지는 자연적 조건에 해당한다.
※ 스키장 입지조건
  ㉠ 자연적 조건 : 지표, 경사도, 지질, 적설량, 기온, 안개일수 등
  ㉡ 인문적 조건 : 이용객, 교통수단, 주변시설 등

6 다음 중 스키장이 가장 많이 위치한 지역은?

① 경기도   ② 강원도

③ 충청도   ④ 전라도

TIP ② 우리나라에는 총 16개의 스키장이 운영되고 있으며 그 중 절반이 넘는 9개가 강원도에 위치해 있다.

Answer   4.①   5.④   6.②

7 다음에 설명하고 있는 골프장 입지조건은?

> 이용객의 편의적 측면으로 볼 때 차량으로 1시간에서 1시간 20분 이내의 거리가 적합하다.

① 접근성   ② 용지면적
③ 지형조건   ④ 경관조건

> **TIP** 골프장의 입지조건
> ㉠ 접근성 : 이용객의 편의적 측면으로 볼 때 차량으로 1시간에서 1시간 20분 이내의 거리가 적합하다.
> ㉡ 용지면적 : 18홀 기준으로 평지의 경우 최하 20만 평, 산지의 경우 27만 평 정도가 요구된다.
> ㉢ 지형조건 : 직사각형 또는 부채꼴 모양이 좋다.
> ㉣ 용수조건 : 잔디의 종류에 따라 다르지만, 18홀 기준 800~2,000톤까지의 관리용수가 필요하다.
> ㉤ 경관조건 : 위락시설인 만큼 이용객의 욕구를 충족시킬만한 수준의 경관조성이 필요하다.

8 우리나라 카지노 중 유일하게 내국인을 대상으로 하는 곳은?

① 파라다이스 워커힐 카지노   ② 세븐럭 카지노
③ 강원랜드 카지노   ④ 마제스타 카지노

> **TIP** ③ 강원랜드 카지노는 국내 유일, 국내 최대의 내·외국인 카지노로 테이블게임 200대, 슬롯머신 및 비디오게임 1,360대 등의 규모를 자랑한다.

9 다음 중 소재지가 다른 하나는?

① 랜딩 카지노   ② 로얄팔레스 카지노
③ 알펜시아 카지노   ④ 메가럭 카지노

> **TIP** ③ 강원도에 있다.
> ①②④ 제주도에 있다.

Answer   7.①   8.③   9.③

PART

03

관광법규

관광법규

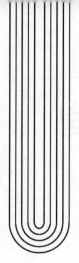

관광법규

01 관광기본법

1 목적

이 법은 관광진흥의 방향과 시책에 관한 사항을 규정함으로써 국제친선을 증진하고 국민경제와 국민 복지를 향상시키며 건전한 국민관광의 발전을 도모하는 것을 목적으로 한다. **2022년출제** **2015년출제** **2016년출제**

2 정부 관련

(1) 정부의 시책
정부는 이 법의 목적을 달성하기 위하여 관광진흥에 관한 기본적이고 종합적인 시책을 강구하여야 한다.

(2) 관광진흥계획의 수립〈관광기본법 제3조〉 **2019년출제** **2019년출제**

① 정부는 관광진흥의 기반을 조성하고 관광산업의 경쟁력을 강화하기 위하여 관광진흥에 관한 기본계획(이하 "기본계획"이라 한다)을 5년마다 수립ㆍ시행하여야 한다.

> **POINT** **기본계획 수립에 포함되어야 하는 사항**〈관광기본법 제3조 제2항〉 **2018년출제**
> ㉠ 관광진흥을 위한 정책의 기본방향
> ㉡ 국내외 관광여건과 관광 동향에 관한 사항
> ㉢ 관광진흥을 위한 기반 조성에 관한 사항
> ㉣ 관광진흥을 위한 관광사업의 부문별 정책에 관한 사항
> ㉤ 관광진흥을 위한 재원 확보 및 배분에 관한 사항
> ㉥ 관광진흥을 위한 제도 개선에 관한 사항
> ㉦ 관광진흥과 관련된 중앙행정기관의 역할 분담에 관한 사항
> ㉧ 관광시설의 감염병 등에 대한 안전ㆍ위생ㆍ방역 관리에 관한 사항
> ㉨ 그 밖에 관광진흥을 위하여 필요한 사항

② 기본계획은 국가관광전략회의의 심의를 거쳐 확정한다.

③ 정부는 기본계획에 따라 매년 시행계획을 수립ㆍ시행하고 그 추진실적을 평가하여 기본계획에 반영하여야 한다.

(3) 연차보고 2014년출제 2021년출제 2016년출제

정부는 매년 관광진흥에 관한 시책과 동향에 대한 보고서를 정기국회가 시작하기 전까지 국회에 제출하여야 한다.

(4) 법제상의 조치

국가는 정부시책에 따른 시책을 실시하기 위하여 법제상·재정상의 조치와 그 밖에 필요한 행정상의 조치를 강구하여야 한다.

(5) 지방자치단체의 협조 2017년출제 2020년출제

지방자치단체는 관광에 관한 국가시책에 필요한 시책을 강구하여야 한다.

(6) 외국 관광객의 유치 2016년출제 2015년출제 2023년출제

정부는 외국 관광객의 유치를 촉진하기 위하여 해외 홍보를 강화하고 출입국 절차를 개선하며 그 밖에 필요한 시책을 강구하여야 한다.

(7) 관광 여건의 조성 2015년출제

정부는 관광 여건 조성을 위하여 관광객이 이용할 숙박·교통·휴식시설 등의 개선 및 확충, 휴일·휴가에 대한 제도 개선 등에 필요한 시책을 마련하여야 한다.

(8) 관광자원의 보호 등 2023년출제

정부는 관광자원을 보호하고 개발하는 데에 필요한 시책을 강구하여야 한다.

(9) 관광사업의 지도·육성 2023년출제

정부는 관광사업을 육성하기 위하여 관광사업을 지도·감독하고 그 밖에 필요한 시책을 강구하여야 한다.

(10) 관광종사원의 자질 향상

정부는 관광에 종사하는 자의 자질을 향상시키기 위하여 교육훈련과 그 밖에 필요한 시책을 강구하여야 한다.

(11) 관광지의 지정 및 개발

정부는 관광에 적합한 지역을 관광지로 지정하여 필요한 개발을 하여야 한다.

(12) 국민관광의 발전

정부는 관광에 대한 국민의 이해를 촉구하여 건전한 국민관광을 발전시키는 데에 필요한 시책을 강구하여야 한다.

(13) 관광진흥개발기금

정부는 관광진흥을 위하여 관광진흥개발기금을 설치하여야 한다.

(14) 국가관광전략회의

① 관광진흥의 방향 및 주요 시책에 대한 수립·조정, 관광진흥계획의 수립 등에 관한 사항을 심의·조정하기 위하여 국무총리 소속으로 국가관광전략회의를 둔다.

② 국가관광전략회의의 구성 및 운영 등에 필요한 사항은 대통령령으로 정한다.

최근 기출문제 분석

2023. 11. 4. 국내여행안내사

1 관광기본법상 정부의 의무에 관한 설명으로 옳은 것을 모두 고른 것은?

> ㉠ 정부는 매년 관광진흥에 관한 시책과 동향에 대한 보고서를 정기국회가 시작하기 전 30일 이내에 국회에 제출하여야 한다.
> ㉡ 정부는 외국 관광객의 유치를 촉진하기 위하여 해외 홍보를 강화하고 출입국 절차를 개선하며 그 밖에 필요한 시책을 강구하여야 한다.
> ㉢ 정부는 관광자원을 보호하고 개발하는 데에 필요한 시책을 강구하여야 한다.
> ㉣ 정부는 관광사업을 육성하기 위하여 관광사업을 지도·감독하고 그 밖에 필요한 시책을 강구하여야 한다.

① ㉠, ㉡

② ㉠, ㉢, ㉣

③ ㉡, ㉢, ㉣

④ ㉠, ㉡, ㉢, ㉣

TIP ㉠ 정부는 매년 관광진흥에 관한 시책과 동향에 대한 보고서를 정기국회가 시작하기 전까지 국회에 제출하여야 한다〈관광기본법 제4조〉.

2022. 11. 5. 국내여행안내사

2 관광기본법상 관광기본법의 목적이 아닌 것은?

① 국제친선의 증진

② 지역균형발전

③ 국민복지의 향상

④ 건전한 국민관광의 발전 도모

TIP 관광기본법은 관광진흥의 방향과 시책에 관한 사항을 규정함으로써 국제친선을 증진하고 국민경제와 국민복지를 향상시키며 건전한 국민관광의 발전을 도모하는 것을 목적으로 한다〈관광기본법 제1조〉.

Answer 1.③ 2.②

3 관광기본법에 관한 설명으로 옳은 것은?

① 정부는 관광진흥의 기반을 조성하고 관광산업의 경쟁력을 강화하기 위하여 관광진흥에 관한 기본계획을 3년마다 수립·시행하여야 한다.

② 정부는 매년 관광진흥계획에 관한 시책과 동향에 대한 보고서를 정기국회가 시작하기 전까지 국회에 제출하여야 한다.

③ 관광진흥의 방향 및 주요 시책에 대한 수립·조정, 관광진흥계획의 수립 등에 관한 사항을 심의·조정하기 위하여 문화체육관광부장관 소속으로 국가관광전략회의를 둔다.

④ 국가관광전략회의의 구성 및 운영 등에 필요한 사항은 법률로 정한다.

> **TIP** ① 정부는 관광진흥의 기반을 조성하고 관광산업의 경쟁력을 강화하기 위하여 관광진흥에 관한 기본계획을 5년마다 수립·시행하여야 한다〈관광기본법 제3조 제1항〉.
> ③ 관광진흥의 방향 및 주요 시책에 대한 수립·조정, 관광진흥계획의 수립 등에 관한 사항을 심의·조정하기 위하여 국무총리 소속으로 국가관광전략회의를 둔다〈관광기본법 제16조 제1항〉.
> ④ 국가관광전략회의의 구성 및 운영 등에 필요한 사항은 대통령령으로 정한다〈관광기본법 제16조 제2항〉.

4 관광기본법상 지방자치단체가 하여야 하는 것은?

① 매년 관광진흥에 관한 시책과 동향에 대한 보고서를 정기국회가 종료되기 전까지 국회에 제출하여야 한다.

② 관광에 관한 국가시책에 필요한 시책을 강구하여야 한다.

③ 외국 관광객의 유치를 촉진하기 위하여 해외 홍보를 강화하고 출입국 절차를 개선하여야 한다.

④ 관광진흥의 기반을 조성하기 위하여 관광진흥에 관한 국가기본계획을 수립·시행하여야 한다.

> **TIP** ② 지방자치단체는 관광에 관한 국가시책에 필요한 시책을 강구하여야 한다〈관광기본법 제6조〉.
> ① 정부는 매년 관광진흥에 관한 시책과 동향에 대한 보고서를 정기국회가 시작하기 전까지 국회에 제출하여야 한다〈관광기본법 제4조〉.
> ③ 정부는 외국 관광객의 유치를 촉진하기 위하여 해외 홍보를 강화하고 출입국 절차를 개선하며 그 밖에 필요한 시책을 강구하여야 한다〈관광기본법 제7조〉.
> ④ 정부는 관광진흥의 기반을 조성하고 관광산업의 경쟁력을 강화하기 위하여 관광진흥에 관한 기본계획을 5년마다 수립·시행하여야 한다〈관광기본법 제3조 제1항〉.

Answer 3.② 4.②

출제 예상 문제

1 관광기본법상 정부가 관광기본법의 목적을 달성하기 위한 시책으로 규정하지 않은 것은?

① 정부는 관광진흥에 관한 기본계획을 5년마다 수립·시행하여야 한다.
② 정부는 매년 관광진흥에 관한 시책과 동향에 대한 보고서를 정기국회가 시작하기 전까지 국회에 제출하여야 한다.
③ 정부는 관광객이 이용할 숙박·교통·휴식시설 등의 개선 및 확충을 위하여 필요한 시책을 강구하여야 한다.
④ 정부는 관광에 대한 국민의 관심을 유발하기 위한 관광광고에 필요한 시책을 강구하여야 한다.

TIP ① 관광기본법 제3조
② 관광기본법 제4조
③ 관광기본법 제8조

2 관광기본법상 정부가 관광기본법의 목적을 달성하기 위한 시책의 내용으로 옳지 않은 것은?

① 정부는 2년에 한 번씩 관광진흥에 대한 시책과 동향에 대한 보고서를 정기국회가 시작하기 전까지 국회에 제출해야 한다.
② 지방자치단체는 관광에 대한 국가시책에 필요한 시책을 강구해야 한다.
③ 정부는 관광에 종사하는 자의 자질을 향상시키기 위한 교육훈련과 그 외에 필요한 시책을 강구해야 한다.
④ 정부는 관광에 적합한 지역을 관광지로 지정하여 필요한 개발을 해야 한다.

TIP ① 정부는 매년 관광진흥에 관한 시책과 동향에 대한 보고서를 정기국회가 시작하기 전까지 국회에 제출하여야 한다〈관광기본법 제4조〉.

Answer 1.④ 2.①

3 관광기본법에 따라 관광진흥에 관한 기본적이고 종합적인 시책을 강구해야 하는 기관은?

① 한국관광협회
② 문화체육관광부장관이 지정하는 단체 및 기관
③ 한국관광공사
④ 정부

> **TIP** ④ 정부는 이 법의 목적을 달성하기 위하여 관광진흥에 관한 기본적이고 종합적인 시책을 강구하여야 한다〈관광기본법 제2조〉.

4 정부가 매년 관광진흥에 관한 연차보고서를 제출해야 하는 기관은?

① 문화체육관광부
② 국무회의
③ 국회
④ 관광정책심의위원회

> **TIP** ③ 정부는 매년 관광진흥에 관한 시책과 동향에 대한 보고서를 정기국회가 시작하기 전까지 국회에 제출하여야 한다〈관광기본법 제4조〉.

5 다음 중 관광기본법에 대한 내용이 옳지 않은 것은?

① 지방자치단체가 관광에 대한 국가시책에 필요한 시책을 강구하는 것은 협조사항이다.
② 관광진흥에 대한 기본적이고 종합적인 시책을 강구하는 것은 정부이다.
③ 관광객이 이용할 숙박·교통·휴식시설 등의 개선 및 확충을 위해 필요한 시책을 강구하는 기관은 지방자치단체이다.
④ 정부는 관광자원을 보호·개발하는 데 필요한 시책을 강구해야 한다.

> **TIP** 관광 여건의 조성 … 정부는 관광 여건 조성을 위하여 관광객이 이용할 숙박·교통·휴식시설 등의 개선 및 확충, 휴일·휴가에 대한 제도 개선 등에 필요한 시책을 마련하여야 한다〈관광기본법 제8조〉.

Answer 3.④ 4.③ 5.③

０２ 관광진흥개발기금법

① 목적 `2015년출제`

이 법은 관광사업을 효율적으로 발전시키고 관광을 통한 외화 수입의 증대에 이바지하기 위하여 관광진흥개발기금을 설치하는 것을 목적으로 한다.

② 관광진흥개발기금

(1) 기금의 설치 및 재원〈관광진흥개발기금법 제2조〉

① 정부는 이 법의 목적을 달성하는 데에 필요한 자금을 확보하기 위하여 관광진흥개발기금(이하 "기금")을 설치한다.

② 기금의 재원 조성 `2021년출제`
  - ㉠ 정부로부터 받은 출연금
  - ㉡ 「관광진흥법」 제30조에 따른 카지노사업자의 납부금
  - ㉢ 출국납부금
  - ㉣ 보세판매장 특허수수료의 100분의 50
  - ㉤ 기금의 운용에 따라 생기는 수익금과 그 밖의 재원

③ 납부금
  - ㉠ 국내 공항과 항만을 통하여 출국하는 자로서 대통령령으로 정하는 자는 1만 원의 범위에서 대통령령으로 정하는 금액을 기금에 납부하여야 한다.
  - ㉡ 납부금은 7천원으로 한다. 다만, 선박을 이용하는 경우에는 1천 원으로 한다. `2022년출제`

납부금의 면제 대상〈관광진흥개발기금법 시행령 제1조의2〉 2020년출제 2016년출제 2017년출제 2020년출제 2023년출제

- 외교관여권이 있는 자
- 12세 미만인 어린이
- 국외로 입양되는 어린이와 그 호송인
- 대한민국에 주둔하는 외국의 군인 및 군무원
- 입국이 허용되지 아니하거나 거부되어 출국하는 자
- 「출입국관리법」에 따른 강제퇴거 대상자 중 국비로 강제 출국되는 외국인
- 공항통과 여객으로서 다음의 어느 하나에 해당되어 보세구역을 벗어난 후 출국하는 여객
- 항공기 탑승이 불가능하여 어쩔 수 없이 당일이나 그 다음 날 출국하는 경우
- 공항이 폐쇄되거나 기상이 악화되어 항공기의 출발이 지연되는 경우
- 항공기의 고장·납치, 긴급환자 발생 등 부득이한 사유로 항공기가 불시착한 경우
- 관광을 목적으로 보세구역을 벗어난 후 24시간 이내에 다시 보세구역으로 들어오는 경우
- 국제선 항공기 및 국제선 선박을 운항하는 승무원과 승무교대를 위하여 출국하는 승무원

④ 납부금을 부과받은 자가 부과된 납부금에 대하여 이의가 있는 경우에는 부과 받은 날부터 60일 이내에 문화체육관광부장관에게 이의를 신청할 수 있다. 2017년출제

⑤ 문화체육관광부장관은 이의신청을 받았을 때에는 그 신청을 받은 날부터 15일 이내에 이를 검토하여 그 결과를 신청인에게 서면으로 알려야 한다.

⑥ 납부금의 부과·징수의 절차 등에 필요한 사항은 대통령령으로 정한다.

⑦ ④ 및 ⑤에서 규정한 사항 외에 이의신청에 관한 사항은 「행정기본법」 제36조(제2항 단서는 제외한다)에 따른다.

(2) **기금의 관리**〈관광진흥개발기금법 제3조〉

① 기금은 문화체육관광부장관이 관리한다.

② 문화체육관광부장관은 기금의 집행·평가·결산 및 여유자금 관리 등을 효율적으로 수행하기 위하여 10명 이내의 민간전문가를 고용한다. 이 경우 필요한 경비는 기금에서 사용할 수 있다.

③ 민간전문가의 고용과 운영에 필요한 사항은 대통령령으로 정한다.
   ㉠ 민간전문가는 계약직으로 하며, 그 계약기간은 2년을 원칙으로 하되, 1년 단위로 연장할 수 있다.
   ㉡ 민간전문가의 업무분장·채용·복무·보수 및 그 밖의 인사관리에 필요한 사항은 문화체육관광부장관이 정한다.

④ **기금대여업무의 취급** … 문화체육관광부장관은 「한국산업은행법」 제20조에 따라 한국산업은행이 기금의 대여업무를 할 수 있도록 한국산업은행에 기금을 대여할 수 있다.

⑤ **대여기금의 납입** … 한국산업은행의 은행장이나 기금을 전대(轉貸)받은 금융기관의 장은 대여기금(전대받은 기금을 포함)과 그 이자를 수납한 경우에는 즉시 기금계정에 납입하여야 한다. 이를 위반한 경우에는 납입

기일의 다음 날부터 연체이자를 납입하여야 하며, 연체이자율은 위원회의 심의를 거쳐 문화체육관광부장관이 기획재정부장관과 협의하여 정한다.

⑥ **여유자금의 운용** … 문화체육관광부장관은 기금의 여유자금을 다음의 방법으로 운용할 수 있다.
  ㉠ 「은행법」과 그 밖의 법률에 따른 금융기관, 「우체국예금·보험에 관한 법률」에 따른 체신관서에 예치
  ㉡ 국·공채 등 유가증권의 매입
  ㉢ 그 밖의 금융상품의 매입

(3) **기금의 회계연도**〈관광진흥개발기금법 제4조〉 `2018년출제`

① 기금의 회계연도는 정부의 회계연도에 따른다.

② **기금지출원인행위액보고서 등의 작성·제출** … 기금재무관은 기금지출원인행위액보고서를, 기금지출관은 기금출납보고서를 그 행위를 한 달의 말일을 기준으로 작성하여 다음 달 15일까지 기획재정부장관에게 제출하여야 한다.
  ㉠ 기금재무관이 지출원인행위를 할 경우에는 배정받은 지출 한도액을 초과하여서는 아니 된다.
  ㉡ 문화체육관광부장관은 한국산업은행의 은행장과 기금을 대여 받은 자에게 기금 운용에 필요한 사항을 명령하거나 감독할 수 있다.

③ **장부의 비치** … 기금수입징수관과 기금재무관은 기금총괄부, 기금지출원인행위부 및 기금징수부를 작성·비치하고, 기금의 수입·지출에 관한 총괄 사항과 기금지출 원인행위 사항을 기록하여야 하며 기금출납공무원은 기금출납부를 작성·비치하고, 기금의 출납 상황을 기록하여야 한다.

④ **기금의 결산보고** … 문화체육관광부장관은 회계연도마다 기금의 결산보고서를 작성하여 다음 연도 2월 말일까지 기획재정부장관에게 제출하여야 한다〈관광진흥개발기금법 시행령 제21조〉. `2019년출제`

(4) **기금의 용도**〈관광진흥개발기금법 제5조〉

① **기금을 대여할 수 있는 용도** `2015년출제` `2017년출제`
  ㉠ 호텔을 비롯한 각종 관광시설의 건설 또는 개수(改修)
  ㉡ 관광을 위한 교통수단의 확보 또는 개수
  ㉢ 관광사업의 발전을 위한 기반시설의 건설 또는 개수
  ㉣ 관광지·관광단지 및 관광특구에서의 관광 편의시설의 건설 또는 개수

② **기금의 보조** … 문화체육관광부장관은 기금에서 관광정책에 관하여 조사·연구하는 법인의 기본재산 형성 및 조사·연구사업, 그 밖의 운영에 필요한 경비를 출연 또는 보조할 수 있다. `2015년출제`

③ **기금을 대여하거나 보조할 수 있는 사업** `2015년출제`
  ㉠ 국외 여행자의 건전한 관광을 위한 교육 및 관광정보의 제공사업
  ㉡ 국내외 관광안내체계의 개선 및 관광홍보사업

ⓒ 관광사업 종사자 및 관계자에 대한 교육훈련사업

ⓔ 국민관광 진흥사업 및 외래 관광객 유치 지원사업

ⓜ 관광 상품 개발 및 지원사업

ⓗ 관광지·관광단지 및 관광특구에서의 공공 편익시설 설치사업

ⓢ 국제회의의 유치 및 개최사업

ⓞ 장애인 등 소외계층에 대한 국민관광 복지사업

ⓩ 전통 관광자원 개발 및 지원사업

ⓩ 감염병 확산 등으로 관광사업자에게 발생한 경영상 중대한 위기 극복을 위한 지원사업

ⓚ 그 밖에 관광사업의 발전을 위하여 필요한 것으로서 대통령령으로 정하는 사업

④ **기금의 출자** … 기금은 민간자본의 유치를 위하여 필요한 경우 다음의 어느 하나의 사업이나 투자조합에 출자(出資)할 수 있다.

㉠ 관광지 및 관광단지의 조성사업

㉡ 국제회의시설의 건립 및 확충 사업

㉢ 관광 사업에 투자하는 것을 목적으로 하는 투자조합

㉣ 그 밖에 관광사업의 발전을 위하여 필요한 것으로서 대통령령으로 정하는 사업

⑤ **기금을 출연할 수 있는 기관** … 기금은 신용보증을 통한 대여를 활성화하기 위하여 예산의 범위에서 다음 기관에 출연할 수 있다.

㉠ 신용보증기금

㉡ 신용보증재단중앙회

③ 기금운용위원회

(1) **기금운용위원회의 설치** 〈관광진흥개발기금법 제6조〉 `2016년출제` `2020년출제`

① **설치** … 기금의 운용에 관한 종합적인 사항을 심의하기 위하여 문화체육관광부장관 소속으로 기금운용위원회를 둔다.

② **위원회의 구성** 〈관광진흥개발기금법 시행령 제4조〉

㉠ 기금운용위원회는 위원장 1명을 포함한 10명 이내의 위원으로 구성한다.

㉡ 위원장은 문화체육관광부 제1차관이 되고, 위원은 다음의 사람 중에서 문화체육관광부장관이 임명하거나 위촉한다.

㉮ 기획재정부 및 문화체육관광부의 고위공무원단에 속하는 공무원

㉯ 관광 관련 단체 또는 연구기관의 임원

㉰ 공인회계사의 자격이 있는 사람

㉱ 그 밖에 기금의 관리·운용에 관한 전문 지식과 경험이 풍부하다고 인정되는 사람

③ **위원장의 직무** … 위원장은 위원회를 대표하고, 위원회의 사무를 총괄한다. 위원장이 부득이한 사유로 직무를 수행할 수 없을 때에는 위원장이 지정한 위원이 그 직무를 대행한다.

④ **회의** … 위원회의 회의는 위원장이 소집한다. 회의는 재적위원 과반수의 출석으로 개의하고, 출석위원 과반수의 찬성으로 의결한다. 2019년출제

(2) 기금운용계획안의 수립 등〈관광진흥개발기금법 제7조〉

① 문화체육관광부장관은 매년 「국가재정법」에 따라 기금운용계획안을 수립하여야 한다. 기금운용계획을 변경하는 경우에도 또한 같다.

② 기금운용계획안을 수립하거나 기금운용계획을 변경하려면 위원회의 심의를 거쳐야 한다.

(3) 기금의 수입과 지출〈관광진흥개발기금법 제8조〉

① 기금의 수입은 정부로부터 받은 출연금, 「관광진흥법」에 따른 납부금, 출국납부금, 「관세법」에 따른 보세판매장 특허수수료의 100분의 50, 기금 운용 수익금과 그 밖의 재원으로 한다.

② 기금의 지출은 기금의 용도를 위한 지출과 기금의 운용에 따르는 경비로 한다.

(4) 기금의 회계기관〈관광진흥개발기금법 제9조〉

① 문화체육관광부장관은 기금의 수입과 지출에 관한 사무를 하게 하기 위하여 소속 공무원 중에서 기금수입징수관, 기금재무관, 기금지출관 및 기금출납 공무원을 임명한다.

② 문화체육관광부장관은 기금수입징수관, 기금재무관, 기금지출관, 기금출납 공무원을 임명한 경우에는 감사원장, 기획재정부장관 및 한국은행총재에게 알려야 한다.

(5) 기금 계정의 설치〈관광진흥개발기금법 제10조〉 2019년출제

① 문화체육관광부장관은 기금지출관으로 하여금 한국은행에 관광진흥개발기금의 계정(計定)을 설치하도록 하여야 한다.

② 문화체육관광부장관이 한국은행에 관광진흥개발기금을 설치할 경우에는 수입계정과 지출계정으로 구분하여야 한다.

(6) 목적 외의 사용금지〈관광진흥개발기금법 제11조〉 `2016년출제` `2020년출제`

① 기금을 대여받거나 보조받은 자는 대여받거나 보조받을 때에 지정된 목적 외의 용도에 기금을 사용하지 못한다.

② 대여받거나 보조받은 기금을 목적 외의 용도에 사용하였을 때에는 대여 또는 보조를 취소하고 이를 회수한다.

③ 문화체육관광부장관은 기금의 대여를 신청한 자 또는 기금의 대여를 받은 자가 다음의 어느 하나에 해당하면 그 대여 신청을 거부하거나, 그 대여를 취소하고 지출된 기금의 전부 또는 일부를 회수한다. `2017년출제`

　㉠ 거짓이나 그 밖의 부정한 방법으로 대여를 신청한 경우 또는 대여를 받은 경우

　㉡ 잘못 지급된 경우

　㉢ 「관광진흥법」에 따른 등록·허가·지정 또는 사업계획 승인 등의 취소 또는 실효 등으로 기금의 대여자격을 상실하게 된 경우

　㉣ 대여조건을 이행하지 아니한 경우

　㉤ 그 밖에 대통령령으로 정하는 경우

④ 다음의 어느 하나에 해당하는 자는 해당 기금을 대여받거나 보조받은 날부터 5년 이내에 기금을 대여받거나 보조받을 수 없다.

　㉠ 기금을 목적 외의 용도에 사용한 자

　㉡ 거짓이나 그 밖의 부정한 방법으로 기금을 대여받거나 보조받은 자

(7) 납부금 부과·징수 업무의 위탁〈관광진흥개발기금법 제12조〉

① 문화체육관광부장관은 납부금의 부과·징수의 업무를 대통령령으로 정하는 바에 따라 관계 중앙행정기관의 장과 협의하여 지정하는 자에게 위탁할 수 있다.

② 문화체육관광부장관은 납부금의 부과·징수의 업무를 위탁한 경우에는 기금에서 납부금의 부과·징수의 업무를 위탁받은 자에게 그 업무에 필요한 경비를 보조할 수 있다.

③ 부과권자는 납부금을 부과·징수한 경우에는 지체 없이 납부금을 기금계정에 납입하여야 한다.

> `POINT` **납부금 부과·징수 업무의 위탁 지정 대상**〈관광진흥개발기금법 시행령 제22조〉 `2018년출제`
> • 지방해양수산청장
> • 「항만공사법」에 따른 항만공사
> • 「항공사업법」에 따른 공항운영자

최근 기출문제 분석

2023. 11. 4. 국내여행안내사

1 관광진흥개발기금법상 (　)에 들어갈 수 있는 내용으로 옳지 않은 것은?

> 국내 공항을 통하여 출국하는 공항통과 여객으로서 (　)에 해당되어 보세구역을 벗어난 후 출국하는 여객은 1만원의 범위에서 대통령령으로 정하는 금액을 관광진흥개발기금에 납부하지 않아도 된다.

① 항공기 탑승이 불가능하여 어쩔 수 없이 당일이나 그 다음 날 출국하는 경우

② 공항이 폐쇄되거나 기상이 악화되어 항공기의 출발이 지연되는 경우

③ 항공기의 고장·납치, 긴급환자 발생 등 부득이한 사유로 항공기가 불시착한 경우

④ 관광을 목적으로 보세구역을 벗어난 후 24시간이 지나 다시 보세구역으로 들어오는 경우

> **TIP** 국내 공항과 항만을 통하여 출국하는 자로서 다음 각 목의 어느 하나에 해당하는 자는 1만원의 범위에서 대통령령으로 정하는 금액을 기금에 납부하여야 한다.
> ㉠ 항공기 탑승이 불가능하여 어쩔 수 없이 당일이나 그 다음 날 출국하는 경우
> ㉡ 공항이 폐쇄되거나 기상이 악화되어 항공기의 출발이 지연되는 경우
> ㉢ 항공기의 고장·납치, 긴급환자 발생 등 부득이한 사유로 항공기가 불시착한 경우
> ㉣ 관광을 목적으로 보세구역을 벗어난 후 24시간 이내에 다시 보세구역으로 들어오는 경우

2022. 11. 5. 국내여행안내사

2 관광진흥개발기금법령상 기금납부면제대상자가 아닌 부모와 8세의 자녀로 구성된 가족 3명이 국내 항만을 통해 선박으로 출국하는 경우 납부해야 할 납부금의 총 액수는?

① 2천 원

② 3천 원

③ 2만 원

④ 3만 원

> **TIP** 국내 공항과 항만을 통하여 출국하는 자는 7천 원을 기금에 납부하여야 한다. 다만, 선박을 이용하는 경우에는 1천 원으로 한다(선박의 경우 12세 미만의 어린이는 납부대상이 아니다)〈관광진흥개발기금법 시행령 제1조의2 제2항〉.

Answer 1.④ 2.①

3 관광진흥개발기금법상 관광진흥개발기금을 조성하는 재원이 아닌 것은?

① 카지노사업자의 납부금

② 출국납부금

③ 보세판매장 특허수수료의 100분의 50

④ 한국관광협회중앙회의 공제 분담금

> **TIP** 관광진흥개발기금을 조성하는 재원〈관광진흥개발기금법 제2조 제2항〉
> ⊙ 정부로부터 받은 출연금
> ⓒ 카지노사업자의 납부금
> ⓒ 출국납부금
> ⓔ 보세판매장 특허수수료의 100분의 50
> ⓜ 기금의 운용에 따라 생기는 수익금과 그 밖의 재원

4 다음 중 관광진흥개발기금법령상 기금에 납부해야 하는 금액이 가장 큰 경우는?

① 국내 항만을 통해서 출국하는 13세 어린이의 경우

② 국내 항만을 통해서 입국하려 하였지만 입국이 거부되어 출국하는 자의 경우

③ 출입국관리법에 따른 강제퇴거 대상자 중 국비로 강제 출국되어 국내 공항을 통해서 출국하는 외국
인의 경우

④ 국내 공항을 통해서 입국하는 대한민국 군인의 경우

> **TIP** ① 12세 이상 어린이가 선박을 이용하는 경우에 해당하므로, 1천 원이다〈관광진흥개발기금법 시행령 제1조의2 제2항〉.
> ② 입국이 허용되지 아니하거나 거부되어 출국하는 자에 해당하여 납부금의 납부대상에서 제외된다〈관광진흥개발기금법 시행령 제1조의2 제1항〉.
> ③ 「출입국관리법」 제46조에 따른 강제퇴거 대상자 중 국비로 강제 출국되는 외국인은 납부금의 납부대상에서 제외된다〈관광진흥개발기금법 시행령 제1조의2 제1항〉.
> ④ 출국납부금은 국내 공항과 항만을 통하여 출국하는 자로서 대통령령으로 정하는 자를 대상으로 한다. 입국하는 경우 해당되지 않는다〈관광진흥개발기금법 제2조 제3항〉.

Answer 3.④ 4.①

5 관광진흥개발기금법령상 기금운용위원회에 관한 설명으로 옳은 것은?

① 기금의 운용에 관한 종합적인 사항을 심의하기 위하여 국무총리 소속으로 기금운용 위원회를 둔다.

② 기금운용위원회는 위원장 1명을 포함한 10명 이내의 위원으로 구성한다.

③ 위원장은 문화체육관광부장관이 된다.

④ 기금운용위원회의 조직과 운영에 필요한 사항은 문화체육관광부령으로 정한다.

> **TIP** ② 법 제6조에 따른 기금운용위원회는 위원장 1명을 포함한 10명 이내의 위원으로 구성한다〈「관광진흥개발기금법 시행령」 제4조(기금운용위원회의 구성) 제1항〉.
> ① 기금의 운용에 관한 종합적인 사항을 심의하기 위하여 문화체육관광부장관 소속으로 기금운용위원회를 둔다〈「관광진흥개발기금법」 제6조(기금운용위원회의 설치) 제1항〉.
> ③ 위원장은 문화체육관광부 제1차관이 되고, 위원은 다음 각 호의 사람 중에서 문화체육관광부장관이 임명하거나 위촉한다〈「관광진흥개발기금법 시행령」 제4조(기금운용위원회의 구성) 제2항〉.
>   ㉠ 기획재정부 및 문화체육관광부의 고위공무원단에 속하는 공무원
>   ㉡ 관광 관련 단체 또는 연구기관의 임원
>   ㉢ 공인회계사의 자격이 있는 사람
>   ㉣ 그 밖에 기금의 관리·운용에 관한 전문 지식과 경험이 풍부하다고 인정되는 사람
> ④ 위원회의 조직과 운영에 필요한 사항은 대통령령으로 정한다〈「관광진흥개발기금법」 제6조(기금운용위원회의 설치) 제2항〉.

6 관광진흥개발기금법령상 국내 공항과 항만을 통하여 출국하는 자로서 관광진흥 개발기금의 납부면제자에 해당하지 않는 사람은?

① 선박을 이용하는 15세 학생

② 외국에 주둔하는 외국의 군인

③ 국외로 입양되는 어린이의 호송인

④ 「출입국관리법」 제46조에 따른 강제퇴거 대상자 중 국비로 강제 출국되는 외국인

Answer 5.② 6.②

TIP 관광진흥개발기금의 납부면제자〈「관광진흥개발기금법 시행령」제1조의2(납부금의 납부대상 및 금액) 제1항 참고〉

　　㉠ 외교관여권이 있는 자

　　㉡ 12세 미만인 어린이

　　㉢ 국외로 입양되는 어린이와 그 호송인

　　㉣ 대한민국에 주둔하는 외국의 군인 및 군무원

　　㉤ 입국이 허용되지 아니하거나 거부되어 출국하는 자

　　㉥ 「출입국관리법」제46조에 따른 강제퇴거 대상자 중 국비로 강제 출국되는 외국인

　　㉦ 공항통과 여객으로서 다음 각 목의 어느 하나에 해당되어 보세구역을 벗어난 후 출국하는 여객
　　　• 항공기 탑승이 불가능하여 어쩔 수 없이 당일이나 그 다음 날 출국하는 경우
　　　• 공항이 폐쇄되거나 기상이 악화되어 항공기의 출발이 지연되는 경우
　　　• 항공기의 고장·납치, 긴급환자 발생 등 부득이한 사유로 항공기가 불시착한 경우
　　　• 관광을 목적으로 보세구역을 벗어난 후 24시간 이내에 다시 보세구역으로 들어오는 경우

　　㉧ 국제선 항공기 및 국제선 선박을 운항하는 승무원과 승무교대를 위하여 출국하는 승무원

2019. 11. 2. 국내여행안내사

7 관광진흥개발기금법령상 관광진흥개발기금에 관한 설명으로 옳은 것은?

① 선박을 이용하여 출국하는 자는 1만 원의 관광진흥개발기금을 납부하여야 한다.

② 한국산업은행이 관광진흥개발기금의 대여업무를 할 경우에는 미리 기금대여업무계획을 작성하여 기획재정부장관의 승인을 받아야 한다.

③ 관광진흥개발기금의 기금지출관은 기금출납보고서를 그 행위를 한 달의 말일을 기준으로 작성하여 다음 달 10일까지 기획재정부장관에게 제출하여야 한다.

④ 문화체육관광부장관은 회계연도마다 기금의 결산보고서를 작성하여 다음 연도 2월 말일까지 기획재정부장관에게 제출하여야 한다.

TIP ④ 〈관광진흥개발기금법 시행령 제21조(결산보고)〉

① 법 제2조 제3항에 따른 납부금은 7천 원으로 한다. 다만, 선박을 이용하는 경우에는 1천 원으로 한다〈관광진흥개발기금법 시행령 제1조의2 제2항〉.

② 한국산업은행이 제3조에 따라 기금의 대여업무를 할 경우에는 미리 기금대여업무계획을 작성하여 문화체육관광부장관의 승인을 받아야 한다〈관광진흥개발기금법 시행령 제9조〉.

③ 기금재무관은 기금지출원인행위액보고서를, 기금지출관은 기금출납보고서를 그 행위를 한 달의 말일을 기준으로 작성하여 다음 달 15일까지 기획재정부장관에게 제출하여야 한다〈관광진흥개발기금법 시행령 제16조〉.

Answer 7.④

출제 예상 문제

1 다음 (   )에 들어갈 말이 바른 것은?

> 공항 통과 여객이 납부금 제외 대상 확인서를 받으려는 경우에는 항공운송사업자가 (   ) 그 여객에 대한 납부금의 부과 제외 사유를 서면으로 부과권자에게 제출하여야 한다.

① 항공기 출발 이틀 전까지
② 항공기 출발 5시간 전까지
③ 항공기 출발 2시간 전까지
④ 항공기 출발 1시간 전까지

TIP 공항 통과 여객이 납부금 제외 대상 확인서를 받으려는 경우에는 항공운송사업자가 항공기 출발 1시간 전까지 그 여객에 대한 납부금의 부과 제외 사유를 서면으로 부과권자에게 제출하여야 한다〈관광진흥개발기금법 시행령 제1조의3 제2항〉.

2 한국산업은행의 은행장이나 기금을 전대(轉貸)받은 금융기관의 장이 대여기금과 그 이자를 수납한 경우 기금계정에 납부해야 하는 기간은?

① 1주일 내
② 5일 내
③ 3일 내
④ 즉시

TIP 대여기금의 납입 … 한국산업은행의 은행장이나 기금을 전대(轉貸)받은 금융기관의 장은 대여기금(전대받은 기금을 포함)과 그 이자를 수납한 경우에는 즉시 기금계정에 납입하여야 한다〈관광진흥개발기금법 시행령 제13조 제1항〉.

Answer 1.④ 2.④

3 다음 (   )에 들어갈 말이 바른 것은?

> 기금운용위원회의 위원장은 (   )이 되고, 위원은 기획재정부 및 문화체육관광부의 고위공무원단에 속하는 공무원, 관광 관련 단체 또는 연구기관의 임원, 공인회계사의 자격이 있는 사람, 기타 기금의 관리·운용에 관한 전문 지식과 경험이 풍부하다고 인정되는 사람 중에서 (   )이 임명하거나 위촉한다.

① 문화체육관광부 제1차관, 문화체육관광부장관
② 문화체육관광부장관, 문화체육관광부 제1차관,
③ 기획재정부 제1차관, 기획재정부 장관
④ 행정안전부 제1차관, 행정안전부 장관

> **TIP** 위원장은 문화체육관광부 제1차관이 되고, 위원은 다음 내용의 사람 중에서 문화체육관광부장관이 임명하거나 위촉한다〈관광진흥개발기금법 시행령 제4조 제2항〉.
> ㉠ 기획재정부 및 문화체육관광부의 고위공무원단에 속하는 공무원
> ㉡ 관광 관련 단체 또는 연구기관의 임원
> ㉢ 공인회계사의 자격이 있는 사람
> ㉣ 기타 기금의 관리·운용에 관한 전문 지식과 경험이 풍부하다고 인정되는 사람

4 다음 중 부과된 납부금에 대하여 이의가 있는 경우에 이의를 신청할 수 있는 기간은?

① 15일 이내
② 30일 이내
③ 45일 이내
④ 60일 이내

> **TIP** 납부금을 부과받은 자가 부과된 납부금에 대하여 이의가 있을 때에는 부과받은 날부터 60일 이내에 문화체육관광부장관에게 이의를 신청할 수 있다〈관광진흥개발기금법 제2조 제4항〉.

Answer 3.① 4.④

5 다음 보기에서 관광개발기금의 대여 용도를 모두 고르면?

> ㉠ 호텔을 비롯한 각종 관광시설의 건설 또는 개수(改修)
> ㉡ 관광을 위한 교통수단의 확보 또는 개수
> ㉢ 관광사업의 발전을 위한 기반시설의 건설 또는 개수
> ㉣ 관광지·관광단지 및 관광특구에서의 유흥·오락시설의 건설 또는 개수

① ㉠㉡　　　　　　　　　　　　　② ㉢㉣

③ ㉠㉡㉢　　　　　　　　　　　　④ ㉠㉡㉢㉣

TIP 기금의 대여 용도〈관광진흥개발기금법 제5조 제1항〉
　㉠ 호텔을 비롯한 각종 관광시설의 건설 또는 개수(改修)
　㉡ 관광을 위한 교통수단의 확보 또는 개수
　㉢ 관광사업의 발전을 위한 기반시설의 건설 또는 개수
　㉣ 관광지·관광단지 및 관광특구에서의 관광 편의시설의 건설 또는 개수

6 다음 중 납부금에 대한 이의신청을 받았을 때 그 신청인에게 결과를 알려야 하는 기간은?

① 이의신청을 받은 날부터 7일 이내
② 이의신청을 받은 날부터 10일 이내
③ 이의신청을 받은 날부터 15일 이내
④ 이의신청을 받은 날부터 20일 이내

TIP 문화체육관광부장관은 납부금에 대한 이의신청을 받았을 때, 그 신청을 받은 날부터 15일 이내에 신청인에게 그 결과를 서면으로 알려야 한다〈관광진흥개발기금법 제2조 제5항〉.

Answer 5.③ 6.③

7 다음 ( )에 들어갈 말의 연결이 바른 것은?

> 문화체육관광부장관은 회계연도마다 기금의 결산보고서를 작성하여 ( )까지 ( )에게 제출한다.

① 다음 연도 1월 말일, 기획재정부장관
② 다음 연도 2월 말일, 기획재정부장관
③ 다음 연도 2월 말일, 국회
④ 다음 연도 6월 말일, 국회

TIP **결산보고** … 문화체육관광부장관은 회계연도마다 기금의 결산보고서를 작성하여 다음 연도 2월 말일까지 기획재정부장관에게 제출해야 한다〈관광진흥개발기금법 시행령 제21조〉.

8 다음 중 부과된 납부금에 대하여 이의가 있는 경우에 이의를 신청할 수 있는 기간은?

① 15일 이내
② 30일 이내
③ 45일 이내
④ 60일 이내

TIP 납부금을 부과받은 자가 부과된 납부금에 대하여 이의가 있을 때에는 부과받은 날부터 60일 이내에 문화체육관광부장관에게 이의를 신청할 수 있다〈관광진흥개발기금법 제2조 제4항〉.

9 다음 중 납부금의 부과 및 징수 업무를 위탁받을 수 있는 기관은?

① 한국산업은행장
② 지방해양수산청장
③ 기획재정부장관
④ 문화체육관광부장관

TIP **납부금 부과·징수 업무의 위탁** … 문화체육관광부장관은 납부금의 부과·징수 업무를 지방해양수산청장, 항만공사 및 공항운영자에게 각각 위탁한다〈관광진흥개발기금법 시행령 제22조〉.

Answer 7.② 8.④ 9.②

10 다음 (   ) 안에 들어갈 말이 바르게 연결된 것은?

> 관광진흥개발기금의 효율적인 수행을 위해 (   )의 민간전문가를 고용할 수 있으며 필요한 경비는 기금에서 사용할 수 있다.

① 5명 이내

② 7명 이내

③ 10명 이내

④ 15명 이내

TIP 기금의 관리 … 문화체육관광부장관은 기금의 집행·평가·결산 및 여유자금 관리 등을 효율적으로 수행하기 위해 10명 이내의 민간전문가를 고용하며, 필요한 경비는 기금에서 사용할 수 있다〈관광진흥개발기금법 제3조 제2항〉.

11 다음 중 문화체육관광부장관이 기금의 대여를 전부 또는 일부 회수하여야 하는 사항에 해당하지 않는 것은?

① 변경된 사업계획을 문화체육관광부장관 또는 관계 행정기관의 장에게 알리지 않은 경우

② 거짓 또는 부정한 방법으로 대여를 신청한 경우

③ 목적 외의 용도로 대여를 사용한 경우

④ 대여조건을 불이행한 경우

TIP 기금의 목적 외의 사용 금지 등〈관광진흥개발기금법 제11조〉

ⓐ 기금을 대여받거나 보조받은 자는 대여받거나 보조받을 때에 지정된 목적 외의 용도에 기금을 사용하지 못한다.

ⓑ 대여받거나 보조받은 기금을 목적 외의 용도에 사용하였을 때에는 대여 또는 보조를 취소하고 이를 회수한다.

ⓒ 문화체육관광부장관은 기금의 대여를 신청한 자 또는 기금의 대여를 받은 자가 다음의 어느 하나에 해당하면 그 대여 신청을 거부하거나, 그 대여를 취소하고 지출된 기금의 전부 또는 일부를 회수한다.

• 거짓이나 그 밖의 부정한 방법으로 대여를 신청한 경우 또는 대여를 받은 경우

• 잘못 지급된 경우

• 「관광진흥법」에 따른 등록·허가·지정 또는 사업계획 승인 등의 취소 또는 실효 등으로 기금의 대여자격을 상실하게 된 경우

• 대여조건을 이행하지 아니한 경우

• 기금을 대여받은 후 「관광진흥법」에 따른 등록 또는 변경등록이나 같은 법에 따른 사업계획 변경승인을 받지 못하여 기금을 대여받을 때에 지정된 목적 사업을 계속하여 수행하는 것이 현저히 곤란하거나 불가능한 경우

Answer 10.③ 11.①

12 다음 중 관광진흥개발기금을 대여하거나 보조할 수 있는 사업을 모두 고른 것은?

ⓐ 관광상품 개발 및 지원사업
ⓑ 국제회의의 유치 및 개최사업
ⓒ 관광사업 종사자 및 관계자에 대한 교육훈련사업
ⓓ 전통관광자원 개발 및 지원사업
ⓔ 관광진흥에 기여하는 문화예술사업
ⓕ 관광을 위한 교통수단의 확보 또는 개수

---

① ㉠㉡㉢

② ㉡㉢㉣㉰

③ ㉡㉢㉣㉱㉰

④ ㉠㉡㉢㉣㉱

Answer 12.④

13 다음 중 대통령령으로 정하는 납부금 제외 대상자가 아닌 것은?

① 외교관여권이 있는 자

② 국내로 입양되는 어린이와 그 호송인

③ 대한민국에 주둔하는 외국의 군인 및 군무원

④ 국제선 항공기 및 국제선 선박을 운항하는 승무원과 승무교대를 위하여 출국하는 승무원

TIP 납부금 납부 제외 대상〈관광진흥개발기금법 시행령 제1조의2 제1항〉

㉠ 외교관여권이 있는 자

㉡ 12세 미만인 어린이

㉢ 국외로 입양되는 어린이와 그 호송인

㉣ 대한민국에 주둔하는 외국의 군인 및 군무원

㉤ 입국이 허용되지 아니하거나 거부되어 출국하는 자

㉥ 출입국관리법에 따른 강제퇴거 대상자 중 국비로 강제 출국되는 외국인

㉦ 공항통과 여객으로서 다음의 어느 하나에 해당되어 보세구역을 벗어난 후 출국하는 여객

• 항공기 탑승이 불가능하여 어쩔 수 없이 당일이나 그 다음 날 출국하는 경우

• 공항이 폐쇄되거나 기상이 악화되어 항공기의 출발이 지연되는 경우

• 항공기의 고장·납치, 긴급환자 발생 등 부득이한 사유로 항공기가 불시착한 경우

• 관광을 목적으로 보세구역을 벗어난 후 24시간 이내에 다시 보세구역으로 들어오는 경우

㉧ 국제선 항공기 및 국제선 선박을 운항하는 승무원과 승무교대를 위하여 출국하는 승무원

---

14 다음 중 문화체육부장관이 관광진흥개발기금의 여유자금을 운용할 수 있는 방법이 아닌 것은?

① 국·공채 등 유가증권의 매입

② 관광상품 개발 및 지원사업

③ 금융상품의 매입

④ 은행법에 따른 금융기관에 예치

TIP 여유자금의 운용〈관광진흥개발기금법 시행령 제3조의2〉

㉠ 금융기관, 체신관서에 예치

㉡ 국·공채 등 유가증권의 매입

㉢ 그 밖의 금융상품의 매입

Answer 13.② 14.②

15 다음 중 기금운용위원회에 대한 설명이 옳지 않은 것은?

① 회의에 출석한 위원이라 하더라도 공무원이 아닌 위원에게는 수당을 지급하지 않는다.
② 위원회에는 문화체육관광부 소속 공무원 중에서 문화체육관광부장관이 지정하는 간사 1명을 둔다.
③ 기금운용위원회는 위원장 1명을 포함한 10명 이내의 위원으로 구성한다.
④ 기금운용회의는 재적위원 과반수의 출석으로 개의하고, 출석위원 과반수의 찬성으로 의결한다.

TIP 회의에 출석한 위원 중 공무원이 아닌 위원에게는 예산의 범위에서 수당을 지급할 수 있다〈관광진흥개발기금법 시행령 제8조〉.

16 한국산업은행이 기금의 대여업무를 할 때 기금대여업무계획을 사전에 작성하여 승인받아야 할 기관은?

① 문화체육관광부장관　　　　　　　　② 금융감독원의 장
③ 한국관광공사의 장　　　　　　　　　④ 관계 행정기관의 장

TIP ① 한국산업은행이 기금의 대여업무를 할 경우에는 사전에 기금대여업무계획을 작성하여 문화체육관광부장관의 승인을 받아야
한다〈관광진흥개발기금법 시행령 제9조〉.

17 다음 (　　) 안에 들어갈 말이 바르게 연결된 것은?

> 문화체육관광부장관은 한국은행에 관광진흥개발기금계정을 설치할 경우에는 (　　)계정과 (　　)계정으
> 로 구분하여야 한다.

① 수출, 수입　　　　　　　　　　　② 지출, 자본
③ 수입, 지출　　　　　　　　　　　④ 수입, 자본

TIP 문화체육관광부장관은 한국은행에 관광진흥개발기금계정을 설치할 경우에는 수입계정과 지출계정으로 구분하여야 한다〈관광진
흥개발기금법 시행령 제12조〉.

Answer 15.① 16.① 17.③

18 관광진흥개발기금에 대한 설명으로 옳은 것은?

① 기금의 대하이자율, 대여이자율, 대여기간 및 연체이자율은 위원회의 심의를 거쳐 위원장이 문화체육관광부장관과 협의하여 정한다.

② 한국산업은행이 기금의 대여업무를 할 경우에는 미리 기금대여업무계획을 작성하여 기획재정부장관의 승인을 받아야 한다.

③ 기금운용위원회 위원장은 기금의 수입과 지출에 관한 사무를 하게 하기 위하여 소속 공무원 중에서 기금수입징수관, 기금재무관, 기금지출관 및 기금출납 공무원을 임명한다.

④ 문화체육관광부장관은 기금에서 관광정책에 관하여 조사·연구하는 법인의 기본재산 형성 및 조사·연구사업, 그 밖의 운영에 필요한 경비를 보조할 수 있다.

TIP ① 기금의 대하이자율, 대여이자율, 대여기간 및 연체이자율은 위원회의 심의를 거쳐 문화체육관광부장관이 기획재정부장관과 협의하여 정한다〈관광진흥개발기금법 시행령 제10조〉.

② 한국산업은행이 기금의 대여업무를 할 경우에는 미리 기금대여업무계획을 작성하여 문화체육관광부장관의 승인을 받아야 한다〈관광진흥개발기금법 시행령 제9조〉.

③ 문화체육관광부장관은 기금의 수입과 지출에 관한 사무를 하게 하기 위하여 소속 공무원 중에서 기금수입징수관, 기금재무관, 기금지출관 및 기금출납 공무원을 임명한다〈관광진흥개발기금법 제9조〉.

---

19 문화체육관광부장관이 납부금의 부과·징수의 업무를 위탁할 때 협의해야 하는 기관은?

① 관계 중앙행정기관의 장

② 관계 시·도지사

③ 관계 지방행정기관의 장

④ 관계 특별시·도지사

TIP **납부금 부과·징수 업무의 위탁** … 문화체육관광부장관은 납부금의 부과·징수의 업무를 관계 중앙행정기관의 장과 협의하여 지정하는 자에게 위탁할 수 있다〈관광진흥개발기금법 제12조 제1항〉.

Answer 18.④ 19.①

20 선박을 이용하여 출국하는 사람이 납부하여야 하는 납부금은?

① 1만 원

② 1만 5천 원

③ 5천 원

④ 1천 원

TIP ④ 국내 공항과 항만을 통하여 출국하는 자의 납부금은 7천원으로 한다. 다만, 선박을 이용하는 경우에는 1천원으로 한다〈관광진흥개발기금법 시행령 제1조의2 제2항〉.

21 관광진흥개발기금의 지출 한도액에 대한 내용이 바른 것은?

① 기획재정부장관은 기금재무관으로 하여금 지출원인행위를 할 때에는 지출 한도액을 배정해야 한다.

② 문화체육관광부장관은 지출 한도액을 배정한 경우에는 한국은행총재에게 서면으로 알려야 한다.

③ 문화체육관광부장관은 기금운용계획에 따라 지출 한도액을 배정하여야 한다.

④ 기금의 운용 상황 등을 고려하여 필요한 경우라도 기금의 지출을 제한하게 할 수는 없다.

TIP 기금의 지출 한도액〈관광진흥개발기금법 시행령 제15조〉

㉠ 문화체육관광부장관은 기금재무관으로 하여금 지출원인행위를 하게 할 경우에는 기금운용계획에 따라 지출 한도액을 배정하여야 한다.

㉡ 문화체육관광부장관은 ㉠에 따라 지출 한도액을 배정한 경우에는 기획재정부장관과 한국은행총재에게 이를 알려야 한다.

㉢ 기획재정부장관은 기금의 운용 상황 등을 고려하여 필요한 경우에는 기금의 지출을 제한하게 할 수 있다.

Answer 20.④ 21.③

03 관광진흥법

1 총칙

(1) 목적
이 법은 관광 여건을 조성하고 관광자원을 개발하며 관광사업을 육성하여 관광진흥에 이바지하는 것을 목적으로 한다.

(2) 용어의 정의 `2015년출제` `2018년출제` `2022년출제`

① **관광사업** … 관광객을 위하여 운송·숙박·음식·운동·오락·휴양 또는 용역을 제공하거나 그 밖에 관광에 딸린 시설을 갖추어 이를 이용하게 하는 업(業)을 말한다.

② **관광사업자** … 관광사업을 경영하기 위하여 등록·허가 또는 지정(이하 "등록 등")을 받거나 신고를 한 자를 말한다. `2022년출제`

③ **기획여행** … 여행업을 경영하는 자가 국외여행을 하려는 여행자를 위하여 여행의 목적지·일정, 여행자가 제공받을 운송 또는 숙박 등의 서비스 내용과 그 요금 등에 관한 사항을 미리 정하고 이에 참가하는 여행자를 모집하여 실시하는 여행을 말한다.

④ **회원** … 관광사업의 시설을 일반 이용자보다 우선적으로 이용하거나 유리한 조건으로 이용하기로 해당 관광사업자(사업계획의 승인을 받은 자를 포함)와 약정한 자를 말한다.

⑤ **소유자등** … 단독 소유나 공유(共有)의 형식으로 관광사업의 일부 시설을 관광사업자로부터 분양받은 자를 말한다.

⑥ **관광지** … 자연적 또는 문화적 관광자원을 갖추고 관광객을 위한 기본적인 편의시설을 설치하는 지역으로서 이 법에 따라 지정된 곳을 말한다. `2015년출제`

⑦ **관광단지** … 관광객의 다양한 관광 및 휴양을 위하여 각종 관광시설을 종합적으로 개발하는 관광 거점 지역으로서 이 법에 따라 지정된 곳을 말한다. `2015년출제` `2020년출제`

⑧ **민간개발자** … 관광단지를 개발하려는 개인이나 「상법」 또는 「민법」에 따라 설립된 법인을 말한다.

⑨ **조성계획** … 관광지나 관광단지의 보호 및 이용을 증진하기 위하여 필요한 관광시설의 조성과 관리에 관한 계획을 말한다.

⑩ **지원시설** … 관광지나 관광단지의 관리·운영 및 기능 활성화에 필요한 관광지 및 관광단지 안팎의 시설을 말한다.

⑪ **관광특구** … 외국인 관광객의 유치 촉진 등을 위하여 관광 활동과 관련된 관계 법령의 적용이 배제되거나 완화되고, 관광 활동과 관련된 서비스·안내 체계 및 홍보 등 관광 여건을 집중적으로 조성할 필요가 있는 지역으로 이 법에 따라 지정된 곳을 말한다. `2015년출제`

⑫ **여행이용권** … 관광취약계층이 관광 활동을 영위할 수 있도록 금액이나 수량이 기재(전자적 또는 자기적 방법에 의한 기록을 포함)된 증표를 말한다. `2015년출제`

⑬ **문화관광해설사** … 관광객의 이해와 감상, 체험 기회를 제고하기 위하여 역사·문화·예술·자연 등 관광자원 전반에 대한 전문적인 해설을 제공하는 자를 말한다.

② 관광사업

(1) 통칙

① **관광사업의 종류**〈관광진흥법 제3조〉 `2020년출제`
　ⓐ **여행업** : 여행자 또는 운송시설·숙박시설, 그 밖에 여행에 딸리는 시설의 경영자 등을 위하여 그 시설 이용 알선이나 계약 체결의 대리, 여행에 관한 안내, 그 밖의 여행 편의를 제공하는 업 `2016년출제` `2018년출제` `2020년출제`
　　㉮ **종합여행업** : 국내외를 여행하는 내국인 및 외국인을 대상으로 하는 여행업[사증(査證)을 받는 절차를 대행하는 행위를 포함] `2020년출제`
　　㉯ **국내외여행업** : 국내외를 여행하는 내국인을 대상으로 하는 여행업[사증(査證)을 받는 절차를 대행하는 행위를 포함]
　　㉰ **국내여행업** : 국내를 여행하는 내국인을 대상으로 하는 여행업 `2015년출제`
　ⓑ **관광숙박업** `2018년출제` `2019년출제`
　　㉮ **호텔업** : 관광객의 숙박에 적합한 시설을 갖추어 이를 관광객에게 제공하거나 숙박에 딸리는 음식·운동·오락·휴양·공연 또는 연수에 적합한 시설 등을 함께 갖추어 이를 이용하게 하는 업 `2019년출제`
　　　• **관광호텔업** : 관광객의 숙박에 적합한 시설을 갖추어 관광객에게 이용하게 하고 숙박에 딸린 음식·운동·오락·휴양·공연 또는 연수에 적합한 시설 등을 함께 갖추어 관광객에게 이용하게 하는 업(業)
　　　• **수상관광호텔업** : 수상에 구조물 또는 선박을 고정하거나 매어 놓고 관광객의 숙박에 적합한 시설을 갖추거나 부대시설을 함께 갖추어 관광객에게 이용하게 하는 업

- 한국전통호텔업 : 한국전통의 건축물에 관광객의 숙박에 적합한 시설을 갖추거나 부대시설을 함께 갖추어 관광객에게 이용하게 하는 업
- 가족호텔업 : 가족단위 관광객의 숙박에 적합한 시설 및 취사도구를 갖추어 관광객에게 이용하게 하거나 숙박에 딸린 음식·운동·휴양 또는 연수에 적합한 시설을 함께 갖추어 관광객에게 이용하게 하는 업
- 호스텔업 : 배낭여행객 등 개별 관광객의 숙박에 적합한 시설로서 샤워장, 취사장 등의 편의시설과 외국인 및 내국인 관광객을 위한 문화·정보 교류시설 등을 함께 갖추어 이용하게 하는 업
- 소형호텔업 : 관광객의 숙박에 적합한 시설을 소규모로 갖추고 숙박에 딸린 음식·운동·휴양 또는 연수에 적합한 시설을 함께 갖추어 관광객에게 이용하게 하는 업
- 의료관광호텔업 : 의료관광객의 숙박에 적합한 시설 및 취사도구를 갖추거나 숙박에 딸린 음식·운동 또는 휴양에 적합한 시설을 함께 갖추어 주로 외국인 관광객에게 이용하게 하는 업

POINT **의료관광호텔업 등록기준** 〈관광진흥법 시행령 [별표 1]〉 **2017년출제**

- 의료관광객이 이용할 수 있는 취사시설이 객실별로 설치되어 있거나 층별로 공동취사장이 설치되어 있을 것
- 욕실이나 샤워시설을 갖춘 객실이 20실 이상일 것
- 객실별 면적이 19제곱미터 이상일 것
- 영업이 이루어지는 시설을 부대시설로 두지 않을 것
- 의료관광객의 출입이 편리한 체계를 갖추고 있을 것
- 외국어 구사인력 고용 등 외국인에게 서비스를 제공할 수 있는 체제를 갖추고 있을 것
- 의료관광호텔 시설은 의료기관 시설과 분리될 것. 이 경우 분리에 관하여 필요한 사항은 문화체육관광부장관이 정하여 고시한다.
- 대지 및 건물의 소유권 또는 사용권을 확보하고 있을 것
- 의료관광호텔업을 등록하려는 자가 법이 정한 요건을 충족하는 외국인환자 유치 의료기관의 개설자 또는 유치업자일 것

㉯ 휴양 콘도미니엄업 : 관광객의 숙박과 취사에 적합한 시설을 갖추어 이를 그 시설의 회원이나 소유자등, 그 밖의 관광객에게 제공하거나 숙박에 딸리는 음식·운동·오락·휴양·공연 또는 연수에 적합한 시설 등을 함께 갖추어 이를 이용하게 하는 업

ⓒ 관광객 이용시설업 **2019년출제** **2015년출제** **2016년출제** **2020년출제**

㉮ 관광객을 위하여 음식·운동·오락·휴양·문화·예술 또는 레저 등에 적합한 시설을 갖추어 이를 관광객에게 이용하게 하는 업

- 전문휴양업 : 관광객의 휴양이나 여가 선용을 위하여 숙박업 시설이나 휴게음식점영업, 일반음식점영업 또는 제과점영업의 신고에 필요한 시설(이하 "음식점시설")을 갖추고 전문휴양시설 중 한 종류의 시설을 갖추어 관광객에게 이용하게 하는 업
- 종합휴양업
- 제1종 종합휴양업 : 관광객의 휴양이나 여가 선용을 위하여 숙박시설 또는 음식점시설을 갖추고 전문휴양시설 중 두 종류 이상의 시설을 갖추어 관광객에게 이용하게 하는 업이나, 숙박시설 또는 음식점시설을 갖추고 전문휴양시설 중 한 종류 이상의 시설과 종합유원시설업의 시설을 갖추어 관광객에게 이용하게 하는 업

−제2종 종합휴양업 : 관광객의 휴양이나 여가 선용을 위하여 관광숙박업의 등록에 필요한 시설과 제1종 종합휴양업의 등록에 필요한 전문휴양시설 중 두 종류 이상의 시설 또는 전문휴양시설 중 한 종류 이상의 시설 및 종합유원시설업의 시설을 함께 갖추어 관광객에게 이용하게 하는 업

  • 야영장업

  −일반야영장업 : 야영장비 등을 설치할 수 있는 공간을 갖추고 야영에 적합한 시설을 함께 갖추어 관광객에게 이용하게 하는 업

  −자동차야영장업 : 자동차를 주차하고 그 옆에 야영장비 등을 설치할 수 있는 공간을 갖추고 취사 등에 적합한 시설을 함께 갖추어 자동차를 이용하는 관광객에게 이용하게 하는 업

  • 관광유람선업

  −일반관광유람선업 : 「해운법」에 따른 해상여객운송사업의 면허를 받은 자나 「유선 및 도선사업법」에 따른 유선사업의 면허를 받거나 신고한 자가 선박을 이용하여 관광객에게 관광을 할 수 있도록 하는 업

  −크루즈업 : 「해운법」에 따른 순항(順航) 여객운송사업이나 복합 해상여객운송사업의 면허를 받은 자가 해당 선박 안에 숙박시설, 위락시설 등 편의시설을 갖춘 선박을 이용하여 관광객에게 관광을 할 수 있도록 하는 업

  • 관광공연장업 : 관광객을 위하여 적합한 공연시설을 갖추고 공연물을 공연하면서 관광객에게 식사와 주류를 판매하는 업

  • 외국인관광 도시민박업 : 도시지역의 주민이 자신이 거주하고 있는 단독주택 또는 다가구주택, 아파트, 연립주택 또는 다세대주택의 어느 하나에 해당하는 주택을 이용하여 외국인 관광객에게 한국의 가정문화를 체험할 수 있도록 적합한 시설을 갖추고 숙식 등을 제공하는 업

  • 한옥체험업 : 한옥(「한옥 등 건축자산의 진흥에 관한 법률」 제2조 제2호에 따른 한옥을 말한다)에 관광객의 숙박 체험에 적합한 시설을 갖추고 관광객에게 이용하게 하거나, 전통 놀이 및 공예 등 전통문화 체험에 적합한 시설을 갖추어 관광객에게 이용하게 하는 업

  ㉯ 대통령령으로 정하는 2종 이상의 시설과 관광숙박업의 시설(이하 "관광숙박시설") 등을 함께 갖추어 이를 회원이나 그 밖의 관광객에게 이용하게 하는 업

⒣ 국제회의업 : 대규모 관광 수요를 유발하여 관광산업 진흥에 기여하는 국제회의(세미나 · 토론회 · 전시회 · 기업회의 등을 포함한다. 이하 같다)를 개최할 수 있는 시설을 설치 · 운영하거나 국제회의의 기획 · 준비 · 진행 및 그 밖에 이와 관련된 업무를 위탁받아 대행하는 업

  ㉮ 국제회의시설업 : 대규모 관광 수요를 유발하는 국제회의를 개최할 수 있는 시설을 설치하여 운영하는 업

  ㉯ 국제회의기획업 : 대규모 관광 수요를 유발하는 국제회의의 계획 · 준비 · 진행 등의 업무를 위탁받아 대행하는 업

⒤ 카지노업 : 전문 영업장을 갖추고 주사위 · 트럼프 · 슬롯머신 등 특정한 기구 등을 이용하여 우연의 결과에 따라 특정인에게 재산상의 이익을 주고 다른 참가자에게 손실을 주는 행위 등을 하는 업

⒥ 유원시설업(遊園施設業) : 유기시설(遊技施設)이나 유기기구(遊技機具)를 갖추어 이를 관광객에게 이용하게 하는 업(다른 영업을 경영하면서 관광객의 유치 또는 광고 등을 목적으로 유기시설이나 유기기구를 설치하여 이를 이용하게 하는 경우를 포함)

㉮ **종합유원시설업** : 유기시설이나 유기기구를 갖추어 관광객에게 이용하게 하는 업으로서 대규모의 대지 또는 실내에서 안전성검사 대상 유기시설 또는 유기기구 여섯 종류 이상을 설치하여 운영하는 업 `2014년출제`

㉯ **일반유원시설업** : 유기시설이나 유기기구를 갖추어 관광객에게 이용하게 하는 업으로서 안전성검사 대상 유기시설 또는 유기기구 한 종류 이상을 설치하여 운영하는 업

㉰ **기타유원시설업** : 유기시설이나 유기기구를 갖추어 관광객에게 이용하게 하는 업으로서 안전성검사 대상 이 아닌 유기시설 또는 유기기구를 설치하여 운영하는 업

⊗ **관광 편의시설업** : 위의 관광사업(㉠부터 ㉪까지) 외에 관광진흥에 이바지할 수 있다고 인정되는 사업이나 시설 등을 운영하는 업 `2015년출제` `2016년출제` `2019년출제` `2023년출제`

㉮ **관광유흥음식점업** : 식품위생법령에 따른 유흥주점 영업의 허가를 받은 자가 관광객이 이용하기 적합한 한국 전통 분위기의 시설을 갖추어 그 시설을 이용하는 자에게 음식을 제공하고 노래와 춤을 감상하게 하거나 춤을 추게 하는 업

㉯ **관광극장유흥업** : 식품위생법령에 따른 유흥주점 영업의 허가를 받은 자가 관광객이 이용하기 적합한 무도(舞蹈)시설을 갖추어 그 시설을 이용하는 자에게 음식을 제공하고 노래와 춤을 감상하게 하거나 춤을 추게 하는 업

㉰ **외국인전용 유흥음식점업** : 식품위생법령에 따른 유흥주점영업의 허가를 받은 자가 외국인이 이용하기 적합한 시설을 갖추어 그 시설을 이용하는 자에게 주류나 그 밖의 음식을 제공하고 노래와 춤을 감상하게 하거나 춤을 추게 하는 업

㉱ **관광식당업** : 식품위생법령에 따른 일반음식점영업의 허가를 받은 자가 관광객이 이용하기 적합한 음식 제공시설을 갖추고 관광객에게 특정 국가의 음식을 전문적으로 제공하는 업

㉲ **관광순환버스업** : 「여객자동차 운수사업법」에 따른 여객자동차운송사업의 면허를 받거나 등록을 한 자가 버스를 이용해 관광객에게 시내와 그 주변 관광지를 정기적으로 순회하면서 관광할 수 있도록 하는 업

㉳ **관광사진업** : 외국인 관광객과 동행하며 기념사진을 촬영하여 판매하는 업

㉴ **여객자동차터미널시설업** : 「여객자동차 운수사업법」에 따른 여객자동차터미널사업의 면허를 받은 자가 관광객이 이용하기 적합한 여객자동차터미널시설을 갖추고 이들에게 휴게시설·안내시설 등 편익시설을 제공하는 업

㉵ **관광펜션업** : 숙박시설을 운영하고 있는 자가 자연·문화 체험관광에 적합한 시설을 갖추어 관광객에게 이용하게 하는 업

㉶ **관광궤도업** : 「궤도운송법」에 따른 궤도사업의 허가를 받은 자가 주변 관람과 운송에 적합한 시설을 갖추어 관광객에게 이용하게 하는 업

㉷ **관광면세업** : 다음의 어느 하나에 해당하는 자가 판매시설을 갖추고 관광객에게 면세물품을 판매하는 업
- 「관세법」에 따른 보세판매장의 특허를 받은 자
- 「외국인관광객 등에 대한 부가가치세 및 개별소비세 특례규정」에 따른 면세판매장의 지정을 받은 자

㉮ **관광지원서비스업** : 주로 관광객 또는 관광사업자 등을 위하여 사업이나 시설 등을 운영하는 업으로서 문화체육관광부장관이 「통계법」 제22조 제2항 단서에 따라 관광 관련 산업으로 분류한 쇼핑업, 운수업, 숙박업, 음식점업, 문화·오락·레저스포츠업, 건설업, 자동차임대업 및 교육서비스업 등. 다만, 법에 따라 등록·허가 또는 지정을 받거나 신고를 해야 하는 관광사업은 제외한다.

② **등록**〈관광진흥법 제4조〉 ⋯ 여행업, 관광숙박업, 관광객 이용시설업 및 국제회의업을 경영하려는 자는 특별자치시장·특별자치도지사·시장·군수·구청장(자치구의 구청장)에게 등록하여야 하며, 등록을 하려는 자는 대통령령으로 정하는 자본금·시설 및 설비 등을 갖추어야 한다. **2020년출제**

 ㉠ **등록절차**〈관광진흥법 시행령 제3조〉

  ㉮ 등록을 하려는 자는 문화체육관광부령으로 정하는 바에 따라 관광사업 등록신청서를 특별자치시장·특별자치도지사·시장·군수·구청장(자치구의 구청장을 말함)에게 제출하여야 한다.

  ㉯ 특별자치시장·특별자치도지사·시장·군수·구청장은 관광숙박업 및 관광객 이용시설업 등록심의위원회의 심의를 거쳐야 할 관광사업의 경우에는 그 심의를 거쳐 등록 여부를 결정한다.

 ㉡ **관광사업의 등록신청**〈관광진흥법 시행규칙 제2조〉

  ㉮ 「관광진흥법 시행령」에 따라 관광사업의 등록을 하려는 자는 관광사업 등록신청서에 다음의 서류를 첨부하여 특별자치시장·특별자치도지사·시장·군수·구청장(자치구의 구청장)에게 제출하여야 한다.

- 사업계획서
- 신청인(법인의 경우에는 대표자 및 임원)이 내국인인 경우 : 성명 및 주민등록번호를 기재한 서류
- 신청인(법인의 경우에는 대표자 및 임원)이 외국인인 경우 : 「관광진흥법」 제7조(결격사유) 제1항에 해당하지 아니함을 증명하는 다음의 어느 하나에 해당하는 서류. 다만, 법 또는 다른 법령에 따라 인·허가 등을 받아 사업자등록을 하고 해당 영업 또는 사업을 영위하고 있는 자(법인의 경우에는 최근 1년 이내에 법인세를 납부한 시점부터 등록 신청 시점까지의 기간 동안 대표자 및 임원의 변경이 없는 경우로 한정)는 해당 영업 또는 사업의 인·허가증 등 인·허가 등을 받았음을 증명하는 서류와 최근 1년 이내에 소득세(법인의 경우에는 법인세)를 납부한 사실을 증명하는 서류를 제출하는 경우에는 그 영위하고 있는 영업 또는 사업의 관련 법령에서 정하는 결격사유와 중복되는 법 제7조 제1항의 결격사유에 한하여 다음의 서류를 제출하지 아니할 수 있다.
  - 해당 국가의 정부나 그 밖의 권한 있는 기관이 발행한 서류 또는 공증인이 공증한 신청인의 진술서로서 「재외공관 공증법」에 따라 해당 국가에 주재하는 대한민국공관의 영사관이 확인한 서류
  - 「외국공문서에 대한 인증의 요구를 폐지하는 협약」을 체결한 국가의 경우에는 해당 국가의 정부나 그 밖의 권한 있는 기관이 발행한 서류 또는 공증인이 공증한 신청인의 진술서로서 해당 국가의 아포스티유(Apostille) 확인서 발급 권한이 있는 기관이 그 확인서를 발급한 서류
- 부동산의 소유권 또는 사용권을 증명하는 서류(부동산의 등기사항증명서를 통하여 부동산의 소유권 또는 사용권을 확인할 수 없는 경우만 해당)
- 회원을 모집할 계획인 호텔업, 휴양콘도미니엄업의 경우로서 각 부동산에 저당권이 설정되어 있는 경우에는 보증보험가입 증명서류
- 「외국인투자 촉진법」에 따른 외국인투자를 증명하는 서류(외국인투자기업만 해당)

  ㉯ ㉮에 따른 신청서를 제출받은 특별자치시장·특별자치도지사·시장·군수·구청장은 「전자정부법」에 따른 행정정보의 공동이용을 통하여 다음의 서류를 확인하여야 한다. 다만, 전기안전점검확인서 및 액화석유가스 사용시설완성검사증명서의 경우 신청인이 확인에 동의하지 아니하는 경우에는 그 서류를 첨부하도록 하여야 한다.

- 법인 등기사항증명서(법인만 해당)
- 부동산의 등기사항증명서
- 전기안전점검확인서(호텔업 또는 국제회의시설업의 등록만 해당한다)
- 액화석유가스 사용시설완성검사증명서(야영장업의 등록만 해당한다)

㉰ 여행업 및 국제회의기획업의 등록을 하려는 자는 ㉮에 따른 서류 외에 공인회계사 또는 세무사가 확인한 등록신청 당시의 대차대조표(개인의 경우에는 영업용 자산명세서 및 그 증명서류)를 첨부하여야 한다.

㉱ 관광숙박업, 관광객이용시설업 및 국제회의시설업의 등록을 하려는 자는 ㉮에 따른 서류 외에 다음의 서류를 첨부하여야 하며, 사업계획승인된 내용에 변경이 없는 사항의 경우에는 ㉮의 서류 중 그와 관련된 서류를 제출하지 아니한다.

- 승인을 받은 사업계획에 포함된 부대영업을 하기 위하여 다른 법령에 따라 소관관청에 신고를 하였거나 인·허가 등을 받은 경우에는 각각 이를 증명하는 서류
- 법에 따라 신고를 하였거나 인·허가 등을 받은 것으로 의제되는 경우에는 각각 그 신고서 또는 신청서와 그 첨부서류
- 법에서 규정된 신고를 하였거나 인·허가 등을 받은 경우에는 각각 이를 증명하는 서류
- 야영장업을 경영하기 위하여 다른 법령에 따른 인·허가 등을 받은 경우 이를 증명하는 서류(야영장업의 등록만 해당)
- 「전기안전관리법 시행규칙」 제11조 제3항에 따른 사용전점검확인증(야영장업의 등록만 해당한다)
- 「먹는물관리법」에 따른 먹는물 수질검사기관이 「먹는물 수질기준 및 검사 등에 관한 규칙」 제3조 제2항에 따라 발행한 수질검사성적서(야영장에서 수돗물이 아닌 지하수 등을 먹는 물로 사용하는 경우로서 야영장업의 등록만 해당한다)
- 시설의 평면도 및 배치도
- 다음의 구분에 따른 시설별 일람표
- 관광숙박업 시설별 일람표
- 전문휴양업 및 종합휴양업 시설별 일람표
- 야영장업 시설별 일람표
- 한옥체험업 시설별 일람표
- 국제회의시설업 시설별 일람표

ⓒ **등록증의 발급〈관광진흥법 시행령 제4조〉**

㉮ 등록신청을 받은 특별자치시장·특별자치도지사·시장·군수·구청장은 신청한 사항이 등록기준에 맞으면 문화체육관광부령으로 정하는 등록증을 신청인에게 발급하여야 한다.

㉯ 특별자치시장·특별자치도지사·시장·군수·구청장은 규정에 따른 등록증을 발급하려면 의제되는 인·허가증을 한꺼번에 발급할 수 있도록 해당 인·허가기관의 장에게 인·허가증의 송부를 요청할 수 있다.

㉰ 특별자치시장·특별자치도지사·시장·군수·구청장은 등록증을 발급하면 문화체육관광부령으로 정하는 바에 따라 관광사업자등록대장을 작성하고 관리·보존하여야 한다. 관광사업자 등록대장에는 관광사업자의 상호 또는 명칭, 대표자의 성명·주소 및 사업장의 소재지와 사업별로 규정된 사항이 기재되어야 한다.

㉓ 특별자치시장·특별자치도지사·시장·군수·구청장은 등록한 관광사업자가 발급받은 등록증을 잃어버리거나 그 등록증이 헐어 못쓰게 되어버린 경우에는 문화체육관광부령으로 정하는 바에 따라 다시 발급하여야 한다.

POINT **사업별 관광사업자 등록대장 기재사항**〈관광진흥법 시행규칙 제4조〉 **2014년출제** **2019년출제**

- 관광사업자의 상호 또는 명칭, 대표자의 성명·주소 및 사업장의 소재지
- 여행업 및 국제회의기획업 : 자본금
- 관광숙박업 : 객실 수, 대지면적 및 건축연면적(폐선박을 이용하는 수상관광호텔업은 폐선박의 총톤수·전체 길이 및 전체 너비), 신고를 하였거나 인·허가 등을 받은 것으로 의제되는 사항, 사업계획에 포함된 부대영업을 하기 위하여 다른 법령에 따라 인·허가 등을 받았거나 신고 등을 한 사항, 등급(호텔업만 해당), 운영의 형태(분양 또는 회원모집을 하는 휴양콘도미니엄업 및 호텔업만 해당)
- 전문휴양업 및 종합휴양업 : 부지면적 및 건축연면적, 시설의 종류, 신고를 하였거나 인·허가 등을 받은 것으로 의제되는 사항, 사업계획에 포함된 부대영업을 하기 위하여 다른 법령에 따라 인·허가 등을 받았거나 신고 등을 한 사항, 운영의 형태(제2종 종합휴양업만 해당)
- 야영장업 : 부지면적 및 건축연면적, 시설의 종류, 1일 최대 수용인원
- 관광유람선업 : 선박의 척수, 선박의 제원
- 관광공연장업 : 관광공연장업이 설치된 관광사업시설의 종류, 무대면적 및 좌석 수, 공연장의 총면적, 일반음식점 영업허가번호·허가연월일·허가기관
- 외국인관광 도시민박업 : 객실수, 주택의 연면적
- 한옥체험업 : 객실 수, 한옥의 연면적, 객실 및 편의시설의 연면적, 체험시설의 종류, 「문화재보호법」에 따라 문화재로 지정·등록된 한옥 또는 「한옥 등 건축자산의 진흥에 관한 법률」 제10조에 따라 우수건축자산으로 등록된 한옥인지 여부
- 국제회의시설업 : 대지면적 및 건축연면적, 회의실별 동시수용인원, 신고를 하였거나 인·허가 등을 받은 것으로 의제되는 사항, 사업계획에 포함된 부대영업을 하기 위하여 다른 법령에 따라 인·허가 등을 받았거나 신고 등을 한 사항

㉥ **등록기준**〈관광진흥법 시행령 제5조〉 : 관광사업의 등록기준은 [시행령 별표 1]과 같다. 다만, 휴양 콘도미니엄업과 전문휴양업 중 온천장 및 농어촌휴양시설을 2012년 11월 1일부터 2014년 10월 31일까지 등록 신청하면 다음의 기준에 따른다.

㉮ **휴양 콘도미니엄업** : 같은 단지 안에 20실 이상 객실을 갖추어야 한다.

㉯ **전문휴양업 중 온천장**

- 온천수를 이용한 대중목욕시설이 있을 것
- 정구장·탁구장·볼링장·활터·미니골프장·배드민턴장·롤러스케이트장·보트장 등의 레크리에이션 시설 중 두 종류 이상의 시설을 갖추거나 유원시설업 시설이 있을 것

㉰ **전문휴양업 중 농어촌휴양시설**

- 「농어촌정비법」에 따른 농어촌 관광휴양단지 또는 관광농원의 시설을 갖추고 있을 것
- 관광객의 관람이나 휴식에 이용될 수 있는 특용작물·나무 등을 재배하거나 어류·희귀동물 등을 기르고 있을 것

③ **변경등록** … 여행업, 관광숙박업, 관광객 이용시설업 및 국제회의업을 등록한 사항 중 대통령령으로 정하는 중요한 사항을 변경하려면 변경등록을 하여야 한다.

ⓐ 변경등록을 하려는 자는 그 변경사유가 발생한 날부터 30일 이내에 문화체육관광부령으로 정하는 바에 따라 변경등록신청서를 특별자치시장·특별자치도지사·시장·군수·구청장에게 제출하여야 한다(단, 사무실 소재지를 변경한 경우는 변경등록신청서를 새로운 소재지의 관할 특별자치시장·특별자치도지사·시장·군수·구청장에게 제출할 수 있음).

ⓑ 등록 또는 변경등록의 절차 등에 필요한 사항은 문화체육관광부령으로 정한다.

> **POINT** **변경등록사항**〈관광진흥법 시행령 제6조〉
>
> • 사업계획의 변경승인을 받은 사항(사업계획의 승인을 받은 관광사업만 해당)
> • 상호 또는 대표자의 변경
> • 객실 수 및 형태의 변경(휴양 콘도미니엄업을 제외한 관광숙박업만 해당)
> • 부대시설의 위치·면적 및 종류의 변경(관광숙박업만 해당)
> • 여행업의 경우에는 사무실 소재지의 변경 및 영업소의 신설, 국제회의기획업의 경우에는 사무실 소재지의 변경
> • 부지 면적의 변경, 시설의 설치 또는 폐지(야영장업만 해당)
> • 객실 수 및 면적의 변경, 편의시설 면적의 변경, 체험시설 종류의 변경(한옥체험업만 해당)

④ **허가와 신고**〈관광진흥법 제5조〉

ⓐ **카지노업**〈관광진흥법 시행규칙 제6조〉: 카지노업을 경영하려는 자는 전용영업장 등 문화체육관광부령으로 정하는 시설과 기구를 갖추어 문화체육관광부장관의 허가를 받아야 한다. **2019년출제** **2023년출제**

㉮ **카지노업 허가신청서 첨부서류**: 카지노업의 허가를 받으려는 자는 카지노업 허가신청서에 다음의 서류를 첨부하여 문화체육관광부장관에게 제출하여야 한다.

• 신청인(법인의 경우에는 대표자 및 임원)이 내국인인 경우: 성명 및 주민등록번호를 기재한 서류
• 신청인(법인의 경우에는 대표자 및 임원)이 외국인인 경우: 「관광진흥법」 제7조 제1항 및 제22조 제1항의 결격사유에 해당하지 아니함을 증명하는 다음 각 목의 어느 하나에 해당하는 서류. 다만, 법 또는 다른 법령에 따라 인·허가 등을 받아 사업자등록을 하고 해당 영업 또는 사업을 영위하고 있는 자(법인의 경우에는 최근 1년 이내에 법인세를 납부한 시점부터 허가 신청 시점까지의 기간 동안 대표자 및 임원의 변경이 없는 경우로 한정)는 해당 영업 또는 사업의 인·허가증 등 인·허가 등을 받았음을 증명하는 서류와 최근 1년 이내에 소득세(법인의 경우에는 법인세)를 납부한 사실을 증명하는 서류를 제출하는 경우에는 그 영위하고 있는 영업 또는 사업의 결격사유 규정과 중복되는 법 제7조 제1항 및 제22조 제1항의 결격사유에 한하여 다음 각 목의 서류를 제출하지 아니할 수 있다.
　－해당 국가의 정부나 그 밖의 권한 있는 기관이 발행한 서류 또는 공증인이 공증한 신청인의 진술서로서 「재외공관 공증법」에 따라 해당 국가에 주재하는 대한민국공관의 영사관이 확인한 서류
　－「외국공문서에 대한 인증의 요구를 폐지하는 협약」을 체결한 국가의 경우에는 해당 국가의 정부나 그 밖의 권한 있는 기관이 발행한 서류 또는 공증인이 공증한 신청인의 진술서로서 해당 국가의 아포스티유(Apostille) 확인서 발급 권한이 있는 기관이 그 확인서를 발급한 서류
• 정관(법인만 해당)
• 사업계획서

• 타인 소유의 부동산을 사용하는 경우에는 그 사용권을 증명하는 서류
• 허가요건에 적합함을 증명하는 서류

ⓕ 신청서를 제출받은 문화체육관광부장관은 행정정보의 공동이용을 통하여 법인 등기사항증명서(법인만 해당), 건축물대장, 전기안전점검확인서의 서류를 확인하여야 한다. 다만, 전기안전점검확인서의 경우 신청인이 확인에 동의하지 아니하는 경우에는 그 서류를 첨부하도록 하여야 한다. 또한 확인 결과 전기안전점검을 받지 아니한 경우에는 관계기관 및 신청인에게 그 내용을 통지하여야 한다.

ⓖ 문화체육관광부장관은 카지노업의 허가(변경허가를 포함)를 하는 경우에는 카지노업 허가증을 발급하고 카지노업 허가대장을 작성하여 관리하여야 한다.

ⓛ **유원시설업**〈관광진흥법 시행규칙 제7조〉: 대통령령으로 정하는 유원시설업(종합유원시설업 및 일반유원시설업)을 경영하려는 자는 시설과 설비를 갖추어 특별자치시장·특별자치도지사·시장·군수·구청장의 허가를 받아야 한다. **2021년출제** **2016년출제**

㉮ 유원시설업을 경영하려는 자가 갖추어야 하는 시설 및 설비의 기준은 [시행규칙 별표 1의2]와 같다.

㉯ 유원시설업의 허가를 받으려는 자는 유원시설업허가신청서에 규정된 서류를 첨부하여 특별자치시장·특별자치도지사·시장·군수·구청장에게 제출하여야 한다. 이 경우 6개월 미만의 단기로 유원시설업의 허가를 받으려는 자는 허가신청서에 해당 기간을 표시하여 제출하여야 한다.

㉰ 신청서를 제출받은 특별자치시장·특별자치도지사·시장·군수·구청장은 행정정보의 공동이용을 통하여 법인 등기사항증명서(법인만 해당)를 확인하여야 한다.

㉱ 특별자치시장·특별자치도지사·시장·군수·구청장은 유원시설업을 허가하는 경우에는 유원시설업 허가증을 발급하고 유원시설업 허가·신고관리대장을 작성하여 관리하여야 한다.

ⓒ 종합유원시설업 및 일반유원시설업 외의 유원시설업을 경영하려는 자는 시설과 설비를 갖추어 특별자치시장·특별자치도지사·시장·군수·구청장에게 신고하여야 한다. 신고한 사항 중 문화체육관광부령으로 정하는 중요 사항을 변경하려는 경우에도 또한 같다.

ⓔ 허가 및 신고의 절차 등에 필요한 사항은 문화체육관광부령으로 정한다.

⑤ 변경허가 및 변경신고
  ㉠ 카지노업 또는 유원시설업의 변경허가 사항과 변경신고 사항〈관광진흥법 시행규칙 제8조〉

변경허가 사항	카지노업	• 대표자의 변경 • 영업소 소재지의 변경 • 동일구내(같은 건물 안 또는 같은 울 안의 건물을 말한다)로의 영업장소 위치 변경 또는 영업장소의 면적 변경 • 게임기구의 변경 또는 교체 • 카지노 전산시설 중 주전산기의 변경 또는 교체 • 영업종류의 변경
	유원시설업	• 영업소의 소재지 변경(유기시설 또는 유기기구의 이전을 수반하는 영업소의 소재지 변경은 제외한다) • 안전성검사 대상 유기시설 또는 유기기구의 영업장 내에서의 신설·이전·폐기 • 영업장 면적의 변경
변경신고 사항	카지노업	• 게임기구의 변경 또는 교체 • 카지노 전산시설 중 주전산기를 제외한 시설의 변경 또는 교체 • 상호 또는 영업소의 명칭 변경
	유원시설업	• 대표자 또는 상호의 변경 • 안전성검사 대상이 아닌 유기시설 또는 유기기구의 신설·폐기 • 안전관리자의 변경 • 안전성검사 대상 유기시설 또는 유기기구의 3개월 이상의 운행 정지 또는 그 운행의 재개 • 안전성검사 대상이 아닌 유기시설 또는 유기기구로서 정기 확인검사가 필요한 유기시설 또는 유기기구의 3개월 이상의 운행 정지 또는 그 운행의 재개

  ㉡ 카지노업의 변경허가 및 변경신고〈관광진흥법 시행규칙 제9조〉
    ㉮ 카지노업의 변경허가를 받거나 변경신고를 하려는 자는 카지노업 변경허가신청서 또는 변경신고서에 변경계획서를 첨부하여 문화체육관광부장관에게 제출하여야 한다. 다만, 변경허가를 받거나 변경신고를 한 후 문화체육관광부장관이 요구하는 경우에는 변경내역을 증명할 수 있는 서류를 추가로 제출하여야 한다.
    ㉯ 변경허가신청서 또는 변경신고서를 제출받은 문화체육관광부장관은 행정정보의 공동이용을 통하여 전기안전점검확인서(영업소의 소재지 또는 면적의 변경 등으로 전기안전점검을 받아야 하는 경우로서 카지노업 변경허가 또는 변경신고를 신청한 경우만 해당)를 확인하여야 한다. 다만, 신청인이 전기안전점검확인서의 확인에 동의하지 아니하는 경우에는 그 서류를 첨부하도록 하여야 한다.
    ㉰ 문화체육관광부장관은 ㉯에 따른 확인 결과 전기안전점검을 받지 아니한 경우에는 관계기관 및 신청인에게 그 내용을 통지하여야 한다.
  ㉢ 유원시설업의 변경허가 및 변경신고〈관광진흥법 시행규칙 제10조〉
    ㉮ 유원시설업의 변경허가를 받으려는 자는 그 사유가 발생한 날부터 30일 이내에 유원시설업 허가사항 변경허가신청서에 규정된 서류를 첨부하여 특별자치시장·특별자치도지사·시장·군수·구청장에게 제출하여야 한다.

- 허가증
- 영업소의 소재지 또는 영업장의 면적을 변경하는 경우에는 그 변경내용을 증명하는 서류
- 안전성검사 대상 유기시설 또는 유기기구를 신설·이전하는 경우에는 안전관리계획서 및 검사결과서
- 안전성검사 대상 유기시설 또는 유기기구를 폐기하는 경우에는 폐기내용을 증명하는 서류

ⓝ 유원시설업의 변경신고를 하려는 자는 그 변경사유가 발생한 날부터 30일 이내에 유원시설업 허가사항 변경 신고서에 다음의 서류를 첨부하여 특별자치시장·특별자치도지사·시장·군수·구청장에게 제출하여야 한다.

- 대표자 또는 상호를 변경하는 경우에는 그 변경내용을 증명하는 서류(대표자가 변경된 경우에는 그 대표자의 성명·주민등록번호를 기재한 서류를 포함한다)
- 안전성검사 대상이 아닌 유기시설 또는 유기기구를 신설하는 경우에는 안전관리계획서 및 검사결과서
- 안전성검사 대상이 아닌 유기시설 또는 유기기구를 폐기하는 경우에는 그 폐기내용을 증명하는 서류
- 안전관리자를 변경하는 경우 그 안전관리자에 관한 별지 제12호서식에 따른 인적사항
- 법 제8조 제2항 제6호 또는 제7호에 해당하는 경우에는 그 내용을 증명하는 서류

ⓓ 신고서를 제출받은 특별자치시장·특별자치도지사·시장·군수·구청장은 행정정보의 공동이용을 통하여 법인 등기사항증명서(법인의 상호가 변경된 경우만 해당)를 확인하여야 한다.

ⓔ 유원시설업의 신고 등

ⓐ 유원시설업의 신고를 하려는 자가 갖추어야 하는 시설 및 설비기준은 별표 1의2와 같다.

ⓑ 유원시설업의 신고를 하려는 자는 기타유원시설업 신고서에 다음의 서류를 첨부하여 특별자치시장·특별자치도지사·시장·군수·구청장에게 제출하여야 한다. 이 경우 6개월 미만의 단기로 기타유원시설업의 신고를 하려는 자는 신고서에 해당 기간을 표시하여 제출하여야 한다.

- 영업시설 및 설비개요서
- 유기시설 또는 유기기구가 안전성검사 대상이 아님을 증명하는 서류
- 보험가입 등을 증명하는 서류
- 임대차계약서 사본(대지 또는 건물을 임차한 경우만 해당)
- 다음 각 목의 사항이 포함된 안전관리계획서
- 안전점검 계획
- 비상연락체계
- 비상 시 조치계획
- 안전요원 배치계획(물놀이형 유기시설 또는 유기기구를 설치하는 경우만 해당)
- 유기시설 또는 유기기구 주요 부품의 주기적 교체 계획

ⓒ 신고서를 제출받은 특별자치시장·특별자치도지사·시장·군수·구청장은 행정정보의 공동이용을 통하여 법인 등기사항증명서(법인만 해당)를 확인하여야 한다.

ⓓ 특별자치시장·특별자치도지사·시장·군수·구청장은 신고를 받은 경우에는 유원시설업 신고증을 발급하고, 유원시설업 허가·신고 관리대장을 작성하여 관리하여야 한다.

ⓔ 신고사항의 변경신고를 하려는 자는 그 변경사유가 발생한 날로부터 30일 이내에 기타유원시설업 신고사항 변경신고서에 다음의 서류를 첨부하여 특별자치시장·특별자치도지사·시장·군수·구청장에게 제출하여야 한다.

- 신고증
- 영업소의 소재지 또는 영업장의 면적을 변경하는 경우에는 그 변경내용을 증명하는 서류
- 안전성검사 대상이 아닌 유기시설 또는 유기기구를 신설하는 경우에는 안전관리계획서 및 검사결과서
- 안전성검사 대상이 아닌 유기시설 또는 유기기구를 폐기하는 경우에는 그 폐기내용을 증명하는 서류
- 대표자 또는 상호를 변경하는 경우에는 그 변경내용을 증명하는 서류
- 안전성검사 대상이 아닌 유기시설 또는 유기기구로서 정기 확인검사가 필요한 유기시설 또는 유기기구의 3개월 이상의 운행 정지 또는 그 운행의 재개에 해당하는 경우에는 그 내용을 증명하는 서류

> **POINT** **관광 사업의 지정**〈관광진흥법 제6조〉 **2021년출제**
>
> - 관광 편의시설업을 경영하려는 자는 문화체육관광부령(관광진흥법 시행규칙 제14조)으로 정하는 바에 따라 특별시장·광역시장·특별자치시장·도지사·특별자치도지사(이하 "시·도지사"라 한다) 또는 시장·군수·구청장의 지정을 받아야 한다.
> - 관광 편의시설업으로 지정을 받으려는 자는 관광객이 이용하기 적합한 시설이나 외국어 안내서비스 등 문화체육관광부령으로 정하는 기준[별표 2]을 갖추어야 한다.

⑥ 관광 편의시설업의 지정신청〈관광진흥법 시행규칙 제14조〉

　㉠ 관광 편의시설업의 지정을 받으려는 자는 다음의 구분에 따라 신청을 하여야 한다.

　　㉮ 관광유흥음식점업, 관광극장유흥업, 외국인전용 유흥음식점업, 관광순환버스업, 관광펜션업, 관광궤도업, 관광면세업 및 관광지원서비스업 : 특별자치시장·특별자치도지사·시장·군수·구청장

　　㉯ 관광식당업, 관광사진업 및 여객자동차터미널시설업 : 지역별 관광협회 **2019년출제**

　㉡ 관광 편의시설업의 지정을 받으려는 자는 관광 편의시설업 지정신청서에 다음의 서류를 첨부하여 특별자치시장·특별자치도지사·시장·군수·구청장 또는 지역별 관광협회에 제출하여야 한다. 다만, ㉱의 서류는 관광지원서비스업으로 지정을 받으려는 자만 제출한다.

　　㉮ 신청인(법인의 경우에는 대표자 및 임원)이 내국인인 경우에는 성명 및 주민등록번호를 기재한 서류

　　㉯ 신청인(법인의 경우에는 대표자 및 임원)이 외국인인 경우에는 결격사유〈법 제7조 제1항〉에 해당하지 아니함을 증명하는 다음의 어느 하나에 해당하는 서류. 다만, 법 또는 다른 법령에 따라 인·허가 등을 받아 사업자등록을 하고 해당 영업 또는 사업을 영위하고 있는 자(법인의 경우에는 최근 1년 이내에 법인세를 납부한 시점부터 지정 신청 시점까지의 기간 동안 대표자 및 임원의 변경이 없는 경우로 한정한다)는 해당 영업 또는 사업의 인·허가증 등 인·허가 등을 받았음을 증명하는 서류와 최근 1년 이내에 소득세(법인의 경우에는 법인세를 말한다)를 납부한 사실을 증명하는 서류를 제출하는 경우에는 그 영위하고 있는 영업 또는 사업의 결격사유 규정과 중복되는 결격사유〈법 제7조 제1항〉에 한하여 다음의 서류를 제출하지 아니할 수 있다.

- 해당 국가의 정부나 그 밖의 권한 있는 기관이 발행한 서류 또는 공증인이 공증한 신청인의 진술서로서 「재외공관 공증법」에 따라 해당 국가에 주재하는 대한민국공관의 영사관이 확인한 서류
- 「외국공문서에 대한 인증의 요구를 폐지하는 협약」을 체결한 국가의 경우에는 해당 국가의 정부나 그 밖의 권한 있는 기관이 발행한 서류 또는 공증인이 공증한 신청인의 진술서로서 해당 국가의 아포스티유(Apostille) 확인서 발급 권한이 있는 기관이 그 확인서를 발급한 서류

ⓓ 업종별 면허증 · 허가증 · 특허장 · 지정증 · 인가증 · 등록증 · 신고증명서 사본

ⓔ 시설의 배치도 또는 사진 및 평면도

ⓕ 다음의 어느 하나에 해당하는 서류

- 평균매출액(「중소기업기본법 시행령」 제7조에 따른 방법으로 산출한 것을 말한다. 이하 같다) 검토의견서(공인회계사, 세무사 또는 「경영지도사 및 기술지도사에 관한 법률」에 따른 경영지도사가 작성한 것으로 한정한다)
- 사업장이 관광지 또는 관광단지로 지정된 지역에 소재하고 있음을 증명하는 서류
- 한국관광 품질인증을 받았음을 증명하는 서류
- 중앙행정기관의 장 또는 지방자치단체의 장이 공모 등의 방법을 통해 우수 관광사업으로 선정한 사업임을 증명하는 서류

ⓒ 신청서를 받은 특별자치시장 · 특별자치도지사 · 시장 · 군수 · 구청장은 「전자정부법」에 따른 행정정보의 공동이용을 통하여 다음의 서류를 확인하여야 한다. 다만, 신청인이 확인에 동의하지 아니하는 경우(사업자등록증 사본)와 관광협회에 위탁된 업종의 경우에는 신청인으로 하여금 해당 서류를 첨부하도록 하여야 한다.

ⓐ 법인 등기사항증명서(법인만 해당)

ⓑ 사업자등록증 사본(관광사진업만 해당)

ⓓ 특별자치시장 · 특별자치도지사 · 시장 · 군수 · 구청장 또는 지역별 관광협회는 ⓒ에 따른 신청을 받은 경우 그 신청내용이 별표2의 지정기준에 적합하다고 인정되는 경우에는 관광 편의시설업 지정증을 신청인에게 발급하고, 관광 편의시설업자 지정대장에 다음의 사항을 기재하여야 한다.

ⓐ 상호 또는 명칭

ⓑ 대표자 및 임원의 성명 · 주소

ⓒ 사업장의 소재지

⑦ **결격사유**〈관광진흥법 제7조〉 2018년출제 2019년출제

ⓒ 다음의 하나에 해당하는 자는 관광사업의 등록 등을 받거나 신고를 할 수 없고, 사업계획의 승인을 받을 수 없다. 법인의 경우 그 임원 중에 다음의 하나에 해당하는 자가 있는 경우에도 또한 같다.

ⓐ 피성년후견인 · 피한정후견인

ⓑ 파산선고를 받고 복권되지 아니한 자

ⓒ 등록 등 또는 사업계획의 승인이 취소되거나 영업소가 폐쇄된 후 2년이 지나지 아니한 자

ⓓ 이 법을 위반하여 징역 이상의 실형을 선고받고 그 집행이 끝나거나 집행을 받지 아니하기로 확정된 후 2년이 지나지 아니한 자 또는 형의 집행유예 기간 중에 있는 자

ⓒ 관광사업의 등록 등을 받거나 신고를 한 자 또는 사업계획의 승인을 받은 자가 ⓒ의 어느 하나에 해당하면 문화체육관광부장관, 시 · 도지사 또는 시장 · 군수 · 구청장(이하 "등록기관 등의 장")은 3개월 이내에 그 등록등 또는 사업계획의 승인을 취소하거나 영업소를 폐쇄하여야 한다. 다만, 법인의 임원 중 그 사유에 해당하는 자가 있는 경우 3개월 이내에 그 임원을 바꾸어 임명한 때에는 그러하지 아니하다.

⑧ 관광사업의 양수 등〈관광진흥법 제8조〉 **2019년출제**

　㉠ 관광사업을 양수(讓受)한 자 또는 관광 사업을 경영하는 법인이 합병한 때에는 합병 후 존속하거나 설립되는 법인은 그 관광사업의 등록등 또는 신고에 따른 관광사업자의 권리·의무(분양이나 회원 모집을 한 경우에는 그 관광사업자와 소유자등 또는 회원 간에 약정한 사항을 포함)를 승계한다.

　㉡ 다음의 어느 하나에 해당하는 절차에 따라 문화체육관광부령으로 정하는 주요한 관광사업 시설의 전부를 인수한 자는 그 관광사업자의 지위(분양이나 회원 모집을 한 경우에는 그 관광사업자와 소유자등 또는 회원 간에 약정한 권리 및 의무 사항을 포함)를 승계한다.

　　㉮ 「민사집행법」에 따른 경매
　　㉯ 「채무자 회생 및 파산에 관한 법률」에 따른 환가(換價)
　　㉰ 「국세징수법」, 「관세법」 또는 「지방세징수법」에 따른 압류 재산의 매각
　　㉱ 그 밖에 ㉮부터 ㉰까지의 규정에 준하는 절차

> **POINT** **문화체육관광부령으로 정하는 주요한 관광사업시설**〈관광진흥법 시행규칙 제16조 제1항〉
> --
> • 관광사업에 사용되는 토지와 건물
> • 관광사업의 등록기준에서 정한 시설(등록대상 관광사업만 해당)
> • 관광편의시설업의 지정기준에서 정한 시설(지정대상 관광사업만 해당)
> • 카지노업 전용 영업장(카지노업만 해당)
> • 유원시설업의 시설 및 설비기준에서 정한 시설(유원시설업만 해당)

　㉢ 관광사업자가 취소·정지처분 또는 개선명령을 받은 경우 그 처분 또는 명령의 효과는 관광사업자의 지위를 승계한 자에게 승계되며, 그 절차가 진행 중인 때에는 새로운 관광사업자에게 그 절차를 계속 진행할 수 있다. 다만, 그 승계한 관광사업자가 양수나 합병 당시 그 처분·명령이나 위반 사실을 알지 못하였음을 증명하면 그러하지 아니하다.

　㉣ 관광사업자의 지위를 승계한 자는 승계한 날 또는 그 사유가 발생한 날부터 1개월 이내에 관광사업 양수(지위승계)신고서에 다음의 서류를 첨부하여 문화체육관광부장관, 특별자치시장·특별자치도지사·시장·군수·구청장 또는 지역별 관광협회장(이하 "등록기관 등의 장")에게 제출하여야 한다. 신고서를 제출받은 담당공무원은 행정정보의 공동이용을 통하여 지위를 승계한 자의 법인 등기사항증명서(법인만 해당)를 확인하여야 한다. 다만, 관광협회에 위탁된 업종의 경우에는 신고인으로 하여금 해당 서류를 첨부하도록 하여야 한다〈관광진흥법 시행규칙 제16조〉.

　　㉮ 지위를 승계한 자(법인의 경우에는 대표자)가 내국인인 경우 : 성명 및 주민등록번호를 기재한 서류
　　㉯ 지위를 승계한 자(법인의 경우에는 대표자 및 임원)가 외국인인 경우 : 법 제7조 제1항(여행업의 경우에는 법 제11조의2 제1항을 포함하고, 카지노업의 경우에는 법 제22조 제1항을 포함)의 결격사유에 해당하지 아니함을 증명하는 다음의 어느 하나에 해당하는 서류. 다만, 법 또는 다른 법령에 따라 인·허가 등을 받아 사업자등록을 하고 해당 영업 또는 사업을 영위하고 있는 자(법인의 경우에는 최근 1년 이내에 법인세를 납부한 시점부터 신고 시점까지의 기간 동안 대표자 및 임원의 변경이 없는 경우로 한정)는 해당 영업 또는 사업의 인·허가증 등 인·허가 등을 받았음을 증명하는 서류와 최근 1년 이내에 소

득세(법인의 경우에는 법인세)를 납부한 사실을 증명하는 서류를 제출하는 경우에는 그 영위하고 있는 영업 또는 사업의 결격사유 규정과 중복되는 법 제7조 제1항의 결격사유에 한하여 다음의 서류를 제출하지 아니할 수 있다.

- 해당 국가의 정부나 그 밖의 권한 있는 기관이 발행한 서류 또는 공증인이 공증한 신청인의 진술서로서 「재외공관 공증법」에 따라 해당 국가에 주재하는 대한민국공관의 영사관이 확인한 서류
- 「외국공문서에 대한 인증의 요구를 폐지하는 협약」을 체결한 국가의 경우에는 해당 국가의 정부나 그 밖의 권한 있는 기관이 발행한 서류 또는 공증인이 공증한 신청인의 진술서로서 해당 국가의 아포스티유(Apostille) 확인서 발급 권한이 있는 기관이 그 확인서를 발급한 서류

　ⓓ 양도·양수 등 지위승계를 증명하는 서류(시설인수 명세를 포함)

ⓜ 사업계획의 승인을 받은 자의 지위승계에 관하여는 ㉠부터 ⓔ까지의 규정을 준용한다.

ⓗ 관광사업자의 지위를 승계하는 자에 관하여는 결격사유 규정을 준용하되, 카지노사업자의 경우에는 카지노업 결격사유 규정을 준용한다.

ⓐ 관광사업자가 관광사업의 전부 또는 일부를 1개월 이상 휴업하거나 폐업한 때에는 휴업 또는 폐업을 한 날부터 30일 이내에 관광사업 휴업 또는 폐업통보서를 등록기관 등의 장에게 제출하여야 한다. 다만, 6개월 미만의 유원시설업 허가 또는 신고일 경우에는 폐업통보서를 제출하지 아니하여도 해당 기간이 끝나는 때에 폐업한 것으로 본다.

ⓞ 카지노업을 휴업 또는 폐업하려는 자는 휴업 또는 폐업 예정일 10일 전까지 관광사업 휴업 또는 폐업통보(신고)서에 카지노기구의 관리계획에 관한 서류를 첨부하여 문화체육관광부장관에게 제출해야 한다. 다만, 천재지변이나 그 밖의 부득이한 사유가 있는 경우에는 휴업 또는 폐업 예정일까지 제출할 수 있다.

⑨ **보험 가입**〈관광진흥법 제9조〉 … 관광사업자는 해당 사업과 관련하여 사고가 발생하거나 관광객에게 손해가 발생하면 문화체육관광부령으로 정하는 바에 따라 피해자에게 보험금을 지급할 것을 내용으로 하는 보험 또는 공제에 가입하거나 영업보증금을 예치하여야 한다.

　㉠ 여행업의 등록을 한 자(이하 "여행업자")는 그 사업을 시작하기 전에 여행계약의 이행과 관련한 사고로 인하여 관광객에게 피해를 준 경우 그 손해를 배상할 것을 내용으로 하는 보증보험 또는 공제(이하 "보증보험 등")에 가입하거나 업종별 관광협회(업종별 관광협회가 구성되지 아니한 경우에는 지역별 관광협회, 지역별 관광협회가 구성되지 않은 경우에는 광역 단위의 지역관광협의회)에 영업보증금을 예치하고 그 사업을 하는 동안(휴업기간 포함) 계속하여 이를 유지하여야 한다.

　㉡ 여행업자 중에서 기획여행을 실시하려는 자는 그 기획여행 사업을 시작하기 전에 보증보험 등에 가입하거나 영업보증금을 예치하고 유지하는 것 외에 추가로 기획여행과 관련한 사고로 인하여 관광객에게 피해를 준 경우 그 손해를 배상할 것을 내용으로 하는 보증보험 등에 가입하거나 업종별 관광협회(업종별 관광협회가 구성되지 아니한 경우에는 지역별 관광협회, 지역별 관광협회가 구성되지 아니한 경우에는 광역 단위의 지역관광협의회)에 영업보증금을 예치하고 그 기획여행 사업을 하는 동안(기획여행 휴업기간을 포함) 계속하여 이를 유지하여야 한다.

ⓒ 여행업자가 가입하거나 예치하고 유지하여야 할 보증보험 등의 가입금액 또는 영업보증금의 예치금액은 직전 사업연도의 매출액(손익계산서에 표시된 매출액) 규모에 따른다.

ⓓ 보증보험 등에 가입하거나 영업보증금을 예치한 자는 그 사실을 증명하는 서류를 지체 없이 특별자치시장·특별자치도지사·시장·군수·구청장에게 제출하여야 한다.

ⓔ 보증보험 등의 가입, 영업보증금의 예치 및 그 배상금의 지급에 관한 절차 등은 문화체육관광부장관이 정하여 고시한다.

ⓕ 야영장업의 등록을 한 자는 그 사업을 시작하기 전에 야영장 시설에서 발생하는 재난 또는 안전사고로 인하여 야영장 이용자에게 피해를 준 경우 그 손해를 배상할 것을 내용으로 하는 책임보험 또는 공제에 가입해야 한다.

ⓖ 야영장업의 등록을 한 자가 가입해야 하는 책임보험 또는 공제는 다음의 기준을 충족하는 것이어야 한다.
- 사망의 경우 : 피해자 1명당 1억 원의 범위에서 피해자에게 발생한 손해액을 지급할 것. 다만, 그 손해액이 2천만 원 미만인 경우에는 2천만 원으로 한다.
- 부상의 경우 : 피해자 1명당 [관광진흥법 시행규칙 별표 3의2]에서 정하는 금액의 범위에서 피해자에게 발생한 손해액을 지급할 것
- 부상에 대한 치료를 마친 후 더 이상의 치료효과를 기대할 수 없고 그 증상이 고정된 상태에서 그 부상이 원인이 되어 신체에 장애가 생긴 경우 : 피해자 1명당 [관광진흥법 시행규칙 별표 3의3]에서 정하는 금액의 범위에서 피해자에게 발생한 손해액을 지급할 것
- 재산상 손해의 경우 : 사고 1건당 1억 원의 범위에서 피해자에게 발생한 손해액을 지급할 것

ⓗ ⓖ에 따른 책임보험 또는 공제는 하나의 사고로 ⓖ '사망의 경우'부터 ⓖ '부상에 대한 치료를 마친 후 더 이상의 치료효과를 기대할 수 없고 그 증상이 고정된 상태에서 그 부상이 원인이 되어 신체에 장애가 생긴 경우'까지 중 둘 이상에 해당하게 된 경우 다음의 기준을 충족하는 것이어야 한다.
- 부상당한 사람이 치료 중 그 부상이 원인이 되어 사망한 경우 : 피해자 1명당 ⓖ '사망의 경우'에 따른 금액과 ⓖ '부상의 경우'에 따른 금액을 더한 금액을 지급할 것
- 부상당한 사람에게 후유장애가 생긴 경우 : 피해자 1명당 ⓖ '부상의 경우'에 따른 금액과 ⓖ '부상에 대한 치료를 마친 후 더 이상의 치료효과를 기대할 수 없고 그 증상이 고정된 상태에서 그 부상이 원인이 되어 신체에 장애가 생긴 경우'에 따른 금액을 더한 금액을 지급할 것
- ⓖ '부상에 대한 치료를 마친 후 더 이상의 치료효과를 기대할 수 없고 그 증상이 고정된 상태에서 그 부상이 원인이 되어 신체에 장애가 생긴 경우'에 따른 금액을 지급한 후 그 부상이 원인이 되어 사망한 경우 : 피해자 1명당 ⓖ '사망의 경우'에 따른 금액에서 ⓖ '부상에 대한 치료를 마친 후 더 이상의 치료효과를 기대할 수 없고 그 증상이 고정된 상태에서 그 부상이 원인이 되어 신체에 장애가 생긴 경우'에 따른 금액 중 사망한 날 이후에 해당하는 손해액을 뺀 금액을 지급할 것

⑩ 관광표지의 부착
　ⓐ 관광사업자는 사업장에 문화체육관광부령으로 정하는 관광표지를 붙일 수 있다.
　　㉮ 관광사업장 표지[시행규칙 별표 4]

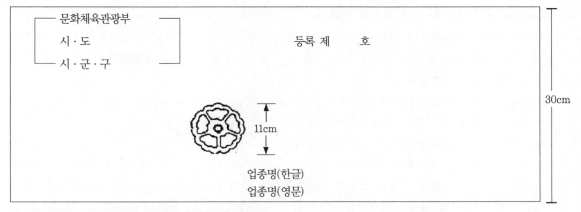

ⓝ 관광사업 등록증 또는 관광편의시설업 지정증

ⓓ 등급에 따라 별 모양의 개수를 달리하는 방식으로 호텔 등급 표지(호텔업의 경우만 해당)

ⓡ **관광식당 표지**(관광식당업만 해당)[시행규칙 별표 6]

ⓛ 관광사업자는 사실과 다르게 관광표지를 붙이거나 관광표지에 기재되는 내용을 사실과 다르게 표시 또는 광고하는 행위를 하여서는 아니 된다.

ⓒ 관광사업자가 아닌 자는 관광표지를 사업장에 붙이지 못하며, 관광사업자로 잘못 알아볼 우려가 있는 경우에는 관광사업의 명칭 중 전부 또는 일부가 포함되는 상호를 사용할 수 없다.

ⓔ 관광사업자가 아닌 자가 사용할 수 없는 상호에 포함되는 관광사업의 명칭 중 전부 또는 일부의 구체적인 범위에 관하여는 대통령령으로 정한다.

> **POINT** **상호의 사용제한**〈관광진흥법 시행령 제8조〉 **2020년출제**
>
> 관광사업자가 아닌 자는 다음의 업종 구분에 따른 명칭을 포함하는 상호를 사용할 수 없다.
> • 관광숙박업과 유사한 영업 : 관광호텔과 휴양 콘도미니엄
> • 관광유람선업과 유사한 영업 : 관광유람
> • 관광공연장업과 유사한 영업 : 관광공연
> • 관광유흥음식점업, 외국인전용 유흥음식점업 또는 관광식당업과 유사한 영업 : 관광식당
> • 관광극장유흥업과 유사한 영업 : 관광극장
> • 관광펜션업과 유사한 영업 : 관광펜션
> • 관광면세업과 유사한 영업의 경우 관광면세

⑪ **관광시설의 타인 경영 및 처분과 위탁 경영**〈관광진흥법 제11조〉 `2017년출제`

　ⓐ 관광사업자는 관광사업의 시설 중 다음의 시설 및 기구 외의 부대시설을 타인에게 경영하도록 하거나, 그 용도로 계속하여 사용하는 것을 조건으로 타인에게 처분할 수 있다. `2015년출제`

　　㉮ 관광숙박업의 등록에 필요한 객실

　　㉯ 관광객 이용시설업의 등록에 필요한 시설 중 문화체육관광부령으로 정하는 시설

　　㉰ 카지노업의 허가를 받는 데 필요한 시설과 기구

　　㉱ 안전성검사를 받아야 하는 유기시설 및 유기기구

　ⓑ 관광사업자는 관광사업의 효율적 경영을 위하여 관광숙박업의 객실을 타인에게 위탁하여 경영하게 할 수 있다. 이 경우 해당 시설의 경영은 관광사업자의 명의로 하여야 하고, 이용자 또는 제3자와의 거래행위에 따른 대외적 책임은 관광사업자가 부담하여야 한다.

(2) 여행업

① **결격사유**〈관광진흥법 제11조의2〉

　ⓐ 관광사업의 영위와 관련하여 「형법」 제347조, 제347조의2, 제348조, 제355조 또는 제356조에 따라 금고 이상의 실형을 선고받고 그 집행이 끝나거나(집행이 끝난 것으로 보는 경우를 포함) 집행을 받지 아니하기로 확정된 후 2년이 지나지 아니한 자 또는 형의 집행유예 기간 중에 있는 자는 여행업의 등록을 할 수 없다.

　ⓑ 특별자치시장·특별자치도지사·시장·군수·구청장은 여행업자가 ⓐ에 해당하면 3개월 이내에 그 등록을 취소하여야 한다. 다만, 법인의 임원 중 그 사유에 해당하는 자가 있는 경우 3개월 이내에 그 임원을 바꾸어 임명한 때에는 그러하지 아니하다.

② **기획여행의 실시** … 여행업의 등록을 한 자(이하 "여행업자")는 문화체육관광부령으로 정하는 요건을 갖추어 문화체육관광부령으로 정하는 바에 따라 기획여행을 실시할 수 있다.

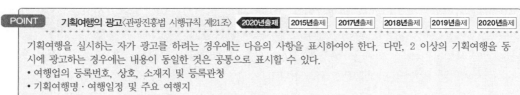

> **POINT** **기획여행의 광고**〈관광진흥법 시행규칙 제21조〉 `2020년출제` `2015년출제` `2017년출제` `2018년출제` `2019년출제` `2020년출제`
>
> 기획여행을 실시하는 자가 광고를 하려는 경우에는 다음의 사항을 표시하여야 한다. 다만, 2 이상의 기획여행을 동시에 광고하는 경우에는 내용이 동일한 것은 공통으로 표시할 수 있다.
> • 여행업의 등록번호, 상호, 소재지 및 등록관청
> • 기획여행명·여행일정 및 주요 여행지
> • 여행경비
> • 교통·숙박 및 식사 등 여행자가 제공받을 서비스의 내용
> • 최저 여행인원
> • 보증보험 등의 가입 또는 영업보증금의 예치 내용
> • 여행일정 변경 시 여행자의 사전 동의 규정
> • 여행목적지(국가 및 지역)의 여행경보단계

③ **의료관광 활성화**〈관광진흥법 제12조의2〉 `2015년출제`

　ⓐ 문화체육관광부장관은 외국인 의료관광의 활성화를 위하여 대통령령으로 정하는 기준을 충족하는 다음

의 외국인 의료관광 유치·지원 관련 기관에 「관광진흥개발기금법」에 따른 관광진흥개발기금을 대여하거나 보조할 수 있다. 외국인 의료관광 유치·지원 관련 기관에 대한 관광진흥개발기금의 대여나 보조의 기준 및 절차는 「관광진흥개발기금법」에서 정하는 바에 따른다.

㉮ 「의료 해외진출 및 외국인환자 유치 지원에 관한 법률」에 따라 등록한 외국인환자 유치 의료기관 또는 등록한 외국인환자 유치업자(이하 "유치업자")

㉯ 「한국관광공사법」에 따른 한국관광공사

㉰ 그 밖에 의료관광의 활성화를 위한 사업의 추진실적이 있는 보건·의료·관광 관련 기관 중 문화체육관광부장관이 고시하는 기관

ⓛ 외국인 의료관광 지원에 필요한 사항에 대하여 대통령령으로 정할 수 있다〈관광진흥법 시행령 제8조의3〉.

2015년출제

㉮ 문화체육관광부장관은 외국인 의료관광을 지원하기 위하여 외국인 의료관광 전문인력을 양성하는 전문교육기관 중에서 우수 전문교육기관이나 우수 교육과정을 선정하여 지원할 수 있다.

㉯ 문화체육관광부장관은 외국인 의료관광 안내에 대한 편의를 제공하기 위하여 국내외에 외국인 의료관광 유치 안내센터를 설치·운영할 수 있다.

㉰ 문화체육관광부장관은 의료관광의 활성화를 위하여 지방자치단체의 장이나 의료기관 또는 유치업자와 공동으로 해외마케팅사업을 추진할 수 있다.

④ **국외여행 인솔자** 〈관광진흥법 제13조〉

㉠ 여행업자가 내국인의 국외여행을 실시할 경우 여행자의 안전 및 편의 제공을 위하여 그 여행을 인솔하는 사람을 둘 때에는 문화체육관광부령으로 정하는 자격요건에 맞는 자를 두어야 한다.

> **POINT** **국외여행 인솔자의 자격조건**〈관광진흥법 시행규칙 제22조〉 **2020년출제** **2015년출제** **2016년출제**
>
> • 관광통역안내사 자격을 취득할 것
> • 여행업체에서 6개월 이상 근무하고 국외여행 경험이 있는 자로서 문화체육관광부장관이 정하는 소양교육을 이수할 것
> • 문화체육관광부장관이 지정하는 교육기관에서 국외여행 인솔에 필요한 양성교육을 이수할 것

㉡ 국외여행 인솔자의 자격요건을 갖춘 사람이 내국인의 국외여행을 인솔하려면 문화체육관광부장관에게 등록하여야 한다.

㉢ 문화체육관광부장관은 등록한 사람에게 국외여행 인솔자 자격증을 발급하여야 한다.

㉣ ㉢에 따라 발급받은 자격증은 다른 사람에게 빌려주거나 빌려서는 아니 되며, 이를 알선해서도 아니 된다. 문화체육관광부장관은 이를 위반하여 다른 사람에게 국외여행 인솔자 자격증을 빌려준 사람에 대하여 그 자격을 취소하여야 한다.

㉤ 등록의 절차 및 방법, 자격증의 발급 등에 필요한 사항은 문화체육관광부령으로 정한다.

㉮ **국외여행 인솔자의 등록 및 자격증 발급** : 국외여행 인솔자로 등록하려는 사람은 국외여행 인솔자 등록 신청서에 다음의 어느 하나에 해당하는 서류 및 사진(최근 6개월 이내에 모자를 쓰지 않고 촬영한 상반신 반명함판) 2매를 첨부하여 관련 업종별 관광협회에 제출하여야 한다.

- 관광통역안내사 자격증
- 자격요건을 갖추었음을 증명하는 서류

㉯ 관련 업종별 관광협회는 등록 신청을 받으면 자격요건에 적합하다고 인정되는 경우 국외여행 인솔자 자격증을 발급하여야 한다.

㉰ **국외여행 인솔자 자격증의 재발급**: 발급받은 국외여행 인솔자 자격증을 잃어버리거나 헐어 못 쓰게 되어 자격증을 재발급받으려는 사람은 국외여행 인솔자 자격증 재발급 신청서에 자격증(자격증이 헐어 못 쓰게 된 경우만 해당) 및 사진(최근 6개월 이내에 모자를 쓰지 않고 촬영한 상반신 반명함판) 2매를 첨부하여 관련 업종별 관광협회에 제출하여야 한다.

⑤ **여행계약 등**〈관광진흥법 제14조〉 2016년출제 2017년출제

㉠ 여행업자는 여행자와 계약을 체결할 때에는 여행자를 보호하기 위하여 문화체육관광부령으로 정하는 바에 따라 해당 여행지에 대한 안전정보를 서면으로 제공하여야 한다. 해당 여행지에 대한 안전정보가 변경된 경우에도 또한 같다.

> POINT **안전정보 포함 사항**〈관광진흥법 시행규칙 제22조의4〉
> - 「여권법」에 따라 여권의 사용을 제한하거나 방문·체류를 금지하는 국가 목록 및 같은 법에 따른 벌칙
> - 외교부 해외안전여행 인터넷홈페이지에 게재된 여행목적지(국가 및 지역)의 여행경보단계 및 국가별 안전정보(긴급연락처를 포함)
> - 해외여행자 인터넷 등록 제도에 관한 안내

㉡ 여행업자는 여행자와 여행계약을 체결하였을 때에는 그 서비스에 관한 내용을 적은 여행계약서(여행일정표 및 약관을 포함) 및 보험 가입 등을 증명할 수 있는 서류를 여행자에게 내주어야 한다.

㉢ 여행업자는 여행일정(선택관광 일정을 포함)을 변경하려면 문화체육관광부령으로 정하는 바에 따라 여행자의 사전 동의를 받아야 한다.

㉮ 여행업자는 여행계약서(여행일정표 및 약관 포함)에 명시된 숙식, 항공 등 여행일정(선택관광 일정 포함)을 변경하는 경우 해당 날짜의 일정을 시작하기 전에 여행자로부터 서면으로 동의를 받아야 한다.

㉯ 서면동의서에는 변경일시, 변경내용, 변경으로 발생하는 비용 및 여행자 또는 단체의 대표자가 일정변경에 동의한다는 의사를 표시하는 자필서명이 포함되어야 한다. 2022년출제

㉰ 여행업자는 천재지변, 사고, 납치 등 긴급한 사유가 발생하여 여행자로부터 사전에 일정변경 동의를 받기 어렵다고 인정되는 경우에는 사전에 일정변경 동의서를 받지 아니할 수 있다. 다만, 여행업자는 사후에 서면으로 그 변경내용 등을 설명하여야 한다.

(3) 관광숙박업 및 관광객 이용시설업 등

① **사업계획의 승인**〈관광진흥법 제15조〉 2015년출제 2017년출제

㉠ 관광숙박업을 경영하려는 자는 등록을 하기 전에 그 사업에 대한 사업계획을 작성하여 특별자치시장·특별자치도지사·시장·군수·구청장의 승인을 받아야 한다. 승인을 받은 사업계획 중 부지, 대지 면적,

건축 연면적의 일정 규모 이상의 변경 등 대통령령으로 정하는 사항을 변경하려는 경우에도 또한 같다.

㉮ 관광숙박업의 사업계획 변경에 관한 승인을 받아야 하는 경우 **2020년출제**

- 부지 및 대지 면적을 변경할 때에 그 변경하려는 면적이 당초 승인받은 계획면적의 100분의 10 이상이 되는 경우
- 건축 연면적을 변경할 때에 그 변경하려는 연면적이 당초 승인받은 계획면적의 100분의 10 이상이 되는 경우
- 객실 수 또는 객실면적을 변경하려는 경우(휴양 콘도미니엄업만 해당)
- 변경하려는 업종의 등록기준에 맞는 경우로서, 호텔업과 휴양 콘도미니엄업 간의 업종변경 또는 호텔업 종류 간의 업종 변경

㉯ 관광객 이용시설업이나 국제회의업의 사업계획의 변경승인을 받을 수 있는 경우

- 전문휴양업이나 종합휴양업의 경우 부지, 대지 면적 또는 건축 연면적을 변경할 때에 그 변경하려는 면적이 당초 승인받은 계획면적의 100분의 10 이상이 되는 경우
- 국제회의업의 경우 국제회의시설 중 다음의 어느 하나에 해당하는 변경을 하려는 경우
  - 「국제회의산업 육성에 관한 법률 시행령」에 따른 전문회의시설의 회의실 수 또는 옥내전시면적을 변경할 때에 그 변경하려는 회의실 수 또는 옥내전시면적이 당초 승인받은 계획의 100분의 10 이상이 되는 경우
  - 「국제회의산업 육성에 관한 법률 시행령」에 따른 전시시설의 회의실 수 또는 옥내전시면적을 변경할 때에 그 변경하려는 회의실 수 또는 옥내전시면적이 당초 승인받은 계획의 100분의 10 이상이 되는 경우

㉡ 대통령령으로 정하는 관광객 이용시설업이나 국제회의업(전문휴양업, 종합휴양업, 관광유람선업, 국제회의시설업)을 경영하려는 자는 등록을 하기 전에 그 사업에 대한 사업계획을 작성하여 특별자치시장·특별자치도지사·시장·군수·구청장의 승인을 받을 수 있다. 승인을 받은 사업계획 중 부지, 대지 면적, 건축 연면적의 일정 규모 이상의 변경 등 대통령령으로 정하는 사항을 변경하려는 경우에도 또한 같다.

㉢ 사업계획의 승인 또는 변경승인의 기준·절차 등에 필요한 사항은 대통령령으로 정한다.

㉮ 사업계획의 승인신청 : 관광호텔업·수상관광호텔업·한국전통호텔업·가족호텔업·호스텔업·소형호텔업·의료관광호텔업과 휴양 콘도미니엄업 및 전문휴양업·종합휴양업·관광유람선업·국제회의시설업의 하나에 해당하는 관광사업의 사업계획(이하 "사업계획") 승인을 받으려는 자는 문화체육관광부령으로 정하는 바에 따라 사업계획 승인신청서를 특별자치시장·특별자치도지사·시장·군수·구청장에게 제출하여야 한다.

㉯ 사업계획의 변경승인을 받으려는 자는 문화체육관광부령으로 정하는 바에 따라 사업계획 변경승인신청서를 특별자치시장·특별자치도지사·시장·군수·구청장에게 제출하여야 한다.

㉰ 사업계획의 승인 또는 변경승인신청서를 접수한 특별자치시장·특별자치도지사·시장·군수·구청장은 해당 관광사업이 인·허가 등이 의제되는 사업인 경우에는 소관 행정기관의 장과 협의하여야 한다. 또한 협의 요청을 받은 소관 행정기관의 장은 협의 요청을 받은 날부터 30일 이내에 그 의견을 제출하여야 한다. 이 경우 그 기간 이내에 의견 제출이 없는 때에는 협의가 이루어진 것으로 본다.

② **사업계획의 승인기준**〈관광진흥법 시행령 제13조 제1항〉

㉠ 사업계획의 내용이 관계 법령의 규정에 적합할 것

ⓛ 사업계획의 시행에 필요한 자금을 조달할 능력 및 방안이 있을 것

ⓒ 일반 주거지역의 관광숙박시설 및 그 시설의 위락시설은 주거환경을 보호하기 위하여 다음의 기준에 맞아야 하고, 준주거지역의 경우에는 ㉯의 기준에 맞을 것. 다만, 일반 주거지역에서의 사업계획의 변경승인(신축 또는 기존 건축물 전부를 철거하고 다시 축조하는 개축을 하는 경우는 포함하지 않음)의 경우에는 ㉮목의 기준을 적용하지 아니하고, 일반 주거지역의 호스텔업의 시설의 경우에는 ㉱목의 기준을 적용하지 아니한다.

　㉮ 다음의 구분에 따라 사람 또는 차량의 통행이 가능하도록 대지가 도로에 연접할 것. 다만, 특별자치시·특별자치도·시·군·구(자치구를 말한다)는 주거환경을 보호하기 위하여 필요하면 지역 특성을 고려하여 조례로 이 기준을 강화할 수 있다.

　　• 관광호텔업, 수상관광호텔업, 한국전통호텔업, 가족호텔업, 의료관광호텔업 및 휴양 콘도미니엄업 : 대지가 폭 12미터 이상의 도로에 4미터 이상 연접할 것

　　• 호스텔업 및 소형호텔업 : 대지가 폭 8미터 이상의 도로에 4미터 이상 연접할 것

　㉯ 건축물(관광숙박시설이 설치되는 건축물 전부를 말한다) 각 부분의 높이는 그 부분으로부터 인접대지를 조망할 수 있는 창이나 문 등의 개구부가 있는 벽면에서 직각 방향으로 인접된 대지의 경계선[대지와 대지 사이가 공원·광장·도로·하천이나 그 밖의 건축이 허용되지 아니하는 공지(空地)인 경우에는 그 인접된 대지의 반대편 경계선을 말한다]까지의 수평거리의 두 배를 초과하지 아니할 것

　㉰ 소음 공해를 유발하는 시설은 지하층에 설치하거나 그 밖의 방법으로 주변의 주거환경을 해치지 아니하도록 할 것

　㉱ 대지 안의 조경은 대지면적의 15퍼센트 이상으로 하되, 대지 경계선 주위에는 다 자란 나무를 심어 인접 대지와 차단하는 수림대(樹林帶)를 조성할 것

ⓔ 연간 내국인 투숙객 수가 객실의 연간 수용가능 총인원의 40퍼센트를 초과하지 아니할 것(의료관광호텔업만 해당한다)

③ **사업계획의 변경승인기준**⟨관광진흥법 시행령 제13조 제2항⟩ … 특별자치시장·특별자치도지사·시장·군수·구청장은 휴양 콘도미니엄업의 규모를 축소하는 사업계획에 대한 변경승인신청을 받은 경우에는 다음의 어느 하나의 감소 비율이 당초 승인한 분양 및 회원 모집 계획상의 피분양자 및 회원(이하 "회원 등") 총 수에 대한 사업계획 변경승인 예정일 현재 실제로 미분양 및 모집 미달이 되고 있는 잔여 회원 등 총 수의 비율(이하 "미분양률")을 초과하지 아니하는 한도에서 그 변경승인을 하여야 한다. 다만, 사업자가 이미 분양받거나 회원권을 취득한 회원등에 대하여 그 대지면적 및 객실면적(전용 및 공유면적을 말함)의 감소분에 비례하여 분양가격 또는 회원 모집가격을 인하하여 해당 회원 등에게 통보한 경우에는 미분양률을 초과하여 변경승인을 할 수 있다.

㉠ 당초계획(승인한 사업계획을 말함)상의 대지면적에 대한 변경계획상의 대지면적 감소비율

ⓛ 당초계획상의 객실 수에 대한 변경계획상의 객실 수 감소비율

ⓒ 당초계획상의 전체 객실면적에 대한 변경계획상의 전체 객실면적 감소비율

④ **사업계획 승인 시의 인·허가 의제 등**⟨관광진흥법 제16조⟩ **2016년출제** **2019년출제**

㉠ 사업계획의 승인을 받은 때에는 다음의 허가, 해제 또는 신고에 관하여 특별자치시장 · 특별자치도지사 · 시장 · 군수 · 구청장이 소관 행정기관의 장과 미리 협의한 사항에 대해서는 해당 허가 또는 해제를 받거나 신고를 한 것으로 본다.

㉮ 「농지법」에 따른 농지전용의 허가

㉯ 「산지관리법」에 따른 산지전용허가 및 산지전용신고, 산지일시사용허가 · 신고, 「산림자원의 조성 및 관리에 관한 법률」에 따른 입목벌채 등의 허가 · 신고

㉰ 「사방사업법」에 따른 사방지(砂防地) 지정의 해제

㉱ 「초지법」에 따른 초지전용(草地轉用)의 허가

㉲ 「하천법」에 따른 하천공사 등의 허가 및 실시계획의 인가, 점용허가(占用許可) 및 실시계획의 인가

㉳ 「공유수면 관리 및 매립에 관한 법률」에 따른 공유수면의 점용 · 사용허가 및 점용 · 사용 실시계획의 승인 또는 신고

㉴ 「사도법」에 따른 사도개설(私道開設)의 허가

㉵ 「국토의 계획 및 이용에 관한 법률」에 따른 개발행위의 허가

㉶ 「장사 등에 관한 법률」에 따른 분묘의 개장신고(改葬申告) 및 분묘의 개장허가(改葬許可)

㉡ 특별자치시장 · 특별자치도지사 · 시장 · 군수 · 구청장은 ㉠의 어느 하나에 해당하는 사항이 포함되어 있는 사업계획을 승인하려면 미리 소관 행정기관의 장과 협의하여야 한다.

㉢ 특별자치시장 · 특별자치도지사 · 시장 · 군수 · 구청장은 사업계획의 변경승인을 하려는 경우 건축물의 용도변경이 포함되어 있으면 미리 소관 행정기관의 장과 협의하여야 한다.

㉣ 관광사업자(관광숙박업만 해당)가 사업계획의 변경승인을 받은 경우에는 「건축법」에 따른 용도변경의 허가를 받거나 신고를 한 것으로 본다.

㉤ 사업계획의 승인 또는 변경승인을 받은 경우 그 사업계획에 따른 관광숙박시설 및 그 시설 안의 위락시설로서 「국토의 계획 및 이용에 관한 법률」에 따라 지정된 다음의 용도지역의 시설에 대하여는 같은 법 제76조(용도지역 및 용도지구에서의 건축물의 건축 제한 등의 규정)를 적용하지 아니한다. 다만, 주거지역에서는 주거환경의 보호를 위하여 대통령령으로 정하는 사업계획승인기준에 맞는 경우에 한한다.

㉮ 상업지역

㉯ 주거지역 · 공업지역 및 녹지지역 중 대통령령으로 정하는 지역(일반주거지역, 준주거지역, 준공업지역, 자연녹지지역)

㉥ 사업계획의 승인을 받은 경우 그 사업계획에 따른 관광숙박시설로서 대통령령으로 정하는 지역 내 위치하면서 학교 출입문 또는 학교설립예정지 출입문으로부터 직선거리로 75미터 이내에 위치한 관광숙박시설의 설치와 관련하여서는 「학교보건법」 제6조 제1항 각 호 외의 부분 단서를 적용하지 아니한다.

㉦ 사업계획의 승인 또는 변경승인을 받은 경우 그 사업계획에 따른 관광숙박시설로서 다음에 적합한 시설에 대해서는 「학교보건법」 제6조 제1항 제13호를 적용하지 아니한다.

㉮ 관광숙박시설에서 「학교보건법」 제6조 제1항 제12호, 제14호부터 제16호까지 또는 제18호부터 제20호까지의 규정에 따른 행위 및 시설 중 어느 하나에 해당하는 행위 및 시설이 없을 것

㉯ 관광숙박시설의 객실이 100실 이상일 것

⒟ 대통령령으로 정하는 지역 내 위치할 것

⒣ 관광숙박시설 내 공용공간을 개방형 구조로 할 것

⒤ 학교 출입문 또는 학교설립예정지 출입문으로부터 직선거리로 75미터 이상에 위치할 것

◎ ⓢ의 요건을 충족하여 관광숙박시설을 설치하려는 자는 건축위원회의 교육환경 저해여부에 관한 심의를 받아야 한다.

ⓩ 특별자치시장·특별자치도지사·시장·군수·구청장은 사업계획의 승인 또는 변경승인을 하려는 경우에는 교육환경 보호 및 교통안전 보호조치를 취하도록 하는 조건을 붙일 수 있다.

ⓩ ㉠부터 ㉣까지에서 규정한 사항 외에 이 조에 따른 의제의 기준 및 효과 등에 관하여는 「행정기본법」 제24조부터 제26조까지를 준용한다.　　　　　※ ⒝부터 ㉯까지(2021. 3. 22.까지 유효함)

⑤ **관광숙박업 등의 등록심의위원회**〈관광진흥법 제17조〉 `2016년출제`

㉠ 관광숙박업 및 대통령령으로 정하는 관광객 이용시설업이나 국제회의업의 등록(등록 사항의 변경을 포함)에 관한 사항을 심의하기 위하여 특별자치시장·특별자치도지사·시장·군수·구청장(권한이 위임된 경우에는 그 위임을 받은 기관) 소속으로 관광숙박업 및 관광객 이용시설업 등록심의위원회(이하 "위원회")를 둔다.

㉡ 위원회는 위원장과 부위원장 각 1명을 포함한 위원 10명 이내로 구성하되, 위원장은 특별자치시·특별자치도·시·군·구(자치구만 해당)의 부지사·부시장·부군수·부구청장이 되고, 부위원장은 위원 중에서 위원장이 지정하는 자가 되며, 위원은 신고 또는 인·허가 등의 소관 기관의 직원이 된다.

㉢ 위원회 심의 사항

㉮ 관광숙박업 및 대통령령으로 정하는 관광객 이용시설업이나 국제회의업의 등록기준 등에 관한 사항

㉯ ⑥의 ㉠(법 제18조 제1항)에서 정한 사업이 관계 법령상 신고 또는 인·허가 등의 요건에 해당하는지에 관한 사항

㉰ 사업계획 승인 또는 변경승인을 받고 관광사업 등록(제16조 제7항에 따라 「학교보건법」 제6조 제1항 제13호를 적용받지 아니하고 관광숙박시설을 설치하려는 경우에 한정한다)을 신청한 경우 제16조 제7항의 요건을 충족하는지에 관한 사항(2021. 3. 22.까지 유효함)

㉣ 특별자치시장·특별자치도지사·시장·군수·구청장은 관광숙박업, 관광객 이용시설업, 국제회의업의 등록을 하려면 미리 위원회의 심의를 거쳐야 한다. 다만, 대통령령으로 정하는 경미한 사항의 변경에 관하여는 위원회의 심의를 거치지 아니할 수 있다. 이때 대통령령으로 정하는 경미한 사항은 위원회의 심의사항의 변경 중 관계되는 기관이 둘 이하인 경우의 심의사항 변경을 말한다.

㉤ 위원회의 회의는 재적위원 3분의 2 이상의 출석과 출석위원 3분의 2 이상의 찬성으로 의결한다.

㉥ 위원회의 구성·운영이나 그 밖에 위원회에 필요한 사항은 대통령령으로 정한다.

㉮ 위원장의 직무 등 : 관광숙박업 및 관광객 이용시설업 등록심의위원회 위원장은 위원회를 대표하고, 위원회의 직무를 총괄한다.

㉯ 부위원장은 위원장을 보좌하고, 위원장이 부득이한 사유로 직무를 수행할 수 없을 때에는 그 직무를 대행한다.

㉰ 위원장은 위원회의 회의를 소집하고 그 의장이 된다.

㉱ 위원장은 위원회의 심의사항과 관련하여 필요하다고 인정하면 관계인 또는 안전·소방 등에 대한 전문가를 출석시켜 그 의견을 들을 수 있다.

ⓜ 위원회의 서무를 처리하기 위하여 위원회에 간사 1명을 둔다.

ⓑ 규정된 사항 외에 위원회의 운영에 필요한 사항은 위원회의 의결을 거쳐 위원장이 정한다.

⑥ **등록 시의 신고 · 허가 의제 등**〈관광진흥법 제18조〉

　㉠ 특별자치시장 · 특별자치도지사 · 시장 · 군수 · 구청장이 위원회의 심의를 거쳐 등록을 하면 그 관광사업자는 위원회의 심의를 거친 사항에 대해서는 다음의 신고를 하였거나 인 · 허가 등을 받은 것으로 본다.

　　㉮ 「공중위생관리법」에 따른 숙박업 · 목욕장업 · 이용업 · 미용업 또는 세탁업의 신고

　　㉯ 「식품위생법」에 따른 식품접객업으로서 대통령령으로 정하는 영업의 허가 또는 신고

　　㉰ 「주류 면허 등에 관한 법률」에 따른 주류 판매업의 면허 또는 신고

　　㉱ 「외국환거래법」에 따른 외국환업무의 등록

　　㉲ 「담배사업법」에 따른 담배소매인의 지정

　　㉳ 「체육시설의 설치 · 이용에 관한 법률」에 따른 신고 체육시설업으로서 체육시설업의 신고

　　㉴ 「해사안전법」에 따른 해상 레저 활동의 허가

　　㉵ 「의료법」에 따른 부속의료기관의 개설신고 또는 개설허가

　㉡ ㉠에 따른 의제의 기준 및 효과 등에 관하여는 「행정기본법」 제24조부터 제26조까지(제24조 제4항은 제외한다)를 준용한다.

> **POINT** **관광숙박업자의 준수사항**〈관광진흥법 제18조의2〉
> ⋯⋯⋯⋯⋯⋯⋯⋯⋯⋯⋯⋯⋯⋯⋯⋯⋯⋯⋯⋯⋯⋯⋯⋯⋯⋯⋯⋯⋯⋯⋯⋯⋯⋯
> - 관광숙박시설에서 「학교보건법」에 해당하는 행위 및 시설이 없을 것
> - 관광숙박시설의 객실이 100실 이상일 것
> - 대통령령으로 정하는 지역 내 위치할 것
> - 대통령령으로 정하는 바에 따라 관광숙박시설 내 공용공간을 개방형 구조로 할 것
> - 학교 출입문 또는 학교설립예정지 출입문으로부터 직선거리로 75미터 이상에 위치할 것

⑦ **관광숙박업의 등급**〈관광진흥법 제19조〉 **2016년출제**

　㉠ 문화체육관광부장관은 관광숙박시설 및 야영장 이용자의 편의를 돕고, 관광숙박시설 · 야영장 및 서비스의 수준을 효율적으로 유지 · 관리하기 위하여 관광숙박업자 및 야영장업자의 신청을 받아 관광숙박업 및 야영장업에 대한 등급을 정할 수 있다. 다만, 호텔업 등록을 한 자 중 대통령령으로 정하는 자는 등급결정을 신청하여야 한다.

　㉡ 문화체육관광부장관은 관광숙박업 및 야영장업에 대한 등급결정을 하는 경우 유효기간을 정하여 등급을 정할 수 있다.

　㉢ 문화체육관광부장관은 등급결정을 위하여 필요한 경우에는 관계 전문가에게 관광숙박업 및 야영장업의 시설 및 운영 실태에 관한 조사를 의뢰할 수 있으며, 등급결정 결과에 관한 사항을 공표할 수 있다.

　㉣ 문화체육관광부장관은 감염병 확산으로 「재난 및 안전관리 기본법」에 따른 경계 이상의 위기경보가 발령된 경우 등급결정을 연기하거나 기존의 등급결정의 유효기간을 연장할 수 있다.

ⓜ 관광숙박업 및 야영장업 등급의 구분에 관한 사항은 대통령령으로 정하고, 등급결정의 유효기간·신청 시기·절차, 등급결정 결과 공표, 등급결정의 연기 및 유효기간 연장 등에 관한 사항은 문화체육관광부령으로 정한다.

⑧ 등급결정

　ⓗ **호텔업의 등급결정**〈관광진흥법 시행규칙 제25조〉 `2018년출제` `2020년출제`

　　㉮ 관광호텔업, 수상관광호텔업, 한국전통호텔업, 가족호텔업, 소형호텔업 또는 의료관광호텔업의 등록을 한 자는 다음의 구분에 따른 기간 이내에 문화체육관광부장관으로부터 등급결정권을 위탁받은 법인(이하 "등급결정 수탁기관"이라 한다)에 호텔업의 등급 중 희망하는 등급을 정하여 등급결정을 신청하여야 한다. `2019년출제`

　　　• 호텔을 신규 등록한 경우 : 호텔업 등록을 한 날부터 60일
　　　• 호텔업 등급결정의 유효기간이 만료되는 경우 : 유효기간 만료 전 150일부터 90일까지
　　　• 시설의 증·개축 또는 서비스 및 운영실태 등의 변경에 따른 등급 조정사유가 발생한 경우 : 등급 조정 사유가 발생한 날부터 60일
　　　• 호텔업 등급결정의 유효기간이 연장된 경우 : 연장된 유효기간 만료일까지

　　㉯ 등급결정 수탁기관은 ㉮에 따른 등급결정 신청을 받은 경우에는 문화체육관광부장관이 정하여 고시하는 호텔업 등급결정의 기준에 따라 신청일부터 90일 이내에 해당 호텔의 등급을 결정하여 신청인에게 통지하여야 한다. 다만, 부득이한 사유가 있는 경우에는 60일의 범위에서 등급결정 기간을 연장할 수 있다.

> **POINT** **등급결정 평가요소**〈관광진흥법 시행규칙 제25조 제3항〉 `2015년출제`
> • 서비스 상태
> • 객실 및 부대시설의 상태
> • 안전 관리 등에 관한 법령 준수 여부

　ⓛ **등급결정 권한의 위탁**〈관광진흥법 시행령 제66조〉

　　㉮ 문화체육관광부장관은 호텔업의 등급결정권을 다음의 요건을 모두 갖춘 법인으로서 문화체육관광부장관이 정하여 고시하는 법인에 위탁한다.

　　　• 문화체육관광부장관의 허가를 받아 설립된 비영리법인이거나 「공공기관의 운영에 관한 법률」에 따른 공공기관일 것
　　　• 관광숙박업의 육성과 서비스 개선 등에 관한 연구 및 계몽활동 등을 하는 법인일 것
　　　• 문화체육관광부령으로 정하는 기준에 맞는 자격을 가진 평가요원을 50명 이상 확보하고 있을 것

- 호텔업에서 5년 이상 근무한 사람으로서 평가 당시 호텔업에 종사하고 있지 아니한 사람 1명 이상
- 「고등교육법」에 따른 전문대학 이상 또는 이와 같은 수준 이상의 학력이 인정되는 교육기관에서 관광 분야에 관하여 5년 이상 강의한 경력이 있는 교수, 부교수, 조교수 또는 겸임교원 1명 이상
- 다음의 어느 하나에 해당하는 연구기관에서 관광 분야에 관하여 5년 이상 연구한 경력이 있는 연구원 1명 이상
  - 「정부출연연구기관 등의 설립·운영 및 육성에 관한 법률」 또는 「과학기술분야 정부출연연구기관 등의 설립·운영 및 육성에 관한 법률」에 따라 설립된 정부출연연구기관
  - 「특정연구기관 육성법」에 따른 특정연구기관
  - 국공립연구기관
- 관광 분야에 전문성이 인정되는 사람으로서 다음의 어느 하나에 해당하는 사람 1명 이상
  - 「소비자기본법」에 따른 한국소비자원 또는 소비자보호와 관련된 단체에서 추천한 사람
  - 등급결정 수탁기관이 공모를 통하여 선정한 사람
- 그 밖에 문화체육관광부장관이 위의 세 항목에 해당하는 사람과 동등한 자격이 있다고 인정하는 사람

   ⓐ 문화체육관광부장관은 위탁 업무 수행에 필요한 경비의 전부 또는 일부를 호텔업 등급결정권을 위탁받은 법인에 지원할 수 있으며, 호텔업 등급결정권 위탁 기준 등 호텔업 등급결정권의 위탁에 필요한 사항은 문화체육관광부장관이 정하여 고시한다.

  ⓒ **규제의 재검토** : 문화체육관광부장관은 다음의 사항에 대하여 각각의 기준일을 기준으로 3년마다(매 3년이 되는 해의 1월 1일 전까지를 말한다) 그 타당성을 검토하여 개선 등의 조치를 해야 한다〈관광진흥법 시행령 제66조의3〉.

    ㉮ 관광사업의 등록기준(의료관광호텔업의 등록기준은 제외한다) : 2020년 1월 1일

    ㉯ 호텔업 등급결정 대상 중 가족호텔업의 포함 여부 : 2022년 1월 1일

⑨ **분양 및 회원모집**〈관광진흥법 제20조〉

  ㉠ 관광숙박업이나 관광객 이용시설업으로서 대통령령으로 정하는 종류의 관광사업(휴양 콘도미니엄업 및 호텔업, 관광객 이용시설업 중 제2종 종합휴양업)을 등록한 자 또는 그 사업계획의 승인을 받은 자가 아니면 그 관광사업의 시설에 대하여 분양(휴양 콘도미니엄만 해당) 또는 회원모집을 하여서는 아니 된다. **2015년출제**

  ⓛ 누구든지 다음의 어느 하나에 해당하는 행위를 하여서는 아니 된다.

    ㉮ 분양 또는 회원모집을 할 수 없는 자가 관광숙박업이나 관광객 이용시설업으로서 대통령령으로 정하는 종류의 관광사업(휴양 콘도미니엄업 및 호텔업, 관광객 이용시설업 중 제2종 종합휴양업) 또는 이와 유사한 명칭을 사용하여 분양 또는 회원모집을 하는 행위

    ㉯ 관광숙박시설과 관광숙박시설이 아닌 시설을 혼합 또는 연계하여 이를 분양하거나 회원을 모집하는 행위[다만, 대통령령으로 정하는 종류의 관광숙박업(휴양 콘도미니엄업, 호텔업)의 등록을 받은 자 또는 그 사업계획의 승인을 얻은 자가 「체육시설의 설치·이용에 관한 법률」에 따라 골프장의 사업계획을 승인받은 경우에는 관광숙박시설과 해당 골프장을 연계하여 분양하거나 회원을 모집할 수 있음]

    ㉰ 소유자등 또는 회원으로부터 관광사업의 시설에 관한 이용권리를 양도받아 이를 이용할 수 있는 회원을 모집하는 행위

ⓒ 분양 및 회원모집의 기준 및 시기 〈관광진흥법 시행령 제24조〉 : 분양 또는 회원모집을 하려는 자는 대통령령으로 정하는 분양 또는 회원모집의 기준 및 절차에 따라 분양 또는 회원모집을 하여야 한다.

㉮ 휴양 콘도미니엄업 시설의 분양 및 회원모집 기준과 호텔업 및 제2종 종합휴양업 시설의 회원모집 기준은 다음과 같다. 다만, 제2종 종합휴양업 시설 중 등록 체육시설업 시설에 대한 회원모집에 관하여는 「체육시설의 설치·이용에 관한 법률」에서 정하는 바에 따른다.

- 다음의 구분에 따른 소유권 등을 확보할 것. 이 경우 분양(휴양 콘도미니엄업만 해당) 또는 회원모집 당시 해당 휴양 콘도미니엄업, 호텔업 및 제2종 종합휴양업의 건물이 사용승인된 경우에는 해당 건물의 소유권도 확보하여야 한다.
  - 휴양 콘도미니엄업 및 호텔업(수상관광호텔은 제외)의 경우 : 해당 관광숙박시설이 건설되는 대지의 소유권
  - 수상관광호텔의 경우 : 구조물 또는 선박의 소유권
  - 제2종 종합휴양업의 경우 : 회원모집 대상인 해당 제2종 종합휴양업 시설이 건설되는 부지의 소유권 또는 사용권
- 대지·부지 및 건물이 저당권의 목적물로 되어 있는 경우에는 그 저당권을 말소할 것(단, 공유제일 경우에는 분양받은 자의 명의로 소유권 이전등기를 마칠 때까지, 회원제일 경우에는 저당권이 말소될 때까지 분양 또는 회원모집과 관련한 사고로 인하여 분양을 받은 자나 회원에게 피해를 주는 경우 그 손해를 배상할 것을 내용으로 저당권 설정금액에 해당하는 보증보험에 가입한 경우에는 그러하지 않음)
- 분양을 하는 경우 한 개의 객실당 분양인원은 5명 이상으로 하되, 가족(부부 및 직계존비속)만을 수분양자로 하지 아니할 것(단, 소유자등이 법인인 경우, 또는 법무부장관이 정하여 고시한 투자지역에 건설되는 휴양 콘도미니엄으로서 소유자등이 외국인인 경우는 제외)
- 소유자등 또는 회원의 연간 이용일수는 365일을 객실당 분양 또는 회원모집계획 인원수로 나눈 범위 이내일 것
- 주거용으로 분양 또는 회원모집을 하지 아니할 것

㉯ 휴양 콘도미니엄업, 호텔업 및 제2종 종합휴양업의 분양 또는 회원을 모집하는 경우 그 시기 등은 다음과 같다. **2019년출제**

- 휴양 콘도미니엄업 및 제2종 종합휴양업의 경우(제2종 종합휴양업에 포함된 호텔업의 경우 포함)
  - 해당 시설공사의 총 공사 공정이 문화체육관광부령으로 정하는 공정률 이상 진행된 때부터 분양 또는 회원모집을 하되, 분양 또는 회원을 모집하려는 총 객실 중 공정률에 해당하는 객실을 대상으로 분양 또는 회원을 모집할 것
  - 공정률에 해당하는 객실 수를 초과하여 분양 또는 회원을 모집하려는 경우에는 분양 또는 회원모집과 관련한 사고로 인하여 분양을 받은 자나 회원에게 피해를 주는 경우 그 손해를 배상할 것을 내용으로 공정률을 초과하여 분양 또는 회원을 모집하려는 금액에 해당하는 보증보험에 관광사업의 등록 시까지 가입할 것
- 호텔업의 경우 : 관광사업의 등록 후부터 회원을 모집할 것(단, 제2종 종합휴양업에 포함된 호텔업의 경우 제외)

ⓔ 분양 또는 회원모집계획서의 제출 〈관광진흥법 시행령 제25조〉

㉮ 분양 또는 회원을 모집하려는 자는 문화체육관광부령으로 정하는 바에 따라 분양 또는 회원모집계획서를 특별자치시장·특별자치도지사·시장·군수·구청장에게 제출하여야 한다.

ⓐ 제출한 분양 또는 회원모집계획서의 내용이 사업계획승인 내용과 다른 경우에는 사업계획 변경승인신청서를 함께 제출하여야 한다.

ⓒ 분양 또는 회원모집계획서를 제출받은 특별자치시장·특별자치도지사·시장·군수·구청장은 이를 검토한 후 지체 없이 그 결과를 상대방에게 알려야 한다.

ⓡ ㉮부터 ㉱까지의 규정은 분양 또는 회원모집계획을 변경하는 경우에 이를 준용한다.

ⓜ 분양 또는 회원모집계획서의 **첨부서류**〈관광진흥법 시행규칙 제27조 제1항〉

㉮ 「건축법」에 따른 공사 감리자가 작성하는 건설공정에 대한 보고서 또는 확인서(공사 중인 시설의 경우만 해당)

㉯ 보증보험가입증서(필요한 경우만 해당)

㉰ 객실 종류별, 객실당 분양인원 및 분양가격(회원제의 경우에는 회원수 및 입회금)

㉱ 분양 또는 회원모집계약서와 이용약관

㉲ 분양 또는 회원모집 공고안

㉳ 관광사업자가 직접 운영하는 휴양콘도미니엄 또는 호텔의 현황 및 증빙서류(관광사업자가 직접 운영하지는 않지만 계약에 따라 회원 등이 이용할 수 있는 시설이 있는 경우에는 그 현황 및 증빙서류를 포함)

ⓗ 분양 또는 회원모집 **공고안에 포함 사항**〈관광진흥법 시행규칙 제27조 제3항〉

㉮ 대지면적 및 객실당 전용면적·공유면적

㉯ 분양가격 또는 입회금 중 계약금·중도금·잔금 및 그 납부시기

㉰ 분양 또는 회원모집의 총 인원과 객실별 인원

㉱ 연간 이용일수 및 회원의 경우 입회기간

㉲ 사업계획승인과 건축허가의 번호·연월일 및 승인·허가기관

㉳ 착공일, 공사완료예정일 및 이용예정일

㉴ 관광사업자가 직접 운영하는 휴양콘도미니엄 또는 호텔의 현황

ⓢ **회원증의 발급**〈관광진흥법 시행규칙 제28조〉

㉮ 분양 또는 회원모집을 하는 관광사업자가 회원증을 발급하는 경우 그 회원증에는 다음의 사항이 포함되어야 한다.

• 소유자등 또는 회원의 번호
• 소유자등 또는 회원의 성명과 주민등록번호
• 사업장의 상호·명칭 및 소재지
• 소유자등과 회원의 구분
• 면적
• 분양일 또는 입회일
• 발행일자

㉯ 분양 또는 회원모집을 하는 관광사업자가 ㉮에 따른 회원증을 발급하려는 경우에는 미리 분양 또는 회원모집 계약 후 30일 이내에 문화체육관광부장관이 지정하여 고시하는 자(이하 "회원증 확인자"라 한다)로부터 그 회원증과 분양 또는 회원모집계획서가 일치하는지를 확인받아야 한다.

ⓓ ⓝ에 따라 회원증 확인자의 확인을 받아 회원증을 발급한 관광사업자는 소유자등 및 회원 명부에 회원 증 발급 사실을 기록·유지하여야 한다.

ⓡ 회원증 확인자는 6개월마다 특별자치시장·특별자치도지사·시장·군수·구청장에게 회원증 발급에 관한 사항을 통보하여야 한다.

◎ 소유자등 또는 회원의 보호〈관광진흥법 시행령 제26조〉

㉮ 공유지분 또는 회원자격의 양도·양수 : 공유지분 또는 회원자격의 양도·양수를 제한하지 아니할 것

㉯ 시설의 이용 : 소유자등 또는 회원이 이용하지 아니하는 객실만을 소유자등 또는 회원이 아닌 자에게 이용하게 할 것. 이 경우 객실이용계획을 수립하여 소유자등·회원의 대표기구와 미리 협의하여야 하며, 객실이용명세서를 작성하여 소유자등·회원의 대표기구에 알려야 한다.

㉰ 시설의 유지·관리에 필요한 비용의 징수

• 해당 시설을 선량한 관리자로서의 주의의무를 다하여 관리하되, 시설의 유지·관리에 드는 비용 외의 비용을 징수하지 아니할 것

• 시설의 유지와 관리 비용의 징수에 관한 사항을 변경하려는 경우에는 소유자등·회원의 대표기구와 협의하고, 그 협의 결과를 소유자등 및 회원에게 공개할 것

• 시설의 유지·관리에 드는 비용 징수금의 사용명세를 매년 소유자등·회원의 대표기구에 공개할 것

㉱ 회원의 입회금의 반환 : 회원의 입회기간 및 입회금(회원자격을 부여받은 대가로 회원을 모집하는 자에게 지급하는 비용)의 반환은 관광사업자 또는 사업계획승인을 받은 자와 회원 간에 체결한 계약에 따르되, 회원의 입회기간이 끝나 입회금을 반환하여야 하는 경우에는 입회금 반환을 요구받은 날부터 10일 이내에 반환할 것

㉲ 회원증의 발급 및 확인 : 문화체육관광부령으로 정하는 바에 따라 소유자등나 회원에게 해당 시설의 소유자등나 회원임을 증명하는 회원증을 문화체육관광부령으로 정하는 기관으로부터 확인받아 발급할 것

㉳ 소유자등·회원의 대표기구 구성 및 운영

• 20명 이상의 소유자등·회원으로 대표기구를 구성할 것. 이 경우 그 분양 또는 회원모집을 한 자와 그 대표자 및 임직원은 대표기구에 참여할 수 없다.

• 대표기구를 구성하는 경우(결원을 충원하는 경우를 포함)에는 그 소유자등·회원 모두를 대상으로 전자우편 또는 휴대전화 문자메세지로 통지하거나 해당 사업자의 인터넷 홈페이지에 게시하는 등의 방법으로 그 사실을 알리고 대표기구의 구성원을 추천받거나 신청받도록 할 것

• 소유자등·회원의 권익에 관한 사항은 대표기구와 협의할 것

• 휴양 콘도미니엄업에 대한 특례

－첫 번째 항목에도 불구하고 한 개의 법인이 복수의 휴양 콘도미니엄업을 등록한 경우에는 그 법인이 등록한 휴양 콘도미니엄업의 전부 또는 일부를 대상으로 대표기구를 통합하여 구성할 수 있도록 하되, 통합하여 구성된 대표기구에는 각각의 등록된 휴양 콘도미니엄업 시설의 소유자등 및 회원이 소유자등과 회원이 모두 있는 등록된 휴양 콘도미니엄업의 경우 소유자등 및 회원 각각 1명 이상, 소유자등 또는 회원만 있는 등록된 휴양 콘도미니엄업의 경우 소유자등 또는 회원 1명 이상

−통합 대표기구를 구성한 경우에도 특정 휴양 콘도미니엄업 시설의 소유자등·회원의 권익에 관한 사항으로서 통합 대표기구의 구성원 10명 이상 또는 해당 휴양 콘도미니엄업 시설의 소유자등·회원 10명 이상이 요청하는 경우에는 해당 휴양 콘도미니엄업 시설의 소유자등·회원 20명 이상으로 그 휴양 콘도미니엄업의 해당 안건만을 협의하기 위한 대표기구를 구성하여 해당 안건에 관하여 통합 대표기구를 대신하여 협의하도록 할 것

㉔ 그 밖의 소유자등·회원의 권익 보호에 관한 사항 : 분양 또는 회원모집계약서에 사업계획의 승인번호·일자(관광사업으로 등록된 경우에는 등록번호·일자), 시설물의 현황·소재지, 연간 이용일수 및 회원의 입회기간을 명시할 것

(4) 카지노업

① 허가 요건 등〈관광진흥법 제21조〉

ㄱ 문화체육관광부장관은 카지노업의 허가신청을 받으면 다음의 어느 하나에 해당하는 경우에만 허가할 수 있다.

㉮ 국제공항이나 국제여객선터미널이 있는 특별시·광역시·특별자치시·도·특별자치도에 있거나 관광특구에 있는 관광숙박업 중 호텔업 시설(관광숙박업의 등급 중 최상 등급을 받은 시설만 해당하며, 시·도에 최상 등급의 시설이 없는 경우에는 그 다음 등급의 시설만 해당) 또는 대통령령으로 정하는 국제회의업 시설의 부대시설에서 카지노업을 하려는 경우로서 대통령령으로 정하는 요건에 맞는 경우

• 외래관광객 유치계획 및 장기수지전망 등을 포함한 사업계획서가 적정할 것
• 위의 규정된 사업계획의 수행에 필요한 재정능력이 있을 것
• 현금 및 칩의 관리 등 영업거래에 관한 내부통제방안이 수립되어 있을 것
• 그 밖에 카지노업의 건전한 운영과 관광산업의 진흥을 위하여 문화체육관광부장관이 공고하는 기준에 맞을 것

㉯ 우리나라와 외국을 왕래하는 여객선에서 카지노업을 하려는 경우로서 대통령령으로 정하는 다음의 요건에 맞는 경우

• 여객선이 2만톤급 이상으로 문화체육관광부장관이 공고하는 총톤수 이상일 것
• ㉮의 첫 번째부터 네 번째까지의 규정에 적합할 것

ㄴ 문화체육관광부장관이 공공의 안녕, 질서유지 또는 카지노업의 건전한 발전을 위하여 필요하다고 인정하면 대통령령으로 정하는 바에 따라 허가를 제한할 수 있다.

㉮ 문화체육관광부장관은 최근 신규허가를 한 날 이후에 전국 단위의 외래관광객이 60만 명 이상 증가한 경우에만 신규허가를 할 수 있되, 다음의 사항을 고려하여 그 증가인원 60만 명당 2개 사업 이하의 범위에서 할 수 있다. **2017년출제**

• 전국 단위의 외래관광객 증가 추세 및 지역의 외래관광객 증가 추세
• 카지노이용객의 증가 추세
• 기존 카지노사업자의 총 수용능력
• 기존 카지노사업자의 총 외화획득실적
• 그 밖에 카지노업의 건전한 운영과 관광산업의 진흥을 위하여 필요한 사항

ⓒ 문화체육관광부장관은 카지노업의 신규허가를 하려면 미리 다음의 사항을 정하여 공고하여야 한다.
- ㉮ 허가 대상지역
- ㉯ 허가 가능업체 수
- ㉰ 허가절차 및 허가방법
- ㉱ 세부 허가기준
- ㉲ 카지노업의 건전한 운영과 관광산업의 진흥을 위하여 문화체육관광부장관이 정하는 사항

ⓓ 문화체육관광부장관은 ⓒ에 따른 공고를 실시한 결과 적합한 자가 없을 경우에는 카지노업의 신규허가를 하지 아니할 수 있다.

② **결격사유**〈관광진흥법 제22조〉 **2018년출제**

ⓐ 다음의 어느 하나에 해당하는 자는 카지노업의 허가를 받을 수 없다.
- ㉮ 19세 미만인 자
- ㉯ 「폭력행위 등 처벌에 관한 법률」에 따른 단체 또는 집단을 구성하거나 그 단체 또는 집단에 자금을 제공하여 금고 이상의 형을 선고받고 형이 확정된 자
- ㉰ 조세를 포탈(逋脫)하거나 외국환거래법을 위반하여 금고 이상의 형을 선고받고 형이 확정된 자
- ㉱ 금고 이상의 실형을 선고받고 그 집행이 끝나거나 집행을 받지 아니하기로 확정된 후 2년이 지나지 아니한 자
- ㉲ 금고 이상의 형의 집행유예를 선고받고 그 유예기간 중에 있는 자
- ㉳ 금고 이상의 형의 선고유예를 받고 그 유예기간 중에 있는 자
- ㉴ 임원 중에 ㉮부터 ㉳까지의 규정 중 어느 하나에 해당하는 자가 있는 법인

ⓑ 문화체육관광부장관은 카지노업의 허가를 받은 자(카지노사업자)가 결격사유 어느 하나에 해당하면 그 허가를 취소하여야 한다. 다만, 법인의 임원 중 그 사유에 해당하는 자가 있는 경우 3개월 이내에 그 임원을 바꾸어 임명한 때에는 그러하지 아니하다.

③ **카지노업의 시설기준 등**〈관광진흥법 시행규칙 제29조~제31조〉

ⓐ 카지노업의 허가를 받으려는 자는 문화체육관광부령으로 정하는 다음의 시설 및 기구를 갖추어야 한다.
- ㉮ 330제곱미터 이상의 전용 영업장
- ㉯ 1개 이상의 외국환 환전소
- ㉰ 카지노업의 영업종류 중 네 종류 이상의 영업을 할 수 있는 게임기구 및 시설
- ㉱ 문화체육관광부장관이 정하여 고시하는 기준에 적합한 카지노 전산시설
  - 하드웨어의 성능 및 설치방법에 관한 사항
  - 네트워크의 구성에 관한 사항
  - 시스템의 가동 및 장애방지에 관한 사항
  - 시스템의 보안 관리에 관한 사항
  - 환전관리 및 현금과 칩의 출납관리를 위한 소프트웨어에 관한 사항

ⓑ 카지노 전산시설의 검사 : 카지노사업자는 카지노 전산시설에 대하여 다음의 구분에 따라 각각 해당 기한 내에 문화체육관광부장관이 지정 · 고시하는 검사기관(이하 "카지노 전산시설 검사기관")의 검사를 받아야 한다.

㉮ 신규로 카지노업의 허가를 받은 경우 : 허가를 받은 날(조건부 영업허가를 받은 경우에는 조건 이행의 신고를 한 날)부터 15일

㉯ 검사유효기간이 만료된 경우 : 유효기간 만료일부터 3개월

> **POINT** **검사의 유효기간**〈관광진흥법 시행규칙 제30조 제2항〉
>
> 검사의 유효기간은 검사에 합격한 날부터 3년으로 한다. 다만, 검사 유효기간의 만료 전이라도 카지노전산시설을 교체한 경우에는 교체한 날부터 15일 이내에 검사를 받아야 하며, 이 경우 검사의 유효기간은 3년으로 한다.

ⓒ 유효기간 연장에 관한 사전통지 : 카지노 전산시설 검사기관은 카지노사업자에게 카지노 전산시설 검사의 유효기간 만료일부터 3개월 이내에 검사를 받아야 한다는 사실과 검사 절차를 유효기간 만료일 1개월 전까지 알려야 한다. 이에 따른 통지는 휴대폰에 의한 문자전송, 전자메일, 팩스, 전화, 문서 등으로 할 수 있다.

ⓔ 카지노 전산시설 검사기관의 업무규정 포함 사항

　㉮ 검사의 소요기간

　㉯ 검사의 절차와 방법에 관한 사항

　㉰ 검사의 수수료에 관한 사항

　㉱ 검사의 증명에 관한 사항

　㉲ 검사원이 지켜야 할 사항

　㉳ 그 밖의 검사업무에 필요한 사항

④ **조건부 영업허가**〈관광진흥법 제24조〉

ⓖ 문화체육관광부장관은 카지노업을 허가할 때 1년의 범위에서 대통령령으로 정하는 기간에 시설 및 기구를 갖출 것을 조건으로 허가할 수 있다. 다만, 천재지변이나 그 밖의 부득이한 사유가 있다고 인정하는 경우에는 해당 사업자의 신청에 따라 한 차례에 한하여 6개월을 넘지 아니하는 범위에서 그 기간을 연장할 수 있다.

ⓛ 문화체육관광부장관은 허가를 받은 자가 정당한 사유 없이 기간 내에 허가 조건을 이행하지 아니하면 그 허가를 즉시 취소하여야 한다.

ⓒ 조건이행의 신고 : 카지노업의 조건부 영업허가를 받은 자는 기간 내에 그 조건을 이행한 경우 조건이행 내역 신고서에 설치한 시설에 관한 서류, 설치한 카지노기구에 관한 서류를 첨부하여 문화체육관광부장관에게 제출하여야 한다.

⑤ **카지노기구의 규격 및 기준 등**〈관광진흥법 제25조〉

ⓖ 문화체육관광부장관은 카지노업에 이용되는 기구(카지노기구)의 형상·구조·재질 및 성능 등에 관한 규격 및 기준(공인기준 등)을 정하여야 한다. 문화체육관광부장관은 카지노기구의 규격 및 기준을 정한 경우에는 이를 고시하여야 한다. 이 경우 전자테이블게임 및 머신게임 기구의 규격·기준에는 다음의 사항이 포함되어야 한다.

⑦ 최저배당률에 관한 사항

⑭ 최저배당률 이하로 변경하거나 카지노기구검사기관의 검사를 받지 아니한 이피롬(EPROM) 및 기타프로그램 저장장치를 사용하는 경우에는 카지노기구의 자동폐쇄에 관한 사항

⑭ 게임결과의 기록 및 그 보전에 관한 사항

ⓛ 문화체육관광부장관은 문화체육관광부령으로 정하는 바에 따라 문화체육관광부장관이 지정하는 검사기관의 검정을 받은 카지노기구의 규격 및 기준을 공인기준 등으로 인정할 수 있다.

ⓒ 카지노사업자가 카지노기구를 영업장소(그 부대시설 등을 포함)에 반입·사용하는 경우에는 문화체육관광부령으로 정하는 바에 따라 그 카지노기구가 공인기준 등에 맞는지에 관하여 문화체육관광부장관의 검사를 받아야 한다.

ⓔ 카지노기구의 검사를 받으려는 카지노사업자는 카지노기구 검사신청서에 다음의 서류를 첨부하여 문화체육관광부장관이 지정하는 검사기관(이하 "카지노기구검사기관")에 제출하여야 한다.

⑦ 카지노기구 제조증명서(품명·제조업자·제조연월일·제조번호·규격·재질 및 형식이 기재된 것이어야 함)

⑭ 카지노기구 수입증명서(수입한 경우만 해당함)

⑭ 카지노기구 도면

⑭ 카지노기구 작동설명서

⑩ 카지노기구의 배당률표

⑭ 카지노기구의 검사합격증명서(외국에서 제작된 카지노기구 중 해당 국가에서 인정하는 검사기관의 검사에 합격한 카지노기구를 신규로 반입·사용하려는 경우에만 해당함)

ⓜ 검사신청을 받은 카지노기구검사기관은 해당 카지노기구가 규격 및 기준에 적합한지의 여부를 검사하고, 검사에 합격한 경우에는 다음의 조치를 하여야 한다.

⑦ 카지노기구 제조·수입증명서에 검사합격사항의 확인 및 날인

⑭ 카지노기구에 카지노기구 검사합격확인증의 부착 등 표시

⑭ 카지노기구의 개조·변조를 방지하기 위한 봉인(封印)

⑭ 카지노시설·기구 검사기록부를 작성한 후 그 사본을 문화체육관광부장관에게 제출

ⓗ 카지노기구검사기관은 검사를 할 때 카지노사업자가 외국에서 제작된 카지노기구 중 해당 국가에서 인정하는 검사기관의 검사에 합격한 카지노기구를 신규로 반입·사용하려는 경우에는 그 카지노기구의 검사합격증명서에 의하여 검사를 하여야 한다.

ⓢ 검사의 유효기간은 검사에 합격한 날부터 3년으로 한다.

ⓞ 검사에 합격된 카지노기구에는 문화체육관광부령으로 정하는 바에 따라 검사에 합격하였음을 증명하는 증명서(검사합격증명서)를 붙이거나 표시하여야 한다.

⑥ 카지노업의 영업 종류와 영업 방법 등〈관광진흥법 제26조〉

ⓐ 카지노업의 영업 종류〈관광진흥법 시행규칙 별표8〉 2019년출제

영업 구분		영업 종류	
테이블게임 (Table Game)		• 룰렛(Roulette) • 블랙잭(Blackjack) • 다이스(Dice, Craps) • 포커(Poker) • 바카라(Baccarat) • 다이 사이(Tai Sai) • 키노(Keno) • 빅 휠(Big Wheel) • 빠이 까우(Pai Cow)	• 판 탄(Fan Tan) • 조커 세븐(Joker Seven) • 라운드 크랩스(Round Craps) • 트란타 콰란타(Trent Et Quarante) • 프렌치 볼(French Boule) • 차카락(Chuck-A-Luck) • 빙고(Bingo) • 마작(Mahjong) • 카지노 워(Casino War)
머신게임 (Machine Game)		• 슬롯머신(Slot Machine)	• 비디오게임(Video Game)
전자테이블게임 (Electronic Table Game)	딜러 운영 전자테이블게임 (Dealer Operated Electronic Table Game)	• 룰렛(Roulette) • 블랙잭(Blackjack) • 다이스(Dice, Craps) • 포커(Poker) • 바카라(Baccarat) • 다이 사이(Tai Sai) • 키노(Keno) • 빅 휠(Big Wheel) • 빠이 까우(Pai Cow)	• 판 탄(Fan Tan) • 조커 세븐(Joker Seven) • 라운드 크랩스(Round Craps) • 트란타 콰란타(Trent Et Quarante) • 프렌치 볼(French Boule) • 차카락(Chuck-A-Luck) • 빙고(Bingo) • 마작(Mahjong) • 카지노 워(Casino War)
	무인 전자테이블게임 (Automated Electronic Table Game)		

  ⓛ 카지노업의 영업 종류별 영업 방법 및 배당금에 관하여 문화체육관광부장관에게 신고하거나 신고한 사항을 변경하려는 카지노사업자는 카지노 영업종류별 영업방법등 신고서 또는 변경신고서에 다음의 서류를 첨부하여 문화체육관광부장관에게 신고하여야 한다. 신고한 사항을 변경하려는 경우에도 또한 같다.
    ㉮ 영업종류별 영업방법 설명서
    ㉯ 영업종류별 배당금에 관한 설명서

⑦ **지도와 명령**〈관광진흥법 제27조〉… 문화체육관광부장관은 지나친 사행심 유발을 방지하는 등 그 밖에 공익을 위하여 필요하다고 인정하면 카지노사업자에게 필요한 지도와 명령을 할 수 있다.

⑧ **카지노사업자 등의 준수 사항**〈관광진흥법 제28조 제2항〉… 카지노사업자는 카지노업의 건전한 육성·발전을 위하여 필요하다고 인정하여 문화체육관광부령으로 정하는 영업준칙을 지켜야 한다. 이 경우 그 영업준칙에는 다음의 사항이 포함되어야 한다. 2016년출제
    ㉠ 1일 최소 영업시간
    ㉡ 게임 테이블의 집전함(集錢函) 부착 및 내기금액 한도액의 표시 의무
    ㉢ 슬롯머신 및 비디오게임의 최소배당률
    ㉣ 전산시설·환전소·계산실·폐쇄회로의 관리기록 및 회계와 관련된 기록의 유지 의무
    ㉤ 카지노 종사원의 게임참여 불가 등 행위금지사항

- 법령에 위반되는 카지노기구를 설치하거나 사용하는 행위
- 법령을 위반하여 카지노기구 또는 시설을 변조하거나 변조된 카지노기구 또는 시설을 사용하는 행위
- 허가받은 전용영업장 외에서 영업을 하는 행위
- 내국인(해외이주법에 따른 해외이주자는 제외)을 입장하게 하는 행위
- 지나친 사행심을 유발하는 등 선량한 풍속을 해칠 우려가 있는 광고나 선전을 하는 행위
- 영업 종류에 해당하지 아니하는 영업을 하거나 영업 방법 및 배당금 등에 관한 신고를 하지 아니하고 영업하는 행위
- 총매출액을 누락시켜 관광진흥개발기금 납부금액을 감소시키는 행위
- 19세 미만인 자를 입장시키는 행위
- 정당한 사유 없이 그 연도 안에 60일 이상 휴업하는 행위

⑨ **카지노영업소 이용자의 준수 사항** … 카지노영업소에 입장하는 자는 카지노사업자가 외국인(「해외이주법」에 따른 해외이주자를 포함)임을 확인하기 위하여 신분 확인에 필요한 사항을 묻는 때에는 이에 응하여야 한다.

⑩ **기금 납부**〈관광진흥법 제30조〉

  ㉠ 카지노사업자는 총매출액의 100분의 10의 범위에서 일정 비율에 해당하는 금액을 「관광진흥개발기금법」에 따른 관광진흥개발기금에 내야 한다.

  ㉡ 카지노사업자가 납부금을 납부기한까지 내지 아니하면 문화체육관광부장관은 10일 이상의 기간을 정하여 이를 독촉하여야 한다. 이 경우 체납된 납부금에 대하여는 100분의 3에 해당하는 가산금을 부과하여야 한다.

  ㉢ 독촉을 받은 자가 그 기간에 납부금을 내지 아니하면 국세 체납처분의 예에 따라 징수한다.

  ㉣ 총매출액, 징수비율 및 부과 · 징수절차 등에 필요한 사항은 대통령령으로 정한다.

  ㉮ 총매출액은 카지노영업과 관련하여 고객으로부터 받은 총금액에서 고객에게 지급한 총금액을 공제한 금액을 말한다.

  ㉯ 카지노사업자는 매년 3월 말까지 공인회계사의 감사보고서가 첨부된 전년도의 재무제표를 문화체육관광부장관에게 제출하여야 한다.

  ㉰ 문화체육관광부장관은 매년 4월 30일까지 전년도의 총매출액에 대하여 산출한 납부금을 서면으로 명시하여 2개월 이내의 기한을 정하여 한국은행에 개설된 관광진흥개발기금의 출납관리를 위한 계정에 납부할 것을 알려야 한다. 이 경우 그 납부금을 2회 나누어 내게 할 수 있되, 납부기한은 다음과 같다.
  - 제1회 : 해당 연도 6월 30일까지
  - 제2회 : 해당 연도 9월 30일까지

  ㉱ 카지노사업자는 천재지변이나 그 밖에 이에 준하는 사유로 납부금을 그 기한까지 납부할 수 없는 경우에는 그 사유가 없어진 날부터 7일 이내에 내야 한다.

ⓜ 카지노사업자는 다음의 요건을 모두 갖춘 경우 문화체육관광부장관에게 납부기한의 45일 전까지 납부기한의 연기를 신청할 수 있다.
- 「감염병의 예방 및 관리에 관한 법률」 제2조 제2호에 따른 제1급감염병 확산으로 인한 매출액 감소가 문화체육관광부장관이 정하여 고시하는 기준에 해당할 것
- 위의 내용에 따른 매출액 감소로 납부금을 납부하는 데 어려움이 있다고 인정될 것

ⓝ 문화체육관광부장관은 ⓜ에 따른 신청을 받은 때에는 ⓛ에도 불구하고 기금운용위원회의 심의를 거쳐 1년 이내의 범위에서 납부기한을 한 차례 연기할 수 있다.

⑪ **납부금 부과 처분 등에 대한 이의신청 특례**〈관광진흥법 제30조의2〉

㉠ 문화체육관광부장관은 납부금 또는 가산금 부과 처분에 대한 이의신청을 받으면 그 신청을 받은 날부터 15일 이내에 이를 심의하여 그 결과를 신청인에게 서면으로 알려야 한다.

㉡ 규정한 사항 외에 이의신청에 관한 사항은 「행정기본법」 제36조(제2항 단서는 제외한다)에 따른다.

(5) 유원시설업

① **조건부 영업허가**〈관광진흥법 제31조〉

㉠ 특별자치시장·특별자치도지사·시장·군수·구청장은 유원시설업 허가를 할 때 5년의 범위에서 대통령령으로 정하는 기간에 따른 시설 및 설비를 갖출 것을 조건으로 허가할 수 있다. 다만, 천재지변이나 그 밖의 부득이한 사유가 있다고 인정하는 경우에는 해당 사업자의 신청에 따라 한 차례에 한하여 1년을 넘지 아니하는 범위에서 그 기간을 연장할 수 있다. `2017년출제` `2023년출제`

㉡ 특별자치시장·특별자치도지사·시장·군수·구청장은 허가를 받은 자가 정당한 사유 없이 기간에 허가조건을 이행하지 아니하면 그 허가를 즉시 취소하여야 한다.

㉢ 허가를 받은 자는 기간 내에 허가 조건에 해당하는 필요한 시설 및 기구를 갖춘 경우 그 내용을 특별자치시장·특별자치도지사·시장·군수·구청장에게 신고하여야 한다.

㉣ 특별자치시장·특별자치도지사·시장·군수·구청장은 ㉢에 따른 신고를 받은 날부터 문화체육관광부령으로 정하는 기간 내에 신고수리 여부를 신고인에게 통지하여야 한다.

ⓜ 특별자치시장 · 특별자치도지사 · 시장 · 군수 · 구청장이 ㉣에서 정한 기간 내에 신고수리 여부 또는 민원 처리 관련 법령에 따른 처리기간의 연장을 신고인에게 통지하지 아니하면 그 기간(민원 처리 관련 법령에 따라 처리기간이 연장 또는 재연장된 경우에는 해당 처리기간을 말한다)이 끝난 날의 다음 날에 신고를 수리한 것으로 본다.

② **물놀이형 유원시설업자의 준수사항** … 유원시설업의 허가를 받거나 신고를 한 자(유원시설업자)중 물놀이형 유기시설 또는 유기기구를 설치한 자는 문화체육관광부령으로 정하는 안전 · 위생기준을 지켜야 한다.

③ **안전성검사 등**〈관광진흥법 제33조〉 2016년출제 2017년출제

　㉠ 유원시설업자 및 유원시설업의 허가 또는 변경허가를 받으려는 자(조건부 영업허가를 받은 자로서 그 조건을 이행한 후 영업을 시작하려는 경우를 포함)는 문화체육관광부령으로 정하는 안전성 검사 대상 유기시설 또는 유기기구에 대하여 문화체육관광부령에서 정하는 바에 따라 특별자치시장 · 특별자치도지사 · 시장 · 군수 · 구청장이 실시하는 안전성검사를 받아야 하고, 안전성검사 대상이 아닌 유기시설 또는 유기기구에 대하여는 안전성검사 대상에 해당되지 아니함을 확인하는 검사를 받아야 한다. 이 경우 특별자치시장 · 특별자치도지사 · 시장 · 군수 · 구청장은 성수기 등을 고려하여 검사 시기를 지정할 수 있다.

　㉡ 안전성검사 대상 유기시설 또는 유기기구와 안전성검사 대상이 아닌 유기시설 및 유기기구〈관광진흥법 시행규칙 제40조〉

　　㉮ 유원시설업의 허가 또는 변경허가를 받으려는 자(조건부 영업허가를 받은 자로서 조건이행내역 신고서를 제출한 후 영업을 시작하려는 경우를 포함)는 안전성검사 대상 유기시설 · 유기기구에 대하여 허가 또는 변경허가 전에 안전성검사를 받아야 하며, 허가 또는 변경허가를 받은 다음 연도부터는 연 1회 이상 정기 안전성검사를 받아야 한다. 다만, 최초로 안전성검사를 받은 지 10년이 지난 유기시설 · 유기기구에 대하여는 반기별로 1회 이상 안전성 검사를 받아야 한다.

　　㉯ 재검사 : 안전성검사를 받은 유기시설 또는 유기기구 중 다음의 어느 하나에 해당하는 유기시설 또는 유기기구는 재검사를 받아야 한다.
　　　• 정기 또는 반기별 안전성검사 및 재검사에서 부적합 판정을 받은 유기시설 또는 유기기구
　　　• 사고가 발생한 유기시설 또는 유기기구(유기시설 또는 유기기구의 결함에 의하지 아니한 사고는 제외)
　　　• 3개월 이상 운행을 정지한 유기시설 또는 유기기구

　　㉰ 기타유원시설업의 신고를 하려는 자와 종합유원시설업 또는 일반유원시설업을 하는 자가 안전성검사 대상이 아닌 유기시설 또는 유기기구를 설치하여 운영하려는 경우에는 안전성검사 대상이 아님을 확인하는 검사를 받아야 한다. 다만, 유기시설 또는 유기기구는 최초로 확인검사를 받은 다음 연도부터는 2년마다 정기 확인검사를 받아야 하고, 그 확인검사에서 부적합 판정을 받은 유기시설 또는 유기기구는 재확인검사를 받아야 한다.

　　㉱ 안전성검사 및 안전성검사 대상이 아님을 확인하는 검사에 관한 권한을 위탁받은 업종별 관광협회 또는 전문 연구 · 검사기관은 규정에 따른 안전성검사 또는 안전성검사 대상이 아님을 확인하는 검사를 한 경우에는 문화체육관광부장관이 정하여 고시하는 바에 따라 검사결과서를 작성하여 지체 없이 검사신청인과 해당 유원시설업의 소재지를 관할하는 특별자치시장 · 특별자치도지사 · 시장 · 군수 · 구청장에게 각각 통지하여야 한다.

⑩ 유기시설 또는 유기기구에 대한 안전성검사 및 안전성검사 대상이 아님을 확인하는 검사의 세부기준 및 절차는 문화체육관광부장관이 정하여 고시한다.

⑪ 검사결과서를 통지받은 특별자치시장 · 특별자치도지사 · 시장 · 군수 · 구청장은 그 안전성검사 또는 확인 검사 결과에 따라 해당 사업자에게 유기시설 또는 유기기구에 대한 다음의 조치를 해야 한다.

• 검사 결과 부적합 판정을 받은 유기시설 또는 유기기구에 대해서는 운행중지를 명하고, 재검사 또는 재확인검사를 받은 후 운행하도록 권고하여야 한다.

• 검사 결과 적합 판정을 받았으나 개선이 필요한 사항이 있는 유기시설 또는 유기기구에 대해서는 개선을 하도록 권고할 수 있다.

⑫ 3개월 이상 운행을 정지한 유기시설 또는 유기기구에 해당하여 재검사를 받은 경우에는 정기 안전성검사를 받은 것으로 본다.

⑬ 안전성검사 대상이 아닌 유기시설 또는 유기기구로서 정기 확인검사가 필요한 유기시설 또는 유기기구의 3개월 이상의 운행 정지 또는 그 운행의 재개에 해당하여 변경신고를 한 경우 또는 긴급안전점검 등이 문화체육관광부장관이 정하여 고시하는 바에 따라 이루어진 경우에는 정기 확인검사에서 제외할 수 있다.

ⓒ 안전관리자 : 안전성검사를 받아야 하는 유원시설업자는 유기시설 및 유기기구에 대한 안전관리를 위하여 사업장에 안전관리자를 배치하여야 한다. 안전관리자는 문화체육관광부장관이 실시하는 유기시설 및 유기기구의 안전관리에 관한 교육을 정기적으로 받아야 하며, 유원시설업자는 안전관리자가 안전교육을 받도록 하여야 한다.

㉮ 유기시설 및 유기기구의 안전관리에 관한 교육의 내용은 다음과 같다.

• 유원시설 안전사고의 원인 및 대응요령
• 유원시설 안전관리에 관한 법령
• 유원시설 안전관리 실무
• 그 밖에 유원시설 안전관리를 위하여 필요한 사항

㉯ 안전관리자는 유원시설업의 사업장에 처음 배치된 날부터 3개월 이내에 안전교육을 받아야 한다. 다만, 다른 유원시설업 사업장에서 안전교육을 받고 2년이 경과하지 아니한 경우에는 그러하지 아니한다.

㉰ 안전교육을 받은 안전관리자는 교육일부터 매 2년마다 1회 이상의 안전교육을 받아야 한다. 이 경우 1회당 안전교육 시간은 8시간 이상으로 한다.

㉱ 안전관리자의 안전교육에 관한 권한을 위탁받은 업종별 관광협회 또는 안전관련 전문 연구 · 검사기관은 안전교육이 종료된 후 1개월 이내에 그 교육 결과를 해당 유원시설업의 소재지를 관할하는 특별자치시장 · 특별자치도지사 · 시장 · 군수 · 구청장에게 통지하여야 한다.

④ **사고보고의무 및 사고조사** 〈관광진흥법 제33조의2〉 `2019년출제`

㉠ 유원시설업자는 그가 관리하는 유기시설 또는 유기기구로 인하여 대통령령으로 정하는 중대한 사고가 발생한 때에는 즉시 사용중지 등 필요한 조치를 취하고 문화체육관광부령으로 정하는 바에 따라 특별자치시장 · 특별자치도지사 · 시장 · 군수 · 구청장에게 통보하여야 한다.

POINT 유기시설 등에 의한 중대한 사고〈관광진흥법 시행령 제31조의2〉 2019년출제 2023년출제

- 사망자가 발생한 경우
- 의식불명 또는 신체기능 일부가 심각하게 손상된 중상자가 발생한 경우
- 사고 발생일부터 3일 이내에 실시된 의사의 최초 진단결과 2주 이상의 입원 치료가 필요한 부상자가 동시에 3명 이상 발생한 경우
- 사고 발생일부터 3일 이내에 실시된 의사의 최초 진단결과 1주 이상의 입원 치료가 필요한 부상자가 동시에 5명 이상 발생한 경우
- 유기시설 또는 유기기구의 운행이 30분 이상 중단되어 인명 구조가 이루어진 경우

ⓛ 통보를 받은 특별자치시장·특별자치도지사·시장·군수·구청장은 필요하다고 판단하는 경우에는 대통령령으로 정하는 바에 따라 유원시설업자에게 자료의 제출을 명하거나 현장조사를 실시할 수 있다.

㉮ 유원시설업자는 자료의 제출 명령을 받은 날부터 7일 이내에 해당 자료를 제출하여야 한다. 다만, 특별자치시장·특별자치도지사·시장·군수·구청장은 유원시설업자가 정해진 기간 내에 자료를 제출하는 것이 어렵다고 사유를 소명한 경우에는 10일의 범위에서 그 제출 기한을 연장할 수 있다〈관광진흥법 시행령 제31조의2 제2항〉.

㉯ 특별자치시장·특별자치도지사·시장·군수·구청장은 현장조사를 실시하려면 미리 현장조사의 일시, 장소 및 내용 등을 포함한 조사계획을 유원시설업자에게 문서로 알려야 한다. 다만, 긴급하게 조사를 실시하여야 하거나 부득이한 사유가 있는 경우에는 그러하지 아니하다〈관광진흥법 시행령 제31조의2 제3항〉.

㉰ 특별자치시장·특별자치도지사·시장·군수·구청장은 현장조사를 실시하는 경우에는 재난관리에 관한 전문가를 포함한 3명 이내의 사고조사반을 구성하여야 한다〈관광진흥법 시행령 제31조의2 제4항〉.

ⓒ 특별자치시장·특별자치도지사·시장·군수·구청장은 ⓛ에 따른 자료 및 현장조사 결과에 따라 해당 유기시설 또는 유기기구가 안전에 중대한 침해를 줄 수 있다고 판단하는 경우에는 그 유원시설업자에게 대통령령으로 정하는 바에 따라 사용중지·개선 또는 철거를 명할 수 있다〈관광진흥법 시행령 제31조의 2 제5항〉. 2016년출제

㉮ 사용중지 명령 : 유기시설 또는 유기기구를 계속 사용할 경우 이용자 등의 안전에 지장을 줄 우려가 있는 경우

㉯ 개선 명령 : 유기시설 또는 유기기구의 구조 및 장치의 결함은 있으나 해당 시설 또는 기구의 개선 조치를 통하여 안전 운행이 가능한 경우

㉰ 철거 명령 : 유기시설 또는 유기기구의 구조 및 장치의 중대한 결함으로 정비·수리 등이 곤란하여 안전 운행이 불가능한 경우

ⓔ 유원시설업자는 ⓒ에 따른 조치 명령에 대하여 이의가 있는 경우에는 조치 명령을 받은 날부터 2개월 이내에 이의 신청을 할 수 있으며 특별자치시장·특별자치도지사·시장·군수·구청장은 이의 신청이 있는 경우에는 최초 구성된 사고조사반의 반원 중 1명을 포함하여 3명 이내의 사고조사반을 새로 구성하여 현장조사를 하여야 한다〈관광진흥법 시행령 제31조의2 제6항, 제7항〉.

ⓜ 개선 명령을 받은 유원시설업자는 유기시설 또는 유기기구의 개선을 완료한 후 유기시설 또는 유기기구

의 안전성 검사 및 안전성검사 대상에 해당되지 아니함을 확인하는 검사에 관한 권한을 위탁받은 업종별 관광협회 또는 전문 연구·검사기관으로부터 해당 시설 또는 기구의 운행 적합 여부를 검사받아 그 결과를 관할 특별자치시장·특별자치도지사·시장·군수·구청장에게 제출하여야 한다〈관광진흥법 시행령 제31조의2 제8항〉.

⑤ **영업질서 유지 등**〈관광진흥법 제34조〉

    ㉠ 유원시설업자는 영업질서 유지를 위하여 문화체육관광부령으로 정하는 사항을 지켜야 한다.

    ㉡ 유원시설업자는 법령을 위반하여 제조한 유기시설·유기기구 또는 유기기구의 부분품(部分品)을 설치하거나 사용하여서는 아니 된다.

⑥ **유원시설안전정보시스템의 구축·운영 등**〈관광진흥법 제34조의2〉

    ㉠ 문화체육관광부장관은 유원시설의 안전과 관련된 정보를 종합적으로 관리하고 해당 정보를 유원시설업자 및 관광객에게 제공하기 위하여 유원시설안전정보시스템을 구축·운영할 수 있다.

    ㉡ ㉠에 따른 유원시설안전정보시스템에는 다음의 정보가 포함되어야 한다.

        ㉮ 유원시설업의 허가(변경허가를 포함한다) 또는 유원시설업의 신고(변경신고를 포함한다)에 관한 정보

        ㉯ 유원시설업자의 보험 가입 등에 관한 정보

        ㉰ 물놀이형 유원시설업자의 안전·위생에 관한 정보

        ㉱ 안전성검사 또는 안전성검사 대상에 해당하지 아니함을 확인하는 검사에 관한 정보

        ㉲ 안전관리자의 안전교육에 관한 정보

        ㉳ 통보한 사고 및 그 조치에 관한 정보

        ㉴ 유원시설업자가 이 법을 위반하여 받은 행정처분에 관한 정보

        ㉵ 그 밖에 유원시설의 안전관리를 위하여 대통령령으로 정하는 정보

    ㉢ 문화체육관광부장관은 특별자치시장·특별자치도지사·시장·군수·구청장, 업무를 위탁받은 기관의 장 및 유원시설업자에게 유원시설안전정보시스템의 구축·운영에 필요한 자료를 제출 또는 등록하도록 요청할 수 있다. 이 경우 요청을 받은 자는 정당한 사유가 없으면 이에 따라야 한다.

    ㉣ 문화체육관광부장관은 ㉮,㉯에 따른 정보 등을 유원시설안전정보시스템을 통하여 공개할 수 있다.

        ㉮ 유원시설업의 허가(변경허가를 포함한다) 또는 신고(변경신고를 포함한다)에 관한 정보

        ㉯ 물놀이형 유원시설업자의 안전·위생과 관련하여 실시한 수질검사 결과에 관한 정보

        ㉰ 안전성검사의 결과 또는 안전성검사 대상에 해당하지 않음을 확인하는 검사의 결과에 관한 정보

        ㉱ 안전관리자의 안전교육 이수에 관한 정보

(6) 영업에 대한 지도와 감독

① **등록취소 등**〈관광진흥법 제35조〉 `2023년출제`

    ㉠ 관할 등록기관 등의 장은 관광사업의 등록 등을 받거나 신고를 한 자 또는 사업계획의 승인을 받은 자가 다음의 어느 하나에 해당하면 그 등록 등 또는 사업계획의 승인을 취소하거나 6개월 이내의 기간을 정하여 그 사업의 전부 또는 일부의 정지를 명하거나 시설·운영의 개선을 명할 수 있다.

㉮ 등록기준에 적합하지 아니하게 된 경우 또는 변경등록기간 내에 변경등록을 하지 아니하거나 등록한 영업범위를 벗어난 경우

㉯ 문화체육관광부령으로 정하는 시설과 설비를 갖추지 아니하게 되는 경우

㉰ 변경허가를 받지 아니하거나 변경신고를 하지 아니한 경우

㉱ 지정 기준에 적합하지 아니하게 된 경우

㉲ 기한 내에 신고를 하지 아니한 경우

㉳ 휴업 또는 폐업을 하고 알리지 아니하거나 미리 신고하지 아니한 경우

㉴ 보험 또는 공제에 가입하지 아니하거나 영업보증금을 예치하지 아니한 경우

㉵ 사실과 다르게 관광표지를 붙이거나 관광표지에 기재되는 내용을 사실과 다르게 표시 또는 광고하는 행위를 한 경우

㉶ 관광사업의 시설을 타인에게 처분하거나 타인에게 경영하도록 한 경우

㉷ 기획여행의 실시요건 또는 실시방법을 위반하여 기획여행을 실시한 경우

㉠ 안전정보 또는 변경된 안전정보를 제공하지 아니하거나, 여행계약서 및 보험 가입 등을 증명할 수 있는 서류를 여행자에게 내주지 아니한 경우 또는 여행자의 사전 동의 없이 여행일정(선택 관광 일정을 포함한다)을 변경하는 경우

㉡ 사업계획의 승인을 얻은 자가 정당한 사유 없이 대통령령으로 정하는 기간 내에 착공 또는 준공을 하지 아니하거나 같은 조를 위반하여 변경승인을 얻지 아니하고 사업계획을 임의로 변경한 경우

POINT **사업계획승인시설의 착공 및 준공기간**〈관광진흥법 시행령 제32조〉

㉠ 2011년 6월 30일 이전에 사업계획의 승인을 받은 경우
• 착공기간 : 사업계획의 승인을 받은 날부터 4년
• 준공기간 : 착공한 날부터 7년

㉡ 2011년 7월 1일 이후에 사업계획의 승인을 받은 경우
• 착공기간 : 사업계획의 승인을 받은 날부터 2년
• 준공기간 : 착공한 날부터 5년

㉢ 관광숙박업자의 준수사항을 위반한 경우

㉣ 등급결정을 신청하지 아니한 경우

ⓐ 대통령령으로 정하는 분양 또는 회원 모집의 기준 및 절차에 따르지 아니하여 분양 또는 회원모집을 하거나 소유자등 · 회원의 권익을 보호하기 위한 사항을 준수하지 아니한 경우

ⓑ 야영업자의 준수사항을 위반한 경우

ⓒ 카지노업의 허가 요건에 적합하지 아니하게 된 경우

ⓓ 카지노 시설 및 기구에 관한 유지 · 관리를 소홀히 한 경우

ⓔ 카지노사업자 등의 준수 사항을 위반한 경우

ⓕ 관광진흥개발기금을 납부하지 아니한 경우

ⓖ 물놀이형 유원시설 등의 안전 · 위생기준을 지키지 아니한 경우

ⓗ 유기시설 또는 유기기구에 대한 안전성검사 및 안전성검사 대상에 해당되지 아니함을 확인하는 검사를 받지 아니하거나 안전관리자를 배치하지 아니한 경우

ⓘ 영업질서 유지를 위한 준수사항을 지키지 아니하거나 불법으로 제조한 부분품을 설치하거나 사용한 경우

ⓙ 관광종사원의 자격이 없는 자를 종사하게 한 경우

ⓚ 보고 또는 서류제출명령을 이행하지 아니하거나 관계 공무원의 검사를 방해한 경우

ⓛ 관광사업의 경영 또는 사업계획을 추진함에 있어서 뇌물을 주고받은 경우

ⓜ 고의로 여행계약을 위반한 경우(여행업자만 해당한다)

ⓛ 관할 등록기관 등의 장은 관광사업의 등록 등을 받은 자가 다음의 어느 하나에 해당하면 6개월 이내의 기간을 정하여 그 사업의 전부 또는 일부의 정지를 명할 수 있다.

㉮ 등록을 하지 아니한 자에게 국외여행을 인솔하게 한 경우

㉯ 문화체육관광부장관의 지도와 명령을 이행하지 아니한 경우

ⓒ 취소·정지처분 및 시설·운영개선명령의 세부적인 기준은 그 사유와 위반 정도를 고려하여 대통령령으로 정한다.

ⓔ 관할 등록기관등의 장은 관광사업에 사용할 것을 조건으로 「관세법」 등에 따라 관세의 감면을 받은 물품을 보유하고 있는 관광사업자로부터 그 물품의 수입면허를 받은 날부터 5년 이내에 그 사업의 양도·폐업의 신고 또는 통보를 받거나 그 관광사업자의 등록 등의 취소를 한 경우에는 관할 세관장에게 그 사실을 즉시 통보하여야 한다.

ⓜ 관할 등록기관 등의 장은 관광사업자에 대하여 등록 등을 취소하거나 사업의 전부 또는 일부의 정지를 명한 경우에는 신고 또는 인·허가 등의 소관 행정기관의 장(외국인투자기업인 경우에는 기획재정부장관을 포함한다)에게 그 사실을 통보하여야 한다.

ⓗ 관할 등록기관 등의 장 외의 소관 행정기관의 장이 관광사업자에 대하여 그 사업의 정지나 취소 또는 시설의 이용을 금지하거나 제한하려면 미리 관할 등록기관 등의 장과 협의하여야 한다.

ⓘ ㉠에 해당하는 관광숙박업자의 위반행위가 「공중위생관리법」 위반행위에 해당하면 「공중위생관리법」의 규정에도 불구하고 이 법을 적용한다.

② **폐쇄조치 등**〈관광진흥법 제36조〉 `2022년출제` `2016년출제`

ⓐ 관할 등록기관 등의 장은 허가 또는 신고 없이 영업을 하거나 또는 허가의 취소 또는 사업의 정지명령을 받고 계속하여 영업을 하는 자에 대하여는 그 영업소를 폐쇄하기 위하여 관계 공무원에게 다음의 조치를 하게 할 수 있다.

㉮ 해당 영업소의 간판이나 그 밖의 영업표지물의 제거 또는 삭제

㉯ 해당 영업소가 적법한 영업소가 아니라는 것을 알리는 게시물 등의 부착

㉰ 영업을 위하여 꼭 필요한 시설물 또는 기구 등을 사용할 수 없게 하는 봉인(封印)

ⓑ 관할 등록기관 등의 장은 행정처분을 한 경우에는 관계 공무원으로 하여금 이를 인터넷 홈페이지 등에 공개하게 하거나 사실과 다른 관광표지를 제거 또는 삭제하는 조치를 하게 할 수 있다.

ⓒ 관할 등록기관 등의 장은 봉인을 한 후 다음의 어느 하나에 해당하는 사유가 생기면 봉인을 해제할 수 있다. 게시를 한 경우에도 또한 같다.

㉮ 봉인을 계속할 필요가 없다고 인정되는 경우

④ 해당 영업을 하는 자 또는 그 대리인이 정당한 사유를 들어 봉인의 해제를 요청하는 경우

ⓓ 관할 등록기관 등의 장은 ㉠ 및 ㉡에 따른 조치를 하려는 경우에는 미리 그 사실을 그 사업자 또는 그 대리인에게 서면으로 알려주어야 한다. 다만, 급박한 사유가 있으면 그러하지 아니하다.

ⓔ ㉠에 따른 조치는 영업을 할 수 없게 하는 데에 필요한 최소한의 범위에 그쳐야 한다.

ⓕ ㉠ 및 ㉡에 따라 영업소를 폐쇄하거나 관광표지를 제거·삭제하는 관계 공무원은 그 권한을 표시하는 증표를 지니고 이를 관계인에게 내보여야 한다.

③ **과징금의 부과**〈관광진흥법 제37조〉 <u>2020년출제</u>

㉠ 관할 등록기관 등의 장은 관광사업자에게 사업 정지를 명하여야 하는 경우로서 그 사업의 정지가 그 이용자 등에게 심한 불편을 주거나 그 밖에 공익을 해칠 우려가 있으면 사업 정지 처분을 갈음하여 2천만 원 이하의 과징금을 부과할 수 있다.

㉡ 과징금을 부과하는 위반 행위의 종류·정도 등에 따른 과징금의 금액과 그 밖에 필요한 사항은 대통령령으로 정한다.

  ㉮ 과징금의 부과 및 납부

- 등록기관 등의 장은 과징금을 부과하려면 그 위반행위의 종류와 과징금의 금액 등을 명시하여 납부할 것을 서면으로 알려야 한다.
- 통지를 받은 자는 20일 이내에 과징금을 등록기관 등의 장이 정하는 수납기관에 내야 한다. 다만, 천재 지변이나 그 밖의 부득이한 사유로 그 기간에 과징금을 낼 수 없는 경우에는 그 사유가 없어진 날부터 7일 이내에 내야 한다.
- 과징금을 받은 수납기관은 영수증을 납부자에게 발급하여야 한다.
- 과징금의 수납기관은 과징금을 받은 경우에는 지체 없이 그 사실을 등록기관 등의 장에게 통보하여야 한다.

  ㉯ 등록기관 등의 장은 사업자의 사업규모, 사업지역의 특수성과 위반행위의 정도 및 위반횟수 등을 고려하여 과징금 금액의 2분의 1 범위에서 가중하거나 감경할 수 있다. 다만, 가중하는 경우에도 과징금의 총액은 2천만 원을 초과할 수 없다.

㉢ 관할 등록기관등의 장은 ㉠에 따른 과징금을 내야 하는 자가 납부기한까지 내지 아니하면 국세 체납처분의 예 또는 「지방행정제재·부과금의 징수 등에 관한 법률」에 따라 징수한다.

(7) 관광종사원

① **관광종사원의 자격 등**〈관광진흥법 제38조〉

㉠ 관할 등록기관 등의 장은 대통령령으로 정하는 관광 업무에는 관광종사원의 자격을 가진 자가 종사하도록 해당 관광사업자에게 권고할 수 있다. 다만, 외국인 관광객을 대상으로 하는 여행업자는 관광통역안내의 자격을 가진 사람을 관광안내에 종사하게 하여야 한다.

POINT 관광 업무별 자격기준〈관광진흥법 시행령 별표4〉 [2015년출제] [2016년출제] [2019년출제]

업종	업무	종사하도록 권고할 수 있는 자	종사하게 하여야 하는 자
여행업	외국인 관광객의 국내여행을 위한 안내		관광통역안내사 자격을 취득한 자
	내국인의 국내여행을 위한 안내	국내여행안내사 자격을 취득한 자	
관광 숙박업	4성급 이상의 관광호텔업의 총괄관리 및 경영업무	호텔경영사 자격을 취득한 자	
	4성급 이상의 관광호텔업의 객실관리 책임자 업무	호텔경영사 또는 호텔관리사 자격을 취득한 자	
	3성급 이하의 관광호텔업과 한국전통호텔업·수상관광호텔업·휴양콘도미니엄업·가족호텔업·호스텔업·소형호텔업 및 의료관광호텔업의 총괄관리 및 경영업무	호텔경영사 또는 호텔관리사 자격을 취득한 자	
	현관·객실·식당의 접객업무	호텔서비스사 자격을 취득한 자	

ⓛ ㉠에 따른 관광종사원의 자격을 취득하려는 자는 문화체육관광부령으로 정하는 바에 따라 문화체육관광부장관이 실시하는 시험에 합격한 후 문화체육관광부장관에게 등록하여야 한다. 다만, 문화체육관광부령으로 따로 정하는 자는 시험의 전부 또는 일부를 면제할 수 있다.

㉮ 관광종사원의 자격시험

• 관광종사원의 자격시험(이하 "시험")은 필기시험(외국어시험을 제외한 필기시험), 외국어시험(관광통역안내사·호텔경영사·호텔관리사 및 호텔서비스사 자격시험만 해당) 및 면접시험으로 구분하되, 평가의 객관성이 확보될 수 있는 방법으로 시행하여야 한다.

• 면접시험은 필기시험 및 외국어시험에 합격한 자에 대하여 시행하며 면접시험의 합격점수는 면접시험 총점의 6할 이상이어야 한다.

POINT 면접시험 평가요소〈관광진흥법 시행규칙 제45조〉

• 국가관·사명감 등 정신자세
• 전문지식과 응용능력
• 예의·품행 및 성실성
• 의사발표의 정확성과 논리성

• 외국어시험
- 외국어시험의 종류

관광통역안내사	영어, 일어, 중국어, 불어, 독어, 스페인어, 러시아어, 이탈리아어, 태국어, 베트남어, 말레이·인도네시아어, 아랍어 중 1과목
호텔경영사, 호텔관리사 및 호텔서비스사	영어, 일본어, 중국어 중 1과목

–외국어시험은 다른 외국어시험기관에서 실시하는 시험(이하 "다른 외국어시험")으로 대체한다. 이 경우 외국어시험을 대체하는 다른 외국어시험의 점수 및 급수(불어의 DELF 및 DALF시험의 점수 및 급수는 제외)는 응시원서 접수 마감일부터 2년 이내에 실시한 시험에서 취득한 점수 및 급수여야 한다.

㉯ 응시자격 : 관광종사원 중 호텔경영사 또는 호텔관리사 시험에 응시할 수 있는 자격은 다음과 같이 구분한다.

호텔경영사	• 호텔관리사 자격을 취득한 후 관광호텔에서 3년 이상 종사한 경력이 있는 자 • 4성급 이상 호텔의 임원으로 3년 이상 종사한 경력이 있는 자
호텔관리사	• 호텔서비스사 또는 조리사 자격을 취득한 후 관광숙박업소에서 3년 이상 종사한 경력이 있는 자 • 「고등교육법」에 따른 전문대학의 관광분야 학과를 졸업한 자(졸업예정자 포함) 또는 관광분야의 과목을 이수하여 다른 법령에서 이와 동등한 학력이 있다고 인정되는 자 • 「고등교육법」에 따른 대학을 졸업한 자(졸업예정자 포함) 또는 다른 법령에서 이와 동등 이상의 학력이 있다고 인정되는 자 • 「초·중등교육법」에 따른 고등기술학교의 관광분야를 전공하는 과의 2년과정 이상을 이수하고 졸업한 자(졸업예정자 포함)

㉰ 시험의 실시 및 공고
• 시험은 매년 1회 이상 실시한다. 다만, 호텔경영사 시험은 격년으로 실시한다.
• 한국산업인력공단은 시험의 응시자격·시험과목·일시·장소·응시절차, 그 밖에 시험에 필요한 사항을 시험 시행일 90일 전까지 인터넷 홈페이지 등에 공고해야 한다.

㉱ 응시원서 : 시험에 응시하려는 자는 응시원서를 한국산업인력공단에 제출하여야 한다.

㉲ 시험의 면제
• 필기시험 및 외국어시험에 합격하고 면접시험에 불합격한 자에 대하여는 다음 회의 시험에만 필기시험 및 외국어시험을 면제한다.
• 시험의 면제를 받으려는 자는 관광종사원 자격시험 면제신청서에 경력증명서, 학력증명서 또는 그 밖에 자격을 증명할 수 있는 서류를 첨부하여 한국산업인력공단에 제출하여야 한다.

㉳ 합격자의 공고 : 한국산업인력공단은 시험 종료 후 합격자의 명단을 게시하고 이를 한국관광공사와 한국관광협회중앙회에 각각 통보하여야 한다.

㉴ 관광종사원의 등록 및 자격증 발급 2015년출제
• 시험에 합격한 자는 관광종사원 등록신청서에 사진(최근 6개월 이내에 모자를 쓰지 않고 촬영한 상반신 반명함판) 2매를 첨부하여 한국관광공사 및 한국관광협회중앙회에 등록을 신청하여야 한다.
• 한국관광공사 및 한국관광협회중앙회는 신청을 받은 경우 결격사유가 없는 자에 한하여 관광종사원으로 등록하고 관광종사원 자격증을 발급하여야 한다.
• 관광통역안내사의 경우에는 기재사항 및 교육이수 정보 등을 전자적 방식으로 저장한 집적회로(IC) 칩을 첨부한 자격증을 발급하여야 한다.
• 발급받은 자격증을 잃어버리거나 그 자격증이 못 쓰게 되어 자격증을 재발급받으려는 자는 관광종사원 자격증 재발급신청서에 사진(최근 6개월 이내에 모자를 쓰지 않고 촬영한 상반신 반명함판) 2매와 관광종사원 자격증(자격증이 헐어 못 쓰게 된 경우만 해당)을 첨부하여 한국관광공사 및 한국관광협회중앙회에 제출하여야 한다.

ⓒ 문화체육관광부장관은 등록을 한 자에게 관광종사원 자격증을 내주어야 한다.

ⓔ 관광종사원 자격증을 가진 자는 그 자격증을 잃어버리거나 못 쓰게 되면 문화체육관광부장관에게 그 자격증의 재교부를 신청할 수 있다.

ⓜ 시험의 최종합격자 발표일을 기준으로 결격사유(등록등 또는 사업계획의 승인이 취소되거나 영업소가 폐쇄된 후 2년이 지나지 아니한 자는 제외)의 어느 하나에 해당하는 자는 ㉠에 따른 관광종사원의 자격을 취득하지 못한다. **2015년출제**

ⓗ 관광통역안내의 자격이 없는 사람은 외국인 관광객을 대상으로 하는 관광안내를 하여서는·아니 된다. **2017년출제**

ⓢ 관광통역안내의 자격을 가진 사람이 관광안내를 하는 경우에는 자격증을 패용하여야 한다.

ⓞ 관광종사원 자격증은 다른 사람에게 빌려주거나 빌려서는 아니 되며, 이를 알선해서도 아니 된다.

ⓩ 문화체육관광부장관은 ㉡에 따른 시험에서 다음의 어느 하나에 해당하는 사람에 대하여는 그 시험을 정지 또는 무효로 하거나 합격결정을 취소하고, 그 시험을 정지하거나 무효로 한 날 또는 합격결정을 취소한 날부터 3년간 시험응시자격을 정지한다.

  ㉮ 부정한 방법으로 시험에 응시한 사람
  ㉯ 시험에서 부정한 행위를 한 사람

② **교육** … 문화체육관광부장관 또는 시·도지사는 관광종사원과 그 밖에 관광 업무에 종사하는 자의 업무능력 향상을 위한 교육에 필요한 지원을 할 수 있다.

③ **자격취소 등**〈관광진흥법 제40조〉 … 문화체육관광부장관(관광종사원 중 대통령령으로 정하는 관광종사원에 대하여는 시·도지사)은 자격을 가진 관광종사원이 다음의 어느 하나에 해당하면 문화체육관광부령으로 정하는 바에 따라 그 자격을 취소하거나 6개월 이내의 기간을 정하여 자격의 정지를 명할 수 있다. 다만, ㉠ 및 ㉣에 해당하면 그 자격은 취소하여야 한다. **2020년출제** **2022년출제** **2016년출제** **2020년출제**

  ㉠ 거짓이나 그 밖의 부정한 방법으로 자격을 취득한 경우
  ㉡ 결격사유의 어느 하나에 해당하게 된 경우(등록등 또는 사업계획의 승인이 취소되거나 영업소가 폐쇄된 후 2년이 지나지 아니한 자는 제외)
  ㉢ 관광종사원으로서 직무를 수행하는 데에 부정 또는 비위(非違) 사실이 있는 경우
  ㉣ 다른 사람에게 관광종사원 자격증을 대여한 경우

③ 관광사업자 단체

(1) 한국관광협회중앙회 설립〈관광진흥법 제41조〉 2019년출제

① 지역별 관광협회 및 업종별 관광협회는 관광사업의 건전한 발전을 위하여 관광업계를 대표하는 한국관광협회중앙회(이하 "협회")를 설립할 수 있다.

② 협회를 설립하려는 자는 대통령령으로 정하는 바에 따라 문화체육관광부장관의 허가를 받아야 한다.
   ㉠ 협회를 설립하려면 지역별 관광협회 및 업종별 관광협회의 대표자 3분의 1 이상으로 구성되는 발기인이 정관을 작성하여 지역별 관광협회 및 업종별 관광협회의 대표자 과반수로 구성되는 창립총회의 의결을 거쳐야 한다.
   ㉡ 협회의 설립 후 임원이 임명될 때까지 필요한 업무는 발기인이 수행한다.

③ 협회는 법인으로 한다.

④ 협회는 설립등기를 함으로써 성립한다.

(2) 한국관광협회 정관 및 업무

① 협회 정관의 기재사항〈관광진흥법 제42조〉
   ㉠ 목적
   ㉡ 명칭
   ㉢ 사무소의 소재지
   ㉣ 회원 및 총회에 관한 사항
   ㉤ 임원에 관한 사항
   ㉥ 업무에 관한 사항
   ㉦ 회계에 관한 사항
   ㉧ 해산(解散)에 관한 사항
   ㉨ 그 밖에 운영에 관한 중요 사항

② 업무〈관광진흥법 제43조〉 2017년출제 2016년출제
   ㉠ 협회는 다음의 업무를 수행한다.
      ㉮ 관광사업의 발전을 위한 업무
      ㉯ 관광사업 진흥에 필요한 조사 · 연구 및 홍보
      ㉰ 관광 통계
      ㉱ 관광종사원의 교육과 사후관리
      ㉲ 회원의 공제사업

　　　　⑭ 국가나 지방자치단체로부터 위탁받은 업무

　　　　㉂ 관광안내소의 운영

　　　　㉃ ㉠부터 ㉂까지의 규정에 의한 업무에 따르는 수익사업

　　ⓛ **공제사업의 허가 등** : 공제사업은 문화체육관광부장관의 허가를 받아야 한다.

　　　　㉮ 협회가 공제사업의 허가를 받으려면 공제규정을 첨부하여 문화체육관광부장관에게 신청하여야 한다.

　　　　㉯ 공제규정에는 사업의 실시방법, 공제계약, 공제분담금 및 책임준비금의 산출방법에 관한 사항이 포함되어야 한다.

　　　　㉰ 공제규정을 변경하려면 문화체육관광부장관의 승인을 받아야 한다.

　　　　㉱ 공제사업을 하는 자는 공제규정에서 정하는 바에 따라 매 사업연도 말에 그 사업의 책임준비금을 계상하고 적립하여야 한다.

　　　　㉲ 공제사업에 관한 회계는 협회의 다른 사업에 관한 회계와 구분하여 경리하여야 한다.

　　ⓒ **공제사업의 내용** : 공제사업의 내용 및 운영에 필요한 사항은 대통령령으로 정한다.

　　　　㉮ 관광사업자의 관광사업행위와 관련된 사고로 인한 대물 및 대인배상에 대비하는 공제 및 배상업무

　　　　㉯ 관광사업행위에 따른 사고로 인하여 재해를 입은 종사원에 대한 보상업무

　　　　㉰ 그 밖에 회원 상호간의 경제적 이익을 도모하기 위한 업무

③ **민법의 준용** … 협회에 관하여 이 법에 규정된 것 외에는 「민법」 중 사단법인(社團法人)에 관한 규정을 준용한다.

④ **지역별 · 업종별 관광협회** 〈관광진흥법 제45조〉 `2016년출제` `2020년출제`

　　ⓐ 관광사업자는 지역별 또는 업종별로 그 분야의 관광사업의 건전한 발전을 위하여 대통령령으로 정하는 바에 따라 다음과 같이 지역별 또는 업종별 관광협회를 설립할 수 있다.

　　　　㉮ 지역별 관광협회는 특별시 · 광역시 · 특별자치시 · 도 및 특별자치도를 단위로 설립하되, 필요하다고 인정되는 지역에는 지부를 둘 수 있다.

　　　　㉯ 업종별 관광협회는 업종별로 업무의 특수성을 고려하여 전국을 단위로 설립할 수 있다.

　　ⓑ ⓐ에 따른 업종별 관광협회는 문화체육관광부장관의 설립허가를, 지역별 관광협회는 시 · 도지사의 설립허가를 받아야 한다.

　　ⓒ 시 · 도지사는 해당 지방자치단체의 조례로 정하는 바에 따라 제1항에 따른 지역별 관광협회가 수행하는 사업에 대하여 예산의 범위에서 사업비의 전부 또는 일부를 지원할 수 있다.

4 관광의 진흥과 홍보

(1) 관광정보 및 통계〈관광진흥법 제47조〉

① **관광정보 활용 등**

　　㉠ 문화체육관광부장관은 관광에 관한 정보의 활용과 관광을 통한 국제 친선을 도모하기 위하여 관광과 관련된 국제기구와의 협력 관계를 증진하여야 한다.

　　㉡ 문화체육관광부장관은 ㉠에 따른 업무를 원활히 수행하기 위하여 관광사업자·관광사업자 단체 또는 한국관광공사(이하 "관광사업자 등")에게 필요한 사항을 권고·조정할 수 있다.

　　㉢ 관광사업자 등은 특별한 사유가 없으면 ㉡에 따른 문화체육관광부장관의 권고나 조정에 협조하여야 한다.

② **관광통계**〈관광진흥법 제47조의2〉

　　㉠ 문화체육관광부장관과 지방자치단체의 장은 관광개발기본계획 및 권역별 관광개발계획을 효과적으로 수립·시행하고 관광산업에 활용하도록 하기 위하여 국내외의 관광통계를 작성할 수 있다.

　　㉡ 문화체육관광부장관과 지방자치단체의 장은 관광통계를 작성하기 위하여 필요하면 실태조사를 하거나, 공공기관·연구소·법인·단체·민간기업·개인 등에게 협조를 요청할 수 있다.

　　㉢ 규정한 사항 외에 관광통계의 작성·관리 및 활용에 필요한 사항은 대통령령으로 정한다.

> **POINT**　**관광통계의 작성범위**〈관광진흥법 시행령 제41조의2〉　**2015년출제**　**2017년출제**
> - 외국인 방한(訪韓) 관광객의 관광행태에 관한 사항
> - 국민의 관광행태에 관한 사항
> - 관광사업자의 경영에 관한 사항
> - 관광지와 관광단지의 현황 및 관리에 관한 사항
> - 그 밖에 문화체육관광부장관 또는 지방자치단체의 장이 관광산업의 발전을 위하여 필요하다고 인정하는 사항

(2) 장애인 및 관광취약계층의 지원

① **장애인·고령자 관광 활동의 지원**〈관광진흥법 제47조의3〉

　　㉠ 국가 및 지방자치단체는 장애인·고령자의 여행 기회를 확대하고 장애인·고령자의 관광 활동을 장려·지원하기 위하여 관련 시설을 설치하는 등 필요한 시책을 강구하여야 한다. **2015년출제**

　　㉡ 국가 및 지방자치단체는 장애인·고령자의 여행 및 관광 활동 권리를 증진하기 위하여 장애인·고령자의 관광 지원 사업과 장애인·고령자 관광 지원 단체에 대하여 경비를 보조하는 등 필요한 지원을 할 수 있다.

② **관광취약계층의 관광복지 증진 시책 강구** … 국가 및 지방자치단체는 경제적·사회적 여건 등으로 관광 활동에 제약을 받고 있는 관광취약계층의 여행 기회를 확대하고 관광 활동을 장려하기 위하여 필요한 시책을 강구하여야 한다.

③ **여행이용권의 지급 및 관리**〈관광진흥법 제47조의5〉 **2015년출제**

㉠ 국가 및 지방자치단체는 「국민기초생활 보장법」에 따른 수급권자, 그 밖에 소득수준이 낮은 저소득층 등 대통령령으로 정하는 관광취약계층에게 여행이용권을 지급할 수 있다.

㉡ 국가 및 지방자치단체는 여행이용권의 수급자격 및 자격유지의 적정성을 확인하기 위하여 필요한 가족 관계증명·국세·지방세·토지·건물·건강보험 및 국민연금에 관한 자료 등 대통령령으로 정하는 자료를 관계 기관의 장에게 요청할 수 있고, 해당 기관의 장은 특별한 사유가 없으면 요청에 따라야 한다. 다만, 「전자정부법」에 따른 행정정보 공동이용을 통하여 확인할 수 있는 사항은 예외로 한다.

㉢ 국가 및 지방자치단체는 자료의 확인을 위하여 「사회복지사업법」에 따른 정보시스템을 연계하여 사용할 수 있다.

㉣ 국가 및 지방자치단체는 여행이용권의 발급, 정보시스템의 구축·운영 등 여행이용권 업무의 효율적 수행을 위하여 대통령령으로 정하는 바에 따라 전담기관을 지정할 수 있다.

㉤ ㉠부터 ㉣까지에서 규정한 사항 외에 여행이용권의 지급·이용 등에 필요한 사항은 대통령령으로 정한다.

㉥ 문화체육관광부장관은 여행이용권의 이용 기회 확대 및 지원 업무의 효율성을 제고하기 위하여 여행이용권을 「문화예술진흥법」에 따른 문화이용권 등 문화체육관광부령으로 정하는 이용권과 통합하여 운영할 수 있다.

④ **국제협력 및 해외진출 지원**〈관광진흥법 제47조의6〉

  ㉠ 문화체육관광부장관은 관광산업의 국제협력 및 해외시장 진출을 촉진하기 위하여 다음의 사업을 지원할 수 있다.

   ㉮ 국제전시회의 개최 및 참가 지원

   ㉯ 외국자본의 투자유치

   ㉰ 해외마케팅 및 홍보활동

   ㉱ 해외진출에 관한 정보제공

   ㉲ 수출 관련 협력체계의 구축

   ㉳ 그 밖에 국제협력 및 해외진출을 위하여 필요한 사업

  ㉡ 문화체육관광부장관은 ㉠에 따른 사업을 효율적으로 지원하기 위하여 대통령령으로 정하는 관계 기관 또는 단체에 이를 위탁하거나 대행하게 할 수 있으며, 이에 필요한 비용을 보조할 수 있다.

⑤ **관광산업 진흥 사업**〈관광진흥법 제47조의7〉 ⋯ 문화체육관광부장관은 관광산업의 활성화를 위하여 대통령령으로 정하는 바에 따라 다음의 사업을 추진할 수 있다.

  ㉠ 관광산업 발전을 위한 정책ㆍ제도의 조사ㆍ연구 및 기획

  ㉡ 관광 관련 창업 촉진 및 창업자의 성장ㆍ발전 지원

  ㉢ 관광산업 전문인력 수급분석 및 육성

  ㉣ 관광산업 관련 기술의 연구개발 및 실용화

  ㉤ 지역에 특화된 관광 상품 및 서비스 등의 발굴ㆍ육성

  ㉥ 그 밖에 관광산업 진흥을 위하여 필요한 사항

⑥ **스마트관광산업의 육성**〈관광진흥법 제47조의8〉

  ㉠ 국가와 지방자치단체는 기술기반의 관광산업 경쟁력을 강화하고 지역관광을 활성화하기 위하여 스마트관광산업(관광에 정보통신기술을 융합하여 관광객에게 맞춤형 서비스를 제공하고 관광콘텐츠ㆍ인프라를 지속적으로 발전시킴으로써 경제적 또는 사회적 부가가치를 창출하는 산업을 말한다.)을 육성하여야 한다.

  ㉡ 문화체육관광부장관은 스마트관광산업의 육성을 위하여 다음의 사업을 추진ㆍ지원할 수 있다.

   ㉮ 스마트관광산업 발전을 위한 정책ㆍ제도의 조사ㆍ연구 및 기획

   ㉯ 스마트관광산업 관련 창업 촉진 및 창업자의 성장ㆍ발전 지원

   ㉰ 스마트관광산업 관련 기술의 연구개발 및 실용화

   ㉱ 스마트관광산업 기반 지역관광 개발

   ㉲ 스마트관광산업 진흥에 필요한 전문인력 양성

   ㉳ 그 밖에 스마트관광산업 육성을 위하여 필요한 사항

(3) 관광 홍보 및 개발

① 관광 홍보 및 관광자원 개발〈관광진흥법 제48조〉

  ㉠ 문화체육관광부장관 또는 시·도지사는 국제 관광의 촉진과 국민 관광의 건전한 발전을 위하여 국내외 관광 홍보 활동을 조정하거나 관광 선전물을 심사하거나 그 밖에 필요한 사항을 지원할 수 있다.

  ㉡ 문화체육관광부장관 또는 시·도지사는 관광홍보를 원활히 추진하기 위하여 필요하면 문화체육관광부령으로 정하는 바에 따라 관광사업자등에게 해외관광시장에 대한 정기적인 조사, 관광 홍보물의 제작, 관광안내소의 운영 등에 필요한 사항을 권고하거나 지도할 수 있다.

  ㉢ 지방자치단체의 장, 관광사업자 또는 관광지·관광단지의 조성계획승인을 받은 자는 관광지·관광단지·관광특구·관광시설 등 관광자원을 안내하거나 홍보하는 내용의 옥외광고물(屋外廣告物)을 「옥외광고물 등의 관리와 옥외광고 산업진흥에 관한 법률」의 규정에도 불구하고 대통령령으로 정하는 바에 따라 설치할 수 있다.

  ㉣ 문화체육관광부장관과 지방자치단체의 장은 관광객의 유치, 관광복지의 증진 및 관광 진흥을 위하여 대통령령으로 정하는 바에 따라 다음의 사업을 추진할 수 있다.

  ㉮ 문화, 체육, 레저 및 산업시설 등의 관광자원화 사업

  ㉯ 해양관광의 개발사업 및 자연생태의 관광자원화 사업

  ㉰ 관광 상품의 개발에 관한 사업

  ㉱ 국민의 관광복지 증진에 관한 사업

  ㉲ 유휴자원을 활용한 관광자원화 사업

  ㉳ 주민 주도의 지역관광 활성화 사업

② 지역축제 등〈관광진흥법 제48조의2〉

  ㉠ 문화체육관광부장관은 지역축제의 체계적 육성 및 활성화를 위하여 지역축제에 대한 실태조사와 평가를 할 수 있다.

  ㉡ 문화체육관광부장관은 지역축제의 통폐합 등을 포함한 그 발전방향에 대하여 지방자치단체의 장에게 의견을 제시하거나 권고할 수 있다.

  ㉢ 문화체육관광부장관은 다양한 지역관광자원을 개발·육성하기 위하여 우수한 지역축제를 문화관광축제로 지정하고 지원할 수 있다.

POINT **문화관광축제의 지정 기준**〈관광진흥법 시행령 제41조의7〉 **2015년출제** **2019년출제**

• 축제의 특성 및 콘텐츠
• 축제의 운영능력
• 관광객 유치 효과 및 경제적 파급효과
• 그 밖에 문화체육관광부장관이 정하는 사항

---

② 문화관광축제의 지원 방법 : 문화관광축제로 지정받으려는 지역축제의 개최자는 관할 특별시·광역시·특별자치시·도·특별자치도를 거쳐 문화체육관광부장관에게 지정신청을 하여야 한다.

⑦ 지정신청을 받은 문화체육관광부장관은 지정 기준에 따라 문화관광축제를 등급을 구분하여 지정한다.

⑥ 문화체육관광부장관은 지정받은 문화관광축제를 예산의 범위에서 지원할 수 있다.

POINT **세계관광기구(UNWTO)** 2015년출제

⊙ 세계 각국의 정부기관이 회원으로 가입되어 있는 정부 간 관광기구이다.
⊙ 본부 : 스페인의 수도 마드리드에 본부를 두고 있다.
⊙ 목적 : 관광의 진흥·개발을 촉진하여 경제성장과 사회적 기여를 극대화하는 데 있다.

---

③ **지속가능한 관광활성화**〈관광진흥법 제48조의3〉 2020년출제

㉠ 문화체육관광부장관은 에너지·자원의 사용을 최소화하고 기후변화에 대응하며 환경 훼손을 줄이고, 지역주민의 삶과 균형을 이루며 지역경제와 상생발전 할 수 있는 지속가능한 관광자원의 개발을 장려하기 위하여 정보제공 및 재정지원 등 필요한 조치를 강구할 수 있다.

㉡ 시·도지사나 시장·군수·구청장은 수용 범위를 초과한 관광객의 방문으로 자연환경이 훼손되거나 주민의 평온한 생활환경을 해칠 우려가 있어 관리할 필요가 있다고 인정되는 지역을 조례로 정하는 바에 따라 특별관리지역으로 지정할 수 있다. 이 경우 특별관리지역이 같은 시·도 내에서 둘 이상의 시·군·구에 걸쳐 있는 경우에는 시·도지사가 지정하고, 둘 이상의 시·도에 걸쳐 있는 경우에는 해당 시·도지사가 공동으로 지정한다.

㉢ 문화체육관광부장관은 특별관리지역으로 지정할 필요가 있다고 인정하는 경우에는 시·도지사 또는 시장·군수·구청장으로 하여금 해당 지역을 특별관리지역으로 지정하도록 권고할 수 있다.

㉣ 시·도지사나 시장·군수·구청장은 특별관리지역을 지정·변경 또는 해제할 때에는 대통령령으로 정하는 바에 따라 미리 주민의 의견을 들어야 하며, 문화체육관광부장관 및 관계 행정기관의 장과 협의하여야 한다. 다만, 대통령령으로 정하는 경미한 사항을 변경하려는 경우에는 예외로 한다.

㉤ 시·도지사나 시장·군수·구청장은 특별관리지역을 지정·변경 또는 해제할 때에는 특별관리지역의 위치, 면적, 지정일시, 지정·변경·해제 사유, 특별관리지역 내 조치사항, 그 밖에 조례로 정하는 사항을 해당 지방자치단체 공보에 고시하고, 문화체육관광부장관에게 제출하여야 한다.

㉥ 시·도지사나 시장·군수·구청장은 특별관리지역에 대하여 조례로 정하는 바에 따라 관광객 방문시간 제한, 이용료 징수, 차량·관광객 통행 제한 등 필요한 조치를 할 수 있다.

㉦ 시·도지사나 시장·군수·구청장은 ㉥에 따른 조례를 위반한 사람에게 「지방자치법」에 따라 1천만 원 이하의 과태료를 부과·징수할 수 있다.

㉧ 시·도지사나 시장·군수·구청장은 특별관리지역에 해당 지역의 범위, 조치사항 등을 표시한 안내판을 설치하여야 한다.

㉨ 문화체육관광부장관은 특별관리지역 지정 현황을 관리하고 이와 관련된 정보를 공개하여야 하며, 특별관리지역을 지정·운영하는 지방자치단체와 그 주민 등을 위하여 필요한 지원을 할 수 있다.

ⓩ 그 밖에 특별관리지역의 지정 요건, 지정 절차 등 특별관리지역 지정 및 운영에 필요한 사항은 해당 지방자치단체의 조례로 정한다.

④ **문화관광해설사의 양성 및 활용계획 등**⟨관광진흥법 제48조의4⟩ `2022년출제`

ㄱ 문화체육관광부장관은 문화관광해설사를 효과적이고 체계적으로 양성·활용하기 위하여 해마다 문화관광해설사의 양성 및 활용계획을 수립하고, 이를 지방자치단체의 장에게 알려야 한다.

ㄴ 지방자치단체의 장은 ㄱ에 따른 문화관광해설사 양성 및 활용계획에 따라 관광객의 규모, 관광자원의 보유 현황, 문화관광해설사에 대한 수요 등을 고려하여 해마다 문화관광해설사 운영계획을 수립·시행하여야 한다. 이 경우 문화관광해설사의 양성·배치·활용 등에 관한 사항을 포함하여야 한다.

⑤ **관광체험교육프로그램 개발**⟨관광진흥법 제48조의5⟩ … 문화체육관광부장관 또는 지방자치단체의 장은 관광객에게 역사·문화·예술·자연 등의 관광자원과 연계한 체험기회를 제공하고, 관광을 활성화하기 위하여 관광체험교육프로그램을 개발·보급할 수 있다. 이 경우 장애인을 위한 관광체험교육프로그램을 개발하여야 한다. `2015년출제`

⑥ **문화관광해설사 양성교육과정의 개설·운영**⟨관광진흥법 제48조의6⟩

ㄱ 문화체육관광부장관 또는 시·도지사는 문화관광해설사 양성을 위한 교육과정을 개설(開設)하여 운영할 수 있다.

ㄴ ㄱ에 따른 교육과정의 개설·운영에 필요한 사항은 문화체육관광부령으로 정한다.

POINT 문화관광해설사 양성교육과정의 개설·운영 기준⟨관광진흥법 시행규칙 별표17의2⟩

구분	개설·운영 기준		
교육과목 및 교육시간	교육과목(실습을 포함한다)		교육시간
	기본 소양	1) 문화관광해설사의 역할과 자세 2) 문화관광자원의 가치 인식 및 보호 3) 관광객의 특성 이해 및 관광약자 배려	20시간
	전문 지식	4) 관광정책 및 관광산업의 이해 5) 한국 주요 문화관광자원의 이해 6) 지역 특화 문화관광자원의 이해	40시간
	현장 실무	7) 해설 시나리오 작성 및 해설 기법 8) 해설 현장 실습 9) 관광 안전관리 및 응급처치	40시간
	합계		100시간
교육시설	1) 강의실 2) 강사대기실 3) 회의실 4) 그 밖에 교육에 필요한 기자재 및 시스템		

비고
1)부터 9)까지의 모든 과목을 교육해야 하며, 이론교육은 정보통신망을 통한 온라인 교육을 포함하여 구성할 수 있다.

⑦ **문화관광해설사의 선발 및 활용** 〈관광진흥법 제48조의8〉 `2020년출제`

    ㉠ 문화체육관광부장관 또는 지방자치단체의 장은 관광진흥법 제48조의6 제1항(문화체육관광부장관 또는 시·도지사는 문화관광해설사 양성을 위한 교육과정을 개설(開設)하여 운영할 수 있다.)에 따른 교육과정을 이수한 자를 문화관광해설사로 선발하여 활용할 수 있다.

    ㉡ 문화체육관광부장관 또는 지방자치단체의 장은 ㉠에 따라 문화관광해설사를 선발하는 경우 문화체육관광부령으로 정하는 바에 따라 이론 및 실습을 평가하고, 3개월 이상의 실무수습을 마친 자에게 자격을 부여할 수 있다.

POINT **문화관광해설사 평가 기준** 〈관광진흥법 시행규칙 별표17의4〉

평가항목		세부 평가내용	배점	비중
1. 이론	기본 소양	1) 문화관광해설사의 역할과 자세 2) 문화관광자원의 가치 인식 및 보호 3) 관광객의 특성 이해 및 관광약자 배려	30점	70%
	전문 지식	4) 관광정책 및 관광산업의 이해 5) 한국 주요 문화관광자원의 이해 6) 지역 특화 문화관광자원의 이해	70점	
	합계		100점	
2. 실습	현장 실무	7) 해설 시나리오 작성 8) 해설 기법 시연 9) 관광 안전관리 및 응급처치	45점 45점 10점	30%
	합계		100점	

비고
1)부터 9)까지의 모든 항목을 평가해야 하며, 이론 평가는 객관식 문제와 주관식 문제를 병행하여 평가한다.

    ㉢ 문화체육관광부장관 또는 지방자치단체의 장은 예산의 범위에서 문화관광해설사의 활동에 필요한 비용 등을 지원할 수 있다.

    ㉣ 그 밖에 문화관광해설사의 선발, 배치 및 활용 등에 필요한 사항은 문화체육관광부령으로 정한다.

        ㉮ 선발계획에 따라 문화관광해설사를 선발하려는 경우에는 평가 기준에 따른 평가 결과 이론 및 실습 평가항목 각각 70점 이상을 득점한 사람 중에서 각각의 평가항목의 비중을 곱한 점수가 고득점자인 사람의 순으로 선발한다.

        ㉯ 문화체육관광부장관 또는 지방자치단체의 장은 문화관광해설사를 배치·활용하려는 경우에 해당 지역의 관광객 규모와 관광자원의 보유 현황 및 문화관광해설사에 대한 수요, 문화관광해설사의 활동 실적 및 태도 등을 고려하여야 한다.

        ㉰ 그 밖에 문화관광해설사의 선발, 배치 및 활용 등에 필요한 세부적인 사항은 문화체육관광부장관이 정하여 고시한다.

⑧ **지역관광협의회 설립**〈관광진흥법 제48조의9〉 `2017년출제` `2018년출제` `2020년출제`

  ㉠ 관광사업자, 관광 관련 사업자, 관광 관련 단체, 주민 등은 공동으로 지역의 관광진흥을 위하여 광역 및 기초 지방자치단체 단위의 지역관광협의회를 설립할 수 있다.

  ㉡ 협의회에는 지역 내 관광진흥을 위한 이해 관련자가 고루 참여하여야 하며, 협의회를 설립하려는 자는 해당 지방자치단체의 장의 허가를 받아야 한다.

  ㉢ 협의회는 법인으로 한다.

  ㉣ 협의회는 다음의 업무를 수행한다.

    ㉮ 지역의 관광수용태세 개선을 위한 업무

    ㉯ 지역관광 홍보 및 마케팅 지원 업무

    ㉰ 관광사업자, 관광 관련 사업자, 관광 관련 단체에 대한 지원

    ㉱ ㉮부터 ㉰까지의 업무에 따르는 수익사업

    ㉲ 지방자치단체로부터 위탁받은 업무

  ㉤ 협의회의 운영 등에 필요한 경비는 회원이 납부하는 회비와 사업 수익금 등으로 충당하며, 지방자치단체의 장은 협의회의 운영 등에 필요한 경비의 일부를 예산의 범위에서 지원할 수 있다.

  ㉥ 협의회의 설립 및 지원 등에 필요한 사항은 해당 지방자치단체의 조례로 정한다.

  ㉦ 협의회에 관하여 이 법에 규정된 것 외에는 「민법」 중 사단법인에 관한 규정을 준용한다.

⑨ **한국관광 품질인증**〈관광진흥법 제48조의10〉

  ㉠ 문화체육관광부장관은 관광객의 편의를 돕고 관광서비스의 수준을 향상시키기 위하여 관광사업 및 이와 밀접한 관련이 있는 사업으로서 대통령령으로 정하는 사업을 위한 시설 및 서비스 등(이하 "시설등"이라 한다)을 대상으로 품질인증(이하 "한국관광 품질인증"이라 한다)을 할 수 있다.

> **POINT** **한국관광 품질인증의 대상**〈관광진흥법 시행령 제41조의10〉 `2022년출제` `2020년출제` `2023년출제`
>
> • 야영장업
> • 외국인관광 도시민박업
> • 한옥체험업
> • 관광식당업
> • 관광면세업
> • 숙박업(관광숙박업 제외)
> • 외국인관광객면세판매장
> • 그 밖에 관광사업 및 이와 밀접한 관련이 있는 사업으로서 문화체육관광부장관이 정하여 고시하는 사업

  ㉡ 한국관광 품질인증을 받은 자는 대통령령으로 정하는 바에 따라 인증표지를 하거나 그 사실을 홍보할 수 있다.

  ㉢ 한국관광 품질인증을 받은 자가 아니면 인증표지 또는 이와 유사한 표지를 하거나 한국관광 품질인증을 받은 것으로 홍보하여서는 아니 된다.

  ㉣ 문화체육관광부장관은 한국관광 품질인증을 받은 시설등에 대하여 다음 각 호의 지원을 할 수 있다.

㉮ 「관광진흥개발기금법」에 따른 관광진흥개발기금의 대여 또는 보조

㉯ 국내 또는 국외에서의 홍보

㉰ 그 밖에 시설등의 운영 및 개선을 위하여 필요한 사항

⑩ 문화체육관광부장관은 한국관광 품질인증을 위하여 필요한 경우에는 특별자치시장·특별자치도지사·시장·군수·구청장 및 관계 기관의 장에게 자료 제출을 요청할 수 있다. 이 경우 자료 제출을 요청받은 특별자치시장·특별자치도지사·시장·군수·구청장 및 관계 기관의 장은 특별한 사유가 없으면 이에 따라야 한다.

ⓗ 한국관광 품질인증의 인증 기준·절차·방법, 인증표지 및 그 밖에 한국관광 품질인증 제도 운영에 필요한 사항은 대통령령으로 정한다.

　㉮ 한국관광 품질인증의 인증 기준
　　• 관광객 편의를 위한 시설 및 서비스를 갖출 것
　　• 관광객 응대를 위한 전문 인력을 확보할 것
　　• 재난 및 안전관리 위험으로부터 관광객을 보호할 수 있는 사업장 안전관리 방안을 수립할 것
　　• 해당 사업의 관련 법령을 준수할 것
　　• 한국관광 품질인증의 인증 기준에 관한 세부사항은 문화체육관광부령으로 정한다.

　㉯ 한국관광 품질인증의 절차 및 방법 등
　　• 한국관광 품질인증을 받으려는 자는 문화체육관광부령으로 정하는 품질인증 신청서를 문화체육관광부장관에게 제출하여야 한다.
　　• 문화체육관광부장관은 제출된 신청서의 내용을 평가·심사한 결과 인증 기준에 적합하면 신청서를 제출한 자에게 문화체육관광부령으로 정하는 인증서를 발급해야 한다.
　　• 문화체육관광부장관은 평가·심사 결과 인증 기준에 부적합하면 신청서를 제출한 자에게 그 결과와 사유를 알려주어야 한다.
　　• 한국관광 품질인증의 유효기간은 인증서가 발급된 날부터 3년으로 한다.
　　• 첫 번째 항부터 세 번째 항까지에서 규정한 사항 외에 한국관광 품질인증의 절차 및 방법에 관한 세부사항은 문화체육관광부령으로 정한다.

⑩ **한국관광 품질인증의 취소**〈관광진흥법 제48조의11〉 ⋯ 문화체육관광부장관은 한국관광 품질인증을 받은 자가 다음의 어느 하나에 해당하는 경우에는 그 인증을 취소할 수 있다. 다만, ㉠에 해당하는 경우에는 인증을 취소하여야 한다.

㉠ 거짓이나 그 밖의 부정한 방법으로 인증을 받은 경우

㉡ 인증 기준에 적합하지 아니하게 된 경우

⑤ 관광지 등의 개발

(1) 관광지 및 관광단지의 개발

① 관광개발기본계획〈관광진흥법 제49조 제1항〉

　㉠ **기본계획 수립** … 문화체육관광부장관은 관광자원을 효율적으로 개발하고 관리하기 위하여 전국을 대상으로 관광개발기본계획(이하 "기본계획"이라 한다)을 수립하여야 한다.

> **POINT** **기본계획 수립 시 포함 사항**〈관광진흥법 제49조 제1항〉 2022년출제
> --
> • 전국의 관광 여건과 관광 동향(動向)에 관한 사항
> • 전국의 관광 수요와 공급에 관한 사항
> • 관광자원 보호 · 개발 · 이용 · 관리 등에 관한 기본적인 사항
> • 관광권역(觀光圈域)의 설정에 관한 사항
> • 관광권역별 관광개발의 기본방향에 관한 사항
> • 그 밖에 관광개발에 관한 사항

　㉡ **기본계획 수립 · 공고**〈관광진흥법 제50조〉

　　㉮ 시 · 도지사는 기본계획의 수립에 필요한 관광 개발 사업에 관한 요구서를 문화체육관광부장관에게 제출하여야 하고, 문화체육관광부장관은 이를 종합 · 조정하여 기본계획을 수립하고 공고하여야 한다.

　　㉯ 문화체육관광부장관은 수립된 기본계획을 확정하여 공고하려면 관계 부처의 장과 협의하여야 한다.

　　㉰ 확정된 기본계획을 변경하는 경우에는 ㉮과 ㉯을 준용한다.

　　㉱ 문화체육관광부장관은 관계 기관의 장에게 기본계획의 수립에 필요한 자료를 요구하거나 협조를 요청할 수 있고, 그 요구 또는 협조 요청을 받은 관계 기관의 장은 정당한 사유가 없으면 요청에 따라야 한다.

> **POINT** **관광개발계획의 수립시기**〈관광진흥법 시행령 제42조〉 2014년출제 2018년출제 2019년출제
> --
> • 관광개발기본계획은 10년마다 수립한다.
> • 문화체육관광부장관은 사회적 · 경제적 여건 변화 등을 고려하여 5년마다 기본계획을 전반적으로 재검토하고 개선이 필요한 사항을 정비해야 한다.

② **권역별 관광개발계획**〈관광진흥법 제49조 제2항〉 2021년출제

　㉠ **권역계획** … 시 · 도지사(특별자치도지사는 제외)는 기본계획에 따라 구분된 권역을 대상으로 권역별 관광개발계획(이하 "권역계획"이라 한다)을 수립하여야 한다.

ⓛ **권역계획의 수립**〈관광진흥법 제51조〉

㉮ 권역계획(圈域計劃)은 그 지역을 관할하는 시·도지사(특별자치도지사는 제외)가 수립하여야 한다. 다만, 둘 이상의 시·도에 걸치는 지역이 하나의 권역계획에 포함되는 경우에는 관계되는 시·도지사와의 협의에 따라 수립하되, 협의가 성립되지 아니한 경우에는 문화체육관광부장관이 지정하는 시·도지사가 수립하여야 한다.

㉯ 시·도지사는 수립한 권역계획을 문화체육관광부장관의 조정과 관계 행정기관의 장과의 협의를 거쳐 확정하여야 한다. 이 경우 협의요청을 받은 관계 행정기관의 장은 특별한 사유가 없는 한 그 요청을 받은 날부터 30일 이내에 의견을 제시하여야 한다.

㉰ 시·도지사는 권역계획이 확정되면 그 요지를 공고하여야 한다.

㉱ 확정된 권역계획을 변경하는 경우에는 ㉮부터 ㉰까지의 규정을 준용한다. 다만, 대통령령으로 정하는 경미한 사항의 변경에 대하여는 관계 부처의 장과의 협의를 갈음하여 문화체육관광부장관의 승인을 받아야 한다.

㉲ 그 밖에 권역계획의 수립 기준 및 방법 등에 필요한 사항은 대통령령으로 정하는 바에 따라 문화체육관광부장관이 정한다.

③ **관광지의 지정 등**〈관광진흥법 제52조〉 **2017년출제**

㉠ 관광지 및 관광단지(이하 "관광지 등")는 문화체육관광부령으로 정하는 바에 따라 시장·군수·구청장의 신청에 의하여 시·도지사가 지정한다. 다만 특별자치시·특별자치도의 경우에는 특별자치시장 및 특별자치도지사가 지정한다.

㉡ 시·도지사는 관광지 등을 지정하려면 사전에 문화체육관광부장관 및 관계 행정기관의 장과 협의하여야 한다. 다만, 「국토의 계획 및 이용에 관한 법률」에 따라 계획관리지역(도시·군관리계획으로 결정되지 아니한 지역인 경우 종전의 「국토이용관리법」에 따라 준도시지역으로 결정·고시된 지역)으로 결정·고시된 지역을 관광지 등으로 지정하려는 경우에는 그러하지 아니하다.

㉢ 문화체육관광부장관 및 관계 행정기관의 장은 「환경영향평가법」 등 관련 법령에 특별한 규정이 있거나 정당한 사유가 있는 경우를 제외하고는 협의를 요청받은 날부터 30일 이내에 의견을 제출하여야 한다.

㉣ 문화체육관광부장관 및 관계 행정기관의 장이 ㉢에서 정한 기간(「민원 처리에 관한 법률」 제20조 제2항에 따라 회신기간을 연장한 경우에는 그 연장된 기간을 말한다) 내에 의견을 제출하지 아니하면 협의가 이루어진 것으로 본다.

㉤ 관광지 등의 지정 취소 또는 그 면적의 변경은 관광지 등의 지정에 관한 절차에 따라야 한다. 이 경우 대통령령으로 정하는 경미한 면적의 변경은 ㉡에 따른 협의를 하지 아니할 수 있다.

> **POINT 경미한 면적의 변경**〈관광진흥법 시행령 제44조〉
> ··
> • 지적조사 또는 지적측량의 결과에 따른 면적의 정정 등으로 인한 면적의 변경
> • 관광지 등 지정면적의 100분의 30 이내의 면적(「농지법」에 따른 농업진흥지역의 농지가 1만 제곱미터 이상, 농업진흥지역이 아닌 지역의 농지가 6만 제곱미터 이상 추가로 포함되는 경우는 제외)의 변경

㉥ 시·도지사는 지정, 지정취소 또는 그 면적변경을 한 경우에는 이를 고시하여야 한다.

㉦ 관광지 등의 지정신청 등

　㉮ 관광지 등의 지정 및 지정 취소 또는 그 면적의 변경(이하 "지정 등")을 신청하려는 자는 관광지(관광단지) 지정 등 신청서에 다음의 서류를 첨부하여 특별시장·광역시장·도지사에게 제출하여야 한다. 다만, 관광지 등의 지정 취소 또는 그 면적 변경의 경우에는 그 취소 또는 변경과 관계없는 사항에 대한 서류는 첨부하지 아니한다.

　　• 관광지 등의 개발방향을 기재한 서류
　　• 관광지 등과 그 주변의 주요 관광자원 및 주요 접근로 등 교통체계에 관한 서류
　　• 「국토의 계획 및 이용에 관한 법률」에 따른 용도지역을 기재한 서류
　　• 관광객 수용능력 등을 기재한 서류
　　• 관광지 등의 구역을 표시한 축척 2만 5천 분의 1 이상의 지형도 및 지목·지번 등이 표시된 축척 500분의 1부터 6천 분의 1까지의 도면
　　• 관광지 등의 지번·지목·지적 및 소유자가 표시된 토지조서(임야에 대하여는 「산지관리법」에 따른 보전산지 및 준보전산지로 구분하여 표시하고, 농지에 대하여는 「농지법」에 따른 농업진흥지역 및 농업진흥지역이 아닌 지역으로 구분하여 표시한다)

　㉯ 신청을 하려는 자는 관광지·관광단지의 구분기준에 따라 그 지정 등을 신청하여야 한다.

　㉰ 특별시장·광역시장·도지사는 지정 등의 신청을 받은 경우에는 관광지 등의 개발 필요성, 타당성, 관광지·관광단지의 구분기준 및 관광개발기본계획 및 권역별 관광개발계획에 적합한지 등을 종합적으로 검토하여야 한다.

㉧ 관광지 등의 지정신청 및 조성계획의 승인신청 : 시장·군수·구청장은 관광지 등의 지정신청 및 조성계획의 승인신청을 함께 하거나, 관광단지의 지정신청을 할 때 관광단지개발자로 하여금 관광단지의 조성계획을 제출하게 하여 관광단지의 지정신청 및 조성계획의 승인신청을 함께 할 수 있다. 이 경우 특별시장·광역시장·도지사는 관광지 등의 지정 및 조성계획의 승인을 함께 할 수 있다.

④ 행위 등의 제한〈관광진흥법 제52조의2〉

    ㉠ 관광지등으로 지정·고시된 지역에서 건축물의 건축, 공작물의 설치, 토지의 형질 변경, 토석의 채취, 토지분할, 물건을 쌓아놓는 행위 등 대통령령으로 정하는 행위를 하려는 자는 특별자치시장·특별자치도지사·시장·군수·구청장의 허가를 받아야 한다. 허가받은 사항을 변경하려는 경우에도 또한 같다.

    ㉡ ㉠에도 불구하고 재해복구 또는 재난수습에 필요한 응급조치를 위하여 하는 행위는 ㉠에 따른 허가를 받지 아니하고 할 수 있다.

    ㉢ ㉠에 따라 허가를 받아야 하는 행위로서 관광지등의 지정 및 고시 당시 이미 관계 법령에 따라 허가를 받았거나 허가를 받을 필요가 없는 행위에 관하여 그 공사 또는 사업에 착수한 자는 대통령령으로 정하는 바에 따라 특별자치시장·특별자치도지사·시장·군수·구청장에게 신고한 후 이를 계속 시행할 수 있다.

    ㉣ 특별자치시장·특별자치도지사·시장·군수·구청장은 ㉠을 위반한 자에게 원상회복을 명할 수 있으며, 명령을 받은 자가 그 의무를 이행하지 아니하면 「행정대집행법」에 따라 이를 대집행(代執行)할 수 있다.

    ㉤ ㉠에 따른 허가에 관하여 이 법에서 규정한 것을 제외하고는 「국토의 계획 및 이용에 관한 법률」 제57조부터 제60조까지 및 제62조를 준용한다.

    ㉥ ㉠에 따라 허가를 받은 경우에는 「국토의 계획 및 이용에 관한 법률」 제56조에 따라 허가를 받은 것으로 본다.

POINT 건축물의 건축, 공작물의 설치, 토지의 형질 변경, 토석의 채취, 토지분할, 물건을 쌓아놓는 행위 등 대통령령으로 정하는 행위〈관광진흥법 시행령 제45조의2 제1항〉

- 건축물의 건축 : 「건축법」 제2조제1항제2호에 따른 건축물(가설건축물을 포함한다)의 건축, 대수선 또는 용도변경
- 공작물의 설치 : 인공을 가하여 제작한 시설물(「건축법」 제2조 제1항 제2호에 따른 건축물은 제외한다)의 설치
- 토지의 형질 변경 : 절토(땅깎기)·성토(흙쌓기)·정지(땅고르기)·포장(흙덮기) 등의 방법으로 토지의 형상을 변경하는 행위, 토지의 굴착(땅파기) 또는 공유수면의 매립
- 토석의 채취 : 흙·모래·자갈·바위 등의 토석을 채취하는 행위(제3호에 따른 토지의 형질 변경을 목적으로 하는 것은 제외한다)
- 토지분할
- 물건을 쌓아놓는 행위 : 옮기기 어려운 물건을 1개월 이상 쌓아놓는 행위
- 죽목(竹木)을 베어내거나 심는 행위

POINT 관광진흥법 제52조의2 제3항에 따른 신고를 하려는 자가 첨부하여 할 서류〈관광진흥법 시행령 제45조의2 제3항〉

- 관계 법령에 따른 허가를 받았거나 허가를 받을 필요가 없음을 증명할 수 있는 서류
- 신고일 기준시점의 공정도를 확인할 수 있는 사진
- 배치도 등 공사 또는 사업 관련 도서

⑤ 조사·측량 실시〈관광진흥법 제53조〉

㉠ 시·도지사는 기본계획 및 권역계획을 수립하거나 관광지 등의 지정을 위하여 필요하면 해당 지역에 대한 조사와 측량을 실시할 수 있다.

㉡ 조사와 측량을 위하여 필요하면 타인이 점유하는 토지에 출입할 수 있다.

㉢ 타인이 점유하는 토지에의 출입에 관하여는 「국토의 계획 및 이용에 관한 법률」 토지에의 출입 등 규정 (제130조)과 토지에의 출입 등에 따른 손실 보상 규정(제131조)을 준용한다.

⑥ 조성계획의 수립 등〈관광진흥법 제54조〉

㉠ 관광지 등을 관할하는 시장·군수·구청장은 조성계획을 작성하여 시·도지사의 승인을 받아야 한다. 이를 변경(대통령령으로 정하는 경미한 사항의 변경은 제외)하려는 경우에도 또한 같다. 다만, 관광단지 를 개발하려는 공공기관 등 문화체육관광부령으로 정하는 공공법인 또는 민간개발자(이하 "관광단지개 발자")는 조성계획을 작성하여 대통령령으로 정하는 바에 따라 시·도지사의 승인을 받을 수 있다.

2016년출제

POINT **문화체육관광부령으로 정하는 공공법인**〈관광진흥법 시행규칙 제61조〉
- 「한국관광공사법」에 따른 한국관광공사 또는 한국관광공사가 관광단지 개발을 위하여 출자한 법인
- 「한국토지주택공사법」에 따른 한국토지주택공사
- 「지방공기업법」에 따라 설립된 지방공사 및 지방공단
- 「제주특별자치도 설치 및 국제자유도시 조성을 위한 특별법」에 따른 제주국제자유도시개발센터

POINT **경미한 조성계획의 변경**〈관광진흥법 시행령 제47조〉
- 관광시설계획면적의 100분의 20 이내의 변경
- 관광시설계획 중 시설지구별 토지이용계획면적(조성계획의 변경승인을 받은 경우에는 그 변경승인을 받은 토지이 용계획면적)의 100분의 30 이내의 변경(시설지구별 토지이용계획면적이 2천 200제곱미터 미만인 경우에는 660제 곱미터 이내의 변경)
- 관광시설계획 중 시설지구별 건축 연면적(조성계획의 변경승인을 받은 경우에는 그 변경승인을 받은 건축 연면적)의 100분의 30 이내의 변경(시설지구별 건축 연면적이 2천 200제곱미터 미만인 경우에는 660제곱미터 이내의 변경)
- 관광시설계획 중 숙박시설지구에 설치하려는 시설(조성계획의 변경승인을 받은 경우에는 그 변경승인을 받은 시설을 말한다)의 변경(숙박시설지구 안에 설치할 수 있는 시설 간 변경에 한정한다)으로서 숙박시설지구의 건축 연면적의 100분의 30 이내의 변경(숙박시설지구의 건축 연면적이 2천 200제곱미터 미만인 경우에는 660제곱미터 이내의 변경)
- 관광시설계획 중 시설지구에 설치하는 시설의 명칭 변경
- 조성계획의 승인을 받은 자(특별자치시장 및 특별자치도지사가 조성계획을 수립한 경우를 포함한다. 이하 "사업시 행자"라 한다)의 성명(법인인 경우에는 그 명칭 및 대표자의 성명을 말한다) 또는 사무소 소재지의 변경. 다만, 양 도·양수, 분할, 합병 및 상속 등으로 인해 사업시행자의 지위나 자격에 변경이 있는 경우는 제외한다.

㉮ 조성계획의 승인신청 : 관광지 등 조성계획의 승인 또는 변경승인을 받으려는 자는 다음의 서류를 첨부하 여 조성계획의 승인 또는 변경승인을 신청하여야 한다. 다만, 조성계획의 변경승인을 신청하는 경우에 는 변경과 관계되지 아니하는 사항에 대한 서류는 첨부하지 않는다.
- 문화체육관광부령으로 정하는 내용을 포함하는 관광시설계획서·투자계획서 및 관광지 등 관리계획서

- 지번·지목·지적·소유자 및 시설별 면적이 표시된 토지조서
- 조감도
- 민간개발자가 개발하는 경우에는 해당 토지의 소유권 또는 사용권을 증명할 수 있는 서류. 다만, 민간개발자가 개발하는 경우로서 해당 토지 중 사유지의 3분의 2 이상을 취득한 경우에는 취득한 토지에 대한 소유권을 증명할 수 있는 서류와 국·공유지에 대한 소유권 또는 사용권을 증명할 수 있는 서류(국·공유지에 대한 소유권 또는 사용권을 증명할 수 있는 서류는 조성계획 승인 후 공사착공 전에 제출 가능)

㉴ 조성계획의 포함 사항

관광시설 계획	• 공공편익시설, 숙박시설, 상가시설, 관광 휴양·오락시설 및 그 밖의 시설지구로 구분된 토지이용계획 • 건축연면적이 표시된 시설물설치계획(축척 500분의 1부터 6천 분의 1까지의 지적도에 표시한 것이어야 함) • 조경시설물, 조경구조물 및 조경식재계획이 포함된 조경계획 • 그 밖의 전기·통신·상수도 및 하수도 설치계획 • 관광시설계획에 대한 관련부서별 의견(지방자치단체의 장이 조성계획을 수립하는 경우만 해당)
투자계획	• 재원조달계획 • 연차별 투자계획
관광지 등의 관리계획	• 관광시설계획에 포함된 시설물의 관리계획 • 관광지 등의 관리를 위한 인원 확보 및 조직에 관한 계획 • 그 밖의 관광지 등의 효율적 관리방안

POINT **관광지등의 시설지구 안에 설치할 수 있는 시설**〈관광진흥법 시행규칙 별표19〉

시설지구	설치할 수 있는 시설
공공편익 시설지구	도로, 주차장, 관리사무소, 안내시설, 광장, 정류장, 공중화장실, 금융기관, 관공서, 폐기물처리시설, 오수처리시설, 상하수도시설, 그 밖에 공공의 편익시설과 관련되는 시설로서 관광지등의 기반이 되는 시설
숙박시설지구	「공중위생관리법」 및 이 법에 따른 숙박시설, 그 밖에 관광객의 숙박과 체재에 적합한 시설
상가시설지구	판매시설, 「식품위생법」에 따른 업소, 「공중위생관리법」에 따른 업소(숙박업은 제외한다), 사진관, 그 밖의 물품이나 음식 등을 판매하기에 적합한 시설
관광 휴양·오락시설 지구	1. 휴양·문화시설 : 공원, 정자, 전망대, 조경휴게소, 의료시설, 노인시설, 삼림욕장, 자연휴양림, 연수원, 야영장, 온천장, 보트장, 유람선터미널, 낚시터, 청소년수련시설, 공연장, 식물원, 동물원, 박물관, 미술관, 수족관, 문화원, 교양관, 도서관, 자연학습장, 과학관, 국제회의장, 농·어촌휴양시설, 그 밖에 휴양과 교육·문화와 관련된 시설 2. 운동·오락시설 : 「체육시설의 설치·이용에 관한 법률」에 따른 체육시설, 이 법에 따른 유원시설, 「게임산업진흥에 관한 법률」에 따른 게임제공업소, 케이블카(리프트카), 수렵장, 어린이놀이터, 무도장, 그 밖에 운동과 놀이에 직접 참여하거나 관람하기에 적합한 시설
기타시설지구	위의 지구에 포함되지 아니하는 시설
(비고) 개별시설에 각종 부대시설이 복합적으로 있는 경우에는 그 시설의 주된 기능을 중심으로 시설지구를 구분한다.	

㉺ 관광단지개발자가 조성계획의 승인 또는 변경승인을 신청하는 경우에는 특별자치시장·특별자치도지사·시장·군수·구청장에게 조성계획 승인 또는 변경승인신청서를 제출하여야 하며, 조성계획 승인 또는 변경승인신청서를 제출받은 시장·군수·구청장은 제출받은 날부터 20일 이내에 검토의견서를 첨부하여 시·도지사(특별자치시장·특별자치도지사는 제외)에게 제출하여야 한다.

ⓛ 시·도지사는 조성계획을 승인하거나 변경승인을 하고자 하는 때에는 관계 행정기관의 장과 협의하여야 한다. 이 경우 협의요청을 받은 관계 행정기관의 장은 특별한 사유가 없는 한 그 요청을 받은 날부터 30일 이내에 의견을 제시하여야 한다.

ⓒ 시·도지사가 조성계획을 승인 또는 변경승인한 때에는 지체 없이 이를 고시하여야 한다.

ⓔ 민간개발자가 관광단지를 개발하는 경우에는 인·허가 등의 의제 규정에서 「공익사업을 위한 토지 등의 취득 및 보상에 관한 법률」에 따른 사업인정 및 수용 및 사용 규정을 적용하지 않는다. 조성계획상의 조성 대상 토지면적 중 사유지의 3분의 2 이상을 취득한 경우 남은 사유지에 대하여는 그러하지 아니하다.

ⓜ 관광지 등을 관할하는 특별자치시장 및 특별자치도지사는 관계 행정기관의 장과 협의하여 조성계획을 수립하고, 조성계획을 수립한 때에는 지체 없이 이를 고시하여야 한다.

ⓗ 조성계획의 승인을 받은 자(특별자치시장 및 특별자치도지사가 조성계획을 수립한 경우를 포함한다. 이하 "사업시행자"라 한다)가 아닌 자로서 조성계획을 시행하기 위한 사업(이하 "조성사업"이라 한다)을 하려는 자가 조성하려는 토지면적 중 사유지의 3분의 2 이상을 취득한 경우에는 대통령령으로 정하는 바에 따라 사업시행자(사업시행자가 관광단지개발인 경우는 제외)에게 남은 사유지의 매수를 요청할 수 있다.

⑦ **조성계획의 시행**〈관광진흥법 제55조〉

㉠ 조성사업은 이 법 또는 다른 법령에 특별한 규정이 있는 경우 외에는 사업시행자가 행한다.

ⓛ 조성계획의 승인을 받아 관광지등을 개발하려는 자가 관광지등의 개발 촉진을 위하여 조성계획의 승인 전에 대통령령으로 정하는 바에 따라 시·도지사의 승인을 받아 그 조성사업에 필요한 토지를 매입한 경우에는 사업시행자로서 토지를 매입한 것으로 본다.

ⓒ 사업시행자가 아닌 자로서 조성사업을 하려는 자는 대통령령으로 정하는 기준과 절차에 따라 사업시행자가 특별자치시장·특별자치도지사·시장·군수·구청장인 경우에는 특별자치시장·특별자치도지사·시장·군수·구청장의 허가를 받아서 조성사업을 할 수 있고, 사업시행자가 관광단지개발인 경우에는 관광단지개발자와 협의하여 조성사업을 할 수 있다.

  ㉮ 조성사업의 시행허가를 받거나 협의를 하려는 자는 문화체육관광부령으로 정하는 바에 따라 특별자치시장·특별자치도지사·시장·군수·구청장 또는 사업시행자에게 각각 신청하여야 한다.

  ㉯ 특별자치시장·특별자치도지사·시장·군수·구청장 또는 사업시행자는 허가 또는 협의를 하려면 해당 조성사업에 대하여 조성계획에 저촉 여부, 관광지 등의 자연경관 및 특성에 적합 여부를 검토하여야 한다.

ⓔ 사업시행자가 아닌 자로서 조성사업(시장·군수·구청장이 조성계획의 승인을 받은 사업만 해당)을 시행하려는 자가 사업계획의 승인을 받은 경우에는 특별자치시장·특별자치도지사·시장·군수·구청장의 허가를 받지 아니하고 그 조성사업을 시행할 수 있다.

ⓜ 관광단지를 개발하려는 공공기관 등 문화체육관광부령으로 정하는 관광단지개발자(문화체육관광부령으로 정하는 공공법인 또는 민간개발자)는 필요하면 용지의 매수 업무와 손실보상 업무(민간개발자인 경우 남은 사유지를 수용하거나 사용하는 경우만 해당)를 대통령령으로 정하는 바에 따라 관할 지방자치단체의 장에게 위탁할 수 있다.

> **POINT** **용지매수 및 보상업무의 위탁 시 명시하여야 사항**〈관광진흥법 시행령 제49조〉
> • 위탁업무의 시행지 및 시행기간
> • 위탁업무의 종류·규모·금액
> • 위탁업무 수행에 필요한 비용과 그 지급방법
> • 그 밖에 위탁업무를 수행하는 데에 필요한 사항

⑧ **관광지 등 지정 등의 실효 및 취소 등**〈관광진흥법 제56조〉

　㉠ 관광지 등으로 지정·고시된 관광지 등에 대하여 그 고시일부터 2년 이내에 조성계획의 승인신청이 없으면 그 고시일부터 2년이 지난 다음 날에 그 관광지 등 지정은 효력을 상실한다. 조성계획의 효력이 상실된 관광지 등에 대하여 그 조성계획의 효력이 상실된 날부터 2년 이내에 새로운 조성계획의 승인신청이 없는 경우에도 또한 같다. `2015년출제`

　㉡ 조성계획의 승인을 받은 관광지 사업시행자(조성사업을 하는 자를 포함)가 조성계획의 승인고시일부터 2년 이내에 사업을 착수하지 아니하면 조성계획 승인고시일부터 2년이 지난 다음 날에 그 조성계획의 승인은 효력을 상실한다.

　㉢ 시·도지사는 조성계획 승인을 받은 민간개발자가 사업 중단 등으로 환경·미관을 크게 해치거나 관광지 및 관광단지의 실적 평가 결과 조성사업의 완료가 어렵다고 판단되는 경우에는 조성계획의 승인을 취소하거나 이의 개선을 명할 수 있다.

　㉣ 시·도지사는 행정절차의 이행 등 부득이한 사유로 조성계획 승인신청 또는 사업 착수기한의 연장이 불가피하다고 인정되면 1년 이내의 범위에서 한 번만 그 기한을 연장할 수 있다.

　㉤ 시·도지사는 지정 또는 승인의 효력이 상실된 경우 및 승인이 취소된 경우에는 지체 없이 그 사실을 고시하여야 한다.

⑨ **공공시설의 우선 설치** … 국가·지방자치단체 또는 사업시행자는 관광지 등의 조성사업과 그 운영에 관련되는 도로, 전기, 상·하수도 등 공공시설을 우선하여 설치하도록 노력하여야 한다.

⑩ **관광단지의 전기시설 설치**〈관광진흥법 제57조의2〉

　㉠ 관광단지에 전기를 공급하는 자는 관광단지 조성사업의 시행자가 요청하는 경우 관광단지에 전기를 공급하기 위한 전기간선시설(電氣幹線施設) 및 배전시설(配電施設)을 관광단지 조성계획에서 도시·군계획시설로 결정된 도로까지 설치하되, 구체적인 설치범위는 대통령령으로 정한다.

ⓛ 관광단지에 전기를 공급하는 전기간선시설 및 배전시설의 설치비용은 전기를 공급하는 자가 부담한다. 다만, 관광단지 조성사업의 시행자·입주기업·지방자치단체 등의 요청에 의하여 전기간선시설 및 배전시설을 땅속에 설치하는 경우에는 전기를 공급하는 자와 땅속에 설치할 것을 요청하는 자가 각각 100분의 50의 비율로 설치비용을 부담한다.

⑪ 인·허가 등의 의제〈관광진흥법 제58조〉

　ㄱ 조성계획의 승인 또는 변경승인을 받거나 특별자치시장 및 특별자치도지사가 조성계획을 수립한 경우 다음의 인·허가 등에 관하여 시·도지사가 인·허가 등의 관계 행정기관의 장과 미리 협의한 사항에 대해서는 해당 인·허가 등을 받거나 신고를 한 것으로 본다.

　　㉮ 「국토의 계획 및 이용에 관한 법률」에 따른 도시·군관리계획(지구단위계획구역의 지정 계획 및 지구단위계획만 해당)의 결정, 지형도면의 승인, 용도지역 중 도시지역이 아닌 지역의 계획관리지역 지정, 용도지구 중 개발진흥지구의 지정, 개발행위의 허가, 도시·군계획시설사업 시행자의 지정 및 실시계획의 인가

　　㉯ 「수도법」에 따른 일반수도사업의 인가 및 전용 상수도설치시설의 인가

　　㉰ 「하수도법」에 따른 공공하수도 공사시행 등의 허가

　　㉱ 「공유수면 관리 및 매립에 관한 법률」에 따른 공유수면 점용·사용허가, 점용·사용 실시계획의 승인 또는 신고, 공유수면의 매립면허, 국가 등이 시행하는 매립의 협의 또는 승인 및 공유수면매립실시계획의 승인

　　㉲ 「하천법」에 따른 하천공사 등의 허가 및 실시계획의 인가, 점용허가 및 실시계획의 인가

　　㉳ 「도로법」에 따른 도로관리청이 아닌 자에 대한 도로공사 시행의 허가 및 도로의 점용 허가

　　㉴ 「항만법」에 따른 항만개발사업 시행의 허가 및 항만개발사업실시계획의 승인

　　㉵ 「사도법」에 따른 사도개설의 허가

　　㉶ 「산지관리법」에 따른 산지전용허가 및 산지전용신고, 산지일시사용허가·신고, 「산림자원의 조성 및 관리에 관한 법률」에 따른 입목벌채 등의 허가와 신고

　　㉷ 「농지법」에 따른 농지 전용허가

　　㉸ 「자연공원법」에 따른 공원사업 시행 및 공원시설관리의 허가와 행위 허가

　　㉹ 「공익사업을 위한 토지 등의 취득 및 보상에 관한 법률」에 따른 사업인정

　　㉺ 「초지법」에 따른 초지전용의 허가

　　㉻ 「사방사업법」에 따른 사방지 지정의 해제

　　ⓐ 「장사 등에 관한 법률」에 따른 분묘의 개장신고 및 분묘의 개장허가

　　ⓑ 「폐기물관리법」에 따른 폐기물 처리시설의 설치승인 또는 신고

　　ⓒ 「온천법」에 따른 온천개발계획의 승인

　　ⓓ 「건축법」에 따른 건축허가, 건축신고, 가설건축물 건축의 허가 또는 신고

　　ⓔ 관광숙박업 및 관광객 이용시설업·국제회의업의 사업계획 승인. 다만, 사업계획의 작성자와 조성사업의 사업시행자가 동일한 경우에 한한다.

　　ⓕ 「체육시설의 설치·이용에 관한 법률」에 따른 등록 체육시설업의 사업계획 승인은 사업계획의 작성자와 조성사업의 사업시행자가 동일한 경우에 한한다.

ⓖ 「유통산업발전법」에 따른 대규모점포의 개설 등록

ⓗ 「공간정보의 구축 및 관리 등에 관한 법률」에 따른 사업의 착수·변경의 신고

ⓛ 시·도지사는 ㉠의 인·허가 등이 포함되어 있는 조성계획을 승인·변경승인 또는 수립하려는 경우 미리 관계 행정기관의 장과 협의하여야 한다.

ⓒ ㉠ 및 ㉡에서 규정한 사항 외에 인·허가 등 의제의 기준 및 효과 등에 관하여는 「행정기본법」 제24조부터 제26조까지를 준용한다.

⑫ **준공검사**〈관광진흥법 제58조의2〉

㉠ 사업시행자가 관광지 등 조성사업의 전부 또는 일부를 완료한 때에는 대통령령으로 정하는 바에 따라 지체 없이 시·도지사에게 준공검사를 받아야 한다. 이 경우 시·도지사는 해당 준공검사 시행에 관하여 관계 행정기관의 장과 미리 협의하여야 한다.

㉮ **준공검사신청서의 제출** : 사업시행자가 조성사업의 전부 또는 일부를 완료하여 준공검사를 받으려는 때에는 다음 사항을 적은 준공검사신청서를 시·도지사에게 제출하여야 한다.

- 사업시행자의 성명(법인은 법인의 명칭 및 대표자의 성명)·주소
- 조성사업의 명칭
- 조성사업을 완료한 지역의 위치 및 면적
- 조성사업기간

㉯ **준공검사신청서에 첨부해야 서류 및 도면**

- 준공설계도서(착공 전의 사진 및 준공사진 첨부)
- 「공간정보의 구축 및 관리 등에 관한 법률」에 따라 지적소관청이 발행하는 지적측량성과도
- 공공시설 및 토지 등의 귀속조사문서와 도면(민간개발자인 사업시행자의 경우에는 용도폐지된 공공시설 및 토지 등에 대한 「감정평가 및 감정평가사에 관한 법률」에 따른 감정평가업자의 평가조서와 새로 설치된 공공시설의 공사비산출내역서를 포함)
- 「공유수면 관리 및 매립에 관한 법률」에 따라 사업시행자가 취득할 대상 토지와 국가 또는 지방자치단체에 귀속될 토지 등의 내역서(공유수면을 매립하는 경우에만 해당)
- 환지계획서 및 신·구 지적대조도(환지를 하는 경우에만 해당)
- 개발된 토지 또는 시설 등의 관리·처분 계획

㉰ **검사일정의 통보** : 준공검사 신청을 받은 시·도지사는 검사일정을 정하여 준공검사 신청 내용에 포함된 공공시설을 인수하거나 관리하게 될 국가기관 또는 지방자치단체의 장에게 검사일 5일 전까지 통보하여야 하며, 준공검사에 참여하려는 국가기관 또는 지방자치단체의 장은 준공검사일 전날까지 참여를 요청하여야 한다.

㉱ **준공검사증명서 발급 및 고시 사항** : 준공검사 신청을 받은 시·도지사는 준공검사를 하여 해당 조성사업이 승인된 조성계획대로 완료되었다고 인정하는 경우에는 준공검사증명서를 발급하고, 다음의 사항을 공보에 고시하여야 한다.

- 조성사업의 명칭
- 사업시행자의 성명 및 주소

- 조성사업을 완료한 지역의 위치 및 면적
- 준공년월일
- 주요 시설물의 관리·처분에 관한 사항
- 그 밖에 시·도지사가 필요하다고 인정하는 사항

    ⓛ 사업시행자가 준공검사를 받은 경우에는 인·허가 등에 따른 해당 사업의 준공검사 또는 준공인가 등을 받은 것으로 본다.

⑬ **공공시설 등의 귀속**〈관광진흥법 제58조의3〉

    ㉠ 사업시행자가 조성사업의 시행으로 「국토의 계획 및 이용에 관한 법률」에 따른 공공시설을 새로 설치하거나 기존의 공공시설에 대체되는 시설을 설치한 경우 그 귀속에 관하여는 같은 법 개발행위에 따른 공공시설 등의 귀속 규정(제65조)을 준용한다. 이 경우 "행정청이 아닌 경우"는 "사업시행자인 경우"로 본다.

    ⓛ 공공시설 등을 등기하는 경우에는 조성계획승인서와 준공검사증명서로써 「부동산등기법」의 등기원인을 증명하는 서면을 갈음할 수 있다.

    ㉢ 「국토의 계획 및 이용에 관한 법률」을 준용할 때 관리청이 불분명한 재산 중 도로·도랑 등에 대하여는 국토교통부장관을, 하천에 대하여는 환경부장관을, 그 밖의 재산에 대하여는 기획재정부장관을 관리청으로 본다.

⑭ **관광지 등의 처분**〈관광진흥법 제59조〉

    ㉠ 사업시행자는 조성한 토지, 개발된 관광시설 및 지원시설의 전부 또는 일부를 매각하거나 임대하거나 타인에게 위탁하여 경영하게 할 수 있다.

    ⓛ 토지·관광시설 또는 지원시설을 매수·임차하거나 그 경영을 수탁한 자는 그 토지나 관광시설 또는 지원시설에 관한 권리·의무를 승계한다.

⑮ **「국토의 계획 및 이용에 관한 법률」의 준용**〈관광진흥법 제60조〉 … 조성계획의 수립, 조성사업의 시행 및 관광지 등의 처분에 관하여는 이 법에 규정되어 있는 것 외에는 「국토의 계획 및 이용에 관한 법률」을 준용한다.

    ㉠ 국토교통부장관 또는 시·도지사 → 시·도지사

    ⓛ 실시계획 → 조성계획

    ㉢ 인가 → 승인

    ㉣ 도시·군계획시설사업의 시행지구 → 관광지 등

    ㉤ 도시·군계획시설사업의 시행자 → 사업시행자

    ㉥ 도시·군계획시설사업 → 조성사업

    ㉦ 국토교통부장관 → 문화체육관광부장관

    ㉧ 광역도시계획 또는 도시·군계획 → 조성계획

⑯ **수용 및 사용**〈관광진흥법 제61조〉

ⓐ 사업시행자는 조성사업의 시행에 필요한 토지와 다음의 물건 또는 권리를 수용하거나 사용할 수 있다. 다만, 농업 용수권(用水權)이나 그 밖의 농지개량 시설을 수용 또는 사용하려는 경우에는 미리 농림축산식품부장관의 승인을 받아야 한다.

㉮ 토지에 관한 소유권 외의 권리

㉯ 토지에 정착한 입목이나 건물, 그 밖의 물건과 이에 관한 소유권 외의 권리

㉰ 물의 사용에 관한 권리

㉱ 토지에 속한 토석 또는 모래와 조약돌

ⓑ 수용 또는 사용에 관한 협의가 성립되지 아니하거나 협의를 할 수 없는 경우에는 사업시행자는 「공익사업을 위한 토지 등의 취득 및 보상에 관한 법률」에도 불구하고 조성사업 시행 기간에 재결(裁決)을 신청할 수 있다.

ⓒ 수용 또는 사용의 절차, 그 보상 및 재결 신청에 관하여는 이 법에 규정되어 있는 것 외에는 「공익사업을 위한 토지 등의 취득 및 보상에 관한 법률」을 적용한다.

⑰ **선수금** … 사업시행자는 그가 개발하는 토지 또는 시설을 분양받거나 시설물을 이용하려는 자로부터 그 대금의 전부 또는 일부를 대통령령으로 정하는 바에 따라 미리 받을 수 있다. 이때 사업시행자가 선수금을 받으려는 경우에는 그 금액 및 납부방법에 대하여 토지 또는 시설을 분양받거나 시설물을 이용하려는 자와 협의하여야 한다.

⑱ **이용자 분담금 및 원인자 부담금**〈관광진흥법 제64조〉

ⓐ **이용자 분담금** : 사업시행자는 지원시설 건설비용의 전부 또는 일부를 대통령령으로 정하는 바에 따라 그 이용자에게 분담하게 할 수 있다. 이때 분담금액은 지원시설의 이용자의 수 및 이용횟수 등을 고려하여 사업시행자가 이용자와 협의하여 산정한다.

㉮ 이용자 분담금의 요구 : 사업시행자가 지원시설의 이용자에게 분담금을 부담하게 하려는 경우에는 지원시설의 건설사업명·건설비용·부담금액·납부방법 및 납부기한을 서면에 구체적으로 밝혀 그 이용자에게 분담금의 납부를 요구하여야 한다.

㉯ 지원시설의 건설비용 : 공사비(조사측량비·설계비 및 관리비 제외) + 보상비(감정비 포함)

ⓑ **원인자 부담금** : 지원시설 건설의 원인이 되는 공사 또는 행위가 있으면 사업시행자는 대통령령으로 정하는 바에 따라 그 공사 또는 행위의 비용을 부담하여야 할 자에게 그 비용의 전부 또는 일부를 부담하게 할 수 있다. 사업시행자가 원인자 부담금을 부담하게 하려는 경우에는 이용자 분담금에 관한 규정을 준용한다.

ⓒ **유지·관리 및 보수 비용의 분담** : 사업시행자는 관광지 등의 안에 있는 공동시설의 유지·관리 및 보수에 드는 비용의 전부 또는 일부를 대통령령으로 정하는 바에 따라 관광지 등에서 사업을 경영하는 자에게 분담하게 할 수 있다.

㉮ 사업시행자는 공동시설의 유지·관리 및 보수 비용을 분담하게 하려는 경우에는 공동시설의 유지·관리·보수 현황, 분담금액, 납부방법, 납부기한 및 산출내용을 적은 서류를 첨부하여 관광지 등에서 사업을 경영하는 자에게 그 납부를 요구하여야 한다.

㉫ 공동시설의 유지·관리 및 보수 비용의 분담비율은 시설사용에 따른 수익의 정도에 따라 사업시행자가 사업을 경영하는 자와 협의하여 결정한다.

㉮ 사업시행자는 유지·관리·보수 비용의 분담 및 사용 현황을 매년 결산하여 비용분담자에게 통보하여야 한다.

ⓒ 분담금 부과 처분 등에 대한 이의신청 특례〈관광진흥법 제64조의2〉

㉮ 사업시행자는 분담금 또는 부담금 부과에 대한 이의신청을 받으면 그 신청을 받은 날부터 15일 이내에 이를 심의하여 그 결과를 신청인에게 서면으로 통지하여야 한다.

㉯ 규정한 사항 외에 처분에 대한 이의신청에 관한 사항은 「행정기본법」 제36조(제2항 단서 제외)에 따른다.

⑲ 강제징수〈관광진흥법 제65조〉

㉠ 이용자 분담금 및 원인자 부담금의 징수위탁 : 이용자 분담금·원인자 부담금 또는 유지·관리 및 보수에 드는 비용을 내야 할 의무가 있는 자가 이를 이행하지 아니하면 사업시행자는 대통령령으로 정하는 바에 따라 그 지역을 관할하는 특별자치시장·특별자치도지사·시장·군수·구청장에게 그 징수를 위탁할 수 있다.

㉡ 징수를 위탁받은 특별자치시장·특별자치도지사·시장·군수·구청장은 지방세 체납처분의 예에 따라 이를 징수할 수 있다. 이 경우 특별자치시장·특별자치도지사·시장·군수·구청장에게 징수를 위탁한 자는 특별자치시장·특별자치도지사·시장·군수·구청장이 징수한 금액의 100분의 10에 해당하는 금액을 특별자치시·특별자치도·시·군·구에 내야 한다.

⑳ 이주대책〈관광진흥법 제66조〉

㉠ 사업시행자는 조성사업의 시행에 따른 토지·물건 또는 권리를 제공함으로써 생활의 근거를 잃게 되는 자를 위하여 대통령령으로 정하는 내용이 포함된 이주대책을 수립·실시하여야 한다.

㉡ 이주대책의 수립에 관하여는 「공익사업을 위한 토지 등의 취득 및 보상에 관한 법률」을 준용한다.

POINT **이주대책 포함 사항**〈관광진흥법 시행령 제57조〉 **2015년출제**

- 택지 및 농경지의 매입
- 이주보상금
- 이주대책에 따른 비용
- 택지 조성 및 주택 건설
- 이주방법 및 이주시기
- 그 밖에 필요한 사항

㉑ 입장료 등의 징수와 사용〈관광진흥법 제67조〉

㉠ 관광지 등에서 조성사업을 하거나 건축, 그 밖의 시설을 한 자는 관광지 등에 입장하는 자로부터 입장료를 징수할 수 있고, 관광시설을 관람하거나 이용하는 자로부터 관람료나 이용료를 징수할 수 있다.

㉡ 입장료·관람료 또는 이용료의 징수 대상의 범위와 그 금액은 관광지등이 소재하는 지방자치단체의 조례로 정한다.

㉢ 지방자치단체는 입장료·관람료 또는 이용료를 징수하면 이를 관광지 등의 보존·관리와 그 개발에 필요한 비용에 충당하여야 한다.

(2) 관광특구 `2021년출제`

① 관광특구의 지정 `2015년출제` `2016년출제` `2019년출제` `2020년출제`

　㉠ 관광특구 지정요건〈관광진흥법 제70조〉

　　㉮ 다음의 요건을 모두 갖춘 지역 중에서 시장·군수·구청장의 신청(특별자치시 및 특별자치도의 경우는 제외한다)에 따라 시·도지사가 지정한다. 이 경우 관광특구로 지정하려는 대상지역이 같은 시·도 내에서 둘 이상의 시·군·구에 걸쳐 있는 경우에는 해당 시장·군수·구청장이 공동으로 지정을 신청하여야 하고, 둘 이상의 시·도에 걸쳐 있는 경우에는 해당 시장·군수·구청장이 공동으로 지정을 신청하고 해당 시·도지사가 공동으로 지정하여야 한다.

　　　• 외국인 관광객 수가 대통령령으로 정하는 기준(최근 1년간 외국인 관광객 수가 10만 명, 서울특별시는 50만 명) 이상일 것 `2014년출제` `2017년출제`

　　　• 문화체육관광부령으로 정하는 바에 따라 관광안내시설, 공공편익시설 및 숙박시설 등이 갖추어져 외국인 관광객의 관광수요를 충족시킬 수 있는 지역일 것

　　　• 관광활동과 직접적인 관련성이 없는 토지의 비율이 대통령령으로 정하는 기준(10%)을 초과하지 아니할 것

　　　• 요건을 갖춘 지역이 서로 분리되어 있지 아니할 것

　　㉯ 인구 100만 이상 대도시(이하 "특례시"라 한다)의 시장은 관할 구역 내에서 ㉠의 요건을 모두 갖춘 지역을 관광특구로 지정할 수 있다.

　㉡ 관광특구의 지정신청 등〈관광진흥법 시행규칙 제64조〉

　　㉮ 관광특구 지정요건의 세부기준은 별표 21과 같다.

　　㉯ 관광특구의 지정 및 지정 취소 또는 그 면적의 변경(이하 "지정 등")을 신청하려는 시장·군수·구청장(특별자치시·특별자치도의 경우는 제외)은 관광특구 지정 등 신청서에 규정된 서류를 첨부하여 특별시장·광역시장·도지사에게 제출하여야 한다. 다만, 관광특구의 지정 취소 또는 그 면적 변경의 경우에는 그 취소 또는 변경과 관계되지 아니하는 사항에 대한 서류는 첨부하지 아니한다.

> **POINT** **관광특구 지정 신청 시 첨부서류**〈관광진흥법 시행규칙 제64조〉
> • 신청사유서
> • 주요관광자원 등의 내용이 포함된 서류
> • 해당 지역주민 등의 의견수렴 결과를 기재한 서류
> • 관광특구의 진흥계획서
> • 관광특구를 표시한 행정구역도와 지적도면
> • 관광특구 지정요건의 세부기준 요건에 적합함을 증명할 수 있는 서류

　㉢ 관광특구 지정을 위한 조사·분석〈관광진흥법 제70조의2〉

　　㉮ 시·도지사 또는 특례시의 시장이 관광특구를 지정하려는 경우에는 지정 요건을 갖추었는지 여부와 그 밖에 관광특구의 지정에 필요한 사항을 검토하기 위하여 대통령령으로 정하는 전문기관에 조사·분석을 의뢰하여야 한다.

　　㉯ 관광특구의 지정신청에 대한 조사·분석 전문기관〈관광진흥법 시행령 제58조의2〉

- 한국문화관광연구원
- 정부출연연구기관으로서 관광정책 및 관광산업에 관한 연구를 수행하는 기관
- 다음의 요건을 모두 갖춘 기관 또는 단체
  - 관광특구 지정신청에 대한 조사·분석 업무를 수행할 조직을 갖추고 있을 것
  - 관광특구 지정신청에 대한 조사·분석 업무와 관련된 분야의 박사학위를 취득한 전문인력을 확보하고 있을 것
  - 관광특구 지정신청에 대한 조사·분석 업무와 관련하여 전문적인 조사·연구·평가 등을 한 실적이 있을 것

② **관광특구의 진흥계획**〈관광진흥법 시행령 제59조〉 **2019년출제** **2016년출제** **2017년출제**

⑦ **관광특구진흥계획의 수립·시행** : 특별자치시장·특별자치도지사·시장·군수·구청장은 관할 구역 내 관광특구를 방문하는 외국인 관광객의 유치 촉진 등을 위하여 관광특구진흥계획을 수립하고 시행하여야 한다. 이때 진흥계획을 수립하기 위하여 필요한 경우에는 해당 특별자치시·특별자치도·시·군·구 주민의 의견을 들을 수 있다.

ⓛ **관광특구진흥계획 포함 사항** : 관광특구진흥계획에 포함될 사항 등 관광특구진흥계획의 수립·시행에 필요한 사항은 대통령령으로 정하며 특별자치시장·특별자치도지사·시장·군수·구청장은 다음의 사항이 포함된 관광특구진흥계획을 수립·시행한다.

㉮ 외국인 관광객을 위한 관광편의시설의 개선에 관한 사항

㉯ 특색 있고 다양한 축제, 행사, 그 밖에 홍보에 관한 사항

㉰ 관광객 유치를 위한 제도개선에 관한 사항

㉱ 관광특구를 중심으로 주변지역과 연계한 관광코스의 개발에 관한 사항

㉲ 그 밖에 관광질서 확립 및 관광서비스 개선 등 관광객 유치를 위하여 필요한 사항으로서 문화체육관광부령으로 정하는 다음 사항

- 범죄예방 계획 및 바가지 요금, 퇴폐행위, 호객행위 근절 대책
- 관광불편신고센터의 운영계획
- 관광특구 안의 접객시설 등 관련시설 종사원에 대한 교육계획
- 외국인 관광객을 위한 토산품 등 관광상품 개발·육성계획

ⓒ **관광특구의 타당성 검토** : 특별자치시장·특별자치도지사·시장·군수·구청장은 수립된 관광특구진흥계획에 대하여 5년마다 그 타당성을 검토하고 진흥계획의 변경 등 필요한 조치를 하여야 한다.

③ **관광특구의 대한 지원**〈관광진흥법 제72조〉

⑦ 국가나 지방자치단체는 관광특구를 방문하는 외국인 관광객의 관광 활동을 위한 편의 증진 등 관광특구 진흥을 위하여 필요한 지원을 할 수 있다.

ⓛ 문화체육관광부장관은 관광특구를 방문하는 관광객의 편리한 관광 활동을 위하여 관광특구 안의 문화·체육·숙박·상가·교통·주차시설로서 관광객 유치를 위하여 특히 필요하다고 인정되는 시설에 대하여 「관광진흥개발기금법」에 따라 관광진흥개발기금을 대여하거나 보조할 수 있다.

④ **관광특구에 대한 평가 등**〈관광진흥법 제73조〉

　　㉠ 시·도지사 또는 특례시의 시장은 대통령령으로 정하는 바에 따라 관광특구진흥계획의 집행 상황을 평가하고, 우수한 관광특구에 대하여는 필요한 지원을 할 수 있다.

　　㉡ 시·도지사 또는 특례시의 시장은 평가 결과 관광특구 지정 요건에 맞지 아니하거나 추진 실적이 미흡한 관광특구에 대하여는 대통령령으로 정하는 바에 따라 관광특구의 지정취소·면적조정·개선권고 등 필요한 조치를 하여야 한다.

　　㉢ 문화체육관광부장관은 관광특구의 활성화를 위하여 관광특구에 대한 평가를 3년마다 실시하여야 한다.
　　　2020년출제

　　㉣ 문화체육관광부장관은 평가 결과 우수한 관광특구에 대하여는 필요한 지원을 할 수 있다.

　　㉤ 문화체육관광부장관은 평가 결과 관광특구 지정 요건에 맞지 아니하거나 추진 실적이 미흡한 관광특구에 대하여는 대통령령으로 정하는 바에 따라 해당 시·도지사 또는 특례시의 시장에게 관광특구의 지정취소·면적조정·개선권고 등 필요한 조치를 할 것을 요구할 수 있다.

　　㉥ 평가의 내용, 절차 및 방법 등에 필요한 사항은 대통령령으로 정한다.

⑤ **진흥계획의 평가 및 조치**〈관광진흥법 시행령 제60조〉

　　㉠ 시·도지사 또는 인구 100만 이상 대도시(이하 "특례시"라 한다)의 시장은 진흥계획의 집행 상황을 연 1회 평가해야 하며, 평가 시에는 관광 관련 학계·기관 및 단체의 전문가와 지역주민, 관광 관련 업계 종사자가 포함된 평가단을 구성하여 평가해야 한다.

　　㉡ 시·도지사 또는 특례시의 시장은 평가 결과를 평가가 끝난 날부터 1개월 이내에 문화체육관광부장관에게 보고해야 하며, 문화체육관광부장관은 시·도지사 또는 특례시의 시장이 보고한 사항 외에 추가로 평가가 필요하다고 인정되면 진흥계획의 집행 상황을 직접 평가할 수 있다.

　　㉢ 시·도지사 또는 특례시의 시장은 진흥계획의 집행 상황에 대한 평가 결과에 따라 다음의 구분에 따른 조치를 해야 한다.

　　　㉮ 관광특구의 지정요건에 3년 연속 미달하여 개선될 여지가 없다고 판단되는 경우에는 관광특구 지정 취소

　　　㉯ 진흥계획의 추진실적이 미흡한 관광특구로서 개선권고를 3회 이상 이행하지 아니한 경우에는 관광특구 지정 취소

　　　㉰ 진흥계획의 추진실적이 미흡한 관광특구에 대하여는 지정 면적의 조정 또는 투자 및 사업계획 등의 개선 권고

⑥ **관광특구의 평가 및 조치**〈관광진흥법 시행령 제60조의2〉

　　㉠ 문화체육관광부장관은 관광특구에 대하여 다음의 사항을 평가해야 한다.

　　　㉮ 관광특구 지정 요건을 충족하는지 여부

　　　㉯ 최근 3년간의 진흥계획 추진 실적

　　　㉰ 외국인 관광객의 유치 실적

　　　㉱ 그 밖에 관광특구의 활성화를 위하여 평가가 필요한 사항으로서 문화체육관광부령으로 정하는 사항

ⓛ 문화체육관광부장관은 관광특구의 평가를 위하여 평가 대상지역의 특별자치시장·특별자치도지사·시장·군수·구청장에게 평가 관련 자료의 제출을 요구할 수 있으며, 필요한 경우 현지조사를 할 수 있다.

ⓒ 문화체육관광부장관은 관광특구에 대한 평가를 하려는 경우에는 세부 평가계획을 수립하여 평가 대상지역의 특별자치시장·특별자치도지사·시장·군수·구청장에게 평가실시일 90일 전까지 통보해야 한다.

ⓔ 문화체육관광부장관은 다음의 구분에 따른 조치를 해당 시·도지사 또는 특례시의 시장에게 요구할 수 있다.

   ㉮ 관광특구의 지정 요건에 맞지 않아 개선될 여지가 없다고 판단되는 경우 : 관광특구 지정 취소

   ㉯ 진흥계획 추진 실적이 미흡한 경우 : 면적조정 또는 개선권고

   ㉰ 면적조정 또는 개선권고를 이행하지 않은 경우 : 관광특구 지정 취소

ⓜ 시·도지사 또는 특례시의 시장은 ⓔ ㉮~㉰의 구분에 따른 조치 요구를 받은 날부터 1개월 이내에 조치계획을 문화체육관광부장관에게 보고해야 한다.

⑦ 「건축법」에 대한 특례를 적용받는 관광사업자의 범위〈관광진흥법 시행령 제60조의3〉

  ⓐ 관광숙박업

  ⓑ 국제회의업

  ⓒ 종합여행업

  ⓓ 관광공연장업

  ⓔ 관광식당업, 여객자동차터미널시설업 및 관광면세업

⑧ 다른 법률에 대한 특례〈관광진흥법 제74조〉

  ⓐ 관광특구 안에서는 「식품위생법」에 따른 영업제한에 관한 규정을 적용하지 아니한다.

  ⓑ 관광특구 안에서 대통령령으로 정하는 관광사업자는 「건축법」에도 불구하고 연간 180일 이내의 기간 동안 해당 지방자치단체의 조례로 정하는 바에 따라 공개 공지를 사용하여 외국인 관광객을 위한 공연 및 음식을 제공할 수 있다. 다만, 울타리를 설치하는 등 공중이 해당 공개 공지를 사용하는 데에 지장을 주는 행위를 하여서는 아니 된다.

  ⓒ 관광특구 관할 지방자치단체의 장은 관광특구의 진흥을 위하여 필요한 경우에는 시·도경찰청장 또는 경찰서장에게 「도로교통법」에 따른 차마(車馬) 또는 노면전차의 도로통행 금지 또는 제한 등의 조치를 하여줄 것을 요청할 수 있다. 이 경우 요청받은 시·도경찰청장 또는 경찰서장은 특별한 사유가 없으면 지체 없이 필요한 조치를 하여야 한다.

6 보칙 및 벌칙

(1) 보칙

① **재정지원**〈관광진흥법 제76조〉

　㉠ 문화체육관광부장관은 관광에 관한 사업을 하는 지방자치단체, 관광사업자 단체 또는 관광사업자에게 대통령령으로 정하는 바에 따라 보조금을 지급할 수 있으며, 지방자치단체는 그 관할 구역 안에서 관광에 관한 사업을 하는 관광사업자 단체 또는 관광사업자에게 조례로 정하는 바에 따라 보조금을 지급할 수 있다.

　　㉮ **국고보조금의 지급신청** : 보조금을 받으려는 자는 문화체육관광부령으로 정하는 바에 따라 문화체육관광부장관에게 신청하여야 하며 문화체육관광부장관은 신청을 받은 경우 필요하다고 인정하면 관계 공무원의 현지조사 등을 통하여 그 신청의 내용과 조건을 심사할 수 있다.

　　㉯ **국고보조금 신청서에 첨부해야 하는 서류**

　　　• 사업 개요(건설공사인 경우 시설내용 포함) 및 효과

　　　• 사업공정계획

　　　• 총사업비 및 보조금액의 산출내역

　　　• 사업자의 자산과 부채에 관한 사항

　　　• 사업의 경비 중 보조금으로 충당하는 부분 외의 경비 조달방법

　㉡ **보조금의 지급결정 등** : 문화체육관광부장관은 보조금의 신청이 타당하다고 인정되면 보조금의 지급을 결정하고 그 사실을 신청인에게 알려야 한다. 이때 보조금은 원칙적으로 사업완료 전에 지급하되, 필요한 경우 사업완료 후에 지급할 수 있다. 보조금을 받은 자(이하 "보조사업자")는 문화체육관광부장관이 정하는 바에 따라 그 사업추진 실적을 문화체육관광부장관에게 보고하여야 한다.

　　㉮ **사업계획의 변경 등** : 보조사업자는 사업계획을 변경 또는 폐지하거나 그 사업을 중지하려는 경우에는 미리 문화체육관광부장관의 승인을 받아야 한다.

　　㉯ **신고사항** : 보조사업자는 다음의 어느 하나에 해당하는 사실이 발생한 경우에는 지체 없이 문화체육관광부장관에게 신고하여야 한다. 다만, 사망한 경우에는 그 상속인이, 합병한 경우에는 그 합병으로 존속되거나 새로 설립된 법인의 대표자가, 해산한 경우에는 그 청산인이 신고하여야 한다.

　　　• 성명(법인인 경우에는 그 명칭 또는 대표자의 성명)이나 주소를 변경한 경우

　　　• 정관이나 규약을 변경한 경우

　　　• 해산하거나 파산한 경우

　　　• 사업을 시작하거나 종료한 경우

　㉢ **보조금의 사용 제한 등** : 보조사업자는 보조금을 지급받은 목적 외의 용도로 사용할 수 없다. 문화체육관광부장관은 보조금의 지급결정을 받은 자 또는 보조사업자가 다음의 어느 하나에 해당하는 경우에는 보조금의 지급결정의 취소, 보조금의 지급정지 또는 이미 지급한 보조금의 전부 또는 일부의 반환을 명할 수 있다.

㉮ 거짓이나 그 밖의 부정한 방법으로 보조금의 지급을 신청하였거나 받은 경우

㉯ 보조금의 지급조건을 위반한 경우

㉣ **공유 재산의 임대료 감면** : 국가 및 지방자치단체는 「국유재산법」, 「공유재산 및 물품 관리법」, 그 밖의 다른 법령에도 불구하고 관광지 등의 사업시행자에 대하여 국유·공유 재산의 임대료를 대통령령으로 정하는 바에 따라 감면할 수 있다.

㉮ **공유 재산의 임대료 감면율** : 고용창출, 지역경제 활성화에 미치는 영향 등을 고려하여 공유 재산 임대료의 100분의 30의 범위에서 해당 지방자치단체의 조례로 정한다.

㉯ 공유 재산의 임대료를 감면받으려는 관광지 등의 사업시행자는 해당 지방자치단체의 장에게 감면 신청을 하여야 한다.

㉤ 국가와 지방자치단체는 감염병 확산 등으로 관광사업자에게 경영상 중대한 위기가 발생한 경우 필요한 지원을 할 수 있다.

② **청문**〈관광진흥법 제77조〉 … 관할 등록기관 등의 장은 다음의 어느 하나에 해당하는 처분을 하려면 청문을 하여야 한다. ◀2021년출제▶ 2016년출제

㉠ 국외여행 인솔자 자격의 취소

㉡ 관광사업의 등록 등이나 사업계획승인의 취소

㉢ 관광종사원 자격의 취소

㉣ 한국관광 품질인증의 취소

㉤ 조성계획 승인의 취소

㉥ 카지노기구의 검사 등의 위탁 취소

③ **보고 및 검사**

㉠ 지방자치단체의 장은 문화체육관광부령으로 정하는 바에 따라 관광진흥정책의 수립·집행에 필요한 사항과 그 밖에 이 법의 시행에 필요한 사항을 문화체육관광부장관에게 보고하여야 한다.

> **POINT** **지방자치단체의 장의 보고 사항**〈관광진흥법 시행규칙 제67조〉
> • 관광사업의 등록 현황
> • 사업계획의 승인 현황
> • 관광지 등의 지정 현황
> • 관광지 등의 조성계획 승인 현황
> • 권역계획에 포함된 관광자원 개발의 추진현황

㉡ 관할 등록기관 등의 장은 관광진흥시책의 수립·집행 및 이 법의 시행을 위하여 필요하면 관광사업자 단체 또는 관광사업자에게 그 사업에 관한 보고를 하게 하거나 서류를 제출하도록 명할 수 있다.

㉢ 관할 등록기관 등의 장은 관광진흥시책의 수립·집행 및 이 법의 시행을 위하여 필요하다고 인정하면 소속 공무원에게 관광사업자 단체 또는 관광사업자의 사무소·사업장 또는 영업소 등에 출입하여 장부·서류나 그 밖의 물건을 검사하게 할 수 있다.

④ **수수료** … 다음의 어느 하나에 해당하는 자는 문화체육관광부령으로 정하는 바에 따라 수수료를 내야 한다.

　ⓐ 여행업, 관광숙박업, 관광객 이용시설업 및 국제회의업의 등록 또는 변경등록을 신청하는 자

　ⓑ 카지노업의 허가 또는 변경허가를 신청하는 자

　ⓒ 유원시설업의 허가 또는 변경허가를 신청하거나 유원시설업의 신고 또는 변경신고를 하는 자

　ⓓ 관광 편의시설업 지정을 신청하는 자

　ⓔ 지위 승계를 신고하는 자

　ⓕ 관광숙박업, 관광객 이용시설업 및 국제회의업에 대한 사업계획의 승인 또는 변경승인을 신청하는 자

　ⓖ 관광숙박업의 등급 결정을 신청하는 자

　ⓗ 카지노시설의 검사를 받으려는 자

　ⓘ 카지노기구의 검정을 받으려는 자

　ⓙ 카지노기구의 검사를 받으려는 자

　ⓚ 안전성검사 또는 안전성검사 대상에 해당되지 아니함을 확인하는 검사를 받으려는 자

　ⓛ 관광종사원 자격시험에 응시하려는 자

　ⓜ 관광종사원의 등록을 신청하는 자

　ⓝ 관광종사원 자격증의 재교부를 신청하는 자

　ⓐ 한국관광 품질인증을 받으려는 자

⑤ **권한의 위임·위탁 등**〈관광진흥법 제80조〉

　ⓐ 이 법에 따른 문화체육관광부장관의 권한은 대통령령으로 정하는 바에 따라 그 일부를 시·도지사에게 위임할 수 있으며, 시·도지사는 문화체육관광부장관으로부터 위임받은 권한의 일부를 문화체육관광부장관의 승인을 받아 시장·군수·구청장에게 재위임할 수 있다.

　ⓑ 문화체육관광부장관 또는 시·도지사 및 시장·군수·구청장은 다음의 권한의 전부 또는 일부를 대통령령으로 정하는 바에 따라 한국관광공사, 협회, 지역별·업종별 관광협회 및 대통령령으로 정하는 전문연구·검사기관, 자격검정기관이나 교육기관에 위탁할 수 있다.

　　㉮ 관광 편의시설업의 지정 및 지정 취소

　　㉯ 국외여행 인솔자의 등록 및 자격증 발급

　　㉰ 관광숙박업의 등급 결정

　　㉱ 카지노기구의 검사

　　㉲ 안전성검사 또는 안전성검사에 해당되지 아니함을 확인하는 검사

　　㉳ 안전관리자의 안전교육

　　㉴ 관광종사원 자격시험 및 등록

　　㉵ 관광산업 진흥 사업에 따른 사업의 수행

　　㉶ 스마트관광산업의 육성에 따른 사업의 수행

㉡ 문화관광해설사 양성을 위한 교육과정의 개설·운영

㉣ 한국관광 품질인증 및 그 취소

㉤ 관광특구에 대한 평가

POINT **위탁 가능한 권한과 기관** 〈관광진흥법 시행령 제65조 제1항〉 2015년출제 2020년출제 2023년출제

- 관광 편의시설업 중 관광식당업·관광사진업 및 여객자동차터미널시설업의 지정 및 지정취소에 관한 권한 : 지역별 관광협회에 위탁(시·도지사에게 보고 → 시·도지사는 지역별 관광협회로부터 보고받은 사항을 매월 종합하여 다음 달 10일까지 문화체육관광부장관에게 보고)
- 국외여행 인솔자의 등록 및 자격증 발급에 관한 권한 : 업종별 관광협회에 위탁
- 카지노기구의 검사에 관한 권한 : 문화체육관광부장관이 지정하는 검사기관(이하 "카지노기구 검사기관"이라 한다)에 위탁(문화체육관광부장관의 승인을 받아야 하며, 이를 변경하는 경우에도 또한 같다.)
- 유기시설 또는 유기기구의 안전성검사 및 안전성검사 대상에 해당되지 아니함을 확인하는 검사에 관한 권한 : 문화체육관광부령으로 정하는 인력과 시설 등을 갖추고 문화체육관광부령으로 정하는 바에 따라 문화체육관광부장관이 지정한 업종별 관광협회 또는 전문 연구·검사기관에 위탁(법령 위반 사항을 발견한 경우에는 지체 없이 관할 특별자치시장·특별자치도지사·시장·군수·구청장에게 보고)
- 안전관리자의 안전교육에 관한 권한 : 업종별 관광협회 또는 안전 관련 전문 연구·검사기관에 위탁(문화체육관광부장관 또는 시·도지사는 업종별 관광협회 또는 안전 관련 전문 연구·검사기관의 명칭·주소 및 대표자 등을 고시해야 한다.)
- 관광종사원 중 관광통역안내사·호텔경영사 및 호텔관리사의 자격시험, 등록 및 자격증의 발급에 관한 권한 : 한국관광공사에 위탁. 다만, 자격시험의 출제, 시행, 채점 등 자격시험의 관리에 관한 업무는 「한국산업인력공단법」에 따른 한국산업인력공단에 위탁(분기별로 종합하여 다음 분기 10일까지 문화체육관광부장관 또는 시·도지사에게 보고)
- 관광종사원 중 국내여행안내사 및 호텔서비스사의 자격시험, 등록 및 자격증의 발급에 관한 권한 : 협회에 위탁. 다만, 자격시험의 출제, 시행, 채점 등 자격시험의 관리에 관한 업무는 「한국산업인력공단법」에 따른 한국산업인력공단에 위탁(분기별로 종합하여 다음 분기 10일까지 문화체육관광부장관 또는 시·도지사에게 보고)
- 문화관광해설사 양성을 위한 교육과정의 개설·운영에 관한 권한 : 한국관광공사 또는 다음 각 목의 요건을 모두 갖춘 관광 관련 교육기관에 위탁(분기별로 종합하여 다음 분기 10일까지 문화체육관광부장관 또는 시·도지사에게 보고)
  가. 기본소양, 전문지식, 현장실무 등 문화관광해설사 양성교육(이하 이 호에서 "양성교육"이라 한다)에 필요한 교육과정 및 교육내용을 갖추고 있을 것
  나. 강사 등 양성교육에 필요한 인력과 조직을 갖추고 있을 것
  다. 강의실, 회의실 등 양성교육에 필요한 시설과 장비를 갖추고 있을 것
- 한국관광 품질인증 및 그 취소에 관한 업무 : 한국관광공사에 위탁(분기별로 종합하여 다음 분기 10일까지 문화체육관광부장관 또는 시·도지사에게 보고)
- 관광특구에 대한 평가 : 조사·분석 전문기관에 위탁
※ 한국관광 품질인증 및 그 취소에 관한 업무를 위탁받은 한국관광공사는 문화체육관광부령으로 정하는 바에 따라 한국관광 품질인증 및 그 취소에 관한 업무 규정을 정하여 문화체육관광부장관의 승인을 받아야 한다. 이를 변경하는 경우에도 또한 같다.

ⓒ 위탁받은 업무를 수행하는 한국관광공사, 협회, 지역별·업종별 관광협회 및 전문 연구·검사기관이나 자격검정기관의 임원 및 직원과 검사기관의 검사·검정 업무를 수행하는 임원 및 직원은 「형법」의 규정을 적용하는 경우 공무원으로 본다.

ⓔ 문화체육관광부장관 또는 특별자치시장·특별자치도지사·시장·군수·구청장은 카지노기구의 검사 및 안전성검사 또는 안전성검사 대상에 해당되지 아니함을 확인하는 검사에 관한 권한을 위탁받은 자가 다음의 어느 하나에 해당하면 그 위탁을 취소하거나 6개월 이내의 기간을 정하여 업무의 전부 또는 일부의 정지를 명하거나 업무의 개선을 명할 수 있다. 다만, 관광 편의시설업의 지정 및 지정 취소에 해당하는 경우에는 그 위탁을 취소하여야 한다.

㉠ 거짓이나 그 밖의 부정한 방법으로 위탁사업자로 선정된 경우

㉡ 거짓이나 그 밖의 부정한 방법으로 카지노기구의 규격 및 기준 또는 안전성검사 등에 따른 검사를 수행한 경우

㉢ 정당한 사유 없이 검사를 수행하지 아니한 경우

㉣ 문화체육관광부령으로 정하는 위탁 요건을 충족하지 못하게 된 경우

ⓜ 위탁 취소, 업무 정지의 기준 및 절차 등에 필요한 사항은 문화체육관광부령으로 정한다.

> **POINT** **검사기관에 대한 처분의 요건 및 기준 등**〈관광진흥법 시행규칙 제72조의2〉
>
> • 문화체육관광부령으로 정하는 위탁 요건
> - 카지노기구검사기관의 경우 : 별표 7의2에 따른 카지노기구검사기관의 지정 요건을 충족할 것
> - 안전성검사기관의 경우 : 별표 24에 따른 안전성검사기관의 지정 요건을 충족할 것
> • 검사기관에 대한 처분기준은 별표 25와 같다.
> • 문화체육관광부장관 또는 특별자치시장·특별자치도지사·시장·군수·구청장은 검사기관의 위탁을 취소하거나 업무정지 또는 업무개선을 명한 경우에는 지체 없이 그 사실을 문화체육관광부 또는 특별자치시·특별자치도·시·군·구의 인터넷 홈페이지에 공고해야 한다.

(2) 벌칙〈관광진흥법 제81조~제86조〉

① 5년 이하의 징역 또는 5천만 원 이하의 벌금 … 징역과 벌금은 병과할 수 있다.

㉠ 카지노업의 허가를 받지 아니하고 카지노업을 경영한 자

㉡ 법령에 위반되는 카지노기구를 설치하거나 사용하는 행위

㉢ 법령을 위반하여 카지노기구 또는 시설을 변조하거나 변조된 카지노기구 또는 시설을 사용하는 행위

② 3년 이하의 징역 또는 3천만 원 이하의 벌금 … 징역과 벌금은 병과할 수 있다. **2018년출제**

㉠ 등록을 하지 아니하고 여행업·관광숙박업(사업계획의 승인을 받은 관광숙박업만 해당)·국제회의업 및 관광객 이용시설업을 경영한 자

ⓛ 허가를 받지 아니하고 유원시설업을 경영한 자

ⓒ 분양 및 회원 모집에 관한 규정(관광진흥법 제20조 제1항 및 제2항)을 위반하여 시설을 분양하거나 회원을 모집한 자

ⓔ 사용중지 등의 명령을 위반한 자

③ 2년 이하의 징역 또는 2천만 원 이하의 벌금 ⋯ 징역과 벌금은 병과할 수 있다.

ㄱ 변경허가를 받지 아니하거나 변경신고를 하지 아니하고 영업을 한 카지노사업자(종사원을 포함)

ㄴ 지위승계신고를 하지 아니하고 영업을 한 카지노사업자(종사원을 포함)

ㄷ 관광사업의 시설 중 부대시설 외의 시설을 타인에게 경영하게 한 카지노사업자(종사원을 포함)

ㄹ 검사를 받아야 하는 시설을 검사를 받지 아니하고 이를 이용하여 영업을 한 카지노사업자(종사원을 포함)

ㅁ 검사를 받지 아니하거나 검사 결과 공인기준등에 맞지 아니한 카지노기구를 이용하여 영업을 한 카지노사업자(종사원을 포함)

ㅂ 검사합격증명서를 훼손하거나 제거한 카지노사업자(종사원을 포함)

ㅅ 카지노사업자 등의 준수 사항 규정(제28조 제1항 제3호부터 제8호까지)을 위반한 카지노사업자(종사원을 포함)

ㅇ 사업정지처분을 위반하여 사업정지 기간에 영업을 한 카지노사업자(종사원을 포함)

ㅈ 개선명령을 위반한 카지노사업자(종사원을 포함)

ㅊ 관광사업의 경영 또는 사업계획을 추진함에 있어서 뇌물을 주고받은 카지노사업자(종사원을 포함)

ㅋ 보고 또는 서류의 제출을 하지 아니하거나 거짓으로 보고를 한 자나 관계 공무원의 출입·검사를 거부·방해하거나 기피한 카지노사업자(종사원을 포함)

POINT **관광진흥법 제83조 제2항**
··
등록을 하지 아니하고 야영장업을 경영한 자는 2년 이하의 징역 또는 2천만 원 이하의 벌금에 처한다. 이 경우 징역과 벌금은 병과할 수 있다.

④ 1년 이하의 징역 또는 1천만 원 이하의 벌금 2020년출제

ㄱ 유원시설업의 변경허가를 받지 아니하거나 변경신고를 하지 아니하고 영업을 한 자

ㄴ 유원시설업의 신고를 하지 아니하고 영업을 한 자

ㄷ 자격증을 빌려주거나 빌린 자 또는 이를 알선한 자

ㄹ 거짓이나 그 밖의 부정한 방법으로 검사를 수행한 자

ㅁ 안전성검사를 받지 아니하고 유기시설 또는 유기기구를 설치한 자

ㅂ 거짓이나 그 밖의 부정한 방법으로 검사를 받은 자

ⓢ 법령을 위반하여 유기시설·유기기구 또는 유기기구의 부분품(部分品)을 설치하거나 사용한 자

ⓞ 관할 등록기관등의 장이 발한 명령을 위반한 자

ⓩ 관할 등록기관등의 장이 발한 개선명령을 위반한 자

⓬ 자격증을 빌려주거나 빌린 자 또는 이를 알선한 자

ⓚ 허가 또는 변경허가를 받지 아니하고 규정된 행위를 한 자

ⓣ 허가 또는 변경허가를 거짓이나 그 밖의 부정한 방법으로 받은 자

ⓟ 원상회복명령을 이행하지 아니한 자

ⓗ 법령을 위반하여 조성사업을 한 자

⑤ **양별규정** … 법인의 대표자나 법인 또는 개인의 대리인, 사용인, 그 밖의 종업원이 그 법인 또는 개인의 업무에 관하여 위반행위를 하면 그 행위자를 벌하는 외에 그 법인 또는 개인에게도 해당 조문의 벌금형을 과(科)한다. 다만, 법인 또는 개인이 그 위반행위를 방지하기 위하여 해당 업무에 관하여 상당한 주의와 감독을 게을리하지 아니한 경우에는 그러하지 아니하다.

⑥ **과태료** `2019년출제` `2020년출제`

  ㉠ 다음의 어느 하나에 해당하는 자에게는 500만 원 이하의 과태료를 부과한다〈관광진흥법 제86조 제1항〉.

  ㉮ 제33조의2 제1항(유원시설업자는 그가 관리하는 유기시설 또는 유기기구로 인하여 대통령령으로 정하는 중대한 사고가 발생한 때에는 즉시 사용중지 등 필요한 조치를 취하고 문화체육관광부령으로 정하는 바에 따라 특별자치시장·특별자치도지사·시장·군수·구청장에게 통보하여야 한다.)에 따른 통보를 하지 아니한 자 `2017년출제`

  ㉯ 제38조 제6항(관광통역안내의 자격이 없는 사람은 외국인 관광객을 대상으로 하는 관광안내를 하여서는 아니 된다)을 위반하여 관광통역안내를 한 자

  ㉡ 다음의 어느 하나에 해당하는 자에게는 100만 원 이하의 과태료를 부과한다.

  ㉮ 제10조 제3항(관광사업자가 아닌 자는 관광표지를 사업장에 붙이지 못하며, 관광사업자로 잘못 알아볼 우려가 있는 경우에는 관광사업의 명칭 중 전부 또는 일부가 포함되는 상호를 사용할 수 없다)을 위반한 자

  ㉯ 제28조 제2항 전단(카지노사업자는 카지노업의 건전한 육성·발전을 위하여 필요하다고 인정하여 문화체육관광부령으로 정하는 영업준칙을 지켜야 한다)을 위반하여 영업준칙을 지키지 아니한 자

  ㉰ 제33조 제3항(안전관리자는 문화체육관광부장관이 실시하는 유기시설 및 유기기구의 안전관리에 관한 교육을 정기적으로 받아야 한다)을 위반하여 안전교육을 받지 아니한 자

  ㉱ 제33조 제4항(유원시설업자는 안전관리자가 안전교육을 받도록 하여야 한다)을 위반하여 안전관리자에게 안전교육을 받도록 하지 아니한 자

⑩ 제38조 제7항(관광통역안내의 자격을 가진 사람이 관광안내를 하는 경우에는 자격증을 패용하여야 한다)을 위반하여 자격증을 패용하지 아니한 자

⑪ 제48조의10 제3항(한국관광 품질인증을 받은 자가 아니면 인증표지 또는 이와 유사한 표지를 하거나 한국관광 품질인증을 받은 것으로 홍보하여서는 아니 된다)을 위반하여 인증표지 또는 이와 유사한 표지를 하거나 한국관광 품질인증을 받은 것으로 홍보한 자

ⓒ 과태료는 대통령령으로 정하는 바에 따라 관할 등록기관등의 장이 부과·징수한다.

≡ 최근 기출문제 분석 ≡

2023. 11. 4. 국내여행안내사

1 관광진흥법령상 관광 편의시설업의 종류에 해당하지 않는 것은?

① 관광유흥음식점업

② 종합휴양업

③ 관광순환버스업

④ 외국인전용 유흥음식점업

> **TIP** 관광 편의시설의 종류
> ㉠ 관광유흥음식점업
> ㉡ 관광극장유흥업
> ㉢ 외국인전용 유흥음식점업
> ㉣ 관광식당업
> ㉤ 관광순환버스업
> ㉥ 관광사진업
> ㉦ 여객자동차터미널시설업
> ㉧ 관광펜션업
> ㉨ 관광궤도업
> ㉩ 관광면세업
> ㉪ 관광지원서비스업

2023. 11. 4. 국내여행안내사

2 관광진흥법령상 허가대상인 관광사업은?

① 여행업

② 카지노업

③ 관광숙박업

④ 국제회의기획업

> **TIP** ② 카지노업을 경영하려는 자는 전용영업장 등 문화체육관광부령으로 정하는 시설과 기구를 갖추어 문화체육관광부장관의 허가를 받아야 한다〈관광진흥법 제5조〉.

Answer 1.② 2.②

3 관광진흥법령상 일반유원시설업의 허가 요건인 시설과 설비를 3년 이내에 갖출 것을 조건으로 하여 허가를 받은 자가 천재지변으로 그 기간의 연장을 신청한 경우에 연장될 수 있는 최대 기간은?

① 1년
② 2년
③ 2년 6개월
④ 3년

> **TIP** ① 특별자치시장·특별자치도지사·시장·군수·구청장은 테마파크업 허가를 할 때 5년의 범위에서 대통령령으로 정하는 기간에 법에 따른 시설 및 설비를 갖출 것을 조건으로 허가할 수 있다. 다만, 천재지변이나 그 밖의 부득이한 사유가 있다고 인정하는 경우에는 해당 사업자의 신청에 따라 한 차례만 1년을 넘지 아니하는 범위에서 그 기간을 연장할 수 있다.

4 관광진흥법령상 한국관광 품질인증을 받을 수 있는 사업은?(단, 문화체육관광부장관이 정하여 고시하는 사업이 아님)

① 종합휴양업
② 자동차야영장업
③ 관광공연장업
④ 관광펜션업

> **TIP** 한국관광 품질인증의 대상
> ㉠ 야영장업
> ㉡ 외국인관광 도시민박업
> ㉢ 한옥체험업
> ㉣ 관광식당업
> ㉤ 관광면세업
> ㉥ 「공중위생관리법」에 따른 숙박업
> ㉦ 「외국인관광객 등에 대한 부가가치세 및 개별소비세 특례규정」에 따른 외국인관광객면세판매장
> ㉧ 그 밖에 관광사업 및 이와 밀접한 관련이 있는 사업으로서 문화체육부장관이 정하여 고시하는 사업

Answer 3.① 4.②

5 관광진흥법령상 업종별 관광협회에 위탁된 권한을 모두 고른 것은?

ㄱ 관광식당업의 지정 및 지정취소에 관한 권한

ㄴ 국외여행 인솔자의 등록 및 자격증 발급에 관한 권한

ㄷ 안전관리자의 안전교육에 관한 권한

---

① ㄱ, ㄴ

② ㄱ, ㄷ

③ ㄴ, ㄷ

④ ㄱ, ㄴ, ㄷ

> **TIP** ① 지역별 관광협회에 위탁된 권한이다.
> ※ 업종별 관광협회에 위탁된 권한
> ㄱ 국외여행 인솔자의 등록 및 자격증 발급에 관한 권한
> ㄴ 유기시설 또는 유기기구의 안전성검사 및 안전성검사 대상에 해당되지 아니함을 확인하는 검사에 관한 권한
> ㄷ 안전관리자의 안전교육에 관한 권한

6 관광진흥법령상 유기시설로 인하여 사고가 발생한 경우에 유원시설업자가 즉시 사용중지 등 필요한 조치를 취하고 관할 지방자치단체장에게 '유기시설에 의한 중대한 사고의 통보'를 하여야 하는 경우에 해당하지 않는 것은?

① 사망자 1명이 발생한 경우

② 신체기능 일부가 심각하게 손상된 중상자 1명이 발생한 경우

③ 유기기구의 운행이 45분간 중단되어 인명 구조가 이루어진 경우

④ 사고 발생일부터 3일 이내에 실시된 의사의 최초 진단결과 1주의 입원 치료가 필요한 부상자 2명과 3주의 입원 치료가 필요한 부상자 2명이 동시에 발생한 경우

> **TIP** 유기시설 등에 의한 중대한 사고
> ㄱ 사망자가 발생한 경우
> ㄴ 의식불명 또는 신체기능 일부가 심각하게 손상된 중상자가 발생한 경우
> ㄷ 사고 발생일부터 3일 이내에 실시된 의사의 최초 진단결과 2주 이상의 입원 치료가 필요한 부상자가 동시에 3명 이상 발생한 경우
> ㄹ 사고 발생일부터 3일 이내에 실시된 의사의 최초 진단결과 1주 이상의 입원 치료가 필요한 부상자가 동시에 5명 이상 발생한 경우
> ㅁ 유기시설 또는 유기기구의 운행이 30분 이상 중단되어 인명 구조가 이루어진 경우

Answer 5.③ 6.④

7 관광진흥법상 여행업자의 행위 중 여행업 등록의 취소사유에 해당하는 경우가 아닌 것은?

① 고의로 여행계약을 위반한 경우

② 여행자의 사전 동의 없이 선택관광 일정을 변경하는 경우

③ 관광표지에 기재되는 내용을 사실과 다르게 광고하는 행위를 한 경우

④ 국외여행 인솔자 등록을 하지 아니한 사람에게 국외여행을 인솔하게 한 경우

TIP 등록취소
ⓐ 등록기준에 적합하지 아니하게 된 경우 또는 변경등록기간 내에 변경등록을 하지 아니하거나 등록한 영업범위를 벗어난 경우
　ⓐ의2. 문화체육관광부령으로 정하는 시설과 설비를 갖추지 아니하게 되는 경우
ⓑ 변경허가를 받지 아니하거나 변경신고를 하지 아니한 경우
ⓑ의2. 지정 기준에 적합하지 아니하게 된 경우
ⓒ 기한 내에 신고를 하지 아니한 경우
ⓒ의2. 법을 위반하여 휴업 또는 폐업을 하고 알리지 아니하거나 미리 신고하지 아니한 경우
ⓓ 보험 또는 공제에 가입하지 아니하거나 영업보증금을 예치하지 아니한 경우
ⓓ의2. 법을 위반하여 사실과 다르게 관광표지를 붙이거나 관광표지에 기재되는 내용을 사실과 다르게 표시 또는 광고하는 행위를 한 경우
ⓔ 법을 위반하여 관광사업의 시설을 타인에게 처분하거나 타인에게 경영하도록 한 경우
ⓕ 법에 따른 기획여행의 실시요건 또는 실시방법을 위반하여 기획여행을 실시한 경우
ⓖ 법을 위반하여 안전정보 또는 변경된 안전정보를 제공하지 아니하거나, 여행계약서 및 보험 가입 등을 증명할 수 있는 서류를 여행자에게 내주지 아니한 경우 또는 여행자의 사전 동의 없이 여행일정(선택관광 일정을 포함한다)을 변경하는 경우
ⓗ 법에 따라 사업계획의 승인을 얻은 자가 정당한 사유 없이 대통령령으로 정하는 기간 내에 착공 또는 준공을 하지 아니하거나 같은 조를 위반하여 변경승인을 얻지 아니하고 사업계획을 임의로 변경한 경우
ⓗ의2. 법에 따른 준수사항을 위반한 경우
ⓗ의3. 법 단서를 위반하여 등급결정을 신청하지 아니한 경우
ⓘ 법을 위반하여 분양 또는 회원모집을 하거나 같은 법에 따른 소유자등·회원의 권익을 보호하기 위한 사항을 준수하지 아니한 경우
ⓘ의2. 법에 따른 준수사항을 위반한 경우
ⓙ 법에 따른 카지노업의 허가 요건에 적합하지 아니하게 된 경우
ⓚ 법을 위반하여 카지노 시설 및 기구에 관한 유지·관리를 소홀히 한 경우
ⓛ 법에 따른 준수사항을 위반한 경우
ⓜ 법을 위반하여 관광진흥개발기금을 납부하지 아니한 경우
ⓝ 법에 따른 물놀이형 유원시설 등의 안전·위생기준을 지키지 아니한 경우
　㉮ 법에 따른 유기시설 또는 유기기구에 대한 안전성검사 및 안전성검사 대상에 해당되지 아니함을 확인하는 검사를 받지 아니하거나 같은 법에 따른 안전관리자를 배치하지 아니한 경우
　㉯ 법에 따른 영업질서 유지를 위한 준수사항을 지키지 아니하거나 같은 법을 위반하여 불법으로 제조한 부분품을 설치하거나 사용한 경우
　㉯의2. 법 단서를 위반하여 해당 자격이 없는 자를 종사하게 한 경우
　㉰ 법에 따른 보고 또는 서류제출명령을 이행하지 아니하거나 관계 공무원의 검사를 방해한 경우
　㉱ 관광사업의 경영 또는 사업계획을 추진할 때 뇌물을 주고받은 경우
　㉲ 고의로 여행계약을 위반한 경우(여행업자만 해당한다)

Answer 7.④

8 관광진흥법상 용어의 정의로 옳지 않은 것은?

① "소유자등"란 단독 소유나 공유(共有)의 형식으로 관광사업의 일부 시설을 관광사업자로부터 분양받은 자를 말한다.

② "지원시설"이란 관광지나 관광단지의 관리·운영 및 기능 활성화에 필요한 관광지 및 관광단지 안팎의 시설을 말한다.

③ "관광사업자"란 관광사업을 경영하기 위하여 인가·허가·승인 또는 지정을 받거나 등록 또는 신고를 한 자를 말한다.

④ "여행이용권"이란 관광취약계층이 관광 활동을 영위할 수 있도록 금액이나 수량이 기재된 증표를 말한다.

> **TIP** ③ "관광사업자"란 관광사업을 경영하기 위하여 등록·허가 또는 지정을 받거나 신고를 한 자를 말한다〈관광진흥법 제 2조 제2호〉.

9 관광진흥법령상 여행업자가 여행계약서에 명시된 숙식, 항공 등 여행일정 변경시 사전에 여행자로부터 받아야 할 서면동의서에 포함되는 사항을 모두 고른 것은?

> ㉠ 여행의 변경내용
> ㉡ 여행의 변경으로 발생하는 비용
> ㉢ 여행목적지(국가 및 지역)의 여행경보단계
> ㉣ 여행자 또는 단체의 대표자가 일정변경에 동의한다는 의사표시의 자필서명

① ㉠

② ㉠, ㉡

③ ㉠, ㉡, ㉣

④ ㉡, ㉢, ㉣

> **TIP** 서면동의서에는 변경일시, 변경내용, 변경으로 발생하는 비용 및 여행자 또는 단체의 대표자가 일정변경에 동의한다는 의사를 표시하는 자필서명이 포함되어야 한다〈관광진흥법 시행규칙 제22조의4 제3항〉.

Answer 8.③ 9.③

10 관광진흥법령상 관광사업의 영업에 대한 지도와 감독의 내용으로서 영업소의 폐쇄조치 사유에 해당하는 것은?

① 甲이 처분이 금지된 관광사업의 시설을 타인에게 처분한 경우

② 乙이 의료관광호텔업자의 지위를 승계하고도 법정 기간내에 신고를 하지 않은 경우

③ 丙이 보험 또는 공제에 가입하지 아니하거나 영업보증금을 예치하지 아니하고 여행업을 시작한 경우

④ 丁이 기타유원시설업을 신고 없이 영업을 하는 경우

> **TIP** ①②③은 등록취소 사유에 해당한다.
> ※ 폐쇄조치 등⟨관광진흥법 제36조⟩ … 관할 등록기관등의 장은 허가 또는 신고 없이 영업을 하거나 허가의 취소 또는 사업의 정지명령을 받고 계속하여 영업을 하는 자에 대하여는 그 영업소를 폐쇄하기 위하여 관계 공무원에게 조치를 하게 할 수 있다.

11 관광진흥법상 관광종사원의 자격을 필수적으로 취소해야 하는 사유로 명시된 것은?

① 관광종사원 자격증을 가지고 있는 관광사업자에게 영업소가 폐쇄된 후 2년이 지나지 아니한 사실이 발견된 경우

② 관광종사원으로서 직무를 수행하는 데에 비위(非違)를 저지른 사실이 2번째로 적발된 경우

③ 관광종사원 자격증을 가지고 있는 관광사업자의 관광사업 등록이 취소된 경우

④ 다른 사람에게 관광종사원 자격증을 대여한 경우

> **TIP** 필수적으로 자격을 취소해야 하는 경우⟨관광진흥법 제40조⟩
> ㉠ 거짓이나 그 밖의 부정한 방법으로 자격을 취득한 경우
> ㉡ 법을 위반하여 다른 사람에게 관광종사원 자격증을 대여한 경우

Answer 10.④ 11.④

12 관광진흥법령상 한국관광 품질인증을 받을 수 있는 사업이 아닌 것은?

① 관광면세업

② 외국인관광 도시민박업

③ 관광식당업

④ 한국전통호텔업

> **TIP** 한국관광 품질인증의 대상〈관광진흥법 시행령 제41조의10〉
> ㉠ 야영장업
> ㉡ 외국인관광 도시민박업
> ㉢ 한옥체험업
> ㉣ 관광식당업
> ㉤ 관광면세업
> ㉥ 숙박업(관광숙박업 제외)
> ㉦ 외국인관광객면세판매장
> ㉧ 그 밖에 관광사업 및 이와 밀접한 관련이 있는 사업으로서 문화체육관광부장관이 정하여 고시하는 사업

13 관광진흥법상 문화관광해설사에 관한 설명으로 옳지 않은 것은?

① 문화체육관광부장관은 3년마다 문화관광해설사의 양성 및 활용계획을 수립하여야 한다.

② 지방자치단체의 장은 예산의 범위에서 문화관광해설사의 활동에 필요한 비용을 지원할 수 있다.

③ 지방자치단체의 장은 「관광진흥법」에 따른 교육과정을 이수한 자를 문화관광해설사로 선발하여 활용할 수 있다.

④ 문화체육관광부장관은 문화관광해설사를 선발하는 경우 평가 기준에 따라 이론 및 실습을 평가하고, 3개월 이상의 실무수습을 마친 자에게 자격을 부여할 수 있다.

> **TIP** ① 문화체육관광부장관은 문화관광해설사를 효과적이고 체계적으로 양성·활용하기 위하여 해마다 문화관광해설사의 양성 및 활용계획을 수립하고, 이를 지방자치단체의 장에게 알려야 한다〈관광진흥법 제48조의4 제1항〉.

Answer 12.④ 13.①

14 관광진흥법상 관광개발기본계획에 포함되어야 할 사항으로 명시된 것이 아닌 것은?

① 전국의 관광 수요와 공급에 관한 사항

② 관광권역(觀光圈域)의 설정에 관한 사항

③ 관광권역별 관광개발의 기본방향에 관한 사항

④ 관광지 연계에 관한 사항

> **TIP** 관광개발기본계획〈관광진흥법 제49조 제1항〉
> ㉠ 전국의 관광 여건과 관광 동향(動向)에 관한 사항
> ㉡ 전국의 관광 수요와 공급에 관한 사항
> ㉢ 관광자원 보호 · 개발 · 이용 · 관리 등에 관한 기본적인 사항
> ㉣ 관광권역(觀光圈域)의 설정에 관한 사항
> ㉤ 관광권역별 관광개발의 기본방향에 관한 사항
> ㉥ 그 밖에 관광개발에 관한 사항

15 관광진흥법상 권역별 관광개발계획(이하 '권역계획'이라 한다)에 관한 설명으로 옳지 않은 것은?

① 권역계획의 수립 주체는 시 · 도지사이다.

② 권역계획은 10년마다 수립한다.

③ 문화체육관광부장관은 권역계획 수립지침을 작성하여야 한다.

④ 시 · 도지사는 권역계획이 확정되면 그 요지를 공고하여야 한다.

> **TIP** ② 권역별 관광개발계획(권역계획)은 5년마다 수립한다〈관광진흥법 시행령 제42조 제3항〉.

16 관광진흥법상 관광사업을 경영하기 위하여 시 · 도지사 또는 시장 · 군수 · 구청장의 지정을 받아야 하는 사업은?

① 관광 편의시설업

② 종합유원시설업

③ 카지노업

④ 여행업

> **TIP** 관광 편의시설업을 경영하려는 자는 문화체육관광부령으로 정하는 바에 따라 특별시장 · 광역시장 · 특별자치시장 · 도지사 · 특별자치도지사(시 · 도지사) 또는 시장 · 군수 · 구청장의 지정을 받아야 한다〈관광진흥법 제6조 제1항〉.

Answer 14.④ 15.② 16.①

17 관광진흥법상 유원시설업에 관한 설명으로 옳지 않은 것은?

① 유원시설업자는 안전성검사 대상 유기시설 또는 유기기구에 대하여 안전성검사를 받아야 한다.

② 안전성검사를 받아야 하는 유원시설업자는 사업장에 안전관리자를 항상 배치하여야 한다.

③ 안전관리자는 문화체육관광부장관이 실시하는 유기시설 및 유기기구의 안전관리에 관한 교육을 정기적으로 받아야 한다.

④ 종합유원시설업 및 일반유원시설업을 경영하려는 자는 관할관청에 신고하여야 한다.

> **TIP** ④ 종합유원시설업 및 일반유원시설업을 경영하려는 자는 문화체육관광부령으로 정하는 시설과 설비를 갖추어 특별자치시장·특별자치도지사·시장·군수·구청장의 허가를 받아야 한다〈관광진흥법 제5조 제2항〉.

18 관광진흥법령상 관광특구에 관한 설명으로 옳은 것은?

① 문화체육관광부장관은 관광특구를 방문하는 외국인관광객의 유치촉진 등을 위해 관광특구 진흥계획을 수립하여야 한다.

② 문화체육관광부장관은 관광특구의 활성화를 위하여 관광특구에 대한 평가를 3년마다 실시하여야 한다.

③ 문화체육관광부장관은 관광특구 지정요건에 맞지 아니하거나 추진실적이 미흡한 관광특구에 대하여 관광특구의 지정취소, 면적조정 등 필요한 조치를 할 수 있다.

④ 특별자치시장·특별자치도지사·시장·군수·구청장은 관광객 유치를 위하여 필요하다고 인정하는 시설 및 우수 관광특구에 대해서 관광진흥개발기금을 대여하거나 보조할 수 있다.

> **TIP** ① 특별자치시장·특별자치도지사·시장·군수·구청장은 관할 구역 내 관광특구를 방문하는 외국인 관광객의 유치촉진 등을 위하여 관광특구진흥계획을 수립하고 시행하여야 한다〈관광진흥법 제71조 제1항〉.
> ③ 시·도지사 또는 특례시의 시장은 평가 결과 관광특구 지정 요건에 맞지 아니하거나 추진 실적이 미흡한 관광특구에 대하여는 대통령령으로 정하는 바에 따라 관광특구의 지정취소·면적조정·개선권고 등 필요한 조치를 하여야 한다〈관광진흥법 제73조 제2항〉.
> ④ 문화체육관광부장관은 관광특구를 방문하는 관광객의 편리한 관광 활동을 위하여 관광특구 안의 문화·체육·숙박·상가·교통·주차시설로서 관광객 유치를 위하여 특히 필요하다고 인정되는 시설에 대하여 관광진흥개발기금을 대여하거나 보조할 수 있다〈관광진흥법 제72조 제2항〉.

Answer 17.④ 18.②

19 관광진흥법상 과태료 부과대상은?

① 관광사업자로 잘못 알아볼 우려가 있는 상호를 사용한 자

② 카지노 변경신고를 하지 아니하고 영업을 한 자

③ 유원시설업의 변경신고를 하지 아니하고 영업을 한 자

④ 카지노 검사합격증명서를 훼손 또는 제거한 자

> **TIP** ① 100만 원 이하의 과태료〈관광진흥법 제86조 제2항 제2호〉
> ② 행정처분 대상이다 [별표2].
> ③ 1년 이하의 징역 또는 1천만 원 이하의 벌금〈관광진흥법 제83조 제1항 제6호〉
> ④ 2년 이하의 징역 또는 2천만 원 이하의 벌금〈관광진흥법 제834조 제1호〉

20 관광진흥법상 처분을 하기 전에 청문을 실시하여야 하는 경우가 아닌 것은?

① 국외여행 인솔자 자격의 취소

② 카지노기구의 검사 등의 위탁 취소

③ 카지노업의 변경허가 등의 취소

④ 한국관광 품질인증의 취소

> **TIP** 청문 … 관할 등록기관등의 장은 다음의 어느 하나에 해당하는 처분을 하려면 청문을 하여야 한다〈관광진흥법 제77조〉.
> ㉠ 국외여행 인솔자 자격의 취소
> ㉡ 관광사업의 등록등이나 사업계획승인의 취소
> ㉢ 관광종사원 자격의 취소
> ㉣ 한국관광 품질인증의 취소
> ㉤ 조성계획 승인의 취소
> ㉥ 카지노기구의 검사 등의 위탁 취소

Answer 19.① 20.③

21 관광진흥법상 관광특구에 관한 설명으로 옳지 않은 것은?

① 관광특구로 지정하려면 관광특구 전체면적 중 관광활동과 직접적인 관련성이 없는 토지의 비율이 10퍼센트를 초과하지 아니하여야 한다.

② 관광특구는 시장·군수·구청장의 신청에 따라 시·도지사가 정한다.

③ 시·도지사는 관광특구진흥계획의 집행 상황을 연 1회 평가하여야 한다.

④ 서울특별시에서 관광특구를 지정하려면 해당 지역의 최근 1년간 외국인 관광객 수가 10만명 이상이어야 한다.

> **TIP** ④ 서울특별시에서 관광특구를 지정하려면 해당 지역의 최근 1년간 외국인 관광객 수가 50만 명 이상이어야 한다〈관광진흥법 시행령 제58조 제1항〉.

22 관광진흥법령상 기획여행을 실시하는 자가 광고를 할 경우 표시하여야 하는 내용이 아닌 것은?

① 여행업의 등록번호

② 여행경비

③ 최저 여행인원

④ 여행일정 변경 시 여행자의 사후 동의 규정

> **TIP** 기획여행의 광고〈관광진흥법 시행규칙 제21조〉… 기획여행을 실시하는 자가 광고를 하려는 경우에는 다음의 사항을 표시하여야 한다. 다만, 2 이상의 기획여행을 동시에 광고하는 경우에는 다음의 사항 중 내용이 동일한 것은 공통으로 표시할 수 있다.
> ㉠ 여행업의 등록번호, 상호, 소재지 및 등록관청
> ㉡ 기획여행명·여행일정 및 주요 여행지
> ㉢ 여행경비
> ㉣ 교통·숙박 및 식사 등 여행자가 제공받을 서비스의 내용
> ㉤ 최저 여행인원
> ㉥ 보증보험 등의 가입 또는 영업보증금의 예치 내용
> ㉦ 여행일정 변경 시 여행자의 사전 동의 규정
> ㉧ 여행목적지(국가 및 지역)의 여행경보단계

Answer 21.④ 22.④

23 관광진흥법령상 관광종사원 자격취소 사유에 해당하지 않는 것은?

① 거짓이나 부정한 방법으로 자격을 취득한 경우

② 관광종사원으로서 직무를 수행하는 데 부정 또는 비위 사실이 있는 경우

③ 관광종사원으로서 업무수행능력이 부족한 경우

④ 다른 사람에게 관광종사원 자격증을 대여한 경우

> **TIP** 자격취소 등〈관광진흥법 제40조〉… 문화체육관광부장관(관광종사원 중 대통령령으로 정하는 관광종사원에 대하여는 시·도지사)은 자격을 가진 관광종사원이 다음의 어느 하나에 해당하면 문화체육관광부령으로 정하는 바에 따라 그 자격을 취소하거나 6개월 이내의 기간을 정하여 자격의 정지를 명할 수 있다. 다만, ㉠ 및 ㉣에 해당하면 그 자격을 취소하여야 한다.
> ㉠ 거짓이나 그 밖의 부정한 방법으로 자격을 취득한 경우
> ㉡ 제7조제1항 각 호(제3호는 제외)의 어느 하나에 해당하게 된 경우
>   • 피성년후견인·피한정후견인
>   • 파산선고를 받고 복권되지 아니한 자
>   • 이 법을 위반하여 징역 이상의 실형을 선고받고 그 집행이 끝나거나 집행을 받지 아니하기로 확정된 후 2년이 지나지 아니한 자 또는 형의 집행유예 기간 중에 있는 자
> ㉢ 관광종사원으로서 직무를 수행하는 데에 부정 또는 비위(非違) 사실이 있는 경우
> ㉣ 법을 위반하여 다른 사람에게 관광종사원 자격증을 대여한 경우

24 관광진흥법령상 국외여행 인솔자의 자격요건에 해당하지 않는 것은?

① 관광통역안내사 자격을 취득할 것

② 여행업체에서 6개월 이상 근무하고 국외여행 경험이 있는 자로서 문화체육관광부장관이 정하는 소양교육을 이수할 것

③ 국외여행 경험이 많으며 외국어 자격증을 보유할 것

④ 문화체육관광부장관이 지정하는 교육기관에서 국외여행 인솔에 필요한 양성교육을 이수할 것

> **TIP** 국외여행 인솔자의 자격요건〈관광진흥법 시행규칙 제22조 제1항〉… 국외여행을 인솔하는 자는 다음의 어느 하나에 해당하는 자격요건을 갖추어야 한다.
> ㉠ 관광통역안내사 자격을 취득할 것
> ㉡ 여행업체에서 6개월 이상 근무하고 국외여행 경험이 있는 자로서 문화체육관광부장관이 정하는 소양교육을 이수할 것
> ㉢ 문화체육관광부장관이 지정하는 교육기관에서 국외여행 인솔에 필요한 양성교육을 이수할 것

Answer 23.③ 24.③

출제 예상 문제

1 시 · 도지사가 관광개발 기본계획에 따라 구분된 권역을 대상으로 권역별 관광개발계획을 수립할 때 해당하는 사항을 모두 고르면?

> ㉠ 권역의 관광 여건과 관광 동향에 관한 사항
> ㉡ 권역의 관광 수요와 공급에 관한 사항
> ㉢ 관광지 및 관광단지의 조성 · 정비 · 보완 등에 관한 사항
> ㉣ 전국의 관광 여건과 관광 동향에 관한 사항
> ㉤ 관광지 연계에 관한 사항
> ㉥ 관광사업의 추진에 관한 사항
> ㉦ 전국의 관광 수요와 공급에 관한 사항

① ㉠㉡㉢㉣㉥
② ㉢㉣㉤㉥㉦
③ ㉠㉡㉢㉤㉥
④ ㉠㉡㉢㉣㉤㉥㉦

> **TIP** ㉣㉦은 전국을 대상으로 관광개발기본계획에 포함되어야 할 사항이다〈관광진흥법 제49조 제1항〉.

2 사업시행자가 관광지 등 조성사업의 전부 또는 일부를 완료한 때 준공검사를 받아야 하는 자는?

① 관계 행정기관의 장
② 시 · 도지사
③ 한국관광공사의 장
④ 문화체육관광부장관

> **TIP** 사업시행자가 관광지 등 조성사업의 전부 또는 일부를 완료한 때에는 대통령령으로 정하는 바에 따라 지체 없이 시 · 도지사에게 준공검사를 받아야 한다〈관광진흥법 제58조의2〉.

Answer 1.③ 2.②

3 관광진흥법상 관광개발기본계획에 대한 내용이 옳지 않은 것은?

① 시·도지사는 기본계획의 수립에 필요한 관광 개발사업에 관한 요구서를 문화체육관광부장관에게 제출해야 하고, 문화체육관광부장관은 이를 종합·조정하여 기본계획을 수립·공고해야 한다.

② 문화체육관광부장관은 수립된 기본계획을 확정하여 공고하려면 지방자치단체의 장과 협의해야 한다.

③ 문화체육관광부장관은 관계 기관의 장에게 기본계획의 수립에 필요한 자료를 요구하거나 협조를 요청할 수 있다.

④ 문화체육관광부장관으로부터 기본계획의 수립에 필요한 자료의 요구나 협조를 요청받은 관계 기관의 장은 정당한 사유가 없으면 그 요청에 따라야 한다.

TIP ② 문화체육관광부장관은 수립된 기본계획을 확정하여 공고하려면 관계부처의 장과 협의해야 한다〈관광진흥법 제50조 제2항〉.

4 관광지 등의 조성계획을 수립할 때 내용이 옳지 않은 것은?

① 관광지 등을 관할하는 시장·군수·구청장은 조성계획을 작성하고 문화체육관광부장관에게 승인을 받아야 한다.

② 시·도시자는 조성계획을 승인하거나 변경승인을 하고자 할 때 관계 행정기관의 장과 협의해야 한다.

③ 조성계획의 승인 또는 변경승인에 대한 협의요청을 받은 관계 행정기관의 장은 그 요청을 받은 날부터 30일 이내에 의견을 제시해야 한다.

④ 시·도지사가 조성계획을 승인 또는 변경승인한 때에는 지체 없이 이를 고시해야 한다.

TIP ① 관광지 등을 관할하는 시장·군수·구청장은 조성계획을 작성하여 시·도지사의 승인을 받아야 하며, 이를 변경하는 경우에도 같다. 단, 관광단지를 개발하려는 관광단지개발자는 조성계획을 작성하여 시·도시자의 승인을 받을 수 있다〈관광진흥법 제54조 제1항〉.
②③ 관광진흥법 제54조 제2항
④ 관광진흥법 제54조 제3항

Answer 3.② 4.①

5 관광지 등 지정 등의 실효 및 취소에 대한 내용이 바른 것은?

① 관광지 등으로 지정·고시된 관광지 등에 대해 그 고시일로부터 2년 이내에 조성계획의 승인신청이 없으면 그 고시일로부터 1년이 지난 다음 날에 그 관광지 등 지정은 효력을 상실한다.

② 시·도지사는 조성계획 승인을 받은 민간개발자가 사업 중단 등으로 환경·미관을 크게 해칠 경우에는 조성계획의 승인을 취소하거나 이의 개선을 명할 수 있다.

③ 시·도지사는 행정절차의 이행 등 부득이한 사유로 조성계획 승인신청 또는 사업 착수기한의 연장이 불가피하다고 인정되면 2년 이내의 범위에서 한 번만 그 기한을 연장할 수 있다.

④ 시·도지사는 관광지 등 조성계획의 지정 또는 승인의 효력이 상실된 경우 및 승인이 취소된 경우에는 6개월 이내에 지체 없이 그 사실을 고시해야 한다.

> **TIP** ① 관광지 등으로 지정·고시된 관광지 등에 대해 그 고시일로부터 2년 이내에 조성계획의 승인신청이 없으면 그 고시일로부터 2년이 지난 다음 날에 그 관광지 등 지정은 효력을 상실한다〈관광진흥법 제56조 제1항〉.
> ③ 시·도지사는 행정절차의 이행 등 부득이한 사유로 조성계획 승인신청 또는 사업 착수기한의 연장이 불가피하다고 인정되면 1년 이내의 범위에서 한 번만 그 기한을 연장할 수 있다〈관광진흥법 제56조 제4항〉.
> ④ 시·도지사는 관광지 등 조성계획의 지정 또는 승인의 효력이 상실된 경우 및 승인이 취소된 경우에는 지체 없이 그 사실을 고시해야 한다〈관광진흥법 제56조 제5항〉.

6 관광진흥법상 조성사업의 시행에 필요한 토지와 물건 또는 권리의 수용에 대한 내용이 옳지 않은 것은?

① 사업시행자가 농업 용수권이나 기타 농지개량 시설을 수용 또는 사용할 때에는 미리 농림축산식품장관의 승인을 받아야 한다.

② 토지의 수용 또는 사용에 대한 협의가 성립되지 않거나 협의를 할 수 없는 경우에 사업시행자는 조성사업 시행 기간에 재결을 신청할 수 있다.

③ 토지 수용 또는 사용의 절차, 그 보상 및 재결 신청에 대해서는 관광진흥법에 규정되어 있는 것 외에는 타법을 적용할 수 없다.

④ 사업시행자는 조성사업의 시행에 필요한 토지와 토지에 관한 소유권 외의 권리를 수용하거나 사용할 수 있다.

> **TIP** ③ 수용 또는 사용의 절차, 그 보상 및 재결 신청에 대해서는 관광진흥법에 규정되어 있는 것 외에는 「공익사업을 위한 토지 등의 취득 및 보상에 관한 법률」을 적용한다〈관광진흥법 제61조 제3항〉.

Answer 5.② 6.③

7 호텔업의 등급결정 권한의 위탁을 위한 요건을 갖춘 법인에서 50명 이상 확보하고 있어야 하는 평가요원의 자격에 대한 설명으로 바른 것은?

① 호텔업에서 5년 이상 근무한 사람으로서 평가 당시 호텔업에 종사하고 있는 사람 1명 이상

② 전문대학 이상의 교육기관에서 관광 분야에 관하여 1년 이상 강의한 경력이 있는 교수

③ 관광 분야에 전문성이 인정되는 사람으로 소비자보호와 관련된 단체에서 추천한 사람 1명 이상

④ 등급결정 수탁기관이 임의로 추천한 사람

> **TIP** 평가요원의 자격〈관광진흥법 시행규칙 제72조〉
> ㉠ 호텔업에서 5년 이상 근무한 사람으로서 평가 당시 호텔업에 종사하고 있지 아니한 사람 1명 이상
> ㉡ 전문대학 이상 또는 이와 같은 수준 이상의 학력이 인정되는 교육기관에서 관광 분야에 관하여 5년 이상 강의한 경력이 있는 교수, 부교수, 조교수 또는 겸임교원 1명 이상
> ㉢ 정부출연연구기관, 특정연구기관, 국공립연구기관에서 관광 분야에 관하여 5년 이상 연구한 경력이 있는 연구원 1명 이상
> ㉣ 관광 분야에 전문성이 인정되는 사람으로서 다음의 어느 하나에 해당하는 사람 1명 이상
> • 한국소비자원 또는 소비자보호와 관련된 단체에서 추천한 사람
> • 등급결정 수탁기관이 공모를 통하여 선정한 사람
> ㉤ 그 밖에 문화체육관광부장관이 ㉠부터 ㉣에 해당하는 사람과 동등한 자격이 있다고 인정하는 사람

8 관광진흥법상 관광시설의 입장료 또는 이용료 징수에 대한 내용이 옳지 않은 것은?

① 지방자치단체는 관광지의 입장료·관람료 또는 이용료를 징수하면 이를 관광지 등의 보존 및 관리와 그 개발에 필요한 비용에 충당해야 한다.

② 관광지 등에서 조성사업을 한 자는 관광지 등에 입장하는 자로부터 입장료를 징수할 수 있다.

③ 입장료의 징수 대상의 범위와 금액은 관광지등이 소재하는 지방자치단체의 조례로 정한다.

④ 관광시설을 관람하거나 이용하는 자 가운데 장애인 또는 소외계층이 포함되어 있을 경우에는 관람료나 이용료를 무료로 한다.

> **TIP** 입장료 등의 징수와 사용〈관광진흥법 제67조〉
> ㉠ 관광지 등에서 조성사업을 하거나 건축, 그 밖의 시설을 한 자는 관광지 등에 입장하는 자로부터 입장료를 징수할 수 있고, 관광시설을 관람하거나 이용하는 자로부터 관람료나 이용료를 징수할 수 있다.
> ㉡ 입장료·관람료 또는 이용료의 징수 대상의 범위와 그 금액은 관광지등이 소재하는 지방자치단체의 조례로 정한다.
> ㉢ 지방자치단체는 입장료·관람료 또는 이용료를 징수하면 이를 관광지 등의 보존·관리와 그 개발에 필요한 비용에 충당해야 한다.

Answer 7.③ 8.④

9 다음 (   ) 안에 들어갈 말이 바르게 연결된 것은?

> 사업시행자가 조성사업의 시행으로 공공시설을 새로 설치하거나 기존의 공공시설에 대체되는 시설을 설치한 경우 국토의 계획 및 이용에 관한 법률을 준용하며, 이때 관리청이 불문명한 재산 중 도로·도랑 등에 대해서는 (   ), 하천에 대하여는 환경부장관을, 그 밖의 재산에 대해서는 (   )을 관리청으로 본다.

① 국토교통부장관, 관계 행정기관의 장
② 국토교통부장관, 기획재정부장관
③ 기획재정부장관, 관계 행정기관의 장
④ 한국관광공사, 기획재정부장관

TIP 관리청이 불문명한 재산 중 도로·도랑 등에 대하여는 국토교통부장관을, 하천에 대하여는 환경부장관을, 그 밖의 재산에 대하여는 기획재정부장관을 관리청으로 본다〈관광진흥법 제58조의3 제3항〉.

10 다음 (   ) 안에 들어갈 말의 연결이 바른 것은?

> (   )은 관광진흥정책의 수립·집행에 필요한 사항과 관광진흥법의 시행에 필요한 사항을 (   )에게 보고해야 한다.

① 문화체육관광부장관, 지방자치단체의 장
② 지방자치단체의 장, 문화체육관광부장관
③ 관할 등록기관의 장, 지방자치단체의 장
④ 관할 행정기관의 장, 지방자치단체의 장

TIP ② 지방자치단체의 장은 문화체육관광부령으로 정하는 바에 따라 관광진흥정책의 수립·집행에 필요한 사항과 그 밖의 관광진흥법의 시행에 필요한 사항을 문화체육관광부장관에게 보고해야 한다〈관광진흥법 제78조 제1항〉.

Answer 9.② 10.②

11 관광진흥법상 카지노업의 허가를 받지 않고 카지노업을 경영한 자가 받는 벌칙은?

① 5년 이하의 징역, 5천만 원 이하의 벌금   ② 5년 이하의 징역, 3천만 원 이하의 벌금

③ 3년 이하의 징역, 3천만 원 이하의 벌금   ④ 2년 이하의 징역, 1천만 원 이하의 벌금

TIP 5년 이하의 징역 · 5천만 원 이하 벌금 규정〈관광진흥법 제81조〉
   ⊙ 카지노업의 허가를 받지 않고 카지노업을 경영한 자
   ⓒ 법령에 위반되는 카지노기구를 설치하거나 사용하는 행위를 한 자
   ⓒ 법령에 위반하여 카지노기구 또는 시설을 변조하거나 변조된 카지노기구 또는 시설을 사용하는 행위를 한 자

12 관광진흥법상 권한의 위임 및 위탁 등에 대한 내용이 옳지 않은 것은?

① 문화체육관광부장관의 권한은 그 일부를 시 · 도지사에게 위임할 수 있다.
② 시 · 도지사는 문화체육관광부장관으로부터 위임받은 권한의 일부를 문화체육관광부장관의 승인을 받아 시장 · 군수 · 구청장에게 재위임할 수 있다.
③ 시 · 도지사 및 시장 · 군수 · 구청장은 관광숙박업의 등급 결정에 관한 사항을 한국관광공사, 협회, 지역별 · 업종별 관광협회 및 전문 연구 · 검사기관이나 자격검정기관에 위탁할 수 있다.
④ 문화체육관광부장관은 카지노기구의 검사에 관한 사항에 대해 한국관광공사, 협회, 지역별 · 업종별 관광협회 및 전문 연구 · 검사기관이나 자격검정기관에 위탁할 수 없다.

TIP 문화체육관광부장관 또는 시 · 도지사 및 시장 · 군수 · 구청장은 다음 권한의 전부 또는 일부를 대통령령에 정하는 바에 따라 한국관광공사, 협회, 지역별 · 업종별 관광협회 및 대통령령으로 정하는 전문 연구 · 검사기관, 자격검정기관이나 교육기관에 위탁할 수 있다〈관광진흥법 제80조 제3항〉.
   ⊙ 관광 편의시설업의 지정 및 지정 취소
   ⓒ 국외여행 인솔자의 등록 및 자격증 발급
   ⓒ 관광숙박업의 등급 결정
   ⓔ 카지노기구의 검사
   ⓜ 안전성검사 또는 안전성검사 대상에 해당되지 아니함을 확인하는 검사
   ⓗ 안전관리자의 안전교육
   ⓢ 관광종사원 자격시험 및 등록
   ⓞ 관광산업 진흥사업에 따른 사업의 수행
   ⓩ 스마트관광산업의 육성에 따른 사업의 수행
   ⓩ 문화관광해설사 양성을 위한 교육과정의 개설 · 운영
   ⓚ 한국관광 품질인증 및 그 취소
   ⓔ 관광특구에 대한 평가

Answer   11.①   12.④

13 관광진흥법상 관광특구에 대한 내용이 옳지 않은 것은?

① 관광특구는 시장·군수·구청장의 신청에 따라 시·도지사가 정한다.

② 관광특구는 관광안내시설, 공공편익시설 및 숙박시설이 등이 갖추어져 내국인·외국인의 관광수요를 충족시킬 수 있는 지역이어야 한다.

③ 시·도지사는 관광특구 지정 요건에 맞지 않거나 추진 실적이 미흡한 관광특구에 대해서 지정취소·면적조정·개선권고 등의 조치를 하여야 한다.

④ 국가나 지방자치단체는 관광특구를 방문하는 외국인 관광객의 관광 활동을 위한 편의 증진 등 관광특구 진흥을 위해 필요한 지원을 할 수 있다.

TIP ① 관광진흥법 제70조 제1항
③ 관광진흥법 제73조 제2항
④ 관광진흥법 제72조 제1항
※ **관광특구의 요건**〈관광진흥법 제70조 제1항〉.
  ㉠ 외국인 관광객 수가 10만 명(서울특별시는 50만 명) 이상일 것
  ㉡ 관광안내시설, 공공편익시설 및 숙박시설 등이 갖추어져 외국인 관광객의 관광수요를 충족시킬 수 있는 지역일 것
  ㉢ 관광활동과 직접적인 관련성이 없는 토지의 비율이 대통령령이 정하는 기준(관광특구 전체 면적 중 관광활동과 직접적인 관련성이 없는 토지가 차지하는 비율이 10퍼센트인 것)을 초과하지 않을 것
  ㉣ ㉠~㉢항까지의 요건을 갖춘 지역이 서로 분리되지 않을 것

14 관광사업자가 아닌 자가 사업장에 관광표지를 붙이고 관광사업의 명칭의 일부가 포함된 상호를 사용한 경우에 부과하는 과태료는?

① 1천만 원 이하

② 2천만 원 이하

③ 5백만 원 이하

④ 1백만 원 이하

TIP **과태료** … 관광표지의 부착 규정(관광사업자가 아닌 자는 관광표지를 사업장에 붙이지 못하며, 관광사업자로 잘못 알아볼 우려가 있는 경우에는 관광사업의 명칭 중 전부 또는 일부가 포함되는 상호를 사용할 수 없음)을 위반한 자는 100만 원 이하의 과태료를 부과한다〈관광진흥법 제86조 제2항 제2호〉.

Answer 13.② 14.④

15 관광사업 등록증에 대한 설명으로 옳지 않은 것은?

① 등록증은 특별자치시장·특별자치도지사·시장·군수·구청장이 발급 한다.

② 관광사업 등록증이 헐어 못쓰게 된 경우에는 재발급 받을 수 있다.

③ 관광사업 등록증을 발급하려면 의제되는 인·허가증을 한꺼번에 발급할 수 있도록 해당 인·허가기관의 장에게 인·허가증의 송부를 요청할 수 있다.

④ 문화체육관광부장은 관광사업 등록증 발급 후 관광사업등록대장을 작성하고 관리하여야 한다.

TIP 특별자치시장·특별자치도지사·시장·군수·구청장은 관광사업 등록증을 발급하면 문화체육관광부령으로 정하는 바에 따라 관광사업자등록대장을 작성하고 관리·보존하여야 한다〈관광진흥법 시행령 제4조 제3항〉.

16 관광진흥법상 관광객 이용시설업이나 국제회의업 사업계획의 변경승인을 받을 수 없는 경우는?

① 전문휴양업이나 종합휴양업의 경우 변경하려는 면적이 당초 승인받은 계획면적의 100분의 10 이상이 되는 경우

② 국제회의업의 경우 변경하려는 전문회의시설의 회의실 수 또는 옥내전시면적을 변경할 때에 그 변경하려는 회의실 수 또는 옥내전시 면적이 당초 승인받은 계획의 100분의 10 이상이 되는 경우

③ 국제회의업의 경우 변경하려는 전시시설의 회의실 수 또는 옥내전시면적을 변경할 때에 그 변경하려는 회의실 수 또는 옥내전시 면적이 당초 승인받은 계획의 100분의 10이상이 되는 경우

④ 국제회의업의 경우 변경하려는 부대시설에서 숙박시설·음식점시설·휴식시설 등의 수를 당초 승인받은 계획보다 늘리는 경우

TIP 부대시설은 국제회의 개최와 전시의 편의를 위해 전시시설에 부속된 시설이다. 이 시설은 관광객 이용시설업이나 국제회의업의 사업계획의 변경승인을 받는 경우에는 해당하지 않는다.

※ 관광객 이용시설업이나 국제회의업의 사업계획 변경승인을 받을 수 있는 경우〈관광진흥법 시행령 제9조 제2항〉

　㉠ 전문휴양업이나 종합휴양업의 경우 부지, 대지 면적 또는 건축 연면적을 변경할 때에 그 변경하려는 면적이 당초 승인받은 계획면적의 100분의 10 이상이 되는 경우

　㉡ 국제회의업의 경우 국제회의시설 중 다음의 어느 하나에 해당하는 변경을 하려는 경우

　　• 국제회의산업 육성에 관한 법률 시행령에 따른 전문회의시설의 회의실 수 또는 옥내전시면적을 변경할 때에 그 변경하려는 회의실 수 또는 옥내전시면적이 당초 승인받은 계획의 100분의 10 이상이 되는 경우

　　• 국제회의산업 육성에 관한 법률 시행령에 따른 전시시설의 회의실 수 또는 옥내전시면적을 변경할 때에 그 변경하려는 회의실 수 또는 옥내전시면적이 당초 승인받은 계획의 100분의 10 이상이 되는 경우

Answer 15.④ 16.④

17 휴양 콘도미니엄업, 호텔업, 종합휴양업 시설의 분양 및 회원모집 기준의 내용이 옳지 않은 것은?

① 휴양 콘도미니엄업 및 호텔업 – 해당 관광숙박시설이 건설되는 대지의 소유권을 확보할 것

② 수상관광호텔 – 구조물 또는 선박의 소유권을 확보할 것

③ 수상관광호텔 – 해당 관광숙박시설이 건설되는 대지의 소유권을 확보할 것

④ 제2종 종합휴양업의 경우 – 회원모집 대상인 해당 제2종 종합휴양업 시설이 건설되는 부지의 소유권 또는 사용권

> **TIP** 휴양 콘도미니엄업 시설의 분양 및 회원모집 기준과 호텔업 및 제2종 종합휴양업 시설의 회원모집 기준은 다음 내용의 구분에 따른 소유권 등을 확보해야 한다. 이 경우 분양(휴양 콘도미니엄업만 해당) 또는 회원모집 당시 해당 휴양 콘도미니엄업, 호텔업 및 제2종 종합휴양업의 건물이 사용승인이 된 경우에는 해당 건물의 소유권도 확보해야 한다〈관광진흥법 시행령 제24조 제1항 제1호〉.
> ㉠ **휴양 콘도미니엄업 및 호텔업**(수상관광호텔은 제외)**의 경우** : 해당 관광숙박시설이 건설되는 대지의 소유권
> ㉡ **수상관광호텔의 경우** : 구조물 또는 선박의 소유권
> ㉢ **제2종 종합휴양업의 경우** : 회원모집 대상인 해당 제2종 종합휴양업 시설이 건설되는 부지의 소유권 또는 사용권

18 다음 ( ) 안에 알맞은 것은?

> ㉠ 문화체육관광부장관은 카지노업의 건전한 발전을 위하여 필요하다고 인정하면 대통령령으로 정하는 바에 따라 카지노업의 허가를 제한할 수 있다〈관광진흥법 제21조 제2항〉.
> ㉡ 문화체육관광부장관은 최근 신규허가를 한 날 이후에 전국 단위의 외래관광객이 (   ) 이상 증가한 경우에만 신규허가를 할 수 있다〈관광진흥법 시행령 제27조 제3항 전단〉.

① 30만 명   ② 50만 명

③ 60만 명   ④ 100만 명

> **TIP** ㉠ 문화체육관광부장관은 공공의 안녕, 질서유지 또는 카지노업의 건전한 발전을 위하여 필요하다고 인정하면 대통령령으로 정하는 바에 따라 카지노업의 허가를 제한할 수 있다〈관광진흥법 제21조 제2항〉.
> ㉡ 문화체육관광부장관은 최근 신규허가를 한 날 이후에 전국 단위의 외래관광객이 60만 명 이상 증가한 경우에만 신규허가를 할 수 있다〈관광진흥법 시행령 제27조 제3항 전단〉.

Answer   17.③   18.③

19 해당 관광사업의 인·허가 등이 의제되는 사업인 경우 사업계획의 승인 또는 변경승인신청서를 접수한 특별자치시장·특별자치도지사·시장·군수·구청장이 협의해야 하는 사람은?

① 소관 행정기관의 장

② 해당 지방자치단체의 장

③ 문화체육관광부장관

④ 시·도지사

TIP 사업계획의 승인 또는 변경승인신청서를 접수한 특별자치시장·특별자치도지사·시장·군수·구청장은 인·허가 등이 의제되는 사업인 경우에는 소관 행정기관의 장과 협의하여야 한다〈관광진흥법 시행령 제10조 제3항〉.

20 문화체육관광부장관이 호텔업의 등급결정권을 위탁할 때 위탁받은 법인이 갖추어야 할 요건으로 옳은 것은?

① 문화체육관광부장관의 허가를 받아 설립된 영리법인일 것

② 관광숙박업의 육성과 서비스 개선 등에 대한 연구 및 계몽활동 등을 하는 법인일 것

③ 관할 지역에 매월 일정한 금액을 기부하는 법인이어야 할 것

④ 관광업에 종사하는 자들의 양성을 위해 교육기관 및 교육프로그램을 갖추고 있는 법인

TIP 문화체육관광부장관은 호텔업의 등급결정권을 다음 내용의 요건을 모두 갖춘 법인으로서 문화체육관광부장관이 정하여 고시하는 법인에 위탁한다〈관광진흥법 시행령 제66조 제1항〉.
ⓐ 문화체육관광부장관의 허가를 받아 설립된 비영리법인이거나 공공기관일 것
ⓑ 관광숙박업의 육성과 서비스 개선 등에 관한 연구 및 계몽활동 등을 하는 법인일 것
ⓒ 문화체육관광부령으로 정하는 기준에 맞는 자격을 가진 평가요원을 50명 이상 확보하고 있을 것

Answer 19.① 20.②

21 검사유효기간의 만료된 카지노기구의 검사기한은?

① 1주일

② 2주일

③ 15일

④ 30일

TIP 카지노사업자는 다음의 구분에 따라 각각 해당 기한 내에 카지노기구의 검사를 받아야 한다〈관광진흥법 시행규칙 제33조 제2항〉.
ㄱ. 신규로 카지노기구를 반입·사용하거나 카지노기구의 영업 방법을 변경하는 경우: 그 기구를 카지노 영업에 사용하는 날
ㄴ. 검사유효기간이 만료된 경우: 검사 유효기간 만료일부터 15일
ㄷ. 봉인의 해제가 필요하거나 영업장소를 이전하는 경우: 봉인의 해제 또는 영업장소의 이전 후 그 기구를 카지노영업에 사용하는 날
ㄹ. 카지노기구를 영업장에서 철거하는 경우: 그 기구를 영업장에서 철거하는 날
ㅁ. 그 밖에 카지노기구의 개조·변조 확인 및 카지노 이용자에 대한 위해(危害) 방지 등을 위하여 문화체육관광부장관이 요청하는 경우: 검사 요청일부터 5일 이내

22 다음 중 관광진흥법에서 규정하고 있는 용어가 바른 것은?

① 관광특구란 외국인 관광객의 유치 촉진 등을 위하여 관광 활동과 관련된 관계 법령의 적용이 배제되거나 완화되고, 관광 활동과 관련된 서비스·안내 체계 및 홍보 등 관광 여건을 집중적으로 조성할 필요가 있는 지역으로 관광진흥법에 따라 지정된 곳을 말한다.

② 지원시설이란 관광단지의 보호 및 이용을 증진하기 위하여 필요한 관광시설의 조성과 관리에 관한 계획을 말한다.

③ 관광단지란 자연적 또는 문화적 관광자원을 갖추고 관광객을 위한 기본적인 편의시설을 설치하는 지역으로서 관광진흥법에 따라 지정된 곳을 말한다.

④ 기획여행이란 여행업을 경영하는 자가 관광객의 이해와 감상, 체험 기회를 제고하기 위하여 역사·문화·예술·자연 등 관광자원 전반에 대한 전문적인 해설을 제공하는 여행을 말한다.

TIP ② 지원시설이란 관광지나 관광단지의 관리·운영 및 기능 활성화에 필요한 관광지 및 관광단지 안팎의 시설을 말한다.
③ 관광단지란 관광객의 다양한 관광 및 휴양을 위하여 각종 관광시설을 종합적으로 개발하는 관광 거점 지역으로서 관광진흥법에 따라 지정된 곳을 말한다.
④ 기획여행이란 여행업을 경영하는 자가 국외여행을 하려는 여행자를 위하여 여행의 목적지·일정, 여행자가 제공받을 운송 또는 숙박 등의 서비스 내용과 그 요금 등에 관한 사항을 미리 정하고 이에 참가하는 여행자를 모집하여 실시하는 여행을 말한다.

Answer 21.③ 22.①

23 문화체육관광부장관이 관광에 대한 사업을 하는 지방자치단체나 관광사업단체가 신청한 국고보조금을 지급하는 시기는?

① 보조금을 신청 받고 1년 내에
② 보조금을 신청 받고 6개월 내에
③ 사업완료 전
④ 보조금 신청 후 실적이 발생한 직후

TIP ③ 문화체육관광부장관은 국고보조금을 신청한 지방자치단체나 관광사업단체에게 원칙적으로 사업완료 전에 지급하되, 필요한 경우에는 사업완료 후에 지급할 수 있다〈관광진흥법 시행령 제62조 제2항〉.

24 보조사업자가 문화체육관광부장관에게 신고해야 하는 사실에 해당하지 않는 것은?

① 성명이나 주소를 변경한 경우
② 정관이나 규약을 변경한 경우
③ 해산하거나 파산한 경우
④ 관광사업 외 다른 업종의 사업을 시작하는 경우

TIP 보조사업자는 다음의 어느 하나에 해당하는 사실이 발생한 경우에는 지체 없이 문화체육관광부장관에게 신고하여야 한다. 다만, 사망한 경우에는 그 상속인이, 합병한 경우에는 그 합병으로 존속되거나 새로 설립된 법인의 대표자가, 해산한 경우에는 그 청산인이 신고하여야 한다〈관광진흥법 시행령 제63조 제2항〉.
　㉠ 성명(법인인 경우에는 그 명칭 또는 대표자의 성명)이나 주소를 변경한 경우
　㉡ 정관이나 규약을 변경한 경우
　㉢ 해산하거나 파산한 경우
　㉣ 사업을 시작하거나 종료한 경우

25 다음 중 관광진흥법령상 규정하는 호텔업의 종류가 아닌 것은?

① 관광호텔업
② 야영호텔업
③ 수상관광호텔업
④ 가족호텔업

TIP 호텔업의 종류에는 관광호텔업, 수상관광호텔업, 한국전통호텔업, 가족호텔업, 호스텔업, 소형호텔업, 의료관광호텔업 등이 있다〈관광진흥법 시행령 제2조 제1항 제2호〉

Answer 23.③ 24.④ 25.②

26 다음 중 관광진흥법의 규정 내용이 옳지 않은 것은?

① 종합여행업 등록을 하려는 자는 자본금이 5천만 원 이상이고 소유권이나 사용권이 있는 사무실을 갖춰야 한다.

② 관광숙박업 및 관광객 이용시설업 등록심의위원회는 특별자치시장·특별자치도지사·시장·군수·구청장 소속으로 한다.

③ 등록 또는 변경등록의 절차 등에 필요한 사항은 문화체육관광부령으로 정한다.

④ 여행업, 관광숙박업, 카지노업, 관광객 이용시설업 및 국제회의업을 경영하려는 자는 특별자치도지사·시장·군수·구청장에게 등록하여야 한다.

TIP 여행업, 관광숙박업, 관광객 이용시설업 및 국제회의업을 경영하려는 자는 특별자치시장·특별자치도지사·시장·군수·구청장(자치구의 구청장을 말한다. 이하 같다)에게 등록하여야 한다〈관광진흥법 제4조 제1항〉.

27 한국관광협회중앙회 설립에 대한 설명이 옳지 않은 것은?

① 지역별·업종별 관광협회는 관광사업의 건전한 발전을 위해 관광업계를 대표하는 한국관광협회중앙회를 설립할 수 있다.

② 협회는 법인으로 한다.

③ 협회는 설립등기를 함으로써 성립한다.

④ 협회를 설립하려는 자는 문화체육관광부령으로 정하는 바에 따라 문화체육관광부장관의 허가를 받아야 한다.

TIP 한국관광협회중앙회 설립〈관광진흥법 제41조〉
ㄱ 지역별 관광협회 및 업종별 관광협회는 관광사업의 건전한 발전을 위하여 관광업계를 대표하는 한국관광협회중앙회를 설립할 수 있다.
ㄴ 협회를 설립하려는 자는 대통령령으로 정하는 바에 따라 문화체육관광부장관의 허가를 받아야 한다.
ㄷ 협회는 법인으로 한다.
ㄹ 협회는 설립등기를 함으로써 성립한다.

28 다음 중 허가를 요하는 관광사업을 모두 고른 것은?

ⓐ 여행업   ⓑ 카지노업
ⓒ 일반유원시설업   ⓓ 관광객 이용시설업
ⓔ 관광숙박업   ⓕ 국제회의업

---

① ⓐⓑ

② ⓑⓒ

③ ⓓⓔ

④ ⓒⓕ

TIP ⓐⓓⓔⓕ은 등록을 요하는 관광사업
ⓑⓒ은 허가를 요하는 관광사업〈관광진흥법 제5조〉

29 관광사업자가 타인에게 경영하도록 하거나, 타인에게 처분하는 것이 제외되는 관광사업의 시설이 아닌 것은?

① 관광숙박업의 등록에 필요한 객실
② 안전성검사를 받아야 하는 유기시설 및 유기기구
③ 카지노업의 허가를 받는 데 필요한 시설과 기구
④ 관광객 이용시설업의 등록에 필요한 시설 중 종합휴양업의 개별기준에 포함된 시설

TIP 관광시설의 타인 경영 및 처분과 위탁 경영〈관광진흥법 제11조 제1항〉 … 관광사업자는 관광사업의 시설 중 다음의 시설 및 기구 외의 부대시설을 타인에게 경영하도록 하거나, 그 용도로 계속하여 사용하는 것을 조건으로 타인에게 처분할 수 있다.
ⓐ 관광숙박업의 등록에 필요한 객실
ⓑ 관광객 이용시설업의 등록에 필요한 시설 중 문화체육관광부령으로 정하는 시설(전문휴양업의 개별기준에 포함된 시설)
ⓒ 카지노업의 허가를 받는 데 필요한 시설과 기구
ⓓ 안전성검사를 받아야 하는 유기시설 및 유기기구

Answer 28.② 29.④

30 다음 중 관광진흥법상 규정하고 있는 내용이 옳지 않은 것은?

① 관광사업자가 그 사업의 전부 또는 일부를 휴업하거나 폐업한 때에는 문화체육관광부장관에게 알려야 한다.

② 관광사업자의 지위를 승계한 자는 승계한 날부터 1개월 이내에 관할 등록기관 등의 장에게 신고하여야 한다.

③ 문화체육관광부령으로 정하는 주요한 관광사업 시설의 전부를 인수한 자는 그 관광사업자의 지위를 승계한다.

④ 관광사업자가 취소·정지처분 또는 개선명령을 받은 경우 그 처분 또는 명령의 효과는 관광사업자의 지위를 승계한 자에게 승계되며, 그 절차가 진행 중인 때에는 새로운 관광사업자에게 그 절차를 계속 진행할 수 있다.

> **TIP** ① 관광사업자가 그 사업의 전부 또는 일부를 휴업하거나 폐업한 때에는 관할 등록기관 등의 장에게 알려야 한다〈관광진흥법 제8조 제8항〉.

31 다음 중 국외여행을 인솔하는 자의 자격요건에 해당하지 않는 것은?

① 관광통역안내사 자격을 취득할 것

② 공인된 어학능력 인증서를 제출할 것

③ 여행업체에서 6개월 이상 근무하고 국외여행 경험이 있는 자로서 문화체육관광부장관이 정하는 소양교육을 이수할 것

④ 문화체육관광부장관이 지정하는 교육기관에서 국외여행 인솔에 필요한 양성교육을 이수할 것

> **TIP** 국외여행 인솔자의 자격요건〈관광진흥법 시행규칙 제22조 제1항〉
> ㉠ 관광통역안내사 자격을 취득할 것
> ㉡ 여행업체에서 6개월 이상 근무하고 국외여행 경험이 있는 자로서 문화체육관광부장관이 정하는 소양교육을 이수할 것
> ㉢ 문화체육관광부장관이 지정하는 교육기관에서 국외여행 인솔에 필요한 양성교육을 이수할 것

Answer 30.① 31.②

32 다음 중 사업계획의 승인시 특별자치시장·특별자치도지사·시장·군수·구청장이 소관 행정기관의 장과 미리 협의한 경우 허가를 받거나 신고를 한 것으로 보는 사항이 아닌 것은?

① 초지전용의 신고
② 농지전용의 허가
③ 산지전용허가 및 산지전용신고
④ 개발행위의 허가

TIP 사업계획 승인 시의 인·허가 의제 등〈관광진흥법 제16조 제1항〉… 사업계획의 승인을 받은 때에는 다음의 허가, 해제 또는 신고에 관하여 특별자치시장·특별자치도지사·시장·군수·구청장이 소관 행정기관의 장과 미리 협의한 사항에 대해서는 해당 허가 또는 해제를 받거나 신고를 한 것으로 본다.

㉠ 농지전용의 허가
㉡ 산지전용허가 및 산지전용신고, 산지일시사용허가·신고, 입목벌채 등의 허가·신고
㉢ 사방지(砂防地) 지정의 해제
㉣ 초지전용(草地轉用)의 허가
㉤ 하천공사 등의 허가 및 실시계획의 인가, 점용허가(占用許可) 및 실시계획의 인가
㉥ 공유수면의 점용·사용허가 및 같은 법에 따른 점용·사용 실시계획의 승인 또는 신고
㉦ 사도개설(私道開設)의 허가
㉧ 개발행위의 허가
㉨ 분묘의 개장신고(改葬申告) 및 분묘의 개장허가(改葬許可)

---

33 다음 중 관광숙박업의 사업계획 변경에 관하여 승인을 받아야 하는 경우에 해당하지 않는 것은?

① 부지 및 대지 면적을 변경할 때에 그 변경하려는 면적이 당초 승인받은 계획면적의 100분의 10 이상이 되는 경우
② 건축 연면적을 변경할 때에 그 변경하려는 연면적이 당초 승인받은 계획면적의 100분의 10 이상이 되는 경우
③ 호텔업의 객실 수 또는 객실면적을 변경하려는 경우
④ 변경하려는 업종의 등록기준에 맞는 경우로서, 호텔업과 휴양 콘도미니엄업 간의 업종변경

TIP 사업계획 변경승인〈관광진흥법 시행령 제9조 제1항〉
㉠ 부지 및 대지 면적을 변경할 때에 그 변경하려는 면적이 당초 승인받은 계획면적의 100분의 10 이상이 되는 경우
㉡ 건축 연면적을 변경할 때에 그 변경하려는 연면적이 당초 승인받은 계획면적의 100분의 10 이상이 되는 경우
㉢ 객실 수 또는 객실면적을 변경하려는 경우(휴양 콘도미니엄업만 해당)
㉣ 변경하려는 업종의 등록기준에 맞는 경우로서, 호텔업과 휴양 콘도미니엄업 간의 업종변경 또는 호텔업 종류 간의 업종 변경

Answer 32.① 33.③

34 관광진흥법상 관광사업자의 결격사유에 해당하지 않는 대상은?

① 피성년후견인 · 피한정후견인

② 파산선고를 받고 복권되지 않은 자

③ 관광진흥법에 따라 사업계획의 승인이 취소된 자

④ 관광진흥법을 위반하여 징역 이상의 실형을 선고받고 그 집행이 끝나거나 집행을 받지 않기로 확정된 후 1년이 지나지 않은 자

TIP ④ 관광진흥법을 위반하여 징역 이상의 실형을 선고받고 그 집행이 끝나거나 집행을 받지 않기로 확정된 후 2년이 지나지 않은 자 또는 형의 집행유예 기간 중에 있는 자〈관광진흥법 제7조 제1항 4호〉

35 문화관광해설사를 선발하거나 활용할 때 내용으로 바른 것은?

① 문화관광해설사의 선발, 배치 및 활용에 필요한 사항은 대통령령으로 정한다.

② 문화체육관광부장관 또는 지방자치단체의 장은 예산의 범위에서 문화관광해설사의 활동에 필요한 비용을 지원할 수 있다.

③ 문화체육관광부장관 또는 지방자치단체의 장은 문화관광해설사를 선발하는 경우에 문화체육관광부령으로 정하는 바에 따라 이론 및 실습을 평가하고, 6개월 이상의 실무를 마친 자에게 자격을 부여할 수 있다.

④ 문화체육관광부장관 또는 지방자치단체의 장은 문화관광해설사 양성교육과정 등의 인증을 받은 문화관광해설사 교육과정을 이수하고 3개월 이상의 실무를 마친 자를 문화관광해설사로 선발하여 활용할 수 있다.

TIP ② 〈관광진흥법 제48조의8 제3항〉
① 문화관광해설사의 선발, 배치 및 활용에 필요한 사항은 문화체육관광부령으로 정한다〈관광진흥법 제48조의8 제4항〉.
③ 문화체육관광부장관 또는 지방자치단체의 장은 문화관광해설사를 선발하는 경우에 문화체육관광부령으로 정하는 바에 따라 이론 및 실습을 평가하고, 3개월 이상의 실무를 마친 자에게 자격을 부여할 수 있다〈관광진흥법 제48조의8 제2항〉.
④ 문화체육관광부장관 또는 지방자치단체의 장은 제48조의6제1항(문화체육관광부장관 또는 시 · 도지사는 문화관광해설사 양성을 위한 교육과정을 개설(開設)하여 운영할 수 있다.)에 따른 교육과정을 이수한 자를 문화관광해설사로 선발하여 활용할 수 있다〈관광진흥법 제48조의8 제1항〉.

Answer 34.④ 35.②

36 관광진흥법상 카지노사업자가 지켜야 할 영업준칙에 해당하는 내용이 아닌 것은?

① 1일 최소 영업시간
② 게임 테이블의 집전함(集錢函) 부착 및 내기금액 한도액의 표시 의무
③ 전산시설·환전소·계산실·폐쇄회로의 관리기록 및 회계와 관련된 기록의 유지 의무
④ 슬롯머신 및 비디오게임의 최대배당률

TIP ④ 슬롯머신 및 비디오게임의 최소배당률〈관광진흥법 제28조 제2항 제3호〉

37 관광진흥법상 관광숙박업 및 관광객 이용시설업 등록심의위원회에 대한 설명으로 옳지 않은 것은?

① 관광숙박업 및 대통령령으로 정하는 관광객 이용시설업이나 국제회의업의 등록에 관한 사항을 심의하기 위해 특별자치시장·특별자치도사·시장·군수·구청장 소속으로 관광숙박업 및 관광객 이용시설업 등록심의위원회를 둔다.
② 위원회는 위원장과 부위원장을 각 1명을 포함하여 10명 이내로 구성한다.
③ 위원회는 관광숙박업 및 대통령령으로 정하는 관광객 이용시설업이나 국제회의업의 등록기준 등에 관한 사항을 심의한다.
④ 위원회의 구성·운영이나 기타 위원회에 필요한 사항은 문화체육관광부령으로 정한다.

TIP ④ 위원회의 구성·운영이나 그 밖에 위원회에 필요한 사항은 대통령령으로 정한다〈관광진흥법 제17조 제6항〉.

Answer 36.④ 37.④

38 관광호텔업이나 국제회의시설업의 부대시설에서 카지노업을 하려는 경우에 카지노업의 허가요건이 잘못된 것은?

① 해당 관광호텔업이나 국제회의시설업의 올해 외래관광객 유치실적이 문화체육관광부장관이 공고하는 기준에 맞을 것

② 외래관광객 유치계획 및 장기수지전망 등을 포함한 사업계획서가 적정할 것

③ 사업계획의 수행에 필요한 재정능력이 있을 것

④ 현금 및 칩의 관리 등 영업거래에 관한 내부통제방안이 수립되어 있을 것

TIP 카지노업의 허가요건(관광호텔업이나 국제회의시설업의 부대시설에서 카지노업을 하려는 경우)〈관광진흥법 시행령 제27조 제2항〉

㉠ 외래관광객 유치계획 및 장기수지전망 등을 포함한 사업계획서가 적정할 것

㉡ ㉠의 사업계획의 수행에 필요한 재정능력이 있을 것

㉢ 현금 및 칩의 관리 등 영업거래에 관한 내부통제방안이 수립되어 있을 것

㉣ 그 밖에 카지노업의 건전한 육성을 위하여 문화체육관광부장관이 공고하는 기준에 맞을 것

---

39 다음 중 카지노업의 허가를 받을 수 없는 대상이 아닌 것은?

① 20세 미만인 자

② 금고 이상의 실형을 선고받고 그 집행이 끝나거나 집행을 받지 않기로 확정된 후 2년이 지나지 않은 자

③ 금고 이상의 형의 집행유예를 선고받고 그 유예기간 중에 있는 자

④ 조세를 포탈하거나 외국환거래법을 위반하여 금고 이상의 형을 선고받고 형이 확정된 자

TIP ① 19세 미만인 자〈관광진흥법 제22조 제1항 제1호〉

② 관광진흥법 제22조 제1항 제4호

③ 관광진흥법 제22조 제1항 제5호

④ 관광진흥법 제22조 제1항 제3호

Answer 38.① 39.①

40 관광진흥법에서 규정하는 카지노업에 대한 설명으로 옳지 않은 것은?

① 카지노업자는 문화체육관광부령으로 정하는 바에 따라 시설 중 일정 시설에 대하여 문화체육관광부장관이 지정·고시하는 검사기관의 검사를 받게 할 수 있다.

② 문화체육관광부장관이 카지노업을 허가할 때 2년의 범위에서 대통령령으로 정하는 기간에 문화체육관광부령으로 정하는 시설 및 가구를 갖출 것을 조건으로 허가할 수 있다.

③ 문화체육관광부장관은 허가를 받은 카지노업자가 정당한 사유 없이 정해진 기간 내에 허가 조건을 이행하지 않으면 그 허가를 즉시 취소해야 한다.

④ 문화체육관광부장관은 공익을 위해 필요하다고 인정하면 카지노사업자에게 필요한 지도와 명령을 할 수 있다.

TIP ② 문화체육관광부장관은 카지노업을 허가할 때 1년의 범위에서 조건부 영업허가를 받은 날부터 1년 이내에 관광진흥법에 따른 시설 및 기구를 갖출 것을 조건으로 허가할 수 있다〈관광진흥법 제24조 제1항〉.
① 관광진흥법 제23조 제2항
③ 관광진흥법 제24조 제2항
④ 관광진흥법 제27조

Answer 40.②

04 국제회의산업 육성에 관한 법률

1 총칙

(1) 목적
이 법은 국제회의의 유치를 촉진하고 그 원활한 개최를 지원하여 국제회의산업을 육성·진흥함으로써 관광산업의 발전과 국민경제의 향상 등에 이바지함을 목적으로 한다.

(2) 용어의 정의〈법 제2조〉

① **국제회의** … 상당수의 외국인이 참가하는 회의(세미나·토론회·전시회·기업회의 등을 포함)로서 대통령령으로 정하는 종류와 규모에 해당하는 것을 말한다.

> **POINT** 국제회의의 종류·규모〈시행령 제2조〉 **2022년출제** 2015년출제 2016년출제 2017년출제
>
> • 국제기구, 기관 또는 법인·단체가 개최하는 회의로서 다음의 요건을 모두 갖춘 회의
> - 해당 회의에 3개국 이상의 외국인이 참가할 것
> - 회의참가자가 100명 이상이고 그 중 외국인이 50명 이상일 것
> - 2일 이상 진행되는 회의일 것
> • 국제기구, 기관, 법인 또는 단체가 개최하는 회의로서 다음의 요건을 모두 갖춘 회의
> - 「감염병의 예방 및 관리에 관한 법률」에 따른 제1급감염병 확산으로 외국인이 회의장에 직접 참석하기 곤란한 회의로서 개최일이 문화체육관광부장관이 정하여 고시하는 기간 내일 것
> - 회의 참가자 수, 외국인 참가자 수 및 회의일수가 문화체육관광부장관이 정하여 고시하는 기준에 해당할 것

② **국제회의산업** … 국제회의의 유치와 개최에 필요한 국제회의시설, 서비스 등과 관련된 산업을 말한다.

③ **국제회의시설** 2015년출제 2016년출제 2017년출제 2019년출제 2020년출제

    ㉠ 국제회의의 개최에 필요한 회의시설, 전시시설 및 이와 관련된 지원시설·부대시설 등으로서 대통령령으로 정하는 종류와 규모에 해당하는 것을 말한다.

    ㉡ **국제회의시설의 종류·규모**〈시행령 제3조〉: 국제회의시설은 전문회의시설·준회의시설·전시시설·지원시설 및 부대시설로 구분한다. 2016년출제

        ㉮ 전문회의시설: 다음의 요건을 모두 갖추어야 한다.

- 2천명 이상의 인원을 수용할 수 있는 대회의실이 있을 것
- 30명 이상의 인원을 수용할 수 있는 중·소회의실이 10실 이상 있을 것
- 옥내와 옥외의 전시면적을 합쳐서 2천제곱미터 이상 확보하고 있을 것

㉯ 준회의시설 : 국제회의 개최에 필요한 회의실로 활용할 수 있는 호텔연회장·공연장·체육관 등의 시설로 서 다음의 요건을 모두 갖추어야 한다. <2014년출제>

- 200명 이상의 인원을 수용할 수 있는 대회의실이 있을 것
- 30명 이상의 인원을 수용할 수 있는 중·소회의실이 3실 이상 있을 것

㉰ 전시시설 : 다음의 요건을 모두 갖추어야 한다.

- 옥내와 옥외의 전시면적을 합쳐서 2천제곱미터 이상 확보하고 있을 것
- 30명 이상의 인원을 수용할 수 있는 중·소회의실이 5실 이상 있을 것

㉱ 지원시설 : 다음의 요건을 모두 갖추어야 한다.

- 다음에 따른 설비를 모두 갖출 것
  - 컴퓨터, 카메라 및 마이크 등 원격영상회의에 필요한 설비
  - 칸막이 또는 방음시설 등 이용자의 정보 노출방지에 필요한 설비
- 설비의 설치 및 이용에 사용되는 면적을 합한 면적이 80제곱미터 이상일 것

㉲ 부대시설 : 국제회의 개최와 전시의 편의를 위하여 전문회의시설과 전시시설에 부속된 숙박시설·주차시 설·음식점시설·휴식시설·판매시설 등으로 한다.

④ **국제회의도시** … 국제회의산업의 육성·진흥을 위하여 지정된 특별시·광역시 또는 시를 말한다.

⑤ **국제회의 전담조직** … 국제회의산업의 진흥을 위하여 각종 사업을 수행하는 조직을 말한다.

⑥ **국제회의산업 육성기반** … 국제회의시설, 국제회의 전문인력, 전자국제회의체제, 국제회의 정보 등 국제회의 의 유치·개최를 지원하고 촉진하는 시설, 인력, 체제, 정보 등을 말한다.

⑦ **국제회의복합지구** … 국제회의시설 및 국제회의집적시설이 집적되어 있는 지역으로서 제15조의2(국제회의복 합지구의 지정 등)에 따라 지정된 지역을 말한다.

⑧ **국제회의집적시설** … 국제회의복합지구 안에서 국제회의시설의 집적화 및 운영 활성화에 기여하는 숙박시설, 판매시설, 공연장 등 대통령령으로 정하는 종류와 규모에 해당하는 시설로서 제15조의3(국제회의집적시설 의 지정 등)에 따라 지정된 시설을 말한다.

㉮ 「관광진흥법」 제3조 제1항 제2호에 따른 관광숙박업의 시설로서 100실(「관광진흥법」 제19조 제1항에 따 라 4성급 또는 5성급으로 등급결정을 받은 호텔업의 경우에는 30실) 이상의 객실을 보유한 시설

㉯ 「유통산업발전법」 제2조 제3호에 따른 대규모점포

㉰ 「공연법」에 따른 공연장으로서 300석 이상의 객석을 보유한 공연장

㉱ 그 밖에 국제회의산업의 진흥 및 발전을 위하여 국제회의집적시설로 지정될 필요가 있는 시설로서 문화 체육관광부장관이 정하여 고시하는 시설

② 국제회의산업 육성 기본계획

(1) 국가의 책무〈법 제3조〉

① 국가는 국제회의산업의 육성·진흥을 위하여 필요한 계획의 수립 등 행정상·재정상의 지원조치를 강구하여야 한다.

② 지원조치에는 국제회의 참가자가 이용할 숙박시설, 교통시설 및 관광 편의시설 등의 설치·확충 또는 개선을 위하여 필요한 사항이 포함되어야 한다.

(2) 국제회의 전담조직의 지정 및 설치〈법 제5조〉 `2015년출제`

① 문화체육관광부장관은 국제회의산업의 육성을 위하여 필요하면 국제회의 전담조직을 지정할 수 있다. 이때 문화체육관광부장관이 국제회의 전담조직을 지정할 때에는 전담조직의 업무를 수행할 수 있는 전문인력 및 조직 등을 적절하게 갖추었는지를 고려하여야 한다.

② 국제회의시설을 보유·관할하는 지방자치단체의 장은 국제회의 관련 업무를 효율적으로 추진하기 위하여 필요하다고 인정하면 전담조직을 설치·운영할 수 있으며, 그에 필요한 비용의 전부 또는 일부를 지원할 수 있다.

③ 전담조직의 지정·설치 및 운영 등에 필요한 사항은 대통령령으로 정한다.

> **POINT** 국제회의 전담조직의 업무〈시행령 제9조〉 `2017년출제` `2020년출제`
> - 국제회의의 유치 및 개최 지원
> - 국제회의산업의 국외 홍보
> - 국제회의 관련 정보의 수집 및 배포
> - 국제회의 전문인력의 교육 및 수급(需給)
> - 지방자치단체의 장이 설치한 전담조직에 대한 지원 및 상호 협력
> - 그 밖에 국제회의산업의 육성과 관련된 업무

(3) 국제회의산업육성기본계획의 수립 등〈법 제6조〉 `2018년출제` `2020년출제`

① 문화체육관광부장관은 국제회의산업의 육성·진흥을 위하여 다음의 사항이 포함되는 국제회의산업육성기본계획(이하 "기본계획"이라 한다)을 5년마다 수립·시행하여야 한다.
- ㉠ 국제회의의 유치와 촉진에 관한 사항
- ㉡ 국제회의의 원활한 개최에 관한 사항
- ㉢ 국제회의에 필요한 인력의 양성에 관한 사항
- ㉣ 국제회의시설의 설치와 확충에 관한 사항
- ㉤ 국제회의시설의 감염병 등에 대한 안전·위생·방역 관리에 관한 사항
- ㉥ 국제회의산업 진흥을 위한 제도 및 법령 개선에 관한 사항

ⓢ 그 밖에 국제회의산업의 육성·진흥에 관한 중요 사항

② 문화체육관광부장관은 기본계획에 따라 연도별 국제회의산업육성시행계획(이하 "시행계획"이라 한다)을 수립·시행하여야 한다.

③ 문화체육관광부장관은 기본계획 및 시행계획의 효율적인 달성을 위하여 관계 중앙행정기관의 장, 지방자치단체의 장 및 국제회의산업 육성과 관련된 기관의 장에게 필요한 자료 또는 정보의 제공, 의견의 제출 등을 요청할 수 있다. 이 경우 요청을 받은 자는 정당한 사유가 없으면 이에 따라야 한다.

④ 문화체육관광부장관은 기본계획의 추진실적을 평가하고, 그 결과를 기본계획의 수립에 반영하여야 한다.

⑤ 기본계획·시행계획의 수립 및 추진실적 평가의 방법·내용 등에 필요한 사항은 대통령령으로 정한다.

(4) 국제회의 유치, 개최 지원⟨법 제7조⟩

① 문화체육관광부장관은 국제회의의 유치를 촉진하고 그 원활한 개최를 위하여 필요하다고 인정하면 국제회의를 유치하거나 개최하는 자에게 지원을 할 수 있다.

② 지원을 받으려는 자는 문화체육관광부령으로 정하는 바에 따라 문화체육관광부장관에게 그 지원을 신청하여야 한다.

    ㉠ **국제회의 유치·개최 지원신청**⟨시행규칙 제2조⟩ : 국제회의 유치·개최에 관한 지원을 받으려는 자는 국제회의 지원신청서에 다음의 서류를 첨부하여 국제회의 전담조직의 장에게 제출하여야 한다.

        ㉮ 국제회의 유치·개최 계획서(국제회의의 명칭, 목적, 기간, 장소, 참가자 수, 필요한 비용 등이 포함되어야 함) 1부

        ㉯ 국제회의 유치·개최 실적에 관한 서류(국제회의를 유치·개최한 실적이 있는 경우만 해당) 1부

        ㉰ 지원을 받으려는 세부 내용을 적은 서류 1부

    ㉡ **지원 결과 보고**⟨시행규칙 제3조⟩ : 지원을 받은 국제회의 유치·개최자는 해당 사업이 완료된 후 1개월 이내에 국제회의 전담조직의 장에게 사업 결과 보고서를 제출하여야 한다.

(5) 국제회의산업 육성기반의 조성⟨법 제8조⟩ 2015년출제

① 문화체육관광부장관은 국제회의산업 육성기반을 조성하기 위하여 관계 중앙행정기관의 장과 협의하여 다음의 사업을 추진하여야 한다.

    ㉠ 국제회의시설의 건립

    ㉡ 국제회의 전문 인력의 양성

    ㉢ 국제회의산업 육성기반의 조성을 위한 국제협력

    ㉣ 인터넷 등 정보통신망을 통하여 수행하는 전자국제회의 기반의 구축

    ㉤ 국제회의산업에 관한 정보와 통계의 수집·분석 및 유통

    ㉥ 국제회의 기업 육성 및 서비스 연구개발

    ⓢ 그 밖에 국제회의산업 육성기반의 조성을 위하여 필요하다고 인정되는 사업으로서 대통령령으로 정하는 사업

② 문화체육관광부장관은 다음의 기관·법인 또는 단체 등으로 하여금 국제회의산업 육성기반의 조성을 위한 사업을 실시하게 할 수 있다.
   ㉠ 국제회의 전담조직
   ㉡ 국제회의도시
   ㉢ 한국관광공사
   ㉣ 대학·산업대학 및 전문대학
   ㉤ 그 밖에 대통령령으로 정하는 법인·단체(국제회의산업의 육성과 관련된 업무를 수행하는 법인·단체로서 문화체육관광부장관이 지정하는 법인·단체)

(6) 국제회의시설의 건립 및 운영 촉진 등〈법 제9조〉

문화체육관광부장관은 국제회의시설의 건립 및 운영 촉진 등을 위하여 사업시행기관이 추진하는 다음의 사업을 지원할 수 있다.

① 국제회의시설의 건립

② 국제회의시설의 운영

③ 그 밖에 국제회의시설의 건립 및 운영 촉진을 위하여 필요하다고 인정하는 사업으로서 문화체육관광부령으로 정하는 사업(국제회의시설의 국외 홍보활동)

(7) 국제회의 전문인력의 교육, 훈련 등〈법 제10조〉 `2016년출제`

문화체육관광부장관은 국제회의 전문 인력의 양성 등을 위하여 사업시행기관이 추진하는 다음의 사업을 지원할 수 있다.

① 국제회의 전문 인력의 교육·훈련

② 국제회의 전문 인력 교육과정의 개발·운영

③ 그 밖에 국제회의 전문 인력의 교육·훈련과 관련하여 필요한 사업으로서 문화체육관광부령으로 정하는 사업(국제회의 전문인력 양성을 위한 인턴사원제도 등 현장실습의 기회를 제공하는 사업)

(8) 국제협력의 촉진〈법 제11조〉

문화체육관광부장관은 국제회의산업 육성기반의 조성과 관련된 국제협력을 촉진하기 위하여 사업시행기관이 추진하는 다음의 사업을 지원할 수 있다.

① 국제회의 관련 국제협력을 위한 조사·연구

② 국제회의 전문 인력 및 정보의 국제 교류

③ 외국의 국제회의 관련 기관·단체의 국내 유치

④ 그 밖에 국제회의 육성기반의 조성에 관한 국제협력을 촉진하기 위하여 필요한 사업으로서 문화체육관광부령으로 정하는 사업(국제회의 관련 국제행사에의 참가, 외국의 국제회의 관련 기관·단체에의 인력 파견)

(9) 전자국제회의 기반의 확충〈법 제12조〉 [2021년출제] [2019년출제]

① 정부는 전자국제회의 기반을 확충하기 위하여 필요한 시책을 강구하여야 한다.

② 문화체육관광부장관은 전자국제회의 기반의 구축을 촉진하기 위하여 사업시행기관이 추진하는 다음의 사업을 지원할 수 있다.

    ㉠ 인터넷 등 정보통신망을 통한 사이버 공간에서의 국제회의 개최

    ㉡ 전자국제회의 개최를 위한 관리체제의 개발 및 운영

    ㉢ 그 밖에 전자국제회의 기반의 구축을 위하여 필요하다고 인정하는 사업으로서 문화체육관광부령으로 정하는 사업(전자국제회의 개최를 위한 국내외 기관 간의 협력사업)

(10) 국제회의 정보의 유통 촉진〈법 제13조〉

① 정부는 국제회의 정보의 원활한 공급·활용 및 유통을 촉진하기 위하여 필요한 시책을 강구하여야 한다.

② 문화체육관광부장관은 국제회의 정보의 공급·활용 및 유통을 촉진하기 위하여 사업시행기관이 추진하는 다음의 사업을 지원할 수 있다. [2016년출제]

    ㉠ 국제회의 정보 및 통계의 수집·분석

    ㉡ 국제회의 정보의 가공 및 유통

    ㉢ 국제회의 정보망의 구축 및 운영

    ㉣ 그 밖에 국제회의 정보의 유통 촉진을 위하여 필요한 사업으로 문화체육관광부령으로 정하는 사업(국제회의 정보의 활용을 위한 자료의 발간 및 배포)

③ 문화체육관광부장관은 국제회의 정보의 공급·활용 및 유통을 촉진하기 위하여 필요하면 문화체육관광부령으로 정하는 바에 따라 관계 행정기관과 국제회의 관련 기관·단체 또는 기업에 대하여 국제회의 정보의 제출을 요청하거나 국제회의 정보를 제공할 수 있다. 국제회의 정보의 제출을 요청하거나, 국제회의 정보를 제공할 때에는 요청하려는 정보의 구체적인 내용 등을 적은 문서로 하여야 한다.

(11) 국제회의도시의 지정 등〈법 제14조〉

① 문화체육관광부장관은 대통령령으로 정하는 국제회의도시 지정기준에 맞는 특별시·광역시 및 시를 국제회의도시로 지정할 수 있다. [2014년출제] [2015년출제]

> **POINT** **국제회의도시의 지정기준**〈시행령 제13조〉 [2019년출제] [2015년출제]
> - 지정대상 도시에 국제회의시설이 있고, 해당 특별시·광역시 또는 시에서 이를 활용한 국제회의산업 육성에 관한 계획을 수립하고 있을 것
> - 지정대상 도시에 숙박시설·교통시설·교통안내체계 등 국제회의 참가자를 위한 편의시설이 갖추어져 있을 것
> - 지정대상 도시 또는 그 주변에 풍부한 관광자원이 있을 것

② 문화체육관광부장관은 국제회의도시를 지정하는 경우 지역 간의 균형적 발전을 고려하여야 한다.

③ 문화체육관광부장관은 국제회의도시가 지정기준에 맞지 아니하게 된 경우에는 그 지정을 취소할 수 있다.

④ 문화체육관광부장관은 국제회의도시의 지정 또는 지정취소를 한 경우에는 그 내용을 고시하여야 한다.

⑤ 국제회의도시의 지정 및 지정취소 등에 필요한 사항은 대통령령으로 정한다.

POINT **국제회의도시의 지정신청**〈시행규칙 제9조〉 **2019년출제**

국제회의도시의 지정을 신청하려는 특별시장 · 광역시장 또는 시장은 다음의 내용을 적은 서류를 문화체육관광부장관에게 제출하여야 한다.
• 국제회의시설의 보유 현황 및 이를 활용한 국제회의산업 육성에 관한 계획
• 숙박시설 · 교통시설 · 교통안내체계 등 국제회의 참가자를 위한 편의시설의 현황 및 확충계획
• 지정대상 도시 또는 그 주변의 관광자원의 현황 및 개발계획
• 국제회의 유치 · 개최 실적 및 계획

⑿ **국제회의도시의 지원**〈법 제15조〉

① **국제회의도시에서의 기금의 용도**(관광진흥개발기금법 제5조)**에 해당하는 사업**

　㉠ 호텔을 비롯한 각종 관광시설의 건설 또는 개수(改修)

　㉡ 관광을 위한 교통수단의 확보 또는 개수

　㉢ 관광사업의 발전을 위한 기반시설의 건설 또는 개수

　㉣ 관광지 · 관광단지 및 관광특구에서의 관광 편의시설의 건설 또는 개수

② **재정 지원**(국제회의산업 육성에 관한 법률 제16조 제2항)**의 어느 하나에 해당하는 사업**

　㉠ 지정 · 설치된 전담조직의 운영

　㉡ 국제회의 유치 또는 그 개최자에 대한 지원

　㉢ 사업시행기관에서 실시하는 국제회의산업 육성기반 조성사업

　㉣ 국제회의산업 육성에 관한 법률 제10조부터 제13조까지에 해당하는 사업

　㉤ 국제회의복합지구의 육성 · 진흥을 위한 사업

　㉥ 지정된 국제회의집적시설에 대한 지원 사업

　㉦ 그 밖에 국제회의산업의 육성을 위하여 필요한 사항으로서 대통령령으로 정하는 사업

③ **국제회의복합지구의 지정 등**〈법 제15조의2〉 **2016년출제** **2018년출제** **2020년출제**

　㉠ 특별시장 · 광역시장 · 특별자치시장 · 도지사 · 특별자치도지사는 국제회의산업의 진흥을 위하여 필요한 경우에는 관할구역의 일정 지역을 국제회의복합지구로 지정할 수 있다.

　㉡ 시 · 도지사는 국제회의복합지구를 지정할 때에는 국제회의복합지구 육성 · 진흥계획을 수립하여 문화체육관광부장관의 승인을 받아야 한다. 대통령령으로 정하는 중요한 사항을 변경할 때에도 또한 같다.

　㉢ 시 · 도지사는 ㉡에 따른 국제회의복합지구 육성 · 진흥계획을 시행하여야 한다.

　㉣ 시 · 도지사는 사업의 지연, 관리 부실 등의 사유로 지정목적을 달성할 수 없는 경우 국제회의복합지구 지정을 해제할 수 있다. 이 경우 문화체육관광부장관의 승인을 받아야 한다.

ⓜ 시·도지사는 ㉠ 및 ㉡에 따라 국제회의복합지구를 지정하거나 지정을 변경한 경우 또는 ㉣에 따라 지정을 해제한 경우 대통령령으로 정하는 바에 따라 그 내용을 공고하여야 한다.

ⓑ ㉠에 따라 지정된 국제회의복합지구는 「관광진흥법」에 따른 관광특구로 본다.

ⓢ ㉡에 따른 국제회의복합지구 육성·진흥계획의 수립·시행, 국제회의복합지구 지정의 요건 및 절차 등에 필요한 사항은 대통령령으로 정한다.

④ **국제회의집적시설의 지정 등**〈법 제15조의3〉

㉠ 문화체육관광부장관은 국제회의복합지구에서 국제회의시설의 집적화 및 운영 활성화를 위하여 필요한 경우 시·도지사와 협의를 거쳐 국제회의집적시설을 지정할 수 있다.

㉡ ㉠에 따른 국제회의집적시설로 지정을 받으려는 자(지방자치단체 포함)는 문화체육관광부장관에게 지정을 신청하여야 한다.

㉢ 문화체육관광부장관은 국제회의집적시설이 지정요건에 미달하는 때에는 대통령령으로 정하는 바에 따라 그 지정을 해제할 수 있다.

㉣ 그 밖에 국제회의집적시설의 지정요건 및 지정신청 등에 필요한 사항은 대통령령으로 정한다.

POINT **국제회의집적시설의 지정요건**〈시행령 제13조의4〉 **2018년출제**

- 해당 시설(설치 예정인 시설 포함)이 국제회의복합지구 내에 있을 것
- 해당 시설 내에 외국인 이용자를 위한 안내체계와 편의시설을 갖출 것
- 해당 시설과 국제회의복합지구 내 전문회의시설 간의 업무제휴 협약이 체결되어 있을 것

---

⑤ **부담금의 감면 등**〈법 제15조의4〉 **2016년출제**

㉠ 국가 및 지방자치단체는 국제회의복합지구 육성·진흥사업을 원활하게 시행하기 위하여 필요한 경우에는 국제회의복합지구의 국제회의시설 및 국제회의집적시설에 대하여 관련 법률에서 정하는 바에 따라 다음의 부담금을 감면할 수 있다.

㉮ 개발부담금

㉯ 대체산림자원조성비

㉰ 농지보전부담금

㉱ 대체초지조성비

㉲ 교통유발부담금

㉡ 지방자치단체의 장은 국제회의복합지구의 육성·진흥을 위하여 필요한 경우 국제회의복합지구를 지구단위계획구역으로 지정하고 같은 법에 따라 용적률을 완화하여 적용할 수 있다.

⑬ **재정 지원**〈법 제16조〉

① 문화체육관광부장관은 이 법의 목적을 달성하기 위하여 「관광진흥개발기금법」에 따른 국외 여행자의 출국 납부금 총액의 100분의 10에 해당하는 금액의 범위에서 국제회의산업의 육성재원을 지원할 수 있다.

2015년출제 **2015년출제**

② 문화체육관광부장관은 금액의 범위에서 다음에 해당되는 사업에 필요한 비용의 전부 또는 일부를 지원할 수 있다.

　㉠ 규정에 따라 지정·설치된 국제회의 전담조직의 운영

　㉡ 국제회의 유치 또는 그 개최자에 대한 지원

　㉢ 규정에 따른 사업시행기관에서 실시하는 국제회의산업 육성기반 조성사업

　㉣ 국제회의 전문인력의 교육·훈련 등의 사업

　　㉮ 국제회의 전문인력의 교육·훈련

　　㉯ 국제회의 전문인력 교육과정의 개발·운영

　　㉰ 그 밖에 국제회의 전문인력의 교육·훈련과 관련하여 필요한 사업으로 문화체육관광부령으로 정하는 사업

　㉤ 국제협력의 촉진 사업

　　㉮ 국제회의 관련 국제협력을 위한 조사·연구

　　㉯ 국제회의 전문인력 및 정보의 국제 교류

　　㉰ 외국의 국제회의 관련 기관·단체의 국내 유치

　　㉱ 그 밖에 국제회의 육성기반의 조성에 관한 국제협력을 촉진하기 위하여 필요한 사업으로서 문화체육관광부령으로 정하는 사업

　㉥ 전자국제회의 기반의 확충 사업

　　㉮ 인터넷 등 정보통신망을 통한 사이버 공간에서의 국제회의 개최

　　㉯ 전자국제회의 개최를 위한 관리체제의 개발 및 운영

　　㉰ 그 밖에 전자국제회의 기반의 구축을 위하여 필요하다고 인정하는 사업으로서 문화체육관광부령으로 정하는 사업

　㉦ 국제회의 정보의 유통 촉진 사업

　　㉮ 국제회의 정보 및 통계의 수집·분석

　　㉯ 국제회의 정보의 가공 및 유통

　　㉰ 국제회의 정보망의 구축 및 운영

　　㉱ 그 밖에 국제회의 정보의 유통 촉진을 위하여 필요한 사업으로 문화체육관광부령으로 정하는 사업

　㉧ 국제회의복합지구의 육성·진흥을 위한 사업

　㉨ 국제회의집적시설에 대한 지원 사업

　㉩ 그 밖에 국제회의산업의 육성을 위하여 필요한 사항으로서 대통령령으로 정하는 사업

③ 지원금의 교부에 필요한 사항은 대통령령으로 정한다.

④ 지원을 받으려는 자는 대통령령으로 정하는 바에 따라 문화체육관광부장관 또는 사업을 위탁받은 기관의 장에게 지원을 신청하여야 한다.

　㉠ 지원금은 해당 사업의 추진 상황 등을 고려하여 나누어 지급한다. 다만, 사업의 규모·착수시기 등을 고려하여 필요하다고 인정할 때에는 한꺼번에 지급할 수 있다.

　㉡ 지원금을 받은 자는 그 지원금에 대하여 별도의 계정(計定)을 설치하여 관리하여야 하고, 그 사용 실적을 사업이 끝난 후 1개월 이내에 문화체육관광부장관에게 보고하여야 한다.

ⓒ 지원금을 받은 자가 용도 외에 지원금을 사용하였을 때에는 그 지원금을 회수할 수 있다.

③ 기타 규정

(1) 다른 법률에 따른 허가·인가 등의 의제〈법 제17조〉

① 국제회의시설의 설치자가 국제회의시설에 대하여 「건축법」에 따른 건축허가를 받으면 같은 법 제11조 제5항 각 호의 사항 외에 특별자치도지사·시장·군수 또는 구청장(자치구의 구청장)이 다음의 허가·인가 등의 관계 행정기관의 장과 미리 협의한 사항에 대해서는 해당 허가·인가 등을 받거나 신고를 한 것으로 본다.
　㉠ 시설이나 공작물 설치의 허가
　㉡ 전용상수도 설치의 인가
　㉢ 건축허가의 동의
　㉣ 폐기물처리시설 설치의 승인 또는 신고
　㉤ 배출시설 설치의 허가 또는 신고

② 국제회의시설의 설치자가 국제회의시설에 대하여 「건축법」에 따른 사용승인을 받으면 같은 법 제22조 제4항의 사항 외에 특별자치도지사·시장·군수 또는 구청장이 다음의 검사·신고 등의 관계 행정기관의 장과 미리 협의한 사항에 대해서는 해당 검사를 받거나 신고를 한 것으로 본다.
　㉠ 전용상수도의 준공검사
　㉡ 소방시설의 완공검사
　㉢ 폐기물처리시설의 사용개시 신고
　㉣ 배출시설 등의 가동개시(稼動開始) 신고

③ ①과 ②에 따른 협의를 요청받은 행정기관의 장은 그 요청을 받은 날부터 15일 이내에 의견을 제출하여야 한다.

④ ①부터 ③까지에서 규정한 사항 외에 허가·인가, 검사 및 신고 등 의제의 기준 및 효과 등에 관하여는 「행정기본법」 제24조부터 제26조까지를 따른다. 이 경우 같은 법 제24조 제4항 전단 중 "20일"은 "15일"로 한다.

(2) 권한의 위탁〈법 제18조〉

① 문화체육관광부장관은 국제회의 유치·개최의 지원에 관한 업무를 대통령령으로 정하는 바에 따라 법인이나 단체(국제회의 전담조직)에 위탁할 수 있다.

② 문화체육관광부장관은 위탁을 한 경우에는 해당 법인이나 단체에 예산의 범위에서 필요한 경비(經費)를 보조할 수 있다.

최근 기출문제 분석

2023. 11. 4. 국내여행안내사

1 국제회의산업 육성에 관한 법률상 용어의 정의로 옳지 않은 것은?

① "국제회의"란 상당수의 외국인이 참가하는 회의로서 문화체육관광부령으로 정하는 종류와 규모에 해당하는 것을 말한다.

② "국제회의산업"이란 국제회의의 유치와 개최에 필요한 국제회의시설, 서비스 등과 관련된 산업을 말한다.

③ "국제회의산업 육성기반"이란 국제회의시설, 국제회의 전문인력, 전자국제회의체제, 국제회의 정보 등 국제회의의 유치·개최를 지원하고 촉진하는 시설, 인력, 체제, 정보 등을 말한다.

④ "국제회의 전담조직"이란 국제회의산업의 진흥을 위하여 각종 사업을 수행하는 조직을 말한다.

> **TIP** ① "국제회의"란 상당수의 외국인이 참가하는 회의(세미나·토론회·전시회·기업회의 등을 포함한다)로서 대통령령으로 정하는 종류와 규모에 해당하는 것을 말한다.

2022. 11. 5. 국내여행안내사

2 국제회의산업 육성에 관한 법령상 국제기구나 국제기구, 기관 또는 법인·단체가 개최하는 회의가 국제회의에 해당하기 위한 요건이다. (   )에 들어갈 내용을 순서대로 올바르게 나열한 것은?

> • 해당 회의에 3개국 이상의 외국인이 참가할 것
> • 회의 참가자가 100명 이상이고 그 중 외국인이 (㉠)명 이상일 것
> • (㉡)일 이상 진행되는 회의일 것

① ㉠ – 50, ㉡ – 3 ② ㉠ – 50, ㉡ – 2

③ ㉠ – 100, ㉡ – 2 ④ ㉠ – 100, ㉡ – 3

> **TIP** 국제기구, 기관 또는 법인·단체가 개최하는 회의로서 다음의 요건을 모두 갖춘 국제회의〈국제회의산업 육성에 관한 법률 시행령 제2조 제1호〉
> • 해당 회의에 3개국 이상의 외국인이 참가할 것
> • 회의 참가자가 100명 이상이고 그 중 외국인이 50명 이상일 것
> • 2일 이상 진행되는 회의일 것

Answer 1.① 2.②

3 국제회의산업 육성에 관한 법률에 관한 내용으로 옳은 것은?

① 국제회의복합지구란 국제회의산업의 육성·진흥을 위하여 지정된 특별시·광역시 또는 시를 말한다.

② 문화체육관광부장관은 전자국제회의 기반의 확충을 위하여 인터넷 등 정보통신망을 통한 사이버 공간에서의 국제회의 개최를 지원할 수 있다.

③ 문화체육관광부장관은 국제회의 산업육성기본계획을 매년 수립하여야 한다.

④ 시·도지사는 문화체육관광부장관과의 협의를 거쳐 국제회의집적시설을 지정할 수 있다.

> **TIP** ② 국제회의산업 육성에 관한 법률 제12조
> ① 국제회의복합지구란 국제회의시설 및 국제회의집적시설이 집적되어 있는 지역으로서 법 제15조의2에 따라 지정된 지역을 말한다〈국제회의산업 육성에 관한 법률 제2조 제7호〉.
> ③ 문화체육관광부장관은 국제회의산업의 육성·진흥을 위하여 국제회의 산업육성기본계획을 5년마다 수립·시행하여야 한다〈국제회의산업 육성에 관한 법률 제6조 제1항〉.
> ④ 문화체육관광부장관은 국제회의복합지구에서 국제회의시설의 집적화 및 운영 활성화를 위하여 필요한 경우 시·도지사와 협의를 거쳐 국제회의집적시설을 지정할 수 있다〈국제회의산업 육성에 관한 법률 제15조3 제1항〉.

4 국제회의산업 육성에 관한 법령상 문화체육관광부장관이 지정한 국제회의 전담조직의 담당 업무에 해당하지 않는 것은?

① 국제회의의 유치　　　　　　② 국제회의산업의 국외 홍보
③ 국제회의 전문인력의 교육　　④ 국제회의도시의 지정

> **TIP** 국제회의 전담조직의 업무〈국제회의산업 육성에 관한 법률 시행령 제9조〉
> ㉠ 국제회의의 유치 및 개최 지원
> ㉡ 국제회의산업의 국외 홍보
> ㉢ 국제회의 관련 정보의 수집 및 배포
> ㉣ 국제회의 전문인력의 교육 및 수급(需給)
> ㉤ 지방자치단체의 장이 설치한 전담조직에 대한 지원 및 상호 협력
> ㉥ 그 밖에 국제회의산업의 육성과 관련된 업무

Answer 3.② 4.④

5 국제회의산업 육성에 관한 법령상 국제회의시설에 관한 설명으로 옳지 않은 것은?

① 전문회의시설은 30명 이상의 인원을 수용할 수 있는 중·소회의실이 10실 이상 있어야 한다.

② 준회의시설은 200명 이상의 인원을 수용할 수 있는 대회의실이 있어야 한다.

③ 전시시설은 옥내와 옥외의 전시면적을 각각 2천제곱미터 이상 확보하고 있어야 한다.

④ 국제회의 개최와 전시의 편의를 위하여 전문회의시설에 부속된 음식점시설은 부대시설이다.

> **TIP** ③ 전시시설은 다음 각 호의 요건을 모두 갖추어야 한다〈국제회의산업 육성에 관한 법률 시행령 제3조 제4항〉.
> ㉠ 옥내와 옥외의 전시면적을 합쳐서 2천제곱미터 이상 확보하고 있을 것
> ㉡ 30명 이상의 인원을 수용할 수 있는 중·소회의실이 5실 이상 있을 것

6 국제회의산업 육성에 관한 법령상 국제회의도시의 지정기준이 아닌 것은?

① 지정대상 도시 전체가 국제회의복합지구로 지정되어 있을 것

② 지정대상 도시에 숙박시설·교통시설·교통안내체계 등 국제회의 참가자를 위한 편의시설이 갖추어져 있을 것

③ 지정대상 도시에 국제회의시설이 있고, 해당 특별시·광역시 또는 시에서 이를 활용한 국제회의산업 육성에 관한 계획을 수립하고 있을 것

④ 지정대상 도시 또는 그 주변에 풍부한 관광자원이 있을 것

> **TIP** 국제회의도시의 지정기준〈국제회의산업 육성에 관한 법률 시행령 제13조〉
> ㉠ 지정대상 도시에 국제회의시설이 있고, 해당 특별시·광역시 또는 시에서 이를 활용한 국제회의산업 육성에 관한 계획을 수립하고 있을 것
> ㉡ 지정대상 도시에 숙박시설·교통시설·교통안내체계 등 국제회의 참가자를 위한 편의시설이 갖추어져 있을 것
> ㉢ 지정대상 도시 또는 그 주변에 풍부한 관광자원이 있을 것

Answer   5.③   6.①

7 국제회의산업 육성에 관한 법령상 국제회의집적시설의 지정요건으로 옳지 않은 것은?

① 국제회의집적시설 지정 대상 지역 내에서 개최된 회의에 참가한 외국인이 지정일이 속한 연도의 전년도 기준 8천명 이상일 것

② 해당 시설이 국제회의복합지구 내에 있을 것

③ 해당 시설과 국제회의복합지구 내 전문회의시설 간의 업무제휴 협약이 체결되어 있을 것

④ 해당 시설 내에 외국인 이용자를 위한 안내체계와 편의시설을 갖출 것

> **TIP** 국제회의집적시설의 지정요건〈국제회의산업 육성에 관한 법률 시행령 제13조의4 제1항〉
> ㉠ 해당 시설(설치 예정인 시설을 포함)이 국제회의복합지구 내에 있을 것
> ㉡ 해당 시설 내에 외국인 이용자를 위한 안내체계와 편의시설을 갖출 것
> ㉢ 해당 시설과 국제회의복합지구 내 전문회의시설 간의 업무제휴 협약이 체결되어 있을 것

8 국제회의산업 육성에 관한 법령상 국제회의 전담조직의 업무가 아닌 것은?

① 국제회의의 유치 및 개최 지원

② 국제회의산업의 국외 홍보

③ 국제회의 관련 정보의 수집 및 배포

④ 국제회의시설에 부과되는 부담금 징수

> **TIP** 국제회의 전담조직의 업무〈국제회의산업 육성에 관한 법률 시행령 제9조〉
> ㉠ 국제회의의 유치 및 개최 지원
> ㉡ 국제회의산업의 국외 홍보
> ㉢ 국제회의 관련 정보의 수집 및 배포
> ㉣ 국제회의 전문인력의 교육 및 수급(需給)
> ㉤ 지방자치단체의 장이 설치한 전담조직에 대한 지원 및 상호 협력
> ㉥ 그 밖에 국제회의산업의 육성과 관련된 업무

Answer 7.① 8.④

9 국제회의산업 육성에 관한 법령상 문화체육관광부장관이 국제회의 정보의 공급·활용 및 유통을 촉진하기 위하여 지원할 수 있는 사업시행기관의 사업이 아닌 것은?

① 국제회의 정보 및 통계의 수집·분석

② 국민관광정보의 가공 및 유통

③ 국제회의 정보망의 구축 및 운영

④ 국제회의 정보의 활용을 위한 자료의 발간 및 배포

> **TIP** 국제회의 정보의 유통 촉진〈국제회의산업 육성에 관한 법률 제13조 제2항〉 … 문화체육관광부장관은 국제회의 정보의 공급·활용 및 유통을 촉진하기 위하여 사업시행기관이 추진하는 다음의 사업을 지원할 수 있다.
> ㉠ 국제회의 정보 및 통계의 수집·분석
> ㉡ 국제회의 정보의 가공 및 유통
> ㉢ 국제회의 정보망의 구축 및 운영
> ㉣ 그 밖에 국제회의 정보의 유통 촉진을 위하여 필요한 사업으로 문화체육관광부령으로 정하는 사업(=국제회의 정보의 활용을 위한 자료의 발간 및 배포)

10 국제회의산업 육성에 관한 법률상 국제회의도시로 지정될 수 없는 도시는?

① 광역시 ② 특별시

③ 시 ④ 자치구

> **TIP** 국제회의도시의 지정 등(국제회의산업 육성에 관한 법률 제14조) … 문화체육관광부장관은 대통령령으로 정하는 국제회의도시 지정기준에 맞는 특별시, 광역시 및 시를 국제회의도시로 지정할 수 있다.

Answer 9.② 10.④

▦▦▦ 출제 예상 문제

1 다음 (   ) 안에 들어갈 말이 바르게 연결된 것은?

> 국제회의란 국제기구, 기관 또는 법인 · 단체가 개최하는 회의로서 해당 회의에 (   )의 외국인이 참가할 것, 회의 참가자가 (   )이고 그 중 외국인이 (   ) 되고, (   ) 진행되는 회의여야 한다.

① 3개국 이상, 50명 이상, 50명 이상, 2일 이상
② 3개국 이상, 100명 이상, 50명 이상, 2일 이상
③ 5개국 이상, 200명 이상, 100명 이상, 3일 이상
④ 5개국 이상, 300명 이상, 200명 이상, 3일 이상

TIP **국제회의 종류 · 규모** … 국제회의란 국제기구, 기관 또는 법인 · 단체가 개최하는 회의로서 해당 회의에 3개국 이상의 외국인이 참가하고 회의 참가자가 100명 이상이어야 하며, 그 중 외국인이 50명 이상 되고, 2일 이상 진행되어야 한다〈국제회의산업 육성에 관한 법률 시행령 제2조 제1호〉.

2 전문회의시설의 요건에 해당하지 않는 것은?

① 30명 이상의 인원을 수용할 수 있는 중 · 소회의실이 3실 이상 있을 것
② 2천명 이상의 인원을 수용할 수 있는 대회의실이 있을 것
③ 30명 이상의 인원을 수용할 수 있는 중 · 소회의실이 10실 이상 있을 것
④ 옥내와 옥외의 전시면적을 합쳐서 2천제곱미터 이상 확보하고 있을 것

TIP ① 준회의시설 요건에 해당한다. 준회의시설은 국제회의 개최에 필요한 회의실로 활용할 수 있는 호텔연회장 · 공연장 · 체육관 등의 시설로서 200명 이상의 인원을 수용할 수 있는 대회의실, 30명 이상의 인원을 수용할 수 있는 중 · 소회의실을 3실 이상을 갖추어야 한다〈국제회의산업 육성에 관한 법률 시행령 제3조 제3항〉.

Answer 1.② 2.①

3 다음 중 국제회의산업 육성에 관한 법률의 제정목적에 해당하지 않는 것은?

① 관광시설의 서비스 개선
② 국제회의 산업의 육성 · 진흥
③ 국민경제의 향상
④ 국제회의의 유치 촉진

TIP 이 법은 국제회의의 유치를 촉진하고 그 원활한 개최를 지원하여 국제회의산업을 육성 · 진흥함으로써 관광산업의 발전과 국민경제의 향상 등에 이바지함을 목적으로 한다〈국제회의산업 육성에 관한 법률 제1조〉.

4 다음 (   ) 안에 들어갈 말이 바르게 연결된 것은?

> (   )은 국제회의 산업 육성에 관한 법률의 목적을 달성하기 위하여 국외 여행자의 출국납부금 총액의
> (   )에 해당하는 금액의 범위에서 국제회의산업의 육성재원을 지원할 수 있다.

① 기획재정부장관, 50분의 10
② 기획재정부장관, 100분의 10
③ 문화체육관광부장관, 100분의 10
④ 문화체육관광부장관, 100분의 20

TIP 재정지원… 문화체육관광부장관은 국제회의산업 육성에 관한 법률의 목적을 달성하기 위하여 국외 여행자의 출국납부금 총액의 100분의 10에 해당하는 금액의 범위에서 국제회의산업의 육성재원을 지원할 수 있다〈국제회의 산업육성에 관한 법률 제16조 제1항〉.

Answer 3.① 4.③

5 다음 중 국제회의산업 육성에 관한 법률에 대한 용어가 바른 것은?

① 국제회의산업이란 국제회의산업의 육성 · 진흥을 위하여 지정된 특별시 · 광역시 또는 시를 말한다.

② 국제회의도시란 국제회의의 개최에 필요한 회의시설, 전시시설 및 이와 관련된 부대시설 등으로 서 대통령령으로 정하는 종류와 규모를 갖춘 도시를 말한다.

③ 국제회의 전담조직이란 국제회의산업의 진흥을 위해 각종 사업을 수행하는 조직을 말한다.

④ 국제회의란 국제회의시설, 국제회의 전문인력, 전자국제회의체제, 국제회의 정보 등 국제회의의 유치 · 개최를 지원하고 촉진하는 시설, 인력, 체제, 정보 등을 말한다.

TIP ① 국제회의산업이란 국제회의의 유치와 개최에 필요한 국제회의시설, 서비스 등과 관련된 산업을 말한다.
② 국제회의도시란 국제회의산업의 육성 · 진흥을 위하여 지정된 특별시 · 광역시 또는 시를 말한다.
④ 국제회의란 상당수의 외국인이 참가하는 회의로서 대통령령으로 정하는 종류와 규모에 해당하는 것을 말한다〈국제회의산업 육성에 관한 법률 제2조〉.

6 다음 중 국제회의도시의 지정에 관한 설명으로 틀린 것은?

① 문화체육관광부장관은 국제회의도시가 지정기준에 맞지 않게 된 경우에는 그 지정을 취소할 수 있다.

② 문화체육관광부장관은 국제회의도시의 지정을 취소하는 경우에만 그 내용을 고시하면 된다.

③ 국제회의도시의 지정 및 지정취소 등에 필요한 사항은 대통령령으로 정한다.

④ 문화체육관광부장관은 국제회의도시를 지정하는 경우 지역 간의 균형적 발전을 고려해야 한다.

TIP ② 문화체육관광부장관은 국제회의도시의 지정 또는 지정취소를 한 경우에는 그 내용을 고시하여야 한다〈국제회의산업 육성에 관한 법률 제14조 제4항〉.

Answer 5.③ 6.②

7 국제회의시설을 보유·관할하며, 필요한 경우 국제회의 관련 업무를 효율적으로 추진하기 위해 전담조직을 설치할 수 있는 자는?

① 한국관광협회회장
② 한국관광공사사장
③ 지방자치단체의 장
④ 문화체육관광부장관

TIP 국제회의시설을 보유·관할하는 지방자치단체의 장은 국제회의 관련 업무를 추진하기 위하여 필요하다고 인정하면 전담조직을 설치할 수 있다〈국제회의산업 육성에 관한 법률 제5조 제2항〉.

8 다음 중 국제회의산업육성기본계획의 수립에 포함되어야 할 사항으로만 묶인 것은?

> ㉠ 국제회의에 필요한 인력의 양성에 관한 사항
> ㉡ 국제회의산업 진흥을 위한 제도 및 법령 개선에 관한 사항
> ㉢ 국제회의시설의 설치와 확충에 관한 사항
> ㉣ 국제회의의 유치와 촉진에 관한 사항
> ㉤ 국제회의산업의 육성·진흥에 관한 중요 사항

① ㉠㉡㉢
② ㉠㉡㉢㉣
③ ㉠㉢㉣㉤
④ ㉠㉡㉢㉣㉤

TIP 국제회의산업육성기본계획의 수립 시 포함되어야 할 사항〈국제회의산업 육성에 관한 법률 제6조 제1항〉
　　㉠ 국제회의의 유치와 촉진에 관한 사항
　　㉡ 국제회의의 원활한 개최에 관한 사항
　　㉢ 국제회의에 필요한 인력의 양성에 관한 사항
　　㉣ 국제회의시설의 설치와 확충에 관한 사항
　　㉤ 국제회의시설의 감염병 등에 대한 안전·위생·방역 관리에 관한 사항
　　㉥ 국제회의산업 진흥을 위한 제도 및 법령 개선에 관한 사항
　　㉦ 그 밖에 국제회의산업의 육성·진흥에 관한 중요 사항

Answer 7.③ 8.④

9 다음 중 국제회의시설의 종류와 요건에 대한 설명으로 옳지 않은 것은?

① 전문회의시설은 2천명 이상의 인원을 수용할 수 있는 대회의실이 있을 것
② 준회의시설은 200명 이상의 인원을 수용할 수 있는 대회의실을 갖출 것
③ 전시시설은 50명 이상의 인원을 수용할 수 있는 중·소회의실을 5실 이상 갖추고 있을 것
④ 지원시설은 설비의 설치 및 이용에 사용되는 면적을 합한 면적이 80제곱미터 이상일 것

TIP 국제회의시설의 종류·규모〈국제회의산업 육성에 관한 법률 시행령 제3조〉
ㄱ 전문회의시설
• 2천명 이상의 인원을 수용할 수 있는 대회의실이 있을 것
• 30명 이상의 인원을 수용할 수 있는 중·소회의실이 10실 이상 있을 것
• 옥내와 옥외의 전시면적을 합쳐서 2천제곱미터 이상 확보하고 있을 것
ㄴ 준회의 시설: 국제회의 개최에 필요한 회의실로 활용할 수 있는 호텔연회장·공연장·체육관 등의 시설
• 200명 이상의 인원을 수용할 수 있는 대회의실이 있을 것
• 30명 이상의 인원을 수용할 수 있는 중·소회의실이 3실 이상 있을 것
ㄷ 전시시설
• 옥내와 옥외의 전시면적을 합쳐서 2천제곱미터 이상 확보하고 있을 것
• 30명 이상의 인원을 수용할 수 있는 중·소회의실이 5실 이상 있을 것
ㄹ 지원시설
• 다음에 따른 설비를 모두 갖출 것
−컴퓨터, 카메라 및 마이크 등 원격영상회의에 필요한 설비
−칸막이 또는 방음시설 등 이용자의 정보 노출방지에 필요한 설비
• 설비의 설치 및 이용에 사용되는 면적을 합한 면적이 80제곱미터 이상일 것

---

10 다음 중 국제회의시설업의 등록기준에서 부대시설로 갖추어야 하는 것을 모두 고르면?

㉠ 휴식시설	㉡ 음식점시설
㉢ 주차시설	㉣ 회의시설
㉤ 숙박시설	㉥ 전시시설

① ㉠㉡㉢㉣
② ㉠㉡㉢㉤
③ ㉡㉢㉣㉥
④ ㉢㉣㉤㉥

TIP 부대시설은 국제회의 개최와 전시의 편의를 위하여 전문회의시설 및 전시시설에 부속된 숙박시설·주차시설·음식점시설·휴식 시설·판매시설 등으로 한다〈국제회의산업 육성에 관한 법률 시행령 제3조 제6항〉.

Answer 9.③ 10.②

11 문화체육관광부장관이 국제회의 정보의 공급·활용 및 유통을 촉진하기 위해 사업시행 기관이 추진하는 지원사업과 거리가 먼 것은?

① 국제회의 정보 및 통계의 수집·분석

② 국제회의 정보의 가공 및 유통

③ 국제회의 정보의 유통촉진을 위해 필요한 사업으로 문화체육관광부령으로 정하는 사업

④ 인터넷 등 정보통신망을 통한 사이버 공간에서의 국제회의 개최

> **TIP** 국제회의 정보의 유통 촉진〈국제회의산업 육성에 관한 법률 제13조〉
> ㉠ 정부는 국제회의 정보의 원활한 공급·활용 및 유통을 촉진하기 위하여 필요한 시책을 강구하여야 한다.
> ㉡ 문화체육관광부장관은 국제회의 정보의 공급·활용 및 유통을 촉진하기 위하여 사업시행기관이 추진하는 다음의 사업을 지원할 수 있다.
> • 국제회의 정보 및 통계의 수집·분석
> • 국제회의 정보의 가공 및 유통
> • 국제회의 정보망의 구축 및 운영
> • 그 밖에 국제회의 정보의 유통 촉진을 위하여 필요한 사업으로 문화체육관광부령으로 정하는 사업
> ※ 전자국제회의 기반의 확충〈국제회의산업 육성에 관한 법률 제12조〉
> ㉠ 정부는 전자국제회의 기반의 확충을 위해 필요한 시책을 강구해야 한다.
> ㉡ 문화체육관광부장관은 전자국제회의 기반의 구축을 촉진하기 위하여 사업시행기관이 추진하는 다음 사업을 지원할 수 있다.
> • 인터넷 등 정보통신망을 통한 사이버 공간에서의 국제회의 개최
> • 전자국제회의 개최를 위한 관리체제의 개발 및 운영
> • 그 밖의 전자국제회의 기반의 구축을 위하여 필요하다고 인정하는 사업으로서 문화체육관광부령으로 정하는 사업

12 국제회의시설 중 국제회의 개최와 전시의 편의를 위해 전문회의시설 및 전시시설에 부속된 부대시설에 해당하지 않는 것은?

① 숙박시설   ② 주차시설
③ 음식점시설   ④ 체육시설

> **TIP** 부대시설 … 국제회의 개최와 전시의 편의를 위해 전문회의시설 및 전시시설에 부속된 숙박시설·주차시설·음식점시설·판매시설 등으로 한다〈국제회의산업 육성에 관한 법률 시행령 제3조 제6항〉.

Answer 11.④ 12.④

13 국제회의 업무를 효율적으로 추진하기 위해 전담조직을 설치할 수 있는 기관은?

① 지방자치단체의 장
② 지방 행정조직의 장
③ 문화체육관광부장
④ 관계 행정기관의 공무원

> **TIP** 국제회의 전담조직의 지정 및 설치 … 국제회의시설을 보유·관할하는 지방자치단체의 장은 국제회의 관련 업무를 효율적으로 추진하기 위하여 필요하다고 인정하면 전담조직을 설치·운영할 수 있으며, 그에 필요한 비용의 전부 또는 일부를 지원할 수 있다〈국제회의산업 육성에 관한 법률 제5조 제2항〉.

14 국제회의산업 육성에 관한 법률의 내용이 바르지 않은 것은?

① 국가는 국제회의산업의 육성·진흥을 위해 필요한 계획의 수립 등 행정상·재정상의 지원조치를 강구해야 한다.
② 국가는 국제회의의 유치를 촉진하고 그 원활한 개최를 위하여 필요하다고 인정하면 국제회의를 유치하거나 개최하는 자에게 지원을 할 수 있다.
③ 문화체육관광부장관은 국제회의도시에 대하여 관광진흥개발기금법 기금의 용도규정에 해당하는 사업에 대해서 우선 지원할 수 있다.
④ 문화체육관광부장관은 국제회의 유치·개최의 지원에 관한 업무를 법인이나 단체에 위탁할 수 있다.

> **TIP** ① 국제회의산업 육성에 관한 법률 제3조
> ② 문화체육관광부장관은 국제회의의 유치를 촉진하고 그 원활한 개최를 위하여 필요하다고 인정하면 국제회의를 유치하거나 개최하는 자에게 지원을 할 수 있다(국제회의산업 육성에 관한 법률 제7조 제1항).
> ③ 국제회의산업 육성에 관한 법률 제15조 제1항
> ④ 국제회의산업 육성에 관한 법률 제18조 제1항

Answer 13.① 14.②

15 다음 중 국제회의 종류와 규모에 대한 설명으로 틀린 것은?

① 국제기구, 기관 또는 법인 단체가 개최하는 회의로서 해당 회의에 3개국 이상의 외국인이 참가할 것

② 국제기구, 기관 또는 법인 단체가 개최하는 회의로서 해당 3일 이상 진행되는 회의일 것

③ 국제기구, 기관, 법인 또는 단체가 개최하는 회의로 제1급감염병 확산으로 외국인이 회의장에 직접 참석하기 곤란한 회의로서 개최일이 문화체육관광부장관이 정하여 고시하는 기간 내일 것

④ 국제기구, 기관, 법인 또는 단체가 개최하는 회의로 회의 참가자 수, 외국인 참가자 수 및 회의 일수가 문화체육관광부장관이 정하여 고시하는 기준에 해당할 것

TIP ② 국제기구, 기관 또는 법인 단체가 개최하는 회의로서 해당 2일 이상 진행되는 회의일 것〈국제회의산업 육성에 관한 법률 시행령 제2조 제1호〉

16 국제회의의 유치를 촉진하고 원활한 개최를 위해 지원을 받은 국제회의 유치·개최자는 해당 사업이 완료된 후 국제회의 전담조직의 장에게 사업보고 결과서를 제출해야 한다. 다음 중 그 기간은?

① 1주일   ② 15일

③ 1개월   ④ 2주

TIP ③ 지원을 받은 국제회의 유치·개최자는 해당 사업이 완료된 후 1개월(국제회의를 유치하거나 개최하여 지원금을 받은 경우에는 문화체육관광부장관이 정하여 고시하는 기한) 이내에 국제회의 전담조직의 장에게 사업 결과 보고서를 제출해야 한다〈국제회의산업 육성에 관한 법률 시행규칙 제3조〉.

17 국제회의산업 육성에 관한 법률상 국제회의가 진행되어야 하는 기간은? (단, 국제기구가 개최)

① 7일 이상
② 5일 이상
③ 3일 이상
④ 2일 이상

TIP 국제회의의 종류·규모 ··· 국제회의는 국제기구, 기관 또는 법인·단체가 개최하는 회의로 2일 이상 진행되어야 한다〈국제회의산업 육성에 관한 법률 시행령 제2조 제1호 다목〉.

18 다음 ( )에 들어갈 바른 말은?

> 국제회의산업 육성에 관한 법률상 국외여행자의 출국납부금 총액의 100분의 10에 해당하는 금액의 범위에서 국제회의산업의 지원금을 받은 사업자는 그 지원금에 대한 별도의 계정(計定)을 설치하여 관리해야 하고 사업이 끝난 후 ( ) 이내에 원금의 이용 실적을 ( )에게 보고해야 한다.

① 2주, 관계 행정기관
② 2주, 문화체육관광부장관
③ 1개월, 문화체육관광부장관
④ 1개월, 사업시행기관

TIP 지원금을 받은 자는 그 지원금에 대하여 별도의 계정(計定)을 설치하여 관리하여야 하고, 그 사용 실적을 사업이 끝난 후 1개월 이내에 문화체육관광부장관에게 보고하여야 한다〈국제회의산업 육성에 관한 법률 시행령 제15조〉.

※ **재정 지원**〈국제회의산업 육성에 관한 법률 제16조〉

　㉠ 문화체육관광부장관은 이 법의 목적을 달성하기 위하여 관광진흥개발기금법에 따른 국외 여행자의 출국납부금 총액의 100분의 10에 해당하는 금액의 범위에서 국제회의산업의 육성재원을 지원할 수 있다.

　㉡ 문화체육관광부장관은 ㉠에 따른 금액의 범위에서 다음 내용에 해당되는 사업에 필요한 비용의 전부 또는 일부를 지원할 수 있다.

　• 문화체육관광부장관이 지정·설치한 국제회의 전담조직의 운영
　• 국제회의 유치 또는 그 개최자에 대한 지원
　• 사업시행기관에서 실시하는 국제회의산업 육성기반 조성산업
　• 법 제10조부터 제13조까지의 각 호에 해당하는 사업
　• 국제회의복합지구의 육성·진흥을 위한 사업
　• 국제회의집적시설에 대한 지원 사업
　• 그 밖에 국제회의산업의 육성을 위해 필요한 사항으로 대통령령으로 정하는 전자국제회의 개최를 위한 국내외 기관 간의 협력 사업

Answer 17.④ 18.③

05 한국관광공사법

1 목적 및 성격

(1) 목적

이 법은 한국관광공사를 설립하여 관광진흥, 관광자원 개발, 관광산업의 연구·개발 및 관광 관련 전문인력의 양성·훈련에 관한 사업을 수행하게 함으로써 국가경제 발전과 국민복지 증진에 이바지함을 목적으로 한다.

(2) 성격 및 설립

① **법인격**〈법 제2조〉 ··· 한국관광공사(이하 "공사")는 법인으로 한다.

② **사무소**〈법 제3조〉

　㉠ 공사의 주된 사무소의 소재지는 정관으로 정한다.

　㉡ 공사는 그 업무수행을 위하여 필요하면 이사회의 의결을 거쳐 필요한 곳에 지사 또는 사무소를 둘 수 있다.

> **POINT** **한국관광공사(KTO ; Korea Tourism Organization)** 2015년출제
>
> 한국관광공사는 행정법상의 공기업에 해당한다고 볼 수 있다. 그 중에서도 특수법인사업으로 독립적 사업에 해당하는 공기업이라고 할 수 있다. 여기서 특수법인사업이란 특정 공기업의 관리 및 경영을 위해 특별히 설립된 특수법인인 정부투자기관이 경영하는 기업을 말한다.

③ **자본금**〈법 제4조〉

　㉠ 공사의 자본금은 500억 원으로 하고, 그 2분의 1 이상을 정부가 출자한다.

　㉡ 정부는 국유재산 중 관광사업 발전에 필요한 토지, 시설 및 물품 등을 공사에 현물로 출자할 수 있다.

④ **등기**〈법 제5조〉

　㉠ 공사는 주된 사무소의 소재지에서 설립등기를 함으로써 성립한다.

　㉡ 설립등기, 지사 또는 사무소의 설치등기, 이전등기, 변경등기, 그 밖에 공사의 등기에 필요한 사항은 대통령령으로 정한다.

ⓒ 공사는 등기를 필요로 하는 사항에 관하여는 등기 후가 아니면 제3자에게 대항하지 못한다.

ⓔ **설립등기**: 한국관광공사는 설립등기를 정관의 인가를 받은 날로부터 2주일내에 주된 사무소의 소재지에서 하여야 한다.

> **POINT** **설립등기의 사항**〈한국관광공사법 시행령 제2조〉
>
> • 목적
> • 명칭
> • 주된 사무소·지사 또는 사무소의 소재지
> • 자본금
> • 임원의 성명과 주소
> • 공고의 방법

ⓜ **지사 등의 설치등기**

  ㉮ 공사는 공사의 설립 후에 지사 또는 사무소를 설치하였을 때에는 다음의 구분에 따라 등기하여야 한다.
- 주된 사무소의 소재지 : 2주일 내에 새로 설치된 지사 또는 사무소의 명칭과 소재지
- 새로 설치된 지사 또는 사무소의 소재지 : 3주일 내에 설립등기의 사항
- 이미 설치된 다른 지사 또는 사무소의 소재지 : 3주일 내에 새로 설치된 지사 또는 사무소의 명칭과 소재지

  ㉯ 공사의 설립과 동시에 지사 또는 사무소를 설치하는 경우에는 설립등기를 한 후 3주일 내에 그 지사 또는 사무소의 소재지에서 설립등기의 사항을 등기하여야 한다.

  ㉰ 주된 사무소, 지사 또는 사무소의 소재지를 관할하는 등기소의 관할구역에서 다른 지사 또는 사무소를 새로이 설치하였을 때에는 그 지사 또는 사무소의 명칭과 소재지만을 등기하면 된다.

ⓗ **이전등기**

  ㉮ 공사가 주된 사무소를 다른 등기소의 관할구역으로 이전하였을 때에는 종전 소재지에서는 2주일 내에 새로운 소재지와 이전 연월일을 등기하고, 새로운 소재지에서는 3주일 내에 설립등기의 사항을 등기하여야 한다.

  ㉯ 지사 또는 사무소를 다른 등기소의 관할구역으로 이전하였을 때에는 주된 사무소의 소재지 및 지사 또는 사무소의 종전 소재지에 있어서는 2주일 내에 새로운 소재지와 이전 연월일을 등기하고, 새로운 소재지에 있어서는 3주일 내에 설립등기의 사항을 등기하여야 한다.

  ㉰ 동일한 등기소의 관할구역에서 주된 사무소, 지사 또는 사무소를 이전하였을 때에는 2주일 내에 새로운 소재지와 이전 연월일을 등기하여야 한다.

ⓢ **변경등기** : 설립등기 각호의 등기사항 중 변경된 사항이 있는 경우에는 주된 사무소의 소재지에는 2주일 내에, 지사 또는 사무소의 소재지에서는 3주일 내에 각각 변경된 사항을 등기하여야 한다.

⑤ **유사명칭의 사용금지**〈법 제6조〉 ··· 이 법에 따른 공사가 아닌 자는 한국관광공사 또는 이와 유사한 명칭을 사용하지 못한다.

⑥ **주식**〈법 제7조〉
  ㉠ 공사의 자본금은 주식으로 분할한다.
  ㉡ 주식은 기명으로 하고 그 종류와 1주당 금액은 정관으로 정한다.

⑦ **정부주 매도의 제한**〈법 제8조〉 ··· 정부소유의 주식을 다른 자에게 매도할 경우에는 다른 자가 소유하는 주식의 총액이 정부 소유주식의 총액을 초과하여서는 아니 된다.

2 한국관광공사의 운영

(1) 사장의 대표권 제한〈법 제9조〉
공사의 이익과 사장의 이익이 상반되는 사항에 대하여는 사장이 공사를 대표하지 못하며, 감사가 공사를 대표한다.

(2) 대리인의 선임〈법 제10조〉

① 사장은 정관으로 정하는 바에 따라 직원 중에서 공사의 업무에 관하여 재판상 또는 재판 외의 모든 행위를 할 수 있는 권한을 가진 대리인을 선임할 수 있다.

② 사장이 대리인을 선임하였을 때에는 대리인을 둔 주된 사무소, 지사 또는 사무소의 소재지에서 각각 2주일 내에 다음의 사항을 등기하여야 한다.
  ㉠ 대리인의 성명과 주소
  ㉡ 대리인을 둔 주된 사무소, 지사 또는 사무소의 명칭과 소재지
  ㉢ 대리인의 권한을 제한한 경우에는 그 제한의 내용

(3) 비밀누설의 금지〈법 제11조〉

공사의 임직원이나 그 직에 있었던 자는 그 직무상 알게 된 비밀을 누설하거나 도용하여서는 아니 된다.

(4) 사업〈법 제12조〉

① 공사는 제1조의 목적을 달성하기 위하여 다음의 사업을 수행한다. `2019년출제` `2020년출제` `2016년출제` `2019년출제`

　ㄱ 국제관광 진흥사업

　　㉮ 외국인 관광객의 유치를 위한 홍보

　　㉯ 국제관광시장의 조사 및 개척

　　㉰ 관광에 관한 국제협력의 증진

　　㉱ 국제관광에 관한 지도 및 교육

　ㄴ 국민관광 진흥사업

　　㉮ 국민관광의 홍보

　　㉯ 국민관광의 실태 조사

　　㉰ 국민관광에 관한 지도 및 교육

　　㉱ 장애인, 노약자 등 관광취약계층에 대한 관광 지원

　ㄷ 관광자원 개발사업

　　㉮ 관광단지의 조성과 관리, 운영 및 처분

　　㉯ 관광자원 및 관광시설의 개발을 위한 시범사업

　　㉰ 관광지의 개발

　　㉱ 관광자원의 조사

　ㄹ 관광산업의 연구 · 개발사업

　　㉮ 관광산업에 관한 정보의 수집 · 분석 및 연구

　　㉯ 관광산업의 연구에 관한 용역사업

　ㅁ 관광 관련 전문인력의 양성과 훈련 사업

　ㅂ 관광사업의 발전을 위하여 필요한 물품의 수출입업을 비롯한 부대사업으로서 이사회가 의결한 사업

② 공사는 ㄱ에 따른 사업 중 필요하다고 인정하는 사업은 이사회의 의결을 거쳐 타인에게 위탁하여 경영하게 할 수 있다.

③ 공사는 국가, 지방자치단체, 「공공기관의 운영에 관한 법률」에 따른 공공기관 및 그 밖의 공공단체 중 대통령령으로 정하는 기관으로부터 ㄱ의 어느 하나에 해당하는 사업을 위탁받아 시행할 수 있다

④ **위탁 경영** … 공사는 사업 중 필요하다고 인정하는 사업은 이사회의 의결을 거쳐 타인에게 위탁하여 경영하게 할 수 있다.

　ㄱ "타인"이라 함은 공공단체 · 공익법인 또는 문화체육관광부장관이 인정하는 단체를 말한다.

　ㄴ 공사가 그 업무를 법인이나 단체에 위탁하려는 경우에는 위탁하려는 업무의 종류 및 범위, 위탁경영의 조건 및 기간과 위탁 방법 등에 관하여 이사회의 의결을 거쳐야 한다.

(5) 손익금의 처리〈법 제13조〉

① 공사는 매 사업연도의 결산 결과 이익이 생기면 다음의 순서로 처리한다.
- ㉠ 이월손실금의 보전
- ㉡ 자본금의 2분의 1에 이를 때까지 이익금의 10분의 1 이상을 이익준비금으로 적립
- ㉢ 주주에 대한 배당
- ㉣ 이익준비금 외의 준비금으로 적립
- ㉤ 다음 연도로 이월

② 공사는 매 사업연도의 결산 결과 손실이 생기면 적립금으로 보전하고 그 적립금으로도 부족하면 적립금으로 이를 보전하되, 그 미달액은 다음 사업연도로 이월한다.

③ 적립금은 대통령령으로 정하는 바에 따라 자본금으로 전입할 수 있다.

(6) 보조금〈법 제14조〉
정부는 예산의 범위에서 공사의 사업과 운영에 필요한 비용을 보조할 수 있다.

(7) 사채의 발행 등〈법 제15조〉

① 공사는 이사회의 의결을 거쳐 자본금과 적립금 합계액의 2배를 초과하지 아니하는 범위에서 사채를 발행할 수 있다.

② 정부는 공사가 발행하는 사채의 원리금의 상환을 보증할 수 있다.

③ 사채발행의 등기 사항
- ㉠ 사채발행의 목적
- ㉡ 사채발행의 시기
- ㉢ 사채의 총액
- ㉣ 사채의 권종별 액면금액
- ㉤ 사채의 이율
- ㉥ 사채의 소화방법
- ㉦ 사채의 상환방법 및 기한
- ㉧ 사채의 이자지급방법 및 기한

(8) **감독**〈법 제16조〉

문화체육관광부장관은 공사의 경영목표를 달성하기 위하여 필요한 범위에서 다음의 사항과 관련되는 공사의 업무에 관하여 지도·감독한다.

① 국제관광 및 국민관광 진흥사업

② 관광자원 개발사업

③ 관광산업의 연구·개발사업

④ 관광 관련 전문 인력의 양성과 훈련 사업

⑤ 법령에 따라 문화체육관광부장관이 위탁 또는 대행하도록 한 사업

⑥ 그 밖에 관계 법령에서 정하는 사업

(9) **다른 법률과의 관계**〈법 제17조〉

이 법에 규정되지 아니한 공사의 조직과 경영 등에 관한 사항은 「공공기관의 운영에 관한 법률」에 따른다.

(10) **벌칙**〈법 제18조〉

비밀을 누설하거나 도용한 자는 2년 이하의 징역 또는 2,000만 원 이하의 벌금에 처한다.

(11) **과태료**〈법 제19조〉

① 한국관광공사 또는 이와 유사한 명칭을 사용한 자에게는 300만 원 이하의 과태료를 부과한다.

② 과태료는 대통령령으로 정하는 바에 따라 문화체육관광부장관이 부과·징수한다.

≣ 최근 기출문제 분석 ≣

2020. 11. 7. 국내여행안내사

1 **한국관광공사가 수행하는 주요 사업이 아닌 것은?**

① 국제관광시장의 조사 및 개척

② 국민관광의 실태조사

③ 회원의 공제사업

④ 관광관련 전문인력 양성과 훈련

> **TIP** 한국관광공사의 수행 사업〈한국관광공사법 제12조 제1항〉
> ㉠ 국제관광 진흥사업
> • 외국인 관광객의 유치를 위한 홍보
> • 국제관광시장의 조사 및 개척
> • 관광에 관한 국제협력의 증진
> • 국제관광에 관한 지도 및 교육
> ㉡ 국민관광 진흥사업
> • 국민관광의 홍보
> • 국민관광의 실태 조사
> • 국민관광에 관한 지도 및 교육
> • 장애인, 노약자 등 관광취약계층에 대한 관광 지원
> ㉢ 관광자원 개발사업
> • 관광단지의 조성과 관리, 운영 및 처분
> • 관광자원 및 관광시설의 개발을 위한 시범사업
> • 관광지의 개발
> • 관광자원의 조사
> ㉣ 관광산업의 연구 · 개발사업
> • 관광산업에 관한 정보의 수집 · 분석 및 연구
> • 관광산업의 연구에 관한 용역사업
> ㉤ 관광 관련 전문인력의 양성과 훈련 사업
> ㉥ 관광사업의 발전을 위하여 필요한 물품의 수출입업을 비롯한 부대사업으로서 이사회가 의결한 사업

2019. 11. 2. 국내여행안내사

2 **한국관광공사가 수행하는 사업이 아닌 것은?**

① 외래관광객 유치를 위한 홍보

② 관광 관련 전문인력의 양성과 훈련사업

③ 관광에 관한 국제협력의 증진

④ 관광진흥장기발전계획 수립

> **TIP** 1번 해설 참조

Answer 1.③ 2.④

3 2016. 11. 5. 관광통역안내사

한국관광공사의 사업에 해당하는 것은?

① 국민관광상품권 발행   ② 국민관광 진흥사업

③ 관광경찰조직 운영   ④ 관광진흥개발기금 관리

> **TIP** 1번 해설 참조

4 2015. 11. 6. 국내여행안내사

KTO는 어떤 관광행정조직을 의미하는 약어인가?

① 정부관광행정기구   ② 지방관광기구

③ 경북관광개발공사   ④ 한국관광공사

> **TIP** 한국관광공사(Korea Tourism Organization)는 국가의 경제발전 및 국민복지증진에 기여 및 국민경제 발전에 기여를 목적으로 설립되어진 준시장형 공기업이다. 1962년 6월 26일 한국관광공사법에 의거하여 설립되었다.

5 2016년 관광통역안내사 특별시험

한국관광공사의 국제관광진흥 사업이 아닌 것은?

① 외국인 관광객의 유치를 위한 홍보

② 국제관광시장의 조사 및 개척

③ 국제관광에 관한 지도 및 교육

④ 국제관광정책의 심의 및 의결

> **TIP** 국제관광 진흥사업〈한국관광공사법 제12조 제1항 제1호〉
> ㉠ 외국인 관광객의 유치를 위한 홍보
> ㉡ 국제관광시장의 조사 및 개척
> ㉢ 관광에 관한 국제협력의 증진
> ㉣ 국제관광에 관한 지도 및 교육

Answer 3.② 4.④ 5.④

출제 예상 문제

1 한국관광공사법의 목적이 아닌 것은?

① 관광진흥

② 관광산업의 연구 · 개발

③ 관광 관련 전문인력의 양성

④ 관광상품의 개발

TIP 한국관광공사를 설립하여 관광진흥, 관광자원 개발, 관광산업의 연구 · 개발 및 관광 관련 전문인력의 양성 · 훈련에 관한 사업을 수행하게 함으로써 국가경제 발전과 국민복지 증진에 이바지함을 목적으로 한다〈한국관광공사법 제1조〉.

2 한국관광공사가 수행하는 사업 중 관광에 대한 국제협력을 증진을 수행하는 사업은?

① 국제관광 진흥사업

② 관광관련 전문인력의 양성과 훈련 사업

③ 국민관광 진흥사업

④ 관광자원 개발사업

TIP 국제관광 진흥사업〈한국관광공사법 제12조 제1항 제1호〉
　㉠ 외국인 관광객의 유치를 위한 홍보
　㉡ 국제관광시장의 조사 및 개척
　㉢ 관광에 대한 국제협력의 증진
　㉣ 국제관광에 대한 지도 및 교육

3 한국관광공사법상 국제관광 진흥사업에 해당하지 않는 것은?

① 외국인 관광객의 유치를 위한 홍보

② 국내관광시장의 조사 및 개척

③ 관광에 관한 국제협력의 증진

④ 국제관광에 관한 지도 및 교육

TIP ② 국제관광시장의 조사 및 개척 사업을 수행한다〈한국관광공사법 제12조 제1항 제1호 나목〉.

Answer 1.④ 2.① 3.②

4 한국관광공사법상 관광자원 개발사업에 해당하는 것은?

① 국민관광의 실태 조사   ② 관광사업에 관한 정보의 수집·분석 및 연구

③ 국민관광에 관한 지도 및 교육   ④ 관광단지의 조성과 관리, 운영 및 처분

TIP 관광자원 개발사업〈한국관광공사법 제12조 제1항 제3호〉
    ㉠ 관광단지의 조성과 관리, 운영 및 처분
    ㉡ 관광자원 및 관광시설의 개발을 위한 시범사업
    ㉢ 관광지의 개발
    ㉣ 관광자원의 조사

5 한국관광공사가 수행하는 사업과 그 내용의 연결이 틀린 것은?

① 국제관광 진흥사업 – 관광에 대한 국제협력의 증진

② 관광자원 개발사업 – 관광자원 및 관광시설의 개발을 위한 시범사업

③ 관광자원 개발사업 – 관광전문인력의 개발

④ 국제관광 진흥사업 – 외국인 관광객의 유치를 위한 홍보

TIP ③ 관광 관련 전문인력의 양성과 훈련 사업〈한국관광공사법 제12조 제1항 제5호〉
    ① 국제관광 진흥사업〈한국관광공사법 제12조 제1항 제1호 다목〉
    ② 관광자원 개발사업〈한국관광공사법 제12조 제1항 제3호 나목〉
    ④ 국제관광 진흥사업〈한국관광공사법 제12조 제1항 제1호 가목〉

6 한국관광공사가 적립금의 전부 또는 일부를 자본금으로 전입하려는 경우에 어떤 절차를 거쳐야 하는가?

① 이사회의 의결   ② 주주총회의 의결

③ 관계기관의 승인   ④ 문화체육관광부장관의 승인

TIP 한국관광공사는 적립금의 전부 또는 일부를 자본금으로 전입하려는 경우에는 주주총회의 의결을 거쳐야 한다〈한국관광공사법 시행령 제10조〉.

Answer   4.④   5.③   6.②

7 문화체육관광부장관이 한국관광공사의 경영목표를 달성하기 위해 지도·감독하는 공사의 사업이 아닌 것은?

① 국내관광 및 국민관광 진흥사업

② 관광산업의 연구·개발사업

③ 관광관련 전문인력의 양성과 훈련 사업

④ 법령에 따라 문화체육관광부장관이 위탁 또는 대행하도록 하는 사업

TIP **감독**〈한국관광공사법 제16조〉 … 문화체육관광부장관은 공사의 경영목표를 달성하기 위하여 필요한 범위에서 다음의 사항과 관련되는 공사의 업무에 관하여 지도·감독한다.
　㉠ 국제관광 및 국민관광 진흥사업
　㉡ 관광자원 개발사업
　㉢ 관광산업의 연구·개발사업
　㉣ 관광 관련 전문인력의 양성과 훈련 사업
　㉤ 법령에 따라 문화체육관광부장관이 위탁 또는 대행하도록 한 사업
　㉥ 그 밖에 관계 법령에서 정하는 사업

8 다음 중 한국관광공사에 대한 설명이 옳지 않은 것은?

① 공사의 주된 사무소의 소재지는 정관으로 정한다.

② 공사는 업무수행을 위해 필요하면 이사회의 의결을 거쳐 필요한 곳에 지사를 둘 수 있다.

③ 공사는 주된 사무소의 소재지에서 설립등기를 함으로써 성립한다.

④ 공사는 설립등기, 지사 또는 사무소의 설치등기, 기타 공사의 등기에 필요한 사항은 문화체육관광부령으로 정한다.

TIP ④ 설립등기, 지사 또는 사무소의 설치등기, 이전등기, 변경등기, 기타 공사의 등기에 필요한 사항은 대통령령으로 정한다〈한국관광공사법 제5조 제2항〉.

Answer 7.① 8.④

9 한국관광공사가 지사 또는 사무소를 설치했을 때 등기해야 할 내용으로 옳지 않은 것은?

① 주된 사무소의 소재지를 설치한 경우에는 2주일 내에 새로 설치된 지사 또는 사무소의 명칭과 소재지를 등기해야 한다.

② 새로 설치된 지사 또는 사무소의 소재지를 설치한 경우에는 3주일 내에 새로 설치된 지사 또는 사무소의 명칭과 소재지만을 등기해야 한다.

③ 이미 설치된 지사 또는 사무소의 소재지를 설치한 경우에는 3주일 내에 새로 설치된 지사 또는 사무소의 명칭과 소재지를 등기해야 한다.

④ 주된 사무소, 지사 또는 사무소의 소재지를 관할하는 등기소의 관할구역에서 다른 지사 또는 사무소를 새로 설치하였을 때에는 그 지사 또는 사무소의 명칭과 소재지만을 등기하면 된다.

TIP ② 새로 설치된 지사 또는 사무소의 소재지인 경우 3주일 내에 목적, 명칭, 주된 사무소, 지사 또는 사무소의 소재지, 자본금, 임원의 성명과 주소, 공고의 방법 등의 사항을 등기해야 한다〈한국관광공사법 시행령 제3조 제1항〉.

10 한국관광공사가 사채를 발행할 때 등기해야 할 내용을 모두 고르면?

> ㉠ 사채 발행의 목적
> ㉡ 사채 발행의 시기
> ㉢ 사채의 이율
> ㉣ 사채 상환의 방법 및 기한
> ㉤ 사채 이자 지급의 방법 및 기한

① ㉠㉡㉢

② ㉠㉡㉣

③ ㉠㉢㉣㉤

④ ㉠㉡㉢㉣㉤

TIP 한국관광공사는 사채를 발행할 때에는 사채 발행의 목적·시기·총액·권종(券種)별 액면금액·이율·사채의 모집 및 인수 방법, 사채 상환의 방법 및 기한, 사채 이자 지급의 방법 및 기한 등의 사항을 등기해야 한다〈한국관광공사법 시행령 제11조〉.

Answer 9.② 10.④

11 한국관광공사의 자본금 중에서 정부의 출자비율은?

① 자본금의 $\frac{1}{2}$

② 자본금의 $\frac{1}{3}$

③ 자본금의 $\frac{2}{3}$

④ 자본금의 $\frac{1}{4}$

TIP 한국관광사의 자본금은 500억 원으로 하고 그 2분의 1 이상을 정부가 출자한다〈한국관광공사법 제4조 제1항〉.

12 한국관광공사 사장이 대리인을 선임할 때 등기해야 할 사항이 아닌 것은?

① 대리인의 성명과 주소

② 대리인을 둔 주된 사무소

③ 대리인의 지위

④ 대리인의 권한을 제한한 경우에는 그 제한의 그 내용

TIP 한국관광공사 사장이 대리인을 선임했을 때는 대리인을 둔 주된 사무소, 지사 또는 사무소의 소재지에서 각각 2주일 내에 다음 내용을 등기해야 한다〈한국관광공사법 시행령 제6조〉.
㉠ 대리인의 성명과 주소
㉡ 대리인을 둔 주된 사무소, 지사 또는 사무소의 명칭 및 소재지
㉢ 대리인의 권한을 제한한 경우에는 그 제한의 내용

13 우리나라 최초의 관광 관련 법규는 무엇인가?

① 관광사업진흥법

② 관광사업법

③ 관광기본법

④ 한국관광공사법

TIP ① 관광사업진흥법은 1961년 관광진흥·관광자원개발·관광산업 등에 관한 연구·개발, 관광전문인력의 양성 및 훈련 등의 사업을 전담할 수 있는 기관을 설립하기 위한 목적으로 처음 제정되었다. 1982년 한국관광공사로 명칭이 변경되면서 1986년 한국관광공사법으로 법률명을 고치고 전문을 개정하였다.

Answer 11.① 12.③ 13.①

14 다음 ( ) 안에 들어갈 말로 바르게 연결된 것은?

> 공사가 주된 사무소를 다른 등기소의 관할구역으로 이전했을 때 종전 소재지에서는 ( ) 내에 새로운 소재지와 이전 연월일을 등기하고, 새로운 소재지에서는 ( ) 내에 목적, 명칭, 주된 사무소·지사 또는 사무소의 소재지, 자본금, 임원의 성명과 주소, 공고의 방법의 사항을 등기해야 한다.

① 1주일, 2주일
② 1주일, 3주일
③ 2주일, 3주일
④ 2주일, 한 달

> **TIP** 한국관광공사가 주된 사무소를 다른 등기소의 관할구역으로 이전했을 때 종전 소재지에서는 2주일 내에 새로운 소재지와 이전 연월일을 등기하고, 새로운 소재지에서는 3주일 내에 목적, 명칭, 주된 사무소, 지사 또는 사무소의 소재지, 자본금, 임원의 성명과 주소, 공고의 방법 등의 사항을 등기해야 한다〈한국관광공사법 시행령 제4조 제1항〉.

15 한국관광공사가 이사회의 의결을 거쳐 사채발행의 등기를 발행할 수 있는 범위는?

① 자본금과 적립금 합계액의 2배를 초과하지 않는 범위
② 자본금과 적립금 합계액의 1.5배를 초과하지 않는 범위
③ 자본금과 적립금 합계액의 3배를 초과하지 않는 범위
④ 자본금과 적립금 합계액의 2.5배를 초과하지 않는 범위

> **TIP** ① 공사는 이사회의 의결을 거쳐 자본금과 적립금 합계액의 2배를 초과하지 않는 범위 내에서 사채(社債)를 발행할 수 있다〈한국관광공사법 제15조 제1항〉.

Answer 14.③ 15.①

PART

04

관광학개론

관광학개론

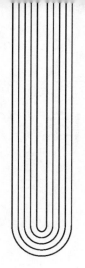

관광학개론

01 관광의 기초

1 관광의 정의

(1) 어원 2022년출제

① 관광이란 어휘가 동양에서 최초로 사용된 것은 BC 8세기경 중국 주(周)나라 때의 경전인 「역경」에 "관국지광 이용빈우왕(觀國之光 利用賓于王)"이란 문구에서 유래한다.

② 왕의 귀빈으로 초청받아 방문 하였을 때 왕의 초청에 대한 손님다움을 표하기 위해서는 그 나라의 빛을 보는 것이 이롭다는 의미이다, 그 빛은 그 나라의 풍속, 관습, 문물제도 등을 의미한다.

✦ 나라별 관광의 어원 2016년출제

구분	동양	서양
어원	• 중국 : 주나라시대의「역경」(주역이라고도 함) 가운데 "觀國之光 利用賓于王"이라는 문구에서 관광의 기원을 볼 수 있다. • 한국 : 신라시대 최치원이 쓴 「계원필경」에서 "관광 6년"이라는 어휘가 사용되었다. 1115년 고려 예종 11년 「고려사절요」에서 관광상국이라고 기록. "선진국을 관광하여 문물제도를 시찰하는 것"이라고 한다. • 일본 : 1855년 네덜란드 정부가 일본에 보낸 배의 이름인 觀光丸에서 유래되었다.	• 영국 : 라틴어의 Tornus(회전)가 짧은 기간 동안의 여행을 뜻하는 Tour로 변했고 파생어로써 Tourism이라는 말이 1811년 sporting magazine이란 영국의 스포츠 월간잡지에서 처음 사용되었다. • 독일 : Fremdenvekehr라는 외국인의 이동을 의미한다. • 미국, 캐나다 : nonimmigrant 즉, 이민자가 아니라는 의미로 1930년대에 사용되었다.
어의	• 타국의 광화를 보기 위해 여러 나라를 순회하는 이동의 개념 • 견문 확대 : 토지, 풍습, 제도, 문물관 관찰	• 견문 확대 • 위락욕구의 충족

(2) 정의

① 관광 … 오늘날 관광에 대한 정의는 무척 다양하다. 관광이란 일상권을 벗어나 견문ㆍ위락ㆍ휴양ㆍ상용ㆍ친지방문ㆍ종교 등 여행의 목적이 뚜렷해야 하며, 체재를 하고, 그 기간 동안 소비를 해야 하며, 다시 거주지로 돌아오는 현상이라고 할 수 있다. **2014년출제** **2015년출제**

ㄱ 사전적 의미 : 다른 지방이나 다른 나라에 가서 그곳의 풍경, 풍습, 문물 등을 구경하는 것을 의미한다.

ㄴ Webster 사전 : 출발지점으로 다시 돌아오는 여행, 그리고 사업, 즐거움, 또는 교육을 위해서 여정표에 계획된 여러 장소를 방문하는 외유여행을 의미한다.

> **POINT** 세계관광기구(UNWTO)의 관광 정의
>
> 여행목적이 즐거움, 위락, 휴가, 스포츠사업, 친구ㆍ친지방문, 업무, 회의, 건강, 연구, 종교 등을 목적으로 방문국을 최소한 24시간 이상 또는 1박 이상 1년 이하 체류하는 행위로 정의를 내리고, 관광의 목적과 체재기간을 분명히 하고 있다.

② 관광자 … 관광현상을 보는 관점에 따라 관광객 또는 관광자로 부르고 있다.

ㄱ 국제노동기구(ILO) : 국제관광객이란 "24시간이나 또는 그 이상의 기간 동안 거주지가 아닌 다른 나라를 방문하는 사람"으로 정의한다.

ㄴ 경제협력개발기구(OECD) : 회원국들 간의 통계방법을 통일하기 위하여 관광객을 국제관광객과 일시방문객으로 분류한다.

　㉮ 국제관광객 : 인종이나 성별, 언어, 종교 등에 관계없이 자국을 떠나 외국의 영토 내에서 24시간 이상부터 6개월 이내의 기간 동안 체재하는 자

　㉯ 일시방문객 : 24시간 이상 3개월 이내의 기간 동안 체재하는 자

ㄷ 세계관광기구(UNWTO) : 많은 국가에서 관광 통계자료의 기준으로 삼고 있다. 관광객, 방문자, 당일관광객으로 분류하고 그 외에 관광에서 제외되는 자로 구분하여 국제관광객에 대해 세부적으로 분류한다. **2016년출제** **2020년출제**

　㉮ 관광객 : 타국에서 국경을 넘어 유입되어 방문국에서 24시간 이상 체재하는 방문객으로서의 위락, 휴가, 스포츠, 사업, 친척ㆍ친지방문, 공적인 업무, 회의참가, 연수, 종교, 스포츠행사 참가 등의 목적으로 여행하는 자

　㉯ 방문자 : 자기의 통상거주지가 아닌 국가를 방문하는 외국인, 해외에 거주하는 국민, 승무원(방문국의 숙박시설 이용자) 등

　㉰ 당일관광객(excursionist) : 방문객 중 방문국에서 24시간 미만 체재하는 자(선박여행객, 당일방문자, 선원, 승무원 등)

❋ 세계관광기구(UNWTO)의 관광자 구분(1984)

구분	내용
관광통계 포함	• 관광자(Tourist) : 국경을 넘어 유입된 방문객이 24시간 이상 체재하며 위락, 휴가, 스포츠, 사업, 친척 · 친지방문, 회의참가, 연구, 종교 등의 목적으로 여행하는 자 • 당일 관광자(Excursionist) : 방문국에서 24시간 미만 체재하는 자(선박여행객, 낮에만 방문자, 선원, 승무원 등) • 통과 관광객(Overland tourist) : 육로나 선박을 이용하여 입국한 외국인 승객으로 a지역에서 b지역으로 이동하는 사이에 임시 상륙하여 관광하는 자
관광통계 불포함	• 국경근로자(border workers) : 국경에 인접하여 거주하면서 국경을 넘어 통근하는 자 • 통과객(transit passengers) : 항공통과여객이나 상륙이 허가되지 않는 선박 승객과 같이 입국심사를 통해 공식적으로 입국하지 아니한 자 • 장기이주자 : 1년 이상 체재하기 위하여 입국하는 자와 그 가족 및 동반자 • 단기이주자 : 1년 미만 체재하되, 취업목적 입국자와 그 가족 및 동반자 • 외교관 · 영사 : 대사관이나 영사관에 상주하는 외교관과 영사 및 그 가족 • 군인 : 주둔하는 외국 군대의 구성원 및 그 가족과 동반자 • 망명자(refugees) : 인종, 종교, 국적, 특정단체의 회원가입 또는 정치적 견해에서 기인한 박해에 대해 국적을 벗어나 있고, 이로 인해 국적의 보호를 받을 수 도 없고, 그에 대한 두려움 때문에 받고자 하지도 않는 자 • 유랑자 : 정기적으로 입국 또는 출국하여 상당기간 체류하는 자, 또는 국경에 인접하여 생활관계로 짧은 기간 동안 매우 빈번하게 국경을 넘나드는 자 • 무국적자 : 신분을 증명하는 서류로는 항공권 등 의 교통 티켓을 소지하고 있는 자로서 방문하고자 하는 나라에서 국적 불명으로 인정하는 자

③ 관광과 인접용어의 개념

ㄱ 여행 : 여행이란 이동과 비일상성을 전제로 한다. 또한 보양이나 유람을 목적으로 먼 길이나 외국을 가는 일, 자신의 의지에 관계없이 떠나서 이동하는 것을 의미하듯이 여행의 기본적인 개념은 '움직임'이다. 오늘날의 여행은 관광과 거의 같은 개념으로 이해할 수 있으나 여행이란 일상생활권을 벗어나는 이동현상만을 특징으로 삼고 목적이나 동기를 전제로 하지 않는다. 이런 면에서 위락적 목적을 가지고 있는 관광과 다른 점이라 할 수 있으며, 여행은 관광의 필요조건이지 충분조건은 아니라고 할 수 있다.

ㄴ 위락(레크리에이션) : 생활의 변화를 추구하는 인간의 기본적 욕구를 충족시키는 개인이나 집단에 의해 스스로 하는 자발적인 활동을 말한다. 위락은 관광보다 육체적 또는 정신적 회복이라는 목표가치 추구력의 정도가 더 크다. 여가가 시간이라면 위락은 활동이라고 할 수 있다.

ㄷ 여가 : 여가의 라틴어는 '허가받는다', 희랍어는 '학습, 연습', 프랑스어는 '여가'의 뜻으로 소비가능 시간에서 노동시간과 노동 부속시간 및 생리적 필수시간을 뺀 자유시간을 의미한다. 인간의 잔여시간 또는 자유시간이라는 양적인 개념과 인간의 평화로운 심리상태를 가리키는 질적인 뜻을 가지고 있다. 관광 실무적 측면에서는 양적인 의미인 개인의 자유로운 시간을 의미한다.

여가의 개념	
시간적 개념	여가의 시간적 개념은 일상생활 시간에서 노동시간, 노동 부속시간, 생리적 필수시간 등을 제외한 개인의 자유시간 또는 잉여시간을 지칭
활동적 개념	시간적 개념의 바탕 위에서 여가를 활동으로 보는 개념
상태적 개념	여가의 시간적, 활동적 개념이 객관적인 개념이라면 상태적 개념은 주관적·질적인 개념으로써 여가를 존재의 상태로 인정하는 개념
제도적 개념	여가의 본질을 노동·결혼·교육·정치·경제 등 한 시대의 사회제도나 가치와의 관련성에 따른 개념
통합적 개념	상기한 모든 개념을 통합하는 입장으로 각각의 개념을 결합시킨 개념

④ 놀이 : 놀이는 경쟁정신과 탐험정신을 결합한 것으로 쾌락과 자기표현 중 무조건적인 요구를 반영하는 여가 내에서 행하는 활동이라고 할 수 있다.

⑤ 여가와 관광의 관계 : 관광은 여가의 산물이다. 휴식적인 것, 교양과 취미에 관한 것, 스포츠와 야외활동, 사교와 사회봉사활동, 관광여행 등이 여가의 활동인데 이 중에서 관광은 그 시간적 길이나 사람들의 기대를 자극하는 점에서 가장 중요한 여가활동이다. 일상의 생활권으로부터 떠나서 이질적인 자연문화환경에서 이루어지는 여가활동이라는 점에서 관광은 최대의 특징을 가지고 있다.

② 관광 시스템

(1) 정의

① 관광의 정의를 명확히 하기 위해서는 먼저 그 속성을 이루는 요소를 규명할 필요가 있다. 관광이 일반여행이나 이주나 이민과 다른 것은 그 구성요소가 다르기 때문이다.

② 관광 시스템이란 관광현상과 관련있는 요소들의 상호관계를 조직화하고 구조화한 체계로서 관광현상 속에서 상호관계를 구체적으로 파악하고 밝히는 체계라고 할 수 있다.

③ 1930년대 이후부터 관광의 이해에 시스템적 접근방법을 사용하고 있다.

(2) 관광의 구성요소 `2016년출제` `2015년출제` `2016년출제` `2017년출제` `2023년출제`

① **관광주체** … 관광을 하는 사람, 관광을 행하는 주체

② **관광객체** … 관광객의 다양한 욕구를 불러 일으키게 하고 욕구를 충족시켜 주는 대상

③ 관광매체 `2015년출제` `2022년출제` `2020년출제`

　ㄱ 관광주체와 관광객체를 결부시키는 기능

　ㄴ 관광은 관광주체와 관광대상이 연결된 행동이며 현상

> **POINT** 관광매체 `2020년출제`
>
> ㄱ 시간적 매체 : 숙박시설, 휴식시설, 오락시설 등
> ㄴ 공간적 매체 : 교통기관, 도로, 운수시설 등
> ㄷ 기능적 매체 : 여행업, 통역안내업, 관광기념품판매업, 관광선전율 등

(3) 관광욕구와 관광동기

① 관광을 하고자 하는 마음이 관광욕구이며 일시적으로 일상생활로부터 벗어나려고 하는 의욕이고 동시에 레크리에이션을 추구하려는 관광행동을 일으키게 하는 심리적인 원동력을 일반적으로 관광욕구라고 한다. 그리고 이를 관광행동으로 나타나게 하는 힘을 관광동기라 한다.

② 관광욕구를 결정하게 하는 요인으로 여가와 건강상태, 기후와 관광지와의 거리, 교통과 소득, 모방성과 선전 등이 있다.

(4) 관광적 동기

① 교육문화적 동기 `2015년출제`

　ㄱ 타지역 사람들의 문화유산과 일상생활의 모습을 시찰하기 위한 동기

　ㄴ 진기하고 아름다운 특수한 자연풍경을 감상하기 위한 동기

　ㄷ 사회의 변화상을 보다 잘 알고 이해하기 위한 동기

② 휴양 · 오락적 동기

　ㄱ 일상생활로부터 떠나고 싶은 해방욕구를 충족시키기 위한 동기

　ㄴ 즐거운 시간을 보내면서 정신적 위안을 얻기 위한 동기

　ㄷ 여행 중 쾌락을 갖고 싶고 여행 후 쾌감을 갖고 싶은 동기

③ 망향적 동기

　ㄱ 과거에 자신과 가족이 살고 있었던 곳이나 고향에 가고 싶은 동기

　ㄴ 친척과 친구가 살고 있는 곳에 가고 싶은 동기

④ 기타 동기
  ㉠ 기후적 동기
  ㉡ 건강유지적 동기
  ㉢ 경제적 동기
  ㉣ 모험적 동기
  ㉤ 종교적 동기
  ㉥ 역사적 동기

POINT push factor와 pull factor 2015년출제

㉠ push factor(배출요인)
  • 관광주체
  • 여행의 패턴을 형성하는 성별, 소득별, 교육수준, 기타 개인적 변수 및 심리적 동기를 포함한다.
㉡ pull factor(흡인요인)
  • 관광객체
  • 관광자에게 매력을 가지게끔 하고 끌어들이는 목적 및 자원

≣ 최근 기출문제 분석 ≣

2023. 11. 4. 국내여행안내사

1 **관광경찰의 역할로 옳지 않은 것은?**

① 관광객 밀집지역 범죄예방 순찰

② 상습적·조직적인 관광 관련 불법행위 단속

③ 관광지 내 기초질서 위반행위 단속

④ 관광객 대상 여행상담 및 예약

> **TIP** ④ 여행사의 역할이다.
> ※ 관광경찰의 역할
> ㉠ 관광객 밀집지역 범죄예방 순찰
> ㉡ 상습적·조직적인 관광 관련 불법행위 단속
> ㉢ 관광지 내 기초질서 위반행위 단속
> ㉣ 외국인 관광객 대상 지리 안내, 불편사항 해소 등 치안 서비스 제공

2023. 11. 4. 국내여행안내사

2 **관광의 체계에서 관광객체에 해당하는 것은?**

① 관광자원

② 관광정보

③ 관광객

④ 항공사

> **TIP** 관광의 체계
> ㉠ 관광주체 : 관광객
> ㉡ 관광객체 : 관광자원
> ㉢ 관광매체 : 관광주체와 관광객체를 연결하는 대상
> • 시간적 매체 : 숙박시설 등
> • 공간적 매체 : 교통수단, 도로·항만·공항 등
> • 기능적 매체 : 여행업, 교통업(철도사, 항공사 등), 공공기관

Answer 1.④ 2.①

2022. 11. 5. 국내여행안내사

3 다음의 관광 어원이 되는 글귀가 처음 등장한 중국 문헌은?

> "觀國之光利用賓于王"(관국지광 이용빈우왕)

① 역경(易經)　　　　　　　　　　② 시경(詩經)

③ 춘추(春秋)　　　　　　　　　　④ 논어(論語)

> **TIP** ① 관광(觀光)이라는 말은 중국 주나라 시절 만들어진 '역경'의 '관국지광 이용빈우왕(觀國之光利用賓于王)'이라는 구절
> 에서 유래되었다. '육사는 나라의 빛남을 봄이니 왕의 빈객됨이 이롭다'라는 뜻이다.

2022. 11. 5. 국내여행안내사

4 관광사업의 구성요소인 관광매체에 관한 설명으로 옳은 것은?

① 관광자원, 관광시설, 기반시설 등을 말한다.

② 관광매체는 관광객의 관광욕구를 충족시켜 줄 수 있는 모든 관광자원이다.

③ 관광매체는 관광객과 관광대상을 연결시켜주는 역할을 한다.

④ 관광하는 사람 또는 방문자를 의미한다.

> **TIP** ①② 관광객체에 관한 설명이다.
> ④ 관광주체에 관한 설명이다.

2021. 11. 6. 국내여행안내사

5 관광현상 구성요소 간의 관계를 유기적으로 살펴보는 데 초점을 두는 관광의 정의는?

① 경제적 정의　　　　　　　　　　② 사회문화적 정의

③ 여가활동적 정의　　　　　　　　④ 시스템적 정의

> **TIP** ④ 시스템적 정의란 관광현상을 이루는 요소의 집합이나 요소와 요소 간의 관계를 유기적으로 살펴보는데 초점을 두
> 는 것을 의미한다.

Answer　3.①　4.③　5.④

2020. 11. 7. 국내여행안내사

6 관광매체 중 기능적 매체가 아닌 것은?

① 여행업   ② 교통업

③ 관광안내업   ④ 관광기념품판매업

> **TIP** 관광매체
> ㉠ 시간적 매체 : 숙박시설, 휴식시설, 오락시설 등
> ㉡ 공간적 매체 : 교통기관, 도로, 운수시설 등
> ㉢ 기능적 매체 : 여행업, 통역안내업, 관광기념품판매업, 관광선전율 등

2020. 11. 7. 관광통역안내사

7 관광의 구조 중 관광매체에 관한 설명으로 옳지 않은 것은?

① 관광객과 관광욕구를 충족시켜 주는 관광대상을 결합시키는 역할을 한다.

② 철도, 비행기와 같은 교통수단, 도로, 수송시설은 공간적 매체에 해당한다.

③ 기능적 매체로 관광호텔과 같은 숙박, 휴게시설, 유흥·오락시설, 쇼핑시설이 있다.

④ 관광대상을 개발하고 관리하는 정부와 같은 공적기관의 역할 또한 관광매체에 포함한다.

> **TIP** 관광매체
> ㉠ 시간적 매체 : 숙박시설, 휴식시설, 오락시설 등
> ㉡ 공간적 매체 : 교통기관, 도로, 운수시설 등
> ㉢ 기능적 매체 : 여행업, 통역안내업, 관광기념품 판매업, 관광선전율 등
> ※ 관광의 구성요소
>   ㉠ 관광주체 : 관광을 하는 사람 관광을 행하는 주체
>   ㉡ 관광객체 : 관광객의 다양한 욕구를 불러일으키게 하고 욕구를 충족시켜 주는 대상
>   ㉢ 관광매체
>   • 관광주체와 관광객체를 결부시키는 기능
>   • 관광은 관광주체와 관광대상이 연결된 행동이며 현상

Answer   6.②   7.③

출제 예상 문제

1 세계관광기구(UNWTO)의 관광자 통계에서 제외된 자가 아닌 것은?

① 외교관　　　　　　　　　　　　② 승무원
③ 국경통근자　　　　　　　　　　④ 통과여객

TIP 관광통계에서 제외된 자 : 국경근로자, 통과승객, 무국적자, 장기이주자, 단기이주자, 외교관 영사, 군인, 망명자

2 관광의 정의로 적합하지 않은 것은?

① 관광의 본질은 이동이고 이동의 목적은 레크리에이션을 추구하는 것이다.
② 일상 생활권을 떠나는 소비행위의 일종이다.
③ 반드시 돌아온다는 것을 전제로 한다.
④ 6개월을 넘겨서는 안 된다.

TIP UNWTO의 관광 정의 : 여행목적이 즐거움, 위락, 휴가, 스포츠사업, 친구 · 친지방문, 업무, 회의, 건강, 연구, 종교 등을 목적으로 방문국을 최소한 24시간 이상 또는 1박 이상 1년 이하 체류하는 행위로 정의를 내리고, 관광의 목적과 체재기간을 분명히 하고 있다.

3 우리나라에서 관광이라는 용어가 확인된 가장 오래된 것은?

① 삼봉집　　　　　　　　　　　　② 열하일기
③ 계원필경　　　　　　　　　　　④ 삼국사기

TIP 신라시대 최치원이 쓴 계원필경에서 "관광 6년"이라는 어휘를 사용하였다.

Answer 1.② 2.④ 3.③

4 다음 내용이 의미하는 것은?

각 나라마다 국민복지차원에서 국민의 여행을 권리로 보장하게 되었다. 경제적으로 취약한 계층을 위하여, 대부분의 경우 특별한 조직에 의해 추진되는 관광현상을 일컫는다.

① 소셜 투어리즘   ② 매스 투어리즘
③ 그랜드 투어(Grand Tour)   ④ 그린 투어리즘

TIP ② 대중관광 또는 관광의 대중화를 말한다.
　　③ 17세기 중반에서 19세기 초반까지 유럽, 특히 영국 상류층 자제들 사이에서 유행한 유럽여행을 말한다. 주로 그리스 로마의 유적지와 르네상스를 꽃피운 이탈리아, 세련된 예법의 도시 파리를 필수 코스로 밟았다.
　　④ 농촌의 자연경관과 전통문화, 생활과 산업을 매개로 도시민과 농촌 주민간의 교류형태로 추진되는 체류형 여가활동을 말한다.

5 여가가 가지고 있는 특성과 거리가 먼 것은?

① 포괄적 활동 범주   ② 비조직적
③ 사회적 목적 우세   ④ 자유시간 그 자체

TIP 여가는 시간적, 활동적, 상태적, 제도적, 통합적인 특성을 지닌다.

6 WTO의 여행자 분류에서 관광통계에 포함되는 자에 해당하는 것은?

① 외국항공사 승무원으로 방문국 숙박시설 이용자
② 통과여객으로 항구·공항 등을 벗어나지 않는 자
③ 취업목적 입국자
④ 외교관

TIP 관광통계 제외 자: 국경근로자, 통과승객, 무국적자, 장기이주자, 단기이주자, 외교관, 군인 망명자 등이다.

Answer　4.① 5.③ 6.①

02 관광의 발전사

1 관광의 발전사

(1) 고대의 관광 〔2021년출제〕

① 메소포타미아 … 오늘날의 이라크가 위치한 지역으로 문명의 근원지이다. 관광에 참여하는 계층이 여행욕구와 능력을 함께 갖게 된 혁신의 발상지이다.

② 이집트 … 위락관광의 증거가 발견된 곳이다. 성경의 기록을 살펴보면, 시바 여왕이 솔로몬 왕을 알현하기 위해 예루살렘까지 여행을 떠났다는 기록이 있다. 이집트 시대에는 무역 및 상업목적으로 사람들이 이동, 주로 수상여행이었던 것으로 전해진다.

③ 그리스 … 관광현상이 유럽에 본격적으로 나타난 시기가 고대 그리스이다. 주로 그리스 시대의 관광의 동기는 체육, 종교, 요양이 주된 목적이었다.

④ 로마 … 기술 · 경제 · 정치적으로 뛰어난 발전과 더불어 고대 로마는 역사적으로 가장 관광이 활발한 시기였다. 공화정과 제정 양시대를 통한 국가의 법체제가 정비되고 사회적 · 정치적으로 안정기를 맞이하여 관광의 번성기를 이루었다. 〔2018년출제〕

(2) 중세의 관광 〔2017년출제〕 〔2018년출제〕

① 일반적인 관광은 침체하였고, 성지순례의 형태를 취한 종교적인 관광만이 존재했다.

② 여행에 대한 안전성을 기대할 수 없었으며, 서비스와 안락성 또한 기대할 수 없는 시기였다.

③ 이른바 암흑기인 관광의 공백기이다.

④ 끊임없는 분쟁과 정치적 불안정 및 도로의 유실은 장거리 여행의 장애가 되었다.

(3) 근대의 관광

① 관광사에서 전환적 계기를 마련한 것이 문예부흥운동인 르네상스 시대의 여행이다.

② 15~16세기에 걸쳐 세계에서 신대륙발견이 앞 다투어 성황을 이룬 시기를 대항해 시대라고 한다.

③ 유럽인들의 해외진출에 의하여 아시아와 남·북 미국에 식민지가 조성되면서 이 시대에는 여행이 쉬워진데
   다가 문예부흥기를 맞아 괴테, 바이런 등 저명한 문호·사상가·시인 등이 잇달아 여행하였다.

④ 1841년 영국의 토마스 쿡이 철도회사와 교섭하여 역사상 최초로 전세열차를 운행하여 금주동맹에 참가하려
   는 사람들에게 여행에 필요한 부분을 제공하였다.

⑤ 1845년 근대적 개념의 세계 최초의 여행사인 Thomas Cook & Son Ltd.를 창설하여 대량관광의 시대를 열
   게 되었다.

POINT 그랜드 투어(grand tour) `2014년출제` `2015년출제`

18세기 유럽의 귀족·시인·문호들이 지식과 견문을 넓히기 위해 유럽의 여러 나라를 순방했던 대이동을 말한다. 여
행 기간은 2~3년에 이르는 장기여행으로 주로 교육목적이 주류를 이루었다. 이탈리아, 프랑스, 독일 등이 주 여행
목적지였으며 젊은 상류계층에서 이루어졌다.

---

(4) 현대의 관광

① 2차 세계대전 이후에 항공교통의 등장으로 관광분야의 획기적인 촉매역할을 했다.

② 다양한 교통수단과 시설의 정비로 수송능력이 향상되어 빠르고 저렴한 여행이 가능하게 되었다.

③ 소득의 증가와 여가시간의 확대로 대중관광(mass tourism)의 시대가 시작되었다.

④ 여행할 만한 여유가 없는 계층을 위해 정부나 공공기관의 지원이 이뤄지면서 국민복지 향상을 목적으로 사
   회적 관광(social tourism)이 이루어졌다.

⑤ 관광의 다양한 동기와 욕구를 충족시키는 형태로 문화, 예술의 연계성을 가진 관광활동과 내용이 확대 발
   달하는 관광의 질적 변화를 가져왔다.

(5) 신관광

① 신관광의 시대는 1990년 이후 관광을 일상생활에서 매우 중요한 부분으로 인식하며, 다양한 개성과 가치관
   이 반영된 관광형태로 나타나고 있다.

② 단체위주의 관광에서 소단위 가족중심 여행으로, 양적인 관광에서 질적 관광으로 선호가 변하고 있다.

③ 관광사업도 대량생산에 의한 박리다매 방식에서 다품종 소량생산을 하게 되었다.

✹ 세계관광의 발전단계 〈2020년출제〉 〔2016년출제〕 〈2023년출제〕

단계 구분	시기	관광 계층	조직 동기
여행의 시대(tour)	고대~1830년대	귀족, 승려, 기사 등	신앙심의 향상
관광의 시대(tourism)	1840년대~2차 세계대전 이전	부르주아, 특권계층	호기심과 지적 욕구
대중관광의 시대(mass tourism)	2차 세계대전 이후~1990년	전 국민	위락 및 휴양
신관광의 시대(new tourism)	1990년 이후~	전 국민	개성 추구

② 한국관광의 발전사 〈2019년출제〕 〔2020년출제〕

(1) 해방이전의 관광

① 삼국시대 … 불교가 전래되면서 사찰의 참배나 유명사찰의 순례라는 단순한 형태의 관광이 이루어졌다.

② 고려시대 … 삼국시대에서와 마찬가지로 철저한 신분제도가 적용되었으므로 여행은 특수층에 한정되었다.

③ 조선시대 … 유교를 중심으로 양반계층인 사대부들의 학문적 교양의 확대목적으로 단체관광현상이 나타났다.

(2) 해방이후에서 1960년대의 관광 〔2019년출제〕

① 1961년 8월 22일에는 관광에 관한 최초의 법률인 관광사업진흥법이 제정·공포되어 우리나라도 관광 사업에 눈을 뜨기 시작했다.

② 1962년에 국제관광공사(현 한국관광공사)가 설립되었다.

③ 1963년에는 교통부 관광과가 관광국으로 승격되었다.

④ 관광외화를 획득할 목적으로 워커힐 호텔이 당시 최대 규모로 개관했다.

⑤ 1965년 한·일 국교정상화가 이루어졌으며, 이를 계기로 일본관광객이 대폭적으로 증가했다.

(3) 1970년대의 관광 〔2016년출제〕

① 1970년대는 성공적인 경제발전으로 물질생활의 풍요는 삶의 질을 추구하는 국민의식과 욕구를 자극했다.

② 관광의식과 관광활동이 정착되는 시기이다.

③ 1975년에는 관광사업진흥법을 폐지하고, 관광기본법과 분리하여 관광사업법을 제정·공포하였다.

④ 관광산업을 국가전략산업으로 지정함으로써 관광산업의 위상과 역할이 강조되었다.

⑤ 1978년에는 외래관광객 100만 명이 돌파하였다.

(4) 1980년대의 관광

① 1980년대 우리나라의 관광은 1970년대의 초석을 바탕으로 여러 기회요인에 의하여 외래 관광객의 대량유치와 내국민 해외여행 자유화의 기반을 마련하였다.

② 1981년에는 해외여행을 제한적으로 허용하였다.

③ 1982년에는 국제관광공사를 한국관광공사로 개명하였다.

④ 1986년 아시안게임과 1988년 올림픽을 유치하였다.

⑤ 1988년 외래관광객 200만 명 돌파하였다.

⑥ 1989년 1월 전 국민 해외여행 자유화가 시행되었다.

⑦ 제2의 민항기업인 아시아나 항공사의 설립으로 복수민항시대가 도래하였다.

⑧ 관광의 도약기라고 할 수 있다.

(5) 1990년대의 관광

① 여행업이 해외시장에 개방되었다.

② 1991년 외래관광객 300만 명을 돌파하였다.

③ 1994년 한국방문의 해를 개최하였다.

④ 1996년 12월 경제협력개발기구에 가입하여 관광정책기구들과 협력이 이루어졌다.

⑤ 1998년 최초의 내국인 카지노 강원랜드를 개장하였으며, 금강산관광이 시행되어 남북관광시대의 물꼬를 트는 역사적인 순간도 맞이하였다.

④ 관광진흥중장기계획이 수립되었다.

(6) 2000년대 이후의 관광

① 해외관광객이 700만 명을 돌파했다.

② 2002년 한일 월드컵, APEC 정상회담과 G20 정상회담 등 대형 국제회의 유치 등으로 외래 관광객 유치를 위한 여러 기회 요인을 맞이하였다. **2022년출제**

③ 2005년 출국 관광객이 1,000만 명을 돌파했다.

④ 2009년 1월 30일 의료법 개정으로 외국인환자 유치 행위를 허용하였다. **2021년출제**

(7) 2023~2024년

① **한국 방문의 해 선포** … 정부는 2023년과 2024년을 "한국 방문의 해"로 선포하고 "K-컬처"와 함께하는 관광매력국가라는 비전 아래 오는 2027년까지 외국인 관광객 3000만 명을 유치하겠다는 목표를 세웠다.

② **관광산업 회복** … K-컬처에 대한 세계적 인지도와 호감도를 한국 관광 수요로 전환해 코로나19로 침체된 관광산업을 회복하겠다는 복안이다.

③ **관광진흥기본계획의 4대 전략**
　ⓐ 세계인이 찾는 관광매력국가 실현
　ⓑ 현장과 함께 만드는 관광산업 혁신
　ⓒ 국민과 함께 성장하는 국내관광
　ⓓ 독창적인 관광자원 육성으로 지역경제 활성화

(8) 우리나라 관광특구 지정현황(2023. 4. 3. 기준) `2019년출제`

지역	관광특구명
서울(7)	명동 · 남대문 · 북창 · 다동 · 무교동, 이태원, 동대문 패션타운, 종로 · 청계, 잠실, 강남마이스, 홍대문화예술
부산(2)	해운대, 용두산 · 자갈치
인천(1)	월미
대전(1)	유성
경기(5)	동두천, 평택시 송탄, 고양, 수원 화성, 통일동산
강원(2)	설악, 대관령
충북(3)	수안보온천, 속리산, 단양
충남(2)	아산시온천, 보령해수욕장
전북(2)	무주 구천동, 정읍 내장산
전남(2)	구례, 목포
경북(3)	경주시, 백암온천, 문경, 포항 영일만
경남(2)	부곡온천, 미륵도
제주(1)	제주도
총 13개 시 · 도	34개소

(9) 우리나라 외국인 관광객 입국자 현황 2022년출제

① 2017년 ~ 2020년

 ㉠ 2017년 : 1333만 명

 ㉡ 2018년 : 1534만 명

 ㉢ 2019년 : 1750만 명

 ㉣ 2020년 : 251만 명

② 2021년 ~2022년

 ㉠ 2021년 : 96만 명

 ㉡ 2022년 : 320만 명

POINT **우리나라 주요 관광 법규 제정 순서** 2022년출제

- 관광진흥개발기금법 … 1972년
- 관광기본법 … 1975년
- 한국관광공사법 … 1986년 5월
- 관광진흥법 … 1986년 12월
- 국제회의 육성에 관한 법률 … 1996년

≡ 최근 기출문제 분석 ≡

2023. 11. 4. 국내여행안내사

1 관광의 역사에서 대중관광(Mass Tourism)의 시대에 관한 설명으로 옳은 것은?

① 귀족과 부유한 평민이 주로 지적 호기심을 충족시키기 위한 형태로 관광이 발전

② 표준화된 패키지여행을 탈피하여 관광의 다양성과 개성을 추구

③ 주로 귀족과 승려·기사 등 특수계층에서 종교 및 신앙심을 향상시키려는 목적으로 여행을 실시

④ 조직적인 대규모 관광사업의 시대로, 중산층 및 서민대중을 포함한 폭넓은 계층에서 이루어지는 관광

> **TIP** 대중관광의 시대는 제2차 세계대전 이후부터 1980년대 말에 이르는 조직적 대규모 관광산업의 시대를 말한다.
> ① 17-18세기에 유행했던 그랜드 투어(교양관광)에 대한 설명이다.
> ② Mass Tourism의 폐해에서 벗어나려고 했던 New Tourism에 대한 설명이다. 대중관광은 표준화된 패키지여행을 특징으로 한다.
> ③ 중세 시대 여행에 대한 설명이다.

2022. 11. 5. 국내여행안내사

2 2000~2020년에 대한민국에서 개최한 국제 행사가 아닌 것은?

① 대전 세계박람회

② APEC 정상회의

③ ASEM 정상회의

④ G20 정상회담

> **TIP** ① 대전 세계박람회(EXPO)는 1993년에 개최되었다.

Answer 1.④ 2.①

3 외국인 관광객이 우리나라에 가장 많이 입국한 해는?

① 2017년   ② 2018년

③ 2019년   ④ 2020년

> **TIP** 우리나라 외국인 관광객 입국자 현황
> ㉠ 2017년 : 1333만
> ㉡ 2018년 : 1534만
> ㉢ 2019년 : 1750만
> ㉣ 2020년 : 251만
> ㉤ 2021년 : 96만
> ㉥ 2022년 : 320만

4 우리나라 관광발전사에 관한 설명으로 옳지 않은 것은?

① 1970년대에 국제관광공사가 발족되었다.

② 1980년대에 해외여행 완전자유화 조치가 이루어졌다.

③ 1990년대에 경제협력개발기구에 가입하여 선진국 관광정책기구들과 협력이 이루어졌다.

④ 2000년대에 관광산업의 선진화 원년이 선포되었다.

> **TIP** ① 1962년 국제관광공사가 설립되었다.

5 우리나라가 의료법 개정을 통해 외국인 환자 유치를 허용한 연도는?

① 2006년   ② 2009년

③ 2012년   ④ 2015년

> **TIP** ② 2009년 1월 30일 의료법 개정으로 외국인환자 유치 행위를 허용하였다.

Answer 3.③ 4.① 5.②

2020. 11. 7. 국내여행안내사

6 대한민국 국민의 국외여행 전면 자유화가 시행된 연도는?

① 1986년

② 1987년

③ 1989년

④ 1990년

> **TIP** 정부는 국민생활의 국제화에 맞추어 1989년 1월 1일부터 해외여행 연령제한을 완전 폐지하고 여권발급 신청서류를 대폭 간소화하는 등 해외여행을 전면 자유화하였다.

2020. 11. 7. 국내여행안내사

7 영국의 토마스 쿡이 최초로 단체여행을 성공시킨 시대는?

① Tour시대

② Tourism시대

③ Mass Tourism시대

④ New Tourism시대

> **TIP** 영국의 토마스 쿡이 역사상 최초로 영리 목적의 여행사인 'Tomas Cook & Son Ltd.'을 설립하여 단체여행을 성공시킨 것은 1841년의 일이다.
> ① Tour시대 : 고대 이집트와 그리스·로마시대부터 1830년대
> ② Tourism시대 : 1840년대 초부터 제2차 세계대전 이전
> ③ Mass Tourism시대(및 Social Tourism시대) : 제2차 세계대전 이후부터 1980년대 말
> ④ New Tourism시대 : 1990년대 이후

2020. 11. 7. 관광통역안내사

8 한국 관광역사에 관한 설명으로 옳은 것은?

① 고려시대에는 역(驛), 여사(旅舍), 원(院) 등이 설치되어 지역 간 원활한 교류가 이루어졌다.

② 우리나라 최초의 호텔은 서울의 근대식 호텔로 지어진 대불호텔이다.

③ 서울 영업소를 차리고 영업을 개시한 우리나라 최초의 민간항공사는 일본 항공사이다.

④ 1962년 국제관광공사가 설립되어 해외 선전과 외래 관광객 유치를 수행하였다.

> **TIP** ① 조선시대에 대한 설명이다.
> ② 우리나라 최초의 호텔인 대불호텔은 인천항이 위치한 인천에 있었다.
> ③ 우리나라 최초의 민간 항공사는 대한항공이다.

Answer 6.③ 7.② 8.④

2019. 11. 2. 국내여행안내사

9 우리나라에서 지정한 관광특구가 아닌 곳은?

① 동대문 패션타운

② 강원도 대관령

③ 경남 미륵도

④ 경기도 남이섬

> **TIP** ④ 경기도에는 동두천, 평택시 송탄, 고양, 수원 화성, 통일동산 등이 있다.

2019. 11. 2. 관광통역안내사

10 1960년대 관광에 관한 설명으로 옳지 않은 것은?

① 관광기본법 제정

② 국제관광공사 설립

③ 관광통역안내원 시험제도 실시

④ 국내 최초 국립공원으로 지리산 지정

> **TIP** ① 「관광기본법」은 1975. 12. 31. 제정 · 시행되었다.

Answer   9.④   10.①

▤ 출제 예상 문제

1 관광의 발전사적 특징으로 적합하지 않은 것은?

① 관광현상이 유럽에 본격적으로 나타난 시기는 고대 그리스이다.

② 중세는 일반적 관광은 침체되고, 성지순례 형태의 종교적인 관광만이 존재하였다.

③ 근대는 대항해 시대로 불려지며 매스 투어리즘으로 특징되어진다.

④ 현대관광은 소셜 투어리즘의 특징을 보인다.

TIP 근대관광의 특징

ⓐ 유럽인들의 해외진출에 의하여 아시아와 남·북 미국에 식민지가 조성되면서 이 시대에는 여행이 쉬워진데다가 문예부흥기를 맞아 괴테, 바이런 등 저명한 문호·사상가·시인 등이 잇달아 여행하였다.

ⓑ 1841년 영국의 토마스 쿡이 철도회사와 교섭하여 역사상 최초로 전세열차를 운행하여 금주동맹에 참가하려는 사람들에게 여행에 필요한 부분을 제공하였다.

ⓒ 1845년 근대적 개념의 세계 최초의 여행사인 Thomas Cook & Son Ltd.를 창설하여 대량관광의 시대를 열게 되었다.

2 TOURISM이 처음 사용된 것은?

① 1811 Travel Magazine(영국)

② 1811 Sporting Magazine(영국)

③ 1811 New York Times(미국)

④ 1811 Travel Times(미국)

TIP 라틴어의 Torus(회전)가 짧은 여행을 뜻하는 Tour로 변했고 파생어로서의 Tourism이란 말이 1811년 'Sporting Magazine'이란 영국의 스포츠 잡지에서 처음 사용되었다.

Answer 1.③ 2.②

3 관광의 대중화를 가능하게 한 배경과 거리가 먼 것은?

① 무역의 증진

② 공업화, 도시화의 급속한 진전으로 인한 생활환경의 악화

③ 지식과 교육수준의 향상

④ 생활을 적극적으로 즐기려고 하는 가치관의 정착

TIP ②③④ 관광의 대중화를 가능하게 한 배경으로 각국의 경제발전에 따른 가처분소득의 증대, 인간의 사회적 지위 향상에 따른 여가시간의 증대, 생활을 적극적으로 즐기려는 가치관의 정착, 공업화 · 도시화의 급속한 진전으로 인한 생활환경의 악화 등이 있다.

4 학자들의 관광의 정의가 바르게 연결되지 않은 것은?

① 쉴레른 : 관광을 최초로 정의

② 보르만 : 일시여행설 주장

③ 오길비 : 귀환예정소비설 주장

④ 베르넥커 : 관광객체론 주장

TIP 베르넥커는 1962년 관광주체론을 주장하였다.

5 교양관광의 시대를 의미하는 용어는?

① Grand Tour   ② Mass Tour

③ Culture Tour   ④ Social Tour

TIP 유럽의 귀족 · 시인 · 문호들이 지식과 견문을 넓히기 위해 유럽의 여러 나라를 순방했던 대이동이 이루어지는데 이를 그랜드 투어라고 한다.

Answer 3.① 4.④ 5.①

6 현대관광의 형태로 어울리지 않는 것은?

① Social Tourism   ② Grand Tour

③ Mass Tourism   ④ Green Tourism

TIP 현대 관광의 특징은 크게 대중관광(mass tourism)과 사회적 관광(social tourism)으로 대표된다.

7 관광의 발전단계로서 적합한 것은?

① Tour — Tourism — Mass Tourism — New Tourism

② Tour — Tourism — New Tourism — Mass Tourism

③ Tourism — Tour — Mass Tourism — New Tourism

④ Tourism — Tour — New Tourism — Mass Tourism

TIP 관광의 발전단계

단계 구분	시기	관광 계층	조직 동기
여행의 시대(Tour)	고대~1830년대	귀족, 승려, 기사 등	신앙심의 향상
관광의 시대(Tourism)	1840년대~2차 세계대전 이전	부르주아, 특권계층	호기심과 지적 욕구
대중관광의 시대(Mass Tourism)	2차 세계대전 이후~1990년	전 국민	위락 및 휴양
신관광의 시대(New Tourism)	1990년 이후~	전 국민	개성 추구

8 다음 중 상용여행을 급증시킨 계기가 된 것으로 가장 적합한 것은?

① 여가시간의 확대   ② 제2차 세계대전

③ 산업혁명   ④ 여행알선업의 발달

TIP 1764년의 산업혁명은 화폐경제의 발달과 산업화를 촉진시켜 농업경제기반에서 공업경제로의 전환을 가져왔으며, 이러한 변화는 증기기관과 철도의 발달, 선박과 자동차 등 교통수단의 발달로 즐거움과 호기심을 충족시킬 수 있는 관광욕구를 자극하게 되었다.

Answer 6.② 7.① 8.③

03 관광의 효과와 영향

1 관광의 경제적 효과와 영향 2016년출제 2015년출제 2018년출제

(1) 관광의 긍정적 효과

① 외화획득과 국제수지개선의 효과

② 고용 및 국민경제활성 효과

③ 승수효과

④ 재정수입의 증대 효과

⑤ 지역격차 시정 효과

⑥ 국내 자원 이용 효과

(2) 관광의 부정적 영향

① 산업구조의 불안정화

② 고용의 불안정성

③ 물가의 상승

※ 효과와 영향발생

편익적 측면	비용적 측면
• 외화획득 • 고용효과 • 지역개발 • 승수효과 • 조세수입	• 투자비용 • 누출효과 • 수입상품 및 서비스 • 송금 – 이익 – 임금 • 선전비, 전시효과 • 인플레이션

2 관광의 사회적 효과와 영향

(1) 긍정적 효과 2019년출제 2020년출제

① 인구와 고용구조의 변화

② 교류를 통한 타 문화 이해와 교육적 효과

(2) 부정적 영향

① 지역주민과의 갈등과 문화의 변화

② 사회문제의 증가와 가족구조의 변화

③ 문화의 상품화

④ 문화의 충돌

> **POINT** 관광 승수
>
> • 한 지역에서 소비된 일정의 관광소비액이 1년 동안 몇 배의 경제적 효과를 창출하는가에 대한 비율을 말한다.
> • 미국의 권위 있는 관광보고서인 「Checky Report(미국 상무성과 PATA가 공동으로 가맹국을 대상으로 실시한 조사)」에 의하면 관광소비로 인하여 지출된 화폐는 당초 지출된 이후 1년간 3.2~4.3배 회전을 하고, 선진국은 5.5배 회전하는 것으로 분석되고 있다. 나라마다 관광승수가 다른 이유는 각 나라의 한계소비성향이 다르기 때문이다.

3 관광의 환경적 효과와 영향

(1) 긍정적 효과

대기, 수질, 교통, 청결 및 소음 정도 등 각종 환경조건은 관광행위의 질을 좌우하는 중요한 요소로 작용한다. 관광행위에 영향을 주는 자연환경의 질은 관광에 매우 중요한 요소로 인식된다.

(2) 부정적 영향

대량관광과 대중관광으로 인한 폐해는 환경 파괴이다. 관광객에 의한 유적지 훼손, 지역문화의 붕괴와 주민 유대관계의 약화, 소비행태 변화와 같은 다양한 부정적 결과를 가져온다.

(3) 환경영향의 최소방안으로서의 대안관광 `2017년출제` `2018년출제` `2022년출제`

대안관광은 자연환경과 사회문화적 요소를 고려한 적정한 소규모의 관광개발과 차별적 마케팅을 통해 환경을 보전하고자 하는 특별한 관심을 갖는 관광이다. 촌락관광, 농촌활동에 참여하는 농촌관광 등과 같은 형태로 위락위주의 관광과는 차별화되며, 관광자의 참여를 강조한 적극적인 관광행위의 형태이다.

> **POINT** **에코 투어리즘(eco tourism)**
>
> 친환경적 관광을 통해 도시와 농어촌 지역 사이의 교류를 확대함으로써 도시와 지역사회 모두에게 도움이 되는 새로운 관광형태이다. 제2차 세계대전이 끝난 후 프랑스에서 처음으로 시작되었으며, 관광이 경제적 이익의 수단으로 인식되면서 세계적으로 이익을 우선으로 하는 관광개발이 계속되고, 이로 인한 자연파괴가 늘어나자 1960년대부터 북아메리카를 중심으로 환경에 미치는 영향을 최소화하자는 운동의 일환으로 나타나기 시작하였다. '생태관광', '환경관광'이라고도 한다.

(4) 관광사업의 효과 `2015년출제` `2018년출제`

① 관광사업의 긍정적 효과

㉠ **경제적 효과** : 관광객이 관광지에서 직접 지출한 경비가 창조하는 소득을 1차 효과라고 하고, 직접 지출의 경과로서 일어나는 간접지출 및 관광객의 소비결과로 얻어진 소득의 재소비인 유발효과를 2차 효과라고 한다.

㉡ **사회적 효과** : 국제친선도모, 민간외교 폭의 확대, 국토개발의 균형유지, 사회구조 변화, 가족의 현재화, 레크리에이션 효과 등이 있다.

㉢ **문화적 효과** : 상호국가의 구성 및 제도, 산업 등을 견문함으로써 외국의 문화수준에 대한 인식을 더욱 높이고 무역을 증진시키며, 역사유적 등을 보존 및 보호하는 효과를 말한다.

㉣ **환경적 효과** : 관광개발과 관련된 환경적 요소 즉, 물리적 특수성, 사적 및 기념비 등의 보존과 보호, 그리고 자연보호 등의 효과 등을 포함한다.

㉤ **국가안보적 효과** : 분단된 국가의 현실을 인식하게 하며 국제사회에서 지지를 받도록 한다는 점 등은 국가안보적 측면에서 중요하다.

② 관광사업의 부정적 측면

㉠ **경제적 부정 효과** : 물가상승, 경제의 종속화, 고용의 비수기 때의 고용불안정, 기반시설 투자에 대하 위험부담 등이 있다.

㉡ **사회적 부정 효과** : 범죄율 상승, 소비패턴 변화, 원시마을 파괴, 주민의 양극화 등을 말한다.

㉢ **문화적 부정 효과** : 토착문화의 소멸, 관광객에 의한 유적지 파괴, 문화의 상품화와 타락, 관광객들에 의한 현지인들의 전시효과 등이 있다.

✳ 관광의 효과

경제적 측면	• 높은 외화가득률에 의한 국가경제와 국제 수지개선 효과 • 지역개발로 국민의 소득증대에 기여 • 관광기업 활동 활성화로 조세수입증대에 기여 • 고용증대에 기여
사회적 측면	• 국제친선 도모 • 민간외교의 폭 확대 • 국토개발의 균형유지 .
문화적 측면	• 타국의 국정. 제도. 산업 시찰로 국민의 견문확대 • 외국 문화 수준에 관한 인식 개선
환경적 측면	• 관광개발 관련 환경요소와 자연적 특성 이해 • 사적과 기념물 등의 보존, 생태계 보전. 자연보호

최근 기출문제 분석

2022. 11. 5. 국내여행안내사

1 친환경적인 대안관광(alternative tourism)의 행태로 옳지 않은 것은?

① 지속가능한 관광(sustainable tourism)

② 대중관광(mass tourism)

③ 농촌관광(rural tourism)

④ 생태관광(ecotourism)

> **TIP** 대안관광(alternative tourism)
> ⊙ 기존의 관광형태(대량관광)가 관광지의 자연자원 훼손, 생태계 파괴, 지역사회에 대한 부정적 영향 등을 초래한다는 인식이 증가하면서 등장한 개념이다.
> ⊙ 대안관광은 소규모 집단으로 이루어지며, 경제적인 편익도 적절하게 제공하는 동시에 자연환경에 부정적 영향을 적게 주는 바람직한 관광을 의미한다.
> ⊙ 생태관광(Eco Tourism), 자연관광(Nature Tourism), 소규모관광(Small-scale Tourism), 녹색관광(Green Tourism), 마을관광(Village/Cottage Tourism) 등 다양한 형태를 포괄하는 개념이다.

Answer 1.②

2 관광의 사회적 효과로 옳은 것을 모두 고른 것은?

> ㉠ 지역 경제개발의 촉진　　　　　㉡ 교육적 효과
> ㉢ 국민의식 수준 제고　　　　　　㉣ 국제수지 개선

① ㉠, ㉡　　　　　　　　　　　　② ㉡, ㉢

③ ㉡, ㉣　　　　　　　　　　　　④ ㉢, ㉣

　　　TIP ㉠㉣은 관광의 경제적 효과에 해당한다.

3 관광사업의 공익적 특성 중 사회·문화적 측면에서의 효과가 아닌 것은?

① 국제문화의 교류　　　　　　　　② 국민보건의 향상

③ 근로의욕의 증진　　　　　　　　④ 외화획득과 소득효과

　　　TIP ④ 외화획득과 소득효과는 관광사업의 경제적 측면에서의 효과에 해당한다.

4 관광의 사회적 측면에서 긍정적인 효과가 아닌 것은?

① 국제친선 효과　　　　　　　　　② 직업구조의 다양화

③ 전시 효과　　　　　　　　　　　④ 국민후생복지 효과

　　　TIP 관광의 사회적 측면에서 긍정적인 효과는 ①②④ 외에 교육적 효과, 재생 효과, 국민의식 수준 제고 등이 있다.
　　　③ 전시 효과는 소비 지출이 자신의 소득 수준에 따르지 아니하고 타인을 모방함으로써 늘어나게 되는 사회적·심리
　　　적 효과로 관광의 사회적 측면에 따르는 긍정적인 효과로 보기 어렵다.

Answer　2.② 3.④ 4.③

출제 예상 문제

1 다음 중 관광의 경제적 측면에서 긍정적 효과에 대한 것으로 옳지 않은 것은?

① 외화 획득과 국제수지 개선의 효과　　②　고용 및 국민경제 활성 효과

③ 재정수입의 증대 효과　　④ 물가의 상승

> **TIP** ④ 물가의 상승은 관광의 경제적 측면에서 부정적 결과이다.

2 다음 중 관광의 사회문화적 측면에서의 긍정적인 효과에 대한 것으로 옳은 것은?

① 교류를 통해 타 문화에 대한 이해가 높아진다.

② 지역주민과 갈등이 발생할 수 있다.

③ 문화가 상품화된다.

④ 타 문화와 문화적 충돌이 발생할 수 있다.

> **TIP** ②③④ 관광의 사회문화적 측면에서의 부정적인 영향이다.

3 다음 중 관광의 편익 측면에서의 영향이 아닌 것은?

① 외화획득　　② 고용효과

③ 전시효과　　④ 지역개발

> **TIP** 전시효과는 비용적 측면에서 나타나는 영향이다.

Answer 1.④ 2.① 3.③

4 관광의 환경적 측면에 대한 설명으로 옳지 않은 것은?

① 대기, 수질, 교통, 소음 등이 관광의 환경조건이다.
② 대중관광으로 유적지 훼손이 발생하였다.
③ 자연환경의 질은 관광행위에 매우 중요한 요소이다.
④ 대안관광은 환경을 보전하고자 위락 위주의 관광으로 대체하는 것이다.

> **TIP** 대안관광은 환경을 보전하기 위해 촌락관광, 농촌관광 등의 형태로 이루어지는 관광으로 위락 위주의 관광과 차별화된다.

5 관광자 행동의 특성에 대한 설명으로 옳지 않은 것은?

① 관광자는 안내자에 의해서 행동하므로 의존적이다.
② 관광자의 행동은 목표지향적이다.
③ 관광객 동기와 행동은 조사를 통하여 밝혀질 수 있다.
④ 관광객의 행동은 외적 요소들을 통해 영향을 줄 수 있다.

> **TIP** ① 관광자는 자주적인 사고를 한다.

6 진기하고 아름다운 특수한 자연풍경을 감상하기 위한 것은 관광의 동기 중 어디에 해당하는가?

① 교육문화적 동기
② 휴양·오락동기
③ 망향적 동기
④ 기후적 동기

> **TIP** 특별한 관광용품 전시회와 박람회 및 교육, 문화행사에 참가하기 위한 것도 교육문화적 동기에 해당한다.

Answer 4.④ 5.① 6.①

관광객 행동

1 관광의사결정과 행동요인

(1) 관광자의 개념

① 관광자는 관광행위의 주체가 되는 요소로, 자신의 욕구와 경제적 조건, 지식의 정도, 주변여건 등을 고려해 관광대상을 찾고 서비스를 구매, 다양한 형태의 관광행위를 한다.

② 관광자와 관광객이란 용어는 인간의 사회심리 등의 행동과학적 측면과, 소비자행동으로 보는 관광사업자 측면이 있다.

③ **국제노동기구** … 24시간이나 그 이상의 기간 동안 거주지가 아닌 다른 나라에 여행을 하는 사람을 관광자라 정의한다.

④ **세계관광기구** … 체재기간과 방문목적을 중심으로 국내관광객과 국제관광객, 비관광객으로 구분한다.

(2) 관광자 행동에 영향을 미치는 변수 `2019년출제`

① **심리적 내적 요인** … 지각, 학습, 성격, 동기, 태도 등

② **외부요인** … 가족구성, 사회적 지위, 경제계층 등

(3) 관광자 행동의 특성

① 관광자는 자주적인 사고를 한다.

② 관광자 행동은 목표지향적이다.

③ 관광자 행동은 하나의 과정이다.

④ 욕구의 인식 → 정보탐색 → 대안의 평가 → 구매 → 경험

⑤ 관광객 동기와 행동은 조사를 통하여 밝혀질 수 있다.

⑥ 관광객 행동은 외적 요소들을 통해 영향을 줄 수 있다.

(4) 관광행동의 유형

① 관광목적에 의한 분류(베르네커) … 요양관광, 수학여행, 견학, 종교행사 참가 등의 문화적 관광, 신혼여행, 친목여행 등의 사회적 관광, 스포츠관광, 정치적 관광 등

② 관광형태에 의한 분류
  ㉠ 주유형 관광 : 흥미 있는 관광대상을 보고 돌아다니는 여행의 형태
  ㉡ 체재형 관광 : 관광지에 머물면서 휴양을 하거나 관광 레크리에이션을 하는 형태

② 관광욕구와 동기

(1) 관광욕구

욕구는 현재 처한 생리적 · 심리적 요구에 따라 절박한 결핍상태에서 벗어나고자 하는 필요성을 느끼게 하는 것이다. 관광욕구는 사람들의 관광행동을 일으키는 원천이고, 관광행동을 유발시키는 심리적 원동력이다.

① 메이요(E. J. Mayo) … 인간의 관광여행과 관련된 욕구를 지적욕구, 탐험과 모험욕구, 다양성 추구욕구로 설명한다.

② 호이징하(Huizinga) … 인간은 본능적으로 놀이를 추구하고 있으며, 인간의 문명은 놀이에 의해 형성되었고, 놀이가 발전하여 문화를 낳게 하였다고 주장한다. 그는 인간의 관광욕구를 지적 욕구, 모험욕구, 다양성 추구욕구, 즐거움 추구욕구, 사회화된 욕구로 인해 표출된다고 주장한다.

③ 마리오티(Mariotti) … 여행을 하고 싶어 하는 욕망은 인간에게는 거의 본능적인 것으로, 이주민의 이동과 각 종족의 주요 중심지 형성 등은 아마 이러한 욕망에 의해 결정된 것이라고 주장한다. 또한 인간에게는 본래 자연이나 다른 지역의 풍물을 즐기고자 하는 관광욕구가 있다고 주장한다.

④ 맥그리거 … 인간의 욕구를 X이론과 Y이론에 의해 설명한다.

✸ 맥그리거의 X · Y 이론

X이론	Y이론
• 인간의 소극적인 측면 • 대부분의 인간은 선천적으로 일하기를 싫어한다 • 일하기 싫어하는 본성 때문에 인간은 강제를 당하거나 명령을 받게 된다. • 대부분의 인간은 지시받기를 좋아하며 책임지지 않으려 하고 야심이 거의 없다. 그리고 무엇보다도 안정을 바란다. • 인간은 일하지 않고 놀기를 좋아하므로 즐겁고 편안한 쾌락여행을 추구한다. • 부유층의 행위로 보는 관광개념	• 인간의 적극적인 측면 • 노동은 휴식이나 유흥처럼 인간의 본성으로서 조건 여하에 따라 일은 만족의 원천이 되기도 한다. (성취감) • 인간은 자진하여 책임을 떠맡으려고 하는 본성이 내재되어 있다. • 자아실현의 계기를 만들고자 하는 욕구(관광행동은 자아실현의 목적)

⑤ 매슬로우(A. M. Maslow) ··· 관광욕구에 관한 여러 이론들 중에서 가장 중요한 이론은 매슬로우의 욕구 5단계설이다. 욕구 5단계설은 3가지를 가정으로 하고 있다. 첫째, 인간의 욕구는 가장 낮은 계층의 욕구로부터 가장 높은 계층의 욕구에 이르는 계층을 형성하며 둘째, 어떤 욕구가 충족되면 이 욕구는 더 이상 동기를 유발하지 못한다. 셋째, 하위욕구가 충족되면 보다 상위욕구로 발전한다.

✸ 매슬로우의 욕구 5단계설 2018년출제

생리적 욕구(생리적 단계)	의·식·주 해결 등 가장 기본적인 욕구
안전욕구(생리적 단계)	생명·생활·외부로부터의 자기보호 욕구
소속감과 애정욕구(사회적 단계)	집단소속과 유행 및 사랑의 욕구
존경욕구(사회적 단계)	존경·자존심·자유·독립의 욕구
자아실현욕구(자아실현의 단계)	달성감 등의 실현욕구, 관광행위

(2) 관광동기

동기(motivation)란 행동으로 진행되도록 인간 내부의 욕구로 인해 유발된 긴장을 해소하기 위한 행동을 적극적으로 유도하는 추진력이라고 할 수 있다. 관광동기란 관광을 통하여 만족을 얻고자 하는 심리적 요소로 작용하여 관광행동을 일으키게 하는 중요한 요인이다.

✸ 각 학자들의 관광동기 분류

연구학자	관광동기요인의 분류
매킨토시(McIntosh) 2015년출제 2016년출제	㉠ 신체적 동기(휴식, 스포츠, 해변 등지에서의 오락 등) ㉡ 문화적 동기(문화, 예술, 언어, 종교 등) ㉢ 대인관계 동기(친지방문, 일상생활에서의 탈피 등) ㉣ 지위와 명예 동기(자기만족, 발전, 존경심, 명예 등)
밀(R. C. Mill)	㉠ 생리적 동기(휴식, 긴장 해소) ㉡ 안전의 동기(건강, 위락) ㉢ 사회적 동기(친교, 가족관계, 인간관계 형성) ㉣ 존경의 동기(성취능력 확인, 명예감, 자아확대) ㉤ 자아실현의 동기(자기발견, 내적욕구 충족) ㉥ 지식추구 동기(문화경험, 교육) ㉦ 미적 동기(환경, 아름다움)
토마스(Thomas)	㉠ 교육·문화적 동기(명소감상, 특별행사 등) ㉡ 휴식과 즐거움의 동기(일상에서의 탈피, 낭만적 경험 추구 등) ㉢ 종족지향적 동기(친지 등) ㉣ 기타 동기(기후, 건강, 경제, 모험, 종교적 동기 등)

③ 관광자의 의사결정과정

(1) 관광자의 의사결정

① 느끼는 결핍과 원하는 대상의 욕구를 인식

② 대체방안의 탐색과정을 거침

③ 대체방안을 평가

④ 구매를 결정

⑤ 구매 후의 느낌

❀ Mayo의 관광객 의사결정

관광 의사결정에 소요되는 시간의 장단	일상적 의사결정	범위의 의사결정
활용 가능한 대안에 대한 인식	낮다	높다
관광여행에 관한 제반 정보의 탐색과 요구의 유무	낮다	높다
관광의사결정에 소요되는 시간의 장단	짧다	길다

(2) 관광객의 의사결정과 단계

① 관광욕구의 인식

② 정보의 탐색

③ 대안의 평가

④ 관광의사결정

⑤ 여행계획과 여정 작성

⑥ 관광경험의 평가

(3) 관광동기의 결정요인 및 성립조건

① **비용과 시간** … 인간의 제욕구만으로는 행동이 구체화되지 않으며 비용이나 시간과 같은 기본적 조건이 충족되면서 관광소비와 같은 구체적 행동이 완성된다.

② **정보**

    ㉠ 관광대상에 대한 정보뿐만 아니라, 관광사업 및 사회일반으로서의 정보를 지칭한다.

    ㉡ 정보는 결정된 관광행동을 임의대로 유도하며 관광에 관계되는 욕구 자체에도 당연히 작용하여 관광욕구를 높인다.

(4) 관광행동의 동향과 확대요인

① 관광행동의 단계변화

　　㉠ 노는 관광

　　㉡ 쉬는 관광 : 후진국

　　㉢ 보는 관광 : 중진국

　　㉣ 움직이는 관광 : 선진국

② 관광행동의 확대요인

　　㉠ 경제적 요인

　　　　㉮ 각국의 국민소득의 증대, GNP의 증대, 엥겔계수의 변화

　　　　㉯ 산업구조 변화

　　　　㉰ 소비지출구조 변화

　　　　㉱ 생활수주의 향상

　　㉡ 사회적 요인

　　　　㉮ 인간이동의 가속화

　　　　㉯ 인구의 도시집중화

　　　　㉰ 자유시간의 증가

　　　　㉱ 고령인구와 평균수명의 연장

④ 관광행동의 환경적 영향요인

(1) 문화와 관광행동

① 문화는 사회구성원으로 인간이 획득하게 되는 지식, 신념, 기술, 도덕, 법, 관습 및 그 이외의 다른 능력과 습관을 모두 포함하고 있는 복합적인 개념이다.

② 문화는 사회적으로 학습되고 사회구성원들에 의해 공유되기 때문에 욕구충족의 기준이 되고 행동의 규범을 제공한다.

(2) 사회계층과 관광행동

① 사회계층이란 부, 권력, 권위, 교육 등 복합된 개념으로서 사회의 구성원들을 유사한 가치관이나 관심사, 행동정도에 따라 구분지어 놓은 것이다.

② 관광자도 그가 속한 사회계층에 따라 가치관이나 행동양식이 다르게 나타날 수 있으므로 관광상품의 구매행동도 다양하게 나타날 수 있다.

(3) 준거집단과 관광행동

① 준거집단이란 개인행동에 직접 또는 간접적으로 영향을 미치는 개인이나 집단을 의미하며, 그 유형으로는 학교동료, 직장동료, 종교집단, 스포츠 동호회, 동아리 등을 들 수 있다.

② 관광자는 본인이 어느 집단에 소속되어 있느냐에 따라 다른 관광의사결정을 할 수 있다.

(4) 가족과 관광행동

① 가족구성원은 관광자에게 가장 큰 영향을 미치는 역할을 한다.

② 사회에서 가장 중요한 소비자 구매단위가 가족이므로 가족구성원들의 역할과 상태적인 영향력의 정도에 따라 구매행동은 상이하게 나타날 수 있다.

✵ 스탠리 플로그(Stanley Plog)의 관광행동 유형 〈2019년출제〉

연구학자	관광동기요인의 분류
안전지향형(Psycho-centries)	사고중심형(패키지투어에 참여하기 좋아함, 친근성 있는 관광지, 자동차 드라이브로 도착 가능한 목적지 선호 등)
중간지향형(Mid-centries)	중간형
새로움 지향형(Allo-centries)	행동중심형(반제품 관광〈halfmade tour〉에 참여하기 좋아함, 관광객들이 많이 방문하지 않는 관광 목적지 선호, 항공기로 도착 가능한 목적지 선호 등)

✵ 안전지향형과 모험지향형의 특성

모험지향형(Allocentric) 특성	안전지향형(Psychocentric) 특성
여행을 자주한다.	여행을 자주 하지 않는다.
장기간의 여행	단기간의 여행
모험적	안전지향적
자신감	자신감이 결여
외향적	내성적
불안, 걱정, 근심이 없다.	항상 근심 걱정이 많다.
다양한 수단을 이용하여 여행	자가용을 이용하여 여행
이국적인 관광지를 선호	친숙하고 안전한 관광지를 선호
여행하는 동안 평소보다 더 많은 지출	여행하는 동안 최소한의 지출

최근 기출문제 분석

2023. 11. 4. 국내여행안내사
1 문화체육관광부와 한국관광공사가 선정·발표하는 웰니스 관광지의 테마가 아닌 것은?

① 뷰티·스파   ② 의료·헬스

③ 자연·숲치유   ④ 힐링·명상

> **TIP** 존에 뷰티·스파, 힐링·명상, 자연·숲치유, 한방 테마 등 총 4개 부문으로 선정해 온 우수웰니스관광지는 2024년에는 다채로운 웰니스관광지 발굴과 더불어 국내외 방문객에게 더욱 다양한 선택지를 제공하고자 '푸드'와 '스테이' 카테고리를 추가했다.

2020. 11. 7. 관광통역안내사
2 우리나라와 시차가 가장 많이 나는 곳은?

① 영국 - 런던   ② 미국 - 로스앤젤레스

③ 호주 - 시드니   ④ 태국 - 방콕

> **TIP** ② 미국 - 로스앤젤레스 : -16시간
> ① 영국 - 런던 : -8시간
> ③ 호주 - 시드니 : +2시간
> ④ 태국 - 방콕 : -2시간

Answer 1.② 2.②

2019. 11. 2. 국내여행안내사

3 플로그(Plog.S.C.)가 제안한 안전지향형(Psychocentrics) 성격을 가진 관광객의 관광행태가 아닌 것은?

① 패키지상품 선호

② 대규모 현대식 숙박시설 선호

③ 잘 알려진 관광지 선호

④ 모험지향형 관광경험 추구

> **TIP** 플로그는 관광자의 성격 및 심리적 특성에 따라 안전지향형(사이코센트릭형), 중간지향형(미드센트릭형), 모험지향형(알로센트릭형)의 3가지로 분류했다.
> ④ 모험지향형 관광경험을 추구하는 것은 모험지향형의 특성이다.

2019. 11. 2. 관광통역안내사

4 관광의사결정에 영향을 미치는 개인적 요인으로 옳은 것은?

① 가족   ② 학습

③ 문화   ④ 사회계층

> **TIP** ② 학습은 개개인에 따라 서로 다르게 나타나는 것으로 관광의사결정에 개인적 요인으로 작용한다.

Answer 3.④ 4.②

출제 예상 문제

1 관광객 행동의 특징이 아닌 것은?

① 관광객은 자주적인 사고를 한다.

② 관광객행동은 목표 지향적이다.

③ 관광객행동은 주관적이어서 조사를 통해 밝혀질 수 없다.

④ 욕구의 인식 → 정보탐색 → 대안의 평가 → 구매 → 경험

TIP 관광객 행동의 특징
ⓐ 관광자 행동은 하나의 과정이다.
ⓑ 관광객 동기와 행동은 조사를 통하여 밝혀질 수 있다.
ⓒ 관광객행동은 외적 요소들을 통해 영향을 줄 수 있다.

2 관광욕구는 매슬로우의 욕구 5단계설 중 어디에 가장 가까운가?

① 자아실현 욕구

② 자존의 욕구

③ 소속과 애정의 욕구

④ 사회적 욕구

TIP 매슬로우의 욕구5단계
ⓐ 생리적 욕구
ⓑ 안전의 욕구
ⓒ 사회적 욕구
ⓓ 존경의 욕구
ⓔ 자아실현의 욕구

Answer 1.③ 2.①

3 휴식과 기분전환, 그리고 자기계발의 세 가지 기능을 가진 개념은?

① 관광 ② 여가(레저)

③ 놀이 ④ 여행

TIP 여가는 시간적, 활동적, 상태적, 제도적, 통합적 개념을 모두 지닌다.

4 관광객 의사결정단계로 적절한 것은?

① 자극 – 동기유발 – 태도결정 – 관광행동 – 재방문욕구

② 동기유발 – 자극 – 태도결정 – 관광행동 – 재방문욕구

③ 자극 – 동기유발 – 관광행동 – 태도결정 – 재방문욕구

④ 자극 – 태도결정 – 동기유발 – 관광행동 – 재방문욕구

TIP 인간의 의사결정과 관광행동의 단계는 일치한다.

5 관광객 의사결정 유형으로 거리가 먼 것은?

① 일상적 의사결정

② 조직적 의사결정

③ 충동적 의사결정

④ 광역적 의사결정

TIP ① **일상적 의사결정**: 평소의 습관에 의존하여 관광결정을 매우 빠르게 하는 결정
③ **충동적 의사결정**: 신속한 관광행동 의사결정
④ **광역적 의사결정**: 정보수집이나 대안의 평가와 탐색에 심사숙고 후 결정

Answer 3.② 4.① 5.②

6 관광욕구와 동기는 심정적, 정신적, 신체적, 경제적 동기로 나눌 수 있다. 심정적 동기에 속하지 않는 것은?

① 지식욕구   ② 사향심
③ 교우심   ④ 신앙심

TIP 지식욕구는 정신적 욕구에 해당한다.

7 Thomas Cook과 관련이 없는 것은?

① 근대 관광산업의 아버지
② 세계 최초의 여행사
③ 단체관광
④ American Express Co.

TIP 영국의 토마스 쿡: 철도회사와 교섭하여 역사상 최초로 전세열차를 운행하고, 금주동맹에 참가하려는 사람들에게 여행에 필요한 부분을 제공하였다. 1845년에는 근대적 개념의 세계 최초의 여행사를 창설하였다.

8 교통수단의 변화에 따라 관광의 형태 및 행동양식이 변화하는 과정을 설명한 용어는?

① Dark Tourism   ② Fam Tour
③ Moving Tourism   ④ Social Tourism

TIP ① 휴양과 관광을 위한 일반 여행과 달리 재난과 참상지를 보며 반성과 교훈을 얻는 여행이다.
② 관광기관, 항공회사 등이 여행업자, 보도관계자 등을 초청해서 관광지 등을 시찰 시키는 여행이다.
④ 과거의 관광은 특수층에 국한되어 향유되었으나 오늘날은 일반인 모두가 참여하는 국민관광(social tourism)이다.

Answer   6.① 7.④ 8.③

9 다음 중 여가의 기능과 관련이 적은 것은?

① 휴식기능

② 이득기능

③ 기분전환기능

④ 자기실현기능

TIP 여가란 개인이 직장·가정·사회에서 부과된 의무로부터 해방되었을 때 휴식, 기분전환의 목적으로 이득과는 관계없이 지식과 능력의 배양, 자발적인 사회적 참가, 자유로운 창조력의 발휘를 위하여 오로지 임의적으로 행하는 활동의 총체이다.

10 다음 중 관광의 결정요인으로 관광욕구를 일으키는 동기로 적합하지 않은 것은?

① 교육적 동기

② 경제적 동기

③ 정치적 동기

④ 망향적 동기

TIP 관광욕구를 일으키는 관광동기의 유형
  ㉠ 교육·문화적 동기
  ㉡ 휴양·오락동기
  ㉢ 망향적(심리적) 동기
  ㉣ 경제적 동기

11 다음 중 세계관광의 발전단계와 관광동 기간의 연결로 적합하지 않은 것은?

① tour 시대 : 종교적 이유

② tourism 시대 : 위락적 욕구

③ 대중관광시대 : 위락 및 휴양

④ 신관광시대 : 참여와 다양한 개성추구

TIP tourism 시대는 1840년 ~ 2차대전 이전 시기로 특권계층과 부유층이 호기심과 지식욕구 등의 이유로 여행을 했다.

Answer 9.② 10.③ 11.②

05 관광여행업

① 관광사업의 개념

(1) 관광사업의 의미

오늘날 관광 사업은 관광과 혼용하여 사용되고 있다. 하지만 관광이라는 개념 자체가 광의적인 의미로 한 국가나 국제사회에 대한 경제적 기여도를 바탕으로 한 국제성 또는 글로벌화를 규정하고 있다. 반면 관광 사업은 관광현상의 연구대상 중에서 사회적·경제적 효과를 얻고자 하는 조직적인 활동을 의미한다.

(2) 관광사업의 특성

① **복합성** … 복합성이란 사업주체의 복합성과 사업내용의 복합성을 말한다. 관광 사업은 여러 사업주체로 구성된다는 점에서 복합성을 가진다. 사업주체란 사업을 주관하여 목적을 달성하는 조직을 말하는데, 관광 사업은 정부 및 지방자치단체들의 공적 기관과 민간 기업이 역할을 분담하여 추진하는 사업이다. 사업내용의 복합성이란 관광사업 자체의 내용이 여러 부분으로 분산되어져 있다는 것을 의미한다.

② **입지의존성** … 모든 관광지는 유형·무형의 관광자원을 소재로 하여 각각 특색 있는 관광지를 형성하고 있다. 관광 사업은 관광지의 유형과 기후조건, 관광자원의 매력성과 개발추진 상황, 그리고 교통사정 등에 의존하는 바가 크다.

③ **변동성** … 관광욕구의 충족은 필수적인 것이 아니고 임의적인 성격을 가진다. 때문에 관광은 외부사정의 변화에 매우 민감하게 영향을 받는다.

④ **영리성과 공익성의 공동추구** … 관광 사업은 공·사의 여러 관련 사업으로 이루어진 복합체라는 점에서 이윤추구만을 목적으로 하는 경영이 허용되지 않는다.

⑤ **서비스성** … 관광 사업은 관광자에게 서비스를 제공하는 영업을 주된 사업으로 하기 때문에 무형의 서비스는 가장 중요한 요소이다.

② 관광사업의 분류

(1) 주체별 관광사업의 분류

① 공적 관광사업 … 공익을 위하여 정부나 관광기관이 주체가 되어 실시하는 사업으로서 대외적으로는 국제친선 및 관계개선을 위하는 것이며, 대내적으로는 외래 관광객 유치를 통한 외화 획득과 건전한 국민관광을 도모하는 것 등이다.

② 사적 관광사업 … 다양한 관광욕구에 대응하여 관광객에게 직접적으로 재화와 서비스를 제공하는 직접적 관광사업과 관광객에게 간접적으로 편의를 제공하는 간접적 관광사업으로 나누어진다.

(2) 법률적 관광사업의 분류〈관광진흥법 시행령 제2조〉 `2020년출제`

① 여행업 … 종합여행업, 국외여행업, 국내여행업

② 호텔업 … 관광호텔업, 수상관광호텔업, 한국전통호텔업, 가족호텔업, 호스텔업, 소형호텔업, 의료관광호텔업 `2019년출제`

③ 관광객이용시설업 … 전문휴양업, 종합휴양업, 야영장업, 관광유람선업, 관광공연장업, 외국인관광 도시민박업, 한옥체험업

④ 국제회의업 … 국제회의시설업, 국제회의기획업

⑤ 유원시설업 … 종합유원시설업, 일반유원시설업, 기타유원시설업

⑥ 관광 편의시설업 … 관광유흥음식점업, 관광극장유흥업, 외국인전용 유흥음식점업, 관광식당업, 관광순환버스업, 관광사진업, 여객자동차터미널시설업, 관광펜션업, 관광궤도업, 관광면세업, 관광지원서비스업

③ 여행업 `2018년출제`

(1) 여행업의 정의

① 「관광진흥법」에 의하면 여행업이란 "여행자 또는 운송시설·숙박시설, 그 밖에 여행에 딸리는 시설의 경영자 등을 위하여 그 시설 이용 알선이나 계약 체결의 대리, 여행에 관한 안내, 그 밖의 여행 편의를 제공하는 업"이라고 정의한다.

② 여행업이란 여행객과 공급업자 사이에서 여행에 관한 시설의 예약·수배·알선 등의 여행서비스를 제공하고 공급자로부터 일정액의 수수료를 받는 것을 영업으로 하는 사업체를 말한다.

③ 사업체를 영위하는 자를 여행업자라 부르고, 여기서 공급자는 여행업자 입장에서는 프린시펄(Principal)이라고 부른다.

(2) **여행업의 특성** `2021년출제` `2022년출제` `2015년출제` `2020년출제`

① 위험부담이 적다.

② 신용사업이다.

③ 다품종·대량생산이다.

④ 노동집약적이다.

⑤ 계절적으로 수요 탄력적이다.

⑥ 과다경쟁의 위험이 있다.

⑦ 공익성을 지닌다.

⑧ 생산과 소비의 동시성이 가능하다.

⑨ 입지 위주의 사업이다.

(3) **여행업의 세계사**

① 근대 여행업은 1845년 Thomas Cook에 의해 'Thomas Cook & Son Ltd.'가 설립되어 광고에 의해서 단체 관광단을 모집한 데서 비롯되었다.

② 1850년 아메리칸 익스프레스사 설립 당초에는 운송업과 우편업무만 취급하였다. 1891년 여행자 수표제도를 본격적으로 실시하여 여행업자의 지위를 굳혔다.

③ 항공교통수단의 출현은 관광객의 대량 수송과 장거리 관광을 신속하게 하고, 이를 통해 관광업의 수가 급격히 증가되었다.

(4) **우리나라 여행업의 발달과정**

① 우리나라에서 여행업의 시초는 1912년 12월 일본의 일본교통공사 조선지부의 설립이다.

② 해방과 함께 조선여행사로 개칭되어 운영되었다.

③ 1973년 6월 30일 민영화로, 현재의 대한여행사라는 명칭으로 한국여행사의 효시가 되었다.

④ 1989년 해외여행 완전자유화 조치로 여행사의 수가 급증하였다.

(5) 여행사의 기능 `2015년출제` `2017년출제`

① **대리 업무 기능** … 대리와 이용 알선을 포함하는 기능이다. 여행사에 의해서 대리되는 법인 또는 개인으로서 항공사, 철도 및 버스회사, 렌터카와 호텔 및 음식점 등 이용을 대리·알선하여 주는 기능으로 항공권·열차표 등의 교통기관이용권과 숙박권 등을 대매하는 것이 이에 속한다.

② **서비스 업무 기능** … 일반적으로 여행에 대하여 충분한 지식을 가지고 있지 못한 여행객에게 필요한 각종 정보를 제공하고 여행 상담을 해 주는 것을 말한다. 여행객이 요구하는 제반 사항을 수배하여 주거나 여행객의 요구에 응하여 안내를 수행하여 주는 등 여행객에게 필요한 각종 서비스를 제공하는 기능을 말한다.

③ **판매 업무 기능** … 시장조사를 통하여 여행객의 선호나 욕구를 파악하고 그에 부합한 여행 상품을 생산하고 적정이윤을 가산해서 경쟁력 있는 가격을 정해 여행객에게 판매하는 기능을 말한다.

(6) 여행사의 책임

① 여행시설업자에 대한 책임

② 여행객에 대한 상담과 수배에 대한 책임

③ 정부·여행관련 공공기관에 대한 책임

④ 사내종사원에 대한 책임

⑤ 사회·경제·문화발전에 기여해야 할 책임

(7) 여행업의 종류 `2023년출제`

① **종합여행업** … 국내외를 여행하는 내국인 및 외국인을 대상으로 하는 여행업이다. 내국인의 국내여행, 외국인의 국내여행을 대상으로 하는 인바운드 투어, 내국인의 외국여행을 위한 아웃바운드 등의 업무를 병행하는 종합여행사를 말한다.

② **국내외여행업** … 국외를 여행하는 내국인을 대상으로 하는 여행업이다.

③ **국내여행업** … 국내를 여행하는 내국인을 대상으로 하는 여행업을 말한다.

✦ 여행사의 등록기준 `2014년출제` `2016년출제`

구분	등록기준
종합여행업	• 자본금(개인의 경우에는 자산평가액) : 5천만 원 이상일 것 • 사무실 : 소유권이나 사용권이 있을 것
국내외여행업	• 자본금(개인의 경우에는 자산평가액) : 3천만 원 이상일 것 • 사무실 : 소유권이나 사용권이 있을 것
국내여행업	• 자본금(개인의 경우에는 자산평가액) : 1천500만 원 이상일 것 • 사무실 : 소유권이나 사용권이 있을 것

POINT **홀 세일러(Wholesailer)와 리테일러(Retailer) 여행사** `2021년출제`

- **홀 세일러(Wholesailer) 여행사** : 홀세일러 여행사는 상품을 기획만 하고 고객에게 직접 판매하지 않는 업체를 뜻한다. 쉽게 말하면 여행상품 도매상이다
- **리테일러(Retailer) 여행사** : 소규모의 여행사로 상품을 고객에게 직접 판매하는 업체를 뜻한다. 쉽게 말하면 여행상품 소매상이다

(8) 여행업의 업무내용 `2014년출제` `2016년출제` `2020년출제`

① **기획업무** … 여행상품의 개발 및 상품화, 협력사와의 긴밀한 협조유지, 여행상품 원가계산 및 판매가 결정 등의 업무를 말한다.

② **판매업무** … 여행객의 구매요구에 따라 항공권 판매, 호텔 판매, 렌터카, 철도권, 선박권, 패키지 여행판매 등 여행에 관련된 전반적인 상품을 알선·판매한다.

③ **수속업무** … 여행을 준비하는 기본적 준비단계로서 여행에 필요한 비자 등 각종 수속을 대행하는 업무를 말한다.

④ **예약 및 발권 업무** … 국외여행 시 필요한 항공권의 예약과 발급이 주요 업무이다. 해당노선의 항공 좌석 예약 및 운임계산, 항공권 발권 등의 항공관련 업무를 취급한다.

⑤ **수배업무** … 여행하고자 하는 지역의 숙박시설, 차량, 입장지, 항공좌석 등에 대한 예약과 확인 등의 전반적인 업무처리가 중요한 사항을 이룬다. `2015년출제`

⑥ **정산업무** … 여행종료 후 수익이나 지출 등에 대해 보고된 행사단체의 정산을 담당한다.

⑦ **여행정보의 제공과 여행상담, 여행계획의 작성업무** … 고객이 여행에 관해 요구하는 사항의 자료 제공이나 상담을 한다. 여행에 적합한 일정을 작성하고 계획수립과 필요한 정보를 제공하여 합리적 선택을 도와준다.

❈ 여행업의 업무

법적 업무	일반적 업무
• 상품기획 • 계약체결의 대리 • 여행안내 • 여행상담 • 알선 업무 • 중개 업무 • 매개 업무 • 수속·판매대행 • 여행편의 제공	• 예약과 수배 • 여행정보 제공 • 여행자를 위한 상담 서비스 • 여행상품 개발 및 판매 • 항공권 발권과 숙박시설 예약 및 바우처 발행 • 수속대행 (여권·비자) • 여정관리 및 안내 서비스

⑼ 여행경비의 산출조건

① 운임 … 크게 항공운임과 선박운임으로 나눈다.

> **POINT** 항공운임 등 총액〈항공사업법 시행령 제25조〉
>
> ㉠ 항공운송사업자가 항공교통이용자에게 제공하여야 하는 항공운임 등 총액은 다음의 금액을 합산한 금액으로 한다.
> - 「공항시설법」에 따른 사용료
> - 운임 및 요금
> - 해외 공항의 시설사용료
> - 「관광진흥개발기금법」에 따른 출국납부금
> - 「국제질병퇴치기금법」에 따른 출국납부금
> - 그 밖에 항공운송사업자가 제공하는 항공교통서비스를 이용하기 위하여 항공교통이용자가 납부하여야 하는 금액
> ㉡ 항공운송사업자는 항공교통이용자에게 항공권을 표시·광고 또는 안내하는 경우에 항공운임 등 총액에 관한 정보를 제공하여야 한다.
> ㉢ 항공운송총대리점업자 및 여행업자는 항공교통이용자에게 항공권 또는 항공권이 포함되어 있는 여행상품을 표시·광고 또는 안내하는 경우에 항공운임 등 총액에 관한 정보를 제공하여야 한다. 다만, 항공운임 등 총액이 여행상품 가격에 포함된 경우에는 항공운임 등 총액에 관한 정보를 제공한 것으로 본다.
> ㉣ 항공권 또는 항공권이 포함되어 있는 여행상품을 표시·광고 또는 안내할 때 항공운임 등 총액에 관한 정보를 제공하는 기준은 다음과 같다.
> - 항공운임 등 총액이 편도인지 왕복인지를 명시할 것
> - 항공운임 등 총액에 포함된 유류할증료, 해외 공항의 시설사용료 등 발권일·환율 등에 따라 변동될 수 있는 항목의 변동가능 여부를 명시할 것
> - 항공권 또는 항공권이 포함되어 있는 여행상품을 표시 또는 광고할 때 항공교통이용자가 항공운임 등 총액을 쉽게 식별할 수 있도록 "항공운임 등 총액"의 글자 크기·형태 및 색상 등을 ㉠의 사항과 차별되게 강조할 것
> - 출발·도착 도시 및 일자, 항공권의 종류 등이 구체적으로 명시된 항공권 또는 해당 항공권이 포함된 여행상품의 경우 유류할증료(환율에 따라 변동되는 유류할증료의 경우 항공운송사업자 또는 외국인 국제항공운송사업자가 적용하는 환율로 산정한 금액을 말한다)를 명시할 것

② **지상경비** … 숙박비, 식사비, 관광비, 지상 교통비, 안내원 비용, 인솔자 비용 등이 포함된다.

③ **기타비용** … 기타비용에는 여행경비에 포함되는 비용과 포함되지 않는 비용으로 나눌 수 있는데, 어떠한 항목이 여행경비에 포함되어 있는가에 대해서 약관이나 계약서에 제시해야 한다.

⑽ **여행의 분류**

① 여행목적에 의한 분류

㉠ **위락여행** : 비교적 자유로운 여행으로 개인의 오락, 레크리에이션, 견학, 보건, 휴양상의 여행으로서 일상생활에서 벗어나 새로운 풍물을 즐기는 여행이다.

㉡ **겸목적여행** : 여행의 주목적에다 부수적으로 관광이 추가되는 여행형태로 크게 공용여행과 사용여행으로 나뉜다.

㉢ **사업여행** : 목적지에서 사업을 추진하기 위한 비즈니스맨의 출장여행을 뜻한다. 사업여행은 점차 확대일로에 있다.

② 여행규모에 의한 분류
- ㉠ **개인여행** : 일반적으로 9인 이하의 여행을 말한다. 여행자의 의사에 따라서 여정을 계획한다.
- ㉡ **단체여행** : 10인 이상의 여행을 말한다. 모집대상객이 희망하는 최대공약수적인 여정을 작성하여 여정에 명시된 사항을 충실히 실행한다.

③ 여행방향에 의한 분류
- ㉠ **인바운드 관광** : 외국에서 만들어지는 것으로 외국인이 한국으로 여행하는 것을 말한다. `2016년출제`
- ㉡ **아웃바운드 관광** : 내국인이 해외로 여행하는 것을 말한다.
- ㉢ **인트라바운드 관광** : 내국인이 국내여행을 하는 것을 말한다. `2020년출제`

④ **안내조건에 의한 분류** `2015년출제`
- ㉠ **IIT(Inclusive Independent Tour)** : 여행 출발시 안내원이 함께 동반하지 아니하고 각 관광지에서만 안내원이 나와서 관광안내 서비스를 하는 여행이다.
- ㉡ **ICT(Inclusive Conducted Tour)** : 안내원이 전 여행기간을 동반하며 안내하는 방법으로 단체여행에 많은 형태이다.
- ㉢ **FIT여행** : 안내원을 동반하지 않고 개별적으로 하는 자유여행이다.

⑤ **여행형태에 의한 분류** `2015년출제` `2017년출제`
- ㉠ **Package Tour** : 주최여행의 전형적인 형태로 여행경비를 미리 정해 단기간에 가급적 저렴한 경비로 명승지, 고적이나 주요 관광지를 방문하는 여행이다. `2016년출제`
- ㉡ **Series Tour** : 동일한 형태, 목적, 기간, 코스로 정기적으로 실시되는 여행이다.
- ㉢ **관광유람선 여행(Cruise Tour)** : 유람선을 이용하여 실시되는 여행이다.
- ㉣ **국제회의 여행(Convention Tour)** : 국제회의, 미팅, 전시회, 산업전과 같은 회의에 참가하는 협회나 단체에게 판매하기 위해 상품을 패키지화한 것이다.
- ㉤ **전세여행(Charter Tour)** : 교통기관을 전세 내어 실시하는 여행이다.
- ㉥ **포상여행(Incentive Tour)** : 판매업적 또는 이와 유사한 회사의 업적을 수행한 종업원에 대한 보상으로서 일반회사나 단체에 의해 제공되는 관광이다. `2018년출제`
- ㉦ **Interline Tour** : 항공사가 가맹대리점을 초대하여 실시하는 여행이다.
- ㉧ **시찰초대 여행(Familiarization Tour)** : 관광기관, 항공회사 등이 여행업자, 보도관계자 등을 초청해서 관광루트나 관광지, 관광시설 등을 시찰시키는 여행이다.
- ㉨ **Special Interest Tour** : 기획 테마여행을 말한다. 특별흥미관광이라고도 부르며, 사진, 조류관찰, 오페라 등 공통된 취미를 지닌 클럽, 사회단체를 위해 수배되는 관광 상품이다. `2023년출제`

> **POINT** 기타 여행 용어 `2015년출제`
> - ㉠ junket : 공금으로 하는 관용여행 중 호화 유람여행
> - ㉡ pilgrimage : 순례, 성지 참배
> - ㉢ jaunt : 놀기 위한 짧은 여행, 위안 여행
> - ㉣ voyage : 장거리의 선박여행, 항공여행

⑥ 등급에 의한 분류

　　㉠ 여행업자에 따라 약간 다르지만, 여행상품의 등급을 매기는 기본은 호텔객실의 등급에 의하든가, 호텔 자체의 등급에 따르는 것이 일반적이다.

　　㉡ 등급의 호칭으로는 위로부터 Deluxe, Superior, Standard, Economy의 4가지 단계가 있다.

(11) 관광코스 유형　2021년출제

① 피스톤형

　　㉠ 관광객이 집을 떠나 목적지에 도착한 다음, 현지에서 관광활동을 한 후 다시 동일한 경로를 이용하여 집으로 돌아오는 형태이다.

　　㉡

② 스푼형

　　㉠ 관광자가 집을 떠나 목적지에 도착한 다음 현지에서 관광활동을 하되, 2곳 이상의 목적지가 근접되어 있어서 이들 목적지에서 관광활동을 한 후 피스톤형과 같이 동일한 경로를 따라 집으로 돌아오는 형태이다.

　　㉡

③ 안전핀형

　　㉠ 관광자가 집을 떠나 목적지에 도착하여 현지에서 관광활동을 한 다음, 올 때와는 다른 루트로 귀가하는 형태로 2곳 이상의 목적지가 근접되어 있는 경우 발생한다.

　　㉡

④ 탬버린형 : 관광자가 집을 떠나 목적지를 방문하고 곧바로 거주지로 돌아오지 않고 제2의 목적지를 방문하는 형태로, 다른 목적지를 방문할 때마다 다른 교통로를 선택하여 여행시간과 경비가 가장 많이 소요되는 관광형태이다.

≡ 최근 기출문제 분석 ≡

2023. 11. 4. 국내여행안내사

1 관광진흥법령상 국내외를 여행하는 내국인만을 대상으로 하는 여행업은?

① 종합여행업

② 일반여행업

③ 국외여행업

④ 국내외여행업

> **TIP** 여행업의 종류〈「관광진흥법 시행령」 제2조(관광사업의 종류) 제1호〉
> 가. 종합여행업 : 국내외를 여행하는 내국인 및 외국인을 대상으로 하는 여행업[사증(査證)을 받는 절차를 대행하는 행위를 포함한다]
> 나. 국내외여행업 : 국내외를 여행하는 내국인을 대상으로 하는 여행업(사증을 받는 절차를 대행하는 행위를 포함한다)
> 다. 국내여행업 : 국내를 여행하는 내국인을 대상으로 하는 여행업

2023. 11. 4. 국내여행안내사

2 다음에서 설명하는 관광은?

> • 관광객의 개성을 살리고 체험과 활동을 지향하는 관광
> • 특정 주제와 관심분야 위주로 하는 관광

① Social Tourism

② Barrier-free Tourism

③ Special Interest Tourism

④ City Tour

> **TIP** 제시된 내용은 특수목적관광인 Special Interest Tourism에 대한 설명이다.
> ① 국가 및 지방자치단체가 여행을 지원하는 서비스 활동
> ② 장애인, 고령자 등 여행에 있어 제약이 있는 사람들을 위한 장벽이 없는 관광
> ④ 도시관광

Answer 1.④ 2.③

3 **여행 산업의 특성으로 옳은 것은?**

① 현금유동성이 낮은 산업이다.　　　② 외부환경에 민감한 업종이다.

③ 고정자산비중이 높은 산업이다.　　④ 기술집약적 산업이다.

> **TIP** 여행 산업의 특성
> ㉠ 고정자본, 설비 투자가 적다.
> ㉡ 현금 유동성이 높고 외상거래 빈도가 낮아 위험부담이 적다.
> ㉢ 재고자산이 발생하지 않는다.
> ㉣ 노동력에 대한 의존도가 높다.
> ㉤ 외부환경에 민감한 업종이다.
> ㉥ 제품의 수명주기가 짧다.
> ㉦ 모방하기가 쉬워 차별화가 힘들다.
> ◎ 계절성이 강하다.

4 **관광진흥법령상 국내외를 여행하는 내국인 및 외국인을 대상으로 하는 여행업은?**

① 종합여행업　　　　　　　　　　② 일반여행업

③ 국내외여행업　　　　　　　　　④ 국외여행업

> **TIP** 여행업의 종류
> ㉠ 종합여행업 : 국내외를 여행하는 내국인 및 외국인을 대상으로 하는 여행업(사증(査證)을 받는 절차를 대행하는 행위를 포함한다)
> ㉡ 국내외여행업 : 국내외를 여행하는 내국인을 대상으로 하는 여행업(사증을 받는 절차를 대행하는 행위를 포함한다)
> ㉢ 국내여행업 : 국내를 여행하는 내국인을 대상으로 하는 여행업

5 **여행업의 산업적 특성이 아닌 것은?**

① 계절성이 높은 산업　　　　　　② 수요탄력성이 낮은 산업

③ 고정자산 비중이 낮은 산업　　　④ 창업이 용이한 산업

> **TIP** ② 여행업은 수요탄력성과 공급의 비탄력성이 큰 사업이다. 특히 여행수요는 계절에 따라 변동이 심하다.

Answer 3.② 4.① 5.②

6 다음 (   )에 들어갈 내용은?

> (   ) 여행사는 여행상품을 만들어 소매여행사에 판매하는 여행사를 말한다.

① 홀세일러(wholesaler)
② 리테일러(retailer)
③ 온라인(on-line)
④ 오프라인(off-line)

> **TIP** ① 홀세일러 여행사는 상품을 기획만 하고 고객에게 직접 판매하지 않는 업체를 뜻한다. 쉽게 말하면 여행상품 도매상이다.

7 관광코스 유형이 아닌 것은?

① 안전핀형   ② 스푼형
③ 탬버린형   ④ 방황형

> **TIP** 관광코스 유형
> ㉠ 피스톤형 : 관광객이 집을 떠나 목적지에 도착한 다음, 현지에서 관광활동을 한 후 다시 동일한 경로를 이용하여 집으로 돌아오는 형태이다.
> ㉡ 스푼형 : 관광자가 집을 떠나 목적지에 도착한 다음 현지에서 관광활동을 하되, 2곳 이상의 목적지가 근접되어 있어서 이들 목적지에서 관광활동을 한 후 피스톤형과 같이 동일한 경로를 따라 집으로 돌아오는 형태이다.
> ㉢ 안전핀형 : 관광자가 집을 떠나 목적지에 도착하여 현지에서 관광활동을 한 다음, 올 때와는 다른 루트로 귀가하는 형태로 2곳 이상의 목적지가 근접되어 있는 경우 발생한다.
> ㉣ 탬버린형 : 관광자가 집을 떠나 목적지를 방문하고 곧바로 거주지로 돌아오지 않고 제2의 목적지를 방문하는 형태로, 다른 목적지를 방문할 때마다 다른 교통로를 선택하여 여행시간과 경비가 가장 많이 소요되는 관광형태이다.

Answer 6.① 7.④

8 여행업의 특성이 아닌 것은?

① 고정자본의 투자가 크다.

② 계절성이 강하다.

③ 정치, 경제 등의 변화에 민감하다.

④ 노동집약적이다.

> **TIP** ① 여행업은 타산업에 비해 고정자본의 투자가 적고, 운영비용이 큰 특징을 가진다.

9 관광진흥법상 관광사업이 아닌 것은?

① 유원시설업   ② 관광 체육시설업

③ 관광객 이용시설업   ④ 관광 편의시설업

> **TIP** 관광사업의 종류〈「관광진흥법」 제3조 제1항〉
> ㉠ 여행업
> ㉡ 관광숙박업 : 호텔업, 휴양 콘도미니엄업
> ㉢ 관광객 이용시설업
> ㉣ 국제회의업
> ㉤ 카지노업
> ㉥ 유원시설업(遊園施設業)
> ㉦ 관광 편의시설업

10 여행업의 주요업무가 아닌 것은?

① 수배업무   ② 정산업무

③ 여정관리업무   ④ 환전업무

> **TIP** ④ 환전업무는 은행업의 주요업무이다.
> ※ 여행업의 주요업무 … 여행상품 기획 · 개발, 고객상담, 예약 · 수배, 판매, 여정관리, 정산

Answer 8.① 9.② 10.④

출제 예상 문제

1 관광사업의 특성으로 적합하지 않은 것은?

① 복합성

② 입지의존성

③ 비변동성

④ 영리성과 공익성의 공동 추구

TIP 관광사업은 복합성, 입지의존성, 변동성, 영리성과 공익성의 공동 추구, 서비스성이라는 특징을 지니고 있다.

2 다음 중 여행업의 정의와 거리가 먼 것은?

① 여행자 또는 운송시설, 숙박시설, 기타 여행에 부수되는 시설의 경영자 등을 위한 사업

② 당해 시설 이용의 알선

③ 계약 체결의 대리

④ 여행시설의 운영

TIP 여행업이란 여객의 상담에 응하여 여행지에 관한 필요한 지식을 제공하고, 여행자를 대신하여 교통편과 숙박을 예약하며, 그 밖에 여행에 관한 각종 서비스를 제공하여 일정한 대가, 즉 보수를 수수하는 업무를 말한다.

3 1845년 여행업의 첫 출현과 관계가 없는 것은?

① Thomas Cook

② 광고에 의해 단체관광단 모집

③ Excursion Agent

④ American Express

TIP 여행알선업의 연혁은 1845년 영국에서 'Thomas Cook and Son, Ltd'가 창립되어 광고를 통해 단체관광단을 모집한 데서 비롯되었다.

Answer 1.③ 2.④ 3.④

4 여행사가 갖는 주요 기능으로 적합하지 않은 것은?

① 대리 업무 기능　　　　　　　　② 서비스 업무 기능

③ 판매 업무 기능　　　　　　　　④ 공익성 사업 기능

TIP ① 항공사, 철도 및 버스 회사, 렌터카와 호텔 및 음식점 등 이용을 대리 · 알선하여 주는 기능이다.
② 일반적으로 여행에 대하여 충분한 지식을 가지고 있지 못한 여행객에게 필요한 각종 정보를 제공하고 여행 상담을 해 주는 것이다.
③ 판매업무기능이란 시장조사를 통하여 여행객의 선호나 욕구를 파악하고, 그에 부합한 여행상품을 생산하고 적정이윤을 가산해서 경쟁력 있는 가격을 정해 여행객에게 판매하는 기능이다.

5 여행사가 갖추어야 할 책임으로 적합하지 않은 것은?

① 여행시설업자에 대한 책임　　　② 여행객에 대한 상담과 수배에 대한 책임

③ 여행객의 비용절감에 대한 책임　④ 사내종사원에 대한 책

TIP 여행사가 갖춰야 할 책임
㉠ 여행시설업자에 대한 책임
㉡ 여행객에 대한 상담과 수배에 대한 책임
㉢ 정부 · 여행관련 공공기관에 대한 책임
㉣ 사내종사원에 대한 책임
㉤ 사회 · 경제 · 문화발전에 기여해야 할 책임

6 다음중 여행의 분류상 성격이 맞지 않는 하나는?

① 위락여행　　　　　　　　　　　② 겸목적여행

③ 사업여행　　　　　　　　　　　④ 단체여행

TIP ①②③은 여행목적에 따른 분류이다.

Answer　4.④　5.③　6.④

7 여행업의 특성으로 적합하지 않은 것은?

① 적은 위험부담

② 신용사업

③ 다품종·대량생산

④ 계절적 수요비탄력성

TIP 여행업 경영의 특성

㉠ 고정자본의 투자가 적다.

㉡ 노동력에 대한 의존도가 높기 때문에 인간이 자본이라고 할 수 있다.

㉢ 계절성이 강하다.

㉣ 제품수명 주기가 짧다.

㉤ 직원의 전문요원화가 가능하다.

㉥ 사무실의 위치의존도가 크다.

㉦ 다품종 대량생산의 시스템산업이다.

8 여행업자의 업무 내용으로 적합하지 않은 것은?

① 프린시펄로부터 수수료 확인

② 수하물보험의 취급 대행

③ 승차권의 대매 알선

④ 호텔 및 관광지의 예약

TIP 여행알선의 업무 내용

㉠ 판매업무

㉡ 중개업무

㉢ 수배업무(운송, 숙박, 기타 여행에 부수되는 시설의 알선, 계약체결 등)

㉣ 인수업무(청부여행의 인수)

㉤ 대행업무

㉥ 안내업무

9 다음 여행상품의 등급 중 최상위에 해당하는 것은?

① Deluxe

② Superior

③ Standard

④ Economy

TIP 등급의 호칭으로는 위로부터 Deluxe, Superior, Standard, Economy의 네 가지로 분류한다.

Answer 7.④ 8.① 9.①

10 다음 중 여행의 분류 형태상 성격이 다른 하나는?

① Shore Excursion ② Over Land Tour

③ 일반관광 여행 ④ 지역관광

TIP ①②③은 여행의 분류상 출입국 수속에 따른 것이다.

11 안내원이 관광지 안내만 서비스하고 그 외의 부분은 여행자가 단독으로 여행하는 방식은?

① IIT(Inclusive Independent Tour)

② ICT(Inclusive Conducted Tour)

③ Shore Excursion

④ Over Land Tour

TIP ② Escort가 전 여행기간 동안에 동반하며 안내하는 방법으로 단체여행에 많은 형태이다.

③ 각 기항항에서의 선택 관광이다.

④ 선박이 어떤 항구에서 하선하면 그 승객들이 통과상륙허가를 얻어 행하는 여행이다. 다른 항구에서 다시 만나 동일선에 재승선 한다.

12 동일한 형태, 목적, 기간, 코스로 정기적으로 실시되는 여행은?

① Package Tour ② Series Tour

③ Cruise Tour ④ Charter Tour

TIP ① 여행경비를 미리 정해 단기간에 가급적 저렴한 경비로 방문하는 여행이다.

③ 유람선을 이용하여 실시되는 여행이다.

④ 전세여행을 말하며, Affinity Group Charter, Own Use Charter, IT Charter 등이 있다.

Answer 10.④ 11.① 12.②

13 다음이 설명하는 여행 형태는?

> 관광기관, 항공회사 등이 여행업자, 보도관계자 등을 초청해서 관광루트나 관광지, 관광시설 등을 시찰
> 시키는 여행

① Familiarization Tour

② Interline Tour

③ Special Interest Tour

④ IIT

TIP ② 항공사가 가맹 Agent를 초대하여 실시하는 여행이다.
③ 기획 테마여행이다.
④ 관광지에서 관광만을 안내 서비스하고 그 이외에는 여행자가 단독으로 여행하는 방식이다.

14 사진, 조류관찰, 오페라 등 공통된 취미를 지닌 클럽, 사회단체를 위해 수배되는 관광상품을 통한 여행
으로 적합한 것은?

① Familiarization Tour

② Interline Tour

③ Special Interest Tour

④ IIT

TIP ① 시찰 초대 여행이다.
② 항공사가 가망대리점을 초대하여 실시하는 여행이다.
④ 관광지에서 관광만을 안내 서비스하고 그 이외에는 여행자가 단독으로 여행하는 방식이다.

Answer 13.① 14.③

15 Budget Tour란?

① 기획 테마여행

② 관광기관, 항공회사 등이 여행업자, 보도관계자 등을 초청해서 시찰시키는 여행

③ 통상요금보다 저렴하게 제공되는 여행

④ 주최여행의 전형적인 형태

TIP ③ 염가 여행이라고 한다.

16 패키지 여행(Package Tour)에 대한 설명으로 관계가 먼 것은?

① 여행업자가 여행계획을 작성한다.

② 관광객을 시장으로부터 모집한다.

③ 일정한 관광비용, 여정 및 조건서를 작성한 범위 내에서 관광을 실시한다.

④ 숙박·교통·관광코스 등의 편의는 관광객의 의사에 따라 정한다.

TIP Package Tour … 대규모 여행업자가 사전에 교통편 및 숙박시설을 계약하여 일시에 대량구입한 후 일련의 기획여행을 만들어서 조립상품화하는 여행상품이다.

17 Social Tourism의 주요 대상자는?

① 일반 국민　　　　　　　　　② 사회지도층

③ 소외계층　　　　　　　　　④ 청소년

TIP 여행할 만한 여유가 없는 계층을 위해 정부나 공공기관의 지원이 이뤄지면서 국민복지향상을 목적으로 사회적 관광(social tourism)이 이루어진다.

Answer 15.③ 16.④ 17.③

06 관광숙박업

① 현대의 숙박시설

(1) 관광숙박업의 정의와 기능

① **관광숙박업의 정의**… 관광진흥법은 관광숙박업의 종류를 호텔업과 휴양 콘도미니엄으로 분류하고 있다. 또한 관광호텔업의 정의를 "관광객의 숙박에 적합한 시설을 갖추어 이를 관광객에게 제공하거나 숙박에 딸리는 음식·운동·오락·휴양·공연 또는 연수에 적합한 시설 등을 함께 갖추어 이를 이용하게 하는 업"이라고 규정하고 있다.

② **관광숙박업의 기능** `2014년출제`
   ㉠ 관광활동의 인프라로서 체류와 숙박을 통해 관광객을 안전하게 보호하고 휴식을 제공하는 숙박기능
   ㉡ 지역문화와 관광 상품을 홍보·연결시키는 허브 기능과 지역민과 지역 내 다양한 산업과 연계하여 상품을 판매함으로써 경제적 효과의 분배기능
   ㉢ 관광지, 테마파크, 항공교통, 휴양리조트, 국제회의, 각종 지역이벤트, 기념품 및 특산품 등 지역의 관광산업과 관련 산업을 포괄적이고 직접적으로 연계하고 다양한 관광 상품을 개발·지원하는 연계·지원기능

③ **관광숙박업의 종류** `2015년출제` `2020년출제` `2019년출제`

호텔업	관광 호텔업	관광객의 숙박에 적합한 시설을 갖추어 관광객에게 이용하게 하고 숙박에 딸린 음식·운동·오락·휴양·공연 또는 연수에 적합한 시설 등을 함께 갖추어 관광객에게 이용하게 하는 업
	수상관광 호텔업	수상에 구조물 또는 선박을 고정하거나 매어 놓고 관광객의 숙박에 적합한 시설을 갖추거나 부대시설을 함께 갖추어 관광객에게 이용하게 하는 업
	한국전통호텔업	한국전통의 건축물에 관광객의 숙박에 적합한 시설을 갖추거나 부대시설을 함께 갖추어 관광객에게 이용하게 하는 업
	가족 호텔업	가족단위 관광객의 숙박에 적합한 시설 및 취사도구를 갖추어 관광객에게 이용하게 하거나 숙박에 딸린 음식·운동·휴양 또는 연수에 적합한 시설을 함께 갖추어 관광객에게 이용하게 하는 업
	호스텔업	배낭여행객 등 개별 관광객의 숙박에 적합한 시설로서 샤워장, 취사장 등의 편의시설과 외국인 및 내국인 관광객을 위한 문화·정보 교류시설 등을 함께 갖추어 이용하게 하는 업

	소형호텔업	관광객의 숙박에 적합한 시설을 소규모로 갖추고 숙박에 딸린 음식·운동·휴양 또는 연수에 적합한 시설을 함께 갖추어 관광객에게 이용하게 하는 업
	의료관광호텔업	의료관광객의 숙박에 적합한 시설 및 취사도구를 갖추거나 숙박에 딸린 음식·운동 또는 휴양에 적합한 시설을 함께 갖추어 주로 외국인 관광객에게 이용하게 하는 업
휴양 콘도미니엄		관광객의 숙박과 취사에 적합한 시설을 갖추어 이를 그 시설의 회원이나 공유자, 그 밖의 관광객에게 제공하거나 숙박에 딸리는 음식·운동·오락·휴양·공연 또는 연수에 적합한 시설 등을 함께 갖추어 이를 이용하게 하는 업

> **POINT** 관광펜션업의 지정기준〈관광진흥법 시행규칙 별표 2〉 2019년출제
>
> • 자연 및 주변환경과 조화를 이루는 4층 이하의 건 축물일 것
> • 객실이 30실 이하일 것
> • 취사 및 숙박에 필요한 설비를 갖출 것
> • 바비큐장, 캠프파이어장 등 주인의 환대가 가능한 1 종류 이상의 이용시설을 갖추고 있을 것(다만, 관광펜션이 수 개의 건물 동으로 이루어진 경우에는 그 시설을 공동으로 설치할 수 있다)
> • 숙박시설 및 이용시설에 대하여 외국어 안내 표기를 할 것

(2) 호텔의 역사적 발전과정

① Inn 시대 … 최저한도의 시설을 이용했으며 이용객 층은 주로 종교여행자들이었다(고대~중세).

② 그랜드(Grand)호텔 시대 … 호화스런 시설과 서비스를 포함한 숙박기능 및 부유층의 사교장 역할을 했다(19세기 중엽).

③ Commercial 호텔 시대 … 일반대중을 대상으로 한 숙박시설의 건설과 경영을 목표로 한다(19세기 중엽~20세기 초).

④ New age 호텔 시대 … 교통수단의 발달과 여행패턴의 변화 등으로 경영과 서비스측면에서 다양한 형태의 호텔이 출현했다(20세기 중엽 이후).

(3) 우리나라의 호텔 발전사

① 대불호텔이 인천에 세워졌다(1888년).

② 정동에 세워진 손탁호텔은 최초의 근대 서양식 호텔로서 객식, 가구, 장식품, 악기, 의류 및 요리가 모두 서양식으로 등장했다(1902년).

③ 하남호텔이 구 이화여고 정문 앞에 세워졌다(1909년).

④ 부산철도호텔이 부산역에 세워졌다(1912년).

⑤ 신의주 철도호텔이 신의주역사에 세워졌다(1912년).

⑥ 서구식 형태의 숙박시설의 개념을 가진 조선호텔이 세워졌다(1914년).

⑦ 반도호텔이 상용호텔의 효시를 이룬다(1936년).

⑧ 휴양지호텔로 건립된 워커힐 호텔은 미국의 쉐라톤 호텔과 프랜차이즈 경영계약으로 운영된다(1963년).

(4) 호텔의 분류 `2015년출제` `2019년출제`

① 숙박목적에 따른 분류
- ㉠ 커머셜호텔 : 전형적인 상용호텔
- ㉡ 리조트호텔 : 휴양과 레크리에이션이 목적인 호텔
- ㉢ 컨벤셔널호텔 : 회의를 유치하기 위한 매머드 호텔
- ㉣ 아파트먼트호텔 : 장기체재객용의 호텔
- ㉤ 비즈니스 호텔 : 단기체재객용의 호텔
- ㉥ 클럽호텔 : 어떤 단체의 회원만이 이용할 수 있으며 대체로 비영리호텔
- ㉦ 이코노미 호텔 : 저렴한 가격의 호텔
- ㉧ 가족호텔 : 자녀들과 함께 여행하려는 사람들을 위한 호텔

② 장소적 요인에 의한 분류
- ㉠ 메트로폴리탄호텔 : 대도시에 위치하면서 수천 개의 객실을 보유
- ㉡ 시티호텔 : 도시 중심지의 호텔 등을 총칭
- ㉢ 다운타운호텔 : 비즈니스센터와 쇼핑센터 등의 중심가에 존재하는 호텔
- ㉣ 서버반호텔 : 교외에 건립된 공기 좋고 주차가 편리한 호텔
- ㉤ 컨트리호텔 : 산간에 세워지는 호텔, 또는 마운틴호텔
- ㉥ 에어포트호텔 : 공항 근처에 위치한 호텔을 의미
- ㉦ 터미널호텔 : 철도역이나 공항, 터미널 또는 버스터미널 근처에 위치
- ㉧ 비치호텔 : 해변에 위치한 피서객과 휴양객을 위한 호텔
- ㉨ 시포트호텔 : 항구 근처에 위치한 호텔
- ㉩ 하이웨이호텔 : 고속도로변에 위치한 호텔

③ 규모에 의한 분류
- ㉠ 스몰호텔 : 객실 수가 25실 이하인 소형호텔
- ㉡ 에버리지호텔 : 객실이 25~100 사이의 호텔
- ㉢ 어보브에버리지호텔 : 객실이 100~300 사이의 호텔
- ㉣ 라지호텔 : 객실이 300개 이상인 호텔
- ㉤ 퍼스트 클라스 호텔 : 일류 호텔

④ 숙박시설의 형태에 따른 분류
  ㉠ 모텔 : 자동차 이용자들이 주로 이용하는 모터리스트 호텔
  ㉡ 유스호스텔 : 청소년들의 여행을 제도적으로 뒷받침하고 실제로 현실화시키기 위한 것
  ㉢ 콘도미니엄 : 해안 휴양 숙박시설의 일종으로 개인이 소유하지만 관리와 시설 서비스는 독립된 회사가 운영
  ㉣ 플로텔 : 해상의 호화 호텔이라고 할 수 있는 여객선 또는 카페리같은 플로팅 호텔
  ㉤ 버젯호텔 : 저렴한 요금으로 시설이 좋은 객실을 이용하도록 만든 실비모텔
  ㉥ 보텔 : 보트를 타고 여행하는 사람들이 이용하는 숙박시설
  ㉦ 요텔 : 요트를 타고 여행하는 관광객들이 주로 이용하는 숙박시설
  ㉧ 로텔 : 도로상에 위치하는 교통과 숙박의 양 시설을 겸한 버스
  ㉨ 유로텔 : 분양식 리조트 맨션의 수탁체인 경영형태의 숙박시설

⑤ 요금제도에 의한 분류 2015년출제 2018년출제 2020년출제
  ㉠ European Plan : 우리나라에서 이용되고 있는 경영방식으로 객실요금만을 계산
  ㉡ Continental Plan : 객실요금에 대륙식 조식요금이 포함되며, 주로 유럽에서 많이 이용
  ㉢ Modified American Plan : 객실요금에 아침과 점심 혹은 저녁식사 비용이 포함
  ㉣ American Plan : 객실요금에 아침, 점심, 저녁식사 비용이 포함
  ㉤ Dual Plan : 미국식이나 유럽식 등 손님의 요구에 따라 이용되는 혼용식

(5) 호텔의 경영 형태

① 단독경영 호텔 … 개인이 호텔 하나만을 운영하는 경우나 그룹사의 경우 호텔업에 투자하여 관리인으로 하여금 단독경영을 하게 하는 형태이다.

② 체인호텔 … 2개 이상의 호텔이 하나의 그룹을 형성하여 운영할 때 연쇄경영 또는 체인경영이라 한다.
  ㉠ 장점
    ㉮ 대량구입으로 인한 원가절감
    ㉯ 전문가의 양적 · 질적 활용
    ㉰ 공동선전에 의한 효과
    ㉱ 예약의 효율적인 활용
    ㉲ 계수관리의 적정화
    ㉳ 인용연한 연장의 효과
  ㉡ 단점
    ㉮ 로열티의 과다한 지급
    ㉯ 회계제도상의 불리
    ㉰ 자본주는 지분에 의한 배당
    ㉱ 경영의 불간섭

　　　　㉤ 자본주에게 계약 내용상 최소한의 수익이 보장되어 있지 않음

　　　　㉥ 자본주에게 계약 파기권이 없음

　　　　㉦ 부당한 인사

　　　　㉧ 재고 및 시장품목의 발생

③ 체인호텔의 종류

　　㉠ **일반 체인 호텔** : 체인의 모회사가 소유권에 대한 지분을 보유하거나 혹은 주주로부터 호텔시설을 임차하여 운영하며 체인본부는 경영만 책임진다.

　　㉡ **관리운영 위탁 방식** : 경영협약체인 경영협약에 의해서 호텔의 총 경영을 책임지는 것으로 호텔회사는 리스경영에 있어서와 같이 경영주체가 되지 않고 그 시설의 관리운영만을 계약에 의해 수탁하는 것이고 특허계약 수수료와 특허권 사용료는 받는다.

　　㉢ **프랜차이즈호텔** : 프랜차이즈란 특허권 사용이라는 뜻으로 이 경우의 호텔은 체인의 본부로부터 체인에 가입한 다른 일반체인의 호텔과 동일한 표지를 걸고 동형의 건물에서 같은 방식의 경영을 하고 있기 때문에 외관상으로는 구별할 수 없다. 2015년출제

　　㉣ **리퍼럴 방식** : 리퍼럴은 동업자 결합에 위한 경영방식으로 소매업에서 말하는 자발적 체인이며 미국에서 프랜차이즈 방식에 따라 모텔체인이 급성장하는 것을 보고 독립 모텔군이 단결하여 대항하기 위해 조직한 체인이다. 2015년출제

　　㉤ **임차 경영 방식** : 임차 경영방식은 호텔 건물의 건설 자금이 부족한 호텔기업이 개인 소유의 건물을 빌려서 호텔로 활용하는 방식이다.

　　㉥ **업무 제휴 방식** : 본부가 되는 호텔회사가 공동선전과 예약업무 등의 분야에서 몇 개의 단독호텔과 업무 제휴를 맺어 하나의 체인을 구성하는 경우이다.

　　㉦ Co - Owner Chain Hotel : 호텔기업이나 모텔 등이 주로 지방에 있는 개인투자가와의 합자에 의한 소유 형식을 취하는 것이다.

✳ **체인호텔 경영의 장·단점**

장점	단점
• 대량구입으로 인한 원가절감 • 전문가의 양적 · 질적 활용 • 공동선전에 의한 효과 • 예약의 효율적 활용 • 계수관리의 적정화	• 로열티의 과다한 지급 • 회계제도상의 불리 • 경영의 불간섭 • 자본주에게 계약 파기권이 없다. • 부당한 인사 • 인건비 및 기타 경비의 과다 지출 • 자본주는 지분에 대한 배당 • 자본주에게 계약 내용상 최소한의 수익이 보장되어 있지 않음

② 호텔기업의 특성

(1) 경영상 및 운영상의 특징
① 초기 투자비용의 과다

② 높은 고정자산 의존성

③ 인적 요소의 중요성

④ 연중무휴의 운영

⑤ 공급과 수요의 불균형

(2) 시설상의 특성
① 시설의 조기 노후화

② 비생산적 공공장소의 확보

(3) 상품상의 특성
① 계절성

② 표준화의 한계성

③ 비저장성

④ 시간·공간의 제약

(4) 사회·시설상의 특성
정치·경제·사회 환경변화와 기업의 내·외적인 환경변화에 따라 영향을 받는다.

③ 호텔 특성

(1) 호텔 객실가격의 영향 요소

① 호텔의 위치

② 객실위치

③ 객실 크기와 설비 `2016년출제` `2015년출제`

객실 유형	객실 내용
Single Room	1인용 침대가 한 개 있는 객실
Double Room	2인용 침대가 한 개 있는 객실
Twin Room	1인용 침대가 두 개 있는 객실
Twin Double Room	2인용 침대가 두 개 있는 객실
Suite Room	하나 또는 그 이상의 침대와 거실이 있는 객실
Penthouse suite Room	수영장, 테니스 코트가 있는 최상층에 있는 특실
Studio Room	주간에는 소파로, 야간에는 침대로 변형시켜 사용할 수 있는 다목적 침대가 설치되어 있는 객실
Connecting Room	복도를 통하지 않고서도 사이에 문이 있어 출입이 가능한 객실
Adjoining Room	두 개의 객실 사이에 통로는 없지만 연결되어 있는 객실
Handicap Room	객실에 비치된 시설장치, 구조, 가구 및 비품 등이 물질적으로 손상되어 있는 객실
Parlour Room	특실에 부수되는 응접실

④ 체재기간과 시즌

⑤ 식사

⑥ 부가적 특징

⑦ 특별요금

(2) 숙박요금 및 기타 용어

① Dual Plan … 아메리칸 플랜이나 유럽피언 플랜을 고객이 편리한 대로 지정하는 방식이다.

② Complimentary … 호텔의 접대객 및 판매촉진을 목적으로 하는 고객에 대해 요금을 받지 않는 것을 말한다. 객실요금만 무료로 한 경우를 Complimentary on room이라 하고, 식사대를 포함한 무료는 Complimentary Room & Meal이라고 한다.

③ Part day rate … 일명 day use charge 또는 day rate라고 하는데 객실점유율을 높이기 위해 고객이 주간에 이용한 요금을 할인하여 받는 요금방법이다.

④ Courtesy room … 조조 도착이나 늦은 출발(12:00)의 경우나 체크아웃 시간에 저촉될 경우 무료로 제공받은 객실을 의미한다. 일반적으로 8명당 1실을 기준으로 한다.

⑤ Hold room charge … 객실을 실제로 사용하지 않으면서 확보하고 있는 경우로서 예약날짜에 투숙하지 않고 다음날부터 사용하는 경우에 해당한다.

⑥ Voluntary single … 2인 1실로 투숙한 고객이 자신의 필요에 의하여 1인 1실로 객실을 사용하는 경우를 말한다. 이 경우 추가객실료는 본인 부담한다.

⑦ Weekly rate … 1주일 체류자를 위한 할인요금이다.

⑧ Rack rate … 호텔에 의해 책정된 객실기본요금이다.

⑨ Run of the house rate … 단체용으로 설정된 호텔 실료방식으로 스위트를 제외한 모든 객실에 단체 투숙을 위한 최소와 최대요금 사이의 평균요금으로 결정하는 협정가격으로 한다.

⑩ Corporate rate … 대기업의 종사원을 위한 할인요금이다.

(3) 호텔의 조직

① 관리부 … 회계, 재무, 구매, 영업, 마케팅을 담당한다. 호텔종업원의 인터뷰와 선발을 담당한다.

② 프론트 오피스 … 직접 고객과 접촉하고 예약, 객실배정, 우편, 수하물을 처리하고 호텔과 주변지역의 오락 활동에 대한 정보를 제공한다.

③ House Keeping … 고객이 사용할 호텔 · 모텔 등 숙박업소의 객실을 관리하는 직업이다.

④ Food & Beverage(식 · 음료부) … 식음료의 준비와 서비스를 한다.

⑤ 시설부 … 호텔 내의 모든 기계 및 전기장치의 유지, 수리, 보수를 책임진다.

⑥ 안전부 … 호텔고객과 고객의 재산을 보호할 뿐만 아니라 호텔의 자산을 지킨다.

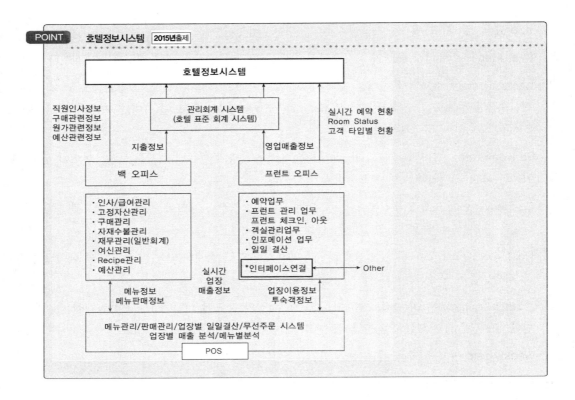

POINT 호텔정보시스템 2015년출제

호텔정보시스템

관리회계 시스템
(호텔 표준 회계 시스템)

직원인사정보
구매관련정보
원가관련정보
예산관련정보

실시간 예약 현황
Room Status
고객 타입별 현황

지출정보

영업매출정보

백 오피스

프런트 오피스

· 인사/급여관리
· 고정자산관리
· 구매관리
· 자재수불관리
· 재무관리(일반회계)
· 여신관리
· Recipe관리
· 예산관리

· 예약업무
· 프런트 관리 업무
  프런트 체크인, 아웃
· 객실관리업무
· 인포메이션 업무
· 일일 결산

*인터페이스연결 ← Other

실시간
업장
매출정보

메뉴정보
메뉴판매정보

업장이용정보
투숙객정보

메뉴관리/판매관리/업장별 일일결산/무선주문 시스템
업장별 매출 분석/메뉴별분석

POS

(4) 호텔의 등급결정 2017년출제

① 의의 … 관광숙박업을 등급화하여 숙박시설, 서비스, 각종요금과 가격을 등급수준에 맞도록 유지 · 관리하게
한다.

② 대상 업종 및 등급결정 사유
　㉠ 신규 등록을 한 경우
　㉡ 등급결정을 받은 날부터 3년이 경과한 경우
　㉢ 시설 증 · 개축 또는 서비스 및 운영실태 등의 변경으로 등급 조정사유가 발생한 경우

③ 등급결정권자 … 등급결정은 문화체육관광부장관의 권한이며 위탁으로 하고 있다.

④ 등급결정의 절차 및 조사의뢰 … 종합관광호텔업의 등급결정 절차는 문화체육관광부령으로 정하고 세부적인
절차는 문화체육관광부장관이 정하여 고시한다.

④ 호텔 식당

(1) 호텔 식당의 구성

① 호텔 식당의 정의
- ㉠ 영리적 목적으로 한 사회적 기업
- ㉡ 인적 · 물적 서비스 상품
- ㉢ 일정한 영업장소로서 시설

② 조직구성원
- ㉠ 식당지배인 : 식당의 총책임자이며 접객서비스, 현금출납, 식당기물관리 등 경영차원에서 종업원을 지도, 감독, 관할한다.
- ㉡ 식당주임 : 부지배인격으로 지배인을 보좌하며 직접 식당을 담당하는 접객책임자이다.
- ㉢ 스테이션 웨이터 : 업장을 몇 개로 나누어 경영할 경우 그 반의 반장역할을 하며, 웨이터, 버스 보이 등을 통솔하고 주임을 돕는다.
- ㉣ 웨이터 : 스테이션 웨이터를 도와 서비스에 결함이 없도록 일선에서 고객서비스를 한다.
- ㉤ 버스 보이 : 어시스턴트 웨이터라고 하며 경험이 짧은 실습생으로 웨이터나 스테이션웨이터를 도와 고객 서비스를 한다.
- ㉥ 와인 웨이터 : 고객으로부터 주문에 따라 알코올 음료나 비알코올 음료 등 음료만을 전문으로 서비스한다.

③ 호텔식당의 명칭 ⋯ 일반적으로 레스토랑, 다이닝룸, 그릴, 카페테리아, 런치 카운터, 스낵, 공장의 구내식당, 테이블 서비스 레스토랑, 카운터 서비스 레스토랑, 셀프서비스 레스토랑 등이 있다.

(2) 호텔 식당의 종류

① 식사 내용에 따른 종류
- ㉠ 정식식당
- ㉡ 일품요리 식당
- ㉢ 뷔페식당

② 서비스 형태에 따른 종류
- ㉠ 테이블 서비스 레스토랑
- ㉡ 카운터서비스 레스토랑
- ㉢ 셀프서비스 레스토랑
- ㉣ 고급식당
- ㉤ 기타 서비스 형태

③ 서비스 수단에 따른 종류 `2015년출제`

　㉠ Plate Service : 미국식 서비스 방법

　㉡ Tray Service : 요리가 담긴 접시를 트레이에 담아 서비스하는 방법

　㉢ Cart Service : 바퀴가 달린 이동운반차에 알코올이나 가스를 연료로 하여 손님 앞에서 직접 요리하고
　　조리하여 제공하는 방법

　㉣ Russian Service : 큰 플레터(Platter)에 담아 고객에게 보여준 후 서빙포크와 스푼으로 덜어 고객의 작
　　은 접시에 직접 제공하는 서비스 방식

　㉤ Buffet Service : 고객이 식당에 들어오기 전에 여러 음식들을 미리 준비해서 고객의 기호에 맞는 요리를
　　자기의 양만큼 직접 가져다 먹도록 하는 서비스 방식

④ 국가별 특색에 의한 종류

　㉠ 이태리 식당

　㉡ 불란서 식당

　㉢ 미국식 식당

　㉣ 중국식 식당

　㉤ 일본식 식당

⑤ 휴양 콘도미니엄 및 기타 숙박시설

(1) 휴양 콘도미니엄의 개념

① **역사** … 1957년 스페인에서 기존호텔에 개인의 소유 개념을 도입하여 개발한 것이 시초이며, 1950년 이탈리
아에서 중소기업들이 종업원 후생복지를 위해 회사가 공공투자를 하여 연립주택이나 호텔형태로 지은 별장
식 가옥을 10여 명이 소유하는 공공휴양시설로 개발한 것이 효시이다.

② **개념** … 「관광진흥법」은 "관광객의 숙박과 취사에 적합한 시설을 갖추어 이를 당해 시설의 회원, 공유자 기
타 관광객에게 제공하거나 숙박에 부수되는 음식·운동·오락·휴양·공연 또는 연수에 적합한 시설 등을
함께 갖추어 이를 이용하게 하는 업"이라고 정의하고 있다.

③ **특징**

　㉠ 숙박시설만 제공되고 식사제공이 없다.

　㉡ 투자자금은 회원을 모집하여 충당한다.

　㉢ 소유자와 관리회사의 경영이 완전히 분리되어 있다.

　㉣ 연간 사용일수가 정해져 있다.

　㉤ 전매 또는 상속이 가능하다.

ⓑ 1가구 2주택에 해당하지 않는다.

ⓢ 1구좌로 체인화 된 국내외의 콘도미니엄 이용이 가능하다.

ⓞ 관리비 외에 재산세를 납부해야 한다.

④ 발전 … 타임 세어링의 개념이 유럽에 처음 도입되어 70년대 중반에 미국으로 전파되었다.

(2) 휴양콘도미니엄의 규정

① 분양 및 회원모집 기준 및 시기〈관광진흥법 시행령 제24조〉

㉠ 휴양 콘도미니엄업 시설의 분양 및 회원모집 기준과 호텔업 및 제2종 종합휴양업 시설의 회원모집 기준은 다음과 같다. 다만, 제2종 종합휴양업 시설 중 등록 체육시설업 시설에 대한 회원모집에 관하여는 「체육시설의 설치 · 이용에 관한 법률」에서 정하는 바에 따른다.

㉮ 다음의 구분에 따른 소유권 등을 확보할 것. 이 경우 분양(휴양 콘도미니엄업만 해당한다. 이하 같다) 또는 회원모집 당시 해당 휴양 콘도미니엄업, 호텔업 및 제2종 종합휴양업의 건물이 사용승인된 경우에는 해당 건물의 소유권도 확보하여야 한다.

• 휴양 콘도미니엄업 및 호텔업(수상관광호텔은 제외한다)의 경우 : 해당 관광숙박시설이 건설되는 대지의 소유권

• 수상관광호텔의 경우 : 구조물 또는 선박의 소유권

• 제2종 종합휴양업의 경우 : 회원모집 대상인 해당 제2종 종합휴양업 시설이 건설되는 부지의 소유권 또는 사용권

㉯ ㉮에 따른 대지 · 부지 및 건물이 저당권의 목적물로 되어 있는 경우에는 그 저당권을 말소할 것. 다만, 공유제(共有制)일 경우에는 분양받은 자의 명의로 소유권 이전등기를 마칠 때까지, 회원제일 경우에는 저당권이 말소될 때까지 분양 또는 회원모집과 관련한 사고로 인하여 분양을 받은 자나 회원에게 피해를 주는 경우 그 손해를 배상할 것을 내용으로 저당권 설정금액에 해당하는 보증보험에 가입한 경우에는 그러하지 아니하다.

㉰ 분양을 하는 경우 한 개의 객실당 분양인원은 5명 이상으로 하되, 가족(부부 및 직계존비속을 말한다)만을 수분양자로 하지 아니할 것. 다만, 다음의 어느 하나에 해당하는 경우에는 그러하지 아니하다.

• 공유자가 법인인 경우

• 「출입국관리법 시행령」에 따라 법무부장관이 정하여 고시한 투자지역에 건설되는 휴양 콘도미니엄으로서 공유자가 외국인인 경우

㉱ 공유자 또는 회원의 연간 이용일수는 365일을 객실당 분양 또는 회원모집계획 인원수로 나눈 범위 이내일 것

㉲ 주거용으로 분양 또는 회원모집을 하지 아니할 것

ⓛ ㉠에 따라 휴양 콘도미니엄업, 호텔업 및 제2종 종합휴양업의 분양 또는 회원을 모집하는 경우 그 시기 등은 다음과 같다.

    ㉮ 휴양 콘도미니엄업 및 제2종 종합휴양업의 경우

        • 해당 시설공사의 총 공사 공정이 문화체육관광부령으로 정하는 공정률 이상 진행된 때부터 분양 또는 회원모집을 하되, 분양 또는 회원을 모집하려는 총 객실 중 공정률에 해당하는 객실을 대상으로 분양 또는 회원을 모집할 것

        • 공정률에 해당하는 객실 수를 초과하여 분양 또는 회원을 모집하려는 경우에는 분양 또는 회원모집과 관련한 사고로 인하여 분양을 받은 자나 회원에게 피해를 주는 경우 그 손해를 배상할 것을 내용으로 공정률을 초과하여 분양 또는 회원을 모집하려는 금액에 해당하는 보증보험에 관광사업의 등록 시까지 가입할 것

    ㉯ 호텔업의 경우 : 관광사업의 등록 후부터 회원을 모집할 것. 다만, 제2종 종합휴양업에 포함된 호텔업의 경우에는 ㉮를 적용한다.

② **분양 및 회원모집 신청**〈관광진흥법 시행령 제25조〉 … 분양 또는 회원을 모집하려는 자는 문화체육관광부령으로 정하는 바에 따라 분양 또는 회원모집계획서를 특별자치시장·특별자치도지사·시장·군수·구청장에게 제출하여야 한다.

POINT   **복합리조트(Integrated Resort)** `2021년출제`

• 일정 규모 이상의 부지에 카지노, 호텔, 수영장, 쇼핑몰, 대형 회의장, 문화 공간 따위의 다양한 시설과 기능을 갖춘 리조트를 말한다.
• 대규모 복합리조트의 시작은 미국 라스베이거스이다.
• 아시아에서는 마카오와 싱가포르가 적극적으로 복합리조트의 개발을 주도하고 있으며, 싱가포르 복합리조트는 마리나베이샌즈, 센토사 리조트 등이 있다.
• 우리나라에도 인천공항 앞에 파라다이스시티와 제주의 신화월드 등이 있으며, 영종도에 복합리조트가 건설 중에 있다.

---

(3) 기타 숙박시설

① **유스호스텔** … 청소년을 위한 저렴한 숙박시설

② **펜션** … 유럽에서 발생한 전형적인 하숙식 여인숙으로 장기체재형 저렴한 숙박시설

③ **민박** … 침실과 조식을 제공하는 개인 가정이 많음. 몇 개의 방을 개조해 운영

④ **파라도** … 정부에 의해 호텔로 개조된 성이나 역사적 건축물

⑤ **인(INN)** … 근대적 호텔시설이 갖추어지기 이전의 숙박시설 형태

⑥ **여텔** … 여관과 호텔을 복합한 형식의 숙박시설로 객실은 양식과 한실을 배합하여 호텔형식의 서비스를 가미한 것

⑦ **국민숙사** … 일본에서 흔히 볼 수 있는 숙소. 가족단위의 휴가 등을 즐길 수 있는 저렴한 공공숙박시설

⑧ **로지** … 펜션과 별로 차이가 없으나 독특하고 아름다운 이미지를 갖춘 프랑스의 시골 숙박시설로서 정부 당국의 육성과 지원을 받으며 전국적인 조직으로 통일된 표식을 갖고 발전한 호텔

⑨ **호스텔** … 펜션보다 상위의 숙박시설로서 포르투갈에서 흔히 볼 수 있는 시민용 호텔

⑩ **여관** … 일반적으로 저렴한 장급여관을 지칭

⑪ **빌라** … 개인이 관광객에게 개방하여 숙박시설로 제공

⑫ **방갈로** … 열대지방 건축형태의 일종

⑬ **산장** … 별장과 큰 차이는 없으며 심산유곡이나 내륙관광지에 자리 잡음

⑭ **샤또** … 맨션으로 불리며 영주나 지주의 대저택 또는 호화저택을 지칭

⑮ **샬레** … 스위스식의 농가집을 의미하는 열대지방의 숙박시설 형태

⑯ **마리나** … 유람선의 정박지 또는 중계항으로서의 시설 및 관리체계를 갖춘 곳

⑰ **코티지** … 초가 형태의 소규모 단독 숙박시설로서 위치는 조용한 농장지대, 해안지대, 산악 등에 위치하며 코티지는 오두막 · 별장 · 보금자리를 의미 **2020년출제**

⑱ **캠핑장** … 기본적인 공간만을 갖추고 숙사시설은 이용자가 부담

⑲ **보텔** … 보트로 관광하는 사람들이 이용하는 호텔

≣ 최근 기출문제 분석 ≣

2023. 11. 4. 국내여행안내사
1 다음에서 설명하는 호텔로 옳은 것은?

> • Business Hotel이라고도 하며, 주로 도심의 교통중심지에 위치
> • 국제회의나 업무상 여행 및 출장을 목적으로 여행하는 사람들을 위한 호텔

① Residential Hotel

② Suburban Hotel

③ Commercial Hotel

④ Apartment Hotel

> **TIP** 제시된 내용은 Commercial Hotel에 대한 설명이다.
> ① Residential Hotel : 일주일 이상 체류객을 대상으로 하는 호텔
> ③ Suburban Hotel : 도시에서 떨어져 있는 호텔
> ④ Apartment Hotel : 중장기 체류자에게 객실을 빌려주는 호텔

2021. 11. 6. 국내여행안내사
2 복합리조트(IR)에 관한 설명으로 옳지 않은 것은?

① 카지노뿐만 아니라 호텔, 컨벤션, 쇼핑 등이 복합적으로 통합된 리조트를 의미한다.

② 라스베이거스에서 시작되었다.

③ 싱가포르에서는 1개의 복합리조트를 허가하였다.

④ 마리나베이샌즈는 2010년 개장하였다.

> **TIP** ③ 싱가포르 복합리조트는 마리나베이샌즈, 센토사 리조트 2곳이다.

Answer 1.③ 2.③

3 다음 설명에 해당하는 관광숙박업은?

> 관광객의 숙박에 적합한 시설을 소규모로 갖추고 숙박에 딸린 음식·운동·휴양 또는 연수에 적합한 시설을 함께 갖추어 관광객에게 이용하게 하는 업

① 가족호텔업

② 소형호텔업

③ 호스텔업

④ 관광펜션업

TIP 제시된 내용은 소형호텔업에 해당한다.
　① 가족호텔업 : 가족단위 관광객의 숙박에 적합한 시설 및 취사도구를 갖추어 관광객에게 이용하게 하거나 숙박에 딸린 음식 · 운동 · 휴양 또는 연수에 적합한 시설을 함께 갖추어 관광객에게 이용하게 하는 업
　③ 호스텔업 : 배낭여행객 등 개별 관광객의 숙박에 적합한 시설로서 샤워장, 취사장 등의 편의시설과 외국인 및 내국인 관광객을 위한 문화 · 정보 교류시설 등을 함께 갖추어 이용하게 하는 업
　④ 관광펜션업 : 숙박시설을 운영하고 있는 자가 자연 · 문화 체험관광에 적합한 시설을 갖추어 관광객에게 이용하게 하는 업

4 '오두막 · 별장 · 보금자리'라는 뜻으로 초가 형태의 소규모 단독 숙박시설은?

① 방갈로(Bungalow)

② 샤토(Chateau)

③ 빌라(Villa)

④ 코티지(Cottage)

TIP 코티지(Cottage) … 주로 시골에 있는 작은 집을 가리키는 용어로, 우리나라 말로는 오두막 · 별장 · 보금자리 등으로 칭할 수 있다.
　① 방갈로(Bungalow) : 인도 벵골 지방의 독특한 주택 양식으로, 처마가 깊숙하고 정면에 베란다가 있는 작은 단층 주택을 말한다.
　② 샤토(Chateau) : 프랑스의 고성(古城), 또는 대저택을 뜻하는 용어이다.
　③ 빌라(Villa) : 별장식 주택, 다세대 주택이나 연립 주택을 이르기도 한다.

Answer　3.②　4.④

5 석식이 포함된 호텔 요금제도를 모두 고른 것은?

㉠ European Plan

㉡ Full American Plan

㉢ Modified American Plan

㉣ Continental Plan

---

① ㉠, ㉡　　　　　　　　　　　　　② ㉠, ㉣

③ ㉡, ㉢　　　　　　　　　　　　　④ ㉢, ㉣

> **TIP** ㉡ Full American Plan : 북아메리카에서 처음 발생한 호텔상품으로, 고객이 식사를 하든 안 하든 상관없이 객실요금
> 과 아침, 점심, 저녁이 포함된 요금제도이다.
> ㉢ Modified American Plan(수정식 아메리칸 방식) : 아메리칸 플랜을 수정하여 주로 아침과 저녁만 객실료에 포함시
> 켜 계산하는 요금제도이다.
> ㉠ European Plan : 객실료와 식사대를 분리하여 각각 별도의 계산을 하는 방식으로, 우리나라 호텔에서 일반적으로
> 적용하는 요금제도이다.
> ㉣ Continental Plan(대륙식 요금제도) : 유럽에서 일반적으로 사용되는 제도로, 객실요금에 아침식대만 포함된 요금제
> 도이다.

6 관광진흥법령상 현재 호텔업의 등급 체계는?

① 무궁화 등급

② 별 등급

③ 다이아몬드 등급

④ ABC등급

> **TIP** 관광숙박업 중 호텔업의 등급은 5성급 · 4성급 · 3성급 · 2성급 및 1성급으로 구분한다(「관광진흥법 시행령」 제22조(호
> 텔업의 등급결정) 제2항).

Answer　5.③　6.②

7 휴양 콘도미니엄 소유형태에 관한 설명으로 옳지 않은 것은?

① 소유권은 양도가 가능하다.

② 공유제는 평생소유가 가능하다.

③ 회원제와 공유제 모두 취득세 대상이다.

④ 시설 이용권은 양수가 불가능하다.

> **TIP** ④ 휴양 콘도미니엄 시설 이용권은 양수가 가능하다.
>
> ※ 분양 또는 회원 모집을 한 자는 공유자·회원의 권익을 보호하기 위하여 다음 각 호의 사항에 관하여 대통령령으로 정하는 사항을 지켜야 한다〈「관광진흥법」제20조(분양 및 회원 모집) 제5항〉.
> ㉠ 공유지분(共有持分) 또는 회원자격의 양도·양수
> ㉡ 시설의 이용
> ㉢ 시설의 유지·관리에 필요한 비용의 징수
> ㉣ 회원 입회금의 반환
> ㉤ 회원증의 발급과 확인
> ㉥ 공유자·회원의 대표기구 구성
> ㉦ 그 밖에 공유자·회원의 권익 보호를 위하여 대통령령으로 정하는 사항

8 관광진흥법상 관광숙박업 분류 중 호텔업의 종류가 아닌 것은?

① 수상관광호텔업
② 한국전통호텔업
③ 휴양콘도미니엄업
④ 호스텔업

> **TIP** 관광숙박업〈관광진흥법 제3조(관광사업의 종류)〉
> ㉠ 호텔업 : 관광객의 숙박에 적합한 시설을 갖추어 이를 관광객에게 제공하거나 숙박에 딸리는 음식·운동·오락·휴양·공연 또는 연수에 적합한 시설 등을 함께 갖추어 이를 이용하게 하는 업
> ㉡ 휴양 콘도미니엄업 : 관광객의 숙박과 취사에 적합한 시설을 갖추어 이를 그 시설의 회원이나 공유자, 그 밖의 관광객에게 제공하거나 숙박에 딸리는 음식·운동·오락·휴양·공연 또는 연수에 적합한 시설 등을 함께 갖추어 이를 이용하게 하는 업

Answer 7.④ 8.③

출제 예상 문제

1 다음 내용이 설명하는 것은 무엇인가?

> 가족단위 관광객의 숙박에 적합한 시설 및 취사도구를 갖추어 관광객에게 이용하게 하거나 숙박에 딸린 음식·운동·휴양 또는 연수에 적합한 시설을 함께 갖추어 관광객에게 이용하게 하는 업

① 가족호텔업 ② 휴양 콘도미니엄

③ 한국전통호텔업 ④ 관광호텔업

TIP ② 관광객의 숙박과 취사에 적합한 시설을 갖추어 이를 그 시설의 회원이나 공유자, 그 밖의 관광객에게 제공하거나 숙박에 딸리는 음식·운동·오락·휴양·공연 또는 연수에 적합한 시설 등을 함께 갖추어 이를 이용하게 하는 업
③ 한국전통의 건축물에 관광객의 숙박에 적합한 시설을 갖추거나 부대시설을 함께 갖추어 관광객에게 이용하게 하는 업
④ 관광객의 숙박에 적합한 시설을 갖추어 관광객에게 이용하게 하고 숙박에 딸린 음식·운동·오락·휴양·공연 또는 연수에 적합한 시설 등을 함께 갖추어 관광객에게 이용하게 하는 업

2 다음은 숙박업의 발달 과정 중에서 어디에 해당하는 내용인가?

> 상류계급의 세련된 생활양식을 기초로 호화스런 시설과 서비스를 포함한 숙박기능 및 부유층의 사교장 역할을 한다.

① Inn의 시대

② 그랜드(Grand)호텔 시대

③ Commercial 호텔시대

④ New age 호텔 시대

TIP ② 19세기 중엽에 해당한다.

Answer 1.① 2.②

3 우리나라 최초의 호텔은?

① 대불호텔   ② 워커힐호텔

③ 하남호텔   ④ 부산철도호텔

TIP ① 1888년 인천에 세워졌다.

4 다음 중 숙박목적에 따른 호텔분류로 적합하지 않은 것은?

① 커머셜호텔   ② 리조트호텔

③ 컨벤션호텔   ④ 스몰호텔

TIP ④는 호텔 규모에 따른 분류에 해당한다.

5 다음 중 어보브에버리지호텔의 규모에 해당하는 것은?

① 객실이 25 이하인 소형호텔

② 객실이 25~100 사이의 호텔

③ 객실이 100~300 사이의 호텔

④ 객실이 300개 이상인 호텔

TIP ① 스몰호텔 ② 에버리지호텔 ④ 라지호텔

Answer   3.①   4.④   5.③

6 다음 중 장소적 요인에 의한 호텔의 분류로 적합하지 않은 것은?

① 매트로폴리탄호텔   ② 시티호텔

③ 서버반호텔   ④ 클럽호텔

TIP ④는 숙박목적에 의한 분류에 해당한다.

7 다음 중 호텔 요금제도 중 American Plan에 해당하는 것은?

① 우리나라에서 이용되고 있는 경영방식으로 객실요금만을 계산

② 객실요금에 대륙식 조식요금이 포함되며, 주로 유럽에서 많이 이용

③ 객실요금에 아침과 점심 혹은 저녁식사 비용이 포함

④ 객실요금에 아침, 점심, 저녁식사 비용이 포함

TIP ① European Plan
② Continental Plan
③ Modified American Plan

8 다음 중 체인호텔의 장점으로 적합하지 않은 것은?

① 대량구입으로 인한 원가절감

② 전문가의 양적·질적 활용

③ 공동선전에 의한 효과

④ 경영의 불간섭

TIP ④는 체인호텔의 단점에 해당한다.

Answer 6.④ 7.④ 8.④

9 다음 내용이 설명하는 체인호텔이나 체인 경영방식에 해당하는 것은?

> 경영협약체인 경영협약에 의해서 호텔의 총 경영을 책임지는 것으로 호텔회사는 리스경영에 있어서와 같이 경영주체가 되지 않고 그 시설의 관리운영만을 계약에 의해 수탁하는 것이고 특허계약 수수료와 특허권 사용료는 받는다.

① 일반체인 호텔
② 관리운영 위탁방식
③ 업무제휴 방식
④ 리퍼럴 방식

TIP 우리나라에서는 힐튼호텔이나 하얏트 리젠시호텔이 이러한 경영형태이다.

10 다음 중 리퍼럴 방식에 해당하는 것은?

① 동업자 결합에 의한 경영방식으로 소매업에서 말하는 자발적 체인이며 미국에서 프랜차이즈 방식에 따라 모텔체인이 급성장하는 것을 보고 독립 모텔군이 단결하여 대항하기 위해 조직한 체인이다.
② 임차 경영방식은 호텔 건물을 건설할 자금이 부족한 호텔기업이 개인 소유의 건물을 빌려서 호텔로 활용하는 방식이다.
③ 본부가 되는 호텔회사가 공동선전과 예약업무 등의 분야에서 몇 개의 단독호텔과 업무제휴를 맺어 하나의 체인을 구성하는 경우이다.
④ 호텔기업이나 모텔 등이 주로 지방에 있는 개인투자가와의 합자에 의한 소유형식을 취하는 것이다.

TIP ② 임차경영방식
③ 업무제휴방식
④ Co-Owner Chain Hotel

Answer 9.② 10.①

11 객실요금에 조식만을 포함시키는 호텔경영 방식은?

① American Plan

② Continental Plan

③ Modified American Plan

④ European Plan

> **TIP** ① American Plan은 조식, 중식, 석식을 다 제공한다.
> ③ Modified American Plan은 조식과 석식 요금을 실료에 포함시킨다.
> ④ European Plan은 객실요금과 식비를 따로 계산한다.

12 다음 중 호텔의 경영 및 운영상의 특성으로 적합하지 않은 것은?

① 초기 투자비용의 과다

② 높은 고정자산 의존성

③ 연중무휴의 운영

④ 공급과 수요의 균형

> **TIP** 공급과 수요의 불균형으로 가격이 요일별 및 계절별로 차이가 난다.

13 다음 중 호텔 상품상의 특성으로 적합하지 않은 것은?

① 계절성   ② 표준화의 한계성

③ 저장성   ④ 시간·공간의 제약

> **TIP** 호텔 상품은 비저장성이라는 특징을 지닌다.

Answer 11.② 12.④ 13.③

14 다음 중 1인용 침대가 두 개 있는 객실을 일컫는 용어는?

① Single Room
② Double Room
③ Twin Room
④ Twin Double Room

TIP ① 1인용 베드를 설비한 객실이다.
② 2인용 베드를 설비한 객실이다.
④ 2인용 침대가 두 개 있는 객실을 지칭한다.

15 다음 중 수영장, 테니스 코트가 있는 최상층에 있는 특실을 일컫는 것은?

① Suite Room
② Penthouse suite Room
③ Studio Room
④ Connecting Room

TIP ① 적어도 욕실이 딸린 침실 한 개와 거실겸 응접실 한 개 모두 2실로 짜여져 있다.
③ 낮에는 소파, 밤에는 침대로 변형시켜 사용할 수 있는 베드가 설치된 방이다.
④ 연결도어가 있어서 도어를 열어 2식을 연결하여 사용한다.

16 다음 중 고객이 사용할 호텔·모텔 등 숙박업소의 객실을 관리하는 것은?

① 관리부
② 프론트오피스
③ House Keeping
④ Food & Beverage

TIP ① 회계, 재무, 구매, 영업, 마케팅을 담당한다. 호텔종업원의 인터뷰와 선발을 담당한다.
② 직접 고객과 접촉하고 예약, 객실배정, 우편, 수하물을 처리한다.
④ 식음료의 준비와 서비스를 한다.

Answer 14.③ 15.② 16.③

07 관광교통

① 관광교통업

(1) 관광교통업의 정의

① 교통업이란 수송수단을 써서 사람 또는 재화를 장소적으로 이동시키는 서비스를 상품으로 하여 판매하고 이윤을 추구하는 사업을 말하며 민간 기업만이 아니고 국가나 지방공공단체가 운영하는 공영사업을 포함한다.

② 관광의 대중화는 교통수단의 발달과 근대적 교통업의 성립을 전제로 하여 실현되었다고 할 수 있다. 또한 교통업은 관광사업의 중심적 위치를 차지하고 있을 뿐만 아니라 관광개발에 있어서도 그 주도성을 발휘하고 있어 교통업과 관광과의 관계는 더욱 밀접해져 가고 있다.

(2) 교통업의 기본적 성격 `2022년출제`

① **무형재** … 교통용역은 즉시재 또는 무형재라 한다. 교통서비스는 생산되고 있는 순간에 소비되지 않으면 실효를 거둘 수 없다.

② **수요의 편재성** … 교통수요는 시간적 · 지역적으로 커다란 파동을 일으킨다. 또한 성수기와 비수기의 편재성도 강하게 나타난다.

③ **자본의 유휴성** … 교통수요가 시간적 · 지역적으로 편재하고 있다는 것은 성수기를 제외하면 적재력이 항상 남는다.

④ **독점성** … 일정한 노선을 확보하고 있는 교통사업은 당초부터 자연적 독점 형태의 성격을 지니고 있다.

(3) 관광과 교통시설

① **관광과 교통의 관계** … 교통이란 사람(화물, 정보 등)의 왕래를 말하고 그 장소적 이동을 뜻한다. 교통시설은 관광의 본질적인 요소 가운데 하나인 이동을 담당하는 것이므로 관광과는 불가분의 관계를 맺는다.

② 교통의 구성요소

    ㉠ 교통의 대상

    ㉡ 공간적 격리

    ㉢ 교통기관

(4) 주요관광 교통수단

① **교통수단** … 사람 또는 화물을 운송하는 데에 이용되는 자동차, 열차, 항공기 및 선박 등 다양하게 수송할 수 있는 대중교통 체계를 말한다.

② 교통수단의 장·단점

구분	장점	단점
자동차	• 여정과 중간 경유지의 자유로운 선정 • 출발시간 통제 가능 • 수화물과 장비를 자유롭게 운송 • 3명 이상 소규모 여행 시 경비절감 • 관광지에서 자유로운 이동 가능	• 안정성, 안락성 결여 • 대량수송의 불가능 • 운전자의 육체적·정신적 피로
전세 버스	• 여정에 따른 관광활동 보장 • 단체관광객의 이동 편리 • 상대적으로 저렴한 요금 • 관광안내원의 관광안내	• 대형사고의 위험성 상존 • 안락성, 쾌적성 결여 • 서비스 질 저하
열차	• 중·장거리 여행 • 관광객 대량 수송 • 상대적으로 저렴한 요금 • 안정성 보장 • 열차 내의 자유로운 이동	• 장시간의 운행 • 출발시간의 상대적 융통성 결여 • 한정된 철도노선 이용 • 음식 서비스의 질 • 열차 내 소음
선박	• 안락하고 낭만적인 여행 • 대량수송 가능	• 상대적으로 긴 여행소요시간 • 기상상태에 좌우되는 안전성 • 지루하고 단조로운 여행 • 지상요금에 비해 상대적으로 비싼 요금
항공기	• 신속성, 안전성, 경제성, 쾌적성으로 신선한 이미지 • 관광객의 대량수송 • 비행 전과 비행 중 및 비행 후 상대적으로 완벽한 서비스 제공	• 여행요금의 고가 • 접근가능 지역 한정 • 공항을 오가면서 많은 시간 낭비

② 항공운송업

(1) 항공기와 항공서비스의 유형

① 항공기의 유형
  ㉠ 엔진의 유형
    ㉮ 제트엔진 항공기
    ㉯ 프로펠러 항공기
  ㉡ 항공목적에 의한 분류
    ㉮ 단거리용 비행기
    ㉯ 중거리용 비행기
    ㉰ 장거리용 비행기
    ㉱ 특수목적용 비행기

② 항공운송서비스의 유형 **2018년출제**
  ㉠ 정기운송항공
    ㉮ 정기운송항공의 내용과 성격 : 정기항공은 승객, 화물, 그리고 우편의 공공수송을 제공하는 개인회사들로 구성되어 있다.
    ㉯ 지리적 노선에 따른 분류 : 간선, 하와이내 그리고 알래스카내 노선, 지방항공사 등
    ㉰ 총수익에 따른 분류 : 주요 항공사, 전국 항공사, 지방·단거리운항 대형항공사, 지방·단거리운항 중형항공사

POINT 주요 항공사 코드 **2016년출제** **2017년출제** **2018년출제** **2022년출제** 2015년출제 2020년출제

항공사	코드	항공사	코드	항공사	코드
대한항공	KE	이스타항공	ZE	유나이티드항공	UA
아시아나항공	OZ	티웨이항공	TW	브리티시항공	BA
제주항공	7C	캐세이퍼시픽항공	CX	타이항공	TG
진에어	LJ	일본항공	JL	싱가포르항공	SQ
에어부산	BX	에어프랑스	AF	에미레이트항공	EK

  ㉡ 일반항공
    ㉮ 일반항공의 개념 : 일반항공은 상용항공사들이 이용하는 항공기를 제외한 나머지 모든 항공기에 적용할 수 있다.
    ㉯ 일반항공의 분류 : 일반항공기는 공영항공사와 민간항공사간의 복합적 형태로 서비스를 제공한다.

(2) 공항 2014년출제

① 공항의 유형과 소유권

    ㉠ 미연방항공국은 미국의 민간항공을 항공운송용 공항과 일반항공용 공항 등 두 유형으로 분류한다.

    ㉡ 항공 운송사들은 이착륙료, 카운터 및 사무실임대료, 연료 및 등록세 등을 공항에 지불한다. 땅에 대한 소유권자인 해당관청은 자동차 대여회사, 커피숍 및 상점, 그 밖의 터미널건물 내부 및 주변의 매점들에 대해 대여세를 부과하고 징수한다.

② 공항의 입지 … 소형항공이라 하더라도 4에이커의 대지는 있어야 한다. 중형항공은 500~1,500에이커, 대형항공은 15,000에이커의 면적이 필요하다.

③ 공항의 배치 … 규모나 건설에 걸리는 시간에 따라 구조면에서 다양한 형태를 갖는다.

(3) 공항상품

① 항공여행의 유형 … 편도여행, 왕복여행, 순환여행, 오픈조여행

② 비행편의 형태 … 논스톱형, 직행편, 연결편, 도중하차

③ 서비스유형 … 퍼스트클래스, 비즈니스클래스, 코치클래스 또는 이코노미클래스

④ 무제한 및 제한적 항공요금 … 승객은 이용 가능한 좌석이 있는 목적지의 어느 항공기에도 탑승할 수 있다.

> **POINT** 토파스(TOPAS)와 사브레(SABRE) 2020년출제 2021년출제
>
> • 토파스(TOPAS) : 대한항공에서 국내 최초로 개발한 종합 여행 정보 시스템으로서 예약, 발권은 물론 여행에 필요한 모든 정보를 그 즉시 제공받을 수 있는 컴퓨터 예약 시스템이다.
> • 사브레(SABRE) : 미국의 아메리칸 항공이 1964년에 도입한 최초의 항공권 전산예약시스템이다.

(4) 국제항공운송

① 영공주권주의

    ㉠ 파리조약 : 최초의 국제항공조약이다. 막연한 하늘의 법적 지위에 대하여 영공주권을 인정하였다.

    ㉡ 바르샤바조약 : 1929년 바르샤바에서 성립한 최초의 국제항공운송규제에 관한 국제법이다.

    ㉢ 시카고조약 : 예측되는 국제상업항공의 비약적인 발전에 대비하여 '국제민간항공조약'을 체결하였다.

② 운송권 … 국제항공은 2국간에 걸친 운송이다. 따라서 쌍방은 영공주권주의에 입각하되 권익을 상호 교환하는 것이 전제가 되며 그를 위한 결정을 필요로 한다.

③ 항공협정

    ㉠ 버뮤다협정 : 이 협정은 시카고조약의 표준방식을 따르고 있으나 시카고조약에서 언급하고 있지 않은 수송력과 운임에 관한 조항까지도 포함한다.

ⓛ **신버뮤다협정** : 이 협정의 주요 내용은 항공시장의 할당문제, 수송력의 규제문제, 항공운임문제, 전세기 운항 등이다.

④ **국제항공요금** ··· 모든 국제항공요금은 운임의 공시단위(FCU)로 표시된다. 요금공식은 FCU 운임을 실제 거래된 특정 통화로 환산한다.

⑤ **국제민간항공기구** ··· 국제민간항공기구(ICAO)는 1944년 시카고조약에 의거 설립되어 2년간의 예비기간을 거쳐 1947년 정식으로 발족되었다.

　　　㉠ 국제민간항공의 안전 및 정연한 발전의 확립

　　　ⓛ 평화목적을 위한 항공기의 개발과 운항기술의 장려

　　　㉢ 항공로, 공항, 항공보안시설에 관한 발달 장려

　　　㉣ 안전하면서도 정확하고 능률적이며 경제적인 항공운송에 대한 모든 국민요구에의 부응

　　　㉤ 불합리한 경쟁에 의한 경제적 낭비의 방지

　　　㉥ 가맹국의 권리 존중과 국제항공운영의 공정한 기회 확보

　　　㉦ 가맹국간 차별대우 배제

　　　◎ 비행의 안전증진

　　　㉧ 전반적인 국제민간항공의 발달 및 촉진 등

⑥ **국제항공운송협회** ··· 국제항공운송협회(IATA)는 1945년 하바나에서 항공사의 대표자들이 모여 개최한 '세계 항공기업회의'에서 설립되었다. 국제민간항공의 상업적 측면, 즉 운임과 수송력의 규제를 항공기업단체에 책임지게 하려고 영국의 주도적인 노력과 유럽계 항공사의 강력한 지지를 바탕으로 설립되었다. `2020년출제`

> **POINT** 　항공관련 약어 `2020년출제`
> - CSF(Charter Service Flight) : 부정기항공운송
> - LCC(Low Cost Carrier) : 저가항공사
> - SSF(Scheduled Service Flight) : 정기항공운송
> - ICAO(International Civil Aviation Organization) : 국제민간항공기구
> - ACI(Airports Council International) : 국제공항협회

③ 관광육상운송업

(1) 철도산업

① 장점

　　　㉠ 이동이 관광이다. 근거리의 이동은 소요시간 면에서 항공기와 큰 차이가 없다.

　　　ⓛ 개인여행이나 젊은 층의 여행자에게는 숙박료가 절약된다.

② 단점

　　㉠ 안내방송이 현지 언어 위주이다.

　　㉡ 정차 시간이 짧은 역에서의 이동에는 각별한 주의를 하지 않으면 안 된다.

③ **여객의 구분** … 운송시의 여객의 구분은 어른, 어린이, 유아로 구분하고 있다. 어른은 만 13세 이상을 말하고, 어린이는 6세 이상 13세 미만을 말하며, 유아는 6세 미만인 자를 말한다.

④ **단체여객** … 단체여객이란 동일한 여행일정에 의해 20인 이상이 동시에 여행할 경우를 말하며, 이 경우 단체는 학생단체와 일반단체로 구분하여 할인율을 적용하고 있다.

⑤ **관광이용 촉진** … 주유권(Round Ticket)과 Economic Coupon의 발매, 각종 운임할인제도 실시 등을 통하여 철도의 관광이용을 촉진시키고 있다.

⑥ 철도종류

　　㉠ 관광목적을 위한 철도로는 등산철도와 유람철도 등이 있다.

　　㉡ 산악관광과 자연관광을 위한 것으로 모노레일, 강색철도, 보통삭도, 특수삭도 등이 있다. 이 같은 관광객용 철도는 일반철도에 비해 수송량의 획득범위는 한정되어 있고 여객수입 이외에 별도의 화물수입 등이 없다.

　　㉢ 경기변동이나 기후 등에 의해 크게 영향을 받는 등 경제적으로 많은 위험이 있다.

⑦ 각국의 철도 승차권

　　㉠ Amtrak : 미국 교통부가 주주로 있는 국립철도회사의 마케팅 명칭이다.

　　㉡ Britrail pass : 영국, 스코틀랜드, 웨일스를 여행할 수 있는 승차권이다.

　　㉢ 유로패스 : 프랑스, 독일, 이탈리아, 스위스, 스페인과 인접한 4지역 중 최대 2개국까지 선택할 수 있는 맞춤 패스이다. 이 패스는 유레일 선택패스와 동일한 혜택과 특전이 있다.

　　㉣ 코레일 pac : 우리나라를 방문한 외국관광객을 위해 만든 철도종합관광 상품으로 코레일 pac 한 장으로 서울의 특급호텔을 이용할 수 있다. 서울역에서 새마을호 특실을 이용하여 관광할 수 있는 패키지 상품이다.

　　㉤ 한일공동승차권 : 한국에서 일본까지 KTX - 부관훼리 - 일본철도를 이용하여 7일간 여행할 수 있는 티켓이다.

　　㉥ 유레일 패스 : 유럽 20개국에서 국철 및 일부 사철을 정해진 기간 동안 무제한 이용할 수 있는 특별할인 철도 탑승권으로 매우 저렴하고 편리한 정기열차 승차권이다.

(2) 버스산업

① **현재의 버스사업** … 도시간을 연결하는 버스는 많은 승객을 운송하며 항공기와 열차가 결합해서 운송하는 것보다 더 넓은 지역을 운행하고 있다. 버스는 유용한 공적 교통수단이다. 정규승객운송은 감소추세에 있고 전세버스와 여행 사업이 급격히 팽창하고 있다.

② 한국의 버스운수사업

    ⊙ 한국의 자동차 운수사업에는 버스여객자동차 운수사업, 전세버스자동차운수사업, 장의자동차 운수사업 등 3종류로 구성되어 있다.

    ⓒ 관광사업과 관련이 깊은 것은 전세여객자동차운수사업이다. 이 업종은 본래 교통업이었으나, 1977년 당시의 관광 사업법이 개정되면서 관광교통업 대신 전세버스업으로 그 명칭이 변경되었다.

(3) 자동차 대여업

① 자동차대여업은 아직 상용여행자들에게 치중하고 있다. 여가시장은 20~30%로 급속히 신장되었다. 항공요금과 자동차대여가 포함된 항공·승용 패키지 상품에 대한 증가는 성장의 주요 요인이다. 이런 패키지 상품의 인기는 낮은 항공요금과 할인된 자동차 대여가격으로 더욱 고조되었다. 항공·승용 패키지상품과 유사하나 항공기 대신에 열차를 이용한 열차·승용 패키지상품도 현재 이용되고 있다.

② 자동차 대여요금

    ⊙ **정규요금** : 1일 표준요금으로 보통 운전하는 마일수에 따라 추가하게 된다.

    ⓒ **특별요금** : 주말이나 휴일을 위한 할인된 요금이다. 특별요금에는 또한 무제한 마일리지 플랜을 포함시킬 수 있다.

    ⓒ **기업요금** : 대여량을 확장하기 위해 회사종업원들을 위한 할인요금이다.

4 관광해상운송업

(1) 해상운송업의 종류

① **연안여객선** … 육지와 인근 도서지방을 연결하는 선박으로 여행자를 비롯해 주로 서민들이 이용하는 선박이다.

② **카페리** … 승객과 함께 자동차를 실어 나르는 배를 일컫는데, 한국과 일본을 오가는 부관페리를 비롯해 국내에는 8개 항로에 14척의 카페리가 운행 중에 있다. 카페리는 개별관광객 수송이나 대형단체의 행사에 주로 이용하며 승선권을 예매하거나 판매하는 여행사는 승객에 따른 수수료를 챙길 수 있는 장점이 있다.

③ **관광유람선** … 여행 선진국인 서구는 물론 최근에 우리나라도 선박을 이용한 유람선여행에 많은 관심을 갖는 관광객들이 생겨나게 되었다. 관광유람선을 이용하는 유람선여행은 '생의 최고의 낭만'이라고 부르듯 관광의 극치라고 할 수 있다.

④ **테마 유람** … 많은 대형 유람선 회사들은 종종 특별한 테마를 중심으로 해서 테마 유람선을 제공함으로써 자사의 상품 다양화를 시도하고 있다.

    ⊙ **오락적 테마크루즈** : 스포츠, 서양 주사위 놀이, 브리지

    ⓒ **문화적 테마크루즈** : 고전음악, 오페라, 영화 및 극장 페스티벌

ⓒ **교육적 테마크루즈** : 역사 강연, 전문 연수 프로그램, 재무분석 프로그램

ⓔ **건강지향 테마크루즈** : 다이어트, 운동, 온천, 사우나

ⓜ **취미지향적 테마크루즈** : 우표 수집, 사진, 미식 요리, 포도주 맛 탐방, 살인 미스터리

⑤ **유람선의 종류** … 운항하는 해역, 목적, 기간 등에 따라 다양한 유형이 있다.

ⓐ **오션유람선** : 세계 일주 및 태평양, 대서양 횡단 등을 행하는 유람선

ⓑ **레저유람선** : 파티유람선 및 미니유람선으로 칭하는 것으로 1주일간의 단기유람선

ⓒ **강유람선** : 라인강, 볼가강, 나일강, 미시시피강 등을 떠다니는 유람선

ⓓ **차터유람선** : 전세를 내서 계약기간 동안 고객을 실어 나르는 것으로 여행사가 전세 내는 해양유람선

(2) 크루즈사업

① **정의**

ⓐ **크루즈선** : 관광객의 편의를 위한 다양한 서비스시설과 부대시설을 갖추고, 순수한 관광 활동을 목적으로 안전하게 운항하는 선박

ⓑ **크루즈여행** : 정기노선의 여객선이 아닌 여행업자나 선박업자가 여행객을 모집하여 운용하는 형태의 여행

② **크루즈유람선의 특징**

ⓐ 순수하게 관광목적으로 운영

ⓑ 관광유람선 내에 식당 및 레크리에이션 시설 등을 갖춤

ⓒ 서비스 수준이 높으며 호화스러운 형태

ⓓ 비정기적으로 운행하며 초대형 형태

(3) 해상운송업의 특징

① **주가에 영향을 주는 변수** … 해상운송업도 항공운송업과 마찬가지로 경기, 환율, 유가에 영향을 받는다.

② **운임** … 해운업체들은 운송대금을 모두 달러로 받는다. 따라서 달러 환율의 상승은 해운업체에겐 긍정적으로 작용한다.

③ **유가** … 항공사의 영업비용에서 유류비용이 차지하는 비중이 약 40%라면 해운사의 경우는 약 20% 수준이다. 또한 유가의 변동이 심한 경우 발생하는 부담을 운임에 반영하는 제도가 있어서 항공산업에 비해서 유가상승에 따른 수익성의 훼손 정도는 크지 않다.

④ **경기** … 경기가 좋으면 국가 간의 교역도 활발해지고 해상운송의 수요도 높게 된다.

최근 기출문제 분석

2022. 11. 5. 국내여행안내사

1 관광교통의 특성으로 옳지 않은 것은?

① 수요의 탄력성이 크다.

② 관광교통의 수요는 세분화되어 있다.

③ 대중교통수단은 해당되지 않는다.

④ 관광자원에 대한 매력도를 상승시킬 수 있다.

> **TIP** ③ 대중교통을 이용해서 관광지로 가는 과정에서 추가적인 효용을 얻을 수 있다.

2022. 11. 5. 국내여행안내사

2 IATA code에 따른 항공사별 연결이 옳지 않은 것은?

① OZ -아시아나항공

② KE -대한항공

③ TW-티웨이항공

④ RS -진에어

> **TIP** ④ RS - 에어서울

2021. 11. 6. 국내여행안내사

3 다음 설명에 해당하는 것은?

> • 대한항공에서 개발한 국내 최초의 항공예약 시스템
> • 주요 기능은 항공좌석 예약 및 발권, 호텔·렌터카 예약, 한글 여행정보 제공

① TOPAS

② ABACUS

③ GALILEO

④ SABRE

> **TIP** ① 'TOPAS'로 불리는 이 시스템은 예약, 발권은 물론 여행정보를 비롯한 항공업무를 자동으로 처리해 주는 컴퓨터 시스템이다. 여행사나 공항 카운터ㅇ에서 비행기표를 살 때 작동되는 컴퓨터 화면이 바로 TOPAS이다.

Answer 1.③ 2.④ 3.①

4 다음 설명에 해당하는 것은?

> • 1945년 쿠바의 하바나에서 결성된 국제항공기구
> • 각국의 항공사 대표들로 구성된 비정부조직

① IATA   ② ASTA

③ ICAO   ④ PATA

> **TIP** 제시된 내용은 국제항공기구인 IATA(International Air Transport Association)에 대한 설명이다.
> ② ASTA : American Society of Travel Agents, 미주여행업자협회
> ③ ICAO : International Civil Aviation Organization, 국제민간항공기구
> ④ PATA : Pacific Asia Travel Association, 아시아태평양관광협회

5 저비용항공사(LCC)의 일반적인 특징이 아닌 것은?

① 좌석클래스의 단일화   ② 조직의 단순화

③ 지점 간 노선(point to point)의 운항   ④ 대형여객기 중심의 운항

> **TIP** ④ 저비용항공사는 일반적으로 소형여객기로 중·단거리 노선 중심 운항을 한다.

6 아시아나 항공이 가입하고 있는 1997년 설립된 항공 동맹체는?

① 원 월드(One World)   ② 스카이 팀(Sky Team)

③ 스타 얼라이언스(Star Alliance)   ④ 유플라이 얼라이언스(U-Fly Alliance)

> **TIP** 세계 3대 항공 동맹체로 스타 얼라이언스(STAR ALLIANCE), 원 월드(ONE WORLD), 스카이 팀(SKY TEAM)이 있으며, 유플라이 얼라이언스(U-Fly ALLIANCE)는 세계 최초의 저가항공사 항공 동맹체이다.
> ③ 아시아나 항공이 가입하고 있는 항공 동맹체는 스타 얼라이언스다.

Answer 4.① 5.④ 6.③

7 IATA 기준 항공사와 코드의 연결이 옳지 않은 것은?

① AIR BUSAN - BX

② JIN AIR - LJ

③ TWAY AIR - TW

④ JEJU AIR - JL

> **TIP** ④ JEJU AIR의 IATA 기준 코드는 7C이다.
>
> ※ 우리나라 항공사 코드

항공사		ICAO	IATA
대한항공	Korean Air	KAL	KE
아시아나항공	Asiana Airlines	AAR	OZ
제주항공	Jeju Air	JJA	7C
에어부산	Air Busan	ABL	BX
진에어	Jin Air	JNA	LJ
이스타항공	Eastar Jet	ESR	ZE
티웨이항공	T'way Air	TWB	TW

8 용어에 관한 설명 중 옳지 않은 것은?

① CSF(Charter Service Flight) : 부정기항공운송

② LCC(Low Convenience Carrier) : 저가항공사

③ SSF(Scheduled Service Flight) : 정기항공운송

④ ICAO(International Civil Aviation Organization) : 국제민간항공기구

> **TIP** ② 저가항공사를 가리키는 용어 LCC는 Low Cost Carrier의 약자이다.

Answer 7.④ 8.②

9 제주항공, 진에어, 이스타 등과 같은 저비용 항공사의 운영형태나 특징에 관한 설명으로 옳은 것은?

① 중 · 단거리에 비해 주로 장거리 노선을 운항하고 제1공항이나 국제공항을 이용한다.

② 중심공항(Hub)을 지정해 두고 주변의 중 · 소도시를 연결(Spoke)하는 방식으로 운영한다.

③ 항공권 판매의 주요 통로는 인터넷이며 항공기 가동률이 매우 높다.

④ 여러 형태의 항공기 기종으로 차별화된 다양한 서비스를 제공한다.

> **TIP** ③ 저비용 항공사는 저렴한 가격에 항공권을 제공하기 위해 항공권 판매가 주로 인터넷으로 이루어지며 항공기 가동률이 매우 높다.
> ①②④ 대한항공, 아시아나항공 등 대형항공사의 특징이다.

10 국내 크루즈 산업의 발전방안으로 옳은 것은?

① 크루즈 여행일수를 줄이고 특정 계층만이 이용할 수 있도록 하여 상품의 가치를 높인다.

② 계절적 수요에 상관없이 정기적인 운영이 필요하다.

③ 특별한 목적이나 경쟁력 있는 주제별 선상프로그램의 개발을 통해 체험형 오락거리가 풍부한 여행상품으로 개발해야 한다.

④ 까다로운 입 · 출항 수속절차를 적용해 질 좋은 관광상품이라는 인식을 심어준다.

> **TIP** ① 다양한 계층이 크루즈를 이용할 수 있도록 해야 한다.
> ② 계절적 수요에 따라 유동적인 운영이 필요하다.
> ④ 까다로운 입 · 출항 수속절차를 개선하여 관광객에게 편의를 제공해야 한다.

Answer 9.③ 10.③

출제 예상 문제

1 다음 중 교통업의 기본적인 성격으로 적합하지 않은 것은?

① 무형재   ② 수요의 비편재성

③ 자본의 유휴성   ④ 독점성

TIP 교통수단은 시간적, 지역적으로 커다란 파동을 일으킨다. 성수기와 비수기에 편재성 강하다.

2 다음 중 교통의 구성요소로서 적합하지 않은 것은?

① 교통의 대상   ② 공간적 격리

③ 교통기관   ④ 교통의 목적지

TIP 교통의 구성요소는 교통대상, 공간적 격리, 교통기관을 들 수 있다. 교통의 대상은 승객과 화물 즉, 수요 측면이다. 공간적 격리란 교통의 목적인 장소의 이동에 따른 효용의 창출 또는 증가를 위한 극복의 대상으로 물리적 거리 및 시간, 비용이며 교통기관은 승객과 기관을 말한다.

3 다음 중 국제민간항공조약과 관련이 있는 것은?

① 파리조약   ② 바르샤바조약

③ 시카고조약   ④ 교토조약

TIP 다자간 일반협정으로 부르는 시카고 조약은 파리조약 이후 국제적으로 널리 인정되고 있던 영공주권의 원칙을 재확인하였다.

Answer 1.② 2.④ 3.③

4 다음 중 국제항공요금 운임의 공시단위는?

① FCU   ② Dollar

③ UNIT   ④ FCC

TIP 요금공식은 FCU(Fare Construction Units)운임을 실제 거래된 특정 통화로 환산한다.

5 다음이 설명하는 유람선의 종류는?

> 전세를 내서 계약기간 동안 고객을 실어 나르는 것으로 여행사가 전세 내는 해양유람선

① 오션유람선   ② 레저유람선

③ 강유람선   ④ 차터유람선

TIP ① 세계 일주 및 태평양, 대서양 횡단 등을 하는 유람선이다.
② 파티유람선 및 미니유람선을 칭한다.
③ 나일강 등을 유람한다.

6 다음 중 노선여객자동차운송사업의 종류가 아닌 것은?

① 전세버스 운송사업

② 시내버스 운송사업

③ 농어촌버스 운송사업

④ 시외버스 운송사업

TIP 전세버스 운송사업은 구역여객 운송사업에 해당된다.

Answer 4.① 5.④ 6.①

7 다음 중 구역여객자동차 운송사업에 해당되지 않는 것은?

① 전세버스 운송사업

② 특수여객자동차 운송사업

③ 일반택시 운송사업

④ 마을버스 운송사업

TIP 여객자동차 운송사업은 노선여객과 구역여객 자동차 운송사업으로 나뉘어진다.

8 자동차 대여사업의 특징으로 적합하지 않은 것은?

① 철도·항공기와의 결합수송 미비

② 여행업과의 제휴서비스

③ 지역경제 활성화

④ 경쟁사업과의 역할 분담

TIP 철도·항공기와의 결합수송서비스 기능이 강하다.

9 다음이 설명하는 내용과 관련이 있는 것은?

> 선객 정원이 12명 이상이고 차량과 함께 승객을 탑승시킬 수 있는 선박으로, 자가용 여행의 발달로 증가

① 자유항

② 카페리

③ 수중익선

④ 호버 크라프트

TIP ① 항구를 영유하는 국가의 관세권이 적용되지 않는 항구
③ 선체 밑에 날개가 있어 고속으로 달릴 때 선체가 물위로 떠오르는 형태의 선박
④ 압축공기를 이용하여 수면에서 약간 떨어져 달리는 보트이다.

Answer 7.④ 8.① 9.②

10 다음이 설명하고 있는 여객운송사업의 종류는?

> 해당 선박 안에 숙박시설, 식음료시설, 위락시설 등 편의시설을 갖춘 여객선을 이용하여 관광을 목적으로 해상을 순회하여 운항하는 사업

① 내항 정기여객 운송사업　　　　　② 내항 부정기여객 운송사업
③ 외항 부정기여객 운송사업　　　　④ 해상여객 운송사업

TIP 국내외의 관광지를 기항하는 경우를 포함하는 해상여객 운송사업이다.

11 다음이 설명하고 있는 것은?

> 선내에 객실, 식당, 스포츠와 레크리에이션 시설 등 관광객의 편의를 위한 각종 서비스 시설과 부대시설을 갖추고 순수한 관광활동을 목적으로 관광자원이 수려한 지역을 순회하며 안전하게 운항하는 선박

① 카페리　　　　　　　　　　　　② 주유관광선
③ 크루즈선　　　　　　　　　　　④ 호버 크라프트

TIP ① 여객과 자동차를 싣고 운항하는 배이다.
② 정기노선 여객선이 아닌 여행업자나 선박회사가 포괄요금으로 관광객을 모집하여 운항하는 여객선이다.
④ 압축공기를 이용하여 수면에서 약간 떨어져 달리는 보트이다.

12 다음 중 항공운송사업의 특성으로 적합하지 않은 것은?

① 안전성　　　　　　　　　　　　② 고속성
③ 비정기성　　　　　　　　　　　④ 공공성

TIP 항공기의 정비 및 기상조건에 의하여 크게 제약을 받기 때문에 정기성 확보가 관건이다.

Answer　10.④　11.③　12.③

13 다음 중 국제선 운임 및 요율을 설정함에 있어서 각국 정부 간의 조정, 협상의 매체를 제공하는 단체는?

① IATA
② ICAO
③ WTO
④ ASTA

TIP ② 국제민간항공기구
③ 국제관광기구(World Tourism Organization)
④ 미국 여행업 협회

14 항공사에서 대리점인 여행사 직원을 대상으로 초청하여 실시하는 여행은?

① interline tour
② incentive tour
③ fam tour
④ cruise tour

TIP ② 포상 여행
③ 항공사 등이 외국 여행업자, 보도관계자를 초청하여 자국을 시찰시켜 주는 여행
④ 선박을 통한 전문여행

15 Amtrack과 관련이 깊은 국가는?

① 미국
② 영국
③ 프랑스
④ 이탈리아

TIP Amtrack … 미국철도 시스템으로 1971년에 설립되었다.

Answer 13.① 14.① 15.①

16 렌터카 사업이 시작된 것은?

① 1900년대 초반　　　　　　　　② 1900년대 중반

③ 1900년대 후반　　　　　　　　④ 2000년대 초반

TIP 렌터카 사업은 1930년대 미국에서 시작되었다.

17 다음 중 항공사들이 공항에 지불하는 항목으로 적합하지 않은 것은?

① 이착륙료　　　　　　　　　　② 카운터 및 사무실 임대료

③ 연료 및 등록세　　　　　　　　④ 대여세

TIP 대여세는 땅의 소유권자인 해당관청이 관내 입점 등 업체들에게 부과, 징수한다.

Answer　16.①　17.④

08 관광객 이용시설업

1 주제공원

(1) 주제공원의 개념

① 주제공원은 특정한 주제에 기초를 두고 다양한 소재와 과학기술이 접목되어 입장객들에게 감동과 즐거움을 줄 수 있는 관광지로 이해할 수 있다.

② 주제공원은 기존 유원지보다 한 단계 앞선 형태를 의미한다. 따라서 주제공원의 공간은 역사, 문화, 민속, 자연, 예술 등의 각종 소재와 과학기술을 접목시켜 방문객들에게 감동과 즐거움을 줄 수 있는 개발 소재를 발굴하고, 그에 맞는 시설과 놀이 프로그램, 캐릭터, 분위기 등이 일체성을 갖도록 마련해 놓은 레저 공간으로 이해할 수 있다.

(2) 주제공원의 발전

① 현대적 주제공원의 시초는 미국 로스앤젤레스에 있는 디즈니랜드라고 할 수 있다. 근대 주제공원의 원형은 17세기 성립된 플레저 가든이다. 플레저 가든은 현재의 유럽형 주제공원의 원형이기도 하지만 미국으로 건너가 많은 변화 끝에 미국형 주제공원의 형태로 변하게 되었다.

② 디즈니랜드는 월트 디즈니에 의해 1955년 LA 애너하임에 문을 연 이래 주제공원의 대명사처럼 되었다.

(3) 주제공원의 특성과 구성요소

① 특성 2015년출제
   ㉠ 테마성 : 주제공원은 특정한 테마에 기초를 둔 레저공간이므로 테마성이 주제공원의 생명이라고 할 수 있다. 2019년출제
   ㉡ 비일상성 : 사람들은 각종 테마에 의해 조성된 환경에 접함으로써 독립된 완전한 공상세계로 몰입하여 비일상적인 유희공간에서 일상성을 벗어날 수 있다.
   ㉢ 배타성 : 비일상적인 유희공간으로서 현실과의 차단이 얼마나 효과적으로 이루어지고 있느냐가 주제공원 성과의 관건이다.

ⓔ **통일성** : 주제공원은 방문객에게 통일감을 주어야 한다. 건축양식이나 조경, 위락시설에서부터 종사원의 복장, 서비스에 이르기까지 테마에 부합되는 통일된 이미지를 만들어야 한다.

② **구성요소**
  ㉠ 탑승시설
  ㉡ 관람시설
  ㉢ 공연시설
  ㉣ 식음료시설
  ㉤ 상품 및 게임시설
  ㉥ 고객편의시설
  ㉦ 휴식광장
  ㉧ 지원시설

③ **주제공원의 분류**

분류	개발주제	개발 방법
사회, 민속, 역사	민가, 건축, 민속, 공예, 예능, 외국의 건축풍습	어느 시대, 어느 지역을 특정하는 건축물 또는 분위기를 조성 또는 역사내용과 인물에 초점을 두고 환경과 상황을 재현하여 민속, 문화, 시대상을 표현
생물	동물, 새, 고기, 식물	생물의 생식환경을 재현하여 정보수집과 실현 쇼 등을 구성
산업	광산, 유적, 지역산업, 전통공예, 산업시설	지역 산업시설이나 목장 등을 개방, 전시시키고 체험시키는 형태를 취한 것으로 체재 및 반복방문이 가능
예술	음악, 미술, 조각, 영화, 문학	영화세트, 미술작품의 야외 갤러리, 정원 및 음악 이벤트 등의 환경을 이용
놀이	스포츠, 게임, 어뮤즈먼트 기계	스포츠 활동, 건강 등의 아이템을 도입하여 시설 구성
환상적 창조물	캐릭터, 동화, 만화, 서커스, 사이언스 픽션	동화나 애니메이션의 캐릭터를 중심으로 이야기의 일부를 재생하거나 SF세계 등을 주제로 비일상성을 중심으로 구성
과학 하이테크	우주, 로봇, 바이오, 통신, 교통, 컴퓨터	우주·통신·교통·에너지·바이오테크놀로지 등 현대과학기술의 정보와 모습을 전시하거나 우주체험의 시뮬레이션을 도입해 우주 및 과학체험의 장을 구성
자연자원	자연경관, 온천, 공원, 폭포, 하천	관광단지, 위락단지내 온천, 스포츠시설 등을 복합시켜 체재형 테마파크로 구성

④ **국내 주제공원**
  ㉠ 우리나라 주제공원의 효시는 서울대공원 내의 서울랜드라고 할 수 있다.
  ㉡ 우리나라에서 주제공원이라고 할 수 있는 것은 한국민속촌, 에버랜드, 롯데월드 등이 있다.
  ㉢ 우리나라에서 최초로 개장한 글로벌 주제공원으로 레고랜드가 있다.

ⓒ 우리나라 주제공원의 문제점
　　㉮ 자금규모면에서 열세
　　㉯ 상권의 지역성에 한계
　　㉰ 다양한 주제에 있어 한계

⑤ 국외 주제공원
　㉠ 미국 : 주제공원의 종주국이라고 할 수 있을 만큼 주제공원이 잘 개발되어 있다. 약 600여개의 놀이공원과 주제공원을 소유하고 있으며 전 세계의 60% 이상을 점유하고 있다.
　㉡ 유럽 : 유럽은 미국과는 달리 주제공원이 적은데, 이는 겨울이 길어 햇빛을 볼 수 있는 기간이 짧고, 국민성과 여가의식이 미국과 다르기 때문이다.
　㉢ 일본 : 1983년을 주제공원의 원년으로 본다. 1983년 4월 동경 디즈니랜드, 동년 7월 나가사끼 오란다촌이 개장되면서 주제공원의 개념이 정착화하기 시작하였다.

❷ 외식업

(1) 외식산업의 의의와 특성

① 외식산업의 의의 … 외식이란 과거의 개념으로 집 밖에서 음식을 먹는 것을 의미한다. 그러나 인스턴트 식품·레토르트 식품·출장연회·도시락 판매 등 다양한 소비행태가 생겨남에 따라 현대적 의미의 외식은 가정외 식생활과 가정내에서의 외식적 내식까지 포함한다.

② 내식과 외식에 관한 분류(도이토시오와 한국외식연구소)

대구분	소구분	도이토시오	한국외식연구소
내식	내식적 내식	전통적 의미의 내식으로 가정내 가공·조리과정을 거친 식생활 중심	가정 내에서 원자재·반가공 식품 또는 완전가공 식품을 조리한 식사를 가정 내에서 하는 것
	외식적 내식	가정내 식사지만 제한적인 조리나 완전조리나 반조리 식품 중심	외부의 생산자에 의하여 조리되어진 것을 가정 내에서 하는 것(배달음식 등)
외식	내식적 외식	일반적인 가정음식의 가정 외 식사중심	가정에서 조리한 것을 외부에서 식사하는 것
	외식적 외식	전문요리나 고급음식 등 외식 본래의 가정의 식사 중심	가정 밖에서 외부의 생산자에 의해 조리되어진 것

③ 외식산업의 기능
　㉠ 식욕의 충족
　㉡ 사교와 휴식의 제공
　㉢ 시간절약
　㉣ 과시욕구 충족

④ 외식산업의 특성

　ㄱ 높은 인적 의존도

　ㄴ 생산 · 판매 · 소비의 동시성

　ㄷ 시간적 제약과 수요예측의 불확실성

　ㄹ 낮은 원자재 가격과 현금수익 창출의 용이성

　ㅁ 상품의 부패 용이성

　ㅂ 높은 입지의존성

　ㅅ 신규참여 용이성과 영세성

　ㅇ 높은 이직률

⑤ 외식사업의 분류

　ㄱ 미국 외식사업 분류

상용업체	음식전문점, 계약음식점, 숙박업음식점, 소매업음식점, 위락시설음식점, 이동판매, 자판기 등
기관업체	직원식당, 단체운영 학교음식점, 대학교 운영음식점, 교통업 음식점, 병원운영 음식점, 보육원 · 양로원 · 고아원 · 장애자 음식점, 클럽, 위락시설 캠프 등
군업체	장교전용 음식점, 일반군인 음식점 등

　ㄴ 일본 외식산업 분류

일반음식점	식당 · 레스토랑	일반식당
		일본요리점
		서양요리점
		중화요리점 및 기타
	소바, 우동점	
	스시점	
	끼다점	
	기타 일반음식점	
기타음식점	요정	
	바, 카바레, 나이트클럽	
	비어홀	
음식점 소매업	음식점 소매업	

© 한국 외식산업 분류(식품위생법상의 분류)

종류	영업 내용
휴게음식점업	주로 다류(茶類), 아이스크림류 등을 조리·판매하거나 패스트푸드점, 분식점 형태의 영업 등 음식류를 조리·판매하는 영업으로서 음주행위가 허용되지 아니하는 영업
일반음식점업	음식류를 조리·판매하는 영업으로서 식사와 함께 부수적으로 음주행위가 허용되는 영업
단란주점 영업	주로 주류를 조리·판매하는 영업으로서 손님이 노래를 부르는 행위가 허용되는 영업
유흥주점 영업	주로 주류를 조리·판매하는 영업으로서 유흥종사자를 두거나 유흥시설을 설치할 수 있고, 손님이 노래를 부르거나 춤을 추는 행위가 허용되는 영업

POINT 드라이브 스루(drive through) 2020년출제

상점 내로 들어가지 않고 자동차에 탄 채로 쇼핑할 수 있는 방식으로, 카페, 패스트푸드점 등에서 주로 도입하고 있다. 이러한 형태는 1930년대에 미국에서 먼저 모습을 드러냈으나 차츰 다른 나라로 퍼져나갔다. 대한민국은 1992년 맥도날드를 통해 부산 해운대점에서 최초의 드라이브스루가 등장하게 되었다.

⑥ 국내 외식시장 트렌드

㉠ 외식사업 진출 가속화

㉡ 글로벌 추진

㉢ 다 브랜드 : 문어발식 경영

⑦ 국내소비 트렌드

㉠ 가치소비

㉡ 소득의 양극화가 소비의 양극화로 연결

㉢ 웰빙의 롱런과 로하스

㉣ 자기중심적 소비

⑧ 국내 외식산업의 문제점

㉠ 신아이템 개발의 문제

㉡ 외식종사업 복지 정착의 문제

㉢ 로열티의 지출과다 문제

㉣ 프랜차이즈 본부의 능력 부족 문제

㉤ 한국전통음식 관광상품화의 문제

㉥ 국민건강을 외면하는 외식기업의 문제

㉦ 외식문화의 미성숙 문제

㉧ 관련 법규 및 행정제도의 문제

푸드 마일리지(Food Mileage) 2021년출제
- 푸드 마일스(Food Miles)는 먹을거리가 생산자 손을 떠나 소비자 식탁에 오르기까지의 이동 거리를 뜻한다.
- 푸드 마일리지는 곡물과 축산물, 수산물 등 아홉 개 수입 품목을 대상으로 생산지에서 소비지까지 식품 수송량(톤)에 수송 거리(킬로미터)를 곱해 계산한다.
- 푸드 마일리지는 식재료가 생산, 운송, 소비되는 과정에서 발생하는 환경 부담의 정도를 나타내는 지표로 사용된다.
- 푸드 마일리지가 크면 클수록 먼 지역에서 수입한 식품을 더 많이 먹고 있다는 의미다.
- 1994년 영국 환경운동가 팀 랭(Tim Lang)이 창안한 것으로 알려지고 있다.

(2) 주요 음식(Food) 용어

① 패스트푸드(fast food)

㉠ 패스트푸드란 주문하면 곧 먹을 수 있다는 뜻에서 나온 말이다.

㉡ 햄버거 · 도넛 · 닭튀김과 같이 가게에서 간단한 조리를 거쳐 제공되는 음식을 말한다.

㉢ 용기는 종이로 되어 있어 1번 쓰고 버리며 조리도 오븐에서 데우는 정도로 간단하므로 소수의 인원으로 손님의 주문에 신속하게 응할 수 있다.

㉣ 미국에서는 1960년대부터 보급되기 시작하였고, 한국에는 1970년대 들어와 간편하다는 장점과 젊은층의 양식화 경향에 따라 수요가 늘어나고 있다.

② 슬로푸드(slow food)

㉠ 나라별 · 지역별 특성에 맞는 전통적이고 다양한 음식 · 식생활 문화를 계승 발전시킬 목적으로 1986년부터 이탈리아의 작은 마을에서 시작된 식생활운동을 말한다.

㉡ 대량생산 · 규격화 · 산업화 · 기계화를 통한 맛의 표준화와 전지구적 미각의 동질화를 지양하고, 지역 특성에 맞는 전통적이고 다양한 식생활 문화를 추구하는 국제운동이다.

③ 로컬푸드(Local Food)

㉠ 소비자가 거주하는 지역(local)에서 생산된 농산물(food)을 의미한다.

㉡ 소비자의 인근 지역에서 생산 및 공급되는 농산물로, 지역경제 활성화와 지역 푸드 시스템 구축, 환경 보호 등의 효과가 있다.

㉢ 로컬푸드에 대한 논의는 1990년대 초 유럽에서는 믿을 수 있고 안전한 식품을 원하는 소비자와 지역 농업의 지속적인 발전을 꾀하려는 생산자의 이해가 만나면서 시작됐다. 이후 미국과 일본을 포함한 세계 각국에서 로컬푸드에 대한 관심이 증대되었다.

㉣ 물리적 거리 기준은 판매시장으로부터 반경 10마일(16km)부터 하루 안에 운전하여 갈 수 있는 거리까지 다양하지만, 우리나라에서는 대략적으로 같은 시 · 군(혹은 도)에서 생산된 농산물로 정의가 합의되고 있다.

- 가정식 대체식품의 약자로 일종의 즉석식품을 뜻한다.
- 일부 조리가 된 상태에서 가공·포장되기 때문에 간단한 조리로 혼자서도 신선한 음식을 먹을 수 있다는 장점이 있다.

❸ 카지노업 2017년출제 2022년출제

(1) 카지노의 개요

① 개념

   ㉠ 카지노는 카사(casa)라는 용어에서 유래되었다.

   ㉡ 카사는 도박·음악·쇼·댄스 등 여러 가지의 오락시설을 갖춘 연회장이라는 의미에서 귀족이 소유하고 있던 사교·오락용의 별장을 뜻하였으나, 지금은 해변·온천·휴양지 등에 있는 일반 실내 도박장을 의미하게 되었다.

② 긍정적 효과 2023년출제

   ㉠ 높은 고용효과가 있다.

   ㉡ 외래 관광객으로 하여금 1인당 소비액을 증가시키고 체재기간을 연장시킨다.

   ㉢ 중앙 및 지방자치단체에게 재정수입을 창출한다.

   ㉣ 호텔사업이 카지노사업을 경영할 때는 영업에 대한 높은 시너지효과를 가진다.

   ㉤ 자연관광자원이 없거나 빈약한 지역에서 이용할 수 있다.

③ 부정적 효과

   ㉠ 도박에 대한 중독증에 걸리게 한다.

   ㉡ 도박에 의해 재산을 탕진하여 도산이 발생하고, 가정파탄으로 연결된다.

   ㉢ 사회가 노력에 의하지 않는 한탕주의에 빠질 수 있다.

(2) 국내 카지노사업 현황

① 한국카지노관광협회에 의하면, 등록된 카지노업체는 전국적으로 분포되어 있으며, 제주지역이 가장 많이 몰려 있다.

② 우리나라 카지노의 운영형태는 소유 직영방식과 임대방식으로 나눈다. 전자는 호텔이 직접 운영하는 형태이고, 임대 형태는 다른 사업체가 호텔로부터 카지노장을 임대하는 형태이다.

POINT **우리나라 카지노업체 현황(2023년 4월 기준)** `2020년출제`

- 서울(3) : 파라다이스카지노, 세븐럭카지노 강남코엑스점, 세븐럭카지노 서울드래곤시티점
- 부산(2) : 세븐럭카지노 부산롯데점, 파라다이스카지노 부산지점
- 인천(1) : 파라다이스카지노
- 대구(1) : 호텔인터불고대구카지노
- 제주(8) : 공즈카지노, 파라다이스카지노 제주지점, 아람만카지노, 제주오리엔탈카지노, 드림타워카지노, 제주썬카지노, 랜딩카지노, 메가럭카지노
- 강원(2) : 알펜시아카지노, 강원랜드카지노(내국인 가능)

(3) 카지노사업 관련 법규

① **정의** … 전문 영업장을 갖추고 주사위·트럼프·슬롯머신 등 특정한 기구 등을 이용하여 우연의 결과에 따라 특정인에게 재산상의 이익을 주고 다른 참가자에게 손실을 주는 행위를 하는 업이다.

② **카지노업의 시설기준** `2014년출제` `2020년출제`

법조항	세부조항 내용
관광진흥법 시행규칙 제29조	㉠ 330제곱미터 이상의 전용 영업장 ㉡ 1개소 이상의 외국환 환전소 ㉢ 카지노업의 영업종류 중 네 종류 이상의 영업을 할 수 있는 게임기구 및 시설 ㉣ 문화체육관광부장관이 정하여 고시하는 기준에 적합한 카지노 전산시설

(4) 카지노업의 경영

① **카지노업의 주요 게임** `2015년출제` `2016년출제` `2019년출제` `2022년출제` `2015년출제` `2016년출제` `2020년출제`

㉠ 블랙잭 : 딜러와 참가자가 함께 카드의 숫자를 겨루는 것으로 2장 이상의 카드를 꺼내어 그 합계를 21점에 가깝도록 만들어 딜러의 점수와 승부한다.

㉡ 바카라 : 카지노 게임의 왕이라고도 불리며, 딜러와 참가자의 어느 한쪽을 택하여 9 이하의 높은 점수로 승부하는 카드 게임이다. `2019년출제`

㉢ 룰렛 : 룰렛 휠을 가지고 룰렛 테이블에서 진행하는 게임으로, 룰렛 볼이 어느 눈금 위에 맞느냐에 돈을 건다.

㉣ 다이사이 : 딜러가 쉐이커 내에 있는 주사위 3개를 흔들어 주사위가 나타내는 숫자의 합 또는 조합을 알아 맞추는 참가자에게 소정의 당첨금을 지불하는 방식의 게임이다.

㉤ 빅휠

㉥ 포커

㉦ 크랩스

㉧ 라운드 크랩스 등

② 카지노의 조직구조
　　㉠ 이사회
　　㉡ 카지노 총지배인
　　㉢ 영업부서
　　㉣ 안전관리부서
　　㉤ 출납부서
　　㉥ 환전영업소
　　㉦ 전산전문요원

④ 관광편의시설업

(1) 관광편의시설업의 개념

관광진흥법에서 관광편의시설업은 예전의 관광지정시설업이 변경된 것으로서 관광사업 중 여행업·관광숙박업·관광객이용시설업·국제회의업·카지노업·유원시설업을 제외한 사업이나 시설 가운데 관광 진흥에 도움이 된다고 인정되는 것으로 문화체육관광부령이 정하는 바에 따라 특별시장·광역시장·특별자치시장·도지사·특별자치도지사 또는 시장·군수·구청장의 지정을 받아야 한다.

(2) 관광편의시설업의 종류 2020년출제

① **관광유흥음식점업** : 식품위생법령에 따른 유흥주점 영업의 허가를 받은 자가 관광객이 이용하기 적합한 한국 전통 분위기의 시설을 갖추어 그 시설을 이용하는 자에게 음식을 제공하고 노래와 춤을 감상하게 하거나 춤을 추게 하는 업

② **관광극장유흥업** : 식품위생법령에 따른 유흥주점 영업의 허가를 받은 자가 관광객이 이용하기 적합한 무도(舞蹈)시설을 갖추어 그 시설을 이용하는 자에게 음식을 제공하고 노래와 춤을 감상하게 하거나 춤을 추게 하는 업

③ **외국인전용 유흥음식점업** : 식품위생법령에 따른 유흥주점영업의 허가를 받은 자가 외국인이 이용하기 적합한 시설을 갖추어 그 시설을 이용하는 자에게 주류나 그 밖의 음식을 제공하고 노래와 춤을 감상하게 하거나 춤을 추게 하는 업

④ **관광식당업** : 식품위생법령에 따른 일반음식점영업의 허가를 받은 자가 관광객이 이용하기 적합한 음식 제공시설을 갖추고 관광객에게 특정 국가의 음식을 전문적으로 제공하는 업

⑤ **관광순환버스업** : 여객자동차운송사업의 면허를 받거나 등록을 한 자가 버스를 이용해 관광객에게 시내와 그 주변 관광지를 정기적으로 순회하면서 관광할 수 있도록 하는 업

⑥ **관광사진업** : 외국인 관광객과 동행하며 기념사진을 촬영하여 판매하는 업

⑦ **여객자동차터미널시설업** : 여객자동차터미널사업의 면허를 받은 자가 관광객이 이용하기 적합한 여객자동차 터미널시설을 갖추고 이들에게 휴게시설·안내시설 등 편익시설을 제공하는 업

⑧ **관광펜션업** : 숙박시설을 운영하고 있는 자가 자연·문화 체험관광에 적합한 시설을 갖추어 관광객에게 이용하게 하는 업

⑨ **관광궤도업** : 궤도사업의 허가를 받은 자가 주변 관람과 운송에 적합한 시설을 갖추어 관광객에게 이용하게 하는 업

⑩ **관광면세업** : 보세판매장의 특허를 받은 자 또는 면세판매장의 지정을 받은 자가 판매시설을 갖추고 관광객에게 면세물품을 판매하는 업

⑪ **관광지원서비스업** : 주로 관광객 또는 관광사업자 등을 위하여 사업이나 시설 등을 운영하는 업으로서 문화체육관광부장관이 관광 관련 산업으로 분류한 쇼핑업, 운수업, 숙박업, 음식점업, 문화·오락·레저스포츠업, 건설업, 자동차임대업 및 교육서비스업 등. 다만, 법에 따라 등록·허가 또는 지정을 받거나 신고를 해야 하는 관광사업은 제외한다.

⑤ 유원시설업

(1) 유원시설업의 정의

유기시설 또는 유기기구를 갖추어 이를 관광객에게 이용하게 하는 업이다. 유원시설업 중 종합유원시설업과 일반유원시설업은 특별자치시장·특별자치도지사·시장·군수·구청장에게 허가를 받아야 한다.

(2) 유원시설업의 종류

① **종합유원시설업** : 유기시설이나 유기기구를 갖추어 관광객에게 이용하게 하는 업으로서 대규모의 대지 또는 실내에서 안전성검사 대상 유기시설 또는 유기기구 여섯 종류 이상을 설치하여 운영하는 업

② **일반유원시설업** : 유기시설이나 유기기구를 갖추어 관광객에게 이용하게 하는 업으로서 안전성검사 대상 유기시설 또는 유기기구 한 종류 이상을 설치하여 운영하는 업

③ **기타유원시설업** : 유기시설이나 유기기구를 갖추어 관광객에게 이용하게 하는 업으로서 안전성검사 대상이 아닌 유기시설 또는 유기기구를 설치하여 운영하는 업

≡ 최근 기출문제 분석 ≡

2023. 11. 4. 국내여행안내사

1 **카지노업의 효과가 아닌 것은?**

① 고용창출

② 세수감소

③ 외화획득

④ 호텔수입 증대

> **TIP** 카지노업의 효과로는 관광객 유치를 통한 관광수입 증대, 고용창출, 세수 증대가 있다.
> ② 관광진흥개발기금 납부 등으로 세수는 증대된다.
> ※ 기금 납부〈「관광진흥법」 제30조 제1항〉 … 카지노사업자는 총매출액의 100분의 10의 범위에서 일정 비율에 해당하는 금액을 「관광진흥개발기금법」에 따른 관광진흥개발기금에 내야 한다.

2022. 11. 5. 국내여행안내사

2 **다음에서 설명하는 카지노 게임은?**

> • 카드를 사용하여 플레이어와 딜러가 승부를 겨루는 게임이다.
> • 플레이어는 카드의 합이 21 또는 21에 가까운 숫자를 얻는데 목적이 있다.

① 바카라

② 다이사이

③ 키노

④ 블랙잭

> **TIP** ① 두 장의 카드를 더한 수의 끝자리가 9에 가까운 쪽이 이기는 게임이다.
> ② 딜러에 의해 주사위 용기를 흔들어 결정된 3개의 주사위 해당 베팅과 일치하면 정해진 배당이 지급되는 게임이다.
> ③ 80개의 숫자가 쓰여진 공을 갖고 20개의 숫자가 무작위로 뽑히는 게임이다.

Answer 1.② 2.④

3 **관광사업의 종류 중 카지노업에 관한 설명으로 옳지 않은 것은?**

① 한국 카지노 설립의 근거 법은 1961년에 제정된 '복표발행 · 현상기타사행행위단속법'이다.

② 2006년 7월 이후, 제주도를 포함한 전국 카지노 사업 허가권과 지도 · 감독권은 문화체육관광부에서 가지고 있다.

③ 강원랜드는 「폐광지역개발지원에 관한특별법」에 의해 2045년까지 한시적으로 내국인 출입이 허용되고 있다.

④ 2021년 12월 기준 외국인 전용카지노는 16개, 내국인출입 카지노는 1개이다.

> **TIP** ② 2006년 7월 제주특별자치도 특별법 이후 제주도를 제외한 전국 카지노 사업 허가권과 지도 감독권은 문화체육관광부에서 가지고 있다. 제주도의 카지노 허가, 지도, 감독권은 제주특별자치 도지사가 갖고 있다.

4 **푸드 마일리지(food mileage)와 관련 있는 것을 모두 고른 것은?**

㉠ 사회적 책임	㉡ 푸드 마일스(food miles)
㉢ 미국의 사회학자 폴 레이	㉣ 테이크 아웃

① ㉠, ㉡

② ㉠, ㉣

③ ㉡, ㉢

④ ㉢, ㉣

> **TIP** 푸드 마일리지(Food Mileage) … '먹거리의 이동거리'를 뜻한다. 산지에서 생산된 농 · 축 · 수산물이 먹거리를 이용하는 최종 소비자에게 도달할 때까지 이동한 거리가 푸드 마일리지이다. 푸드 마일리지라는 개념은 1990년대 초반 영국 '지속가능한 농식품 및 환경연합(SAFE)'에서 활동하던 학자 팀 랭(Tim Lang) 교수에 의해 고안됐다.

Answer 3.② 4.①

5 다음 설명에 해당하는 것은?

> • 바쁜 현대인들에게 간편성 제공
> • 가정의 식사를 대체하는 음식이라는 개념
> • 식품산업의 발전된 기술을 이용하여 다양한 레토르트(retort)식품 상품화

① Slow Food ② Local Food
③ LOHAS ④ HMR

TIP ④ HMR은 Home Meal Replacement의 약어로, 가정에서 간편하게 먹을 수 있는 일종의 즉석식품을 말한다.

6 관광진흥법령상 관광 편의시설업을 모두 고른 것은?

> ㉠ 관광공연장업 ㉡ 관광순환버스업
> ㉢ 관광유람선업 ㉣ 관광펜션업

① ㉠, ㉡ ② ㉠, ㉢
③ ㉡, ㉣ ④ ㉢, ㉣

TIP ④ 「관광진흥법 시행령」에 따른 관광 편의시설업의 종류로는 관광유흥음식점업, 관광극장유흥업, 외국인전용 유흥음식점업, 관광식당업, 관광순환버스업, 관광사진업, 여객자동차터미널시설업, 관광펜션업, 관광궤도업, 관광면세업, 관광지원서비스업이 있다.
㉠㉢ 관광공연장업과 관광유람선업은 관광객 이용시설업에 해당한다.

7 고객이 식당에 들어가지 않고 자동차 안에서 음식을 주문하여 제공받는 방식은?

① 딜리버리 서비스(delivery service) 1   ② 바이킹(viking)

③ 드라이브 쓰루(drive through)   ④ 테이크아웃(take out)

> **TIP** 드라이브 스루(drive through) … 상점 내로 들어가지 않고 자동차에 탄 채로 쇼핑할 수 있는 방식으로, 카페, 패스트 푸드점 등에서 주로 도입하고 있다.
> ① 딜리버리 서비스(delivery service) : 배달
> ② 바이킹(viking) : 뷔페
> ④ 테이크아웃(take out) : 포장

8 대한민국에 카지노가 없는 곳은?

① 인천광역시   ② 제주특별자치도

③ 광주광역시   ④ 부산광역시

> **TIP** 우리나라에 카지노가 설치되어 있는 지역은 서울, 부산, 인천, 강원, 대구, 제주이며 이 중 강원랜드카지노를 제외한 나머지 16개 업체는 모두 외국인을 대상으로 한다

9 다음 설명에 해당하는 카지노 게임은?

휠(wheel)안에 볼(ball)이 회전하다 포켓(pocket) 안에 들어간 번호가 위닝 넘버(winning number)가 되는 게임

---

① 빅휠   ② 바카라

③ 다이사이   ④ 룰렛

> **TIP** 제시된 내용은 룰렛에 대한 설명이다.
> ① 빅휠 : 딜러에 의해 회전된 휠이 천천히 멈추어 섰을 때 휠 위에 부착된 가죽 띠가 멈춘 심볼에 베팅한 플레이어가 당첨되는 게임이다.
> ② 바카라 : 카지노 게임의 왕이라고 불리며, 플레이어 카드와 뱅커 카드를 게임규칙에 따라 받고 합을 비교하여 9에 가까운 측이 이기는 게임이다.
> ③ 다이사이 : 플레이어가 베팅한 숫자 혹은 숫자의 조합이 Shaker(주사위 용기)로 흔들어 결정된 3개의 주사위 합과 일치하면 정해진 배당률에 의해 배당금이 지급되는 게임이다.

Answer   7.③   8.③   9.④

2019. 11. 2. 국내여행안내사

10 우리나라 테마파크의 분류로 적합하지 않은 것은?

① 시민들을 위한 유원지 공원

② 어린이와 청소년을 위한 놀이기구 공원

③ 자연 보존을 위한 국립공원

④ 특정 개념을 가진 공원

> **TIP** ③ 테마파크란 특정한 주제를 정하여, 사람들이 즐길 수 있도록 만든 공간으로 자연 보존을 위한 국립공원은 테마파크로 분류되지 않는다.

2019. 11. 2. 국내여행안내사

11 주사위를 넣은 용기를 진동하여 결정된 3개의 주사위 합이 플레이어가 베팅한 숫자 혹은 숫자의 조합과 일치하면 정해진 배당금을 지급하는 카지노 게임은?

① 블랙잭 　　　　　　　　　② 바카라

③ 다이사이 　　　　　　　　④ 크랩스

> **TIP** 제시된 내용은 다이사이에 대한 설명이다.
> ① 블랙잭: 일명 21(Twenty One)이라 불리기도 하며, 가장 많이 알려진 카드 게임으로 딜러와 플레이어 중 카드의 합이 21 또는 21에 가장 가까운 숫자를 가지는 쪽이 이기는 게임이다.
> ② 바카라: 딜러가 플레이어와 뱅커 카드를 바카라 룰에 의거하여 딜링한 후, 카드 숫자의 합을 비교하여 9에 가까운 쪽이 이기는 게임이다.
> ④ 크랩스: 주사위 2개를 던져서 나올 수 있는 숫자의 확률에 의하여 이루어지는 게임이다.

2019. 11. 2. 국내여행안내사

12 카지노를 중심으로 호텔, 컨벤션시설, 테마파크, 엔터테인먼트시설, 레스토랑, 쇼핑센터 등의 다양한 시설들이 동일 공간에 조성되어 있는 관광시설은?

① 관광특구 　　　　　　　　② 메가(Mega) 쇼핑몰

③ 디즈니월드 　　　　　　　④ 복합리조트

> **TIP** 복합리조트란 카지노, 호텔, 쇼핑몰, 대형 회의장 따위의 다양한 시설과 기능을 갖춘 리조트를 말한다.

Answer 10.③ 11.③ 13.④

2019. 11. 2. 관광통역안내사

13 아래 게임의 종류는 무엇이며 누구의 승리인가?

> 홍길동이 카지노에서 게임을 벌이던 중 홍길동이 낸 카드 두 장의 합이 8이고 뱅커가 낸 카드 두 장의 합이 7이다.

① 바카라, 홍길동의 승리

② 바카라, 뱅커의 승리

③ 블랙잭, 홍길동의 승리

④ 블랙잭, 뱅커의 승리

TIP 바카라는 카지노 게임의 왕이라고 불리며, 뱅커와 플레이어의 어느 한쪽을 택하여 9 이하의 높은 점수로 승부하는 카드 게임이다. 따라서 제시된 상황에서는 홍길동이 승리한 것이다.

2017. 11. 4. 국내여행안내사

14 우리나라 카지노업에 관한 설명으로 옳지 않은 것은?

① 1967년 인천 소재 올림포스 호텔이 카지노를 최초로 개설하였다.

② 2016년 12월 기준, 전국 카지노 업체별 입장객은 강원랜드가 가장 많다.

③ 2000년 10월 개관한 강원랜드는 「폐광지역개발지원에관한특별법」에 의거 한시적으로 내국인 출입이 허용되고 있다.

④ 1994년 8월 이후, 전국의 카지노 사업 허가권, 지도·감독권은 경찰청에서 가지고 있다.

TIP ④ 카지노는 1994. 8. 3. 「관광진흥법」이 개정되면서 관광사업으로 새로이 규정, 문화체육관광부에서 허가권과 지도·감독권을 갖게 되었다.
※ 제주도는 「제주특별자치도특별법」에 따라 2006년 7월부터 제주특별자치도가 허가 및 지도·감독 기능을 갖는다.

Answer 13.① 14.④

≣ 출제 예상 문제

1 근대 주제공원의 시초라고 할 수 있는 것은?

① 플래저 가든　　　　　　　　　　② 디즈니랜드
③ 오리엔탈랜드　　　　　　　　　　④ 포토피아랜드

TIP 17세기에 성립했다.

2 다음 중 자연자원을 기준으로 관광단지, 위락단지내 온천, 스포츠시설 등을 복합시켜 체재형 파크로 만들어진 주제공원은?

① 경주월드　　　　　　　　　　　② 드림랜드
③ 롯데월드　　　　　　　　　　　④ 민속촌

TIP ① 자연경관, 온천, 공원, 폭포, 하천을 주제로 했다.

3 다음이 설명하는 것은?

> 음식류를 조리·판매하는 영업으로서 식사와 함께 부수적으로 음주행위가 허용되는 영업을 말한다.

① 일반음식점영업　　　　　　　　② 휴게음식점영업
③ 단란주점영업　　　　　　　　　④ 유흥주점영업

TIP 식품위생법상의 분류이다.

Answer 1.① 2.① 3.①

4 다음 중 카지노사업 시설기준으로 적합하지 않은 것은?

① 330제곱미터 이상의 전용 영업장

② 1개소 이상의 외국환 환전소

③ 카지노업의 영업종류 중 다섯 종류 이상의 영업을 할 수 있는 게임기구 및 시설

④ 문화체육관광부장관이 정하여 고시하는 기준에 적합한 카지노 전산시설

TIP 카지노업의 영업종류 중 네 종류 이상의 영업을 할 수 있는 게임기구 및 시설이다.

5 다음 중 주제공원의 성격이 나머지 셋과 다른 하나는?

① 싱가포르의 주롱 새공원

② 미국의 디스커버리 코브

③ 우리나라의 코엑스 아쿠아리움

④ 우리나라의 서울종합촬영소

TIP ①②③은 생물테마파크이고, ④는 예술테마파크이다.

6 월트디즈니와 관련이 적은 것은?

① 1938년 영화사로 출범

② 1965년 최초의 주제공원 개장

③ 캐릭터산업 등 복합사업체

④ 1971년 올랜도 디즈니월드 개관

TIP 1955년 최초의 주제공원 개장했다.

Answer 4.③ 5.④ 6.②

7 다음 중 외식사업의 특성으로 적합하지 않은 것은?

① 노동집약적 사업

② 입지의존적 사업

③ 유통경로 존재

④ 다품종 소량의 주문판매 사업

TIP 외식사업은 유통경로 부재 사업의 특성을 지닌다.

8 다음 중 카지노업의 긍정적 측면이라고 볼 수 없는 것은?

① 외화획득　　　　　　　　　② 지하경제 위험

③ 고용창출 효과　　　　　　　④ 상품개발 용이

TIP ②는 부정적인 측면이다.

9 다음 중 카지노 안전관리 부서의 중요한 업무로 적합하지 않은 것은?

① 내국인 출입통제

② 영업장 질서유지

③ 폐쇄회로시설 운영 및 관리

④ 카운트룸 운영 및 관리

TIP ④는 출납부서의 업무이다.

Answer　7.③　8.②　9.④

10 관광발전의 요인과 관계가 먼 사항은?

① 문화의 발달   ② 여가의 증대
③ 국민소득의 증대   ④ 교통기관의 발달

TIP ①은 관광의 대상과 관련된다.

11 관광사업의 특성으로 적합하지 않은 것은?

① 관광 상품의 무형성   ② 서비스의 다양성
③ 저장성   ④ 모방성

TIP 관광상품은 생산과 소비가 동시에 일어나는 것이 많다.

12 다음 중 관광기업에 대한 설명으로 적합하지 않은 것은?

① 관광기업은 1차 관광 사업이 포함되는 개념이다.
② 관광관련 기업은 공적관광 사업을 영위한다.
③ 관광행정기관은 공적관광 사업으로 관광정책 및 관광행정기구를 뜻한다.
④ 관광공익단체는 관광공사나 관광협회 등이 있다.

TIP ② 사적관광 사업을 영위한다.

Answer 10.① 11.③ 12.②

13 다음 중 국가전략산업으로서 관광사업의 역할과 기능을 극대화한 한국관광의 발전기라고 할 수 있는 시기는?

① 60년대   ② 70년대

③ 80년대   ④ 90년대

TIP 88올림픽 등을 계기로 해외여행자율화를 비롯해 다양한 관광관련 정책이 마련되었다.

14 다음 중 관광객이용시설업에 해당하지 않는 것은?

① 전문휴양업

② 관광유람선업

③ 관광음식점업

④ 외국인관광 도시민박업

TIP ③은 외식업에 관련되어 있다.

15 다음 중 관광 상품의 특성과 관계가 없는 것은?

① 한계효용체감 법칙의 부적용

② 객관성의 특성

③ 복수의 동시 소비 불가능

④ 수요 불균형성

TIP 관광 상품은 주관성의 특성을 지닌다.

Answer 13.③ 14.③ 15.②

16 다음 중 관광수요시장을 형성하는 최대의 요소는?

① 교통기관

② 관광객

③ 관광행정

④ 숙박시설

TIP ②는 관광의 핵심 주체에 해당한다.

17 다음 중 관광편의시설업에 포함되지 않는 것은?

① 관광식당업

② 관광순환버스업

③ 관광사진업

④ 일반유원시설업

TIP 이 외에 관광펜션업, 여객자동차터미널시설업 등이 있다.

Answer 16.② 17.④

국제회의업

1 국제회의산업의 개요

(1) 국제회의 및 국제회의산업의 정의〈국제회의산업 육성에 관한 법률 제2조〉

① 국제회의란 상당수의 외국인이 참가하는 회의(세미나·토론회·전시회·기업회의 등을 포함한다)로서 대통령령으로 정하는 종류와 규모에 해당하는 것을 말한다.

② 국제회의산업이란 국제회의의 유치와 개최에 필요한 국제회의시설, 서비스 등과 관련된 산업을 말한다.

(2) 국제회의의 기준〈국제회의산업 육성에 관한 법률 시행령 제2조〉

① 국제기구, 기관 또는 법인·단체가 개최하는 회의로서 다음의 요건을 모두 갖춘 회의
  ㉠ 해당 회의에 3개국 이상의 외국인이 참가할 것
  ㉡ 회의 참가자가 50명 이상이고 그 중 외국인이 50명 이상일 것
  ㉢ 2일 이상 진행되는 회의일 것

② 국제기구, 기관, 법인 또는 단체가 개최하는 회의로서 다음 각 목의 요건을 모두 갖춘 회의
  ㉠ 제1급감염병 확산으로 외국인이 회의장에 직접 참석하기 곤란한 회의로서 개최일이 문화체육관광부장관이 정하여 고시하는 기간 내일 것
  ㉡ 회의 참가자 수, 외국인 참가자 수 및 회의일수가 문화체육관광부장관이 정하여 고시하는 기준에 해당할 것

(3) 국제회의의 종류 `2015년출제` `2016년출제` `2018년출제` `2022년출제` `2015년출제` `2020년출제`

① **회의** … 모든 종류의 모임을 총칭하는 가장 포괄적인 용어이다.

② **컨벤션** … 정보전달을 주목적으로 하는 정기집회에 많이 사용되며, 전시회를 수반하는 경우가 많다.

③ **컨퍼런스** … 통상적으로 컨벤션에 비해 회의 진행상 토론회가 많이 열리고, 회의 참가자들에게 토론참여 기회가 많이 주어진다.

④ **콩그레스** ··· 컨벤션과 같은 의미를 가진 용어로서 유럽지역에서 빈번히 사용되며, 주로 국제규모의 회의를 의미한다.

⑤ **포럼** ··· 제시된 한 가지 주제에 대해 상반된 견해를 가진 동일분야의 전문가들이 사회자의 주도하에 청중 앞에서 벌이는 공개토론회로서 청중이 자유롭게 질의에 참여할 수 있다. 2022년출제

⑥ **심포지엄** ··· 제시된 안건에 대해 전문가들이 다수의 청중 앞에서 벌이는 공개토론회로서 포럼에 비해 다소의 형식을 갖추고 있다.

⑦ **패널 디스커션** ··· 청중이 모인 가운데 2~8명의 연사가 사회자의 주도하에 서로 다른 분야에서의 전문가적 견해를 발표하는 공개 토론회이다.

⑧ **워크숍** ··· 컨퍼런스, 컨벤션, 또는 기타 회의의 한 부분으로 개최되는 짧은 교육 프로그램이다. 2018년출제

⑨ **클리닉** ··· 소그룹을 위해 특별한 기술을 훈련하고 교육하는 모임이다. 2016년출제

⑩ **전시회** ··· 벤더에 의해 제공된 상품과 서비스의 전시모임을 말한다.

⑪ **무역박람회** ··· 부스를 이용하여 여러 판매자가 자사의 상품을 전시하는 형태의 행사이다.

⑫ **인센티브 관광** ··· 기업에서 주어진 목적이나 목표달성을 위해 종업원, 거래상, 거액 구매 고객들에게 관광이라는 형태로 동기유발을 시키거나 보상하는 것이다.

⑬ **세미나** ··· 일반적으로 30명 이하의 규모이며, 주로 교육 목적을 가지고 전문가의 주도하에 이루어지는 회의이다. 2015년출제

(4) 국제회의시설의 종류 · 규모〈국제회의산업 육성에 관한 법률 시행령 제3조〉

① 국제회의시설은 전문회의시설 · 준회의시설 · 전시시설 · 지원시설 및 부대시설로 구분한다.

② 전문회의시설은 다음 각 호의 요건을 모두 갖추어야 한다. 2019년출제
　㉠ 2천 명 이상의 인원을 수용할 수 있는 대회의실이 있을 것
　㉡ 30명 이상의 인원을 수용할 수 있는 중 · 소회의실이 10실 이상 있을 것
　㉢ 옥내와 옥외의 전시면적을 합쳐서 2,000㎡ 이상 확보하고 있을 것

③ 준회의시설은 국제회의 개최에 필요한 회의실로 활용할 수 있는 호텔연회장 · 공연장 · 체육관 등의 시설로서 다음의 요건을 모두 갖추어야 한다.
　㉠ 200명 이상의 인원을 수용할 수 있는 대회의실이 있을 것
　㉡ 30명 이상의 인원을 수용할 수 있는 중 · 소회의실이 3실 이상 있을 것

④ 전시시설은 다음의 요건을 모두 갖추어야 한다.
　㉠ 옥내와 옥외의 전시면적을 합쳐서 2,000㎡ 이상 확보하고 있을 것
　㉡ 30명 이상의 인원을 수용할 수 있는 중 · 소회의실이 5실 이상 있을 것

⑤ 지원시설은 다음의 요건을 모두 갖추어야 한다.

    ㉠ 다음에 따른 설비를 모두 갖출 것

        ㉮ 컴퓨터, 카메라 및 마이크 등 원격영상회의에 필요한 설비

        ㉯ 칸막이 또는 방음시설 등 이용자의 정보 노출방지에 필요한 설비

    ㉡ ㉠의 ㉮㉯에 따른 설비의 설치 및 이용에 사용되는 면적을 합한 면적이 80제곱미터 이상일 것

⑥ 부대시설은 국제회의 개최와 전시의 편의를 위하여 ② 및 ④의 시설에 부속된 숙박시설·주차시설·음식점시설·휴식시설·판매시설 등으로 한다.

> **POINT** 국제회의집적시설의 종류와 규모⟨국제회의산업 육성에 관한 법률 시행령 제4조⟩
>
> ㉠ 「관광진흥법」에 따른 관광숙박업의 시설로서 100실 이상의 객실을 보유한 시설
> ㉡ 「유통산업발전법」에 따른 대규모점포
> ㉢ 「공연법」에 따른 공연장으로서 300석 이상의 객석을 보유한 공연장
> ㉣ 그 밖에 국제회의산업의 진흥 및 발전을 위하여 국제회의집적시설로 지정될 필요가 있는 시설로서 문화체육관광부장관이 정하여 고시하는 시설

(5) 국제회의의 효과

① 주최자의 입장

    ㉠ 정보 교환 촉진

    ㉡ 주최자의 입지강화

    ㉢ 인적 교류 증진

② 개최도시 및 국가의 입장

    ㉠ 경제적 효과

    ㉡ 사회문화적 효과

② 국제회의 시장

(1) 협회시장

① 협회시장은 수많은 객실과 기능공간을 필요로 한다. 종종 무역쇼나 컨벤션과 연결되는 협회회의는 임원을 선출하고 사회적 기능을 가지며 지역적 혹은 국가적 혹은 국제적으로 활동을 조직화하기 위해 사회적 기반 위에서 모이는 일련의 사람들을 포함한다.

② 협회시장의 특징

  ㉠ 많은 수의 참가자

  ㉡ 보통 여행과 숙박에 관한 비용을 자비로 부담

  ㉢ 관광매력지나 리조트가 흔히 목적지로 선택

  ㉣ 매년 목적지가 변함

  ㉤ 집회는 정기적으로 개최

  ㉥ 연례회의는 2년 이전부터 계획

  ㉦ 체류기간은 3~5일

  ㉧ 전시회를 동반

(2) 기업시장

① 종류

  ㉠ 세일즈미팅 : 지역적 · 전국적으로 개최되며, 사원의 사기 고취, 신제품 및 새로운 회사정책 도입, 판매기술 제안에 주로 이용된다.

  ㉡ 딜러미팅 : 회사판매 직원, 딜러, 소매점을 대표하는 유통업자가 참여하며, 세일즈 미팅과 유사하게 딜러의 판매를 독려하기 위해 이루어진다.

  ㉢ 기술미팅 : 주로 첨단회사, 최신 기술 개발과 혁신에 관련된 기술자를 대상으로 하며, 보통 세미나와 워크숍이 기술 미팅에서 널리 이용된다.

  ㉣ 경영자미팅 : 회사 간부회의와 경영개발 세미나 양측을 포함한다. 전자는 회의 참가자가 많으며, 후자는 보통 소규모이다.

  ㉤ 트레이닝미팅 : 기업의 모든 계층 사람들로 구성되며, 최고경영자도 여기에 참가한다.

  ㉥ 퍼블릭미팅 : 비종업원에게 오픈된 미팅으로 하루를 초과하지 않으므로 숙박시설이 필요 없다.

② 특성

  ㉠ 참석자 수가 적다.

  ㉡ 여행 및 숙박비는 회사가 지불한다.

  ㉢ 회사의 사무실이나 공장의 위치가 목적지 선정에 중요하다.

  ㉣ 가능한 동일목적지에서 매년 개최한다.

  ㉤ 미팅은 필요할 때마다 개최한다.

  ㉥ 플래닝과 부킹기간이 짧다.

  ㉦ 보통 3일 이하이다.

  ㉧ 전시실 이용이 거의 없다.

③ 회의기획가

(1) 회의기획가의 유형

① 기업회의 기획가

② 협회 중역진

③ 독립회의 기획가

(2) 회의기획가의 임무

① 회의 목적 달성

② 회의 장소 결정

③ 회의 협의사항 계획

④ 공급자와 요금 결정

⑤ 예산 설정과 비용 통제

⑥ 항공 및 육상 교통망 수배

⑦ 시청각 및 기술적 세부사항 계획

(3) 국제회의시설 `2014년출제` `2017년출제` `2015년출제` `2017년출제` `2019년출제` `2020년출제`

이름	위치	최대 수용인원(theater type 기준)
코엑스(COEX)	서울시 강남구	4,470
벡스코(BEXCO)	부산시 해운대구	9,822
제주국제컨벤션센터(ICC Jeju)	제주도 서귀포시	4,300
킨텍스(KINTEX)	경기도 고양시	6,756
송도 컨벤시아(Songdo ConvensiA)	인천시 연수구	2,172
엑스코(EXCO)	대구시 북구	7,900
대전컨벤션센터(DCC)	대전시 유성구	2,857
김대중컨벤션센터(Kimdaejung Convention Center)	광주시 서구	4,960
창원컨벤션센터(CECO)	경상남도 창원시	3,070
경주컨벤션뷰로& 경주화백컨벤션센터(HICO)	경상북도 경주시	3,420
알펜시아 컨벤션센터(Alpensia Convention Center)	강원도 평창군	3,076
군산새만금 컨벤션센터(GSCO)	전라북도 군산시	2,000

④ 무역쇼와 전시회

(1) 무역쇼

① 예전부터 무역쇼는 상품판매 시장으로 이용되었다.

② 오늘날에는 상당한 양의 상품거래가 무역쇼 관람자들 사이에 이뤄지고 있다.

(2) 전시회

① **전시회의 정의** … 특정산업 또는 특정분야를 일정한 장소에서 일정기간 동안 새로운 제품이나 서비스를 소개하면서 관람객을 상대로 거래상담 및 계약을 체결하거나 잠재 고객에게 상품과 기업을 알리는 마케팅 수단의 일종이다.

② **전시회의 기능**
   ㉠ 판매 기능
   ㉡ 커뮤니게이션 기능

③ **전시회의 효과**
   ㉠ 경제적 효과
   ㉡ 관광활성화 효과
   ㉢ 사회 · 문화적 효과
   ㉣ 국제교류 효과

≣ 최근 기출문제 분석 ≣

2023. 11. 4. 국내여행안내사

1 다음 설명에 해당하는 것은?

> • 국가단위로 참가하고 BIE가 공인한 행사
> • 5년 마다 6주~6개월간 개최

① 세계(등록) 박람회   ② 콩그레스

③ 전시회   ④ 비엔날레

> **TIP** 제시된 내용은 세계 박람회에 대한 설명이다. 2025년에는 일본 오사카, 2030년에는 사우디아라비아 리야드에서 개최된다. 우리나라는 2030년 부산 세계 박람회 유치에 도전했다가 실패한 바 있다.

2023. 11. 4. 국내여행안내사

2 다음 설명에 해당하는 것은?

> 호텔, 컨벤션센터 등 MICE 전문시설은 아니지만, 해당 지역에서만 느낄 수 있는 독특한 매력을 가진 행사 개최 장소 및 시설

① 유니크 베뉴   ② 컨벤션 시티

③ 스마트 관광도시   ④ 메세(messe)

> **TIP** 유니크 베뉴는 MICE 행사 개최도시의 고유한 컨셉이나 그곳에만 느낄 수 있는 독특한 매력을 느낄 수 있는 장소라는 뜻으로 통용되며, MICE 전문시설(컨벤션 센터, 호텔)은 아니지만 MICE 행사를 개최하는 장소를 통칭한다.
> ② 회의나 세미나 등 각종 컨벤션을 통해 지역 활성화를 추구하는 도시
> ③ 도시 곳곳에서 데이터 수집 · 분석 등 스마트 도시의 기능을 관광객이 함께 누릴 수 있는 도시
> ④ 독일 헤센주 프랑크푸르트암마인에 있는 박람회장. 독일의 주요 도시에 있는 거대 박람회장을 통칭하기도 한다.

Answer   1.①   2.①

3 다음에서 설명하는 것으로 옳은 것은?

> 제시된 한 가지 주제에 대해 상반된 동일 분야의 전문가들이 사회자의 주관 아래 서로 다른 견해를 청중 앞에서 전개하는 공개토론회로 청중의 참여가 활발히 이루어지며 사회자의 중립적 역할이 중요한 회의

① 워크샵(workshop)

② 세미나(seminar)

③ 포럼(forum)

④ 컨퍼런스(conference)

> **TIP** ① 작업실, 혹은 작업에 필요한 논의를 하는 연수회를 의미하는 사무 용어다.
> ② 어떤 대상에 대해 학술적인 토론, 연구를 갖기 위한 모임이다.
> ④ 공통의 주제에 관해 사람들이 모여 토론하는 대규모 회의를 일컫는다.

4 해당지역에 위치한 컨벤션센터의 연결로 옳지 않은 것은?

① 부산광역시 - COEX

② 경주시 - HICO

③ 제주특별자치도 - ICC JEJU

④ 경기도 고양시 - KINTEX

> **TIP** ① COEX(코엑스)는 서울특별시 강남구 영동대로에 위치해 있다. 부산광역시에 위치한 컨벤션센터는 BEXCO(벡스코)이다.

Answer 3.③ 4.①

5 다음에서 설명하는 회의는?

> 청중이 모인 가운데 2~8명의 연사가 사회자의 주도하에 서로 다른 분야에 서의 전문가적 견해를 발표하는 공개 토론회로 청중도 자신의 의견을 발표할 수 있다.

① 포럼
② 워크숍
③ 패널토의
④ 세미나

> **TIP** 제시된 내용은 패널토의에 대한 설명이다.
> ① 포럼 : 사회자의 지도 아래 한 사람 또는 여러 사람이 연설을 한 다음, 그에 대하여 청중이 질문하면서 토론을 진행한다.
> ② 워크숍 : 학교 교육이나 사회 교육에서 학자나 교사의 상호 연수를 위하여 열리는 합동 연구 방식이다.
> ④ 세미나 : 전문인 등이 특정한 주제로 행하는 연수회나 강습회 등을 말한다.

6 국제회의기준을 정한 공인 단체명과 이에 해당하는 용어의 연결이 옳은 것은?

① AACVA – 아시아 콩그레스 VIP 연합회
② ICAO – 국제 컨벤션 연합 조직
③ ICCA – 국제 커뮤니티 컨퍼런스 연합
④ UIA – 국제회의 연합

> **TIP** ④ UIA(Union of International Associations) : 국제회의 연합
> ① AACVA(Army Air Corps Veterans' Association) : 육군항공대재향군인회
> ② ICAO(International Civil Aviation Organization) : 국제민간항공기구
> ③ ICCA(International Congress and Convention Association) : 국제회의 컨벤션 연합 조직

Answer 5.③ 6.④

2019. 11. 2. 관광통역안내사

7 A는 국제회의업 중 국제회의기획업을 경영하려고 한다. 국제회의기획업의 등록기준으로 옳은 것을 모두 고른 것은?

㉠ 2천 명 이상의 인원을 수용할 수 있는 대회의실이 있을 것

㉡ 자본금이 5천만 원 이상일 것

㉢ 사무실에 대한 소유권이나 사용권이 있을 것

㉣ 옥내와 옥외의 전시면적을 합쳐서 2천 제곱미터 이상 확보하고 있을 것

---

① ㉠, ㉡

② ㉠, ㉣

③ ㉡, ㉢

④ ㉢, ㉣

TIP 국제회의업 등록기준〈「관광진흥법 시행령」 별표 1. 관광사업의 등록기준 참고〉

㉠ 국제회의시설업

• 「국제회의산업 육성에 관한 법률 시행령」 제3조에 따른 회의시설 및 전시시설의 요건을 갖추고 있을 것

• 국제회의개최 및 전시의 편의를 위하여 부대시설로 주차시설과 쇼핑 · 휴식시설을 갖추고 있을 것

㉡ 국제회의기획업

• 자본금 : 5천만 원 이상일 것

• 사무실 : 소유권이나 사용권이 있을 것

2018. 11. 3. 국내여행안내사

8 아시아태평양관광협회를 지칭하는 약어는?

① UNWTO

② ASTA

③ OECD

④ PATA

TIP PATA(Pacific Asia Travel Association, 아시아태평양관광협회) … 아시아 · 태평양 연안 관광사업자들 간에 상호 관광 관련 정보교환 및 친선도모를 위해 1951년 설립됐다.

① UNWTO(United Nations World Tourism Organization) : 국제연합 세계관광기구

② ASTA(American Society of Travel Agents) : 미주여행자협회

③ OECD(Organization for Economic Cooperation and Development) : 경제협력개발기구

Answer 7.③ 8.④

출제 예상 문제

1 다음 중 국제회의산업 육성에 관한 법률에 따라 국제기구, 기관 또는 법인·단체 등이 회의 개최시 갖춰야 할 요건으로 적합하지 않은 것은?

① 해당 회의에 3개국 이상의 외국인이 참가할 것

② 회의 참가자가 100명 이상일 것

③ 회의참가자 중 외국인이 150명 이상일 것

④ 2일 이상 진행되는 회의일 것

> **TIP** ③ 회의참가 외국인은 50명 이상이어야 한다〈국제회의산업 육성에 관한 법률 시행령 제2조 제1호〉.

2 다음 중 회의분야에서 가장 일반적으로 사용되는 용어로 정보전달을 주목적으로 하는 정기집회는?

① 컨벤션   ② 컨퍼런스

③ 심포지엄   ④ 패널 디스커션

> **TIP** 각 기구나 단체에서 개최하는 연차총회의 의미로 쓰인다.

3 국제회의의 중요성과 파생효과 중 설명이 틀린 것은?

① 국가홍보 효과의 증대   ② 경제적 승수효과 감소

③ 관광의 진흥   ④ 민간외교 기여

> **TIP** 경제적 파급효과가 크다.

Answer 1.③ 2.① 3.②

4 다음에서 설명하고 있는 개념은 무엇인가?

> 상당수의 외국인이 참가하는 회의(세미나 · 토론회 · 전시회 · 기업회의 등을 포함한다)로서 대통령령으로
> 정하는 종류와 규모에 해당하는 것을 말한다.

① 국제회의산업
② 국제회의시설
③ 국제회의
④ 국제회의도시

TIP ① **국제회의산업**: 국제회의의 유치와 개최에 필요한 국제회의시설, 서비스 등과 관련된 산업을 말한다〈국제회의산업 육성에 관한 법률 제2조 제2호〉.
② **국제회의시설**: 국제회의의 개최에 필요한 회의시설, 전시시설 및 이와 관련된 지원시설 · 부대시설 등으로서 대통령령으로 정하는 종류와 규모에 해당하는 것을 말한다〈국제회의산업 육성에 관한 법률 제2조 제3호〉.
④ **국제회의도시**: 국제회의산업의 육성 · 진흥을 위하여 지정된 특별시 · 광역시 또는 시를 말한다〈국제회의산업 육성에 관한 법률 제2조 제4호〉.

5 소그룹을 위해 특별한 기술을 훈련하고 교육하는 모임은?

① 패널 디스커션
② 워크숍
③ 클리닉
④ 전시회

TIP ① 토론 참가자가 다수일 때 대표자를 선정하여 토론한다.
② 워크숍은 컨퍼런스, 컨벤션 또는 기타 회의의 한 부분으로 개최되는 짧은 교육 프로그램이다.
④ 판매업자들의 대규모 상품 진열을 의미한다.

Answer 4.③ 5.③

6 다음 중 대규모 관광수요를 유발하는 국제회의의 계획, 준비, 진행 등의 업무를 위탁받아 대행하는 업은?

① 컨벤션업
② 국제회의시설업
③ 국제회의기획업
④ 국제회의업

TIP PCO(Professional Congress & Convention Organizer)

7 다음 중 국제회의산업의 특성으로 적합하지 않은 것은?

① 시간과 공간적 상품
② 사전예약
③ 커뮤니케이션의 체계화
④ 가격의 경직성

TIP 가격의 융통성으로 회의에 따라 가격이 다르게 결정된다.

8 다음 중 참석자들의 좌석 배열 중 상석의 위치를 어느 한 참석자에게 주기 어려운 모임을 일컫는 것은?

① 패널토의
② Retreat
③ Clinic
④ 라운드테이블

TIP 국가 간의 정상회담 또는 기업 간의 회장 모임 등에 사용된다.

Answer 6.③ 7.④ 8.④

9 다음 중 행정기관을 포함해 정보산업 관련기관이 밀집해 있는 지역에 적합한 컨벤션센터의 유형은?

① 텔레포트형

② 테크노파크형

③ 리조트형

④ 호텔형

TIP 첨단정보산업을 지향하는 기업의 오피스 공간 수요가 있는 곳에 입지한 경우이다.

10 다음 중 국제회의의 긍정적인 효과로 보기 어려운 것은?

① 정보 교환 촉진

② 문화 지체 현상

③ 주최자의 입지 강화

④ 인적 교류 증진

TIP 국제회의의 효과
　㉠ 주최자의 입장
　　• 정보 교환 촉진
　　• 주최자의 입지 강화
　　• 인적 교류 증진
　㉡ 개최도시 및 국가의 입장
　　• 경제적 효과
　　• 사회문화적 효과

11 다음 중 연결이 잘못된 것은?

① 광주 : 김대중 컨벤션 센터

② 대구 : 엑스포

③ 부산 : 벡스코

④ 인천 : 킨텍스

TIP 킨텍스는 고양시에 위치해 있다.

Answer 9.① 10.② 11.④

12 국제회의사업과 직접적으로 관련이 있는 사업으로 적합하지 않은 것은?

① 호텔업   ② 요식업
③ 쇼핑업   ④ 방송서비스

TIP ④는 정보관련 서비스업으로 간접적으로 연관되어 있다.

13 다음 중 PCO의 업무 내용과 관련이 적은 것은?

① 국제회의 구성에 관한 전반적인 책임
② 국제회의 명칭 및 주제
③ 국제회의 지원업무를 담당하는 정부기구
④ 국제회의장의 선정

TIP PCO(Prefessional Convention Organizer) : 국제회의기획업

Answer 12.④ 13.③

14 우리나라 법률에서 정한 국제회의의 조건으로 적합하지 않은 내용은?

① 3개국 이상의 외국인이 참가할 것

② 회의참가자가 50인 이상

③ 회의참가자 중 외국인이 50인 이상

④ 회의기간이 5일 이상

TIP 회의기간은 2일 이상이어야 한다.

15 다음 중 컨벤션센터의 지원시설에 해당하는 것은?

① 주차시설

② 숙박시설

③ 관광음식점

④ 휴식시설

TIP ②③④는 부대시설에 해당한다.

Answer 14.④ 15.①

10 관광마케팅

1 마케팅의 개념과 발전과정

(1) 마케팅의 개념 **2021년출제**

① 마케팅이란 생산자로부터 소비자 내지 사용자에 이르기까지 소비자의 최대만족과 기업의 목적달성을 위해 재화 및 서비스의 유통을 관리하는 기업 활동의 수행이다.

② 마케팅은 항상 특정의 시장을 대상으로 하고, 그 시장에 대한 시장개척을 목적으로 하여 이루어진다. 시장은 협의로는 재화·서비스 등의 수급을 원활하게 만들고, 교환행위가 이루어지는 장소 또는 그 장소에 있어서 인적 집단을 의미하지만 광의로는 상호 결합하는 수요·공급 간에 있어서 교환관계 그 자체를 가리킨다.

(2) 마케팅의 개념의 발전과정 **2017년출제** **2020년출제**

① **생산지향시기** … 대략 1900년부터 1930년까지의 시기를 말하며, 주요 과제는 생산문제이다.

② **판매지향시기** … 1930년부터 1950년대에 이르는 시기로 수요가 공급을 규제하던 시기를 말한다.

③ **마케팅 지향시기** … 1950년대 이후에 등장한 판매지향 개념에 대한 반성으로 소비자 중심사상이 핵심을 이룬다.

④ **사회적 마케팅 개념시기** … 1970년대 이후 마케팅 개념에 변화가 왔는데 소비자들의 욕구의 발견·충족이 반드시 그들과 사회의 장기적 이익으로 연결되어 왔는가에 대한 반성으로 출현된 것이다.

(3) 마케팅의 기능 **2020년출제**

① **소유권 이전의 기능** … 구매 및 판매를 통해 소유권을 이전시키는 기능으로서, 마케팅의 가장 본질적인 기능이다.

② **실질적 공급에 포함되는 기능** … 운송 및 보관을 통해 물적 유통 기능을 수행한다.

③ **이상의 모든 기능을 조성하는 기능** … 표준화 및 등급화, 금융, 위험부담, 시장정보 등의 보조기능이 있다.

(4) 마케팅 믹스 `2014년출제` `2015년출제` `2016년출제` `2018년출제`

마케팅 믹스란 마케팅 목표를 합리적으로 달성하기 위해 마케팅 경영자가 일정한 환경적 조건을 전제로 일정한 시점에서 전략적 의사결정을 거쳐 선정한 여러 마케팅 수단이 최적으로 결합 내지 통합되어 있는 상태를 말한다.

① 멕카시(E. J. McCarthy)의 4P 및 마케팅 믹스 전략

　㉠ **제품**(product) : 상품차별화 전략으로서 고객의 기호를 유발하기에 충분한 특이성을 상품에 실어서 경쟁사의 상품과 차별화함으로써 경쟁우위를 점유하도록 하는 전략이다.

　㉡ **장소**(place) : 유통전략으로 생산자로부터 소비자에게 상품이나 서비스가 전달되는 과정에서 발생되는 전략이다.

　㉢ **가격**(price) : 이윤극대화, 목표수익률 달성, 시장점유율 확대유지를 위해 초기고가 정책, 초기저가정책 등을 적용하는 전략이다.

　㉣ **판매촉진**(promotion) : 현재의 고객과 잠재고객에게 커뮤니케이션 활동을 전개하여 상품을 알리고 다른 상품과 비교하여 설득하고 소비자의 구매성향을 바꾸어 나가는 마케팅 활동으로 대인판매, 광고, 홍보 및 판매촉진 등이 있다. `2020년출제`

② 하워드(J. A. Howard)

　㉠ **통제가능 요소** : 인적판매, 광고, 경로, 입지, 제품, 가격

　㉡ **통제불가능 요소** : 수요, 유통구조, 마케팅 비용, 경쟁, 법적 규제

③ 마케팅 믹스 전략의 기본원리 : 집중의 원리, 선제의 원리, 연계의 원리

(5) 마케팅 전략

① 마케팅 전략은 점유율 확대, 기업의 안정성장 등 마케팅 목표달성을 위한 개개의 마케팅 수단의 선택과 혁신 및 제 수단을 믹스하는 방식에 대한 결정 또는 혁신하는 일을 말한다.

② 마케팅 전략의 핵심
  ㉠ 시장 표적의 명확화
  ㉡ 마케팅 믹스의 선택
  ㉢ 마케팅 프로그램의 책정
  ㉣ 마케팅 코스트의 결정

(6) 시장세분화 `2016년출제` `2023년출제`

소비자 수요의 이질성에 따라 일반시장을 여러 개의 세분시장으로 분할하는 것을 말하는데, 이는 시장에 적합한 제품을 개발하고 그 제품을 전제로 하는 차별적 마케팅을 하거나 집중적 마케팅을 하려는 데 있다.

① 시장세분화의 기준
  ㉠ 지리적 세분화 : 기후·도시의 규모·인구밀도·지역 등 시장을 국가·도·시 등 지리적·행정구역적 단위에 따라 세분화하는 것을 말한다.
  ㉡ 인구통계적 세분화 : 연령별·성별·소득·가족 수·직업·교육수준·종교 등으로 시장을 나누는 것이다.
  `2019년출제`
  ㉢ 심리형태별 세분화 : 라이프스타일·개성·생활양식·사회적 계층·개인의 가치 등 심리적 내부욕구를 기준으로 나누는 것이다.
  ㉣ 행동분석적 세분화 : 제품에 대한 태도·여행 빈도·상표충성도·구매횟수·이용률·추구하는 편익·사용량 등이다.

② 시장세분화에 따른 표적시장에 대한 전략
  ㉠ 무차별마케팅
  ㉡ 차별화마케팅
  ㉢ 집중화마케팅

③ 시장세분화의 요건
  ㉠ 측정가능성
  ㉡ 접근가능성
  ㉢ 실효성
  ㉣ 실천가능성

④ 시장세분화의 형태
  ㉠ 동질적 선호
  ㉡ 분산적 선호
  ㉢ 군집적 선호

(7) 마케팅 프로세스

기업 활동의 기초적 기능으로서의 마케팅은 그 기업이 사람들의 어떤 욕구를 만족시킬 수 있는가 하는 가능성을 폭넓게 검토하는 것을 시작으로 목표를 설정→표적시장의 명확화→마케팅 믹스의 구축→조직화→평가분석의 순서로 진행한다.

② 관광마케팅

(1) 관광마케팅의 개념 `2015년출제`

관광마케팅은 예정된 이익을 목표로 하여 고객들의 욕구를 최대로 만족시키기 위해서 국가적 혹은 국제적 차원에서 공사의 관광정책 및 관광기업정책을 체계적으로 정비해서 지향하는 것이다.

① 마케팅은 활동이다.

② 마케팅은 교환을 촉진한다.

③ 마케팅은 다이내믹한 환경 속에서 행해진다.

(2) 관광마케팅의 특성 `2021년출제` `2016년출제`

① 무형성

② 유형력화

③ 지각의 위험

④ 동시성

⑤ 소멸성

⑥ 계절성

⑦ 비가격 경쟁

⑧ 유사제품과 연구 개발

⑨ 한계효용체감 법칙의 부적용

⑩ 가치공학

⑪ 질적 통제와 표준화

⑫ 상징성

⑬ 고부하 · 저부하 환경

(3) 관광시장 포지셔닝

관광사업자에 의해 제공되는 관광 상품과 관광서비스에 대한 이미지를 경쟁상품과 차별화시켜 관광객의 마음속에 유리한 위치를 차지하기 위한 활동이다.

(4) 붐(B. H. Boom)과 비트너(M. J. Bitner)의 서비스마케팅 믹스

① **참가자**(Participant Personnel) ··· 합리적인 인사관리와 교육을 통한 서비스 질의 확보와 고객만족을 추구하는 마케팅 믹스의 요소로 서비스 산업은 서비스 활동에 참여하는 판매원인 종사원이 중요하다.

② **시설·환경** ··· 점포의 시설 이미지를 통해 고객에게 만족을 추구하는 마케팅 믹스의 요소로 Physical Evidence라고 한다.

③ **작업진행관리**(Process Management) ··· 지속적인 고객 서비스의 원활한 흐름을 위한 시스템의 개발과 활용을 통해 고객에게 만족을 주는 마케팅 믹스의 요소이다.

(5) 모리슨(A. M. Morrison)의 서비스 마케팅 믹스 8P's `2020년출제`

① 패키징(Packaging)

② 프로그래밍(Programming)

③ 종사원(Person)

④ 제휴(Partnership)

(6) 관광상품 수명주기(TSLC ; Tourism Service Life Cycle) `2014년출제` `2023년출제`

① **도입기** ··· 고지적 역할수행으로 잠재고객의 기본적 수요 창출의 기능을 한다.

② **성장기** ··· 설득적 역할로 관광서비스의 성장기에 자사 상품의 긍정적인 이미지를 형성하여 타 기업과의 차별화를 도모하여 가까운 미래에 자기기업의 관광서비스를 구매하도록 하는데 목표가 있다.

③ **성숙기** ··· 상기적 역할로서 잠재고객의 마음속에 기업의 이름이나 상표명을 오래 기억시키는 것이 중요하다.

④ **쇠퇴기** ··· 수정적 역할로 쇠퇴기에 접어들면서 관광자의 행동과 생각을 수정할 때 사용하는 의사소통 수단이 필요하다.

(7) 버틀러의 관광목적지 수명주기(TDLC ; Tourism Destination Life Cycle)

① 탐험(Exploration)

② 개입단계(Involvement)

③ 발전단계(Development)

④ 강화단계(Consolidation)

⑤ 정체단계(Stanation)

⑥ 쇠퇴단계(Decline)

③ 관광의 해외선전

(1) 해외선전의 의의

국외의 대상시장에 대해 현재의 고객 또는 잠재적 고객층에게 관광국의 관광자원, 관광대상, 자국의 실정, 관광 시설 등을 소개하여 정확한 지식을 주고 관광매력을 전달함으로써 관광 의욕을 자극시켜 관광행동으로 나타나게 하는 여러 가지 선전활동을 말한다.

(2) 해외선전의 방법

① 광고(Advertising) … '이름을 명시한 광고주에 의한 모든 유료 형태의 아이디어 상품 혹은 서비스의 비면접적인 제시와 선전을 가리킨다'라고 미국광고협회에서 정의하고 있다.

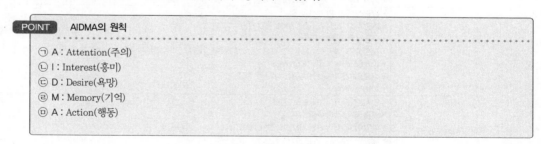

POINT **AIDMA의 원칙**
* ⊙ A : Attention(주의)
* ⓛ I : Interest(흥미)
* ⓒ D : Desire(욕망)
* ⓔ M : Memory(기억)
* ⓜ A : Action(행동)

② 퍼블리시티(Publicity) … 신문 · 잡지 · 라디오 · TV 등의 매스미디어에 대하여 상품 · 서비스 등에 관한 정보를 제공해 줌으로써 이를 기사화시키고 뉴스로 보도하도록 하는 광고주가 없는 무료 게재방법이다.

③ PR … 대중과의 제 관계를 의미하는데 매체를 사용하지 않고 직접 선전용의 영화나 슬라이드 등을 해외에서 실시하는 산업박람회나 전시장 같은 데서 대중을 상대로 상영하거나 강연회 등을 개최하여 관광에 관한 정보를 소개하는 방법이다.

▤ 최근 기출문제 분석 ▤

2023. 11. 4. 국내여행안내사

1 관광상품 수명주기에서 마케팅비용 지출이 증가하여 이익이 정체 또는 감소하기 시작하는 단계는?

① 도입기   ② 성장기

③ 성숙기   ④ 쇠퇴기

TIP 관광상품의 수명주기

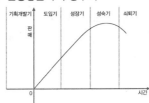

㉠ 기획개발기	• 새로운 상품에 대한 아이디어 창출 • 기업 신설 • 철저한 관광객 욕구와 관광시장 조사분석 • 기업 내 환경조성, 관광상품 개발
㉡ 도입기	• 관광상품의 관광시장 출시 • 관광시장 개척기, 관광시장 개발기 • 관광상품에 대한인지도, 수요도 낮음 • 관광상품 설명회, 전시회, 경품 등의 다양한 이벤트 개최 등 적극적인 판매 촉진 필요 • 마케팅 비용 대비 매출 저조 • 수요의 가격탄력성 낮음, 채산성 저조 • 지속적 투자
㉢ 성장기	• 인지도 증가, 구매수요 증가 • 매출의 급격한 증가 • 다양하고 차별화된 마케팅 전략 필요 • 매출액 증가로 인한 이익 발생 • 경쟁사에 의한 모방상품이나 대체상품의 등장 • 경쟁의 심화에 대한 대비책 필요
㉣ 성숙기	• 판매수요 증가의 둔화, 완만한 자연증가율 • 포화기로 매출의 안정세 • 새로운 수요의 창출보다는 기존 수요의 이용률 및 구매빈도를 높이는 전략 • 기존상품의 품질개량과 신용도 개척 • 지출 비용에 대한 통제로 비용 절감 • 경쟁의 심화
㉤ 쇠퇴기	• 판매수요 감소로 인한 매출의 감소 • 새로운 용도 개발, 광고비용의 적정성, 새로운 관광시장의 존재, 약점의 장점화, 부산물의 활용법, 새로운 판매경로의 개척이나 변경 등의 방안 강구 • 관광객의 욕구 변화, 국내외 시장환경의 변화, 시장의 치열한 경쟁 관계 등으로 판매전략이 배제되는 단계 • 단순화, 폐기, 신상품 개발 등 고려

Answer   1.③

2 마케팅 용어에 관한 설명으로 옳은 것은?

① 마케팅믹스는 상품(product), 가격(price), 포장(packaging), 판매촉진(promotion)의 최적결합 노력이다.

② 시장세분화는 하나의 시장을 이질성을 지닌 하위시장으로 나누어 마케팅하는 것이다.

③ 표적시장은 세분시장 특성별로 각각 적합한 마케팅믹스를 제공하는 것이다.

④ 포지셔닝은 불특정 시장에 있는 고객의 마음속에 존재하기 위해 마케팅하는 것이다.

> **TIP** ① 제품(product), 유통경로(place), 판매가격(price), 판매촉진(promotion) 등 이른바 4P를 합리적으로 결합시켜 의사결정하는 것을 말한다.
> ② 수요층별로 시장을 분할화 또는 단편화하여 각 층에 대해 집중적으로 마케팅 전략을 펴는 것이다.
> ④ 소비자의 마음속에 자사제품이나 기업을 표적시장·경쟁·기업 능력과 관련하여 가장 유리한 포지션에 있도록 노력하는 과정이다.

3 코틀러(P.Kotler)가 Marketing Management(1984)에서 밝힌 제품의 3가지 수준이 아닌 것은?

① 확장제품

② 주변제품

③ 실제제품

④ 핵심제품

> **TIP** 코틀러 제품의 개념
> ㉠ 확장제품 : 핵심 혜택, 가시적 속성들을 제외한 부가적인 서비스를 의미한다.
> ㉡ 유형제품 : 제품의 구체적인 물리적 속성들을 의미한다.
> ㉢ 핵심제품 : 소비자가 특정 제품에서 원하는 편익을 뜻한다.

Answer 2.③ 3.②

2020. 11. 7. 국내여행안내사

4 마케팅 개념의 발전과정으로 옳은 것은?

① 생산지향적 개념 → 판매지향적 개념 → 제품지향적 개념 → 마케팅지향적 개념

② 제품지향적 개념 → 판매지향적 개념 → 생산지향적 개념 → 마케팅지향적 개념

③ 제품지향적 개념 → 생산지향적 개념 → 판매지향적 개념 → 마케팅지향적 개념

④ 생산지향적 개념 → 제품지향적 개념 → 판매지향적 개념 → 마케팅지향적 개념

> **TIP** 마케팅의 개념은 생산자 중심에서 점차 제품, 소비자, 마케팅 활동 그 자체에 대한 개념을 중심으로 발전해 왔다.

2020. 11. 7. 관광통역안내사

5 관광마케팅 믹스의 구성요소와 그 내용의 연결이 옳은 것은?

① 촉진(promotion) – 관광종사원

② 유통(place) – 호텔시설

③ 상품(product) – 항공비용

④ 사람(people) – 관광업체 경영자

> **TIP** 관광마케팅 믹스(8P's)
> ㉠ 상품(Product)
> ㉡ 유통(Place)
> ㉢ 가격(Price)
> ㉣ 촉진(Promotion)
> ㉤ 패키징(Packaging)
> ㉥ 프로그래밍(Programming)
> ㉦ 파트너십(Partnership)
> ㉧ 전문인력(People)

Answer 4.④ 5.④

6 마케팅의 촉진활동에 관한 설명으로 옳지 않은 것은?

① 판매촉진은 경쟁사의 모방이 용이하지 않다.

② 광고는 정보의 양이 제한적이다.

③ 인적판매는 정보의 양과 질이 우수하다.

④ 홍보는 정보의 통제가 어렵다.

> **TIP** ① 판매촉진은 경쟁사가 모방하기 쉽다. 따라서 자사만의 독특한 판매촉진을 통해 성공적인 마케팅을 완성하는 것이 중요하다.

7 여행상품 가격결정요소 중 상품가격에 직접적인 영향을 미치지 않는 것은?

① 출발인원 수

② 광고 · 선전비

③ 교통수단 및 등급

④ 식사내용과 횟수

> **TIP** ①③④ 직접적으로 영향을 미치는 요소
> ② 간접적으로 영향을 미치는 요소

8 마케팅 시장세분화의 기준 중 인구통계적 세부 변수에 해당하지 않는 것은?

① 성별

② 종교

③ 라이프스타일

④ 가족생활주기

> **TIP** ③ 라이프스타일은 심리분석적 변수에 해당한다.

Answer   6.①   7.②   8.③

출제 예상 문제

1 관광마케팅 수단의 3대 요소가 아닌 사항은?

① 관광시장 조사　　　　　　　　② 관광시장 계획

③ 관광시장 선전　　　　　　　　④ 관광시장 판매

TIP ④는 관광마케팅에 이어지는 결과이다.

2 마케팅 개념의 변천과정 중 "고객에 대한 봉사의 중요성을 크게 인식하고, 관심을 판매로부터 고객의 만족, 매출의 극대화보다는 장기적 이윤으로 전환한 시기"는?

① production－oriented

② sales－oriented

③ marketing concept

④ societal oriented

TIP ① 생산지향 단계
② 판매지향 단계
③ 마케팅지향 단계
④ 사회마케팅지향 단계

Answer 1.④ 2.③

3 관광선전에 있어서 Publicity란 어떤 의미의 선전인가?

① 광고비를 지불하고 관광선전을 하는 것
② 경비의 부담 없이 뉴스의 형식으로 관광객체를 선전하는 것
③ 브로셔를 이용하여 선전하는 것
④ 관광안내원에 의한 선전

TIP Publicity(홍보) : 광고와 동일한 목적, 기업은 정보, 자료를 보도기관에 제공함으로써 편집권은 기업에 있지 않고 보도기관에 있으며 이것은 어디까지나 무료 활동이다.

4 관광마케팅에 있어서는 일반마케팅의 4P에 1P가 추가된다고 할 때 추가되는 것은 무엇인가?

① price
② product
③ place
④ people

TIP 4p's : product, place, promotion, price

5 해외선전 광고의 방법에 있어 AIDMA의 원리의 바른 뜻과 옳지 않은 것은?

① 주의를 끌어라(Attention)
② 흥미를 주어라(Interest)
③ 의욕을 자극시켜라(Desire)
④ 돈을 벌어라(Money)

TIP ④ M : 기억시켜라.

Answer 3.② 4.④ 5.④

6 국제관광 마케팅의 해외선전 기능 중 관계가 먼 것은?

① 고지기능 　　　　　　　　　　② 설득기능
③ 반복기능 　　　　　　　　　　④ 촉진기능

TIP 이 외에 창조기능이 있다.

7 시장세분화가 되기 위한 조건으로 적합하지 않은 것은?

① 측정 가능성 　　　　　　　　　② 접근 가능성
③ 실효성 　　　　　　　　　　　④ 내부적 이질성과 동질성

TIP 이 외에 집행력이 필요하다.

8 다음 중 마케팅 믹스전략의 기본원리로 적합하지 않은 것은?

① 집중의 원리 　　　　　　　　　② 선제의 원리
③ 동적 원리 　　　　　　　　　　④ 연계의 원리

TIP ①②④가 3대 기본원리이다.

Answer 6.④ 7.④ 8.③

9 관광선전의 기본원칙으로 중요하지 않은 사항은?

① 관광욕구를 충족시킬 수 있는 호소

② 유효한 기간에 집중적으로 선전

③ 장기적으로 설득

④ 구체적인 정보 제공

TIP 관광선전은 단기적인 효과를 기대한다.

10 시장세분화의 기준 중 사회계층과 생활양식은 어떤 세분화의 기준에 해당하는가?

① 인구통계학적 기준　　　　　　② 심리분석적 기준

③ 지리적 기준　　　　　　　　　④ 행태적 기준

TIP 심리적 기준 : 계층, 사회적 계층, 라이프스타일, 개성

11 SWOT에 대한 연결로 적합하지 않은 것은?

① S : Strength　　　　　　　　② O : Organization

③ W : Weakness　　　　　　　　④ T : Threats

TIP O : Opportunity

Answer 9.③　10.②　11.②

12 마케팅 전략 중 시장적소 마케팅전략이란?

① 세분시장의 차이점을 무시하고 단일의 마케팅믹스로 전체 시장을 대상으로 마케팅활동을 벌이는 전략

② 전체시장을 여러 개의 세분시장으로 나누고 이들 모두를 목표시장으로 삼아 각기 다른 마케팅믹스를 적용하는 전략

③ 세분화된 소수의 세분시장만을 목표시장으로 선정해 마케팅활동을 집중하는 전략

④ 세분화된 여러 시장부분 중 기업의 목적과 자원에 적합한 단일의 목표시장을 선정하고 마케팅활동을 집중하여 특화시키는 전략

TIP ① 비차별적마케팅 ② 차별적마케팅 ③ 집중적마케팅

13 다음 중 Positioning의 요소에 해당되지 않는 것은?

① 마케팅 계획의 수립 ② 이미지 창출

③ 경쟁브랜드 상품과의 차별 ④ 고객들의 편익 전달

TIP 이 외에 관광객을 분석하는 것이 필요하다.

14 마케팅 믹스의 개념에 대한 설명으로 적합하지 않은 것은?

① 관광 표적시장에 대한 마케팅 수단의 결합

② 관광객 욕구충족을 통한 기업이윤 창출

③ 마케팅 계획을 수립하기 위한 전제조건

④ 통제불가능 변수를 억제하여 최적으로 마케팅 구축

TIP 통제가능 변수를 통제불가능 변수에 최적으로 혼합시키는 것이 목적이다.

Answer 12.④ 13.④ 14.④

15 관광세분화를 통해 얻을 수 있는 이점으로 적합하지 않은 것은?

① 마케팅 기회 파악

② 수요에 부응

③ 판매저항의 최대화

④ 예산배분의 지침

TIP 이 외에 소극적 합리화가 있다.

16 시장세분화의 요건으로 적합하지 않은 것은?

① 측정가능성

② 시장규모성

③ 접근가능성

④ 실질성

TIP 이 외에 집행력이 있다.

17 관광마케팅의 특성으로 적합하지 않은 것은?

① 무형성

② 가격경쟁

③ 동시성

④ 소멸성

TIP 품질과 가격에 관한 소비자의 지각에 근거를 두는 비가격경쟁이다.

18 관광상품의 도입기 전략으로 적합하지 않은 것은?

① 급속한 초기고가전략

② 완만한 초기고가전략

③ 급속한 초기저가전략

④ 시장수정전략

TIP 도입기 전략으로 ①②③이 있으며 이 외에 완만한 초기저가전략이 있다.

Answer 15.③ 16.② 17.② 18.④

11 국제관광 및 관광정책

1 관광정책

(1) 관광정책의 이념과 정의

① 관광정책의 기본이념 [2015년출제]

　㉠ 국제친선 → 세계평화에 기여

　㉡ 사회적 형평실현 기여 → 국민경제, 국민생활의 질 향상

　㉢ 개인의 자아실현 → 국민의 관광 참여 기회 확대

② 관광정책의 정의

　㉠ 정책이란 전체 사회에 대한 가치의 권위 있는 배분이다.

　㉡ 정책을 어떤 목적이나 가치를 지향하는 일반적인 패턴의 의사결정이나 행위로 정의한다.

　㉢ 정책을 공공문제 해결을 위한 정부의 활동으로 정의한다.

③ UNWTO(세계관광기구)의 국제관광정책 [2019년출제]

　㉠ mass-tourism의 지향

　㉡ 관광자원 및 환경보호

　㉢ 여행자 권리보장

　㉣ 세계평화의 증진

(2) 관광정책의 분류 [2014년출제]

① 대상에 따른 분류

　㉠ 경제정책 : 교통정책, 호텔경영, 화폐정책, 재정정책

　㉡ 문화정책 : 문화재보호정책, 문화교류정책

② 범위에 따른 분류

　㉠ 대외정책 : 외래객 유치를 위한 홍보 · 선전

　㉡ 대내정책 : 수용태세, 종사원 교육

③ 지역에 따른 분류

　㉠ 전국적 정책

　㉡ 지방적 정책

　㉢ 국지적 정책

④ 수단과 방법에 따른 분류

　㉠ 대외정책 : 선전, 정보

　㉡ 대내정책 : 자원보호 및 관리, 개발, 촉진, 보조, 직접 집행, 조사, 교육

⑤ 현상적 분류

　㉠ 관광입지정책 : 관광시설물의 입지

　㉡ 관광조직 : 조화적 · 과학적 · 창조적

　㉢ 관광법규의 관광현상과의 조화 : 시대성, 윤리성, 사회적 책임성

　㉣ 관광기업경영정책 : 공익성과 연리성

　㉤ 관광시설 및 자원정책 : 관광자원의 보전 · 개발, 합리성

　㉥ 관광선전 및 판촉정책 : 해외홍보, 판촉

　㉦ 관광계획 및 개발정책 : 과학적, 계획적

　㉧ 관광교육정책 : 장기적 안목, 지속성

　㉨ 관광교통정책 : 항공, 육로, 해상정책

　㉩ 쇼핑정책 : 면세, 관세정책

POINT　**관세의 면세 한도**　`2015년출제`　`2016년출제`

관세의 면제 한도는 여행자 1명의 휴대품 또는 별송품으로서 각 물품의 과세가격 합계 기준으로 미화 800달러 이하 (이하 "기본면세 범위"라 한다)로 하고, 구매한 내국물품이 포함되어 있을 경우에는 기본면세범위에서 해당 내국물품의 구매가격을 공제한 금액으로 한다. 다만, 농림축산물 등 관세청장이 정하는 물품이 휴대품 또는 별송품에 포함되어 있는 경우에는 기본면세 범위에서 해당 농림축산물 등에 대하여 관세청장이 따로 정한 면세한도를 적용할 수 있다〈관세법 시행규칙 제48조 제2항〉.

　㉪ 출입국관리정책 : 출입국절차의 간소화

POINT　**자동출입국심사시스템(SES)**

Smart Entry Service는 대한민국 자동출입국심사시스템의 명칭으로 사전에 여권정보와 바이오정보(지문, 안면)를 등록한 후 Smart Entry Service 게이트에서 이를 활용하여 출입국심사를 진행하는 첨단 출입국심사시스템이다. 이용 희망자는 여권 및 바이오정보를 사전에 등록해야 하며, 등록된 개인정보 활용에 동의해야 한다.

ⓔ **관광통계** : 정확성, 예측성

(3) 관광정책의 특성 2015년출제

① 지역정책과의 상호연관성

② 종합성·통일성·지속성·독창성

③ 행정부서간의 관련성

(4) 관광목표

① **경제** … 경제적 번영, 완전고용, 지역경제 발전, 국제수지 증진에 관광과 레크리에이션의 공헌을 최대화한다.

② **소비자**

　　㉠ 거주자와 방문객에게 일반적으로 접근하기 쉬운 여행과 레크리에이션의 기회와 이익을 만든다.

　　㉡ 그 국가의 지리, 역사, 민족의 다양성에 대한 이해를 증진시키고 주민의 개인적 성장과 교육에 기여한다.

　　㉢ 대중 건강보호법률로 그 국가에 들어가는 사람과 상품의 출입을 감시하고 자유롭고 환영받도록 외국인의 입국을 조장한다.

③ **자연자원 및 환경자원**

　　㉠ 지역사회생활과 개발의 일부분으로써 일국의 역사적·문화적 토대를 보호·보존한다.

　　㉡ 일국의 부유한 유산을 향유할 기회를 다음 세대에게 넘겨준다.

　　㉢ 관광, 레크리에이션 및 오락 활동에 대한 정책이 에너지 개발과 보호관리, 환경의 보호, 자연자원의 적절한 사용 등 다른 국가적 이익에 대한 정책과 조화를 확립한다.

④ **정부의 운영** … 관광, 레크리에이션을 지지하는 모든 중앙정부의 활동을 가능한 최대한으로 조화, 관광과 레크리에이션에 관련된 산업의 공적·사적부문 그리고 일반대중의 욕구를 지원, 관광, 레크리에이션, 국가적 유산보호와 관련된 모든 산업에 지도자 역할을 수행한다.

(5) 문화체육관광부장관의 관광행정

① 관광에 관한 국가의 최고행정기관은 문화체육관광부장관이다. 문화체육관광부장관은 정부수반인 대통령과 그 명을 받은 국무총리의 통괄 아래에서 관광행정사무를 집행하는 중앙행정관청이다.

② 문화체육관광부장관은 국무위원의 자격으로서 관광과 관련된 법률안 및 대통령령의 제정·개정·폐지안을 작성하여 국무회의에 제출할 수 있으며, 관광행정에 관하여 법률이나 대통령령의 위임 또는 직권으로 부령을 제정할 수 있다.

③ 문화체육관광부장관은 관광행정사무를 통괄하고 소속 공무원을 지휘·감독하며 관광행정사무에 관하여 지방행정기관의 장을 지휘·감독한다.

④ **관광개발기본계획** … 문화체육관광부가 수립하는 관광개발의 기본계획으로 1992년부터 시작되어 10년을 주기로 수립한다. `2017년출제` `2018년출제` `2015년출제`

POINT **관광 활성화를 위한 캠페인** `2015년출제`

㉠ **내나라 여행박람회** : 매년 코엑스에서 개최된 여행박람회이다. 해외여행의 수요를 국내여행으로 전환시키고 우리 문화와 관광에 대한 새로운 인식을 심어주며, 국내여행 소비자와 공급자 간의 상호작용 및 지방 관광의 활성화를 목적으로 개최된다.

㉡ **구석구석 캠페인** : 한국관광공사에서 추진한 캠페인으로, 잘 알려지지 않은 우리나라의 관광명소를 발굴하여 국민들에게 알리고 국내 관광에 대한 새로운 인식 전환의 계기를 마련하기 위해 전개하였다.

㉢ **내나라 먼저보기** : 주5일 근무제가 확대 시행되어 감에 따라 증가하는 해외여행에 앞서 내나라 먼저보기를 고취하기 위해 진행된 캠페인이다.

---

(6) 한국관광공사(KTO)

① 한국관광공사는 1962년 6월에 정부의 3개 목표사업인 증산, 수출, 건설이라는 목표 아래에서 관광진흥, 관광자원개발, 관광사업의 연구개발 및 관광요원의 양성과 훈련에 관한 사업을 수행한다.

② 국가경제발전과 국민복지증진에 이바지함을 목적으로 제정된 국제관광공사법에 의해 국제관광공사라는 명칭으로 설립되었으나, 1982년 11월 29일 그 명칭을 한국관광공사로 변경했다.

③ **한국관광공사의 사업** 〈「한국관광공사법」 제12조 제1항〉 `2019년출제` `2020년출제` `2015년출제` `2016년출제` `2020년출제`

　㉠ **국제관광 진흥사업**

　　㉮ 외국인 관광객의 유치를 위한 홍보

　　㉯ 국제관광시장의 조사 및 개척

　　㉰ 관광에 관한 국제협력의 증진

　　㉱ 국제관광에 관한 지도 및 교육

　㉡ **국민관광 진흥사업**

　　㉮ 국민관광의 홍보

　　㉯ 국민관광의 실태 조사

　　㉰ 국민관광에 관한 지도 및 교육

　　㉱ 장애인, 노약자 등 관광취약계층에 대한 관광 지원

ⓒ 관광자원 개발사업

㉮ 관광단지의 조성과 관리, 운영 및 처분

㉯ 관광자원 및 관광시설의 개발을 위한 시범사업

㉰ 관광지의 개발

㉱ 관광자원의 조사

② 관광산업의 연구 · 개발사업

㉮ 관광산업에 관한 정보의 수집 · 분석 및 연구

㉯ 관광산업의 연구에 관한 용역사업

ⓜ 관광 관련 전문인력의 양성과 훈련 사업

ⓗ 관광사업의 발전을 위하여 필요한 물품의 수출입을 비롯한 부대사업으로서 이사회가 의결한 사업

④ 2022년 지능형(스마트) 관광도시 사업 대상지 `2022년출제`

유형	지자체	사업대상구역
교통연계형	울산광역시(남구)	장생포 고래문화특구
	충청북도 청주시	문화제조창 등 원도심과 주변
관광명소형	경상북도 경주시	경주 황리단길 일원
	전라북도 남원시	광한루 전통문화체험지구
강소형	강원도 양양군	서피비치로드
	경상남도 하동군	화개장터, 최참판댁, 쌍계사 등

(7) 한국의 관광관련 단체 `2021년출제`

① **한국관광협회중앙회(KTA)** ··· 관광진흥법 제39조에 의해 1963년 설립된 관광사업자 단체 `2023년출제`

㉠ 관광사업의 건전한 발전과 회원의 권익증진을 위한 사업

㉡ 관광사업진흥에 필요한 조사, 연구와 출판물 간행 및 관광통계

㉢ 국민에 대한 관광이념 보급을 위한 홍보활동

㉣ 국제관광기구에의 참여 및 유대 강화

㉤ 관광객의 유치를 위한 업종별 선전 및 개발

㉥ 관광사업의 업무 및 경영에 대한 개선

㉦ 관광사업발전에 관한 대정부 건의

㉧ 지역별 관광협회에 대한 대정부 건의

② **한국일반여행업협회(KATA)** ··· 관광진흥법에 의해 1991년 12월 21일 설립된 일반여행업 단체

㉠ 관광사업의 건전한 발전과 회원 및 여행종사원의 권익증진을 위한 사업

㉡ 여행 업무에 필요한 조사, 연구, 홍보 활동 및 통계업무

㉢ 여행자 및 여행업체로부터 회원이 취급한 여행 업무에 대한 진정 처리

㉣ 여행업무 종사자에 대한 지도 및 연수

ⓜ 여행업무의 적정한 운영을 위한 지도

ⓗ 여행업에 대한 국내외 단체 등과의 연계 협조

ⓢ 여행업에 대한 정보의 수집 및 제공

ⓞ 여행관련기관에 대한 건의 및 의견의 전달

③ **한국관광호텔업협회**(KHA) … 관광진흥법에 의해 1996년 9월 설립된 단체로서 호텔업무의 개선 및 호텔이용자에 대한 서비스 향상 및 호텔업 발전을 위한 조사연구·홍보활동 등을 통한 호텔업의 건전한 발전에 기여함을 목적으로 하고 있다.

ⓐ 관광호텔업의 건전한 발전과 권익증진을 위한 사업

ⓛ 관광호텔업의 발전에 필요한 조사연구와 출판물의 간행 및 통계

ⓒ 국제호텔협회 및 국제관광기구와의 참여 및 유대 강화

ⓡ 관광객유치를 위한 관광호텔업의 홍보

ⓜ 관광호텔업의 발전에 관한 대정부 건의 및 관광정책 자문

ⓗ 관광호텔업 관련 서비스 업무의 향상

ⓢ 관광호텔종사원의 교육·홍보 및 연수

ⓞ 정부 또는 지방자치단체로부터 위탁받은 업무

④ **한국카지노업관광협회**(KCA) … 1995년 3월에 설립된 카지노사업자 단체로서 한국관광산업의 진흥과 회원사의 권익증진을 목적으로 한다.

⑤ **한국휴양콘도미니엄경영협회**(RCBA) … 휴양 콘도미니엄사업의 건전한 발전과 콘도의 합리적이고 효율적인 운영을 도모함과 동시에 건전한 국민관광문화발전에 기여하고자 1998년 2월에 설립되었다.

⑥ **한국종합유원시설협회**(KATPA) … 1985년 2월에 설립된 유원시설업 단체로서 유원시설업의 건전한 발전을 기하고 회원 상호간의 친목과 복리증진을 도모하며 정부의 유원시설업 진흥시책에 협조하는데 목적을 둔다. 2023년 3월 협회 법인명을 한국종합유원시설협회에서 한국테마파크협회로 변경하였다.

2 국민관광 `2018년출제`

(1) 국민관광의 정의 `2016년출제` `2018년출제`

국민관광은 일반적으로 전체 국민을 위한 관광 또는 복지국가의 혜택을 받지 못하고 있는 일부 국민을 위한 관광을 말한다. 흔히 복지관광정책 또는 소셜 투어리즘(social tourism)으로 부르고 있다.

(2) 국민관광의 의의 `2014년출제` `2015년출제` `2021년출제` `2016년출제`

① 국민관광은 현대인의 생활양식을 유기적으로 조화롭게 정착시켜 주는 역할을 한다.

② 국민관광을 통하여 현대인은 잃어버린 자아를 되찾을 수 있고 자기확대와 자기발전을 통한 사회발전, 국가발전에 기여하여 국민적 일체감을 조성한다.

③ 국민관광환경을 조성하여 환경의 질을 높이고 국민생활의 질을 향상시켜 국민복지에 궁극적으로 기여한다.

④ 국민관광은 민족 고유의 문화를 재인식시키는 계기를 만들고 전통문화의 보호 및 보존과 그것을 후세에 전승하는데 일익을 담당하는 민족문화사적 의의를 지닌다.

⑤ 국민관광을 정책적으로 건전하게 유도함으로써 청소년, 저소득층, 근로자 등의 여가선용을 지원하고 재생산 의욕을 고취한다.

⑥ 국민관광은 균형 있는 관광객의 이동을 통하여 지역격차의 해소에 기여한다.

⑦ 국민관광의 건전한 발전은 관광자원의 개발과 관광분위기 조성 및 관광에 대한 국민의 인식이 점차 높아지게 하여 결과적으로 장기적인 국제관광의 발전을 위한 발판을 구축하게 한다.

3 국제관광

(1) 국제관광의 개념

국제관광은 관광을 목적으로 하는 사람의 국제간의 이동이고 관광목적으로 국제간을 이동하는 사람이 국제관광객이다. 일반적으로 관광목적 이외의 국제여행자도 관광객이라 부르는 경우가 많다.

(2) 국제관광객의 정의

① WTO(세계관광기구)에서 정의하는 통계목적의 국제방문객이란 방문 국에서 수입을 획득하는 활동을 행하는 것 이외의 것을 주요한 목적으로 하고 통상 거주국 이외의 나라에서 1년 이내 체재하는 여행자를 말한다.

② 국제관광객은 1년 이내 체재하는 자와 국제 당일방문객의 두 종류가 있다.

(3) 국제관광의 의의 `2017년출제` `2019년출제`

① 경제적 의의

② 교육적 · 문화적 의의

③ 건강 · 보건상의 의의

④ 세계평화의 수립

(4) 국제관광정책의 대상 `2021년출제`

① 인바운드 정책 … 자국으로 외국인 여행자의 유입에 선의를 갖고 만족을 제공하고 그 양의 증대를 의도해 효과를 올리는 정책이다.
  ㉠ 외래객 유치 : 광고선전
  ㉡ 산업진흥 : 관련산업 조성 및 우대
  ㉢ 외래객 접대 : 외래객 환대, 정보안내
  ㉣ 수용체제 : 출입국 수속, 국제관계시설 정비
  ㉤ 관광자원 : 자연보호 및 개발, 문화재 보존
  ㉥ 관광기관 : 민간조직, 행정기구

② 아웃바운드 정책 … 자국민의 외국여행에 관해 실시되는 정책이다.

POINT 여행경보제도와 특별경보제도 `2015년출제`

㉠ **여행경보제도** : 외교부에서 특정 국가 또는 지역을 여행하거나 체류할 경우, 주의가 요구되는 국가 및 지역에 경보를 지정하여 위험수준과 안전대책 등 행동지침을 안내하는 제도이다.
  • 남색경보(1단계) : 여행유의(신변안전 위험 요인 숙지 · 대비)
  • 황색경보(2단계) : 여행자제(불필요한 여행 자제, 신변안전 특별유의)
  • 적색경보(3단계) : 철수권고(여행 취소 · 연기, 긴요한 용무가 아닌 한 철수)
  • 흑색경보(4단계) : 여행금지(여행금지 준수, 즉시 대피 · 철수)
㉡ **특별경보제도** : 여행경보제도와는 별개로 단기적인 위험상황이 발생하는 경우에 발령한다.
  • 특별여행주의보(특별여행경보 1단계) : 해당 국가 전체 도는 일부 지역에 적색경보(철수권고)에 준하는 효과가 발생한다.
  • 특별 여행경보(특별여행경보 2단계) : 기존의 여행경보단계와는 관계없이 해당 국가 전체 또는 일부 지역에 '즉시 대피'에 해당하는 효과가 발생한다.

신속해외송금제도 <2020년출제> [2015년출제]

해외여행 중, 도난 및 분실 등으로 일시적 궁핍한 상황에 놓였을 경우 국내에 있는 지인이 외교부 계좌로 입금(최대 3,000불 이하)하면, 해당 재외공관(대사관, 총영사관)에서 현지화로 전달하는 제도

㉠ 지원대상
• 해외여행을 하는 대한민국 국민 중
• 해외여행 중 현금, 신용카드 등 분실하거나 도난당한 경우
• 교통사고 등 갑작스러운 사고를 당하거나 질병을 앓게 된 경우
• 불가피하게 해외 여행기간을 연장하게 된 경우, 기타 자연재해 등 긴급 상황이 발생한 경우
• 마약, 도박 등 불법 또는 탈법 목적, 상업적 목적, 정기적 송금 목적의 지원은 불가
㉡ 지원한도 : 1회, 미화 3천불 상당
㉢ 신속해외송금 지원받는 방법
• 여행자가 재외공관(대사관 혹은 총영사관)이나 영사콜센터를 통해 신속해외송금지원제도 신청
• 국내연고자가 외교부 구좌(우리은행, 농협, 수협)로 수수료를 포함한 원화 입금
• 재외공관(대사관 혹은 총영사관)에서는 여행자에게 현지화로 긴급경비 전달

(5) 국제관광기구 ◀2015년출제▶ ◀2017년출제▶ ◀2019년출제▶ ◀2021년출제▶ [2019년출제] [2020년출제]

① **UNWTO(세계관광기구)** … 세계 각국의 정부기관이 회원으로 가입되어 있는 유일한 정부의 관광기구로서 1947년 조직된 국제관설관광기구가 1975년에 정부 간 관광협력기구로 개편되어 설립되었다.

㉠ 경제의 발전과 우호적, 사회적, 문화적 이해의 증진을 도모하기 위해 국제관광을 촉진하는 동시에 보다 용이하게 한다.

㉡ 국제관광에 관한 일반시책을 수립한다.

㉢ 여행 및 관광선전 자료의 수준을 향상시키기 위한 관광에 관한 정보 및 출판물의 교환을 촉진한다.

② **태평양·아시아관광협회(PATA)** … 아시아·태평양지역 관광진흥개발 및 구·미 관광객유치를 위한 공동 선전활동을 목적으로 1951년 하와이에서 비영리단체로 설립된 세계 유일의 관민합동기구이다.

㉠ 태평양 연안의 여행루트 개발 및 실태 조사

㉡ 태평양 연안국가의 관광객 실태를 조사하여 그 결과를 총회에 보고

㉢ 관광선전 및 판매촉진 활동

㉣ 출입국 수속의 간소화 및 관계정부에 대한 건의

㉤ 관광시설 문제와 상호 협조

㉥ 안내 및 상호 정보 교환

㉦ 복지관광운동의 장려 등

③ **동아시아 관광협회(EATA)** ··· 동아시아지역의 관광기관 대표가 지역의 공동선전 활동을 하기 위해 1966년 도쿄에서 회합을 가진 뒤 탄생한 관광기관이다. 2016년출제

    ㉠ 회원국 및 약내 관광왕래의 촉진

    ㉡ 공동의 선전활동

    ㉢ 간행물의 제작

    ㉣ 회원국간 출입국 절차의 간소화를 위한 활동 및 회원국간 관광정보 교환

④ **미주여행업협회(ASTA)** ··· 미주지역 여행업자의 권릭보호를 목적으로 1931년에 설립된 미국여행업자들의 조직단체이다. 2015년출제

    ㉠ 미국 및 세계 타 지역의 주요 여행업자를 한 조직으로 결집

    ㉡ 회원공통의 이익을 옹호

    ㉢ 상업도덕의 고양과 신용을 확보

    ㉣ 일반대중의 여행의욕의 촉진 및 장려 등을 도모함으로써 세계관광사업의 발전에 기여

⑤ **여행업자세계연맹(UFTAA)** ··· 세계적인 여행업계의 발전과 권익보호를 목적으로 1966년 11월에 설립된 기구이다.

    ㉠ 관광의 진흥과 여행업자의 이익을 위해 각국이 정부관계기관 또는 준정부 관광기관 등 관광관계기관과의 교섭시 업자를 대표

    ㉡ 현재 회원이 되어 있는 여행업자협회를 통하여 여행업자가 세계의 관광산업 중에서 그 전통적인 지위를 확보하기 위해서 필요한 결속에 노력

⑥ **세계여행자협회(WATA)** ··· 1949년 여행업의 건전한 진흥 및 육성을 도모하기 위해 설립되었다.

    ㉠ 여행업자에 대해 WATA 회원에의 송객의 안전성을 보장

    ㉡ WATA에 문의하는 고객에게 세계적으로 조직된 강력한 네트워크를 통하여 서비스에 노력

≣ 최근 기출문제 분석 ≣

2023. 11. 4. 국내여행안내사

1 문화관광축제에 관한 설명으로 옳은 것은?

① 전통문화와 독특한 주제를 배경으로 한 지역축제 중 관광상품성이 큰 축제

② 글로벌육성축제 · 대표축제 · 최우수축제 · 유망축제로 구분

③ 한국관광협회중앙회에서 예산을 지원

④ 지방자치단체에서 문화관광축제 현장평가단을 구성 · 운영

> **TIP** 문화관광축제 ··· 지역문화에 바탕을 둔 다양한 축제 중 문화체육관광부가 지정한 관광 상품성이 높은 큰 축제를 말한다. 문화체육관광부에서 추진하고 있는 문화관광축제 지원 사업은 「관광진흥법」 제48조의 2(지역축제 등)에 의거하여 지역관광 활성화 및 외국인 관광객 유치 확대를 통한 세계적인 축제 육성을 기본방향으로 하고 있으며, 국내의 전통문화와 독특한 주제를 바탕으로 한 지역축제 중 관광 상품성이 큰 축제를 대상으로 1995년부터 지속적으로 지원 · 육성하고 있다. "지속가능한 축제, 지역에 도움이 되는 축제"를 비전과 목표로 축제 자생력 강화, 축제 산업 생태계 형성, 축제 역량 제고 관점에서 다양한 지원을 하고 있다.
> ※ 지역축제 등〈「관광진흥법」 제48조의 2〉
> ① 문화체육관광부장관은 지역축제의 체계적 육성 및 활성화를 위하여 지역축제에 대한 실태조사와 평가를 할 수 있다.
> ② 문화체육관광부장관은 지역축제의 통폐합 등을 포함한 그 발전방향에 대하여 지방자치단체의 장에게 의견을 제시하거나 권고할 수 있다.
> ③ 문화체육관광부장관은 다양한 지역관광자원을 개발 · 육성하기 위하여 우수한 지역축제를 문화관광축제로 지정하고 지원할 수 있다.
> ④ 제3항에 따른 문화관광축제의 지정 기준 및 지원 방법 등에 필요한 사항은 대통령령으로 정한다.

Answer 1.①

2 관광진흥법령상 한국관광협회중앙회의 업무에 관한 내용으로 옳지 않은 것은?

① 관광 통계

② 관광종사원의 선발

③ 관광안내소의 운영

④ 회원의 공제사업

> **TIP** 한국관광협회중앙회의 업무〈「관광진흥법」 제43조 제1항〉… 협회는 다음 각 호의 업무를 수행한다.
> 1. 관광사업의 발전을 위한 업무
> 2. 관광사업 진흥에 필요한 조사·연구 및 홍보
> 3. 관광 통계
> 4. 관광종사원의 교육과 사후관리
> 5. 회원의 공제사업
> 6. 국가나 지방자치단체로부터 위탁받은 업무
> 7. 관광안내소의 운영
> 8. 제1호부터 제7호까지의 규정에 의한 업무에 따르는 수익사업

3 국제기구의 약자가 올바르게 짝지어진 것을 모두 고른 것은?

ㄱ 아시아·태평양관광협회 – PATA

ㄴ 호주여행업협회 – ASTA

ㄷ 국제민간항공기구 – ICAO

ㄹ 세계관광협회 – UIA

---

① ㄱ, ㄴ

② ㄱ, ㄷ

③ ㄴ, ㄷ

④ ㄷ, ㄹ

> **TIP** ㄴ 호주여행업협회 – AFTA(Australian Federation of Travel Agents)
> 　 미국여행업협회 – ASTA(American Society of Travel Agents)
> ㄹ 세계여행관광협회 – WTTC(World Travel & Tourism Council)
> 　 국제회의연합 – UIA(Union of International Association)

Answer 2.② 3.②

2022. 11. 5. 국내여행안내사

4 다음 업무를 수행하는 기관은?

> - 관광산업 및 정책총괄
> - 관광에 대한 대외적 및 전국적 차원의 정책수립
> - 정부발표에 대한 사무 및 총괄

① 한국관광공사   ② 한국관광협회중앙회

③ 한국여행업협회   ④ 문화체육관광부

> **TIP** ① 관광진흥·관광자원·국민관광진흥 개발 및 관광요원의 양성훈련에 관한 사업을 수행하는 문화체육관광부 산하의 정부투자기관이다.
> ② 지역별 및 업종별 관광협회가 설립한 관광사업을 대표하는 기구이다.
> ③ 관광사업의 일 분야인 여행업을 대표하는 협회이다.

2022. 11. 5. 국내여행안내사

5 2022년 한국관광공사 선정 스마트 관광도시가 아닌 곳은?

① 남원   ② 청주

③ 경주   ④ 제주

> **TIP** 2022년 지능형(스마트) 관광도시 사업 대상지

유형	지자체	사업대상구역
교통연계형	울산광역시(남구)	장생포 고래문화특구
	충청북도 청주시	문화제조창 등 원도심과 주변
관광명소형	경상북도 경주시	경주 황리단길 일원
	전라북도 남원시	광한루 전통문화체험지구
강소형	강원도 양양군	서피비치로드
	경상남도 하동군	화개장터, 최참판댁, 쌍계사 등

Answer   4.④   5.④

6 **국제관광에 관한 설명으로 옳은 것은?**

① 1년 이상 방문객을 관광객으로 본다.

② 경제협력개발기구(OECD)에서는 국제관광객과 영구방문객으로 구분하고 있다.

③ 관광객 수용국 입장에서 인바운드와 아웃바운드로 구분된다.

④ 1990년대 이후 급성장하였다.

> **TIP** ③ 아웃바운드(outbound)'는 내국인의 외국 여행으로 우리나라 사람들이 외국으로 나가는 것을 말한다. 인바운드는 외국인의 국내 입국, 아웃바운드는 내국인의 외국 출국을 의미한다. 그런 점에서 인바운드는 국내행, 아웃바운드는 외국행이다.
> ① 1년 이상을 초과하지 않는 방문객을 관광객으로 본다.
> ④ 우리나라 국제 관광 협력은 2000년대 이후 활발하게 전개되어 오고 있다.

7 **국민관광에 관한 설명으로 옳지 않은 것은?**

① 국민이 자발적으로 관광활동에 참여하는 관광이다.

② 2000년대부터 본격적으로 진흥되었다.

③ 국민관광은 국민의 후생·복지 측면에서 중요하다.

④ 국민관광 이동총량이란 1년 동안 국민들이 국내관광여행 목적으로 이동한 총량이다.

> **TIP** ② 1970년대부터 정부는 국제관광 진흥과 외화 획득을 관광개발의 목적으로 관광분야를 경제개발계획에 포함시켜 국가 주요 전략사업으로 추진했다. 이를 위해 관광개발에 관련한 법제도를 정비하고, 관광단지를 전략적으로 개발하였다.

Answer 6.③ 7.②

8 우리나라 관광기구의 약자가 올바르게 짝지어진 것을 모두 고른 것은?

㉠ 한국관광협회중앙회 – KTA	㉡ 한국호텔업협회 – KTHA
㉢ 한국관광공사 – KTO	㉣ 한국일반여행업협회 – KGTA

① ㉠, ㉡　　　　　　　　　　　　　② ㉠, ㉢

③ ㉡, ㉢　　　　　　　　　　　　　④ ㉡, ㉣

> **TIP** ㉡ 한국호텔업협회 – KHA
> ㉣ 한국여행업협회 – KATA

9 한국관광공사가 수행하는 주요 사업이 아닌 것은?

① 국제관광시장의 조사 및 개척

② 국민관광의 실태조사

③ 회원의 공제사업

④ 관광관련 전문인력 양성과 훈련

> **TIP** 한국관광공사의 수행 사업〈한국관광공사법 제12조 제1항〉
> ㉠ 국제관광 진흥사업 : 외국인 관광객의 유치를 위한 홍보, 국제관광시장의 조사 및 개척, 관광에 관한 국제협력의 증진, 국제관광에 관한 지도 및 교육
> ㉡ 국민관광 진흥사업 : 국민관광의 홍보, 국민관광의 실태 조사, 국민관광에 관한 지도 및 교육, 장애인, 노약자 등 관광취약계층에 대한 관광 지원
> ㉢ 관광자원 개발사업 : 관광단지의 조성과 관리, 운영 및 처분, 관광자원 및 관광시설의 개발을 위한 시범사업, 관광지의 개발, 관광자원의 조사
> ㉣ 관광산업의 연구·개발사업 : 관광산업에 관한 정보의 수집·분석 및 연구, 관광산업의 연구에 관한 용역사업,
> ㉤ 관광 관련 전문인력의 양성과 훈련 사업
> ㉥ 관광사업의 발전을 위하여 필요한 물품의 수출입업을 비롯한 부대사업으로서 이사회가 의결한 사업

Answer　8.②　9.③

10 외교부에서 운영하는 영사 콜센터의 신속해외송금서비스를 받을 수 있는 경우가 아닌 것은?

① 해외여행 중 현금, 신용카드 등을 분실하거나 도난당한 경우

② 해외여행 중 여권을 분실한 경우

③ 불가피하게 해외 여행기간을 연장하게 된 경우

④ 해외여행 중 교통사고 등 갑작스러운 사고를 당하거나 질병에 걸린 경우

> **TIP** 신속해외송금제도 … 해외여행 중, 도난 및 분실 등으로 일시적 궁핍한 상황에 놓였을 경우 국내에 있는 지인이 외교부 계좌로 입금(최대 3,000불 이하)하면, 해당 재외공관(대사관, 총영사관)에서 현지화로 전달하는 제도
> ㉠ 지원대상
> • 해외여행을 하는 대한민국 국민 중
> • 해외여행 중 현금, 신용카드 등 분실하거나 도난당한 경우
> • 교통사고 등 갑작스러운 사고를 당하거나 질병을 앓게 된 경우
> • 불가피하게 해외 여행기간을 연장하게 된 경우, 기타 자연재해 등 긴급 상황이 발생한 경우
> • 마약, 도박 등 불법 또는 탈법 목적, 상업적 목적, 정기적 송금 목적의 지원은 불가
> ㉡ 지원한도 : 1회, 미화 3천 불 상당
> ㉢ 신속해외송금 지원과정
> • 여행자가 재외공관(대사관 혹은 총영사관)이나 영사콜센터를 통해 신속해외송금지원제도 신청
> • 국내연고자가 외교부 계좌(우리은행, 농협, 수협)로 수수료를 포함한 원화 입금
> • 재외공관(대사관 혹은 총영사관)에서는 여행자에게 현지화로 긴급경비 전달

11 UNWTO(세계관광기구) 관광통계기준에 의한 관광객은?

① 국경을 오가는 계절적 근로자

② 국경을 오가는 성지순례객

③ 공항 내 통과여객

④ 외교관, 영사, 주둔군인 및 그 가족

> **TIP** 세계관광기구(UNWTO)의 관광자 구분(관광통계 기준 ; 1984)
> ㉠ 관광자(Tourist) : 국경을 넘어 유입된 방문객이 24시간 이상 체재하며 위락, 휴가, 스포츠, 사업, 친척·친지방문, 회의참가, 연구, 종교 등의 목적으로 여행하는 자
> ㉡ 당일 관광자(Excursionist) : 방문국에서 24시간 미만 체재하는 자(선박여행객, 낮에만 방문자, 선원, 승무원 등)
> ㉢ 통과 관광객(Overland tourist) : 육로나 선박을 이용하여 입국한 외국인 승객으로 a지역에서 b지역으로 이동하는 사이에 임시 상륙하여 관광하는 자

Answer 10.② 11.②

2020. 11. 7. 관광통역안내사

12 다음에서 설명하는 국제관광기구는?

> 1951년에 설립한 관민(官民) 합동기구로 관광진흥활동, 지역발전 도모 등을 목적으로 하는 국제관광기구이며, 우리나라는 1963년에 가입하여 활동하고 있다.

① APEC

② PATA

③ EATA

④ OECD

> **TIP** PATA(Pacific Area Travel Association) … 아태지역 관광인들의 제창에 의해 1951년 하와이에서 창설된 민관합동 국제기구로, 아시아태평양관광협회라고도 한다.
> ① APEC(Asia Pacific Economic Cooperation) : 아시아태평양경제협력체
> ③ EATA(East Asia Travel Association) : 동아시아관광협회
> ④ OECD(Organization for Economic Cooperation and Development) : 경제협력개발기구

2020. 11. 7. 관광통역안내사

13 다음의 사업을 모두 수행하는 조직은?

> • 외국인의 관광객 유치를 위한 국제관광 진흥사업
> • 취약계층의 관광지원을 위한 국민관광 진흥사업

① 한국관광협회중앙회

② 한국문화관광연구원

③ 한국관광공사

④ 유네스코 문화유산기구

> **TIP** 제시된 내용은 한국관광공사의 수행 사업이다.

Answer 12.② 13.③

2020. 11. 7. 관광통역안내사

14 관광관련 행정조직과 관련 업무 연결로 옳지 않은 것은?

① 문화체육관광부 – 여권발급

② 외교부 – 사증(visa) 면제협정의 체결

③ 보건복지부 – 관광업소의 위생관리

④ 환경부 – 국립공원의 지정

> **TIP** ① 여권발급 업무는 외교부 소관이다.

2019. 11. 2. 관광통역안내사

15 특정 국가의 출입국 절차를 위해 승객의 관련 정보를 사전에 통보하는 입국심사제도는?

① APIS

② ARNK

③ ETAS

④ WATA

> **TIP** APIS(Advance Passenger Information System) … 여행자 정보 사전확인 시스템으로 입국심사 정부기관이 항공사로부터 미리 탑승자 정보를 받아 주의인물을 가려내는 것으로, 일반 승객에 대해서는 출입국심사절차 소요시간을 단축할 수 있다는 장점이 있다.

Answer 14.① 15.①

출제 예상 문제

1 국민관광이라는 용어가 등장한 것은?

① 관광기본법   ② 관광진흥법
③ 관광진흥개발기금법   ④ 한국관광협회관련법규

TIP 1975년 관광기본법에 처음으로 등장했다.

2 24시간 이상 3개월 이내의 이주목적 이외의 체재자를 일시방문객이라고 규정한 기관은?

① IUOTO   ② WTO
③ PATA   ④ OECD

TIP 일시방문객 : 체재하는 동안 어떤 직업도 갖지 않는 자

3 Inbound tour의 장점으로 적합한 것은?

① 여행비가 적게 든다.   ② 여행이 편리하다.
③ 외화획득의 수단이다.   ④ 관광자원이 많다.

TIP Inbound tour는 외국인이 자국내에서 행하는 관광행위 자체를 다룬다.

Answer 1.① 2.④ 3.③

4 다음 중 ASTA에 대한 설명으로 적합하지 않은 것은?

① 1931년에 설립되었다.
② American Society of Travel Agents가 정식명칭이다.
③ 본부는 워싱턴이다.
④ 여행업자 항공업자 등이 회원으로 되어 있으며 호텔업자는 회원대상이 아니다.

TIP 세계 최대의 여행업 협회이다.

5 자국의 국민이 해외여행을 하는 것을 무엇이라고 하는가?

① domestic tour
② outbound tour
③ inbound tour
④ international tour

TIP 아웃바운드 투어와 반대로 inbound tour는 외국관광객이 국내에 들어오는 것을 의미한다.

6 다음 중 social tourism에 대한 설명으로 적합하지 않은 것은?

① 관광이 가지는 국내적 효과, 즉 국민보건의 향상과 지역개발 촉진에 기여한다.
② 구석기 시대 이래 자연발생적으로 형성된 대중의 대량 관광현상이다.
③ 구체적으로 철도나 항공기 등의 운임할인제도 등이 있다.
④ 재정적으로 빈약한 계층을 위한다.

TIP 소셜 투어리즘은 국민복지와 관련되어 있으며, 현대관광의 특징이다.

Answer 4.④ 5.② 6.②

7 다음 중 우리나라의 관광행정을 전담하고 있는 부서는?

① 문화체육관광부　　　　　　　② 한국관광공사

③ 외교통상부　　　　　　　　　④ 행정안전부

TIP 한국관광공사는 관광부로의 역할을 한다.

8 WTO에 해당하는 것은?

① World Tourist Organization

② World Travel Organization

③ World Tour Organization

④ World Tourism Organization

TIP ④ 세계 최초의 국제관광기구이며 1947년 영국여행휴가협회 제창에 파리회의에서 정식으로 발족된 국제관광이다.

9 다음 중 ASTA와 관련이 없는 것은?

① 미주여행자협회로 1931년에 설립

② 본부는 워싱턴

③ 회원의 권익보호

④ 구미공동선전

TIP ASTA는 American Society of Travel Agents의 약자이다.

Answer 7.① 8.④ 9.④

10 IATA와 관련이 적은 것은?

① 국제항공운송협회로서 1945년에 설립되었다.
② 각국의 항공사가 가입되어 회원이 된다.
③ 본부는 몬트리올에 있다.
④ 시카고 조약에 의해 설립되었다.

TIP ④ 시카고 조약에 의해 설립된 것은 ICAO이다.

11 다음 중 PATA와 관련이 적은 것은?

① 태평양지역의 관광진흥개발을 목적으로 한다.
② 관광전문지 PTN지를 발간한다.
③ 관설 태평양아시아 관광협회이다.
④ 하와이에서 영리를 목적으로 만들어졌다.

TIP 아시아 태평양 지역의 고유한 자원과 사회문화적 환경의 보존 및 개발을 목적으로 한다.

12 UNWTO의 기본 목표가 아닌 것은?

① 각국 간의 관광사업 발전 도모
② 여행업계의 상업적 이익 극대화
③ 국제관광여행을 촉진
④ 각국 상호 간의 관광정보 및 자료 교환

TIP 세계관광기구(UNWTO)는 각 회원국 간의 관광경제를 발전시킴과 동시에 국제 상호 간의 사회·경제·문화적 우호관계의 증진을 목적으로 한다.

Answer　10.④　11.④　12.②

13 다음의 사항 중에서 관광객으로 볼 수 없는 자는 누구인가?

① 위락, 가정, 건강상의 이유로 여행하는 자
② 해상여행 도중 기항하는 자
③ 회의 참석, 사업상의 목적으로 여행하는 자
④ 여행이 24시간 이상을 소요하더라도 체재하지 않고 통과하는 자

TIP 최소한 24시간 이상 또는 1박 이상을 방문국에서 체류하는 자

14 다음 중 한국관광협회중앙회의 기능이 아닌 것은?

① 건전 관광문화 정착을 위한 대국민 홍보활동
② 관광특구의 육성
③ 관광복권 발행
④ 관광업계 전반의 건전한 발전과 권익증진을 위한 사업

TIP 이 외에 관광업계 전반의 건전한 발전과 권익증진을 위한 사업 등이 있다.

15 다음 중 Social Tourism의 정의에 가장 적합한 것은?

① 국민 전체를 관광요원화 시키는 것이다.
② 사회관광과 같은 말로써 사회주의의 관광정책이다.
③ 부유층의 국제관광을 장려한다.
④ 저소득층 일반대중의 여가선용과 정서함양을 위한다.

TIP 국민복지와 관련된 관광이다.

Answer 13.④ 14.② 15.④

16 우리나라에서 처음으로 교통부에 관광과를 설치한 것은?

① 1954년 2월
② 1945년 10월
③ 1961년 10월
④ 1975년 10월

> **TIP** 1954년 교통부 내 관광과가 설치되면서 중앙정부 차원의 관광개발정책이 시작되었다.

17 다음 중 ASTA와 관련이 없는 것은?

① 미국 여행자협회
② 본부는 워싱턴
③ 1931년 발족
④ 아시아 태평양지역 자원과 사회문화적 환경 개발

> **TIP** ④는 PATA의 목적에 해당한다.

18 다음 중 OECD에서 정의하는 일시방문객이란?

① 24시간 이내 체재 자
② 1개월 이하 체재하는 자
③ 6개월 이하 체재하는 자
④ 3개월 이하 체재하는 자

> **TIP** 일시 방문객 … 이주 목적 이외의 목적으로 체재하면서 체재하는 동안 어떤 직업도 갖지 않는 자

Answer 16.① 17.④ 18.④

19 다음 중 EATA와 관련이 적은 것은?

① 동아시아관광협회이다.
② 본부는 동경에 있다.
③ 동아시아 지역의 관광진흥개발과 공동선전활동을 목적으로 한다.
④ 1975년에 발족했다.

TIP 1966년 도쿄에서 회합을 가진 뒤 탄생한 관광기관이다.

20 OECD가 채택한 관광의 정의 중에 24시간 미만의 체재를 무엇이라고 하는가?

① Trip
② Excursion
③ Transit
④ Sightseeing

TIP 보통 행락을 위한 짧은 기간의 소풍을 의미한다.

21 국민관광과 국제관광에 대한 설명으로 적합하지 않은 것은?

① 국민관광은 Domestic Tourism을 포함하는 개념이다.
② 국민관광은 형평성에 더 많은 관심을 갖는다.
③ 국제관광은 효율성에 더 많은 관심을 갖는다.
④ 국제관광과 국민관광을 구분하는 기준을 체재일수를 기준으로 한다.

TIP 체재일수는 관광객의 정의와 관련되어 있다.

Answer 19.④ 20.② 21.④

22 다음 중 ASTA에 대한 설명으로 적합하지 않은 것은?

① 미주지역 국가들만 회원가입이 가능

② 미주여행자협회라고 불림

③ 제53차 세계총회는 서울에서 개최

④ 1931년 미국에서 결성된 기구

TIP ASTA는 미주지역 여행업자의 권익보호를 목적으로 한다.

23 다음 중 여행관련업자 상호간의 이익보호 단체로 적합하지 않은 것은?

① ASTA

② WTO

③ WATA

④ PATA

TIP WTO(World Tourism Organization)는 세계관광기구이다.

24 다음 중 국제관광객의 설정범위에 의한 구분 기준으로 적합하지 않은 것은?

① 국적표준주의

② 소비화폐표준주의

③ 거주지표준주의

④ 속지주의

TIP 이 외에 생활양식표준주의가 포함된다.

Answer 22.① 23.② 24.④

12 관광과 환경

1 관광과 환경의 관계

(1) 관광과 환경

① 관광활동에서 환경은 자연관광의 관광매력물로서 뿐만 아니라 관광산업의 토대로서 매우 중요한 위치를 차지하고 있다. 양질의 자연환경을 유지시키는 데 큰 관심이 되고 있다.

② 환경과 관광에 관련된 관심과 연구대상이 된 것은 세계관광기구(WTO)의 마닐라선언이다.

(2) 관광이 환경에 미치는 영향

긍정적인 영향	부정적인 영향
• 역사유적의 보전 • 생태계 환경의 보존 • 도로망의 개선 • 기반시설의 개선 • 공원·자연보호지역의 창출과 보전 • 공공지역의 개발 • 개발수준의 향상 • 잉여토지의 사용개선 • 쓰레기처리 시스템의 개선 • 환경에 대한 관심 고조	• 역사유적의 유실 • 동·식물 거주지의 훼손 • 파괴 반달리즘 • 기반시설의 부하량 증가, 과도한 자원소비 • 공원과 자연보호지역의 저하 • 관광개발로 인한 공원과 오픈 스페이스의 훼손 • 과도한 개발 • 토지이용의 부정적 변화 • 과도한 쓰레기 유발 • 수질 및 대기오염

② 지속가능한 관광

(1) 지속가능한 관광의 의의

① 지속가능한 관광이란 자연환경의 보전이라는 원칙 아래 지역주민의 이익과 관광객의 체험을 최대한 고려하면서 영속적으로 관광지로서 자리매김할 수 있도록 관광지를 개발하고 경영하는 형태의 관광, 즉 생태적 균형을 유지할 수 있는 환경적 수용력으로 정의된다.

② 지속가능한 관광개발의 개념이란 생태계를 파괴하지 않고 환경을 훼손하지 않는 범위 내에서 경제의 지속적 성장을 보장하는 개발방식으로서 관광자원 이용의 지속적 보장을 약속한다.

③ 1996년 동경에서 개최된 세계환경개발위원회에서는 미래세대의 사람들에게도 그들의 욕구를 충족시킬 능력을 부여하고, 동시에 현세대의 사람들의 욕구를 충족시킬 수 있는 개발을 지속가능한 관광개발이라고 한다.

(2) 지속가능한 관광의 목적과 형태

① 목적 … 관광의 경제적 효과를 환경과의 효율적인 관계를 지속할 수 있는 방향으로 이용하고, 개발의 형평성을 추구하며, 관광지의 지역주민의 생활수준을 제고한다.

② 형태 … 주어진 문화적·자연적 자원의 아름다움과 특징을 기초로 하여 생태적 균형을 유지하는 관광형태이며, 특히 강조되어야 할 사항은 환경적으로 지속가능해야 할 뿐만 아니라 경제적인 차원에서도 지속가능해야 된다.

(3) 지속가능한 관광의 등장배경

① 환경적인 변화

㉠ 18세기의 산업혁명을 시작으로 하여 21세기에 이르기까지 인류는 물질적으로 엄청난 발전을 이루었다. 그러나 그 양적인 발전의 이면에는 환경파괴와 자원의 남용, 문화의 파괴와 같은 부정적인 형상이 따라다녔다.

㉡ 1972년 스톡홀름의 유엔인간환경회의가 "하나뿐인 지구"라는 슬로건으로 지구환경 보전문제를 세계 공통의 과제로 채택했다.

② 사회적인 변화

㉠ 사회적인 분위기가 환경을 보호하면서 경제성장 위주의 개발에 대한 제한을 강조하고 있고, 인간의 자연에 대한 무제한적인 사용에 주의를 기울일 것을 요구하고 있다.

㉡ 지속가능한 개발 및 농업·사회 등의 개념과 더불어서 이전의 대중관광에 대한 폐해와 문제점이 지적되어 지속가능한 관광의 '생태관광'개념까지도 등장하였다.

③ 관광객과 관광개발 측면의 변화
    ㉠ 관광객 측면의 변화
        ㉮ 관광객들이 환경에 보다 많은 관심을 가지게 되었다.
        ㉯ 전통적인 관광지에서 경험한 과잉혼잡 현상에 보다 많은 불만을 가지게 되었다.
        ㉰ 새로운 학습경험을 체험하려는 욕망을 더욱 많이 가지게 되었다.
        ㉱ 전 세계에 존재하는 희귀한 자연적 환경들이 급속히 사라지고 있기 때문에 지금 당장 그 곳을 방문하려고 하는 생각을 가지게 되었다.
    ㉡ 관광개발 측면의 변화
        ㉮ 관광이 환경에 미치는 중대한 공헌에 대한 인식과 이해를 증대시켰다.
        ㉯ 개발에 있어서 형평성을 촉진시켰다.
        ㉰ 지역사회의 생활의 질을 향상시켰다.
        ㉱ 관광객에게 높은 질적 경험을 가능하게 한다.
        ㉲ 환경의 질을 유지하려고 노력한다.

④ 유엔환경계획의 지속가능한 개발의 일반원칙
    ㉠ 삶의 질 제고
    ㉡ 경제성장과 환경보전의 추구
    ㉢ 환경자산의 가치측정과 환경의 수용능력에 대한 연구
    ㉣ 세대 간과 현세대 구성원간의 형평성 추구
    ㉤ 범세계적 환경문제에 대한 국가의 역할인식과 대응
    ㉥ 지속가능한 개발에 필요한 법제와 기구의 정비

(4) 지속가능한 관광의 유형 [2015년출제]

① **생태관광** … 관광환경과 관광 그 자체의 지속가능성의 확보에 비중을 두는 관광이다.
  ㉠ 자연에 바탕을 둔 관광
  ㉡ 소극적 관광
  ㉢ 교육적 관광
  ㉣ 특별한 소재를 내용으로 한 관광
  ㉤ 자연자원과 인문자원을 결합하여 지역사회에 기여할 수 있는 관광

② **자연관광** … 생태관광의 일종으로 보기도 하지만, 특히 자연을 감상하며 관광활동을 즐기는 것이다. 그런데 환경보전의 개념을 갖지 않는 단순한 자연자원을 이용하기만 하는 것도 포함하는 것으로 인식한다.

③ **문화관광** … 서양에서는 1990년대 초중반에 들어서 생태관광과 더불어 관광학계의 새로운 관심사로 부상하였다.

④ **특수목적관광** … 특별한 흥미가 있는 관광으로 관광객의 주요동기가 있는 관광이다. 특정지역이나 목적지에서만 추구될 수 있는 특정목적을 가지고 어딘가를 여행하려는 사람들을 위한 관광이다.

⑤ **그린 투어리즘** … 농·산촌의 풍성하고 깨끗한 자연경관과 지역의 문화생활과 산업을 매개로 하는 도시민과 농·산촌 주민간의 체류형 교류활동이다.

> **POINT** **공정여행(fair travel)** [2020년출제]
>
> 생산자와 소비자가 대등한 관계를 맺는 공정무역(fair trade)에서 따온 개념으로, 착한여행이라고도 한다. 즐기기만 하는 여행에서 초래된 환경오염, 문명 파괴, 낭비 등을 반성하고 어려운 나라의 주민들에게 조금이라도 도움을 주자는 취지에서 2000년대 들어서면서 유럽을 비롯한 영미권에서 추진되어 왔다.

≡ 최근 기출문제 분석 ≡

1 다음에서 설명하는 것으로 옳은 것은?

> 자연을 파괴하거나 그 곳에 살고 있는 사람들을 착취하는 여행 대신, 현지인의 삶과 문화를 존중하고 여행비용이 그 사람들의 생활에 보탬이 되는 여행

① 공정 여행(Fair Travel)
② 나눔 여행(Voluntourism)
③ 스마트 여행(Smart Tourism)
④ 탐사 여행(Discovery Tourism)

> **TIP** 제시된 내용은 공정여행에 대한 설명이다.
> ② 나눔 여행 : 여행 + 봉사활동
> ③ 스마트 여행 : 여행 + ICT 첨단 기술
> ④ 탐사 여행 : 여행 + 탐사활동

2 국제슬로시티연맹에 가입된 한국의 슬로시티가 아닌 곳은?

① 담양군 창평면
② 완도군 청산도
③ 제주도 성산일출봉
④ 전주시 한옥마을

> **TIP** 한국의 국제 슬로시티(2023년 6월 기준) : 신안, 완도, 담양, 하동, 예산, 전주, 상주, 청송, 영월, 제천, 태안, 영양, 김해, 서천, 목포, 춘천, 장흥

Answer 1.① 2.③

3 다음 설명이 의미하는 것은?

전쟁과 학살 등 비극적 역사의 현장이나 엄청난 재난이 일어난 곳을 돌아보며 교훈을 얻기 위하여 떠나는 여행

① Green Tourism
② Mass Tourism
③ Eco Tourism
④ Dark Tourism

> **TIP** 제시된 내용은 휴양과 관광을 위한 일반 여행과 달리 재난과 참상지를 보며 반성과 교훈을 얻는 여행인 Dark Tourism에 대한 설명이다.
> ① Green Tourism : 도시민과 농촌 주민의 교류를 통해 농촌의 자연 경관, 전통문화, 생활과 산업 따위를 체험할 수 있는 체류형 여가 활동
> ② Mass Tourism : 대중관광
> ③ Eco Tourism : 생태관광

4 슬로시티(slow city) 지역에 관한 설명으로 옳은 것은?

① 신안군은 청산슬로길, 범바위 등이 있다.
② 완도군은 우리나라 최대 규모의 갯벌 염전을 가지고 있다.
③ 하동군은 대봉감, 야생 천연녹차로 유명하다.
④ 담양군은 황토밭 사과로 유명하다.

> **TIP** ① 완도군에 딸린 섬인 청산도에 대한 설명이다.
> ② 신안군에 대한 설명이다.
> ④ 예산군에 대한 설명이다.

Answer 3.④ 4.③

출제 예상 문제

1 다음 중 관광자원에 대한 설명으로 적합하지 않은 것은?

① 일반적으로 관광대상이 될 수 있는 자원은 자연적 자원과 인공적 자원으로 나눈다.

② 본래 관광대상으로서의 성질을 갖추고 있지 못한 것을 시설의 건설로써 관광대상이 되었을 경우에는 관광자원이라고는 하지 않는다.

③ 관광자원이 가지고 있는 자원 가치는 반드시 동일하지 않다.

④ 관광자원이 가지고 있는 가치와 위치는 관계가 없다.

TIP 관광자원이 갖는 가치와 위치는 관계가 깊다.

2 다음 중 자연적 관광자원으로 적합하지 않는 것은?

① 동물원 ② 하천

③ 온천 ④ 식물

TIP ①은 인공적 자원에 해당한다.

3 미국 최초의 국립공원으로 지정된 곳은?

① 옐로스톤 국립공원 ② 재스퍼 국립공원

③ 차보 국립공원 ④ 요세미티 국립공원

TIP ①은 미국, ②는 캐나다, ③은 케냐, ④는 미국에 있다.

Answer 1.④ 2.① 3.①

4 다음 중 관광개발의 구체적인 방법으로서의 분류로 적합하지 않은 것은?

① 교통수단의 건설
② 관광행정시설
③ 선전, 광고
④ 관광자원의 조성, 정비

TIP ②는 관광개발을 위한 지원 부분에 해당한다.

5 녹색헌장을 공포함으로써 국가와 각 주의 자연보호 및 경관관리행정 등을 주요 내용으로 하는 보호헌장을 만든 나라는?

① 독일   ② 미국
③ 스위스   ④ 캐나다

TIP 녹색헌장은 1961년 4월 20일에 제정되었다.

6 다음 중 관광개발계획 단계 중에 소계획이 현실화 된 다음, 시설·인원·자금·기타 재산관리 측면을 대상으로 하는 계획은?

① 구상계획   ② 기본계획
③ 실시계획   ④ 관리계획

TIP 구상계획은 처음에 이뤄지는 계획이다.

Answer 4.② 5.① 6.④

7 다음 중 관광의 사회 · 문화적 효과 중 부정적인 영향으로 적합하지 않은 것은?

① 범죄율의 상승
② 전통문화의 상실
③ 문화재 및 자연환경의 파괴
④ 새로운 문화의 도입

──────────────────────────────

TIP ④는 긍정적인 효과에 해당한다.

8 다음 중 관광자원을 개발하고자 할 때 가장 중요시해야 할 사항은?

① 지역주민의 권리보호　　　　② 환경보전
③ 시설물의 조화　　　　　　　④ 관광자원의 수익성

──────────────────────────────

TIP 지속가능한 관광개발이 중요시된다.

9 다음 중 'Ecotourism'이란 용어를 처음으로 공식 사용한 기관은?

① PATA　　　　　　　　　　② ASTA
③ ICCA　　　　　　　　　　④ UNWTO

──────────────────────────────

TIP 생태관광을 의미한다.

Answer　7.④　8.②　9.②

10 다음 중 관광의 물리적 환경으로 적합하지 않은 것은?

① 도시구조, 공공기반시설, 건물, 공간, 도시 풍경 등의 건물환경
② 전통문화, 예술, 민속행사 등
③ 관광자에게 주요한 관광매력물
④ 관광자원의 요소

TIP ②는 관광의 사회·문화적 환경에 해당된다.

11 다음 중 지속가능한 관광개발의 개념과의 관련성이 적은 것은?

① 1987년 세계환경개발위원회 서울 선언
② 환경보호와 보전을 고려하면서 적정 개발을 통해 관광자원의 지속성을 보장
③ 브룬트란트 보고서
④ '우리의 공동 미래'라는 보고서

TIP 1987년 세계환경개발위원회 동경 선언이다.

12 다음 중 생태관광의 특징으로 적합하지 않는 것은?

① 자연의 피해를 최소화하는 것으로 자연에 바탕을 둔 관광
② 지방자치단체가 개발을 주도하고 지역주민을 우선 고용
③ 자연의 수용능력을 인식하고 그 안에서 적절하게 운용
④ 인간과 자연의 조화를 이루는 관광

TIP 지역의 자본으로 지역주민이 개발을 주도한다.

Answer 10.② 11.① 12.②

13 다음 중 람사협약의 내용으로 적합하지 않은 것은?

① 1971년 이란의 람사에서 채택

② 1975년 12월에 발효된 정부간 협약

③ 정식명칭은 '물새 서식지로서 특히 국제적으로 중요한 습지에 관한 협약'

④ 담수, 기수 또는 염수는 대상에서 제외

TIP 습지란 담수, 기수, 또는 염수가 영구적 또는 일시적으로 그 표면을 덮고 있는 지역으로 내륙습지와 연안습지를 말한다.

14 다음 중 생태관광의 특징으로 적합하지 않은 것은?

① 자연자원과 물리적 자원을 결합하여 지역사회에 기여할 수 있는 관광

② 사파리형태의 관광

③ 교육적 관광

④ 소극적 관광

TIP 자연자원과 인문자원을 결합하여 지역사회에 기여할 수 있는 관광이다.

15 다음 중 관광이 환경에 미치는 영향 중 부정적인 것이 아닌 것은?

① 잉여토지의 사용 개선

② 파괴 반달리즘

③ 기반시설의 부하량 증가

④ 역사유적의 유실

TIP ①은 긍정적인 효과에 해당한다.

Answer 13.④ 14.① 15.①

관련 법령

- 「관광기본법」 [시행 2021. 6. 23.] [법률 제17703호, 2020. 12. 22., 일부개정]
- 「관광진흥개발기금법」(약칭 : 관광기금법) [시행 2023. 8. 8.] [법률 제19592호, 2023. 8. 8., 타법개정]
- 「관광진흥개발기금법 시행령」 [시행 2024. 7. 1.] [대통령령 제34539호, 2024. 6. 4., 일부개정]
- 「관광진흥개발기금법 시행규칙」 [시행 2010. 9. 3.] [문화체육관광부령 제64호, 2010. 9. 3., 일부개정]
- 「관광진흥법」 [시행 2024. 5. 1.] [법률 제19793호, 2023. 10. 31., 일부개정]
- 「관광진흥법 시행령」 [시행 2024. 5. 28.] [대통령령 제34533호, 2024. 5. 28., 타법개정]
- 「관광진흥법 시행규칙」 [시행 2024. 7. 1.] [문화체육관광부령 제557호, 2024. 7. 1., 일부개정]
- 「학교보건법」 [시행 2022. 6. 29.] [법률 제18640호, 2021. 12. 28., 일부개정]
- 「국제회의산업 육성에 관한 법률」(약칭 : 국제회의산업법) [시행 2023. 5. 16.] [법률 제19411호, 2023. 5. 16., 타법개정]
- 「국제회의산업 육성에 관한 법률 시행령」(약칭 : 국제회의산업법 시행령) [시행 2022. 12. 28.] [대통령령 제33127호, 2022. 12. 27., 일부개정]
- 「국제회의산업 육성에 관한 법률 시행규칙」(약칭 : 국제회의산업법 시행규칙) [시행 2020. 11. 10.] [문화체육관광부령 제409호, 2020. 11. 10., 일부개정]
- 「한국관광공사법」 [시행 2023. 8. 8.] [법률 제19592호, 2023. 8. 8., 타법개정]
- 「한국관광공사법 시행령」 [시행 2019. 7. 2.] [대통령령 제29950호, 2019. 7. 2., 타법개정]
- 「행정기본법」 [시행 2024. 1. 16.] [법률 제20056호, 2024. 1. 16., 일부개정]
- 「행정기본법 시행령」 [시행 2023. 3. 24.] [대통령령 제32650호, 2022. 5. 24., 일부개정]